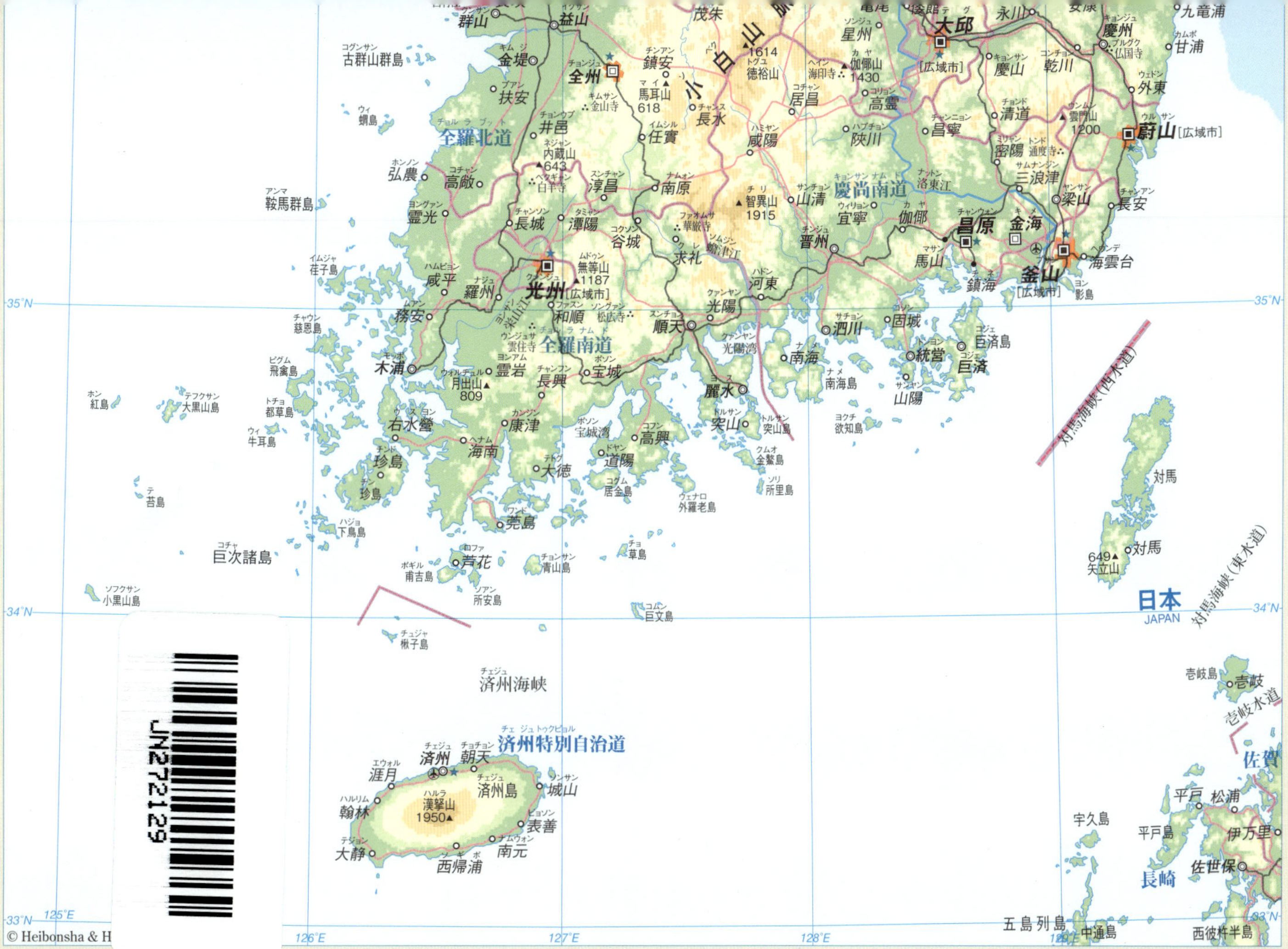

1:2,500,000 0 50km

平凡社

[NEW EDITION] CYCLOPEDIA OF KOREA

[新版] 韓国朝鮮を知る事典

【監修】伊藤亜人＋大村益夫＋高崎宗司＋武田幸男＋吉田光男＋梶村秀樹

はじめに

　1986年に出版された本書初版《朝鮮を知る事典》の〈はじめに〉は、〈近年，朝鮮半島への関心が高まって〉いながら、〈朝鮮の歴史と文化，人々の生活様式などについて，私たちはあまりに常識に欠けている〉という日本の状況を打破することを宣言した。その言葉どおり，30年近くの間，《朝鮮を知る事典》は，朝鮮半島（とりわけ韓国）に関して〈知りたい〉という要求をもった人々の渇望に応えてきた。歴史・政治・経済・社会・文化という人間活動の諸側面から自然環境まで，1200項目にわたる基礎知識を提供し，朝鮮半島を理解するためのスタンダード・ガイドとしての地位を保ってきた。
　しかし，初版発行以来すでに30年に近い時間が過ぎている。この間の朝鮮半島内外の変化は大きい。1988年のソウル五輪開催，91年の南北の国連同時加盟，92年の韓中国交締結など，大きな出来事は枚挙にいとまない。韓国企業のいくつかは世界的な大企業に成長し，韓国は96年に経済協力開発機構（OECD）に加盟し，世界経済における地位は揺るぎないものとなるまでになった。政治面で見ると，韓国では全斗煥・盧泰愚・金泳三・金大中・盧武鉉・李明博・朴槿恵と7人の大統領が交代し，軍事政権から文民政権へ，さらにいわゆる保守派と進歩派の間での政権交代が起きた。それに対して，北朝鮮では建国の英雄金日成から金正日・金正恩と父子3代にわたる世襲的な権力が途切れることなく，その独裁的構造は相変わらず続いている。南北の間の懸隔は以前よりはるかに広がってしまった感がある。日本と韓国の政治・経済・文化における交流は以前にも増して重要になったばかりでなく，韓国の方が優位を保つ現象も出てきている。
　《朝鮮を知る事典》は2000年に新訂増補版を出版してこの間の変化を補った。しかし，それからでもすでに足かけ15年が過ぎた。韓流文化，韓流ドラマなど，〈韓流〉という言葉が流行語になるほど韓国の現代文化が日本で受け入れられ，K-POPといわれる韓国製現代音楽が大きな人気を博してきた。初版が出版された時に今日の姿を予測した者はいなかった。その背後には韓国社会の政治的・経済的・文化的な大きな変化がある。一方で，北朝鮮からの情報流入は極度に制限された状態が続き，現代社会の状況については断片的なものしか漏れてこない。また，かつて正しいと思われていた北朝鮮情報が誤ったもの，あるいは歪曲されたものとして，否定される状態がある。

初版発行から今日まで，日本や韓国における研究成果の充実には目覚ましいものがある．斬新な研究方法の導入が進み，現地調査の進展や，新たな資料・新事実の発見などが続き，従来の歴史像や社会像に対して根本的な見直しを迫られているものも少なくない．

　今回の〈新版〉は，初版と新訂増補版を基礎として，その後の変化や発見を増補するものであるが，結果的には大幅な書き換えや項目の入れ替えも行わざるを得なくなった．とりわけ初版の内容は，原稿執筆時から見れば30年を経過しており，今日の批判に耐えないものも少なくない．なかには記述内容や表現が当時の状況を反映して歴史的な価値があるものもあるが，そのままでは，今日の朝鮮半島の社会・文化などを説明するものとして適当でない．本版は，朝鮮半島社会を理解するために多様な分野の知識を提供するという初版の性格を維持しながら，現代的視点を反映したものとした．こうして，項目の相当部分を生かしながらも，最新の研究や情報に基づいて内容や表現を改めた．また，多くの項目を新たに付け加えつつ，逆に現時点で必要性が乏しいと評価した項目については削除したり，他項目と統合したり分割したりした．新訂増補版で別頁としていた増補部分についても本文中に組み込むこととした．こうして，本版の項目数は初版から46％が増えて1890となった．

　本書初版と新訂増補版の《朝鮮を知る事典》という書名を，今回，新版を上梓するに当たって《新版　韓国　朝鮮を知る事典》と改めた．日本において，全体を表す地域名称は一般的には朝鮮あるいは朝鮮半島であり，朝鮮民族・朝鮮人という用語も広く使われている．しかし，韓国という名称も広く定着しており，本版の現代部分はほとんどが韓国の記述であることなどを反映してこのような書名とした．朝鮮半島全体，つまり韓国と北朝鮮を対象地域としていること，さらに伝統と現代を対象としていること，という理由も付け加えてよいだろう．ただ個々の記述に入って行くと，執筆者によって表現に微妙な違いがある．これらは執筆者の考えを尊重するという考えから，あえて統一は行わなかった．

　《朝鮮を知る事典》は146人の執筆者の力によって出来上がった．今版ではこれに，若手を中心とする30余名の新たな執筆者が加わり，最新の研究成果や情報を盛り込むことができた．なかでも，阪堂博之氏は現代韓国関連項目の選定や執筆者の紹介に，中川雅彦氏は北朝鮮関連の項目や執筆者の紹介に尽力いただき，舘野晳氏は中川氏らとともに資料編に貴重なデータを寄せていただいた．ご協力いただいたすべての方々に心より感謝をささげたい．

2014年1月　　　　　　　　　　　　　　　　　　　　監修者代表　吉田　光男

目次

はじめに ……………………………………………………………… 1
凡例 ………………………………………………………………… 4

項目編[ア—ワ] ……………………………………………… 5

地域・国名編
朝鮮 ……………………………………………………………… 580
大韓民国 ………………………………………………………… 597
朝鮮民主主義人民共和国 ……………………………………… 618

資料編
朝鮮史略年表 …………………………………………………… 642
統一問題年表 …………………………………………………… 644
文献案内 ………………………………………………………… 649
ハングル表 ……………………………………………………… 666
韓国・北朝鮮関連のURLリスト ……………………………… 667
世界遺産[韓国・北朝鮮] ……………………………………… 670

索引 ……………………………………………………………… 673
執筆者／図版・資料協力者一覧 ……………………………… 710

凡例

1
本事典は，五十音順配列による［項目編］，［地域・国名編］，［資料編］の3部構成をとる。［地域・国名編］では大韓民国と朝鮮民主主義人民共和国のほかに，〈朝鮮〉として自然・民族・歴史などをまとめた。［資料編］には，〈朝鮮史略年表〉〈統一問題年表〉〈文献案内〉〈ハングル表［反切表］〉〈韓国・北朝鮮関連のURLリスト〉〈世界遺産［韓国・北朝鮮］〉を収録した。

2
人名・地名などの固有名詞や特殊な用語は，漢字表記のあるものはそれを示し，また多くの場合，項目名の見出しおよび本文中で韓国朝鮮語音に近い音をカタカナで表記した。これは，韓国朝鮮語に不案内な日本語母語話者などを対象として便宜的に表記したものであり，その他の表記を拘束するものではない。

3
項目名の見出しでは，漢字表記のあるものはそれを紹介し，また人名・地名などを中心にハングル表記を併記した。

4
人名・地名などの漢字表記のうち通用度の高いものは，直送り項目とし，日本語読みで配列した。直送り項目は，→によって送り先を示した。
　　例：　金大中｜→キム・デジュン

5
参照すべき項目を示すために，本文中では該当する項目名に˚印を付し，本文の末尾などでは→のマークによって案内した。また，索引では多くの人名・地名などについて日本語読みと韓国朝鮮語読みの両方を示し，検索の便を図った。

6
歴史的な地域名および地理的呼称として〈朝鮮〉を用いた。国名は，大韓民国と朝鮮民主主義人民共和国のほかに，韓国，北朝鮮あるいは共和国とした。

項目編
［ア―ワ］

あ

アイエムエフじだい｜IMF時代

1997年11月，対外債務不履行の危機に陥った韓国は，IMF（国際通貨基金）から緊急支援を受ける見返りに経済政策に全面的に介入され，〈信託統治〉〈IMF寒波〉と表現される厳しい時代を迎えた。総合金融会社（いわゆるノンバンク）などを通じた安易な外資導入による財閥の過剰投資が，債務不履行の根本的原因であった。

1996年に韓国は念願のOECD（経済協力開発機構）加盟を果たし，先進国入りを実現したものの，翌97年初頭から韓宝・三美・真露・起亜などの中堅財閥が相次いで経営破綻し，そこに東南アジアに発生した通貨危機が波及してきた。しかし大統領選挙をひかえ，▶金泳三ｷﾑﾖﾝｻﾑ政権の指導力が低下し，適切な対策が講じられないうちに，韓国経済への国際的信任が急低下した。株価と通貨（ウォン）が暴落し，外資の引上げによって保有外貨が底をつき，対外債務の返済が不可能になり，IMFへの緊急支援要請にいたる。支援金額は最終的に，IMF210億ドル，世界銀行100億ドル，アジア開発銀行40億ドル，日本100億ドル，アメリカ50億ドル，英独仏など11ヵ国83.5億ドルなど，総額583.5億ドルに達し，IMF史上最大規模となった。IMFは支援を行うに際して，厳しい条件を付けて経済政策に全面的に介入し，厳格に監視する手法をとる。韓国支援の条件は，第1に，経常収支の黒字化を図ることで，輸入の抑制，外貨持出しの規制，高金利政策などが要請された。第2に，経済構造の改革を進めることで，不健全な金融機関の整理，▶財閥の改革（財務体質の強化，系列企業間の相互債務保証の解消，系列企業の重点業種への集約など），労働市場の改革（整理解雇制による労働力の流動化）などが柱とされた。第3に，資本の自由化を促進し，外国人投資に有利な環境をつくることであった。

発足したばかりの▶金大中ｷﾑﾃﾞｼﾞｭﾝ政権は，朝鮮戦争以来の国難という非常事態のなかで，国民に犠牲を負わせつつ危機からの脱出を図らなければならなかった。緊急支援と経常収支黒字化政策の結果，債務危機からは比較的早く抜け出ることができたが，生産の落込み，企業倒産，失業の増大（▶労働問題），物価上昇，マイナス成長という厳しい状況が続いた。構造改革については，金融機関の整理と労働市場の改革は実現し，財閥の改革も難航したとはいえ，しだいに成果をあげていった。経済成長率は99年には高い水準に復帰し，年末に金大統領はIMF時代の終了を宣言した。　→地域・国名編の大韓民国

金子 文夫

あいこくけいもううんどう｜愛国啓蒙運動

朝鮮で20世紀初めに日本の支配に反対し，言論，出版，教育，民族産業育成などの活動を通じて民族意識の高揚と国権回復（独立）をはかった民族運動。愛国文化啓蒙運動ともいう。主な担い手は都市知識人，学生，民族資本家などであった。運動は1906年4月の大韓自強会（会長，▶尹致昊）の結成によって本格的に開始された。同会は運動の全国的中心となり，教育・産業の振興により自国の富強をはかり独立の基礎を培うという実力培養論を唱導した。07年7月に自強会が皇帝高宗の強制退位に反対する闘争を行い，保安法違反により解散させられると，同年4月に▶安昌浩ｱﾝﾁｬﾝﾎらによって結成された秘密結社▶新民会（会長，尹致昊）が新たに運動の中心となった。新民会は西北地方を基盤として啓蒙講演，教育，出版，産業育成，青年運動など多様な活動を展開した。これら全国的団体のほかに地方別の啓蒙・教育団体も06年以降，西友学会（平安道，黄海道），関北興学会（咸鏡道），湖南学会（全羅道），畿湖興学会（京畿道，忠清道）など続々と結成された。活発な教育運動により10年には私立

学校は2000をこえ，新教育の普及と愛国精神・民主思想の高揚をみた。《大韓毎日申報》《皇城新聞》などの言論活動，▶申采浩シンチェホ・▶朴殷植パクウンシクらの民族史学の確立，▶周時経チュシギョンらの朝鮮語研究なども啓蒙運動の重要な一翼を形成した。日本は保安法・新聞紙法(1907)，学会令(1908)などの弾圧法規により啓蒙運動を厳しく圧迫し続け，10年の▶韓国併合を機に諸団体，学会を解散させた。新民会も11年に朝鮮総督寺内正毅暗殺未遂容疑により，会員の大量逮捕と105人の有罪判決(105人事件)とを受けて崩壊し，愛国啓蒙運動は終息させられた。　　糟谷憲一

あいさつ｜挨拶

朝鮮語では挨拶をインサ(人事)といい，スインサ(修人事)ともいう。人間としてやるべきことを修めるという意味である。挨拶は日常的なものから慶弔に関するものまで多岐にわたるが，朝鮮では敬語法と同じく，相手によって挨拶の言葉を多様に使い分ける。しかし，日本や多くの外国では，朝，昼間，夜によって挨拶の言葉が違うが，朝鮮ではその心配はない。訪問するときには，〈ケェシムニカ〉(いられますか)とか〈シルリェハムニダ〉(失礼します)とまず声をかける。かつては両班ヤンバンは〈イリオノラー〉(ここに出て来い)と，まず召使か下男をよんだものだが，今どきこんなことは言わない。初めて会ったときの挨拶はふつう，目上の人には〈アンニョンハシムニカ〉(安寧でいらっしゃいますか)，対等の間柄では〈アンニョンハセヨ〉(安寧ですか)，目下には〈ピョルコオムナ〉(変りはないか)と使い分ける。目下に向かって対等の挨拶をすればよそよそしい言葉になるし，目上に対する挨拶をすればからかいになる。子どもに対しては〈チャルイッソンニ〉(よくいたか)など別の言い方があるから，5～6通りに使い分けると思えばよい。別れの挨拶も，日本語の〈さようなら〉のようなきまり文句はなく，状況によって，送られる人が〈アンニョンヒケーセヨ〉(安寧にいらっしゃいませ)，見送る人が〈アンニョンヒカセヨ〉(安寧にお行きなさいませ)などと使い分ける。

いずれにせよ，挨拶は恭敬の念が顔に表れなければならない。日本人は何回もお辞

●挨拶　図歳拝

正月に人々は，チマ，チョゴリや，パジ，チョゴリの晴着姿で親戚や村里の長老を訪問する。年長者は目下の者に徳談(トクタム)とよばれる縁起の言葉(長男を得られるように，など)をかけ，目下の者は年長者の長寿を祝う。老人が手にする長煙管は権威の象徴であり，盆の中央に灰を落としながら，挨拶を受けている。

儀をするが，朝鮮では1回で事足りる。しかし1回の挨拶でも鄭重でなければならない。たとえば，新年には〈歳拝セベ〉という風俗があり，日本の年始の挨拶に相当するが，これは目下の者が目上の人に一方的に深くお辞儀するものである。無言で深々と丁寧にお辞儀をするのが本来だが，最近では〈新年にはたくさんの福がありますように〉という意味の言葉を述べてお辞儀をする。男性は両手を開いて手の甲を額に当て静かに深くお辞儀をしながら正座し，さらに完全に頭部が床に着くまでお辞儀をし，静かに立つ。女性の場合は，起立の状態から両手は両脇に下ろし，親指だけ前に向くようにして，ほかの指は後方に向け，静かに立てひざの状態に移り，両手はそのまま床に着け，深くお辞儀をするのが正式である。このようなお辞儀をクンチョル(大祥)という。

朝鮮には昔から〈東方礼儀の国〉という自負心があり，挨拶のしかたいかんでその社会的地位まで見抜かれる。朝鮮王朝時代には目上の人に道で会ったときも土下座してお辞儀をしたものである。今日では西洋式の挨拶でも結構通じる。たとえば，他人の部屋に入るときに昔は咳払いをしたが，今ではノックして〈失礼します〉で十分用が足りる。なお，朝鮮の部屋では▶オンドルの

焚口に近い方を下座(アレンモク)と称するが、より暖かい下座が日本でいう上座にあたる。

結婚式や還暦の祝いなどでの挨拶は〈チュクハハムニダ〉(祝賀申しあげます)で事足りるし、葬儀のときには〈おくやみのお言葉何と申しあげてよいやら……〉という意味の挨拶をし、喪主は〈マンクッハムニダ〉(罔極(きわまりなし)であります)という。結婚のときの祝儀は〈祝華婚〉と白い封筒に書いて受付に出し、葬式のさいは、霊前に二拝一揖(揖とは会釈のこと)し、喪主に一拝しておくやみの言葉を述べ、出るときに賻儀(香典)を受付に渡す。

解放後(1945年以降)は南北を通じて握手が盛んに行われるようになり、これは農村まで一般化している。本来、伝統的にも老人や女性などの間には親しい者や親族などが久しぶりに会った場面などに両手を握り合ったり、肩をなで合ったりして挨拶を交わす習慣があり、従来からのスキンシップやボディタッチによるノンバーバルな挨拶の習慣と関連するものであろう。

なお、客に対する商人の挨拶は伝統的にはぶっきらぼうであるが、これは一部の例外を除いて世襲の商家がなかったことと関係があろう(▶家)。 ➡敬語法│座法│人称代名詞│贈答
金 東旭＋崔 吉城

アイティーかくめい│IT革命│➡情報通信革命

あかしもとじろう│明石元二郎│1864-1919
明治・大正期の陸軍軍人。福岡藩士明石助九郎の次男。陸軍士官学校(旧6期)をへて、1889年陸軍大学校卒業。日清戦争に近衛師団参謀として従軍。参謀本部員として、フランスやロシアの公使館付となり、日露戦争中にはストックホルムにあってロシア国内の諜報活動、攪乱工作にあたった。1908年韓国駐剳(ちゅうさつ)軍参謀長、憲兵隊長、10年韓国駐剳憲兵隊司令官として朝鮮の▶義兵闘争鎮圧を指揮し、併合後の朝鮮支配の基礎となった憲兵警察制度の原型をつくった。のち、参謀次長、第6師団長をへて18年台湾総督となったが、任地で病没した。
井口 和起

あかまつちじょう│赤松智城│1886-1960
明治期の浄土真宗本願寺派の指導僧赤松連城の孫として山口県徳山市に生まれる。1927年から京城帝国大学教授となり、朝鮮、満州、モンゴルの宗教を研究し、▶秋葉隆とともに実地調査を行った。秋葉との共著《朝鮮巫俗の研究》(上・下、1937-38)と《満蒙の民族と宗教》(1941)は、東アジアにおけるシャマニズム研究の代表的業績である。赤松の研究は、最初期の論文からデュルケーム、モース、ユベールといったフランス社会学の業績が参照されており、宗教人類学的志向をもつ西欧の近代的な学問に基づくものであった。
朝倉 敏夫

あきばたかし│秋葉隆│1888-1954
民族学者。千葉県生れ。1921年東京帝国大学社会学科を卒業後、1924-45年、京城帝国大学の社会学科に奉職した。その間1924-26年ロンドン大学、パリ大学で民族学、社会学を研究、マリノフスキー、ラドクリフ・ブラウンらの影響を受けた。帰国後は朝鮮および満州、モンゴルの民俗・社会の調査研究に従事し、シャマニズムを中心に、村落社会、親族、民間信仰に関する多大な業績を残し、泉靖一らの弟子を養成した。村の祭りと家の祭りにみられる儒式と巫式の二つの儀礼体系の相互関係を論じた〈朝鮮社会・文化の二重構造モデル〉は、今日も多くの研究者によって受け継がれ、展開されている。戦後は九州大学講師を経て49年より愛知大学教授。《満蒙の民族と宗教》(▶赤松智城と共著、1941)、《朝鮮巫俗の研究》(同、1937-38)は貴重な業績であり、《朝鮮民俗誌》(1954)は名著と評される。
伊藤 亜人

あさかわたくみ│浅川巧│1891-1931
朝鮮民芸の研究家。山梨県生れ。山梨農林学校卒。1914年朝鮮に渡り、朝鮮総督府林業試験場で養苗実験に従事し、《樹苗養成指針》を著したり種子の露天埋蔵法の技術を開発したりして、朝鮮の山の緑化に貢献した。また、朝鮮民芸を研究し、《朝鮮の膳》《朝鮮陶磁名考》を著し、▶柳宗悦(むねよし)とともに京城(ソウル)に朝鮮民族美術館を設立した。巧は職場や地域の朝鮮人と親しく交わり、朝鮮および朝鮮人の美点に視線を注いだ。1978年に《浅川巧著作集》、96年に《浅川巧全集》が刊行された。韓国でも《朝鮮の膳》《朝鮮陶磁名考》が翻訳されるなど、両国で評価が高まり、教科書にも取り上げら

●安岳3号墳｜図前室・後室の見取り図
項目〈壁画古墳〉の図も参照。

れた。生誕120年にあたる2011年には、記念特別展やシンポジウムが行われ、巧の生涯を描いた映画《道〜白磁の人》が制作された。　　　　　　　　　　　　　　　　高崎 宗司

あさかわのりたか｜浅川伯教｜1884-1964
朝鮮陶磁史の研究家。山梨県生れ。山梨県師範学校卒。1913年朝鮮に渡り、尋常小学校で教師生活を送る。19年一度帰国し、彫刻家として活動。20年朝鮮人の姿を彫った〈木履の人〉で帝展に入選する。この頃から、弟▶浅川巧や▶柳宗悦とともに朝鮮民族美術館設立にかかわる。22年朝鮮に戻り、以後朝鮮陶磁史の研究に力を注ぐ。とりわけ▶朝鮮白磁の研究で成果を残したほか、朝鮮内および日本の窯跡を調査し、陶磁器の産地や時代的変遷などを明らかにした。調査は終戦後も46年に帰国するまで続いた。陶磁史研究の成果として、《釜山窯と対州窯》(1930)、《李朝の陶磁》(1956)などがある。
　　　　　　　　　　　　　　　　三ツ井 崇

アシアナこうくう｜アシアナ航空｜→交通

アナクさんごうふん｜安岳3号墳
朝鮮民主主義人民共和国、黄海南道安岳郡にある、三国時代高句麗の壁画古墳。1949年に発見され、同年中に発掘調査された。墓室は、南向きの入口から北に向かって、羨道、羨室、前室、後室の順序に連接する。墓主を埋葬した後室（玄室）には、東辺と北辺に、それぞれ回廊をめぐらす。前室は、3本の八角石柱をもって後室と画され、床面も一段低くなる。東・西にそれぞれ側室をもつが、床面は一段高くなる。各室ともに、隅三角持送り式の天井を示す。水磨された石灰岩の巨石で築かれた壁面には、被葬者夫妻の肖像画をはじめ、車馬行列図、各種の生活風俗図、装飾文様図など、豊富な内容の壁画が描かれる。出土遺物は、盗掘を受けて少なく、鉄槍、棺釘、棺材漆皮、人骨などにすぎない。前室の西側室の壁面に残る墨書銘から、永和13年(357)に69歳で死去した冬寿の墓であることがわかる。冬寿は、燕から高句麗に亡命した人物であるが、一方で、墓主は、高句麗の故国原コグゲン王とする説もある。
　　　　　　　　　　　　　　　　西谷 正

あべよししげ｜安倍能成｜1883-1966
哲学者。1926年から40年にかけて京城帝国大学で教えるかたわら、朝鮮について多くの随筆を書いた。それらは《青丘雑記》《静夜集》《草野集》《朝暮抄》《自然・人間・書物》などに収められている。47年にはその中から27編を選んで《槿域抄》を刊行。彼は朝鮮固有の風物や文化を愛し、随筆を通して朝鮮固有のものを尊重すべきことを説いたが、日本の朝鮮統治そのものを批判したことはなかった。戦後に書かれた《日鮮協同の基礎──朝鮮人諸君へ》(1947)にも、朝鮮統治に対する日本人としての反省はみられない。
　　　　　　　　　　　　　　　　高崎 宗司

●雨│図測雨器
《三国史記》や《朝鮮王朝実録》などにも毎年のように雨乞いの記事がみられるが、降水量の年変動が激しい朝鮮半島では雨量観測が早くから行われ、15世紀半ばから測雨器も発達した。図は朝鮮王朝の英祖代、1770年製のもの。上部は青銅製。

アムサドンいせき│岩寺洞遺跡│암사동유적
韓国ソウル特別市江東区にある、西海岸中部地方の櫛目文土器(新石器)時代の代表的集落遺跡。1925年に遺跡が発見されて以後、遺物の表面採集が盛んに行われた。60年以降、通算すると10次近くの発掘が実施された。遺跡は漢江左岸の沖積砂丘台地に立地する。これまでに十数基以上の竪穴住居跡が重複した状態で検出され、住居や集落の構造解明に資するところが大きい。竪穴住居跡には平面形が隅丸方形と円形の2種類がある。底面のほぼ中央には、方形あるいは円形の石囲いの炉跡がある。多量の櫛目文土器とともに、鞍形すり臼、石斧、石鏃などの石器が出土した。櫛目文土器は、形態の変化に乏しく、いずれもトチの実形をした深鉢が多いが、鉢などもある。ともに綾杉文で整然と飾られる。遺跡は、櫛目文土器文化を主体として長期間にわたるが、無文土器(青銅器)文化、原三国文化、あるいはさらに三国時代百済文化まで時代が下るものも認められる。　　　　　　西谷 正

アムノクこう│鴨緑江│압록강
朝鮮半島の北西端、中国と朝鮮の国境をなす川。中国ではヤールー江とよぶ。白頭山に水源を発し、虚川江、長津江、渾江、靉河などの支流を集めながら西流、竜岩浦で黄海に注ぐ。朝鮮第一の大河で、全長790km、流域面積は朝鮮側3万1739km²、中国側3万7750km²、合計6万9489km²に達する。河流には嵌入蛇行がよく発達している

が、土砂の流出量が少なく、流域には平地がほとんど形成されていない。流域はほとんど山地で、針葉樹林帯がよく発達しており、朝鮮第一の林業地となっている。鴨緑江は木材の運搬にも利用され、いかだ流しが盛んに行われたが、水豊ンダムの建設により中止された。冬季には結氷し、徒歩での渡河も可能だが、1911年、新義州と対岸の安東(現在の丹東)間に鴨緑江鉄橋が完成、朝鮮・中国間に直通列車が走るようになった。鴨緑江の豊富な水資源は日本統治下で早くから注目され、1920年代末以後蓋馬高原を流れる諸支流に人工湖が築かれ、流路変更式の水力発電所が建設された。蓋馬高原で開発された電力は日本海沿岸の清津、咸興などの重化学工業のエネルギー源となった。また、水豊ダムによる電力は半分ずつ中国と朝鮮へ送られ、それぞれ中国東北地方と新義州の重化学工業を発達させることになった。新義州上流の中州である威化島は朝鮮王朝創成のきっかけとなった李成桂の回軍(1388)で有名な史跡である。
　　　　　　　　　　　　　　　谷浦 孝雄

あめ│雨
朝鮮半島の降水量は、南部海岸地域を除いて日本よりもかなり少なく、年降水量700mmから1300mmの地域が国土の大部分を占める。また月別の降水量では7〜9月期に多く、冬から春にかけては乾燥がはなはだしい。梅雨前線の北上程度によって、6月から7月前半の降水量の年変動が激しいことも特徴の一つである。こうした降雨状況の特徴は、朝鮮人の民俗や生活、とくに農業に大きな影響を与えてきた。水利施設が不十分であった前近代においては、春から初夏の干害が農業にとって最大の脅威であり、〈早旱晩水〉とよばれた。定量的な測雨器が世界に先駆けて1441年に発明され、毎日の雨量観測体制が整えられたこと、ソウルは1770年6月以降の毎日の降雨量の記録が現存している世界最長の降雨観測記録をもつ都市であること、などは雨への関心の大きさを象徴的に物語るものである。また太宗雨という言葉があるが、これは水利につくした朝鮮王朝第3代の太宗王の命日である陰暦5月10日に降る雨のことで、田植

期の雨を願う農民の思いをこめて語り継がれてきた言葉であろう。→灌漑:飢饉:農業
宮嶋 博史

[雨乞い] 朝鮮では祈雨祭という。雨期の不安定な朝鮮では，三国時代以来朝廷や地方官庁でも天を祭る祈雨祭が行われ，その際に罪人の特赦や市場の移転が行われた。民間で行われる雨乞いは一般に村を単位として行われ，時には多くの村が地方官庁とも連携して大規模に行われた。最も一般的な形式は，村ごとに定められた山頂で山神に対する祭壇を設けて，豚の頭，酒，五穀，果実，蔬菜などを供えて，村の長が祭官となって行う山神祭であるが，巫女がつかさどる場合もある。このほか各戸から村人が薪を持ち寄って山頂に集まり，これをいぶして煙を出す方式や，竜がすむと考えられている沼や淵の岸に祭壇を設け，供物として豚の頭を水中に投げ入れる方式もある。また*風水説によって名山の山頂付近の明堂に密葬する者があると，これが名山の生気を独占してしまうため麓の村々に干害が及ぶとされており，こうした密葬地を探し出して墓を暴けば雨が降ると信じる婦人たちと被葬者の遺族との間に紛争が発生することもある。
伊藤 亜人

あめ|飴
朝鮮では砂糖が入る以前には甘味料として飴を家庭で作ったものである。この飴作りは冬の仕事であり，キビの粉に麦芽の粉を混ぜ，ぬるま湯にひたしたうえで絹袋などでこし，その汁を煮つめて水飴状とする。これをきな粉をひいた容器に入れ，外気で冷やして固めるが，その際にピーナッツやいり大豆，クルミ，ゴマなどを入れることもある。また水飴状のものを加工して白い棒状の飴とし，飴売りがこれを大きな鋏で切って売り歩く。砂糖が豊富に入ってからは飴売りの姿は見られなくなった。勝手な基準でものごとを判断する人を〈飴売りの心〉と表現するが，飴売りは長い飴を金額によってはさらに伸ばして適当に切って売るところから出たことばである。なお，日本の熊本名物の朝鮮飴は，もち米の粉を水飴に混ぜて作った半透明の求肥飴で，文禄・慶長の役のとき当時の朝鮮における飴

●飴 図飴売り

〈飴売りの思いのまま〉の諺どおり，飴売りは飴を適度な長さに伸ばして鋏で切って売った。《朝鮮風俗画譜》(1910)より．

の製法を導入して始まったものという。
崔 吉城

あめのもりほうしゅう|雨森芳洲|1668-1755
江戸中期の朱子学者。名は誠清，字は伯陽，通称は俊良，のちに東五郎。芳洲，綱尚堂，橘窓と号する。木下順庵の高弟で，その推薦により対馬藩に仕え，この藩の主要政務である朝鮮との応接に活躍，朝鮮語，中国語に通じ，その声名は内外に高かった。また名分を重んじ，同門の*新井白石と将軍王号問題で論争した。著書に《橘窓文集》《たはれ草》そのほかがあり，また朝鮮関係の著に《隣交始末物語》《朝鮮風俗考》《交隣提醒》《全一道人》そのほかがある。
井上 忠

あらいはくせき|新井白石|1657-1725
江戸時代の学者，政治家。本名は君美，白石は号。独学ののち30歳で木下順庵に入門。長く甲府藩主徳川綱豊の侍講を務めたのち，綱豊が6代将軍家宣となるや，その最高政治顧問となって日ごろ心がけていたく天下有用の学〉(実学)を政策決定に生かした。イタリア人シドッチの尋問，江戸参府のオランダ人との対談で西洋事情に通じ，国際的視野も広かった。朝鮮との交際では和平，簡素，対等の3方針で*通信使の応対にあたり，とくに外交文書における復号問題（征夷大将軍に対する〈日本国大君〉の称号を室町幕府以来の古例により〈日本国王〉に復する）と，諱を犯

した文字をめぐる問題で内外の批判はあったが，それを貫いた．ただしその対等意識は，古代の三韓を《本朝の西藩》(臣属)とし，〈朝鮮は狡黠にして詐詭多し〉という彼の朝鮮観や，日本の〈天子―将軍〉体制を考慮に入れたとき，額面どおりには受け取れない．《折たく柴の記》《国書復号記事》《殊号事略》などの著書にその朝鮮観がうかがえる．

小川 晴久

アリラン│아리랑

朝鮮の代表的な民謡．その種類は多く，各地でそれぞれ歌詞も旋律もリズムも異なるが，いずれも〈アリラン　アリラン　アラリヨ〉〈アリ　アリラン　スリ　スリラン〉などの句がある．アリランの語の意味は不明だが，昔，新羅の始祖の妃閼英を讃えて歌ったとか，あるいは〈我難離〉と歌った語などが転訛したなど，多くの説がある．最も有名な《アリラン》は京畿道地方で歌われていた曲で，典型的な3拍子．多くの派生曲が生じたため《本調アリラン》ともいわれ，歌詞も数十種が伝えられており，各時代の民衆の生活感情が歌われている．《江原道アリラン》《密陽アリラン》《珍島アリラン》《海州アリラン》などは，同じく3拍子系のリズムであるが，各地特有の旋律と歌詞をもつ．江原道の《旌善アリラン》は由来がとくに古く，非常に複雑で自由リズム的な句と語り的な句もある．ゆっくりと自由リズムで歌われるものには京畿道の《キーン・アリラン》がある．2012年無形文化遺産に登録．→民謡

草野 妙子

朝鮮民族を象徴するものとしてのアリランの旋律は世界的にも比較的よく知られ，かつては日本人から哀調をおびた亡国のメロディなどと評価されたりもした．しかし，▶羅雲奎の制作した映画《アリラン》(1926)やニム・ウェールズによる革命家金山の伝説《アリランの歌》(1941)などに示されるように，アリランは必ずしも悲しい敗北のシンボルとのみいうことはできない．それどころか《密陽アリラン》のように陽気で活発な旋律や，歌詞にも豊年歌や朝鮮の山河を讃えたものなどもあり，アリランに対する固定的なイメージは禁物である．また韓国専売公社の輸出用タバコの一つに〈アリラン〉があり，オリンピックにおいて南北合同チームが結成された場合には▶国歌の代りに民族を象徴するものとして《アリラン》の演奏が合意されているなど，積極的な象徴としてのアリランにも注目する必要がある．

鶴園 裕

あんがくさんごうふん│安岳3号墳　→アナク3号墳

アン・ギョン│安堅│안견

朝鮮王朝(李朝)時代初期の画家．生没年不詳．本貫は池谷(慶尚南道咸陽)で，字を可度または得守，号を玄洞子あるいは朱耕という．宮廷の図画署の画員として世宗～文宗朝(1418-52)ころに活躍した．30歳前後に世宗王の第3子で，当時の芸術愛護の第一人者でもあった安平大君(1418-53)李瑢の寵愛を受け，大君の中国画コレクションから中国画を大いに学んだ．山水画に最も長じたが，その画風は高麗末・朝鮮王朝初に伝えられた北宗の李成・郭煕派の流れを汲むものと新しく興った明代浙派の画風を巧みに調和させたものである．彼の現存する唯一の直筆《夢遊桃源図》(奈良，天理大学)は李朝絵画の中でも最もすぐれた作品の一つとされている．絵に付された大君の跋文によれば，大君が当時の高名な文人朴彭年とともに桃源郷に遊ぶ夢を見，その夢中の理想郷の光景を千載に伝えるため，ただちに安堅に命じて描かしめたのがこの絵であるという．→朝鮮美術 図

吉田 宏志

あんこうぎょし│暗行御史│암행어사

朝鮮王朝時代の臨時官職の一つで，地方官の不正摘発，地方民情の探索を任務とした．御史とは臨時官職の総称であるが，中宗時代(16世紀前半)に暗行御史が初めて記録に現れ，盛んに派遣されるのは朝鮮王朝後期に入ってからであり，1892年まで続いた．その身分は国王直属であり，国王から暗行御史としての命を受けた者は，帰宅することも許されずに直ちに出発し，ソウル門外に至って命令書を開封して初めてその任務地などを知った．任務を終えると王に復命書たる繡啓と別単を提出するが，それは国王以外の何人も閲覧することができなかった．本来の目的は国王権力の強化にあったが，しだいに政争の具としても用いられるよう

になった。暗行御史の活躍ぶりは《春香伝》からもうかがえる。
宮嶋 博史

あんざいこう|安在鴻|➡アン・ジェホン
アン・ジェホン|安在鴻|안재홍|1891-1965
朝鮮の独立運動家，政治家。号は民世。京畿道出身。1914年早稲田大学卒業。24年《朝鮮日報》主筆，以後32年退社まで多くの啓蒙的論説を発表した。27年▶新幹会結成に参加。解放後，▶朝鮮建国準備委員会副委員長となったが，共産主義者の台頭で脱退し，みずから朝鮮国民党を結成。47年過渡政府民政長官。朝鮮戦争中，朝鮮民主主義人民共和国に移り，平壌で死亡。歴史家，思想家としても知られ，いくつかの著書もある。
大塚 嘉郎

あんじゅうこん|安重根|➡アン・ジュングン
あんじゅきつ|安寿吉|➡アン・スギル
アン・ジュングン|安重根|안중근|1879-1910
朝鮮の独立運動家。字は応七。黄海道海州の生れ。幼時に黄海道信川に移住し，1894年の甲午農民戦争時には父の進士泰勲に従って政府側義兵を起こし，同地の農民軍を破った。その後フランス人宣教師から受洗し，カトリック教徒となる。1904年，朝鮮が日本の軍事支配下に入ると国権回復の志を強くし，上海に行き，同地在留の朝鮮政府旧高官などに運動を呼びかけたが，失敗して帰国。06年平安南道鎮南浦に移り，敦義・三興の両学校を設立し，教育を通した▶愛国啓蒙運動に尽力した。07年中国北間島を経てウラジオストクに赴き，同地を拠点として李範允らと義兵(▶義兵闘争)を組織する。08年6月義兵を率いて咸鏡北道へ進撃したが敗退。09年前韓国統監伊藤博文のハルビン訪問を知り，その殺害を計画し，10月26日ハルビン駅にて伊藤を拳銃で暗殺した。関東都督府地方法院で死刑判決を受け，翌年3月旅順監獄で処刑された。義士とたたえられ，その行動は永く朝鮮の独立運動を鼓舞した。ソウルの南山公園に記念館がある。
糟谷 憲一

あんしょうこう|安昌浩|➡アン・チャンホ
アン・ジョンボク|安鼎福|안정복|1712-91
朝鮮実学派の学者，歴史学者。字は百順，号は順菴または橡軒。本貫は広州。科挙試

●**安重根**
1982年，大韓民国発行の切手。同時に柳寛順(三・一独立運動で活躍)の切手も発行された。

のための学問を拒み，星湖▶李瀷らの学徳を慕ってその門下に入り，経史に明るい。李瀷の死後，少壮星湖学派に天主教(キリスト教)に傾倒する者が続出したが，反対派の攻撃の口実になることを憂えて，1785年に《天学考》《天学問答》(天学は天主教)を著して戒めた。その効なく，彼の死後の1801年には▶辛酉教獄が起きる。国王に招かれて若干の官職を歴任したが，晩年は著述や読書に専念し，師李瀷の文集《星湖僿説類選》を編撰したほか，編年体の歴史書《東史綱目》20巻や，《下学指南》そのほかの著作がある。文集に《順菴集》がある。
姜 在彦

アン・スギル|安寿吉|안수길|1911-77
韓国の作家。咸鏡南道咸興出身。早稲田大学高等師範部中退。1932年少年時代をすごした▶間島に移住し，45年帰国。その間，朴栄濬，李周福らと同人誌《北郷》を発刊，《間島日報》《満鮮日報》の記者をつとめながら，移住民の生活と農村を素材に《円覚村》《牧畜記》などを発表し，43年小説集《北原》にまとめた。48年ソウルに移り，53年朝鮮戦争下の知識人の三つのタイプを描いた《第三人間型》は注目を浴びた。代表作には59年から67年にかけて断続的に発表された《北間島》がある。これは朝鮮王朝末期から1945年にいたるまでの間島移住農民の苦難の歴史を描いたものである。
長 璋吉

アンダーウッド|Horace Grant Underwood|1859-1916
アメリカのプレスビテリアン派宣教師，言語学者，教育家。朝鮮名は元杜尤。ロンドンに生まれ，アメリカへ移住し，ニューヨーク大学を卒業。1885年朝鮮へ渡り，宣教事業に従い，平安道地方への伝道旅行，孤

児院の経営を行い，朝鮮最初の教会や救世学堂(のちの儆新学校)を設立した．また伝道上の必要から朝鮮語を研究し，90年《韓英辞典》《韓英文法》を出版．97年には教会新聞《キリスト新聞》を創刊．1887年以来，聖書翻訳委員会に所属し，1911年までに聖書の朝鮮語訳を完成させた．15年には儆新学校大学部(▶延世ﾖﾝｾ大学校の前身)を設立．著書はほかに《朝鮮の呼び声》(1908)，《東アジアの宗教》(1910)がある．　　　　　糟谷 憲一

アン・チャンホ│安昌浩│안창호│1878-1938
朝鮮の独立運動家，思想家．号は島山．平安南道出身．アメリカ人宣教師 H.G. アンダーウッド創立の救世学堂に学び，▶独立協会運動に参加．1902年渡米し，在米朝鮮人運動を指導し，共立協会(のちの大韓人国民会)を結成．07年帰国し，▶新民会を組織，みずからも大成学校を創立するなど▶愛国啓蒙運動で活躍した．10年4月中国へ亡命．再び渡米し，大韓人国民会中央総会長に就任．三・一独立運動勃発後上海に渡り，▶大韓民国臨時政府に参画，内務総長，労働局総弁を歴任．独立運動に献身するなかで，民族近代化の必要性を訴え，〈信用・知識・金銭〉の資本を蓄積せよと説いた．とくにキリスト者として民族の精神革命を強調し，13年にはみずから▶興士団を結成し，集団的モラル変革運動を展開した．32年▶尹奉吉ﾕﾝﾎﾟﾝｷﾙ事件のとき逮捕され，本国に押送．35年仮釈放されたが，37年同友会事件で再逮捕され，病死．すぐれた人格者として知られ，また雄弁家としても名高い．
　　　　　　　　　　　　　　　　　　大塚 嘉郎

あんていふく│安鼎福│➡アン・ジョンボク

アンドン│安東│안동
韓国，慶尚北道に属する市．1962年に市制施行，95年には安東郡と合併して，韓国最大の面積(1520km²)をもつ都農複合市となった．人口16万8302(2012)．洛東江上流の盆地に位置し，古くから地方行政の拠点として発達した．朝鮮王朝中期には朱子学の巨儒▶李退渓ｲﾃｹが陶山書院を舞台に活躍し，嶺南ﾖﾝﾅﾑ学派を形成した．今日でも儒教の影響が強い地方であり，市では〈韓国精神文化の首都〉をうたっているが，2010年にユネスコの世界遺産に登録された近郊の河回ハフェ村には，儒教的支配層の権威主義を批判した仮面劇も伝えられている．洛東江流域総合開発の一環として1976年に竣工した安東ダムは，大邱・亀尾・蔚山・釜山など嶺南地方の工業化にも大きく寄与してきた．2014年には慶尚北道庁が大邱広域市から移転される予定となっている．　　　　　佐々木 史郎

アンベール│Laurent Joseph Marie Imbert│1797-1839
フランスのパリ外国宣教会士．漢名は范世亨，安黙爾．1818年同会に入り，22年以降マカオで伝道に従う．36年朝鮮代牧区の司教となり，翌年密入国して▶辛酉ｼﾆｭ教獄(1801)後の教勢の回復に努めていたが，己亥ｷﾍ教獄(1839)によって，モーバン，シャスタン両神父とともに斬首された．この教獄に際して，《己亥日記》を玄錫文にまとめさせている．生前手がけていた漢訳天主教書の朝鮮語訳は，ベルヌー司教が完成させた．　　　　　　　　　　　　　　原田 環

アン・ユ│安裕│안유│1243-1306
高麗の文臣，学者．名は珦，字は士蘊．順興の人．朝鮮王朝時代，王の諱ｲﾐﾅを避けて安裕とよばれた．官は都僉議中賛に至る．忠烈王のとき，高麗儒学提挙となり，王に従って元の燕京(北京)に赴いたが，《朱子全書》を筆写して帰国し，▶朱子学を初めて朝鮮にもたらした．学校の整備など文教の振興に努力，晩年はつねに朱熹の像を飾って敬慕し，朱熹の号(晦庵)から1字をとって晦軒と号した．諡号ｼｺﾞｳは文成．　　　山内 弘一

イ・アム│李巌│이암│1499-?
朝鮮王朝時代の花鳥画で名高い画家．字は静仲．朝鮮王朝第4代世宗の第4子臨瀛ｲﾐｮﾝ大君の曾孫で，杜城令の位を授かる．1545年李上佐らとともに先王中宗の肖像画を制作．南宋の毛益風の花卉・翎毛や猫狗図に独自の作風をきずき，日本でも古くから完山静仲ｶﾝｻﾞﾝｾｲﾁｭｳの名で知られる．狩野永納の《本朝画史》は彼を室町時代の画僧と誤記しているが，その画風の日本近世花鳥画への影響も考えられる．　　　　　　　　吉田 宏志

イ・イク│李瀷│이익│1681-1763
朝鮮▶実学派の巨匠．字は子新，号は星湖．本貫は京畿道驪州ﾖｼﾞｭ．南人ﾅﾐﾝ派に属する彼は，大司憲李夏鎮の子として父の流配地で

生まれ，その兄李潜も，▶党争の犠牲となった．仕官の道を断念し，京畿道広州の瞻星ジョムソン里にこもって，▶柳馨遠ユヒョンウォンの実学思想を継承発展させるべく心血を注いだ．代表作《星湖僿説セイコサセツ》は3057項目を天地門，万物門，人事門，経史門，詩文門に分類して論述しており，そのような百科全書的学風は高弟▶安鼎福アンジョンボク，尹東奎ユンドンギュ，▶李家煥イガファン，李重煥らによって継承され，▶丁若鏞チョンヤギョンによって集大成された．この学統は実学における経世致用学派(星湖学派)とよばれる．とりわけ彼は朝鮮における本格的な西学(洋学)研究の基礎を据えた先駆者であり，マテオ・リッチの《天主実義》，E.ディアスの《天問略》，G.アレーニの《職方外紀》に跋文を寄せている． 姜 在彦

イ・インジェ│李仁済│이인제│1948-
韓国の政治家．イ・インチェとも．忠清南道生れ．ソウル景福高・ソウル大法学部の超エリート・コースをたどり，判事，弁護士を経て▶金泳三キムヨンサム系の国会議員となり，同政権で労相を務め，金泳三大統領を〈政治的な父〉と仰いだ．京畿道知事を務めたが，新韓国党の大統領予備選の過程で故朴正熙大統領と顔付きや態度，話し方がそっくりといわれ，髪型まで似せて登場，テレビ討論を通じて人気が上昇した．新韓国党から出馬しようとしたが，▶李会昌イフェチャンに敗れ，1997年11月脱党し，国民新党を結成，49歳で立候補した．演説の際には原稿の代りにパソコンを手元に置き，データを駆使して語る．金泳三，▶金大中キムデジュン，▶金鍾泌キムジョンピルの〈三金政治〉の清算と世代交代を掲げ，一時は2位につけたが，金泳三大統領の支援を受けたため失速，3位(493万票，得票率19.2%)となった．金大中政権発足後の98年8月，国民新党を率いて新政治国民会議に合流．2000年4月の総選挙では与党の選挙対策本部長を務め，ポスト金大中への位置を固めた．02年の大統領選では新千年民主党の党内選で▶盧武鉉ノムヒョン候補に敗れて離党．金鍾泌の自民連に入党．07年の大統領選では民主党候補となるが惨敗．11年自由先進党に入り，12年先進統一党の代表となる．同党はセヌリ党と合併． 前田 康博

イ・インジク│李人稙│이인직│1862-1916
朝鮮の文学者，言論人．号は菊初．旧韓国政府留学生として日本に渡り，政治学，法律学をまなぶ．帰国後1906年《万歳報》主筆となり，同誌に《血の涙》を連載，07年には《大韓新聞》を創刊し，社長に就任した．彼は個人的に▶李完用イワニョンに近く，小説中にも日本への過大な期待が溢れている．しかしながら20世紀初頭朝鮮に本格的近代文学の発生を準備した〈新小説〉の代表的作家としての彼の功績は大きい．自主独立・民主主義・新教育・婦人解放・自由恋愛などの近代思想を盛り込んであらわれた〈新小説〉の，最初にして最大の作家が李人稙といえよう(▶開化期文学)．代表作に《血の涙》(続編は《牡丹峰》と改題)，《鬼の声》などがある．《血の涙》は日清戦争の戦火のなかで日本軍医に助けられた朝鮮の少女玉蓮が，日本で育ち，やがてアメリカに渡って新教育をうけ，父親と劇的再会をとげ，具完書と婚約するまでの物語で，新教育思想や婦人問題などがとりあげられている． 大村 益夫

イ・インノ│李仁老│이인로│1152-1220
高麗の文臣，詩人．字は眉叟，号は双明斎．仁川の人．若いころ一時▶鄭仲夫チョンジュンブらの武臣の乱を避け，僧侶となるが，還俗し，1180年に登科．詩文に秀で，長年詔勅の製作に従事しながら詩作にはげみ，詩壇の盟主として中国にもその詩名が知られた．宋代詩学の影響をうけ，蘇軾(東坡)と黄庭堅(山谷)の詩風を尊んだ．《銀台集》《双明斎集》の著書があり，とくに《破閑集》3巻は，崔滋チェジャの《補閑集》とともに詩評をかねた朝鮮最初の詩話集で，朝鮮王朝時代に盛行する詩学の原点となった． 大谷 森繁

いえ│家
日本語の〈いえ〉に最もよく対応し，頻繁に用いられるのは固有語の〈チプ〉である．これは家屋・空間としての住居，およびそこに居住する社会集団としての世帯をさし，さらには世帯をこえて広がる血縁集団をさして用いられることもある．しかも日本と同じ家という漢字語も用いられているため，日本の〈いえ〉とよく似た概念であるかの印象を与えるが，実態はかなり異なる．父系血縁関係を基盤とし，祖先・子孫関係や一

族の血縁関係が最も基本的な関係として優先される伝統的な朝鮮社会では，〈チプ〉も血縁関係の中の一時的な一部分として位置づけられるにすぎない。〈チプ〉は血縁関係の連続を維持する機構としては重視されても，日本のかつての〈いえ〉の場合のように独立した永続的な社会単位とはみなされない。個人は〈チプ〉にではなく，血縁関係の中に位置づけられる。これを証明するものが父系血縁による一種の家系図である▹族譜である。世帯(チプ)の生活は，つねにその基盤にはりめぐらされた血縁関係によって保障されると同時に干渉をうけがちでもある。世帯の独立・自助を図るよりも血縁・親族に依存して生活することがむしろ人間的かつ自然なこととみなされ，世帯の生活を優先してこれを拒絶することは，反社会的・非人間的であると非難されることになりかねない。

相続において最も重視されるのは▹祖先祭祀であり，そのための祭田(位土)が準備されたりもする。▹養子も祖先の奉祀の責任者として族譜上の血縁の連続性を確保することに主眼がおかれ，財産はこれに付随するものとみなされる。血縁関係によって始祖からの世代数を数える習慣はあっても，経営体として商家などの代数を数えることはとくに行わない。商店の老舗や伝統工芸の技術，芸道を継承する家柄がきわめて貧弱なのも，たんに商業，芸道などが蔑視されてきたためばかりとはいえない。父親の経験や職業を子に継ぐという伝統が弱く，経営体としての家の連続性・独立性が弱い背景となっている。

〈チプ〉を識別・同定するには血縁関係を基準として行い，日本における屋号・家紋などに相当するものは見当たらない。しいていえば，▹両班の名門の宗家に対してその斎室名を用いる場合があり，こうした宗家では祖先伝来の土地，山林，家屋，屋敷が保持され，先祖の土地との結びつきがきわめて強い。このような〈チプ〉のあり方は朝鮮王朝時代の儒教，とりわけ朱子の《文公家礼》の励行などによって強化され，朝鮮王朝初期の子女均分的な▹相続制度から後期の17～18世紀には強固な長子相続制に転換することでもたらされた。

以上のような伝統は，概して保守的な農村社会やとりわけ両班の生活に濃厚なものであったが，急速な都市化・産業化が進むにつれて今日では大きく変貌しつつあり，〈世帯〉の独立性は強まる傾向にある。→家族／親族

伊藤 亜人

イ・オンジョク｜李彦迪｜이언적｜1491-1553

朝鮮中期の文臣，学者。本貫は驪州。初名は迪，▹中宗の命で〈彦〉の字を加えた。字は復古。号は晦斎，紫溪翁。1514年文科及第。吏曹正郎，司憲府掌令，密陽府使を経て，30年司諫になった。このとき金安老の登用に反対して官職を追われると，慶州紫玉山に独楽堂を建てて性理学の研究に専念。37年金安老が没すると官職に復帰，いわゆる〈一綱十目疏〉で王道政治の基本理念を示した。中宗の信任を得て官は参判にのぼったが，老母を奉養するために官を辞した。44年仁宗が即位するととくに召されて左賛成となるが，同年王が没し，乙巳士禍が起こると自ら官職を退いた。47年良才駅壁書事件に連座して江界に流罪となり，そこで没した。謫居中に著された《大学章句補遺》《求仁録》《奉先雑儀》《中庸九経衍義》などの遺稿を読んだ李滉(▹李退渓)は，その学問水準の高さに驚き，曠世の大儒と評価した。その主理的性理説は李滉に継承され，嶺南学派の重要な学説となった。73年玉山書院に祭享，1610年文廟に従祀された。諡号は文元。文集に《晦斎集》がある。

長森 美信

いかいの｜猪飼野

大阪市の旧地名。東成区と生野区にまたがり，日本最大の在日韓国・朝鮮人の集住地域とされる。《日本書紀》に〈猪甘津〉の記述があり，660年に滅んだ百済から渡来人が移り住んで〈百済郡〉が置かれ，猪(豚)の飼育技術をもっていた人々が多かったため〈猪を飼育する人たちの地〉として名づけられたのが由来という。大正年代に入って耕地整理が実施され，1923年に地域を流れる平野川の改修工事が行われて宅地化が進んだ。22年に済州島-大阪間に定期船〈君が代丸〉が就航すると，とくに▹済州島から渡ってきた朝鮮人住民が急増。戦後も猪飼野

の地名は残ったが，73年に大阪市の住居表示施行で消え，平野川に架けられた〈猪飼野新橋〉などにのみ名を残す。84年，生野区の御幸森商店街の朝鮮市場を再生するめ〈コリアタウン構想〉が打ち出され，93年にメーンストリート約500mの〈生野コリアタウン〉が完成した。

阪堂 博之

いがく｜医学
朝鮮は古代から独自の文化に培われ，独自の医学をもっている。三国時代の医学については，日本の《医心方》に引用されている〈百済新集方〉〈新羅法師方〉が知られている。高麗前期の医学は新羅のものを継承しながら，宋医学を輸入した。文宗の時代(在位1046-83)には宋の医書9部を出版し(1058-59)，中期以降はモンゴルの侵入により伝統医学が復興して《御医撮要方》《郷薬救急方》などが刊行された。朝鮮王朝前期には固有医学が興隆し，1398年(太祖7)《郷薬済生集成方》30巻，1433年(世宗15)《郷薬集成方》85巻などを大成した。これと並行して中国の唐・宋・元・明の医書153部を原文のまま類別編集し，《医方類聚》266巻の巨帙を活字出版した(1477)。続く成宗の時代(在位1469-94)にも多くの医書が著され，16世紀以降には明の医書がおびただしく輸入され，また翻刻された。これら朝鮮王朝前期の医書で現伝するものだけでも80余部(500～600冊)がある。同時代の日本の医書の刊本は，明の《医書大全》と《難経俗解》の翻刻があるだけである。王朝中期には許浚(ホジュン)(1546-1615)が出て，壬辰・丁酉の乱(文禄・慶長の役)にもめげず，明と朝鮮の医学とを実理的に統合し，1613年《東医宝鑑》25巻の名著を大成した。この書はその後，日本や中国でもたびたび刊行されている。王朝後期には《済衆新編》や《医宗損益》などが著され，丁若鏞(チョンヤギョン)による種痘の紹介なども行われたが，継承されなかった。王朝末期には四象医学説の《東医寿世保元》や簡要医学の《方薬合編》などが現れたが，1876年の開国後は日本やアメリカ系の西洋医学が渡来した。1899年には官立医学校(校長池錫永)と官立病院が設立され，これは後の大韓院となり，今日のソウル大学校医科大学にうけつがれている。これと並行して各道に慈恵医院が設けられ，平壌と大邱には医学校も設立された。アメリカの宣教医は1885年以降王立病院で活動するが，これはのちにセブランス病院となって医学校をも併立し，今日の延世(ヨンセ)大学校医科大学として発展した。

疾病史からみるとき，大陸の各種伝染病は，朝鮮半島を介して日本に伝播(でんぱ)した。これは東アジアにおける伝染病史上，特筆される重要事である。痘瘡，はしか，流行性感冒，コレラ，牛疫などは，日本，朝鮮，中国における実在の史実や相互の史料によってその流行や伝播の事情を正確に知ることができる。

三木 栄

イ・ガファン｜李家煥｜이가환｜1742-1801
朝鮮後期の文臣，学者。本貫は驪江。字は廷藻，号は錦帯，貞軒。星湖李瀷の従孫。天主教徒李承薫(スンフン)の外叔父。1771年進士，77年文科及第。80年庇仁県監になった。84年甥の李承薫が北京から帰り，南人(ナミン)を中心に天主教が拡大するなか，学問的関心をもって天主教を研究したが，信者にはならず，91年辛亥迫害(辛亥邪獄)の時には広州府尹として天主教を積極的に弾圧した。文に優れ，詩に通じ，天文学と数学の大家としても知られた南人の領袖で，官職は開城留守，刑曹判書にのぼったが，95年清の周文謨神父入国事件に連累して忠州牧使に左遷された。そこでも天主教を弾圧したが，官職を追われてから再び天主教を研究するようになった。1801年辛酉迫害(辛酉邪獄)が起こると，李承薫，権哲身らとともに殉教した。死後，著述の多くが失われ，《錦帯遺稿》が残るのみである。

長森 美信

イ・ギベク｜李基白｜이기백｜1924-2004
歴史学者。朝鮮平安北道定州郡に生まれる。1942年に早稲田高等学院卒業，43年早稲田大学文学部を中退し，解放後，ソウル大学校文理科大学に編入し，47年に卒業。梨花女子大学，西江大学，翰林大学教授を歴任する。97年より学術院会員を務めるなど，解放後の韓国歴史学界の第一人者として活躍。厳密な史料批判に基づく着実な研究で新羅史，高麗史研究を牽引し，国際的にも高い評価を受ける。《韓国史新論》は30年以上にわたって改訂を重ね，最もスタンダードな通史となり，米国研究者との共著とし

て英語版が90年に刊行される。多数の著作，論文は《李基白韓国史学論集》全11巻に収録されている。　　　　　　　　　　　李 成市

イ・ギュボ｜李奎報｜이규보｜1168-1241
高麗朝の詩人，政治家。字は春卿，号は白雲居士，諡は文順。京畿道黄驪県の人。年少のときから経・史・仏・老の書を学び，1190年進士に及第したが，若いときには不遇で下級官僚にとどまり，1202年慶州の反乱の討伐に従軍しても戦功はむくわれなかった。やがて武人政権の権力者*崔忠献に詩文の才を認められてから頭角をあらわし，文学界の第一人者としての名声をかちとった。《麴先生伝》《白雲小説》などがあり，また民族意識を高揚した長編叙事詩《東明王篇》などの作者として知られる。またモンゴルとの関係が緊迫すると外交文書の作成を担当し，その功で枢密院副使，集賢殿大学士，守大尉参知政事になった。その詩文集《東国李相国集》53巻は当時の詩文の最高水準を示し，朝鮮文学史上の重要著作である。　　　　　　　　　　　　　　旗田 巍

イ・グァル｜李适｜이괄｜1587-1624
朝鮮王朝の武臣。字は白圭。1623年，西人派が武力で光海君を倒し，*仁祖を擁立した際(*党争)，平安道兵使兼副元帥であった李适は政変で大きな役割を果たした。しかし，その論功に不満をもち，翌24年，反乱を起こして首都漢城(現，ソウル)を占領，宣祖の第10子を国王に擁立した。1ヵ月後，李适は敗れて殺されるが，反乱軍の一部は後金に逃れて仁祖即位の不当を訴え，後金(のちの清)の朝鮮侵攻(丁卯胡乱。1627)の口実をつくることになった。　　　矢沢 康祐

イ・グァンス｜李光洙｜이광수｜1892-1950
朝鮮の作家，思想家。号は春園。平安北道定州の生れ。朝鮮近代文学の祖といわれる。1907年日本の明治学院中等部3年に編入，卒業後帰国して民族系の*五山学校で教鞭をとり，15年ふたたび渡日，早稲田大学高等予科を経て早稲田大学哲学科に入学，卒業までに1年を残して19年二・八独立宣言書を起草し，上海に亡命，*安昌浩チャンホの影響のもとに*大韓民国臨時政府(上海)に身を投じ，《独立新聞》を主宰した。帰国後の22年に*《民族改造論》を発表し，物議をかもした。37年修養同友会事件で裁判に付せられてから，青年時代に強い影響をうけたキリスト教をすて仏教的諦観に沈潜，やがて最大の〈親日文学者〉となって対日協力にひた走る(*親日文学)。解放後，韓国でく反民族行為処罰法〉により裁判に付されたりしたが，朝鮮戦争のさなか北に連れさられたと伝えられる。

初期の李光洙は，*崔南善チェナムソンと協力して《少年》《青春》誌を発刊，西欧近代思想を精力的に朝鮮に紹介すると同時に，言文一致の新文学運動を起した。1917年の短編《少年の悲哀》《彷徨》，長編《無情》(1910)などは韓国では通常朝鮮最初の近代小説と称される。以後数多くの長編，短編を書くが，多くは民族主義的立場に立った啓蒙主義的な作品であり，これらは現在でも韓国の青年たちに愛読されている。農村啓蒙運動を描いた《土》(1932)，精神主義的な愛情を描いた《有情》(1935)などが代表作といえる。《李光洙全集》全20巻がある。　　　大村 益夫

イクサン｜益山｜익산
韓国，全羅北道の都市。*裡里市と益山郡の統合により1995年に発足した。面積507.1km²，人口は30万6887(2013.8)。韓国の穀倉，*湖南平野の中心に位置する。湖南作物試験場や，2008年に国立全北大に統合された旧益山大は，全羅北道の農学研究の拠点をなしてきた。湖南線と群山線，全羅線が分岐する交通の要衝にあたり，農産物集散地として商業が発達した。1974年に繊維・皮革・食品・貴金属加工などを中心に造成された*輸出自由地域は，その後，拡張と縮小をくり返し，2011年に解体されて，益山産業団地に編入された。その中の貴金属・宝石団地は国内初のものである。円仏教(ウォンブルキョ，仏教の新宗派)の総本山があり，その設立になる円光ウォングァン大学がある。1977年11月に裡里駅(現益山駅)構内で貨車積載の火薬が爆発した事故は，韓国最悪の鉄道事故として知られる。　　　　　　　佐々木 史郎

［遺跡］　金馬面を中心とする，いわゆる益山の地は，三国時代百済の遺跡が多い。金馬面の街の南郊1kmほどのところには，幅約230m，長さ約450mの長方形平面をした土塁があり，益山王宮跡と推定される。そ

の南郭の王宮里廃寺跡には，五重石塔が残るが，のちの統一新羅時代のものである．そこから東方に約1.5kmのところにも，帝釈寺跡がある．王宮里から北方6kmあまりの弥勒山には，山城が築かれている．弥勒山の南西麓で，金馬面の街からは北西方に約3kmのところには，弥勒寺跡があり，朝鮮半島で最大級の石塔が現存する．この塔の東方でも石塔跡が見つかったが，東西2塔の中間で木塔跡が知られ，3院からなる特殊な伽藍配置を示す．弥勒寺跡の北西方およそ3km，蓮洞里には光背を備えた石仏座像がある．また，弥勒寺跡の直南3kmあまり離れたところに石旺里双陵とよばれる大小2基の円墳があり，百済の武王とその后妃の陵とする伝承がある．これらの遺跡群は，主として百済後期の所産であり，京都市青蓮院所蔵の《観世音応験記》にく百済武広王遷都〉とみえることなどから，益山の地を，7世紀前半の武王の時期の別都とする見方が強くなっている．益山はまた，百済に先立つ馬韓50余国のなかの乾馬国に比定されている．また益山郡多松里出土の多鈕粗文鏡をはじめ，数ヵ所の青銅器の出土地としても知られる．

西谷 正

いくじ｜育児

〈大疫（天然痘），小疫（はしか）をして初めてわが子〉という朝鮮の成句にみられるように，乳児死亡率の高かったころは，産後の三七日(21日)，百日，初誕生日(トル)などは，新生児が誕生初期の危険な時期を脱し，しだいに生き延びる可能性を増してゆく区切り目としての意味を帯びていた．子どもの生まれる間隔は平均して2年から3年であったが，授乳は次の子どもが生まれるまで，また末っ子の場合は3～4歳を過ぎるまでも続けられ，その間は子どもの望むままに与えられた．離乳は2歳を過ぎるころから本格化し，汁物からしだいに米飯などの固形食，さらにキムチなどの辛いものへと進められる．排便のしつけもこのころから始まる．このころは弟妹の世話や家事に忙しい母親に代わって育児は祖母にまかせられることが多く，離乳も排便訓練も祖母の手で行われる．この時期のしつけはく愛らしい3歳（数え年)〉ということばにみられるように厳

しくはない．村内に親族の多い場合には多数の同年齢者の間で育てられることになる．5～6歳ごろまでに食事のしかたのしつけがなされる．7歳ごろになると男児と女児ははっきり区別されるようになり，男児は父親とともに舎廊房（・住居）で眠り，書堂などで文字教育などを受け始める．このころからことばづかいも上下の社会秩序にそうようにしつけられるが，それまでに比べて厳しいしつけがされるようになり，おとなの意図と子どもの行動とが衝突しやすくなる．〈憎たらしい7歳〉といわれるゆえんである．女児は母親の手伝いをしながら，女の役割へのしつけが始まる．→子ども｜出産｜通過儀礼

嶋 陸奥彦

いけうちひろし｜池内宏｜1878-1952

朝鮮史，満州史の研究者．1904年，東京帝国大学文科大学史学科を卒業し，09年，満鉄の学術調査部に入り，白鳥庫吉の指導下に津田左右吉，稲葉岩吉らとともに朝鮮・満州の歴史地理を研究した．13年，東京帝国大学文学部講師，16年助教授，25年教授になり，39年に定年退職．その間，37年には帝国学士院会員になった．彼の研究視角は朝鮮史と満州史を一体とみる〈満鮮史〉であり，研究対象は前近代の政治史・戦争史であったが，研究方法は論理主義ともいうべきもので，論理の整合を求めて史料を徹底的に批判する点に特色があった．著書に《文禄慶長の役》正編第1(1914)・別編第1(1936)，《元寇の新研究》(1931)，《通溝》(1938)，《日本上代史の一研究》(1947)などがあり，論文は《満鮮史研究》5冊に収録されている．

旗田 巍

いご｜囲碁

朝鮮の囲碁も中国伝来のものであり，遊び方は中国，日本などと同じである．ただし囲碁とはいわず，パドックという固有語のよび方が普通である．新羅時代のものとみられる石に刻した囲碁盤も発見されている．日本の囲碁も三国時代，6世紀の半ばころに百済から伝えられたと考えられる．ただし現在の囲碁盤の作り方は日本と違い，まずイチョウ（銀杏）の木の板で箱を作り，中を空にして鉄線を張りわたし，碁を打つときに殷々たる振動音を楽しむ．棋譜の残存

は少なく，中国の棋譜が流布している．朝鮮王朝時代の通信使らの記録によれば，使臣が日本の専門化した棋士とわたりあうと，朝鮮では趣味として行われていたせいもあって，日本の棋士に比べれば弱かったらしい．現在では韓国でも段位があり，プロの棋士がいて，趙治勲のように日本に渡り，日本の棋界で活躍している棋士もいる．朝鮮では神仙が碁を打つのを木こりが見ていたら自分の斧の柄が年月をへて腐っていたという伝説があるほど，民衆的な娯楽となっている．
金 東旭

イ・ゴク|李穀|이곡|1298-1351
高麗末期の文臣，学者．字は仲父，号は稼亭．韓山の人．高麗と元の科挙にいずれも及第し，当時の困難な外交関係に功労があった．《編年綱目》《三朝実録》の編纂に参与し，《稼亭集》20巻が伝わる．ほかに開城演福寺の蒙古鐘の銘文が有名．《竹夫人伝》は，唐・宋古文家の伝奇文に倣い，竹を擬人化して婦人の節義の尊さを説いた作品で，当時新興の朱子学者層の清新な理念が表現されている．諡号は文孝．李穡はその子である．
大谷 森繁

イサブ|異斯夫|이사부
5世紀末から6世紀中ごろにかけての新羅の武将．生没年不詳．姓は金あるいは朴．一名，苔宗，伊宗．智証・法興・真興の3王のもと領土拡張の前線でつねに活躍した．505年新羅最初の州，悉直州(三陟)がおかれるとその軍主となって東北辺境を治め，すすんで于山国(鬱陵島)を下した．のち南に金官加羅(金海)を攻め，541年兵部令となり，国軍を統轄，高句麗・百済を攻略し，562年加羅諸国を平定した．また，その建議によって《国史》が編纂された．
大井 剛

イ・サン|李箱|이상|1910-37
朝鮮の建築家で，モダニスト詩人，小説家．ソウル生れ．本名金海卿．1929年京城高等工業学校建築科を卒業．朝鮮総督府に勤めるかたわら文学活動を続け，30年に長編小説《十二月十二日》を朝鮮文《朝鮮》誌に連載，また詩人としては31年7月，日本語誌の《朝鮮と建築》に《異常ナ可逆反応》を発表，次いで《鳥瞰図》《三次角設計図》などの日本語詩を発表した．これらの詩は後に朝鮮語に直され，改めて世に出されている．その作品は難解なことで知られ，34年に朝鮮語詩《鳥瞰図》が《朝鮮中央日報》に掲載された時は読者から新聞社に抗議が相次いだほどであった．画家になるのが夢で，31年には《自像》を鮮展に出品，入選してもいる．36年に渡日するが，肺結核のため37年，東京帝大付属病院で死去．4巻本全集がある．
布袋 敏博

イ・シエ|李施愛|이시애|?-1467
朝鮮王朝初期の農民闘争の指導者．咸鏡道吉州の大豪族で，会寧府使などを歴任したが，1467年，地方豪族の排除，中央支配の強化，田税・軍役などの負担増に反対し，咸鏡道の土豪・農民を組織して4ヵ月に及ぶ反乱を起こした．中央派遣の役人を殺害し，咸鏡道出身者の地方官任命などを要求したが，鎮圧される．このあと政府は，高麗末期から地方勢力の拠点となっていた全国の留郷所(のちに郷庁に改組)を一時廃止した．
矢沢 康祐

イ・ジェヒョン|李斉賢|이제현|1287-1367
高麗の文臣，学者．初名は之公．字は仲思．号は益斎，実斎，櫟翁．慶州の人．元との外交折衝で重要な役割を果たし，官は門下侍中(首相)に至る．白頤正の門人で朱子学を修め，忠宣王が燕京(北京)に建てた万巻堂で，元の学者姚燧，元明善，趙孟頫，閻復らと経史について研究討論を行い，高麗朱子学の基礎を固めた．また趙孟頫の書体を高麗に導入し，流行させた．著書には，史書にみえない異聞，奇事，人物評，詩文，書画品評などを載せた随筆集《櫟翁稗説》や，彼の詩文集で，高麗民間歌謡を漢詩に翻訳したものを収める《益斎乱藁》などがある．諡号は文忠．
山内 弘一

いしがっせん|石合戦
朝鮮ではトルサウムといい，集団的に石を投げ合って勝負を競い，その年の豊凶を占う一種の農耕儀礼に属する年中行事であった．絵画では18世紀の平安監司赴任図にこの石合戦の図があり，文献では《京都雑志》《東国歳時記》などにソウルの万里峴で正月15日に石合戦をしたとある．万里峴は現在のソウル駅西方の小高い峠で，東軍と西軍に分かれて石を投げ合い，西軍が負けれ

ばソウルの北方(黄海, 平安, 咸鏡地方)が豊年になり, 東軍が負ければ三南地方(忠清, 慶尚, 全羅地方)が豊年になるという俗信があった. そのために毎年何人かが死ぬ騒ぎになった. 普通の村でも, チュイプルノリ(鼠火遊)といって正月15日にネズミの害をさけるために田の畦を焼く行事がある. このとき村では若者たちがキビ(黍)の束に火をつけて他の村との中間地点で合戦し, 負けた方が弟, 勝った方が兄になり, その年の用水灌漑権を握った. これも石合戦の変形で, 1930年代まで朝鮮の農村で行われた.

金 東旭

いしふ | 異斯夫 | ➡イサブ

イシモチ | 石首魚 | 조기

チョギ, 塩漬けにして干したものはクルビという. 趙在三(1808-66)の《松南雑識》によれば〈頭に石があるので石首魚という名がついた〉という. また李義鳳(1733-1801)の《古今釋林》には〈石首魚の俗名が助気で, これは人の気を助けるもの〉とある. 15世紀半ばに書かれた《世宗実録》地理志によれば, 全羅南道霊光郡の記事に〈石首魚は郡の西の波市坪でとれる〉とあるが, 霊光郡はクルビの産地として有名である. クルビは祖先祭祀の膳によく供えられるほか, 歳暮の贈り物にもよく使われる. ➡魚介類

朝倉 敏夫

イ・ジャヨン | 李子淵 | 이자연 | 1003-61

高麗の政治家. 邵城県(仁州)の人. 1024年(顕宗15)科挙に合格して以来, 順調に昇進して55年(文宗9)には門下侍中すなわち首相となった. 政治家としてとりたてていうべき事績はないが, いわゆる仁州李氏繁栄の基礎をきずいた人物として知られる. 李子淵の3人の娘が文宗の妃となって以後, 仁宗までの7代80余年間にわたり, 仁州李氏は王室との姻戚関係を深め, 朝廷に大きな影響力を保持し続けたのである. 仁州李氏は高麗における代表的な門閥貴族であり, そのほかに当代の名門として安山金氏, 坡平尹氏, 海州崔氏, 慶州金氏などが知られているが, 高麗前期の政治は主として彼ら門閥貴族によって運営されていた.

浜中 昇

いしんたいせい | 維新体制

1972年7月の南北共同声明を契機とする韓国内の政治的流動化に対して, 同年10月朴正熙政権は非常戒厳令をしいて国会を解散し(十月維新), その状況での国民投票を経て12月27日〈維新憲法〉を公布した. 以後79年10月の朴大統領射殺事件までがいわゆる維新体制期だが, 全斗煥政権(1980年5月〜88年2月)も, この時期に確立された統治方式を多分に継承してきた. 維新体制の特徴は, 緊急措置発布権をはじめとする強大な権限の大統領への集中, その大統領選出を間接選挙化してそのための翼賛機関である統一主体国民会議を構成したことなどである. 維新体制下, 労働者の争議行為などは一般的に非合法化され, 〈能率化〉と上からの組織化が追求されたが, それによる矛盾の累積をもたらした. 〈維新〉という成語自体は《詩経》に典拠をもつが, 〈明治維新〉のイメージが二重写しにされていることに, 歴史の屈曲した投影が読み取られる.

梶村 秀樹

イ・スグァン | 李晬光 | 이수광 | 1563-1628

朝鮮王朝中期の文臣, 実学者. 字は潤卿, 号は芝峰. 本貫は全州. 日本や清の侵略にあう多難な時代に防禦使や都承旨, 弘文館提学など数々の官職を歴任し, 多くの業績をあげた. 使臣として3回北京に旅行し, マテオ・リッチの《天主実義》(天主教)の紹介, 安南国使との問答による安南(ベトナム)の紹介など新しい知見を朝鮮にもたらした. 彼の広い学問と見聞は3435項目からなる《芝峰類説》や《芝峰集》に収められ, 実学勃興の原動力の一つとなった.

小川 晴久

イ・スンシン | 李舜臣 | 이순신 | 1545-98

朝鮮王朝の名将. 字は汝諧. 諡号は忠武. 本貫は徳水. 1576年武科に合格し, 柳成竜の推挙で91年2月全羅左道水軍節度使となる. 壬辰倭乱(文禄の役)に際し, 亀甲船をつくり, 当時, 斬り込みを中心とする接舷戦法が基本となっていた海戦で火砲戦法を用い, 構造的に竜骨を用いず船体の弱い日本海軍に閑山島沖などで連勝した. その功により93年8月, 三道(慶尚・全羅・忠清)水軍統制使に任ぜられたが, 97年1月, 慶尚右道水軍節度使元均らの中傷により無実の罪で捕えられる. 丁酉倭乱(慶長の役)の勃発で97年7月, 再び統制使に任ぜられ,

●李舜臣

大韓民国の500ウォン紙幣に描かれた李舜臣の官服正装の肖像。背景は亀甲船。

珍島沖の潮流を利用した海戦などで活躍するが，98年11月，露梁海戦で銃弾にたおれ，戦死した(▶壬辰・丁酉倭乱)。李舜臣は朝鮮の救国英雄とされ，今も釜山やソウルには銅像が建っており，その水軍の本拠地となった慶尚南道の統営邑は彼の号をとって1955年忠武市と改称された(97年旧名に復す)。遺稿集に《忠武公全書》がある。　矢沢 康祐

イ・スンニョン｜李崇寧｜이숭녕｜1908-94
朝鮮語学者。京城帝国大学法文学部朝鮮語朝鮮文学科卒。在学中に小林英夫(言語学者)のもとで一般言語学を学ぶ傍ら，▶小倉進平の指示で巫歌の調査を行う。解放後京城大学(のちの▶ソウル大学校)に赴任し，1973年定年退官するまで多くの弟子を育てた。一般言語学の知見を背景に科学としての朝鮮語学を定立することをめざしたが，これは京城帝大時代の経験が作用していよう。研究領域も音韻論，文法論，語彙・意味論，借字表記，方言論などの多岐にわたり，朝鮮語学史の記述も行うなど，〈現代国語学の開拓者〉ともいわれる。　三ツ井 崇

イ・スンフン｜李承薫｜이승훈｜1756-1801
朝鮮で最初に洗礼を受けたキリスト教徒。号は蔓川，教名はペテロ。本貫は平昌。家系は▶南人(▶党争)に属し，1780年に進士に合格した。84年，父の東郁(書状官)とともに▶燕行使の随員として北京に赴き，同年2月に北京の南天主堂でグベーア司教から洗礼を受けた。帰国後はキリスト教の布教に努めたが，91年の珍山事件で捕らわれ，背教を偽装した。95年に中国人神父の▶周文謨が朝鮮に潜入すると活動を再開したが，再び捕らえられ，礼山県に流配された。そして1801年に丁若鍾らとともに斬首の刑に処せられた(▶辛酉教獄)。　原田 環

イ・スンマン｜李承晩｜이승만｜1875-1965
大韓民国の初代大統領(在任1948.7-60.4)。黄海道の名門の出身。若くして▶独立協会の運動に参加し，1898年投獄された。1904年出獄後渡米。ワシントン大学，ハーバード大学に学び，プリンストン大学で哲学博士号を取得。朝鮮独立への国際世論，とくにアメリカ政府の支援を求めて外交宣伝活動を展開した。19年上海の▶大韓民国臨時政府の大統領に推戴されたが，一時期上海にわたっただけで(1920年12月-21年5月)，以後ほとんどアメリカですごし，その独善的ふるまいから25年弾劾免職された。祖国解放後の45年10月帰国，右翼保守勢力の支持を得て独立促成中央協議会を組織し，信託統治反対運動を展開。親米反共主義者として早くから南朝鮮単独政府樹立を主唱し，48年大韓民国成立とともにアメリカの支援の下に初代大統領に就任した。李政権は地主，旧植民地官僚，少数独占資本家をその主たる勢力基盤とし，朝鮮戦争後いっそう強化されたアメリカからの軍事的経済的援助によって支えられた。李は南北朝鮮の分断の下で反共イデオロギーによる国民意識の統合をはかり，また国民の反日意識を背景に52年の〈平和ライン〉の宣言など，対日強硬姿勢を示した。その封建君主的性格と激しい権勢欲から52年〈大統領直選制改憲〉，54年〈大統領3選改憲〉を強行して永久独裁体制の確立をはかり，反対勢力を徹底的に弾圧した。しかし50年代末アメリカの対韓援助が削減される中で国民の抵抗運動が高まり，60年大統領に4選されたが，▶四月革命で退陣に追いこまれ，亡命先のハワイで病死した。　大塚 嘉郎

イ・セク｜李穡｜이색｜1328-96
高麗末期の文臣，学者。字は穎叔。号は牧隠。韓山の人。▶李穀の子で，▶李斉賢の門人。14歳で進士となり，元に留学して元の文科にも及第した。朱子学に精通し，成均館大司成として▶鄭夢周，李崇仁らを学官に採用，朱子学の発展に寄与したが，一方，仏教にも造詣が深かった。王朝交替期の政治家として活躍したが，李成桂(朝鮮王朝の太祖)派と対立したため，晩年は

不遇であった。諡号は文靖。朝鮮王朝初期の文臣たちは多く彼の影響下にあり，朝鮮王朝▶漢文学の淵源をなす。著書に《牧隱集》がある。　　　　　　　　　　山內弘一

イ・ソンゲ｜李成桂｜이성계｜1335-1408
朝鮮王朝初代の国王，太祖。在位1392-98年。全州の人。彼の一族は高麗時代から咸鏡道で活躍し，父李子春は元帝国の双城摠管府に仕えた。李成桂は軍事能力にすぐれ，▶紅巾の乱，女真人，モンゴル残存勢力，倭寇などの討伐に大きな功績をあげ，1370年に知門下府事となって高麗政府の中枢に入った。88年，満州を占領した明軍を攻撃する指揮官となった彼は，遼陽遠征の途上，鴨緑江下流の威化島から全軍を引き返し（威化島回軍），首都開城に入城して辛禑王と崔瑩を追放し，辛昌王を擁立した。さらに翌年，▶恭讓王を擁立した彼は政治・軍事の最高権力を掌握した。同時に土地制度改革に着手し，91年に▶科田法を公布して旧家世族の私田を没収した。こうして92年，李成桂は趙浚や▶鄭道伝らに推戴されて新王朝を開き，翌年，国号を朝鮮と定め，親明政策を外交方針とした。94年，首都を高麗王朝の本拠地開城から漢陽（漢城，現在のソウル）に移した。また儒教を国教に定め，▶成均館をはじめとする学校を各地に設置した。98年に王位継承権をめぐる異母兄弟間の争いが起こり，第5子の李芳遠（後の太宗）が幼弟2人と鄭道伝を殺して定宗を擁立した。李成桂は退位して上王となったが，2年後，定宗も廃されて太宗政権が成立した。この骨肉の争いに苦悩した李成桂は仏門に帰依し，殺された2子の冥福を祈った。　　　　　　　　　　吉田光男

いたとび｜板跳び
朝鮮語でノルティギ널뛰기とよび，高麗時代から伝わる正月の若い女性の遊び。わらを束ねたわらまくらの上に長い板を横たえ，互いに向かいあってその両端をふみ，交互に弾みをつけて跳びあがったり降りたりする。その高さは2〜3mに及ぶ。正月に美しく着飾った娘たちが，チマ（裳）を風になびかせながら板跳びをするありさまは，今日でも伝統的な正月風景の一つである。▶《東国歳時記》には年末から正月初めの行事と

●板跳び

両班（ヤンバン）の子女が内庭（マダン）で練習用の綱を握りながらノルティギをしているところ（第2次大戦前）。跳び板の大きな音に驚き，悪鬼が退散するものと，かつては信じられていた。

して記されており，清代周煌の《琉球国志略》によれば，琉球の〈板舞〉もこれに似たもので，正月に行うという。　　李杜鉉

いち｜市　➡場市（じょうし）

イチョン｜利川｜이천
大韓民国京畿道の南東端に位置する市。面積461.29km²，人口20万9243（2013）。広州山脈の支脈や車嶺山脈に囲まれた盆地にあり，周囲で良質の陶土（カオリン）が得られることから，古来，▶陶磁器の里として知られる。三国時代の土器片が出土するほか，1530年の《新増東国輿地勝覧》にも陶器が特産品としてあげられているが，16世紀後半に京畿道広州に王室用の製品を作る官窯が設置されると，多くの陶工がそちらに移り，利川の窯はしばらく衰退した。しかし，1950年代後半から，のちに韓国人間文化財となる池順鐸スンタク（1912-93）・柳海剛ヘガン（1894-1993）らが相次いで利川に窯を開くと，再び活気を取り戻すようになった。現在，新屯ドゥン面を中心に300余の窯場があり，韓国の陶磁器生産の約3分の1を占め，海外輸出も行われている。有名陶芸家の展示施設や毎年開かれる陶磁器祭りには，日本からも多くの愛好者が訪れている。良質米の産地としても知られ，地元産の米のブランド化と稲作専業農家の育成を進めている。
　　　　　　　　　　佐々木史郎

●**李退渓**
儒巾をかぶり，儒者の正装姿の李退渓．大韓民国の1000ウォン紙幣．ソウルには退渓路という名の街路もある．

いっしごぞく｜乙巳五賊｜을사오적
歴史上では，日本が外交権を奪い統監府の設置を強要した1905年の▶日韓保護条約に調印した大韓帝国側の5人の大臣をさす朝鮮側の呼称．たんに五賊ともいう．5人とは学部大臣▶李完用ｲﾜﾝﾖﾝ，内部大臣李址鎔ｼﾞﾖﾝ，軍部大臣李根沢ｸﾞﾝﾃﾞｸ，農商工部大臣権重顕ｸﾞｫﾝｼﾞｭﾝﾋﾖﾝの4人に加えて，あとの1人については外部大臣朴斉純ﾊﾟｸﾁｪｽﾝとする者と，法部大臣李夏栄ｲﾊｦﾝとする者とがいる．詩人▶キム・ジハ（金芝河）は総合雑誌《思想界》（1970年5月号）に物語詩《五賊》を載せ，そのなかで犲縒ｶﾙﾁｪｯ，䨹獪猁猿ｸﾜﾌﾞｬｳｫﾝ，跕磔功無源ｺｳﾑｳｫﾝ，長猩ﾁｬﾝｿﾝ，瞕猪曙ﾁｬﾝﾁｬｿﾝの五賊をあげて，これらが不正を働き，外国と癒着して国を滅ぼすと糾弾した．上記の漢字を朝鮮漢字音で読むと，財閥，国会議員，高級公務員，将星（将軍），長次官（長官，次官）と同音になる．《思想界》は詩《五賊》のために廃刊させられた．
大村 益夫

いっしぶんとく｜乙支文徳｜➡ウルチ・ムンドク

いっしんかい｜一進会
日露戦争中の1904年8月，日本軍通訳をつとめた▶宋秉畯ｿﾝﾋﾞﾖﾝｼﾞｭﾝが組織した朝鮮の親日御用団体．最初は開化政策を標榜して尹始炳ら独立協会系の人物を取りこんだが，同年末組織拡大の必要から▶李容九ｲﾖﾝｸの率いる東学系結社進歩会を吸収した．翌05年，朝鮮植民地化の動きが本格化するにつれて日本政府および軍の特別の庇護を受け，日本の政策を支持する運動を活発に展開した．さらに一進会は，朝鮮内の反日的な動向を探るスパイ活動や韓国併合に向けての親日世論作りのために利用された．しかしその露骨な親日姿勢は大衆の反感を買い，反日気運を高める結果をもたらした．しかも会の実体は会長李容九や宋秉畯などの利権集団でしかなく，当局からも煙たがられたが，朝鮮内にも韓国併合支持勢力があるという宣伝効果を得るためにその存在が許された．韓国併合が実現すると解散させられた．➡韓国併合
馬渕 貞利

イ・テゲ｜李退渓｜이퇴계｜1501-70
〈東方の小朱子〉と称される，朝鮮王朝の代表的文臣，儒者．本名は李滉ｲﾌｧﾝ．初名は瑞鴻．字は景浩，初字は李浩．号は退渓のほか陶翁，清涼山人．本貫は真宝．李埴の子で，叔父李堣や郷校で李賢輔の指導を受け，文科に及第後▶成均館の司成になったが，1545年（乙巳ｲﾙｻ）の▶士禍に連坐して官職を失った．中央官界の暗闘に絶望した彼は，隠退して洛東江上流兎渓ﾄｹに養真庵を築き，兎渓を退渓と改めてみずからの号とし，学問に専心した．しかし，たび重なる任官の命を拒めず，丹陽，豊基の郡守，成均館大司成などに任じ，豊基郡守のときには，朝鮮最初の賜額▶書院である紹修書院を実現させた．59年帰郷し，翌年陶山書院を建て，以後は学問と後進の指導に従事した．彼の学問は敬を重視し，徹底した内省を出発点とするもので，この立場から朱熹ｼﾞｭ（子）の理気論を発展させ，理自体の動静（運動性）を明言し，〈四端七情〉について理気の互発を主張した．この四端七情と理気との関係をめぐり，奇大升ｷﾃﾞｽﾝと長年の論争を行ったが，これはのちに継承されて，王朝儒学界の中心課題の一つとなった．彼は謙虚な大学者として歴代の王や学者から党派を超えて尊敬を受け，同時代の▶李栗谷ﾕﾙｸﾞｸとともに朝鮮儒学の最高峰とされる．その学説は，日本の林羅山，藤原惺窩，山崎闇斎らにも大きな影響を与えた．門人に趙穆，金誠一，▶柳成竜ﾕｿﾝﾖﾝらが輩出し，その学統は嶺南ﾖﾝﾅﾑ学派（嶺南は慶尚道の異称）とよばれるが，やがて党争もからんで李栗谷系の畿湖学派と鋭く対立するに至った．著書には《自省録》《易学啓蒙伝疑》などを収めた《退渓全書》や，朱熹の書簡を抜粋した《朱子書節要》がある．諡号ｼｺﾞｳは文純．➡儒教；朱子学
山内 弘一

イ・テジュン｜李泰俊｜이태준｜1904-?
朝鮮の作家。江原道鉄原出身。号は尚虚。1925年処女作《五夢女》発表後，東京に渡る。上智大学中退。《不遇先生》《アダムの後裔》《愚菴老人》《福徳房》《寧越令監》など，主に没落した人間像を美文によりスケッチ風に描く短編小説を得意とし，プロレタリア文学退潮後の文壇で注目された。その文学的基調は尚古趣味，センチメンタリズムと評される。39年に▶《文章》誌の編集に携わり，解放後は民族文学再建を求めて朝鮮文学家同盟結成に参加，副委員長となるが，文学的には抑制を失うとともに形骸化する。北朝鮮へ渡り，朝鮮作家同盟副委員長となる。その後56年文学界から追放された。　長 璋吉

いとうひろぶみ｜伊藤博文｜1841-1909
明治政府の元老で日本の朝鮮支配を実現するのに最も重要な役割を果たした人物。このため朝鮮では侵略者，植民地主義者として憎まれ，彼を殺害した▶安重根アンジュングンは義士，民族英雄として尊敬されている。博文は長州藩の貧農の家に生まれ育ったが，14歳のときに伊藤家の養係となり，吉田松陰らから教えを受けて尊王攘夷運動に参加した。22歳でイギリスに留学，帰国後は開国論を唱え，明治政府の下では国際事情に明るい少壮官僚として頭角を現した。1873年の征韓論争(▶征韓論)で大久保利通らの〈征韓時尚早論〉を支持したが，85年に朝鮮への出兵条項を盛り込んだ日清天津条約の交渉にあたり，94年には日清開戦の決定に総理大臣として参画，日清講和条約の締結者にもなった。さらに日露戦争後には韓国政府に▶日韓保護条約を強要する指揮を執り，1906年から韓国統監として朝鮮を支配し(▶統監府)，07年の▶ハーグ密使事件を契機に国王をも廃位に追い込んだ。09年10月ハルビン駅ホームで暗殺された。　馬渕 貞利

いどちゃわん｜井戸茶碗
朝鮮王朝中期に朝鮮で焼かれたもので▶高麗茶碗の一種。本来茶の湯用として作られたものではなく，雑器であったものが，桃山期の武将，茶人の好みにかない，抹茶茶碗として珍重された。以来，茶の湯の茶碗の中でも最も重視されるものとなった。井戸茶碗の産地や名称の起りはつまびらかでない。器形や作風から大井戸(名物手)，青井戸，小井戸(古井戸)などに分けられているが，こうした呼称は江戸時代につけられたものである。大井戸は大振りな井戸茶碗という意味で，見込みが深い碗形をなし，高台はほとんど竹節状に削り出されているなど，器形はほぼ一定している。また外側にまわるろくろ目，貫入の生じた枇杷色の釉，高台まわりの梅花皮かいらぎ(鮫皮に似た釉の変化)なども大井戸の特徴である。代表作に喜左衛門，筒井筒などがある。青井戸は見込みがやや浅く，釉に青みがある。柴田，宝樹庵などが著名。小井戸は全体に小振りで，器形にかなり変化がみられる。作品には老僧，六地蔵などがある。小貫入も井戸茶碗の一種とされている。　赤沼 多佳

イ・ドンヒ｜李東輝｜이동휘｜1873-1935
朝鮮の独立運動家。号は誠斎。咸鏡道端川の生れ。旧韓国軍官学校出身。▶安昌浩アンチャンホの啓蒙思想に共鳴，▶新民会，西北学会に参加，早くから開化運動に献身して名声が高かった。1907年日本の朝鮮軍解散命令に反対する江華鎮衛隊の蜂起に連座して逮捕され，11年寺内総督暗殺未遂事件にも連座。のち満州，シベリアに亡命し，独立運動の指導者となる。ウラジオストクで投獄されるが，ロシア革命で自由の身となり，その民族自決政策に関心をもち，しだいに共産主義思想に共鳴，労農ロシアとの連帯をとなえ，ハバロフスクで韓人社会党を組織(のち上海に移り，1921年高麗共産党となる)。19年の三・一独立運動後，上海の▶大韓民国臨時政府に参加し，軍務総長，国務総理を歴任した。労農ロシアと上海臨時政府のパイプ役となったが，ソ連からの独立援助資金をめぐって保守派の反撃を誘発して引責辞任，臨時政府との関係を断った。その後シベリア在住朝鮮人社会の長老の役割を果たした。　姜 徳相

イ・ドンム｜李徳懋｜이덕무｜1741-93
朝鮮王朝後期の学者，文臣。字は懋官，号は炯庵，雅亭，青荘館など。本貫は全州。1778年に▶燕行使に随行して北京に赴き，帰国後《燕記》を著し，朴斉家，朴趾源らとともに《実学における北学派を形成した。庶子(妾腹の子)であったために政界での地位

は制約されたが，その才を国王正祖に認められて，朴斉家，柳得恭，徐理修とともに▶奎章閣ケイショウカクの検書官に登用された．主著に《青荘館全書》71巻がある．実学派の最後を飾る学者の一人李圭景イキョウ(1788-?)は孫である．
宮嶋 博史

イ・ヌンファ｜李能和｜이능화｜1869-1943
朝鮮の学者．字は子賢．号は侃亭，尚玄，無能居士．京畿道槐山郡の出身．外国語学校の教官・校長，総督府朝鮮史編修会委員などを歴任し，教育，研究に従事するだけでなく，礼式事務所，仏教振興会などの役員をも兼務し，社会教化にも尽力した．著書は《朝鮮基督教及外交史》《朝鮮女俗考》《朝鮮解語花史》《朝鮮巫俗考》など，宗教史，風俗史，民俗学にわたりきわめて多く，これらの分野に先駆的業績を残した．主著《朝鮮仏教通史》(1918)は仏教関係の文献資料を渉猟し，今はなき碑文まで収集．内容も通史のほか，宗派別，寺院別の歴史を詳述し，朝鮮仏教史研究の基礎を確立した．
井上 秀雄

いのうえかくごろう｜井上角五郎｜1860-1938
政治家，実業家．広島県出身．号は関泳翊ミンヨンイクから贈られた琢園．1882年慶応義塾卒業後，83年▶福沢諭吉の指示で朝鮮政府の外衙門顧問，博文局主任となり，同年10月，朝鮮初の近代的な官報兼新聞《漢城旬報》(旬刊，漢文)を創刊．さらに姜瑋の協力を得て朝鮮語と漢字の混用文を創出し，86年1月創刊の《漢城周報》(週刊)にはじめて公式に用いた．この間，84年の▶甲申政変にも関与し，金玉均キムオクキュンらと一時日本に逃れている．後，京釜鉄道，南満州鉄道の設立にもかかわった．
原田 環

イ・ハンノ｜李恒老｜이항로｜1792-1868
朝鮮王朝末期の朱子学者．字は而述，号は華西．京畿道楊根郡の生れ．朱熹(子)と▶宋時烈ソンシヨルに傾倒し，強烈な華夷思想を形成した．明(中華)の滅亡後は，朝鮮が唯一の小中華であるとする立場から，天主教(カトリック)の浸透や欧米の開国要求に対して▶衛正斥邪エイセイセキジャ論をとなえ，攘夷論を主張した．彼の主戦論は興宣フンソン大院君政権の鎖国攘夷政策をイデオロギー面から支える役割を果たしたため，同副承旨，工曹参判，同義禁などに任じられた．しかし，景福宮の再建，万東廟の廃止などの同政権の国内政策には強く反対した．門下に，梁憲洙，金平黙，柳重教，▶崔益鉉チェイクヒョン，▶柳麟錫ユリンソクなどがいる．諡号シゴウは文敬．著書に《華西集》がある．
原田 環

イ・ヒョソク｜李孝石｜이효석｜1907-42
朝鮮の小説家．号は可山．江原道出身．京城帝大英文科卒後，鏡城農業学校，崇実専門学校で教鞭を執る．学生時代，プロレタリア文学の同伴作家として文壇に出たが，1933年を境に転換，純粋文学派グループ〈九人会〉に参加，自然と人間の愛欲相を精緻な文章で詩的世界に作り上げる短編作家として名をなした．作品には傑作といわれる《蕎麦の花咲くころ》(1936)をはじめ，《豚》《粉女》《薔薇は病む》などがある．
田中 明

イ・ビョンド｜李丙燾｜이병도｜1896-1989
韓国の歴史学者．号は斗渓．1919年早稲田大学文学部史学科を卒業．ソウル大学校教授，同大学院長，文教部長官，学術院会長，▶震檀学会理事長などを歴任．彼の学風は民族史観の確立をめざしながら，科学的な実証方法を重視している．主著《韓国史》古代編，同中世編などは，文献学，考古学，民俗学などの資料と研究を民族主体の自説でまとめている．代表的な論考集に《韓国古代史研究》がある．
井上 秀雄

イファじょしだいがっこう｜梨花女子大学校｜이화여자대학교
ソウルにあるキリスト教系私立女子総合大学．1886年アメリカのメソディスト派宣教師W.B.スクラントン夫人創設の梨花学堂に始まる．〈梨花〉の名称は▶閔妃ミンピ(明成皇后)が下賜．女子教育に消極的な儒教的風土の下でその先駆となり，女性の地位向上に貢献した．1910年大学科設置，15年幼稚師範科を設け，25年梨花女子専門学校となる．植民地時代の末期には一時女子青年錬成所指導者養成所にさせられたが，解放後の46年総合大学となった．2003年には，かつて早婚により学業を断念せざるをえなかった女性の教育機会を守るために定められていたく禁婚学則》(既婚者の入学と在学中の結婚禁止)が廃止された．13年現在，人文科学，社会科学，自然科学，師範，経営などの11大学

と一般大学院のほか，専門・特殊大学院を総合し，学生数約2万2000人。生涯を通じて同校発展に献身し，1945-61年総長をつとめた金活蘭(キムファルラン)女史(1899-1970)の名は忘れられない。　　　　　　　渡部 学+通堂 あゆみ

イ・フェチャン│李会昌│이회창│1935-
韓国の政治家。黄海道(現在の北朝鮮領)生れ。ソウル大学在学中に司法試験に合格し，判事となった。1993年2月，政治改革を公約する▸金泳三(キムヨンサム)大統領の要請で最高裁判事から監査院長に就任した。全斗煥・盧泰愚時代の武器購入疑惑などを摘発し，大統領官邸，国家安全企画部(現▸国家情報院の前身)を対象とする厳しい監査を実施した。同年末，首相に就任，清廉で法に厳格な姿勢で臨んだが，南北対話など主要な内外政策で疎外され，金泳三大統領との関係が悪化，94年4月下野し，弁護士となった。96年1月，再び与党の新韓国党に入党，選挙対策委員長を務めた。97年7月，党大統領候補となり，9月末同党総裁。11月，第3野党の民主党と合同してハンナラ党を結成，同年12月の第15代大統領選では忠清道を地盤に同党総裁のまま出馬した。だが子息の兵役逃れが発覚，994万票(38.7%)を獲得したが，野党の新国民政治会議総裁，▸金大中(キムデジュン)候補(1033万票，40.3%)に小差で敗れた。名誉総裁に退いたが，98年8月から再びハンナラ党総裁。2000年4月の総選挙では与党を抑えて第一党となったが，過半数は取れなかった。02年12月の第16代大統領選に出馬，民主党の▸盧武鉉(ノムヒョン)に敗れた。07年の大統領選でも敗北。08年結成の自由先進党の総裁に就任。12年セヌリ党に入党。カトリック信者。　　　　　　　　　　前田 康博

いふく│衣服
朝鮮の伝統的な衣服は▸チョゴリ(上衣)と▸パジ(袴)，チマ(裳)よりなり，その上に外套としての▸ツルマギ(袍)を着る。朝鮮の衣服は歴史的には北方の胡服系統に属し，スキタイ，モンゴル，中国東北，および5～6世紀前後の日本の服装とも同じ系統である。いわゆる左衽袴褶(さじんこしゅう)服で，上衣と袴が分離された衣服である。この祖型ともいうべきモンゴルのノインウラから出土した紀元1世紀の衣服と今日の朝鮮の伝統服は根本的には変わらない。5～6世紀に中国の影響で左衽は右衽に変わり，さらに中国の裳を採用して女子はパジの上にこれを着け，今日にいたっている。しかし亜寒帯に住む騎馬民族の服装としての胡服は，保温に適し，敏捷な動きが可能であるところから，中国でも前3世紀には趙の武霊王がこれを採用している。朝鮮における胡服系の初期の形態は，高句麗の墳墓壁画にうかがえる。新羅の土偶，日本の埴輪，正倉院御物の一部にもこのような胡服系の衣や袴をみることができる。それらの共通の構成は，冠，筒袖(窄袖)，上衣，帯，袴，襪(しとうず)，鞋などであり，上衣に袍をかける場合も，上衣の伸びたものと考えることができる。女子は袴の上に裳をつけている。

7世紀の前半に新羅は唐制の団領(日本で盤領(あげくび)という)を官服として採用する。その後の官人層は権威の象徴として，唐制の冠服を着けたが，それは伝統的な袴褶服の上に昼間の仕事着としてのみ機能したもので，大多数の民衆は古来のままであった。また官人層も私宅に帰れば，この団領を脱いで日常服に着替えたと思われる。女子も唐制の服装を採用して冠，表着(うわぎ)，半臂(はんぴ)，裙(くん)などを着たが，一部の貴族層に限られた。10世紀には宋の祭服(九章服など)，朝服，公服，常服などの制度が導入され，それに加えて煩瑣な礼制が強調されたが，日常着としてのパジ，チョゴリなどはそのまま残され，衣生活は中国制と固有のものの二重性を帯びた。13世紀にはモンゴルの侵入で，頭を蒙古風にそって，髪を辮髪に結い，質孫というモンゴルの袍を一般民衆も着けたが，その下の日常着は，古来の伝統的な衣服であった。

14世紀末に高麗が滅び，朝鮮王朝の建国後は，儒教国家としての礼制が確立され，《経国大典》に規定された服制は王朝末期にいたるまで継承された。王は《国朝五礼儀》によって，士大夫は《朱子家礼》によってすべて着用する服装が定められ，繁文縟礼(はんぶんじょくれい)そのものの礼制に従った。王朝時代にはく東方礼儀の国〉としての自尊心は牢固なものになっていった。中国制の服飾はひとにぎりの官吏層によって厳格に着用された

●衣服

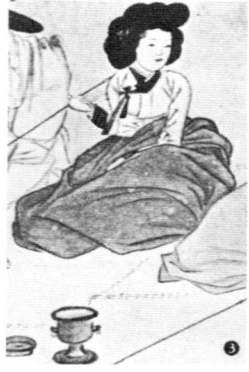

❶─長袖のチョゴリにパジをはき,またはツルマギを着けた踊子たち。高句麗時代中期(6世紀ころ)中国吉林省集安,舞踊塚壁画。
❷─高麗時代(10-14世紀)の武人の服装。図はポロに似たゲーム〈撃毬〉を描いたもの(模写)。
❸─チマ,チョゴリを着け,剣舞を見る女性。片ひざを立てて座っている(項目〈座法〉参照)。18世紀(朝鮮王朝時代)申潤福《剣舞》より。
❹─パジの上にツルマギを着て笠をかぶった男性。申潤福《蓮塘野遊》より。

が,彼らとて家庭内でくつろぐときには昔ながらのパジ,チョゴリを着用した。このような衣生活の二重性は王朝文化の一つの特徴でもある。

一方,この時期は朝鮮における服飾の伝統が新しく生み出された時期でもあり,15世紀初めに伝統衣装のシンボル的存在である,被り物としての笠(カッ)が創成され,袍はツルマギ以外に〈帖裏〉(天翼),〈道袍〉〈氅衣〉などの宋制の深衣から発展したさまざまの袍服が士大夫社会に流行した。また家庭における三年喪や王家の喪儀において,喪服として白衣の風習がこの期に定着して,朝鮮民族は〈白衣の民〉といわれたが,日常生活では色物も着ていたし,〈白衣の民〉という表現は多少誇張されたものであった。女性の伝統的な服装であるチマ・チョゴリも,16世紀末の壬辰・丁酉倭乱(文禄・慶長の役)後にチョゴリ(上衣)が短くなり,チマ(裳)が長くなって,現在のような乳房の上でチマをまきつけるようなチマ・チョゴリのスタイルになった。現代の日常生活では,その簡便さから洋服を着用することが男女ともに多いが,韓国では伝統衣装は結婚式などにおける晴着や祖先祭祀などにおける礼服として着用され,また朝鮮の南北をとわず,チマを西洋式のスカートのように改良したものなどが着用されている。⇒被り物;喪服　金 東旭

イ・ヘジョ | 李海朝 | 이해조 | 1869-1927

開化期朝鮮の新小説作家。京畿道抱川出身。号は東濃,悦斎。ほぼ生涯を通じて創作に従事し,《自由鐘》(1910)など啓蒙的意識が濃厚な作品約30編を残す。《自由鐘》は登場人物がすべて女性で,女性の覚醒,人権,自主独立,教育など開化期の諸問題を討論形式により展開する異色作。また《花の血》の序文と跋文には写実的描写とフィクションへの言及があり,初めての小説論として注目される。⇒開化期文学　長 璋吉

いまにしりゅう | 今西竜 | 1875-1932

朝鮮史学者。岐阜県池田町の人。1899年東

京帝国大学文科大学に入学，1903年大学院に入って朝鮮史を専攻．13年京都帝国大学講師，16年同大学助教授．22年朝鮮史研究のため2年間中国およびイギリスに留学．26年京城帝国大学教授となり，兼ねて京都帝国大学教授に任ぜられた．主として新羅・百済史研究を進めた．著書に《朝鮮古史考》《百済史研究》《新羅史研究》《朝鮮史の栞》などがある．▶粘蟬だぉ県碑の発見者としても著名．　　　　　　　　　　　若松 寛

イ・ミョンバク|李明博|이명박|1941-
韓国の政治家，経済人．第17代大統領(2008.2-13.2)．大阪府生れ．1945年，解放後に一家で慶尚北道浦項に引き揚げた．高麗大卒．65年，現代建設に入社．異例の昇進を重ねて77-88年に社長，88-92年に会長．92年に国会議員初当選．96年に選挙違反で辞職したが，2002年にソウル市長に当選，政界に返り咲いた．大規模再開発で都心に清流〈清溪川〉を復元させ，市民の支持を獲得．07年12月大統領選で野党ハンナラ党から立候補して当選．〈経済大統領〉を標榜し，各国との自由貿易協定(FTA)交渉などを推進．12年8月10日，韓国大統領として初めて▶竹島(韓国名・独島)に上陸した．　阪堂 博之

イム・ギョンオプ|林慶業|임경업|1594-1646
朝鮮王朝の武臣．字は英伯，号は孤松，諡おくりなは忠愍．▶李适ィゥラヶの反乱(1624)の鎮圧に功績をあげ，振武原従勲一等となる．1636年，清の侵攻(▶丙子の乱)に際して義州府尹として抗戦，38年平安兵使となる．明軍征討を命ぜられると，僧になって逃亡し，反清を貫いた．そして明の副摠官となるが，清に捕らえられ，朝鮮に送還された後，殺害された．朝鮮では反清の民族的英雄とされ，王朝末期にハングルによる軍談小説《林慶業伝》が書かれている．　矢沢 康祐

イム・グォンテク|林権澤|임권택|1934-
韓国を代表する映画監督の一人．イム・ゴワンテクとも．全羅南道の長城に生まれ，朝鮮戦争時には父親が北側に向かったため，孤立した少年時代を過ごす．ソウルで全昌和の助監督となり，《豆満江よ，さらば》(1960)で監督デビュー．以後，史劇とアクション映画で多忙な日々を過ごす．1970年代前後は，平均して1年に7，8本は撮っていた．《往十里》(1976)，《族譜》(1978)あたりでスタイルを確立．仏僧の苦行と禁欲の意味を問う《マンダラ》(1981)，離散家族の再会の困難を説く《キルソドム》(1986)で，重厚な主題に挑戦．▶パンソリに主題を得た《風の丘を越えて 西便制》(1993)や《春香》(2000)で，国際的に注目された．　四方田 犬彦

イム・コッチョン|林巨正|임꺽정|?-1562
朝鮮王朝中期の民衆反乱の指導者．被差別民である▶白丁の出身．1559-62年，中央貴族や政府の圧制に抗し，手工業者，小商人，農民を組織して反乱を起こした．反乱地域は黄海道を中心とし，京畿・平安・江原各道にも及んだ．反乱は鎮圧されたが，勲旧派(王朝功臣の末裔)から士林派(新進の儒学派)への政権移行(1565)を促進した．義賊として民衆に語りつがれ，小説に▶洪命熹ホンミョンヒ作《林巨正》(1939)がある．最近房学基により劇画化された(邦訳《李朝水滸伝》)．
　矢沢 康祐

イム・ジェ|林悌|임제|1549-87
朝鮮王朝中期の文章家．号は白湖，謙斎，楓江，嘯痴．本貫は羅州．秀才の聞えが高かったが，当時激しかった両班社会の▶党争を慨嘆し，官は礼曹正郎兼知製教で辞め，もっぱら名山に遊んで詩酒を友とした．その詩文は豪放快活，実生活でも逸話が多い．たとえば平安都事として赴任する途中，両班の体面など無視して名妓▶黄真伊ファシシイの墓に詣でて盛大な法事を営んで罷免されたり，死の床でく中国をはばかり帝国と称しえない朝鮮などに生まれたのは痛恨事だから，自分が死んでも泣いてはならぬ〉と遺言したという．詩文集《白湖集》《浮碧楼觴詠録》や漢文小説《愁城誌》があり，また《元生夢遊録》は夢に託して現実批判を行って，〈夢遊録〉という小説形式の先駆となった．　田中 明

イムジンこう|臨津江|임진강
朝鮮半島中西部の川．リムジンとも(北朝鮮)．馬息嶺山脈から発して南流し，河口近くで▶漢江ハンガンと合して江華島に至る．長さ254km．平安川，駅谷川，漢灘江などの支流があり，流域面積は8118km²に達する．中下流域には広い平野が発達し，稲作を中心とする農

村地帯となっている．この地域は古代三国時代には三国の接する地帯となり，高麗時代は開城を囲む首都圏を構成した．朝鮮戦争中は南北軍がこの地域で激突したまま膠着状態に陥り，戦後は休戦ラインが通過する要塞地帯となっている．そのため，朝鮮半島で最も開発が遅れている．上流地帯は開城方面から日本海沿岸へ抜ける主要交通路となっている．　　　　　谷浦 孝雄

イ・ムニョル|李文烈|이문열|1948-
韓国の小説家．慶尚北道英陽生れ．1979年に《塞下曲》が《東亜日報》新春文芸に当選して本格的な作家活動を開始．神学徒の苦悩を描いた《人の子》(1979)，自伝的長編《若い日の肖像》(1981)，《皇帝のために》(1982)と立て続けに話題作を発表して第一人者の地位を築いた．やや観念的な文体と，巧みな語り口で運ばれる彼の物語は，古代・中世西欧や，現代の禁じられた政治的領域などを題材に，また80年代という激動する時代状況にも敏感に反応しながら，90年代初めあたりまで圧倒的な人気を得ていた．98年には自ら〈これを書くために作家になった〉と公言した大作《辺境》全12巻を12年かけて完成させたが，近年は，民主化運動の著名な詩人を暗示させる人物を主人公として誹謗・中傷したという批判を受けたモデル小説《生け捕られた悪霊》(1994)や，フェミニズムを揶揄したと批判された《選択》(1997)，復古的と議論をよんだ《雅歌》(2000)など，作品そのものの価値より外的要件で話題になっている感がある．　　　　布袋 敏博

イム・ファ|林和|임화|1908-53
朝鮮のプロレタリア詩人，文芸評論家．本名は林仁植．普成高等普通学校を経て，1929年東京に留学，帰国後32年から▶カップ(朝鮮プロレタリア芸術同盟)書記長．35年カップの解散後は古典研究，近代文学史研究，朝鮮文庫の経営に身をやつす．解放直後に朝鮮文学建設本部をソウルで李源朝，金南天らと設立．これは翌46年2月，朝鮮文学家同盟に発展するが，その間，林和は封建的文化・植民地的文化を排除し，〈近代的な意味での民族文学〉の樹立を追求して左翼文学の理論的指導者であった．47年，妻の池河蓮とともに38度線を越えて北朝鮮を選択

したが，53年8月，平壌の軍事裁判においてアメリカ諜報機関のスパイとして死刑の判決を受け，処刑された．林和の業績は，まず抒情的なプロレタリア詩人として詩集《玄海灘》(1938)，《讃歌》(1947)など芸術性の高い作品活動を旺盛に展開し，第2に評論《文学の論理》(1940)をはじめ文芸批評家，文学史家として尽力し，第3に文学運動の組織者として高い指導性を発揮したことにある．政治的脈絡のなかで南朝鮮労働党系に属した林和の〈スパイ〉行為の真偽は知りえないが，彼の生の軌跡には時代をまさぐりつつ生きた情熱が刻印されている．
　　　　　　　　　　　　　　大村 益夫

イ・ユウォン|李裕元|이유원|1814-88
朝鮮王朝末期の政治家．本貫は慶州．字は景春，号は橘山，墨農．1841年に文科に合格し，右議政，左議政，領議政などの要職を歴任した．政治的には保守的であったが，閔氏と手を結んで興宣大院君を失脚させた(1873)．しかし，閔氏政権の開国政策に反対して，81年に平安道に流配された．翌年の壬午軍乱後は▶金弘集とともに日本の▶花房義質との間で，済物浦条約と修好条規続約に調印した．著書には《橘山文稿》《嘉梧藁略》《林下筆記》《体論類編》ほか多数がある．　　　　　原田 環

イ・ユクサ|李陸史|이육사|1904-44
朝鮮の詩人，独立運動家．本名は李源禄，のち活と改名．慶尚北道安東生れ．1932年中国南京郊外にあった▶義烈団の朝鮮革命幹部学校第1期生として入校，33年卒業，帰国した．33年から詩を書きはじめ，植民地下の民族の悲哀をうたった．《青葡萄》《黄昏》など抒情的で牧歌的な詩を書く一方で，《絶頂》《曠野》《花》など抵抗の意志を盛りこんだ詩を残した．中国文学，とくに魯迅の作品に強い関心をもち，《魯迅追悼文》を書き，《故郷》を記し，胡適の《中国文学五十年史》を紹介(抄訳)した．文学活動と同時に独立運動に積極的に参加，44年1月北京監獄で生涯を閉じた．　　　　金 学鉉

イ・ユルゴク|李栗谷|이율곡|1536-84
〈東方の聖人〉と称される朝鮮王朝の代表的文臣，儒者．本名は李珥．児名は見竜．字は叔献．号は栗谷のほか，石潭，愚斎．

本貫は徳水。李元秀を父，画家の▶申思任堂ｼﾞｬﾑｻｲﾑﾀﾞﾝを母として江陵で誕生。16歳で母を失い，虚無感から三年喪ののち金剛山に入り，仏教を研究したが，意に満たず，儒学に復帰した。生員試，文科などに連続して壮元(首席)に及第，〈九場壮元〉とよばれ，以後要職を歴任，10万の軍隊養成，▶大同法，社倉，▶郷約実施への努力，▶党争の調停など先見性をもった政治家として活躍した。彼の学問は根本原理の洞察を重んじ，それを民生などの実際面に生かそうとするもので，理気論では理気二元論をとり，〈理通気局説〉をとなえて理の優位をみとめたが，▶李退渓ｲﾃｹとは異なり，理の動静(運動性)は否定した。彼は23歳のとき李退渓を訪問し，終生敬意を表したが，のちに彼の学統を継ぐ畿湖学派が形成され，党争とも関連して李退渓を仰ぐ嶺南学派と鋭く対立するようになった(〈儒教〉の項を参照)。門人に礼学の大家金長生や，鄭曄，趙憲らを輩出し，著書には《聖学輯要》《東湖問答》《撃蒙要訣》などを収めた《栗谷全書》がある。諡号ｼｺﾞｳは文成。　▷朱子学　　　山内弘一

イ・ヨンイク｜李容翊｜이용익｜1854-1907

朝鮮王朝末期の政治家。咸鏡道出身。1882年の▶壬午ｼﾞﾝｺﾞ軍乱時に閔妃ﾐﾝﾋﾞの忠州逃避行を助けて高宗の信任を得，90年代初めにかけて江界府使兼西北鉱務監理など北部朝鮮の要地の地方官を歴任した。1888年には在任中の不法誅求の罪で一時期，全羅道智島に流配された。97年典圜ﾃﾞﾝﾎｧﾝ局長となり，貨幣発行にあたる一方，宮内府の高官として鉄道計画，人参専売，鉱山の事務を管轄下に入れ，皇室財政の拡張を実現した。99年には宮内府内蔵院卿となり，宮中を拠点として外国借款導入による鉄道建設，中央銀行設立，幣制改革などを試みたが，日本の圧力により失敗した。1904年1月，軍部大臣，度支部(大蔵)大臣となったが，日露戦争が始まると日本の干渉により失脚し，日本へ赴かされた。05年帰国後再び要職に就き，ロシア，フランスとの連携工作を画策して失敗，ロシアに亡命し，ウラジオストクに客死した。　　　　　　糟谷憲一

イ・ヨング｜李容九｜이용구｜1868-1912

韓末・植民地期の親日派。貧農の出で苦節して▶東学の幹部になったが，1894年甲午農民戦争時の責を問われて逮捕される。出獄後，朝鮮民族を危機から救うために日本と提携する必要を説き，進歩会をひきいて1904年▶一進会に合流，翌年同会会長となる。以後は一貫して日韓合邦論を提唱，《韓日合邦建議書》を国王や要路の人物に提出することもした。05年孫秉熙ｿﾝﾋﾞｮﾝﾋが▶天道教を創始するとこれに対抗，▶侍天教を興して東学正統を主張した。　馬渕貞利

イリ｜裡里｜이리

韓国，全羅北道北部内陸の都市。人口14万5358(1980)。韓国の穀倉，▶湖南ﾎﾅﾑ平野の中心に位置する。湖南線と群山線，全羅線が分岐する交通の要衝にあたり，農産物集散地として商業が発達した。現在，農村振興院ほか農業関係諸機関が集中し，食品，繊維など消費財工業も各種興っている。円仏教(仏教の新宗派)の総本山があり，その設立になる円光大学がある。1995年益山ｲｸｻﾝ郡と合併して▶益山市となり，裡里の市名は消滅。　　　　　　　　　　　　谷浦孝雄

イ・ワニョン｜李完用｜이완용｜1856-1926

韓末・植民地期の親日派官僚。1882年科挙合格，外交畑を中心に歩み，渡米2回の経験をもつ。金弘集内閣を倒した96年のクーデタによって成立した親露政権で外部大臣(外務大臣)となる。その後も政府の要職を歴任し，1905年の▶日韓保護条約(乙巳ｲﾙｻ条約ともいう)の締結のおりには学部大臣(文部大臣)としてこれに賛成，〈乙巳五賊〉の一人に数えられる。このころから最も親日的な官僚として大衆の非難の的になりながら，07年には内閣総理大臣となる。反日的な▶高宗ｺｼﾞｮﾝに退位をせまり，韓国政府の内政権を喪失させた第3次日韓協約(1907)の成立に一役かい，10年▶韓国併合条約に韓国側を代表して調印した。併合後は朝鮮貴族に列せられ，侯爵にまでなった。著書に《一堂紀事》がある。　　　　　　　　馬渕貞利

いんいそう｜尹伊桑｜▷ユン・イサン
いんかん｜尹瓘｜▷ユン・グァン
いんきこう｜殷熙耕｜▷ウン・ヒギョン
いんけい｜尹鑴｜▷ユン・ヒュ
いんこうきつ｜尹興吉｜▷ユン・フンギル

●印刷術
《無垢浄光大陀羅尼経》の一部。慶州仏国寺の釈迦塔で1966年に発見された。8世紀前半のものとされ,現存する世界最古の木版印刷物。紙の大きさは6.65cm×6.3m。

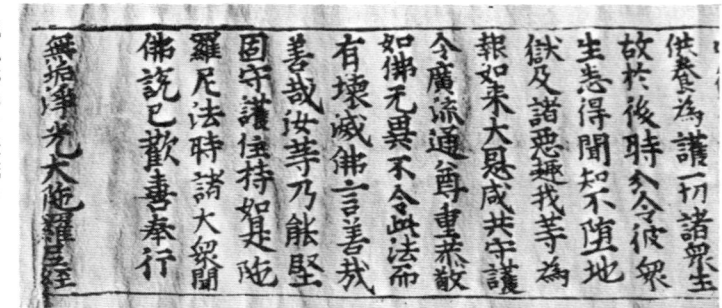

いんさつじゅつ|印刷術

木版印刷が朝鮮で始められたのは8世紀前半と考えられ,1966年に慶州の仏国寺で発見された《無垢浄光大陀羅尼経》は,現存する世界最古の木版印刷物で,この技術は日本の法隆寺の《百万塔陀羅尼経》の印刷にも影響を与えたと推測される。高麗では護国仏教思想によって《大蔵経》(▶《高麗大蔵経》)が12世紀から3度にわたって刊行され,さらにこれがモンゴルの侵入で灰燼に帰すと,避難地の江華島で1251年(高宗38)に再び完成させ,この版木約8万枚が現在▶海印寺に伝わっている。また高麗には相当量の銅および良質の墨も▶紙が存在したので,木版や木活字より能率的な金属活字印刷を13世紀に世界に先駆けて行い,高麗末には書籍院を設けてこれを政府事業として組織した。朝鮮王朝時代は印刷が最も盛んに行われた時期で,とくに活字印刷は,鋳字技術の向上で大型の甲寅字などが次々と造られ,組版技術も発展したが,日本や清の侵入で中断した。ただ,このとき両国に活字印刷技術が伝えられ,日本では文禄(1592-96)から寛永年間(1624-44)にかけて古活字版の盛行をみた。のち17世紀後半から活字の鋳造が再開され,18世紀の英祖,正祖の時代には,ソウルと平壌に約90万の活字を保有していた。朝鮮王朝時代の印刷は,政府の教化政策のために,経史,官撰書,法令などを館閣の印刷所(高麗の書籍院以来,鋳字所,校書館などとよばれた)でおもに活字で行うもの(さらにこの活字による版下を監営に送り,そこで木版で印刷させたりした)や,名門両班らが祖先の冥福を祈るために寺院で経版を造らせるもの,そして家門や学統の尊厳を誇るため,子孫や門人が地方官として赴任した地で,先賢の著作を刊行させるものが主であった。これらは印刷部数が100を超えることはまれで,必ずしも一般への普及を図るものではなかった。一方,技術的には劣ったが,書堂で用いる▶《千字文》などの教科書や,冠婚葬祭の式次第を記した書物,さらにはハングルによる小説類が市場で出版・売買され(これを坊刻本という),文化の普及に重要な役割を果たした。大量普及を目的とし,技術的にはプレスを応用した西洋の印刷術は,開国後日本と欧米から導入され,1883年に置かれた博文局で官報《漢城旬報》を発行し,85年にアメリカの宣教師H. G. アペンセラーが設立した培材学堂の印刷部でハングルと英文の活字を造り,おもに聖書を印刷したことによって開始された。→朝鮮本

山内弘一

インジョ|仁祖|인조|1595-1649

朝鮮王朝第16代の王。在位1623-49年。宣祖の孫で定遠君(元宗)の子。名は倧。先王▶光海君らを退けた金鎏ら西人派に迎立されて即位。翌年には▶李适らの乱がおきたが,軍制の整備,土地制度の改革,▶大同法の実施によって,壬辰倭乱(文禄・慶長の役)後の国力回復を図った。親明外交を標榜し,後金(清)の侵入を受け,いったん和議を結んだが,1636年に再び侵入された。王は南漢山城へ避難し,廷臣の斥和派と主和派の対立の中で,みずから城を出てソウル近郊漢江べりの三田渡で降服し,清に対し

て君臣の礼をとった(▶丙子の乱)。この戦乱で国力は再び衰え，党争も激化したが，一方，人質となった昭顕世子らによって清から西洋文物がもたらされた。
山内弘一

いんぜんどう｜尹善道｜▶ユン・ソンド
インターネット｜▶情報通信革命
いんちこう｜尹致昊｜▶ユン・チホ
インチョン｜仁川｜인천

韓国，▶京畿キョンギ道の京畿湾岸の広域市。面積1002km²，人口285万3489(2013)。朝鮮時代には済物浦チェムルポという小さな漁村だったが，日朝修好条規により，1883年に開港してから国際貿易港として発達した。1900年には朝鮮最初の▶京仁鉄道がソウルとの間に敷設された。日本植民地時代には，中国と朝鮮を結ぶ海上交通の基地となったほか，ソウルの永登浦から京仁線に沿った工業地帯の一翼に組みこまれ，機械，化学，繊維などの諸工業が建設された。1945年以後，仁川地域の工業は技術，市場などの経営基盤を失い，操業中断状態にあったが，さらに朝鮮戦争により大きな被害を被った。戦争中には，アメリカ軍が仁川上陸作戦(1950.9.15)を決行して戦局を一挙に逆転したところとして有名になった。1960年代以降，朴政権下で，京仁高速道路や電鉄が建設されるなどソウルとの一体化がさらに進み，片道1時間の通勤圏となった。また，京仁街道沿いの富平プピョン，朱安チュアンなどに新工業地帯が勃興した。めざましい工業化により，人口は1960年の40万2000から80年には100万を超し，翌81年に直轄市に昇格して，京畿道から分離した。95年には京畿道の江華カンファ郡・甕津オンジン郡の全域と金浦郡の一部を編入し，仁川広域市に改称して現在に至っている。人口はソウル・釜山に次ぎ第3位であるが，ソウル通勤者の多いベッドタウンでもあり，ソウル経済圏の一部となっている点で，他の5広域市とは性格を異にしてきた。しかし，仁川国際空港周辺は自由貿易地域に指定され，経済・金融の中心をめざして積極的な外資の誘致が行われているほか，空港から仁川大橋で結ばれた松島ソンド新都市では情報産業団地造成されるなど，新しい形の都市建設が進められている。反面，大規模開発に伴う負債の増大により，市の財政危機が叫ばれているほか，江華郡や甕津郡の島嶼部との格差是正も課題となっている。▶都市化

ソウルの外港である仁川港付近は世界的にも潮差の激しい海岸で，8mを超える潮位差が発生するため，閘門を設けて港内の水位をコントロールすることで，大型船舶の接岸を可能にしている。荷役設備の拡充を重ね，首都圏の玄関港として韓国の経済発展に寄与してきたが，コンテナ取扱量では釜山や光陽に後れをとっている。環黄海経済圏の主要港湾として，中国の沿岸諸港との間で直通フェリーが就航しているほか，黄海漁業，あるいは京畿湾一帯の離島への交通の基地でもある。沿岸には広大な干潟地が発達しており，塩田，貝類の養殖などに利用されてきたが，干拓による農地化や都市化が著しい。また，2017年の完成をめざして世界最大級の潮力発電所の建設計画も進められている。

沿岸の永宗ヨンジョン島と龍遊ヨンユ島の間の干潟を埋め立てて建設された仁川国際空港は，2002年の日韓共催サッカーワールドカップ大会の前年に開港し，金浦空港に代わる韓国の空の玄関口となった。アジア最大級のハブ空港であり，国際空港評議会(本部カナダ)の世界空港ランキング総合評価部門で2004年から首位を保ち続けるなど(2012年現在)，世界的に評価が高い。▶交通
佐々木史郎

いんとうちゅう｜尹東柱｜▶ユン・ドンジュ
いんぷぜん｜尹潽善｜▶ユン・ポソン
いんほうきつ｜尹奉吉｜▶ユン・ボンギル
ウィサン｜義湘｜의상｜625-702

新羅の僧。新羅華厳宗の開祖で，円教国師とも称される。661年に海路で唐にわたり，長安の終南山至相寺で智儼の教えを受けた。671年に帰国し，676年には▶浮石プソッ寺を創建して華厳宗の布教に力を注いだ。また文武王に書状を送って築城工事を中止させたとも伝えられており，その政治的側面も注目されている。著書は《華厳一乗法界図》《白花道場発願文》などがある。在唐修行時代の同門に華厳宗を大成した法蔵がおり，義湘にあてた法蔵の書状が現存する。また義湘は日本にも大きな影響を与えており，

栂尾高山寺には明恵上人がまとめた《華厳縁起絵巻》中の〈義湘絵〉が伝えられている。　　　　　　　　　　　　木村 誠

ウィチョン｜義天｜의천｜1055-1101
高麗の僧。朝鮮天台宗の開祖。俗姓は王。諱は煦。義天は字。諡は大覚国師。高麗文宗王の第4子。11歳で僧となり、華厳教理を学びながら、しだいに天台教理に関心を示すに至り、1085年宋に渡って、おもに天台と華厳を学んだ。同時に仏教書の収集に努め、多数の書籍を持ち帰り、さらに、帰国後住持となった開城近郊の興王寺に教蔵都監を設置し、宋、遼、日本、国内から広く仏教書を集め、《続蔵経》4000余巻として刊行した。一時▶海印寺に隠退したが、晩年再び興王寺に住し、兼任の新設国清寺を中心に天台宗を開立した。《大覚国師文集》《海東有本見行録》ほかの著作があり、いずれも一部分のみ現存する。　　　　　　　北村 秀人

ウォニョ｜元暁｜원효｜617-686
新羅の僧、仏教学者。〈がんぎょう〉〈くげんぎょう〉と読みならわす。誓幢和上、和靜国師、高仙大師とも称される。29歳で出家し、650年には▶義湘とともに入唐を試みた。しかし途中、いっさいのものは心より生ずるとの悟りをひらき、入唐のこころざしを放棄した。以後経論の研究に専念し、《金剛三昧経論》《大乗起信論疏記》《十門和諍論》など多くの著作を残した。諸派の仏教思想を総合、整理したその独自な思想体系は中国仏教や以後の朝鮮仏教に大きな影響を与えた。また歌舞念仏を通じて民衆への布教につとめ、民衆仏教の形成に果たした役割は大きい。戒律を破って結婚し、還俗して小姓居士と名のるなど、その行動は自由奔放であった。▶薛聡はその子。なお、元暁は日本へも影響を与えており、栂尾高山寺には明恵上人らによる〈元暁絵〉が伝存する。　　　　　　　　　　　　　木村 誠

ウォルチョンじ｜月精寺｜월정사
韓国、江原道平昌郡珍富面の▶五台山中にある寺院。新羅・善徳女王13年(644)創立。高麗の忠烈王33年(1307)再興と伝えられるが、朝鮮王朝末期に全焼したので、現在の諸建築はその後の作ばかりである。しかし伽藍の中心的位置にある八角九重石塔(全高約15m)は、高麗時代の八角石塔のうち基壇から相輪まで完備した最も優美なる石塔で、現在は韓国の国宝に指定されている。露盤、露鉢、受花までは石造で、それから上の青銅製相輪は様式的に後代のものと思われる。　　　　　　　　　　　　　　宮本 長二郎

ウォン｜wŏn｜➡通貨

ウォングァン｜円光｜원광
6世紀末から7世紀前半の新羅の僧。生没年不詳。陳・隋に留学して成実、涅槃などを学ぶと同時に、中国で王朝の興亡をまのあたりにした。帰国後、大乗経典を講じて王・貴族の尊敬をあつめた。また、〈臨戦無退〉などを内容とする〈世俗五戒〉をかかげて▶花郎を指導した。さらに、高句麗への出兵を隋に要請する〈乞師表〉を草した。仏教だけでなく、儒教にも通じていたが、その思想は強烈な国家意識に裏付けられたものであった。　　　　　　　　　　　　　木村 誠

ウォンサン｜元山｜원산
朝鮮民主主義人民共和国、江原道の東海岸にある都市。ソウルから東北朝鮮への入口にあたる交通の要衝であり、かつては咸鏡南道の道都であった。永興湾の湾奥にあり、天然の良港である元山港が日朝修好条規によって1880年に開港された。以後はおもに対日貿易にたずさわり、1914年開通の京元線(ソウル～元山)をはじめ元山基点の鉄道網が整備されると、日本人の大陸や北朝鮮各地への進出の拠点となった。29年の▶元山ゼネストは交通・港湾労働者を中心とした全市をあげた労働争議として有名である。解放後の朝鮮戦争では大きな被害をこうむったが、朝鮮戦争後、休戦線以北の江原道と合併され、その道都となった。造船、缶詰など漁業関連の諸工業が集中する日本海漁業の基地である。また、白砂青松の美観を誇る松濤園海水浴場と金剛山観光の登山口として北朝鮮有数の保養地となっている。　　　　　　　　　　　　　　谷浦 孝雄

ウォンサンゼネスト｜元山ゼネスト
1929年咸鏡南道元山で起こったストライキ。元山郊外のイギリス系製油所での労働争議を支援するため、同年1月元山労働組合連合会は傘下労組員2200人にストを指令、元山の交通・港湾荷役は完全に停止した。9年

の歴史をもつ元山労連と日本人資本家を中心とする商業会議所との間に団体交渉権，契約権をめぐる激烈な長期戦が展開された。商業会議所が他地方からの労働者雇用で切り崩しを図ったのに対して，労連は内外に支援を呼びかけた。朝鮮各地や日本の組合そのほか各団体が支援金，激励文を寄せたが，指導者の検挙，闘争資金の枯渇により4月初め3ヵ月にわたるゼネストは敗北に終わった。植民地期の最大のストであり，1920年代末の労働運動の高まりを告げるものとして知られている。→労働運動

水野 直樹

ウォンジュ|原州|원주

韓国，江原道の南西部の都市。面積872km²，人口32万6321(2012)。南漢江の支流蟾江の浸食盆地に位置する。ソウルから車嶺山脈を経て嶺南地方(慶尚道)へ至る要地にあり，軍事，商業の中心地として発達した。1941年京慶線(現，中央線)が開通，ソウル，釜山などと連絡する。現在は嶺東高速道路と中央高速道路も通じている。朝鮮戦争で廃墟と化したが，第1軍司令部を中心とする軍事基地，教育機関が集中した地方都市として再生した。もともと製紙，製糸や醸造などの地場産業が行われていたが，70年竣工の原州工業団地のほか，80年代以降，各地に農工団地，産業団地の造成が相次ぎ，近代的な内陸工業都市としても整備が進んだ。市の東方一帯は雄岳山国立公園に指定されている。

谷浦 孝雄＋佐々木 史郎

ウォンソンおう|元聖王|원성왕|?-798

新羅の王。在位785-798年。姓は金，諱は敬信。宣徳王の即位に荷担して上大等となり，奈勿王の子孫と称し，武烈王系の金周元を退けて王位に登った。これ以後，金憲昌の反乱など王位継承の争乱をまねき，元聖王の系統が王位を占めるようになる。儒教思想にもとづいて五廟の制度を確立し，788年には読書出身科をおいて儒学の素養をもつ官吏の登用を制度化した。

大井 剛

うきしままるじけん|浮島丸事件

1945年日本敗戦直後の8月24日，海軍御用船浮島丸(4700トン)が爆沈した事件。青森県大湊港から在日朝鮮人約4000人を載せ，母国朝鮮の釜山港に向けて同月22日に出航した同船は，アメリカ占領軍からの停船命令をうけて舞鶴港に寄港しようとした際，爆沈して，死亡者500人余り，行方不明者千数百人を出した。これらの乗船者の大部分は戦時強制連行によって北海道，青森県などの東北地方での強制労働に従事した者とその家族で，八・一五解放を迎え，故国への帰途についたものである。爆沈の原因は調査が不十分なため正確なことは不明であるが，湾内に敷設してあった機雷に触れたためであるという説と，同乗の海軍将校が釜山に到着すれば報復をうけるおそれがあるため爆破，沈没させたという説がある。

朴 慶植

うつりょうとう|鬱陵島 →ウルルン島

うながはる|禹長春|1898-1959

植物学者，農学者。閔妃暗殺に関与し日本に亡命した禹範善と日本人女性との間に生まれる。1919年東京帝国大学農科大学実科卒業後，国立農事試験場の技手となる。以後，朝顔や菜種の遺伝学的研究に携わり，36年東京帝国大学で農学博士号を取得。翌年から終戦直後まで民間の種苗会社の農場長として勤務する。その後，農業の立て直しの期待を受け韓国から呼び寄せられ，50年渡韓する。以後，大根や白菜など蔬菜類の品種改良を始めとした農事改良や研究者養成に取り組んだ。死の直前に大韓民国文化褒章を授与される。

三ツ井 崇

ウプ|邑|읍

朝鮮では郡の中心集落をさす。広義には州・府・郡・県などとよばれる行政区画を総称し，朝鮮王朝時代(1392-1910)を通じて330前後が存在した。地方官(守令)の支配拠点である郡衙，郷吏の執務所である作庁(人吏庁)，両班組織の事務所である郷庁などが集中し，地方政治の中心であった。邑底とよばれる集落内には定期市が立ち，一郡の物資集散地として地方経済の中心でもあった。現在でも多くが郡庁所在地として一地方の中心地となっている。通常，〈邑〉は城壁(邑城)で囲まれ，外部からの出入りは数ヵ所の城門に限られていた。邑城の規模は数百m四方が多く，居住人口は開城や平壌などを除けば1000～3000人程度である。邑内図などがほとんど伝存せず，〈邑〉の集落

構造や景観の研究は今後の課題である。なお日本植民地下の1931年、邑面制を施行し、〈面ミョン〉の中で人口が多く、商工業が発達したものを〈邑〉と称するようになった。これは日本の市町村制における〈町〉にあたる。

⇒地域・国名編の大韓民国［末端行政区画］　吉田 光男

うぶがみ｜産神

出産の前後を通じて不浄を忌まず、産婦と生児を守ってくれる神。朝鮮では〈サムシン〉あるいは〈サムシンハルモニ〉とよばれる。〈三神〉と書くことも多いが、〈産神〉または胎を意味する〈サム〉かと思われる。白紙で神位をつくって壁にはってあることもあるが、神体は明らかではなく、漠然と産婦と嬰児を保護する神と考えられている。サムシンには白飯と肉の入らない*わかめスープを供える。⇒出産　　　　　　嶋 陸奥彦

うらない｜占い

日常生活や年中行事などにおいて占いの風俗は広くみられる。その日の運は朝にあるとされ、朝初めて出会った人が女性であるとか、靴がひっくり返ったりすると運が悪いという。また、朝に*カササギが鳴くと良いしらせがあるとされ、食器や鏡がこわれると、愛情が破れるとか運が悪いなどという。夢占いについても、夢の中で何かを食べると風邪をひくとか、豚の夢を見ると金持ちになるなどとされる。とくに年中行事と結びついて風習化したものもあり、たとえば初夢は豚に関する夢が一番良いとされており、大晦日の夜には〈豚の夢を見なさい〉というあいさつをする。上元(旧暦1月15日)、秋夕(同8月15日)の満月の模様で豊凶を占うのは全国的な風習である。

職業的な占い師は2種に分けられ、一つは神霊の託宣によって占うもので、ほかは占書(易書)や占具を用いるものである。前者はシャーマン(*ムーダン)が代表的であり、その占いをムッコリというが、これは神に〈聞くこと〉を意味しており、託宣とともに米粒や貨幣を併用することもある。後者はムッコリのことを迷信だといっているが、後者の場合は、姓名判断、名づけ、観相などを行い、その多くは《周易》にもとづいている。民間に普及した代表的な易書は朝鮮王朝中期に李之菡が著した《土亭秘訣》であ

るが、これは年初に生年月日時を数字化してその年の運を月ごとに見る秘訣書として有名であり、これを見ることが正月の年中行事のようになっている。また墓地を占う風水師は地中の生気の流れを読みとってその吉凶を判別する(*風水説)。

結婚に際しても、占い師にクンハブ(宮合)を見てもらう。これは新郎・新婦の生年月日時(これをサジュ(四柱)という)を陰陽五行と照らし合わせて2人の運命を占うもので、宮合が悪いとして父母が結婚に反対することも少なくない。また結婚式の日時を決めるのにも占いがあり、これをソンイル(択日)といい、2人の相性や運命に厄のない日時を選ぶものである(*婚姻)。四柱をもとにした占いでは、年月日時のそれぞれを2字の干支で表し、計8字となるが、パルチャ(八字)は〈運命〉の意味になる。なお、末世の時のための秘訣書として、王朝中期以降に流布した《鄭鑑録》が有名である。　崔 吉城

ウルク｜于勒｜우륵

6世紀の加羅(加耶)の楽師。生没年不詳。大加耶(高霊)の人。*伽倻琴(十二弦琴)の作曲者として12曲がその作に仮託された。伝説に、新羅の真興王による加羅併合(562)のころ、新羅に投じて国原(忠州)に住み、琴・歌・舞を教えたという。のち伽倻琴は宮廷音楽に採用され、新羅楽のなかで栄えて多くの楽曲をうみ、日本の宮中にも伝来した。忠州には琴休浦と弾琴台の地名が残っている。

大井 剛

ウルサン｜蔚山｜울산

韓国の南東海岸に位置する市。1962年に慶尚南道所属の市として発足したが、95年の市郡統合で蔚州郡と合併、さらに97年には韓国6番目の広域市に昇格し、同道から分離した。面積1060.19km²、人口116万6503(2012年末現在)。太和江が形成した沖積平野に位置し、稲作を中心とする農業と、蔚山湾の方魚津港などを基地とする漁業に従事する農漁村であったが、1962年以降、朴正煕政権が韓国工業化のモデルとしてここに大規模な工業団地を建設したため、地域の様相が一変した。天然の良港の存在、敷地確保の便、釜山から自動車で1時間の距離にあることなどが立地の有力な理由と

なった．工場地区，住宅地区，商業地区が整然と区画されたうえに緑地帯も設けられるなど，計画的な都市造りが進められた．▶現代ヒョンデグループ，SKグループなどの大工場が立地し，自動車，造船，製油，石油化学など韓国屈指の重化学工業が集中している．市の人口も62年の市昇格当時の8万5000人から75年に25万3000人，90年には68万2000人に達する急成長をとげた．蔚山湾を中心に漁業も盛んであったが，沿岸水域の汚染や漁業従事者の激減で退潮が著しく，韓国最大の捕鯨基地であった長生浦チャンセンポ港も，往時の面影はない．市内の蔚山城趾は，豊臣秀吉の朝鮮出兵のさい加藤清正が築いた城郭の跡地で，清正軍が明と朝鮮連合軍の包囲をうけた蔚山籠城の地として有名である．現在は市民公園となっている．

谷浦 孝雄＋佐々木 史郎

ウルチ・ムンドク ｜乙支文德｜을지문덕

高句麗の6世紀末の武将．生没年不詳．戦術はもとより詩文にも優れた．《隋書》によれば，煬帝ようだいが遠征軍を高句麗に派遣するや，文徳は偽って身を隋軍に投じて軍勢をさぐった．実戦においても，隋軍をあざむき，大いにこれを敗走せしめ，初め30万5000の隋軍は，遼東に帰還した者わずかに2700であったという．朝鮮では救国の英雄として今もたたえられている．

浜田 耕策

ウルルンとう ｜鬱陵島｜울릉도

朝鮮半島の東岸から東方40kmの海上にある島．韓国，慶尚北道鬱陵郡に所属する．面積72.56km²．人口1万0673(2012)．新生代第三紀ごろ噴出した鐘状火山が形成した島で，玄武岩および石英粗面岩からなる険峻な山地によって覆われ，海岸は海食崖となっている．北部にはカルデラ性の羅里ナリ盆地がある．最高点は標高984mの聖人峰．島内の道路には未開通部分や急カーブ，狭隘区間も多く，自動車の往来には今も困難が残る．古代，于山ウサン国が形成されていたが，512年新羅の▶異斯夫イサブによって統合された．古記録には竹島・三峯島・于山島・羽陵島・武陵島などの異称もみられる．朝鮮王朝初期の1417年からは，倭寇対策のため同島への居住を禁ずる〈空島政策〉がとられ，460年以上にわたって無人島状態が続いた

●乙支文德

1959年，朝鮮民主主義人民共和国発行の切手．

が，19世紀末にはその規制が撤廃され，再び島民が居住するようになった．
　約1300haの農地とリマン・対馬両海流が交錯する近海の好漁場を背景に，農業と漁業を主たる生業としてきたが，その経営はおおむね零細であり，近年は観光振興に力を注いでいる．海洋の影響で気候は比較的温暖多湿であり，緯度に比べて南方系の常緑闊葉樹が多い独特の植生がみられ，アオギリ，ビャクシンなどの自生地は天然記念物に指定されている．反面，積雪量が300cmを越えることもある豪雪地であり，周囲に雪囲いをめぐらせた独特の民家が慶尚北道民俗資料として保存されている．慶尚北道浦項ポハン市や江原道東海トンへ市との間に定期航路が開かれているほか，小型空港の建設計画も進められているが，▶竹島問題で日韓関係が悪化した2012年以降，観光目的であっても，日本人の渡航が規制されるケースが相次いだ．

佐々木 史郎

うろく ｜于勒｜➡ウルク

ウン・ヒギョン ｜殷熙耕｜은희경｜1959-

韓国の小説家．全羅北道高昌生れ．淑明女子大国文科卒．1995年《東亜日報》新春文芸に中編《二重奏》が当選して登壇．若手女性作家のなかでは遅い出発だったが，最初の長編《鳥の贈り物》(1995)から高い評価を受け，《他人に声をかけること》(1996)，《ラストダンスは私と》(1998)，《幸福な人は時計を見ない》(1999)，そして最新長編《あれは夢だったのか》(1999)と，1年に1冊ほどのペースで出す著書は，すべてベストセラーになるという当代一の人気作家である．女性に押し付けられがちな，既成概念で作られ

た愛や結婚をめぐる道徳の枠を取り払う大胆な表現は、〈偽悪的〉と評されもしているが、多くの若い女性たちからの支持は、そうした作品世界が彼女たちにとって自己を代弁するものとして受けとめられていることを示しているともいえよう。

布袋 敏博

えいが｜映画

朝鮮半島で映画が撮影されたのは、1919年金陶山(キンドサン)による連鎖劇《義理的仇闘》を嚆矢(こうし)とする。23年総督府の命に応じて《月下の盟誓》を撮った尹白南(ユンベクナム)が、翌年釜山に設立したばかりの朝鮮映画社でパンソリに材を得た《雲英伝》を監督したあたりで、朝鮮映画の礎は作られた。〈内地〉から来るおびただしいチャンバラとハリウッド映画に抗して、京城や平壌でも民族資本によるスタジオが開かれた。20年代後半に朝鮮映画は最初の興隆を体験した。《籠中鳥》(1926)の李圭卨、《長恨夢》(1928)の李慶孫(イギョンソン)、《僧房悲曲》(1931)の李亀永(イグヨン)、さらに全昌根、脚本家の沈薫(シムフン)らが活躍した。とりわけ《アリラン》を監督した羅雲奎(ラウンギュ)の歴史的意義は大きい。もっともリアリズム映画を通しての抗日的思潮や民族的表現は、30年代には極力抑圧されるに至った。映画会社は統合を命じられ、日本人の手になる国策映画を撮る機関になりさがった。

[解放後] 劣悪な物理的条件にもめげず、解放後は南でも北でも盛んに映画が制作された。韓国では崔寅奎の《自由万歳》(1946)を皮切りに、義士安重根や柳寛順の伝記フィルムが次々と撮られ、民族主義的精神が銀幕を謳歌した。50年代後半から60年代前半にかけて、映画は大衆娯楽として健全に発展し、年に300本を数える年すらあった。《誤発弾》(1961)に代表される文芸物に手堅い力量をみせる兪賢穆(ユヒョンモク)、女の微妙な情念を描けば随一という金綺泳(キムギヨン)、家庭喜劇《ロマンス・パパ》(1960)から大スペクタクル史劇まで幅広い作風をもった申相玉(シンサンオク)。ほかにも金洙容、李晩熙、朴商昊といった監督、朴恵淑、金勝鎬といった国民的俳優の活躍を忘れてはならない。新派メロドラマから《成春香伝》に代表される古典悲劇、朝鮮戦争を舞台とした反共映画まで、韓国映画を形成する多くのジャンルがこの時期に確立された。

経済成長にもかかわらず、70年代の映画界は低迷を続けた。産業としての衰退と検閲の強化が原因である。《冬の女》(1975)の金縞善(キムホソン)が女子転落物語(ヨジャ・イヤギ)に新境地を開き、《花粉》(1972)で実験映画的作風を導入した河吉鐘(ハギルチョン)が学生に強く支持されることはあっても、全体として映画は粗製濫造の悪循環に陥っていた。80年代に入って、制作本数こそ年間80本ではあるが、映画に質的向上の徴候がみられ始めた。朝鮮王朝女人残酷史を手がける李斗鏞(イドゥヨン)と、民間シャマニズムの聖性を好んでとりあげる林権澤(イムグォンテク)は、国際的に注目を集める監督である。李長鎬(イジャンホ)、裵昶浩(ペチャンホ)といった解放後世代が、アイロニーに満ちた前衛的作風をもって台頭したことは心強い。

朝鮮民主主義人民共和国では、もっぱら革命史の学習と革命伝統の継承を主眼として、チュチェ(主体)思想にもとづいた映画制作が朝鮮芸術映画撮影所以下で行われている。白頭山創作団による《血の海》といった抗日武装闘争物から、《金剛山の娘》《労働家族》のような金日成政権下での労働者の生活を描いたものまで、社会主義リアリズムに依拠したフィルムがすべてである。

→演劇

[1980年代以降] 1980年代終りから90年代にかけて、韓国映画は大きな変容をみせた。89年に《達磨はなぜ東に行ったのか》で監督デビューを果たした裵鏞均(ペヨンギュン)は、韓国という枠を超えた、より東洋的な死生観の深遠さと独自の文体で、国際的な注目を浴びた。一方、60年代からのベテランであった林権澤は、悲恋物語を歌う盲目の少女の葛藤を描いた《風の丘を越えて――西便制》(1993)で、パンソリ登場するさまざまな主題を統合し、〈国民映画〉の監督として喝采を浴びた。彼はその後も《祝祭》(1996)で、韓国に伝統的な葬礼を取り上げ、99年には《春香伝》の再映画化に向かった。

90年代中ごろには大企業が映画産業に進出し、映画界の再編成がなされるとともに、韓国映画の新世代に国際的な脚光が投じられた時期でもあった。辺永姙(ピョンヨンジュ)は元日本

軍慰安婦を扱った《ナヌムの家》(1995)で，これまで禁忌とされてきた歴史的主題に接近した。洪常秀，許秦豪，李広模，金成洙といった新人監督が次々と登場し，軽快で洗練された文体で，ポスト・モダンのソウルの風景を活写した。しかしこうした商業映画の世界での興隆とは別に，独立映画集団であるチャンサンコンメが労働争議を扱った《ストライキ前夜》を自主制作し，その後も社会運動を描いたドキュメンタリーが撮られてきたことを忘れてはならない。また張善宇らは《競馬場への道》や《俺に嘘をついてみな》で，性的欲望から愚行に走る現代人を扱ったグロテスクな喜劇を描いた。

98年に姜帝圭が《シュリ》で，北朝鮮の殺人集団がソウルを急襲するさまを香港・ハリウッド的タッチで描くと，前代未聞のヒットとなった。これは日本でも100万人以上を動員した最初の韓国映画となった。その後，2000年代に韓国映画が《世界化》の波に乗って示した国際的発展については，つとに知られている。南北分断の境界線を前に南北双方の兵士たちが親しみあい，やがては惨たらしい破局を迎える《JSA》(2000)，光州事件で拷問を担当した刑事が，民主化のなかで進路を見失い，自暴自棄となって自殺する《ペパーミント・キャンディ》(2000)，米軍基地が廃棄した化学物質が原因で，漢江に巨大な怪獣が出現し，次々と人々に襲いかかる《グエムル 漢江の怪物》(2006)。こうした韓国映画のニューウェイヴは，韓国現代史をめぐる政治的アレゴリーの傾向を色濃く湛え，にもかかわらずエンターテインメントとしても高い完成度を示している。キム・ギドク，イ・チャンドンといった個性的な監督たちが大きな活動をし，国際映画祭で注目されたことも，この時期の現象である。

2010年代に入って，いわゆるニューウェイブの興奮は去った。だが個々の監督たちは独自に探究を続けており，韓国映画はすでに日本映画，イタリア映画に匹敵する国際的威信のもとに，さらなる発展が期待される存在と化している。

北朝鮮では，資材の不足と主題の制限ゆえに，映画制作は韓国とはまったく異なったあり方を示すことになった。朝鮮現代史を描いた《民族と運命》は，朴正熙や金大中といった実在の南側の人物を登場させながら，62編に及んでいる。1980年代から90年代にかけて，《プルガサリ》や《洪吉童伝》といった怪獣映画，時代アクション映画が次々と制作され，映画がこの国の娯楽として重要な位置にあることが確認された。こうした一時的発展は，北側の体制が南のヒットメーカーである申相玉監督と女優崔銀姫を拉致し，映画制作を強要したためにもたらされたことが，今日では判明している。90年代に入ると，生フィルムを自産できないこの国では，年間映画制作本数は20本ほどに激減した。だが一方で，深刻な食糧事情や工業の不振といった否定的現実を率直に描こうとする動向が現れてきたことは注目すべきである。もっとも映画の根底にあるのは，軍人の信義と指導者への忠誠心を鼓舞するイデオロギーである。

最後に在日韓国人による映画について，簡単に記しておきたい。崔洋一は94年に《月はどっちに出ている》で，これまで商業映画の世界では正面切って論じられることがなかった在日韓国人の日常生活を，苦いコメディとして描き，今日の東京に遍在するにいたったエスニシティの多様性を提示した。2000年代には在日の新世代から，次々と興味深いドキュメンタリーを撮る者たちが輩出した。梁英姫の《ディア・ピョンヤン》(2005)は《北》へ渡った三人の兄の一家を訪問する在日女性の，日記のような記録映画である。また李鳳宇率いるシネカノンが制作した《パッチギ！》(井筒和幸監督，2005)や《フラ・ガール》(李相日監督，2006)は，在日韓国人の視座から日本人を見つめるという貴重な試みである。 ☞韓流　　　　　　　　　　　　　　四方田犬彦

えいしちょうせん｜衛氏朝鮮｜위씨조선

朝鮮古代の王朝名。いわゆる▶古朝鮮の一つ。朝鮮半島北西部は古来から中国との交流が行われ，政治，経済，文化の諸般に深い影響を受けていたようである。《史記》によると，前195年(漢の高祖12)，燕王盧綰が漢に背反したとき，その部将の衛満は部下1000余人をひきいて浿水(位置に諸説あり)を渡り，北朝鮮の地におもむき，▶箕子

●駅伝制

左－迎華駅図．中央に中国からの使節を迎えるための駅館が，左上には貸与する馬が放牧されている．《華城城役儀軌》(1800)より．
右－馬牌．牌に描かれた頭数(1〜5頭)だけ駅館で馬を借りることができた．また，馬牌は一種の通行手形の役割も兼ねた．これをかたどった土産物もある．

朝鮮国最後の国王，箕準(淮とも記す)に信頼されて官職を授けられ，封地も賜ったという．やがて勢力をたくわえた衛満は燕や斉の亡民を糾合して準を脅かし，漢の恵帝のころ準を追放してみずから王となり，前王の故都王倹城(現，平壌付近)を首都とした．彼の勢力は一時遼東にまで及んだ．漢に武帝が出ると，武帝は使者渉何を遣わして招撫したが，衛満の孫，右渠は招撫使を殺害して抵抗したので，前109年(元封2)，武帝は大軍を発して王倹城を攻めた．翌前108年，右渠は内乱で殺され，衛氏朝鮮は3代80余年で滅亡した．古朝鮮の中で箕子や檀君は説話的要素が強いのに対して，衛氏のそれは実在の国家とみられている．また衛氏朝鮮の性格は移住の漢民族が土着人を支配したものというのが定説であるが，最近では衛満も朝鮮人系の出身者であり，衛氏朝鮮国もそのような人々による一種の部族連盟とする説が朝鮮の学界で定説化している．

村山 正雄

えいせいせきじゃ｜衛正斥邪｜위정척사

正学を衛り邪学を斥けるという，朝鮮王朝後期の体制的思想．国内的には，朝鮮朱子学を唯一の正学とし，朱子学以外の儒教の潮流および仏教を邪学として斥けた．対外的には，華夷思想にもとづき，朝鮮を小中華と自認し，清その他の国々を夷狄視した．華夷思想とは，本来漢民族の世界観で，礼の有無によって世界を華と夷に弁別し，自国は礼が備わった〈中国〉，すなわち〈中華の国〉とし，他は夷狄とするものである．朝鮮は明を大中華としてこれに服属していたが，1644年に明が清に滅ぼされると，三綱五倫の礼が行われているのは朝鮮朱子学を正学としている自国だけであると，小中華を自認した．清は政治的には朝鮮の宗主国だが，文化的には夷狄であり，朝鮮が小中華であるとする(▶小中華思想)．その結果，清の文化の受容を拒否し，ときには北伐論のように北の清を伐とうとした議論も出た．ところが19世紀に入ってキリスト教の浸透や欧米の軍事的圧力が強まると，従来は清に対して用いていた夷狄という語を，欧米に対して用いるようになった．その論理は，欧米は貨色に溺れ，人倫を欠いた禽獣の地であるので，世界で唯一の汚れなき地である朝鮮を守るためには欧米を撃退しなければならない，というものであった．その結果，明治維新の後，欧米の先進文化の受容に努める日本も洋夷と同一(倭洋一体)とみなした．19世紀後半の•興宣大院君の鎖国攘夷政策はこの思想に支えられて行われた．しかし，衛正斥邪思想の本質は，対外的危機に際して朝鮮王朝の支配体制を固守し，国内外の情勢の変化に即応する一切の変革を拒否するものであった．それゆえ，外からの侵略に対して一時的に強固な抵抗思想になったとしても，体制的矛盾が激化する中で，その影響力を喪失してゆかざるを得なかった．すなわち，抵抗の思想ではあったが，変革の思想ではなかったの

である。衛正斥邪を唱えた19世紀以降のおもな人物としては，▶李恒老ィハンノ，奇正鎮，金平黙，▶崔益鉉チェイッキョン，柳重教，▶柳麟錫ユインソクなどがあげられる。この思想にもとづく運動としては，斥邪上疏（上疏とは，国王への意見書提出のこと），▶義兵闘争がある。　原田 環

えいそ｜英祖｜➡ヨンジョ

えきざん｜益山｜➡イクサン

えきでんせい｜駅伝制
公文書の伝達と公用旅客の輸送・接待をする制度。駅の数は高麗時代で約500，朝鮮王朝時代で約450～550。朝鮮の駅伝制は統一新羅時代に始まるとみられるが，整備されたのは高麗初期である。高麗時代の駅は兵曹に所属する供駅署の管轄下にあり，20余の道（区域）に分かれ，各道には館駅使がおかれた。駅には駅業務負担集落が定められ，世襲の駅吏がおかれていた。モンゴル占領時代には站赤ジャムチ，伊里干イリガンが併置された。朝鮮王朝時代の駅は兵曹に所属し，40余の各道には察訪や駅丞がおかれた。1597年には軍事伝達のために擺撥パバルを別置した。駅には駅馬をおき，尚瑞院が発行する銅製円形の〈馬牌〉を所持する者に乗用・荷物運搬用として供給し，また文書伝達に使用した。駅業務は駅吏，日守，奴婢が行い，経費捻出用に田地が与えられた。付属の駅館は公用旅客の接待専用で，私用旅客は郡県や僧侶などが建設した〈院〉を用いた。
　　　　　　　　　　　　　　　　吉田 光男

えじ｜慧慈｜➡ヘジャ

えちょう｜慧超｜➡ヘチョ

エルジーグループ｜LGグループ
電子，化学を中心に事業を展開する韓国を代表する財閥の一つ。1947年に具仁會グイナが兄弟および妻の親族である許準九ホジュング とともに化粧品クリームを製造する楽喜化学工業社（現在のLG化学）を設立したのがグループ形成の起点である。58年には電子電気機器を製造する金星社（現在のLG電子）を設立，同社は翌59年に韓国で初めてラジオの国産化に成功し，66年には白黒テレビ生産を開始，輸出を拡大して世界的な電子機器メーカーへと飛躍する礎を築いた。さらに60-70年代には経済開発政策に呼応して電線や石油精製，重電，建設などに，80-90年代

● **宴会**　図朝鮮王朝時代の婚宴

新郎は新婦宅を訪れ，相手側の男性親族と宴を催す。祝儀の場には欠かせない8枚組の屏風を背に口元を布扇でおおっているのが新郎。また，新婦も新郎側の姑・小姑と宴を設ける。

には経済の高度化に対応して半導体生産や流通，情報通信へと事業を広げていった。グループの所有と経営は具家と許家が共同で出資し，両家の構成員が幅広く経営に参加することを特徴としていたが，2003年に具仁會の弟である具泰會グテフェ，具平會ピョンフェ，具斗會ドゥフェの直系家族が電線，重電事業などを分離してLSグループを，04年に許家が建設，石油精製などを分離してGSグループをそれぞれ設立した。これを契機にLGグループは純粋持株会社である（株）LGを中心に再編され，創業者の直系の孫である具本茂ボンム が同社の代表理事会長としてグループ全体を統括する体制を整えた。公正取引委員会発表の2013年相互出資制限企業集団で資産額第6位（公企業を除くと第4位）。安倍 誠

えんかい｜宴会
朝鮮では慶祝の意味で行う宴会をチャンチという。チャンチは生後100日目に行う百日祝い，結婚，▶還暦（還甲）祝いなどの▶通過儀礼に伴って行われるが，たんにチャンチという場合には婚宴を意味することが多い。チャンチのある家には大勢の人が集まり，歌舞飲食する。時には▶妓生キーセンを招いて歌舞をさせることもある。宴席の人々をいかに十分に楽しませるかはその宴会を催す家の情の深さや富，地位のみせどころで

もある．あまり金持ちでもない両班などはその地位と自分の体面を守るために経済的に無理をすることがあった．また，農村などでは村人をよくもてなしたいという情と親睦の目的も加わって，経済的に多少無理をしても大きなチャンチをすることが多い．この宴会に参加する人はその目的によって祝いの品を持参するが，近い親族間では餅や酒など宴会に必要なものを協力する意味で持ち寄る．また宴会のみやげとしてチャンチ餅を持ち帰るが，この餅はすぐに子どもに与えず，初めに老人や親が食べてから与える．チャンチ餅には宴会に集まったたくさんの雑鬼がついており，これを食べることによって子どもが病気になるおそれがあるという観念があるからである．なお，都市では立食パーティや妓生パーティなども宴会として行われるが，これらはチャンチとは異なる．→もてなし　　　　　　　崔吉城

えんげき｜演劇

[古代]　朝鮮における演劇の始まりは，夫余の迎鼓，高句麗の*東盟，濊の舞天などの祭天儀式における歌舞百戯に求められる．具体的な演目は三国時代のものが知られている．高句麗の舞楽は西域楽の影響を受けて発達したものであり，隋・唐の九部伎や十部伎の中の〈高麗伎〉として知られ，日本にも高麗楽として伝えられた．百済も同じく大陸系統の散楽百戯の影響を受けたが，とくに〈伎楽〉を7世紀初めに日本に伝えたことは特記すべきであろう．この百済の伎楽が現在の韓国における仮面劇の母体であるという説もある．新羅は7世紀の後半に三国を統一し，加羅(伽倻)，百済，高句麗などの舞楽を集成し，剣舞，無导舞，処容舞，五伎などの形で後世に伝えた．剣舞は仮面を着用し，演劇性をおびた仮面童子舞であり，唐代の剣器舞の影響がみられる．無导舞は西域より伝来された仏教歌舞であり，日本の空也念仏と同類型のものと思われる．処容舞(無形文化遺産登録)は，高麗，朝鮮王朝を通じて宮中宴や追儺に仮面をかぶって演じられた怪異奔放な舞劇であり，のちには両班(貴族)私家の宴楽舞としても舞われた．五伎は金丸，月顚，大面，束毒，狻猊をさすが，中国と西域伝来の〈散楽〉などの影響下に形成された三国楽を総合したものである．→舞踊

[高麗]　高麗時代には新羅の*八関会や*燃灯会を継承し，同時に新羅以来の歌舞百戯を演じたが，その内容は李穡のく山台雑劇〉の詩で推測できる．装飾された舞台である山台(綵棚)で処容舞をはじめ各種の歌舞や散楽系の各種曲芸をみせるものであった．このほか，凶礼である追儺のおりにも疫鬼を追ったあと，俳優による百戯が演じられた．祭舞，呑刀，吐火などの奇伎や，西域胡人戯，竹馬，処容舞，傀儡戯，百獣舞などの演目である．このような儺戯とともに職業的な才人や，*広大らの芸人による雑戯が12世紀の記録にみえている．また功臣を追慕，記念するための演劇や，権勢家の家臣の横暴をあばく風刺劇なども行われたことがうかがえる．

[朝鮮王朝]　朝鮮王朝では排仏崇儒の政策をとって八関会や燃灯会の仏教的な行事は継承しなかったが，山台雑劇や追儺は継承し，ことに追儺は前半の逐疫行事よりも後半の雑戯部が拡大された．儺礼都監あるいは山台都監をおいて追儺や山台劇を管掌し，中国使臣の迎接時や各種の宮中行事および地方官衙の宴楽などにも広範に催された．名称も山台雑戯，山台儺礼，儺戯などと混用されたが，内容は高麗時代のものとあまり違わず，1488年に来朝した明の使臣董越の《朝鮮賦》や，朝鮮の成俔(1439-1504)の《観儺詩》などからうかがうことができる．王朝前期は国家新興の気運にあふれ，山台戯もその規模を拡大したが，壬辰・丁酉倭乱(文禄・慶長の役，1592-98)と丙子の乱(1636)の両乱によって打撃をうけ，仁祖時代(1623-49)以降は公的な行事としては漸次停止されていった．演戯者たちは民間のパトロンを求めて地方に定着し，現在の各地の山台都監系の仮面劇や人形劇などの民俗劇が形成されていった．仮面劇の大部分は*農楽の場合と同様に，農民ら非職業的な演技者によって継承されたのに対し，人形劇は*ナムサダン(男寺党)とよばれる職業的な放浪芸人集団によって伝承されてきたが，劇の内容はいずれも日常生活の批判的再構成による先鋭化された表現をとり，両班や破戒僧

に対する風刺や一夫妻妾間の葛藤などを主題としている。⇒仮面劇｜人形劇

一方、王朝後期には独演形態の一ジャンルとしてのパンソリの発展をあげることができる。17世紀末から18世紀にかけての名演唱者たちの名や12曲のレパートリーなども知られている。19世紀後半には申在孝シンジェヒョによって6曲の台本が整理され、そのうち《春香歌》《沈清歌》《兎鼈歌》《興夫歌》《赤壁歌》の5曲が伝承されている。20世紀に入ると、パンソリは複数の演者による分唱と配役が試みられ、朝鮮声楽研究会(1931創立)にいたって〈唱劇〉として確立し、〈旧劇〉〈国劇〉とよばれた。⇒パンソリ

[新演劇] 朝鮮最初の近代的な屋内常設劇場は、1902年12月設立の協律社であり、倡優、妓生キーセンなどが各種演劇を上演した。08年7月には円覚社劇場とかわり、最初の新演劇《銀世界》(李人稙インジクの作品)を上演した。これは政治小説を舞台に移した、いわば壮士芝居であった。以後1900年代の10年間は新派劇に終始し、林聖九イムソング(1887-1921)の革新団をはじめ、尹白南ユンベンナム(1888-1954)と趙一斉チョイルチェ(1863-1944)が中心の文秀星劇団、李基世イギセ(1889-1945)の唯一団、尹白南、李範亀、李基世の芸星座などが代表的な新派劇団であった。政治劇から始まり、軍事劇、探偵劇を経て家庭悲劇や花柳界の悲恋劇を扱うにいたって観客の人気を博した過程は、日本の新派劇の展開と軌を一にするものであった。

近代演劇の本格的な胎動は、1921年の東京留学生による同友会巡回演劇団の母国訪問公演に始まる。23年7月には同じく東京留学生による土月会公演があり、以後朴勝喜によってリードされた土月会の公演によって新派劇団は中央より押し出され、〈改良新派〉を標榜して主に地方巡演によって余命を保った。1920年代の演劇界は、商業劇団と土月会の流れをくむ新劇団体、そして左翼劇団体の3グループに分かれた。31年7月には劇芸術研究会が創立された。32年5月にゴーゴリの《検察官》を初演し、以後39年5月まで翻訳劇と創作劇を公演し、1930年代の本格的な〈新劇〉は柳致真ユチヂン(1905-?)らの劇芸術研究会によって主導された。一方、35年11月に開場した東洋劇場は、商業劇の牙城として青春座、豪華船などの専属劇団をもち、いわゆる〈高等新派〉を標榜して40年代の末期まで大小劇団による商業演劇の全盛期をリードした。42年7月には朝鮮総督府が朝鮮演劇文化協会なる統制機関を発足させ、〈国民演劇〉樹立という名目のもとに演劇競演大会を開催し、移動劇団を巡回させて戦争完遂に協力させる暗黒期が始まった。

【大韓民国】 45年8月、朝鮮民族は解放を迎え、左右両翼の演劇団体による軋轢アッレキの時代を経て、大韓民国建国後の50年4月、国立劇場の開場公演として上演された柳致真作《元述郎》と翻訳劇《雷雨》の上演は、未曽有の大盛況を呈した。2ヵ月で6万余名の動員を記録したが、同年6月に始まる朝鮮戦争によってすべては灰燼カイジンに帰した。休戦後、50年代の再建期、60～70年代の中興期を経て、80年には韓国演劇界は、国立劇場をはじめ、16ヵ所の公演場と37の新劇団体をもつにいたった。大韓民国演劇祭や東亜日報演劇賞、韓国日報社の演劇・映画賞などが設けられ、演劇公演が奨励されている。

李 杜鉉

[マダン劇から小劇場運動へ] 韓国の伝統的民俗劇である仮面劇は、1970年代に入り民主化運動の伸張とともに見直され、大学のサークルなどを中心にして全国的に広まり、マダン劇とよばれる形態に発展していく。マダンとは庭とか広場の意味で、舞台を劇場に固定せず、野外でもどこでも上演され、この劇の特徴は社会批判、風刺と観衆との即興的なやりとりにある。最高潮に達すると、演者と観衆がいっしょに踊りだすという一体感をつくり出していく。

やがてマダン劇がその思想性と乱立のために衰退し、80年代には小劇場運動へと移行していく。ニール・サイモンやテネシー・ウィリアムズなどの翻訳劇も数多く上演されたが、狭い空間であるがために、大劇場にはない演者と観衆との一体感を生かした創作劇も登場した。これらの創作劇の中に、マダン劇の特徴である社会批判、風刺や観衆とのやりとりを盛り込んだ作品が多くみられる。マダン劇の精神が形を変えて、小

劇場の舞台の中に残っているといえる。当時の話題作としては、演劇祭の権威を皮肉った〈劇団76劇場〉の《パン》、乞食芸人を主人公にした一人芝居《プンバ》、子どもたちの性意識や無気力をセンセーショナルに描いた〈劇団セシル〉の《0.917》などがある。経済的困難のために劇場の確保が容易ではなく、ふだんは喫茶店、公演時には劇場になるというところもあった。しかしながら、韓国の小劇場では主題も多岐にわたり、問題意識をもった意欲作も続出した。

増田 忠幸

【朝鮮民主主義人民共和国】 ソウルを中心に韓国で左右両派に分裂した演劇人たちの左派の一部は、その後、朝鮮民主主義人民共和国へ移って演劇活動に参加した。当時、共和国では、各地に自然発生的につくられた自立的劇団によって演劇は支えられていたが、1948年末には、国立劇団など専門家による劇団が9、移動演芸隊が9、このほかに工場や農村、学校などに多くの演劇同好会がつくられるようになった。共和国の演劇は、革命的世界観と共産主義思想、今日ではとりわけ*チュチェ(主体)思想によって民衆を武装させるための最も有効な手段の一つとして重要視されている。そのため金日成主席の文芸理論を指針とし、社会主義リアリズムを唯一の正当な創作方法として取り入れ、思想性と芸術性の有機的結合が図られてきた。演劇のテーマは文学の場合と同様に、共和国の歴史の各段階における主要な政治的課題と密接に結びついた、抗日武装闘争時代の革命家たちの不屈の闘い、朝鮮戦争期と社会主義建設期における英雄的人間像、祖国統一のための闘いなどが中心をなしてきたが、60年代後半からは金日成主席をはじめその祖父母の代にまでさかのぼり、この一家に深い崇敬の念を寄せた演劇がひんぱんに上演されている。また共和国の演劇は71年に〈歌劇芸術〉とよばれるものを派生させた。〈血の海式歌劇〉とも革命歌劇ともよばれるこれは、金日成主席の抗日パルチザンによって上演されたという演劇《血の海》を歌劇化したものである。 ➡歌劇芸術|映画

安 宇植

[1980年代以降] マダン劇は*盧泰愚らの〈民主化宣言〉(1987)によって合法化されるが、民主化によって、その存在意義は薄れていく。イデオロギーに偏り、演劇の完成度がおろそかになったためで、1990年代になると公演回数は極端に減った。またマダン劇が全国的に広まった70年代当時、劇場公演の約7割は翻訳劇だったが、80年代中ごろから創作劇が多くなり、完全に逆転している。創作劇が増えた一因には、創作劇の奨励を目的に77年に始まった〈大韓民国演劇祭〉の存在がある。新作を参加基準とし、多くの有望な劇作家が育ったからである。さらに、80年代に入って公演法が改正されたのも大きい。それまで厳しく制限されてきた劇団の組織化、小劇場の開設、公演の実施が自由になったのである。とくに88年の*ソウル・オリンピック以降、事前検閲の撤廃、共産圏演劇の大幅な規制緩和が行われ、禁じられていたブレヒトの《三文オペラ》も初めて上演された。このような規制緩和と経済成長もあって、劇団や劇場の数も増え、80年ころには300に満たなかった年間の公演回数が倍以上になった。

[ミュージカル・ブーム] 1980年代以降、ミュージカル・ブームが続いている。95年には〈韓国ミュージカル大賞〉が設定され、ブロードウェー作品の上演や、外国ミュージカルの来韓公演もあり、多額の投資をした大作ミュージカルの登場が特徴といえる。その一方で外国作品を韓国的に再構成したり、オリジナルに取り組む劇団も増えている。マダン劇が隆盛だった当時の観客たちはカタルシスを演劇に求めたが、いまは日常の煩わしさを忘れ、舞台を楽しむために足を運ぶ。ミュージカルやコメディに人気があるのも当然といえるが、なつかしの流行歌に踊りを交えた〈楽劇〉を復活させた劇団もあり、テネシー・ウィリアムズなどの翻訳劇はいまだに上演されることが多い。現代劇や古典を翻案したり、韓国の伝統芸能の手法を取り入れた作品もみられる。

[観客動員] 観客の多くは学生で、そのほとんどが女性である。入場料の負担を減らすために各種の割引チケットを発行したり、飲物の提供、入場料の後払制、公演後の俳優とのパーティなどを行っている劇団もあ

る。また、学生などの若い層だけでなく、主婦のために公演時間中に子どもを預かる保育室、サラリーマンが昼休みにコーヒー1杯程度の料金で、飲物付きの公演が楽しめるようなプログラムを設けている劇場もでてきた。

増田 忠幸

[文化政策と国公立劇場の台頭] 韓国で文化芸術振興法が制定されたのは1972年。創作団体への助成とともに各地に文化施設などのインフラが整備されはじめ、2000年には〈文化予算1％〉が達成された。国家的に文化芸術政策を強力に推進することで、▶韓流、▶K-POPをはじめ文化産業は大きく成長し、演劇界の動きにも大きな変化をもたらした。一つは現代演劇の産屋ともいえる小劇場が密集する〈大学路〉での小劇場中心から劇場の拡散と中劇場公演の増加である。とくに李明博政権時に経営効率化と競争力強化を目的に国立芸術機関の法人化が推進され、国立劇団、国立現代舞踊団、韓国国立公演センターなどが設立され、また〈明洞芸術劇場〉(2009)、国立劇団〈白星姫ジシ・張民虎チビ劇場〉(2011)、ソウル市が運営する南山芸術センター〈ドラマセンター〉(2009)など、中劇場規模の自主制作をメイン事業とする国公立劇場が相次いで開館した。これにともない公演規模は大型化し、観客層も広がり、商業演劇やミュージカル公演の増加はもちろん、創作劇の育成にも力が注がれ、上演作品はかつてないほど多様化している。一方、公演主体が劇場や制作社に移行することで、これまで強力な個性で現代演劇をリードしてきた劇団制が弱体化している。21世紀に入り、政府は文化芸術政策に力を入れてきたが、現朴槿恵政権は〈文化予算2％〉を掲げており、また15年開館予定のアジア文化中心都市をめざし設立されている光州〈国立アジア文化の殿堂〉など、民間より政府が演劇の現場を積極的にリードする傾向は今後も続くものと思われる。

[日韓演劇の現在] 日本文化の開放、韓流などを契機に日韓文化交流が増進するなか、日韓演劇界も交流事業が増加し、〈交流〉という文字が色あせるほど日常化している。鄭義信チョンウィシン、三谷幸喜、平田オリザ、坂手洋二、畑澤聖悟、土田英生、永井愛などの劇作家の作品が韓国の劇団や演出家によって年に十数作品は公演され、高い評価を受け、若い演劇人たちによる共同公演も頻繁に行われている。また、2008年に初演された新国立劇場と芸術の殿堂による共同制作公演《焼肉ドラゴン》(作/演出鄭義信)は両国の演劇賞を総なめにし、作品的にも大きな成果を残すとともに、日韓演劇を代表する作品が生まれる土壌が形成された。また、ここ10年あまりで大きく成長した韓国創作ミュージカルは国内だけでなく、日本でもアミューズミュージカルシアターが開館し(2013)、定期的に公演されるなど、日韓のエンターテイメントビジネスとしても確立されつつある。近年は日韓の政治的わだかまりが高まる局面もあるが、文化芸術分野にまで影響が出ることはほぼなく、21世紀以降〈交流〉の基礎を両国の関係者がしっかりと構築してきた成果を感じる。

[南北演劇交流への期待] 1991年から2012年まで韓国統一部が文化分野で承認した交流・協力事業は、文化遺産20件、文学・言語6件、視覚芸術7件、公演芸術20件、文化事業43件の総96件となっている。これら事業の95％は金大中・盧武鉉政権時に実施されている。2000年南北首脳会談後、演劇界でも南北演劇交流とその方向性が話題となり、韓国演劇協会を中心に北朝鮮演劇の現状を把握し理解を深めるシンポジウム、資料展示、記録映画の上映などが相次いで企画され、04年にはソウル演劇協会が〈ソウル・平壌演劇祭〉推進委員会を発足し、演劇人たちの交流推進の努力が始まった。07年には〈ソウル演劇祭〉(ソウル演劇協会主催)で、北朝鮮五大革命演劇の一つで、抗日闘争期に金日成が直接制作した作品として知られる《娘からの手紙》が、延辺ヨンビョン演劇団によって公演されることになり、期待を集めたが、公演直前まで許可が下りず、霧散となった。08年以降、南北の関係が冷え込むなか、〈ソウル・平壌演劇祭〉は実現を果たせなかったが、13年大統領選挙目前に文化体育観光部と韓国文化観光研究院の主催で今後の南北文化交流の展望と課題を模索する〈統一文化政策フォーラム公開セミナー〉が開催され、再度両国の文化交流、演劇交流への歩

みが期待されている. 　　　　木村 典子

えんこう｜円光｜→ウォングァン

えんこうし｜燕行使｜연행사

朝鮮が清の北京に派遣した国家使節. 1637年に服属してから1894年の▶甲午改革まで, 朝鮮は清に毎年使節を派遣した. 1644年に清が北京に遷都すると, 朝鮮の使節も北京に派遣された. 朝鮮では北京を燕京とよんだので, この使節を一般に燕行使と称した. ちなみに, 清から朝鮮に派遣された使節は勅使という. 燕行使は, 毎年派遣される冬至使(年貢使)のほかに, 必要に応じて謝恩使, 奏請使, 進賀使, 問安使その他があった. これらの使節は, 属国の朝鮮が宗主国の清に臣下の礼をとるためという儀礼的なもの以外に, 経済的には使節の往復に伴って貿易が行われ, 文化的には清の先進文化に朝鮮の知識人が直接触れることができるという意味があった. 洪大容, 朴趾源(ﾊﾟｸｼﾞｳｫﾝ)(旅行記▶熱河日記を残す), 朴斉家, 金正喜らは, 燕行使に随行して清の学者と交流した体験から北学論を唱え, 朝鮮の▶実学の展開に大きく寄与した. ▶李承薫(ｲｽﾝﾌﾝ)が朝鮮人として北京で最初に洗礼を受けた(1784)のも燕行使の随員としてである. 朝鮮にとって燕行使は清の内外情勢を知る最大のルートで, とくに19世紀の列強の東アジア侵略以降は重要性が増したが, 1876年に明治維新後の日本と国交を回復し, 82年以降欧米に開国するようになると, その役割は相対的に小さなものとなった. 　　　　原田 環

えんざんくん｜燕山君｜→ヨンサン君

えんせいがい｜袁世凱｜1859-1916

中国, 清末・民初の政治家. 1882年に清の呉長慶の幕僚として朝鮮に進駐した. ▶壬午軍乱(1882)の鎮圧と興宣大院君の保定拉致などの作戦に従った. 以後, 朝鮮に滞在して, 李鴻章の戦略にもとづき, 商民水陸貿易章程(1882)をてこに朝鮮に対する清の宗主権の強化に努めた. 清からの独立をめざした▶甲申政変(1884)に際しては, 清軍を指揮してこれを鎮圧した. 翌年, 駐劄(ちゅうさつ)朝鮮総理交渉通商事宜に任ぜられ, 朝鮮の監国として権力を振るった. 彼は政治的のみならず経済的にも清の支配力を強めようとしたが, 1894年の甲午農民戦争をきっかけにした日清両国の対立の激化によって, そのすべての試みは水泡に帰し, 日清戦争開始直前の94年7月に朝鮮を後にした. 彼にとって朝鮮時代は, その後の政治家への道の第一歩であった. 　　　　原田 環

えんせいだいがっこう｜延世大学校｜→ヨンセ大学校

えんぺいとう｜延坪島｜→ヨンピョン島

えんぺんちょうせんぞくじちしゅう｜延辺朝鮮族自治州｜→在外朝鮮人

おうえいのがいこう｜応永の外寇｜→己亥(きがい)東征

おうぎ｜扇

朝鮮の扇は, 高麗・朝鮮王朝時代から中国へのみやげ品として珍重された. 扇に張る▶紙(朝鮮紙)が強靭であったからである. 中国に行く人はこの扇と牛黄清心丸(漢方の強心剤)を手みやげにしたものである. 丸い団扇と折りたためる末広の扇があるが, 後者はソンビ(士大夫)の必需品とされた. 普通, 目下の者が目上の人に贈物をする際にもこの扇に載せて贈るのが礼儀とされていた. この扇で有名なのは全羅道の合竹扇で, これは竹をうすくけずり, 両側から合わせてその上に油紙を張ったものである. 油をにじませないものを白扇という. 竹節の多いものが珍重され, 男物はことに, 7, 9, 11, 13節などの奇数の節の付いたものが喜ばれた. また, 官人には〈夏扇冬暦〉といって, 夏には扇が, 冬には暦が下賜された. 端午の日に下賜されたので, とくに端午扇ともいう. 　　　　金 東旭

おうけん｜王建｜→ワンゴン

オウム｜於音｜어음

朝鮮王朝時代の商人が利用した約束手形. 紙面に支払金額と作成年月日, 振出人の姓名を記して捺印し, それを両断した半片を債権者に渡したが, 後になると全面を渡して振出人は控を手もとに残す形式が多くなった. 無記名式というべきもので, 債権者の氏名を記載せず, 譲渡においても裏書の必要はなかった. 支払期日を明記することもあったが, 普通は一覧払であり, 請求があればただちに支払に応じた. 朝鮮王朝後期には商品経済の盛況を反映し, 信用ある商人の発行した於音は紙幣のように流通し

たが，1905年からの日本による⍈貨幣整理事業の一環として発行・授受が禁止された。
吉野 誠

おうりょっこう｜鴨緑江｜➡アムノク江

おおむらしゅうようじょ｜大村収容所
主として日本から韓国への強制退去者を一時収容する施設で，長崎県大村市にある。1950年10月1日外務省に出入国管理庁が設置され，その管轄下に旧佐世保引揚援護局針尾収容所を外務省針尾入国者収容所と改組し，同年末に大村の元海軍航空廠本館を改修して移転し，大村入国者収容所となった。1万4000坪，1000人の収容能力をもち，51年11月出入国管理令が施行され，韓国からの難民(50年6月に朝鮮戦争が勃発)を〈不法入国者〉として一時収容し，強制送還したが，以前からの日本在留者も強制送還の対象とされた。52年法務省へ移管。1950年12月から84年末までに2万1568人の在日朝鮮人が送還(集団送還)されているが，80年代は年間200〜300人台である。また被収容者の処遇が刑務所の犯罪者と同じような状態にあったため，53-54年にはたびたび即時釈放，待遇改善などを要求し，座込み，所内デモ，ハンストなどが行われたが，収容所当局はこれを武力で弾圧し，死傷者を出す事件となった。80年代後半以降，収容対象者の多くは資格外就労の外国人である。93年12月入国者収容所大村入国管理センターと改称。
➡密航
朴 慶植

おおん｜於音｜➡オウム

おぐらしんぺい｜小倉進平｜1882-1944
言語学者，朝鮮語学者。仙台に生まれる。1906年東京帝国大学文科大学を卒業，11年朝鮮語研究のため朝鮮に渡った。26年京城帝国大学の本科授業開始とともに同大学教授となり，33年東京帝国大学に転任，43年定年退官。未開拓であった朝鮮語の研究に献身的に努力して歴史的研究にすぐれた成果をあげ，朝鮮語学の基礎を築いた。業績はその後の研究発展を促す契機となったものが多い。古代語研究の出発点である《郷歌及び吏読の研究》(1929)によって文学博士の学位を得，また35年学士院恩賜賞を受賞した。実証的な文法史研究《朝鮮語に於ける謙譲法・尊敬法の助動詞》(1938)，語学関係資料の解題である《増訂朝鮮語学史》(1940)，各地をくまなく調査した方言研究の成果を集大成した遺著《朝鮮語方言の研究》(1944)などの主著のほか，多くの著書，論文がある。
大江 孝男

おだいくごろう｜小田幾五郎｜1755-1832
江戸時代後期の対馬藩朝鮮語通詞。由緒ある貿易商人〈古六十人〉家の出身。家業の関係で幼少時分から⍈倭館において朝鮮語習得の機会に恵まれ，さらに⍈雨森芳洲創設になる通詞養成所で研鑽を積む。その後，藩の通詞職である五人通詞(1776)，稽古通詞(1779)，本通詞(1789)を歴任し，45歳にして卓越した通詞に贈られる大通詞を拝命。1811年の通信使易地聘礼交渉の中心的役割を果たすなど，朝鮮側の倭学訳官からも信頼される名通詞として知られる。50年にわたる通詞職で知見しえた朝鮮の歴史・地理・制度・国情・言語・風俗を《象胥紀聞》《草梁話集》《通訳酬酢》《北京路程記》《朝鮮訓書》《講和》《病録》などの著作にまとめ，外国人による一級の朝鮮研究書として注目される。77歳の時の書《通訳酬酢》の序文で詠った〈通弁は秋の湊の渡し守り　往き来の人のこゝろ漕ぎ知れ〉は，言葉上手に終わらない真の通詞をめざす後進たちへの心得となる。
田代 和生

おつしぶんとく｜乙支文徳｜➡ウルチ・ムンドク

オッペルト｜Ernst Oppert｜1832-1903
ドイツの冒険商人。上海を基地に朝鮮に2回(1866)交易を求めて拒否され，3回目(1868)に，⍈興宣⍈大院君の実父である南延君球の墓(忠清南道徳山郡伽耶洞)をあばこうと試みて失敗した。これには，大院君の天主教弾圧に不満を抱く朝鮮人教徒の協力があった。しかし，交易強要の手段として墓をあばくという行為は，朝鮮の朝野に欧米人は人倫を欠いた禽獣であるという観念を深めさせ，大院君政権の鎖国攘夷政策を強めさせる結果となった。著書に《禁断の国——朝鮮への航海》(1880)がある。
原田 環

オデさん｜五台山｜오대산
朝鮮，江原道江陵，旌善，平昌の境の太白山脈の主脈にある満月山，長嶺山，麒麟山，亀王山，毘盧峯の五山をさす。山中には⍈月精寺が鎮座している。《三国遺事》に

よると，新羅末期，宝叱徒・孝明の兄弟が一千の徒を領してこの山に入り，結社を結び，国家安泰，百穀豊穣を祈る宗儀を行い，のち孝明は新羅の王位についたという。これは五台山が元来その山中で修行して霊力を獲得するための聖山であったことを示している。主峰の毘盧山(1563m)は朝鮮民族の固有信仰〈光明の世界〉を意味する〈プル〉の仏教的表現である。
依田 千百子

オ・ユンジュン|魚允中|어윤중|1848-96

朝鮮王朝末期，*開化派の政治家。字は聖執，号は一斎。本貫は咸従。1869年に科挙の文科に及第，81年には*紳士遊覧団の一人として日本を視察。83年に西北経略使として朝鮮，中国，ロシアとの国境線画定に努力した。94-95年甲午改革当時は金弘集内閣の度支部大臣として財政改革に当たったが，96年2月に同内閣が倒れ，京畿道竜仁で殺害された。著書に《従政年表》がある。
姜 在彦

おんがく|音楽

朝鮮の伝統音楽にみられる顕著な特徴は，独特のリズム感と旋律装飾法である。強弱アクセントの明確な3分割リズム，または3拍子系の拍節法(♩♩，♩♩♩拍子など)を基本とするリズム周期(チャンダンとよぶ)によって楽曲が構成され，旋律の主要音は，一種のビブラートや曲線的な装飾音がつけられる。このような特色は，民謡から郷土芸能の音楽，巫楽そして宗教音楽や芸術音楽にいたるまで，その度合は異なるが，共通してあらわれる。隣接する東アジアの民族音楽，すなわち中国や日本の音楽にはあまりみられない特色である。むしろ，北アジア，中央アジアの音楽の中に，同様の要素が見いだせる。歴史的にみると，古代からたえず中国との交流があったため，とくに雅楽を中心とする宮廷音楽には中国音楽の影響が認められるが，使用楽器の種類をみると，中国ばかりでなく，遠く西域との関係も認められる。しかし，それら外見的な楽器構造などは外国との関係を示しているが，その使用法や構造上の変化や演奏法は，朝鮮独自のものである。

[歴史] 大きく七つの時代に分けて考えることができる。

①三国以前 《三国志》魏志東夷伝などの中国文献によると，夫余ふよ，高句麗，濊(濊貊わいはく)は，それぞれ年中行事として一定の時期をえらび，歌舞で祭祀を行う風習があり(たとえば高句麗の*東盟)，それらは集団的な宗教儀式であった。馬韓では5月の種まきの後と10月の収穫の後に，群衆による歌舞を行うと伝えられており，この時代の歌舞による祭事は，いずれも，今日の*農楽やくッﾝとよぶ神事と関係があると考えられている。楽器についての記録は，弁韓と辰韓に，今日の代表的な弦楽器の*伽倻琴や*玄琴の祖形とみられる瑟しつに似たチター属楽器があったことを伝えており，これは，朝鮮民族が早くから，長方形の弦楽器を好んで使用していたことを物語っている。

②三国時代(4～7世紀後半) 高句麗，百済，新羅それぞれに異なる特色があらわれる。高句麗の代表的な弦楽器として，コムンゴ(玄鶴琴。今日では玄琴とよぶ)がある。コムンゴは，王山岳が中国の琴を模して作ったといわれるが，丸都の舞踊塚壁画には，阮咸げんかん，角，簫しょう，腰鼓ようこ，横笛とともに，4弦17棵(フレット)のコムンゴが描かれている。高句麗の音楽は，中国隋の七部伎の第3番目に高麗伎としてとり入れられたが，それは14種の楽器を使用した舞楽であったという。高句麗の楽舞は高麗楽こまがくという名で日本にも伝えられ，箜篌くご，横笛，莫目まく(おそらく管楽器の一種。現存しない)を使用し，百済楽，新羅楽と合わせて三韓楽とよばれた。百済の音楽は，史料が最も少ない。《隋書》には，百済の楽器として，鼓，角，箜篌，箏，竽う，篪ち，笛があげられている。日本との関係は注目すべきで，7世紀初めに，百済人の味摩之みましは中国南部の呉で伎楽を学び，それを日本に伝えたと《日本書紀》にある。ソウル大学校の李恵求いへぐは，この伎楽は朝鮮にも伝わり，今日韓国に伝承する山台都監系の*仮面劇は同じ系統の仮面舞踊劇であることを証明した。新羅の音楽は，民族的特色を最も顕著に発揮した。*郷歌の類はもとより伽倻琴とその音楽の発展がみられる。伽倻国の楽人*于勒うろくは，嘉実王によって作られた伽倻琴のための楽曲を作ったが，伽倻国が滅びると，新羅の真興

王(在位540-576)に仕えたと《三国史記》の〈楽志〉にある。しかし，この時代，すでに今日の伽倻琴と大差ないものが作られたと考えられ，新羅琴として日本に伝えられた楽器は，今日なお正倉院に残存している。
③統一新羅時代　三国の音楽を吸収し，さらに発展して多様化するとともに，唐の楽舞も移入した。感恩寺址から出土した資料の多くは，三国時代の様相とは明らかに異なっていることを物語っている。新羅の楽器として三竹(大笒ﾃｸﾑ，中笒，小笒)と三弦(伽倻琴，コムンゴ，琵琶)，拍板，大鼓がある。郷歌や踊りも栄え，今日なお伝えられている宮廷仮面舞踊の〈処容舞〉(無形文化遺産登録)もこの時代におこった。統一新羅の音楽の中でもう一つ重要なものは，梵唄ﾎﾞﾝﾍ(声明)である。梵唄は真鑒禅師ｼﾝｶﾞﾑにより始められ，その後，いくつかのスタイルが生じた。
④高麗時代　新羅の音楽をそのまま受け継ぎ，古来の儀式▶八関会ﾊｸﾞﾜﾝﾌｪも，仏事である▶燃灯会も宮中の行事とした。12世紀になると，中国の宋から大晟ﾀﾞｲｾｲ雅楽と大量の唐楽器と雅楽器が贈られた。さらに宋代の詞楽も伝えられ，中国から入った音楽は，前代からのものと合わせて唐楽とよんだ。古来の固有の音楽は郷楽とよばれ，さらに新しい創作曲も含めて俗楽ともよんだ。また，宮廷舞踊はチョンジェ(呈才)とよび，宮廷音楽は，歌謡，舞踊，音楽を含めて，雅楽，唐楽，郷楽に分類した。民間には仮面劇，人形劇などの芸能が発展する。
⑤朝鮮王朝時代　宮廷音楽は，高麗朝の音楽を受け継ぎながら，次々と整理され，改作，創作，楽譜の創案と出版，楽器制作などが進められ，儒学思想が反映されている。雅楽，俗楽，宴楽，軍楽の楽制と楽院も整えられた。世宗の命によって作られた《竜飛御天歌ﾘｭﾝﾋｵﾁｮﾝｶ》は王朝創建の事蹟を歌ったもので，それにつけられた音楽のうち《与民楽》だけは今日もなお演奏されている。《保太平》と《定大業》は世宗が祖宗の功徳をたたえて創作した音楽だが，のちに世祖代になると宗廟楽として採択された。朝鮮音楽史上最高の楽書と考えられている《楽学軌範》全9巻3冊は1493年(成宗24)に刊行された。16～17世紀にかけての日本の侵略(壬辰

●音楽｜図朝鮮王朝時代の楽譜

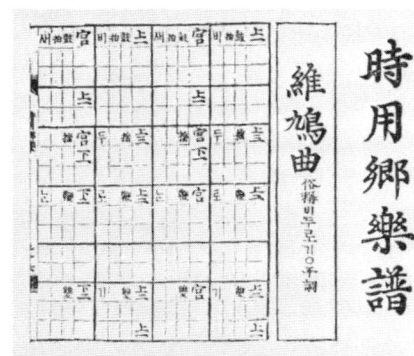

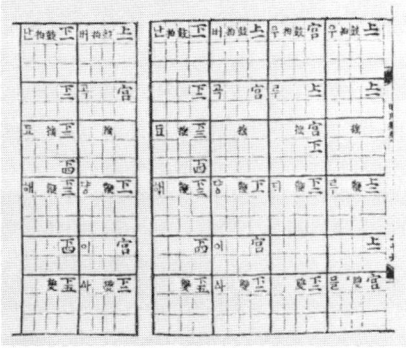

朝鮮は東洋最初の音価を示す定量記譜法〈井間譜〉を編み出したこと(世宗代，1418-50)で知られる。この《時用郷楽譜》は燕山君代(1494-1506)に書かれたもので，音価とともにさらに左端にハングルによる歌詞が添えられている。内容は〈鳩よ，鳩よ，鳴くには鳴くが……〉といった朝鮮独自の俗謡である。

倭乱ﾜｴﾗﾝ，または文禄・慶長の役)と女真族の侵入により，国力は消耗し，宮廷音楽のうち雅楽は縮小したが，その脈絡は続いた。17世紀後半になると，唐楽はしだいに郷楽化し，郷楽は発展し，変化しながら栄えた。18世紀にいたると，▶時調や詩文学の繁栄に伴い，歌曲の▶歌辞(詞)，時調とよばれる芸術的な声楽が確立し，民衆の中では，▶パンソリとよぶ語り物音楽が発達し，多くのパンソリの名歌手が出現した。一方，器楽にも〈散調ｻﾝｼﾞｮ〉という独奏楽器のための楽曲形式がおこり，宮廷音楽も含めて，器楽も声楽も民族音楽の大成期を成した。

⑥1910年以後の日本統治時代　朝鮮固有の音楽や芸能は尊重されず，受難期であった．わずかに雅楽だけが，1921年に李王職雅楽部として日本の宮内省管轄のもとに保存された．しかし，日本に対する民衆の抵抗の歌として，民謡の歌詞を変えたり，新しい歌謡曲や歌曲（たとえば▶《鳳仙花》）が生まれた時代でもある．

⑦1945年以後　朝鮮は二分され，それぞれ独自の民族音楽の確立と発展の道を歩んでいる．大韓民国は，朝鮮戦争で発足が遅れたが，李王職雅楽部を母体として1951年に国立国楽院を設立した．国楽院は，雅楽だけでなく，あらゆる種類の伝統音楽（▶国楽）の復興，保存，育成，発展をめざし，その分野は，文廟・宗廟などの祭礼楽，唐楽系と郷楽系の宴礼楽，吹打（軍楽）をはじめ，歌辞，時調，巫楽，▶農楽，散調，梵唄，パンソリ，雑歌，民謡にいたるまで，研究，教育，演奏そして創作活動を行っている．60年代以後，全国民俗芸術競演大会を行い，民衆の間に伝承されていた芸能すべての保存と発展と普及を奨励している．西洋音楽の分野でも60年代以後めざましい発展をし，海外で活躍する音楽家も多い．一方，朝鮮民主主義人民共和国は，新しい民族音楽創造のために楽器改良をいち早く行い，過去の伝統音楽も外国の音楽も批判的に吟味しながら受け継ぐという方向で，次々と新しい民族音楽の創造活動を行っている．⇒楽器

舞踊｜民謡｜歌謡曲

[1980年代以降]　1970年代後半から80年代に入ると，韓国の伝統音楽の流れは民間芸能の再発見と再構成の時代へと変わった．伝統芸能のルネサンス時代ともいわれている．従来，巫俗（▶シャマニズム）儀礼や農楽（プンムルともいう）系統の民俗音楽や芸能は，朝鮮王朝時代に培われた宮廷音楽や貴族社会の古典音楽のような価値はないとされていたが，農村や工場で働く若者たちや一般の知識人，またソウルや光州の大学生の文化活動などの間で，パンソリ，▶民謡，民俗劇，民俗ノリ（民俗舞踊など．▶舞踊），▶仮面劇（タルチュム）は民族固有の特性を最も顕著にもつ芸能であることが再発見され，さらに支配階級への抵抗と風刺を自由に表現できる芸能であったことが再認識された．これらの民衆の芸能活動は民主化を推し進める文化活動となり，一般民衆の伝統芸能に対する意識が大きく変化した．とくに仮面劇はマダン劇という新しい民衆演劇運動となった（▶演劇）．パンソリはその音楽と歌唱様式は伝統をそのまま保持しながら，現代の都市劇場などで上演できるグランド・オペラのような総合舞台芸術形式を整えた唱劇として，次々と再構成された．78年に金徳洙キムドクスが始めた〈サムルノリ〉と名づけられた4種の打楽器（ケンガリ（小金），チン（鉦），プク（竜鼓），杖鼓．項目〈楽器〉参照）による合奏音楽は，高麗時代からの放浪芸人のリズム奏法に加え，各地に伝承するプンムルから独特のリズムを抽出して再構成したものだが，ソウル市内の〈空間舎廊（コンガンサラン）〉で公演され，市民の芸能に対する意識改革を促し，その後は海外に進出するまでになった．現在，国楽院にはサムルノリという科目まである．

こうして，伝統楽器や伝統音楽にもとづく新作は創作国楽とよばれるようになった．黄秉冀ファンビョンギ作曲の伽倻琴独奏曲《絹の道》(1977)はすでに古典音楽に準ずる創作国楽の作品として高い評価を受けている．黄秉冀は伽倻琴演奏家としても活躍し，1964年からたびたび日本，東南アジア，欧米でリサイタルを開き，伝統音楽の講義も行うなど世界的に広く知られている．また，ヨーロッパのオーケストラのようなスタイルを備えた伝統楽器による国楽合奏団は国家的な規模で支援され，80年代末にはKBS（韓国放送公社）国楽管弦楽団，ソウル市立国楽管弦楽団，国立国楽管弦楽団，各主要都市の大学に所属する国楽管弦楽団などが成立した．これらの国楽管弦楽団は伝統音楽の演奏を含め民俗音楽や宮廷音楽の題材や素材をとった創作国楽からまったく新しい現代音楽まで，広いレパートリーをもって国立劇場そのほかの大ホール，テレビ，地方公演などで演奏活動を行っている．88年の▶ソウル・オリンピックに合わせて開催された〈大韓民国国楽祭〉では5日間の全国楽と2日間に及ぶ創作国楽の演奏が行われた．国楽院は現在1000席規模の大ホール（礼楽堂），

約600席の小ホール，野外公演場，国楽博物館，国楽資料室を備え，年間400回以上の公演を行っている。また，資料室はアーカイブでもあるが，楽譜，CD，ビデオなどの制作・出版も行っている。

[90年代から21世紀へ]　90年代になると，伝統音楽は洋楽の演奏様式やイディオムの移入だけでなく，アジア周辺諸国との交流による創作活動が行われるようになった。93年には朴範薫（パクポムフン）が指揮する中央国楽管弦楽団を母体に，日本と中国の民族楽器を加えた合奏団《オーケストラ・アジア》が創設され，三つの国の演奏家と作曲家たちの協力により活動が開始されている。一方，93年の▶林權澤（イムグォンテク）監督の映画《風の丘を越えて――西便制》は国民の55％が鑑賞したといわれ，民衆の伝統芸能へのさらなる回帰を促したといわれている。

▶歌謡曲とポピュラー音楽の世界は，従来のスタイルを継承しているが，90年代の世界的動向に準ずるニュー・ミュージックや，自国の民族音楽にシンセサイザーなどを使用した，いわゆるエスノ・ポップスも台頭している。さらに，▶日本文化開放の影響もあり，日本の歌謡界との交流もみられるようになった。韓国出身の洋楽系の音楽家としては，ドイツを中心に活躍した作曲家の▶尹伊桑（ユンイサン），欧米の主要オーケストラやNHK交響楽団も指揮して，現在最も注目を浴びる指揮者のチョン・ミョンフン，イギリスに在住しながら世界的に活躍するバイオリニストのチョン・キョンファなどが注目される。→K-POP　　　　　草野 妙子

オンジョおう｜温祚王｜온조왕

百済の始祖。伝説上の人物。《三国史記》が伝える百済の建国伝説によると，温祚王は高句麗の始祖▶朱蒙（チュモン）の第3子であったが，長兄で異母兄の類利を恐れ，兄の沸流（プル）とともに扶余の地を逃れて南下し，漢山に至った。沸流は弥鄒忽に居を定め，温祚は慰礼城に都して国号を十済とした。ときに紀元前18年であったという。その後沸流が死ぬと，温祚はその民をあわせ，国号を百済とし，扶余氏を名のった，と伝えられている。扶余族の南下によって百済の国家が形成されたことを反映した建国伝説である。なお百済の始祖については，《三国史記》のほかの所伝には沸流とあるなど必ずしも一定しない。　　　　　　　　　　木村 誠

おんそおう｜温祚王｜→オンジョ王

オンドル｜温突｜온돌

床下からの暖房装置。朝鮮のオンドルは，床下に石を数条に並べて火炕をつくり，その上に薄い板石をのせ，泥をぬり，さらに特殊な油紙を張って床とするもので，室外や台所のたき口で火をたくと，その煙が火炕を通って部屋の反対側の煙ぬきから出る間に床下から部屋全体を暖める仕組みになっている。室内ではオンドルのたき口に近い方を下座，遠い方を上座とよぶが，より暖かい下座が身分の高い人や客人にすすめられる。床下暖房の装置としては，中国東北地方で炕または炕床とよばれているものと類似するが，炕や炕床が，椅子を利用する生活様式とあいまって，部屋の一方の側を寝台のように高くして，その部分にのみ火炕を設けているのに対し，朝鮮のオンドルは，床にじかに座る生活様式を反映して，部屋全体の床下に火炕を設けている。燃料は葉のついた松の枝が主であったが，最近では練炭が多く用いられている。朝鮮のオンドルは高句麗時代からみられるようである。　　　　　　　　　　嶋 陸奥彦

●オンドル｜
図オンドルの構造
伝統的なオンドルは，平板な石の上を土や牛糞で固め，松やにをひいたオンドル紙を張りつめたものであった。その後さまざまな改良が試みられ，コンクリートの使用や，床下にスチームパイプを埋め込んだボイラーの利用などもみられる。

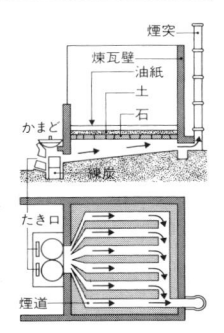

おんもん｜諺文｜→ハングル

か

かいいんじ｜海印寺　➡ヘイン寺
かいうん｜海運　➡交通
かいが｜絵画　➡美術
かいかきぶんがく｜開化期文学

鎖国が解かれ，政治，経済，社会の変動に伴い，外国からの文物が流入し始めた*甲午改革(1894)前後より韓国併合(1910)に至る期間，この変化に対応して登場した新しい形態の文学をいう．開化歌辞は従来の四四調形式を踏襲し，政治的内容を歌ったが，さらに形式面で七五調，八五調，八六調なども採用し，旋律をつけて歌われたのが唱歌で，《京釜鉄道歌》《愛国歌》《世界一周歌》や各種学校唱歌など啓蒙的なものが多い．定型的な形式から一歩踏み出したのが崔南善チェナムソンの《海より少年へ》(1908)に始まるといわれる新詩(新体詩)で，近代詩に至る過渡的役割を果たした．近代小説の先駆けとなるのが*李人稙インジク，*李海朝ヘジョ，崔瓚植，安国善などによる《新小説》で，自主独立，新教育，自由結婚，階級打破などを主題とする．これらの中には翻案も多い．新小説は*李光洙クァンスの《無情》(1917)の登場により近代小説にとって代わられた．そのほか李人稙の円覚社などによる新劇運動があり，近代劇への橋渡しの役割を果たした．

三枝 寿勝

かいかは｜開化派

朝鮮の近代的改革をめざして1884年の*甲申政変，1894-95年の*甲午改革を主導した政治家集団．独立党ともいう．一般に，甲申政変を主導した*金玉均キムオッキュン，*朴泳孝パギョンヒョ，洪英植らを急進的開化派，甲午改革を主導した*金弘集キムホンジプ，*金允植キムユンシク，*魚允中オユンジュン，*兪吉濬ユギルチュンらを穏健的開化派という．清国との事大(宗属)関係に固執し，旧体制を持続しようとした守旧派と対決し，奪権闘争によって君権変法をめざしたのが急進的開化派であり，守旧派と妥協しながら漸進的に改良を積みあげようとしたのが穏健的開化派である．開化思想は18世紀以来の*実学思想の流れを継ぎながら，清国の洋務運動，日本の明治維新の刺激をうけて形成され，朴趾源の孫*朴珪寿パッキュスを源流とする．彼の死後，開化派の形成に重要な役割を果たしたのは訳官呉慶錫オキョンソッ(1831-79)，漢医劉鴻基ユホンギ(1831-84)，僧侶李東仁イドンイン(?-1881)らであった．朝鮮における開化風潮を盛りあげた画期は，1881年に金允植が領選使となって38名の留学生を天津機器局に派遣したことと，同年の朴定陽，洪英植，魚允中ら12名の朝士および随員を含めた計62名の*紳士遊覧団の日本視察であった．*福沢諭吉は開化派の要請にこたえて門下生*井上角五郎を派遣して朝鮮で最初の近代的な官報兼新聞《漢城旬報》の創刊(1883.10)に協力させ，朝鮮人留学生を慶応義塾に受け入れた(*留学)．しかし開化派の近代化運動は守旧派の厚い壁を打ち破ることができず，悲劇的な失敗を重ねた．甲申政変は3日天下に終わり，甲午改革も，三国干渉を背景にした朝鮮での日本勢力の後退にともなって失敗した．前者は急進的開化派が主導し，後者は穏健的開化派が主導したという変革主体の差はあっても，民衆的基盤のない〈上からの改革〉という共通性をもっている．開化思想が大衆の中に浸透するのは1890年代後半期の*独立協会の運動と，そのメンバーによって創刊された《独立新聞》《皇城新聞》によるところが大きい．

姜 在彦

がいこくじんとうろくほう｜外国人登録法

日本に居住する外国人に対して居住地の市町村に登録を義務づけた法で(1952施行．1947年の外国人登録令の後身)，本法にもとづき各人ごとに全国一連の番号を付した外国人登録証明書が発行される．本法は，3年ごとに登録証切替えを規定すると同時に，14歳

以上の者にその常時携帯を義務づけ，登録に際して指紋の押捺義務を加え(1955)，これらに違反すると刑罰を受けることを定めた。1982年10月，難民条約の批准，出入国管理及び難民認定法の制定に伴って本法を改正，登録切替期間を3年から5年に延長し，携帯義務を14歳以上から16歳以上に引き上げた。このような外国人登録法が在日外国人，とりわけ在日朝鮮人の人権を深く侵害していることは，1947年から80年までの間に登録法違反容疑者として送検された者が49万5000名にも達し(年平均1万5000名，1980年当時の送検率は在日朝鮮人77％，在日中国人7.5％)，容疑事由の大部分が登録証不携帯や切替交付不申請(申請期間に1日，2日遅れるなど)という軽微なものであることからもわかる。その後，なかでも指紋押捺義務が在日外国人を犯罪者視し，人格を傷つけるものだという批判が高まり，80年9月に韓宗碩が押捺を拒否して以降，拒否者が相次ぐようになった。ことに，初めて指紋をとられる16歳の少年少女が42名(1985年5月現在)も押捺を拒否したことは，彼らが朝鮮人として，人間としての尊厳を自覚し，表現した行為として注目に値する。92年6月の同法改正(93年1月施行)により，永住者と特別永住者については指紋押捺が廃止された。2009年外国人登録法廃止の法が成立，12年7月施行。⇒協定永住権　　　　　　　　小沢有作

がいこくじんろうどうしゃもんだい｜外国人労働者問題

▶ソウル・オリンピック(1988)は韓国の国際的イメージを高めた。その豊かな国で一稼ぎしようと，1980年代後半から新興国の人々が大挙して押し寄せてきた。韓国では肉体労働，とくに3K(韓国では3Dという)職種が忌避され，それらの職種では慢性的な労働力不足が続いている。しかし韓国政府は外国人の単純労働を認めていなかったため，親戚訪問，観光などの目的で入国し，滞在期間が経過したまま就業する〈不法在留就労者〉が社会的な問題となった。その後，これの対策として〈産業研修制度〉がスタートしたが，仲介業者のリベートの横行，賃金不払い，劣悪な労働条件などで行き詰まった。そこで政府は〈雇用許可制〉(2004)によって単純労働目的の入国申請を容認する方向へ舵を切った。

新制度でも外国人労働者を無制限に受け入れるものではなく，業種，受入れ人数，送出国があらかじめ定められている。受入れる外国人労働者には〈特例〉と〈一般〉の2種類がある。特例は中国および旧ソ連地域7ヵ国の国籍をもつ同胞(♭中国朝鮮族など)で，一般は特例以外の国の労働者をいう。受入れ業種は，韓国人だけでは労働力不足と認められるものに限定される。現在の指定業種は，製造業，建設業，サービス業，漁業，農畜産業であり，サービス業については特例だけに認められる業種がある。この制度の目的は，①外国人労働者数などをマクロレベルで制限する，②外国人労働者を雇用できる事業所をミクロレベルで制限する，③外国人労働者が韓国に永住できないようにする，ということである。したがって，そのための緻密な手続きが用意された。労働部長官は毎年3月末までに〈外国人労働力導入計画〉を外国人労働政策委員会の決定を経て公表する。導入業種ごとに受け入れ可能人数(導入クォータ)を，統計数値などから作成し，これを特例と一般に配分する。2009年以降の導入クォータ数は3-4万名台を推移している。外国人労働者は入国前に労働契約書を作成し，韓国語試験などの資格審査を経なければならない。送出国は委員会が選定し，韓国はその国と覚書きを締結する。10年現在の送出国は中国，ベトナム，フィリピンなど15ヵ国で，総数は50万3027名。中国29万3458名，ベトナム5万5795名，フィリピン2万6217名などが多くを占める。

新制度の導入以降，労働力不足業種ではその悩みが軽減され，外国人労働者の労働条件の改善，不法滞在者・外国人犯罪の減少などプラス面の効果もあった。反面，労働界などからは，韓国人労働者の賃金引き上げや労働条件の改善には，マイナスに作用しているとの厳しい見方もある。　舘野晳

かいしゃれい｜会社令

韓国併合直後の1910年12月に公布され，翌年1月に施行された法令。全文20条からなり，関連施行細則が出されている。朝鮮に

おいて会社を設立したり，朝鮮外で設立した会社の本店・支店を朝鮮内に設置する場合，朝鮮総督府の許可をうけることが義務づけられ，会社設立の際の日本国内の準則主義とは異なり，許可主義がとられている．運用における厳しさも加わって，同令は朝鮮における会社，とくに朝鮮人会社の設立を抑制するものであったと評価され，民族差別・朝鮮民族資本抑圧・反工業化政策の代表例とされる場合がある．併合以前の統監府時代にも会社設立に関しては請願許可主義がとられているので，その延長ともいえる．14年11月，18年6月と2度にわたる改正で許可制限が緩和され，20年4月には，第1次世界大戦に伴う好況による日本から朝鮮への資本移出の増大と三・一独立運動以後の統治政策の転換のために廃止された．
村上勝彦

かいしゅう｜海州｜⇒ヘジュ
かいじょう｜開城｜⇒ケソン
カイスト｜KAIST
韓国科学技術院 Korea Advanced Institute of Science and Technology．大田に本部を置く研究中心の国立科学技術大学．特別法〈韓国科学技術院法〉に基づき1981年に設立，大学と同様に学士・修士・専門修士・博士学位授与を行う．高度な科学技術人材需要に応じるため人材育成や基礎応用研究を行うことを目的とする．71年ソウルに設立された韓国科学院(KAIS)を前身とし，89年には韓国技術大学(KIT)を統合．学部生は原則4年間の授業料を奨学金として支給され，大学院生に対する授業料免除や奨学金・学資金支給制度も手厚い．2013年現在，自然科学，生命科学技術，工科，文化科学，情報科学技術，経営の各大学のほか，イノベーション学部を置く．附設研究所に高等科学院，ナノ総合ファブセンターなどがある．
通堂あゆみ

かいとうえきし｜海東繹史｜해동역사
朝鮮王朝の学者韓致奫ハンチユン(1765-1814)が中国，日本の書籍545部から朝鮮関係記事を集めて編纂した書籍．70巻26冊．東夷諸国と檀君時代から高麗までの歴史を述べた〈世紀〉をはじめ，全体を17の志・考に分け，引用文に考証と見解が加えてあり，正祖時代の*実学派の一大成果といわれる．続編に，韓致奫の遺稿を彼のおい韓鎮書が編纂した《地理考》15巻があり，地理研究資料として評価が高い．
吉田光男

かいとうかよう｜海東歌謡
朝鮮王朝の歌謡集．1763年(英祖39)，金寿長キムスチヤンが撰集．《青丘永言》とともに*時調・*歌辞類をまとめた歌集としては最古のもの．金寿長は歌人であり，晩年ソウルの花開洞に老家斎と称する茅屋を建てて音楽を教授した．この歌集は教本として編集され，高麗末からの有名氏の歌が568首，作者不明の歌315首が収録されている．有名氏の歌は作家別に分類し，簡単な略歴もある．
金思燁

かいとうこうそうでん｜海東高僧伝｜
해동고승전
朝鮮，古代三国の高僧の伝記を集めた書．高麗の覚訓カクフンが撰．1215年(高宗2)に撰述．仏教を中国から古代三国に伝えた順道，亡名，義淵，曇始，摩羅難陀，阿道(黒胡子)，玄彰，法空，法雲，覚徳(明観)，智明(曇育)，円光，安含，阿離耶跋摩，慧業などの伝記がある．《大日本仏教全書》第114巻〈遊方伝叢書〉，《大正新修大蔵経》第50巻に収録．古代朝鮮の仏教を知るための重要な資料である．
鎌田茂雄

かいとうしょこくき｜海東諸国紀｜해동제국기
朝鮮王朝の*申叔舟シンスクチユが成宗の命により1471年作成した書．活字，1巻本．日本・琉球の歴史・地理・風俗および西日本を中心とした使節派遣者の一覧を含む〈日本国紀〉〈琉球国紀〉と使節の通交規定を記した〈朝聘応接紀〉よりなる．図は10枚(9図)あり，74年に加えられた三浦サンポの図3枚はとくに史料的価値が高い．本書の作成された思想的基盤は朝鮮の華夷意識によるものと考えられるが，作成年代・典拠資料が明らかであり，当時施行されていた通交規定が載せられているなど，史料としての信頼度は高い．朝鮮側は本書を通交上問題が生じたときに多く先例としており，実務的役割をはたした．日本への流布の範囲も広く，松下見林の《異称日本伝》に引用されたのをはじめ，新井白石，対馬藩士の松浦霞沼らが朝鮮を考える場合の唯一の史料として重んじ

た。東京大学史料編纂所蔵のものが善本で、国書刊行会の復刻本がある。　　　　　高橋公明

かいとうつうほう｜海東通宝
高麗時代の銅銭。朝鮮における最初の鋳造貨幣は996年の乾元重宝とされるが、そののち10世紀末にいたり、政府は鋳銭官を設けて銀貨を発行するとともに、海東通宝1500貫を鋳造、官人らに分配して流通を図った。円形で、中央に正方形の穴があり、上下左右に海東通宝の4文字が刻まれている。海東とは朝鮮を意味する。これに前後して三韓通宝・三国通宝など数種の鉄銭・銅銭が発行されたが、全国的な普及をみるには至らなかった。→貨幣　　　　　　　　　　吉野誠

かいびゃく｜開闢
植民地下朝鮮の雑誌(朝鮮語)。三・一独立運動後、〈文化政治〉の始まりのなかで1920年6月天道教徒の手によって創刊された。編集人は天道教の理論家李敦化(イドンファ)。天道教の準機関誌の性格を帯びていたが、総合雑誌として非教徒の論説も掲載、社会主義の紹介なども積極的に行い、20年代前半の文化・啓蒙活動に大きな役割を果たした。たびたび発禁にあい、26年8月発行禁止となった。通巻72号。同年11月に開闢社は新たに《別乾坤》を発行(1934年まで)。34年11月《開闢》が復刊されたが、3号までしか出せなかった。解放後の46年再び復刊、1926年当時の号数を引きついで49年通巻81号まで刊行。植民地期の分は復刻版がある。
水野直樹

がいまこうげん｜蓋馬高原　→ケマ高原
かいゆうろく｜海游録｜해유록
1719年(享保4)、徳川吉宗の将軍職襲位を賀す通信使(正使洪致中)の製述官申維翰(シンユハン)の日本紀行文。内容は日本の自然、物産、文物、制度、人情、世相、風俗の観察から、対馬藩真文役「雨森芳洲、大学頭林信篤などとの筆談にまで及ぶ。日本では人材登用において科挙制がなく世襲であるとか、男女関係および士庶間の階層的名分があいまいであるなど、日本の文化と風俗にたいする儒者の眼からの辛辣な批判がある。江戸時代12回にわたる通信使の日本紀行文は、現在確認されたもの23冊に及ぶが、本書はそのうちの白眉である。　　　　姜在彦

●海東諸国紀

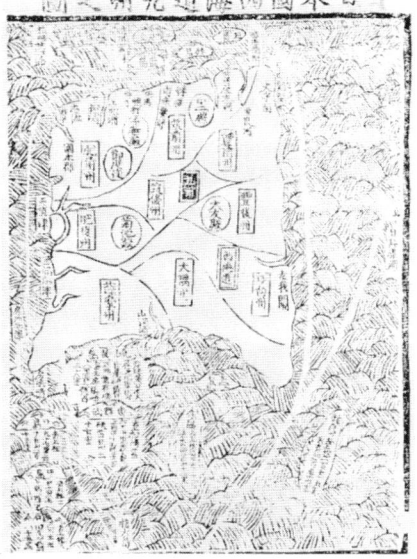

日本の九州の図で、当時の分国のさまが概観できる。15世紀の朝鮮における日本に対する関心の高さを示すものとなっている。項目〈釜山〉の挿図も参照。

かきつじょうやく｜嘉吉条約　→癸亥(きがい)約条
かきょ｜科挙
朝鮮では新羅元聖王4年(788)に唐の制度に倣って科目による人士の選抜を始めたが、これは読書出身科または読書三品科とよばれた。高麗光宗9年(958)には、中国の後周の人双冀の建議で初めて科挙制が施行され、以後文科における郷試、会試(監試)、殿試の3段階制などしだいに整備された。朝鮮王朝時代には両班官僚体制維持のため、科挙制は建国当初から実施され、文武両班の官僚を採用するための文科および武科と、通訳、医術などの特殊技術官採用のための雑科の3部門が設けられたが、崇文の傾向から最も重視されたのは文科であった。これは大科(中級文官試験で、一般に文科というとこれを意味した)と小科(初級文官試験で、司馬試、生進科ともよばれた)に分かれ、3年ごと(十二支の子、卯、午、酉の年で、これを式年といった)に実施されたが、試験科目が経史と詞章から

●科挙

三日遊街の図。科挙に合格した者は3日にわたって街を練り歩き、その誉れを披露した。この遊街の姿は朝鮮王朝時代の風物詩の一つであった。先導者が紅牌(合格書)を掲げ、その後に広大(クワンデ)の楽隊がつづく。馬上の左の人物が科挙合格者、手に持っている布扇は話をするさい口もとを覆うために用いる。

なっているため、中国の古典と儒学の教養が必須であり、また事実上両班しか受験できず、厳しい身分社会を築くうえで有効に作用した。一方、武科には大科、小科の区別はなく、受験者の身分的制約も比較的緩く、武官の子弟が主ではあったが、良民も受験できた。雑科には訳科、医科、陰陽科(天文、地理などを含む)、律科などがあり、主として▶中人層から技術官として採用した。科挙は3年ごとが原則であったが、国家的祝賀の際に行われる増広試などの臨時試験が、朝鮮王朝後期になるとしばしば行われた結果、合格しても任官できない場合が生じ、わいろの額や、また▶党争が激化すると所属の党派によって合否が左右されるなどの弊害も甚だしくなり、有能な者はかえって受験をひかえるようにもなった。この科挙は甲午改革(1894)の際に廃止され、代わって従来の儒学の教養ではなく、算術、内国政略、外国事情などを試験科目とする新しい試験制度が採用された。　　山内弘一

かきょくげんりゅう|歌曲源流

朝鮮王朝末期の歌集。一名、《海東楽章》または《青丘楽章》とも。哲宗・高宗朝(1850-1906)の歌人、朴孝寬ピヒョグヮンとその弟子、安玟英が共同で編集、1876年刊。▶《青丘永言》(1728)、▶《海東歌謡》(1763)とともに三大歌集とされる。高麗末から当時までの▶時調および▶歌

辞などをおさめる。従来の歌譜には歌唱のための順序や名称がなかったが、本書では羽調、界面調などの曲別に分け、さらに各譜の高低長短の標を付す。男唱・女唱の両部に分け、男唱部には八百数十首、女唱部には170余首を、おのおの曲調別に分類してある。　　金 思燁

がくがくきはん|楽学軌範|악학궤범

朝鮮王朝の音楽書。1493年(成宗24)8月、当時、礼曹判書でとくに音律に明るかった成俔ピヒョンが中心となり、主簿の申末平、典楽の朴琨・金福根などが勅命を受けて、掌楽院にあった各種の儀軌と楽譜を整理し、編纂した楽書。全9巻3冊。このときの版は豊臣秀吉の文禄の役(壬辰倭乱、1592)のさい散逸したが、日本の蓬左文庫に唯一現存する。成宗以後、何回か復刻され、1610年(光海君2)版、1655年(孝宗6)版、1743年(英祖19)版があったが、わずかに数本を残す。1933年、当時の京城帝国大学蔵本による影印複製本として縮刷版が出た。本文は漢文を主とし、ハングルの注がある。巻一は音律論、巻二は雅楽制度、巻三〜五は各楽曲と舞楽の楽譜と解説、巻六〜七は雅楽器の構造と調律と奏法、巻八〜九は呈才チェ(舞楽)の用具と衣装などの解説。高麗歌謡と百済歌謡などの記録もあり、編集の動機と目的についての詳細な序文は意義がある。　　草野 妙子

かくきょせい｜赫居世｜→ヒョッコセ
がくせいうんどう｜学生運動

近代朝鮮・現代韓国の学生運動は民族解放運動，反権力闘争の一環として展開されてきた。最初の学生団体は1896年に培材学堂の学生が結成した協成会で，独立協会系の組織として討論会によって民権，国権の擁護に努めた。韓国併合前の▶愛国啓蒙運動にも多くの学生が参加したが，とりわけ日本に▶留学した学生の役割は大きく，いくつかの留学生組織がつくられ，雑誌発行などを通じて本国の啓蒙運動にも影響を与えた。併合後〈武断政治〉下の朝鮮の学生運動が抑えられていたなかで，日本留学生は1912年に東京で朝鮮留学生学友会を結成，雑誌《学之光》を発行して活動を続けた。19年2月8日東京留学生は〈独立宣言〉(二・八独立宣言)を発表，代表が帰国して本国の学生や宗教家に独立運動を呼びかけ，▶三・一独立運動の導火線となった。

三・一独立運動でも学生はソウルのパゴダ公園での民衆集会を指導したのをはじめ，各地に運動を伝えるなど大きな役割を果たした。20年代には植民地教育に反対する同盟休校の動きが広がり，読書会，社会科学研究会などのサークルもつくられた。▶六・一〇万歳運動，▶光州学生運動も，このような活動を背景としていた。30年代には非合法の学生サークルの検挙が相次いだほか，合法活動としては▶農村啓蒙運動，文字普及運動(ブ・ナロード運動)が展開されたが，35年には禁止された。43年朝鮮人学生にも学徒志願兵制度が適用されたが，これを拒否する学生の抵抗が続いた。

[解放後] 解放を迎えて学生が最初に行ったのは〈日帝残滓〉一掃のための親日派教師排斥運動だった。46-47年には，米軍政庁が高等教育を統制下に置こうとした〈国立ソウル総合大学案〉に反対する学園ストが広がるなど，運動は高まりをみせたが，全般的な左右対立の深刻化とともに学生運動にも左右分裂が生じ，南朝鮮単独選挙に反対する左翼の朝鮮民主学生同盟などは弾圧され，パルチザン闘争に加わる学生も多かった。李承晩政権下では官製の学徒護国団以外の自主的組織の存在は許されなかった。

60年の大統領選挙での不正に抗議する学生のデモは，教授，市民の行動を促し，李承晩を辞任に追いこんだ。この▶四月革命は〈四・一九学生革命〉ともよばれ，中学・高校生を含む学生を主体とするものだった。四月革命後，学生らは南北統一を最大の課題に定め，61年5月民族統一全国学生連盟を結成して南北学生会談実現のために活動した。この動きを押しつぶしたのが朴正熙らによる▶五・一六クーデタだった。また63-65年の日韓条約反対運動でも学生はその中心になって闘ったが，朴政権は戒厳令布告でこれを抑えた。その後，大統領の3期連任を認める憲法改正に反対する運動などと並んで，軍事教練反対のような学生独自の課題も取り組まれた。

70年代に入って平和市場の労働者全泰壱の自殺に触発されて労働者，農民の問題にも目が向けられ，労働現場に入って活動する学生も多くなった。朴政権は学徒護国団により学生を統制しようとしたが，民主化を求める学生デモは絶えなかった。また伝統的な仮面劇を発展させたマダン劇〈演劇〉の項を参照)などによる政権批判の文化活動も盛んになった。朴射殺事件後の学生運動の高まりは軍事クーデタで抑えられたが，全斗煥政権発足後も学生デモは散発的に続き，84年から再び活発化し，85年にはアメリカ文化院占拠事件なども起きた。なお，朝鮮民主主義人民共和国では，中央組織として朝鮮学生委員会があるが，各大学での活動は▶朝鮮社会主義労働青年同盟の指導のもとに行われている。

[学生運動と韓国社会] 韓国の大学生数は，1984年現在87万人(専門大学，教員大学を除く)。日韓条約反対運動で学生が中心的役割を果たした20年前(1964)が11万人だったのに比べると，この間の経済成長にともない大学も〈大衆〉化したといえる。したがって学生運動に関心を示さない学生も増えたとみられる。しかし，伝統的に教育を重視する韓国社会の中では，学生に対する社会的期待が大きく，学生自身もそれを自覚している。学生運動が活発なのもその反映といえよう。学生運動が社会的関心を引いているもう一つの理由は，言論が統制されている韓国に

あって、学生運動にさまざまな社会問題が反映されていることにある。全泰壱事件以来、多くの学生が労働問題に関心を示すようになったが、それは今では農民問題、都市貧民問題などにも及び、多様な社会問題を取り上げての活動がなされている。したがって学生運動が従来の範囲を越えて展開されつつあることも事実であろう。

　四月革命以来、政権側は学生運動を抑えることに腐心してきた。運動リーダーの検挙・投獄・除籍、軍隊への徴兵、監視体制の強化、学生会の解散、さらには卒業定員制（入学時に定員の130％を入れ、卒業までに30％を振り落とす制度）の導入など、種々の手段がとられてきた。しかし、学生運動を鎮めることには成功していない。政治、経済、社会など各方面での矛盾が除去されないかぎり、学生運動が鎮静化する見込みは当分なさそうである。
　　　　　　　　　　　　　　　　水野　直樹

[1980年代以降]　1980年、全斗煥（チョンドゥファン）政権の成立後、一時おさえこまれていた韓国の学生運動は、弾圧の緩和とともに活性化、84年の後期からは各大学の学生会の存立が許されるようになり、同年、大学を超えた連合組織として民主化闘争学生連合（民闘学連）が誕生した。こうした連合組織は弾圧と再建をくり返しつつ民主化運動の先頭部隊としての役割を果たし、87年8月には全国大学生代表者協議会（全大協）へと発展した。同時に86年春には運動内部の路線論争も顕在化した。ソウル大の総学生会長選挙で、反米や民族の自主を重視する潮流（自民闘）とファッショ政権打倒を優先課題とし階級闘争を重視する潮流（民民闘）が対決、自民闘の候補が勝利するのである。自民闘の流れをくむNLと民民闘の流れをくむPDとよばれる二大陣営は、その後、学生運動にとどまらぬ全社会運動に影響を及ぼしていく。

　NLが主導権をとった全大協は統一問題に力を入れ、89年夏には朝鮮民主主義人民共和国（北朝鮮）で開催された世界青年学生祝典に代表として韓国外語大生の林秀卿（イムスギョン）を派遣した。軍事境界線を歩いて越え韓国に戻った林秀卿の姿は韓国人の民族主義的感情に影響を及ぼし、政府に対して統一問題への対応を促すことになった。その後、全大協は91年に慶熙大生の朴聖姫らを北朝鮮に派遣、翌92年に祖国統一汎民族青年学生連合（汎青学連）を北朝鮮および在外同胞の青年学生組織と共同で結成、ベルリンに共同事務局を置くが、この過程では韓国の大衆から遊離してしまった。93年5月、全大協は韓国大学総学生連合（韓総連）へと改編されたが、96年8月、延世大における汎民族大会開催をめぐって連日の市街戦をくり返し、5715人もが検挙され、ソウル市民からも不評をかった。90年代後半になって、一般に、学生たちの政治や運動への関心はそれ以前ほど高くはなくなったが、個別的に市民運動に関わったり、また99年に延世大で初めて女性の総学生会長が誕生したりするなど、新たな動向もみられる。

[21世紀へ]　韓国の大学は、1990年代以降、急激に増加し、2011年現在、韓国の4年生大学は183校、学生数は206万人あまりとなった。98年に成立した金大中政権による民主化の定着と大衆化した大学を背景に、学生運動は政治的問題提起を先導する役割を次第に失っていった。その後、学生大衆の関心は身近な問題へと移り、学生会の選挙においても韓総連系の政治色の強い候補の主導権は以前ほどの強さを発揮していない。とくに2000年代に希望する就職ができずに非正規職に就かざるを得ない低賃金の若者が増えて〈88万ウォン世代〉という言葉が登場すると、学生たちの関心は経済的問題に集中し、学生会でも上昇する授業料（韓国では〈登録金〉とよばれる）に歯止めをかけるために11年春以降、授業料半額削減を要求する運動が高まった。

　一方、環境運動など社会的課題への学生の関心は絶えることがなく、20世紀よりも広いステージで学生たちの様々な分野での活動が営まれている。同時に、韓総連が主導する南北交流や統一をめざす運動も以前よりは少数化したものの、折に触れて存在感を示している。韓総連は1997年以降、大法院の判決によって国家保安法上の〈利敵団体〉と認定されながら活動を続けているが、南北関係が悪化した李明博政権下、南北交流を推進しようとする学生らの統一運動は厳しく規制され、2011年8月に放送通

信委員会の命令により韓総連のサイトは閉鎖された。　　　　　　　　　　石坂 浩一

かげきげいじゅつ｜歌劇芸術

朝鮮民主主義人民共和国の民族オペラ。抗日武装闘争期に金日成主席のひきいる▶抗日パルチザンによって上演された演劇《血の海》を歌劇化したのがきっかけで，〈血の海式歌劇〉あるいは革命歌劇とよばれている。1971年7月，歌劇《血の海》初演以来内外で絶讃をあびているが，73年日本で公演された《花を売る乙女》もこの新しい形の歌劇であった。朝鮮の人民大衆の生活感情にそぐわない西洋オペラ，あるいは封建臭のする唱劇(▶パンソリ)ともその内容と形式において著しい違いをもっている。すなわち，内容面では現代の革命闘争や社会主義の現実生活を盛っており，革命的人間の追求を中心問題としている。現代的内容にマッチしたその形式面での特徴は，民族性と大衆性，平易性ということができる。①まず音楽ではレチタティーボ(叙唱)やアリア(詠唱)といったような専門家的なものの代りに，大衆性をおびた歌謡形式であるチョルガ(節歌)を用いる。登場人物自身のチョルガを主軸にしながらも，ギリシア悲劇にあるような登場人物の心情や状況描写の役割を果たすパンチャン(傍唱)も利用される。タンソ(短嘯)，カヤグム(伽倻琴)などの民族楽器を主体としたシンフォニーも独自のものである。②民族舞踊も歌劇形象の基本手段の一つとして取り入れ，その魅惑的な表現力を活用する。そして③簡潔，鮮明，優雅な朝鮮画法を基本とするリアルな舞台美術や照明効果は，立体的で動的であることが要求される。

平壌にある〈血の海〉歌劇団は《血の海》を，マンスデ(万寿台)芸術団は《花を売る乙女》を，モランボン(牡丹峰)芸術団は《密林よ語れ》《金剛山のうた》を，そして地方にある咸南道芸術団は《ある自衛団員の運命》を，江原道芸術団は《南江村の女性たち》を，平南道芸術団は《延豊湖》を，両江道芸術団は《村びとたちの中で》などの歌劇をおもなレパートリーとしている。

[《血の海》]　1936年抗日パルチザンによって中国東北地方の漫江などで創作上演された。文盲で貧しい純朴な一農村の母が夫や子どもを奪われ，弾圧の血の海と化した厳しい現実生活の中で，しだいに革命運動に身を投じ，たくましい女性革命家に成長していく過程をリアルに描いたもの。民族受難の血の海を革命の闘いの血の海に変えようというのが作品の基本思想である。祖国解放のための唯一の道が抗日武装闘争路線にあり，民族と人間の自主をめざすことが真実の生き方であると主張する。

●歌劇芸術

《血の海》の1シーンを描いた切手で，1978年に朝鮮民主主義人民共和国発行。ほかに1973年以降，革命歌劇の切手が数多く発行されている。

[《花を売る乙女》]　金日成将軍ら若い朝鮮の革命家たちによって，1930年中国東北地方五家子で創作，上演された。1970年代に入って共和国で映画化，歌劇化された。父母，兄，そしてみずからも地主の下で働き，病床の母の薬を得るため花を売り歩くコッブニ。ついには一家離散の憂目にあうが，やがて彼女は革命への道を探しあてる。人々の胸に革命の種をまく赤い花に成長したコッブニの姿を通して，亡国と貧困の痛苦をいやす闘いへの道を教えている。映画は72年カルロビ・バリの国際映画祭で特別賞を受けた。　　　　　　　　　　　金 学烈

カササギ｜鵲

朝鮮をはじめとする東アジア北部ではカササギは吉鳥とされる。カラスの鳴声が陰気なのに比べてカササギの声は軽くすがすがしいと感じられている。家のそばでカササギが鳴くと，朝鮮ではだれか親しい人が訪れる吉報だとされる。高麗時代の女性の▶歌辞《済危宝》にはくかささぎが垣根に鳴き，蜘蛛が寝床の上に糸をひきつつ降りてくる

●カササギ

トラとカササギ。吉鳥で知恵者とされるカササギは、山神の使者のトラとともに朝鮮民画にしばしば描かれた。

から，課役に行って家を留守にしていた夫が帰る良いしらせ〉と歌っている。また朝鮮王朝の民画では，▶トラ(山神)とカササギを対にして描いた虎鵲図が多くみられる。カササギの異名カチガラスは，朝鮮語のカチ(カササギ)に由来するものであろう。韓国では国鳥に指定されている。　　　　金 東旭

かし｜菓子

▶果物を生果サンクヮとよぶのに対し，菓子を造果チョクヮという。朝鮮の菓子は仏教全盛の高麗時代に各種の儀礼食品として発達し，寺院は養蜂を盛んに行い，蜂蜜が造果に用いられた。造果はやがて僧俗一般に流行し，宴会や祭典，宮廷の賜饌にも用いられた。こうした伝統から今日も菓子の種類は多い。なお，砂糖はソルタン(雪糖)とよばれ，元の時代には知られたが，庶民が広く用いるようになったのは20世紀に入ってからである。しかし，伝統のある菓子屋では甘味料としてもっぱら蜂蜜が用いられる。

カンジョン(糠精)は，もち米の粉を練って短冊形に切り，乾燥後油で揚げ，水飴にくぐらせて松の実，ゴマ，ニッケイなどをまぶしたもので，食後のデザートによく出る。ユミルクワ(油蜜果)は，小麦粉，植物油，蜂蜜または砂糖を混ぜて練りのばしたものにナツメ，桂皮などをくるんで油で揚げ，蜂蜜か水飴をまぶした菓子で，朝鮮固有のものとされる。ヤククワ(薬果)，メジャククワ(梅雀果)などはその一種である。スッシルクワ(熟実果)は，アワ，ナツメ，ショウガなどを甘味料で加工し，もとの果物に似せたもの。日本のおこしに似たパクサン(薄饊)はアワ，ゴマなどを材料とし，またタシク(茶食)は落雁に似たお茶菓子である。これらが代表的な菓子だが，ほかに餅菓子に似たキョンダン(景団)，白玉粉を練って油で焼き，季節の花をあしらったファジョン(花煎)などもある。

冠婚葬祭の膳には生果だけでなく菓子も出されるが，ことに慶事の席では油蜜果や糠精類を欠かすことができない。昨今は洋菓子など外来のものも出回り，伝統菓子とともに利用されることが多くみられるようになった。→飴　　　　鄭 大聲

かじ｜歌辞｜가사

朝鮮の伝統的な歌謡形式の一つ。歌詞(カザ，朝鮮語では歌辞も同音)とも書き，長歌ともいう。▶郷歌における第1・第2句，6・6(3・3，3・3)を作者の好みによってほとんど無制限に延ばして歌い(句は3・4，4・4などにもなりうる)，終末に至っては郷歌の第3句，3・5〜9・6を添尾して完結させる歌形である。無制限に詩想を盛ることができるところから，長歌ともよばれた。これは《万葉集》の中の〈長歌〉の形式(5・7，5・7……5・7・7)と酷似している。今日伝わる歌辞の最古のものは，高麗末の名僧，懶翁和尚の作った〈西往歌〉であり，朝鮮王朝に入ると最も古い申得滿シンドゥンマン(端宗朝の歌人，15世紀半ごろ)作，〈歴代転理歌〉を皮切りに多くの作品が生み出されている。王朝の中期以後は，儒教的倫理観の制約から雑多な歌形による詩作は容認されなかったが，ただこの歌形と▶時調の形式だけが許され，歌人たちはこの二つのどちらかを選ばねばならなかった。歌辞作家の第一人

者は▶鄭澈チョンチョル(号，松江)である。5編の歌辞
を残しており，彼の歌は《松江歌辞》という
歌集に収められて広く愛唱されたばかりで
なく，その後の歌壇に大きな影響を及ぼし
た。王朝の初・中期が最盛期で，壬辰の乱
(文禄の役)後は中央ではしだいに衰えるが，
嶺南(慶尚道)の上流家庭の女性の間で大流行
した。嫁ぐ娘に与える教訓とか，春の花見
などの印象をこの歌形で歌ったのが始まり
で，やがて彼女らの喜怒哀楽をこの歌で自
由に表現するにいたった。この女性らによ
る歌辞をとくに〈内房歌辞〉という。王朝後
期，小説が大量に作られたが，なかにはこ
の歌形で記述されたものも多い。長い歌形
であるために，叙事的内容を盛るのに適し
ていたからである。一方，紀行文もよくこ
の歌形を用いている。多くの燕行録(使臣一
行が北京へ往復する間の旅行記)や《日東壮遊記》
(通信使金仁謙の日本印象記，1763)などはこの
歌形で記述されていた。王朝の終りととも
にこの歌形は姿を消してしまった。 金 思燁

かじむらひでき│梶村秀樹│1935-89

歴史学者。東京大学で東洋史を専攻，1963
年東洋文化研究所助手，73年より神奈川大
学経済学部専任教員。日本人が朝鮮史を学
ぶことの意味に一貫してこだわりつつ，近
代を中心に研究にたずさわった。戦前から
の停滞・他律性史観を乗り越える考え方と
して，一国史的な歴史把握の立場から普遍
的発展を強調する〈内在的発展論〉を1960年
代に提起，日本における朝鮮史研究を大き
く前進させた。また，朝鮮史研究会(1959年
発足)，日本朝鮮研究所の活動に尽力した。
民衆が歴史の原動力であるとの立場から現
代韓国について考察し，植民地時代からの
社会構成体についての議論は韓国の学界に
も少なからぬ影響を与えた。さらに，研究
者の社会的責任を重視し，日本人の朝鮮認
識の前進のための著作を多く生み出すとと
もに，朝鮮語の学びの場としての現代語学
塾の運営に1970年の創立以来関わり続け，
1980年代の指紋押捺拒否運動をはじめとし
た市民運動にも直接たずさわった。《朝鮮
史——その発展》(1977)以外のおもな著作は
《梶村秀樹著作集》(全6巻，別巻1)に収録され
ている。 ➡朝鮮史学 石坂 浩一

かず│数

日本と同様，固有語と漢語が併用される。
《三国史記》の高句麗地名に，*mir(密，みい)，
*ŭc(于次，いつ)，*nanən(難隠，なな)，*tək
(徳，とお)があり，日本語との類似が指摘さ
れている(*は理論的に推定したことを示す)。現
在固有語には1～10，20，30～90があり，
99まではいえる。中世語のon(100)，chŭmŭn
(1000)は，16世紀ごろには漢語paek(百)，
ch'yŏn(千)にとって代わられはじめるが，前
者は〈全世界〉の〈全〉などを意味する語とし
て現在は残っている。それ以上はman(万)，
ŏk(億)，cho(兆)など。したがって100の桁
以上は必ず漢語，それ以下は両者を用いる。
大きい数字は漢語のみ，あるいは選挙得票
数の場合のように，100以下には固有語を
混用することもある。固有語，漢語の選択
には，助数詞が密接にかかわる。一般に数
量を数えるとき，時刻および時間の〈時〉，
尺貫法の度量衡などには固有語，順番・番
号・年月日・分秒などには漢語を用いると
いえる。時刻および時間は〈se 時 sam 分〉(3時
3分)のように，必ず前者は固有語，後者は
漢語となる。また〈samnyŏn〉(3年)，〈sehae〉
(みとせ)，〈sasipse〉(40歳)，〈mahŭnsal〉(よそじ)，
〈ilmyŏng〉(1名)，〈hansaram〉(ひとり)のよう
に両用する場合もあるが，漢語の方がやや
改まった感がある。月の何日目かまたは何
日間かを表すのに固有語も用いるが，若い
世代では固有語は用いない。0は元来なく，
漢語yŏng(零)を用いるが，電話番号のよう
に数字を羅列的に読む場合は，kong(空)と
よぶ。漢語sa(四)は〈死〉と同音で忌まれ，

● 数 │ 表 朝鮮語の固有数詞と漢語数詞

	[固有数詞]	[漢語数詞]
1	hana	il
2	tu:l	i:
3	set	sam
4	net	sa
5	tasŏt	o
6	yŏsŏt	ryuk, yuk
7	ilkop	ch'il
8	yŏdŏl	p'al
9	ahop	ku
10	yŏl	sip

ビルディングに4階や4号室のないことがある．

藤本 幸夫

かぞく｜家族

強固な父系血縁原理が社会関係の基礎となっている朝鮮では，家族関係も居住や職業などにあまり左右されることなく，日本よりはるかに緊密な紐帯をもたらす．その反面，居住単位としてのチプ〈家〉は，こうした血縁関係の広がりを背景とするため，日本の家のように閉鎖的・自律的な単位となりにくい．今日韓国の都市部では，産業化に伴い，個人の技能にもとづく生活が支配的となっているため，家族は分散して住みがちであるが，互いに緊密な連絡を取り合い，休日を利用した往来が頻繁にみられる．韓国の経済発展を支えてきた活動力と勤勉の背景には，家族員との緊密な紐帯があることを忘れてはならない．

儒教的な長幼の序と世代の序列は日本以上に厳格で，親に対して子が無条件に尽くすべき孝道と礼節が，家庭生活の秩序の基礎となっている．血縁を継承する男子の中でも，とくに長男は特別な地位に置かれ，両親ばかりでなく，近親者の注目を浴びて育てられる(▶子ども，▶育児)．〈男女有別〉という儒教の原理によって，男女の仕事や社会的領分に明確な差がみられ，男性が氏族関係を基礎とする公的・社交的な活動を重視するのに対して，▶女性の本領は私的・家庭的な活動に求められる．〈男女七歳不同席〉の原則どおり，かつては男子は7歳に達すると母親のもとから離されて父親のもとで起居し，《千字文》をはじめとして漢文による儒学的な教育を受けたのに対して，女子は母親のもとでハングルの手ほどきと婦道のしつけを受けるのが理想とされていた．男女の区分の伝統は，屋敷内における空間的な区分だけでなく，女性たちが男性からあまり干渉されない自由な社会を保障するものでもある．嫁と姑，嫁とシヌイ（小舅）の関係は，初めのうちは緊張をはらむが，同じ境遇を歩む者としての連帯もみられる．〈三従之義〉という教えのとおり，夫の両親に無条件に仕えることが嫁の当然の義務とされ，過酷なシジプサリ（嫁暮し）に対しては夫もかばって口出しすることが許されなかった．血統を継ぐことは，家族ばかりでなく，夫方の親族からも期待されており，男子を出産するまでは嫁の精神的な負担は重く，婚家での地位も不安定であった．男子の出産により，やがて主婦として地位を占めると姑との関係も親密な関係に転じていく．嫁に主婦の座を譲った後が女性にとって精神的に最も安定する時期となる．⇒家｜住居｜親族｜相続｜養子

伊藤 亜人

[激変する家族] 韓国社会は1960年代後半から開発独裁による〈圧縮近代〉がなされ，それを土台に80年代に高度経済成長を遂げる．その結果，農村から大都市，とくにソウルへの一極集中が加速化した(▶都市化)．70年に総人口の4割超だった農家総数は，2011年には5.9%に減少し，都市の核家族化と同様に農村でも伝統的拡大家族形態から小家族化，核家族化する．80年代後半の民主化以降，男女平等を実現する法制も整い，2001年には女性部が創設される．97年の通貨危機を契機に進んだ晩婚化，未婚率アップ，少子化に対応するために女性部は女性家族部に改編される(2005)．71%の大学進学率(2009)のうち，女子の進学率が男子を上まわるほど女性が高学歴化し，社会進出するが，女性の経済活動を支えるために2012年からは5歳児の無償教育が導入される．女性の躍進ぶりは〈女風〉〈女超〉という流行語を生みだす一方で，非正規雇用の女性化，あるいは女性間格差も指摘されている．婚姻事情も様変わりし，離婚女性の初婚男性との再婚，女性が年上のカップルも増加傾向をみせる．2003年をピークに離婚は減少傾向にあるが，50代以上の離婚は自殺とともに増加している．高齢者が家族の支えを失い，社会福祉にも与えていないからである．また2000年代から農漁村地域の男性が深刻な結婚難にみまわれ，40%近い比率でベトナム，中国，フィリピンなどの外国人女性と婚姻している．そのために07年〈在韓外国人処遇基本法〉，2008年に〈多文化家族支援法〉が制定された．

[家族法改正] 家族のあり方が変化するなかで，伝統的拡大家族を基本理念とした家族法も改正せざるをえなくなった．1977年の民法一部改正では婚姻と離婚に関して男女

平等主義に立脚し、夫婦平等の原則を根幹としたが、89年の抜本的な改正では親権における父母両系主義、親族範囲の男女平等、離婚時の財産分割請求権新設、長男による戸主相続制度から戸主継承制度に変わり、娘による戸主相続も可能となった。植民地期の朝鮮民事令による婿▶養子制度もく姓不変の原則〉が慣習となっている韓国社会では判例がないため、廃止された。同姓同本婚姻禁止条項(同姓不婚)は97年の憲法裁判所の判例により有名無実となった。しかし戸主制度の廃止問題と▶親族範囲の縮小が改善すべき課題として残された。盧武鉉政権は公約どおり2005年3月に戸主制の廃止を行い、結婚時の同意があれば子どもが妻の姓を継ぐことが可能になり、離婚後6ヵ月間の女性の再婚禁止規定の廃止も決めた。同姓同本婚禁止規定の廃止など民法改正が成立し、08年に施行された(戸籍に代わる新しい身分登録制度が導入される)。→人口 社会保障 女性運動　　　　　　　　　　　　宋 連 玉

かぞくほうかいせい｜家族法改正　→家族

がっき｜楽器

朝鮮の数多くの伝統的な楽器には、時代によって使用されなくなったり、音楽の変化により改良された楽器も少なくない。朝鮮民主主義人民共和国では民族楽器として大幅に改作された楽器が多いが、韓国では伝統を保持している。《楽学軌範》(1493)では、雅楽器、唐楽器、郷楽器に分類され、65種。しかし当時からある種の楽器は混用されていた。また、これらの宮廷音楽用の楽器と同種の楽器の一部は、18、19世紀におこった民間の芸術音楽(▶散調など)に使用されてから変化した楽器もある。同名の楽器でも宮廷音楽用の楽器と散調用楽器とは大きさや演奏法などが異なる。伽倻琴はその一例。全体的に近代以後、民族固有の楽器の数や種類は少なくなっているが、音楽性においてはいっそう豊かさを表している。朝鮮独自の楽器分類法もあるが、世界で最も普及している分類法によって代表的な楽器を説明する。この分類は、発音体が何の振動であるかによって分けられる。

［体鳴楽器］①編鐘は16個の青銅製の小型の鐘を大きな木彫の飾りのついた木枠に8個ずつ2段につるした旋律打楽器の一種。16個の鐘は形も大きさも同じだが、厚みなどに変化をつけて音律を調節してある。動物の角のついた槌で打つ。雅楽と唐楽に使用。中国古代の楽器で12世紀の高麗朝に入った。②特鐘は大きな鐘で、現在は1個で文廟楽と宗廟楽にのみ使用。③編磬は16個のL字形の板を大きな枠に2段につるした一種のチャイム。宮廷音楽に使用。中国伝来の楽器。④鉦はゴングの一種で、左手でつり下げて、右手の桴で打つ。宮廷の軍楽である大吹打、仏教音楽、▶農楽、巫楽などにも使用。⑤嗜哱囉は金属製のシンバルの一種。大吹打、仏教音楽、巫楽に使用。⑥ケンガリは小金ともよぶ小型の平らなゴングで、木製のT字形の木槌で打つ。農楽に使用。そのほか宮廷音楽用に特磬、方響、拍、柷、敔などがある。

［膜鳴楽器］①杖鼓は胴の中央が細くなった砂時計型の両面の締太鼓で全長約70～75cmぐらい。長短(リズム)を打つ楽器で、多くの分野で使用されるが、音楽の種類によって奏法や使い方が異なる。②座鼓は枠に結びつけた太鼓で、宮廷音楽の三弦六角という編成では必ず使用。③小鼓は農楽と立唱で使用。小型の両面太鼓で取っ手がついており、左手に持って右手の桴で打つ。④竜鼓は円形の鋲打ち太鼓で前につる金具がついている。軍楽と▶パンソリに使用。たんにプクともよぶ。そのほか、舞鼓、節鼓など、太鼓類は大小種々のものがある。

［弦鳴楽器］①コムンゴは玄鶴琴とも玄琴ともよび、6弦のロングチター属の撥弦楽器。宮廷音楽、独奏曲に用いる。②▶伽倻琴は12弦のロングチター属の撥弦楽器。雅楽用と散調用の2種がある。日本の正倉院に伝えられている新羅琴は同種の楽器。雁足とよぶ可動柱で調弦し、素手で弾く。③牙箏は7弦のロングチター属の擦弦楽器。柳の枝で擦って音を出す。④洋琴は台形の共鳴箱の表面に細長い駒をつけ、その上に多数の金属弦を平行に張った楽器で、細い棒で打弦。4本一組で1音とし14音。⑤奚琴は2弦の胡弓類で、宮廷音楽、仏教楽、巫楽などに使用する弓奏楽器。そのほかの弦楽器に大箏、瑟、琴などがあるが、

●楽器

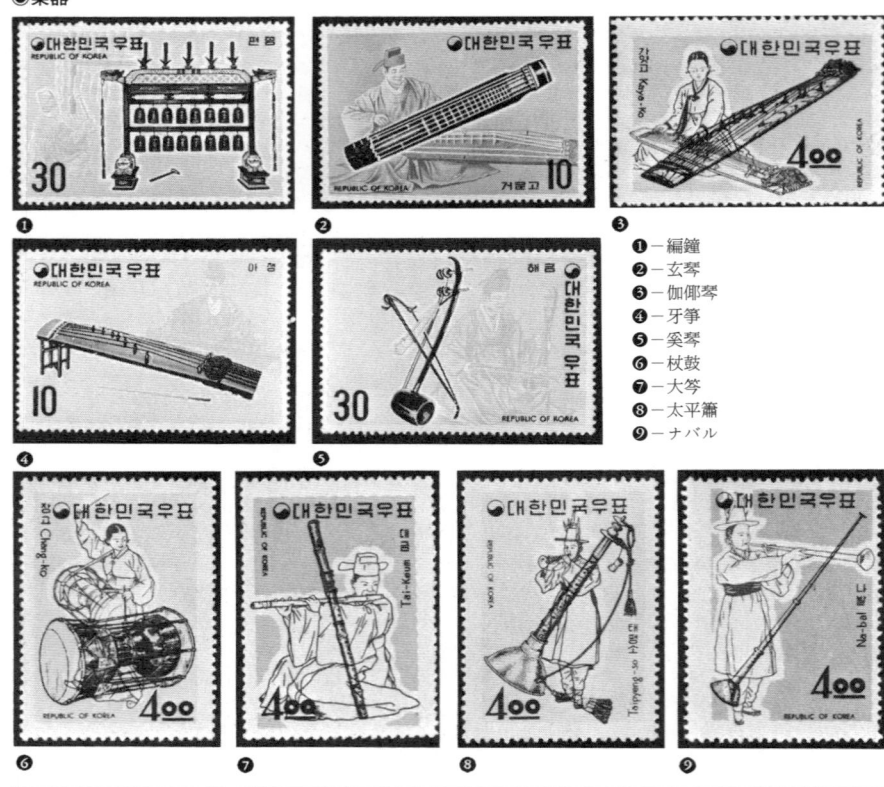

❶ ― 編鐘
❷ ― 玄琴
❸ ― 伽倻琴
❹ ― 牙筝
❺ ― 奚琴
❻ ― 杖鼓
❼ ― 大笒
❽ ― 太平簫
❾ ― ナバル

今日ではほとんど使用しない．
［気鳴楽器］①大笒ないはチョッテともよび，新羅時代から中笒，小笒とともに知られている横笛．全長73～84cm．双骨竹という特殊な竹で作られる．音色効果のため竹紙を張った清孔とよぶ膜孔が，吹口と指孔の間にある．指孔は6，音律調節のための七星孔がある．②唐笛は高麗時代から使用している横笛で，現在は指孔が6．宮廷音楽用．③短簫は後ろに1孔，前に4孔の縦笛．④ピリは複簧どをもったオーボエ属の縦笛で，郷ピリ，細ピリ，唐ピリの3種がある．⑤太平簫は胡笛とも唢吶さともよぶ．下端に大きな朝顔形の金属製のらっぱ状のものがついている．吹口に2枚のリードがつき，大きな音がする．野外で奏する軍楽と農楽に使用．⑥ナバルは長い金属の管をもったらっぱの一種．指孔はなく，大吹打という行列音楽に使用．そのほか，法螺貝の一種である螺角，オカリナの一種である塤ĺ，横笛の篪ち，縦笛の籥ț，17個の竹管からできている笙簧とぅなどがある．　　草野 妙子

かっぴんとう|活貧党

朝鮮王朝末期の朝鮮中部・南部で活動した農民の武装集団．甲午農民戦争(1894)や乙未義兵闘争(1895)ののち侵略と生活破綻がいっそう深刻化する状況のもと，全国各地で火賊，東匪，南学などとよばれる農民集団の武力闘争が展開されたが，それらの一つが活貧党である．1899年ごろ忠清道地方に出現し，1904年ごろまで中部および南部朝鮮の各地に出没した．悪法の廃止，外国

商人の活動厳禁など救国安民の綱領をかかげ，姦悪な官吏をこらしめ，富民の財産を没収して貧民に分配するなどの活動を行った。名称や闘争形態のモデルとなっているのは，17世紀初頭に許筠らが著した小説▶《洪吉童伝》で，その主人公は縮地法・変身法などの術を駆使して悪官をこらしめ，理想社会の建設をめざす。綱領によれば中央の儒生による指導がうかがえるが，内部規律が厳格であったらしく，組織の詳しい実態は知られていない。日露戦争後，その中心部分は反日▶義兵闘争に合流していった。

吉野 誠

カップ｜KAPF

朝鮮プロレタリア芸術同盟Korea Artista Proleta Federatioの略称。新傾向の文学同人パスキュラから金基鎮，朴英煕らが〈焔群社〉同人や個人に呼びかけ，1925年8月23日結成。27年9月1日の総会で組織拡大や支部の設置を決定。従来の自然発生的段階から目的意識的段階に移り，焔群社から引き継いだ綱領をくわれらは無産階級運動においてマルクス主義の歴史的必然性を正確に認識する。ゆえにわれらは無産階級運動の一部である無産階級芸術運動によって，①封建的資本主義的観念の徹底的排撃，②専制的勢力との抗争，③意識層造成運動の遂行を期する〉と改めた。31年ごろ▶新幹会の解体や内部対立からより左傾化し，〈党の文学〉化へと方向を転じたが，日中戦争下の厳しい状況と雑誌《無産者》，映画《地下村》や新建設社事件で34年までに盟員の過半数を検挙され，加えて路線上の内部抗争が激化して35年5月21日，金基鎮，▶林和らの名で解散届が出されて消滅した。 ⇒プロレタリア文学

安 宇植

かつらタフトきょうてい｜桂＝タフト協定

1905年，アメリカと日本の間にかわされた朝鮮(大韓帝国)およびフィリピンに関する秘密覚書。同年7月，フィリピン視察の帰途来日したアメリカ陸軍長官W.H.タフトは桂太郎首相と会談し，両者は次のような覚書を確認した。①日本はアメリカのフィリピン統治を承認する。②極東平和のため日本，アメリカ，イギリス3国間に好意ある了解を必要とする。③アメリカは韓国に対する日本の優越的支配を承認する。この秘密覚書はその後T.ローズベルト大統領によって追認された。本覚書は，第2回日英同盟，日露講和条約とともに，日本の韓国保護国化，併合への重要な布石としての意味をもった。 ⇒韓国併合

由井 正臣

かでんほう｜科田法

朝鮮王朝初期に行われた土地制度。高麗末期には賜給田，口分田の増加により，貴族の大土地支配が拡大して土地制度(▶田柴科)が崩壊し，受田不能となった官僚層などに不満が高まっていた。李成桂(朝鮮王朝の太祖)ら新興官僚は，この不満を背景に，量田事業で全国の土地を掌握し，1390年に公私の田籍を焼却したうえで，91年，科田法を施行した。この改革は，畿内は第1科150結から第18科10結(結は面積の単位。▶結負制)まで18等級に分けた文武官僚などを中心に再分配して収租権を与え，畿外の私田はすべて国家の収租地である公田とするものであった。また畿内には功臣田，畿外には軍田がおかれた。土地(私田)を没収された高麗王室・王室支持派は没落し，李王朝の成立基盤が形成された。しかしこの改革が対象としたのは官僚の私田であり，全国すべての土地を整理できたわけではなく，また科田も事実上世襲化された。こうして科田法施行後も大土地支配は拡大したし，増加する官僚群に支給する科田も不足をきたした。このような矛盾から科田法は崩壊し，1466年，実職のある官吏だけに受田を限定する職田法に移行した。科田法は収租権レベルでの改革であり，土地の所有・経営にまで及ぶものではなく，権力者の農荘拡大をくいとめられなかったし，自営農にも変化を与えなかった。だがこの改革で農荘内の土地所有関係が整理され，佃戸の耕作権が保証されて地主・小作関係が固められた。 ⇒朝鮮王朝

吉田 光男

かでんみん｜火田民

朝鮮の焼畑耕作を行う農民。山間の傾斜地の草木に火を放ち，その跡にアワ，ジャガイモ，大豆，ソバ，トウモロコシなどを栽培する。施肥をしないので3-5年で地力が消耗すると他に移り，10年前後放置したのち再び耕作する。火田の記録は新羅時代に

●被り物

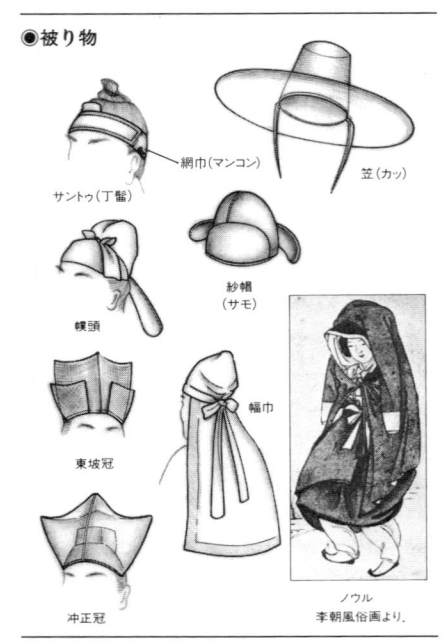

サントゥ(丁髻)
網巾(マンコン)
笠(カッ)
紗帽(サモ)
幞頭
幅巾
東坡冠
沖正冠
ノウル
李朝風俗画より.

さかのぼるとされるが，朝鮮王朝時代に流亡民が役・税を免れて火田民となる傾向が強まった。王朝政府は何度も火田禁止，税の賦課を命じたが，火田民は減少しなかった。日本の植民地期に火田民はさらに増大したが，それは王朝時代のたんなる延長ではなく，植民地支配の構造的矛盾の所産だった。▶土地調査事業，▶産米増殖計画などにより土地を失った農民は，工業の未発達のため職を得ることができず農村に滞留したが，北部朝鮮の農民は山林に入って火田耕作に生計の道を見いだすことになった。1926年に3万4000戸だった純火田民は33年には8万2000戸にもなり，普通の田畑をも耕作する兼火田民を含めると28年に24万戸，122万人にも達した。火田は北部朝鮮の平安南北道，咸鏡南道，江原道で盛んだった。総督府は森林令にもとづいて火田を禁止，制限し，火田民を放火犯として逮捕したり，強制移住させたりした。29年に警察が火田民部落を焼き払った甲山火田民事件は，▶新幹会などによって取り上げられ，大きな社会問題になった。解放後，朝鮮民主主義人民共和国では50年代初めに火田は消滅したとされる。江原道の韓国側山間部では70年代にも火田耕作が行われていたが，牧草地への転換などにより70年代末に消滅した。
水野 直樹

かぶりもの｜被り物

朝鮮のかぶり物は，三国時代の〈金冠〉〈宝冠〉などの王冠をはじめ，高句麗の〈風折〉や，新羅，加羅の白樺の帽子など，絵画にも描かれ，遺物も多い。記録では日本の〈烏帽子〉風の幞頭が一般的な冠帽であった。7世紀には唐制の〈軟脚紗帽〉が官員の冠帽となり，朝鮮王朝末期までこの紗帽(サモ)は官員の象徴でもあった。しかし一般の民衆は高麗中期まで幞頭一色であった。13世紀のモンゴル支配下では，〈鈸笠〉という竹冠がかぶられた。これは鉄かぶとのような形であったが，これにひさしをつけたものが朝鮮王朝の笠(カッ)であった。笠の下に髪を締めつけるマンコン(網巾，馬の尻尾の毛でつくる)をつけるが，この両者が代表的な冠帽として用いられた。それ以降，この笠はつばと高さの伸び縮みの流行をくり返しながら1930年代まで広く用いられた。一時はつばのさしわたしが75cmくらいにもなったことがあって，威風堂々たるものであった。材質が竹や馬の尻尾の毛を編んだものであったので，雨の日にはかぶれなかった。外出中に雨にあえば油紙でその上をおおった。この笠のほかにも〈東坡冠〉〈沖山冠〉〈幅巾〉など士大夫の表象としての冠帽は数多くあった。

女性のかぶり物は高麗初にベール様のものがかぶられ，朝鮮王朝初からは日本の〈衣被〉にも似たチャンオッ(長衣)と笠につけてかぶるベール状のノウル(羅火笠)が王朝の末期まで貴婦人の外出用に用いられた。
金 東旭

かへい｜貨幣

[前近代] 朝鮮半島において公的に発行されて流通した貨幣は，高麗12世紀に発行された銀瓶，朝鮮17世紀末からの銅銭▶常平通宝である。

古くは中国由来の刀銭，五銖銭が出土するが，使用事情は不明である。高麗10世紀末に鉄銭鋳造の記録があるが，流通しなか

った。12世紀初に重量1斤の銀瓶と銅銭▶海東通宝を発行した記録が残る。以後、海東重宝、三韓通宝・重宝、東国通宝・重宝の遺物は存在するが、いずれも発行年次と経緯は伝わらない。当時の高麗は銀産出が豊富で、北宋との交易、女真への贈答品に銀器物が多く用いられており、国内の高額取引や臣下への下賜、価値蓄蔵にも銀瓶は用いられる。一般の取引には布(麻布)と米が用いられた。銅銭は薬種販売にのみ用いられたと記録されており、対中国交易の限定的品目に対して用いられたようだ。その後、銅銭使用は忘れられ、銀の枯渇と対中国流出を経て、14世紀には品質低下した銀瓶、小銀瓶、小額銀塊である砕銀が用いられる。恭愍王代に銀銭、恭譲王代に楮貨の発行が計画されるが、実現していない。朝鮮時代に入り、国家と民の価値の遣り取りの手段(国家的支払い手段)として太宗代の楮貨、世宗代の銅銭▶朝鮮通宝、世祖代の箭幣などが試みられるが、国家の都合で交換価値が設定された貨幣は、現物と賦役に基づく財政の補助的手段に過ぎず、発行量も僅少であり、普及しなかった。その間、民間の取引は米、布、木(木綿)が混用されて用いられており、納税に用いられる公定規格五升三五尺(1升は経糸80本で巾約7寸、布帛1尺約47cm)の布と木は楮貨とともに国幣となるが、短いもの、切断したもの、升数が少ないもの(麤布、粗布)が、禁制にもかかわらずより小額の貨幣として用いられた。

16世紀に入り、端川に銀鉱が発見され、1540年代からは倭銀が流入しはじめ、銀による中国との密貿易が拡大、壬辰倭乱のときに明軍が軍資として大量の銀を持ち込んだことで、再度の銀使用が広まる。17世紀、仁祖代には▶常平通宝を鋳造したが、原料銅不足から極めて少量であり、孝宗代には遼東の旧明銭が輸入された。粛宗代の1678年から倭銅を原料として約20年間鋳造された常平通宝は、布木流通量の減少、倭銀流入の減少とあいまって18世紀にさしかかるころから布木、銀にかわる交換手段として急速に普及するが、米・銭の季節的価格差を利用した高利貸横行などの弊害を理由に30年余り鋳銭は中断し、銭の廃止までが論

● 貨幣

朝鮮王朝末期の興宣大院君時代に発行された当百銭の表(左)と裏(右)。表の常平通宝の名称は17世紀以来使用され、貨幣経済は全国に浸透した。裏に〈戸〉とあるのは戸曹(大蔵省)の所轄を示す。

じられた。英祖代1731年、全国的な凶年にさいして賑恤原資調達のために鋳銭を再開し、以後、韓末まで銅銭鋳造が継続する。他方、日本からの丁銀も官衙に備蓄され、対中国貿易に使用されている。折二銭とよばれる大型の常平通宝も多く現存するが、その発行と流通に関する記録はない。当十などの高額銭発行は議論に止まり、興宣大院君による短期間の当百銭発行を経て、開港期、1885年から低質な当五銭大量発行によって当五銭流通地域での物価、税額の名目5倍化が起きた。ドル銀貨を基準とする銀銭発行も企図されて1882年に大東銀銭が発行され、1892年の新式貨幣条例では銀1ドル=5両(500文)を本位貨として少量ではあったが各種の新式貨幣も発行され、従来の銅銭と併用されるにいたる。⇒通貨

須川 英徳

かへいせいりじぎょう|貨幣整理事業

1904年の第1次▶日韓協約にもとづく▶目賀田種太郎韓国財政顧問が行った新貨幣発行・旧貨幣回収事業。目賀田は典圜局閉鎖によって朝鮮独自の貨幣発行を禁ずる一方、日本の▶第一銀行韓国支店に中央銀行的役割を担わせ、国庫、発券業務を担当させた。1902年以来発行されていた第一銀行券を無制限法貨とし、日本貨幣の無碍通用を認め、かつ同貨幣と同品位同量目の新貨を発行した。他方、05年7月から朝鮮在来貨幣である白銅貨の葉銭(▶常平通宝の通称)の回収を行った。品位量目が劣悪で激しいインフレを惹起させていた白銅貨は、通用期間が09年11月までと短期回収方式がとられ、

約935万円がこの期間に回収された。このため貨幣収縮によって激しい恐慌が起こった。地方で根強い流通力を有している葉銭の回収は困難で，当分の間は補助貨として位置づけられ，徐々に整理された。貨幣整理事業の結果，韓国併合(1910)以前にいち早く植民地幣制が確立した。

村上 勝彦

かま│窯

土器，陶磁器や瓦塼などを焼成する施設で，その遺構は各種の窯跡として残る。現在のところ最古の窯跡は，三国時代に入って陶質土器窯跡が知られる程度である。新羅では，王都慶州盆地の周辺部で数ヵ所の新羅土器の窯跡群がわかっている。いずれも低丘陵の傾斜面に築かれた登窯と思われるが，詳しい構造はわかっていない。百済では，後期の王都扶余の近郊で土器と瓦をいっしょに焼いた瓦陶兼業窯が知られるが，やはり未調査のままである。加羅では，慶尚北道内谷ネゴク洞で大規模な窯跡群が見つかり，高霊池山洞古墳群への供給窯と考えられる。統一新羅時代では，王都慶州キョンジュの周辺で三国時代以来引き続いて窯が営造された。望星里マンソンニ窯跡は初期の新羅土器窯といわれ，また金丈里クムジャンニは，三国時代から統一新羅時代にかけて，皇竜寺，臨海殿，高仙寺などへ供給された瓦窯である。王都から離れたソウルの舎堂洞サダンドンの窯跡もこの時期のものであるが，土器片の陰刻銘から，生産地が〈器村〉と呼称されたことがわかる。高麗時代以後，陶磁器が盛んに焼造されるようになるが，仁川の景西洞キョンソドン窯跡は初期の青磁窯である。各種の▶高麗青磁の窯跡は全羅北道の扶安プアンや全羅南道の康津カンジンで大規模なものが知られる。いずれも単室の登窯である。朝鮮王朝時代では，王都ソウルに近い京畿道の広州クワンジュは▶朝鮮白磁の一大窯業地帯を形成する。忠清南道の鶏竜ケリョン山は主として三島(▶粉青沙器)など各種陶器の窯業地帯として知られる。この時期の窯も基本的には前代以来の焼成部が長い単室の登窯であるが，全羅南道の長興をはじめとして，短い焼成部が連なった連房式のものも認められる。 ⇒陶磁器[図]

西谷 正

かまどがみ│竈神

家の火所である竈に祭られる神。朝鮮では一般に竈王かまおうとよばれる年老いた女性の神と考えられている。厨房の竈の正面の壁に小さな棚を設けて，ここに小さな器(竈王中鉢)を安置して主婦が毎早朝に最初に汲む〈浄華水〉や塩を盛って家内の平安と長寿を祈る。特定の祭日は定められていないが，安宅祭祀などの家庭内の祭りや引越し，新婦を迎えるとき，小児が初めて戸外に出るとき，家族の旅立ちなどの際には供物を捧げたり，額に竈のすすをつけて平安や長寿を祈る習俗がみられる。 ⇒民間信仰[図]

伊藤 亜人

かみ│紙

朝鮮における製紙の始めは明らかでない。楽浪古墳出土の漆棺内に楮チョ紙の遺物があったと伝えられている。製紙は高句麗，ついで百済，新羅に伝わったのであろう。現存の古紙としては8世紀の木版《無垢浄光大陀羅尼経》(仏国寺)や▶新羅帳籍(正倉院)の残簡などがある。製紙は楮を産する地方の山村や寺院で行われた。製紙場やその村を高麗時代以来紙所といい，その作業を紙役，これに従事する者を紙匠と称した。紙は朝鮮王朝の17世紀前半まで重要な貢物として指定され，宮中や官庁に上納された。しかし貢納制に伴う過酷な収奪のため，紙匠の逃亡，紙所・村落の崩壊もしばしばであった。17世紀の貢納制の廃止，▶大同法の施行以降，政府は請負商人に納入させ，法定代価を支払った。朝鮮王朝時代にはまた造紙署という官営製紙場があり，1415年から1882年まで存続した。宰相の地位にある者2名に管理させ，実務者，職人など100名内外の職員を数えた。のち職員定数に増減はあったが，設置当初は50年近く幹事僧をおいた。僧は古来手工業生産にも従い，その熟練した技術が必要とされたからである。工程は和紙と根本的には変りない。

楮の主産地は忠清，全羅，慶尚の3道であるが，全羅道が第一で，なかでも南原が品質最も優れ，全州，淳昌などがこれに次いだ。その栽植地を楮田といい，記帳して増産奨励を図ったこともある。15世紀には前後2回，中国の製紙法が伝えられたが，原料の相違もあって進展はみられなかった。世宗代(1418-50)には和紙の製法を学ばせ，

●髪 図朝鮮王朝時代の子女の髪形

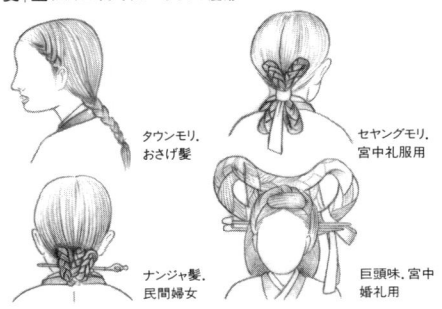

タウンモリ．おさげ髪

セヤングモリ．宮中礼服用

ナンジャ髪．民間婦女

巨頭味．宮中婚礼用

婚礼用．頭頂に花冠を載せ，結髪に差した大かんざしの両脇にタンギを垂らす．

巻上げ髪．妓生はこのように大きな巻上げを結った．申潤福画．

また倭楮を輸入し，種子や苗木を南部3道の沿海にわかって栽植増産を図った。ついで世祖代(1455-68)にも増産に意を注いだが，官の誅求による弊害が多く，成績をあげられなかった。したがって楮の不足に苦しむことも多く，諸種の補助資材を利用した。12世紀前半の高麗では藤を利用したと伝えられるが，15世紀ごろには松葉，柳木，柳葉，麻，わらなどを用い，古紙を利用した再製紙も現れ，咸鏡道では麻紙のほか，カラスムギを原料として作り，黄蘗で染めた黄紙を産した。

古来，紙はきわめて貴重視された。紙が税物として貢納されたほか，官庁で徴する手数料を作紙と称したのは高麗以来手数料に紙を納めたためである。のちにこれは綿布や銭貨に変わった。したがって庶民社会では日常入手，利用することはまれで，両班社会では贈答のほか，わいろなどにも使われた。また朝鮮紙(韓紙)は中国や日本への貿易品でもあった。とくに中国では強靱な上質紙が珍重され，純白でつやのあるものは繭紙，白硾紙などと称された。白色厚質紙をきぬたでつや出ししたものである。

田川 孝三

かみ｜髪

三国時代には，高句麗の壁画などからもうかがえるように日本の〈美豆良〉のように髪を頭の中央から左右に分けて両耳のあたりで束ねて結う方式もあった。また男は髻を上に向けた大きな丁髷に結い，女は流し髪(被髪)にするか途中で髻を結ぶ結髪も行われた。新羅では髪の長いことが美

人の条件であった。高麗時代には男は丁髷，女は被髪であった。高麗末期にはモンゴルの影響で前髪をそり，後ろを辮髪(タウンモリ)にすることを強制された。朝鮮王朝時代には男は丁髷，女は後ろで結うナンジャバル(娘子髪)という形に復古したが，結婚前の男女にはモンゴルの影響による辮髪が残った。この辮髪の端にはタンギという赤色のリボンで装飾した。これは高麗初期からの伝統で，当時は被髪であったが，首筋のあたりで男は黒ひも，女は赤のリボンで一度結わえて残りを下に垂らしたという。髪にまつわる風習としては，6月の流頭の節句に東に流れる清流で髪を洗う習慣があった。朝鮮王朝末期に▶断髪令が出されたとき，多くの儒者が〈我が頭を断つとも，我が髪は切らじ〉と抵抗した。今日でも韓国の山奥の一部にはサントゥとよばれる丁髷を結い，カッとよばれる笠(被り物)をかぶって外出する復古主義者が存在する。しかし朝鮮の南北を問わず，一般には男女ともに西洋式の断髪であり，韓国では女性のパーマなども盛んである。→化粧

金 東旭

カムンじし｜感恩寺址｜감은사지

韓国，慶尚北道月城郡陽北面竜堂里にある統一新羅時代の寺院址。慶州市から山をへだてた東海岸の海中に▶文武王の陵と伝える大王岩があり，その西北山麓に文武王の冥福を祈る寺と伝える感恩寺があった。早くから3層の石塔の双塔があることが知られていたが，1959年の韓国国立博物館の発掘と西塔の修理によって，薬師寺式伽藍配置であることがわかり，西塔の第3層塔

身軸部上面の長方形の舎利孔より統一新羅時代の舎利荘厳具が発見された。正面三門の中門は礎の根石のみであったが，これより東西に出る単廊の回廊は金堂と講堂に取り付いて日字形であった。金堂は壇上積基壇であり，礎石は下に方形の台石を置き，これに東西に方柱状の石材を敷きならべた上に礎石を置く他に例のない構造をもつ五間三間のもので，これは竜となった文武王が金堂まで入れるように東向きの穴を設けたという伝説と関連すると考えられる。⇒新羅[図]

坪井 清足

かめんげき｜仮面劇

朝鮮では古来仮面劇が演じられたものとみえ，新石器時代の貝面や土面，青銅器時代の盾形銅器面が出土している。また信仰仮面としては5〜6世紀と推定される新羅古墳の▸壺杅塚から辟邪用の方相氏面が出土した。信仰仮面であると同時に芸能仮面の性格を兼ねる例としては，村祭の神事劇に使われたものが慶尚道の河回と屏山に現伝する。その計13個の木彫の漆面のうち7個は切顎(別に付けた顎が動くもの)であり，その制作技法はいわゆる深目高鼻の胡人型の伎楽面的骨格と，舞楽面がもつコミカルな表現，表情の左右不均衡な手法もみせている。これらの仮面はいろいろな点で大陸仮面の影響をみせる貴重な資料である。一方，現存の山台仮面劇は西域系の百済の伎楽と同一起源であるとする説と，別神賽神戯のような河回の村祭の神事劇から発展したという説がある。朝鮮の仮面劇は，固有の民俗芸能の上に大陸伝来の伎楽，舞楽，散楽百戯の影響を受け入れ，新羅の五伎，処容舞(▸舞踊)から高麗の山台雑劇(〈演劇〉の項を参照)，朝鮮王朝前期の山台劇へと発展し，これらの先行芸能を母体として王朝後期の17〜18世紀以降，官庁としての山台都監の解体とともに現在の民衆演劇としての山台都監系仮面劇が成立したとみるべきであろう。その代表的なものは，京畿地方の楊州別山台戯と松坡山台戯，黄海道の鳳山・康翎仮面踊，慶尚南道の統営・固城五広大，東萊・水営野遊などの仮面劇である。

仮面劇はタルチュム(仮面踊)とよばれるように，踊りが主になる歌舞的部分とストーリーの展開，台詞をもった演劇的部分からなる。野外で行い，舞台装置や照明などによる場面の転換はない。台詞や動作による合図でこれを行い，劇の内容は日常生活の批判的再構成による先鋭化された表現をとる。共通のテーマは破戒僧に対する風刺や両班貴族に対する嘲弄，一夫妻妾間の葛藤など庶民生活の実相をみせるものである。朝鮮王朝時代の身分特権や形式化した道徳，あるいは貴族の観念的虚偽や男性本位の横暴に対する抵抗や批判を具体的に演出した民衆劇であるといえよう。おもに正月や4月8日の釈迦の誕生日，端午の節句などに年中行事として上演された。これらの仮面劇に使われる仮面は，▸パガジ(匏)製が一番多く，木製と紙製がこれに次ぐ。色は黒，白，紅，青(緑)，黄の5色が基本になり，仮面劇が終わると不浄をきらって，使用した仮面をかがり火に投じて焼き捨て，行事のつど新しく作り直した。

李 杜鉉

[民衆文化としての仮面劇] 朝鮮の民衆文化の中で独特の位置を占める仮面のあそびを〈仮面劇〉とよんだのは，宋錫夏や▸秋葉隆らであろう。彼らは1920年代から30年代にかけて，おもに黄海道の〈鳳山タルチュム〉に注目し，その儀式の卓越性を指摘し，同時に仮面のもつ神性と語られる台詞の庶民性を取り上げた。なかでも宋錫夏は，仮面劇だけでなく人形劇にも通じるテーマとして，僧の破戒に対する庶民の反感，両班風刺，大胆な性表現と三角関係の葛藤などを強調した。一方で，宋錫夏は仮面が元来悪鬼を追い払う呪具であることを民族学的な広がりの中でおさえ，事例としては，開城徳物山上にまつられた仮面，あるいは河回の仮面，それに処容面をあげている。宋錫夏は仮面が神事や狩猟，医術，戦闘などに用いられるという他国の事例を十分認識していたが，朝鮮の場合は〈鳳山タルチュム〉が一連の素朴な仮面舞踊の頂点にくると考えていたようである。彼はこの仮面舞踊の伝統性と現代性を《東亜日報》や東京の学界誌に紹介した。それは，いわば30年代における一つの，そして継承者のいない民衆文化運動であった。

解放後，韓国における仮面劇の研究は台

●仮面劇

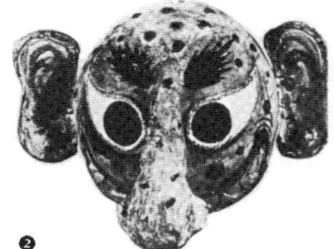

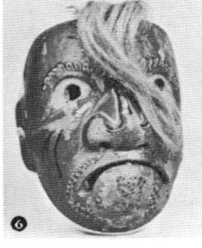

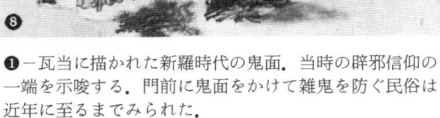

❶ーかわらとうに描かれた新羅時代の鬼面。当時の辟邪信仰の一端を示唆する。門前に鬼面をかけて雑鬼を防ぐ民俗は近年に至るまでみられた。
❷ー東莱とうらいの野遊で用いられたマルトゥギ(従者)面。民衆に愛好される文化的英雄、精霊的なものからいたずら者に移りかけたころの面といえる。高麗、11世紀。
❸ー河回ハフェの仮面戯に用いられた木彫の閣氏カクシ面。閣氏は嫁婦(新婦)の意であるが、ここでは僧の破戒の対象となる処女。高麗、11世紀。ソウル、韓国立中央博物館蔵
❹ー河回で用いられるチョレイ(下僕)面。のちにマルトゥギに変貌をとげた道化。高麗、11世紀。ソウル、韓国立中央博物館蔵
❺ー鳳山ポンサンの両班ヤンバン面。古いものでは精霊的な歪んだ仮面もあるが、近年のものは、冠、ひげを付けたものが多い。国立民俗博物館蔵
❻ー山台サンデ戯の酔発(チュィバリ)。酔漢で、民衆の中の世俗性を代弁する。朝鮮王朝末期
❼ー慶尚南道の駕山五広大カサンオグァンデにおけるムンドゥンイ(癩病み)の面。本来は雑鬼雑神であったか。1980年代、駕山五広大保存会
❽ー朝鮮王朝末期の風俗画に描かれた八仮面とされる図。8人構成の仮面戯は現存しないが、王朝末期に放浪芸人たちにより行われたのであろう。《箕山キサン風俗図帖》による。
❾ー鳳山仮面戯。老長舞の場面で、左は老長(長老僧)、右は小巫ソム。

野村 伸一

詞資料の採録という地味な活動が伏線となり，70年代に一気に開花した。学生の演劇サークルが中心となって仮面劇を同時代の民衆の〈伝統劇〉(マダン劇またマダンクッ)に推し進めたのである。それは当時の学生運動と連動した全国的な文化運動であり，社会批判的なドラマでもあった。1988年以降には〈民族劇〉という名で展開された。ただし，このドラマは，民衆の伝承演劇を再創造すること以上に，政治体制批判に傾き，画一性に陥った。軍事政権が終わり，92年以降，韓国社会の民主化が進展すると同時に，民族劇の役割は一時代を終えたともいえる。

1980年代の〈民衆文化〉ということばには支配層(長老，両班)を批判する庶民の文化という意味が込められていた。登場人物の振る舞い，台詞をみるかぎり，それは妥当である。しかし，朝鮮王朝後期の仮面劇の担い手の多くは郷吏(ヒャンニ˚胥吏とも)層であった(李胤和《朝鮮後期の郷吏》)。郷吏は官僚ではないが，国の施策の執行者である。地域の代表として行政，祭儀に責任をもった。彼らは両班層と庶民の中間に位置し，社会層としては民衆とはいいがたい。こうした集団が，ともすると脅かされる自身の地位を保全するために積極的に仮面劇を組織し，恒例の行事として演じた。したがって，現存の仮面劇は民衆文化そのものではなく，それはいわば〈儀礼化された反乱〉なのだという(李胤和)。郷吏の参与，主導的役割は厳然たる事実である。しかし，郷吏集団もまた年末の儺儀としての仮面戯や5月端午の仮面戯という祭祀芸能の前では，〈民衆〉そのものであり，したがって進んで参与したのではなかろうか。朝鮮王朝の郷吏集団は˚広大(クァンデ芸人集団)に較べれば，知識層である。にもかかわらず，広大の伝承した仮面戯や傀儡戯，さらには˚パンソリをむしろ積極的に受容しつづけた。こうしたことの文化的な意味をいかに解読するか今後の課題でもある。⇨演劇｜人形劇 野村 伸一

かや｜加耶｜伽耶｜伽倻 ⇨加羅

かやきん｜伽倻琴
朝鮮の12弦のロング・チター属の撥弦楽器で，可動柱を用いて調弦する一種の箏。加耶琴とも書く。雅楽用(風流伽倻琴とも法琴ともいう)と民俗楽用(散調伽倻琴)の2種類ある。雅楽用は宗廟の祭礼楽と宮廷の宴礼楽の合楽(管絃)や弦楽で用いられ，3種の調弦法がある。全長約167～170cm，幅約33cm。1本の桐材の裏側をくり取って作った胴と尾端に羊耳形の別木からなる。絹弦は，木綿の青いより紐(染尾)の先のループにかけて張る。朝鮮では新羅の真興王代(540-576)に加耶(加羅)の楽師˚于勒(ウルク)が伽倻琴曲12曲を作ったという所伝がある。また9世紀に日本に伝来したものが新羅琴として正倉院に残存する。民俗楽用は，全長約144～148cm，幅約22～26cmでやや小型，羊耳形はなく箱作りの胴。調弦法も異なり，独奏曲の˚散調(サンジョ数種のリズム型による一種の変奏曲)，伽倻琴併唱(˚パンソリの名唱曲や短歌を歌いながら演奏)，巫楽合奏などで奏する。演奏法は，楽器の頭部を右ひざにのせ，右手の親指，人差指，中指の素手で弾く。左手は押手(おしで)やビブラートなどのために用いる。⇨楽器 草野 妙子

カヤさん｜伽倻山｜가야산
朝鮮半島南部の小白(ソベク)山脈中の山。標高1430m。牛頭(ウドゥ)山の別名をもち，古代伽倻(加羅)国の建国神話の舞台となっている。山頂には神話に現れる牛鼻井のほかに天然氷窟，磨崖仏などがみられる。南麓には802年建立になる名刹˚海印(ヘイン)寺があり，モンゴルの侵略から護国を祈願して奉じた木版の《高麗大蔵経》で有名である。国立公園に指定されている。 谷浦 孝雄

かようきょく｜歌謡曲
1920年ころに流行した孫牧人作曲の《木浦の涙》《異郷ぐらし》などにより大衆音楽の一分野として確立する。韓国ではわずか数十年で大部分の都市生活の民衆が愛好する歌となり，ラジオ，レコード，テレビ，カセットテープの順で音楽産業の中心となる。元来日本の歌謡曲と同様に西洋音楽の影響によって作られた歌謡曲だが，欧米のポピュラー音楽の楽器編成を取り入れながらも，とくに流行する曲の歌詞の内容や旋律のめぐり方などは，民謡や伝統音楽に共通する感情表現や音階をもっていることが特徴である。ヨナ抜き長音階(ド，レ，ミ，ソ，ラ，ド)と短音階(ラ，シ，ド，ミ，ファ，ラ)の，洋

楽にない5音音階を主流とするが，朝鮮民族の場合，民謡や伝統音楽にも同じ音階構造の音楽も多いため，歌謡曲を受け入れる民衆の音感覚は伝統的な音感覚に直結する面も多く，この点は日本と異なる。歌手として人気を得ている人たちに共通する特色は，民族的な発声法と歌唱法を生かしながら欧米の歌唱法をも摂取し，豊かな声量と広い音域と独特の節回しをもっていることで，民謡を歌謡曲風に編曲して歌うことも少なくない。

20年以上歌謡曲界の女王の位置を占める李美子(イミジャ)(1941-)は演歌を中心に幅広いレパートリーをもち，黄文平，李在鎬，朴椿石，全寿麟，朴是春，孫牧人，吉屋潤など著名な作曲家の曲をほとんど歌った経験をもつ。一時日本でも演歌歌手として賞賛された李成愛(イソンエ)(1952-)，ポップス系歌謡曲で名声を得ているパティ・キム，ニュー・ミュージック系の宋昌植(ソンチャンシク)などのほか，南珍(ナムジン)，羅勲児(ナフナ)，金秀哲(キムスチョル)，《第三漢江橋》がヒットしたヘウニ，丁秀羅(チョンスラ)，歌謡曲風民謡の金セレナ，あらゆるヒット曲を歌う金蓮子(キムヨンジャ)，80年代に入って日本をはじめ，アジア諸国，アメリカにまでファンをもつ趙容弼(チョヨンピル)(1950-)などの名があがる。趙の《釜山港に帰れ》の日本における人気は，音楽的にみると歌唱法の絶妙さだけでなく，二六抜き音階的傾向をもつ自然短音階であるため，日本の民謡音階に似ていることから日本人の本来もっている音感覚に直接訴えているといえよう。

日本の演歌の源流は韓国にあるとしばしばいわれるが，韓国の歌謡界には演歌という用語もその音楽的規準も意識されていない。しかし韓国の歌謡曲の70％くらいは日本の演歌に類似しているため，日本の聴衆も韓国の歌謡曲を聴くと理解しやすく，愛好者も多い。演歌の音楽的特色は，世界の大衆音楽，とくにアジアの歌謡曲と比較すると，日本と韓国にのみ共通する特色であるが，これは両国の民族的な音楽嗜好が共通するばかりでなく，歌謡曲の作曲家たちの間で少なからぬ交流があったこと，韓国の伝統的な歌の中に日本の浪曲の唱法に類似する力強い〈こぶし〉や旋律法がある点などと関連しており，こうした事情から演歌の源流論が出されたものと思われる。→民謡

草野 妙子

カラ｜加羅｜가라

朝鮮古代の国名。別名は伽耶をはじめ加耶，伽倻，加良，駕洛，任那など多数あるが，いずれも同じ国名を異なる漢字で表記しようとしたためである。加羅の用法には広狭二様あり，加羅諸国全体をさす広義と，加羅諸国中の特定の国(*金海加羅(キメカラ)，*高霊加羅(コリョンカラ)など)をよぶ狭義とがある。日本ではこのほか韓(カラ)とよび，朝鮮古代の諸国を唐(カラ)とよんで，海外すべてをさすこともある。広義の加羅諸国も，時代により変動し，洛東江下流域を中心に，ときに中流域まで及んでいる。加羅諸国は三国時代前半期に活躍し，562年に新羅に併合されるが，その多くは三国時代後期にかなりの自治を許され，統一新羅時代にもその伝統が生きていた。加羅諸国のおもな国は，古寧(慶北，咸昌)，卓淳(大邱)，碧珍(星州)，大伽耶(高霊)，非火(慶南，昌寧)，多羅(陜川)，阿羅(咸安)，金官(金海)，小伽耶(固城)。加羅諸国は山地，丘陵，沼沢の多い地形的条件と，大国に隣接していなかった国際環境などから，基本的には小国分立の状態であった。5世紀後半から6世紀中葉にかけて，百済，新羅の侵略に対抗するため，五伽耶，六伽耶，加羅七国，浦上八国など加羅諸国の連合体を組織することもあった。次に時代を追ってその歴史を概観する。

[成立] *《三国史記》をはじめ朝鮮の文献史料や*《日本書紀》などには，加羅諸国に関する記事が前1世紀からみられる。3世紀までの記事は，神話・伝承記事で，正確な年次，国家組織，社会状況を伝えるものではない。ただ，前1世紀に初期の国ができたとすることは，農耕生産の普及や，*支石墓をもつ社会の形成などから推測できる。また，新羅や日本との関係記事が，国交や戦闘など国家間の交渉記事となっているが，本来の伝承では，それぞれの地域住民の接触交渉を伝えたものとみられる。《三国史記》新羅本紀の加羅関係記事は，倭関係記事を挿入したため，5世紀後半の国家間の交渉記事を遡及させている。《日本書紀》も同様で，

●加羅 | 図三国時代後期の加羅諸国

〈百済記〉などの朝鮮側史料は510年代以降の史実を遡及させており，この時期の日本側史料は朝鮮側史料に合わせたものが多く，なかには編纂直前の8世紀初頭につくられた記事もある。また通説では，仁徳期以前の記事は120年下げると正確な年次になるとするが，これは百済王の即位・薨去の記事にかぎられ，ほかの記事には適用できない。このように4世紀後半までの加羅諸国の文献には，信頼できるものがほとんどない。しかし次にみるように，4世紀後半の加羅諸国は大きく発展するので，3世紀後半から4世紀中葉にかけて加羅諸国が成立したとみてよい。

[4世紀後半] ▶広開土왕王碑文によれば，400年ころのこの地方には，任那加羅（金海）や安羅（咸安）など多くの国（加羅諸国）があり，この2国が代表的な国で，侵入してきた高句麗軍に反撃するほどの強力な軍事力とかなり緊密な協力関係があったことが知られる。またこれらの加羅諸国は，▶倭（▶任那日本府説，北九州説，朝鮮南海岸地方説などあり）と協力して，高句麗，新羅と対立していた。おそらくこのとき百済とも国交を結び協力していたと思われる。百済と加羅諸国の関係は，《百済本記》によれば，近肖古王（在位346-375）にはじまるという。4世紀後半の加羅諸国は，朝鮮諸国と本格的な交渉をもつようになった。

この時期になると，加羅諸国の王の権威が向上し，その古墳も飛躍的に大きくなり，大邱市の唐洞쒰59号墳のように，南北約25m，東西約30m，高さ3.5mの大型古墳があらわれた。その副葬品には金銅製冠飾・冠帽・耳飾，銀製帯金具，大刀，馬具，土器などがあるが，とくに鎌，斧など農器具があり，王の性格を示すものとして注目される。また，冠帽は高句麗文化の影響をうけたものであるが，加羅文化として独自の発展のあったことを示している。また，一般住民の使用していた土器も，土師器の祖型である赤褐色の軟質土器から，須恵器のもとになった青灰色の硬質土器に変わり，器形も大きく変化し，加羅地方独特の器台などがあらわれた（加羅土器）。

[5世紀] 前半期の朝鮮は比較的安定し，加羅諸国もそれぞれ自国の充実につとめていた。ただ倭国だけが，430年から任那（金海加羅），加羅（高霊加羅）を含む6～7国の諸軍事の将軍号をくり返し宋に求め，朝鮮の国際関係に積極的な関心を示した。後期には，加羅諸国間で文化的な特色があらわれ，利害も対立するようになっていた。また，新羅が洛東江上流域に勢力をのばすと，加羅諸国と接触交渉が始まり，部分的な抗争も起こった。百済も全羅道に勢力をのばし，加羅諸国との接触が深まった。また479年加羅王荷知が，南斉から輔国将軍加羅国王の官爵を与えられ，国際社会に登場した。

この時期の文化は，地域的な特色が明瞭になり，王の権威もさらに高まり，古墳はますます大型化した。たとえば梁山夫婦塚は，直径約55m，高さ8m強もあり，その遺物には新羅の金冠と同型の金銅冠などがある。そのほかの遺物で冠帽や馬具，甲冑などは，高句麗から影響を受け，馬具や甲冑は日本に影響をおよぼした。また高坏쒰型器台も注目される。器台は丸底壺類をのせ

る台であるが，この時期になると，大型化し，装飾用となり，多様に発展する。西方に多い低平な器台，東部に多い高坏型器台，中央部に多い筒型器台など地方的な特色をもつようになる。また，加羅諸国には異形土器が発達し，鴨形，舟形，車形，家形などの各種の象形土器があり，とくに高床家屋をあらわす家形土器は，この地方の基層文化が南方アジアにつながることを示している。この時期の加羅諸国の新文物・新知識をもって，日本に渡航する人々が多かったが，出身地を安羅とする漢氏<small>あやうじ</small>と，金海加羅を出身地とする秦氏<small>はたうじ</small>とが，大和朝廷（倭王権）と関係をもったため，その代表的氏族とみなされた。⇒渡来人

[6世紀] 5世紀末から武力をともなった百済の勢力が，加羅諸国に侵入してきた。加羅諸国は新羅や大和朝廷などの仲介を求め，百済もまた大和朝廷に五経博士などを送って加羅諸国西部の領有を国際的に承認させた。これを不満とした加羅諸国は，高霊加羅を中心に，新羅と同盟を結んだ。新羅はこれを契機に積極的に勢力を拡大し，525年には洛東江中流域を沙伐州とし，軍政をしいて百済と対立した。このようにして加羅諸国は百済，新羅の争奪地となり，加羅諸国では自衛のために連合体制をつくってこれに対抗した。当時の加羅諸国には，数個の小国を統合し，その支配者層が上首位・旱岐・下（次）旱岐の3階層に分かれている国もあった。加羅諸国の連合体制は，諸国の支配者層の代表が集まって外交・軍事の実務を協議するものであった。しかし，諸国間の利害が対立し，各国支配者層内部に親百済派，親新羅派が生じ，さらに各国の連合体内部にも混乱が生じた。このような混乱を巧みに利用しながら，新羅は加羅諸国に勢力を広げ，532年金海加羅などを，562年高霊加羅を中心とする残余の加羅諸国を併合した。新羅は併合した加羅諸国を直接支配するのでなく，支配者の一部をとどめて旧制度による支配を認め，各国の大半の支配者層は王都や畿内に移住させ，新羅の支配層に組みいれた。

この間，大和朝廷は加羅，百済の新文物を求めて加羅諸国を中心とする朝鮮外交を展開した。加羅，百済は日本の軍事援助を期待して外交交渉に応じたが，その成果が十分でないため，加羅諸国は新羅の支配に従い，百済は556年以降日本と国交を絶った。この時期の文化では貴族文化がいっそう発展し，高句麗，百済からの影響が強くみられる。たとえば，古墳の構造では，この時期になって百済，高句麗の横穴式石室墳の影響が顕著にみられるようになった。また，高霊の古墳壁画も，6世紀前半に百済から導入されたもので，その壁画から加羅の仏教受容の時期を推測することができる。⇒キメカラ（金海加羅）｜コリョンカラ（高霊加羅）｜考古学

井上 秀雄

からこっき｜駕洛国記｜가락국기

朝鮮古代の[*]金海加羅<small>キメカラ</small>国とその後の歴史を点描した高麗初期の歴史書。別名《駕洛記》。知金州事の金良鑑により1076年に編纂。《三国遺事》巻二所収の〈駕洛国記〉は，その抄録。この記事から11世紀の金海邑の邑祭では，始祖王の降臨神話や始祖王后の海洋渡航神話による神事が行われていたことが知られる。そのほか金海加羅国の歴史や新羅・高麗初期の金海邑の行政・経済関係の記事があり，地誌としても重要である。

井上 秀雄

ガラス

朝鮮におけるガラスの起源についてはよくわからないが，ガラス製品の出現は，いわゆる漢四郡の設置を契機とするものであることは，楽浪郡関係遺跡出土のガラスの玉，耳璫<small>じとう</small>，含蟬<small>がんせん</small>などとの比較によってうなずけよう。ガラス製品が大量に出現するのは，三国時代に入ってからのことである。新羅では，5～6世紀の古墳出土品のなかに装身具としてのガラス玉が大量に出土し，色調も豊富である。さらにガラス容器は，瑞鳳塚，天馬塚などの諸墳のほか，皇竜寺塔心礎など寺院跡からも出土し，20個ほどになる。器形には，坏，台付坏，碗，瓶などがあり，技法も多様で，色彩も青色もしくは淡青色で華麗である。これらは多くローマ・ガラス類に属し，北方の草原ルートを経由しての伝来を説く説があるが，一方で，アルカリ石灰を含むソーダ・ガラスを新羅製品とする見解もある。統一新羅時代

でも，数個を数えるガラス容器は慶州の出土品に多いが，ほとんど寺院跡の石塔の中から発見され，舎利容器としての瓶である．

西谷 正

かろう｜花郎｜화랑

新羅の青年貴族集会の指導者．ファラン．上級貴族の15，16歳の子弟を花郎として奉戴し，そのもとに多くの青年が花郎徒として集まって集会を結成していた．花郎に奉戴された者は，半島統一の英雄▶金庾信ギムユシンを含め新羅滅亡までに200余人を数え，各花郎に属した花郎徒はそれぞれ数百人から1000人に及んだと伝えられている．彼らは平時は道義によってみずからを鍛え，歌楽や名山勝地での遊楽を通じて精神的，肉体的修養に励んだ．そして戦時には戦士団として戦いの先頭に立ち，活躍した．その起源について，《三国史記》《三国遺事》ともに真興王代(540-576)の制定によるものと伝えているが，川前里チョンジョン書石(慶尚南道蔚州郡)の〈乙巳年銘文(525)〉に花郎と思われる人名がみられ，法興王代(514-540)にはすでに存在していた可能性が強い．その原型は部族社会の青年集会に求められるが，6世紀初頭における新羅の国家的発展の過程で，花郎を中心とする青年戦士の集会に変化し，国家的公認を受けたものと思われる．自己犠牲の精神を養う花郎集会は，国家にとっては人材の養成，登用のための格好の組織であった．花郎は新羅固有の習俗に根ざすものであったが，同時に儒・仏・道三教と結びついて独自の発展をとげた．とくに弥勒信仰の影響のもとに寺院，僧侶と密接な関係をもった．また神仙思想と結合して，やがてその習俗は〈風流〉〈風月道〉と称され，花郎も〈国仙〉〈仙郎〉と称されるようになった．

木村 誠

かろうせいき｜花郎世記｜화랑세기

▶金大問ギムデムンの撰述した逸書．金大問は7世紀後半から8世紀前半にかけて活躍した新羅貴族．文章に優れ，《花郎世記》をはじめ《高僧伝》《漢山記》などを執筆した．《花郎世記》は，《三国史記》編纂段階では存在しており，文章の一部も引用されたが，その後，散逸した．1989年，釜山で《花郎世記》筆者本が発見され注目されたが，発見当初から後世の偽作とする見解が提示されており，その評価をめぐっては意見が分かれている．

井上 直樹

かわやがみ｜厠神

厠(便所)にまつられる神．朝鮮では，家庭内の守護神であるソンジュの配下にあって刑罰を執り行う気難しい若い女性の神と考えられている．便所の天井に布片や紙片を貼り付けたり吊るしたりする以外には神体を表示するものはなく，特定の祭日もないが，家庭の平安を祈る〈安宅〉の祭りには厠にも餅を供えたりする．またふだん便所を使用する際には，厠神の気を損なわないように咳払いをして告げてから入る習わしがある．⇒民間信仰

伊藤 亜人

カンウォンどう｜江原道｜강원도

朝鮮半島の中東部，▶太白テベク山脈を中心とする地域．朝鮮八道の一つで嶺東ヨンドン地方ともよばれる．ただし，狭義の嶺東地方は太白山脈以東に限定して用いられることもあり，その場合は江原道全体が同山脈を境に嶺東・嶺西ヨンソに分けられる．また，関東クァンドン地方というよび方もあるが，これも広義には江原道一帯，狭義には太白山脈(とくにその峠である▶大関嶺デグァルリョン)から東をさす．広義の関東地方については，高麗時代にソウル・京畿道一帯を〈関内道〉とよんだのに対し，その東をさす呼称として用いられたとする説もある．1945年の南北分断によって道域が二分され，双方で同じ道名が用いられるようになった．分断当初は北緯▶38度線を境界にしていたが，朝鮮戦争の停戦以降はそれより北に設定された軍事境界線が新たな境となった．大韓民国側の江原道は春川チュンチョンに道庁をおき，面積1万6866km²，人口155万1531(20122)．朝鮮民主主義人民共和国側の江原道は面積1万1091km²，人口147万7852(2008)で，49年に咸鏡南道から編入させた▶元山ウォンサンを道都としている．

[自然] 北西から南東へ走る標高1500m内外の太白山脈によって本道の大部分が覆われている．太白山脈の東側は急崖をなして落ちこみ，山麓から海岸までは10kmほどの幅しかなく，広い平野がみられない．長い海岸線は単調で，良港は三陟サムチョク，注文津チュムンジン，束草ソクチョなどわずかである．山脈の西側は緩

傾斜をなしながら漢江の河床に至るが，みるべき平地としては春川・原州などの盆地だけである。太白山脈は▶金剛クムガン山，▶雪岳ソラク山など奇岩奇景の景勝地となっているほか，水力・山林資源に恵まれている。また，太白山地域を中心に石炭，石灰石，タングステンなどの地下資源に富む。

[歴史]　朝鮮王朝初めに朝鮮八道の一つとして設置されたが，険峻な山脈によって交通が妨げられ，東は江陵カンヌン，西は原州を行政・軍事の中心として管轄されてきた。日本植民地時代に太白山地の山林・地下資源開発のため，東西が鉄道で結ばれたが，大部分の地域が交通上僻地としてとどまり，1970年代初めまで▶火田民(焼畑農業を生計とする農民)が10万を超えていた。

[地域と産業]　北朝鮮側地域では元山を中心に車両工場や造船所，セメント工場などがあり，豊富な地下資源を背景とした鉱業や，紙や靴などの日用品を中心とする軽工業なども展開している。農業はトウモロコシなどの雑穀が中心で，ほかにタバコなどの工芸作物や畜産なども奨励されている。韓国側では最大の山林資源を保護するため，火田が整理され，江陵西方の大関嶺を中心とする一帯は，緩傾斜を利用して肉牛・乳牛・羊などの飼育や高冷地野菜の栽培が拡大した。また，スキー場やリゾート施設が設けられ，観光地としても人気が高い。平昌ピョンチャンは2018年冬季オリンピックの開催地に決定した。太白山地域は石炭，石灰石，タングステンなど韓国最大の鉱業地帯として知られ，とくに石炭産業は江原道の基幹産業の一翼を担ってきた。また，三陟市や東海トンヘ市ではそれを背景にセメント，化学工業が発達した。1980年代後半から炭鉱の衰退・閉山が相次ぎ，往時の勢いは失われたが，2000年代に入り，旧産炭地域の復興策としてカジノやリゾート施設などが建てられ，山間地に特異な景観が生まれている。束草，注文津はスケソウダラ(メンタイ)漁やイカ漁など漁業の中心である。山岳や海岸の景勝地に富む反面，武装工作員の侵入事件など，いくどか南北間の軍事的緊張の舞台ともなってきた。

谷浦 孝雄+佐々木 史郎

がんおうち｜雁鴨池｜안압지

韓国，慶尚北道慶州市月城にある新羅時代の王宮付属の園池。アナプチ。《三国史記》文武王14年(674)の条に，〈宮内に池を穿ち山を造り，花草を植え珍禽奇獣を養う〉とあるのが，雁鴨池にあたる。1970年代に護岸施設や池の内部が発掘調査された後，史跡公園として復元，公開された。東西200m，南北180mの範囲内でかぎ形の池がつくられ，池の内部には，南・北に二つの大きい島と，中央に一つの小さな島を配置している。池畔北東には，築山があり，巫山十二峰にたとえられた。池の内部からは舟や金銅製はさみ，仏像，▶木簡，土器，瓦塼など2万余点の，多岐にわたる遺物が出土した。とりわけ，調露2年(680)銘のある宝相華文の塼センは，年代的規準資料として重要である。池岸の西側から北側にわたる楼閣跡や建物跡は臨海殿とよばれるが，文武王14年の雁鴨池の造成と関連するものである。→キョンジュ(慶州)[図]

西谷 正

かんおんじし｜感恩寺址　→カムン寺址

かんがい｜灌漑

近代以前の朝鮮における水利施設としては，堤堰チェオン(溜池)と洑ポ(井堰イセキ)が重要な役割を果たした。このうち，より古くから重視されたのが堤堰であり，《三国史記》には堤堰の築造・修築記事がみえる。日本古代の溜池が朝鮮からの技術伝来によって造られたものであることは，韓人池，百済池などの呼称からも明らかである。高麗時代にも堤堰の新築や改修の努力が続けられたが，朝鮮王朝時代にはいると堤堰司という役所が置かれるようになり，全国的な水利の状況が明らかになる。1518年の記録では全羅道に約900，慶尚道に約800，忠清道に約500の堤堰が存在するとあり，この南部3道に堤堰が集中していた。一方，この期になると洑の築造も盛んになるが，堤堰が国家的管理の下に置かれたのと対照的に，洑は地方の権勢家によって造られることが多く，彼らの経済的進出の基盤となった。王朝後期には治水事業の進展により，大河川中流域や中河川下流域にまで水利施設が及ぶようになり，灌漑面積は大きく進展するに至る。王朝末期の統計では全国に堤堰約3000，洑

約2万の存在が確認されている。日本の植民地期になると水利組合を中心とする近代的な土木工事によって，大河川下流域でも灌漑農業が可能となったが，なお広範な天水沓(灌漑設備をまったく有しない水田)が残存した。解放後，朝鮮民主主義人民共和国では，農業技術革命の4本柱の一つとして水利化が重視され，1963年には水田の水利化が基本的に達成されるとともに，58年からは畑灌漑も開始された。韓国では植民地期の水利組合がそのまま受け継がれたが，61年には水利組合を郡単位に合併する措置がとられ，国家的な援助が行われている。

⇒農業　　　　　　　　　　　　　　宮嶋 博史

カン・カムチャン |姜邯賛|강감찬|948-1031
高麗の政治家。名将として知られる。初名，姜殷川。983年(成宗2)，科挙に合格し，顕宗代(1010-31)の初めに宰相となった。1018年，高麗に対する契丹の第3次侵略の際，71歳の高齢で上元帥となり，20万余の兵を率いて契丹軍を迎え撃ち，亀州においてほとんど全滅させた。侵略軍10万のうち，生きて帰れた者はわずか数千人にすぎなかったという。救国の英雄として永く語りつがれ，朝鮮王朝末期にはハングル小説にもなった。

浜中 昇

かんきゅうけん |毌丘倹|?-255
中国，三国魏の武将。237年(景初1)幽州(北京方面)長官となり，遼東の土豪▶公孫淵討征の軍をおこし，司馬懿らと協力して翌年これを滅ぼした。ついで244年(正始5)積年の脅威たる高句麗の遠征に着手，東川王(位宮)を破って首都丸都城を攻略した。翌年再征して高句麗王を買溝漊(沃沮)に追い詰め，別に玄菟太守王頎に命じて北沃沮まで追及した。毌丘倹のこの遠征は高句麗の勢力を封殺したのみならず，この経略によって現在の東北(旧満州)に分立していた挹婁など，いわゆる東夷諸族が中国の支配下に入る機縁となった点においてもその意義は大きい。毌丘倹が丸都に建てた紀功碑は1905年その断片が発見されている。

村山 正雄

がんぎょう |元暁|⇒ウォニョ

かんきょううんどうれんごう |環境運動連合|
환경운동연합
韓国最大規模の環境保護団体。NGO。略称は環境連合。1993年4月，韓国の環境運動を主導してきた8団体が市民主導による環境保護運動推進のための全国組織として設立。2013年現在で会員約10万人，全国49地域組織(支部)，5専門機関，5協力機関を有する。韓国では高度成長にともない，1985年に慶尚南道温山邑でくイタイイタイ病〉に似ているともいわれた〈温山病〉，91年に釜山や大邱，馬山の上水道源である洛東江に工場から有害物質フェノールが流出された〈フェノール汚染事件〉など公害病や環境汚染が多発，深刻化した。一方で，87年の民主化宣言を機に環境保護をめざす市民運動も活発化したことが組織拡大の背景にある。水質汚染や干潟干拓，ダム建設，食品問題など取り組む対象は多岐にわたるが，とくに反原発(反核)運動では海外でも活動が知られ，11年3月の東日本大震災以降は日本での活動も目立つ。また，市民団体〈経済正義実践市民連合〉〈経実連〉などと連携し，大統領選で〈落選運動〉を展開するなど政治・社会運動にも関与，民主化時代の〈在野団体〉を代表する組織の一つでもある。

阪堂 博之

かんきょうどう |咸鏡道|⇒ハムギョン道
かんきょうもんだい |環境問題
韓国は急速な工業化を成し遂げ，さらに先進国への道を急いだだけに，社会的な矛盾・軋轢きしれきが多い。とりわけ深刻なのは環境問題である。環境汚染の代表的な事例は，1991年の斗山電子による洛東江フェノール汚染事件だった。この事件で大邱，釜山などの上水源が汚染され，数日間は水道水が使用不能になった。大都市の住民は水道水を飲まない。水質がひどく汚染されていることを知っているからである。ごみ処理問題も都市の主要課題として浮上している。増えつづけるごみを根元から断つ仕組みを作らねばならないのだが，生産者・販売者・使用者に応分の責任を負わせるまでにはなっていない。ソウル市の場合は，90年代になってごみは市指定の袋(有料)で出さなければならなくなり，分別収集が始まっているが，華やかなワールドカップ競技場が，ソウル市民の排出したごみの巨大な埋立地(蘭芝島)の隣に建設されているという状況で

ある。自動車の排気ガス対策も猶予できなくなった。韓国人がソウルよりも東京の空気がきれいというくらいだから、推して知るべしである。環境保全のためには、これまでの生産第一主義から思い切って発想を転換しなければならない。政府の対応も90年制定の環境政策基本法、91年の自然環境保全法、93年の環境影響評価法などにより、ようやく本格化してきた。また、90年代以降、住民主体の環境保護運動が盛んになり、93年には *環境運動連合が発足し、さらに義務教育の教材にも環境問題が登場するようになり、環境問題への自覚も一段と高まってきた。

[2000年以降] 環境問題への政策的対応は公害防止の観点で進められ、次に〈経済発展と環境保護〉の調和に転換し、さらに〈環境重視〉が主張されてきた。現在は国を挙げて脱重化学工業化の道を探っており、環境対策の中心は工業活動に着目するものから、自動車排気ガス、飛来超微粒子PM2.5などの散在排出源に向けられている。2003年の〈首都圏大気環境改善特別法〉、07年の〈首都圏大気環境改善に関する特別法〉の施行は、そうした国の施策方向を示すものだった。さらに〈低炭素グリーン成長構想〉が推進されており、ここでは〈エネルギー及び資源を節約し、効率的に使用して、気候変動及び環境破壊を減らし、クリーンエネルギー及びグリーン技術の研究開発を通じて新しい成長の力を確保して新しい雇用を創り出していく〉が目標となった。10年に基本法を施行、短期5年と中期(2009-50)の国家戦略によって50年までに、世界第5位のグリーン成長国家をめざすとしている。主な課題としては〈高度水処理〉〈クリンカー〉〈Non-CO$_2$温室効果ガス代替物質〉〈効率的な資源回収〉など技術開発が並んでいる。

舘野 哲

カンゲ｜江界｜강계

朝鮮民主主義人民共和国、慈江道中央部の都市。鴨緑江の支流禿魯江が形成した山間盆地に位置する。長く女真族の居住地だったが、高麗末から軍営が置かれるようになり、軍事要衝とされてきた。植民地時代、満浦線(満浦鎮～平壌)の開通とともにその中間要駅として発達した。1949年、*慈江道の新設とともにその首都とされ、鴨緑江中流域の自然資源開発の拠点となっている。江界青年発電所をエネルギー源に化学・織物・機械工業が発達している。

谷浦 孝雄

かんこう｜咸興｜➡ハムン
かんこう｜漢江｜➡ハンガン
かんこく｜還穀｜환곡

高麗、朝鮮王朝で行われた公営の穀物貸与制度。〈還上〉ともいう。〈還穀〉の制度化は高麗初期(10世紀)に〈義倉〉を配置したことに始まり、朝鮮王朝初期(15世紀)の〈社倉〉〈常平倉〉設置で全国的に完成した。しかしこれは凶年のみの臨時措置で、常設化されたのは1626年の常平・賑恤庁設置からである。本来〈還穀〉は凶作時の救済が目的で、専用の貯蔵穀や軍糧を春の端境期に貸し出し、秋の収穫期に無利子か利子付きで返還させる制度である。また副次的には貯蔵穀の更新や物価平準も目的とした。しかし壬辰・丁酉の乱(文禄・慶長の役、1592-98)と丙子の乱(1636)の後は、国家財政危機の打開策としてその利子収入が着目されるに至った。売官などで捻出した穀物(元穀)を各官衙・軍営に配付し、それを各郡県を通して民衆に強制貸付けして10%の利息(耗穀)を経費に充当させたのである。〈還穀〉はこうして賦税の一種に転化し、利率引上げや中間に介在する土豪・郷吏の悪用もあって民衆を苦しめた。これに抵抗する民衆は1862年に一斉蜂起した(*壬戌民乱)。このように〈還穀〉の弊害面が肥大化したため、1867年〈社倉〉を復活し、95年〈社還米〉と改称して利率を引き下げた。しかし弊害はそれでも収まらず、1917年〈還穀〉は朝鮮総督府により廃止された。とはいえ、恒常的な食糧不足に苦しむ中小農民が再生産を行うためには、〈還穀〉を必要としたことも事実であろう。➡飢饉；三政

吉田 光男

かんこく｜韓国｜➡地域・国名編の大韓民国
かんこくが｜韓国画

伝統的な技法と様式にのっとって描かれた絵画をさす大韓民国の用語。朝鮮民主主義人民共和国では伝統絵画は〈朝鮮画〉とよばれる。植民地期の朝鮮では伝統絵画に対して〈東洋画〉という名称が使用されたが、当

時の朝鮮では朝鮮人のみならず日本人も美術活動を行ったため，両者を包摂する用語が必要であったためだ。しかし〈東洋画〉という設定は朝鮮の民族性や独自の文化を無視する側面をもっていたため，解放後，議論の対象となった。1971年に画家の金永基キムヨンギ（1911-2003）が，日本文化の残滓清算と民族文化の確立のためには〈韓国画〉の名称を使用すべきだと政府に訴え，80年代には国展や教科書で〈韓国画〉が採用されるに至った。様式においては日本画風の典型とされた彩色人物画を廃し，朝鮮時代に隆盛した水墨中心の南宗画風に力を入れるべきだとされた。ちなみに，今日の韓国では〈東洋画〉の名称はいまだに残存しており，混用されているのが実情である。かたや共和国においては，金日成キムイルソンが1966年の教示の中で，美術の中心に朝鮮画をすえ，なかでも彩色画の制作に力を入れることで封建時代の象徴たる南宗画風を克服しなければならないと主張している。つまり，〈韓国画〉と〈朝鮮画〉は，南北それぞれのナショナリズムの要請にしたがって発展していったが，結果的に正反対の様式を備えるものとなったのである。　　　　　　　　　　　喜多 恵美子

かんこくがくちゅうおうけんきゅういん｜韓国学中央研究院
1978年当時の大韓民国の大統領朴正熙の意向により，〈韓国文化の精髄の研究〉〈主体的な歴史観と健全な価値観の定立〉などを目的として，京畿道城南市に設立された韓国学の研究機関。設立当初の名称は韓国精神文化研究院であったが，2005年に韓国学中央研究院と改称された。韓国学に関する研究・出版のほか，大学院の事業も行っている。大学院は1980年に韓国学大学院として付設されたものであり，人文科学・社会科学を問わず，韓国学に関する幅広い研究・教育を行っている。また，81年に日本の植民地期に李王職が管理していた蔵書閣が移管され，朝鮮王朝の王室関係図書を多く含む蔵書閣図書を保有している。　木村 拓

かんこくちゅうおうじょうほうぶ｜韓国中央情報部
米国のCIAにならって英語表記はKCIA（Korean Central Intelligence Agency）である。朴正熙少将（当時）の軍事クーデタ（1961年5月16日）が成功した直後，〈反革命から軍政を守る〉ことを目的とし，国家再建最高会議の直属機関として発足した。朴少将の姪婿゛金鍾泌キムジョンピル（のちの首相）が初代部長に就任，63年秋の民政移管後は〈国家安保に関連する情報・保安および犯罪捜査に関した事務を担当する〉ため大統領直属機関となった。組織，定員，予算は非公開。歴代部長は首相と同格とされ，実力者が歴任し，国家保安法，社会安全法を根拠とし，当初は朝鮮民主主義人民共和国のスパイ摘発を目的とした。旧ソ連のKGBやイスラエルのモサドなどと並ぶ強力な諜報機関の一つに成長した。73年8月東京で起きた゛金大中キムデジュン事件や元KCIA部長の゛金炯旭キムヒョンウクによって暴露された対米議会不正工作事件，本国における在日韓国人大量逮捕事件などに関与し，国内外の反政府運動家や野党議員らを拉致，連行，拷問など非人道的な手法で猛威を振るった。79年10月，7代目部長の゛金載圭キムジェギュが朴大統領を射殺した後，改編が進められ，81年全斗煥政権下では組織と権限をさらに拡大した〈国家安全企画部〉（ANSP）と改称した。82年盧信永ノシニョン外相が部長となり，85年2月には盧の首相昇格で張世東チャンセドン大統領警護室長が部長に就任，機能強化を図ったが，99年金大中大統領は権限を大幅に縮小した゛国家情報院に衣替えした。　　　　　前田 康博

かんこくとうかんふ｜韓国統監府　▶統監府
かんこくへいごう｜韓国併合
1910年8月22日の〈韓国併合に関する条約〉および同29日の〈韓国併合に関する宣言〉によって，朝鮮（当時の国号は゛大韓帝国）が日本の植民地にされたこと。日韓併合ともいう。今日常用されている〈併合〉という語は，このときに植民地支配の本質をおおい隠すために案出されたものである。いわく，〈韓国が全然廃滅に帰して帝国領土の一部となるの意を明らかにすると同時に，その語調の余りに過激ならざる文字を選ばんと欲し種々苦慮するも，遂に適当の文字を発見すること能わず。依て当時未だ一般に用いられ居らざる文字を選ぶ方得策と認め，併合なる文字を‥‥用いたり〉（倉知鉄吉覚書，小松緑《朝鮮併合之裏面》（1920）所収）。

明治政府は早くから〈征韓〉すなわち朝鮮の植民地支配を対外政策の重要課題としたが、それが実現されていく過程は侵略と戦争が拡大していく歴史にほかならなかった。明治政府が最初にもくろんだことは、朝鮮が独立国として強力になることを阻むことであった。朝鮮の富国強兵化をめざす開化派の計画が失敗したこと(1884、▸甲申政変)は、日本政府に展望を与えるものであった。しかし、この政変と前後して、清国が朝鮮に対する宗主権を強化しはじめ、日本と対立するようになった。この清の影響力を排除するために仕組まれたのが▸日清戦争(1894-95)である。あらかじめ周到な準備をした日本がこれに大勝したが、それでも日本の朝鮮支配は実現しなかった。朝鮮政府や民衆の根強い抵抗は、ドイツ・フランス・ロシアの三国干渉とあいまって日本の行動を思うにまかせなかった。1896年2月には、朝鮮国王をロシア公使館に監禁するクーデタが起こり、朝鮮政府はロシアとの提携をはかるようになった。こうして、日本政府が朝鮮支配を追求するかぎり、▸日露戦争は避けられないものとなった。

　1904年日露開戦にふみきると、日本政府はさっそく朝鮮植民地化の基礎固めに着手した。韓国政府に戦争協力を強要したうえで、政府要所へ日本人顧問を送りこみ、露骨な内政干渉を行った(2月に日韓議定書、8月に第1次▸日韓協約)。そして05年春、日露戦争に勝利する見通しがつくと、韓国を日本の〈保護国〉とすることを決定し、同年11月、▸日韓保護条約(第2次日韓協約)を強制的に調印させた。これから後の5年間は、保護国統治機関である▸統監府の支配の下で朝鮮がしだいに植民地と化していった時期であった。朝鮮国王高宗は07年の万国平和会議に密使を派遣して、日本の支配の不当性を訴えようとしたが、聞き入れられなかった(▸ハーグ密使事件)。それどころか、統監伊藤博文は国王を責めて退位させ、韓国軍を解散させた(第3次日韓協約)。09年10月、反日▸義兵闘争に対する大規模な〈討伐作戦〉が展開されている最中に、伊藤博文が安重根によってハルビン駅頭で射殺された。日本政府は軍隊(2個師団)と憲兵隊を常駐させ、最後の警察権をも韓国政府から奪って、10年8月、併合を断行した。ときあたかも満州の鉄道問題をめぐって日米の対立が激化した時期で、以降の日本による満州侵略の起点になるものでもあった。

　〈併合条約〉は全文8ヵ条からなる。前文で日韓相互の幸福の増進と東洋平和の確保のための韓国併合であると唱い、本文で韓国の統治権を韓国国王が日本天皇に〈譲与〉し(1条)、それを日本天皇が〈受諾〉して〈併合することを承諾〉した(2条)と規定しており、作為に満ちた文章である。この条約によって1392年から続いてきた朝鮮王朝(李朝)は滅亡した。植民地統治機関の▸朝鮮総督府が置かれ、寺内正毅が初代総督となった。併合前の▸愛国啓蒙運動や義兵闘争によって強められた朝鮮人の民族意識をおしつぶすために、寺内はきわめて暴力的な統治方式を採用した。朝鮮人の民族性を抹殺して収奪するこの圧政に対し、朝鮮の民衆は19年、三・一独立運動に決起してたたかうことになる。

馬渕 貞利

かんこくろうそう│韓国労総

韓国労働組合総連盟(FKTU)の略称。1946年3月、左翼の朝鮮労働組合全国評議会(全評)に対抗して、右翼政治家が米軍政当局や経営者たちと結んで結成した大韓独立促成労働総連盟(大韓労総)として出発した。53年3月、労働組合法の公布施行によって従来の組織を改編し、54年4月、大韓労働組合総連合会と改称したが、61年の▸五・一六クーデタにより解散させられた。61年8月、韓国労働組合総連盟として再発足し、争議権の奪還を求めて闘ったりしたこともあったが、しだいに御用組合としての色彩を強め、72年10月の▸維新体制以降は、自主的な▸労働運動を圧殺するようにさえなった。労総のこうした動きに対して、▸都市産業宣教会やカトリック労働青年会などが厳しく批判した。80年代に入ると、学生たちが労働運動に身を投じ始めるなどして労働運動が急進化し、韓国労総の影響力は87年6月の民主化宣言以降、弱化した。90年、韓国労総に対抗して全労協(95年に民主労総)が組織され、二大ナショナルセンターの時代になった。96年の労働法改悪反対闘争では民主

●漢城旬報

《漢城旬報》第1号第1面。題字下に朝鮮王朝創建を紀元とする朝鮮開国年号が旧暦にまたページの柱部分に中国年号が表示されている。のちには題字下に開国年号と中国年号、柱に西暦を記し、近代化への意識を鼓吹した。

労総と手を組み、連帯闘争を行った。2011年、〈社会統合型の労働運動〉を志向する国民労総が新たに発足し、三大労総の時代となった。韓国労総は91年に国際労働機関（ILO）に加入。雇用労働部によると、2011年現在、組合員数は、韓国労総が76万8953人、民主労総は56万2310人、国民労総は2万1913人。→労働運動

高崎 宗司

かんざんとう｜関山島｜→ハンサン島
カン・ジェオン｜姜在彦｜강재언｜1926-
在日朝鮮人の歴史学者。済州島生れ。1950年渡日し、大阪商科大学（現大阪市立大学）研究科（二年制）に入学する。同大学修了後、在日朝鮮統一民主戦線（民戦）、*在日本朝鮮人総連合会（総連）で活動するが、のちに総連を脱退する。専門は近代朝鮮の政治思想史研究で、近代化につながる思想の系譜として*実学や開化思想に注目し、またそのほかにも多くの著作がある。81年京都大学で博士号を取得し、84年より2006年まで花園大学教授。他の在日知識人とともに雑誌《季刊三千里》、《季刊青丘》の刊行にもかかわった。

三ツ井 崇

がんじどういせき｜岩寺洞遺跡｜→アムサドン遺跡
かんしゃくけん｜咸錫憲｜→ハム・ソッコン
かんじょう｜還上｜→還穀
かんじょうじゅんぽう｜漢城旬報
1883年10月31日に創刊された朝鮮最初の近代的新聞。1882年9月に修信使副使（正使朴泳孝）として訪日した金晩植キムマンシクが外衙門同文学の協弁となり、その管轄下の博文局で発行。純漢文による18ページ内外の冊子で、国内記事（官報および利報）、各国近事、物価変動、解説記事、論説などの内容からなり、84年12月の甲申政変まで40号を重ねた。この新聞発行に*福沢諭吉は、*井上角五郎を派遣して編集を、職工三輪広蔵、真田謙蔵を派遣して印刷を、それぞれ指導させた。旬報は世界の動向や論説を通じて知識層に開化思想を普及させるうえで大きな役割を果たした。→新聞

姜 在彦

かんじょうふ｜漢城府｜한성부
朝鮮王朝の首都漢城（ソウル）を管轄した官庁。正二品衙門として国王に直属した。行政範囲は城内5部と城外10里。《経国大典》（1485）では京中庶事を職掌としたが、のちに戸曹から全国の戸籍の作成事務と管理が移管され、さらに墓地に関する訴訟（山訟）、殺人事件の検死、乱廛ナンジョン（私商の活動）取締りなども所管事項となり、1888年からは諸外国領事との交渉も加わった。94年の*甲午改革にともなう地方制度改革で23府の一つとなり、内部大臣の監督下に11郡を管轄した。韓国併合の1910年、本府に代わって京城府が設置され、京畿道知事の指揮監督をうける下級地方行政官庁となった。

吉田 光男

かんじん｜桓仁
現在は中国の遼寧省桓仁県の一帯、鴨緑江中流右岸域に注ぐ渾江の河辺にあたる地域。ファンレン。《三国史記》によると、高句麗の始祖*朱蒙チュモンは、前37年に卒本川に至り都を定めようとしたが、宮室を作るひまなく、廬を沸流水上に結んで、国号を高句麗とし、4年後に〈城郭宮室を営作する〉とされている。また、広開土王碑文には、それに関連して、沸流谷忽本とみえる。先学によって、早くから、沸流水は渾江に、そして卒本あるいは忽本の城は五女山城に

それぞれ比定され，桓仁付近が高句麗前期の王都の所在地として推定されてきた。五女山城は，標高820mの独立丘陵に立地し，頂上の平坦部に井戸や池があり，また，頂上縁辺の一部に石塁が残り，高句麗の瓦も出土するが，建国当初の築造とする確証はない。桓仁付近には，五女山の山麓や，渾江をはさんで対岸にあたる高力墓子などに，高句麗の古墳群が分布するが，ほとんど4～5世紀の基壇式積石塚である。　　西谷 正

かんせつや｜韓雪野｜→ハン・ソリャ

かんちゅうろく｜閑中録｜한중록

朝鮮王朝の宮廷小説の一つで，《恨中録》ともいう。作者は英祖の次男，思悼世子の妃であり，▶正祖の母である恵慶宮洪氏。父王により死を命じられ悲しい最期をとげた夫君の哀話と，60年の生涯の間に見聞した事柄を写実的な筆致で描く（第1巻，1795）。その後，71歳（1805）のときまで，嫁の嘉順宮（純祖の母）の勧めによって，▶党争にからんだ実家の豊山洪氏の怨憤をはらすために続編を書きつぎ，全6巻となった。洪氏は文章の才に秀で，作る文はすこぶる流暢で，典雅である。　　金 思燁

かんとう｜間島｜간도

白頭（長白）山北方の旧満州一帯をさす朝鮮側からの呼称。鴨緑江上流北岸部を西間島，豆満（図們）江北方を北間島とよぶが，狭義の間島は後者をさす。古くは夫余・高句麗・渤海の故地，朝鮮王朝後期以降朝鮮人の入植が漢人より早く進み，墾土，艮土とも記された。清朝盛期にはその発祥地として入植を禁ずる封禁政策により無人地帯であったが，やがて猟師や人参採りが入るようになり，1875年の清朝側解禁前後から農民の開墾，定住が始まり，とくに1910年の朝鮮植民地化以後，生活基盤を奪われた朝鮮農民の移住が激増する。山がちな朝鮮北部と違って北間島には広い平原があり，〈流浪の民〉の最後の安住地と考えられたのである。雑穀，水稲が栽培され，とくに北間島では大豆の産出が多かった。歴史的経緯により中・朝間の国境問題は未確定であったが，朝鮮の外交権を奪った日本は，1909年の間島協約により，安奉線敷設権取得の代償としてこの問題に決着をつけ，以後中国領となった間島は，シベリア沿海州に近いことも加わって，極東における国際矛盾の焦点の一つとなった。とくに満州事変前後の時期には，移住朝鮮人は日本の侵略主義と中国官憲の対抗との板挟みとなる複雑な苦難を体験した（たとえば▶万宝山事件）。しかし反面，間島は朝鮮民族解放闘争の希望の聖地でもあった。多くの民族運動者がここに拠点を移し，1910年代の▶義兵闘争，20年代の▶独立軍抗争と，ここでは一貫して武装闘争が展開されてきた。さらにこの系譜を30年代に引き継いだのが，社会主義者が主導する，中朝人民連帯の枠組みのもとでの▶抗日パルチザン闘争であった（▶間島五・三〇蜂起）。今日，中国の少数民族政策により，ほぼ北間島に当たる延辺朝鮮族自治州（延吉，図們両市と竜井，汪清，琿春，和竜，安図，敦化の6県）と鴨緑江側の長白朝鮮族自治県が置かれ，民族文化が保持されている。この地域では30年代には朝鮮族が人口の80%，50年代にも62％を占めていたが，95年の自治州の人口217万6000人のうち漢族57.6％，朝鮮族39.5％とその割合は低下した。近年は朝鮮族の地区外移住が目立ち，韓国との交流も盛んになり，2009年の人口218万余のうち朝鮮族の割合は36.7％となっている。延辺朝鮮族自治州の敦化，琿春，竜井は80年代に，和竜は90年代に県から市になった。
▷中国朝鮮族　　梶村 秀樹

かんとうごさんじゅうほうき｜間島五・三〇蜂起

日本の侵略主義と中国官憲の板挟みにあった▶間島在住の朝鮮人共産主義者が1930年5月30日を期して組織した抗日蜂起。当時コミンテルンの一国一党方針に従って朝鮮共産党満州総局を解体し，中国共産党に加入したばかりだった彼らは，国際主義を証すべく李立三路線下の満州省委員会の指示を忠実に実行に移し，竜井，頭道溝など天図線（天津-図們）沿線を中心に領事館，日本の官公庁，電灯会社，駅，線路橋梁などを放火破壊し，以後1年余にわたり，農村部での大衆的蜂起を現出させた。31年8月までの日本官憲による検挙者累計2000余名，送検者700余名と多大の犠牲者を出し，のちには極左方針と総括されるが，この大衆

的昂揚のなかから満州事変後の▶抗日パルチザン闘争が析出してくる。　　　梶村 秀樹

かんなさん｜漢拏山｜➡ハルラ山

カンナムちく｜江南地区｜강남지구
ソウル特別市の中で▶漢江以南の地区。全11区からなるが、一般には東側の4区(瑞草、江南、松坡、江東)、とりわけ江南区とその周辺一帯をさすことが多い。ソウル市域が漢江以南に拡大されたのは、1940年代発足の永登浦区を除き、いずれも63年である。当初は▶京畿道の一部を既存の永登浦区と城東区に編入させる形をとったが、70-90年代に分割が進んだ。上記の東側4区は城東区への編入部分を母体としており、かつては〈永東〉(永登浦の東)ともよばれた。永登浦など西側地区が早くから京仁工業地帯の一部をなしてきたのに対し、東側は近郊農村地帯に大々的な住宅開発を進めたところで、工業用地はみられない。林立する高層マンションには富裕層や高学歴者が多く、名門高校の江南移転により、その学区への転入熱も高い。内外有力企業のオフィスビルや国際会議場・展示場、洗練された繁華街や文化・娯楽施設も集積し、韓国の新しいビジネスと消費文化の中心として注目されている。不動産価格の高騰が社会問題化したが、2010年代に入り、下落傾向もみられる。12年にはこの地域の風俗を揶揄した歌、PSY(サイ)の《江南スタイル》が世界的に大ヒットした。　佐々木 史郎

カンヌン｜江陵｜강릉
韓国、江原道の東部、日本海沿岸の都市。面積1040km²。人口21万7031(2013.7)。東海岸地方では比較的平地に恵まれ、稲作中心の農業が営まれてきた。古代の部族国家濊の拠点となった古都。朝鮮王朝時代の儒学者▶李栗谷の出身地で、そのゆかりの建物が多い。1975年に嶺東高速道路が開通、北へは▶雪岳山観光、南へは▶東海市を中心とする工業地帯への関門として人口が急増し、商業、サービス業が盛んである。鏡浦台は韓国有数の海水浴場である。2018年冬季五輪の開催地・平昌にまたがる大関嶺一帯は畜産業が発達しているほか、リゾート地としても人気が高い。無形文化遺産の江陵端午祭では宗教的

儀礼、仮面劇などや、各種イベントにより多数の観光客を集める。
　　　　　　　　　　　谷浦 孝雄+佐々木 史郎

カン・ハン｜姜沆｜강항｜1567-1618
朝鮮王朝中期の文臣。字は太初、号は睡隠。本貫は晋州。1593年に科挙の文科に及第。朝鮮屈指の大儒李退渓、李栗谷らの学統をつぐ。97年豊臣秀吉の再出兵(慶長の役)のとき、藤堂高虎水軍の捕虜となる。京都伏見で幽閉生活を送り、赤松広通の援護のもとで相国寺の禅僧藤原惺窩と交友し、朝鮮儒学の成果や孔子祭典を伝える。姜沆は1600年に帰国したが、惺窩は後、儒者として仏教ともとを分かつなど、日本の儒学の展開に大きな影響を与えた。姜沆には日本の内情を伝えた▶《看羊録》を含む《睡隠集》がある。
　　　　　　　　　　　　　　　姜 在彦

カン・ヒアン｜姜希顔｜강희안｜1417-64
朝鮮王朝初期の代表的士人画家。本貫は晋州。字は景愚、号は仁斎。1441年(世宗23)、文科に及第し、官は集賢殿直提学、戸曹参議を経て、仁寿府尹に至った。56年(世祖1)に謝恩副使として北京に行き、明代初期の絵画。これらは当時画壇で優勢の浙派の作品から強い影響を受けたものと考えられる。遺作は稀少であるが、その代表作とされる《高士観水図》(ソウル、国立中央博物館)にはその影響のあとがよく示されている。
　　　　　　　　　　　　　　　吉田 宏志

カンファとう｜江華島｜강화도
朝鮮半島の中部、京畿湾中の島。韓国の京畿道に属し、周辺島嶼とともに江華郡をなしていたが、1995年に仁川広域市に編入された。対岸の金浦市との間を隔てる海峡の幅はわずか200-300mにすぎず、現在は橋によって結ばれている。面積302km²は韓国の島の中で第5位。膨張を続ける仁川広域市の中で江華郡の人口は低迷しており、9万人台にあった80年当時に比べ、2000年代はその4分の3前後で推移している(2013.11、6万6735)。

高句麗時代には穴口郡、統一新羅の時代には海口郡とよばれた。高麗時代から首都防衛の拠点や避難所として重視され、1231年に始まるモンゴルの侵入で首都開城を奪われた高麗はこの江華島に都を移し、70年

まで島内にこもって抵抗を続けた。この時期にモンゴルの退散を祈願して島内で製作された▼高麗大蔵経の版木は、慶尚北道陜川の海印寺に保管されており、2007年にユネスコの世界記録遺産に登録された。朝鮮時代末には1866年のフランス艦隊、71年のアメリカ艦隊など列強の軍隊が京畿湾に侵入したが(▼洋擾)、江華島守備隊は、島の占領は許しながらも、首都(現ソウル)の守りとしての役割はよく果たした。しかし、75年に起こった軍艦雲揚号との交戦では、装備にまさる日本軍に圧倒され、陣地の多くが破壊された(▼江華島事件)。この事件を口実とした日本の圧力に抗しきれなくなった朝鮮政府は、76年に▼日朝修好条規(江華条約)を結び、釜山ほか2港の開港に応じた。朝鮮戦争以後は北の朝鮮民主主義人民共和国に対する最前線の一角をなしており、島の北部には北の土地を望める展望台がある。丘陵性の山地と低平な沖積地からなる島で、周囲の水深はごく浅く、干潮時には干潟が広がるうえ、海岸線には切りたった崖も多く、良港には恵まれない。特産物として高麗人参がある。またワンゴル(イグサの一種)を材料とする伝統工芸も有名である。島内最高峰の摩尼山(468m)は▼檀君王倹降臨の地との伝承があり、檀君による朝鮮建国の日とされる開天節(10月3日)には祭儀が執り行われるが、その根拠は定かではない。名刹の伝灯寺のほか、高麗時代の銅鐘や朝鮮時代の砲台跡など歴史的遺跡が多く、ソウル近郊の観光地となっている。また、島内に多数点在する▼支石墓群は、全羅北道高敞、全羅南道和順のものと合わせて、2000年にユネスコの世界文化遺産に登録された。 佐々木史郎

カンファとうじけん｜江華島事件

1875年に起きた日本と朝鮮の武力衝突事件で、雲揚号事件ともいう。事件は、9月20日に日本の軍艦雲揚号(約250トン)が朝鮮の江華水域に入ったとき、江華島の草芝鎮から砲撃を受けたことによって起きた。日本側はこれに応戦して同鎮に損害を与えるとともに、南の永宗島の永宗鎮にも攻撃を加え、焼き払った。この間の戦闘で日本側は負傷者2名(のち1名死亡)、朝鮮側は死者35名を出した。江華水域は朝鮮の首都漢城(ソウル)に通じる要衝にあたるため、たび重なる▼洋擾の下で厳重な警戒体制がしかれていた。事件の背景には、日本の明治維新に伴う日朝両国関係の行詰りがあった。江戸時代の日本は、対馬藩を窓口に唯一朝鮮とのみ国交をもっていた(交隣関係、▼通信使)。明治維新で徳川氏から天皇に政権が移ると、1868年明治政府は国交のあった朝鮮に対馬藩を通して日本の政変を通告させた。対馬藩が朝鮮に送った外交文書(書契)は、天皇親政を伝えるものであったため、〈皇〉〈勅〉などの文字を用いていた。ところで朝鮮は清の属国とされていたので、〈皇〉〈勅〉は朝鮮にとって清の皇帝とその命令を意味するものと考えられていた。その結果、▼興宣大院君政権は、日本がこれらの文字を使用したのは従来の交隣関係を破棄して朝鮮の上に立とうとすることを示したものとして、書契の受理を拒絶した。いわゆる書契問題である。73年には大院君から閔氏に政権が移ったが、朝鮮側の対応は変わらず、7年間膠着状態が続いた。そこで日本政府は、雲揚号、第二丁卯号などの軍艦を朝鮮沿岸に派遣して圧力を加え、事態を打開しようとした。事件はこの結果起きた。この事件以後、朝鮮の閔氏政権は朴珪寿らの努力で大院君ら鎖国攘夷(▼衛正斥邪)派の反対を押しきって日本との復交を図り、76年2月に江華府において▼日朝修好条規(江華条約)を締結した。▷征韓論 原田 環

かんぷれんらくせん｜関釜連絡船

下関と朝鮮の釜山を結ぶ航路に就航した船。1905年9月、日露戦争に勝利した日本が山陽線と朝鮮の▼京釜鉄道(京城〜釜山)を連結し、さらに南満州鉄道とつなぐことによって朝鮮支配および中国進出のための運輸機関として、この定期航路を開設した。山陽鉄道(株)の付帯事業として開始されたが、翌06年には山陽鉄道とともに国有となり、壱岐丸が就航した。その後、高麗丸、新羅丸、景福丸、徳寿丸、昌慶丸、金剛丸、興安丸などの貨客船が運航され、数多くの旅客と貨物を運び、関釜連絡船は45年8月の日本の敗戦まで40年間運航された。朝鮮人の日本への渡航、強制連行などにも利用さ

れ，朝鮮人にとっては流行歌《連絡船は出ていく》(1938)で歌われたように，文字どおり〈涙の連絡船〉でもあった。70年，民間の関釜フェリーが日本と韓国をつなぐ航路として25年ぶりに運航を開始した。83年釜山の釜関フェリーの船舶とあわせて毎日の運航とした。釜山と結ぶ航路はほかに博多(3会社)，対馬(2港)，大阪があり，また境港-東海航路もある。　　　　　　　朴慶植

かんぶんがく|漢文学

朝鮮の漢文学は漢の四郡設置による漢文化との接触に起源し，広開土王碑文などにその片鱗をうかがうことができる。7世紀ごろには高い水準に到達し，《太平頌》(650)は唐人の作に比べて遜色ない。崔致遠チェチウォンは新羅第一の文豪で唐に留学し，《黄巣を檄するの書》は彼の文名を唐土に鳴りひびかせた。《桂苑筆耕》は現存する最古の詩文集である。高麗は唐制に倣って科挙を実施し，漢学と詩文の発展がさらに促進された。いま現伝する金石文や詩文集，随筆類によると，文章は新羅以来の華やかな四六駢儷体ベんれいたいから12世紀以降は古文に復帰し，詩も唐調から末期には宋の詩風が導入された。鄭知常チョンジサンの詩と金富軾キムブシクの文が並称され，李奎報イギュボ，李斉賢イジェヒョン，李穡イセクを三大詩人となす。朝鮮王朝になると詞章より性理学などの経学に傾き，詩文も芸術性よりは理を明らかにすることに重点が置かれた。議論文や説明文に優れ，高麗の詩，朝鮮王朝の文と称される。文集のみでも数千を超え，詩文の大家も枚挙にいとまがないが，李廷亀イジョング，申欽シンフム，張維チャンユ，李植イシクは四大家として，崔慶昌チェギョンチャン，白光勲ペクグァンフン，李達イダルは三唐詩人として一世を風靡した。朴趾源パクチウォンは最も異色の文人で，流暢で変化に富む文章を書き，《熱河日記》は名文で知られる。傍流の文学として金時習キムシスプ，許筠ホギュン，朴趾源に短編小説があり，17世紀以降は通俗的な長編小説も出現するが，このころからハングルによる小説が登場してくる。また漢文学の中で注目されるのは数百種にも達する野談，漫録，雑記類で，詩話・評論から逸話・笑話などその内容は多岐にわたる。 ⇒文学　　　　　　大谷 森繁

かんみんとう|韓民統

韓国民主回復統一促進国民会議の略称。在日韓国人が結成した韓国民主化運動の団体。在日本大韓民国居留民団(民団，現在の名称は在日本大韓民国民団)内部で韓国民主化を求めていたグループが中心になって1973年8月，金大中キムデジュンが東京のホテルから拉致された金大中事件の直後に設立，金大中を初代議長とした。ほぼ同時に金大中救出対策委員会も立ち上げ，金大中救出運動を展開した。89年在日韓国民主統一連合(韓統連)に組織改編。韓国政府は78年以来，国家保安法に基づく〈反国家団体〉と規定している。
　　　　　　　　　　　　　　　阪堂 博之

かんようろく|看羊録|간양록

朝鮮王朝の文臣姜沆カンハンが，日本の内情を秘密裏に本国政府に報告した文集。1598年豊臣秀吉の朝鮮出兵時に捕虜となり，京都伏見に幽閉されていた彼は，京都相国寺の藤原惺窩との対話や，京都方広寺の耳塚のことなどを記録にとどめ，当時の日本を知るうえで興味ある内容が多い。1600年帰国した姜沆はみずからを罪人としてこの文集を《巾車録けんしゃろく》と題したが，門人が漢の蘇武の節義になぞらえて《看羊録》と名づけ，後世に伝えた。邦訳は〈東洋文庫〉に所収。
　　　　　　　　　　　　　　　姜 在彦

かんりゅう|韓流|한류

〈韓国ブーム〉というほどの意味。韓国の映画やテレビドラマ，音楽など大衆文化の流行をさす。1990年代後半に中国や台湾で名付けられたのが語源。日本では韓国映画ブームに続き，2002年のワールドカップ(W杯)サッカー日韓共催を機に韓国テレビドラマが関心を集め，03年に〈冬のソナタ〉が放映されて爆発的人気を呼び，韓流ブームが起きた。韓流ファンは40-60代の女性が中心で，とくに〈冬のソナタ〉主演のペ・ヨンジュン(裴勇俊)は〈ヨン様〉と呼ばれて熱狂的人気を集め〈ヨン様ブーム〉といわれる現象が起きた。05年に〈宮廷女官チャングムの誓い〉が放映されると時代劇ブームとなり，男性にもファンが増えた。10年ごろからグループを中心とした K-POP アーティストが日本で続々デビュー，中高生を含む低年齢層にファンが広がった。韓国ドラマ主体

のブームを《第1次韓流》、K-POP中心のブームを《第2次韓流》あるいは《新韓流》とよぶ。そのブームは大衆文化にとどまらず、韓国の言語や文学、歴史、ファッション、食品、観光など多方面にわたり、日本の市民の間に韓国への関心が高まり、韓国語学習者や韓国への観光客が急増するという結果をもたらした。

韓国政府が1999年に文化産業振興基本法を制定し、民間の文化産業を支援し、官民挙げて文化コンテンツの輸出を推進したことが背景にある。衛星放送やインターネットの普及で海外での視聴が容易になったことも一因で、同時期に行われた日本大衆文化開放が韓国のコンテンツ制作面に影響を与えたという指摘もある。韓流ブームは東南アジアや中国、欧州など世界各地に拡散。韓国銀行によると、テレビドラマの輸出や芸能人の海外公演を含めた文化・娯楽産業が海外で稼いだ収益額は1997年に500万ドルだったが、2006年に3億6860万ドル、10年に6億ドルを突破、11年には7億9400万ドルに達するなど5年間で倍増した。

〔阪堂 博之〕

かんりゅううん|韓竜雲|→ハン・ヨンウン

かんれき|還暦
数え年61歳の祝い。朝鮮では還甲、回甲または華甲と称する。自分の生まれた年の干支がめぐってきたという祝いである。ちなみに現在でも生年は十干十二支の組合せで、たとえば甲申生れというように示す。男女ともに祝い、子どもたちが盛大な宴を設けて、夫婦そろって寿宴床(祝いの膳)につき、子孫たちや村人、知人たちの祝いを受ける。このしきたりは高麗末期ごろから行われていたらしい。この後70歳で古稀の祝いがあるが、年齢に関連する祝いは古稀をもって最後となる。→老人

〔嶋 陸奥彦〕

きがいとうせい|己亥東征|기해동정
1419年(応永26、朝鮮世宗1)に、対馬島が朝鮮国軍の攻撃をうけた事件。14世紀中葉以来、倭寇が朝鮮半島の各地を荒らして大きな被害をあたえていたが、朝鮮では対馬島主宗貞茂に特権をあたえて、日本から朝鮮に渡航するものを統制させ、倭寇の鎮静に大きな成果をあげていた。ところが、1418年に対馬で貞茂が死に、幼主貞盛がたったが、対馬島内の実権は海賊の首領の早田氏にうつり、しかも倭寇の1船団が朝鮮の沿岸を襲う事件がおこった。朝鮮の上王太宗はこの情勢をみて、かねて倭寇の根拠地と考えていた対馬島に攻撃を加えることを決意した。この年6月、兵船227隻、軍兵1万7285人からなる大軍が65日分の食糧を携帯して、巨済島を発し、対馬島に殺到した。朝鮮軍は対馬の浅茅湾に入って尾崎に泊し、ついで船越に柵をおき、仁位に上陸したが、対馬軍の迎撃にあって敗退した。貞盛は、朝鮮軍に対して暴風期が近づいていることを警告し、あわせて停戦修好をもとめた。朝鮮軍はこの要求をいれて撤退した。日本では応永の外寇とよび、対馬では糠嶽の戦争とよんだ。

室町幕府では、この事件後、無涯亮倪を朝鮮に派遣して実情をさぐらせた。朝鮮側ではこれに対して、20年回礼使宋希璟を日本に送った。宋希璟は対馬で早田氏と、博多では九州探題渋川満頼と接し、京都に入って室町幕府と交渉した。その間、博多の宗金などから情報を得て、日本における幕府・九州探題・少弐氏・宗氏・早田氏などの動向を把握認識することができたが、事件後の処置については手がかりさえもつかむことができなかった。希璟の紀行は《老松堂日本行録》にまとめられている。朝鮮との間に円満な通交関係が回復されたのは、終始強硬論をとなえていた太宗が23年に没し、親日的な外交政策をとった世宗にかわってからである。対馬でも貞盛による島内の統制が確立し、世宗の政策に対応して修交関係を樹立した。

〔田中 健夫〕

きがいやくじょう|癸亥約条|계해약조
1443年(嘉吉3、朝鮮世宗25)に、朝鮮から対馬の宗貞盛らにあたえられた通交貿易の条件。日本では嘉吉条約という。おもな内容は、①宗氏から毎年朝鮮に派遣する歳遣船の数を50に限定する、②宗氏から朝鮮に対して緊急に報告しなければならないことがおきたときは、歳遣船の定数外に特送船を派遣することができる、③朝鮮から毎年宗氏に送る歳賜米・豆はあわせて200石に限定する、の3点である。朝鮮の世宗は親日的

な政策をとっていたので，日本から朝鮮に渡航する船の数が年々増加して，朝鮮側にとっては大きな経済的負担となった。癸亥約条はそれらを統制するために朝鮮から日本の渡航者に示した条項であった。以後，宗氏は機会のあるごとに通交条件の緩和を朝鮮側にもとめつづけたが，朝鮮側では逆に制限を強化する方針をとりつづけた。なお，近代国家間に締結される権利・義務の規定を想定させる〈条約〉の語を使用することは適切ではない。　　　　　　　田中健夫

きかじん｜帰化人｜→渡来人

ききん｜飢饉

一般に飢饉の起こる原因は，自然的要因と社会的要因に分けることができる。朝鮮における飢饉の自然的要因としては，〈早早晩水〉という言葉が示すように，降雨量の偏在による春から初夏にかけての干害と，7～9月期の水害が最も深刻な問題であった(▶雨)。こうした自然条件に対しては，独特の対干農法(水稲の直播法や麦の溝作など)の開発や水利施設(▶灌漑)の整備が図られる一方，1545年刊の《救荒撮要》のハングル版を普及させたり，朝鮮王朝後期に日本から伝わったサツマイモがコーグマ(日本語の孝行芋がなまったものといわれる)とよばれて，救荒作物として普及が図られるなどの努力が行われてきた。こうした飢饉の自然的要因を除去する対策の進展とは逆比例して，時代が下るにつれて深刻になってくるのが，社会的要因による飢饉であった。朝鮮にはく春窮麦嶺〉という言葉があり，秋播麦の収穫前の端境期を乗り越える困難さをさすものであるが，これなどは，社会的な搾取・収奪関係に起因する食糧不足というニュアンスを強く込めた言葉である。当初は救済制度として設けられた義倉や社倉，▶還穀の制度が，しだいに春に農民に種籾を強制的に貸し付け，収穫期に利子を付けて返済させる一種の高利貸的収奪制度と化したことなどは，社会的要因による飢饉の象徴的な事例である。日本の植民地支配下では，近代インドにみられたような大量の餓死者の発生といった事態はなかったものの，地主制の確立や日本への米の大量輸出など，社会的要因による食糧不足は慢性化した。それはこの期に，朝鮮人の体格の劣悪化が進んだことに象徴的に表れている。→農業　宮嶋博史

きさいし｜忌祭祀

キチェサ。父系の4世代の祖先(父，祖，曾祖，高祖)とその配偶者に対して，それぞれの命日の前夜半過ぎから夜明けまでの間に，家内の大庁チョン(〈住居〉の項参照)に祭壇を設けて神主シン(位牌)を置き，その前に祭物(食事)をそなえて行う儒式の儀礼。忌祭祀を行う主たる義務と権利は父から長男に継承されるが，そのほかの子孫や近親者も参加するから，これに集まる人々は高祖父の子孫たちであり，ナチバンとよばれる父系近親者たちの範囲といちおう対応する。近年では時間を早めて前日の夜に行うことが多い。
　　　　　　　　　　　　　　　　嶋 陸奥彦

きしちょうせん｜箕子朝鮮｜기자조선

朝鮮古代の王朝名。いわゆるナ古朝鮮の一つ。衛氏朝鮮が正史所見の実在の王朝として認められているのに対し，箕子朝鮮は伝承的・説話的色彩が強い。《史記》などの古文献によれば，箕子は名を胥余ショといい，殷の貴族で箕国に封ぜられ子爵であったという。殷末，紂王の太師となり，王の無道をいさめて，かえってうとんぜられ，やがて殷が滅亡すると朝鮮半島西北部，おそらく現平壌付近に亡命して国を建て，有名な〈八条の教訓〉を制定して人民を感化したとされている。しかし箕子についての《史記》や《漢書》などの記述は矛盾が多く，そのまま信頼できない。その〈八条の教訓〉も後世になって中華美化思想が投影されたものと解するのが妥当のようである。高麗や朝鮮王朝，ことに後者の場合，儒教が国教的立場にあったので箕子追慕の思想が強くみられるにいたった。箕子朝鮮王朝の最後の王は箕準とよばれている。箕準は朝鮮侯を自称していたが，前2世紀初めころナ衛氏朝鮮の開祖，燕人衛満によって追放されたことになっている。ただし最近の朝鮮の学界では，この箕子東来説には批判的な傾向が強く，むしろ当時すでに半島西北部に朝鮮王を自称する在地韓族の大きな存在があった，と解釈する立場が有力である。　　　村山正雄

きしつふくしん｜鬼室福信｜귀실복신｜?-663

百済末期の武将。武王の甥。百済西部の人。

官位は恩率，のち最高官位の佐平に至る。鬼室氏の祖。660年の百済滅亡後に起きた遺民による百済復興運動の中心人物として活躍。このとき鬼室を名のる。福信は660年僧道琛らとともに任存城(大興)で挙兵，旧都泗沘城(扶余)奪回を図った。同年日本の朝廷へ救援軍の派遣と，人質となっていた王子▶豊璋の送還を要請した。661年8〜9月救援軍が派遣され，豊璋と軍需物資は周留城(錦江下流域)に拠った福信のもとへ送り届けられた。662年福信は百済王に擁立された豊璋と避城(金堤)に拠点を移すが，663年唐・新羅軍の攻勢を受け，再び周留城に戻った。同年3月日本から第2次の援軍が出されるが，百済遺民間の内訌により福信は豊璋王と反目，謀反の疑いをかけられ，斬殺された。福信は権勢欲が強く，残虐であったと評されるが，有能な軍略家であった面は否定できない。白村江の戦の敗戦後，日本に渡来，亡命した一族に鬼室集斯・集信らがいる。

鈴木 靖民

ぎしゅう｜義州｜→シニジュ(新義州)

ぎしょう｜義湘｜→ウィサン

ぎせいふ｜議政府
朝鮮王朝時代の最高政策決定機関。1279年(高麗，忠烈王5)にできた▶都評議使司の後身。都評議使司は門下省(政治)，三司(財政)，密直司(軍事)の上級官員で構成され，合議制で運営した。朝鮮王朝にもこの制度が引きつがれたが，1400年に議政府と改称されるとともに兵権は議興三軍府に移管された。太宗は王権の拡大をはかり，事大(中国関係)文書と重罪人審査以外の政務を国王に直結する六曹に移管して，議政府による重臣の権限を縮小させた。そののち1436年には六曹政務の監督権が議政府に与えられるなど，議政府の権限は拡大と縮小をくり返した。これは王権と臣権の対抗関係から生じたものであり，16世紀初には議政府(重臣)側の勝利で一段落するが，同世紀末には政治・軍事の実権は新設の▶備辺司に移行した。法制上，議政府は王朝末期まで存続し，19世紀末には権限の一部を回復したが，1907年に廃止され，内閣制に移行することになる。

吉田 光男

●妓生

申潤福《蓮塘野遊》。蓮池のある官吏の家の庭で妓生たちと遊ぶ両班。左はマンコン(網巾)を脱ぎ，妓生を抱きしめる両班。右は楽器コムンゴ(玄琴)。朝鮮王朝後期，澗松美術館蔵

キーセン｜妓生｜기생
朝鮮の伝統的な芸妓。キーサンとも表記する。もと奢侈奴隷として発生し，のちには歌舞を売るものとして身分的には官婢であった。妓生は新羅時代にも存在したが，正式に官婢としての妓生が登場するのは高麗時代の初期である。高麗の官僚制度が確立し，地方官衙の歌舞のために制度的に設置された妓生は，以後，朝鮮王朝末期までの約1000年間全国につねに2万〜3万名が存在したことになる。王朝時代には官婢として県に10〜20名，郡に30〜40名，府に70〜80名ほどが常時置かれていた。県の場合には雑役に使う汲水婢が臨時に妓生として立つ場合もあった。出自は反逆罪人の婦女子や良家から売られた者の場合もあり，またキーセンの娘は〈奴婢随母法〉によってやはりキーセンをつとめるのが原則であった。妓には妓夫がありえたが，それは妓に寄生するものであって夫としての権利はなかった。妓生は行首妓生(キーセンがしら)のもとに統率され，地方官庁を往来する両班に侍寝する場合，これを守庁といい，またときには歌舞をもって遊宴にはべらなければならなかった。なかには▶黄真伊のように漢詩や▶時調に不朽の名を残した才妓もあって，王朝の恋愛文化はもっぱらこのキーセンに負うている。また▶論介や《春香伝》の春香のように，義妓や小説の主人公としても妓生は活躍している。王朝末期

にはこの制度もくずれ，植民地時代には平壌などに妓生養成所が設けられ，日本式の検番制度などがしかれたが，現在はこのような制度もすたれ，名前だけを残して過去の秩序や伝統は失われたとみなければならない。→賎民　　　　　　　　　　　金 東旭

[**キーセン観光問題**]　むしろ現代の韓国で特徴的なのは，NCC(日本キリスト教協議会)キリスト教アジア資料センターの《キーセン観光実態報告書》(1983)に示されたように，1970年代から顕著になった国際的管理買春(売春)制度としてのキーセン観光である。修学旅行や女性観光客の誘致によって日本人観光客の男性率(90%以上)を下げる努力が行われているが，観光女性(キーセン)は30万人とも推定されている。80年代には外国人キーセンが増え，社会問題となった。99年当時の日本人韓国訪問者数は217万人に及ぶが，おもに若い女性のパック旅行客で，かつてのキーセン観光とは様相が変わった。2004年法改正により売春行為が違法となり，事実上キーセンは廃止とされた。　　鶴田 文夫

きたちょうせん｜北朝鮮｜→地域・国名編の朝鮮民主主義人民共和国

きたちょうせんかくもんだい｜北朝鮮核問題
朝鮮民主主義人民共和国による核開発問題。核危機とも。第1次，第2次に時期区分される。第1次核問題は，1990年代初めに注目された。85年12月北朝鮮はNPT(核拡散防止条約)に調印したが，IAEA(国際原子力機関)と全面的な査察協定を締結するというNPTの義務を履行しないまま，プルトニウム生産のための核再処理工場の建設を開始したため，90年秋頃から核兵器開発疑惑が浮上。92年1月にIAEAと核査察協定を締結，4月に批准。しかし，同年5月以降，特定査察が実施され，93年2月にIAEAが特別査察を決議すると，北朝鮮は3月に〈準戦時状態〉を宣布し，NPT脱退を宣言。米朝はジュネーブで朝鮮半島の核問題の包括的解決のために協議し，94年10月21日の〈合意枠組みAgreed Framework〉で，三つの段階を経て北朝鮮の核開発を〈一時凍結〉から〈完全放棄〉に置き替えることに合意。米国は北朝鮮の黒鉛減速炉と関連施設を軽水炉発電所に転換するために，国際共同事業体(コンソーシアム)を構成し，かつそれを代表して6ヵ月以内に北朝鮮と供給契約を締結できるよう最善の努力をすることに合意。また，最初の軽水炉が完工するまでの間，代替エネルギー(重油)供給を約束。実務は"KEDOが担った。しかし，2002年10月初めの米朝会談で，ケリー米国務次官補が北朝鮮による核兵器開発用のウラン濃縮計画の推進を指摘，北朝鮮の姜錫柱ｶﾝｿｸﾁｭ第1外務次官はそれを認定することで第2次核問題が浮上。03年夏以降は北京で"6ヵ国協議が開催されるようになり，核問題の舞台に。しかし，06年10月9日，北朝鮮は同日〈地下核実験を実施，成功した〉と発表。05年2月に核兵器の保有を公言，実験6日前には事前予告をしていた。核実験に対して，日本は独自の追加制裁を決定し，①北朝鮮の船舶入港の全面禁止，②北朝鮮からの輸入の全面禁止，③北朝鮮国籍者入国の原則禁止などの強い措置を発動。09年5月25日，北朝鮮は再度の地下核実験実施を発表。4月5日の〈テポドン2号〉の発射に続く強硬策に対し，国連安保理は決議1874を採択。さらに，13年2月13日，北朝鮮は3度目の地下核実験を発表。　　　　　　　　　　　礒崎 敦仁

きたちょうせんミサイルもんだい｜北朝鮮ミサイル問題
北朝鮮によるミサイルの対外輸出と発射実験の問題。2006年10月14日以来，国連安保理によってミサイル輸出禁止と弾道ミサイル計画に関するすべての活動停止が決議されてきたが，北朝鮮側ではこれを拒否している。北朝鮮のミサイル輸出問題が顕在化したのは，中東に輸出された北朝鮮製のミサイルによって安全保障上の脅威を感じたイスラエルが，1992年末からミサイル輸出中止を求めて北朝鮮と交渉を始めたことによる。米国も，ミサイル輸出の中止を求めて，96年4月から米朝ミサイル協議を断続的に始めた。しかし，米朝ミサイル協議は合意がなされないまま，2000年11月を最後に開催されなくなった。02年12月9日に北朝鮮製の弾道ミサイルをイエメンに運搬する途中の船舶がスペイン軍艦によって拿捕され，09年12月12日にタイの空港に着陸した貨物機から北朝鮮製ミサイルが押収さ

れるなど，北朝鮮からのミサイル輸出はその後も続いている。

ミサイル発射実験の問題が顕在化したのは，1993年5月29日に北朝鮮から日本海に向けて弾道ミサイルが発射されたことによる。98年8月31日には，日本上空を越えて人工衛星が白頭山1号ロケットによって打ち上げられた。2000年10月12日の米朝共同コミュニケで，米朝ミサイル協議が続く間は長距離のミサイルを発射しないことを約束した北朝鮮側は，01年5月3日にミサイル発射実験の凍結を03年まで継続する方針を表明した。02年9月17日に署名された日朝平壌宣言では，03年以降もミサイル発射実験の凍結を継続すると表明した。しかし，米朝関係が悪化すると，05年3月2日に北朝鮮外務省は，ミサイル発射実験の凍結に拘束されないと発表した。06年7月5日に7機の弾道ミサイルを日本海側に向けて発射し，09年4月5日に人工衛星を銀河2号ロケットで打ち上げた。12年4月13日と12月12日にも人工衛星を銀河3号ロケットで打ち上げ，その後も続ける意思を示している。　⇒北朝鮮核問題；6ヵ国協議　　　　　　　　　宮本悟

きっこうせん｜亀甲船｜거북선
朝鮮王朝時代の軍船。伏した亀のような外形をもち，木造だが表面を堅いふた板で覆った船。斬り込みを得意とする倭寇に対抗するため，15世紀初に朝鮮で創案され，16世紀末に▶李舜臣が発展，完成させて▶壬辰・丁酉倭乱（文禄・慶長の役）の実戦に用いた。船上には人の通る細い十字形の道と銃座を除く全面に槍と刀を上に向けてさしこみ，左右両舷やへさきに砲口，船首に煙幕の吹出口を備えていた。帆走のほか，左右の船腹から櫂を出してこぐこともできた。豊臣秀吉派遣の日本水軍に壊滅的な打撃を与え，戦局の転換をもたらすのに大きな役割を果たした。
　　　　　　　　　　　　　　　　　矢沢康祐

きっさい｜吉再｜⇒キル・チェ
ぎてん｜義天｜⇒ウィチョン
きび｜亀尾｜⇒クミ
ぎへいとうそう｜義兵闘争
朝鮮王朝末期の反日武装闘争。1896年の初期義兵と1905-14年の後期義兵とからなる。朝鮮王朝時代にはこのほかにも▶壬辰・丁酉

●亀甲船
亀甲船が鉄甲船であったか否かは論争がある。鉄板か銅板かで覆われていた可能性はあるが，《忠武公全書》などの挿絵や説明によれば，堅い木版で覆われていたようである。
上－《忠武公全書》より。
下－断面想像図。

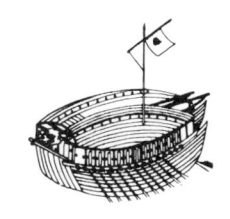

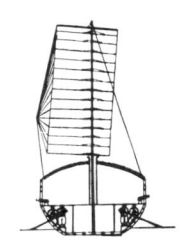

倭乱（文禄・慶長の役）時の義兵など多くの例がある。前近代以来の義兵の理念は，在野の臣は王朝・君主を外敵の侵略，内乱の危機から救うために自発的に挙兵できるし，すべきであるという名分論であった。初期義兵は日清戦争以後の日本の露骨な内政干渉，対日従属的な甲午改革の実施によって高まった反日気運を背景とし，直接には閔妃虐殺事件（1895年10月），▶断髪令の強行（同12月）を契機として起きた。義兵を指導した▶衛正斥邪派の在地両班たちは名分論および西洋文明を排斥する攘夷論にもとづいて，日本勢力の駆逐，親日開化派政権の打倒，改革の停止と旧体制への復帰を主張した。義兵を構成したのは両班の家僕，農民，猟師（砲手），地方兵などであった。蜂起は96年1月に中部朝鮮から始まり，3月には全国に拡大した。義兵は地方都市の占領，地方官殺害，日本商人・漁民襲撃，日本軍用電信線切断など勢力を振るい，同年2月に開化派政権が倒れた後も▶柳麟錫の部隊などは日本軍守備隊，政府軍との交戦を続け，敗退の末に運動が終息したのは10月ころであった。初期義兵は日本の侵略を一時後退させる一要因となった。

日露戦争によって日本の朝鮮植民地化が進むと，1905年春から義兵は再起した。翌年には閔宗植・▶崔益鉉などの旧大官

が率いる義兵が起きたが，相次いで鎮圧された。07年8月，朝鮮軍が解散され，軍人が義兵に加わるようになると義兵の戦闘力は強化され，運動は全国的に拡大し，08-09年にはその最盛期を迎えた。また▶洪範図ホンボムド，申乭石など平民出身義兵将の台頭，攘夷主義の弱化など運動の性格にもやや変化が生じた。義兵は国権回復をめざして日本軍と頑強に戦ったが，日本軍の優勢な火器・焦土戦術，憲兵・警察の増강と稠密な配置などによって圧迫され，09年秋を境に勢力は後退し，14年には国内の活動を終えた。一部は中国東北・沿海州へ移り，独立軍となって軍事行動を継続した。 ⇒独立軍抗争

糟谷 憲一

キム・イル |金一|김일|1910-84
朝鮮民主主義人民共和国の政治家。本名金在範。咸鏡北道出身。1935年タシケント総合大学卒，41年ソ連領内で朝鮮人民革命軍の文化部長を務めた。解放後，北朝鮮に帰り，朝鮮戦争中一時国外根拠地への撤退を主張して敗北主義と批判されたともいうが，金日成首相のもとで54年から副首相，59年から第一副首相，72年改憲後は政務院総理，75年副主席と，行政実務の元締として記録的長期在任者であった。

梶村 秀樹

キム・イルソン |金日成|김일성|1912-94
朝鮮の政治家。▶抗日パルチザン闘争の中から生まれた朝鮮民主主義人民共和国創建以来の最高指導者。本名は金成柱。日成は1930年ころからの組織名で，当初は一星（同音）とも書いたという。当時の日本軍や警察関係者，現在の韓国体制側に〈金日成〉襲名説をなすむきがあるが，客観的根拠がない。平安南道大同郡（現，平壌市万景台区域）に生まれ，1925年民族運動家であった父金亨稷（1926没）にともなわれて西間島に移住，撫松第一小学校，華甸県華成義塾をへて，27年吉林毓文中学入学後，共産青年同盟の活動家となり，29年には国民党軍閥政権による逮捕投獄も体験した。30年の〈間島五・三〇蜂起〉以後の大衆的反日抗争の高揚，そして満州事変の勃発という緊迫した状況の中で31年10月入党（当時としては中国共産党），32年春，安図県での抗日遊撃隊組織に参加した。以後抗日パルチザン部隊（東北人民革命軍）の一政治委員として活動していたが，34-35年の反民生団闘争・路線転換の主導権をとり，35年以後長白山に根拠地をおいて朝鮮内との連係を重視した段階では，全体の指導者であったとみられる。その思想は〈民族共産主義〉と称されるような特質をもち，このころから白頭山の虎〈金日成将軍〉の名は国内にも広く知られるようになった。40年以後小部隊を残してソ連領に移動，日本帝国主義の敗亡を待ち，解放後ソ連軍とともに北朝鮮に帰り，45年10月から指導者として大衆の前に姿を現した。46年2月北朝鮮臨時人民委員会委員長に就任して同3月〈20ヵ条政綱〉を公表，47年2月北朝鮮人民委員会委員長，48年9月朝鮮民主主義人民共和国創建とともに首相（1972年以後は共和国主席）。53年▶朴憲永パクホニョン派との，56年崔昌益派との党内闘争を乗りきり，以後長期間，▶朝鮮労働党と政府の主導権を一身に集中し，周辺に常に敬語を使って表記するような雰囲気も生じていた。60年代中ソ論争以後は▶自力更生の旗印を鮮明にし，70年代には▶チュチェ（主体）思想を唱道している。

梶村 秀樹

1980年の朝鮮労働党第6回党大会で，南北統一の方式として〈高麗民主連邦共和国〉創設案を提起。また大会で長男の▶金正日ジョンイル書記が事実上の後継者として登場したが，86年5月，〈後継問題〉が満足すべき解決をみたと言明。93年の最高人民会議で〈祖国統一のための全民族大団結10大綱領〉を提案，採択された。94年6月，訪朝したカーター・アメリカ元大統領と会談，核問題を朝米間で話合いによって解決することに合意するとともに，▶南北首脳会談の開催を提案。その後，南北間で初の首脳会談開催が合意されたが，直後の94年7月8日に急死。死去時の肩書は，労働党中央委総書記，同政治局常務委員，同中央軍事委員会委員長，共和国主席，最高人民会議代議員，共和国大元帥。95年7月，遺体は永久保存のため錦繡山記念宮殿に安置，97年7月，誕生の1912年を〈主体元年〉とする主体年号が制定され，誕生日の4月15日は〈太陽節〉とされた。98年憲法で主席制が廃止されるが，その序文で金日成は〈共和国の永遠の主席〉と

明記された．
小牧 輝夫

キム・イルソンそうごうだいがく｜金日成総合大学

朝鮮民主主義人民共和国の首都平壌にある，民族幹部養成のための国立総合大学．1946年10月，〈あらゆる困難をのりこえて，教育と幹部養成をすべてに先行させる〉という金日成主席の指示にもとづいて，市内が一望のもとに見渡せるリョンナム山頂の広大な敷地に創建．元山農業大学，平壌医科大学，金策工業大学は当初の同大学の学部が独立したもの．2011年現在，大学Collegeとして法律，文学，財政，コンピュータ科学が，学部Schoolとして経済，歴史，哲学，外国語文学，数学，物理，生命科学，化学，地球環境科学，地質学，原子力学，力学，材料科学，電子自動科学があり，博士院（大学院）を設置する．このほか，平壌医学大学，平壌農業大学と桂應相農業大学，博士院修了後の人材養成課程として社会科学，基礎科学，医学科学，農業科学センターを備え，7研究所（センター）を置く．博士院は3-4年制であるが，1年の特設や通信コースもある．学生数1万2000．教育内容は金主席の▼チュチェ（主体）思想と朝鮮労働党の政策で一貫している．
渡部 学＋通堂 あゆみ

キム・ウォンボン｜金元鳳｜김원봉｜1898-?

朝鮮の民族革命運動家．慶尚南道出身．別名，金若山等．▼申采浩らの思想的影響を受ける．三・一独立運動後，▼義烈団を組織して武力抗争に入る．1935年金奎植とともに朝鮮民族革命党を組織，日中戦争以後は朝鮮義勇隊を率いて抗日戦に参加し，中国大陸で活躍する．43年大韓民国臨時政府（重慶）軍務局長，45年12月ソウルに帰り，民主主義民族戦線議長となる．南北分断に反対して統一運動を推進，48年4月平壌の▼南北連席会議に出席．その後は北朝鮮に残り，朝鮮民主主義人民共和国創建後は政府閣僚そのほかの要職を歴任した．民族主義左派の指導者として南北朝鮮に大きな影響を与えた．
姜 徳相

キム・オッキュン｜金玉均｜김옥균｜1851-94

朝鮮，▼開化派の中心人物．字は伯温，号は古筠または古愚．本貫は安東．1872年に科挙の文科に及第．▼朴珪寿，呉慶錫，劉大致の影響をうけて開化思想に共鳴，朴泳孝，洪英植，徐光範らを盟友とし，日本の明治維新を朝鮮近代化のモデルとする改革運動に奔走した．81-84年に日本に三たび往来しながら，▼福沢諭吉の協力をえて《漢城旬報》の創刊と，徐載弼ら50余名の日本留学生派遣に努力したが，国政改革のための外債募集には失敗した．84年12月，清国との宗属関係を固守する守旧派に対してクーデタ（▼甲申政変）をおこしたが，清国軍の介入により失敗し，日本に亡命．日本政府は彼の亡命を対清外交の障害とみて，86年8月から小笠原諸島，88年8月からは北海道札幌に幽閉し，90年4月にようやく解除した．日本に亡命中も本国政府からの刺客にねらわれたが，李鴻章と面談して東アジア三国の〈三和主義〉と朝鮮改革運動への理解を求めるために，94年3月上海に渡航したところ，刺客洪鐘宇に暗殺された．甲申政変に関する記録《甲申日録》を残している．金玉均については，従来，親日派の巨頭であり，甲申政変も日本が操る政権争奪のための宮廷革命とみられてきたが，金玉均は独立開化の政治勢力を代表した指導者とみなすべきであろう．
姜 在彦

キム・ギス｜金綺秀｜김기수｜1832-?

朝鮮王朝の文臣．字は季芝，号は蒼山．本貫は黄海道延安．1876年，日朝修好条規締結ののち，礼曹参議として修信使に任命され，団員75名を率いて日本を訪問．帰国後に著した《日東記游》は，当時の対日本認識に少なからぬ影響を及ぼした．谷山郡守，徳源府使，監理義州通商事務などを歴任し，93年に黄澗・清風地方で民乱が起こった際には，按覈使として現地に派遣された．その後，官職は参判にいたった．
吉野 誠

キム・ギス｜金教臣｜김교신｜1901-45

朝鮮の無教会派のキリスト教指導者．咸鏡南道出身．18歳で日本留学．1921年内村鑑三のロマ書講義に感銘を受け，以後内村の聖書集会に出席した．27年東京高師卒業後帰国し，《聖書朝鮮》誌を創刊．〈世の中で一番良いものは聖書と朝鮮〉であり，〈新しい朝鮮を聖書の上に建てよ〉と説き，〈朝鮮的キリスト教〉を追求した．42年同誌の筆禍事件で1年間入獄したが，非転向を貫

き，▶創氏改名や日本語常用にも応じなかった。　　　　　　　　　　　　　　大塚嘉郎

キム・ギュシク｜金奎植｜김규식｜1881-1950
朝鮮の独立運動家，政治家。号は尤史。慶尚南道生れ。1897年渡米，ローノーク大学英文科を卒業。1904年帰国し，YMCA幹事などを務めたが，13年中国に亡命。19年には大韓民国臨時政府代表としてパリ講和会議に赴いたが，参席を拒否された。22年モスクワでの極東民族大会に参加。その後民族革命党主席，臨時政府副主席に就任。解放後に帰国，右派代表として左右合作に努力。48年南朝鮮単独選挙に反対して金九とともに▶南北連席会議に参加。朝鮮戦争勃発後，入北したのちに病死。　水野直樹

キム・グ｜金九｜김구｜1876-1949
朝鮮の独立運動家。号は白凡。黄海道出身。18歳で甲午農民戦争に参加。1896年，日本人による閔妃虐殺事件を憤り，日本人陸軍中尉を斬殺して投獄されたが，98年脱獄。〈日韓保護条約〉締結後黄海道安岳で教師となり，▶新民会運動に参加。1911年黄海道一帯の人士に対する弾圧事件(安岳事件)で3年余り入獄。三・一独立運動勃発後，上海に渡り，▶大韓民国臨時政府(臨政)に参画，警務局長，内務総長を経て26年国務領となり，臨政の最高責任者になった。臨政の活動が満州事変後いっそう困難さを増すなかで，彼は抗日テロリズムによる局面打開をはかり，32年に李奉昌による桜田門事件，▶尹奉吉による上海虹口公園爆弾事件を引き起こした。日本政府は金の首に巨額の懸賞金をかけたが，彼は中国各地を転々とし，40年臨政とともに重慶に入った。彼はそこで韓国光復軍を創設し，本国進撃に備えたが，45年8月日本の降伏を迎えた。解放時，彼は臨政主席の地位にあったが，アメリカ軍政庁が臨政の正統性を否認したため，同年11月一亡命者として帰国。不屈の独立闘士として多くの尊敬を集め，▶朝鮮信託統治問題で反対運動の先頭に立った。左右の激しい対立のなかで〈右翼の巨頭〉と目されながらも，アメリカや李承晩の南朝鮮単独政府樹立計画にも反対し，一貫して統一朝鮮の完全自主独立を主張した。48年平壌での南北政党社会団体連席会議(▶南北連席会議)に参加。翌年，李承晩が放ったといわれる軍人に暗殺された。自伝《白凡逸志》は邦訳もある。　　　　大塚嘉郎

キム・サッカ｜金サッカ｜김삿갓｜1807-63
朝鮮王朝末期の放浪詩人。笠(サッカ)をかぶり全国を流浪したので，金サッカ(金笠)とよばれる。本名は金炳淵ビョンヨン。彼の詩はハングルをまじえたり，音と訓を使って掛けことばを駆使したり，文字面の表面的な意味と音で読んだときの裏の意味を巧みに結びつけたりした破格の詩が多く，ときに両班ヤンバン階級と社会的権威をしんらつに嘲笑し，またときに民衆の貧しい生活をユーモアまじりに嘆いている。こうした批判精神は，祖父が▶洪景来ホンギョンネの反乱で農民軍にくだったところから，一族が出世の道をとざされていたことに由来するといわれる。彼の生涯の事跡は明確でなく，作品もどこまでが彼自身の作であるか必ずしもはっきりしない。しかし，そのことは金サッカの人と作品が民衆の間ではぐくまれ，伝説化されてきたことを物語るものといえよう。韓国社会では今でも流行歌にうたわれたり，飲み屋の店名に使われたりするほど，民衆に親しまれている。　　　　　　大村益夫

キム・サリャン｜金史良｜김사량｜1914-50
朝鮮の作家。本名は金時昌。平壌生れ。1933年に渡日し，旧制佐賀高校を経て東京帝国大学を卒業。39年《文芸首都》に掲載した日本語による《光の中に》が芥川賞候補となり，文壇が注目する中で相次いで力作を発表し，小説集《光の中に》《故郷》を上梓した。太平洋戦争とともに予防拘禁され，のちに帰国。その後も日本語で《海への歌》《太白山脈》など長編を新聞，雑誌に連載。45年春，在中国・朝鮮人学徒兵慰問のため中国へ派遣された機会に解放区へ脱出，延安の▶朝鮮独立同盟に参加し，日本の敗戦後に帰国した。朝鮮民主主義人民共和国で解放後の現実に触れながら作品活動を展開，《馬息嶺》《雷鳴》など小説や戯曲を発表。50年の朝鮮戦争のさい従軍作家となって南下するが，人民軍の撤退のおり持病の心臓病が悪化し，隊列を離れてのち消息を絶つ。《光の中に》は▶在日朝鮮人文学の先駆的作品である。《金史良全集》4巻(1973)は日本で

刊行された。　　　　　　　　　　安 宇植

キム・ジェギュ｜金載圭｜김재규｜1926-80
朴正煕大統領を射殺した▼韓国中央情報部（KCIA）の第8代部長。慶尚北道生れ。1946年韓国陸士2期卒。朴大統領の同郷人、陸士同期生として重用され、68年陸軍保安司令官、73年与党国会議員などを経て、名実ともに朴大統領の腹心として76年KCIA部長。しかし、強権的な大統領に批判的となり、79年10月26日夜、ピストルで大統領と警護室長を射殺。80年5月20日死刑確定、24日処刑。裁判の過程では〈▼五・一六クーデタと10月維新(▼維新体制)で抹殺された自由民主主義を回復するためだった〉と述べた。　　　　　　　　　　　猪狩 章

キム・シスプ｜金時習｜김시습｜1435-93
朝鮮王朝前期の文学者。字は悦卿、号は梅月堂、東峰。幼年時代から神童の誉れ高く、学問に志したが、世祖が端宗を廃して王位を簒奪した(1455)のに悲憤慷慨し、書物を焚いて僧衣をまとい、放浪の旅に出た。狂人をもって自処し、中年に一時還俗したが、隠退と放浪の生活をくり返し、59歳を一期に鴻山の無量寺で多情多恨の生涯を終えた。その間多くの詩文と仏教・儒教に関する卓越した著述をのこし、後世▼実学思想の形成に大きく影響したといわれる。《梅月堂集》(発丑字本23巻1冊)が伝わる。▼《金鰲新話》は朝鮮の小説の濫觴をなし、彼の名を文学史に不朽にとどめる。　　　大谷 森繁

キム・ジハ｜김지하｜1941-
韓国の詩人、本名は金英一。日本では金芝河とも記す。全羅南道木浦生れ。ソウル大学校美学科卒。在学中に1960年の▼四月革命を体験、61年の五・一六クーデタによる朴正煕政権の登場以後、反政府運動を続ける。69年詩誌《詩人》に〈ソウルへの道〉を発表、文学活動を始める。70年5月《思想界》誌に権力層、富裕層を痛烈に風刺した譚詩《五賊》を発表、反共法違反で逮捕された。詩の主題は、貧しい力のない民衆の怨恨と権力・暴力に対する憤りであり、パンソリや仮面劇などの民衆的伝統をふまえ、俗語や擬態語などを駆使した詩形も独得である。強権に反対する民主化闘争の過程で投獄され、病気、地下潜行、獄中生活をくり返し、通算7年に及ぶ獄中生活を経て80年末に釈放。その間も〈良心宣言〉(1975)などの形で自由・正義、南北統一への意志を強烈に表現した。投獄中は日本をはじめ世界各地で救命運動が起こる。75年にアジア・アフリカ作家会議のロータス賞、81年度クライスキー財団(オーストリア)の人権賞が贈られた。獄中メモ、詩のほとんどが日本語に訳され、82年末には連作詩の一部である大説《南》を発表するなど、韓国の〈闘う詩人〉〈民族詩人〉として脚光を浴びた。同年第二詩集《金芝河詩集》が発刊されたが、発売禁止とされた。その後、生命運動や環境運動に着目し、生態系を重視する立場からのアピールを発している。98年に来日。　　金 学鉉

キム・ジョスン｜金祖淳｜김조순｜1765-1832
朝鮮後期の文臣。本貫は安東。初名は洛淳、字は士源、号は楓皋。領議政昌集の玄孫。1785年文科及第。抄啓文臣に抜擢された。▼正祖の寵愛を受け、世子(▼純祖)の輔導を任された。89年には冬至兼謝恩使の書状官として清を往来、吏曹参議・検校・直閣などの要職を務め、時派と僻派が争うなか、蕩平策を建議して政治的中立を守った。1800年純祖が即位し、要職に任じられるたびに辞退したが、02年両館(▼弘文館・芸文館)大提学となった。娘が王(純祖)の妃(純元王后)になると、領敦寧府使、永安府院君に封じられ、訓練大将、護衛大将などを歴任した。14年禁衛大将、26年再び両館大提学となり、32年提調・領敦寧府使在任中に没した。純祖の国舅となった彼を中心とする安東金氏一門は政権要職を独占し、純祖、憲宗、哲宗の3代60年余りにわたる▼勢道政治が始まった。正祖の廟庭に配享され、楊州の石室書院、驪州の玄巌書院に祭享された。諡号は忠文、著書に《楓皋集》がある。　⇒党争
　　　　　　　　　　　　　　　長森 美信

キム・ジョンイル｜金正日｜김정일｜1942-2011
金日成主席の長男で朝鮮民主主義人民共和国の前〈最高領導者〉。北朝鮮では父・▼金日成、母・金正淑とともに〈三大将軍〉の一人。1942年2月16日シベリア生。ただし、北朝鮮側は白頭山生と主張。64年金日成総合大学卒、卒業論文は〈社会主義建設にお

ける郡の位置と役割〉。65年金日成のインドネシア訪問に同行。▶朝鮮労働党組織指導部，宣伝扇動部で経験を積み，芸術分野にも注力。74年2月党中央委第5期第8回総会で〈主体偉業の偉大なる継承者〉に推戴，党中央委政治委員。80年10月第6回党大会で初めて公式の場に姿を現し，党中央委政治局常務委員，書記，中央軍事委員。83年6月訪中。91年12月党中央委第6期第19回総会で朝鮮人民軍最高司令官。92年4月共和国元帥。93年4月最高人民会議第9期第5回会議で国防委員会委員長。94年7月の金日成死去から3年の喪を経て97年10月党総書記。98年9月実質的な〈国家の最高職責〉に格上げされた国防委員長に再推戴。旧ソ連・東欧社会主義体制崩壊に伴い国内経済が疲弊した〈苦難の行軍〉を克服すべく，軍事優先の〈▶先軍政治〉と〈▶強盛大国〉ビジョンを掲げる。複数回にわたる中ロ訪問のほか，2000年6月，07年10月に南北首脳会談，02年9月，04年5月に日朝首脳会談を実現。08年夏に健康悪化説が出てから後継者問題が表面化。09年4月再推戴された国防委員長職が改正憲法で正式な〈最高領導者〉に。10年9月の第3回党代表者会で総書記に再推戴されるのと機を同じくして三男といわれる金正恩ジョンを大将・党中央軍事委副委員長として公式化。11年12月17日心筋梗塞により死去。12年2月に共和国大元帥称号が授与され，4月には〈永遠の総書記〉〈永遠の国防委員長〉となり，改正憲法の序文でその業績が称えられた。故・成恵琳との間に長男・金正男ナン，故・高容姫との間に次男・金正哲，三男・金正恩，長女・金ヨジョン。実妹・金慶喜。
礒崎 敦仁

キム・ジョンウン｜金正恩｜김정은｜1983-
▶金正日ジョンの死後における北朝鮮の最高指導者。金正日の三男で1983年1月8日生といわれる。母親は元在日朝鮮人の高容姫。金正恩の存在は長年北朝鮮に滞在し寿司を握った〈金正日の料理人〉藤本健二氏の証言や，スイス・ベルンに留学していたとの報道によって知られてきたが，北朝鮮側による公式化は，2010年9月の第3回朝鮮労働党代表者会開催直前における大将称号授与報道。同会で党中央軍事委副委員長に就任し，後

継者として公式活動を開始。11年12月の金正日死去直後に朝鮮人民軍最高司令官就任，翌12年4月に朝鮮労働党第1書記，朝鮮民主主義人民共和国▶国防委員会第1委員長に就任し，軍・党・国家の三権を掌握。北朝鮮国内では〈敬愛する元帥様〉などと称される。家族に李雪主夫人。
礒崎 敦仁

キム・ジョンジク｜金宗直｜김종직｜1431-92
朝鮮王朝の文臣，学者。字は季昷，孝盥。号は佔畢斎チョムピルチェ。本貫は善山。金叔滋の子。▶吉再キルチェの学統を継承，多くの門人を養成して官界に送り出し，嶺南サリム学派を形成した。彼の死後，彼の《弔義帝文》を門人金馹孫が史草に載せたことを契機に，李克墩ら勲旧派勢力（既成官僚）との対立が表面化し，門人金宏弼，鄭汝昌らが流配殺害され，彼も墓をあばかれ，斬屍された（戊午の士禍）。著書に《佔畢斎集》がある。諡号トは文簡。
山内 弘一

キム・ジョンソ｜金宗瑞｜김종서｜1383-1453
朝鮮前期の文臣。本貫は順天，字は国卿，号は節斎。1405年文科及第。19年司諫院右正言に登用されて以後，司諫院，司憲府などの官員を歴任。世宗の信任が篤く，左代言であった33年には吏部之選（吏曹の人事権）を管掌するよう王の特命を受けた。同年咸吉道観察使になり，豆満江と鴨緑江一帯に出没する女真族の侵入を撃退して六鎮を設置，国境線の確定に大きな役割を担った。倭寇討伐などにも功があったことから辺境防備の将帥としての印象が強いが，集賢殿の出身者とともに，《高麗史》の改纂，《高麗史節要》《世宗実録》の編纂を担うなど，文官として多くの業績を残した。世宗・文宗の絶対的な信任を得て，官は左議政にのぼり，文宗没後は幼い王（追尊端宗）を輔弼した。53年首陽大君（世祖）に殺され，癸酉靖難の最初の犠牲者となり，大逆謀反の罪で梟示されたが，1746年に復官した。著書に《制勝方略》がある。諡号は忠翼。
長森 美信

キム・ジョンナム｜金正男｜김정남｜1971-
▶金正日ジョンイルの長男。1971年5月10日生。母親は元女優の成恵琳（1937-2002）。ジュネーブのインターナショナルスクール留学やモスクワ，マカオなどで暮らす。2001年5月1日に成田空港で拘束された際には，〈Pang

●金正喜
書と絵。各書体をよくしたが、とくに隷書は抜きん出ていた。また彼は画法では写蘭を最も難しいものとし、書法の隷書になぞらえた手法で蘭を描いた。

Xiong（胖熊）〉名義のドミニカ共和国の偽造旅券を所持。09年頃から西側メディアの取材にもたびたび応じ、後継者問題に対して〈父が決めたことだからそれに従う〉などと発言。東京新聞の五味洋治編集委員が04年以降のメールのやりとりと長時間のインタビューを収録した内容を12年1月に出版。異母弟の▶金正恩ジョシ とは会ったことがないなどが明らかにされた。
磯崎 敦仁

キム・ジョンヒ | 金正喜 | 김정희 | 1786-1856
朝鮮王朝後期の実学者、金石学者、書芸家。字は元春、号は秋史、阮堂。早くからその書芸と経学の才を北学派の▶朴斉家パクチェガ に認められ、彼の薫陶の下にその学問をみがいた。24歳のとき副使となった父について北京に旅行し、翁方綱（《四庫全書》の編纂者の一人、当時78歳）と阮元（《皇清経解》の編者、当時49歳）の二大碩学の知遇を受けたことが、彼の学問の範囲と方法を決めた。晩年、前後12年の流配（済州島に8年）にあったが、訓詁学（漢学）を道具に性理学（宋学）に至る漢宋兼備の〈実事求是説〉を堅持して、経学（礼、易）、金石学、書芸に研鑽を積んだ一生であった。彼の書体は〈秋史体〉といわれ、《千字文》など識字や書道の手本として広く親しまれてきた。　➡書
小川 晴久

キム・ジョンピル | 金鍾泌 | 김종필 | 1926-
韓国の軍人、政治家。忠清南道生れ。1947年ソウル大師範学部中退、48年韓国陸士8期卒。61年▶五・一六クーデタでは、朴正煕陸軍少将（当時）との姻戚関係もあって、その片腕となって行動、クーデタ成功後は権力の基盤を固めるため、▶韓国中央情報部（KCIA）の創設に参加し、初代部長になった。親日家として知られ、76年から韓日議員連盟初代会長を務め、日韓政財界をつなぐパイプ役を務めた。79年10月の朴大統領射殺事件後、▶金大中キムデジュン、金泳三とともに〈三金〉とよばれ、次期大統領候補の一人と目されたが、80年▶全斗煥チョンドゥファン国軍保安司令官らの五・一七クーデタにより金大中らと一緒に連行され、一時は政界からの強制引退を余儀なくされた。85年3月、政治活動規制を解除され、87年12月の大統領選挙に新民主共和党を結成して出馬、第4位となる。90年共和党を率いて民正党と合同し、民自党を結成した。
猪狩 章＋前田 康博

1995年に金泳三と対立して民自党代表を辞任、離党し、新民党を吸収して保守政党・自由民主連合（自民連）を結成した。96年の総選挙では議席数299のうち自民連は50議席を占めた。97年12月の第15代大統領選では内閣責任制導入を掲げて忠清道を地盤として出馬を表明したが、金大中と候補一本化に成功、出馬を取りやめ、自民連は新政治国民会議と与党連合を組むことになった。だが少数与党のなか、98年2月、金大中政権誕生と同時に首相に任命されたが、野党が反対したため一時期首相代理を務め、2000年1月同党の▶朴泰俊パクテジュン 総裁に首相を交代、連立与党を外れた。01年10月自民連総裁に復帰した。同年4月の総選挙では野党として戦ったが、自らも不適格候補の烙印を押され、当選したものの自民連の議席は3分の1にまで激減した。再度、与党新千年民主党への接近を図ったものの、04年4月の総選挙で落選、政界引退を表明、自民連も2年後解散した。
前田 康博

キム・スヨン｜金洙暎｜김수영｜1921-68
韓国の詩人。ソウル生れ。解放後，詩作を始め，モダニズムの詩人として朴寅煥らと詩集《新しき都市と市民たちの合唱》(1949)を出版。以後作風は変化するが，時代に密着していこうとする姿勢は変わらず，作品には現実に対する鬱憤が秘められている。1960年代には詩論も多数発表，一時李御寧と参与文学をめぐって論争を行う。詩集《月世界の戯れ》(1958)のほか，死後出された詩集《巨大な根》，散文集《詩よ唾せよ》《ピューリタンの肖像》，小説《義勇軍》がある。　　　　　　　　　　　　　三枝 寿勝

キム・ソウォル｜金素月｜김소월｜1902-34
朝鮮の詩人。本名は金廷湜。平安北道郭山の生れ。1917年，五山学校(民族系)に入学，詩人金億の影響で詩を書き始める。22年『開闢』に〈つつじの花〉〈のちの日〉などを発表して一躍名を高めた。24年文芸誌《霊台》の同人となり，多くの詩を書く。その詩はおもに伝統的な民衆情緒を基盤にもつ民謡風の作品で，7・5調あるいは3・4調，4・4調の多様な形式からなっている。代表的な詩に〈つつじの花〉〈山有花〉〈招魂〉〈のちの日〉などがあげられる。韓国で最も多く詩集が出版されている詩人である。最近遺稿が発見され，従来の哀愁，感傷の詩人のイメージが変わりつつある。　金 学鉉

キム・ソウン｜金素雲｜김소운｜1907-81
朝鮮の詩人，随筆家。釜山生れ。13歳で渡日。苦学の後，北原白秋らの知遇を得て《朝鮮民謡集》(1929)を手始めに朝鮮口伝の童謡・民謡の採集と翻訳，現代詩の紹介を行った。《諺文朝鮮口伝民謡集》(1933)は，現在韓国でも方言研究の貴重な資料となっている。本書をもとに岩波文庫から《朝鮮民謡選》《朝鮮童謡選》を刊行。解放直前に帰国。1952年ベネチアでの国際芸術家会議出席の途中，日本に立ち寄ったさいの発言がもとで韓国政府により帰国の途を閉ざされ，滞日した。65年帰国後《韓日辞典》，《現代韓国文学選集》全5巻，《金素雲随筆選集》全5巻などの編纂，翻訳，刊行がある。朝鮮の文化と伝統の美を日本人に知らせることに生涯を捧げた。　　　　任 展慧

キム・ソッキョン｜金錫亨｜김석형｜1915-96
朝鮮民主主義人民共和国の歴史家。京城帝大史学科卒。解放後は北に移り，1956年科学院歴史研究所所長に就任，以後今日に至るまで，共和国の歴史学界において指導的な地位にある。日本で高松塚壁画古墳が発見されたときに来日したこともある。その研究領域は古代史から近代史まで広範囲にわたるが，〈'任那日本府〉の存在を否定し，日本列島内における朝鮮三国の分国の存在を主張した《初期朝・日関係研究》(1966。邦訳《古代朝日関係史》)と，三国時代から朝鮮王朝時代までを封建制ととらえ，日本中世史研究にも大きな影響を与えた《朝鮮封建時代農民の階級構成》(1957)が代表作である。
　　　　　　　　　　　　　宮嶋 博史

キム・ソンス｜金性洙｜김성수｜1891-1955
朝鮮の政治家，教育者。号は仁村。全羅北道の大地主の家に生まれる。1914年早稲田大学卒業後帰国し，中央学校校長。19年京城紡織株式会社(のちの'湖南〓財閥の中心)を設立する一方，20年には『東亜日報』を創刊，実力養成を目標とする右派民族主義の中心となった。32年普成専門学校('高麗大学校の前身)校長。解放後は，宋鎮禹らと韓国民主党を結成，党首となる。50年副大統領になったが，李承晩との対立から翌年辞任した。
　　　　　　　　　　　　　水野 直樹

キム・タルス｜金達寿｜김달수｜1919-97
小説家。慶尚南道昌原郡生れ。在日朝鮮人文学者の嚆矢ともいえる存在。10歳のとき渡日し，苦学しながら習作に励む。1940年日大芸術科在学中に最初の作品《位置》を発表するが，実質的には第2次大戦後の46年から《民主朝鮮》に連載を始めた長編《後裔の街》が出発となった。骨太な文体で書かれたその作品は，〈朝鮮的なるもの〉〈民族的なるもの〉が軸になっていて，在日一世作家としての存在を誇示しており，以後《玄海灘》(1954)，《太白山脈》(1969)などに展開する。70年頃からは古代史の方面にも活動領域を広げ，〈日本の中の朝鮮文化〉を追求することで，当時の先進文化を伝えた渡来人＝朝鮮民族の存在を日本人に認識させ，日本人の対朝鮮観を正すのに大きな役割を果たした。この作業は，創作活動が82

年の《行基の時代》で終わったのに対し，ライフワークとして晩年まで続けられた．季刊《三千里》などの雑誌編集者としての業績も重要である．1980年までの小説をまとめた《金達寿小説全集》(全7巻)がある．⇒在日朝鮮人文学

布袋 敏博

キムチ│김치

朝鮮料理における漬物の総称．沈菜(チムチェ)ともいう．これが訛ってチムチ，キムチに転じたとされる．辛いとされる朝鮮の食べものの代表．食生活にキムチは欠かせないもので，通常食事ではスープとともに必ずつく．野菜類を塩漬し，水をきってトウガラシ，ニンニク，果物，アミやイカ，小魚などの▶塩辛類の薬味と合わせて漬け込む．文献上キムチがみえるのは13世紀初の李奎報の詩が初めであるが，それ以前より存在したことはまちがいない．キムチに▶トウガラシが使われるようになったのは17世紀後半からで，これを境にキムチの種類が豊富になった．それまではサンショウ，ショウガ，ニンニクなどは用いられたが，おもに塩味だけの単純なものであった．現在キムチとよばれるものははなはだ多く，数十種に達する．ハクサイ漬のペチュキムチ，ダイコン角切りのカクトゥギ，キュウリのオイキムチ，野菜の丸漬のトンキムチや，水分を味わう水キムチなどがよくつくられる．ナス，ダイコン，ニンニクなどをしょうゆ漬するチャンアチもキムチの一種といえる．秋の野菜の収穫期には冬に備えてのキムチづくりが町や村で一斉に始まる．キムジャンとよばれる朝鮮の年中行事で，初冬の風物詩でもある．海の幸である動物性食品と山の幸である植物性食品とを巧みに結びつけたキムチは，野菜不足の冬場の保存食としても不可欠のものとなっている．キムチは野菜の発酵食品で，乳酸菌が多く，微生物によってつくられたビタミン類も多い．日本の漬物のように洗ってしぼることはしない．キムチづくりは手づくりが基本であったが，近年は南北朝鮮ともに工場生産の商品キムチが主流をなし，中国製も多くみられる．日本でキムチの消費が広がったこともあり，韓国産キムチの輸出が増大している．キムチは世界の健康食品五つのうちに数えられている．

鄭 大聲

キムチェク│金策│김책

朝鮮民主主義人民共和国北東部の咸鏡北道に属する臨海都市．面積850km²，人口25万6900(1996推定)．14世紀末以来，城津とよばれてきたが，朝鮮戦争中に死亡した当地出身の軍人政治家・金策(1903-51)にちなんで，1953年に改名された．旧韓末の1899年以降，開港場として港湾建設と外国人の居留が進み，1930年代からは道内に産する鉄鉱石・石炭・黒鉛・マグネサイトなどを背景に重工業化が進められた．城津製鋼所(旧日本高周波重工業城津製鉄所)は▶朝鮮戦争で大きな損害を受けたが，その後復興され，清津市の金策製鉄所(旧日本製鉄清津製鉄所)とともに国内有数の製鉄所となっている．また，金策港は東海岸の漁業や水産加工の基地としても重要である．

佐々木 史郎

キム・デゴン│金大建│김대건│1821-46

朝鮮人最初の神父．京畿道竜仁県の生れ．本貫は金海．幼名は再福．教名はアンドレア．マカオのパリ外国宣教会神学校を卒業後，1845年1月以来母国で伝道に従い，同年8月上海でフェレオル司教から神父に叙せられた．翌月，同司教，ダブリュイ神父とともに朝鮮に密入国して布教に努めたが，46年6月黄海道登山鎮で捕らえられ，同年9月，梟首に処せられた(丙午教獄)．1925年7月，ローマ教会から殉教者として列福された．

原田 環

キム・テジュン│金台俊│김태준│1905?-49

朝鮮の文学者．出生地は不明．京城帝国大学朝鮮語文学科を卒業し，同学科の講師．1937年日中戦争が始まり，植民地下の朝鮮で朝鮮語その他の民族文化が滅亡の危機にさらされるや，朝鮮語文学会，▶震檀学会などを組織して朝鮮学の研究と発展に努力した．また39年以後は朝鮮共産党再建のため地下活動に参加，44年秋に警察の保護観察を受ける身でありながらソウルから中国へ脱出し，延安の▶朝鮮独立同盟に参加した．解放後は南朝鮮労働党文化部長となって反米闘争を展開したが，49年秋に李承晩政権によって処刑された．朝鮮最初の近代的な小説史ともいうべき《朝鮮小説史》(1933)のほか，《朝鮮漢文学史》《朝鮮歌謡集》や抗日中

国紀行《延安行》などを著した。
安 宇植

キム・デジュン｜金大中｜김대중｜1925-2009

韓国の政治家，第15代大統領(1998.2-2003.2)．全羅南道出身．建国大学を中退，高麗大学などの大学院を修了．カトリック教徒．1960年の四月革命後，民議院議員に当選するが，翌年朴正熙らの五・一六クーデタで議員資格を奪われた．71年までに野党の新民党から出馬して国会議員に3回当選．71年4月の大統領選挙で新民党の候補として，国内の民主化や南北の対話交流などを訴え，3選をめざす朴正熙大統領を97万票差まで追い上げた．大統領選直後，不審な交通事故に遭い，腰部に重傷を負い，以後障害を抱えて活動した．朴政権は翌年*維新体制をしいて，大統領の間接選挙制を導入．事故による後遺症治療のため来日し，日米間を往来して反朴運動を行っていたが，73年*金大中事件で殺されかけ，76年3月*咸錫憲，*尹潽善らとともに〈民主救国宣言〉を発して朴政権を批判し，禁錮8年の判決を受けた．全斗煥政権下でも80年の*光州事件に関連づけられていったん死刑が確定したが，国際世論の高まりで減刑措置を受けて渡米し，85年2月日本経由で2年ぶりに帰国．刑の執行停止中ということで実質的な政治活動は規制されていたが，民主化推進協議会(1984年5月，在野勢力を結集して発足)の共同議長を*金泳三とともに務めた．87年7月に復権，金泳三とは別に平和民主党を結成した．
猪狩 章＋前田 康博

1992年12月の大統領選では民主党から出馬したが，与党の金泳三に敗れ，政界からの引退を表明した．だが95年の地方選で勝利して〈新政治国民会議〉を結成した．96年4月の総選挙で，新政治国民会議(52議席)は定数299のうち79議席に伸ばしたものの，金泳三大統領の与党・新韓国党の勝利(139議席へ)を許した．全国区で出馬した金大中自身は落選したが，政治活動を継続した．97年12月の第15代大統領選で*金鍾泌の自民連と連携し，小差ながら1033万票(40.3％)でハンナラ党総裁の*李会昌候補994万票(38.7％)を破って当選した．98年2月，就任演説を通じて，特使交換，首脳会談など北朝鮮に対して柔軟な政策を打ち出し，*太陽(包容)政策とよばれた．南北関係改善のため*金剛山観光開発など民間交流も支援した．97年末からの経済危機を乗り切るため，国際通貨基金(IMF)管理下で経済再建策を示した．99年から経済成長路線に戻った(*IMF時代)．2000年1月，金鍾泌首相の辞任と自民連の連立解消を契機に新政治国民会議を新千年民主党と改称した．3月，訪独した際，ベルリン宣言を発表，南北の和解と統一のための首脳会談を提唱，4月の総選挙では定数273のうち98議席から115議席へ躍進したが，野党ハンナラ党(122議席から133議席へ)が第一党となった．6月13日から3日間，平壌を訪問，*金正日総書記と*南北首脳会談を行い，*南北離散家族再会や統一への方向を示す〈南北共同宣言〉に署名した．2000年韓国人唯一のノーベル平和賞受賞者となった．09年8月，肺炎が悪化，85歳で死去し，国葬された．
前田 康博

キム・デジュンじけん｜金大中事件

金大中拉致事件．1973年8月8日昼，韓国の野党政治家，*金大中が東京のホテル・グランドパレスから拉致された事件．金大中は当時，*朴正熙政権批判の運動を国外で展開中だった．金大中は同13日，ソウルの自宅前で解放された．拉致現場に在日韓国大使館一等書記官，金東雲の指紋が残されていたことから，日本警察は出頭を求めたが，韓国側は拒否．日本で〈主権侵害〉との世論が高まり，*韓国中央情報部(KCIA)による犯行との疑いも強まった．韓国政府は金大中の軟禁を解除した後，金東雲を免職，同年11月に国務総理の金鍾泌が訪日して陳謝し，事件は日韓政府間で政治決着した(第1次政治決着)．75年7月には韓国政府が金東雲の不起訴と公務員資格剥奪などの内容の〈口上書〉を発表することで第2次政治決着が図られた．金大中本人は大阪から船で移送される途中，米国か日本の航空機が上空に現れて警告したため殺害を免れたと主張．98年8月，事件当時の米中央情報局(CIA)ソウル支局長ドナルド・グレッグもこうした情報を認めた．2007年10月，韓国政府の〈過去事件の真相究明委員会〉が報告書を発表し，KCIAの組織的犯行だっ

たことを初めて公式に認めた。報告書によると、KCIA部長李厚洛ﾘﾌﾗｸの指示でKCIA要員24人に駐日公使らを加えた計27人による犯行で、事件前は日本の暴力団に殺害依頼をすることも検討されていたという。報告書は朴正煕の指示を具体的に立証できる資料は確保できなかったとしながらも、大統領指示の可能性は排除できず、少なくとも〈暗黙の了解〉があったと結論づけた。韓国政府は日本政府にあらためて陳謝したが、09年8月に金大中が死去、同10月には李厚洛が死去し、さらなる真相解明は困難になった。
阪堂 博之

キム・デムン｜金大問｜김대문

7世紀後半から8世紀前半ごろの新羅の文人。生没年不詳。唐に留学、帰国して704年漢山州都督となる。文章にすぐれ、▶花郎の事跡をしるした《花郎世記》をはじめ《高僧伝》《楽本》《漢山記》など、伝記を中心とする多数の著述をなし、その断章が《三国史記》(1145)のなかに伝わる。とくに▶麻立干などの新羅の王号を新羅語によって説明したくだりは、往時の言語・社会を知るうえに貴重な史料である。
大井 剛

キム・ドゥボン｜金枓奉｜김두봉｜1890-1961?

朝鮮の民族運動家。統一戦線型の社会主義者である。▶愛国啓蒙運動に加わり、▶周時経ﾁｭｼｷｮﾝに師事して朝鮮語文を研究、民族系私立学校の教壇に立つ。三・一独立運動直後、上海に渡り、▶李東輝ｲﾄﾞﾝﾌｨらを通じて共産主義を知る。1935年以後金元鳳の朝鮮民族革命党に加わっていたが、42年ころ延安に移り、▶朝鮮独立同盟委員長。解放後は北朝鮮に帰り、新民党、労働党委員長をはじめ要職を歴任したが、延安派の失脚により、58年3月以後公職から退いた。
梶村 秀樹

キム・ドンイン｜金東仁｜김동인｜1900-51

朝鮮の作家。キム・ドギンとも。平壌出身。号は琴童。日本留学中の1919年に朝鮮初の文芸同人誌《創造》を創刊。言文一致を一歩進めた個性的な文章、簡潔な叙述と単一な構成、作中人物の個性的な性格創造により、朝鮮における近代的短編小説の確立者とされる。性と金銭に溺れ、道徳的に破滅して死にいたるヒロインを描く《甘藷》(1925)はその代表作。彼はしばしばこうした衝撃的題材を好み、《狂炎ソナタ》《狂画師》《大首陽》なども反良識、反常識の挑戦的作品だが、思想的奥行に欠け、《金妍実伝》では暴露趣味に堕している。評論にも優れ、▶李光洙ｲｸﾞﾜﾝｽ論である《春園研究》は有名。《金東仁全集》がある。
長 璋吉

キム・ドンニ｜金東里｜김동리｜1913-95

韓国の作家。本名始鍾。慶尚北道慶州出身。儆新高等普通学校中退。1935年《花郎の後裔》、36年《山火》により登壇。続いて《巫女図》(1936)をはじめ《岩》《黄土記》など土俗的シャマニズムや説話、伝説の世界を描く。解放後は左翼文学団体に対抗して朝鮮青年文学家協会を結成、純粋文学擁護の論陣を張る。《穴居部族》《人間動議》《興南撤収》などにより社会的現実へ文学的世界を拡大する一方、《巫女図》《山火》の改作、同系列の《駅馬》《乙火》などを発表して土着の理念的世界への接近を深めた。芸術院会員、中央大学芸術学部長。《金東里代表作選集》がある。
長 璋吉

キム・ヒョンウク｜金炯旭｜김형욱｜1925-79

韓国の軍人。▶韓国中央情報部(KCIA)の第4代部長。黄海道生れ。▶金鍾泌ｷﾑｼﾞｮﾝﾋﾟﾙ初代KCIA部長と同じ陸士8期卒で、朴正煕陸軍少将が主導した1961年の▶五・一六クーデタに参加、63年7月KCIA部長に起用される。朴正煕大統領の任期延長工作(3選改憲)に協力、任期延長確定後の69年10月その責任をとらされて解任。73年4月アメリカへ亡命。議会やマスコミで朴政権の対米不正工作などを暴露。79年10月旅先のパリで行方不明となる。81年3月アメリカの裁判所が死亡宣告。80年12月、日本で手記が出版された。
猪狩 章

キム・ブシク｜金富軾｜김부식｜1075-1151

高麗の政治家、儒学者。現存する朝鮮最古の史書《三国史記》の編者として知られる。粛宗(1095-1105)のとき、科挙に合格し、仁宗代(1122-46)に宰相となった。1126年に起きた李資謙の乱後、▶妙清ﾐｮﾁｮﾝら西京(平壤)人は風水地理説にもとづいて西京遷都論を唱え、また、女真人が建てた金への侵略を主張したが、これを▶事大の立場から徹底的に批判・攻撃したのが金富軾であった。

妙清一派はついに西京で反乱を起こしたが（妙清の乱），これも彼の指揮する官軍によって鎮圧された。金富軾は儒学の正統的な解釈にもとづいて中国中心主義・事大の立場をとり，また，慶州の名門出身であることから歴史的には新羅を重視する立場をとった。《三国史記》には，彼のこのような立場が反映されている。

浜中 昇

キムポ｜金浦｜김포

韓国，京畿道の中西部，京畿湾岸の都市。南は仁川・ソウル両市に接し，最北部は軍事境界線に接する。西にはごく狭い海峡（塩河）を隔てて仁川広域市所属の江華島があり，橋が通じている。1914年に成立した旧金浦郡は，60年代以降，南部一帯が順次ソウル・仁川・富川市などに編入された結果，90年代にほぼ現在の広さとなり，98年に市に昇格した。面積277km²，人口30万5875（2013）。北界を流れる漢江が形成した沖積平野である金浦平野は，韓国有数の稲作地帯として知られ，京畿湾岸沿いにみられる低平な丘陵地は，大消費地ソウル向けの園芸農業や畜産に利用されてきた。大規模な住宅団地や産業団地が造成され，都市化の進展が著しいが，2010年現在でも市域の28％を水田が占める。高麗人参の特産地でもある。なお金浦国際空港がある地区は1963年にソウル市に編入されたため，空港名は〈金浦〉を残すものの，金浦市にはない。同空港は2001年3月，仁川国際空港の開港により国内線専用空港となったが，その後羽田空港との間にチャーター便の運航が始まり，10年以降は定期便に変わっている。現在，大阪・名古屋のほか，北京・上海・台北などともチャーター便や定期便で結ばれている。

佐々木 史郎

キム・ホンジプ｜金弘集｜김홍집｜1842-96

朝鮮王朝末期の政治家。本貫は慶尚道慶州。初名は宏集。号は道園。1880年，修信使として日本を訪問，明治維新後の発展の様子を視察して開化への意欲を深めた。このとき持ち帰った《朝鮮策略》（駐日清国参賛官▶黄遵憲の著書）は，開化策の推進を説いて政府内外に論議を呼びおこした。84年の▶甲申政変の際，開化派政府の漢城府尹に推された。穏健的▶開化派ともいうべき立場の彼は，政変失敗後の閔氏守旧派政権のもとでも高位を占め続け，開化派勢力を温存させる結果となった。94年7月，日本の軍事力を背景に内閣を組織し，軍国機務処の総裁として▶甲午改革を推進した。翌年，三国干渉後に一時辞職したが，10月の閔妃虐殺事件のあと再び開化派政権を担当した。しかし，同事件の処理や▶断髪令の強行が反発をうけて反日義兵闘争に見舞われ，96年2月，国王がロシア公使館に移ったとき，景福宮に駆けつけたが，捕らえられて殺された。

吉野 誠

キム・ホンド｜金弘道｜김홍도｜1745-?

朝鮮王朝時代の画家。本貫は金海。字は士能，号は檀園，丹邱，西湖，高眠居士，輒酔翁など。李寧，▶安堅，▶鄭敾などと並ぶ朝鮮の代表的画家の一人。正祖や姜世晃の知遇を受け，正祖の肖像を描いて御用画史となり，画員としては異例の出世である従六品の県監（県知事）を務めた。山水図は王命による《金剛四郡図》の制作が動機となって，ついには鄭敾の延長線上に独自の真景山水を生み出した。この写景山水はすぐれた現実感覚によって，当時の風俗が軽妙に取り入れられており，朝鮮山水画の新たな精華といえる。さらに人物，花鳥など作域は広く，とくに神仙図や庶民の生活を描いた風俗図に彼の個性を示すすぐれた作品を遺している。代表作は《群仙図屛風》（ソウル，湖巖美術館），《馬上聴鶯図》（同，澗松美術館）などがある。⇒朝鮮美術［図］

吉田 宏志

キム・マンジュン｜金万重｜김만중｜1637-92

朝鮮王朝の文臣，作家。字は重叔，号は西浦。父は▶丙子の乱（1636）のとき江華島で殉節した金益謙，母の尹氏は歴代宰相家であった尹斗寿の孫女。母は夫なきあと，2人の子（万基，万重）の教育をみずから施し，父を知らない万重は生涯母への尊敬と孝心があつかったという。官は工曹判書，大司憲にまで至ったが，党争のなかで西人派であった彼の官運は西人勢力の盛衰に左右された。47歳のとき，王（▶粛宗）が宮女の張氏を寵愛したのを，万重は経筵の席上でいさめたため，王の怒りを買い宣川に流配された。翌年許されたが，王は張氏の生んだ子を王世子に立てると，西人たちはこれを

いさめ、▶南人らはそのすきをねらって一挙に西人側の重臣らを追放し、万重も南海に流配され、孤島で世を去った。彼は配所で王を忠諫せんとして風刺小説《謝氏南征記》を書いた。その随筆集《西浦漫筆》の中で当時の知識人が漢詩文だけに傾斜心酔しているのに対し、彼らの詩文がたとえ中国人のそれに接近していたにしても、所詮はオウムが人の声をまねるのと変りなく、きこりや田舎の女が歌う民謡より真実性が乏しい、と痛罵している。彼はまれにみる国民文学重視の文人であった。このような信条からハングルにより、儒・仏・道の思想をあわせもった《九雲夢》の大作を世に出し、しかも当時、儒教的倫理観から知識人が軟文学に接近するのを禁じていた風潮にもかかわらず、堂々と作者名を明記して発表している。
金 思燁

キム・ミョングク│金明国│김명국│1600-?
朝鮮王朝中期の画家。名は鳴国、命国ともいい、字は天汝、号は蓮潭、酔翁など。図画署の画員、後に教授となる。通信使の随員として1636年(寛永13)、43年の2度来日し、日本でもその名を高めた。豪放磊落な性格をあらわす逸話が多く、奔放自在な筆致で逸格風の山水・人物画を描いた。その浙派様の斧劈皴を多用した画法は、当時のソウル画壇に清新な刺激を与えた。
→朝鮮美術[図]
吉田 宏志

キム・ユク│金堉│김육│1580-1658
朝鮮王朝中期の開明的政治家、実学者。字は伯厚、号は潜谷。本貫は清風。1519年の▶士禍で殺された八賢の一人金湜を高祖父にもつ。30代の農村(潜谷)生活、40代の地方官時代、50代以降の数度にわたる北京旅行(冬至使ほか)という豊富な経験を生かし、観象監提調、領議政など要職を歴任して時憲暦の施行、▶大同法(新税制)の普及など諸改革を実施した。また車の製造、水車の使用、通貨の普及などを主張し、実現につとめた。彼は西人―▶老論系の▶実学の先駆者となった。
小川 晴久

キム・ユシン│金庾信│김유신│595-673
新羅の貴族、武将。金海加羅王の子孫、王京(慶州)の人。7世紀に新羅が朝鮮三国を統一する過程で軍事の中心となった歴戦の名将。15歳で新羅独特の貴族青年集団の指導者である▶花郎となり、竜華香徒をひきいて山野に修行し、629年、35歳のとき高句麗との戦闘に加わり、劣勢の新羅軍をたてなおして娘臂城を抜き、一躍武名をとどろかせた。642年押梁州(慶山)軍主になると、百済の攻勢を防ぎつつ地方勢力の結集と将兵の再編とに努め、新羅軍の面目を一新する基盤をきずいた。この間に、金春秋の外交活動を国内から支援し、647年毗曇らの乱を鎮圧して真徳女王を立て、唐に対する積極外交のうしろだてとなり、654年には金春秋を王に推戴した。この▶武烈王の后は金庾信の妹であり、金庾信は武烈王の娘を娶っている。660年上大等に任ぜられて宰相の地位につき、唐将蘇定方と連合して百済を滅ぼした。つづく高句麗討滅戦には文武王の指揮下に王京に残留し、対唐戦争中の673年、三国統一(676)を目前にして没したが、生前最高の官位である太大角干を授けられている。金庾信の墓と伝える高塚墳墓は慶州西郊にあり、封土の周囲に腰石をめぐらし、武器を執る十二支の浮彫り像をその方位にしたがって配した墳墓様式は、9世紀前半の興徳王代に〈興武大王〉に追尊された時期の修築になるものかとも推測される。慶州北郊には銅像が建ち、今日なお三国統一の英雄と仰がれている。
大井 剛

キム・ユンシク│金允植│김윤식│1835-1922
朝鮮王朝末期の政治家、漢学者。字は洵卿、号は雲養。本貫は清風。▶朴珪寿の門下で開化思想に傾倒、穏健的開化派の中心人物。1874年科挙の文科に及第。94-95年の甲午改革当時は金弘集内閣の外部大臣として活躍、96年2月の同内閣崩壊後には済州島に流配。韓国併合のとき子爵をうけたが、1919年三・一独立運動に同調して爵位を返上。王朝末期屈指の漢学者で、著書に《雲養集》《陰晴史》などがある。
姜 在彦

キム・ヨンサム│金泳三│김영삼│1927-
韓国の政治家、第14代大統領(1993.2-98.2)。プロテスタント教徒。慶尚南道巨済島生れ。ソウル大学卒業後、史上最年少の27歳で国会議員となり、1973-76年野党新民党の総裁に就任。▶金大中、李哲承とと

もに同党の若手三羽烏といわれ，朴正煕政権と対立した。79年再び党総裁となるが，YH貿易事件など労働運動の激化と野党活動が結びついたため，同年秋にソウル地裁で総裁権限剝奪，与党により国会除名処分とされた。朴大統領射殺事件後，80年春には金大中や▶金鍾泌ｷﾑｼﾞｮﾝﾋﾟﾙ元首相と並ぶ〈三金〉の一人として民主回復運動を再開したが，全斗煥政権登場下で8月政界引退を表明。だが83年5月政治活動禁止の解除を要求して長期の断食闘争を行い，84年5月在野勢力を結集した民主化推進協議会を結成し，金大中と並び共同議長に就任。85年2月の総選挙では野党新韓民主党の躍進に力をみせ，10月に来日して日本社会党と交流。86年2月新韓民主党(新民党)に入党，常任顧問に就任した。87年5月統一民主党を結成，総裁となり，同年末の大統領選に出馬したが，与党▶盧泰愚ﾉﾃｳ氏に敗れた。90年5月，与野党3党合同による民主自由党(民自党)結成に参加，党最高委員となる。92年9月党総裁となり12月の大統領選に出馬。野党の金大中，▶鄭周永ﾁｮﾝｼﾞｭﾖﾝらを破って当選，93年2月第14代大統領となり，32年ぶりの文民政権を発足させた。同年に金融実名制を実施，94年7月金日成の死去により同月末予定の南北首脳会談は延期された。金泳三政権の治安政策に北側が反発，南北対話は中断した。95年8月，旧▶朝鮮総督府庁舎の撤去に着手，同年11月，▶光州ｸﾜﾝｼﾞｭ事件関係者処罰法を定め，▶全斗煥ﾁｮﾝﾄﾞｩﾌｧﾝ・盧泰愚元大統領に重刑を科した。同年の地方選挙で野党に敗れた民自党は12月に新韓国党と改称。この間，経済先進国をめざし，96年OECD(経済協力開発機構)加盟も実現した。97年5月，二男賢哲が財閥〈韓宝〉グループとの癒着から，あっせん収賄罪に問われ，一審で懲役3年の実刑判決を受けた(98年1月保釈)。97年後半，アジア通貨危機のあおりを受けてウォン貨が急落，国際通貨基金(IMF)に緊急支援を要請，韓国経済の破綻と失政が表面化し，経済大統領を自任する金大中が登場した。　　　　　　　　　　　　前田 康博

キム・ヨンスン|金容淳|김용순|1934-2003
朝鮮民主主義人民共和国の政治家。▶朝鮮労働党中央委書記，朝鮮アジア太平洋平和委委員長，祖国平和統一委員会副委員長，朝・日友好協会最高顧問。党機関や関係団体で対外関係，とくに対南・対日関係の活動が長い。1984年2月，党中央委書記。その後一時解任された可能性があるが，90年5月に再任。91年1月，▶日朝国交正常化交渉が開始され，同年2月，党代表団長として来日し，7月，朝・日友好協会最高顧問に選出。92年1月，ニューヨークでの朝米高官協議に出席，同年4月，最高人民会議外交委員長に，12月，党中央委政治局員候補に選出。93年4月，最高人民会議統一政策委員長に転出，同年12月，政治局員候補解任が判明。94年4月，朝鮮アジア太平洋平和委員長就任が判明。98年9月の憲法改正で最高人民会議統一政策委が廃止され，離任。指導幹部序列は21位前後であるが，▶金正日ｷﾑｼﾞｮﾝｲﾙ総書記の側近の一人であり，また，対南・対日関係担当という立場のため，韓国や日本での知名度が高い。2003年交通事故が原因で死去したと発表される。
　　　　　　　　　　　　　　　　小牧 輝夫

キム・ヨンナム|金永南|김영남|1928-
北朝鮮の最高人民会議常任委員会委員長，朝鮮労働党中央政治局常務委員。1928年2月4日平壌生。金日成総合大学卒。モスクワ大学留学で外交を専攻して以降，一貫して外交畑を歩む。党中央委国際部副部長，対外文化連絡委員会副委員長，外務省副相，党中央委国際部副部長を経て72年同部長，75年党中央委国際担当書記，78年党政治局委員，83年政務院副総理兼外交部長。98年9月の憲法改正時に新設された最高人民会議常任委員長に就任後は，新任大使の信任状受理や外遊など，対外的に国家元首的な役割を果たす。2010年9月の第3回党代表者会で党政治局常務委員。粛清・失脚の多い北朝鮮史上では珍しく金日成，金正日，金正恩と三代指導者から信任を得る高位級幹部といえる。
　　　　　　　　　　　　　　　　礒崎 敦仁

キメ|金海|김해
韓国，慶尚南道の南東部に位置し，釜山市に隣接する市。キムへとも。1981年に旧金海郡の金海邑が市に昇格して分離したが，95年の市郡統合で現在の市となった。面積463km²。人口51万7739(2013.9)。市の北界

および東界を流れる洛東江が北部に進永𡈽ピョン平野、東部には韓国唯一の三角州平野である金海平野を発達させており、嶺南ヨンナム地方最大の穀倉地帯となっている。中央を南海高速道路が走り、西の昌原工業地帯、東の釜山工業地帯を自動車で1時間たらずで結ぶ。これらの大消費地を背景として、園芸、果樹、畜産などの近郊農業が盛んとなっている。韓国で最初にビニルハウスの本格利用が始まったところであり、国内最大の花卉栽培団地では、日本・中国・東南アジアなどにも輸出している。釜山から続く南東工業ベルトは、陸海空の交通に恵まれ、機械・自動車・金属を中心に操業を続けている。平野一帯は古代▶金海加羅の本拠地となったところであり、金海邑周辺には遺跡が多い。また、韓国最大の同姓氏族である金海金氏の出身地として有名である。洛東江下流の三角州の中央に1976年金海国際空港が建設され、開港とともに三角州全体が釜山市へ編入された。　　　　　谷浦 孝雄＋佐々木 史郎

[金海遺跡]　金海市鳳凰洞の鳳凰台とよばれる丘陵にある、無文土器時代(青銅器時代)から三国時代にわたる遺跡。1920年、34-35年、さらに92年の本格的な発掘調査の結果、各種の遺構や遺物が検出された。無文土器時代には、支石墓1、箱式石棺墓5、甕棺墓3からなる墓地が営まれた。甕棺墓の内外からは、碧玉製管玉、細形銅剣、銅鉇ドウシが出土し、石棺墓内からは、丹塗磨研土器と磨製石鏃が出土した。ついで、原三国時代では、住居が営まれ、貝塚が形成された。住居跡は、炉跡を伴う敷石の竪穴式である。貝層は東西約120m、南北約30mの範囲で、とくに丘陵南面の厚いところは厚さ約6mに堆積する。貝層出土の土器は、赤褐色をした無文土器系統の土器に加えて、黝青ユウセイ色の陶質土器が加わる。骨角器、鉄器、炭化米、貨泉など特色ある遺物が含まれる。三国時代では、金官加耶および新羅の陶質土器を検出するが、遺構はわからない。➡キメ(金海)式土器　　　　　　　　　西谷 正

キメカラ｜**金海加羅**｜김해가야
朝鮮古代の加羅諸国中の有力国。別名は金官加羅、大伽耶、狗邪国、狗邪韓国、駕洛国、任那加羅、任那。現在の慶尚南道金海郡を中心とし、王都址の金海邑には多くの遺跡があり、早くから開けていた。3世紀には韓族、倭人諸国および楽浪・帯方両郡などの海上交通の要衝として栄えた。400年には南下した高句麗軍の主要な攻撃目標となる有力国であった。日本の学界では4世紀半ば以降に大和朝廷(倭王権)の朝鮮進出の基地である▶任那日本府がこの地におかれたとしているが、そのことを証明する文献や遺跡、遺物はまだ確認されていない。《駕洛国記》などの伝承によれば、首露スロ王が42年に建国し、9代490年間続いたが、532年に新羅に降伏したという。その開国神話は日本の天孫降臨神話の祖型とみられ、始祖王后の海洋渡航神話とともに11世紀には金海邑の邑祭とされた。始祖首露王廟、降臨地の亀旨峰、始祖王后陵などはいまも聖地となっている。6世紀前半には、新羅、百済の侵入に対抗するため、加羅諸国を糾合し、その盟主になったこともある。王宮址は明らかでないが、王都防衛の盆山城は後世も利用し、その威容をとどめている。新羅に降伏したのちも、旧王族がこの地を支配し、旧王室の後裔から金庾信・文武王の母文明皇后などが出たので、672年にこの地を金官小京とし、757年に金海小京となった。その後も金海邑はこの地方の中心地であり、とくに壬辰・丁酉倭乱(文禄・慶長の役)での古戦場として名高い。➡加羅コリョンカラ(高霊加羅)｜神話　　　　　井上 秀雄

キメしきどき｜**金海式土器**
金海土器ともいう。金海貝塚にちなんで、金海遺跡(▶金海)出土の陶質土器を指標として名づけられた。中国の灰陶の流れをくみ、1世紀後半から4世紀ごろにかけて、朝鮮半島の東南海岸地方を中心にして製作された。先行する▶無文土器に新たに加わった土器で、のちの加耶土器へと発展する。精選された粘土を使い、叩き技法で整形された。表面には、整形時の格子目文、縄席ジョウセキ文、平行線文を残し、横位の沈線文をめぐらす。主として、還元炎焼成によって硬く焼き上げられ、黝青ユウセイ色のものが多いが、なかには灰色、黄褐色を呈するものもある。器形は丸底、短頸の壺が主体だが、高坏タカツキなど

●金海式土器

叩き技法による壺。胴径27.5cm。

も見られる。その後の調査で、この種の土器は広く朝鮮半島の南部一帯に分布することがわかり、現在では、金海式土器という呼称はほとんど使われず、代わって瓦質土器とよばれる。なお金海式土器は、北部九州と大阪湾沿岸部などで弥生時代後期の遺跡からも出土する。

金海式土器を使用した時期ということから金海時代とか金海期とも、あるいは同じような遺構や遺物を出土する熊川貝塚にちなんで熊川期とよばれたりしたが、最近では、三国時代の前段階という観点から、原三国時代とか、原三国期とよぶ傾向が増えつつある。この時代の特色は、もちろん陶質土器の製作開始にあるが、同時にいくつかの顕著な現象が伴い、一時期を画する。鉄および鉄器生産、雑穀や稲栽培の生産性の向上、家畜飼育の増進、▼支石墓の消滅などの諸相がいちじるしい。金海時代というと、およそ《三国志》魏書韓伝の世界と対応するが、原三国時代という場合、朝鮮半島の北部で、無文土器(青銅器)時代から高句麗が成立するまでの過渡期や、西部で楽浪郡や帯方郡が設置されていた時期も含めて、広範な意味に使おうとする試みもある。⇒土器│新羅土器　　　　　　　　　　　西谷 正

きゃくしゅ│客主│객주
朝鮮の伝統的な商業機関の一つで、朝鮮王朝とくにその後期に発達した。客主とは客商主人の略で、大別すると歩行客主と物商客主とに分かれる。前者は比較的高級な旅館業を営む者をさすが、おそらくこうした旅館業者が、旅客たる商人の商品を委託販売したり、保管したりするようになって、商業、金融業を営む物商客主が発生したものと推測される。歴史的に重要なのはこの物商客主で、その業務は次のように広範囲にわたった。①委託販売業　生産者や商人から委託を受けて商品を販売し、口銭(手数料)を得た。販売に際しては、居間とよばれる仲介人を立てるのを通常とした。②倉庫業。③金融業　商品を担保とした代金の立替えや、官僚・両班らからの預金業務を行った。前者の場合には、▼於音(オウム)とよばれる一種の手形を発行するのが普通であった。

客主と同様の業務を行う機関として、旅閣というものもあった。地方によっては客主と旅閣の間になんらの差異もない所もあったが、その取り扱う商品の種類により、穀物、魚類、塩などの容量の大なるものを扱うのを旅閣、金銀、織物、紙、薬種などを扱うのを客主と称する地方が多かった。したがって旅閣は通常、船運に便利な大河川沿岸に存在した。客主、旅閣ともにその多くは非特権的な商人であり、18世紀後半から19世紀前半にかけては大規模な▼都賈(買占め)を行ったりして、特権的な御用商人と鋭く対立した。1876年の開港以後、進出してくる外国商業資本に抗して、最も能動的な対応を示したのも彼らであった。⇒商人
宮嶋 博史

きゅううんむ│九雲夢│⇒クウンモン
きゅうえい│弓裔│⇒クンイェ
きゅうせい│休静│⇒ヒュジョン
きゅうせっきじだい│旧石器時代
朝鮮の旧石器時代文化は、1963年に咸鏡北道の▼屈浦里遺跡、64年に忠清南道の▼石壮里遺跡で相次いで旧石器が検出されてから、急速に調査と研究の進展をみてきた。朝鮮の旧石器の編年は大きく4段階に分けられる。第1は、平安南道の▼コムンモル遺跡出土の石器をはじめとするチョッパー・チョッピングトゥール(礫器)群と、京畿道の▼全谷里遺跡出土の両面核石器(ハンド・アックス)群からなる敲打器文化が設定できよう。この石器文化は朝鮮半島のほぼ全

域に広く分布している．それら石器の製作技法や形態からみて，ヨーロッパ，アフリカなどで知られるように，第3氷期までにあたる前期旧石器時代に相当するものと思われ，その場合，数十万年前にさかのぼる可能性がある．第2は，石壮里遺跡出土石器の一部にみられるように，刃器文化が考えられる．第3は，やはり石壮里遺跡で採集された石器のなかに見いだされる尖頭器文化を位置づける．これら刃器と尖頭器の文化も，全国的に分布することがわかってきているが，世界的視野でいうと数万年前の第4氷期以後の後期旧石器時代に相当すると考えられる．そして最終の第4は，平壌の晩達里マンダルや石壮里遺跡で採集された細石核にもとづいて，細石器文化の存在を想定する．現在では，やはり全国的に分布することが知られるようになった．

旧石器時代は第四紀の更新世にあたり，寒冷な時期が何回か訪れているが，朝鮮半島はほとんど氷原に覆われることはなかった．そのころメタセコイアなどの植物群が茂っており，動物相ではマンモスが咸鏡北道までは南下していた．平安南道のスンリ山遺跡では29種に達する数多くの動物化石が検出されたが，そのなかにはビーバー，オオツノシカ，水牛などの絶滅種が10余種も含まれている．最近になって化石人骨も発見されだした．原人にあたるものは平壌の龍谷人が知られるが，旧人については平壌の力浦リョクポ人と平安南道の徳川トクチョン人があり，新人ではスンリ山人と晩達人が認められる．旧石器時代の人々は長期間にわたり石器に改良を加えて発展してきたが，彼らの生活基盤は一貫して採集・獲得の経済段階にあった．狩猟やときには漁労，さらに植物採集などによって食糧資源を確保した．旧石器人は，おそらく血縁を紐帯とする氏族集団を形成していたと考えられる．彼らは集団で露天に住居を構えたり，洞窟ないし岩陰に身を寄せたりして生活したであろう．　⇒考古学　　　　　　　　西谷 正

●旧石器時代・図旧石器〜青銅器時代の主要遺跡の分布

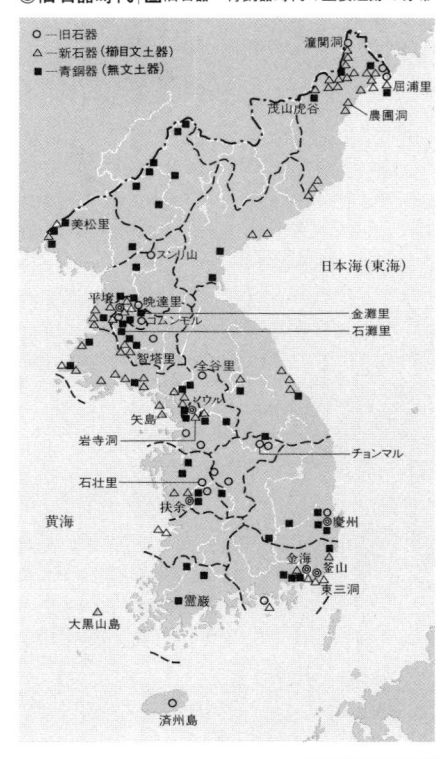

○―旧石器
△―新石器（櫛目文土器）
■―青銅器（無文土器）

潼関鎮
屈浦里
茂山虎谷
農圃洞
美松里
スンリ山
日本海（東海）
平壌　晩達里
ヨムンモル　金灘里
石灘里
智塔里
舎谷里
ソウル
矢島
岩寺洞
チョンマル
石壮里
扶余
慶州
金海　釜山
東三洞
霊巌
黄海
大黒山島
済州島

きゅうぼうでん｜宮房田｜궁방전

朝鮮王朝時代，王子，王女など宮家（宮房）の需要や，宮家没後の祭祀経費に当てるため設定された田地．王朝では王室は国王との血縁・姻戚関係で田地を賜給していたが，豊臣秀吉の侵入（1592-98）による荒廃でそれが不可能となり，代償として荒れ地を免税地にして宮房に賜与した．宮房田には，土地の実効支配をする〈有土免税〉と収租権のみを所有する〈無土免税〉があった．土地管理は世襲の〈導掌〉が行い，のちにこれは権利として売買された．宮房田は買得，投托（荘園の寄進に当たる），占奪，開墾，罪人没収地分与によって増加した．免税地の増加は国家財政の基盤を揺るがし，宮房田の縮小・廃止が幾度も論議されたが，改革は実行できなかった．1894年の甲午改革で免税特権が廃止され，有土免税地は宮内府に移管されたが，韓国併合後，▶土地調査事業で駅屯土などとともに国有地に編入された．

吉田 光男

きゅうやくじょう｜己酉約条｜기유약조

1609年(慶長14)朝鮮が対馬の大名宗義智に与えた通交貿易上の諸規定。同年が己酉の年に当たるのでこの名があり，己酉約条，慶長条約ともいう。全13ヵ条で，宗氏への米・大豆の賜給，日本からの使節の接待法，宗氏の歳遣船数などを細かく規定。通交方法・条文の構成などは中世以来のものを踏襲しているが，内容は文禄・慶長の役の影響で，通交者を日本国王(徳川将軍)，対馬島主(宗氏)，対馬島受職人(対馬の朝鮮官職を授けられた者)に限り，歳遣船数を20隻に減らす(戦前は30隻)など，対馬にとって不利となった。同時に寄航地も釜山1港に限られた(戦前は3港)。しかしこれによって対馬は文禄・慶長の役以後とだえていた朝鮮との通交貿易を再開し，また宗氏のみを日朝外交の窓口とする慣行が成立していく。以来この約条は1872年(明治5)まで，日朝関係の基本的な条約として機能する。条文は《通文館志》第6巻所収。▷日朝貿易　　　　　　　　荒野　泰典

きょいん｜許筠｜▷ホ・ギュン
ぎょいんちゅう｜魚允中｜▷オ・ユンジュン
きょういく｜教育

[近代以前]　朝鮮の教育制度は高句麗の扃堂や新羅の花郎に始まるが，学校教育は高句麗の太学(334)，新羅の国学(682)に始まる。その後，新羅の読書三品の制(788)により儒学経典の読書力に応じて官吏任用を行う制が定められ，高麗時代には科挙の制が採用され(958)，儒学教育が興った。しかし高麗時代は詞章の学が重んぜられたが，その末期に至って元から性理学の流入をみ，以後は経明行修の士の育成を理想とする▸朱子学中心の教育が支配的となった。これをうけて朝鮮王朝時代には〈学校は養士を本とす〉とされ，その養は上が行うのであるが，それにこたえて下よくみずからを養〉ってこそ人間が，したがって〈国〉や〈道〉がりっぱになり，君臣や父子の倫理道徳が確立し，政治，文物があらわれるようになるとされた。このような形態下での教育の目的は究極的には〈篤敬〉に中心がおかれ，操行卓異，才芸出衆，時務通達が目標とされた(《増補文献備考》学校考)。そして漢城府(ソウル)に▸成均館および東・西・南・中の四学をおき，地方328の府郡県には▸郷校を設けて全額国費で儒学教育を行った。このほか〈家塾党庠之法〉をしいて在地の私的教育に対する補助奨励を行った。その教育内容は，▸《千字文》《類合》《童蒙先習》《明心宝鑑》などを用い，道具としての文字や内容的知識の最小必要の学習に続いて《小学》により根本を培い，続いて《大学》《近思録》から《論語》《孟子》《中庸》《五経》《史記》，先賢性理之書に及ぶとされた。しかし人材登用は生員進士試，文科試の2段階からなる▸科挙によったから，これに合格，入仕して〈国の光〉に参与することが強く念願された。科挙の試験科目は製述，講書，写字などであった。16～17世紀に郷校が不振に陥るのに伴って▸書院が興り，17世紀以降は初学入門の教育施設である▸書堂が全国に普及していった。しかし書院は弊害をかもして，ただ祭祀のみを行う祠院と化して教育機能は低下し，1871年興宣大院君により一部を残して撤廃された。

[近代]　その後日本に範をとった近代教育制度樹立の努力もあったが，実りある進捗は乏しかった。また，▸愛国啓蒙運動のなかで民族意識の高揚と国権回復をめざして私立学校による教育運動も展開されたが，日本の抑圧により挫折した。一方，プロテスタントによるミッション・スクールの設立も，女子教育や中・高等教育の先駆として見落とせない。

しかし，1910年の韓国併合後，朝鮮総督府は11年に第1次朝鮮教育令を公布し，〈教育勅語の趣旨にもとづき忠良なる国民を育成することを本義〉として，いわゆる〈一視同仁の精神〉下で数次にわたる公立普通学校(小学校にあたる，4年制)普及計画を実施，〈国語〉(日本語)を主柱としての〈皇国臣民〉教育を強行し，あわせて実業教育，専門教育の制度を定めたが，大学教育は禁止した。また，同時に私立学校令改正によりその監督を強化した。

三・一独立運動後，22年の第2次教育令では内地延長主義による学制改正を行い，初等教育6年，中等教育5年と修学年限をそれぞれ延長したが，皇民化教育は強調され，1面1校の普通学校増設計画が完了した36年

でも，初等教育の就学率は25％にすぎなかった。また，第2次教育令には大学教育の規定が盛り込まれ，24年〈京城帝国大学〉が設立(予科のみ。大学学部は26年開設)されるが，その間，〈民立大学期成運動〉も展開された。

日中戦争開始後38年の第3次教育令では，朝鮮語は随意科目として実質的には廃止されるに至った(▶朝鮮語)。43-46年，第3次朝鮮人初等教育の普及拡充計画を，就学義務制・徴兵制の施行を前提として実施し，朝鮮人学齢児童の就学率7割を達成しようとしたが，日本の敗戦により中途で挫折した(▶皇民化政策)。他方，総督府は朝鮮人自身の手になる書堂，私立学校に対して各種の規制を加えつつ，同時に〈換骨奪胎〉政策によりそれを自家薬籠中のものにしようと図った。43年現在の学校数，生徒数は，初等学校5960(生徒数218万7000，うち朝鮮人208万9000(うち女66万4000))，中等学校410(生徒数12万9000，うち朝鮮人9万(うち女1万8000))，専門学校・大学37(学生数1万7000，うち朝鮮人1万1000(うち女1000))である。これら全学校の朝鮮人生徒総数219万人に対して日本人生徒は14万人で，その比は約15：1，これを同年の人口比34：1(朝鮮人2583万人：日本人76万)と対照すれば，両者間の教育の濃度差は明らかであった。

45年解放ののち，南朝鮮ではいち早く同年9月，米軍政法令により〈朝鮮の利益に反する科目は教授したり実習したりしないこと〉と定められた。48年8月大韓民国の建国後，翌年12月〈教育法〉を公布し，国民学校6年(義務制)，中学3年，高校3年，大学4年の学制をたて，その目的を，〈弘益人間〉の理想の下で人格を完成し，自主的生活能力と国民としての資質を具有して民主国家発展に奉仕し，人類共栄の理想実現に寄与することと定めた。68年の〈国民教育憲章〉ではこれに加えて反共民主精神に徹した愛国愛族の人材育成を強調した。義務教育は90年代初頭までには中学校まで延長することが予定された。

韓国の教育熱の高さは周知の事実であるが(就学率については後述)，その背後には科挙合格によってこそチャリ(社会的地位)が得られ，またそれにもとづいてこそ門地門閥が成立した朝鮮王朝時代の社会体制とその下での教育意識が底流としてあることは否めない。しかし，王朝時代にみられた技術賤視の気風は，解放による独立と近代化の進展につれて弱まってきている。けれども学歴による人間の格差づけが生活の実質以上に希求される傾向は日本よりも強いといえよう。

朝鮮民主主義人民共和国(北朝鮮)では解放直後から〈祖国光復会〉(1936創建)の革命的教育綱領を継承して人民教育を開花発展させることに努め，48年9月朝鮮民主主義人民共和国の創建後，50年から全般的初等義務教育実施を決定，実際には56年から段階的に実施され，67年から全般的9年制技術義務教育が実施された。さらに75年9月からは1年制就学前義務教育(幼稚園)を含む人民学校4年，高等中学校6年の〈全般的11年制義務教育〉を無料で実施し，〈智・徳・体兼備の共産主義的な新しい人間〉(72年憲法39条)の育成を志向した。教育体系は学業を専門とするもの，働きながら学べる体系など，さまざまな形態を発展させることとされた(同42条)。⇒大学；留学　　　　　　　渡部 学

[1980年代以降]　韓国の基幹学制は6・3・3制であり，初等学校(6年)，中学校(3年)の就学率はほぼ100％に達している。このような就学率の高さにもかかわらず，財源問題がネックとなって，1984年に義務教育の延長(9年に)が決定されたが，中学義務教育が完全に無償化されたのは2004年になってからであった。高等学校の就学率も，入試改革を通じての〈平準化〉政策により，80年代には90％に達し，現在はほぼ100％を記録している。97年には〈教育法〉に代わり，〈教育基本法〉〈初等中等教育法〉〈高等教育法〉が制定されたが，〈弘益人間〉の理想，民主国家の発展と人類共栄の理想実現に寄与するという理念はそのまま引き継がれた。教育内容に目を向けると，80年代初頭以来，国民学校(1996年初等学校と改称)の1～2年段階で教科制に代わる〈統合教科〉制を導入し，90年代に入ると〈国際化〉対応の緊急措置として97年より〈英語〉を初等学校3年生から全国的に導入するなど，革新的試みを実施してきた。第6次教育課程(92年教育部告示，

95年施行）では，〈教科〉〈特別活動〉の2領域に加えて〈学校裁量時間〉領域が設けられ，地域や学校の実情に即した独自のカリキュラム編成（たとえば，英語，漢字，コンピューター学習など）が行えるようになった。第7次教育課程（97年教育部告示，2001年施行）からは〈裁量活動〉と改称され，その幅はいっそう拡大された。また，地方教育自治法の制定（1991）による公選制の教育委員会制度の導入，学校運営委員会の制度化（1996）など，学校運営の民主化・分権化が進められている。90年代の後半にはOECD（経済協力開発機構）への加盟（1996）を契機に，OECD教育委員会による〈教育政策審査〉を受けるなど新たな展開もみられる。かつての〈反共教育〉〈国籍ある教育〉は影をひそめつつあるが，2009年改訂教育課程で高等学校での韓国史が選択化されると関係学会などから歴史教育の弱体化を懸念する声が高まり，12年度からは再び必修化されるなど，歴史教育への関心は依然として高い。　　　　馬越　徹＋通堂あゆみ

朝鮮民主主義人民共和国は，1975年以来，就学前の幼稚園教育（1年）を含む人民学校（4年）と高等中学校（6年）までの11年制義務教育を実施し，独自の教育理念（＊チュチェ思想）にもとづく社会主義的教育を実践してきた。憲法の教育条項に，教育理念に関する文言が多数盛り込まれているのも特色となっている。2012年4月改正の現行憲法ではチュチェ思想，先軍思想を基礎とし，〈文化革命を徹底的に遂行し，すべての人々を自然と社会に対して深い知識と高い文化・技術水準を備えた社会主義建設者とし，全社会をインテリ化する（第3章文化，第40条）〉，〈社会主義教育学の原理を具現し，次世代を社会と人民のために闘争する堅固な革命家に，知・徳・体を兼ね備えたチュチェ型の新しい人間に育成する（同第43条）〉などと規定されている。02年には人民学校を小学校に，高等中学校を中学校に改称した。12年には学制が改編され，小学校（5年制），初級中学校（3年制），高級中学校教育（3年制）となり，従来通りの就学前教育1年を含む12年間が義務教育とされることとなった（13年度より施行）。教育体系はすべての人民が学べる就学教育体系，学業を専門とする中等一般・高等教育体系，そして仕事をしながら学ぶ教育体系と社会教育体系となっており（憲法での規定は第46条），いずれの体系も教育費は無料（児童・学生の教育費は無料，大学生・専門学校生には奨学金支給［同第47条］）とされている。⇒大学
　　　　　　　　　　　　　　　　　通堂あゆみ

[21世紀へ]　韓国では，2000年代には，IMF危機後の経済格差などに起因する教育格差解消および国際化・情報化社会への対応が大きな課題となった。国際社会における競争力を確保するため，人的資源の質と量とを高めるために教育部は教育人的資源部に改編され（2001），〈国家人的資源開発基本計画〉が進められた（10年まで2期にわたる）。06年に始まる第2次基本計画では，①国際的に競争力のある核心人材の育成，②全国民の生涯学習能力の向上，③格差社会の是正及び教育・文化・福祉の増進，④人的資源開発のためのインフラ拡充を四大政策領域とする。08年に李明博大統領が就任すると，教育人的資源部は科学技術部を統合し，教育科学技術部となった（13年に朴槿恵政権で教育部と未来創造科学部に分離）。李明博大統領のもとでは政府権限を縮小し，地方や民間・教育機関の裁量権を拡大し，機関間の善意の競争力を高めることで政策目標実現をめざす方針がとられた。

建国以来一貫して推進されてきた教育の機会均等化の一方，高水準の知識・技能を備えた人材育成のため80年代以降の科学高等学校，外国語高等学校等の特殊目的高等学校設立など公的な英才教育も展開している点も注目される。2000年には〈英才教育振興法〉を制定（02年施行）し，英才学校・英才教育院・英才学級といった国や地方自治体が支援する新たな英才教育機関を設置した。初等教育への早期就学に始まり，小・中・高での早期進級，大学早期入学も制度化されている。

北朝鮮では2008年から〈知識産業時代〉の要求にあわせて小学校3年次からのコンピュータ・英語教育を開始した。科学技術人材養成を重視する英才教育も1984年の平壌第一中学校設置から始まり，以降地方にも第一中学校を設置する形で全国的に展開された。近年は教育全般について〈情報産業

時代〈知識経済時代〉の要求に合わせるという形で教育条件と環境の改善を行い，世界的な人材大国化にも力を入れる。2013年からの全般的12年制義務教育実施にあたっても〈知識経済時代の教育発展の現実の要求と世界的推移に即し〉た教育の質を高めることでの〈チュチェ型の革命人材〉育成が意識されている。

通堂 あゆみ

きょうか　郷歌　향가

新羅時代から高麗時代に定着していた郷札ᄒᆞᆼ찰 향찰で表記された詩歌の総称。26首が現存する。《三国遺事》に14首，《均如伝》(1075)に11首，その他に〈悼二将歌〉(高麗睿宗御製)1首が伝わる。郷歌は，その性格上，日本の《万葉集》の歌および記紀歌謡と似るが，以下のような点で異なる。①8世紀以前の歌の数でみると，郷歌は13首，万葉集歌，記紀歌謡は4千数百首，②記紀歌謡は音仮名による完全な表音表記であるが，郷札には完全表音表記の歌がない，③したがって郷歌の韻律を正確に知ることができず，完全な解読も事実上不可能である，④万葉集歌には古代以来の伝承があったが，郷歌は9世紀の〈処容歌〉の他はすべて伝承が途絶えた。

郷札は漢字の音訓を借りて朝鮮語を表記する方法の一種で，▶吏読ᅵ두 이두，▶口訣구결とともに借字表記法とよばれる。郷札は，語幹部分を〈訓〉で表記し，語幹末音や語尾を音訓の借字で表記する。これを〈訓主音従〉の原則という。語幹末音を音借字で表記することを末音添記という。たとえば，夜音*pam よる，道尸*kirh みち，千隱*cimɨn 千。〈音-m〉〈隱-n〉などの子音表記は後代の借字表記法に長く受け継がれた。郷札の表記法の例をみるために《三国遺事》《薯童자謠》の一部を示す。

善化公主主隱/他密只嫁良置古/薯童房乙
善化公主 nirimɨn/nʌm kizik ərra tuko/薯童房 ir
善化公主さまは/他人に密かに交わっておいて/薯童房を

波線が訓借字，下線が音借字による語尾表記である。〈主隱　さまは〉〈密只　密かに〉〈嫁良　交わって〉〈置古　置いて〉のように語彙的意味の中心をなす語幹部分を漢字の訓，助詞や語尾を音仮名(>仮名)で書く日本語漢字仮名混じり表記と同じ表記原則である。

〈薯童謠〉は年代的には7世紀の歌とされ，最古層の郷歌に属する。《三国遺事》所載14首を年代順にあげれば，〈薯童謠〉〈彗星歌〉〈風謠〉〈願往生歌〉〈慕竹旨郎歌〉〈献花歌〉〈怨歌〉〈兜卒歌〉〈祭亡妹歌〉〈讃耆婆郎歌〉〈安民歌〉〈禱千手観音歌〉〈遇賊歌〉〈処容歌〉となる。形式的には4句からなるもの―〈薯童謠〉〈風謠〉〈献花歌〉〈兜卒歌〉，10句からなるもの―〈彗星歌〉〈願往生歌〉〈祭亡妹歌〉〈讃耆婆郎歌〉〈安民歌〉〈禱千手観音歌〉〈遇賊歌〉，8句からなるもの―〈慕竹旨郎歌〉〈怨歌〉〈処容歌〉に分け得る。《均如伝》所載のそれは普賢十願歌11首からなる。

新羅郷歌は内容的に〈風謠〉のような民謡的なもの，〈兜卒歌〉のような仏教儀礼歌的なもの，個人の感情を詠んだ抒情詩的なものなど多様である。郷歌の研究は▶小倉進平《郷歌及び吏読の研究》(1929)，梁柱東《朝鮮古歌研究》(1942)が先駆的研究であり，高麗歌謡として類似した歌が伝承されている〈処容歌〉を手がかりとして進められた。20世紀末以来，とくに2000年代初頭の角筆口訣発見以降著しく研究の進展した高麗時代借字表記法研究の成果が郷歌解読に光を与えつつある。

伊藤 英人

[郷歌と説話]　《薯童謠》は，百済の武王と，新羅真平王(在位579-632)の三女，善化公主(王女)とのロマンスにまつわる歌である。〈善化公主の君は／そっと嫁入りなされて／夜には薯童さまを／抱きしめて　立ち去った〉。郷歌は多くの場合，説話を伴うが，この歌には次のような話がある(《三国遺事》巻二，武王条)。

武王の名は璋であった。家が貧しく，寡婦の母親と薯を売って生計を立てていたので人々は彼を薯童とよんだ。薯童は新羅の王女がたいそうきれいなお方だと聞いていたので，妻にめとろうと思いたった。新羅の都に乗り込んだ彼は，都大路で子どもたちを集め，薯を分け与えながら先にあげた歌を教えたのである。歌はたちまち都中に広まり，ついには宮中にまで伝わった。高貴なおん身の王女がこともあろうに卑賤な

薯売りと夜ごとふしだらな密会をなさるとは，と大臣たちまでが騒ぎたて，王女はついに宮中を追われる身となった。配所へ送られる王女の後を追ってきた薯童は，王女の乗っている籠の前に現れ，自分も護衛の一員に加えていただきたいと願い出た。王女も薯童が気に入ってこれを許した。旅を続けるうちに親しくなり，名を聞くと薯童だという。王女は初めてすべてのなぞが解けた。そして，これもなにかの因縁だと思い夫婦のちぎりを結んだのである。

王女は宮殿を出るとき母親から純金1斗をもらった。王女はそれを薯童の前に差し出し，これで生計を立てようと言った。薯童はけげんな顔をして，〈これなら裏の薯畑にごろごろしている〉と言った。それを聞いて王女はびっくりし，2人でその畑へ行ってみると，まぎれもなくそれは黄金だった。王女の提案で黄金の一部を新羅の朝廷にも贈った。王はたいそう喜び2人の仲も許された。一躍大金持ちになった薯童は，やがて周囲の人たちからも信任され，ついに百済の王にまでなったのである。

郷歌の研究者は，説話は歌に付随するもの，歌を説明するためのつけたりとして理解しがちだが，そうではない。これらの説話はやはり古代人の創作による散文文学の一形態とみるべきで，この場合歌はむしろ説話を構成する一部分ともなる。したがって歌と説話は別個のものとしてとらえるのではなく，あくまでも統一的に把握しなければならない。そうしてこそ古代人の生活と情緒世界をうかがい知ることができるのである。　　　　　　　　　　　尹 学準

きょうかしょもんだい｜教科書問題　➡歴史教科書問題

きょうかんさん｜姜邯賛　➡カン・カムチャン

きょうきがん｜姜希顔　➡カン・ヒアン

きょうこう｜姜沆　➡カン・ハン

きょうこう｜郷校　향교
高麗・朝鮮王朝時代に地方郡県に設けられた国立の儒学校学校。ヒャンギョ。日本の郷校とは性格をまったく別にする。1127年高麗の仁宗が諸州に学を建てたことに始まる。1392年朝鮮王朝の太祖は即位後すぐに学校の興廃を地方長官の成績評価基準とし，以後全国各地に郷校を普及・設置させた。郷校は孔子以下の先聖先賢をまつる文廟，明倫堂（講堂），東西の両斎（勉強室）を備え，一定の耕地を学田として給付され，それぞれ30～90名の校生を定員と定めた。教官として教授（従六品）もしくは訓導（従九品）を配置した。教育内容は李栗谷の《学校模範》によれば，《小学》から始めて《大学》《近思録》《論語》《孟子》《中庸》，五経（この間《史記》および先賢性理の書を読む）に及ぶとされた。校生は数年勉学後，当時の第1次登竜門であった"科挙の生員進士試を受験した。王朝中期以後は"書院の発達につれて衰微するが，植民地下の1918年には335校，付属学田48万坪が残存，文廟祭祀を維持しながら社会教育の施設として存続した。　渡部 学

きょうじょうおう｜恭譲王　➡コンヤン王

きょうしょうにん｜行商人　➡褓負商（ほふしょう）

きょうせいたいこく｜強盛大国
1998年夏以降に掲げられた"金正日ジョンイル体制のスローガン。正確には社会主義強盛大国。政治思想強国，軍事強国，経済強国の3本柱から成り立つとされるが，前二者は〈すでに十分な水準に達している〉とされるため，実質的には北朝鮮なりに経済発展をめざすという目標の提示である。金正日は〈国力が強く，すべてのことが興隆し，人民が世界に羨むものがなく生活する国〉と定義づけ，人民軍は〈大黒柱ないし先鋒としての使命を担っている〉とされた。すなわち金正日体制下において強盛大国と"先軍政治は，ビジョンないし目標とその手段という関係性をもった。2007年11月30日と12月1日に平壌で開催された全国知識人大会以降，金日成生誕100周年・金正日生誕70周年を迎える12年に〈強盛大国の大門を開く〉との中期的目標を掲げ，盛んに宣伝してきたが，明確な〈勝利宣言〉は出されずに終息した。11年からは〈強盛国家〉との表現も見られるようになった。強盛大国に至る前段階として新概念が設定されたものと考えられる。　礒崎 敦仁

きょうせいれんこう｜強制連行
1937年に日中全面戦争に突入して以降，労働力や軍要員の不足を補うために，日本は

国策として朝鮮人，中国人を日本内地，樺太，南方の各地に投入したが，駆り集め方が強制的であったためこうよばれる。38年4月には国家総動員法が，翌年7月には国民徴用令が公布され，日本の内外地における労務動員計画がたてられた。39年の動員計画数110万のうち8万5000は朝鮮人に割り当てられ，各事業主にその狩出しを認可し，42年からは国家自身の手になる〈官斡旋〉に移行した。動員計画および動員数は表のとおりである。動員数の半数近くを占める炭坑では，全労働者に占める朝鮮人の比率が，39年の3％から44年には33％に達した。

動員計画数を達成するために〈深夜や早暁，突如男手のある家の寝込みを襲い，或は田畑で働いている最中にトラックを廻して何げなくそれに乗せ，かくてそれらで集団を編成して北海道や九州の炭坑へ送り込み，その責を果たした〉という。また，女性は女子愛国奉仕隊とか女子挺身隊として狩り出され，各地の戦線で*日本軍慰安婦にされた。当時，〈ニクイチ〉といわれ，軍人29人に慰安婦1人が配当されたという。

こうした各種の要員狩出しは，〈大東亜戦争〉期に入るとますます拡大していった。台湾では，南方各地に9万2748名が，日本内地の兵器廠に8419名が動員された(台湾総督府《台湾統治概要》1945)。戦時下における人狩りは朝鮮，台湾からさらに中国大陸にまで及んだ。朝鮮人，台湾人は〈帝国臣民〉にされていたが，中国大陸の住民はそうでなかったという違いはあったが，状況に変わるところはなかった。中国大陸からは約4万人が連行され，35企業，135事業場に投入され，うち6830人が死亡した(外務省報告書)。しかし朝鮮人については，同種の報告書がないようで，詳しい人数や投入先，死亡数などは明らかではない。

これらの労務者は酷使のなかで死亡した者も多く，逃亡・反抗事件も多発した。たとえば，1942年10月現在の各炭坑での逃亡率をみると，福岡地方では44.6％，常磐地方では34.2％，札幌地方では15.6％に達している。45年8月の敗戦時，日本には約260万の朝鮮人と約10万の中国人(台湾を含む)がいたが，47年9月の外国人登録数では，それぞれ53万人と3万人に激減しており，多くは本国に帰還した。帰還の過程でも，朝鮮人徴用者など約4000名を乗せた浮島丸が，1945年8月24日，舞鶴湾で機雷に触れて沈没するという事故が起きている(*浮島丸事件)。

日本はこうした強制連行についてしかるべき戦後責任をとっておらず，かつて逃亡した中国人の劉連仁が戦後58年2月に北海道の雪の中で発見されたときもく不法入国者〉呼ばわりをしたほどである。日本人については，平和条約発効と同時に施行された戦傷病者戦没者遺族等援護法をはじめ多くの援護立法で国家補償がなされたが，その対象は日本人に限られた。

韓国から戦後補償問題が日本につきつけられるようになったのは，1990年代に入ってからである。90年8月，ソウルの太平洋戦争犠牲者遺族会の本部を訪ねたとき，同

●強制連行　表 朝鮮人労務者対日本内地動員数　　(単位＝人)

	[計画数]	[動員数]				
		[炭坑]	[金属鉱山]	[土建]	[工場その他]	[計]
1939	85000	34659	5787	12674	—	53120
1940	97300	38176	9081	9249	2892	59398
1941	100000	39819	9416	10965	6898	67098
1942	130000	77993	7632	18929	15167	119721
1943	155000	68317	13763	31615	14601	128296
1944	290000*1	82859	21442	24336	157795	286472
1945	50000*2	797	229	836	8760	10622
合計	907300	342620	67350	108644	206113	724727

注—大蔵省《日本人の海外活動に関する歴史的調査》朝鮮編(1947)による。この表には樺太(1943年までの計画数1万9500人)，南方(同2万3000人)などは含まれていない。また，同調査には，ほかに軍要員として14万5010人が動員されたとある。＊1年度途中に32万6000人に変更。＊2第1四半期分。

会は〈1973年にできたが，デモなど街頭活動をしようとすると，幹部がKCIA（韓国中央情報部）に呼び出され，動きがとれなかった．87年の〈民主化宣言〉以降，ようやく活動ができるようになった〉という話で，当時軍事独裁政権が"声"を封じていたのである．徴用工らを中心とする対日提訴は9件に及んだ．日本の裁判所は事実認定はするが，時効，除斥などの〈時の壁〉，さらには日韓請求権協定（1965）により解決済という理由で，2011年10月まですべて敗訴が確定した（なお新日鉄釜石，日本鋼管，不二越（第1次）では和解が成立）．

一方，韓国では2005年8月，日韓会談の内実吟味のための会談文書の全面公開が実現し，それを受けた〈民官共同委員会〉は，日韓請求権協定は両国間の財政的・民事的債権・債務関係を解決するもので，日本の国家権力が関与した反人道的不法行為の責任問題は同協定では解決されていない，などの見解をまとめた．日本で敗訴した徴用工らは，韓国の裁判所で日本企業を被告に提訴，1審，2審ではともに日本判決の既判力を認めて敗訴であったが，12年5月の韓国大法院は，請求を棄却した高等法院判決を破棄，それぞれ高等法院に差し戻した．大法院は，日本判決承認の可否について〈日本の朝鮮半島支配は不法な強占にすぎず，日本の不法な支配による法律関係の内，大韓民国の憲法精神と両立しないものは，その効力が排除される〉と否認し，〈反人道的不法行為や植民地支配に直結した不法行為による損害賠償請求権が請求権協定に含まれたとみるのは難しく，原告らの賠償請求権は日韓請求権協定では消滅しなかった〉と判示した．

この大法院判決を受けた差し戻し審の判決は次のとおりである．新日鉄住金が被告のソウル高裁判決は，2013年7月10日，元徴用工4人に対して1人1億ウォン（約880万円）の支払いを命じ，三菱重工が被告の釜山高裁は，7月30日，元徴用工5人に対して1人8000万ウォン（約750万円）の支払いを命じた．いずれも，企業側は大法院に上告するが，判決が覆る可能性は低いといわれている．この2件以外に別に4件が韓国内で裁判が進行中である．

田中宏

きょうちょう｜郷庁｜향청

朝鮮王朝時代の地方自治機関．郷射堂，郷所，時所などともよぶ．高麗時代からの地方自治の伝統をひき，在地の両班層が中央から派遣される"守令（地方官）を補佐・助言する機構として成立した．その長を座首または郷正，構成員を郷任とよぶ．地方の徳望のある者から選んで邑内の風俗の取締り，"胥吏"の糾察，政令の下達，民情を守令に伝えるなどの任にあたった．本来，郷庁組織は守令の直属の執行機関である郷吏（胥吏）組織とは別で，郷規とよばれる独自の内規や，郷案とよばれる在地の両班名簿などをもち，中央から派遣される守令の任期が短い（規定では1800日以内）こともあって，在地両班層の強固な所では王朝末期まで独自の権威を保った．しかし一般には郷庁組織の肥大化や，17世紀以降の軍役割当て業務などの雑務の増加で両班層は郷庁を忌避し，郷庁はしだいに富裕な常民の利権組織となって，甲午改革（1894）以降は地方制度の改変により消滅した．

鶴園裕

きょうていえいじゅうけん｜協定永住権

在日朝鮮人のうち韓国の在外国民登録をした者（韓国籍）に限り，本人の申請を審査して，法務大臣がこれに一般永住より有利な永住権を付与するもの．これを協定永住というのは，1965年に日韓会談が妥結，その一つとして結ばれた〈在日韓国人の法的地位協定〉（正称は〈日本国に居住する大韓民国国民の法的地位及び待遇に関する日本国と大韓民国との間の協定〉．1966年1月発効）にもとづく永住権だからである．協定永住者は，69年に10万名，74年に34万2000名，80年に35万名を数え，それまで〈在留資格を有することなく本邦に在留することができる〉〈〈ポツダム宣言の受諾に伴い発する命令に関する件に基づく外務省関係諸命令の措置に関する法律〉（1952）2条6項の該当者とその子ども）として同じ在留形態にあった者が，ここに大きく協定永住者（韓国籍）とそうでない者（大部分が朝鮮籍）に二分されることになった．82年に至って，後者についても，難民条約批准に伴う〈出入国管理及び難民認定法〉の制定によって申請を行えば永住資格を取得できるようになった．これを特

例永住とよび，協定永住と区別するが，84年9月当時，約24万名が取得した。ここに在日朝鮮人の大多数が永住権をもって居住するという新しい在留状況が登場することになった。これら協定永住と特例永住は，91年入管特例法により特別永住という在留資格に統一され，在日朝鮮人の法的地位が確定した。→在日朝鮮人

小沢 有作

きょうどうのうじょう｜協同農場

▶土地改革後の朝鮮民主主義人民共和国の農業協同化運動は，朝鮮戦争直後の1953年秋から推進された。当初は土地出資への分配も行う半社会主義的形態を認める漸進的変革が展望されていたが，大衆的高揚のなかで58年協同化が100%完了すると，その直後に農業協同組合の里単位統合(300～500戸規模)が断行された。農業協同組合という従来の呼称を62年10月以降〈協同農場〉と改めたのは，全人民的所有制への移行を展望してのこととされ，前後して国家機関である郡協同農場経営委員会が協同農場を〈企業的な方法〉で指導するというユニークな形態が創出されているが，65年以後，10～25人の労働力からなる協同農場内の小単位に生産手段を固定して，これを分配の単位ともする分組管理制が導入されている。協同農場での婦人の活躍はめざましく，女性の管理委員長も珍しくない。また，集合文化住宅は農村の景観を一変させつつある。

梶村 秀樹

きょうびんおう｜恭愍王 →コンミン王

きょうやく｜郷約

中国の郷村社会で道徳の実践と相互扶助をはかるために設けた規約。後世，その団体をも郷約という。北宋の末，呂大鈞・呂大臨の兄弟がその郷里藍田(陝西)ではじめて行い，〈徳業相勧〉〈過失相規〉〈礼俗相交〉〈患難相恤〉の実践を唱えたが，のちにこれが〈呂氏郷約〉または〈藍田郷約〉とよばれた。朝鮮の郷約は朝鮮王朝の中宗12年(1517)，この〈呂氏郷約〉を金安国が朝鮮語に翻訳してハングルで表記し，《諺解呂氏郷約》として刊行したのに始まる。1904年まで地方の郡県や村落を単位に行われたが，士林派による地方秩序確立期にあたる中宗・明宗・宣祖朝の16～17世紀初頭，邪教(キリスト教)浸透期の正祖朝(1777-1800)の時期にとくにさかんとなり，多種多様な郷約が作られた。朝鮮の郷約は中国の郷約の形式を借りながらも，朝鮮の伝統的な相互扶助的民間組織である▶契を基盤として作られている点に特色がある。李栗谷(ユルゴク)，柳馨遠，安鼎福などの郷約が有名であり，とくに李栗谷は朝鮮郷約の土台を築いた。本来は地方社会の自発的教化組織であるが，地方官が郷約を推進しており，統治的側面が強い。

矢沢 康祐＋六反田 豊

きょうやくしゅうせいほう｜郷薬集成方

향약집성방

朝鮮王朝初期の医書。85巻。兪好通，盧重礼，朴允徳らが，旧来の朝鮮医書を集大成した《郷薬済生集成方》(1398)を土台として，中国医書をも広く参照しつつ編纂し，1433年に完成した。各種の疾病，薬の製造法，鍼灸法，郷薬本草とその炮製法などが記載されている。88年にはハングル版も刊行され，のちの《東医宝鑑》(17世紀初)などにも影響を与えた。→医学

宮嶋 博史

きょうり｜郷吏 →胥吏(しょり)

きょうわかい｜協和会

日本の朝鮮植民地支配の時期，在日朝鮮人に対する内務省，警察当局を中心とした統制機関。1920年代はじめ在日朝鮮人の失業，人権侵害などの社会問題への対策として大阪府，神奈川県などが〈内鮮協会〉〈内鮮協和会〉をつくってその〈補導〉，取締り，同化につとめた。36年，大阪府における在日朝鮮人対策の経験を基礎として厚生省は予算措置を講じ，全国的に各府県協和会をつくっていき，39年6月にはその統轄機関としての中央協和会を結成した。協和会は内務省，厚生省，各府県当局の現職幹部，警察署長らがその役職を占め，〈内鮮一体〉をめざし，在日朝鮮人の〈救済保護，指導，矯風教化〉の名のもとに日本人への同化政策をおしすすめた。また戦争遂行に必要な労働力，軍人軍属への動員に協力させ，その思想，行動を監視し，民族的なもののいっさいを抹殺・弾圧する警察行政の一翼を担った。44年11月，不利な戦局に対処して協和会を強化するため興生会と改称した。

朴 慶植

ぎょかいるい｜魚介類

朝鮮は三方を海にかこまれ，豊富な水産資源に恵まれている。魚類は数十種に達し，淡水魚には数種の特産種も確認されている。東海（日本海）北部の沿岸では冬季にスケトウダラ（明太とか*メンタイ*という）が大量に水揚げされるが，その干物は保存性がよく，北魚ㇷ゚とよばれ，18世紀ころから全国に流通して内陸山村などの貴重な食品となり，庶民の台所の常備食品とされた。冠婚葬祭時の料理には明太がつきもので，正月料理にも欠かせない。日本の朝鮮料理店でもビビンパプ（混ぜご飯）の具には，明太を裂いて味つけしたものが出る。博多名産の辛子明太子もその源流は朝鮮にあり，明卵ㇻンジョという。

また，西海岸側では*イシモチ（チョギ）が代表的な魚で，とくに全羅道沿岸を中心によく漁獲され，〈全羅道明太〉とよばれるほどである。石首魚ㇲㇰ，石魚ㇲㇰなどともいう。冠婚葬祭などの膳にもよく出され，またその身を入れた粥は老人や子どもの栄養食とされる。イシモチの燻製はクルビとよばれ，全羅道の名産である。これらに次ぐ魚はニシン（青魚ㇰ）で，その塩漬は朝鮮王朝時代によく儒学徒の栄養源となったとされ，ソウル地方では肥儒魚ㇷ゚ともよばれたが，昨今は漁獲量が急減している。魚類のほかにエビ，タコ，イカ，カキ，ハマグリなどの水揚げも多い。なお，わかめやこんぶも重要な食品で，出産儀礼とも結びついている。
→わかめ

鄭　大聲

ぎょきん｜許筠　→ホ・ギュン

ぎょくへん｜玉篇｜옥편

元来は中国の字書で，《爾雅》《説文ㇲㇺ解字》と並んで最も古い字書に数えられる。ただし，朝鮮で一般に〈玉篇〉といえば，特定の辞書でなく，漢字の字形によって分類配列した字書，つまり日本でいえば漢和辞典にあたる漢朝辞典の意として用いられるのが通常である。

大村　益夫

ぎょさいとう｜巨済島　→コジェ島
ぎょせい｜許政　→ホ・ジョン
ぎょぶんとう｜巨文島　→コムン島
きょりゅうち｜居留地

国内において外国人が自由に住むことを条約によって認めた土地。朝鮮では，*日朝修好条規にもとづき，1877年釜山にはじめて日本専管居留地が設置された。江戸時代の日朝貿易は，釜山草梁の*倭館における対馬藩の制限貿易として行われ，明治政府はこれを継承しながら同条規で一方的に有利で自由，無制限の貿易権を得た。日本，中国における欧米諸国の居留地，租界に範を求められた釜山居留地では，日本が領事裁判権のみならず行政権も掌握した。日本は釜山のほかに順次元山，仁川ㇰㇺ，馬山に，また清国は84年より仁川，さらに釜山，元山にそれぞれ一国単独の専管居留地を設けていったが，欧米諸国は仁川をはじめとして共同の各国居留地（雑居居留地）で満足した。以後の開港場では，日本を含め各国居留地が通例となった。居留地は，韓国併合をへて1913年に撤廃された。→在朝日本人

村上　勝彦

キョンギどう｜京畿道｜경기도

朝鮮半島中西部の*ソウルを中心とする地方。朝鮮八道の一つだったが，*江原ㇺㇺ道とともに1945年の南北分断で北緯*38度線を境に二分され，さらに53年7月の朝鮮戦争停戦後は，新たに設定された軍事境界線（休戦線）で分断されることとなった。朝鮮民主主義人民共和国では軍事境界線以北の京畿道を廃止して*開城ㇲㇰ地区に改め，一時直轄市としていたが，現在は同地区を*黄海ㇸ北道に所属させている。大韓民国側では46年にソウル市，81年に*仁川ㇰㇺ市をそれぞれ分離させ，さらに数次にわたって京畿道の一部をこれら両市に編入させてきた。道庁は67年にソウルから*水原ㇲㇺに移され，現在に至っている。現在の京畿道は面積1万0170km²，人口1251万8509（2013）。

［自然］南北および東は500-1000mの山地によって囲まれ，西は京畿湾に面している。域内を貫流する漢江ㇷ゚，臨津ㇲㇺ江の流域には，驪州ㇲㇺ盆地や金浦ㇷ゚平野など広い平野が発達している。また，京畿湾沿いの始興ㇲㇺ，華城ㇲㇰにも広い沖積平野がみられる。海岸線は複雑なリアス海岸となっており，前面の海上には*江華ㇺㇺ島など大小の島が散在している。しかし，京畿湾の潮差が最高8m余と大きく，広大な干潟地を発達させ

ているため，天然の良港には恵まれていない。干拓事業の進展に伴い，海岸線は大きく改変されている。道庁のある水原の年平均気温は12.0℃だが，1月は－2.9℃に下がる一方，8月は25.6℃と高く，季節による較差が激しい。年降水量は1312mmと多いが，夏の6-9月に集中し，とくに7-8月の2ヵ月で年間の5割に達する。反面，冬は12-2月の月別降水量が20mm台と，乾燥が続く。

[歴史] 高麗王朝(918-1392)が北部の開城に，また朝鮮王朝(李朝，1392-1910)がソウル(漢陽ﾔﾝ/漢城ｿﾝ)に王都を置き，古くから朝鮮の首都圏とされてきた。とくに八道制を施行した朝鮮王朝は，中央・地方の官僚となった両班ﾊﾝ，功臣らに与える土地を中央の監視の届きやすい京畿道内に限定し，彼らが地方勢力に成長するのを防ごうとした。ソウルは王都として10万人内外の都市に成長し，高麗の旧都開城は商業都市に衣替えした。また王都に対する南の守りとなった水原は軍事都市として発達した。1880年の開港を契機に仁川がソウルの外港として成長しはじめ，つづく日本の植民地支配の下で京仁街道沿いに食品，繊維，機械工業などを中心とする工場地帯が形成された。1945年の南北分断と50-53年の朝鮮戦争を経て，京畿道は韓国側のみに残ることとなった。ソウル・仁川両市の分離後も，ソウル首都圏を構成する道として，特別市・広域市を含む道級行政単位の中で最大の人口を擁しており，2010年現在，人口107万の水原市を筆頭に，人口80万以上の市は5市を数える。

[地域と産業] 漢江流域と京畿湾沿いの平野地帯は韓国有数の米作地となっており，とくに華城，平沢ﾋﾟｮﾝ，安城ｿﾝ，利川ﾁｮﾝ，驪州の一帯は京畿米の産地として名高い。漢江の南方にはなだらかな丘陵地が広く分布しており，大消費地ソウルを背景に酪農，養豚，養鶏などの畜産業地帯が形成されているほか，花卉・蔬菜などの施設園芸も盛んである。京畿湾の干潟地では，塩田，養殖漁業が盛んに行われてきたが，干拓事業により，都市的土地利用への転換が進んでいる。水産業ではイシモチやタチウオ，エビ，貝類の水揚げが多い。工業は1960年代初頭までもっぱら繊維・衣類・皮革など軽工業部門の比率が高かったが，60年代後半から70年代にかけて重化学工業化が進み，製造業の内容も多様化した。ソウルから仁川にいたる京仁ｲﾝ工業地帯は韓国最大の工業地帯に成長し，〈漢江の奇跡〉とよばれる高度経済成長の立役者となった。近年は賃金上昇などの影響から製造業の拡大が抑制気味となり，先端IT産業のほか，デザイン，出版，観光，国際物流など産業構造の多角化が図られている。水原・坡州ｼﾞｭ・利川などには大手IT企業の製造拠点が展開している。伝統産業では利川の陶磁器が外国人観光客にも人気が高い。⇒都市化　　佐々木 史郎

キョンギへいや | 京畿平野 | 경기평야

朝鮮半島中西部に広がる平野。京畿湾に面した平野部のうち，とくに▶京畿道・▶仁川ﾁｮﾝ広域市に属する部分をさし，北は黄海道の延白ﾍﾟｸ平野，南は忠清南道の礼唐ﾀﾝ平野に続く。▶漢江・▶臨津ｼﾞﾝ江の下流域に展開する金浦ﾎﾟ平野と牙山ｻﾝ湾〜振威ｳｨ川北岸の平澤ﾀｸ平野とに大別されるが，前者のうちソウル市永登浦から仁川にかけての一帯は富平ﾋﾟｮﾝ平野とよばれることもある。有数の穀倉地帯として肥沃な土壌に恵まれる反面，地形が著しく低平で水害や塩害を受けやすい土地が多かったが，1920年代に▶産米増殖計画などによって治水や土地改良が進み，農地が拡大した。60年代以降は首都圏の都市化・工業化の波に押されて主穀生産が縮小し，代わって蔬菜や花卉などの施設園芸が伸びている。臨海部には塩田も多く見られたが，都市化の影響で90年代までに一部を残して，大半が他に転用されている。　　佐々木 史郎

キョンサンどう | 慶尚道 | 경상도

朝鮮半島の南東部の地方。朝鮮八道の一つで嶺南ﾅﾑ地方ともよばれる。朝鮮時代末期に慶尚南道と慶尚北道に分かれた。大韓民国では1963年に慶尚南道から▶釜山ｻﾝ直轄市を，80年に慶尚北道から▶大邱ｸ直轄市をそれぞれ分離させた。95年にはこの両直轄市を広域市に改め，さらに慶尚南道から▶蔚山ｻﾝ広域市を分離させて，現在に至っている。慶尚南道の道庁は釜山の分離後も長く同市内にあったが，83年に▶昌原ｳｫﾝ市

に移転した。慶尚北道庁は引き続き大邱に置かれている。慶尚南道は面積1万0533km²，人口338万9000(2013)。慶尚北道は面積1万9026km²，人口269万6554(2013)。なお，慶尚北道は大邱の分離後も韓国で最も面積が広い道である。

[自然] 北および西を1000m級の▶小白ソベク山脈がさえぎり，東部には脊梁の▶太白テベク山脈が幅広く走っている。南は海岸線の複雑なリアス海岸となっており，前面の海上には▶巨済コジェ島，▶南海ナメ島など大小多数の島が浮かぶ。太白山脈の東側の狭い地域を除く本道のほとんどが北端の太白山に発し，ゆるやかに南流する▶洛東ナットン江の流域となっている。洛東江は多数の支流に沿って，▶安東アンドン，金泉キムチョン，大邱，晋州チンジュなど大小の盆地平野を発達させ，河口部には大規模な三角州(デルタ)を含む金海キメ平野を形成している。日本海に面する東海岸は山脈が海岸近くまで迫り，浦項ポハン，蔚山を除くと狭い海岸平野しかみられない。年平均気温は大邱が14.1℃，昌原が14.9℃であり，1月はそれぞれ0.6℃，2.8℃と北部地方に比べ温和であるが，夏には内陸盆地において35℃をこすこともまれでない。とくに大邱は1942年に40℃を記録し，2013年に蔚山の40.3℃に更新されるまで，長く韓国の最高気温記録を保ってきた。

[歴史] 古代三国の一つ新羅は本道中東部の▶慶州キョンジュに発し，本道の地域を根拠地として隆盛して676年朝鮮半島最初の統一王朝を樹立した。高麗王朝中期の11世紀ころ五道制がしかれ，ほぼ本道の領域に慶尚道が設置された。朝鮮王朝時代初めに今日の慶尚道の区域が確定され，同時代末の1896年に南・北道に分割され，南北の道庁がおのおの晋州，大邱に置かれた。同時代，本道の山間地に，儒教の教育機関である▶書院が設立され，その出身者が派閥を形成し，中央で政権をめぐって激しく争い，▶士禍，▶党争を頻発させた。以来，慶尚道は保守的でありながらも権力志向的な風土をもつとされている。2013年現在，大韓民国の歴代大統領10名(現職者の死去による後任1を含む)のうち，慶尚道(嶺南)地方出身者は6名に上り，他を大きく上回っている。また韓国の国土開発の過程で，ソウル・釜山を結ぶ京釜軸に沿った重点投資が行われ，この地方がその恩恵に浴することが多かったこともあり，他の地方，とくに全羅チョルラ道(湖南)地方との間に▶地域感情のもつれが生じた。その影響は今日でも選挙の際の投票行動などに強く現れている。

[地域と産業] 洛東流域の盆地や下流の金海平野は朝鮮半島有数の水田地帯で，1960年代までは人工灌漑が普及せず，干水害の常襲地帯だったが，70年代に入り，安東ダム，陝川ダムなどによって多目的の大規模貯水池が建設され，水利条件が改善された。役牛・肉牛用の朝鮮牛飼育が盛んで，金泉，大邱の牛市場は全国的に有名である。大邱や▶尚州サンジュを中心とする一帯はリンゴ，星州ソンジュはマクワウリ，昌寧チャンニョンはトウガラシの主産地であり，栄州ヨンジュ・豊基プンギは朝鮮半島南部の朝鮮人参の特産地となっている。太白，小白両山地では各種の薬草が採集され，大邱で全国一の薬草市が開かれる。日本植民地時代から大邱，釜山を中心に食品，繊維などの軽工業がかなり発達してきたが，朝鮮戦争後には被災を免れた唯一の工業地帯として，砂糖，綿・毛織物工業，合板工業など衣食住に直接関連する諸工業が多数建設された。とくに大邱は繊維関係の工場が集中し，韓国第一の繊維産業地帯に成長した。60年代以降の工業化過程にあっては，蔚山，馬山，浦項，昌原など本道の沿岸各地に大規模な工業団地が形成され，製鉄，自動車，造船などをはじめとする重化学工業の一大拠点となった。また内陸の▶亀尾クミには電子，繊維を中心とする輸出工業団地が設立された。こうして本道は今日，ソウル，仁川を中心とする京仁地域に次ぐ韓国の工業地帯となっており，浦項，蔚山，釜山，馬山などが国際貿易港として発展している。

谷浦 孝雄＋佐々木 史郎

キョンジュ |慶州|경주

韓国，慶尚北道南東部の都市。面積1324km²，人口27万1869(2011)。韓国屈指の観光地。新羅(3世紀ころ～935)発祥の地であり，伝説時代を含めると約1000年の間王都として栄え，新羅の全盛時には人口78万余を数えたともいう。かつては鶏林ケリムとよばれ，慶州

●慶州 ｜ 図慶州の遺跡

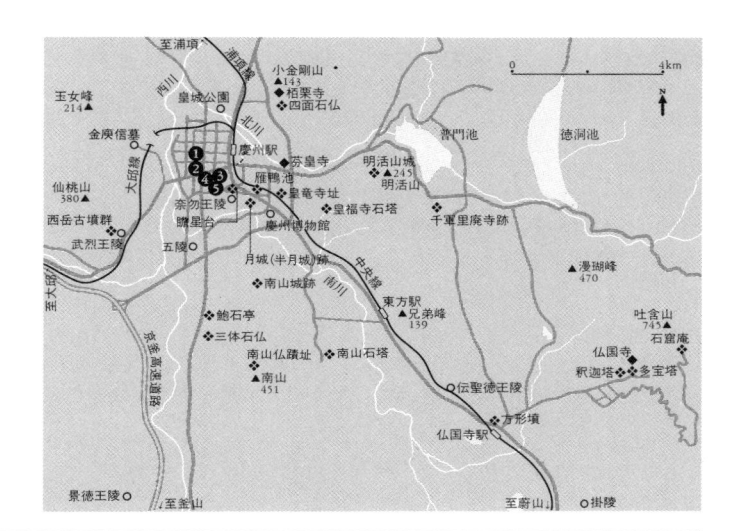

❶—鳳凰台古墳
❷—金冠塚
❸—98号墳
❹—天馬塚
❺—古墳公園（大陵苑）

という呼称は高麗時代に始まる。兄山江の中流にある慶州盆地に位置し、北は迎日湾、南は蔚山ウルサン、西は洛東江流域の水田地帯へ通ずる要衝の地にある。年平均気温は約13℃であり、温暖な気候にも恵まれている。新羅は仏教を国教として尊んだため、吐含トハム山の▶仏国プルグク寺、▶芬皇プニョン寺をはじめ古代仏教文化の遺跡が数多い。国立公園に指定されており、古都としての市街地の保存につとめ、博物館、古墳内部の展示、ホテルなど観光施設がよく整備され、四季を通じて内外の観光客でにぎわっている。これまでに〈石窟庵と仏国寺〉(1995)、▶瞻星台・南山石仏群・皇龍寺址などを含む慶州歴史地区〉(2000)、〈歴史的村落・良洞ヤンドン〉(2010)の3件がユネスコ世界遺産に登録されている。高速道路により、ソウルから5時間、釜山から2時間の距離にある。2010年には京釜線高速鉄道(KTX)の新慶州駅が開業し、ソウルとは約2時間で結ばれるようになった。

谷浦孝雄＋佐々木史郎

[遺跡]　慶州盆地は、東は明活山、西は玉女峰、仙桃山、南は▶南山(金鰲山)、北は金剛山に囲まれ、さらに外郭を吐含山、亀尾山、武陵山などの諸山が二重にめぐる自然の城塞となっている。慶州市街には、西川、北川、南川によって堆積された砂礫層が発達する。盆地一帯には、紀元前から統一新羅時代にわたる数多くの遺跡が残っている。三国時代以前の▶無文土器・原三国時代の遺跡として、九政洞、朝陽洞、月城郡入室里などの墳墓が知られ、銅剣、銅矛、銅戈、銅鏡、小銅鐸、鉄剣、鉄斧、鉄鎌など各種の青銅器、鉄器、土器が出土している。盆地中央の平地には、三国時代の古墳群が集中して分布する。円形・瓢形の封土をもつ積石木槨、竪穴式石室、横穴式石室墳などである。積石木槨墳は、木棺を安置した木槨の周囲を人頭大の河原石で覆い、さらに盛土した新羅独特の墓制である。これまで▶金冠塚、▶金鈴塚、飾履シリ塚、瑞鳳塚、▶壺杅ホウ塚、▶天馬チョンマ塚、皇南大塚など王陵級の古墳が発掘されている。これらを5世紀末から6世紀代の慈悲、炤知、智証、法興などの王ないしは王族に比定する説もあるが、いまだ確定されていない。古墳には金製冠をはじめ、金・銀・金銅製装身具、武器、馬具、農工具、鉄鋌、ガラス器、土器など膨大な遺物が副葬され、なかには西方・中国・高句麗系文物を含み、新羅王権の強大さと国際性がうかがえる。古新羅末期から統一新羅初期にかけて造営された馬塚、

忠孝里などの横穴式石室墳は，慶州古墳群の縁辺から丘陵地帯に分布する．統一新羅時代の金庾信墓，伝聖徳王陵，掛陵などの墳墓には，墳丘の裾に外護列石をめぐらせたり，その列石に十二支像を彫刻したもの，墳丘の周囲に十二支像や文武の石人像，石獅子像を配したものがある．▶武烈王陵の前面には，碑の台石・装飾物である亀趺と螭首が残り，その螭首にはく太宗武烈大王碑〉と陽刻されている．

新羅における仏教の初伝は訥祇王代(417-458)，その公伝は法興王15年(528)といわれ，仏教の興隆とともに造寺・造仏が盛んとなった．▶皇竜寺址，芬皇寺などにみられるように初期の寺院は，百済の影響をうけ一塔式の伽藍をもつが，四天王寺など統一新羅期の寺院では，金堂の前面に2塔を並べた双塔式伽藍が主流となる．塔も，初期では木造であったが，芬皇寺の塼塔，千軍里廃寺・▶感恩寺址・仏国寺の石塔のように石造となる．慶州南方の南山一帯は，新羅仏教芸術の一大宝庫であり，火葬墓，数十の寺院址，40基以上の石塔，70体におよぶ石仏・磨崖仏が遺存する．

また，慶州は条坊制の施行された都城であった．南川の蛇行に沿って半月形に造営された月城(半月城)には，土石混築の城壁がめぐらされ，その北に隣接して離宮である臨海殿，園池の▶雁鴨池が造られた．京(みやこ)の北方の城東里では宮殿址，門址などが発掘されている．王都は，四方を明活山城，西兄山城，南山城，さらに外方を富山城，関門城，北兄山城で守護されていた．南山城は真平王13年(591)に築造された石城であり，城内に長倉址があり，炭化米も出土した．周辺で発見された石碑(南山新城碑)により，南山新城とよばれたことも明らかとなった．このほか慶州には，古新羅時代の天文台である▶瞻星台，統一新羅時代の▶石窟庵，宴跡の鮑石亭(南山の湧水を花コウ岩でつくった鮑型の溝に引いたもので，ここで曲水の宴を催した)，朝鮮王朝時代の邑城，石氷庫などの遺跡がある．1970年以降，慶州開発計画にもとづいて発掘された天馬塚，皇南大塚，雁鴨池，臨海殿址などは史跡公園として整備されている． ⇒考古学　　東 潮

キョンフォン｜甄萱｜견훤｜867-936

新羅末期の武将．尚州加恩県の人．本姓は李．農民から身を起こして新羅の将軍となった阿慈介の子．甄萱も西南海方面の防備に功をたて新羅の裨将となった．ときに新羅末期，政治が乱れ，各地に反乱が起こると，彼も反旗をひるがえし，徒党を率いて西南方面の諸城を攻撃し，892年には武珍州(光州)で自立した．つづいて全羅南北道・忠清南道の大部分を支配下に収めた甄萱は，900年，ついに完山州(全州)に都を定め，百済の復興と新羅の打倒を標榜して正式に後百済王と称し，国家の体制を整えた．これより東は新羅と対抗し，北は新興の後高句麗，続いて高麗と対抗する．いわゆる後三国時代であるが，新羅が高麗に下った935年，すでに戦況が不利となっていた後百済では，甄萱がその長子神剣に幽閉されたため，逃げて高麗の▶王建に下るという事件が起こった．翌936年，甄萱を先頭にたてた高麗の軍隊は後百済を滅ぼし，甄萱も同年病死した． 浜中 昇

キリストきょう｜キリスト教

2005年の宗教人口統計によると，プロテスタントが約860万人，カトリックが約514万人であり，キリスト教信者を合わせると仏教信者の約1072万人を上回っている．カトリックが1995年からの10年間で信者数を200万人以上増やしたのに対して，プロテスタントが15万人ほど減少している．50年代から一貫して信者数を増加させてきたプロテスタントの減少，カトリックの増加は韓国のキリスト教がおかれている現在をそのまま映し出している．

[歴史] 韓国のキリスト教の特徴は，受容においてカトリシズム(天主教)もプロテスタンティズム(改新教)も宣教師の宣教活動に依らずに自発的な入信者を出したことにある．カトリックでは西学への関心から入信にいたり，1874年に北京で▶李承薫が受洗し，その後両班層に広がり，教会も組織された．▶実学に与えた影響も大きい．儒教の▶祖先祭祀を偶像崇拝として拒否したことにより政争に巻き込まれ，▶辛酉教獄(1801)などの迫害を受け，多くの殉教者をだした．両班層が棄教していく一方，農民

などの被支配層に浸透していき、一部の信者は迫害を逃れて集団生活をし、教友村とよばれる村を作ったりもした。

19世紀後半になると、海外で留学生などのプロテスタント教会への自発的入信が始まる。85年に宣教師たちがアメリカより来朝し、王室との良好な関係を築くことによって学校教育や病院での医療活動などを行った。初期の信者は平安道の商人や中小地主たちであり、また19世紀末から20世紀初頭の朝鮮半島をめぐる困難な国際情勢の中で、プロテスタンティズムは西欧近代に関心をもったり、政治的には反日的な若者を集めていき、また半島北部に多くの信者が生じた。平壌には多くの教会の十字架が見られたため東洋のエルサレムと称されるほどであった。平壌で1907年にリバイバル運動である大゛復興会が起こり、早朝祈禱会やトンソン祈禱などの今日の韓国プロテスタント教会の特徴的な祈禱形式が始まった。欧米の宣教師たちは教会の政治的中立を望んでいたが、19年の゛三・一独立運動などではキリスト教信者が大きな役割を果たした。一方、植民地支配の閉塞感の中で゛聖霊主義的な運動も展開し、李竜道イヨンド牧師の運動がその代表的なものだが、以後もこの聖霊主義的な流れは韓国キリスト教の特徴の一つとなっている。35年には神社参拝の強制がなされ、受け入れと拒否とで葛藤が起こり、それが解放後の教会分裂の一つの要因ともなった。カトリック教会は神社参拝に従わなかったが、教皇庁が宗教儀礼とみなさないとしたことにより受容することになった。

日本の敗戦による植民地からの解放、米軍政、朝鮮戦争などの混乱の中で信者数は増えていった。とくにプロテスタントは信者数が多かった北部(現在の北朝鮮)から信者が共産主義政権による弾圧から逃れてきたことにより信者数を増加させた。カトリック教会は、第二バチカン公会議(1962-65)によって祖先祭祀が慣習として認められたが、そのまま信者数の増加につながったわけではない。1960年代後半からの高度経済成長と都市化の中でプロテスタント教会は信者数を急増させた。社会が富を求めて競争するのと同様に、規模の拡大こそが恩恵の表れとして教会同士が競って信者数の増加をめざしたからでもあった。プロテスタント・カトリック共に信者数を伸ばし、80年代末にはプロテスタントが約700万人、カトリックが約250万人近くにまで増えた。しかし90年代以降、プロテスタントの増加は止まるのに対してカトリックは信者数を伸ばし続けている。プロテスタント教会の歴史では、植民地期の反日や聖霊主義的傾向、解放後の反共産主義、軍事政権による経済成長との親和性と一方での民主化運動への関与、信者数1万人を超す巨大教会の誕生が特徴としてあげられる。

[教会] 韓国のプロテスタント教会は最大教派である長老派の礼拝形式や教会組織などが他の教派にも取り入れられている。教会には牧師、副牧師、伝道師などの牧会者、教会運営は信者の代表である長老、長老候補の按手執事が行い、多くの教派で女性は牧師にも長老にもなれない。しかし勧士クォンサという非公式な女性の役職があり、〈教会の母〉として力を持ち、教会の日常活動を支えており、韓国社会のジェンダーの在り方を反映している。個別教会の力が強いことも特徴で、牧師が自分の力で開拓教会を設け、新しいアパート団地の周辺には教会が乱立することにもなる。

[聖霊主義との関係] 韓国の民俗宗教にはメシアニズムの側面がみられるが、キリスト教にもその影響をみてとれる。とくにプロテスタント教会には聖霊の働きを強調する教会が数多く存在し、世界最大の教会である汝矣島ヨイド純福音教会では病気治しや悪霊駆逐などを強調することによって多くの信者を集めてきた。祈禱院とよばれる施設があり、リバイバル集会や病気治しなどが行われ、1980年代のハレルヤ祈禱院は病気治し専門の祈禱院として代表的なものであった。キリスト教の信者数が多いこともあり、伝統的な゛シャマニズム(巫俗)とのシンクレティズムの様相をみることができる。これもまた信者数を増やしてきた原動力の一つとしてみることができるだろう。

[伝統文化との関係] プロテスタント教会は

現在も祖先祭祀を偶像崇拝として禁止しており，儒教的な社会規範と対立しているように考えられるが，祭祀を除くと信者たちも社会規範のなかで生きており，対立的であるわけではない。信者も儒教的な祖先祭祀を行わなくとも父母の命日には祭祀に代わるものとして追悼礼拝を行ってきた。カトリックは祖先崇拝を認め，排他的なプロテスタントに対して親和的なイメージをもたれるが，信者数の増加はさまざまな分野での積極的な社会参与にあったとみなす方がよいだろう。▶神社参拝拒否運動　　　秀村研二

キル・チェ｜吉再｜길재｜1353-1419

高麗・朝鮮王朝の学者。字は再父。号は冶隠，金烏山人。本貫は慶尚道海平。▶李穡，▶鄭夢周チョンモンジュ，▶権近クォングンの門人で朱子学を修め，成均博士となり，教育に専心，門下注書に至ったが，老母奉養のため帰郷した。朝鮮王朝になってからは，再三の招命を2王朝に出仕はできないと固辞し，善山で後進の指導にあたった。門人の金叔滋から▶金宗直キムジョンジク，金宏弼，趙光祖への士林の学統が成立した。著書に《冶隠集》がある。諡号しごうは文節。　　　　　　山内弘一

ぎれつだん｜義烈団｜의열단

三・一独立運動の非暴力路線にあきたらない▶金元鳳キムウォンボンらが，朝鮮独立の精神を高揚する目的で1919年に組織した団体。同年11月10日満州吉林省で結成，当初の同志は13名。正義の義と猛烈の烈を団名にしたという。〈日本帝国主義の心臓部に弾丸を打ちこむ必殺主義〉を唱え，総督府幹部，日本軍首脳，親日分子を暗殺の対象とし，総督府，東洋拓殖株式会社，毎日申報社，警察など植民地支配の機関を破壊の対象にした。〈駆逐倭奴，光復祖国，階級打破，平均地権〉を標榜し，民族主義左派の傾向が強かった。20年9月の釜山警察署，同年11月の密陽警察署，21年9月の朝鮮総督府の各爆破事件，22年3月上海での田中義一大将狙撃事件，24年1月東京での二重橋爆弾事件などに関与し，斎藤実総督のいう〈文化政治〉に脅威を与え，朝鮮人民に希望と勇気をもたらしていた。35年7月情勢の変化に従って，より広範な民衆を組織するため朝鮮民族革命党に転身し，発展した。　姜徳相

きんいく｜金堉｜▶キム・ユク
きんいつ｜金一｜▶キム・イル
きんいんしょく｜金允植｜▶キム・ユンシク
きんえいさん｜金泳三｜▶キム・ヨンサム
きんえいなん｜金永南｜▶キム・ヨンナム
きんえきほう｜均役法

朝鮮王朝で1750年に行われた軍制・財政改革。▶大同法と並ぶ大改革の一つ。王朝では両班ヤンバン，奴婢以外の一般民衆（常民，良人）の成年男子は軍役を課された。はじめは正軍1名と保（奉足）3～5名で1役戸を編成し，出役する正軍に保が納布して正軍の家計を支える体制をとった（戸保上番制）。しかし王朝後期になると，重要な中央軍の一部には戸保上番制が残されたが，全般に綿布だけを役所に納める軍役（納布軍）が増大した。他方，これに伴って，主として私奴に課役・出役させる操練軍（束伍軍）が編成され，これが地方軍の主体となっていった。納布軍は年2疋納布が標準とされた（ただし，年1～1.5疋のものもあった）が，1750年，これを年1疋に半減（すべてを年1疋に統一）し，その減収分を結銭（結米），海税（漁・船・塩税），選武軍官布，隠田摘発などで補うことにした。これが均役法である。結銭は1結（結は土地面積の表示。〈結負制〉の項を参照）につき米2斗あるいは銭5銭を徴収する土地課税であった。海税は一種の流通税であり，選武軍官布は良人上層の適役者を選武軍官として登録させ，納布させることにしたものである。均役法でも戸保上番制は少なからず存続し，納布軍の納布も成年男子数を基準とした人頭税的性格のものであったが，しかし均役法は中央軍事財政における土地税・流通税の比重を高め，力役原理主体の体制を大幅に後退させた重要な改革であった。　　矢沢康祐

きんかい｜金海｜▶キメ
きんかいから｜金海加羅｜▶キメカラ
きんかいしきどき｜金海式土器｜▶キメ式土器
きんかんづか｜金冠塚｜금관총

クムグァンチョ。韓国の慶尚北道▶慶州キョンジュ市路西洞に所在する慶州古墳群中の1基である。1921年に偶然発見され，緊急の発掘調査が行われた。発掘の結果，径約46m，高さ約12mの円墳に復元されることが判明した。古墳は，長方形状の墓壙を掘り，そ

の中央に木材を組み合わせた槨をつくり，木棺を安置し，さらに槨外に人頭大の河原石を積み，盛土した積石木槨墳である。副葬品は豪華で，被葬者は古墳名の由来となった金冠をかぶり，切子玉・小玉・勾玉をつらねた首飾，金製腰佩などをつけ，腕・足には金銀製釧・指輪・金銅製飾履をつけていた。棺外には中国製の青銅鐎斗，高句麗製の青銅四耳壺，西方からもたらされたローマガラス，刀剣・甲冑などの武器・武具，鞍・轡などの馬具，金製椀・漆器・土器などの容器が配置されていた。その築造時期は5世紀末から6世紀初めに比定されている。
➡キョンジュ(慶州)　　　　　　　　　　　東潮

きんきしゅう｜金綺秀｜➡キム・ギス
きんきゅう｜金九｜➡キム・グ
きんきょうしん｜金教臣｜➡キム・ギス
きんぎょくきん｜金玉均｜➡キム・オッキュン
きんけいきょく｜金炯旭｜➡キム・ヒョンウク
きんけいしょく｜金奎植｜➡キム・ギュシク
きんげんぽう｜金元鳳｜➡キム・ウォンボン
きんこう｜錦江｜➡クム江
きんこうしゅう｜金弘集｜➡キム・ホンジプ
きんごうしんわ｜金鰲新話｜금오신화
朝鮮王朝前期の漢文伝奇小説集。作者は▶金時習。執筆年代は慶州の金鰲山に居を構えた31歳から36歳(1466-71)の間という説が有力。完本は失われ，〈万福寺樗蒲記〉〈李生窺牆伝〉〈酔遊浮碧亭記〉〈南炎浮洲志〉〈竜宮赴宴録〉の5編が伝わる。〈李生窺牆伝〉は，開城に住む李生という学生が崔娘と佳縁を結び，不幸にも崔娘は紅巾の乱に死亡するが，幽霊となって李生と再会し，夫婦生活を営むという話。他も同様に伝奇の要素が多い。高麗時代の伝奇と，直接的には明代瞿佑の〈剪灯新話〉から題材・構成の影響をうける。日本に伝わり，1653年(承応2)和刻本が刊行され，江戸時代の怪談小説の流行に一役買っている。浅井了意の〈御伽婢子〉の〈歌を媒として契る〉は〈李生窺牆伝〉の翻案とみられる。
　　　　　　　　　　　　　　　大谷 森繁

きんこうどう｜金弘道｜➡キム・ホンド
きんさいけい｜金載圭｜➡キム・ジェギュ
きんサッカ｜金サッカ｜➡キム・サッカ
きんしが｜金芝河｜➡キム・ジハ
きんじしゅう｜金時習｜➡キム・シスプ

きんしゃくこう｜金錫亨｜➡キム・ソッキョン
きんしゅえい｜金洙暎｜➡キム・スヨン
きんしゅんじゅう｜金春秋｜➡ムヨル(武烈)王
きんしょうこおう｜近肖古王｜➡クンチョゴ王
きんじょうさん｜錦城山｜➡クムソン山
きんしょうひつ｜金鍾泌｜➡キム・ジョンピル
きんしりょう｜金史良｜➡キム・サリャン
きんせいき｜金正喜｜➡キム・ジョンヒ
きんせいしゅ｜金性洙｜➡キム・ソンス
きんせいにち｜金正日｜➡キム・ジョンイル
きんそうちょく｜金宗直｜➡キム・ジョンジク
きんそうん｜金素雲｜➡キム・ソウン
きんそげつ｜金素月｜➡キム・ソウォル
きんだいけん｜金大建｜➡キム・デゴン
きんだいしゅん｜金台俊｜➡キム・テジュン
きんだいちゅう｜金大中｜➡キム・デジュン
きんだいちゅうじけん｜金大中事件｜➡キム・デジュン事件
きんだいもん｜金大問｜➡キム・デムン
きんたつじゅ｜金達寿｜➡キム・タルス
きんとうじん｜金東仁｜➡キム・ドンイン
きんとうり｜金東里｜➡キム・ドンニ
きんとほう｜金枓奉｜➡キム・ドゥボン
きんにっせい｜金日成｜➡キム・イルソン
きんふしょく｜金富軾｜➡キム・ブシク
きんまんじゅう｜金万重｜➡キム・マンジュン
きんめいこく｜金明国｜➡キム・ミョングク
きんゆうくみあい｜金融組合
1907年の地方金融組合規則により，朝鮮各地に設置された機関。農民金融の疎通のほか，当初は▶貨幣整理事業にともなう新貨の普及を目的とした。本格的に発展したのは14年の地方金融組合令による改革以降で，このとき貸付限度の拡張，預金取扱い，組合員出資制度などが行われた。▶朝鮮殖産銀行が新設された18年にも改革がなされ，法令は金融組合令と改められて都市組合，各道ごとの連合会が設立され，また組合員

●金融組合｜裏 金融組合の発展

	[組合数]	[組合員数] (1000人)	[貸付高] (1000円)
1907	10	5	16
1918	278	140	8734
1929	621	588	117160
1942	626	2515	519209

資格が撤廃された。29年には朝鮮殖産銀行内に金融組合中央金庫課が設置されて各連合会に対する資金操作と指導が行われた。33年には各連合会が解散し、朝鮮金融組合連合会という単一組織となった。これは日本の敗戦直後にGHQの指令によって閉鎖された。発展の概況は表のごとくである。

村上勝彦

きんゆしん |金庾信|➡キム・ユシン
きんようじゅん |金容淳|➡キム・ヨンスン
きんりゅう |金笠|➡キム・サッカ
きんれいづか |金鈴塚|금령총

韓国、慶尚北道慶州市路東洞にある三国時代新羅の古墳。クムニョンチョン。慶州古墳群のなかで最大の規模を誇る鳳凰台古墳や、▸金冠塚、飾履塚に近接して築造されている。1924年に梅原末治によって発掘が行われた。墳丘は半壊となっていたが、埋葬施設である積石木槨部は完存し、しかも多数の副葬品が埋葬時の原形をとどめていた。その装身具の配置状態や副葬遺物の性格から、被葬者は年少の新羅の王子であると推定された。副葬品には、金冠、白樺皮製冠帽、金・硬玉・水晶・ガラス製などの玉類、金銀製耳飾と垂下飾、腰佩はいはい、金銅飾履、金属容器、漆器、土器、金銅環頭大刀・刀子などの武器・利器、馬具などがある。特殊な遺物としては、金鈴のほか彩画のある白樺製冠帽鍔、金釧くしろ、騎馬人物、舟形容器、古新羅の文化的交流関係を物語るローマガラスなどがあげられる。年代は5世紀末から6世紀初めと考えられている。➡キョンジュ(慶州)

東潮

きんろうしゃ |勤労者

朝鮮労働党中央委員会の理論機関誌で、国際・国内問題にわたる重要論文が掲載される。1945年11月(推定)に北朝鮮共産党の機関誌として創刊されたものを引き継いでいる。基本的には月刊だが、1962年4月～65年12月の間は半月刊であった。当初は労働新聞社から刊行されていたが、朝鮮戦争後には勤労者社が独立している。

梶村秀樹

クァンゲトおう |広開土王|광개토왕
374-413

高句麗第19代の王。在位391(392?)-413年。故国壌王の子で、諱いみなは談徳。▸広開土王碑文にはく国岡上広開土境平安好太王〉とあり、好太王とも永楽太王ともよばれる。王の治績は碑文に余すところなく銘記されており、朝鮮半島に南進策をとって百済、新羅を連年圧迫し、396年には百済王の弟や大臣を人質にとり、また404年には2国の背後にいた倭の勢力と対戦してこれを潰敗させたという。また西方では395年に燕と戦闘を交え、410年には東夫余とも対抗してこれを討滅し、領域を大いに拡張し、在位22年間を通して64城1400村を獲得したと碑文にある。一方、内政では、平壌に人戸をうつし、また9寺を建立して、次の▸長寿とうじゅ王が都を国内こくない城(丸都城)から平壌に移す基盤を整えた。王は国内城の王墓を守護する守墓人烟戸の制を改め、王が獲得した韓人・穢かい人をこれにあて、墓上に守墓人烟戸を銘記した碑を建てるようにした。王の墓は碑に近い太王陵と、後方の丘陵にある▸将軍塚とみる2説がある。

浜田耕策

クァンゲトおうひ |広開土王碑|광개토왕비

高句麗の第19代の国王▸広開土(好太)王の功績を編年的に叙述して記した石碑。414年(高句麗の長寿王2)に建てられ、中華人民共和国吉林省集安に現存。石碑の材質は角礫凝灰岩で、不正四角形の柱状。高さは6.34m、各面の幅は平均1.59mという巨大なもの。碑文には391年に相当するく辛卯年〉に倭(日本)が海を渡ってく百済・新羅〉などをく臣民〉としたと読みとれる字句や、いくたびか倭軍と高句麗軍とが交戦した記載があったためか、1883年(明治16)に石碑の建っている輯安(集安)の地に密偵として入った参謀本部の将校、酒匂景信が、この碑文に注目して、拓本を日本に持ち帰った。84年から参謀本部でこの拓本の判読と注解の仕事が始まり、これがく神功皇后の三韓征討伝説〉と結びつけられて、その伝説を歴史事実とみなすことができる重要な史料として、この碑文が重んじられるにいたった。ところが、1950年代に戦前の民族主義史学(▸鄭寅普ていいんぽら)の見解をうけついだ大韓民国や朝鮮民主主義人民共和国の研究者によって、碑文のく倭辛卯年来渡海破百残□□□羅以為臣民〉の部分の読み方に疑問が出され、この個所の文の主語は高句麗でなくてはならないこ

とが強調され，細かな点では違いがあるが，大筋では倭が〈渡海〉したのではないということで，両国の研究者の意見は一致し，今日にいたっている。日本でもこうした説に刺激され，碑文の再検討の気運が高まり，日本における碑文の研究史にいくつかの新知見をもたらし，また李進熙による碑文の改ざん説もあらわれた。碑文の全体的な解釈は緻密になり，研究は大きく発展したが，あらためて現存する石碑を実見し，新しい拓本を拓出して検討を加えなければならない必要に迫られている。なお，1980年代初めの中国吉林省考古学研究所の碑文調査では改ざん説を否定している。　　　　佐伯有清

クァンジュ | 広州 | 광주

韓国，京畿道中央部の都市。ソウルの南東に位置する。1914年発足の旧広州郡を母体とするが，63年に一部がソウル特別市城東区に編入され，さらにソウルに接する北西部が73年に城南市，89年に河南市としてそれぞれ離脱したのち，2001年に市に昇格した。漢江の支流に沿って狭い平野がみられるが，大部分は広州山脈とその周辺の丘陵地となっている。古代に馬韓諸族の根拠地となり，百済の王朝の基礎を築いた。朝鮮王朝時代に首都漢城(現ソウル)を防備する四鎮の一つとして築かれた南漢山城は近郊の観光名所として人気が高い。丘陵地を開墾した畑地では首都圏の巨大市場を背景として園芸，畜産，酪農などの商業的農業が行われている。ソウルのベッドタウンとして，人口も急速な増大を続け，80年の10万6810人から2013年には28万3308人に達している。　　　　　　　佐々木史郎

[遺跡]　遺跡としての広州の一部は，城南市やソウル市街地の拡大に伴って，ソウル特別市の城東区・江西区・江南区・江東区などに分布している。朝鮮半島中部で最大の河川である漢江の中流左岸地域一帯にあたる。早くから百済前期の遺跡群にめぐまれ，百済建国の地として知られている。この地域には，櫛目文土器時代(新石器時代)の集落跡として著名な岩寺洞遺跡をはじめ，無文土器時代(青銅器時代)に入ると，可楽洞や駅三洞で住居跡が調査されている。紀元前18年に百済の始祖温祚は慰礼城で

● 広開土王碑 | 圓碑と碑文

碑文には〈倭〉やく辛卯年来渡海〉など注目すべき字句が記される。現在では碑の周辺に碑閣が建てられている。中国吉林省集安

建国し，紀元後，都を漢山に移し，475年に熊津(現，公州)に遷都するまでここに都したと伝える。慰礼城の所在地をめぐって諸説があり，いまだ確定していないが，漢山を広州に比定する研究者が多い。ソウル市街の中心部から南東方に十数km，漢江を渡った左岸地域に風納洞の土城が残る。この付近は《三国志》魏書韓伝にみえる馬韓と一部重なるようであるが，一方で後漢末以来の魏の帯方郡の所在地と推定する立場もある。後者の場合，風納土城は帯方郡治跡にあてられよう。百済は，馬韓諸国の一つである伯済国から古代王国に成長するが，そのころの王都は風納洞の土城を再利用したものと思われる。風納土城の南東に隣接する夢村土城については，王宮跡と推定される場所や竪穴住居などが発掘されている。これら土城の南側にあたる石村洞，可楽洞，芳荑洞の一帯には，百済前期にあたる積石塚や横穴式石室墳などが群集していたが，現在ではその一部分が保

存され，史跡として整備されている。

西谷 正

クァンジュ｜光州｜광주

韓国，全羅南道中央部の広域市。1986年に直轄市として全羅南道から分離し，さらに95年に広域市となった。面積501km²，人口147万3229(2013.9)。全羅南道の道庁は光州市分離後も同市内におかれていたが，2005年に木浦市近郊の務安郡に移転した。栄山江流域の羅州平野の北東辺に位置し，古くから地方の行政・軍事の要衝となってきたが，日本植民地時代には米の増産，綿花や養蚕など植民地的な農業開発の拠点となり，物資の集散地として商業が発達したほか，紡績・織物などの近代工業も導入された。また各種の教育機関が集中的に設立されて，近代的な労働者の育成が進められる一方，民族意識が芽生える契機となった。このような背景のもとで1929年11月，全国的な反日運動の導火線となった▶光州学生運動が発生した。

独立後，人口は1960年に31万5000人，70年に50万3000人，80年には70万人をこえて急膨脹したが，工業部門は停滞し，商業，行政，教育などサービス部門に偏った都市形成が進んだ。70年代には湖南高速道(大田～光州)と南海高速道(釜山～光州)の接点となり，交通の要衝としての地位がいっそう高まった。また，光州工業団地が造成され，自動車やタイヤの生産も始まったが，工業部門の立ち後れは長く続いた。80年5月におきた▶光州事件の底には，産業開発上のこのような冷遇に対する市民の不満があったとされている。その後，こうした地域格差の是正をめざし，繊維・食品・機械などに加えて，家電・電子部門の強化が図られたほか，光産業を地域の基幹産業として集中的に育成，集積化する方針がとられることとなり，産業構造の改編が進んでいる。農業部門では，70年代の国家的大事業であった栄山江の流域開発が完了し，羅州平野の水田農業は永年悩まされてきた干害から解放され，耕地整理や機械化の進展により韓国の先進地域となった。95年に始まった光州ビエンナーレは2000年から偶数年の開催となり，現代芸術の祭典として世界各国から多数の出品がある。また，光州デザインビエンナーレ(2005年から奇数年開催)，光州国際映画祭，光州国際公演芸術祭など，文化・芸術行事にも力を入れている。

谷浦孝雄＋佐々木史郎

クァンジュがくせいうんどう｜光州学生運動

1929年11月から翌年春にかけて全羅南道光州をはじめ朝鮮各地で展開された抗日学生デモ，同盟休校をいう。光州で日本人中学生が朝鮮人女学生に侮蔑的発言をしたことが発端となって，11月3日光州高等普通学校などの朝鮮人学生がデモを行った。その後も〈植民地奴隷教育制度撤廃〉などを掲げた反日示威が続き，官憲は消防隊，在郷軍人をも動員して弾圧を加えた。12月には▶新幹会本部が〈民衆大会〉を開いて全国的闘争に拡大しようとして弾圧されたが，学生デモは各地に広がり，翌年3月までに194校，約6万人が参加した。この運動の背景には読書会などを通じて社会主義思想が学生の間に浸透していたことが指摘される。三・一独立運動(1919)後の反日示威として最大のものであり，現在でも韓国では11月3日に記念行事が開かれている。

水野直樹

クァンジュじけん｜光州事件

韓国では，〈光州民主化運動〉〈光州民衆抗争〉などとよばれることが多い。1980年5月17日の▶全斗煥らによる軍事クーデタと金大中の連行をきっかけに，全羅南道光州市を中心として起こった民衆の蜂起。5月18日，クーデタに抗議する学生デモが光州で行われたが，デモ隊に対する戒厳軍の暴行が激しかったため，それに怒った大勢の市民がデモに立ち上がった。19日にもデモが行われたが，戒厳軍の暴行がやまなかったため，デモ隊は約20万人にふくれあがり，木浦など全羅南道一帯にまで波及した。光州では，学生と市民の一部が武器をとって戒厳軍と対峙し，道庁舎を占拠したりしたが，5月27日に鎮圧され，各地の闘いも前後して鎮圧された。逮捕者は2200余名で，そのうち175名が内乱・布告令違反容疑などで起訴された。死者の数については，事件直後に戒厳軍司令部から174名と発表されたが，5・18記念財団によると2013年現在，207名となっている。光州事件の結果，国

民に銃を向けた国軍と、軍の移動に許可を与えた▸在韓米軍に対する国民の認識が変化した。学生らにより、82年3月に釜山アメリカ文化院放火事件、85年5月にはソウル・アメリカ文化院籠城事件が起こされ、同年6月には国会で野党も追及した。90年に〈光州民主化運動関連者補償等に関する法律〉が、95年の金泳三政権下で〈5・18民主化運動等に関する特別法〉が制定された。全斗煥・▸盧泰愚らの両元大統領は内乱罪で起訴され服役したが、97年12月に赦免、釈放された。95年、5月18日を国家記念日として制定。2007年、事件を描いた映画《華麗なる休暇》が公開された。事件の記録として、全南社会運動協議会編《光州5月民衆抗争の記録》(1985、邦訳あり)などがある。これらの記録は2011年世界の記憶(世界記憶遺産)に登録。
高崎 宗司

クァンジュビエンナーレ│光州ビエンナーレ│➡美術

クァンヘぐん│光海君│광해군│1575-1641
朝鮮王朝第15代の王。在位1608-23年。宣祖の第2子で、名は琿。《新増東国輿地勝覧》▸《東医宝鑑》などの編纂刊行、▸史庫の整備、号牌法の実施など内治に努力し、対外的にも明と後金(のちの清)との間にたち、卓越した外交手腕を発揮した。しかし、▸党争の弊が激しく、王は李元翼らを登用してこれを抑制しようとしたが、かえって大北派の鄭仁浩らの策謀にのり、兄臨海君、弟永昌大君を謀反の罪で殺害し、義母仁穆王后を幽閉するなどの行為をおかし、政治もこれによって紊乱した。金瑬ら西人派が▸仁祖を擁立すると、江華島に追放され、さらに済州に移されて没した。光海君の廃位を契機として▸李适の反乱が起こった。
山内 弘一

くうこう│空港│➡交通

クウンモン│九雲夢│구운몽
朝鮮王朝の文臣、作家、▸金万重の小説。作者は晩年の1690年(粛宗16)、王子冊立問題に関連して南海に島流しになったが、その間、郷里にいる老母を慰めようとして作ったといわれる。小説の舞台は中国の衡山にある蓮花峰で、隠者の六観大師が弟子の性真に人生の無常、輪廻思想を悟らせるために、現世と来世にかけて8人の仙女との出会いにより因果応報の理を悟得させてゆく過程を描いている。1人の男性と8人の女性との現世での行状は、つまるところ浮雲のごときであり、夢にすぎないという思想を表題としたもので、作品には一夫多妻の巧みな合理化と、儒・仏・道三教の渾然たる一致境、それに楽天的な人生の享楽思想が表現されている。また《紅楼夢》などの影響を受けていたことは確かである。これが発表されると大反響を呼び、《玉楼夢》《玉蓮夢》そのほか多くの亜流作を生んだ。朝鮮における〈夢〉を媒介にした小説に先鞭をつけたこと、堂々と作者名を明記して発表したことにも意義がある。
金 思燁

クォン・グン│権近│권근│1352-1409
高麗・朝鮮王朝の文臣、儒者。初名は晋。字は可遠、思叔。号は陽村。本貫は安東。▸李穡の門人で朱子学を修め、18歳で文科に及第、成均館大司成などを歴任したが、高麗末には政争に巻き込まれ、流配された。朝鮮王朝建国後、議政府参政事などを歴任、私兵の廃止を主張して王権確立に努力したほか、対明関係改善に功があった。文学、経学に優れ、著書に《陽村集》《入学図説》《礼記浅見録》などがある。諡号は文忠。
山内 弘一

くしめもんどき│櫛目文土器
櫛歯状の施文具で文様の施された土器の総称。世界各地の各種時期の土器に認められるが、狭義には北欧から西シベリアにかけて分布する新石器時代の土器、また朝鮮半島の新石器時代の有文土器ないし幾何文土器と呼称されるものをさすのが普通である。朝鮮の櫛目文土器はユーラシア北部と同様に串状あるいは櫛歯状施文具で、幾何学的な文様を施したものが主体である。盛行した時代を櫛目文土器時代ともいい、ほぼ新石器時代に対応する。朝鮮半島の中でも地域や時期によって多様性を示す。北東部では平底の深鉢が特徴的で、典型的な櫛目文があまり見られないのに対し、南海岸では丸底、尖底、平底のものがあり、典型的な櫛目文のほか、隆起文を施すものが知られる。また時期が下るにつれ、文様が減少する傾向を示し、▸無文土器時代へ移行する。

●櫛目文土器
ソウル特別市江東区の岩寺洞遺跡出土．

なお▶東三洞トンサムドン遺跡では九州の縄文土器とともに出土している．→新石器時代｜土器

西谷 正

くすり｜薬

朝鮮の伝統的な薬の主流は▶朝鮮人参に代表される漢方薬であるが，農村では家庭療法や歳時習俗と結びついたものも民間薬として知られている．漢方薬には，特定の症状に対する薬効で知られる治療薬のほかに，特定の体質の者に対して身体の均衡を保つために用いられる補薬がある．いずれも漢方医や漢薬房で診断によって調合してもらい，行きつけの薬房をもっていることが多い．補薬を常用する習慣は今日でも医薬品を頻繁に用いる傾向を生んでおり，ソウルの鍾路チョンノの一部や東大門近辺には薬局が密集した街区があるほどである．民間薬は特定の歳時習俗との関連で呪術的な効能が信じられているものが多い．また季節の変化に応じて補薬的な効果のある食物も時食や節食の名で知られ，正月上元の薬飯ヤッパプ，伏日の補身湯ポシンタン（犬肉のスープ）などはその代表的なものである．薬用飲物としては人参茶，参鶏湯サムゲタン（朝鮮人参と鶏肉のスープ）をはじめ，漢方にもとづく各種の煎じものや薬用酒も普及している．漢方薬の行商人は大道芸人を兼ねて，娯楽の少ない農村や市場をめぐり歩き，薬売チャンサの名で親しまれていた．なお，仏寺の境内にしばしば見受けられる▶薬水の神秘的な効能は民間信仰に支えられており，仏教説話と結びつ

いているものもある．

伊藤 亜人

くだもの｜果物

朝鮮では古くから桃，スモモ，アンズ，栗，ナツメを五果とよんだ．しかし近年はほかの果物類が多く生産され，食されており，西洋リンゴが最も生産が盛んで，西海岸の黄海南道，東海岸の咸鏡北道，慶尚北道は朝鮮王朝末期からの名産地として知られる．かんきつ類は温暖な済州島が主産地であるため，昔から朝鮮では高級果物であった．桃，スモモ，アンズ，梨，栗，ナツメ，ブドウ，▶松の実などはほぼ全土で産する．柿，ザクロ，クルミなどは中部以南で産し，柿には渋柿が多く，干し柿，熟柿が好まれる．冠婚葬祭の儀礼膳には必ず果物が出される．仏事の供物には栗，ナツメ，干し柿が必須で，松の実，クルミ，ギンナンなどの乾果も，かんきつ類，リンゴ，梨，柿などの生果とともによく配膳品として用いられるが，桃だけは仏が嫌うといって避ける．

鄭 大聲

くだら｜百済｜백제

ペクチェ．朝鮮古代の国名で，4世紀前半〜660年に及ぶ．〈ひゃくさい〉と音読するのが一般的であるが，日本では大村などを意味する朝鮮の古語を訓読して〈くくだら〉と呼びならわしている．百済の建国年次は，その前身の馬韓伯済国から百済国にかわる時期とみ，《三国史記》による3世紀の古爾王代とする説もあるが，《晋書》馬韓伝などから4世紀前半とした．百済の建国者は始祖神話などから夫余・高句麗系の移住民とされる．初期の百済の領域は漢江流域で，この地域は南方の韓族系文化と北方の高句麗系文化の共存地域であり，そのことが百済史の特徴にもなっている．

【時代区分と概説】

［前史──伯済国時代］伯済国の故地とされるソウル市南部には，初期の古墳が多数ある．伯済国は帯方郡治に近かったため，その影響を早くからうけて▶馬韓の大国となっていた．伯済国は，丘陵や谷間にあった初期農耕集落が連合してできた国家で，その社会は集約的な農耕生産を基調としていた．そのため，村落構成員の権限が強い社会であったとみられる．3世紀の伯済国は，

魏・晋の帯方郡の勢力下にあって，主として文化的・経済的な面で発展した。314年に高句麗とともに帯方郡を滅ぼすと，近隣の諸国と連合して百済国を建設した。百済の始祖神話や初期の伝承によると，百済の建国には国際問題が新羅などより重視されていたことが知られる。この漢江下流域は三国時代を通じて争奪の地であり，その後も長く東アジア諸文化交流の要衝の地ともなったところである。この地理的条件は百済建国当初からのもので，百済史の特質ともなったものである。

[第1期——小国統合時代] 王都慰礼城の位置は，近年の発掘調査の結果，ソウル市城東区風納里とする説が有力となった。この期の百済領域は，南漢江下流域を中心とする地方とみられる。《三国史記》の契王以前の百済記事から次のことが推測される。国際関係では高句麗，靺鞨，楽浪郡と対立し，帯方国とは親密な関係にあった。国内問題では，王位継承が王家の血縁によるとする記事が多いが，第11代比流王の即位では臣民の推戴としている。おそらく後者の形式が当時の即位形式であろう。王者の性格も，戦争の記事にひかれて勇将に描かれることが多い。しかし，その祭祀記事や農耕関係記事からみると，高句麗や新羅の王者と同様シャーマン的存在で，農耕生産の維持・発展のための祭祀が，百済王の主要な任務であった。政治史では古爾王代の真氏の台頭が注目される。真氏は慰礼城地方の旧小国の勢力を背景とする貴族で，貴族連合体制のまとめ役として中央政界で活躍する。一方，武将としても功績をあげ，さらに王妃を出す氏族として重視された。伯済国から百済国への発展は，厳しい国際環境に対応するためもあるが，主として，すぐれたシャーマンを王者に擁立して，農耕生産の維持・発展をはかるためであった。

[第2期——領主的貴族連合時代] この時期の百済は，国際的にも国内的にも大きな変化があった。国内政治では，371年に王都が慰礼城から漢山城に移った。漢山城の位置は数説あって確定できないが，南漢山周辺で，慰礼城から5～20km以内にあったとみられる。そのため，真氏など旧王都地域を基盤とする貴族たちは遷都後も勢力を保持していたが，漢山地方を基盤とする解氏らにしだいに押さえられた。文化面では，384年の仏教公伝や近肖古王代の博士高興による文字の伝来など，多方面にわたる中国文物の受容が行われたが，これらは政治面，経済面にも大きな影響を与えた。

国際関係では，東方の強国高句麗と対立し，371年には平壌城を攻め落とし，故国原王を討ちとった。この戦勝によって百済の国際的地位が飛躍的に向上し，翌年はじめて東晋に朝貢すると，東晋は近肖古王を鎮東将軍領楽浪太守に封じた。その後，歴代の百済王は北朝の秦や南朝の宋・南斉などに朝貢し，その称号も累進して，〈使持節都督百済諸軍事鎮東大将軍百済王〉となった。勢いに乗った百済は，370年代の一時期に遼西郡方面に進出した。《日本書紀》引用の〈百済記〉やこれに付会した伝承記事によれば，大和朝廷は366年に加羅諸国と，翌年に百済と国交を開いた。さらに369年から485年までに，大和王朝は5回も出兵して新羅や百済を討伐したとしている。しかしこれらの伝承記事は，6世紀中葉の事情をもとに年代を遡及させた記事で，8世紀初頭に作られたものとみられる。397年に阿莘王は南下する高句麗広開土王の勢力と対抗するため，太子腆支を人質として倭国に送った。また，百済が倭と結んで396年以降5度にわたって高句麗と戦ったことは，広開土王碑文にもみられる。これらの〈倭〉国を，日本の学界では《日本書紀》の記述にしたがって大和王朝にあてるものが多いが，中国，朝鮮の史料では朝鮮南部ないしは北九州とみている。百済側の史料によれば，大和王朝との国交は6世紀に始まる。

この対倭同盟の結果高句麗の南下を一応阻止したが，貴族連合体制内部に変化が生じ，腆支王を擁立した解氏が真氏にかわって中央政界の世話役となり，王の外戚ともなった。百済での王者擁立の争いは，高句麗，日本ほど激しくなかったが，第2期から第3期にかけて，しばしばみられる。

475年に王都漢山城が高句麗に攻め落とされ，蓋鹵王は殺害された。蓋鹵王はこ

の敗戦を事前に察知し，子の文周を南方に逃がし，百済の再建を図った。蓋鹵王は王権を拡張するため，王城，宮殿，王陵などを改修した。王権の強化を好まない貴族たちはこれに反発して旧小国の保全につとめ，対高句麗戦に参加しなくなった。蓋鹵王の敗北は領主的貴族の連合体制を軽視したためで，王権の弱さを暴露したものである。

[第3期——宮廷貴族発生期] 文周王を擁立して第2の百済を建設した木劦満致や祖弥桀取などは，熊津(現，忠清南道の公州)地方の勢力を代表するものであった。彼らが百済王を擁立した理由は，この地方の小国を統合して，高句麗に対抗するとともに，前代に築いた百済の国際的地位を利用して，中国文化の導入を図ろうとしたことにある。そのため，基盤を失った真氏や解氏なども貴族連合体制の運営能力および外交手腕などを買われて，王族とともに宮廷貴族として重視された。しかし，文周王は擁立者の木劦氏らを重視したため，貴族連合体制の代表者解仇と対立し，477年に殺害された。翌年，解仇は新興貴族の燕信と結んで反乱を起こした。これは貴族内部の権力闘争で，賟支王即位のとき，反対派となったため，逼塞していた真氏がこの反乱を鎮定した。この反乱を契機に熊津地方の勢力を背景とする沙氏，燕氏，苩氏などの諸氏が台頭してきたが，これは当時の貴族制が前代同様地域の利益代表者として領主的な性格の強かったことを示している。

国際関係では，東城王代に新羅と国交を開き，高句麗の南下を阻止しようとした。この時期から本格的な三国時代となり，現在の忠清北道を中心に三国の攻防がつづいた。当時はなお旧小国の勢力が強かったので，三国はこれらの旧小国を勢力下におさめるため相争った。また地方政策にも種々対策が講じられ，《梁書》百済伝には，全国を22地区に分け，それぞれに王族を分封したとある。また，宋や南斉に対し，王だけでなく家臣の軍号・官号も請求した。家臣への称号の授与は，438年に倭王珍が13人の家臣に将軍号を求めたことに始まる。これら家臣への除授は，家臣の国際的な序列だけでなく，地方住民への権威付けでもあ

った。また，倭王の軍号は百済王のそれよりつねに低位で，倭の百済支配の意図はうかがえない。倭王とその家臣とは身分差が少ないが，百済王とその家臣とでは身分差が倭国より大きいことが知られる。また，458年に除授をもとめた百済家臣11名中8名が王族の余氏であったが，490年には7名中3名となり，495年には余氏がなく沙氏，解氏，木氏の諸氏各1名で，東城王代の貴族の多様化がみられる。東城王は王権の拡充を図り，貴族勢力を抑圧しようとしたが，百済の貴族連合体制はなお強固であったため，かえって東城王は廃位，殺害された。

東城王代には，百済の勢力が朝鮮南西部，耽羅(済州島)から西部の加羅諸国にまで及んでいた。武寧王代には，加羅諸国の支配権をめぐり新羅と対立し，これを打開するため，大和王朝と国交を開いた。その後，百済は大和王朝の外交的・軍事的支援を求めるため，513年から五経博士などを派遣して，百済の儒教文化を組織的に提供した。538年には高句麗・新羅連合軍と対抗するため，大和王朝に仏教を供与して救援軍の派遣を要請した。大和王朝は百済からの新文物にひかれ，外交上のみならず軍事的にも百済を支援することになるが，その軍事力は三国抗争に影響を与えるほどのものでなかった。

[第4期——宮廷貴族連合時代] 538年に聖王は王都を熊津から泗沘(現，忠清南道の扶余)へ移した。泗沘は水陸交通の要衝で，西海岸地域を支配し，加羅諸国，中国の南梁，大和王朝などと積極的な外交交渉を進めるのに格好の地であった。

百済では三国抗争の激化に伴って，中央集権的体制を取る必要に迫られ，泗沘遷都を契機に領主的貴族制を脱皮し，中央集権的な宮廷貴族制に移行した。その政治体制は前代までと同様，貴族連合体制を維持し，中央官制は内臣佐平(首相格)，内頭佐平(大蔵大臣格)，内法佐平(宮内大臣格)，衛士佐平(近衛大将格)，朝廷佐平(法務大臣格)，兵官佐平(軍務大臣格)の六佐平を頂点に，内官・外官の官職も整備された。これらの運営には貴族の合議制・請負制をとっていた。戦時体制が強化されると，王都を五部に分け，

●百済 | 図1 | 百済王朝系図

①②は王位継承順位、名前の下の数字は在位年。

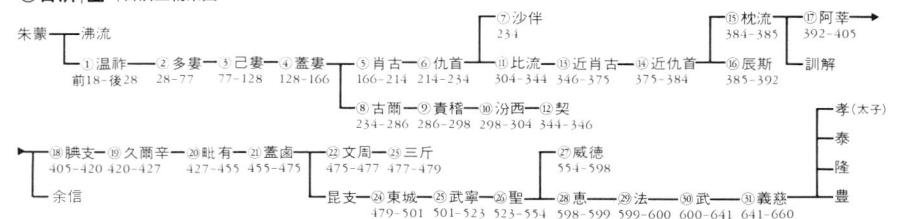

```
朱蒙─沸流
    ├①温祚─②多婁─③己婁─④蓋婁─⑤肖古─⑥仇首─┬⑦沙伴                    ┌⑮枕流─┬⑰阿莘→
    │ 前18-後28  28-77  77-128 128-166 166-214 214-234 │ 234                     │ 384-385│ 392-405
    │                                               ├⑪比流─⑬近肖古─⑭近仇首─┤      │
    │                                               │     304-344  375-384  │⑯辰斯  │
    │                                               └⑧古爾─⑨責稽─⑩汾西─⑫契      385-392
    │                                                  234-286 286-298 298-304 344-346                    ┌孝(太子)
    │                                                                                                     ├泰
▶⑱腆支─⑲久爾辛─⑳毗有─㉑蓋鹵─┬㉒文周─㉓三斤                                                          ├隆
 405-420 420-427  427-455 455-475 │475-477 477-479                                                        └豊
 └余信                            └昆支─㉔東城─㉕武寧─㉖聖─㉘恵─㉙法─㉚武─㉛義慈
                                       479-501 501-523 523-554 598-599 599-600 600-641 641-660
                                                                 ㉗威徳
                                                                 554-598
```

表 百済の時代区分

[区分]	[王代]	[年代]	[時代]	[王城]
前史	①温祚 〜 ⑦沙伴	〜3世紀前半	伯済国時代	慰礼城?
第1期	⑧古爾 〜 ⑫契	3世紀前半〜346	小国統合時代	慰礼城
第2期	⑬近肖古 〜 ㉑蓋鹵	346〜475	領主的貴族連合時代	漢山城
第3期	㉒文周 〜 ㉕武寧	475〜523	宮廷貴族発生期	熊津城
第4期	㉖聖 〜 ㉛義慈	523〜660	宮廷貴族連合時代	泗沘城

各部に貴族を配置するとともに、それぞれ兵500人をおいた。地方は軍政色のきわめて強い行政制度で、全国を五方にわけ、各方の所在地を方城、長官を方領、副長官を方佐といった(▶五方・五部)。各方には700〜1200人の軍隊と6〜10郡とがあり、郡には郡将がいた。

552年に百済は漢江下流域を回復するが、翌年この地を新羅に奪われた。554年王子余昌(威徳王)の救援に向かった聖王が、新羅軍と戦って戦死した。聖王の戦死によって内政では中央集権体制の整備に支障をきたし、対外的には562年に百済の支配下にあった加羅諸国を新羅に奪われた。また、威徳王は聖王の戦死を大和王朝の救援が遅れたためと考え、対日外交を一時中止し、北朝の斉・周、南朝の陳との外交を緊密にした。581年に隋が建国すると、ただちに隋と国交を開いた。一方、大和王朝が加羅諸国の復興政策をとったので、597年に王子阿佐を派遣して大和王朝との国交を強化した。607年、隋に高句麗出兵を要請するなど外交活動は活発であったが、三国間での軍事行動は比較的少なかった。

唐代になると、百済の僧侶や儒学生などが大量に唐に留学した。このような平和な国際関係の裏で、唐は朝鮮支配の準備を着々と進めていた。これに対応するため、百済でも642年に政変が起こった。前年義慈王が即位し、その年に王母が死ぬと、王子翹岐ら40余名が追放されて、大和王朝に亡命してきた。

戦時体制を整えた百済は、642年新羅を攻め、洛東江中流域の40余城や同江下流域の中心地大耶城などを奪い、唐への要衝党項城を襲撃した。645年には唐の第1回高句麗侵略戦争に便乗して、百済は新羅王都近郊まで軍隊を進めた。しかし、この百済軍は新羅の▶善徳王の霊感によって撃破された。その後、三国末期の激しい戦闘が続くが、660年、突然唐が戦略を改め、新羅と同盟して百済を攻撃した。百済は準備不足のため、戦線の整備もできないまま、わずか10日間の戦闘で降服した。

百済の滅亡直後から、王族の▶鬼室福信や僧道琛らは百済復興軍を組織し、631年から大和王朝の人質となっていた王子豊(豊璋)を擁立し、高句麗や日本の支援をうけて、新羅・唐連合軍と戦った。663年に、内部の権力闘争と▶白村江の戦での日本軍の敗戦とで、百済復興軍も降服した。

【百済文化の特徴】 百済の貴族文化は、全時代を通じて、高句麗・中国両系統の文化の影響を受けていた。しかしその庶民生活をささえる基層文化では、加羅、新羅などの文化とともに韓族文化を形成していた。第3期以降では、貴族文化が飛躍的な発展をみせた。そのため、庶民文化とかけ離れ、百済滅亡の一因ともなったが、新羅、日本の文化には、大きな影響を与えた。百済で

は政治制度や行政組織をはじめ，あらゆる分野で中国文化を積極的に受容したが，その典型は漢学と仏教の受容である。文字の使用は近肖古王代(346-375)から始まるが，425年からしばしば国書を宋に送り，472年には優れた漢文の国書を北魏に送っている。また，541年には《涅槃経》などの経典や毛詩博士を梁に求め，のちには洗練された文章の中に老荘思想を盛りこんだ゚砂宅智積碑などを作っている。《周書》や《旧唐書》によれば，6〜7世紀の百済人は，高句麗と同様，馬術や弓術を好むとともに，儒学の五経や歴史書をよく読んでいたと伝えている。

仏教は384年に西域の僧侶摩羅難陀によって中国東晋から伝えられた。526年には謙益がインドから律宗関係の経典をもち帰り，これを翻訳したので，百済の仏教は律宗を中心に発達した。また，百済の王室は仏教受容を積極的に推進し，新しい宗教・思想体系を導入するとともに，仏像彫刻，寺院建築などの新文物をも受容した。また，当時の国際情勢から，百済の仏教は護国的な性格が強く，王都扶余の王興寺はその中心であった。百済の仏教美術の特色は，優雅で気品に富むところにある。国立中央博物館所蔵の金銅弥勒半跏像や瑞山の磨崖三尊仏像などは，優雅な百済彫刻の代表である。石塔では木造の塔の建築様式を伝える益山弥勒寺址の石塔や，簡素な形式のうちに美を凝結させた宗林寺址の石塔などが代表的なものである。風納里土城址などから出土した青銅器類からも，初期の百済文化が高句麗の影響を受けていることが知られる。1971年に完全な形で発掘された武寧王陵は，中国南朝の影響を受けた塼築墳であり，その誌石の文字は北魏形式の優美な楷書であって，当時の東アジアの美術が，百済文化としてここに結晶したといえる。

百済文化の特色は中国や高句麗の文化を受容するとともに，地域文化と巧みに結合し，独特な文化を作りだしたところにある。たとえば百済の王都は，初期の漢山城では中国の邑城形式を一部取り入れたが，後期の熊津や扶余では，高句麗で発生し，この地方で発展した山城群による防衛を主とし，これを結ぶように中国式の羅城が採用されている。また，墳墓も高句麗式の積石墳から始まって，中国風の横穴式石室墳・塼築積などが採用されたが，この地域独自の甕棺墓は根強く存続し，栄山江下流域では，とくに盛行した。

[**遺跡と遺物**] 第2期の漢山城時代の遺跡には，慰礼城跡とみられる風納里土城の南方の石村洞3号墳のように，高句麗の将軍塚より大規模な゚積石塚がある。これらは，4〜5世紀のころ，高句麗から南下してきた百済の建国者たちの古墳ともいわれている。この付近の江東区可楽洞などには封土墳がある。これらの古墳は方形または長方形で南面し，天井は壁を内傾させ，上に板石をのせ，側壁は割石積みで石灰を塗っている。この形式は楽浪古墳の影響とみられる。この時期の土器には，縄蓆文の上に等間隔の沈線を数条めぐらした゚金海式土器の文様が多く，その基層文化は韓族の文化であることがわかる。

第3期の熊津時代の墓制では，積石塚がなくなり，高句麗式石室墳と中国南朝系の塼築墳とがあらわれ，前期の平地墳から加羅式の丘陵墳に変化した。公州邑宋山里6号塼築墳には，高句麗の壁画から影響を受けた四神壁画があるが，その特異な玄室の形式や使用されている花文塼などは，中国湖南省長沙の南斉時代の塼築墳とまったく同じである。゚武寧王陵も中国南朝との関係がきわめて明瞭にみられる。ただし，遺体を南枕にしている点で，北枕の中国と異なっている。その誌石の字形は，北朝から高句麗を通じて伝えられたものとみられる。武寧王陵出土品のうち，金製の冠飾りは高句麗のものに類似し，耳飾りの心葉形垂飾は新羅のものと類似している。また，この時期の百済土器にみられる三足土器(足に三角形などの透し窓がある土器)は，中国南朝の土器に由来し，広底土器も中国や高句麗土器の影響であるが，新羅からの影響とみられる新羅式高坏などや波状沈線文の使用も広くみられる。

第4期の扶余時代の墓制は，公州時代に始まった羨道つきの箱形石室墳が中心であ

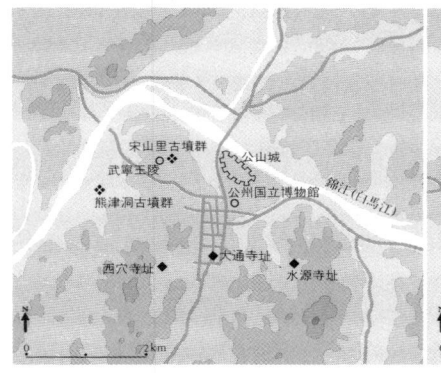

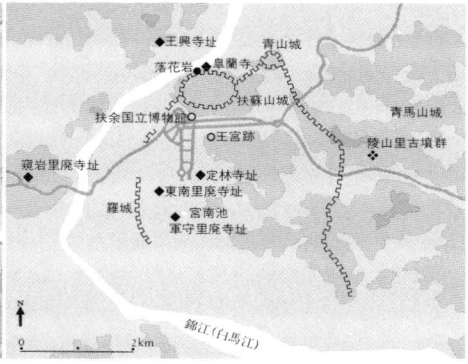

● 百済　図2 | 熊津城（公山城）一帯　　　図3 | 泗沘城（扶蘇山城）一帯

るが，全羅北道南原・鎮安地方では加羅式の石槨墓が中心である。扶余邑の陵山里ヌンサンリ古墳群は丘陵の南斜面にあって，横穴式の長方形の石室墓で，切石をていねいに積みあげた高句麗式の築造法である。陵山里1号墳には高句麗の四神の壁画がある。天井にはコリョン加羅の古墳壁画と同じ飛雲文，蓮華文などがあって，加羅諸国との関係をうかがわせる。全羅南道南西部の栄山江下流域には，先史時代の墓制の発展した甕棺墓の群集がある。その封土には日本の前方後円墳に類似した外形もあり，前方後円墳の祖形とする説もある。また，この甕棺墓から新羅の冠と同一系統の金銅冠が出土したこともある。

百済の仏教遺跡・遺物には，寺院址，石塔，仏像彫刻などがある。扶余邑の軍守里クンスリ寺址は一塔式伽藍配置で，初期の日本の寺院配置の原型をなしている。全羅北道益山郡金馬面の弥勒ミルク寺址の石塔は，百済石塔の最古の形式で，7世紀初頭の建立とみられ，木造建築を忠実に模倣したものである。〈大唐平百済国碑銘〉のある扶余邑の定林チョンニム寺址石塔の屋根は，勾配がゆるく，軒がかろやかにのび，その四隅がわずかに反っているなど，百済式石塔の典型を示している。国立中央博物館所蔵の金銅弥勒半跏像をはじめ現存の百済仏像は，6世紀後半以後の制作で，南朝の影響が強く独特の〈百済の微笑〉を浮かべている。これらは日本の飛鳥仏に大きな影響を与えた。忠清南道瑞山ソサン郡の二つの磨崖仏群は，いずれも百済末期に近いものであるが，南朝様式を伝えている。これらは中国の石窟寺院の影響を受けたもので，統一新羅時代の石窟寺院や磨崖仏群の先駆である。→考古学

【日本との関係】　百済と倭との国交は，近肖古王時代から始まるとみられる。広開土王碑文の倭や，南朝宋に称号を求めた倭を大和王朝とし，大和王朝が百済を支配したとする説がある。しかしこの倭は，朝鮮南部ないしは北九州地域の倭である。大和王朝と百済との国交は，武寧王代(501–523)から始まるとみられる。大和王朝は百済と国交を開いて，新文物を積極的に受容しようとした。6世紀前半から中葉にかけての百済は，加羅地方に進出し，加羅諸国や新羅と対立した。そこで，百済は遠交近攻の外交政策をとり，大和王朝と国交を開き，外交上のみならず軍事的にも支援を得ようとした。554年聖王が新羅軍と戦って戦死すると，その子威徳王は大和王朝との国交を579年まで中断した。その後，両国間の国交は再開されたが，百済の外交は隋・唐を中心とし，対日外交は積極性を欠いた。660年に百済が滅亡すると，日本に派遣されていた王子豊を奉じて百済復興軍を結成し，新羅・唐連合軍と戦った。663年にこの復興軍を支援するため，大和王朝は初めて大軍を朝鮮半島に送ったが，白村江の戦などで敗

れた。この前後に百済からの亡命貴族が多数日本に渡来し、その後各方面で活躍した（▶渡来人）。そのうちには、百済王一族のように、8世紀末に、桓武、嵯峨、仁明など諸天皇と姻戚関係を結ぶようになったものもいる。

百済は、中国王朝との国交で受容した儒教や仏教の文化を、国交を通じて日本の貴族層に伝えた。4世紀中葉に百済で文字が使われはじめると、369年には銘文をもった▶七支刀が倭王に贈られ、阿直岐あちきや王仁わにが漢字や漢学を伝えたとされている。また541年に百済は南朝の梁に仏典、毛詩博士、工匠、画師を求めながら、他方では、大和王朝に五経博士などを派遣し、仏像や仏教経典を伝えている。百済は中国の新文物を自国で使用するだけでなく、日本や新羅に伝え、外交、貿易などで優位に立とうとした。百済のこの外交政策は成功しなかったが、日本の古代文化に与えた影響はきわめて大きかった。たとえば、《日本書紀》の年次構成で、556年以前は百済の史料（《百済記・百済新撰・百済本記》）によって作られることになった。また寺院建築、仏像彫刻など、飛鳥・白鳳時代の美術・工芸をはじめ、百済楽など音楽、舞踊などにも大きな影響を与えた。また朝鮮式▶山城さんじょうといわれる古代の城郭も、百済からの亡命貴族の指導によるもので、古代の貴族文化だけでなく、庶民生活にもかかわりをもつ基層文化にも影響を与えている。

井上 秀雄

くだらき くだらしんせん くだらほんき｜百済記・百済新撰・百済本記

《日本書紀》の注に引用された百済の史書。《百済記》は物語的で、神功～雄略紀にみえるから近肖古王～蓋鹵王の時代(346-475)、《百済新撰》は編年体のようで、雄略～武烈紀にみえるから蓋鹵王～武寧王の時代(455-523)、《百済本記》は日付に干支まで添え、継体～欽明紀にみえるから武寧～威徳王即位の時代(501-554)をそれぞれ記述していたと推測される。各書の全巻の記述範囲・成立年代・撰者などは不明。《日本書紀》はこれらの史書の記述に頼り、4世紀後半～6世紀前半の記事の年代決定をしている場合がある。

青木 和夫

クッ｜ヌ ⇒シャマニズム

くっぽりいせき｜屈浦里遺跡 ⇒クルポリ遺跡

くま｜熊 곰

現在では虎に圧倒されているが、古く熊は朝鮮民族にとって聖なる動物であった。檀君神話には熊と虎が人間になることを願ったが、熊のみがヨモギとニンニクを食べて忌みこもり、人間の女に変身し、天神の子桓雄と結婚して古朝鮮の始祖檀君王倹を生んだと記されている。熊は祖霊獣、シャーマンの守護霊として、また野獣を支配し、狩人に獲物を与える動物の主、山神、薬を与え、病気をいやす霊獣などとみなされた。熊と虎は朝鮮の神話的シンボリズムにおいては対立関係にあり、虎が山、（男）、軍事の原理や機能の表象であるのに対して、熊は水、女、豊穣の表象である。朝鮮の熊信仰はとくにアムールランドのツングース族に密接な関連が求められるが、そこでは熊と虎は対立する存在と考えられている。朝鮮民族が狩猟から農耕に移行し、熊肉に対する重要性が減少するにしたがい熊信仰は衰退し、それに代わって虎の信仰が盛行する。各地の熊神山、熊山、熊川などの地名は古い熊信仰の痕跡を示すものである。⇒虎

依田 千百子

クミ｜亀尾 구미

韓国、慶尚北道中央部の都市。1978年に市に昇格して善山선산郡から分離したが、95年に同郡を統合した。面積615km²、人口41万6949(2013.7)。洛東江中流の平野に位置し、稲作地帯であったが、69年、当時の朴正熙大統領の出身地として工業団地の建設が開始された。現在、韓国最大の内陸工業都市に成長しており、とくに韓国輸出産業の花形である電子・IT産業のメッカとなっている。2013年7月でみた生産額の76%を電子製品が占め、光学製品13%、プラスチック3%、繊維3%がそれに続く。

佐々木 史郎

クムガンさん｜金剛山 금강산

朝鮮半島の脊梁である▶太白たぺく山脈中の名山。名称は仏典《華厳経》中の金剛山に由来するという。山体を構成する花コウ岩には多種多様の節理が発達し、長年の風化浸食により複雑な地形を生じている。平面積40km²の地域に、最高峰の毘盧ピロ峰(1638m)はじ

め1万2000余峰といわれる峰々が群立し，内金剛，外金剛，海金剛の三つに大きく分かれる。主な奇勝としては，内金剛の明鏡台，外金剛の万物相，海金剛の金剛台がある。山中の温泉は宿泊施設も完備した一大観光地である。古くから仏教の聖地とされ，長安寺，神渓寺など数多くの寺院が山中に建立されている。金剛山見物の出発点となっている日本海沿岸の▶元山ウォンサンも海水浴を主とする観光地であり，合わせて北朝鮮最大の保養地となっている。山麓の昌道から内金剛まで通じていた登山鉄道は今は使われていないが，自動車により老若男女が容易に接近できる。〈金剛山見物も食後の話〉（花よりだんごの意）ということわざなどで朝鮮民族に広く親しまれている。北朝鮮が南北融和策の一環として金剛山観光を認めて以来，韓国人観光客が多数訪れている。

谷浦 孝雄

［**金剛山観光**］ 北朝鮮の江原道にある朝鮮半島有数の景勝地，金剛山地区を舞台にした観光開発事業。▶開城ケソン工業団地とともに，韓国の金大中政権の▶太陽政策（包容政策）を象徴する南北経済協力事業でもある。韓国の財閥，現代ヒョンダイグループの創業者で名誉会長の▶鄭周永チョンジュヨンが1998年6月と同10月に訪朝し，金正日と会談。北朝鮮側と金剛山の独占観光開発の見返りに2004年までの6年間に総額9億600万ドルを支払うことなどで合意。韓国政府が事業承認し，98年11月，第1陣の観光客が韓国から海路，訪朝した。当初は韓国人だけを対象としたが，2000年から日本人を含む外国人の参加を認めた。03年から江原道の▶非武装地帯を縦断する臨時道路を造成，バスで行き来する陸路観光が始まり，04年からは陸路観光に一本化された。08年3月からは一定数のマイカー乗り入れも認められた。しかし，08年7月，金剛山の海水浴場近くで韓国人女性観光客が北朝鮮兵士に銃撃されて死亡し，韓国政府は事業中断を決定。10年に北朝鮮は韓国側の資産を没収・凍結，11年には現代グループの観光事業独占権を取り消し，国際観光特区にすると発表した。事業が中断された08年7月までの観光客総数は約195万人。

阪堂 博之

● **金剛山**

仏教の聖地と称される金剛山は，崔北ほか歴代の画家によりしばしば画題とされている。図は朝鮮民画で，長安寺や老大峰，弥勒岩，日出峰の奇岩絶壁がよく描かれている。

クムこう｜錦江｜금강

韓国，中西部の川。古くは白村江とよんだ。小白山脈の俗離山，白雲山などから発し，大田盆地，全北平野などの流域平野を発達させながら，群山港で黄海に注ぐ。長さ401km，流域面積9866km²。上流では峡谷を曲流し，陽山八景などの景勝地を形成している。流れが緩慢な下流は船の可航距離が130kmにも及び，芙江，江景などの河港都市を発達させた。また，古代には▶白村江の戦で知られ，公州や扶余などの古都が沿岸を彩っている。

谷浦 孝雄

クムソンさん｜錦城山｜금성산

韓国，全羅南道羅州の鎮山。現在も韓国におけるシャマニズムの一大中心地である。上室祠，中室祠，下室祠，国祭祠，禰祖堂の5祠堂からなる錦城山祠がある。《東国輿地勝覧》羅州牧の条に，高麗忠烈王4年（1278），錦城山の神が巫女に降りて，〈自分は珍島耽羅の制圧に功があったのになぜ賞さないのか。定寧公になすべきだ〉といったので，王は毎年5石の官禄を献じて春秋に祭ったという。錦城堂の信仰が高麗末期から盛んになったらしいことがうかがえる。

依田 千百子

クムホアシアナグループ｜錦湖アシアナグループ

湖南地域を起点とする数少ない財閥の一つ。旅客輸送とタイヤ製造が事業の中心。警察

官出身の朴仁天パクインチョンが解放後の1946年に光州クヮンジュに光州タクシーを開業した。48年にバス運送会社の光州旅客を設立し、競争社の買収などを通じて路線を拡張するとともに、高速バス事業にも進出して大きく成長を遂げた。60年に三陽タイヤ（現在の錦湖タイヤ），70年に韓国合成ゴムを設立し，その後も石油化学事業などに多角化を展開した。88年に第二民営航空事業権者に指定され，ソウル航空（現在のアシアナ航空）を設立してグループ規模を大きく拡大させた。2000年代後半には大宇テウ建設と大韓通運の買収を実現したが、世界金融危機の影響を受けて財務状態が悪化し，11年までに両社とも売却せざるを得なくなった。84年の朴仁天の死後，グループの経営は4人の息子によって共同で行われていたが、大宇建設売却の過程で三男の朴三求パクサムグ グループ会長と四男の朴贊求パクチャング 錦湖石油化学会長の間で紛争が激化し，錦湖石油化学は事実上グループから分離することになった。公正取引委員会発表の2013年相互出資制限企業集団で資産額第25位（公企業を除くと第18位）。

安倍 誠

クルポリいせき｜屈浦里遺跡｜굴포리유적

朝鮮民主主義人民共和国，咸鏡北道雄基郡屈浦里西浦項洞にあり，朝鮮半島北東部における旧石器時代から▶櫛目文土器（新石器）時代，無文土器（青銅器）時代にわたる代表的集落遺跡。豆満江の河口に近く，造山湾に面した海岸部で，丘陵の西側山麓に立地する。1960年から64年にかけて，数次にわたり発掘調査された。旧石器時代では，下層の屈浦文化Ⅰ期層から，石器制作所跡と推定される石材が配置された施設とともに，石英・巨晶花崗岩を使ったチョッパー，刃器などが見つかった。上層の屈浦文化Ⅱ期層からは，大理石・角頁岩で作ったチョッパー，掻器などが検出された。櫛目文土器時代では，21棟の竪穴住居跡，無文土器時代では，9棟の竪穴住居跡と2基の土壙墓が発見され，それぞれ土器，石器，骨角器などを多数検出した。

西谷 正

クワンデ｜広大｜광대

朝鮮の伝統的な芸人。広大は14～16世紀の文献によれば最初はあやつり人形や仮面を意味し，やがて▶人形劇や▶仮面劇，また綱渡りやとんぼがえりのような曲芸をみせる俳優をさすようになった。18世紀中葉の宋晩載の詩《覡優戯》によれば，当時の広大の主要なレパートリーは▶パンソリ12曲と綱渡りやとんぼがえりのような雑芸であったが，すでに広大と才人タリンの間に分業が生じていたようである。おもに賤民階級の世襲巫家の出身である彼らにとって，〈歌客〉としてパンソリの広大になることが一番の出世の道であり，不幸にもその才能のない者は楽器を習って伴奏者になり，それもできない者は雑芸をみせる才人になった。彼らは郡の〈才人庁〉に所属して地方の饗宴や都でのすべての演戯的催しに動員された。その夫役に応ずるために自治組織である〈巫契ムゲ〉を全国的に組織して，賤民集団でありながら朝鮮王朝の官僚制にならった体制を整えた。彼らは官庁の催しに動員されるほか，民間にあっては士大夫の客間，還暦の祝宴，▶科挙に及第した者の遊街（3日間，故旧親戚を訪問すること），掃墳（祖先の墳墓に参ること），聞喜宴（父母にまみえること）に随行し，農山漁村ではその求めに応じて民俗演芸を演じ，これに対する報酬である〈行下〉（こころづけ）をもらいながら各地を回った。⇒ナムサダン

李 杜鉉

ぐん｜郡｜군

朝鮮半島の地方行政区画のうち，▶市とともに，最大区画である▶道に次ぐ単位。実務機構や庁舎を備えた実質的な行政単位である点が，日本の郡とは異なる。大韓民国では1990年代に地方自治制が順次復活・整備され，市とならんで郡も基礎自治団体となったため，首長である郡守と郡議会議員は公選制である。郡を構成する下位単位のうち，日本の町，村に相当するものをそれぞれ▶邑ウプ，▶面ミョンとよぶが，これらに自治体機能はなく，役場にあたる邑事務所，面事務所は，郡庁の支所・出張所的な機関として郡行政の一部を分掌するにすぎない。通常は邑の一つに郡庁がおかれる。朝鮮民主主義人民共和国では，1952年に邑と面を廃止し，郡の下に▶里が続く形にしたが，地方行政の基礎単位である郡人民委員会の事務所が所在する里に郡名を冠して邑とよ

んでいる。　　　　　　　　　佐々木 史郎

クンイェ｜弓裔｜궁예｜?-918

新羅末の群雄中の一人。後高句麗の創始者。新羅王の庶子と伝えられる。地方で僧となり、善宗と号していたが、各地で軍人や民衆の反乱がおこると、891年にまず竹州(竹山)の反乱軍の頭目箕萱に身を投じ、翌年には北原(原州)の頭目梁吉に投じた。梁吉の部下となった弓裔は江原道・京畿道・黄海道一帯を攻略し、やがて梁吉を打倒して松岳(開城)を根拠地として自立し、901年、高句麗の復興と新羅の打倒を唱えて後高句麗を建国した。904年には正式に国号を立てて摩震とし、年号を武泰と定めた。このころ、国事を総理する広評省をはじめ諸官府を整備し、正匡以下の9等の官号を設定して、国家としての体裁をととのえたらしい。905年には鉄円(鉄原)に遷都し、911年には国号を泰封と改めた。のち三国鼎立後の弓裔は、軍事面ではその部将であり、協力者でもあった▶王建にもっぱら依存しており、専制君主として暴君に転落すると、結局、王建すなわち高麗の太祖に取って代わられてしまう。　　　　　　　　　浜中 昇

クンサン｜群山｜군산

韓国南西部、全羅北道に属する黄海沿岸の都市。1914年設置の群山府が49年に群山市に改編され、95年には沃溝郡を統合して、現在の市域となった。面積681km², 人口27万8298(2013)。▶錦江河口の南岸に位置する港町で、韓国最大の穀倉地帯、▶湖南平野を背景に米の集散地として発達した。朝鮮王朝時代には税米の倉庫(群倉)が置かれ、ここから船でソウルへ運搬された。1899年開港地となり、主に日本への米の輸出港として都市化が進み、製紙、酒造、製粉、合板などの諸工業が立地するようになった。湖南線(大田～木浦)開通(1914)に伴い主要交通路から外れ、また独立後は日本との貿易が断絶したため、貿易港としての機能は一時大きく弱まった。しかし、1988年から錦江河口の埋立地に大規模な国家産業団地が造成され、工業都市への変貌が進んだ。また、市の南を流れる万頃江河口部から金堤市・扶安郡の境をなす東進江河口部にかけては、韓国最大級のセマングム干拓事業が進行しており、その防潮堤の入口に造成された群長国家産業団地内に自由貿易地帯と大規模港湾施設が整備されている。鉄道は天安経由でソウル・竜山方面と湖南線の益山(旧裡里)とを結ぶ長項・群山線が通っている。市内には日本統治期の建物が数多く残っており、それらを観光資源として活用する動きが高まっている。
　　　　　　　　　谷浦 孝雄＋佐々木 史郎

クンチョゴおう｜近肖古王｜근초고왕｜?-375

百済の王。在位346-375年。中国の《晋書》には余句とあるが、朝鮮の実在の王としてその名が中国史書にあらわれるのはこの王が初めてである。次王近仇首王とともに百済の国家形成に重要な役割を果たした。371年に北進して高句麗の平壌城を攻撃し、故国原王を戦死させた。翌372年には東晋に朝貢し、〈鎮東将軍・領楽浪太守〉に任ぜられている。また日本との交渉もこの王代に始まったと考えられている。文字による記録もこのころから始まったとする言い伝えもあり、《三国史記》の記述もこの王代ころから史実性をもつとみなされている。百済は伝説の時代から本格的な歴史時代に入ることになる。　　　　　　　　　木村 誠

くんみんせいおん｜訓民正音｜훈민정음

朝鮮王朝時代に国字を制定したとき(1446)、その文字に与えた名称。公布した条例も《訓民正音》という。〈民に訓える正しい音〉の意で、王朝第4代の王▶世宗によって公布された。略して〈正音〉といい、〈諺文〉ともよんだ。朝鮮では古くから漢字を利用する表記(▶吏読・▶文字)が工夫されていたが、朝鮮語を明確に表現できず、十分な伝達機能を果たせないので、広く民衆にも使用できる文字として創制された。甲午改革(1894)で公用文に採用され〈国文〉とよばれたが、日本の統治時代に〈大〉を意味する古語ハンと文字を意味するクルを結びつけて〈ハングル〉という名称が創案され、今日も用いられている。公布した条例は、《朝鮮王朝実録》世宗28年9月の条に、漢文で字母の発音・結合などを簡単に説明した本文と▶鄭麟趾の序があり、また別に、本文に朝鮮語訳を付した諺解本があって知られていたが、1940年慶尚北道の旧家から本文にその解説

●訓民正音
朝鮮語音が中国語音とは異なることをはっきりと表明した《訓民正音》は，朝鮮の自主意識を表明したものとして，近来，歴史学者などからも評価されている。

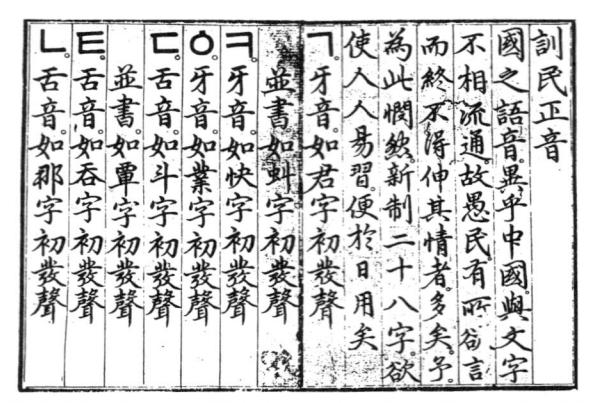

訓民正音
國之語音異乎中國與文字
不相流通故愚民有所欲言
而終不得伸其情者多矣予
爲此憫然新制二十八字欲
使人人易習便於日用矣

ㄱ牙音如君字初發聲
ㄱ並書如虯字初發聲
ㅋ牙音如快字初發聲
ㆁ牙音如業字初發聲
ㄷ舌音如斗字初發聲
ㄷ並書如覃字初發聲
ㅌ舌音如呑字初發聲
ㄴ舌音如那字初發聲

である〈解例〉を付した古本が発見され，全貌が明らかになった。〈解例〉は漢文で，制字解・初声解・中声解・終声解・合字解・用字例の五解一例からなり，字母の制定原理，文字の構成法などを詳しく解説している。1997年世界の記憶(世界記憶遺産)に登録。→ハングル

大江 孝男

けい|契|계
朝鮮の伝統的な相互扶助組織。高麗時代の▶宝ホウの伝統をひき，朝鮮王朝末期に軍布契(軍布は政府が徴兵の代償として徴集した布)などの農民による自発的な納税対策として盛んになった。中国の合会や日本の頼母子タノモシなどに類似する。農村においては村の公共事業，生産活動，共同購入，資金融資，親睦や娯楽などあらゆる目的に契の方式が採用されてきた。目的に応じて成員数，成員の属性，事業規模，運営方法，集団の永続性の点で違いがあるが，加入者の平等互恵の契約精神はいずれの契にも徹底している。既存の社会集団を基盤としてその共同事業のために採られる永続的なものと，特定の目的のために個人の任意参加によって発足し，比較的短期間に終結する契とに大別される。前者では村の共同財産の管理運営や公共事業のための洞契や，父系親族集団による共同祭祀を主目的とする門中ムンジュン契が代表的なもので，現在も盛んに行われている。また都市の商人の間では同業者による契が朝鮮王朝時代から存在した。後者では，家庭生活で一時に多額の経費や協力を必要とする婚礼・喪礼・家屋の普請や農地の購入などに備えて組織する婚姻契・喪布契・貯蓄契などが代表的なものである。これら任意参加の契では，加入者が等額の出資をして得た資金をもとにして，貸付けや購入した農地から得る小作料などによって契資金の利殖に努め，必要に応じて契の成員に所定の給付を順々に与える方式が多い。また加入者は同世代内の親しい友人が中心となって希望者を人選し，近親者を避ける傾向がある。規約を設けて契の目的と運営方法を厳格に規定して，個人の特殊な事情や影響力を極力排除するなど，平等が徹底している。任意参加の契では，親族の枠を越えた個人的な信頼関係のネットワークを基盤としており，親族内の協力では得られない契約的かつ計画的な協力関係によって家庭生活を互いに保障し合う効果が大きい。個人的な融資や親族内の援助では依存・従属関係を生む傾向があるのに対して，契方式では特定個人間にこうした関係をもたらすことなく，全員の要請に応える点に特色がある。貸付け利殖を行う契は契員以外の村人にとっても金融制度として重要な役割を果たしてきたが，韓国の都市における婦人たちの金融契はその普及度と資金額とにおいて，今日なお庶民の家庭生活と事業経営にとって最も身近でかつ有効な短期融資の手段となっている。しかし一方では，こうし

た金融契と私債市場の根強い伝統が制度金融の発展を阻害する要因ともなっている。

伊藤 亜人

けいきたいか|景幾体歌|➡別曲

けいきどう|京畿道|➡キョンギ道

けいきん|奚琴|해금
中国，朝鮮のリュート属の弦楽器。朝鮮の奚琴は嵆琴とも書き，高麗朝の睿宗のころ(12世紀)宋から伝来した。郷楽(朝鮮古来の音楽)に主として用いたが，その後唐楽や舞踊や歌の伴奏や巫楽にも用いられるようになった。円筒形の胴は後方が開いており，胴に差し込んだ棹の上端は前方に弓形に曲がっている。糸巻きは，糸をかけて回転させるために小型の滑車状のものが付いており，前面に突き出すように一般胡琴類と反対に差し込んである。5度音程に調弦する2弦の間に，馬尾毛の弓をはさむ。➡楽器[図]

草野 妙子

けいこくたいてん|経国大典|경국대전
朝鮮王朝の基本法典。王朝初期の《経済六典》(現存せず)などをふまえ，▶世祖ᄎᆢの特命によって編纂される。1460年に戸典(戸籍，租税・賦役，土地制度)，61年に刑典(刑罰，奴婢制度)を頒布・施行，69年に吏典(文官の諸制度)，礼典(各種儀礼，外交，科挙制度)，兵典(軍事，武官の諸制度)，工典(土木・建築，手工業制度)を含む六典を完成し，70年に頒布・施行した。74年と84年に増補・改正を行い，85年に完成した。その後，《大典続録》(1492)，《大典後続録》(1543)，《大典註解》(1555)，《受教輯要》(1698)，《続大典》(1744)，《大典通編》(1785)，▶《大典会通》(1865)が編纂されたが，いずれも《経国大典》を基本とし，増補などを行ったものである。《経国大典》は簡潔な表現であるが，整然とした体系を備え，王朝初期の社会構造を反映するとともに，王朝500年間の統治の骨格を形成するものとして重要な位置を占めている。➡法 矢沢 康祐

けいごほう|敬語法
朝鮮語は日本語と同じく敬語法の発達した言語であるが，日本語の敬語法が〈相対的敬語〉とよばれるのに対し，朝鮮語のそれは〈絶対的敬語〉といわれる。その基準は年齢を基本とし，社会的地位などが加わる。したがって自分の父母にも敬語を用いるし，年齢が下ならば先生の子らにも敬語を用いない。ただ年齢が下でも，同族内において▶族譜の上で世代が上ならば敬語を用い，相手は下称(後述)で対するが，近年厳密にはなされていないという。現代語の敬語法には尊敬法と謙譲法がある。尊敬法語尾として-si-を用い，謙譲法には基本的に上称，中称，等称，下称の4段階があり，動詞hada(する)の命令形で示せば，それぞれhasipsiyo(してくださいませ)，hao(してくださる)，hage(したまえ)，haera(しろ)のようになる。ただ謙譲法については，後述のパンマルを含めたり，丁寧法とからめて理解するなど，諸説がある。このほかにパンマルpanmal(半言)というぞんざいな表現があり，hae(して)となるが，対等または目下によく用いられ，親密感など種々のニュアンスがこもる。パンマルに語尾-yoをつけてhaeyoとすると，ほぼ上称に近い表現になる。上称は硬く形式的な感じを与えるので，日常ではこの両者の使用がはなはだ多い。尊敬法，謙譲法は語彙的にもみられ(例:〈kyesida〉いらっしゃい，〈poepta〉お目にかかる)，さらに人称代名詞や尊敬の助詞とも呼応して複雑である。尊敬の助詞，たとえばkkesŏnŭn(におかせられては)などは，口頭でもしばしば用いられるが，日本語ほどの重みはない。歴史的にみれば，中世語(15-16世紀)には尊敬法，謙譲法，丁寧法の3種が備わり，かなり変化を経てはいるが，現代語もその延長上にあると考えてよい。尊敬法の-si-は日本語にも似ており，また中世語の謙譲法は動詞sʌrpta(申す)に由来する語尾を用いるなど，日本語との対応性も注目される。➡人称代名詞

藤本 幸夫

けいざいせいぎじっせんしみんれんごう|経済正義実践市民連合|➡市民運動

けいざん|恵山|➡ヘサン

けいしゅう|慶州|➡キョンジュ

けいじょう|京城|➡ソウル

けいしょうかく|奎章閣|규장각
朝鮮王朝後期の文芸をつかさどった中心機関。1776年(英祖52)創設。▶正祖ᄎᆢは昌徳宮の北苑に一閣を建て，故事により奎章閣と名づけた。歴代王や正祖自身の御筆，御製，御物および王室の各種記録を安置し，増設した皆有窩に中国文献を，西庫に朝鮮

古今の典籍を収蔵した。この建物を内閣と称し、外閣として江華島行宮所蔵の典籍をも管理し、校書館を付属させ、印書復刻を行わせた。閣員は提学2、直提学2、直閣1、待教1、検書官4人。運営に当たり、図書を収集整理し、厳重な出納制度のもとに閣員に利用させた。一方、民間の学識者を抜擢し、経史を討論させて政治の参考とし、検書官に従来抑圧されていた"中人を抜擢任用した。以上のように書籍を活用して、理想的な政治を行い、学問を振興することを目的とし、人材を登用したので、ここを中枢として文運が盛んになった。蔵書の内容は四庫分類によっている。蔵書は京城大学付属図書館を経て、現在ソウル大学校中央図書館に収蔵され、奎章閣文庫と称している。 　　　　　　　　　　　　　　森岡 康

けいじょうじへん｜京城事変
朝鮮の"壬午軍乱(1882)と"甲申政変(1884)に対する当時の日本での呼称。両事件とも京城(ソウル)で起きたので、このようによんだ。京城とは城壁で囲まれた京(みやこ)という意味で、当時の正式名称は漢城 Hansŏngである。 　　　　　　　　　　　　　原田 環

けいじょうていこくだいがく｜京城帝国大学
植民地時代の朝鮮に1924年に設置された帝国大学。第2次朝鮮教育令下の学校制度整備の一環として、24年大学予科、26年法文・医学部が開設され、41年には理工学部も増設された。文部大臣の職務を朝鮮総督が代行し、内鮮共学制をとりながらも教職員の多数と学生の過半をつねに日本人が占めたこと、朝鮮の歴史、文化、社会の研究と教育を特色としたが、その多くは朝鮮民族に対する同化と差別を原理とするものであったことなど、その創設と拡充は、日本帝国主義の植民地支配・侵略戦争政策と固く結びついていた。45年日本の敗戦により閉鎖されたが、その施設などは"ソウル大学校に継承された。なお、1920年代初めから朝鮮の民族主義者を中心に、"民立大学期成運動が展開されたが、総督府は延禧専門学校(現、延世大学校)や普成専門学校(現、高麗大学校)などの大学昇格を認めず、京城帝大は植民地期の朝鮮で唯一の大学であった。
　　　　　　　　　　　　　　田中 征男

けいじょうでんき｜京城電気
1908年に朝鮮のガス事業に着目した曾禰寛治が渋沢栄一とともに日韓瓦斯を創立し、09年にアメリカ資本の韓美電気を買収して社名を日韓瓦斯電気に改めた。韓美電気の前身は、朝鮮王室とアメリカ人が1898年に創立し、ソウルで電力事業と路面電車の経営を行っていた漢城電気である。日韓瓦斯電気は15年に京城電気と改称し、朝鮮半島全体に発送電設備を拡張するとともに、42年には電力事業を兼営していた金剛山電気鉄道を合併した。解放後も京城電気の社名は残って韓国で事業が継続されたが、61年に朝鮮電業・南鮮電気と統合されて韓国電力が発足し、路面電車も66年にソウル市に移管された。 　　　　　　　　橋谷 弘

けいしょうどう｜慶尚道　→キョンサン道

けいじょうにっぽう｜京城日報
朝鮮で発行された日刊の植民地新聞で、朝鮮総督府の準官報的な役割を果たした。韓国併合(1910)直前の1906年9月1日、韓国統監伊藤博文の命名で、《漢城新報》と《大東日報》の2紙を買収合併して創刊。京城日報社刊。"《大韓毎日申報》をはじめとして、抗日の論陣を張る朝鮮語新聞に対し、同時期に創刊された英字新聞《ソウル・プレス The Seoul Press》とともに日本統監府の強力な言論機関であった。10年、朝鮮総督府設置とともに、国民新聞社の徳富蘇峰を監督に迎えてその指導をうけ、また《大韓毎日申報》を買収、改題して同年10月ハングル新聞《毎日申報》を創刊(1924年分離独立、38年《毎日新報》と改題)。"《朝鮮日日新聞》と並ぶ二大新聞として、日本支配の終焉まで続いた。
　　　　　　　　　　　　　　香内 三郎

けいじょうぼうしょく｜京城紡織
1919年に金性洙が創立した植民地期の代表的な朝鮮人企業で、永登浦ヨンドンポ工場で綿紡織、湖南財閥の系列企業でコムシン(ゴム靴)・衣服生産などを行った。発展の背景には、民族運動として展開された物産奨励運動があった。市場は朝鮮内にとどまらず中国東北(満州)にも拡大し、39年には南満紡織を設立した。解放後は韓国の企業として存続し、70年に社名を京紡に改めた。60年代には欧米への輸出を拡大し、74年に竜仁、88

年に光州工場を増設したが，80年代に入ると後発国の追い上げによって赤字決算に陥った。2009年に，竜仁・光州工場の設備を増強するとともに，永登浦工場跡地に複合ショッピングモール Times square を開業した。
橋谷弘

けいじんてつどう | 京仁鉄道
首都ソウル（京城）と開港場仁川とを結ぶ，朝鮮で最初に開通した約42kmの鉄道。敷設権は1894年日清戦争勃発直後の日韓暫定合同条款により日本が強引に獲得したが，三国干渉以後の情勢下で米国系に渡り，のち再び日本のものとなった。三井，三菱，渋沢，大倉らが設立した京仁鉄道合資会社が1900年に多額の国家資金の援助を得て全線開通させ，03年には京釜鉄道株式会社に譲渡した。鉄道開通により，従来漢江の船便によっていた交通体系は影響をうけ，近隣地域や外国との交易関係が深められ，軍事的役割にもなった。京釜鉄道の一支線となった同線は，その後朝鮮の，現在は韓国の国有鉄道の一支線となった。⇒鉄道
村上勝彦

けいふてつどう | 京釜鉄道
朝鮮の首都ソウル（京城）と釜山とを結ぶ約440kmの鉄道。敷設権は1894年日清戦争勃発直後の日韓暫定合同条款により，日本が京仁鉄道とともに強引に獲得したが，その後日本の権利はいったん解消し，98年に再び日本のものとなった。渋沢栄一，大倉喜八郎らによる1901年設立の京釜鉄道株式会社が，日露戦争を前にした政府の速成命令により05年に全線開通させ，翌年には朝鮮統監府に譲渡した。少しのちに完成した京義鉄道（ソウル〜新義州）と連結して朝鮮縦貫線の南半部を構成し，日本，朝鮮，満州との間の重要な軍事的経済的動脈となった。そのため京釜鉄道を含む朝鮮国有鉄道は一時鉄道院や満鉄の経営にゆだねられたことがあるが，現在は韓国の国有鉄道の幹線となっている。⇒鉄道
村上勝彦

けいりゅうさん | 鶏竜山 ⇒ケリョン山

げこ | 下戸
《魏志東夷伝》にみられる社会階層。3世紀中葉を中心とした時期に，高句麗，夫余，濊，韓，倭など東夷全域に存在していた。本来下戸は中国で使用された概念であるが，《魏志東夷伝》のそれは固有の意味をもっている。すなわち，〈奴僕〉のごときものであり，軍糧を担って諸加（首長層）とともに戦場に赴き，大家（支配層）に〈米糧，魚塩〉を供給する義務を負う存在であった。彼らは邑（村）落共同体の一般成員であり，豪民や渠帥などの邑落首長に統率され，さらにその邑落は王族や諸加によって支配されていた。各種族によって不均等はあるが，総じていえば，下戸は邑落共同体を基礎として累層的に編成された政治社会の被支配者階級である。古代国家形成過程における階級支配の一端を示すものといえる。⇒身分
木村誠

けごんじ | 華厳寺 ⇒ファオム寺
ケーシーアイエー | KCIA ⇒韓国中央情報部
けしょう | 化粧
新羅時代より男女ともに顔は自然のままに保つのが良しとされた。朝鮮王朝時代の女性の顔化粧としては，緑豆（ヤエナリ）の粉をクリームのように顔になすりつけたうえで，これが落ちるまで顔を洗い，鉛粉のおしろいを塗る。花嫁は額と両頬に臙脂を塗る。これは成人のしるしである。しかし歴代，入墨や鉄漿（おはぐろ）などの習慣はない。一部にホウセンカの花汁で指先を染める爪紅も行われたが，一般化しなかった。髪はきれいにくしけずって椿油をつけ，首すじの上で髷を結い，ピニョとよばれる銀や玉のかんざしでとめる。これにチマ，チョゴリを着，チョゴリの結い紐に礼装としてのサムジャク（三作）という装身具をつければ化粧は終わる。朝鮮王朝時代の儒教倫理の下では女は中門の外に出ることを禁じられ，社交の場がなかったため，女の化粧用具はあまり発達しなかったが，富の象徴である装身具は別である。

　三国時代や統一新羅の古墳からは金色絢爛たる耳環や首飾，かんざし，腕輪などの装身具が出土するが，耳環は朝鮮王朝初期に禁止され，その後は前記のサムジャクのみが発達した。これには香匣とよばれる金属の小箱（香料を入れる）やノリゲとよばれる珊瑚や玉などに長い垂れ房をあしらって胸に結びつけるものなどがあった。サムジャクの一つである香囊には，おもに麝

●化粧　図三作
朝鮮では部屋の内装や装身に組み紐状のメドゥプを用いる。これに棒総を付けたものがノリゲで、チョゴリの付け紐やチマの腰を飾る。三作は3色のノリゲを一組とした装身具で、母娘代々に譲り継がれる家宝ともなっている。

香どぅの香を入れた。また、銀粧刀とよばれる銀装の粧刀をこれに加えて貞節のシンボルとした。呪物めいたものとして、キツネの陰部を乾かして入れておけば男から好かれるという俗信があり、妓生キーセンなどのサムジャクにはこの類のものがあったという。

金 東旭

ケソン｜開城｜개성

朝鮮民主主義人民共和国南西部の都市。東側は韓国との軍事境界線(休戦線)に接し、東方約10kmには板門店がある。高麗時代に王都となり、朝鮮時代に都が漢陽(現ソウル)に移ったのちも、商業の中心として栄えた。北緯38度線以南に位置しているため、1945年の南北分断当初は韓国側にあり、京畿道に属していたが、朝鮮戦争中の51年以降は北朝鮮の統治下に入っている。北朝鮮では休戦線以北の京畿道が廃止され、開城は55年から直轄市とされてきたが、2003年に黄海ヘヘ北道への編入が伝えられている。面積179km²、人口30万8440(2008)。04年に南北協力事業として開設された開城工業団地が操業を開始したが、南北関係の変動により、何度か不安定な状況に陥っている。

[歴史] 新羅時代末に台頭してきた地方豪族、▶王建ワンゴンの根拠地であり、彼が高麗王朝を創建した翌年の919年から約470年間その王都として栄えた。当初、開州と呼ばれたが、995年に開城(開京)と称するようになった。北方に標高488mの松岳ソンアク山があるところから松都ソンドの異称もある。当時の開城は丘陵の尾根づたいに築かれた城壁が狭小な盆地を囲む城郭都市であった。城壁内はほぼ半径2kmの円形であり、面積はおよそ14km²にすぎない。松岳山麓の満月台マヌォルデとよばれるやや高い所に王宮が建ち、その東西に宗廟である関王廟と社稷壇が建立された。王建は中国から伝わり、民衆の間に根づいた風水説を信奉し、王陵や王宮地を選定したとされる。また太祖はじめ諸代の高麗王は仏教を護国宗教として尊び、近郊に観音寺、華蔵寺などの大寺院を建立した。町並みは松岳山に発し、城内を貫流する雲渓ウンゲ川に沿って形成された。高麗王朝は11-12世紀にかけて全盛期を迎え、開城は政治・経済・文化の中心として繁栄した。13世紀に入ると蒙古(元)がしばしば侵入し、1232年ついに開城を陥落させた。高麗王高宗は▶江華カンファ島に逃れて抵抗を試みたが、結局その支配に服し、70年開城に帰った。14世紀に入り、元の勢力が衰え、高麗王朝はようやく主権を回復したものの、1362年には▶紅巾の乱で王宮が焼失した。さらに家臣団内の対立抗争が深まり、開城内の善竹橋で保守派の中心、鄭夢周チョンモンジュを暗殺して主導権を掌握した▶李成桂イソンゲは高麗王朝34代の恭譲王を廃し、1392年自ら王位につき、李氏朝鮮王朝を開いた。李成桂が王都をソウルへ移したため、開城はソウルに対する二次的都市に転落し、16世紀の壬辰倭乱(文禄の役)では主要建造物の多くが破壊されたが、由緒ある古都として、その後も独特の存在感を示してきた。高麗時代の遺構が残る開城遺跡地区は2013年ユネスコの世界遺産に登録されている。

一方、朝鮮時代の開城は商業の町として発展をとげた。その担い手は開城商人または松都商人とよばれたが、彼らの多くは朝鮮王朝に迫害された旧高麗王朝の遺臣であり、朝鮮の階級構造の中で最も卑しまれた商業に生計の道を求めたといわれる。開城商人は固有の信用機構をもち、また今日の複式簿記に似た開城簿記を考案するなど商術に優れ、全国に行商活動を展開した。主要な商品は衣類、陶磁器、▶朝鮮人参であった。とくに開城近郊の特産物である朝鮮人参は、遠く中国、日本へも輸出され、薬用として珍重された。日本植民地時代、近

代的な工業製品を武器とする日本商人に圧倒されながらも，開城商人は土着の商人として奮闘し，彼らの根拠地となった開城やソウルの鍾路チョンノ街には日本人もなかなか浸透できなかったという。朝鮮時代2万7000人ほどだった人口は，日本植民地時代の半ばには5万人以上に増加した。▶朝鮮戦争(1950-53)により所属が韓国から北朝鮮に移ったが，激戦地となった開城は大きな被害を受けた。また，開城商人の多くが韓国に移り，戦後新たにソウルなどで商業活動の基盤を開拓することになったが，中には大韓油化グループや韓一セメントグループのように中堅財閥に成長した者も少なくない。

韓国では金大中・盧武鉉両政権下で対北融和政策が進められ，南北協力事業の一環として▶開城工業団地が造成された。当初この団地に進出した韓国企業は15社を数え，2004年12月にはその製品が初めて韓国に搬入された。韓国側から開城工業団地に通じる鉄道も修復され，07年5月の試験運転をへて，同年12月には▶非武装地帯を通過する貨物列車の往復運行が始まった。しかし08年2月に発足した李明博イミョンバク政権に北朝鮮側が反発を強め，同年11月に南北間の列車往来は中断された。また07年12月に始まった韓国からの開城日帰りバスツアーも同時期に中断された。13年2月に韓国で朴槿恵政権が発足したあとも摩擦は続き，同年4月には北朝鮮の通行制限措置と北側従業員の撤収により操業が停止，さらに5月には南側人員の一斉引き揚げなどで開城工業団地は閉鎖状態に陥った。その後，紆余曲折を経て，9月に再稼働にこぎつけたが，不安定要素を残したままの操業が続いている。

谷浦孝雄＋佐々木史郎

[遺跡] 高麗王朝の太祖王建が，その2年(919)に王都をここに定め，宮殿を造営して，坊里を5部に分けたところとされる。王都は，当初，北の松岳，南の竜岫山をはじめとする自然の地形を防備線としたが，顕宗(在位1010-31)代にいたって契丹の侵入に備えるため，周囲に石築の羅城が築かれることになり，顕宗20年(1029)に完成した。城壁には大門4，中門8，小門13を開き，そのうち正西門にあたる宣義門は，上に楼閣を構えた堂々たるものであった。高麗末年の恭譲王のとき，別に内城を築いたが，朝鮮王朝に入って太祖代に完成された。松岳南麓の高台には，満月台マヌォルテと称する王宮跡がある。ここには，殿堂，門廊などの礎石が現存し，その規模は広壮である。王宮の正門を昇平門といったが，さらに南北1列に建つ神鳳門，閶闔門を通り，会慶殿門をくぐると，その背後の高台にあって，満月台では最大規模の正殿，会慶殿に至る。正殿のうしろには，長和殿，元徳殿などがあり，また，北側には乾徳殿などがあった。しかし，これらの建造物は高麗末期に消失した。殿堂の遺跡から，石階段に使用した竜頭彫刻や，当時の多数の瓦塼が発見された。満月台の西方には，天体の観測を行った▶瞻星台チョムソンデ跡があり，基石がみられる。都城の内外には，歴代の王などによって，数多くの寺が次々と建立された。そのうち，都城内第一の規模を誇った演福寺の銅鐘は，開城市内にある南大門にあたる昇平門に今も残る。そのほか，金銅製九重塔を包蔵した仏日寺の五重石塔，霊通寺の大覚国師(▶義天ウィチョン)碑，開国寺の石灯・石塔など石造美術も多い。また，開城地区の開城市に隣接する開豊郡には，太祖顕陵をはじめとする高麗王室の陵墓が造営された。そのうちの一つ，▶恭愍王陵は，高麗終末期(14世紀後半)に，恭愍王が力を尽くして自身と亡妃のために造営したもので，今日でもよく保存されている。2013年開城の歴史的建造物群と遺跡群は世界文化遺産に登録。→考古学

西谷 正

ケソンこうぎょうだんち｜開城工業団地

開城工業団地とは，朝鮮民主主義人民共和国(北朝鮮)の南西部，開城市の南側に広がる北朝鮮の特殊経済地域(経済特区)である く開城工業地区>の通称(韓国側の名称)である。2000年6月に韓国の▶現代ヒョンデグループ会長，鄭周永が平壌を訪問したときに初めて明らかにされ，同月に行われた▶南北首脳会談で合意され，事業が正式にスタートした。02年11月には北朝鮮が開城工業地区法を制定し，一般の行政地域から切り離された特殊経済地域として指定された。03年6月に3.285km²(100万坪)を造成する第1期工事が起工さ

れ，04年末にはモデル団地として選定された15の入居企業が生産を開始した。開発の第1段階の造成は2011年に完了した。

同団地は，ソウルから約70キロ，軍事境界線の北側2キロにある北側限界線から約1キロという，最前線に位置している。日々の管理業務は，南北が共同で管理委員会を構成し，双方の立場を調整しつつ管理している。実質的には韓国側にも相当の管理権限がある，ユニークな管理体系である。13年2月現在，入居企業数は123社で，すべてが韓国からの投資である。業種は繊維が72社と半数以上を占め，機械金属が23社，電子電気が13社，化学が9社となっている。北朝鮮側の労働者は5万3466人で主に労働集約的な作業に従事している。韓国側の労働者は788人で会社の管理と技術，設備の管理を行う技術者からなっている。12年の総生産額は4億6950万米ドルで05年の1491万ドルから30倍以上に増加している。

北朝鮮の主権が行使される北朝鮮領内にありながら，韓国企業が生産を行うという事業の性質上，南北間の政治的，軍事的問題が同団地の事業に大きな影響を与える傾向にある。とくに2013年には北朝鮮と米国，韓国の間の軍事的緊張の影響で，5ヵ月以上にわたって生産が停止した例がある。

三村 光弘

げついんしゃくふ | 月印釈譜 | 월인석보

朝鮮王朝の世祖が学者，学僧に命じて作った釈迦讃頌歌と年譜の集成。24巻(?)，1459年刊。首陽大君(後の世祖)が父世宗の命で，母君昭憲王后の冥福のため作った，ハングル最初の散文体の釈迦年譜《釈譜詳節》(24巻，1447成立)と，世宗がこれを見て詠んだ讃仏頌歌《月印千江之曲》(3巻，上巻のみ現存，1447成立)があったが，本書はこの両書に修正・増補し，編纂したもので，讃頌歌をまずあげ，次いで物語風の年譜を付す。世祖は多くの仏書翻訳を出したが，これが第一書で以後のモデルとなった。朝鮮語学・文学研究に重要で，全巻は存せず，現存本も初刊本，重刊本が混じるが，《月印千江之曲》の散逸部のわかるところもある。

藤本 幸夫

げっせいじ | 月精寺 | ➡ウォルチョン寺

けっぷせい | 結負制

朝鮮独特の土地面積表示法。起源は，人間の手で一握りの量の穀物を租税として負担すべき広さの土地を1把の土地とし，10把を1束，10束を1負，100負を1結としたことに始まると思われる。三国時代から1918年までの長い期間使用されたが，その内容は時代により異なる。各時代の結負制の理解については異論が多いが，通説では次の4期に分ける。①〈結＝頃〉時代(高麗中期まで) 結・負が中国の面積単位たる頃・畝と同義のものとして用いられていた時代で，結・負が土地の絶対面積を表した。ただこの時代の1結の広さについては，約1.5haとする説から約6haとする説まで，異論が多い。②〈随等異尺・3指尺〉時代(高麗中期〜1444) 肥沃度により土地を3等級に分け，結負を定めるための量田(検地のこと。〈量案〉の項を参照)に際して，3種の異なる指尺が用いられた時代。成年男子の親指を除いた右手4指の幅を基準として，上田は20指，中田は25指，下田は30指の長さを1尺とする量田尺で土地を測量し，21尺平方を1負の広さとした。上，中，下田1結の面積は約0.7ha，1.1ha，1.5haにあたる。結負が土地の肥沃度を加味した相対的な面積表示となり，同時に国家の地税賦課基準ともなるという結負制の独特の性格は，この第2期に明瞭となる。③〈随等異尺・6周尺〉時代(1444-1653) 第2期の3等級の土地区分が6等級に細分化され，基準尺が指尺から周尺に変更された。1結は1等田で約1ha，6等田で約4haにあたる。④〈周尺単一尺〉時代(1653-1918) すべての土地を同一の周尺で測量して，その地積の絶対数を肥沃度に応じて6等級に分けた。内容的には第3期と同じ結果になるが，基準尺たる周尺が若干長くされたため，1結の広さは1割ほど広くなった。

結負制の変遷は，朝鮮の土地制度史や農業史を研究するうえで重要な意味をもつ。日本植民地下で，土地調査事業の完了に伴う1918年の改訂地税令によって廃棄され，日本式の町反・坪制に取って代わられた。なお民間では結負のほかに，穀物の播種量で面積を表示する▶斗落，牛1頭で1日に耕せる広さを表す▶日耕などの単位も広

く用いられた。➡度量衡

宮嶋 博史

ケドー | KEDO

朝鮮半島エネルギー開発機構。KEDOは、1994年10月に朝鮮民主主義人民共和国（北朝鮮）と米国の間で署名された〈合意された枠組み〉を受けて、翌95年3月に日米韓3ヵ国によって設立された国際機関である。主な設立目的は、北朝鮮が独自に建設した既存の黒鉛減速炉の活動を凍結し、最終的には解体することを条件に、軽水炉2基を建設し提供するとともに、軽水炉第1基目の完成までの代替エネルギーとして、年間50万tの重油を供給することにあった。その後、97年には欧州連合（EU）が加入した。

97年8月、北朝鮮の咸鏡南道琴湖地区の軽水炉建設用地において、土地の造成を中心とする準備工事の着工式が行われ、軽水炉建設に向けての工事が開始された。2001年9月にはサイトの掘削工事が始まり、翌02年8月には軽水炉建屋基礎部分へのコンクリート注入が開始された。しかし、02年10月に北朝鮮がウラン濃縮計画を認めたことを契機として核兵器開発疑惑が再び深刻化したため、KEDOは02年12月に重油供給を、03年12月に軽水炉プロジェクトを停止した。05年2月には北朝鮮が核兵器保有宣言を行うなどしたため、北朝鮮の行為によって事業の基礎が失われたと理事会メンバー（米、日、韓、EU）が判断し、06年5月、軽水炉プロジェクトが終了した。➡北朝鮮核問題|北朝鮮ミサイル問題

三村 光弘

げにん | 下人

朝鮮王朝時代の召使、下僕のこと。本来は王朝社会において上典（主人）に対する〈奴婢〉や下僕をさした言葉。サンノム（常民）が両班に対する下層身分一般をさすのに対して、より隷属性が強い。下人輩、下属輩などとよばれ、下人庁とよばれる家屋の一隅（多くは大門横の小部屋）に住み、部屋住みの貧しい生涯を送った。時には主人から下人床とよばれる特別の食事がふるまわれたが、これは彼らの楽しみであった。

鶴園 裕

ケーポップ | K-POP

韓国のポピュラー音楽。女性歌手BoAが2001年に日本でデビュー、05年には男性グループ〈東方神起〉が人気を集め、09年に韓国で〈ガールズグループ旋風〉を巻き起こした〈KARA〉〈少女時代〉などが10年に日本デビューした。こうしたグループが〈第1次韓流〉の一段落した日本で若年層の人気を集め、ブレークして〈第2次〉〈韓流〉〈新韓流〉とよばれるブームをつくった。完成度の高い歌やダンスに定評があり、〈東方神起〉や〈少女時代〉などのグループは中国や東南アジアでも人気を集めている。韓国文化体育観光部によると、11年の音楽コンテンツ輸出額は前年比113％増の1億7700万ドルで、同年8月には米ビルボード誌にK-POPチャートが新設された。韓流ドラマなどと同様、韓国政府の全面支援により官民挙げて取り組んでいる文化コンテンツ輸出推進政策の一環でもある。

阪堂 博之

ケマこうげん | 蓋馬高原 | 개마고원

朝鮮半島北東部の溶岩台地。咸鏡山脈の北側には、鴨緑江、豆満江河谷にかけて標高1000～2000mの緩傾斜地が広く分布しており、そのうち摩天嶺山脈以東を茂山高原、狼林山脈までの西部を蓋馬高原という。平均高度1200m、面積は約4万km²に達する。蓋馬高原は中央部の頭雲峰（2485m）、遮日峰（2505m）などの突出部を境として東の甲山高原と西の長津高原に分かれる。高原上はモミ類などの針葉樹林帯がよく発達し、恵山、新賀坡鎮などを中心に林業が盛んである。年平均気温は2℃前後、とくに冬季は0℃以下の月が5ヵ月も続く。かつては粗放的な火田（焼畑）農耕地帯として知られ、農業には適しない土地が多いが、イモ類やムギ、アマなどの寒冷地農業のほか、ウシ・ヤギなどの畜産業が行われている。高原上には鴨緑江の支流がいくつかゆるやかに流れているが、日本統治下の1920年代末以後、これらの支流に水力発電用のダムが建設されるようになった。長津湖、赴戦湖など大規模な人工湖の湖水が水路によって、落差およそ1000mの咸鏡山脈南面の急崖に落とされ、山麓で発電されるようになり、この流路変更式発電所の開発によって、日本海沿岸の清津、咸興などに化学、金属工業が発達した。水力や木材以外にも銅やマグネサイトなどの地下資源が採掘されている。

谷浦 孝雄

●鶏竜山

鶏竜山ではさまざまな習合新宗教がみられ，新興宗教のメッカ。これは山神の絵を背におき，弥勒をまつったもの。朝鮮王朝初期には風水説にもとづく鶏竜山への遷都計画もあった。

ケリョンさん|鶏竜山|계룡산

韓国，忠清南道中央部の山。標高845m。基盤の岩層が浸食によって流出した後に固い石英斑岩層が残って生じた山地であり，露出した岩石が奇勝を形成している。東西の山麓に名刹の東鶴寺，甲寺があり，一帯は1968年に国立公園に指定されている。山頂付近の新都内ジという集落は，朝鮮王朝時代から▶《鄭鑑録》を信奉する土俗的な民間信仰団体が多数集中していることで有名である。韓国で▶粉青沙器，日本で鶏竜山と称される鉄絵を施した陶磁器（三島）が朝鮮王朝初期におもにこの山麓で焼かれていたが，▶壬辰倭乱後は大きく衰退した。1992年この粉青沙器の再生をめざす若手陶芸家が集まり，山麓の▶公州市に鶏竜山陶磁芸術村を作って活動を始めた。2004年から毎年4月に鶏竜山粉青沙器フェスティバルが開かれている。　　　谷浦孝雄＋佐々木史郎

けんかん|嫌韓

韓国や韓国人（朝鮮民族）を嫌うこと。1990年代から韓国での〈反日〉に対抗する言葉として日本で使われるようになり，▶韓流ブームさなかの2005年，書籍〈マンガ嫌韓流〉がベストセラーになって広がった。11年8月，日本の男優がツイッターで韓流番組が多すぎるという趣旨の発言をしたことから，東京のフジテレビ本社周辺で何度も抗議デモが行われた。一方，13年になって，在日韓国・朝鮮人の排斥を叫ぶ団体〈在日特権を許さない市民の会〉（在特会）などが東京・新大久保や大阪・鶴橋などで〈殺せ〉〈たたき出せ〉などと激しくののしる〈ヘイトスピーチ〉（憎悪表現）によるデモを繰り返し，社会問題化した。同年10月，京都地裁は在特会に対し，朝鮮学校周辺で街宣活動しヘイトスピーチを繰り返して授業を妨害したことが〈人種差別に当たり違法〉として，学校周辺での街宣禁止と約1200万円の賠償を命じた。〈ヘイトスピーチ〉をめぐる初判決。

〈嫌韓〉の底流には，植民地支配や▶日本軍慰安婦問題など過去の日本の政策を肯定する考え方があり，韓国政府の度重なる謝罪要求や▶歴史教科書問題などが引き金になったとされるが，02年の日韓共催ワールドカップ（W杯）サッカーを機に若年層に広がったとする指摘もある。韓国や韓国人に関する根拠不明の情報がインターネット上で飛び交い，〈嫌韓〉もネットを通じて拡散していくのが特徴。人種や民族，宗教などを理由に差別意識や偏見を抱き，激しい言葉で憎しみを表現する〈ヘイトスピーチ〉は英国やフランス，ドイツでは犯罪に当たるが，日本には法的規制がない。⇒反日感情
阪堂 博之

げんぎょう|元暁|⇒ウォニョ

けんきん|権近|⇒クォン・グン

げんきん|玄琴|현금

朝鮮のロング・チター属の6弦の撥弦楽器。朝鮮語でコムンゴという。全長約160cm，幅約22cm。胴の表板は桐，裏板は栗。表板の中ほどに16の固定フレット（棵）があり，尾部に近い第1棵から第16棵まで順に低く小さくなり，それらの上に第2，3，4弦（それぞれ遊，大，棵上清の名でよばれる）をのせる。第1，5，6弦（文，岐棵清，武）は可動柱（岐棵）で調弦し，17cmくらいの海竹製の撥で右手で弾く。雅楽祭礼楽，郷楽，正楽から散調まで広く使用されている。⇒楽器［図］
草野 妙子

げんこう|元寇

モンゴル（元）が日本に遠征するためには，高麗を制圧して軍事基地とすることが必要であった。そこで高麗がモンゴルにどこまで抗戦するかが日本の安全に大きくひびくことになる。モンゴルは1231年から59年ま

で約30年間、高麗に侵入して全土を蹂躙した。当時、高麗では武人の崔氏が政権を握り(▶武人政権)、徹底抗戦をつづけた。しかし長い戦争に疲れた文人官僚はクーデタを起こし、崔氏を倒した(1258)。以後、高麗はモンゴルとの和親を求めるようになった。このころフビライが汗位についた(在位1260-94)。彼は一面で高麗に寛大な態度を示すと同時に、日本をモンゴルに朝貢させる仲介の役を課した(1266)。以後、高麗は何度もフビライの詔書を日本に伝え、また詔使を日本に案内したが、日本はいっさい拒否し、返事も出さなかった(〈高麗〉の項目のうち[日本との関係]を参照)。

やがてフビライは高麗の内紛に乗じて高麗を完全に制圧するために軍隊を進駐させた(1270)。そのとき▶三別抄という部隊がモンゴルへの抗戦を唱えて立ち上がった(1270-73)。三別抄は全羅道南西端の珍島、つづいて済州島を拠点にして、モンゴル軍および高麗政府軍と戦った。そのころフビライは日本征服を決意していたが、三別抄の抗戦で遠征は実行できなかった。三別抄を鎮定した翌年(1274)、元軍は日本に襲来した(文永の役)。しかし大風にあい、敗退した。やがて元は中国を征服したのち、中国と高麗から日本遠征軍を進発させたが(1281、弘安の役)、今度も台風にあって失敗に終わった。

フビライは日本征服をあきらめず、死の直前まで何度も遠征を計画したが、結局実行されなかった。それは中国およびベトナムで反元運動がまき起こり、元はその鎮圧に追われたからである。当時の日本人は知らなかったが、日本はアジア諸民族の反元運動に助けられていたのである。　旗田巍

げんざん｜元山｜▶ウォンサン
げんしゅう｜原州｜▶ウォンジュ
けんしらぎし｜遣新羅使

571年から882年まで約3世紀にわたって日本から新羅へ派遣された公の外交使節。その時期・性格上3期に分けることができる。①第1期(571-642)　532年加羅(伽倻)諸国のうち洛東江下流域の金官伽倻(金海加羅)などが新羅に降り、562年最後まで残った安羅伽倻などが新羅に服属して以後、日本と新羅の間に任那問題をめぐる外交折衝が双方の使節によって展開された。新羅はみずからの調とともに任那の調を進める朝貢形式の儀礼をとったが、その起源が5世紀以来加羅諸国に日本が関与したことによるか、6世紀後半の新羅の国際環境にもとづく対外政策から出たかは速断できない。日本は新羅系渡来人の出の吉士氏を多く使節として交渉にあたらせたり、征討軍を準備して威圧するなど強硬策をとった。②第2期(646-700)　646年(大化2)孝徳朝の政権はそれまでの対新羅外交を変更し、任那の調も廃した。600-663年の間、日本と親密な関係を続けた百済が唐・新羅によって滅ぼされ、いわゆる百済の役(▶白村江の戦)がおきて、日本と新羅の外交は一時中断したが、668年(天智7)復交すると頻繁な使節の往来があった。この時期、30年間日本と唐の関係は空白状態にあったので、唐留学生・僧が新羅を経由したほか、新羅留学生・僧も少なくなく、律令制確立期の日本の政治・制度・文化に与えた遣新羅使と新羅使の影響は無視できない。③第3期(703-882)　703年(大宝3)以後使節による比較的安定した交流が続いたが、720年代両国の関係に亀裂を生じた。727年(神亀4)新羅北方に対峙する渤海が日本と国交を開いたこと、新羅も日本支配層と同じく相手を朝貢国視していたことがその原因である。743年(天平15)の新羅使が〈調〉を朝貢の意のない〈土毛〉と改称した事件以後、752年(天平勝宝4)まで使節はなく、日本では759年より新羅征討計画が立てられ、新羅使を拒絶したが、遣新羅使も753年以降779年(宝亀10)まで新羅に拒否されるなどまったく成功しなかった。779年遣唐使の送還のためにおきた両国使節の往来を最後に実質上の公の交流は終わった。
　鈴木靖民

げんせいおう｜元聖王｜▶ウォンソン王
げんだいざいばつ｜現代財閥｜▶ヒョンデ財閥
げんだいぶんがく｜現代文学

韓国の月刊文学雑誌。〈名実ともに韓国文壇の一公器として文壇の総体的な表現機関となる〉ことを目標に、1955年1月に創刊された。韓国で最も長寿を保っている文学雑誌。主幹、ときに編集兼発行人と肩書きはちがっても、81年の冬に死去するまで趙演

鉉ウンがこの雑誌を主宰し、300余人の新人を文壇に送り出している。　　　　大村 益夫

けんちく｜建築　→美術

げんちしどう｜現地指導
朝鮮民主主義人民共和国において大衆路線を具現した金日成主席の大衆(下部)指導方式。金日成は、解放直後から都市と農村を問わず、全国至るところに出向いて現地指導を行っているが、それはいわゆる〈現地視察〉ではなく、下部と大衆の中に深く入り、彼らと生活を共にしながら、下部と大衆の積極性と創意性を引き出し、これに依拠して懸案の解決をはかる一方、模範を創造し、全体に一般化するといった、いわば大衆路線に徹しているのが特徴である。共和国における革命と建設の歴史は、金日成の現地指導と切り離して考えることはできない。なかでも▶チョンリマ(千里馬)運動の発端となった降仙製鋼所に対する現地指導(1956)や、青山里協同農場における▶青山里方法(1960)、大安電機工場に対する▶大安システム(1961)の現地指導はとくに有名である。　　　　　　　　　　　　　　　高 昇孝

げんとぐん｜玄菟郡
漢の武帝により前108年、朝鮮に設置された漢四郡の一つ。はじめ▶沃沮ヨクソの地(現在の咸鏡道方面に比定される。中心は咸興)に設置された。玄菟郡はその後中国支配の後退、周辺諸民族の台頭によってしだいに西北に移動するが、これを概括的に記すと、前82年から前75年にかけて諸郡の改廃が行われたとき蘇子河上流(現、遼寧省新賓付近?)に移ったものとみられ、これがいわば第2次玄菟郡とでもいうべきものであろう。移動の原因は高句麗の圧迫によるものとみられる。さらに後漢の中期ころ、106年安帝の時代に玄菟郡は三たび西遷して遼東の一部を含むにいたった。その中心地はほぼ現在の撫順付近に比定されている。第3次玄菟郡とでもいうべきものである。郡は漢の滅亡後もひき続いて名目上は三国魏の支配下におかれ、ついで西晋の治下におかれたが、台頭する高句麗の勢力には敵すべくもなく、4世紀初頭、高句麗によって併合され、滅亡した。▶毌丘倹カンキュウケンの高句麗遠征のとき、玄菟の太守王頎オウキが北沃沮まで高句麗王の位宮を追求したことは有名である。
　　　　　　　　　　　　　　　村山 正雄

けんぺいけいさつせいど｜憲兵警察制度
本来、軍事警察を職務とする憲兵が司法、行政警察の機能をも担う軍事的性格の強い警察制度。植民地で採用され、朝鮮では1903年韓国駐箚チュウサツ憲兵隊が普通警察業務を兼担した段階で素地が固められ、05年以降、▶義兵闘争の弾圧のため憲兵隊が増強されるに伴い、〈韓国駐箚憲兵に関する件〉(1907)などにより整備された。10年6月韓国政府から警察権を剝奪し、同9月〈韓国駐箚憲兵条例〉の制定をみて完成した。戸籍事務や衛生管理、日本語の使用強制や農作物の作付強制まで警察業務とする同制度の下で、朝鮮の大衆は日々の生活が日本軍の統制下にあるに等しかった。▶三・一独立運動後、形式的には廃止された。→朝鮮駐箚軍　馬渕 貞利

けんぼっかいし｜遣渤海使　→渤海

ごいちろくクーデタ｜五・一六クーデタ｜五・一六군사정변
1961年5月16日未明、▶朴正熙パクチョンヒ陸軍少将らが、当時の政情不安に乗じて決行した軍事クーデタ。彼らは軍事革命とよんだ。3期12年にわたって独裁支配をしてきた李承晩政権が1960年学生革命(▶四月革命)で倒れたあと、▶張勉チャンミョン政権下の韓国では一大政治勢力になった学生たちが南北の交流と統一を求める動きをみせ、学生革命1周年の61年4月19日にはソウルで5万人が集会、さらに5月中には板門店で南北学生会談を開こうという情勢になってきた。これに対して、権力の座にあった従来の野党勢力は十分に対応できず、左右双方の不満を買った。そこを朴少将らが突いた。クーデタ勢力は、革命主体勢力とよばれる士官たち(陸軍士官学校8期生が中心)の指揮する3600ほどの兵力だったが、▶尹潽善ユンボソン大統領の〈認知〉によって権力奪取に成功した。はじめ批判的だったアメリカは、クーデタ勢力が反共・親米のスローガンを掲げたため追認した。朴少将は当初張都暎チャンドヨン中将をかついでいたが、61年7月3日張中将らを逮捕し、みずから国家再建最高会議議長に就任、62年3月尹潽善大統領が辞任すると、大統領権限代行になり、79年に射殺されるまで18年に及

ぶ長期政権の基礎を固めた。　　　　猪狩 章

こういきし｜広域市｜➡都市化
こうかい｜江界｜➡カンゲ
こうかいくん｜光海君｜➡クァンヘ君
こうかいどう｜黄海道｜➡ファンヘ道
こうかいどおう｜広開土王｜➡クァンゲト王
こうかいどおうひ｜広開土王碑｜➡クァンゲト王碑
こうかじょうやく｜江華条約｜➡日朝修好条規
こうかとう｜江華島｜➡カンファ島
こうかとうじけん｜江華島事件｜➡カンファ島事件

こうきつどうでん｜洪吉童伝｜홍길동전
朝鮮王朝のハングル小説。作者は▸許筠ホギュン。洪吉童(ホン・ギルトン)は名門洪判書の子として生まれながら，庶出のため父を父とよぶことさえ許されない。彼は家庭内での虐待と自分を無き者にしようとする陰謀に，家出して盗賊の群れに投じ，〈▸活貧党〉の首領となる。神出鬼没の幻術を駆使して貪官汚吏や寺刹の財宝を奪い，八道を横行する。しかし累が父に及ぶや，理想郷を海外に求め，硉島国を建設してみずから国王となる。古来《水滸伝》の模作がうんぬんされてきたが，《水滸後伝》との類似も見のがせない。作者に関して，許筠とすることに異論もあるが，師の李達や友人が庶出の理由で登用されないことに同情し，庶流が企てた反乱の謀議に荷担した事実や，当時の学者として類のないほど中国白話小説に通暁していたことを勘案すると，彼を作者とみるのが最も妥当である。封建的な身分差別制度と，支配階級の搾取と圧迫に対する反抗をテーマとするが，父に累が及ぶのをおそれて国王と妥協し，海外に脱出する結末は，この小説の革命小説あるいは社会小説としての限界を示すものであり，同時に作者許筠の意識の限界点でもある。ハングル小説の嚆矢コウシとして文学史上重要視されている。板本として4種が現伝する。　　　大谷 森繁

こうきんのらん｜紅巾の乱
高麗末の中国紅巾軍(紅頭賊，紅賊ともいう。明の成立の契機となった宗教的農民反乱軍)の侵入事件。1358年元の上都開平の攻撃に向かった彼らは，反撃されて遼陽に逃れ，そこから59年，61年の2回高麗に侵入した。1回目は4万の兵力で，西京(平壌)を翌年まで占領。2回目は10万の大軍で，開城を翌年初めまで占領，さらに江原道原州にも侵入し，▸恭愍王は福州(慶尚南道安東)まで避難した。2回とも，安祐，李芳実，▸崔瑩サイエイなどを中心とする高麗側の反撃で撃退されたが，南方海上からの倭寇と並んで，高麗王朝に大打撃を与えた。また，有力地方豪族が参戦，活躍し，とくに，やがて朝鮮王朝の始祖となる▸李成桂リセイケイはその後の台頭の端緒を開いたといえる。　　　北村 秀人

こうくり｜高句麗｜고구려
朝鮮古代の国名。コグリョ。中国音ではガオグーリ。前1世紀後半〜668年。別名は句麗，高麗，貊，穢貊，貆，狛などと書き，〈こうらい〉〈こま〉ともよぶ。高句麗の建国年次は，《三国史記》によれば前37年のこととし，このころから鴨緑江の支流佟佳江の流域を中心に，小国の連合ないしは統合が行われた。204年に鴨緑江中流の輯(集)安に都を移し，五族など有力な小国を基盤とした領主的貴族の連合政体の国家を形成した。427年に都を平壌に移し，宮廷貴族の連合政体である五部時代を迎えた。598年から始まる4回の対隋戦争と，645年から始まる6回の対唐戦で，高句麗の政治体制は軍事色の強い中央集権体制となった。700年に及ぶ高句麗の政治・社会史を表に示す時代区分にしたがって概説する。

【時代区分と概説】

[前史]　高句麗の成立した地域は，古くから北方諸文化受容の窓口であった。朝鮮には旧石器時代人がいたが消滅し，その後南方からの移住民がいた形跡がある。前40世紀ごろから，蒙古人種，ツングース人種を主とし，東部シベリアの古アジア人などが，朝鮮地方に移住した。この時期の文化を代表する▸櫛目文土器は，北部ユーラシア大陸に広く分布していた。前15世紀ごろになると，華北の仰韶ギョウショウ農耕文化が内モンゴルや中国東北地方南部をへて，高句麗地方に伝えられた。この文化の受容によって，彩色土器の使用や畑作農耕が始まった。前7世紀になると，この地域は馬を使用したタガール青銅器文化，黒海北岸のスキタイ動物美術，オルドス(匈奴)文化などを受容

●高句麗 　図1｜高句麗王朝系図

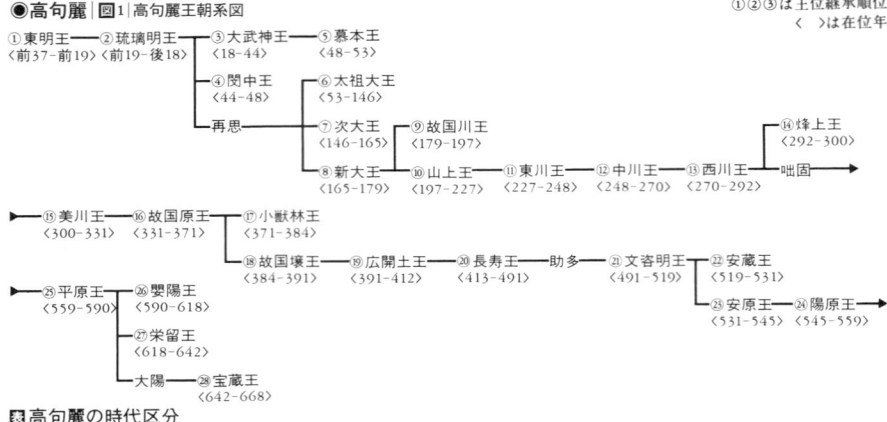

①②③は王位継承順位　〈　〉は在位年

```
①東明王 ─ ②琉璃明王 ─ ③大武神王 ─ ⑤慕本王
〈前37-前19〉〈前19-後18〉〈18-44〉〈48-53〉
              │
              ├ ④閔中王 ─ ⑥太祖大王
              │  〈44-48〉    〈53-146〉
              └ 再思 ┬ ⑦次大王
                    │  〈146-165〉 ─ ⑨故国川王
                    │                〈179-197〉
                    └ ⑧新大王 ─ ⑩山上王 ─ ⑪東川王 ─ ⑫中川王 ─ ⑬西川王 ┬ ⑭烽上王
                       〈165-179〉〈197-227〉〈227-248〉〈248-270〉〈270-292〉│ 〈292-300〉
                                                                          └ 咄固
─ ⑮美川王 ─ ⑯故国原王 ┬ ⑰小獣林王
  〈300-331〉〈331-371〉│  〈371-384〉
                      └ ⑱故国壌王 ─ ⑲広開土王 ─ ⑳長寿王 ─ 助多 ─ ㉑文咨明王 ─ ㉒安蔵王
                         〈384-391〉 〈391-412〉 〈413-491〉       〈491-519〉   〈519-531〉
                                                                              │
                                                                  ─ ㉔陽原王 ─ ㉓安原王
                                                                    〈545-559〉〈531-545〉
─ ㉕平原王 ┬ ㉖嬰陽王
  〈559-590〉│ 〈590-618〉
            ├ ㉗栄留王
            │  〈618-642〉
            └ 大陽 ─ ㉘宝蔵王
                    〈642-668〉
```

表 高句麗の時代区分

区分	王代	年代	時代	王都
第1期	①東明～⑩山上	～203	小国統合時代	卒本(桓仁または新賓)
第2期	⑩山上～⑳長寿	204～426	五族時代	国内(輯安)
第3期	⑳長寿～㉖嬰陽	427～597	五部時代	平壌
第4期	㉖嬰陽～㉘宝蔵	598～668	隋・唐との対戦時代	平壌

し，特色ある青銅器文化を作った。前3世紀になると，朝鮮南部で稲作が始まり，中国の鉄器文化をもつ▶衛氏朝鮮が成立した。この鉄器文化は鮮卑族などツングース族を通じて受容された。前108年，漢の四郡の設置によって中国鉄器文化が直接この地域に導入され，国家形成が促進され，高句麗が成立することになった。

[小国統合時代] 高句麗の名が初めてみえるのは，前82年以降の第2次▶玄菟郡の主県名で，現在の中国遼寧省新賓県永陵付近とみられる。高句麗県は高句麗人の居住地で，前1世紀の高句麗人は佟佳江の流域を中心として，東は鴨緑江中流域，西は蘇子河流域に居住していたようである。前1世紀後半には，前漢の勢力が衰え，高句麗が建国したとみてよく，《三国史記》の建国年次の前37年はほぼ認められる。この時期の高句麗は，玄菟郡の主県にあげられるほど文化的，社会的に発展しており，▶朱蒙などの建国神話からも，当時の高句麗が小国を統合する国家段階に達していたことが知られる。またこの神話には民族移動説，支配者層の移住説，▶夫余の勢力拡大説などがあるが，▶辰国などの辰王のように異邦人を王者として擁立した時期の神話とみられる。中国の新の王莽が，12年に匈奴討伐のため高句麗に出兵を要求した。高句麗王騶がこれを拒否したため，王莽は騶を殺し，高句麗を攻めた。このことから，匈奴や高句麗だけでなく，中国周辺の諸民族の反乱が起こり，新の滅亡の原因となった。最初の王都とみられる▶桓仁地方には，典型的な高句麗山城である五女山城と，桓仁の東15kmの高力墓子村の高句麗墓群とが知られている。五女山城は，通化に通ずる陸路と渾河の水路を扼する交通の要衝にあり，三方が高い山や絶壁で囲まれ，二つ以上の谷間をとりこみ，南方だけが緩斜面になっている地形(栲栳峰)に山城を作っている。この地方の高句麗墓は主として▶積石塚で，シベリアから伝わり，高句麗で発展した墓制である。これらの古墳から出土した土器類には中国土器の影響がみられる。高坏や甑の器形や，直線，波状曲線，方格などの文様をほどこした無釉の土器および黄釉をかけた陶器などがある。これらの土器はその後の高句麗で独特の発展をした。高句麗は49年に長駆中国の河北省北部を通り，山西省太原まで侵入し，118年以降には▶濊貊，▶馬

韓スンなど周囲の諸族を糾合して，玄菟・遼東両郡，夫余と戦い，東方諸族の盟主的存在になった。132年には遼東郡から朝鮮の楽浪郡に通じる要衝の西安平県(遼寧省丹東市鳳城県)を攻撃し，赴任途上の帯方令を殺し，楽浪太守の妻子を捕らえた。1～2世紀の高句麗は，強大で後漢の遼東・玄菟2郡をしばしば侵略したが，反面49年の遼東太守祭彤や169年の玄菟太守耿臨かんきんなど行政的，軍事的に優れた手腕をもつ太守には外臣として服属した。190年ごろ，遼東太守であった公孫度が，後漢王朝の混乱に乗じて自立し，高句麗や烏丸を服属させた。

[五族時代] 王都が卒本(桓仁あるいは新賓)から国内(中国吉林省集安県)に移った年次はあきらかでない。《三国史記》では後3年のこととしているが，神話・伝承時代で，その年次には信憑性がうすい。従来，漠然と1世紀としてきたが，ここでは《三国志》にしたがって204年としたい。高句麗を構成した旧小国の王たちが，山上王を擁立して王位につけた。王の兄の発岐が一部の旧小国と結んで公孫氏に下ったので，山上王は王都を国内城に移し，新国を建てた。このころ公孫氏は強大になり，楽浪郡を支配し，朝鮮南部や日本に勢力をのばすため，205年ごろ帯方郡を設置した。220年に後漢が滅び，中国の三国時代を迎えた。高句麗は遼東の公孫氏にならって，魏と呉に両属していたが，魏がこれを嫌い，238年に楽浪・帯方両郡を復興し，公孫氏を滅ぼした。244，245年の再度にわたって，幽州刺史毌丘倹かんきゅうけんが高句麗を攻撃し，首都丸都城をおとしいれた。第2回目の攻撃では，東川王を追って粛慎(現，ソ連領沿海州)まで出兵したが，王には五族の支援がなく，わずかな従者と落ち延びた。永嘉の乱(307-312)がおこり，晋が衰えると，美川びせん王はしばしば遼東郡に出兵し，311年西安平県をおとしいれて遼東郡と楽浪・帯方2郡との連絡路を断ち切ったので，313年晋は楽浪郡を放棄した。翌年高句麗は馬韓・辰韓などとともに帯方郡を滅ぼし，平壌方面に勢力をのばした。

319年に平州刺史東夷校尉崔毖さいひが，333年に慕容仁の家臣冬寿，郭充らが，338年

●高句麗 │図2│高句麗全盛時の三国の形勢

に趙の有力者宋晃，游泓ゆうおうらが，五胡十六国の戦乱に敗れ，高句麗に亡命した。これらの亡命者は高句麗に新しい文化をもたらし，国政をととのえ，軍備を拡張し，複雑な国際環境の中で，積極的に外交をすすめた。339，342年の再度にわたって慕容皝の前燕は高句麗を侵略し，故国原王は戦いに敗れ，単身東方に逃亡した。前燕は高句麗が大敗してもすぐ再起するのを恐れ，王母，王妃だけでなく，先王のしかばねまでもち帰った。その後，高句麗は前燕に臣従したが，355年前燕は故国原こくげん王を冊封して，営州諸軍事・征東大将軍・営州刺史・楽浪公・高句麗王とした。この冊封は前燕が華北に進出するためのものであるが，中国王朝が外臣に内臣の称号を与えた最初のものであり，朝鮮諸国王が中国王朝より冊封を受ける始まりでもある。369年故国原王は百済を攻めたが失敗し，371年百済軍に平壌城を攻められ，王は戦死した。このあとをうけた小獣林しょうじゅうりん王は新文化の導入をはかり，372年に秦(前秦)から順道が，374年に魏から阿道が仏教を伝えた。翌年寺院を建立し，ここに朝鮮仏教が始まった。また372年に

太学を建て儒教教育を始め、翌年には法令を公布した。小獣林王代の儒仏受容・国政整備により、国力を充実した高句麗は、▶広開土か゚ン王・長寿な゛ヲ王の両代に飛躍的な領土拡大期を迎えた。かくして旧小国を中心とした貴族連合の五族時代から、中央集権化した貴族連合の五部時代へと発展した。

この時期の代表的な遺跡は壁画古墳である。高句麗固有の積石塚はこの時期に切石を段階状に積みあげ、その内部に石室を作るものになった。一方、この時期から石室の上を封土でおおった土塚が作られ、その内部に壁画や墨書をかくものもでてきた。初期の▶壁画古墳は、集(輯)安地方に多く、石室は主として単室で、装飾文で飾られた人物風俗画が多い。後期のものは、比較的平壌方面に多く、石室も龕か、側室のあるものや、2室のものもあらわれ、墓主の室内、邸内、野外の生活図や、仏教の飛天、道教的な怪獣などの人物風俗画が多く、ときには陰陽五行説による四神図もみられる。これらの壁画は、3世紀以降の華北、モンゴルの古墳壁画の影響である。平壌遷都以後、石室はふたたび単室となり、壁画は四神図を中心に日月星辰、蓮華文、唐草文などを配し、写実的な描写となった。

[五部時代] 平壌遷都は高句麗の貴族連合体制を変質させた。王権は前代同様弱体であったが、王都に集中した貴族たちが中央集権化をすすめて五部(▶五族・五部)を形成し、強力な貴族が政権を握って▶大対盧たいたいろになった。5世紀の高句麗は比較的順調に領土を拡大した。436年には遼東に進出して、遼河で北魏と国境を接し、475年には百済の王都漢城(京畿道広州)を攻め落として漢江流域を制圧した。しかし、南方の新羅は百済と連合して高句麗に対立し、北方の勿吉も辺地を侵略した。6世紀中葉になると、新羅が急速に領土を拡大し、551年には漢江上流域を奪い、553年には漢江下流域も支配した。さらに568年には新羅が日本海岸を北上し、咸鏡南道まで進出して高句麗の南境や東辺をおびやかした。高句麗は中国の南北両朝に朝貢し、484年には北魏の席次が南朝の斉に次ぐものとなり、中国諸王朝から与えられた称号も、東方諸国中最高位であった。しかし、南北朝の対立が激化すると、高句麗は両属が許されず、480年の遣南斉使や、520年の遣南梁使が北魏に捕らえられ、高句麗王は問責された。

日本では5世紀前半から高句麗の新文物をかなり受容しているが、正式な国交は570年より始まる。この年に高句麗の使者が北陸に漂着し、〈烏羽之表〉をもたらし、王辰爾がこれを解読したという。この説話の意味については諸説があるが、この表は大和王朝が外国より受けとった最初の国書である。この時期の高句麗と日本との関係は、文化交流が中心で、595年に高句麗から渡来して聖徳太子の師となった▶慧慈えじや、610年に顔料や紙墨を伝えた▶曇徴どんちょうなど、6世紀末以降の僧侶の活躍がとくに注目される。この時期には高句麗文化が最も充実し、多様化した。都城は居城と山城からなり、輯安には居城の国内城くにうちじょうと尉那巌山城とがあり、平壌では居城の平壌城・安鶴ぁんかく宮と大城山城とがある。国内城は中国の邑城形式で、安鶴宮城は中国の都城形式であるが、尉那巌山城も大城山城も高句麗独特の栲栳峰形式の山城である。この居城と山城との組合せは、その後朝鮮全土の村落構造に取り入れられた。高句麗寺院の伽藍配置は、八角形の塔を中心に、東西北三方に金堂がある形式で、百済や日本にもこの形式が伝えられ、一塔一金堂の配置より古い形式である。瓦当は赤色系統で、その文様は蓮華文を中心に忍冬唐草文などがあり、文線が明瞭で、施文面を等間隔に区分することなどは漢代の様式、とくに楽浪瓦当の形式といえる。彫刻、工芸も非常に発展し、仏像彫刻では539年の金銅如来立像、563年および571年の金銅三尊仏など制作年次の明らかなものが多く、それらは北魏・北斉の仏像に類似しているが、童顔で静寂な高句麗仏の特徴もみられる。

[隋・唐との対戦時代] 581年に隋王朝が成立すると、平原王はただちに朝貢したが、南朝の陳にも朝貢を続けた。589年隋が中国を統一すると、高句麗は隋の侵入に備えた。598年嬰陽王は靺鞨まっかっ軍を率いて遼西郡に侵入し、隋の反撃を受け、失敗に終わった。

●髙句麗 | 図3
左－延嘉7年(539)銘の金銅如来立像．全高16.2cm．慶尚南道宜寧郡出土．ソウル，韓国国立中央博物館蔵
右－舞踊塚壁画〈狩猟図〉．4世紀末，中国吉林省集安．狩猟図および鎧馬の騎士図は，このほか安岳3号墳，德興里古墳などにも多数あり，戦闘で名をはせた高句麗武人の姿を伝えている．

612年隋の煬帝は高句麗が突厥と連合することを恐れ，新羅・百済両国からの高句麗討伐の要請にもこたえて200万の隋軍を派遣した．しかし，高句麗軍は遼東城（中国遼寧省遼陽付近）の籠城戦や乙支文徳の薩水（清川江）の戦などで隋軍を撃退した．その後も高句麗は再三隋軍の侵入を退けた．618年に，隋は国内の反乱などで滅亡し，唐が建国した．その後，朝鮮三国の対立はいっそう激化したので，高句麗では642年に泉蓋蘇文が栄留王たちを殺し，宝蔵王を擁立して臨戦体制を整えた．645年以後，高句麗は5度にわたる唐軍の遼東侵入をそのつど撃退した．661年には唐・新羅連合軍が南方から攻撃し，王都平壌城に迫る勢いであったが，高句麗軍は善戦してこの連合軍を撃退した．665年に泉蓋蘇文が死去すると，彼の子供たちが対立し，長子男生は翌年唐に降伏した．これを契機に高句麗の戦時体制が動揺した．その動揺に乗じて，唐・新羅連合軍が高句麗を攻め，668年9月王都平壌城を攻略し，宝蔵王を捕らえ，高句麗を滅ぼした．

滅亡時の高句麗は，遼河東岸流域以南，大同江流域以北を領有し，176城と69万7000戸の人口があったという．668年，唐は旧都平壌に安東都護府をおいたが，高句麗遺民の復興運動や対新羅戦争に敗れ，677年に安東都護府を新城（遼寧省撫順市）に移すとともに，その長官に宝蔵王を任命して遺民たちの鎮撫にあたらせたが，宝蔵王もまた高句麗復興を図ったので，四川省に流された．このような高句麗復興運動のなかで，699年大祚栄が震国（のちの渤海国）を建国した．

高句麗は隋・唐との対戦時代にも中国の新文物を受容していた．たとえば，643年に泉蓋蘇文の発議で唐朝に道士の派遣などを要求し，儒教，仏教とともに道教の受容にもつとめた．一方，固有信仰も戦闘の激化にともない高句麗全土にひろまり，645年に対唐戦線の前進基地の遼東城にまで，高句麗王室の始祖朱蒙の霊が降臨したと伝えている．この時期の官制は貴族連合体制であったため，中央の制度は官僚的な組織が整備されず，地方も山城を中心とする軍政をとっていた．高句麗の城郭は住民の避難所から発展した独自の山城で，新羅，百済などの山城の源流となった．この時期の山城は，隋・唐戦争に備え，王都を中心とした配置に改め，山城の規模や施設も大幅に拡充された．また，宮殿，寺院，神廟などには，礎石や瓦が使用され，その瓦当の文様などから中国北朝系文化の影響の強かったことが知られる．一方，庶民住宅にもオンドルが設置されるなど，独自の文化も飛躍的に発展した．

7世紀の日本との関係は，前半期には僧侶の渡来による文化交流が主で，中葉以降は外交関係が中心となる．6世紀末以降，

高句麗王朝も百済にならい，大和王朝に儒学者や僧侶を派遣した。大和王朝では625年派遣の僧慧灌ｴｶﾝを僧正に任命した。外交関係も630年に高麗大使宴子抜などが来朝し，正式な関係が開け，642年には泉蓋蘇文の政変の情報も伝えられるなど，しだいに緊密になった。645年来朝の使者を〈高麗神子奉遣之使〉といい，高句麗王を天皇と同様の神の子孫とみていた。656年以降日本との国交はいっそう頻繁となり，形式も整備された。高句麗滅亡後，新羅は亡命した高句麗遺民に7回も日本へ遣使させ，新羅の対日外交を円滑に推進した。

【文化の特徴】 高句麗文化の特徴は，基層文化の一部に南方の農耕文化もあるが，その主流は北方狩猟系文化といえる。その貴族文化は中国北朝系の文化を主とするが，壁画などにみられるように，北方狩猟系民族の文化をもあわせもっている。高句麗文化が北方狩猟系民族文化だけでなく，農耕文化もあわせもっていたことは，高句麗文化が東アジア文化の接合点となるとともに，隋・唐両帝国の70年にわたる侵略戦争に耐える底力を備えることにもなった。

高句麗は，漢学を三国中最も早く受容し，372年に国立の〈太学〉を設立し，私学の〈扃堂ｷﾖｳﾄﾞｳ〉を各地に設立した。高句麗人は馬術や弓術だけでなく，読書を好み，儒教の経典や《史記》《文選》などの歴史書・文学書を愛読した。また，歴史書編纂も盛んで，4世紀後半に《留記》100巻を，600年に《新集》5巻を編集した。414年建立の広開土王碑は，1800字に及ぶ優れた漢文で，その書風は古風な美しさをもつ漢代の隷書風で今日の書道家からも称賛されている。

高句麗の仏教は，372年に秦の順道が，仏像と経典を伝えたことから始まり，やがて寺院を建て，僧侶を迎え，国家的に仏教を保護した。高句麗の仏教はおもに大乗仏教の三論宗で，護国的性格が強かった。このように高句麗では新しい信仰形態・思想体系をとりいれただけでなく，僧侶は政治・外交上にも活躍した。また，建築，彫刻，絵画，工芸など多方面にわたる仏教文化が，高句麗に新たな文化活動を呼び起こした。そのなかで，最もよく特徴を示しているのが，延嘉7年(539)銘の金銅如来立像である。

高句麗の庶民文化は多方面に特色ある発展をとげ，朝鮮式山城やオンドルなどを創造したが，その貴族文化を華やかに彩るものに古墳がある。高句麗の古墳には，ピラミッド形の積石塚と，内部に壁画の描かれている封土塚とがある。初期には主として積石塚が作られ，中国吉林省集安にある将軍塚が有名である。封土塚の壁画は，徳興里古墳や安岳3号墳など約50ヵ所でみられる。その内容は，初期には当時の生活風俗や家屋のようす，狩猟や戦争のようすが描かれ，後期には道教の影響による四神図が多くみられる。

高句麗人は歌舞を愛好し，管・弦・打楽器が数十種類もあった。なかでも有名なものは，王山岳ｵｳｻﾝｶﾞｸが晋の七弦琴を改良して作った玄鶴琴(ﾋﾞｮﾝﾊｸ・玄琴)である。王山岳はこの琴を使って，100余曲をつくったといわれている。玄鶴琴はのちに新羅に伝わり，新羅の音楽に大きな影響を与えた。

[遺跡と遺物] 第1期の桓仁時代の古墳は，中国遼寧省桓仁地方から慈江道にかけて分布する積石塚である。この積石塚の源流は，シベリアのエニセイ川流域であるが，高句麗で飛躍的に発達した。積石塚は，最初，河岸に河原石を方形に敷いてその上に木棺を安置し，それを河原石で覆うものであった。2～3世紀ごろから墓地が台地や山麓に移り，角ばった山石を用い，内部に石室を作る石室積石塚となった。この時期の土器類には，中国土器の影響がみられ，高句麗文化は北方，西方など広く世界各地の文化を吸収したことが知られる。しかし，一方では五女山城など高句麗独自の文化をも生みだした。

第2期の輯安時代の古墳には，〝将軍塚に代表されるような巨大な段築ピラミッド形の積石塚が盛行した。将軍塚は切石を用い，方形7段の段築墳で，一辺の長さが30m，高さが約14mで，玄室は第4段目にある。この時期になると，土墳がしだいに増えてくる。この土墳は，石積みの玄室を封土で覆ったもので，玄室は半地下または地下に作られる。玄室は主室と前室の2室からできていることが多く，玄室の壁は割石または

大きな板石を使っている。割石の場合は表面に漆喰を塗り，板石の場合は直接表面に壁画を描いている。

壁画は現在50余基の古墳から発見され，そのうち2基の古墳には紀年墨書があり，その築造年代がほぼ推定される。▶壁画古墳の最も古いものは▶安岳3号墳で，美川王陵とする説もあるが，357年に死去した冬寿の墓とする説が有力である。冬寿は前燕の内紛に敗れ，高句麗に亡命した人である。中国では漢代以来壁画古墳が盛行していたが，このころ高句麗に亡命した人たちによって伝えられたものとみられる。▶徳興里古墳にも154文字の墓誌銘があり，408年に築造されたことが伝えられている。この古墳の被葬者にも，高句麗人説と中国人亡命者の両説がある。中国からの亡命者が壁画様式を伝えたにしても，高句麗人が受容したにしても，この両古墳の壁画や墨書は，いずれも優れたものであり，高句麗の日常生活や信仰・思想および政治・軍事の実態を具体的に伝えている。高句麗の壁画の内容は前にもふれたように，4～5世紀前半には，人物風俗図のみであるが，5世紀中葉以降，人物風俗図に四神図が付加され，6世紀後半以降はほぼ四神図のみの壁画となる。高句麗古墳群は世界文化遺産。

高句麗文化で注目されるものに，金石文・墨書の類がある。その最も古いものは，さきの冬寿墓の墨書銘であり，ついで徳興里古墳墨書銘である。414年建立の▶広開土王碑文は，従来日本の朝鮮侵略を実証するものとして注目されてきたが，近年高句麗史の基本史料ないしは字形，書体，文体など高句麗文化の基本資料として重視されはじめた。そのほか長文の▶牟頭婁塚墓誌や▶中原高句麗碑をはじめ17にもおよぶ金石文があり，高句麗の思想・信仰・政治・社会の諸相がこれらの研究によって，明らかにされよう。

高句麗の古墳は早くから盗掘され，副葬品がほとんど残っておらず，わずかに金銅の冠や耳輪など数点がみられるのみである。冠の透し彫には草花文や忍冬文があり，これらは北魏から受容し，新羅や日本に伝えたものとみられる。平壌市東方の▶清岩洞廃寺の伽藍配置は，一塔三金堂様式で，百済の扶余軍守里寺跡や日本最古の飛鳥寺跡と同じ配置である。高句麗寺院では軒瓦のさきにつく瓦当が盛行し，その特色は赤色系統で蓮華文が多く，線が鋭く，陰陽が明瞭な点である。また，施文面を等区分にすることも高句麗瓦当の特色で，それは漢式瓦当とくに楽浪瓦当からの影響である。

高句麗では仏教が早く伝えられたが，現存する仏像彫刻は少なく，いずれも500年以後のものである。延嘉7年銘金銅如来立像は，6世紀初頭の北魏の仏像ときわめて類似している。571年とみられる辛卯年銘の金銅三尊仏は，かなり高句麗化しているが，6世紀後半の北斉の仏像を模したものである。このように高句麗仏像は北朝系の仏像が主流をなしている。⇒考古学

【日本との関係】 高句麗の僧侶が日本に渡来し，文化的な活動をするなかで，国家間の国交が開かれることになった。《日本書紀》に記載された初期の高句麗との関係は，主として戦勝伝説で，その史実性を確かめることはできない。

前述のように595年に高句麗の僧慧慈が聖徳太子に仏教を教え，602年に高句麗の僧隆が来朝した。610年には僧曇徴が来て五経を教え，絵具，紙，墨，水車などを伝えた。また年代は不明であるが，高句麗僧の道顕が来日して，《日本世記》を著した。そのほか，寺院建築・仏像・彫刻・瓦当の文様など広範な仏教文化の導入に，高句麗僧侶が盛んに活躍した。また，625年ごろに来日した高句麗僧慧灌・道澄などが，三論宗を日本に伝え，教義の面でも大きな影響を与えた。

仏教文化以外にも，高句麗文化の影響は日本文化の随所にみられる。たとえば，高松塚古墳や九州各地の装飾古墳の壁画には，高句麗の古墳壁画の影響や，高句麗から百済，加羅，新羅を経て渡来してきた新しい絵画形式がみられる。また，6世紀ごろから朝鮮の歌舞が受容され，7世紀後半には宮廷の雅楽として高麗（高句麗）楽が採用され，百済・新羅の楽と合奏された。702年以後，雅楽寮に高麗楽の楽師・楽生がおかれることになった。

高句麗と倭国との国交の有無は不明で、大和王朝との国交は570年ごろから始まる。しかし、7世紀前半までの日本との国交は文化外交に限定され、高句麗の対隋戦争についても、618年隋の滅亡後に日本に伝えられたにすぎなかった。高句麗の対日国交が盛んなのは、640年代と、668年の高句麗滅亡後682年までとである。前者は日本も朝鮮3国も政変の続く時期であり、滅亡後は新羅の対日外交の一環として、高句麗の調を納めるためのものであった。　　井上 秀雄

こうげい | 工芸 | ➡️美術

こうけいらいのはんらん | 洪景来の乱 | ➡️ホン・ギョンネの反乱

こうけつ | 口訣 | 구결
クギョル。漢文を読むとき、単語や句の後につける文法要素で、日本の送り仮名に似るが、本文は訓読しない。クケツとも、また吐、懸吐ともいう。その表記には漢字の音や訓を用いるが、前者が多い。ハングルによることもある。主として公文書に用いられる➤吏読にも似ており、吏読と用字法が共通する点もみられるが、これが漢字の正字を用いるのに対し、口訣は正字以外に、その一部を用いることがはなはだ多い。たとえば、助詞〈ハ〉(nŭn、ŭn)や〈ニ〉(e、ae)を示す〈隱〉(音 ŭn)、〈厓〉(音 ae)は阝、厂を用い、夕(＜多、ta)、リ(＜利、ri)のように、仮名に偶合することもある。儒書と仏書では違うし、またそれぞれの中でも若干の用字法の違いがある。口訣は古くから行われたであろうが、1973年仏像の胎内より発見された、14世紀初葉かと思われる《旧訳仁王経》の高麗期のものが最も古く、ほかは朝鮮王朝のものである。　　藤本 幸夫

こうげんどう | 江原道 | ➡️カンウォン道

こうごかいかく | 甲午改革 | 갑오개혁
1894年(甲午の年)から翌年にかけて行われた朝鮮の政治改革。朝鮮では甲午更張ともいう。➤甲午農民戦争を機に出兵した日本は、日清開戦の口実として朝鮮の内政改革を主張し、7月23日には王宮を占領して興宣大院君を擁立、➤金弘集を首班とする開化派の政権を成立させた。新政権は会議機関として軍国機務処を設置し、相次いで近代化のための改革法令を発令した。官制の改革による宮中事務と国政事務の分離、科挙の廃止、租税の金納化、通貨の改革、身分差別の撤廃、縁坐制・拷問の廃止など、改革は広範囲に及んだ。その多くは開化派の年来の構想にもとづいていたが、日本の軍事力を背景とした上からの改革という性格は免れがたく、死文化したものも少なくなかった。日本はさらに井上馨を公使に派遣して大院君を退ける一方、12月、日本亡命から戻った➤朴泳孝を加えて新内閣を発足させ、翌95年1月にはこれまでの改革条項を再整理した〈洪範十四条〉を高宗の名で宣布、改革の促進・定着を図った。だが、日本による過度のおしつけは開化派政権への反発を強め、三国干渉ののち日本勢力が後退して7月初旬に朴泳孝が追放されると、改革は一頓挫を余儀なくされた。10月の日本人による➤閔妃虐殺を契機として再発足する金弘集の内閣は、なおも➤断髪令や新暦採用(➤暦)など風俗にも及ぶ急激な改革を続行したが、96年2月、国王のロシア公使館への播遷によって瓦解した。一連の改革は、朝鮮社会の近代化を進めるうえで一つの画期をなしたと同時に、日本資本主義の進出のための道を広げるものともなった。➡️開化派　　吉野 誠

こうこがく | 考古学
朝鮮半島の考古学の分野では、調査・研究活動が活発に継続され、その成果に目をみはるものが少なくない。その中から一部を紹介する。まず、➤旧石器時代では、北部の平壌特別市祥原郡において、前期の北京原人と比較しうる化石人骨が見つかり、龍谷人と名づけられた。南部の忠清北道丹陽郡のスヤンゲ遺跡でまとまって出土した剝片尖頭器は、九州の後期旧石器と共通する点でも注目を引いている。東部の江原道で、➤新石器時代(➤櫛目文土器時代)の良好な集落遺跡の調査が相次いで行われた。襄陽郡の鰲山里遺跡は前期の標準遺跡として、また、地境里遺跡は中期の西部地方との関係を考えるうえで、それぞれ重要である。西部では京畿道の江華・金浦両郡で、約4000年前の稲資料が見つかったが、東アジア諸地域における稲の起源にかかわる問題提起となる。南部の➤青銅器時代(➤無文土

器時代)の慶尚南道晋州市の漁隠1地区遺跡は，竪穴住居群からなる集落が，畑や墓地(箱式石棺墓)とともに調査された稀有な例である。西南部の忠清南道保寧市の寛倉里や全羅北道益山市の永登洞などで発見された方形周溝墓は，この時代の新たな墳墓形式を追加するとともに，日本の弥生時代の方形周溝墓との関係が問題となる。弥生時代の山陰地方を中心に特異な発達を遂げる四隅突出型墳丘墓との関連で，北部の慈江道楚山郡の蓮舞里2号積石塚が話題をよんだ。

紀元前後のころの数世紀間は，*古朝鮮・*三韓とか原三国の時代などとよばれる。平壌特別市の統一街で発掘された*楽浪郡関連の大量の遺物は，南部の慶尚南道義昌郡の茶戸里木棺墓と比較すると興味深い。一説に*帯方郡の郡衙跡ともされる，ソウル特別市の風納土城の発掘が行われたところ，*馬韓や百済初期に関連する住居跡が中心の遺跡のように思われる。*三国時代に入ると，京畿道九里市の峨嵯山で発掘された，高句麗の堡塁遺構と出土遺物は，高句麗による百済初期の漢江流域への進出過程の諸問題を解明するうえで特筆に値する。百済では，西南部の全羅北道扶安郡の竹幕洞で祭祀遺跡が調査され，中国南朝や倭との対外交流史の研究に重要な資料が得られた。同じく西南部の全羅南道に集中分布する前方後円墳も，5～6世紀の百済と倭の密接な関係を示唆する。百済後期に当たる忠清南道扶余郡の陵山里廃寺(*陵山里古墳群)は，高句麗の東明王陵付属の定陵寺とともに，王陵付属の陵寺として，金銅製大型香炉・昌王13年銘舎利龕の出土と合わせて注目される。新羅では，慶尚北道慶州市の隍城洞遺跡が，国都における本格的な製鉄遺構として重要である。地方でも，慶尚南道密陽市の沙村遺跡において，製鉄関連の遺構や遺物が調査され，新羅の鉄生産の解明に資するところが大きい。そして，加耶(*加羅)諸国の遺跡群に関する調査も盛んであるが，たとえば慶尚南道金海市の良洞里や大成洞の墳墓群の調査成果は，弁韓狗邪国から金官加耶国への形成過程を物語ってくれる。そして，同じく咸安郡の城山山城で出土した*木簡は，それ自体きわめて稀有なものであるが，阿羅加耶国の新羅への政治的従属化の様相を具体的に示すものとして貴重である。

いわゆる統一新羅時代では，慶州市内の皇竜寺跡東南外区など数ヵ所で道路遺構の一部が検出され，新羅王京の復元に役立つ。また，同じく竜江洞では苑池遺構が発掘され，《三国史記》所載の景徳王19年(760)にみえる別宮との関連性が議論されるようになった。渤海時代の南海南京府に対して，咸鏡南道北青郡の青海土城が比定され，周辺の山城群と合わせて注目される。同じく新浦市の梧梅里の廃寺跡，咸鏡北道清津市の富居里の古墳群，そして同金策市の24個石など，東北部における渤海遺跡群の調査は，渤海研究の空白部分を埋める大きな成果といえる。

最後に，中・近世考古学の成果も見落とせない。高麗時代では，各種多様な遺跡・遺物が調査・研究された。そのうち国都の故地*開城付近では，霊通寺跡や太祖王建陵が発掘調査され，伽藍配置や古墳壁画などについて，計り知れない数多くの成果をもたらした。朝鮮王朝もしくは朝鮮時代に関しても，城郭・寺院・墳墓・陶磁器窯などの遺跡が発掘され，豊富な遺物を出土した。たとえば，忠清南道瑞山郡の海美邑城や慶尚南道梁山郡の円寂山烽燧台の発掘調査で，それぞれの全貌が明らかにされたことは画期的である。

西谷 正

こうこくしんみんのせいし｜皇国臣民の誓詞
朝鮮人を心の底から皇民化するために，1937年10月朝鮮総督府が制定したもの。これにはおとな用と児童用とがあり，その本質をより明快に示している児童用は，〈一，私共ハ大日本帝国ノ臣民デアリマス。二，私共ハ心ヲ合セテ天皇陛下ニ忠義ヲ尽シマス。三，私共ハ忍苦鍛錬シテ立派ナ強イ国民トナリマス〉というものであった。学校では毎朝の朝礼でこれを斉唱し，官公署や各職場でも朝会や会合で〈国民儀礼〉として斉唱が義務づけられた。さらに39年秋には全朝鮮5000校，約200万人の学童，学徒に〈誓詞〉をしたためさせ，それを納めたく皇国臣民誓詞之塔〉が，ソウルの*朝鮮神宮に建立された。 ▶皇民化政策

宮田 節子

●甲午農民戦争

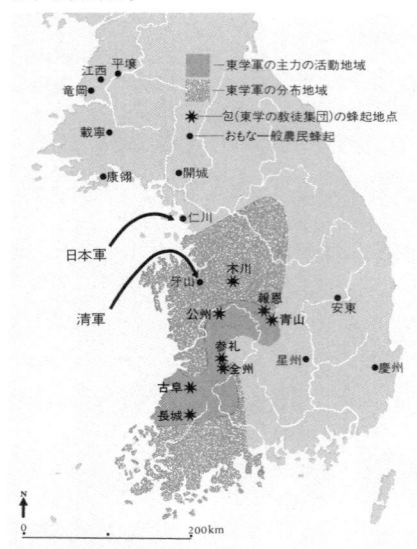

地図凡例：
- 東学軍の主力の活動地域
- 東学軍の分布地域
- ✱ 包(東学の教徒集団)の蜂起地点
- ✱ おもな一般農民蜂起

地名：江西、平壌、竜岡、載寧、康翎、開城、仁川、木川、牙山、公州、礼恩、青山、安東、星州、慶州、参礼、全州、古阜、長城

日本軍、清軍

こうごのうみんせんそう｜甲午農民戦争

1894年(甲午の年)に朝鮮南部でおこった農民反乱。朝鮮王朝末期の朝鮮では封建的収奪に反対する▶民乱が続発し、とりわけ南部地方は開港後の外来資本主義との接触によって矛盾が激化していた。圧政に苦しむ農民の間に広まった▶東学は、1890年代に入ると活動を公然化するようになった。こうした情勢のもとで、94年2月、全羅道古阜の農民は、規定外の税をとるなど暴政を行った郡守趙秉甲チョビョンガプに抗議し、▶全琫準チョンボンジュンを指導者として郡庁を襲撃した。彼らはいったん解散したが、政府が参加農民への厳しい弾圧策をとったため、東学組織を通じて各地の農民に檄をとばし、決起を呼びかけた。5月初旬、蜂起した農民は全琫準を総大将に金開南、孫化中らとともに数千の陣容を整え、〈逐滅倭夷、尽滅権貴〉の綱領を掲げて政府軍を破りながら全羅道各地を転戦した。同月末に農民軍が全州を占領すると、政府は清国に援兵を要請、日本も出兵の動きをみせた。そこで農民軍は、両国に武力介入の口実を与えないよう、悪質官吏の処罰や身分の平等などを要求する弊政改革案を条件として全州和約を結び、政府軍と休戦した。このあと各郡ごとに執綱所という自治機関を置いて農民自身の手による弊政改革が推進され、全羅道一円には一種の二重権力的な状況が生まれた。だが、出兵した日本が7月下旬には日清戦争をひきおこし、朝鮮が事実上日本軍の占領下におかれると、農民の間には再蜂起の気運が高まった。東学上層部には慎重論も強かったが、全琫準は農民軍数万を率いて北上し、政府および日本の連合軍と対峙した。しかし、最大の山場となった11月下旬から12月上旬にかけての公州攻防戦で、日本軍の近代兵器の前に農民軍は大きな被害を出し、南方に退却して再起を図った全琫準も同年末に捕えられた。

この事件は従来〈東学党の乱〉とよばれてきたが、本質的には反侵略・反封建の農民蜂起であり、敗れたとはいえ、アジアにおける民衆の反帝国主義闘争の先駆として大きな意義をもっている。→日清戦争　吉野誠

こうしえい｜黄嗣永｜→ファン・サヨン

こうしだん｜興士団｜흥사단

フンサダン。1913年、朝鮮の独立運動家▶安昌浩アンチャンホがアメリカで結成した人格修養団体。その目的は、〈務実、力行、忠義、勇敢〉という徳性の涵養を中心に、〈徳、体、知〉3面かねそなえた〈健全な人格〉を創出することにあった。興士団は在米朝鮮人社会の中で一つの政治勢力ともなり、李承晩系の同志会としばしば対立した。20年代に朝鮮内にも姉妹団体ともいうべき同友会が結成されたが、37年安昌浩、李光洙ら会員150名が一斉検挙され、解体した。解放後、興士団は本部をソウルに移し、米軍政下の過渡政府では趙炳玉ら数人がその閣僚として名を連ねた。63年に学生部門として設置された興士団アカデミーは、70年代末には韓国民主化運動との関連で注目された。

大塚嘉郎

こうしゅう｜公州｜→コンジュ
こうしゅう｜広州｜→クァンジュ(広州)
こうしゅう｜光州｜→クァンジュ(光州)
こうしゅうがくせいうんどう｜光州学生運動｜→クァンジュ学生運動
こうしゅうじけん｜光州事件｜→クァンジュ事件

こうじゅんけん |黄遵憲|1848-1905
清の外交官，詩人。1876年挙人となり，翌年，初代駐日公使何如璋の書記官として来日。琉球問題，朝鮮問題など日清間の懸案の処理にあたった。80年に何如璋の命で著した《朝鮮策略》は来日中の修信使▶金弘集に贈られ，朝鮮政府の鎖国攘夷政策から開国政策への転換に大きく寄与した。著作に《日本雑事詩》《日本国志》《人境廬詩草》などがある。
原田 環

こうじゅんげん|黄順元|➡ファン・スヌォン
こうじょうしんぶん|皇城新聞
朝鮮王朝末期にソウルで発行された日刊新聞。1898年5月，南宮檍が社長となって創刊。国漢文（漢文・ハングル混用体）を用いた。論説陣には▶朴殷植，▶張志淵，▶申采浩，柳瑾らを擁し，初期には▶独立協会を擁護し，開明的な論陣を張った。1904年11月に当時の社長張志淵は保護条約締結を指弾する論説を掲げ，翌年2月まで停刊させられた。その後も韓国統監府の圧力により停刊，記事削除などの処分をしばしば受けた。10年8月の韓国併合後，《漢城新聞》と改題し，9月に資金難のため廃刊となった。
糟谷 憲一

こうしんい|黄真伊|➡ファン・ジニ
こうしんせいへん|甲申政変|갑신정변
朝鮮で1884年(甲申の年)12月4～6日，守旧派政権に対するクーデタによって▶開化派が奪権を企図した政変。守旧派は清国との伝統的な事大＝宗属関係によって旧体制に固執したことから事大党といい，開化派は清国との事大＝宗属関係からの独立によって国政の革新をはかったことから独立党もいう。封建制度を残したまま資本主義列強に開国(1876)した朝鮮にとって，国内体制の近代的改革は焦眉の問題となった。1884年8月にインドシナ問題をめぐる清仏戦争が起こり，開化派は一挙に守旧派から奪権すべく日本公使竹添進一郎の協力を求め，同年12月4日洪英植を総弁とする郵政局開設宴に参席した守旧派に対するクーデタののろしとして行動を開始した。▶金玉均，洪英植，▶朴泳孝らは，士官学生や壮士を指揮して国王高宗と王妃の閔妃を守旧派から隔離させ，日本軍の出動を求めて護衛した。5日には開化派を軸とする新政府をつくり，6日には新しい政綱を発表したが，▶袁世凱が1500名の清軍を率いて武力介入すると日本軍は引き揚げ，孤立無援の開化派は，金玉均，朴泳孝，徐光範ら9名が日本，アメリカに亡命したほか，殺害または処刑された。甲申政変は，開化思想がまだ大衆を把握するまえの，開明的な少数エリートによる突出したクーデタに終わり，日本軍の出動を求めて国王を護衛したため，むしろ大衆の反日感情を爆発させた。この政変は朝鮮開化運動史上の初期的段階といえる。➡甲午改革
姜 在彦

こうせきえい|黄晳暎|➡ファン・ソギョン
こうせんだいいんくん|興宣大院君|➡フンソン大院君
こうそう|高宗|➡コジョン
こうそんえん|公孫淵|?-238
中国，三国魏の豪族。後漢末期に大功をたて遼東侯を自称した公孫度の孫にあたる。魏の明帝により遼東太守，楽浪公に任命された。これより先，公孫康(度の子)は楽浪郡の南半に帯方郡を設けて韓族に対する統制を強化し，一方，強敵の高句麗を攻めてその国都を南の丸都城に移すなどの勢力をもち，中国の脅威となっていた。康の死後，恭が擁立されたが病弱のため，228年(大和2)淵に簒奪された。淵は中国の三国分裂を奇貨とし，呉と結んで燕王に拝せられたが，魏の有利をみて呉を裏切って魏に通じ大司馬，楽浪公に封ぜられた。しかし自信過剰の淵は魏を軽侮し，237年(景初1)その征討使，▶毌丘倹らの攻撃を受けたがこれを退け，かえって燕王として独立するに至った。魏は翌年司馬懿を遣わして大軍をもって淵を攻め殺した。公孫氏はかくて滅亡し，遼東から楽浪・帯方にかけての領域は魏の所有に帰した。➡帯方郡
村山 正雄

こうだい|広大|➡クワンデ
こうたいおう|好太王|➡クァンゲト(広開土)王
こうたいよう|洪大容|➡ホン・デヨン
こうちゃきゅう|洪茶丘|➡ホン・タグ
こうつう|交通
【韓国】
[鉄道] 国鉄を運営してきた鉄道庁が2005年に〈上下分離〉され，運行(上部)を韓国鉄

道公社(KORAIL)が，インフラ(下部)を韓国鉄道施設公団(KR)がそれぞれ引き継いだ。鉄道の営業路線は3559km(2011年現在，韓国銀行統計)で，うち複線部分が約50%，電化部分は約60%であるとみられる。幹線は20路線で，京釜線(ソウル～釜山，441.7km)，湖南線(ソウル～木浦，414.1km)などの在来線のほか，〈韓国型新幹線〉ともいうべき京釜高速鉄道(408.5km)がある。京釜高速線はフランスのTGV方式が採用され，〈KTX〉とよばれている。KTXは2004年4月に暫定開業し(一部区間で在来線を走行)，2010年11月に完全開業した。ソウル～釜山は在来線の特急〈セマウル号〉で4時間10分の所要時間だったが，KTXによって2時間9分に大幅短縮された。→鉄道

[地下鉄]　1974年8月にソウルで1号線が開通して以来，釜山(4路線)，大邱(2路線)，仁川(2路線)，光州(1路線)，大田(1路線)で運行されている。ソウル(京畿道地区を含む)は9路線が開通しており，地下鉄の扱いではない電鉄路線が8つある(2013年9月現在)。公共交通機関はバスが市民の足として最も利用されてきたが，ソウルの場合，1日の市民1人当りの交通量輸送負担率は，90年代末に地下鉄がバスを上回るようになった。2010年現在，地下鉄36.2%，バス28.1%，マイカー24.1%，タクシー7.2%，その他4.4%の割合である(ソウルメトロ統計)。

[道路]　上記のソウルメトロ統計からわかるように，道路を使う交通手段の総計は高い。地下鉄網が発達していない地方都市では，バス，マイカー，タクシーへの依存度はもっと高くなる。それだけに，慢性的な道路渋滞が各都市で発生している。全国の自動車登録台数は，経済成長と国民の所得増加によって増え続け，1887万台である(2012年現在，国土交通部)。道路の総延長は一般国道が1万3765km，高速道路が4044km(2012年現在，韓国道路公社統計)である。物流の大動脈となる高速道路は，京釜線(ソウル～釜山，428.0km)，京仁線(ソウル～仁川，24.0km)が1968年に開通して以来，韓国の経済成長において大きな役割を果たしてきた。高速道路には都市間を結ぶ高速バスが頻繁に行き来しており，国民の足ともなっている。→道路

[航空]　全国に15の旅客用の空港(国際8，国内線専用7)がある。2001年3月にソウル郊外の仁川沖の永宗島には仁川国際空港が開港し，北東アジアにおけるハブ空港(拠点空港)の一つとなっている。ソウル都心に近い金浦国際空港は首都と地方を結ぶ国内線の拠点となっているが，東京(羽田)行きなど近距離国際線も就航している。韓国のすべての空港で発着する国内路線は21路線(2012年末現在)，国際路線は314路線(うち日韓間に39路線)に及ぶ。航空会社は，大韓航空(1962年創業)とアシアナ航空(1988年創業)が2大キャリアだが，格安航空会社(LCC)が続々と誕生し，サービス競争をくり広げている。

[海運]　全国に50の港があるが，フェリーなどの旅客船が出入りする主要な旅客港は11程度あり，本土と諸島間を結んでいる。釜山港からはフェリー(下関，福岡，大阪，境原・比田勝行き)とジェット・フォイル(福岡行き)の国際定期旅客航路が出ている。ソウルの外港に当たる仁川港は，中国との海の玄関口となっている。天津，威海，青島，丹東，大連，営口，煙台など中韓間の定期フェリーが就航している。江原道の東海港からは，1998年より始まった韓国人向け金剛山観光のための客船が北朝鮮の長箭港との間を往復していたが，2008年7月から中断している。南北間の貨物航路は05年の南北海運合意書締結で急増し，1年間の就航回数(統一部調べ)は07年の1万1891回がピークで，12年に228回と落ち込んだ。

【北朝鮮】　朝鮮民主主義人民共和国は鉄道の比重が高い交通体系であるといわれている。平壌で発行された《朝鮮大百科事典》(百科事典出版社，1995年)の〈交通運輸〉の項には次のように記述されている。〈わが党は鉄道を人民生活の先導役，国の動脈として規定し，鉄道運輸を基本にして，自動車，水上運輸を発展させるうえで，とても大きな力を注いだ。党の正しい交通運輸政策によって，鉄道運輸部門では国の鉄道網が合理的に絶え間なく延び，物質的技術的土台がしっかりとした〉。鉄道は13の幹線と90余りの支線がある模様で，首都平壌と中国との国境都市新義州を結ぶ路線(約225km)では北京な

どへ向かう国際列車も運行されている。韓国の研究者によれば，輸送体系における分担率は，旅客が鉄道62％，道路37％，海運1％，貨物がそれぞれ90％，7％，3％と推測されている。韓国銀行は，鉄道総延長5299km，道路総延長2万6114km，港湾荷役能力3700万トン，船舶保有76万トンと推計している（2012年現在）。高速道路は，平壌～開城間（約170km），平壌～元山間（約189km），平壌～南浦間（約44km），元山～金剛山間（約114km）などがある。平壌では，地下鉄，トロリーバスのほか，90年代初めに路面電車（3系統）が市民の足となっている。ただ，全体として，慢性的なエネルギー不足と施設の老朽化・未整備により，交通体系がうまく機能していないという観測が支配的だ。

2000年6月の南北首脳会談で，分断された南北の鉄道を連結させることで合意し，京義線と東海線で南北を結ぶ工事が02年9月に始まり，03年6月につながった。07年5月，南北を結ぶ試験運行の直通列車が56年ぶりに軍事境界線を通過し，同年12月には貨物列車の定期運行も一時始まったが，翌年には中断もしている。一方，羅先経済特区の羅津港とロシア極東のハサンとを結ぶ貨物鉄道区間（54km）が5年にわたる改修工事を終えて13年9月に開通した。羅津港では，中国との国境と結ぶ幹線道路も12年に開通しており，ロシアや中国の投資によって交通基盤の整備を進める新しい動きもある。　　　　　　　　　　　　小針 進

こうていじゅどう｜更定儒道｜갱정유도
1930年代半ばに全羅北道淳昌郡出身の姜大成によって始められた土着主義的な宗教運動。ケンジョンユド。一名，一心教。《更定儒道概説》（更定儒道南原聖堂，1989）によれば，1889年生れの姜大成は，三・一運動への参加と母の死を契機として国家と民衆のための修練を開始し，1929年にく道通〉（道の体得）をなした。同年に妻が自殺し，その後は奇異な言動と治病行為をくり返しながら全羅北道一帯を彷徨したが，34年からは弟子たちとともに鎮安郡雲蔵山に籠って修練しつつ経典を著し，42年に淳昌郡回文山に最初の聖堂を開いた。教義の柱は，先後天開闢思想と聖人信仰である。これは当世をすべての聖人（天上一氣）が天に上り地上に罪悪が満ちる〈後天〉時代と捉え，天にある天上一氣を再び地に下ろして人びとの冤を解き，再び〈先天〉時代を招来する〈天地公事〉が聖人（教祖）の出現によって成し遂げられるとするものである。このほか，開闢によって地上天国が実現され朝鮮が世界の中心になるという選民思想や〈儒仏仙合一〉といったシンクレティズムも，近代朝鮮の新宗教一般と共通する特徴である。他方で，教団の経典と四書五経・漢籍を教える書堂の運営や，朝鮮在来の髪型や装束を守り，独自の呼吸法や祈禱を奨励するなどの特異な生活実践が，近年では儒教伝統の継承・再活性化として再評価されてもいる。今日では子供向けの漢文・礼節教育で知られる智異山青鶴洞（慶尚南道河東郡）は，元々教祖の死後に信者の一部が避難し，宗教共同体を形成したものである。李承晩大統領などの政治指導者への建議（1950-54）やソウル大布教（1965），ならびに韓国民族宗教協議会の設立（1985）など，民族主義的な色彩の強い社会運動への関与もこの運動の一つの特徴である。　　　　　　　本田 洋

こうでん｜公田
私田の対立概念で公有の田土をいう。朝鮮の公田は，第2次大戦前には研究者から国家所有地とみなされ，土地国有論（公田論）の有力な根拠とされたが，この説は今日ではほぼ否定されている。高麗の公田は国家が収租権（収穫の25％）をもつ土地であり，一般農民の自作地である民田や公廨田，王室御料地などからなり，国家がおもに両班や軍人に支給して収租権（収穫の50％）を与えた私田に対する地目である。高麗中期以降，私的土地所有の発展によって公・私田間のこのような区別は変化し，科田法（1391）では収租率が両者とも同率（10％）となった。朝鮮王朝の公田は私人に属する民田に対立する地目であり，王室や国家機関に属する収租地である。土地国有論では公田の〈租〉を地代とみなしたが，現在では税とみる見解が有力である。　　　　　　　　　吉田 光男

こうとくしゅうすい｜幸徳秋水｜1871-1911
明治時代の社会主義者。中江兆民に師事して民権思想を深め，また《万朝報》などの記

者生活を通して国際事情に精通し，1898年ころから社会主義思想に接近する。日露戦争に反対して週刊《平民新聞》を発刊。彼は日露戦争が朝鮮侵略戦争であることをつとに見抜いていた。〈領土保全〉の美名が韓国滅亡のためにあることを看破し，〈朝鮮国民の立場〉から帝国主義外交を批判し，そのために〈国家的観念〉を否認する必要のあることを説いた(1904年6月の〈敬愛なる朝鮮〉など)。当時にあって彼は最も傑出した朝鮮観の持主であった。韓国併合直前の1910年6月に大逆事件で逮捕，翌年処刑された。

馬渕 貞利

こうにちパルチザン｜抗日パルチザン

今日の朝鮮民主主義人民共和国で建国の精神的淵源とされている，1930年代に中国の東北(満州)で共産主義者が展開した抗日パルチザン闘争。1910年の朝鮮植民地化後，▶間島を中心とする東北一帯では，義兵や独立軍による朝鮮民衆の反日武力抗争が一貫して続けられてきたが，この伝統を継承しつつ満州事変後の1932年春から共産主義者主導の武装闘争は開始された。当時の▶コミンテルンの一国一党方針により，このパルチザン部隊は形式上は中国共産党満州省委員会指導下の東北人民革命軍(1934年以後は東北抗日連軍)に属し，朝・中人民連帯による反日帝闘争の一翼を担ったが，東満・北満では実際上朝鮮人が主力の部隊が多かった(朝鮮側文献では朝鮮人民革命軍とよぶ)。とくに，▶間島五・三〇蜂起(1930)以降の大衆的高揚を背景として間島地方では，32年秋から小規模ながら九つの解放区が創出された。しかし満州事変当初有力だった中国国民党系などの反満抗日軍が急速に崩壊するにつれ，日帝側は〈共産匪〉に〈集中討伐〉を加え，〈集団部落〉をつくったり，謀略団体〈民生団〉を送りこんだりした。この34-35年の厳しい時期に現出した解放区放棄方針などの指導の混乱を，▶金日成キムイルソンの主導のもとに克服した朝鮮人民革命軍は，以後朝鮮に最も近い長白県に根拠地をおき，コミンテルン7回大会(1935)を背景に朝鮮の民族解放と革命の独自の課題に集中するようになる。すなわち36年5月に▶祖国光復会を組織し，37年6月豆満江上流の朝鮮側にある普天堡ポチョンボに進攻するなど，国内民衆との連係を重視した。山中に密営をおいて白色区に住む農民と地下組織を通じて〈水と魚〉の関係を保つ厳しい状況だったが，こうした活動を39年5月の茂山戦闘以後まで続けていた。40年8月小部隊を残して主力はソ連領に移動した。日本ではこうした主体的闘争の内実につき，戦後までまったく漠然とした〈間島パルチザン〉のイメージしかなかった。

梶村 秀樹

こうはんと｜洪範図｜➡ホン・ボムト

こうぶかいかく｜光武改革｜광무개혁

朝鮮王朝末期の1897年から1904年初めにかけて，王朝国家(大韓帝国)が実施した〈近代化〉のための諸政策の総称。1960年代末以来，韓国の歴史学者により〈光武改革〉の名称が与えられている。光武は1897-1907年の年号。改革の内容とされるのは，①量田・地契発給事業，②軍制の再編と軍備拡張，③通信網整備，④鉄道建設，⑤中央銀行設立と幣制改革の試みなどである。その理念は▶甲午改革(1894-95)以前の旧法と甲午改革による新法とを折衷すること(旧本新参)であったとされる。この時期には▶李容翊イヨンイクらによって皇室財源の拡張が行われ，また，議政府の権限の制限や下からの改革を求めた▶独立協会の解散などによって帝権が強化された。改革の一部は拡張された皇室財政を基盤にして実施され，地方における封建的収奪は再編強化された。〈近代化〉の面と封建反動的な面とをいかに統一して理解するかが重要であり，韓国の学界でも光武改革の性格をめぐる論争が進行中である。

糟谷 憲一

こうふくせつ｜光復節｜광복절

朝鮮が日本の植民地支配から解放されたことを祝う日(8月15日)。クァンボッチョル。光復とは奪われた主権の回復を意味し，民族解放運動の中でも▶祖国光復会や韓国光復軍というように使われた。1945年8月の〈大日本帝国〉の崩壊によって植民地支配からの解放を得た朝鮮人は，禁じられていた朝鮮語で喜びを語り合い，〈太極旗〉を作って祝賀デモに繰り出した。〈新朝鮮建設〉のための活動は，▶朝鮮建国準備委員会を中心に始まった。植民地支配に対する恨みは

神社破壊という形であらわれたが，日本人襲撃などはごくわずかしか起こらなかった。逆に朝鮮総督府は朝鮮人への権力委譲を拒否して，朝鮮民族の自主的な国づくりを妨害した。その後の米ソ両軍の進駐，南北分断という歴史の進行は朝鮮人の望んだ〈解放〉とはまったく異なるものだった。その意味でも八・一五解放は朝鮮現代史の原点といえる。8月15日は韓国で〈光復節〉，朝鮮民主主義人民共和国で〈解放記念日〉として祝日になっている。

[**光復と分断体制の問直し**] 近年韓国においては，光復，解放の意味を問い直す動きが盛んになってきている。これまで，1945年以後を〈解放後〉とよび，現在まで続いている南北分断の体制をいわば自明のこととして受け入れる見方が強かったのに対し，最近の現代史研究では，〈解放〉から現在までを〈分断時代〉と規定して，分断克服のためにその始発点となった45年から数年間の歴史を再検討する作業が進められている。そこでは，南北分断をもたらした外勢，とりわけアメリカの責任がきびしく問われるとともに，植民地時代に日本に協力した▶親日派が外勢に頼って政治的・社会的地位を維持し，それが分断体制を固定化させたことなどが論じられている。したがって分断を阻止・克服しようとした統一運動・民主化運動は，植民地時代の民族運動の必然的な延長ととらえられることになる。このような視点から書かれた代表的な論集に宋建鎬ジャンほかの《解放前後史の認識》(1979)があり，個人執筆になるものとして姜万吉ジャン《韓国民族運動史論》(1985, 日本語訳あり)などがある。　　　　　　　　　　　　水野 直樹

こうふでん｜興夫伝｜흥부전

朝鮮王朝のハングル小説。作者未詳。《春香伝》《沈清伝》などと同様に，18世紀以降▶パンソリ《朴打令》《朴興甫歌》として演唱されたが，小説異本中には客寄せの前口上がそのまま写し残されたものもあり，街頭講釈師によっても語られていたことがわかる。《興夫伝》の興夫は主人公 Hŭng-bu の名。兄ノルブと弟フンブの主人公を通して勧善懲悪を強調した小説である。兄が欲深く意地悪で，徹底した利己主義者の金持ちであるのに対して，弟は善良で情深く，貧乏であるのにお人よしの道徳君子的性格。足をなおしてやったツバメの恩返しにより，弟は富貴栄達を得るが，わざとツバメの足を折った兄はかえって破滅するという筋を諧謔的に表現している。笑いの中に悲しみや怒りなどすべてが吸収されてしまうが，これこそ現実からの脱出を求めた庶民の逆説的な笑いだとする見方もある。また，富こそ最上と信じる兄と，格式ばかり重んじ生活能力のない弟に，王朝後期の新しい問題を提起しているという論もある。版本3種類のほかに写本が多数伝わる。
　　　　　　　　　　　　大谷 森繁

こうぶんかん｜弘文館｜홍문관

朝鮮時代，宮中書籍の管理，王命の制撰(知製教)，経筵への出仕(経筵官)などを担当した官庁。1463年に設立された後，燕山君代末年(16世紀初)と甲午改革時(19世紀末)に一時廃されたこともあったが，1907年まで存続した。設立当初は蔵書機関としての機能のみを有していたが，1478年以後，芸文館の職掌の一部であった知製教・経筵官としての職務を引き継ぎ，世祖によって廃された▶集賢殿の後身としての位置を占めるようになった。台諫(▶司憲府・司諫院)とともに言論機関としての役割を担ったため，台諫と合わせて▶三司と称された。
　　　　　　　　　　　　木村 拓

こうへいうんどう｜衡平運動

朝鮮の被差別民▶白丁ペッチョンの解放運動。朝鮮の各種民衆運動の高まり，日本の水平社の結成に促されて，1923年慶尚南道晋州で朝鮮衡平社が結成された。子弟の教育，差別糾弾などの運動を進め，内部での意見対立，一般民との紛争など問題を抱えながらも，公称40万人といわれる白丁を対象に朝鮮南部を中心に組織を拡大，100以上の支部をもった。衡平社内の左派は社会主義運動との提携を推進し，30年代初めには衡平社を解消して労働組合に再編することを主張したが，あくまで身分解放闘争を第一義的課題とする主流派の反対で実行されなかった。戦時下には経済権益の拡大をめざす融和団体〈大同社〉に改編された。解放後，南北いずれにおいても身分としての〈白丁〉は消滅したといわれ，衡平運動の復活もみられなかった。　　　　　　　　水野 直樹

こうみんかせいさく｜皇民化政策

日本の植民地統治の下で朝鮮人を戦時動員体制に組み込むためにとられた一連の政策。日本の朝鮮支配の基本方針は同化政策とよばれ，朝鮮人の民族性を抹殺し，〈亜日本人〉化することにあった。満州事変から日中戦争へと侵略戦争の拡大とともに，この政策はより強化徹底され，とくに日中戦争以後はその極限化として，朝鮮人を完全なる〈皇国臣民〉たらしめんとする〈内鮮一体〉が提唱されるに至った。そのために展開されたのが皇民化政策である。1937年の日中戦争勃発とともに，神道による皇民化をはかるため神社参拝が強要され，1面(村)1神社計画が推進された(▶神社参拝拒否運動)。10月にはく私共ハ大日本帝国ノ臣民デアリマス〉という3ヵ条からなる〈▶皇国臣民ノ誓詞〉が制定され，学校では毎朝これを斉唱させ，職場や家庭でも強要された。さらに38年2月には徴兵制への地ならしとして，▶志願兵制度が公布された。またこの段階では直接兵力の補充というよりも，皇民化の推進力としてのねらいが大きかった。また志願兵制度と表裏一体のものとして，〈兵員資源〉の裾野を広げるために，3月には第3次朝鮮教育令を公布し，〈内鮮共学〉を強調，日本と同じ教科書を使い，朝鮮語は正課からなくなり，日本語の常用が強要された。生徒は相互に監視させられ，朝鮮語を使った友人を摘発するのが日課となった。翌39年11月には，天皇家を宗家とする家父長体制に朝鮮人を組み込むために，〈▶創氏改名〉に関する法律を公布，40年2月から実施された。朝鮮人はついに自分の名さえ日本式氏に改めねばならなかった。それは一応任意ではあったが，届出期限が過ぎると〈戸主ノ姓ヲ以テ氏トナス〉と規定されており，創氏は法的規制であった。

このような政策の推進体として，38年7月国民精神総動員朝鮮連盟が発足し，総督府の行政機構と一体となって各地方連盟が組織された。またこれとは別に官公署，学校，銀行，会社などの各種連盟も作られ，一人の人が二重に組織された。その基底組織として約10戸を標準とする愛国班が作られ，39年には約35万の班と460万の班員が組織された。班員は世帯主なのでほぼ全人口が網羅されたことになる。これが民衆レベルでの具体的な政策の推進体となり，宮城遥拝，国旗掲揚，勤労貯蓄などの30項目が指示され，日常生活の細部までの皇民化が図られ，防共防諜のために相互に監視させられた。とくに物資の配給が愛国班を通して行われたため，民衆は連盟に従わざるを得ず，生活は連盟の手に握られるようになっていった。同化政策を基本とする日本の朝鮮植民地支配の極限を示すものである。

▷太平洋戦争　　　　　　　　　　　　宮田 節子

こうめいき｜洪命憙｜▷ホン・ミョンヒ

こうらい｜高麗｜고려

朝鮮の王朝。コリョ。918-1392年。かつて日本では高句麗とともに高麗をくこま〉とよんだ。英語のKoreaは高麗の朝鮮語音コリョのなまったものである。

高麗時代の特色は，第1に朝鮮史上初めて統一国家が出現したことである。新羅時代には，朝鮮半島内の新羅のほかに，高句麗の後継者である▶渤海国が北方(中国東北地方)にあり，南北に2国家が並立していた。高麗成立の直後に渤海が契丹に滅ぼされ(926)，多数の遺民が高麗に移ってきた。これによって従来南北に分かれていた朝鮮人が高麗の下に統合された。しかし，現在の中国東北地方を含んだ北方の広大な土地は朝鮮史の領域から離れた。第2は強い外圧を受ける中で国家を建設し，維持したことである。10～14世紀はアジア大陸で契丹(遼)，女真(金)，モンゴル(元)などの北方民族が雄飛した時代であるが，高麗はそれらの外圧に苦しめられた。とくにモンゴルの侵入と支配は大変な苦難をもたらした。しかし高麗は抵抗の末に外力をしりぞけた。第3は血統による身分差を超え，才能のあるものが立身出世する道が開かれたことである。新羅末の内乱期に実力のあるものが勝ち，新羅の▶骨品制はくずれた。そのあと高麗は科挙制を採用し，広く人材を求めた。まだ血統による社会的制約は残ったが，その解消に向かって一歩前進した。

【時代区分と概説】　高麗時代は前期(918-1170)，中期(1170-1270)，後期(1270-1392)の3期に分かれる。前期は新羅末期に台頭した豪族

●高麗 │ 図高麗王朝系図

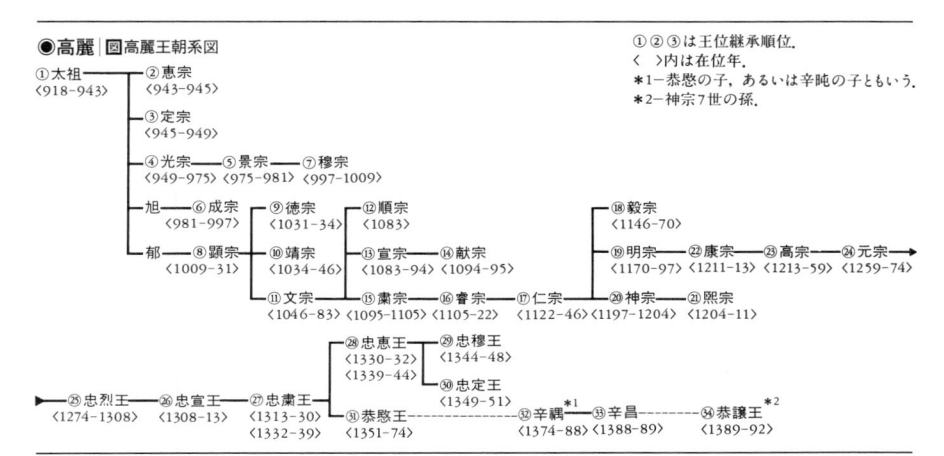

```
①太祖─────②恵宗
〈918-943〉  〈943-945〉
           ③定宗
           〈945-949〉
           ④光宗───⑤景宗───⑦穆宗
           〈949-975〉〈975-981〉〈997-1009〉
           旭────⑥成宗  ⑨徳宗    ⑫順宗
                〈981-997〉〈1031-34〉〈1083〉                    ⑱毅宗
                                                              〈1146-70〉
           郁────⑧顕宗───⑩靖宗  ⑬宣宗───⑭献宗            ⑲明宗───㉒康宗───㉓高宗───㉔元宗─→
                〈1009-31〉〈1034-46〉〈1083-94〉〈1094-95〉       〈1170-97〉〈1211-13〉〈1213-59〉〈1259-74〉
                      ⑪文宗───⑮粛宗───⑯睿宗───⑰仁宗───⑳神宗───㉑熙宗
                      〈1046-83〉〈1095-1105〉〈1105-22〉〈1122-46〉〈1197-1204〉〈1204-11〉

                                    ㉘忠恵王───㉙忠穆王
                                    〈1330-32〉〈1344-48〉
                                    〈1339-44〉
─㉕忠烈王───㉖忠宣王───㉗忠粛王       ㉚忠定王
〈1274-1308〉〈1308-13〉〈1313-30〉     〈1349-51〉
                       〈1332-39〉  ㉛恭愍王─────────㉜辛禑*1──㉝辛昌─────㉞恭譲王*2
                                  〈1351-74〉       〈1374-88〉〈1388-89〉〈1389-92〉
```

①②③は王位継承順位
〈 〉内は在位年
*1―恭愍の子、あるいは辛旽の子ともいう。
*2―神宗7世の孫。

を統合し、また渤海遺民を吸収して、統一的官僚国家が成長発展すると同時に、官僚内部の抗争が激化する時期である。中期は従来の文臣政権に代わって武人政権が成立し、同時に農民や賤民の反乱が頻発して下層身分の解放が進行した時期である。後期は元の支配下で苦しむ中で反元運動が進展し、また次代をになうべき新進の官僚層が生まれた時期である。

［前期］ 高麗王朝をおこした▶王建󠄁は松岳（▶開城）地方の豪族で、初めは泰封の▶弓裔の部将として活躍したが、やがて弓裔を倒して王となり、高句麗の後継者であることを自任して国を高麗と号し（918）、翌年、松岳を都にした。当時、新羅は慶州周辺で余命を保っただけであり、南西部は後百済が支配し、また諸方に豪族が割拠していた。やがて新羅は自立できないことを知り、高麗に降服してきた（935）。翌年、王建は後百済を討ち滅ぼした。そのころ北方では渤海が滅び、多数の遺民が高麗に移ってきた。こうして高麗は渤海遺民をも含めて朝鮮民族の統一をなしとげた。

しかし各地には豪族がおり、それぞれ城をかまえ、私兵をもち周辺の村々を支配していた。王建は反抗するものを討つ一方、婚姻、賜姓などの方法で豪族を味方につけた。これらの豪族を国家機構の中に吸収し、官僚国家をつくるのが大きい課題であった。まず地方豪族がもっていた私兵を統合して光軍に改編した（947）。つづいて▶科挙制が施行された（958年。ただし文臣官僚の採用の場合だけで、武臣には科挙がなく、武臣は兵士上がりのものが武功で立身した）。これは儒学の教養をもつ文臣官僚による国政運営をめざすと同時に、豪族の子弟を官僚に吸収するねらいがあった。さらに官僚の生活を保証するために、地位に応じて田地と柴地を支給する▶田柴科および禄俸の制度ができた（ともに1076年に完成）。一方、中央・地方の行政機構も整備された。中央には政務を総轄する三省（中書・門下・尚書）、実務を担当する六部（吏・兵・戸・刑・礼・工）、王命や軍機をつかさどる▶中枢院などの官庁がおかれた。地方には重要地点に京や都護府、軍事の要衝に鎮をおき、また全国に約500の郡県と多数の▶部曲、郷、所、津、駅などをおいた。郡県は本来は豪族の居住地で、その住民は良民、部曲以下の住民は一段劣る身分とされた。とくに有力な豪族がいた郡県には中央から地方官を派遣し、そこを拠点にして周辺の郡県や部曲以下を支配した。また豪族の子孫を郷吏に任命し、行政の末端事務を担当させた。こうして豪族は伝統的勢力を温存しつつ国家機構に吸収された。

このような中央集権的官僚国家の建設は、北方からの契丹の脅威によって促進されたが、やがて契丹は侵入してきた。契丹の大軍は3回（993, 1010, 1018）侵入し、首都を占領したこともあるが、高麗は抗戦して国土

を守り通した。やがて官僚国家の発展につれて官僚の地位が世襲化し、門閥が形成された。彼らは相互に争いを続けたが、外戚として最も強力な門閥を誇った李資謙は王位をねらって反乱を起こした(1126)。つづいて⁎妙清らは西京(平壌)を拠点に兵を挙げ、新しい王朝をつくろうとした(1135)。どちらも鎮圧されたが、それらは高麗官僚国家の行きづまりを示した。

[中期] 前期には文臣が圧倒的優位を占め、武臣は軽蔑されていたが、1170年、つづいて73年のクーデタで武臣は文臣を殺害追放し、⁎武人政権を樹立した。これから約100年間、朝鮮史では類のない武人政権の時代が続いた。しかし、その初期には武人相互の権力争いで政情は不安を極めた。それに乗じて、これまで重い負担と身分差別に苦しんでいた民衆が蜂起した。第1波は、74年に西京の⁎趙位寵の反乱に呼応した北西部の民衆の蜂起、つづいて76年の南部諸地域の民衆の蜂起が始まり、78年まで続いた。第2波は、1193年から1202年までの10年間、慶尚道および江原道を中心にして展開された。その間に首都でも奴婢⁎万積の乱が起こった(1198)。この前後30年間に反乱はほぼ全土で起こり、また良民、部曲民、所民、奴婢など広範な民衆が参加した。これにより部曲その他の身分差別を受けていた行政区画は廃止の方向に向かった。

しかし⁎崔忠献が登場して武人政権が確立すると、反乱は鎮圧された。崔氏は4代約60年(1196-1258)にわたって政権をとったが、1231年からモンゴルの侵入が始まった。崔氏の指導の下で高麗は頑強に抗戦したが、その最中に崔氏は滅ぼされ、その後に立った武人の残党もモンゴルと結ぶ国王派に倒され、武人政権は消滅した(1270)。その後も⁎三別抄という軍隊がモンゴルの支配に反対し、南方の島を拠点にして抗戦したが(1270-73)、モンゴルおよび高麗の軍隊に鎮圧された。当時モンゴルは高麗を基地にして日本遠征の準備をすすめていたが、三別抄の抗戦で実現できなかった。三別抄の鎮圧により、はじめてそれが可能になったのであり、三別抄の抗戦はモンゴルの日本遠征をおくらせた点で日本にとって大きい助けであった。

[後期] 元の制圧下で高麗王室と元室との一体化が進んだ。歴代の王は元の皇女を王妃にむかえ、その間に生まれた男子が王となった。国王の地位は元の力によって保証された。しかし王の廟号に〈宗〉をつけることは禁じられて〈王〉の字を使い、朕は孤に、陛下は殿下に改めるなど、王に関係する用語は格下げされた。また東北部の領土は元に奪われ、その双城総管府の管轄下に編入された。また元の2回にわたる日本遠征には兵士や兵船、食糧、武器などを徴発された。こういう元の力を背景にして高麗政界では親元派がはびこった。彼らは権勢を利用して農民の土地を奪い⁎農荘(庄)とよばれる私有地を拡大した。土地を失った農民は流亡し、また農荘の小作人になった。当然に国家の財政基盤がくずれ、官僚への土地や禄俸の支給も困難になり、官僚層の内部に不満が高まった。このような状況の下で新しいタイプの官僚が成長してくる。郷吏などの地方豪族の出身で、新たに伝えられた朱子学を信奉し、科挙に合格して官僚となった人々である。彼らは特権をふるう親元派を批判した。

そのころアジアの政局は大きく転換しつつあった。元の支配下の中国では14世紀中期から反元運動が起こり、元の威信はゆらぎ出した。それを見て⁎恭愍王は新興官僚の支持の下に、1356年、反元運動を起こし、親元派の追放、元の年号の使用停止、双城総管府の奪回、農荘の没収などを断行した。しかし親元派はじめ保守派の反対により中途で挫折した。このころから新しい外患が起こった。のちに明を生み出す、農民運動の流れをくんだ中国の紅巾軍(⁎紅巾の乱)が2回にわたって侵入し(1359, 61)、また倭寇の襲来が激化した。高麗は室町幕府に禁圧を求める一方、防備をかためて反撃し、また倭寇の根拠地の対馬を討った(1389)。一方、中国では明が成立し(1368)、元は北方に退いて再起をはかった。この情勢は高麗に深刻な影響を及ぼし、大農荘をもつ親元派と新興官僚層を中心とする親明派の対立が激化した。結局、親元派が勝ち、元を助けるために明を攻めることになった(1388)。

遠征軍の指揮者に倭寇を討って名声をあげていた▶李成桂シャンが任命された。しかし彼は鴨緑江の中州の威化島まで行ったところで軍をかえし，都にもどって親元派を追放し，一挙に政治の実権を入手した。つづいて新興官僚層の輿望をになって田制改革を断行し，▶科田法を制定した(1391)。これにより農荘は没収され，官僚や軍人に土地が分配された。翌1392年，彼は王位につき，高麗王朝を倒して李氏朝鮮王朝(李朝)を創建した。

【高麗社会の特質】　高麗社会を世界史の発展段階の中にどう位置づけるかについては意見が分かれている。あるいは古代奴隷制社会，あるいは古代から中世封建社会への移行期，あるいは中世封建社会といい，また西欧社会の発展段階にはあてはまらない特殊な社会とみるものもいる。しかし多様な意見の中で，高麗が中央集権的官僚国家であり，それが高麗社会を強く規制したという点では，ほぼ意見が一致している。

　もっとも高麗が中央集権的官僚国家であるといっても，のちの李氏朝鮮に比べると未熟であった。元来，高麗王朝成立の前後には，全国に大小無数の豪族が割拠していた。高麗は彼らを吸収して官僚国家をつくったが，豪族の力はのちのちまで残存した。たとえば高麗は郡県制度によって全国を支配したが，中央から地方官が派遣されたのはごく一部の郡県に限られ，多数の郡県には地方官はおらず，豪族の後身の郷吏が行政の末端業務を担当した。こういう形態は官僚支配の体制としては未熟であった。また官僚の任用方法も不完全であった。科挙制度が施行されたが，それは文官任用の場合に限られ，武官任用には適用されなかった。また文官の任用も，科挙によらず，父祖の勲功によって任用する蔭叙の制度があった。このように官僚国家としては未熟な点があった。しかし国家から土地と禄俸を支給される官僚群が人民を支配した点からいうと官僚国家であった。

　この官僚支配体制は，高麗社会の性格を大きく規制した。高麗時代の社会階層は，上に支配者層として官僚がおり(僧侶の上層部もこれに属した)，被支配層としては良民，それより地位の低い部曲・郷・所などの人間，最下位に▶奴婢がいた。これら諸階層の間には私的な支配・隷属関係が成立していた。官僚が地主となり，自己の土地を良民や奴婢に耕作させて地代を取ったり，また官僚が，ときには良民も，奴婢を所有して家事労働や耕作に使役し，奴隷主と奴隷の関係を結ぶことがあった。こういう私的な支配・隷属関係の存在は，もとより無視できない。

　しかし，より重要なのは，国家と人民，とくに良民との間の支配・隷属関係であった。良民は人民中の大多数を占め，その大部分は自己の土地を保有し，家族労働で経営する小農民であった。国家の物的基礎の主要部分は，それら良民農民からの収奪に依拠していた。国家は良民農民に租税，貢賦，徭役を課した。租税は良民農民が保有地の面積に応じて収穫の一部(4分の1)を国家に納めるものであった。貢賦は，郡県が郡県単位に地方特産物(農産物，水産物，畜産物，鉱産物，手工業製品など)を王室や中央官庁に上納するものであった。徭役は農民の労働力の徴集であった。これら3種の負担の中で，租税の比重は相対的に軽く，貢賦と徭

役が重かった．その貢賦は郡県が現物で上納したが，その徴集にあたっては，農民に貢役という力役を課してつくらせた．そこで農民からみると，貢賦は力役であった．この貢賦と徭役を含む力役が，農民の負担の中心部分を占めた．その力役は良民農民の家族人口の多少に応じて賦課された．家族人口の多少によって家を9等に分け，その等級に応じて労働日数を割り当てた．土地を媒介とせず，家族人口，すなわち労働力の多少を基準にして力役を課したのである（朝鮮王朝になると，力役は土地面積の大小に応じて徴集した）．

支配・隷属関係の中で，国家と良民の関係が中心を占め，良民の負担の中では力役が最も重く，また力役の賦課基準は土地でなく家族人口の多少であった．これは高麗社会の大きな特色である．こういう社会を奴隷制というか，封建制（農奴制）というか，それとも別個の社会とみるかは，今後の研究課題である．

【文化】 高麗時代，仏教は護国鎮護の法として，また安心立命・現世利益の教えとして尊崇され，全国各地に壮麗な寺院がつくられた．11世紀には契丹の侵入の防止を願って《大蔵経》が彫造された．これは13世紀にモンゴル侵入のなかで焼失したが，やがてモンゴル退散を願って再び《大蔵経》がつくられた．いわゆる《高麗大蔵経》であり，その経板8万余枚は今でも慶尚道の海印寺に保存されている．八関会，燃灯会をはじめ多くの仏教行事も盛んに行われた．寺院は広大な寺田をもち，多数の僧侶をかかえ，さらに僧兵まで養い，しばしば政界にも力を及ぼした．

また，仏教とならんで儒学がさかんになった．科挙制が実施されてから儒学は官僚の必修教科となり，高官のなかに多くの学者があらわれた．国子監をはじめ中央・地方に官立学校がつくられたほか，崔冲チュンの九斎学堂をはじめ私立学校もつくられた．儒学とともに漢詩，漢文もさかんであった．儒学者，文学者としては，前期の崔冲，金仁存，金富軾，尹彦頤，鄭知常，中期の李奎報，崔滋，林椿，李仁老などが名高い．後期になると儒学界に新しい傾向が生まれた．朱子学の受容である．13世紀後半に安裕が元に留学し朱子学を学んで帰ってから，朱子学が高麗に広まり，白頤正，李斉賢，李崇仁，李穡セキ，鄭夢周，吉再，鄭道伝，権近らの朱子学者が輩出した．朱子学は仏教や訓詁を主とする伝統儒学にあきたらぬ新興官僚に歓迎され，彼らの精神的支柱になった．朱子学は次代の朝鮮王朝に入って開花する．

儒学の興隆にともない，その立場で12世紀には《三国史記》が編纂された．またモンゴルの圧迫下で，朝鮮の古い伝統をたたえた李奎報《東明王篇》，檀君から朝鮮史を記述し，また各地の伝承を採録した一然《三国遺事》，朝鮮の悠久な歴史を記した李承休《帝王韻紀》があらわれた．仏教，儒学とともに，地形，地勢が国家や個人の吉凶を左右するという風水（地理）説が上下に深く信仰された．美術，工芸では石塔，絵画，銅鐘などもあるが，高麗青磁が最も有名である．美しい色・形・文様，高度の象嵌技術は世界の絶賛をあびている．科学技術の面では，12世紀末から金属活字による印刷が始まった．これは世界最古の活版印刷である〈印刷術〉の項目を参照．また14世紀後半には綿の種子が文益漸によって元からもたらされ，その栽培が始まった．これは朝鮮王朝になって全国に普及する． ➡高麗美術

旗田 巍

【日本との関係】 高麗の太祖王建は，936年に後百済を滅ぼして朝鮮半島を統一すると，937年（高麗太祖20／承平7）に使者を日本の大宰府に送って通交をもとめたが，日本側ではこれを拒絶した．1079年（高麗文宗33／承暦3）にも医師をもとめる使者が来たが，日本側ではこれも拒絶した．このように日本政府と高麗政府との間には公的な外交関係は成立することはなかった．しかし，《高麗史》をみると，11世紀以後日本の筑前，壱岐，対馬，薩摩などの民間人が私的に高麗に渡航していた記事がある．高麗では，13世紀ころには日本からの渡航船を進奉船とよび，金州（慶尚南道金海）に客館を設けて応接していた．日本から高麗に輸出したものは，水銀・硫黄・真珠・法螺・杉材などの原料品，螺鈿ラの鞍・硯箱・香炉・扇子などの工芸品，刀

剣・弓箭・甲冑などの武器であった。輸入品は，人参，麝香，紅花などのほか，宋の絹織物や典籍であった。

高麗とモンゴルとの抗争が始まるころから，朝鮮半島南部の海域では，しばしば日本の松浦地方や対馬島の人々の海賊行為がみられるようになった。高麗ではモンゴル軍の朝鮮半島制圧を機に三別抄の軍が蜂起したが，彼らの一部は日本に援助をもとめる使者を送ってきた。高麗を圧服させたモンゴルのフビライ（世祖）は，高麗人趙彝のすすめに従って日本に使者を派遣することにし，1266年（高麗元宗7｜元至元3｜文永3）に使者黒的，殷弘を任命した。黒的らは巨済島まで至ったが日本には渡らずにひきかえし，日本との交渉は不可能であると復命した。しかし，フビライは日本との交渉を継続させ，高麗ではこれをうけて潘阜らを日本に送ってモンゴルと高麗の国書を日本に伝えることにし，彼らは68年に大宰府に到着した。こののちフビライは，日本招諭の使者をしきりに派遣したが，高麗は日・元間にあって，その衝突を不発におわせようと努力し，フビライの日本征伐計画を阻止できないことを知ると，ことごとに高麗の安全をはかることに努めた。しかし，これらの努力は水泡に帰し，74年（高麗元宗15｜元至元11｜文永11）には元および元に徴発された高麗軍による第1次日本遠征（文永の役）が決行された。さらに，81年（高麗忠烈王7｜元至元18｜弘安4）に行われた第2次日本遠征（弘安の役）においても，高麗軍はその一翼をになったが，軍兵7592人に及ぶ大被害をうけた。

1350年（高麗忠定王2｜正平5｜観応1）以後には，倭寇が朝鮮半島沿岸の各地を襲撃し，官米や人民を略取したが，その惨害は年とともに増大した。高麗では武力をもってこれに対抗する一方，外交折衝によってこれを鎮圧しようとはかった。1366年（高麗恭愍王15｜正平21｜貞治5）に室町幕府に使者が来たのをはじめとし，辛禑王の時代には1375年（高麗辛禑王1｜天授1｜永和1）以後5回にわたって使節が来日し，大きな成果があった。高麗ではまた対馬島攻撃の決行，倭寇の懐柔など種々の対策をとったが，それらが実をあげぬうちに高麗王朝は倒壊し，その倭寇対策は朝鮮王朝の創建者李成桂にうけつがれた。▷元寇｜倭寇

田中 健夫

こうらいきょう｜高麗鏡｜고려경

高麗時代に著しく発達した銅鏡。青銅鏡が大半を占めるが，白銅鏡も少なくない。一般に銅質が悪く，製作技術も高くない。そのほとんどが中国をはじめ，女真，日本など外国の銅鏡を模倣したもので，高麗独特の形式は皆無に等しい。宋・元など同時代の鏡だけでなく，漢・六朝・唐など古式の鏡を模しているが，その背後には，宋代に流行した復古鏡をそのまま模造したという事情がうかがえる。漢・六朝式には，明光，方格規矩四神，獣帯などの諸鏡式があり，唐鏡式には円鏡以外に八稜・八花鏡がある。唐鏡式の文様には，海獣葡萄文，双竜文，双鳳文などがみられる。宋・元鏡式は最も多く，多種多様である。方形，隅丸方形，四稜形，六稜形，八稜形，葉形，鐘形などの諸形式があり，鈕にも双鈕，三鈕などがある。文様の仕上がりは鈍いが，その内容は動物，人物，山水，航海，楼閣など実に豊富であり，また，宋・元鏡の銘文をそのまま写したものまである。そのほか，和鏡をまねた柄鏡や，女真文字を陽鋳したものなどが知られる。▷銅鏡

西谷 正

こうらいし｜高麗史

高麗王朝に関する歴史書。鄭麟趾らが1451年に撰進。139巻。体裁は紀伝体で，目録・世家・年表・志・列伝からなる。〈世家〉は歴代王の事績を記すが，これを本紀ではなく世家としたのは，編纂時の宗主国明への遠慮による。〈志〉は12部門に分けて，高麗の諸制度を説明しており，〈列伝〉は后妃・王族以下多様な人々の伝記を収めている。高麗時代は外圧・内乱などの混乱による記録の亡失が多く，加えて，編纂者の錯誤もあって，ときに簡略・杜撰などの面がみられるが，最も基本的・体系的高麗王朝史として重要である。ところで，高麗王朝史の編纂は元来編年体で進められていたのであり，その成果は，本書成立の翌年，同じく鄭麟趾により，《高麗史節要》（35巻．編年体）としてまとめられた。書名から連想される《高麗史》の要約本ではなく，それと並ぶ

●高麗青磁

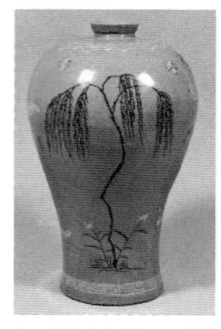

左－蒲柳水禽文瓶。12世紀。高さ33.5cm。東京国立博物館蔵
右－雲鶴丸文瓶。13世紀。高さ42.3cm。ソウル，澗松美術館蔵

独自の由来と価値をもつ歴史書で，高麗時代の研究には両者の比較・対照が不可欠である。　　　　　　　　　　　　北村 秀介

こうらいずきょう│高麗図経│고려도경
高麗に関する中国，宋代の徐兢じょきょうの見聞記。正しくは《宣和奉使高麗図経》。1124年撰。40巻。彼は1123年（宋，宣和5）宋の国信使の随員として高麗に来て，約1ヵ月滞在し，帰国後その間の見聞を本書にまとめて，徽宗に撰進した。全29部門に分けて，高麗盛時の制度・文物・風俗・人物などを記録していて，貴重である。もと，図と説明文（経）からなっていたが，図は亡失し，現在説明文のみ残っている。
北村 秀介

こうらいせいじ│高麗青磁│고려청자
朝鮮半島で高麗時代に焼造された青磁。中国浙江省の越州窯青磁の影響を強く受けて，南部の全羅南道康津ことう地方で11世紀ころから焼き始められた。さらに中国北宋代の青磁，白磁の影響下に，独特の落ち着いた青緑色釉に発展した。17代仁宗の王陵から出土した素文の青磁瓜形花瓶は，12世紀初めには翡色ひしょく青磁といわれる優れた青磁釉の完成をみていたことを明らかにする。12世紀半ばになると，中国の影響を脱して独特の優美な器形をもち，象嵌で文様を施す象嵌青磁が考案され，最も完成したものとなった。象嵌以外に鉄絵，鉄釉，辰砂彩，練理文，画金青磁など，多様な技法が行われた。康津郡の窯は，竜雲里から沙堂里さとうりに及ぶ広大なものとなり，全羅北道扶安郡保安面にも大規模な青磁窯が開設され，生産量の増大を物語っている。13世紀末ころから，高麗青磁の生産も貴族社会と政治の混乱の中で変質し，おもに象嵌青磁が生産されるようになり，これが次の朝鮮王朝時代の青磁，そして▶粉青沙器へと受けつがれてゆく。⇒陶磁器
西田 宏子

[**青磁瓦**] 青磁製の瓦であるが，高麗青磁だけにみられる。《高麗史》毅宗11年（1157）の条に，別宮に建てられた養怡ようい亭を青磁瓦で葺いたという記事がある。1928年に，これと符合すると考えられる青磁平瓦の破片数個が，高麗の首都開京かいきょう（現在の開城）の満月台付近と，高麗青磁の著名な窯業地である全羅南道康津郡大口面沙堂里で発見された。その後，64-69年に沙堂里窯址が発掘され，平瓦，丸瓦，鬼瓦，鴟尾の良好な資料が得られた。軒平瓦の瓦当面は陽刻の唐草文で飾られ，軒丸瓦は陽刻の蓮華れんげ文，宝相華文，牡丹ぼたん文，陰刻の宝相華文など豊富な文様をもつ。全体に，釉色，文様ともきわめて優美である。これら多種多様な青磁瓦が得られたことから，養怡亭以外にも使用されたと推定される。
西谷 正

こうらいだいがっこう│高麗大学校│고려대학교
韓国ソウルにある，民族資本によって設立された私立総合大学。1905年内蔵院卿▶李容翊いようよくが人材を教育しもって国権を復さん）がために設立した普成学校に始まる。10年▶孫秉熙そんびょんひが引き継ぎ，15年普成法律商業学校，21年普成専門学校となり，法・商科を置く。32年▶金性洙きむそんすが引き継いで財団中央学園を確立，みずから校長として運営に努め第二の▶民立大学運動とうたわれたが，44年京城拓殖専門学校と改称させられたが，解放後復旧，46年現在名となる。文科，法科，経営，政経，師範，農科，理科，工科，医科の9単科大学および大学院を総合し，亜細亜問題研究所，民族文化研究所などを付設する。学生数約1万。卒業生は多く言論界，政界に活躍している。
渡部 学

こうらいだいぞうきょう|高麗大蔵経|
고려대장경

高麗で彫板・印刷された大蔵経．高麗で大蔵経の彫板が最初に着手されたのは第8代顕宗のとき(1020-21年ごろ)で，彼が父母追善のために創建した玄化寺への仏典収集を契機としていた．この事業は多年を費やして，1087年(第13代宣宗時)に完成した．この板木は慶尚北道大邱の符仁寺に所蔵されていたが，1232年，前年から高麗侵略を開始していた蒙古の兵火ですべて焼失した．当時高麗の実質的支配者だった崔氏政権は，蒙古の退散を祈願して，大蔵経板木の復刻を図り，1236年に着手して，51年に完成した．8万1000余枚に及ぶ板木は，現在も慶尚南道陜川の▶海印寺に完全に保存され，朝鮮の貴重な文化遺産となっている．2007年世界の記憶(世界記憶遺産)に登録．　　　北村 秀人

●高麗大蔵経

高麗大蔵経板庫．慶尚南道陜川，海印寺蔵

こうらいちゃわん|高麗茶碗|고려다완

朝鮮半島で焼かれた茶の湯の茶碗の総称．高麗茶碗とはいうが，そのほとんどは朝鮮王朝(李朝)時代に焼かれたもので，高麗時代までさかのぼるものはわずかである．室町時代末に侘茶が流行するようになって賞玩され，桃山時代には茶の湯茶碗の主流となった．高麗茶碗は大別すると，一般的な李朝陶磁のなかから茶の湯の茶碗として見立てられたものと，日本の注文によって造られた茶碗(安土桃山から江戸初期に焼かれた各種の御本茶碗に代表される)とがある．前者は種類も多く，作行きも多様で，制作年代も推測の域を出ない．高麗茶碗の種類をあげると，雲鶴，狂言袴，▶粉青沙器(三島)，刷毛目，粉引(粉吹)，堅手，雨漏，雨漏堅手，井戸(大井戸，小井戸，青井戸，小貫入)，井戸脇，蕎麦，ととや(斗々屋，魚屋)，柿の蔕，熊川，呉器，御所丸，金海，伊羅保などがあり，各種はさらに細かく分類されている．こうした名称は，伝来する茶会記にみるかぎり江戸時代から付けられるようになったようで，江戸時代後期にはほぼ細かい分類も定められている．▶井戸茶碗　赤沼 多佳

●高麗茶碗

大井戸，喜左衛門銘．16世紀．口径15.5cm．大徳寺孤篷庵蔵

こうらいびじゅつ|高麗美術|

高麗時代は，仏教を国教としたので，すぐれた仏画，仏像や仏具類が制作され，新羅時代の伝統を踏まえながら宋代の新しい技術を導入し，また金・元代美術の影響もうけながら新展開をみせた．

[絵画]　高麗仏画は，現在約100点ほどの作品の存在が知られ，その中に制作時期や画師の名を記した基本的な作品も約20点確認されている．そこで注目されることは，現存作品の制作時期が高麗時代末期に集中していて，高麗時代全体に及ぶものがみられず，現存作品で最古の紀年銘作品は至元23年(1286)の絹本著色阿弥陀如来像(日本銀行蔵)で，高麗が元の支配下にあった時期の作品のみ残ったことになる．元来，高麗仏画は，中国仏画の影響をうけており，923年に使尹質が梁より帰って五百羅漢画像を献じて海州嵩山寺に置いたこと(《高麗史》巻一)，1074年に文宗の使臣金良鑑が宋を訪れ図画を鋭意購求したことや，76年に崔思訓が画工数人を帯同し宋の相国寺の壁画を模写して帰国したこと(《図画見聞誌》巻六)などが知られる．現存作例でみるかぎり，高麗仏画は，

図像上の狭窄(きょう)性(主題の狭さ)と類似性，美しい文様表現に特色がある。図像の狭窄性は，観経変相図や弥勒下生経変相図などの変相図系阿弥陀三尊像や阿弥陀八大菩薩像などの阿弥陀如来像系，半跏像や座像の楊柳観音菩薩像系，被帽地蔵菩薩像や地蔵十王像などの地蔵菩薩像系，羅漢像系など，主題が顕教系にしぼられて密教系の題材がみられないことである。図像の類似性は，たとえば，京都知恩院と和歌山親王院の弥勒下生経変相図，東京の根津美術館と京都玉林院の阿弥陀如来座像，静岡のMOA美術館と京都松尾寺の阿弥陀三尊像，鳥取の豊乗寺と奈良長谷寺の楊柳観音座像，根津美術館と東京徳川黎明会の被帽地蔵菩薩立像などに認められるように，その像容や持物などがほとんど同一であること，そして細部の文様や彩色法に変化が加えられることである。文様表現は，金泥描の文様の緻密さに特色が認められる。高麗仏画は，その華やかな画業にかかわらず，画師について未知のことが多い。《高麗史》巻七十七に1178年に外職の一つとして西京(平壌)に図画院幷属をおいたこと，《高麗史》巻八十の禄俸の条に諸衙門の工匠で役三百日以上のものに給せられるとして列挙される工匠に画業行首校尉，画業指諭の名がみえること，そして，《高麗史》巻百三十六に1386年正月，李仁任の女にして姜筮の妻の死に対し画師がその真を写した記事がみえることなどが注目されるのみで，画師の系譜や組織などの実態について不明なことが多い。

高麗の鑑賞画は，金富軾，金君綏，李仁老などの墨竹，鄭知常，車原頫などの墨梅，そして，宋の徽宗に激賞された李寧などの実景描写が知られる。また，忠宣(ちゅうせん)王(在位1308-13)は，万巻堂を構え，閻復，姚燧，趙孟頫，虞集のように《元史》に名を残したすぐれた文人画家と遊び，さらに，江南の山水画家朱徳潤と友誼をむすびび，江南水墨画の高麗への途をひらくなど，中国への傾斜がいちじるしい。

[彫刻]　仏像に優れた作品が多く，鉄造，銅造，石造，塑造，木造乾漆造など多彩な素材を用いたが，鉄造，銅造，石造に優品がある。とくに，鉄仏は，新羅時代末期の造形感覚を保ちながら新しい様式を志向し，かつモニュメンタルな大きさを誇る作例が現存する。たとえば，韓国国立中央博物館蔵の旧景福宮所在の半丈六の鉄造釈迦如来座像と元京畿道広州郡東部面下司倉里所在の丈六鉄造釈迦如来座像には，新羅の古典美を意識した造形感覚が認められる。金銅仏にはモニュメンタルな作例がなく，ソウル澗松美術館の金銅三尊仏龕，霊塔寺の金銅三尊仏座像，長谷寺の金銅薬師如来座像，禅雲寺の金銅地蔵菩薩座像などが注目され，また，天暦3年(1330)銘の納入品をもつ日本の長崎県対馬市観音寺の銅造観音菩薩座像や，至順2年(1331)銘の納入品をもつ韓国国立中央博物館の銅造観音菩薩立像など制作時期が明確なものもあるが，いずれも高麗時代末期の作品である。石仏は，法住寺の如来形倚像，安東泥川洞の阿弥陀如来像，大興寺北弥勒庵の如来形座像，北漢(ほっかん)山旧基里の如来形座像などの磨崖仏，あるいは，開泰寺址の如来三尊像，万福寺址の如来形立像，灌燭寺の菩薩形立像などの丸彫像などとなっているが，いずれも様式的に類型的表現となっている。

[工芸]　まず1123年に徽宗の使として高麗を訪れた宋の徐兢の《宣和奉使高麗図経》で評価された螺鈿(らでん)が注目できる。その技法は，新羅が唐より学んだものを高麗時代に国風化したと考えられ，《高麗史》によれば，中尚署に属する官営工廠において画匠，小木匠，漆匠，螺鈿匠，磨匠の分業により制作されたと思われる。高麗螺鈿の伝世品は，現在のところ十数点が知られ，東京国立博物館の毛利家旧蔵菊花唐草螺鈿経箱をはじめ，奈良当麻寺の花唐草玳瑁(たいまい)螺鈿盒子，京都桂春院の花唐草玳瑁螺鈿盒子など，のびのびした自由な文様表現に優れた作品がある。金工品は，現存作品からみるかぎり仏教関係のものが多く，梵鐘，磬子(けいす)，鰐口(わにぐち)などの梵音具，灯台，花瓶，香炉，鉢，水瓶などの供養具，そのほか，密教法具や荘厳具がある。その中では，大定17年(1177)銘の慶尚南道密陽の表忠寺の香炉，大定18年(1178)銘の東京国立博物館の金山寺香炉，あるいは，韓国国立中央博物館と奈良大和文華館の水瓶などにみられる象嵌による文

●高麗美術

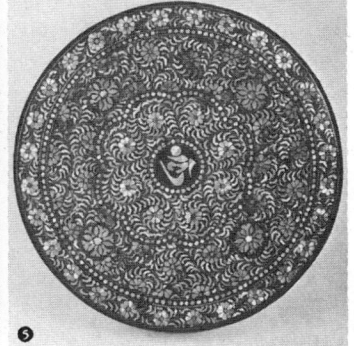

❶ー阿弥陀如来座像
両手は胸前にあげ，胸に卍，赤の上衣に金彩の円文，濃緑の内衣に雲気文などを基本形とし，高い装飾性を示す。大徳10年(1306)銘．根津美術館蔵
❷ー阿弥陀三尊像
観音・勢至を従え，歩行形をとる。印相は日本仏画にみる来迎印とは若干異なる。観音は左手に水瓶，右手に柳枝をとり，勢至は経冊を持つ。この形式も数多く残り，同形で八大菩薩を従える例もある。MOA美術館蔵
❸ー楊柳観音座像
岩上に座し，大円相を負い，楊柳をさした水瓶を置く基本形式は，中国唐代の《歴代名画記》巻三に書かれた水月観音像と共通点が多い。鳥取県，豊乗寺蔵
❹ー銅製水瓶
銀象嵌によって蒲柳水禽文を表す。12～13世紀．ソウル，韓国国立中央博物館蔵
❺ー花唐草玳瑁螺鈿盒子
蓋の中央に梵字を配し，文様は螺鈿と玳瑁の併用で表す高麗独特の技法。奈良県，当麻寺蔵
❻ー丈六鉄造釈迦如来座像
元京畿道広州郡東部面下司倉里の廃寺にあった像．韓国国立中央博物館蔵

様や絵模様の表現が、とりわけすばらしく、高麗時代における象嵌技術の水準の高さを示している。陶磁器もこの時代に制作技術がめざましく向上し、各地に窯がおこった。その基盤は新羅時代の高火度の無釉陶器(新羅焼)に求められるが、高麗初期、中国の青磁、白磁の刺激を受けて新しい陶磁器が生まれた。11世紀末～12世紀初めには北宋代の青磁、白磁の影響下に高麗独特の翡色青磁が、また12世紀半ばには象嵌青磁が創始された(➡高麗青磁)。高麗時代の工芸は、螺鈿技法にみられる精緻な文様の埋めこみ磨き出し、あるいは、同趣の金銀象嵌や青磁象嵌という特異な技法に独自の世界と美意識を発揮している。

菊竹淳一

[建築] 新羅時代の政治・文化の中心は、慶州を中心とした朝鮮半島東南部に偏在していたが、高麗時代に入って、北部の開城に首都がうつされるとともに、北進政策が進められ、顕宗(在位1009-31)のときには首都に外城を築いた。また半島西側の鴨緑江河口から東海岸の定平に至る千里長城を築いて北方民族に対する防備を固めた。開城には都城北辺の松岳山麓の満月台に王宮が設けられ、城内には仏教を国教として無数の寺院が建てられた。しかし、建国以来、遼(契丹)、金(女真)、元(蒙古)の相次ぐ入寇をうけ、王宮も幾度か兵火にかかり、焼失再建をくり返した。また高宗(在位1213-59)のときには、蒙古の侵入を避けて40年間、江華城に遷都した。和睦により開城に還都し、満月台には高麗末期の恭譲王が築造した半月城とよばれる内城の遺址が残存する。

高麗文化は、前半には遼の、後半には元の影響を受け、また、江華城に遷都中には、元に圧迫されて南遷した宋との交易を通じて宋風の建築様式(日本の天竺様〈大仏様〉)が導入された。朝鮮における木造建築最古の遺構である鳳停寺極楽殿(12世紀)と、▶浮石寺無量寿殿(13世紀)の斗栱形式や、二重虹梁蟇股形式を基本とする架構方法は、唐様式を根強く継承している。また、鳳停寺極楽殿の頭貫木鼻を垂直に切った形式、母屋桁下の架構の発達などは遼代建築の影響といえ、肘木繰形の形式には南宋伝来の天竺様の影響が認められる。このように高麗建築は新羅時代に定着した唐様式を基本にして、新たに中国建築様式を採り入れて、朝鮮独特の建築様式である柱心包様式を確立している。さらに高麗末期、元王室から降嫁を受けるようになって、宮殿建築に元の様式が導入された。この様式は、日本の唐様(禅宗様)と同じ詰組みであるが、従来の伝統様式や折衷様式を含みこみ、多包様式というまったく新たな折衷様式を生み、これが次代の主流となった。石塔も新羅時代にひきつづき盛んにたてられた。四角型には蓮弁を用いた高麗型基壇をもつものがあらわれる。開心寺址石塔などには遼の紀年銘をもつばかりでなく、遼彫刻の一面を示す浮彫がみられる。八角、六角型石塔も北部(平南、江原以北)に多く残り、また特殊な型として敬天寺多層石塔があげられる。➡寺院建築|塔|美術

宮本長二郎

こうりゅうじし|皇竜寺址|➡ファンヨン寺址
こうりょう|江陵|➡カンヌン
こうれいから|高霊加羅|➡コリョンカラ
こうれいこふんぐん|高霊古墳群|➡コリョン古墳群
ごかとう|五家統|➡隣保制
こきょう|故郷|고향

朝鮮語でコヒャンという。故郷を問われれば、おおむね生まれた土地の郡名などで答えるのが通例である。しかし、一代限りの個人にかかわる〈生まれ育った土地〉という意味と並んで、朝鮮の場合は社会的に現在の個人の中に体現される過去の祖先たちとかかわる意味が重要である。それは祖先たちが生活の本拠としてきた地、祖先の墓のある地、現在も多くの親族の住む地であり、究極的には▶本貫の地(いわば原故郷)にまでたどりつく。故郷こそ祖先から子孫にいたるまでの時の流れや世代の移り変りを超越して、同じ血につながる親族——ウリ〈くわれわれ〉の意)——に囲まれて生活できる安住の地である。これに対置されるのが〈客地〉であり、そこは頼る者もなく、他人の間でもまれる生活(他郷暮し)を強いられる所である。客地生活をいとい、故郷を思う心は強烈である。故郷にあってこそ人は己の地位を十全に享受できるのであり、他の親族から離

れた他郷にあっては，たとえそこに数世代にわたって住みつくことになろうとも，身の定まるところではないのである。在日朝鮮人の一世たちがおおむね同じ故郷の出身者による集住地域(済州島出身者を中心とする大阪の▶猪飼野や東京の三河島など)を形成したのも，このような心理と無縁ではなかろう。20世紀後半に始まる都市化によって人口の大半が〈客地生活〉をするようになった。同じ村出身者が多く住む大都市では同郷会が組織され，移住一世の間では故郷意識が強く保持されている。

嶋 陸奥彦

こくがく | 国楽 | 국악

主として韓国で用いられる音楽用語。今日では，伝統音楽全体を国楽とよんでおり，伝統の系統により，①旧李王家雅楽部に属する楽人たちによって伝承されてきた宮廷音楽と，②民間人によって演奏されてきたすべての民間音楽の2種類に大別されている。宮廷音楽は一般に雅楽ともよび，祭礼楽と宴礼楽と軍礼楽に分かれ，祭礼楽は古く国の諸行事祭礼のために行われ，文廟楽と宗廟楽とがある。宴礼楽は宮廷の儀式や宴饗に使用された音楽，軍礼楽は古くは王宮の営門に属していた吹鼓手が，王の出入りや行列などに演奏した音楽である。韓国では1951年に国立国楽院が旧李王家雅楽部を母体として発足したため，国楽という用語も雅楽の代名詞のように使用されたりしたが，今日では民間音楽も含めすべての伝統音楽をさし，西洋音楽や他の民族音楽と区別するために用いられる。さらに民間音楽は民俗楽ともいうが，きわめて芸術的な器楽形式の▶散調さんちょやや宗教的な梵唄ぽんばいをも含む。→音楽

草野 妙子

こくさいれんごう | 国際連合

第2次大戦後の一般的国際平和機構。国連(UN)と略称。国連の歴史において，朝鮮問題ほど長期間にわたって討議され，対立してきた国際政治問題はない。朝鮮問題は，本来民族自決権に属する問題であり，朝鮮人民自身が自主的に解決すべき問題である。朝鮮問題については，カイロ宣言，ポツダム宣言，さらには1945年7月の米，ソ，英3国外相会議においてそれぞれ朝鮮を独立国として認めることが決められていた。しかし同年12月，モスクワの3国外相会議の決定により朝鮮を5年間信託統治下におくことが公表され，朝鮮国内は〈反託〉〈賛託〉に二分された(▶朝鮮信託統治問題)。そして46年，2度にわたって開かれた朝鮮独立の方法を協議する米ソ共同委員会も対立したまま終わり，47年9月，アメリカは第2回国連総会に朝鮮問題を強引にもち込み，国連臨時朝鮮委員団を設置し，同委員会の監視下に選挙を実施するとの決議を採択させた。朝鮮問題の国連持込みは，内政問題への干渉を禁じた国連憲章第2条7項および戦後処理問題は取り扱わないとする同107条の規定にも違反する。なお，日本との関連では65年の▶日韓条約がその第3条で，日本政府は大韓民国政府を，国連総会決議195号(1948.12.12)により〈朝鮮における唯一の合法政府〉とみなすことに同意していることが重要である。

畑田 重夫

[国連と朝鮮問題] 1947年の第2回国連総会以来，国連は朝鮮問題で第三者的立場をとらず，一方の当事者として朝鮮問題に関与し，50年の▶朝鮮戦争では明確に朝鮮民主主義人民共和国側と対決した。48年8月15日の大韓民国政府樹立，同年9月9日の共和国成立以来，韓国側は〈国連監視のもとに全朝鮮において人口比例にもとづく民主的な自由選挙を行い，統一を図る〉と主張，UNCURK(国連朝鮮統一復興委員会。国連臨時朝鮮委員団を改変したもの)の活動と駐韓国連軍の継続駐留を希望し(〈在韓米軍〉の項を参照)，そのための国連工作を進めた。一方，共和国は統一問題は朝鮮人民みずからの国内問題であり，国連をはじめ外国の干渉をいっさい排除するとの基本的姿勢を示し，国連軍の撤退後に南北の自主的，民主的な選挙による統一政府をつくることをめざし，その実現のために外交努力を集中してきた。

共和国は国連における朝鮮問題討議をめぐり，70年代末まで支持国拡大のため激しい外交戦を演じた。韓国は国連で初めて朝鮮問題が取り上げられて以来，投票権なしで総会の審議に参加を認められており，すべての国連専門機関に加入，49年国連で常駐オブザーバーの地位を得た。一方，共和国は73年までは国連専門機関にも加盟して

いなかったが、75年5月WHO（世界保健機関）への加盟とともに常駐オブザーバーの資格を得て、同年秋、国連本部に代表部を設置した。朝鮮に対する国連活動の是非をめぐって南北朝鮮双方の応酬は激しさを増し、毎年秋の国連総会で共和国支持国は〈国連軍の名のもとに南朝鮮に駐留する米軍そのほか外国軍隊の撤退〉を要求、審議をくり返したが、71年総会では南北対話の進展を見守るため〉朝鮮問題審議は1年延期をされた。72年総会も同じく審議は見送りとなり、73年には南北朝鮮双方の支持国から別個の決議案が出され、UNCURK解体と南北対話促進が採択された。74年総会では韓国側が国連軍司令部の解体を盛り込んだ決議案を、共和国側が外国軍撤退決議案を提出し、韓国案のみが可決された。75年も国連軍司令部解体（韓国側）と、休戦協定の平和協定への代替および南北朝鮮の相互軍縮（共和国側）の両決議案ともに採択された。76年、双方が決議案を撤回して以来、国連総会で朝鮮問題は審議されていない。

　南北朝鮮の国連加盟問題は、73年6月朴正熙大統領が同時加盟を提唱、同年秋に一括加盟を試みたが、共和国の反対で阻止された。74年にも韓国は単独加盟を希望したが実現しなかった。共和国は朝鮮の分裂を固定することになるため、南北の連邦制が実現したのち単一国家として加盟する、を外交政策の中心に据えた。朝鮮問題の脱国連傾向と並行して、南北朝鮮は世界各国との外交関係改善に努力を注いだ。国連での多数派工作、票集め競争がその根底にあったため、韓国は自由主義諸国圏、共和国は共産諸国圏を中心に積極的な接触を図っていたが、73年6月朴大統領は共産圏諸国への門戸開放政策をとるという外交宣言を行い、柔軟姿勢に転換した。第三世界・非同盟諸国に対する食込みは共和国が先行していたが、全斗煥政権（80年9月発足）は第三世界・非同盟諸国に対する巻返しを図り、88年以降、盧泰愚政権は共産圏諸国への積極的なく北方外交〉を展開した。91年9月国連に南北同時加盟がなった。90年代には共和国の核開発疑惑問題が浮上し、年ごとに国際問題化した。▷北朝鮮核問題｜北朝鮮ミサイル問題

6ヵ国協議　　　　　　　　　　　前田康博

こくしへんさんいいんかい｜国史編纂委員会

韓国において国史編纂および史料収集に関する事業を担当する国家機関。その淵源は、米軍政下で1946年に景福宮内の緝敬堂で発足した国史館であるが、48年に大韓民国政府が樹立されると、翌年、国史編纂委員会として新たに発足した。75年以来、ソウル市中区の南山庁舎が使われていたが、手狭であったため、87年に京畿道果川市の新築庁舎に移転し、それと同時に組織・事業の規模も画期的な拡大を遂げた。これまで、韓国史研究の集大成として《韓国史》を2度にわたって編纂・刊行したり、《朝鮮王朝実録》《承政院日記》をはじめとする基礎的かつ大部な年代記史料の影印・刊行を行うなど、韓国における国史研究を牽引してきた。

木村拓

こくぼういいんかい｜国防委員会

国防委員会は、〈国家主権の最高国防指導機関〉。金正日がく先軍政治〉を掲げる中で台頭著しい国家機関となった。2012年改正憲法では、第1委員長、副委員長、委員などで構成されると規定。委員長職は故人である金正日のものとされ、12年4月13日金正恩は新設の第1委員長職に就任。国防委の任期は、最高人民会議の任期と同じく5年間で、次のような任務・権限をもつ。①先軍革命路線貫徹のための国家の重要政策をたてる、②国家の全般的武力・国防建設事業の指導、③国防委第1委員長命令・国防委決定・指示の執行状況を監督し対策をたてる、④国防委第1委員長命令・国防委決定・指示に外れる国家機関決定・指示の廃止、⑤国防部門中央機関の設置・廃止、⑥軍事称号の制定、将令以上の軍事称号の授与。そのほか、独自の決定・指示を出すことが可能となっており、その事業は最高人民会議の前に責任を負うとされる。もともとは、1972年12月27日採択の朝鮮民主主義人民共和国社会主義憲法によって設置された、中央人民委員会傘下の部門別委員会の一つ。同憲法規定上、国防委員長は▶国家主席が兼務することとなっており、93年4月9日の第9期最高人民会議第5回会議で金正日が推戴されるまでは一貫して▶金

日成ｲﾙｿﾝが委員長だった。

礒崎 敦仁

こくもつ｜穀物

朝鮮の五穀は米、麦、粟ｱﾜ、豆、黍ｷﾋﾞとされる。農耕の始まりは前7〜前6世紀ごろと推定され、最初の穀類は稗ﾋｴ、黍、続いて粟、豆類、小麦、大麦などが栽培され、稲作は前3〜前2世紀の鉄器文化のひろまりとともに普及したとされる。三国時代に稲作の最も普及したのは百済で、西海岸の〝湖南ﾎﾅﾑ平野〟がその中心で今でも穀倉地帯である。新羅では麦類、高句麗では粟の生産を主にしながら稲の栽培に力が注がれた。米を主食用の穀類として全国的な規模で生産に力が入れられたのは高麗の初期からで、勧農政策を推進し、非常時に備えての穀類の備蓄制度(〝還穀〟)も実施された。このころから食生活では米がいちばんの食糧となり、ほかの穀類はこれに次ぐものとなる。ほかの穀類の麦ﾑｷﾞをポリサル、粟ｱﾜをチョプサルとしたのは米ｺﾒに準ずるという意である。朝鮮王朝時代になると〈農は国の大本〉であるという政策から、農作物の育種にも力が入れられ、穀類の品種が増えたことを、当時の〝農書〟を通して知ることができる。日本の植民地時代には米、麦の主要作物は日本からの品種が多く導入され、朝鮮在来のものと交配も行われた。育種研究により多くの品種が生まれたが、生産された穀類の多くは日本で消費されるためのものであった。自然条件がきびしく農業生産が不安定であることなどから、米のご飯を腹いっぱい食べるということは永く庶民生活の一つの夢であった。

解放後、南北に分断されたが、北部では食糧の自給のため穀類の生産に力が入れられた。新しい農耕地を開き、米、トウモロコシの生産にめざましい成果をみせ、とりわけトウモロコシは穀類生産中の40〜50％に達し、一部は輸出もされたが、昨今は食糧不足が深刻である。南部は北部より人口が多いが、恵まれた自然条件を利用し、生産性の高い統一種とよばれる稲の改良品種などの開発に意欲的に取り組んでいる。南部の韓国ではパン食や麺食の一般化にともない米の消費が減り、余っている状況である。⇒飢饉｜農業

鄭 大聲

ござんがっこう｜五山学校

1907年、朝鮮の独立運動家〝李昇薫ｲｽﾝﾌﾝ〟が平安北道定州五山面に設立した中等教育機関。当時の〝愛国啓蒙運動〟の中心的結社であった〝新民会〟の理念に従って、民族運動の人材と国民教育の教師の養成を目的とし、〈教育救国運動〉の中心的存在となった。19年、三・一独立運動では定州地方の運動の拠点となり、総督府から〈民族主義の巣窟〉として校舎を焼かれた。まもなく再建され、26年、高等普通学校に昇格。29年、〝光州学生運動〟でも約400名の学生が参加し、10余名が検挙された。五山学校の歴代教師陣の中には〝曹晩植ﾁｮﾏﾝｼｸ〟、〝李光洙ｲｸﾞﾝｽ〟、柳永模らがおり、卒業生である〝咸錫憲ﾊﾑｿｸﾎﾝ〟ものちに同校教師を務めた。

大塚 嘉郎

コジェとう｜巨済島｜거제도

韓国南東部の慶尚南道南岸に位置する島。最高部は585mの加羅山。面積は379km²で、済州島に次ぎ、韓国で第2位。1995年に同島と付属島嶼を含む巨済郡が巨済市に昇格した。人口24万3366(2012)。もともと半農半漁の島であったが、工業化の進展で第1次産業は大きく後退した。一時全国の漁獲量の5分の1を占めていた漁業も、漁業人口や漁船数が減少し、カキや高級魚種の養殖への転換が進んでいる。海岸線は湾入が多く、玉浦ｵｸﾎﾟ、竹島ﾁｭｸﾄ、知世浦ﾁｾﾎﾟには国家産業団地が造成されており、造船、機械などの製造業が発達している。西に隣接する固城半島南端の〝統営ﾄﾝﾖﾝ市〟とは巨済大橋(740m、1971年開通)および新巨済大橋(940m、1999年開通)によって結ばれ、釜山との間にも2010年に巨加大橋(8.2km)が開通した。西部および南部海岸には奇岩の景勝地が多数あり、閑山島と麗水を中心とする閑麗ﾊﾑﾘｮ海上国立公園にくみこまれている。とくに、南端部の葛島付近、海金剛ﾊｴｸﾑｶﾞﾝとよばれる奇岩が海中にそそりたつ一帯が名高い。朝鮮戦争中の1952年に大規模な暴動が発生した捕虜収容所跡は慶尚南道文化財資料に指定され、一帯は遺跡公園として整備されている。

佐々木 史郎

コジョン｜高宗｜고종｜1852-1919

朝鮮王朝第26代の王。在位1863-1907年。名は載晃(初名は命福)。諱ｲﾐﾅは㷩。〝興宣ﾌﾝｿﾝ

大院君の第2子。12歳で即位すると同時に大院君が摂政となり，1873年より親政を始めたが，王妃である▸閔妃ミンピの一族が台頭して政権を掌握した。76年の開港以来，日本，清国などの圧力が強まり，これへの対応をめぐって閔氏，大院君，開化派の間に抗争が起きて，▸壬午ジンゴ軍乱や▸甲申政変などの諸事件が相次いだ。日清戦争後の95年，日本により閔妃を殺され，一時ロシア公使館に避難したが，97年には王宮に戻って国号を▸大韓帝国と改め，皇帝と号した。しかし日露戦争後，朝鮮は実質的に日本の植民地となり，1907年，ハーグの平和会議に使者を送ってその不当性を訴えようとしたが，日本によって退位を強制された(▸ハーグ密使事件)。韓国併合ののちは徳寿宮李太王と称され，日本の皇族の待遇をうけた。死去に際して日本人による毒殺の風説がひろまり，葬儀の日をきっかけにして三・一独立運動が勃発した。　　　　　　　吉野 誠

こせき｜戸籍
朝鮮の戸籍は高麗時代から存在が確認される。高麗時代，庶民の戸籍は地方官が毎年作成し，税役・軍役を課すための基準とした。これに対し貴族の戸籍は3年に1度作成し，1通を官納，1通を家蔵としたが，とくに世系，族派，奴婢を詳しく記載し，血縁的身分的特権や奴婢所有権の証明書とした。戸籍のこれらの性格は朝鮮王朝にも引き継がれた。朝鮮王朝時代の戸籍作成実務は，王都内は漢城府尹の指揮監督下に五部の管領が，地方は守令(地方官)の指揮監督下に籍吏・面任，都監などが行い，調査補助のために五家統法(▸隣保制)が施行された。住民は，身分に関係なく家並み順に居住地で入籍し，3年ごとの式年に戸口単子(戸別調査表)により申告した。郡県はこれをまとめて戸籍台帳とし，戸曹，漢城府，監営，郡県に保管した。戸口単子は調査ののち官印を押して証明し，住民に返還して戸籍謄本，身分証明書として所持させた。戸籍事務の主管ははじめ戸曹，のち漢城府に移った。
　王朝末期には1年ごとの新式戸籍が編製され(1896)，日本の植民地時代には朝鮮民事令や朝鮮戸籍令(1922)によって戸主制を基軸とした戸籍が編製された。▸皇民化政策によって朝鮮民事令は数度の改変を経て〈家制度〉の強化が図られたが(▸創氏改名)，夫婦別姓などの慣習は長く残り，解放後の韓国の戸籍でも，夫婦別姓，▸本貫(祖先の出身地)の記載がみられる。　吉田 光男＋鶴園 裕

ごぞく｜五賊｜▸乙巳五賊(いっしごぞく)
ごぞくごぶ｜五族・五部｜오족・오부
朝鮮古代の高句麗の王畿および地方の軍政・行政区画。五族は前1世紀ごろ鴨緑江の支流佟佳江流域にいた涓奴部，絶奴部，順奴部，灌奴部，桂婁部などの旧小国をいい，この五族を中心に連合して高句麗を形成し，それらの領域を王畿とした。五族の有力者たちが高句麗の貴族となり，王の廃立など国政を貴族会議で決定し，貴族はそれぞれ部内を統率し，私兵を擁していた。427年平壌に遷都すると，五族は内・東・西・南・北の五部，あるいは黄・前・後・左・右の五部と改称した。この改称を貴族勢力の衰退，王を中心とした中央集権の確立とみる説が有力であるが，貴族の構成員の変動と，貴族による中央集権の強化とみるのがよかろう。地方の五部の制度を否定する説もあるが，7世紀には南部，北部など地方軍政区画としての五部があり，部の長官を褥薩ジョクサツ，その配下の城主を処閭近支ショロキンシ・道使といい，高句麗の滅亡時には五部176城あったという。王都の五部制度は百済王都の五部，高麗王都の五部坊里，朝鮮王朝王都の五部などに，多少変化しながらも受けつがれたが，1894年の甲午改革でこの種の制度は廃止された。▸高句麗　　　　　　　井上 秀雄

ごだいさん｜五台山｜▸オデ山
こちょうせん｜古朝鮮｜고조선
漢の武帝によって楽浪ほか3郡が設立される以前の朝鮮古代の総称。通常は《史記》《漢書》所見の▸箕子朝鮮と衛氏朝鮮の2王朝をいうが，《三国遺事》の伝える檀君朝鮮(▸檀君)を上述の2王朝に先行させて，三つを古朝鮮という場合もある。《三国遺事》の伝えるところによると，紀元前約2000年以前に檀君王倹が都を阿斯達に定め，朝鮮を建国したことになっている。《三国遺事》はさらに類似の建国伝承をも併録しているが，ともかく箕子東来以前に平壌城(王倹城)による最古の王朝を設定しており，箕子朝鮮は

これに連続するものとして記述されている。これにつぐ箕子朝鮮については、顔師固も指摘しているように、《史記》と《漢書》の叙述では細部において若干の相違があるが、基本的にはほぼ同一といえよう。すなわち、殷代末期、紂王の師をつとめた賢人箕子は殷の滅亡に際し、東行して現在の朝鮮の西北部に亡命し、この地に国を建てて王となり、人民にいわゆる〈八条の教訓〉を示して理想的な統治を行ったという。八条の教訓というのはその内容からみて、おそらく後世の慕華思想の投影とみられる。箕子朝鮮も檀君朝鮮もともに史的事実としてみるよりも一種の伝承として理解すべきものというのが定説であるが、最近の朝鮮の学界では箕子の亡命東来は後世の作為であるにしても、当時すでに在地の韓族の有力者が一種の政権をもつまでに成長していたことは事実であるとみて、その政権の性格をめぐる論議が展開されている。衛氏朝鮮にいたって史上最初の実在の王朝とされている。しかしこの王朝も史実として明確になるのはその末期、漢の武帝による滅亡の前後のころであり、初期建国の様相については《三国志》魏志所収の〈魏略〉の説話を手がかりとして推定する域を出ない。また衛氏朝鮮の性格にしても、移住中国人の首長が在地韓族の土豪たちを支配して構成した植民国家的存在、という在来の通説に対して、最近では衛氏自身が朝鮮人で、むしろ朝鮮人系とも称すべき韓族の活動が早くから半島を越えた領域で行われていた、とする解釈が朝鮮の学界で有力になりつつある。さらに朝鮮民主主義人民共和国の学界では古朝鮮の領域についても在来の半島西北説を揚棄して、遠く鴨緑江をこえて遼河流域にまで及んでいたと推測している。いずれも仮説の域を出ないが、今後の研究にまつところが大きい。　　　　　　　　村山 正雄

こっか | 国花

制度的規定はないが、韓国ではムグンファ(無窮花、▶ムクゲ)がそれとされ、国歌、国章にも入れられている。一度にぱっと咲く派手さはないが、粘り強い堅実さ、無窮の繁栄を象徴するとされる。朝鮮の美称の一つに〈槿域〉の語があることからみても歴史的

●国花
上－ムクゲ。1948年8月15日、大韓民国政府樹立の記念切手。
下－チョウセンヤマツツジ(チンダルレ)。国花ではないが、とくに朝鮮北部に多い。朝鮮民主主義人民共和国、1975年発行の切手。

由来は古いとみられる。朝鮮民主主義人民共和国ではこのほか、とくに北部の山地に多いチンダルレ(チョウセンヤマツツジ)があげられ、近年では金日成主席が愛するモンランッコ(木蘭、モクレン科の小喬木オオヤマレンゲ)が国花的な位置を与えられている。そのほか、▶ツツジのチンダルレとともに早春の山野を彩る鮮黄色のレンギョウ、日本帝国主義下の抵抗精神の象徴でもあるホウセンカ(▶〈鳳仙花〉という有名な歌曲がある)、風土にマッチして濃い花が群れ咲くコスモスも印象的である。　　　　　　　　　梶村 秀樹

こっか | 国歌

南北朝鮮とも正式には国歌を制定せず、暫定的に愛国歌を国歌としている。大韓民国の愛国歌は安益泰(1906-65)の作曲(1939)で、歌詞は尹致昊の作と伝えられている。元来、《蛍の光》のメロディで歌われていた愛国歌に国立音楽学校卒の安益泰が曲をつけ、当時重慶にあった▶大韓民国臨時政府が受け入れたものである。歌詞の内容は〈東海の水と白頭山が乾き尽きるまで神よ守りたまえ　わが祖国万歳　無窮花(ムクゲのこと)三千里　華麗江山　大韓人よ　大韓へと　永遠に保存せよ〉というものである。三千里とは、国土が三千朝鮮里に及

ぶことにちなむ朝鮮の美称である。

一方、朝鮮民主主義人民共和国の愛国歌は金元均作曲(1947)、朴世永作詞になるものである。金元均ｷﾑｳｫﾝｷﾞｭﾝは独学で作曲を学び、解放後モスクワのチャイコフスキー音楽院を卒業、1960年代には平壌国立音楽大学学長や音楽家同盟中央委員として活躍した。ほかに《金日成将軍の歌》(1946)などの作曲がある。愛国歌の歌詞は、〈朝は輝け　この江山　金銀に　資源もあふれた三千里　美しきわが祖国　半万年　長き歴史に　輝ける文化で育つ知恵にあふれた人民のこの栄光　体と心をすべてささげ　この朝鮮　永遠に受け継げ〉という内容のものである。なお、1963年ローザンヌ会談でオリンピックの合同チームを編成する際には、国歌の代りに《アリラン》を使用することで南北間の原則的合意がなされている。

鶴園 裕

こっかきろくいん｜国家記録院

韓国において国家記録を収集して保存管理する国家記録管理の中枢機関。1969年総務処所属の政府記録保存所として発足した。98年政府組織の改編にともない、行政自治部の所属となるとともに、本部が忠清南道大田の行政自治部庁舎に移転し、2004年国家記録院と改称された。保存管理する記録物については、国民に対する閲覧サービスの提供を積極的に推進しており、13年現在、付属機関としてソウル市・光州市にそれぞれ記録情報センター、釜山市に歴史記録館、城南市にナラ記録館・大統領記録館(後者は2014年に世宗市に移転予定)を擁している。

木村 拓

こっかしゅせき｜国家主席

1972年から98年まで北朝鮮憲法上に明記されていた国家の最高職責。〈国家の首班であり、朝鮮民主主義人民共和国を代表する〉(1992年改正憲法、以下同)とされ、一貫して金日成ｷﾑｲﾙｿﾝが担った。複数名の副主席も置かれた。任期は、最高人民会議任期と同じく5年間。任務および権限は、①中央人民委員会事業の指導、②必要に応じて政務院会議の召集・指導、③最高人民会議法令・最高人民会議常設会議決定・中央人民委員会重要政令・決定の公布、④特赦権の行使、⑤外国と締結した条約の批准・廃止の公布、⑥外国に駐在する外交代表の任命・召還発表、⑦外国外交官の信任状・召還状受理。また、命令を発する権限を有し、その事業は最高人民会議の前に責任を負うとされる。

1972年12月27日、最高人民会議第5期第1回会議において社会主義憲法が制定され、北朝鮮建国以来の首相制を改変し、中国の政治体制に近い主席制が導入された。〈国家主権の最高指導機関〉と規定された中央人民委員会の首班も兼務するなど絶大な権限を有し、92年までは国防委員会委員長も兼務。98年憲法で主席制が廃止され、その序文で金日成は〈共和国の永遠の主席〉と明記された。

礒崎 敦仁

こっかじょうほういん｜国家情報院

NIS(National Intelligence Service)。韓国中央情報部(KCIA、1961-82)の後身である国家安全企画部(安企部、1982-99)が、金大中政権下の1999年1月に改称された大統領直属の情報機関で、国情院と通称される。〈国家情報院法〉第3条には、〈国外情報、国内保安情報(対共産主義、対政府転覆、防諜、対テロおよび国際犯罪組織)の収集、作成、配布〉と、その職務が記載されている。危機管理とその監視機能を担い、南北対立の中での安保維持をめざす役割を負っている。同法には〈政治関与の禁止〉の条項があるが、安企部時代、これが守られず、国内政治に深く介入して、野党や言論機関に対する工作を行ってきた。初代院長の李鍾賛は、こうした工作の排除、組織の構造改革、経済・産業・通商・技術分野の情報収集の強化などを打ち出した。しかし、朴槿恵大統領が誕生した2012年の大統領選で選挙戦への介入が取り沙汰されるなど、金大中・盧武鉉・李明博各政権下でも〈政治関与の禁止〉が守られているとは言い難い。

小針 進

こっかほあんぽう｜国家保安法

韓国の反共イデオロギーを実現する装置として機能している、治安法の要にあたる法律。1948年12月、〈国憲に違背し政府を僭称したりそれに付随して国家を変乱する目的で結社または集団を構成した者〉に対して最高で無期懲役を科す法律として公布され、翌49年には最高刑が死刑に引き上げられた。その後、条文が手直しされるなかで、

上記のような〈結社または集団〉を〈反国家団体〉という名称で規定するようになった。61年の軍事クーデタ後、内容は競合するが、目的犯を罰する国家保安法に比べてさえ、もっと拡大解釈の余地の広い反共法が同年7月に公布され、70年代にかけて政治犯事件にしばしば適用されたが、80年に全斗煥政権のもとで反共法は国家保安法に統合された。

国家保安法により南北の往来も処罰の対象とされた。〈反国家団体〉をはじめ〈鼓舞・讃揚罪〉や同法違反行為への〈不告知罪〉など拡大解釈の余地の広い法内容のために、政治権力が批判勢力を封じ込めるための道具として国家保安法はしばしば活用された。しかし、88年に盧泰愚(ノテウ)大統領により南北交流を促す、いわゆる七・七宣言が発表され、90年にかく南北交流協力に関する法律〉も公布されて、政府の承認のもと、北朝鮮に往来することが可能になるなか、あらためて存立の意義が問われるようになった。民主化の過程で、思想・言論の自由をおびやかす法律として改正や撤廃を求める声はたえないが、保守勢力の抵抗により大幅な手直しのなされぬまま今日に至っている。→非転向長期囚　　　　　　　石坂 浩一

こっき│国旗

[大韓民国] 〈太極旗〉といい、1882年朴泳孝(パクヨンヒョ)が修信使として渡日の途上創案し、83年1月国旗として公布されたもの。国を奪われてのちも国旗への観念はむしろ深まり、三・一独立運動のとき、人々は太極旗をたんすの底から取り出し、また手製して、万歳を叫びながら掲げて行進した。1948年建国後すぐ国旗としての継承が決定され、細かい様式も定められた。《太極図説》《周易》にもとづき、中央の円は太極、その中の上下に巴形に入り組んだ赤・青は陽・陰の二気、四方の黒い卦は左上・右下・左下・右上の順に乾・坤・離・坎で天・地・日・月を表し、万物生成発展の原理を示す。形は縦2、横3の比。太極旗に類する図案がもっと古くから用いられていたとの説もあるが、国旗であった確証はない。

[朝鮮民主主義人民共和国] 1948年建国に際して新たにつくられたもの。赤・青・白の3

●国旗

左－大韓民国〈太極旗〉の切手。1969年発行。
右－朝鮮民主主義人民共和国国旗の切手。1968年発行。

色からなり、赤い星は共産主義に向かう未来を、中央の赤は人民の不屈の精神と力を、上下の青は平和ないし国際連帯を、白い円と2本の線は光明・清浄を尊ぶ民族的特質を象徴しているという。形は縦1、横2の比が正式である。→国歌　　　　　　　　　梶村 秀樹

こっぴん│骨品│골품

新羅の王京人を対象にした血縁的身分制。聖骨、真骨の骨階層(王族)と、六頭品、五頭品、四頭品などの頭品階層(一般貴族)とによって構成される。このうち、聖骨身分は真徳女王の死去により654年に消滅したと伝えられているが、そもそも聖骨は実在せず後代の追尊にすぎないとする見方もある。頭品階層はその名称から考えて、本来六頭品から一頭品までの6階層よりなっていたと思われる。骨品の各階層を構成する基礎集団は〈族〉などと表現される同族集団であり、どの階層に属するかは基本的には生れによって決定される。それを保障するものが、同族集団を基礎に同一骨品内でとりむすばれる婚姻関係であった。同時に、政治的理由による骨品降格の例もみられ、骨品編成における政治的側面も無視できない。骨品は官位・官職と密接にむすびついていた。十七等官位の第五位大阿飡以上や中央官庁の長官、軍団の将軍などは、真骨の独占するところであり、骨品の各階層ごとに昇りうる官位の上限や就任しうる官職が決められていた。さらに骨品の規制は衣服、車騎など日常生活にも及んでいた。骨品の原型は新羅の国家形成の過程ですでに形づ

くられていたと思われるが，制度として確立するのは，王権が確立し国家機構の整備がすすんだ6世紀のことであった。以後新羅滅亡まで存続するが，9世紀には王者が骨品を超越していることが確認されており，その階層構造や歴史的性格は一様ではなかった。→新羅；身分　　　　　　　　　木村　誠

こども｜子ども

朝鮮では子どもは何よりもまず家系を継ぐ者として重視され，しかもそれは男子によってのみ可能であるから，結婚によって第一に望まれるのは男児出産である。これは結婚式の幣帛に際して親族の女性が新婦のひざにナツメの実を投げかけて多男を祈ることや，男児の生まれない場合に盛んに行われる祈子の風習に表れている。女児に比して男児が圧倒的に望まれ優遇されるが，これは女子は〈出嫁外人〉（嫁げば外の人）であり，家系を継ぐのに役にたたないからである。この点は原則的には中国でも同様である。しかし中国においては，息子のない場合に娘に婿をとって外孫に姓や祖先祭祀を継がせることもしばしばあるのに対し，朝鮮では父系血縁による継承の原則が貫徹されているために，男児尊重の風がいっそう激しく表れるわけである。ちなみに，朝鮮でも，娘しかいない場合に妻方居住の形式で結婚させ，その子どもに祖先祭祀を継がせる場合〈外孫奉祀〉もまれにはあるが，この場合にも子どもが母方の姓を名のることはけっしてなく，また外孫奉祀も，〈忌祭祀〉の行われる期間はともかく，時享祭（〈祖先祭祀〉の項を参照）にまでいたることはありえないから，これによって家系・祭祀の継承はできないことになる。

　子どもは出生と同時に完全な人間として認められるわけではない。三七日（21日），百日，初誕生日（トル）などを経てしだいに人間として生きる者になっていくのであるが（〈通過儀礼〉），これは以前には名づけの時期が初誕生日ごろまで遅れることもあったことと対応している。生まれた子どもを一度捨ててから拾いなおしたり，幼名に〈石〉〈犬の糞〉などの名前をつける風習は，あたかも価値のないものであるかのようにみせかけることによって鬼神や疫病神から子どもを守ろうとする風習であったし，〈ムーダン〉(巫堂)と儀礼的親子関係を結ばせることも，子どもが無事に育つことを願ってのことであった。しかし完全な人間としての認定が結婚時まで延期されることは，未婚の死者に対して葬式を行わないこと，とくに幼い子どもの死にあたっては人知れず埋めてしまうことなどに表れている。→育児；養子

嶋　陸奥彦

こなんざいばつ｜湖南財閥　→ホナム財閥
こなんへいや｜湖南平野　→ホナム平野

こふん｜古墳

朝鮮における古墳は，〈楽浪郡〉の郡治周辺などで中国の植民地官人の墳墓として，紀元前後の前漢末ごろに木槨墳の営造が始まり，後漢に入ると塼槨墳が築造された。そこでは截頭方錐形の盛土を行っている。

[高句麗]　三国時代に入って，高句麗では方墳が盛行した。高句麗の前期から中期にかけて，王都であった〈桓仁〉や〈輯(集)安〉の地で〈積石塚〉が築かれた。前期の積石塚は小規模な河原石積みで群集したが，中期には大規模なもので切石積み積石塚が散在する。埋葬施設は，前期には棺，槨の直接埋葬であったものが，中期には横穴式石室へと変わる。4世紀末ごろの輯安の〈将軍塚〉は王陵級の古墳であって，最高頂に達した積石塚の一つといえる。それはピラミッド形をした7段築成の切石積みで，基底部の1辺は約30mに及ぶ。4世紀に積石塚に加えて，石の代わりに土盛りをした，いわゆる封土墳が現れ，また内部の横穴式石室には壁画が盛んに描かれた。積石塚は5世紀に入ると消滅し，代わって壁画封土墳が後期の王都平壌付近や輯安などで築造された（〈壁画古墳〉）。高句麗古墳を含む高句麗遺跡群は2004年に世界遺産に登録された。

[百済]　百済では，王都の周辺などで古墳が築造された。前期の王都漢山（ソウル付近）の古墳には，土壙，甕棺などを内部主体とする方形の封土墳，おそらく横穴式石室を包蔵したと推測されるピラミッド形・3段築成の割石積みの方墳，そして横穴式石室を内部主体とする封土墳などがみられる。中期の王都熊津（〈公州〉）の宋山里，および後期の王都泗沘（扶余）の陵山里で

は，王陵級の横穴式石室墳が知られる。宋山里古墳群の中では武寧王陵のように塼築墳が，また▶陵山里古墳群では東下塚のように壁画墳がそれぞれ含まれる。王都を離れた地域では墳丘は未発達で，地下に竪穴式石室，横穴式石室，甕棺などを埋設するだけのものが多く，しかもそれらはしばしば群集して営まれる。

［新羅，加耶］　新羅では王都▶慶州などで，円形や，ときには双円形のいわゆる積石木槨封土墳が盛行した。慶州盆地の平地に築かれた古墳をみると，三国のなかでは最も壮大な墳丘が発達した。木棺を収めた木槨の周囲を石で積み，さらにその上を土や粘土で被覆するといった手のこんだものである。数十基の古墳は王陵級のものであるが，その周辺部では竪穴式石室や，ときには甕棺を収めた中・小の古墳が築かれ，その数は数百基にのぼる。6世紀に入って横穴式石室も出はじめる。王都の慶州を離れると，中・小の竪穴式石室墓が多い。加耶では墳丘の有無は不明であるが，慶尚南道の礼安里でみられるように，初期には土壙墓が，そしてやがて竪穴式石室墓がそれぞれ群集する。慶尚北道の池山洞では，顕著な墳丘をもった古墳があり（▶大伽古墳群），内部に竪穴式石室を数基包蔵するが，慶尚南道の三嘉古墳群のように，竪穴式のほかに横穴式の石室を同一墳丘に含むものさえ出てくる。統一新羅時代は仏教が隆盛した時期にもあたり，王・貴族階層で火葬を採用するものが多くなる。しかし，依然として王都慶州の盆地縁辺の丘陵部や，慶州盆地から少し離れた平地部で王陵級の円墳が築かれることも少なくない。8世紀に入ると，墳丘の裾部に化粧石をめぐらしたり，周囲もしくは前方に石人や石獣を立てて外部装飾を施したものが若干あり，その背景に唐文化の影響がみられる。高麗・朝鮮王朝時代にも墳丘墓は存在するが，それは古墳とはよばない。▷考古学　　　　　西谷 正

ごほうごぶ｜五方五部

6-7世紀の百済の領域統治方式。538年の泗沘（扶余）遷都後の百済では，王都内が上部・中部・下部・前部・後部の五部に地域区分されていた。部は五巷からなり，王都全体は25巷で構成されていた。一方，部ごとに兵員500人，五部全体では2500人が配備されており，五部は行政区画としてだけでなく，軍管区としても機能していた。地方は北方・中方・南方・東方・西方の五方に区分され，この広域的行政区画である各方には拠点となる方城として，北方に熊津城（公州），中方に古沙城（古阜），東方に得安城（恩津），西方に刀先城（不詳），南方に久知下城（不詳）が存在していたが，これら方城はみな険峻な山によって造営されていた。各方には方領が一人，補佐として方佐が派遣され，それぞれ700人から1200人の兵員を統率するなど，五方は軍管区的性格を帯びたものであった。各方は6・7・10ほどの郡，さらにその下の城を統属しており，郡には郡将が，城には城主（道使）が派遣された。　井上 直樹

こまじんじゃ｜高麗神社

埼玉県日高市にある神社。高句麗（B.C.37-668年）からの渡来人〈高麗王若光〉を祭神とする。〈高麗〉とは高句麗のこと。新羅・唐連合軍に滅ぼされた高句麗から多くの王族や遺臣が日本に亡命した。《続日本紀》の記述から，703年に〈高麗若光〉が〈王〉の姓を下賜され，716年に駿河，甲斐，相模，上総，下総，常陸，下野の7国に散住していた高句麗人1799人を武蔵国に集め〈高麗郡〉を置いた，とされる。若光は初代の郡長を務め，死去後にその霊を祀ったのが神社創建の由来という。宮司は，代々，若光の子孫が務め，〈高麗〉姓を名乗っている。境内の隣接地に残る高麗氏の旧住宅〈高麗家住宅〉は国指定重要文化財。　阪堂 博之

コミンテルン

共産主義インターナショナル（コミンテルン）の方針は，1920~30年代の朝鮮の民族解放運動，とくに共産主義運動に大きな影響を及ぼした。1919年のコミンテルン創立大会にはロシア在住の朝鮮人が参加，翌年の第2回大会には韓人社会党（上海派）の朴鎮淳が出席，民族・植民地問題委員会の討論に加わり，執行委員にも選ばれた。22年にコミンテルンが開いた極東民族大会には▶呂運亨ら52人の代表団が参加した。しかし，▶李東輝ら上海派と金哲勲らイルクーツク派の激しい対立により，コミン

テルンと国外在住の朝鮮人活動家との関係は複雑であった。コミンテルンは両派統一のため〈高麗局〉を設置する一方，23年ころから朝鮮内での活動に重点を置くようになり，共産党の結成，労農運動の強化，民族統一戦線の樹立を朝鮮に対する方針にした。25年に結成され，26年春にコミンテルンの支部として承認された▶朝鮮共産党は，▶新幹会による民族統一戦線運動などを展開したが，28年総督府による弾圧で壊滅した。コミンテルンは第6回大会後，派閥争いを理由に朝鮮共産党の承認を取り消し，28年12月〈十二月テーゼ〉を発表して労農大衆を基礎とする党の再建を指令した。しかし派閥争いはなくならず，コミンテルンが民族統一戦線戦術を撤回，非合法労農運動を強調したことは朝鮮の運動に混乱を招いた。30年代半ばの金日成らの▶抗日パルチザン部隊はコミンテルンと直接連絡をもち，人民戦線戦術にもとづいて▶祖国光復会を結成した(1936)。　　　　　　　　　水野 直樹

コムンとう│巨文島│거문도

朝鮮半島と済州島の中間にある島。韓国全羅南道に属する。東島(面積3km²)，西島(6.9km²)，古島(1.1km²)の3島からなり，その他周辺の島々とともに▶麗水市三山面を構成する。三山面全体の人口は1043(2003)。3島に囲まれた内海は比較的穏やかで，漁船などの避難港に利用されている。近海はサバ，タイ，アジなどの漁場であるが，漁業に従事する島民は多くない。水田はほとんどなく，畑作と家畜を中心に自給的農業に携わっている。済州海峡から朝鮮海峡へ抜ける航路上の要地にあり，19世紀末の列強の東漸時代には，戦略的拠点として争奪の対象となった。日本統治期には多数の日本人漁民が移住し，水産加工や造船なども伴った一大漁業基地を形成した。
　　　　　　　　　　　　谷浦 孝雄＋佐々木 史郎

[巨文島事件]　1885-87年，巨文島がイギリスに占領された事件。甲申政変ののち朝鮮政府内部にロシアへの接近策が生じたが，世界各地でロシアとの対立を深めていたイギリスはこれに対抗し，85年4月朝鮮海峡の要衝でロシア艦隊の通路にあたる同島を占拠，砲台を築いてポート・ハミルトンと命名した。朝鮮政府はこれに抗議し，ロシアも対抗措置を表明したため，87年2月清国の仲介によって撤退が行われた。朝鮮が帝国主義列強による領土分割競争の対象とされた事件で，こののちロシアが朝鮮の土地の租借を要求した事件に99年の馬山浦ﾏｻﾝﾎﾟ事件，1903年の竜岩浦ﾖﾝｱﾑﾎﾟ事件などがあるが，いずれも日本の妨害で実現しなかった。
　　　　　　　　　　　　　　　　　吉野 誠

コムンモルいせき│コムンモル遺跡│검은모루유적

朝鮮民主主義人民共和国，平壌市祥原郡コムンモル(黒隅里)の丘陵南斜面にある石灰岩の洞穴遺跡。1964年朝鮮半島で最初に発見された石器と獣骨化石の共伴例として，また前期旧石器時代に相当するものとして注目され，66年に発掘調査された。幅約30m，奥行約2.5mに現存する洞穴は，便宜上4区画に分けられる。大きさが各様の石英石塊と石器数点とともに，各種多数の獣骨化石が出土した。石器は，ケイ(珪)質石灰岩，石英脈岩からなり，直接打法，台石技法によって製作され，その種類は，握斧状，尖頭状，剝片などの石器からなる。動物化石は，ナキウサギ，ビーバー，各種のネズミ，アナグマ，オオカミ，ヒグマ，トラ，ゾウ，サイ，ウマ，イノシシ，オオツノシカ，スイギュウ，サルなど22種におよび，上部更新世初期の動物相を示す。⇒旧石器時代
　　　　　　　　　　　　　　　　　西谷 正

こよみ│暦

朝鮮では1896年1月1日からグレゴリオ暦(太陽暦)が採用されたが，それ以前には中国の太陰太陽暦(陰陽暦)が公的に用いられていた。中国には暦の制定は天の子たる皇帝のみがなしうることという観念があったため，中国皇帝に代々臣下の礼をとってきた朝鮮の王は，中国の暦を用いなければならなかったのである。朝鮮で用いられた中国の暦の変遷は図のとおりである。

これらの陰陽暦は，太陽暦と違って毎年の暦の作成にきわめて専門的な知識を要したこと，誤差が大きかったことなどの欠陥をもっていた。そこで朝鮮では高麗時代から，独自の天文観測によるより優れた暦が探求されるようになる。金徳明の《新撰暦》

●暦　図朝鮮における暦の変遷

[三国時代]		[統一新羅]				[高麗]			[朝鮮]
元嘉暦(百済, 5世紀)		麟徳暦	大衍暦	五紀暦	宣明暦	授時暦	大統暦	時憲暦	太陽暦
戊寅暦(高句麗624年, 新羅?)		(674年)	(?)	(?)	(8世紀末〜9世紀初め)	(1281)	(1370)	(1653)	(1896)

や姜保の《授時暦捷法立成》(1343刊)は，そうした努力の所産である。こうした動きは朝鮮王朝初期の世宗王代に一つの頂点に達した。世宗は李純之らに命じて天文観測を強化させるとともに，暦書《七政算内篇》《七政算外篇》を刊行させ，また中国の二十四節気を利用した日暦という独自の暦を作らせて民間に配布した。朝鮮王朝後期に広く用いられた《千歳暦》も日暦の精神を継承したものである。このように朝鮮の暦の歴史は，一方で中国の暦を受容するとともに，他方では朝鮮的な改良を加えた暦を作り出そうとする努力の歴史であったということができ，朝鮮王朝時代に民間に流布したのは，むしろ日暦や《千歳暦》のような独自の暦だった。また季節変動の影響が深い農業については，通常の暦とは別に，各時期の農作業を列挙した月令歌が広く用いられた。漢詩式の《農家十二月俗詩》やハングル表記の《農家月令歌》が，その代表的なものである。
宮嶋 博史

コリアけいアメリカじん｜コリア系アメリカ人
⇒在米朝鮮人

コリョンカラ｜高霊加羅｜고령가야

朝鮮古代の加羅諸国中の有力国。別名は大伽耶，加羅。現在の慶尚北道高霊郡を中心とし，王都は高霊邑，王都防衛の山城は西方の主山と東方の望山とにあり，池山洞を中心に▶高霊加羅古墳群がある。前身には《三国志》弁辰伝の狗邪国説と弥烏邪馬国説とがある。伝承によれば，伽倻山の山神である正見母主の2人の息子がこの国と▶金海加羅とを開いた。その建国は43年で，16代520年間つづき，562年に新羅に併合されたという。6世紀には，百済・新羅両国の侵入に対抗するため，加羅諸国を糾合し，その盟主として活躍していた。この国は文化的にも加羅諸国の中心で，▶伽倻琴の発祥地として有名であるだけでなく，アルト部落の原始絵画，古衙洞の装飾古墳などは，この時代の芸術遺品である。高霊は新羅に併合されてのち大伽耶郡，高霊郡として，地方行政上の中心地であったが，文化的にも栄え，池山洞の幢竿支柱や月光寺址三重石塔など，新羅時代の代表的な遺物がある。
⇒加羅
井上 秀雄

コリョンこふんぐん｜高霊古墳群｜고령고분군

韓国，慶尚北道高霊郡高霊面に所在する。高霊は大伽耶国(▶高霊加羅)の王都であり，562年に新羅に併合されるまで，伽耶文化の中心地であった。古墳群は，洛東江の支流大伽川，安川流域の月山洞，本館洞，池山洞，古衙洞に分布している。1910年以来，分布調査や10基余りの古墳の発掘が行われている。百数十基からなる池山洞古墳群は，標高311mの主山南腹に築かれ，竪穴式石室，箱式石棺を内部構造とする円墳群であり，わずかに1基横穴式石室墳が知られている。1977-78年に調査された池山洞44号墳は，一墳丘内に主・副の竪穴式石室3基と，その周囲に32基の石槨を配したもので，22体以上の人骨が検出された。出土状態などから殉葬墓と推定されている。45号墳も，2基の竪穴式石室と11基の石槨で構成される多葬墓である。いずれも5世紀代の築造とみられる。このほか古衙洞では，蓮華文の描かれた壁画古墳が発掘されている。
東 潮

こんいん｜婚姻

朝鮮では氏族制度の伝統のもとで〈同姓不婚〉の原則が今日に至るまで強い婚姻規制となっている。戸籍の上で姓および▶本貫を同じくする同姓同本の者は，どんなに遠い血縁関係であっても無条件に婚姻を禁じられてきた。また姻戚関係にある氏族との間でも，十寸(10親等)以内は近親とみなされて通婚を避けることが原則とされている。朝鮮王朝時代には，両班，中人，常民，賤民などの身分の異なる者の間の通婚(仰婚，落婚)は一般に避けられ，両班の間でも家間

●婚姻 | 図奠雁(木雁)

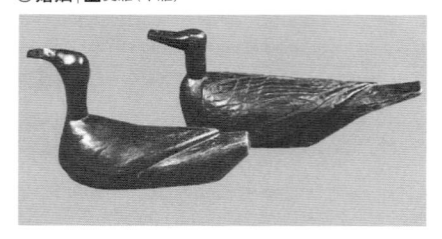

伝統的な婚礼につきものの奠雁は，新郎が新婦の家に入るときにささげるもので，これを新婦の母親が受ける儀式を奠雁礼という。母親はこれを新婦の待つ内房に投げ，奠雁が立つと初男が生まれるなどとされた。

の社会的地位や権勢に応じて配偶者が求められた。さらに政界で対立する党派間でも通婚は避けられた。今日でも両班的な気風の根強い地方では，格式と名望を重視して遠方の名家・名族との通婚関係を求める傾向がある。こうした伝統にあまりとらわれない庶民の間では，村内婚もみられる。姻戚(サドン)関係も両班的な社会生活のもとでは一般に堅苦しい形式的なものになりがちであったが，庶民的な伝統ではもっと現実的である。

かつて嫁入りによる父処居住婚が一般的な形式であったが，婚姻後の一定期間を妻方の実家ですごす〈婿留婦家〉や男子のない家で婿を迎える〈テリルサウィ〉，幼児を迎えて成長後に子女の配偶者に予定する〈予婦〉〈予婿〉も，労働力を補い，結婚の経費を節約する便法としてとられることがあった。今日でも農村部では仲人(仲媒)を介した結婚が圧倒的に多いが，都市部では日本の見合いに似た形式も多くなっている。仲人による場合，両家の親の間で合意ができると新郎側からは請婚書と新郎の生年月日を記した〈四柱〉が，新婦側からは許婚書と日どりを定めた〈択日〉が手渡される(▶占い)。婚礼は新婦の家で行われ，新郎側は〈奠雁〉〈納幣〉(結納)として木像の雁と衣料を納めた箱を送り届け，新郎一行が新婦の家へ向かう(初行)。伝統的な式は大礼床膳の前で主礼の指示によって進められ，正装の新郎と新婦が拝礼を交わし，盃を交換する。新郎は新婦の家に滞在して3日目に新婦を伴って自家に帰る〈新行〉の形式が一般的である。その間新婦の家では，村の若者たちが訪れて来て新郎といっしょに酒を飲みながら，〈東床礼〉と称して難問をつきつけて戯れに新郎をせめたりする婿いじめの習俗があった。新婦は輿に乗って一行とともに婚家に着くと盛大なもてなしを受け(▶宴会)，新婦の側でも携行した酒果を献じて婚家の両親，近親者に拝礼の挨拶をする。以前は秋の収穫を終えてから新郎を伴って里帰りしていたが，近年では1週間以内に里帰りすることが多く，盛大なもてなしを受けて新郎は妻の親族と挨拶を交わす。

現代の韓国ではこうした旧式の婚礼は都市部ではすっかりすたれ，代わって礼式場や教会における新式やキリスト教式の婚礼が一般化しており，新婚旅行も徐々に定着しつつある。後継の男子出産を強く期待されるのを嫌って近年では長男との結婚を避ける風潮や，同姓同本の禁婚を規定する民法の改正を要求する動きもあり(▶女性運動)，また派手な婚礼を規制する儀礼簡素化が行政的に進められている。 ⇒家族　　　伊藤 亜人

ごんきん | 権近 | ➡クォン・グン
こんごうさん | 金剛山 | ➡クムガン山
こんごうしんわ | 金鰲新話 | ➡金鰲(きんごう)新話
コンジュ | 公州 | 공주

韓国，忠清南道中央部の都市。1986年に旧公州郡の公州邑が市に昇格して同郡から分離したが，95年に再統合し，都農複合型の市となった。2012年7月には市域の一部が新設の▶世宗特別自治市に編入された。面積864km²，人口11万8438(2013)。中央を貫流する錦江の流域平野が広く発達している。また，南は▶鶏竜山，北は車嶺山脈が外界と隔てる天然の要塞地で，百済の首都となったことがあるため，一帯には▶武寧王陵，公山城などの遺跡，甲寺などの大寺院が多数ある。百済時代には熊津，統一新羅時代には熊州とよばれ，高麗時代に公州に改称された。平野部では稲作，また丘陵地では果樹，養蚕が盛んで，明紬の産地として有名である。ソウルから南の穀倉地帯へ至る陸路，また錦江によって黄海へ至る水路交通の要衝にあたり，1932

年に大田へ道庁が移されるまで，忠清南道の行政・商業の中心地であった。地方都市にしては大学など教育施設が多く，文教都市として知られている。遺跡めぐりや鶏竜山など観光資源にも恵まれ，韓国の代表的観光地の一つである。　　　谷浦 孝雄＋佐々木 史郎

[遺跡]　公州市は，百済の文周王1年(475)に，漢山城から遷都した熊津㸃（熊川)にあたる。その後，聖明王16年(538)に泗沘㸃(現，扶余)に遷都するまでの5代63年間にわたって，百済中期の国都であった。公州の北東には，錦江(白馬江)に面する独立した小丘陵に公州公山城があって，東西約800m，南北約300mの城郭をつくる。公山城の東・西には小規模な補助山城を備える。公山城を含み，周囲の山を取り囲んで羅城があったとする説もあるが，はっきりしない。公山城の内部では礎石，瓦，陶質土器が出土し，建築跡が見つかっていて，王宮説も出ている。これまで，王宮跡は公山城の南ないし東側の平地と推定されてきたが，はっきりしていない。また公州では，平地部に大通寺，丘陵部に石窟をもつ西穴寺などの仏教寺院跡も知られる。大通寺は，中門，塔，金堂および講堂が一直線に並ぶ一塔式(四天王寺式)の伽藍配置である。公州におけるもう一つの重要な遺跡は古墳であり，公州を囲む丘陵地帯の傾斜面から山麓にかけて横穴式の墓室が築かれ，その数は1000基を超すといわれる。なかでも公州の街の北西方にある宋山里㸃古墳群は，武寧王をはじめとする熊津時代の王陵および王陵級のものである。宋山里古墳群から約1km南西方に遠望できる熊津洞の古墳群も，百済国中枢部にいた人々の墓地であろう。→百済[図2]
　　　　　　　　　　　　　　　西谷 正

こんしゅんじけん｜琿春事件

1920年9月から21年にかけ，日本軍が日本人居留民の保護を名目に〈在満〉朝鮮農民・独立運動家を虐殺し，▸間島侵略の口実とした事件。直接には9月12日と10月2日の2回にわたる中国人馬賊の琿春城襲撃をさす。1919年の三・一独立運動以後，海外の独立運動は急激に武装闘争の傾向を強め，ゲリラ部隊は北部国境地帯の襲撃をくりかえし，〈▸文化政治〉に脅威を与えた。日本は中国官憲に朝鮮独立軍弾圧を要求，執拗に外交圧力をかける一方，独立軍への追跡攻撃権を主張，直接進攻によりその根処地覆滅の機会をねらっていた。そのため日本は独立軍が琿春の日本領事館を襲撃した事件を捏造㸃したのである。事件に利用されたのは中国人馬賊長好江一味であった。総督府に買収された長好江は，20年9月12日と10月2日の2回にわたり，約400名の兵力を指揮し，琿春城を襲撃，日本領事館の破壊と日本人居留民の殺傷を目標とした(第1次，第2次琿春事件)。日本政府は事件を誇大に粉飾，襲撃は日本に怨恨をもつ〈不逞鮮人団〉の妄動であり，背後に労農ロシアの思想的指導があると宣伝し，中国政府には治安維持能力がないと非難したが，日本人の生命財産を守るため出兵するという口実作りであった。こうして20年10月5日から朝鮮駐屯軍，シベリア出兵軍，関東軍など2個師団の日本軍が三方から同時に間島に進攻し，間島居住の朝鮮農民は〈不逞の徒〉として三光作戦の対象となった。朴殷植の《朝鮮独立運動の血史》は死者3106名と記している。日本軍を迎え撃った独立軍は，青山里㸃戦闘(1920年10月20日)で勝利し，独立運動の気勢をあげた。一方，中国の抗日姿勢はより明確になり，間島を中朝両民族の抗日統一戦線の核として突出させる歴史的要因ともなった。→独立軍抗争　　　　姜 徳相

コンミンおう｜恭愍王｜공민왕｜1330-74

高麗第31代の王。在位1351-74年。姓名は王顓㸃。初名は祺。蒙古名はバヤンティムール(伯顔帖木児)。忠肅王の子。彼の即位前後，国内では，元の順帝の皇后奇氏一族ほかの親元勢力が権勢を振るい，中国では元朝への反乱が頻発していた。即位前，長く元廷に入侍し，元の衰勢を見聞していた王は，1356年親元勢力の誅除，東北領域の元からの奪還，元の年号使用の停止ほかの反元政策を展開し，元との関係を実質的に絶った。内政面では，65年以後▸辛旽㸃を重用して，権勢家の大土地私有の革正を主眼とする弊政改革に当たらせた。しかし，その後も，倭寇の激化，▸紅巾の乱，元廷内での反高麗策動の波及などによる政局の流動化から，元と完全には手を切れず，元の

北走後も，彼ら(北元)との関係は完全に途絶されなかった。内政面でも，辛旽の急激なやり方は反感を買って失敗し，王自身も暗殺されて，改革は挫折した。彼は妃(元の皇女)の死を悼み，開城西郊に国力を傾けて陵墓を造営し，傍らに自身の陵もあわせ築いた。この恭愍王陵は高麗末彫刻の代表とされる石人・石獣・石欄などを配した壮麗なものとして知られている。　　　　北村 秀人

コンヤンおう│恭譲王│공양왕│1345-94
高麗第34代(最後)の王。在位1389-92年。姓名は王瑤。神宗の7代の孫。辛禑の後継者辛昌を異姓の王として廃し，王氏の王統の復活を標榜した実権者▶李成桂イソンゲに擁立された。田制改革以下の内政改革を成功させた李成桂は，1392年王を廃して，恭譲君とし，原州に追放，みずから王位に就いた。2年後，王は，李成桂を推戴した▶鄭道伝チョンドジョンらの王氏抹殺策により，三陟で殺された。1416年恭譲王に追封された。　　　北村 秀人

さ

さいえい｜崔瑩｜→チェ・ヨン
さいえきげん｜崔益鉉｜→チェ・イッキョン
ざいがいちょうせんじん｜在外朝鮮人

国外に居住する朝鮮人ないし朝鮮系の人々は現在700万人に近いとみられる。そのうち人口の多いのは在中国東北(旧満州)の約200万，在日の約60万，在米の約200万(ニューカマー20万を含む)などである。在日朝鮮人は別項にゆずり，ここではそれ以外の地域について概観する。

[中国] 旧満州，シベリアに朝鮮人が移住した年代を特定することはむずかしいが，それほど古いことではない。朝鮮王朝時代は朝鮮，清両国の接壤地は封禁の地として人民の立入りを禁止していた。この地方への定住が始まるのは朝鮮，中国ともに王朝権力の弛緩する19世紀以後のことである。天災，凶作などで越境耕作した農民の定着化が発端であろう。▶間島を墾島，墾土とも称したが，耕作のための季節移住を意味したとみることができる。移民のかたちになるのは王朝末期の政情不安，苛斂誅求を逃れて新天地を求めた農民が出現してからであるが，間島(現延辺朝鮮族自治州)の領有をめぐって朝鮮，清両国の国境紛争が起こったとき，意図的な人口増減現象もあった。恒常的に増大してゆくのは1910年の日本の朝鮮支配と，それにともなう政治的・経済的変動によって生じたいわゆる流移民の発生以降である。統計によると毎年2万～3万人と確実に増えている。1930年代初めには間島の人口100万のうち80％は朝鮮人が占め，全満州では200万人に達したとみられる。移民のほとんどが農民で，日中の対立に起因する二重三重の民族的差別を受けていたため，民族意識，階級意識は強く，先鋭化する朝鮮独立運動の大衆的基盤として政治的色彩も強かった。この地域が▶独立軍抗争，▶抗日パルチザンの根拠地や中国共産党の指導による▶間島五・三〇蜂起の地となったのは理由のないことではない。旧満州間島の朝鮮人は1949年の中華人民共和国成立後，52年9月に延辺朝鮮族自治州として新中国最初の少数民族自治区となっている。自治区は軍事，外交を除く大幅の自治権をもって民族独自の文化を発展させている。区都の延辺には朝鮮族中心の大学があり，その下に各級の学校が民族教育を行い，朝鮮固有の風俗，習慣が尊重されていた(現在は州に昇格)。古い朝鮮を見たいなら延辺に行けといわれるほどである。自治州の現在の人口は200万で，そのうち100万は朝鮮族である。このほか白頭山麓に長白朝鮮族自治県があり，遼寧省，吉林省，黒竜江省などにも朝鮮人集団集落が散在している。→中国朝鮮族

[シベリア，中央アジア] 在シベリアの朝鮮人は1930年代に約30万人を数えたが，対日矛盾の深化とともに，朝鮮人が日本の侵略の尖兵になることを恐れたスターリン政権によって中央アジアのタシケントなどに強制移住させられ，今日ではしだいにその独自性を失いつつあるが，一部には沿海州(極東)への再移住の動きもある。→在ソ朝鮮人

[サハリン] ソ連領サハリン(旧樺太)には日本の植民地時代に▶強制連行された朝鮮人がそのまま残留し，ソ連籍，朝鮮籍，無国籍に分かれており，人口は全サハリン60万の10％に達している。大多数は朝鮮南部の出身で，韓国とソ連との国交がないなど複雑な国際情勢のしわ寄せを受けて里帰りもできないままでいたが，1990年代に入って一部の人々が帰国を果たした。しかし，あまりにも遅い帰国であるため，生活の根拠をもつ若い人々はサハリンに残り，家族分断という事態をもたらしている。日本政府の敗戦処理の責任が改めて問われている。
→サハリン朝鮮人

［米州］アメリカ合衆国の約200万人（大半はカリフォルニア州）をはじめ，カナダ，ブラジルなどに数万の移民がいる。米州への移民は，解放前はハワイへ渡った若干の一般移民を除いて，ほとんど政治亡命で，人口も少なかったが，1945年以降の韓米関係のなかで急激に増大した。在日，在中，在ソの朝鮮人とは歴史的背景が違い，アメリカン・ドリームをめざした人が多い。大多数は市民権をとり，専門職などへの進出がめざましい。▷在米朝鮮人｜在日朝鮮人

姜 徳相

ざいがいちょうせんじんぶんがく｜在外朝鮮人文学

朝鮮本土以外の地で朝鮮（系）人が発表している文学。しかし現実には▷在日朝鮮人文学以外には，朝鮮（系）人が当該国で文学活動をし，それが独自のものとして認められている例は多くない。中国の朝鮮族（▷中国朝鮮族）の文学も大きくみればこの範疇に含められるだろうが，もちろんこれは第一義的には中国文学に属するものである。これとは別に朝鮮人がその地の言語で文学作品を発表し，認められている例がいくつかあり，注目される。これらは，使用言語，国籍などさまざまな要素があるため単純に分類することは困難であるが，便宜上地域別に整理すれば次のようになるだろう。

①在日朝鮮人文学，②中国の朝鮮族文学（解放前の旧〈満州〉地域での朝鮮人の活動を含む），③在ソ朝鮮人（系）文学，④これ以外の地で，朝鮮人がその当地の言語で発表している文学，である。

②は日帝時代末期，旧〈満州〉地域に移り住んだ文学者たちの活動に始まり，解放後は中国の朝鮮族自治州として朝鮮語による独自の活動を続けている。この分野は近年日本，韓国，中国でそれぞれの角度から研究が進められている。解放後の活動は中国文学に属するが，金学鉄など著名な文学者が多い。

③は，1930年代にスターリンにより強制的に移住させられた▷在ソ朝鮮人の文学営為，具体的には趙明熙などの活動が該当する。最近新たな資料が発見され，話題になったが，資料に乏しく，今後の調査を待つほかない。現在は，その子孫にあたる朝鮮系ロシア人が290万人ほどもいるというが，そのうちの一人が《ミューコの野ばら》や《りす》などの作品で知られるカザフスタン生れの朝鮮系ロシア人作家，アナトリー・キム(1939-)である。これらはロシア語で書かれ，ロシア文学に属する。

④には，英語で書かれた姜鏞訖(1898-1972)の《草堂》(1931)や，金容謚(1920-95)の《西遊記》，《花靴》(1956)，金恩国(1932-)の《殉教者》(1964)，《審判者》(以上，英語圏)，ドイツ語で書かれた李儀景(本名李弥勒，1899-1950)の《鴨緑江は流れる》(1946)などがあるが，これらはみな在外朝鮮人一世によるものである。なお近年アメリカで，崔載瑞の孫にあたる韓国系アメリカ人，スーザン・崔が長編《外国人学生》(1998)を出して注目されたが，これはもちろんアメリカ文学である。以上の多岐にわたる作品・作者をどのように扱うかは将来の課題であろう。 布袋 敏博

さいかいはつ｜再開発｜재개발

都市内の老朽化した街区や不良住宅区を撤去し，その跡地を整備・開発する事業。1960年代後半からの高度経済成長で活力を得た韓国では，残る古い低層家屋の密集地区などを対象に再開発を重ね，大規模な都市改造を進めてきた。庶民的な盛り場として知られたソウル都心部の武橋洞ムギョドンや清進チョンジン洞も惜しまれつつ，再開発に委ねられた。また朝鮮戦争の混乱期やその後の復興・成長期には，大量の人口が大都市に流入し，周囲の山の斜面や場末に急造家屋が乱立してスラム的な景観をなしていたが，そうした地域も順次再開発の対象となった。さらに都市の拡大によって市街地に取り込まれてしまった旧近郊農村集落も同様である。70-80年代には，強権的な再開発事業によって移転を余儀なくされた人々の存在が問題となり，〈撤去民チョルゴミン〉などの言葉が生まれたりしたが，その後，都市再開発法，都市・住居環境整備法など関連法規の整備や地方自治制の復活をへて，事業運営でも民主化が進んだ。補償条件などをめぐって，なお軋轢が生じる場面も少なくないが，再開発で出現した著しく現代的な都市景観は，この間のダイナミックな変化を強く印象づけている。 佐々木 史郎

さいかんき｜崔漢綺　⇒チェ・ハンギ

ざいかんべいぐん｜在韓米軍

1950年6月25日に朝鮮戦争が勃発すると、国際連合は16ヵ国からなる国連軍を韓国支援のため派遣し、その指揮権は米軍が握った。韓国軍の指揮権も国連軍（実質は米軍）に移譲され、53年7月27日の休戦協定調印にも韓国軍は当事者にならなかった。休戦後の米韓相互防衛条約（53年10月1日調印）によって在韓米軍の韓国軍に対する指揮権が再確認されたが、61年に首都警備司令部（83年に首都防衛司令部に改編）が国連軍の指揮権から外され、78年に米韓連合司令部が発足して韓国軍に対する指揮権を国連軍から移譲されるなどの変化がみられた。さらに94年に平時の統制権は韓国側に移され、戦時作戦統制権についても2006年の韓米安保協議会で、09年から12年の間に委譲する合意が成立した。ただし10年になり、返還期限は15年まで延長された。在韓米軍の主力は陸軍と空軍であり、総兵力は朝鮮戦争時の33万人が70年代初頭には4万人前後まで減少した。その後はあまり変動していなかったが、2000年代に入り世界的な米軍再編の動きのなかで、基地の移転・統合、兵力削減が計画され、07年には2万8500人規模に減少した。在韓米軍は核兵器をはじめ最新鋭装備を擁し、在日米軍とともにアメリカ極東軍事戦略の一翼を担っており、韓国では安全保障上不可欠と意識されている一方、朝鮮戦争当時の避難民を集団虐殺した老斤里事件、基地周辺における兵士の犯罪の頻発などから、韓国民の反米軍感情も高まっている。　⇒反米運動

金子文夫

さいこうじんみんかいぎ｜最高人民会議

北朝鮮の立法府。憲法上の位置づけは〈最高主権機関〉。原則5年を任期とする代議員で構成され、次のような権限をもつ。①憲法修正・補充、②部門法制定・修正・補充、③最高人民会議休会中に最高人民会議常任委員会が採択した重要部門法の承認、④国家の対内外政策の基本原則を立てる、⑤国防委第1委員長の選挙・召還、⑥最高人民会議常任委員長の選挙・召還、⑦国防委第1委員長の提案による国防委副委員長・委員などの選挙・召還、⑧最高人民会議常任副委員長・名誉副委員長・書記長・委員等の選挙・召還、⑨内閣総理の選挙・召還、⑩内閣総理の提案による内閣副総理・委員長・相（大臣）・それ以外の内閣構成員の任命、⑪最高検察所所長の任命・解任、⑫最高裁判所所長の選挙・召還、⑬最高人民会議部門委委員長・副委員長・委員などの選挙・召還、⑭国家の人民経済発展計画およびその実行状況に関する報告の審議・承認、⑮国家予算及びその執行状況に関する報告の審議・承認、⑯必要により内閣および中央機関などの事業状況の報告を受け対策を立てる、⑰最高人民会議に提起される条約の批准・廃棄の決定。なお、最高人民会議休会中には最高人民会議常任委員会も立法権を行使することができるとされ、その委員長は1998年9月以降、一貫して金永南さんが務めてきた。第1期第1回会議は1948年9月の建国に際して召集。金正日政権下では4年間以上にわたり開催されない時期もあったが、近年は1年に1、2回の開催。90年の第9期以降代議員定数は687名であり、朝鮮労働党のほか、衛星政党である朝鮮社会民主党や天道教青友党の議員、無所属議員もおり、ヘゲモニー政党制を確立。満場一致で議案が可決される。

礒崎敦仁

さいじこう｜崔時亨　⇒チェ・シヒョン
さいしゅう｜済州　⇒チェジュ
さいしゅうとう｜済州島　⇒チェジュ島
さいしゅうとうよんさんほうき｜済州島四・三蜂起　⇒チェジュ島四・三蜂起
さいしょうき｜崔承喜　⇒チェ・スンヒ
さいせいぐ｜崔済愚　⇒チェ・ジェウ

ざいソちょうせんじん｜在ソ朝鮮人

旧ソ連諸共和国在住の朝鮮人。ソ連邦解体直前の1989年の人口調査では総人数43万8700人で、うちウズベキスタンに18万3100人、ロシアに10万7100人、カザフスタンに10万3300人が住んでいたが、連邦解体後の混乱の中で他の共和国へ移住する人も多く、各共和国の人口はかなり変化していると思われる。たとえば、内戦が続いたタジキスタンでは89年当時1万3400だった人口は戦争で多数が死亡し、また避難したため2000以下に激減しているといわれる。

[背景]　朝鮮人が、朝鮮半島から遠く離れ

た中央アジアなどの地に多く住んでいるのは，1937年にソ連当局によって行われた，それまでまとまって住んでいたロシア極東地方からの強制移住による．

朝鮮人はウスリー川以東がロシア領になった直後の1860年代はじめから同地域を中心にロシア領に移住し始め，世紀末の1897年には2万4500人を数えた．1905年以降は，それまでの農業移民に加えて反日運動の指導者も多く亡命し，極東ロシアは朝鮮民族運動のための有力な根拠地の一つとなっていった．朝鮮人は1917年の革命とそれに続く内戦・干渉戦にも積極的に参加し，〝コミンテルンの権威を背景に国内の社会主義運動を指導するグループも生まれた．内戦後は水田農業の担い手として地域経済の建設に大きく貢献するとともに，民族語・文化の維持，発展にも力を注いだ．ウラジオストクには朝鮮語の新聞社や劇場もあり，4学科からなる自前の師範大学もあった．

1937年の朝鮮人強制移住は，満州国の建国や日中戦争へと続く日本の大陸侵略の本格化のなかで朝鮮人が日本に利用されることを恐れて行われたものだが，朝鮮人が国境地帯に集中していることを危険視し，奥地への移住を主張する意見は帝政時代から根強くあった．17万人以上をシベリア鉄道を通じて短期間に移住させる過程で1割以上の人が犠牲となり，また移住までの2〜3年間に指導者級を中心に2000〜3000人に及ぶ人々が〈人民の敵〉〈日本のスパイ〉などの容疑で逮捕され，大量テロの犠牲となった．

中央アジアでは野菜栽培や稲作など農業に精を出す一方，教育にも熱心に励み，多数の学者，技術者，行政家も輩出した．1945年の朝鮮解放後は約500人が北朝鮮に送られ，〈ソ連派〉として国家形成過程に参加した．50年代半ばからは移住の自由を与えられ，一部は極東に戻った．また，70〜80年代には土地を求めて一部が北カフカスやロストフなどへ移住した．ただし，民族語による教育の機会を奪われ，また都市居住者の割合が増えるなかで朝鮮語を知らない世代が増すなど，民族としての生活は全体として困難な状況にあった．

[現状] 1980年代後半，ペレストロイカのなかで民族の復権，民族生活の再生をめざす運動が始まり，各地に朝鮮人協会，文化センターが生まれ，全連邦朝鮮人協会も組織された．しかし，ソ連の崩壊は各共和国にまたがっていながらもｖソ連朝鮮人〉としての一体感を保ってきた彼らを共和国単位に分断する結果となり，民族の再生のための運動も新たな壁にぶつかることになった．先住・多数民族の民族国家化が進むなかで就業や進学の機会を狭められ，また将来への不安から中央アジアを離れ，ロシア極東などへ移住する人も多数出ている．しかし極東には朝鮮人の帰還を警戒する雰囲気があり，また1993年にロシア最高会議で採択された，1937年までの居住地に戻る権利を含めて朝鮮人の名誉を政治的に回復させることを規定した〈ロシア朝鮮人の名誉回復に関する決定〉に盛り込まれた諸措置の実行があまり進んでいないこともあって，極東に戻った人々の状況は全体として苦しく，難民のような状態にある人も多い．

1937年に極東地方から中央アジアに移住させられた人々とは異なる歴史をたどった人々として，サハリン州の朝鮮人がいる．彼らは43年から日本の戦時動員によって主に朝鮮南部から〝強制連行され，戦後も取り残された人々で，一部はその後ハバロフスク地方など極東の他の地方へ移住している．➡サハリン朝鮮人｜在外朝鮮人文学　　　　　劉 孝鐘

さいちえん｜崔致遠　➡チェ・チウォン
さいちゅう｜崔冲　➡チェ・チュン
さいちゅうけん｜崔忠献　➡チェ・チュンホン
ざいちょうにほんじん｜在朝日本人

在朝日本人の歴史は，近代日本人の歩みを極限状態において映し出す鏡ともいえる．その淵源を江戸時代釜山草梁の〝倭館のく恒居倭人〉に求めることもできようが，本質的な起点は1876年の日朝修好条規（江華条約）にある．釜山（1877設置），元山（1880），仁川（1882），ソウル泥峴（1882）などの〝居留地に拠点をすえた居留民は，雑貨や綿布などを搬入し，金や穀物を搬出する冒険商人的な貿易にたずさわりつつ，やがて高利貸から内陸部の地主にまで転化していく．初期居留民は一面では当時の日本の急激な社会変

動の犠牲者であり，徒手空拳の渡航者が多かった。しかし居留民としての彼らの存在自体が国家の保護に依存しており，それゆえ侵略を下から支えようとする意識は強烈であった（たとえば*防穀令事件）。かくして居留民を足場に1910年朝鮮を植民地化した日本国家は，官権主導下に〈草分け〉である彼らをも再編していくが，総体として日本人は，朝鮮人の上に君臨する植民者であった。

官吏，軍人，第3次産業従事者を最多とする植民地期在朝日本人の過半数は都市の日本人町に住み，ほとんど朝鮮人とつきあうことなく生活していた。言葉は標準語に若干北九州方言が混じったもので，むしろ〈土〉から切り離されたハイカラさ，はでな気風があった。朝鮮人の抗日意識に最も日常的に出会っていたのは，農村部に住む農場関係者，教師，*金融組合の職員，巡査などとその家族であったが，多くは身を固くしてこれと対峙し，理解しようとするどころではなかった。中西伊之助，織田楢次，上甲米太郎，磯谷季次など無名のごく少数者だけが，朝鮮人の視線を受けとめようとし，植民地批判の視点に立つにいたったが，彼らの苦渋にみちた試行錯誤の跡は，今日に大きな示唆を残している。

45年の日本の敗戦とともに，こうした植民者の歴史はドラスティックな終焉を告げ，その大多数は日本に引き揚げたが，朝鮮人と結婚していた女性など少数がとどまることとなった。彼女たちの戦後史は日本国家の罪を一身に引き受けた厳しい歳月であった（在韓日本人問題）。一方，59年から始まった在日朝鮮人の朝鮮民主主義人民共和国への帰国にともない，その家族の一員となっていた女性が，新たに共和国に移り住むこととなった。彼女たちにも異なる環境に飛びこんだ苦労は少なくなかったが，事務的なしごとの領域などで活路を見いだしている人も多いという。

梶村 秀樹

● 在朝日本人　表 在朝日本人人口の推移　（単位＝人）

1876	54	1919	346619
1895	12303	1931	514666
1905	42460	1942	752823
1911	210989		

［明治期における朝鮮進出の背景］　併合前における在朝日本人は，長崎，山口両県を中心とする西日本各地から渡航したものが多数を占めた。その進出契機は，たんに地理的に近いというばかりでなく，明治以降の近代化の過程で編成替えを余儀なくされた在来産業の従事者が，新たな市場や活動場所を求めたというところにもあった。対馬や長崎市や大阪の商人は，幕藩体制下の特権的位置からの後退を挽回しようとして朝鮮へ進出していった。瀬戸内海沿岸地域からは，巨大海運会社の航路侵食によってその拠点を移動せざるをえなくなった航運業者，入会紛争や魚群の払底で新たな漁場を求めた漁民（*朝鮮出漁），生産過剰，外国塩の流入で新たな販路を求めた塩業者，機械製綿布の登場で競争に敗れ，やはり新たな販路を求めた白木綿業者などが，あいついで開港後の朝鮮へ進出していった。そしてこれらの業者に付随して，番頭，手代，丁稚，女中など多数の奉公人層が渡航し，彼らの中からはのちに独立して店舗を開設するものも現出した。そうした〈成功〉物語は，さらに近隣諸町村からの渡航者を多数生み出すことになった。

なお，これらの朝鮮進出にあたって，日清戦争，日露戦争の二つの戦争が大きく寄与していたことを忘れてはならない。それらは，直接従軍兵士となって大陸へ行き，そこでの経験をもとに除隊後再渡航したケース，軍事関係用達業者として軍隊に同道したケース，さらに日露戦後に顕著にみられたことであるが，軍費調達のための租税の過重負担のもとで，経営を悪化させた農民や織物業者がその代償を朝鮮に求めようとしたケース，および戦争で拡大した生産機構を戦後朝鮮で処理しようとした軍布・食料品製造業者のケースなどをあげることができる。ただし，以上の例のような国内矛盾の対外転嫁を，やむをえざるものとするのではなく，あくまでも国内的に解決する道はなかったのか，もしなかったとすれば，そうなってしまった原因はなんであったのかを，さらに検証していくことが重要であろう。

木村 健二

さいとうまこと｜斎藤実｜1858-1936

第3・第5代朝鮮総督。三・一独立運動後の朝鮮支配の立直しを任務として抜擢されたただ一人の海軍出身総督。15歳のときに上京して翌年海軍兵学寮に入学，日清戦争時には侍従武官，日露戦争時には軍事総監で，ほかに軍務局長などの要職を兼務した。1906-14年海軍大臣。19年9月総督としてソウルに着任するやいなや姜宇奎らに爆弾を投げられたが，事なきを得る。斎藤は政務総監水野錬太郎とともに原敬首相の指示に従い，▸憲兵警察制度の廃止，教育令の改定，地方自治制度の創設など，〈一視同仁〉〈日鮮融和〉を標語とした〈▸文化政治〉を推進した。これは朝鮮人を同化して植民地支配を強化しようとするものであったが，朝鮮人の民族運動を分裂させるねらいももっていた。27年辞任して枢密顧問官となるが，29-31年総督に再任。32年首相，35年内大臣となったが，二・二六事件で殺害される。出生地岩手県水沢市の斎藤実記念館や国立国会図書館の〈斎藤実関係文書〉には総督時代の貴重な史料が多数残されている。

馬渕 貞利

さいなんぜん｜崔南善｜▸チェ・ナムソン

ざいにちちょうせんじん｜在日朝鮮人

日本帝国主義の朝鮮植民地支配の結果，日本への渡航・移住を余儀なくされたか，あるいは日中戦争，太平洋戦争中に労働力として国民徴用令などで強制連行され，戦後は米・ソによる南北朝鮮の分割占領，朝鮮戦争などによって日本に在留せざるをえなくなった者，およびその子孫をいう。

[形成過程] 在日朝鮮人は1911年末には約2500人であったが，日本の土地略奪政策の遂行による農民の零落と，日本資本の労働力需要の増大によって1920年には3万人を超えた。三・一独立運動後の1919年4月，当局は〈朝鮮人旅行取締令〉を公布し，日本への渡航を抑制した。しかし，20年代に入り日本渡航者はさらに増加し，30年末には在留人口は30万人に上った。日本の中国侵略は37年には本格化し，国家総動員法(1938)，国民徴用令(1939)が公布され，朝鮮においても軍需物資，労働力の動員が大々的に行われるようになった。国民徴用令は朝鮮では〈募集〉形式，〈官斡旋〉形式，〈徴用〉形式の3段階で適用され，そのいずれも国家権力による強制に変りはなく，その結果，45年8月までに炭鉱，金属鉱山，軍需工場，土建業，港湾運輸などに約150万人が連行され，強制労働に使役された。在留人口は45年には約250万人に達した。▸強制連行

45年八・一五解放前の在日朝鮮人の職業は道路，鉄道，河川，発電所工事などの土木労働者が大部分を占め，工場労働者も見習職工，雑役などの未熟練労働者が主であった。そのうえ，賃金は民族的差別によって日本人の約半額であり，また住宅も都会では借家も容易に得られず，場末や川縁にあるバラック建て飯場あるいは工場地帯での貧民長屋に住み，不安定で，貧しい生活を余儀なくされた。在日朝鮮人は1923年の関東大震災時の▸朝鮮人虐殺事件など官憲の弾圧によって多くの犠牲者を出し，また日本人に同化させるための，言語，風習，歴史などの民族的なものを奪う▸皇民化政策を強要され，それに反対するものは多くの迫害を受けた。

[戦前の解放運動] 在日朝鮮人はこのような多くの困難な条件のもとでも，その生活と人権，民族的なものを守るために闘わざるをえなかった。1919年には東京留学生を中心として二・八独立宣言書を発表し，三・一独立運動の先鞭をつけ，20年代に入って北星会，一月会などの思想団体をはじめ▸在日本朝鮮労働総同盟，在日本朝鮮青年同盟，▸新幹会の支会などを組織して民族運動を展開した。30年代に入り，▸コミンテルンの指示のもと，これらの民族的な組織を解消し，日本の労働団体そのほかの組織に加盟して闘った。1935年ころから45年8月までは労働者，学生などの各分野で，民族的・共産主義的グループがつくられ，合法，非合法などの諸形態で，暴力的労務管理と搾取に反対し民族的抑圧からの解放のために闘った。一部には相愛会(▸朴春琴ﾊﾟｸﾁｭﾝｸﾞﾑら)，▸協和会などの反民族的な御用団体に加盟して日本の朝鮮支配，民族的抑圧に協力した者もいた。

[八・一五解放以後] 45年8月15日の解放を歓喜のもとに迎えた在日朝鮮人にとってまず

何よりも故国への帰国と生活権を守ることが当面の主な課題であった。そのために解放直後から各地で数多くの自主的な団体がつくられたが，10月にはそれらを結集して，朝鮮建設への献身的努力，世界平和の恒久維持，在留同胞の生活安定，帰国同胞の便宜と秩序，日本国民との互譲友誼，目的達成のための大同団結などの内容の綱領をもつ在日本朝鮮人連盟(朝連)を組織した。朝連はまもなく日本共産党の指導方針のもとに左翼的な色彩をもつようになった。他方，民族主義的見解をもつ青年たちは別個に朝鮮建国促進青年同盟(建青)を結成し，さらに翌46年1月，朝連から離脱した保守的な人々は民族運動家▶朴烈ぱくれつを団長として新朝鮮建設同盟(建同)を結成した。同年10月建同は建青を合わせて反共的色彩を明確にした在日本朝鮮居留民団(のち▶在日本大韓民国民団，略称民団)へ改組し，朝連に対抗した。48年には南朝鮮に大韓民国(韓国)，北朝鮮に朝鮮民主主義人民共和国(共和国)が樹立され，民団は韓国を，朝連は共和国を祖国としその政策に従って運動を展開した(1949年，朝連傘下約45万，民団傘下約15万)。

1949年9月GHQの指令のもとに日本政府は団体等規正令を朝連に適用，反民主主義的暴力団体として解散させ，その財産を接収するとともに幹部を公職追放にした。翌年6月朝鮮戦争が起こり，旧朝連傘下の人びとは51年1月，朝連の後継団体としての在日朝鮮統一民主戦線(民戦)を組織し，非合法的には祖国防衛委員会(祖防委)，祖防隊をつくって反米・反李承晩・反吉田茂政権・反再軍備のスローガンのもとにアメリカの朝鮮侵略に反対し，祖国の統一独立，民族権利の擁護のために闘った。しかし民戦ならびに祖防隊は日本共産党の指導方針によって直接的に日本の革命運動に参加し日本の内政に干渉する側面があって，共和国に直結しようとする指導方針との間に路線論争が起きた。その後は，国際間における平和五原則に依拠して55年5月民戦を解散して▶在日本朝鮮人総連合会(朝鮮総連)を組織した。朝鮮総連は日本共産党の指導方針からはなれて，共和国の海外公民としての立場を堅持し，南北朝鮮の平和的統一をめざ

し，民族的権利を守る運動を展開した。一方，民団は朝鮮戦争に約700人の志願兵を送り，韓国の国是遵守を明らかにするとともに，日韓会談を支持し，日韓条約の締結促進に努めた。

解放後日本に残留した朝鮮人の大部分は産業労働の職場から閉め出され，一部の人たちは敗戦後の混乱期にやむをえず闇商人として生計をたてた。経済統制がきびしくなるとそれらの生活手段も失い，パチンコなどの遊技業，屑鉄商，飲食業などの零細企業を営む者もあったが，大部分は不安定で臨時的な日雇労働者，自由労働者として苦しい生活をつづけた。

在日朝鮮人は朝鮮総連，民団傘下に各商工会，信用組合などの商工団体をつくって生活向上のために努力しているが，職業選択，融資面などでの民族的差別によって基幹産業経営の基礎を築くことに多くの隘路がある。在日朝鮮人は納税の義務を負いながらも社会福祉，社会保障制度が適用されず，また国民健康保険，国民年金も受けられなかったが，日韓条約締結(1965)，日本の国連難民条約への加入(1981)によってそれらの適用が実現されるようになったものの，まだ全面的でなく，多くの問題点が残っている。また，在日朝鮮人は52年4月サンフランシスコ講和条約発効後からは出入国管理令(1951年11月)，▶外国人登録法(1952年4月)によってその歴史的特殊条件が無視され，一般外国人と同様の一律的な適用をうけることになった。その後，日韓条約の〈在日韓国人の法的地位協定〉によって，韓国籍をもつものには▶協定永住権が，また82年1月からは韓国籍，朝鮮籍をとわず，戦前からの居住者に限り特例永住権が認められたが，その子孫に対する永住権の規定はまだ不確定であり，その背景には日本への同化政策が根底にあると思われる。

在日朝鮮人は朝鮮新報社，韓国新聞社，統一日報社などをはじめ学友書房，朝鮮問題研究所などの言論出版機関をもち，また体育会，芸術団そのほか多くの文化・芸術サークル団体を組織して活動を行っている。

⇒在日朝鮮人文学　　　　　　　　朴慶植

[民族教育]　在日朝鮮人は，植民地時代に朝

鮮人学校を設けることを禁止されていたから、解放されるや日本各地に民族学校を設立、その子弟に朝鮮語による朝鮮の歴史・文化を教えた。しかし、朝鮮戦争の直前から日本政府によって閉鎖され(▶阪神教育闘争)、子弟は日本人学校への転校を強制された。同化教育の復活であり、以後、在日朝鮮人子弟の多数が日本人学校に在籍するように流れが変わった。講和条約締結を転機に、50年代半ばより民族学校は再建されたが、祖国の分断を反映して、朝鮮人学校(小学校から▶朝鮮大学校まで、1985年現在153校、2万人)と韓国学園(12校、約2000人)に分かれた。このような分岐や日本で生まれ育った事情に影響されて、残る大多数(10万)は日本人学校に就学する。在日朝鮮人子弟の教育地図はこのような3種に色分けされている。なかでも、日本人学校在学者は日本名で学び、非朝鮮化の一途をたどっているので、これらの子弟に本名を名のらせ、在日朝鮮人として生きる自覚を育て、同時にまわりの日本人子弟に朝鮮人の友を本名でよび、朝鮮人として尊重する意識を培うことが、実践上の急務になっている。　　　　小沢有作

[在日二世・三世]　在日朝鮮人約67万人のうち、本国生まれの一世が激減して全体の約1割にすぎなくなり(1985年現在推定)、日本生まれの二世・三世が〈在日〉の主要部分を占めるようになった。在日朝鮮人にとって日本は、いまや異郷の地、仮寓の地ではなくなりつつあるといってよい。そうした〈定住化〉傾向のなかで、在日の若い世代の間では、同胞相互の交流が希薄となり、地すべり的ともいうべき〈同化〉現象が進行している。しかし、日本社会のなかで孤立分散化を余儀なくされ、民族的アイデンティティの確立に苦しみながらも、在日の若い世代は全体としてなお、さまざまな矛盾や障害を正面に見すえつつ、〈在日〉を積極的に生きていこうとしている。1970年代後半以降80年代にわたって、日本各地で草の根運動的な各種の文化活動、サークル活動が活発に展開されているのは、その証左であるといえよう。それは何よりも、〈在日〉をみずからの存在根拠とすることによって、〈民族〉と〈国家〉の意味を問い直しつつ、みず

からの主体性を確立しようとする努力である。それはまた、祖国分断の固定化を背景とする〈定住化〉のなかで、民族意識の解体、人間性解体の危機を食い止め、〈在日〉のアイデンティティを確保することによって、みずからの民族性を内面化し、人間としての自由や自立性、創造性を獲得しようとする闘いである。もっとも現実には在日の若い世代はつねに、民族的偏見と差別に満ちた日本社会にあって、朝鮮人であることを自覚する〈自己確認〉か、朝鮮人であることを隠す〈自己逃避〉かという、自我の確立をめぐる〈危機〉のなかにある。のみならず、そこに国土分断を反映した在日朝鮮人民族団体の分裂・対立もからんで、在日の若い世代は、日本、北、南という、いわば〈三つの国家〉のはざまで揺れ動かざるをえなくなっている。

　在日の若い世代が民族的アイデンティティを確立するにあたっては、母国語である朝鮮語の学習が決定的意味をもっている。しかし在日子弟の多くが、朝鮮語学習の機会が保障されない日本人学校で学んでいることもあって、在日朝鮮人の若い世代にとっては、朝鮮語は文化の遺産、アイデンティティの核心であるよりは、むしろ苦悶の種となっている。逆に、いったん〈民族〉に目覚めた若い世代にとっては、朝鮮語が民族的主体性を強固に保証するものとなり、言語の習得に情熱を注ぐようになる。ただ、在日子弟が受ける教育そのものが、同化を強いる日本の教育であれ、北や南のイデオロギー的色彩を帯びた民族教育であれ、いずれも〈在日〉の存在全体を満足させうるものとなっていないこともあって、在日の若い世代は、ややもすると〈不遇の意識〉をもちがちとなる。実際、在日子弟は、高等教育を受ければ受けるほど、日本の就職差別によって能力に見合う社会的地位を得ることが困難となるため、かえってその高学歴がコンプレックスや民族的ジレンマの要因となりやすく、ついには教育にかけた父母の期待を裏切って民族離れ、帰化へと走ることも少なくない。1980年以降、毎年6000人以上の在日朝鮮人が日本に帰化しているが、そこにおいて若い世代の占める比率が

増加する一方であることはいうまでもない。しかも，年間7000〜8000件の在日朝鮮人の婚姻のうち，1975年を境に，日本人との国際結婚が，同胞どうしのそれを上回っていることにも，在日の若い世代が置かれている状況をうかがい知ることができる。

尹 健次

[法的・社会的地位の変化] 在日朝鮮人にとって戦後の大きな問題の一つが，日本における法的地位が細分化され，しかも若い世代ほど不安定になることであった。この問題は，1966年の日韓法的地位協定による協定永住制度（▶協定永住権）の導入，および協定永住権未取得者を念頭に置いた82年の特例永住制度によりすでに若干改善されていたが，さらに協定永住の三世問題（いわゆる91年問題）をめぐる日韓協議にもとづいて，特別永住制度が91年新設された。この結果，戦前からの居住にもとづくいわゆる〈法126系列〉の人々が，子々孫々にわたり〈特別永住者〉の資格で一本化されるに至った。また▶外国人登録法に規定され，1955年から実施されていた同一人性確認の手段としての指紋押捺の義務が，80年代の一大反対運動の結果，数次の改正を経て93年に全廃された。同法には外国人登録証の常時携帯義務が依然残っているが，弾力的に運用することとされている。こうした諸改正の中で，在日朝鮮人問題をめぐる争点は，指紋押捺や外国人登録法・出入国管理法の問題から戦後補償や参政権（地方・国政）の問題へと移行している。最高裁判所は95年2月，法律で地方公共団体の選挙権を定住外国人に付与することは憲法上禁止されていないと判示しており，法案の国会上程が日程に上った。

在日朝鮮人をめぐる日本社会の認識にも一定の変化がみられる。在日朝鮮人関係の本やテレビ番組が多数作られ，なかには野村進《コリアン世界の旅》(1996)のようにベストセラーとなるものまでが現れた。また文学の柳美里・梁石日・玄月・金城一紀，映画の崔洋一，音楽の新井英一のように，在日朝鮮人の各種創作活動にも高い評価が与えられている（▶在日朝鮮人文学，▶映画）。〈ともに生きる〉を掲げた教育現場や地域での取組みも活発化している。ただし朝鮮民主主義人民共和国（北朝鮮）との関係悪化に伴う民族学校生へのチマ・チョゴリ切裂きや，個別の企業による民族差別事件が時として起こり，民族学校出身者に国立大学の受験資格がない（大検受験資格は認定）など，解決を迫られている課題もいまだ残っている。

[多様なアイデンティティの模索] 上述した処遇の改善や相互理解の進展のほか，世代交代の進行，日本への定住化の深化，本国（南北を問わず）との一体感の希薄化などを背景に，改めて自分たちは何者で，これからどう生きていくべきかを模索する営みが，とくに若い世代を中心に続いている。自分たちを日本人とも本国人とも違う存在と捉えたり，〈日本語人〉と規定するなどのほか，〈朝鮮系日本人〉という生き方に積極的な意義を見出そうという動きも一部にみられる。北朝鮮の公民をつくることを目的にしてきた朝鮮総連系の民族学校も，教科書内容の改変や地域社会とのつながりの重視など，教育内容を日本定住に即したものに軌道修正している。

統計上は，在日朝鮮人の人口は漸減傾向にある。それは帰化による日本国籍取得のほか，85年に国籍法に父母両系主義が採用された結果，日本人との婚姻の増加とも相まって，出生とともに日本国籍が付与されるケースが増えたためである。しかしそもそも在日朝鮮人とはだれなのか。従来，法務省統計の外国人登録者のうち，国籍欄が〈韓国・朝鮮〉の人数を在日朝鮮人人口とする場合が多かったが，それでは近年急増する〈ニューカマー〉としての短期滞在韓国人が含まれる一方，日本国籍をもつ在日朝鮮人が抜け落ちてしまう。転換期にある現在，在日朝鮮人をどう定義すべきか，あるいはどう呼称すべきかの模索は，アイデンティティの揺らぎ現象や日朝国交樹立・朝鮮半島統一の問題とも絡みつつ，いましばらく続くものと思われる。

高柳 俊男

ざいにちちょうせんじんきかんきょうてい
在日朝鮮人帰還協定

1959年8月13日インドのカルカッタで日本赤十字社と朝鮮民主主義人民共和国赤十字会との間で結ばれた在日朝鮮人の共和国帰還に関する協定。1953年朝鮮戦争の休戦協

定成立前後から在日朝鮮人の共和国への帰国希望者が出はじめ、また55年▶在日本朝鮮人総連合会結成以後、共和国の経済建設への参加、教育問題・生活問題の帰国による解決などの大衆的要望が出され、帰国運動を組織的に展開、11万余の帰国希望者が登録された。日本政府は59年2月、基本的人権にもとづく居住地選択の自由という国際通念の原則で閣議了解にいたった。帰還に際して韓国政府ならびに在日本大韓民国居留民団側の反対・阻止運動があったが、協定は8月成立し、12月14日新潟港から第1次帰国船が出航、67年11月まで155回配船、8万8611人が帰国し、いったん打ち切りとなった。しかし帰国申請者中諸般の事情で帰国できなかった者がいたため、その後、日・朝両赤十字社間の協議をへて、71年2月モスクワ会議で合意に達し、同年5月から帰還が再開され、84年7月(第187次)までに4728人が帰国した。　　　　朴慶植

ざいにちちょうせんじんぶんがく｜在日朝鮮人文学

近代日本における朝鮮人の文学活動は1883年に李樹廷ィスジョンによって始められ、それは漢文を中心にしていた。彼は朝鮮政府使節団の一随員として来日4年間も滞在し、その間に聖書を朝鮮語に翻訳・出版し、《明治字典》(1885)の編集者の一人として〈韓音訓〉の表記を担当した。それ以後1905年前後から30年にかけては、日本留学生たちが主となって朝鮮語による文学活動を行った(▶留学)。《親睦会会報》(1896)から《学之光》(1914-30)まで6種・100余冊が出され、▶李光洙ィグァンス、▶崔南善チェナムソン、田栄沢ら留学生たちは国権回復・旧習打破などを目的とした朝鮮語の小説、詩、エッセーなどを発表し、同胞の啓蒙と朝鮮近代文学の創造に力を尽くした。朝鮮に自然主義の文学思潮を導入させようとした▶金東仁キムドンイン、朱耀翰らによる文芸誌《創造》(1919)、《海外文学》(1927)などの刊行も留学生の手になるものであった。▶金素雲キムソウンは《朝鮮民謡集》をはじめ朝鮮童謡、現代詩紹介に活躍した。

朝鮮人が日本語による創作活動を行うようになるのは、1920年代に日本のプロレタリア文学運動が活発になりだした時期からである。日本のプロレタリア文学雑誌に作品を発表した作家に鄭然圭、韓植、金煕明、詩人に金竜済、▶白鉄ペクチョル、姜文錫カンムンソクらがいる。その運動が解体しはじめたころに▶張赫宙チャンヒョクチュは《餓鬼道》(1932)で日本文壇に登場、植民地下朝鮮農民の現実を骨太な筆致で描いて好評を得たが、のちに皇民化運動に荷担した。34年秋に新たな文学的抵抗者として▶金史良キムサリャンが《光の中に》で登場し、李殷直ィウンジクの《ながれ》とともに39年に第10回芥川賞候補となった。金史良がとくに注目されて多くの優れた作品を書き、それらは2冊の作品集(《光の中に》《故郷》)となった(太平洋戦争開始時に検挙され、釈放後ただちに帰国)。このころ、洪鐘羽ホンジョンウ(青木洪)の長編《耕す人々の群れ》、尹徳祚ユンドクチョ(紫遠)の歌集《月隠山》、韓植ハンシクの詩集《高麗村》などが刊行された。40-42年に《芸術科》(日本大学芸術科発行)に拠った▶金達寿キムダルス(1919-97)、李殷直ら若い世代が登場し、強いられた日本語を用いて反日本帝国主義の文学的営みを可能にするという、在日朝鮮人文学者の多様な闘いの下地を意識的に切り開いてきたのであった。日本の植民地支配によって形成された在日朝鮮人の手による文学としての在日朝鮮人文学は、この時期に始まったといえよう。

[解放後]　その試みの真の開花は1945年8月15日以後に実現した。解放直後に《民主朝鮮》《朝鮮文芸》などが出され、金達寿、李殷直、朴元俊、張斗植チャンドゥシク、尹紫遠、詩人の姜舜カンスン、許南麒ホナムギらがめざましい活動を始めた。金達寿は《玄海灘》(1954)で解放前の朝鮮人インテリの民族的自覚を描いて日本の植民地統治の非人間性を剔出ぇぐりだした。また張斗植の《ある在日朝鮮人の記録》(1966)が示すように、在日朝鮮人は苦難にみちた生活史をみずからの手で記録しはじめた。60年代にかけて李殷直の《濁流》、金石範キムソクポム(1925-)の《鴉の死》(そのテーマは《火山島》に引き継がれ、同書により1984年に第11回大仏次郎賞を受賞)、金達寿の《太白山脈》など、民族分断の根源への追究が目だった。60年代末から70年代にかけて李恢成ィフェソン、金鶴泳、高史明、金泰生、鄭承博、鄭貴文、劉光石、李春穆、梁石日、詩人の金時鐘、

申有人，評論家の安宇植，尹学準らが登場した。李恢成（1935- ）は72年に《砧をうつ女》で第66回芥川賞を受賞し，在日朝鮮人二世の民族的主体の確立と祖国統一運動への参与をテーマに活動を続け，それらは長編《見果てぬ夢》(1979)として結実した。80年代に入って李丞玉ｼﾞｭﾝｵｸ，金秉斗ｷﾞｮﾝﾄﾞｩらは，民族分断の傷跡や民主化闘争をとりあげた韓国文学の翻訳・紹介を精力的に行っている。新たに登場した李良枝ﾔﾝｼﾞ，李起昇ｷｽﾝ(1985年に《ゼロハン》で群像新人賞を受賞)らは，日本においてだけではなく祖国と思っていた韓国においてさえも，よそものの意識から自由でありえなかった若い在日朝鮮人二世の二重の疎外感を描いている。詩人崔華國ﾁｪﾌｧｸｸは85年に《猫談義》で第35回H氏賞を受賞した。

日本語による在日朝鮮人の文学は，自民族のことばではないという理由のために，朝鮮文学か日本文学かという問題が，とりもなおさず在日朝鮮人自身のなかから提起されずにはいなかった。ここには民族と文学，言語と文学をめぐる多くの問題が内在しているが，1945年以後に日本語による朝鮮人作家の作品は《朝鮮民族の文学であると同時にまた日本文学の一つ》(小田切秀雄)であるという広い視点からの評価が，日本の文学界の一般的な了解になっている。日本語による在日朝鮮人の文学活動は，文学の国籍はその言語に帰属するという考え方に拘束されることなく，民族的かつ国際的な広がりのもとで新たな活気と自信とに支えられて，作者それぞれの視点から在日朝鮮人として生きる姿勢と意味，祖国や同胞組織とのかかわりなどが問題にされつつ多くの優れた達成を示しながら今日に至っている。　→在外朝鮮人文学　　　　　　　　任展慧

[1980年代以後]　1980年代から90年代にかけては，在日朝鮮人文学の世界にさまざまな意味で大きな変化がみられた時代であった。一つには政治的な関わり方である。80年5月の韓国での軍事クーデタは在日朝鮮人社会にも影響を及ぼさずにはいなかった。82年，▶金達寿ｷﾑﾀﾞﾙｽら文学者3名が故郷に墓参する目的で訪韓したが，この行動は▶全斗煥ﾁｮﾝﾄﾞｩﾌｧﾝ政権を容認するものと論議を呼んだ。しかし87年の▶盧泰愚ﾉﾃｳの六・二九民主化宣言で韓国社会が民主化へ大きく進み，翌88年の▶ソウル・オリンピック開催によって国際的な地位も高まるにつれて韓国との対し方も変わっていき，金石範は巨編《火山島》の完成のため済州島を訪ね，98年に全7巻を完結させた(この作品は毎日芸術賞を受賞)。また李恢成は▶金大中ｷﾑﾃﾞｼﾞｭﾝ政権が誕生した後，国籍を韓国籍に変えて話題となったが，作品では，生れ故郷のサハリンを訪ね，旧ソ連在住の朝鮮民族の歴史(▶サハリン朝鮮人，▶在ソ朝鮮人)を描いた《流域へ》(1992)や長編《百年の旅人たち》(1994)で健在ぶりを示した。こうした第一世代，第二世代の作家たちの故国との関わり方がある一方で，下の世代はそれらとはまた異なる祖国との葛藤をくり広げた。《ナビ・タリョン》(1982)によって文壇にデビューし，将来を嘱望された李良枝(1955-92)は，ソウルに留学し，その体験から《由熙》(1988)を書き，祖国が自分の国たりえなかった在日留学生の葛藤を描いた。彼女はこれにより88年度下半期芥川賞を受賞，さらなる未来が期待されたが，長編《石の声》を執筆中に惜しくも37歳で夭折した。またその次の世代の鷺沢萌(1968-2004)も祖母の国に語学留学，その体験をエッセイ集《ケナリも花，サクラも花》(1994)にまとめたが，ここには多少の居場所を見出した姿がうかがえる。

もう一つの変化は世代交代である。寡作な作家金鶴泳ｷﾑﾊｸﾖﾝは《郷愁は終り，そしてわれらは——》(1983)を書いた後，85年に自殺し，翌86年には一世作家金泰生が亡くなり，88年には許南麒が，また97年には金達寿が死去した。その一方で，上記の李良枝や鷺沢萌，それに李起昇，元秀一，金重明，柳美里，玄月といった新しい世代が出てきた。なかでも柳美里ﾕｳﾐﾘ(1968-)は，92年に最年少で岸田国士戯曲賞を受賞，94年には《石に泳ぐ魚》で小説家としてもデビュー，《フルハウス》で泉鏡花賞・野間新人賞を，そして《家族シネマ》で96年度下半期の芥川賞を受賞するなどひときわ活躍が目立ち，韓国でも注目を浴びている。また玄月(1965-)も《蔭の棲みか》で99年度下半期芥川賞を受賞し，嘱望されている。世代は違

うが，《タクシードライバー日誌》(1984)で注目された梁石日(ヤンソギル)(1936-)は，《族譜の果て》(1989)，《血と骨》(1996)などで凄まじい家族史＝在日の歴史を描いている．また詩人の宗秋月，歌人の李正子，評論家の竹田青嗣らが登壇し，任展慧は長年の研究成果を博士論文《日本における朝鮮人の文学の歴史――1945年まで》(1994)にまとめた．

在日朝鮮人社会あるいはそれを捉える目がそうであるように，在日朝鮮人文学も世代を重ねるにつれて多様化してきており，それは80年代，90年代とますます顕著になってきている．たとえば姜信子の《ごく普通の在日韓国人》(1987)は既存の在日論と違う思考を示して在日朝鮮人社会にちょっとした波紋を引き起こしたが，最も新しい文学世代，《GO》で2000年度上半期の直木賞を受賞した金城一紀の場合，自分自身を〈在日〉ではなく，〈コリアン・ジャパニーズ〉と紹介し，韓国と日本のどちらにも属さない〈自由〉を求めている，といった具合である．またたとえば，立原正秋(金胤奎)や，つかこうへい(金峰雄)らをどうとらえるかについては意見が分かれている．もはやかつてのように在日朝鮮人文学を，ある一つのアイデンティティのもとに定義づけたり，属文主義や属国主義といった二分法で分類するのは困難であろうと思われる．　布袋　敏博

ざいにほんだいかんみんこくみんだん｜在日本大韓民国民団

大韓民国を支持する在日韓国人の団体．もとは在日本大韓民国居留民団．略称民団．1946年10月，同年1月に結成された新朝鮮建設同盟が左派の在日本朝鮮人連盟に対抗して在日同胞の自由主義保守陣営の大同団結をすすめるため，朝鮮建国促進青年同盟などの諸団体を合わせて在日本朝鮮居留民団(民団)を結成し，民生安定，文化向上，国際親善などをその綱領とした．48年8月大韓民国が樹立されてから，同年10月民団第2回大会で表題の名称に改められ，綱領もまた大韓民国の国是遵守，在留同胞の民権擁護が加えられた．民団は50年の朝鮮戦争に際して約700人の在日青年の志願兵を派遣し，また59年，朝鮮総連の朝鮮民主主義人民共和国帰国運動に対して反対阻止運動を展開した．60年4月李承晩政権の崩壊以後成立した朴正煕政権を積極的に支持するとともに，日韓会談ならびに65年6月の日韓条約の締結を支持，在日韓国人の法的地位協定による〝協定永住権〟の獲得をすすめ，その申請者は71年1月約35万に上った．1970年代に入り，韓国の民主化運動をめぐって民団内部に対立が生まれ，中央総本部と東京本部，神奈川県本部，在日本韓国青年同盟，在日本韓国学生同盟などとの対立が激化し，これらの反主流派は73年韓国民主回復・統一促進国民会議日本本部(〝韓民統〟)を結成して民団組織から除名され，民団は新たに青年会，学生会を組織して組織の再編につとめた．民団は韓国の〈維新体制〉の積極支持，在日同胞の故郷訪問，セマウム(新しい心)運動につとめ，また在日同胞に対する日本当局の行政差別反対運動に取り組んでいる．91年入管特例法により在日朝鮮人の在留資格が特別永住という形に統一され，法的地位が確定した．日本定住を前提に，94年名称を在日本大韓民国民団と改めた．85年現在，傘下団体約20，構成員約30万で，民団系民族学校12を擁する．⇒在日朝鮮人　朴　慶植

ざいにほんちょうせんじんそうれんごうかい｜在日本朝鮮人総連合会

朝鮮民主主義人民共和国を支持する在日朝鮮人の団体．略称朝鮮総連，総連．1955年5月，それまでの在日朝鮮統一民主戦線(民戦)を発展的に解消してつくられた．朝鮮総連は日本の内政に不干渉，朝鮮民主主義人民共和国の海外公民としての立場に立ち，在日同胞を共和国の周囲に結集させ，南・北半部の同胞との団結を強固にする，祖国の平和的統一・独立に献身する，在日同胞の民主的・民族的権利の擁護，母国語による同胞子弟の民主的民族教育の実施などの8大綱領を掲げた．主要な事業として，強いられた日本への同化教育を清算し，民主的民族教育の充実と体系化に努力し，初級学校から大学教育まで一貫して社会主義祖国の教科課程に準拠した教育体系を整え，現在150余の学校，2万余人の学生を擁している．また《朝鮮新報》(朝鮮文)をはじめとする十数種の新聞・雑誌を発行し，37の朝銀

信用組合、160余の同店舗を営業して同胞の生活・企業活動の便を図っている。朝鮮総連はまた59年から「在日朝鮮人帰還協定」にもとづき共和国への同胞の帰国運動を展開する一方、日韓会談、日韓条約締結反対運動を積極的に行った。また70年代に入って共和国の方針である高麗民主連邦共和国案による南北統一運動を展開し、共和国主席金日成の「チュチェ（主体）思想」の学習に力を注ぎ、組織活動家の結束の強化に努めている。91年入管特例法により在日朝鮮人の在留資格が特別永住という形に統一され、法的地位が確定したことにともない、93年日本永住の方針を定めた。85年現在傘下団体30余、構成員約20万。議長は2001年まで韓徳銖。☐在日朝鮮人　　　　　朴慶植

ざいにほんちょうせんろうどうそうどうめい｜在日本朝鮮労働総同盟

1925年2月、それまで組織されていた東京朝鮮労働同盟会、大阪朝鮮労働同盟会（ともに1922年結成）など11の朝鮮人労働団体を結集し、東京で創立された中央組織。在日朝鮮労総と略称。創立大会では、在日労働者の大同団結と階級戦線の結成を宣言し、団結と相互扶助、抑圧と迫害への抗争、労働者階級の完全解放と新社会の建設などを内容とする綱領を掲げた。27年の第3回大会では綱領、規約などを改正し、政治闘争への転化、未組織労働者の組織、国際的団結の強化を打ち出し、また府県単一労組制としたが、最も発展した時期には約4万人の組合員を組織した。在日朝鮮労総は朝鮮本土の運動と緊密な連携を保ちつつ、29年まで在日朝鮮人の労働運動、民族運動の指導的役割を担ったが、28-29年に大々的な弾圧をうけて多くの幹部を失い、またコミンテルンの方針に沿って30年、運動路線を転換して解散し、日本の全協（日本労働組合全国協議会）に加盟して、日本共産党指導のもとに運動を展開した。　　　　　朴慶植

ざいばつ｜財閥

家族、同族が閉鎖的に経営を支配している多角的な企業集団。韓国経済のほとんどの部門で財閥系企業が主要な位置にあり、輸出、工業生産などの面で国民経済のほぼ半ばを占めているとみられる。財閥の範囲は必ずしも明確でなく、時期による興亡・盛衰も激しいが、形成期の特徴に応じて三つの類型に区分できる。第1は、日本統治下に財閥を形成した三養（前身は「湖南」財閥）、和信など。三養は農場・塩田の経営を基盤に、1919年に民族資本の典型といわれる京城紡績を設立し、植民地時代末期には繊維部門内での多角化を行った。和信はソウルに百貨店、全土に450店ものチェーン店網を築いた。だが両財閥とも解放後の成長産業への進出は順調でなく、和信は70年代末に破綻してしまう。

第2は、解放後の日本人から没収した帰属財産の払下げや50年代のアメリカ援助物資払下げなどの特恵を契機に形成された三星、ラッキー金星、三護、大韓電線、双竜などの特恵財閥である。とくに援助物資の原麦、原糖、原綿を加工する〈三白工業〉に地歩を確保した三星財閥、三護などは、巨額の蓄積を実現して韓国屈指の財閥となったが、その後三護は60年代の変化に対応できず没落している。

第3は、朴正熙政権の政府主導型経済開発を契機に成立した新興グループ。建設から重工業へ多角化した現代財閥をはじめとして、運輸中心の韓進財閥、貿易から重工業へ進出した大宇財閥、繊維を基盤に多角化を図った鮮京、暁星、韓一合繊、大農、コーロンの各財閥や、そのほか錦湖、ロッテ、韓国火薬などがおもなもの。系列企業の資本金、売上高、従業員数などを比較すると、現代、三星、大宇、ラッキー金星（後にLGと改称）が上位グループを形成し、大韓石油公社を引き受けた鮮京（後にSKと改称）が売上高でそれらに迫っていた。外資と提携し、輸出産業、重化学工業に進出した財閥が有力となっている場合が多かった。

韓国の財閥は、ほぼ例外なく政治権力との癒着を急成長の根拠としており、有利とみられる新規事業への参入もこの癒着にもとづいていた。この点に加えて、閉鎖的同族経営による富の独占、市場独占・寡占による不公正、外部資金に依存した乱脈投資などがしばしば批判を招いていた。70年代以降、政策的に企業公開が促進され、同族

支配からの脱皮が迫られる一方、韓国の急速な重化学工業化のためには、政府が財閥を優遇する資金供給を行うこと(政策金融)が必要とされた。そのなかで各財閥は新規事業へと多角化を進め、財閥の肥大化と過剰投資が不可避となった。これを一つの要因として、1979年から80年にかけて経済危機が勃発したため、全斗煥(チョンドゥホァン)政権は業種別の企業統合政策を打ち出したが、財閥の抵抗が強く、意図した成果をあげられなかった。80年代後半から財閥への経済力集中はさらに進み、タコ足経営の不健全性が目立ってきたため、金泳三(キムヨンサム)政権は多角化抑制、国際競争力強化をねらいとした業種専門化政策を提起し、30大財閥に対して主力業種の選定を促した。しかしこれも、規模の拡大を求める財閥の抵抗で不徹底に終わった。99年4月時点での30大財閥の系列企業数は686社、総資産は473兆ウォン、そのうち5大財閥(現代、大宇、サムソン、LG、SK)のみで234社、311兆ウォンに達していた。

1997年の経済危機は、韓宝財閥をはじめとする中堅財閥の相次ぐ破綻が引金となったため、IMF(国際通貨基金)監視下で政権に就いた金大中(キムデジュン)大統領は、経済再建の重点施策として財閥の改革を掲げた(IMF時代)。その要点は、①企業経営の透明性確保(連結財務諸表の作成、社外取締役の選任)、②系列企業間の相互債務保証の廃止、③企業の財務構造改革(負債比率の低減)、④主力事業への業種整理(事業交換)、⑤経営者の責任強化、の5点であった。これらが達成されれば、韓国の財閥はその体質を大きく変えることになるため、平常の状態ではとうてい実現の見込みはなかったが、IMFに介入された非常事態下で、政府は金融機関を通じた資金の流れを統制することで財閥側に改革を迫った。その結果、財閥側も政府方針を受け入れざるをえず、98年12月の金大統領と5大財閥代表との会談では、系列企業の半減と主力業種の絞り込みが合意された。

現代(ヒョンデ)財閥は建設、自動車、電子、重化学、金融・サービス、サムソン(三星財閥)は電子、金融、貿易・サービス、大宇(テウ)財閥は自動車、重工業(造船)、貿易・建設、金融・サービス、LG財閥は化学・エネルギー、電子・通信、サービス、金融、SK財閥はエネルギー・化学、情報通信、建設・物流、金融などが主力業種とされた。財閥間の事業交換(ビッグディール)としては、半導体、石油化学、航空機、鉄道車両、発電装置・船舶用エンジン、石油精製、自動車の7業種がとくに選定された。事業交換あるいは統合には外資導入も絡み、交渉は複雑に推移したが、半導体、石油精製などのように予定どおり進んだ業種と、混迷した業種とに分かれた。最大の焦点として注目された三星自動車と大宇電子の交換は、三星自動車の倒産によって実現にいたらなかった。また大宇財閥は拡張戦略が裏目に出て、系列企業の整理によっても収拾をはかることができず、99年8月に破綻を宣告された。その結果、大宇財閥は解体され、主力の大宇自動車はGMの傘下に入ることになった。また、最大の財閥であった現代は、創始者の鄭周永が没した影響を受け、現代自動車、現代重工業など4グループに分解した。

2000年代の金大中、盧武鉉政権期には、財閥への過度の経済力集中は規制されていたが、08年に李明博政権が成立すると、規制緩和(総額出資制限制度の廃止など)により、系列企業数、資産額は増大する傾向を強めた。12年には上位10大財閥の系列企業総数は約600社、総資産額は900兆ウォン近く(GDPの約80%)に達している。規模別では、サムソン、現代自動車、SK、LGが4大グループを構成し、これにロッテ、現代重工業、GS、韓進、ハンファ、斗山(トゥサン)が続いている。 →地域・国名編の大韓民国[経済]

金子文夫

ざいべいちょうせんじん|在米朝鮮人

おもに1960年代後半以降、韓国からアメリカ合衆国に渡った移民とその子孫をさし、コリア系アメリカ人ともいう。60年代の韓国は人口爆発・農村の恒常的疲弊・失業問題などに直面し、これら諸問題への即効性ある対応を迫られた。政府は産業経済の近代化を推し進めると同時に、62年に〈海外移住法〉を制定、移民を重要な政策として位置づけ、人口問題の解決と近代化への基礎作りの期待をこめて、海外への出稼ぎ・移民を積極的に奨励した。一方、アメリカは

65年に家族の再統合と専門職・技術職の移民を優先的に受け入れることとを主眼に移民法を改正し、韓国から多くの移民を受け入れはじめた。韓国人移民は71年にはそれまでの千人単位から1万人を大きく超え、76年からは3万人台へと急増する。この傾向は90年頃まで続き、94年までの累計では約80万人に達している。この急増の主因は、呼寄せ移民の割当て枠の拡大と戦争花嫁や合法的居住者が家族を呼び寄せる、いわゆる連鎖移民であった。対米移民の80%は招請による移民と報告されている。アメリカにおける市民権取得者は約57万人、永住権者は約102万人となっている。それらの権利をもたない人も含めると約205万人といわれている。韓国人移民にとって市民権や永住権は生活上必須であり、親兄弟を呼び寄せるための必要条件でもある。

そのほとんどが零細な自営業に従事し、家族協働と長時間労働でおもにロサンゼルス、ニューヨーク、シカゴなどの大都市部に地歩を築いてきたが、急成長ゆえに周囲のマイノリティとの摩擦が報じられることも多い。こうした出稼ぎ・蓄財志向も92年のロサンゼルス暴動を契機にわずかずつではあるが変容しはじめている。経済的・精神的被害をこうむった移民第1世代と、コミュニティの復興に活躍した〈1.5世〉や第2世代は同族意識を再確認することで世代間ギャップを埋め、また他民族との共生を余儀なくされる多民族国家アメリカに定着することの意味を主体的に模索しはじめている。
川島信子

[在米コリアン―海外移民] 在米韓国人(在米朝鮮人)ともいうが、米国の市民権をもつ韓国(朝鮮)系米国人(コリア系アメリカ人)らを含めた総称として〈在米コリアン〉とよばれるケースが多い。韓国外交部が2012年6月に公表した統計によると、11年の在米コリアンは計217万6998人。うち市民権保有者は109万4290人、永住権(グリーンカード)取得者が46万4154人で、一般在留者は51万2938人、留学生は10万5616人。カナダには23万1492人。中南米には11万2980人、ブラジルに5万773人、アルゼンチンに2万2354人と計65%近くがこの2ヵ国に住む。また、同外交部が13年2月に公表した統計によると、韓国から米国への移民申請者は1984-2012年に計28万4612人、カナダへは8万1545人。米国へは86年の3万548人をピークに減少した。なお、同外交部の統計では、海外に居住している在外コリアンは175ヵ国、計726万8771人で、国別では中国、米国、日本、カナダの順。

92年4月に起きたロサンゼルス暴動は、黒人青年に暴行した白人警官に対する評決に怒った黒人が在米コリアンの経営する商店を襲撃するなどして人種間対立が表面化した。2007年4月には在米コリアンの学生がバージニア工科大で銃を乱射、32人を殺害する事件が発生。現場で自殺した容疑者は92年に8歳で家族と米国に渡った〈1.5世〉で、在米コリアン社会に衝撃を与えたが、ロス暴動のような人種間対立には発展しなかった。一方、21世紀に入る前後からスポーツ選手や俳優、歌手、音楽家など米各界で活躍する在米コリアンが脚光を浴びるようになり、12年4月には世界銀行の第12代総裁に米ダートマス大学長で医学者のジム・ヨン・キムが選出され、同年7月に就任した。ソウル生れ、5歳で米国に移住した在米コリアンで世銀初のアジア系総裁。

移民だけでなく、朝鮮戦争当時から貧困などの事情で米国など海外に養子(里子)として出された〈韓国人養子〉も90年代になって注目を集めはじめた。94年時点での20万人以上に上る〈韓国人養子〉は米国に約6万人。12年5月に発足したフランスのオランド政権では、生後6ヵ月で養子に出された女性フルール・ペルランが中小企業担当相に就任、フランス初のアジア系閣僚となった。⇒在外朝鮮人
阪堂博之

さいまんしょく|蔡万植|⇒チェ・マンシク
さいめいきつ|崔鳴吉|⇒チェ・ミョンギル
さいもせん|崔茂宣|⇒チェ・ムソン
さいようけん|崔庸健|⇒チェ・ヨンゴン
さいりん|崔麟|⇒チェ・イン

さけ|酒

古代国家扶余の迎鼓、高句麗の舞天、`東盟という秋の行事に酒が飲まれたとされるが、〈酒〉の字がみられるのは三国時代で、たとえば唐の人が〈新羅酒〉にあこがれたと

●酒｜圏酒幕

朝鮮王朝後期の金弘道の風俗画。酒幕は旅人たちに飯や酒を提供する唯一の休憩所であった。女主人は濁酒を汲んでいる。

いう(《太平御覧》)。仏教隆盛の高麗時代には寺院を中心に酒が醸造され、このころすでに清酒チョンジュと法酒ポプチュの2種の酒があった(《高麗図経》)。14世紀ごろ元との交流で焼酒ソジュのつくり方が伝来する。朝鮮王朝時代には家庭を中心に多くの酒づくり法が考え出され、自家製の家醸酒カヤンジュが発達する。17世紀慶尚北道の一家庭に49種があり、19世紀の南部の一家庭に73種の酒づくり法があった。これらの家醸酒も20世紀に入って酒税法の発布、さらに日本の植民地統治下でのたび重なる酒税法の改正や国家専売制の施行により、朝鮮の家庭から消えてしまった。現在朝鮮半島で飲用されている酒は、韓国ではマッコリ、焼酒、薬酒ヤクチュ、朝鮮民主主義人民共和国では焼酒、薬用酒が主であり、南北ともにビールが多くなりつつある。

[主要な酒] ①マッコリ　マッはくおおざっぱに〉、コリは〈濾す〉の意で〈粗濾チョロシ酒〉となる。日本ではマッカリともいう。穀類などの材料とヌルッとよぶ小麦麹(米麹の日本とはこれが異なる)とを1回だけ合わせる一段仕込みの速醸酒で3〜4日で仕上げる。上層の清澄部と下層の濁部を分離せずにくおおざっぱに〉混ぜ合わせて篩フルイで粗濾しする。若干の粘性があり、弱い甘味と酸味が特徴。後述の薬酒の下層の濁り部分をマッコリとよぶこともある。農民が愛飲したことから〈農酒〉ともよばれる。かつて韓国では主食用の米を節約する意味で、生産量に余裕のある年以外は米のマッコリはつくられず、小麦粉などが使われた。アルコール分は6％前後である。②薬酒　薬用酒のことではなく、糯米、粳米を材料に小麦麹のヌルッを2段、3段と重ねて醸造した上層の清澄部分の清酒であった。薬とは関係ないのに薬酒とよばれる由来は、禁酒令時代の密造が発覚したときに薬の酒であるとして言い逃れた説、薬峴という場所でつくられた清酒の味がよかったから、などの説がある。近年は酒造原料に余裕がでて酒づくりが活発になり、ビールの普及にともなう生産も盛んである。また日本酒のような完全濾過の透明な酒が商品として多くなっている。ちなみに日本式製法の清酒のことを俗にく正宗チョンジョン〉というのは、植民地統治時代にく正宗まさむね〉銘柄の日本酒が多く、日本酒を代表したことに由来する。③法酒　高麗時代の宗廟祭祀などに用いられた官用酒とされる。大きな寺院の近くに法酒が発達し、新羅の古都慶州の法酒はいま韓国を代表する酒となっている。定められた法どおりにつくる酒というところから名づけられた。元来は2、3段の仕込みで、透明さにはとくにこだわってはいなかったが、輸出、観光みやげ用にと透明な清酒が出回っている。アルコール分14〜15％前後で冷やでよく飲まれる。④焼酒　穀類、いも類を材料に醸造した酒を蒸留したもので、15世紀ごろから急速に広まった。技法にちなんで火酒ファジュ、気酒キジュ、白酒ペクチュ、露酒ロチュともよばれるが、モンゴル語の阿剌吉酒アラキジュの呼称も残っている。近年とくに焼酒の消費が多くなり、朝鮮半島の大衆酒としてはマッコリをしのいでいる。アルコール分18〜30％のものが主である。⑤薬用酒　焼酒、薬酒に漢方薬材を合わせたもので、多種類にわたり、保健酒として愛飲され、高麗人参酒などがその一つである。そのほかウィスキー、ワイン、ブランデー、日本酒などが都市を中心に消費が増えている。韓国のマッコリが韓流ブーム

により日本で急速に広まった。レストランや居酒屋などで若い女性たちに好まれ，人気になっている。日本でも生産されるようになり，今やマッコリはコンビニやスーパーマーケットなどでみられる商品となった。

鄭 大聲

[酒の民俗] 農村では農作業にかかる前に必ずマッコリなどの酒を飲んだものである。また儒教の祭祀で酒は供物として用いられ，初献，亜献，終献の3人の祭官によってささげられる。シャマニズムの巫儀においても酒は餅とともに重要な祭物であり，巫女が飲んだり土地に注いだりして雑鬼払いをする。酒には雑鬼や病原菌を払う呪力があると信じられており，鬼神が出るといわれている夜道は酒を飲んで歩くとよいとされたり，伝染病が流行している所を通るときも酒を飲んでいるとよいといわれた。朝鮮王朝時代には，酒と簡単な料理で旅人をもてなし宿泊させる酒幕があったが，現代では旅館と飲食店に分化してしまった。なお儒教的伝統の強い朝鮮では，目上の人の前では飲酒を慎むのが原則であり，勧められて飲む場合にも顔を少し横にそらせて飲む。目下の者は目上の人に盃を献上してから，その返盃をいただくのが近づきの習慣となっている。　→もてなし

崔 吉城

さたくちしゃくひ│砂宅智積碑│사택지적비
韓国，忠清南道扶余郡扶余邑で1948年に発見された三国時代百済の数少ない金石文。碑は身部だけで，しかも左側の一部を欠いている。碑身の上下は当初のままで，高さ105.5cm，現存幅約33.0cm，厚さ約29.5cmを測る。碑面には1行に14の方形の区画を線刻し，そこに文字を刻んでいる。1行から4行まではほぼ完存しているが，5行目は字画のごく一部を随所に残すにすぎない。また，碑身の原形をとどめる右側面には，上端から少し下がったところに，円形の輪郭を刻んでいて，その内部になんらかの図文の存在をうかがわせるが，磨滅がひどくてよくわからない。欠失している左側のそれとともに日月のような図文が想定されよう。碑面に現存する1行14字詰4行，合計56文字の碑文は，甲寅年(654)に百済の貴族砂宅智積が願主となり，人間の無常を痛感し，仏神の加護を仰がんとして，金堂や塔婆を建立したことをおもな内容とする。同時に，洗練された六朝風の文章や字体に百済貴族の文化水準の高さをみることができる。

西谷 正

サハリンちょうせんじん│サハリン朝鮮人
サハリン(樺太)の朝鮮人は現在約3〜4万人で，サハリン全人口の1割程度にあたる。サハリン南部は1905年から45年まで日本領土であったため，当時，朝鮮半島から多くの朝鮮人が移入された。第2次大戦後，ソ連の支配下となったサハリンには，当時の調査で4万3000人の朝鮮人と約30万人の日本人がいたが，米ソ引揚協定(1946)や日ソ共同宣言(1956)により日本人のほとんど全員が引き揚げ，朝鮮人は置き去りにされたのである。

日本時代からの朝鮮人の最大の望みは，故郷である朝鮮への帰還と家族再会であったが，その望みは長期間かなわなかった。しかし，1980年代半ば以降のソ連におけるペレストロイカの進展，▶ソウル・オリンピック(1988)，韓ソ国交樹立(1990)，さらにソ連の崩壊など情勢の変化は彼らの望みに光をもたらした。韓国には留守家族会があり，日本には日本人妻の同伴家族として帰還した韓国人たちの会と彼らを支援する市民団体がある。三者協力のもと，88-90年に約1000人が日本に招待され，韓国の家族との再会が実現した。日本の国会議員らによる〈サハリン残留韓国・朝鮮人問題議員懇談会〉も各方面に熱心に働きかけを行い，90年以降，日本政府は予算を計上し，日韓両赤十字社の協力のもと，韓国〜サハリン間に家族再会のためのチャーター便が月1回就航するようになった。90-2010年の20年間で約1万6500人の故郷訪問と，約3000人の韓国への永住帰国が実現した。また，日本政府は94年，永住帰国者のための療養院とアパート建設のための32億円を予算化し，韓国政府の土地提供により，99年3月，仁川市に100名収容の療養院が建ち，2000年2月，付近の安山市にアパート8棟，500世帯が入居する〈故郷の村〉ができた。現在，約1000名の永住帰国者が生活している。他方，サハリンにおいては日本政府の予算

（5億円）により，2008年韓人文化センターが建設された。➡在ソ朝鮮人　　　　　　　　高木健一

さへい｜佐平｜좌평

百済の官制。百済の官位16等制の第1等官位名であるとともに，中央の最上級官庁の長官名でもある。佐平の設置時期を《三国史記》では260年とするが，中国史料では6世紀以降とする。百済末期には上佐平・大佐平の最高官職名があらわれるが，それまでは次の六佐平制であった。①内臣佐平　王命の伝達，上奏の取りつぎなどを行う首相。②内頭佐平　国庫を管理する大蔵大臣。③内法佐平　儀礼関係の責任者で，宮内大臣に当たるか。④衛士佐平　王の身辺を護衛する近衛大将。⑤朝廷佐平　刑罰，監獄のことをつかさどる法務大臣。⑥兵官佐平　宮廷外の軍事をつかさどる国防長官。六佐平制度からもわかるように，百済の政治組織は，高句麗，新羅より整備されていた。しかし，祭政一致的な選挙方法で宰相が選出され，王族の活躍も目だつが，大姓八族といわれる貴族たちが中心になっていた。この六佐平制度も貴族連合体制での行政実務の分担制とみられる。➡百済
　　　　　　　　　　　　　　　井上秀雄

ざほう｜座法

朝鮮の部屋には➡オンドルが入っているため，その床は冬は暖かく，夏は冷たい感触がある。このような環境のせいか座法は自然と身体の部分を広く床に着けるようになっている。男性は一般にあぐらをかくが，老人はそのあぐらの大腿部の下に両手を開いて入れ，手のひらで床の感触を楽しむかのごとくみえる。女性は一般にあぐらをかくように座るが，片ひざは立てる。しかし，女性の場合，クンチョルとよばれる目上の人の前での改まったあいさつにおいては正座や立てひざをすることがある〈挨拶〉の項を参照）。男性の場合も，クンチョルのような改まったあいさつのときに正座はほんの少し用い，一般には人にわびるときや罰せられたとき以外には行わない。女性は長いチマを常用しているので，あぐらや立てひざが不自然にはみえない。またチマ，チョゴリの姿ではこの座法が最も美しい。楽な座法として日本女性が多く用いる横座りはあまりみられない。また朝鮮ではもともと座布団がなく，大切な客にはくござ〉を用いた。座布団が使用されるようになったのは植民地時代以降のことである。なお，戸外で長話をするときなどは，しゃがんだ姿が多く，とくに老人によくみられる。　　崔吉城

サムソンざいばつ｜三星財閥｜삼성

韓国の代表的な財閥，企業グループ。サムスンとも。中核企業である三星物産は日本統治時代に醸造業に着手していた李秉喆（イビョンチョル）(1910-87)が1937年に設立した三星商会が前身で，これが47年の三星物産公司を経て，52年に三星物産となった。その後アメリカの援助物資を扱う製糖・梳毛・製粉工業に進出した(1953年第一製糖，54年第一毛織を設立，58年には第一製糖に製粉部門を併設）。朝鮮戦争後の復興期に，輸入依存度の高かった消費財の国産化を行うことによって事業を拡大し，50年代末には韓国屈指の財閥になった。当初は軽工業中心に多角化を進めていたが，69年には三星電子（1983年度売上高7070億ウォン），74年には三星石油化学と三星重工業を設立し，重化学工業，電子工業の分野へも進出した。さらに三星物産が75年に政府から総合商社第1号として指定され，グループ企業の輸出拡大に貢献した。80年代以降，金融業および半導体，コンピュータ，遺伝子工学など先端産業への進出に力を注いだ。93年に初期の主要企業であった第一製糖グループが分離したが，99年4月時点での系列企業数は49社，総資産は62兆ウォンに達し，現代，大宇に続く第3位の規模であった。金大中政権期の財閥改革では主力業種を電子，金融，貿易・サービスに絞り込み，経営健全化を進めた。2000年代に入り，サムスン電子が半導体，液晶パネル，薄型テレビ，携帯電話などを中心にして電子工業の世界トップ企業へと躍進したため，サムスングループは韓国内における地位を一段と高めることになり，12年時点で総資産256兆ウォン，韓国最大の財閥グループの座についている。主なグループ企業には，サムスン重工業，サムスン石油化学，サムスン物産（商社，建設），サムスン生命，サムスン火災海上保険などがある。➡財閥
　　　　　　　　　　　　　鈴木明彦＋金子文夫

サムチョク | 三陟 | 삼척

韓国，江原道南東部の東海岸沿い，日本海に面した都市。人口6万7454（2010）。古代には悉直国の名がみえるが，6世紀初めに新羅の悉直州となり，8世紀ころには三陟郡がおかれた。無煙炭，石灰，亜鉛などの産地として知られ，三陟火力発電所を中心にこれらの地下資源を利用したセメント，化学肥料，カーボンなどの工場がある。嶺東（ソウル～江陵．1976），東海（江陵～東海．1979）両高速道路の完成によってソウルからの一日経済圏に編入された。北に隣接する▶東海ドジ市は北坪ドシシなどの旧三陟郡の一部をあわせ，三陟とならぶ工業都市となっている。1986年三陟郡内の三陟邑が市制施行，三陟市となる。95年同市は三陟郡と合併し，新たに三陟市が発足した。　　　　　鶴園 裕

サムルノリ ▶音楽

サランバン | 舎廊房 | 사랑방　▶住居

サリウォン | 沙里院 | 사리원

朝鮮民主主義人民共和国，黄海北道西部の都市。彦真山脈の山麓から載寧平野へ至る地域に位置する。平壌～開城線の要駅があり，海州，長淵方面への分岐点である。載寧平野の農産物集散地として発達したが，沙里院炭田の褐炭，石灰石などを背景として建材，紡織，機械などの諸工業の勃興により工業都市となった。1954年黄海道が分割され，黄海北道が新設されるとともに，その道都として地方行政の中心となっている。　　　　　　　　　　　　　谷浦 孝雄

さんいちどくりつうんどう | 三・一独立運動

1919年3月1日を期して始められた朝鮮近代史上最大の反日独立運動。南・北朝鮮では今日でもこの日を記念日として重視している。第1次世界大戦以後，民族運動や革命運動が世界的な高まりを示したが，朝鮮でも独立を達成しようとする動きが一段と活発になった。1918年秋，中国東北部，シベリア方面に移住していた朝鮮人は，ロシアの革命派に協力して日本のシベリア出兵軍と戦っていた。同じころ，アメリカや上海で活動していた安昌浩，呂運亨，金奎植らのグループは，パリ講和会議に朝鮮人代表を派遣し，朝鮮独立の必要性を国際世論に訴えるため奔走していた。さらに，朝鮮内では天道教，キリスト教，学校の教師・学生の間でそれぞれ独自に独立運動計画が練られていた。初め別々に進められていたこれらの運動は，1919年に入ると相互に連絡がつけられた。1月22日に死去した前国王▶高宗コジンは日本のさしがねで毒殺されたという噂がとびかい，2月8日には在日留学生（▶留学）が東京で独立宣言書を発表するに及んで，独立運動促進の気運が急速に盛り上がった。最終的な運動方針は2月の末になって決められた。①ソウルのパゴダ公園で独立を宣言し，②朝鮮全土で独立宣言書を配布すること，②日本政府および貴族院，衆議院あてに朝鮮併合は無意味であり即刻独立を認めるべきであるという通告文を送り，アメリカ大統領ウィルソンと講和会議各国委員には朝鮮独立を支援するよう請願書を送ること，がその要点であった。独立宣言書は▶崔南善チェナムソンが起草し，これに天道教の▶孫秉熙ソンビョンヒ，キリスト教の李昇薫，仏教の▶韓竜雲ハンヨンウンなど計33名の〈民族代表〉が署名した。ひそかに印刷された2万1000枚の独立宣言書が宗教者や学生たちによって全国に運ばれた（各地ではこれを元にした別の宣言書が作成されたこともあった）。こうした大がかりな準備が〈水も漏らさぬ〉と豪語した日本の官憲の眼をぬすんで成功裡に進められた。

3月1日，運動はまずソウル，平壌，大邱，開城などの主要都市で始められた。ソウルではパゴダ公園に集まった学生たちが正午の鐘を合図に行動を開始した。彼らは独立宣言書の朗読を終えると太極旗（大韓帝国時代の国旗）をうちふり，〈独立万歳〉を高唱しながら街頭に出た。これはたちまち数万の群衆が参加する大規模なデモとなった。それ以後各地の運動は大衆の集まりやすい市のたつ日に合わせて行われ，3月中ごろからは朝鮮全土が反日独立運動のるつぼと化した。わけても農村部の運動が激しかった。1918年に終了した▶土地調査事業によって，朝鮮の農村は日本人地主や親日的な地主たちが支配するところとなった。また，大戦中に日本の工業の成長を支えるために綿花や桑苗の作付強制がなされ，朝鮮米が大量に持ち出された。農民たちが面事務所（村役

場)を襲い，土地台帳や作物の供出簿を焼きすてたのはそのためであった。ところが，日本の支配層はこの運動を徹底的に弾圧した。憲兵，警察のほかに正規軍をも投入した鎮圧作戦によって，水原の▶堤岩里ﾁｪｱﾑﾆ事件，天安事件(4月1日並川市場でデモ隊20名射殺，〈朝鮮のジャンヌ・ダルク〉▶柳寛順ﾕｸｧﾝｽﾝが逮捕され獄死)，定州ﾁｮﾝｼﾞｭ事件(3月8日デモ隊，市民120名余を無差別殺戮，民族代表李昇薫らの家宅が破壊される)などが相ついで引き起こされた(表参照)。

この運動は多くの犠牲者を出して終わったが，その影響は大きかった。世界大戦の戦勝国に対する闘いとして，同年のインドの非暴力運動(4月)や中国の五・四運動(5月)の先がけとなり，また，日本の植民地支配者には深刻な打撃を与えた。学校教師が帯剣して授業することや▶憲兵警察制度は廃止せざるをえなくなった。制限つきではあったが，朝鮮人は集会・結社の自由や言論の自由をかち取った(翌年《東亜日報》《朝鮮日報》などが発刊)。朝鮮総督の▶長谷川好道は更迭されて▶斎藤実が第3代総督となった。斎藤は朝鮮民族の分断を策して〈▶文化政治〉を唱えたが，三・一独立運動を経験した朝鮮人はさまざまな組織を作って頑強にこれと闘った。▶労働運動，▶農民運動，▶女性運動，▶青年運動や▶衡平運動(朝鮮の部落解放運動)などの大衆運動は，三・一独立運動をその出発点として本格的に展開されることになった。国外では4月10日，多くの独立運動家たちが集まって，上海で▶大韓民国臨時政府が組織された。それは亡命政府ではあれ，朝鮮最初の共和政体の登場を意味するものであった。しかし，朝鮮内での独立運動は厳しく取り締まられたため，朝鮮人の居住者が多かった中国領間島地方を中心にして武装独立運動(▶独立軍抗争)が活発に展開された。

[日本における反応] 朝鮮で三・一独立運動が発生したことは新聞を通して日本国内に伝えられた。各新聞は当初この運動を一部の限られた人々に扇動されて起きた〈騒擾事件〉としてとらえ，日本の植民地支配に対する朝鮮民族の根底からの反抗であるとは考えなかった。ところが，運動が長期化し，激しさを増すと容易ならざる事態であると感じられるようになったが，そのころから真相を隠すために厳しい報道管制がしかれた。日本人の間に排外主義的な敵がい心がかもし出されて事態がいっそう悪化することを防ぐ必要もあった。こうして4月以降は主として総督政治の改革問題に議論が集中するようになった。▶吉野作造ら民本主義者たちは朝鮮人の立場に理解を示したが，それも植民地支配のあり方についての反省を求めるもので，植民地支配そのものを否定するような考えは出てこなかった。それに対して白樺派の▶柳宗悦やキリスト教牧師の柏木義円らはヒューマニズム精神から朝鮮人の独立の志向に共感を寄せた。しかし，排外主義的な民族主義の論調が強まっていく時代にあって，こうした見解は少数者の意見として顧みられず，多くの国民大衆の心をつかむことができなかった。

馬渕貞利

さんかん│三韓│삼한

古代朝鮮半島の南部に割拠した韓族の総称。転じて朝鮮民族一般をさす場合にも用いる。古代朝鮮の北西部にはいわゆる▶衛氏朝鮮と称する国家が存在したが，前2世紀の末ころ漢の武帝によって征服され郡県支配の中に編入された。これに反し半島南部の方面にはその統制も十分に行きわたらず，この地域の韓族は各地に分裂割拠し，その首

●三・一独立運動 表 運動参加者数と被害状況

	参加者数	死亡者数	負傷者数	逮捕者数
京畿道	665900	1472	3124	4680
黄海道	92670	238	414	4218
平安道	514670	2042	3665	11610
咸鏡道	59850	135	667	6215
江原道	99510	144	645	1360
忠清道	120850	590	1116	5233
全羅道	294800	384	767	2900
慶尚道	154498	2470	5295	10085
懐仁・竜井・奉天・満州・その他	48700	34	157	5
総計	2023098	7509	15961	46948

注—朴殷植《韓国独立運動之血史》(上巻)による。同書の統計では道別統計と総計が一致しないが，郡別統計には空欄が多いため総計をそのままとった。被害にはほかに教会の毀焼47や毀焼民家715が数えられている。

長(長帥)たちは臣智とか邑借と自称し、また楽浪、帯方の太守を介して帰義侯とか中郎将などという中国式の官名をうけ、一種の間接支配下にあったようである。《三国志》魏志の東夷伝はこれら韓族について、最も古くかつ詳細な記録であるが、それによると彼らは3種に分かれ、西方に▶馬韓50余国、東方に▶辰韓12国、辰韓に雑居して弁辰(▶弁韓ないし弁辰韓ともいう)12国があったというが、これらの国の実体も国数もきわめてあいまいである。《三国志》魏志東夷伝の記述ではこれら3種を統合する最高権力者の君王ともいうべきものは存在せず、各部族は雑居しており、とくに弁辰(弁韓)と辰韓の区別は不明である。また3種と表記しているが、この3種も言語とか習俗とか明確な基準によった分類ではない。なお、《後漢書》では三韓の中で馬韓が最大であり、その王、辰王は三韓全体の統治者のように記されているが、《三国志》では弁・辰韓合わせて24国、その12国のみが辰王に属した、となっている。しかし、その辰王なる存在についても諸文献の記載はすこぶる不明確で、その研究は今後の課題である。

村山 正雄

さんぎょうせんきょうかい│産業宣教会│▶都市産業宣教会

さんこうこうじつず│三綱行実図│삼강행실도
朝鮮前期、中国と朝鮮の故事から君臣・父子・夫婦の三綱(忠孝貞)の模範となる忠臣・孝子・烈女、316人(うち朝鮮人16人)の行実を集めて編んだ書。3巻1冊。世宗が、人が守るべき綱常の何たるかを民衆たちに知らしめる目的で編纂させ、1434年頒布した。それぞれの行績を漢文と絵で説明し、賛詩を付す。のち数次にわたって重刊されたほか、内容を削ってハングル訳を付した諺解刪定本(1490)、朝鮮の事例を加えた《続三綱行実図》(1518)、《東国新続三綱行実図》(1617)なども刊行された。当時の儒教的倫理観、価値観がよく示されており、国語史、絵画史、服飾史などの資料としても貴重である。

長森 美信

さんごくいじ│三国遺事│삼국유사
新羅史を中心とした古代朝鮮の私撰の歴史書。高麗の高僧一然(1206-89)が、1280年代に編纂し、弟子の無極が補筆。5巻9編からなり、第1巻は王暦・紀異、第2巻は紀異、第3巻は法興・塔像、第4巻は義解、第5巻は神呪・感通・避隠・孝善の諸編。第1巻、第2巻は年表、新羅通史、諸国の個別の歴史記事。第3巻以降は仏教史関係の記事で、その構成は梁・唐両高僧伝の影響をうけながらも、朝鮮仏教史の特徴を生かしている。王暦や第2巻の▶《駕洛国記》の抄録などは他に類例のない史料である。紀異の最初の項目に▶檀君王倹の神話をあげたことは、本書がたんに《三国史記》の補遺でなく、元の支配に反対し、民族の自主独立を標榜した歴史書といえる。仏教説話記事には、文芸作品ともみられるものがあり、とくに新羅の▶郷歌は文学的価値や言語学資料としての価値が高い。版本では正徳本が、活字本では朝鮮史学会本第3版(1973)が最良である。

さんごくしき│三国史記│삼국사기
朝鮮古代の新羅・高句麗・百済3国に関する歴史書。1145年に▶金富軾らが編纂した官撰書。全50巻で、新羅本紀(1~12)、高句麗本紀(13~22)、百済本紀(23~28)、年表(29~31)、雑志(32~40)、列伝(41~50)よりなる。構成は《漢書》など中国正史に準じ、記事は4世紀後半以後に編纂された各種の民族史料だけでなく、中国史料も多い。三国時代の歴史書は、高麗時代に数回編纂されたが、本書と《三国遺事》のほかはすべて散逸し、本書が現存最古のものとなった。1010年以前編纂の旧《三国史》は高句麗史を中心としていたが、金富軾は新羅王室の後裔であったため、三国時代における新羅王朝の正統性と、高麗王朝との密接な関係とを主張した。本書は朝鮮古代の歴史だけでなく、諸文化の研究の基本資料でもある。版本では、末尾の7巻のみであるが、高麗末期刊行の誠菴本が発見された。完本の版本では正徳本が、活字本では朝鮮史学会本第3版(1973)が最良である。〈東洋文庫〉に邦訳がある。

井上 秀雄

さんごくじだい│三国時代
古代朝鮮で、313-676年にわたり▶高句麗、▶百済、▶新羅の3国が鼎立・抗争した時代。この時代には3国が貴族連合体制の国家と

なったが，中国の植民地支配を脱したものの，なお強力な軍事介入のあった時代である。3国は積極的に中国文化を導入し，儒教，仏教，道教をはじめ，これにともなう貴族文化や政治制度を，それぞれの国情に合わせて取捨選択した。また，住民がこの戦乱期に自衛するだけでなく，侵略軍を阻止するために▶山城を創造するなど，民族独自の文化を作り出した時代でもあった。①三国成立期(313-475) 高句麗はすでに前37年ごろに成立していたが，313-314年に，高句麗や韓族諸国が楽浪・帯方両郡を滅ぼしたことを契機に，韓族諸国の国家形成が大きく発展した。そのなかから，4世紀前半に馬韓の故地から伯済国を中心に百済が，同中葉に辰韓の故地に斯盧国から発展した新羅が成立した。百済は371年に近肖古王が強国高句麗に大勝して，東アジアの国際社会に頭角をあらわした。新羅も470年ごろから百済と対立し，三国時代を迎えた。②三国争乱期(471-568) 漢江・洛東江流域の諸小国の支配権をめぐって，3国が対立・抗争する時期である。三国時代は▶加羅諸国をはじめ多数の小国が残存していた。3国はこれらの小国を軍事力によって征服するだけでなく，小国の自治を認めながら協力関係を強化し，それぞれの連合体制に組み入れていった。この時期には中国王朝の軍事介入もなく，朝鮮内部の政治的・経済的発展に伴う内発的な統合過程がみられる。③過渡期(569-617) 新羅が562年に加羅諸国を，568年までに漢江流域を支配すると，3国間での軍事抗争は一時小康状態となった。612年以降3度にわたる隋の高句麗侵略では，百済，新羅が隋に高句麗侵略をうながし，隋・唐の朝鮮侵略の口実を与えることになった。また，3国の対日外交もしだいに整備され，高句麗とは572年以降，新羅とは621年以降，それまでの口頭外交から国書による外交に変わった。④東アジア争乱期(618-676) 618年に高句麗侵略の失敗が原因で隋が滅び，唐が建国した。これを契機に3国間の紛争が激化し，国内体制も中央集権化が進められた。640年代には3国とも政変が起こり，戦時体制を一段と強化して，唐の朝鮮侵略に備えた。新羅は漢江・洛東江両流域の大半を高句麗，百済に奪われたので，唐に依存して劣勢を挽回しようとした。百済も日本の軍事力を利用するなど，東アジア全体が朝鮮三国を軸にする争乱期を迎えた。645年から始まる唐の侵略を高句麗は3度退けたが，百済は660年に新羅・唐の同盟軍に滅ぼされ，高句麗も668年に滅ぼされて，三国時代は終わった。しかし，新羅は朝鮮半島をも支配しようとする唐の政策に対抗して，670年から7年間戦い，唐軍を退けて，統一新羅時代を迎えた。

〈井上 秀雄〉

さんし |三司|삼사

高麗から朝鮮王朝初期に存在した官庁で，国家財政の出納，会計をつかさどった。泰封国(後高句麗)の調位府を高麗の太祖が三司と改称したことに始まり，1014年には都正司に，1356年には尚書省に改編されたが，いずれも数年に回し復し，高麗の国家財政を掌握した。13世紀末以降，三司の上級官員は政治の門下府，軍事の密直司(のち中枢院)の上級官員とともに合議制政治機関である▶都評議使司を構成して最高権力を担い，朝鮮王朝初期にもこの性格を受け継いだ。しかし1401年，官制改革の一環として太宗が三司を司平府と改称し，05年にはそれも戸曹に併合して，財政は国王に直結することになった。

〈吉田 光男〉

サンジュ |尚州|상주

大韓民国慶尚北道北西部の盆地に位置する市。面積1258.83km²，人口10万5501(2012)。西は小白山脈を背にし，東には洛東江流域の低地が開けている。古来，豊かな農業地帯として知られ，主力の水稲作に加え，養蚕・製糸業や絹織物の生産が盛んに行われてきた。特産の干し柿は全国一の生産を誇る。またナシ・リンゴ・ブドウなどの栽培も盛んで，海外輸出も行われるほか，肉牛の飼育でも知られる。国立慶北大の尚州キャンパスは，尚州農業専門大・尚州産業大を前身とする旧尚州大を統合したものである。朝鮮時代の中期までは▶慶州とならぶ嶺南地方の有力都邑で，慶尚道の道名の由来ともなったが，その後，▶大邱が行政や交通の中心として成長するにつれ，地位が低下した。現在，各所に農工団地の

●山城

慶尚南道居昌の乾興山(1563m)にある居烈城(万興寺山城)の城壁。ここは百済復興軍の拠点であった。
左－遠景。周囲2100mに及び、城壁は地形に沿って蛇行している。
右－城壁の石積み。日本の城壁に比して積石は小型で、上部は崩れやすくなっている。

造成が相次いでいるが、工業化の面では大邱や亀尾に水をあけられており、人口も低迷傾向にある。　　　　　　　佐々木史郎

さんじゅうはちどせん｜38度線
朝鮮半島を南北に分断する延長250kmの朝鮮戦争の軍事休戦ライン。江原道東海岸からソウルの北方40kmの地点を通り西海岸に抜ける。境界線の南北各2kmは非武装地帯。38度線は、1945年8月アメリカとソ連による日本軍の武装解除のための暫定境界線として発表された。戦後、冷戦が激化するなかで暫定境界線だった38度線は軍事境界線と化し、48年南北に政権が誕生すると国境線の性格を帯びるようになった。朝鮮戦争後、南北に出入りはあるが(たとえば開城は戦前は韓国領であった)、38度線にほぼ沿って休戦ラインが画定された。53年7月27日、▶板門店ﾊﾟﾝﾑﾝｼﾞｮﾑで国連軍総司令官と▶朝鮮人民軍最高司令官および中国人民志願軍司令官との間で調印された朝鮮軍事休戦協定により、現在の軍事境界線が決定された。韓国の李承晩大統領は休戦反対、北進統一を主張して休戦会談への出席を拒否し、協定に調印していない。▶在韓米軍を含む130万を超す軍隊がこの38度線を境に今日も対峙している。板門店は休戦協定違反事項処理の軍事休戦委員会、南北赤十字会談などが開催され、南北の唯一の接触点となっている。なお、海上の境界線としては、北方限界線 (Northern Limit Line, NLL) がある。1953年8月30日、国連軍司令部が海上警備などのために宣布した黄海上の境界線で、▶延坪ﾖﾝﾋﾟｮﾝ島、白翎島など5島は韓国側に帰属するものとされた。▷非武装地帯　　　内海愛子

さんじょう｜山城
山地を利用した城。朝鮮の山城は、侵略軍から村民を守るためのもので、国家形成期から現代に至るまで使用された。その遺跡は朝鮮半島全域に及び、総数は2000をはるかに超えている。構造は一般的には三方を山地に囲まれた谷地を選び、その稜線の外側に沿って鉢巻形に城塁を築き、谷の出口に城門や水門を築く。村落間の抗争で村民が山谷に避難したことなどから始まり、初現は三国時代以前にさかのぼる。国家形成期には村民や都民の居住地を防衛するための城郭とともに、住民の避難用の山城が造られるようになった。

確認される最古の山城は、紀元3年に築城し、高句麗王都民を収容した尉那巌城である。4世紀までに、高句麗では山城がほぼ全土に築かれた。この時期の朝鮮中部・南部では居住地防衛の城郭が中心で、百済の都城などに山城がみられる程度である。5世紀後半以後、新羅、加羅諸国の発展にともなって、南部でも山城が本格的に築城されるようになった。7世紀に隋、唐と戦った高句麗は、山城を避難用のものから戦

闘用に変えたが，百済，新羅の山城もその影響を受けた。672-691年に，統一新羅の九州五小京制が完成すると，地方行政の政策として，山城が政治的示威に使われることもあった。その後，後三国時代など国内の争乱期にも，住民の避難用として山城が利用されたが，とくに外部よりの侵略期には山城の築城が多かった。北部ではモンゴル，清の侵入，南部では倭寇と豊臣秀吉の侵入時である。さらに，近代の洋擾，対日義兵闘争，現代の朝鮮戦争まで，山城はときには戦闘用にも用いられたが，主として住民の避難用に使われた。

なお，日本古代の山城は朝鮮半島の築城法の影響によるものが多く，これを一般に朝鮮式山城とよんでいる。これには，百済滅亡後，新羅・唐連合軍の進攻にそなえて660年代に築かれた北九州の大野城から近畿地方の高安城にいたる一連の城と，それ以前の築造と思われる神籠石とがある。

井上 秀雄

さんしん|山神|→山

さんせい|三政|삼정

朝鮮王朝における田税(田政)，軍役(軍政)，還穀(還政)の三大収取体制をいう。田税は初め▶科田法で収穫物の10分の1とされたが，王朝後期には一結(▶結負制)につき本来の田税が米4斗，▶大同法による大同米が12斗，その他が4斗とされた。軍役は常民の壮丁すべてに課され，初めは交替で実役に赴いたが，王朝後期には壮丁1人につき綿布を年2匹納めた(軍布といい，米12斗に相当)。一種の人頭税であり，1750年の▶均役法で半減された。▶還穀は還上ともいい，本来は10%の利率で官庁が穀物を貸与する制度であったが，王朝後期には帳簿上貸与した形をとり，利息だけをとる一種の税となった。田税は多様な付加税，軍布は乳幼児からの収布(黄口簽丁)・死亡者からの収布(白骨徴布)や一族・近隣からの収布(族徴，隣徴)，還穀も多様な付加徴収など実際は規定外の収奪が多く，農民はその負担にたえられず，▶壬戌民乱などの農民反乱を起こした。

矢沢 康祐

さんせいざいばつ|三星財閥|→サムソン財閥

さんだいかくめい|三大革命

社会主義，共産主義の建設において，▶朝鮮労働党が堅持している思想革命，技術革命，文化革命のこと。金日成のくわが国における社会主義，農村問題に関するテーゼ〉(1964)で定式化された。社会主義，共産主義を建設するには，そのための物質的，技術的および思想・文化的基盤を構築しなければならないが，そのためには，社会主義制度が勝利したのちでも引きつづき思想・技術・文化革命を遂行しなければならない。そうしてこそ，社会主義，共産主義に見合った高い生産力水準を達成することができるだけでなく，人々を古い思想から解放し，彼らの文化・技術水準を高めることにより，社会の全成員を全面的に発展した新しい型の人間に育成することが可能となる。こうしたことから朝鮮民主主義人民共和国では，三大革命を，共産主義が実現されるまで堅持しなければならない継続革命の中心課題として規定し，思想革命を優先させながら，これら三つの革命を密接に結びつけ，統一的に推し進める方針をとっている。73年には〈三大革命小組〉が結成され，以後この運動の中心となるが，その過程で▶金正日が指導者として登場してくる。

高 昇孝

さんぢょう|散調|산조

朝鮮の独奏楽器のための楽曲形式で，独特のリズム型(長短)にもとづく数個の楽章からなり，一般に▶杖鼓の伴奏がつく。19世紀後半に，全羅南道出身の金昌祚(1865-1920)が散調としての音楽を確立したといわれるが，その楽曲構造や独特の旋律や器楽的な技巧の類似から，全羅道に古くから伝わる巫楽(シナウィ)という即興的に演奏される器楽合奏の影響を受けて発展させた音楽といえる。つづいて，多くの名手が出現し，それら作曲者名をつけた散調の演奏が広く普及し，とくに金竹坡流，沈相健流，成錦鳶流などは有名。つづいて白楽俊(1876-1930)は玄琴散調を始め，そのほか大笒散調，奚琴散調，篳篥散調，牙箏散調などが演奏されている。散調の楽曲構造は基本的にはチンヤンジョ(緩)，チュンモリ(中庸)，チャジンモリ(急)の緩から急にもりあがる三つの楽章からなり，即興的にチ

ュンジュンモリ，クッコリ，フィモリなどの楽章を加えて演奏する。　　　　草野 妙子

さんちょく｜三陟｜▶サムチョク

さんべつしょう｜三別抄｜삼별초
朝鮮の高麗時代，▶武人政権期の軍隊。左・右夜別抄，神義軍の3部隊からなる。〈別抄〉は，元来，戦時に臨時に勇猛なる者を選抜し組織した軍隊の意。崔氏政権の第2代執権者崔瑀(のち怡)は，国内の治安維持と政権の保全のために武力に優れた者を選抜して夜別抄を組織したが，その比重の増大とともに，左・右2軍に拡張された。1231年以後高麗はモンゴルの侵略を受け，支配層は江華島に移った。夜別抄は同島防衛に当たるとともに，随時本土に出て，モンゴル軍と戦った。その段階で，いったんモンゴルに捕虜となり，逃げ帰った者で神義軍が増設され，三別抄の対モンゴル抗戦の力量強化が図られた。三別抄は，たんなる崔氏の家兵ではなく，高麗の支配者たる彼らの公的軍隊であり，当時ほとんど形骸化していた伝統的な王朝軍に代わる，高麗の中央軍であった。58年の崔氏政権の滅亡後も，それが高麗の最も重要な兵力として存続し，機能していった理由もそこにある。70年，国政を武人政権から取り戻した元宗は，元への服属の意思表示として旧都開城に戻り，復都に反対した三別抄の解散を命じた。これに対して彼らは反乱に決起し，珍島，次いで済州島を根拠地に，海上から南朝鮮各地，あるいは租税米輸送船などを襲い，一方，南朝鮮各地の農民もこれに呼応して蜂起するなど，高麗政府および同方面で日本侵略の準備を進める元に大打撃を与えた。しかし，73年，元・高麗連合軍に滅ぼされ，翌年，元の日本侵略が実行された。▶元寇
　　　　　　　　　　　　　　北村 秀人

さんぽのらん｜三浦の乱｜삼포의란
1510年，朝鮮の三浦で起きた日本人の蜂起。1426年，日本船の朝鮮での停泊地は富山浦プサン(釜山)，齊浦チェポ(熊川)，塩浦ヨンポ(蔚山ウルサン)の三浦とされ，朝鮮側はここに▶倭館を置いたが，はじめ日本人の三浦居住は認めなかった。しかし日本からの渡航船が増大するにつれ，三浦の長期滞在日本人が増大し，1436年，朝鮮王朝政府は日本人の三浦居住を認め，恒居倭人とよんだ。恒居倭人は日本船の入港に伴ってさまざまな商取引に従事し，60戸(206名)までとされたが，実際には制限数の7〜8倍にものぼるようになった。朝鮮は使節持参の書契に記された公貿易・私貿易品のほか，使節団員の私的貨物(私進物)の公益も許していたが，対価として与える綿布流出を防ぐため，1494年私進物を禁止した。またこのころ多発した▶倭寇事件に対処するため，朝鮮側が恒居倭人への圧迫を強めると，恒居倭人は対馬島主宗氏の応援を求め，ついに蜂起した。宗氏は守護代の軍船を送って応援し，恒居倭人は富山浦，齊浦の軍事拠点を占領，役人を殺害したりしたが，朝鮮軍の反撃を受け，対馬側の敗北に終わった。これが三浦の乱である。この結果，対馬と朝鮮の通交はいっさい断絶し，宗氏発行の文引をもつ船もいっさい渡航不可能となった。1512年，壬申約条で通交は再開されたが，対馬からの歳遣船は半減，浦所も齊浦のみとされ，日本人の三浦永住は禁止された。▶日朝貿易
　　　　　　　　　　　矢沢 康祐＋米谷 均

さんまいぞうしょくけいかく｜産米増殖計画
1918年の米騒動に示された日本の食糧問題の解決のため朝鮮の米穀生産力引上げを図って，朝鮮総督府が1920年から始めた土地・農事改良事業。当初の計画は，30ヵ年で耕種改善と80万町歩の土地改良を行うこととし，まず最初の15ヵ年で2億4000万円弱を投じて約43万町歩の土地改良を行い，約900万石の産米増収を図ったものである。着手の1〜2年後に早くも計画が破綻しはじめたので，26年に産米増殖更新計画として改訂され，再出発した。更新計画は，期間12ヵ年で目標は当初計画とほぼ同じであったが，とくに巨額な低利資金の政府斡旋が見込まれ，事業代行機関として朝鮮土地改良株式会社，▶東洋拓殖株式会社土地改良部がつくられた。30年の昭和恐慌以降事業は停滞し，34年には事実上中止された。産米増殖計画の結果，産米増収は果たされたが対日移出用の米穀モノカルチャー化が進み，また大地主の土地集積が強まった。　村上 勝彦

さんりんじゅせい｜山林儒生｜산림유생
朝鮮王朝時代に，権力者との政治的・思想

的立場の相違から仕官せず，野人(在野の人)として高潔を誇り，しばしば山中に住んで学問に専念した人びと。山林処士，隠士ともいう。広い意味では士林派をさす。高麗末・朝鮮王朝初期に朱子学者の▶鄭夢周チョンモンジュ，▶吉再キルチェ，金叔茲キムスクチャらは，忠臣二君に仕えずとして高麗王朝への節義を守り，新王朝に仕官しなかった。そのため，鄭夢周は李成桂に殺され，吉再，金叔茲は山林に逃れて弟子の養成に専念し，朱子学を発達させた。そこで彼らは山林学派ともよばれた。世宗朝のころから，彼らの中で仕官する者もふえ，15世紀後半以降は，政治革新が叫ばれる中で，嶺南(慶尚道)の▶金宗直キムジョンジク(金叔茲の子)を中心とするこの学派から，多くの人材が登用された。彼らは新進士類，士林派とよばれ，勲旧派(権力を握る既成勢力)と対決した。そのため，士林派は勲旧派から過酷な弾圧(▶士禍)をうけた。その後も▶党争の激化の中で，政権から追放された山林学派は，富貴を求めず，野に下って自己の信念を貫いた。彼らはしばしば正義，王道，民生の安定などを主張して腐敗した政権を批判した。民衆もみずからの思想に殉じようとする山林儒生の倫理的姿勢に共感し，それこそが知識人，指導者のあるべき姿だとする風土を朝鮮に生みだした。⇒野人｜知識人

矢沢 康祐

し｜市｜시

朝鮮半島の地方行政区画の中で，▶郡とともに，最大単位の▶道に次ぐ単位。ただし，特定の道に属さない市もいくつか設けられており，大韓民国ではソウル特別市，▶釜山プサン・▶仁川インチョン・大邱テグ・大田テジョン・光州クァンジュ・蔚山ウルサンの6広域市(1995年に旧〈直轄市〉から改編)，世宗セジョン特別自治市，朝鮮民主主義人民共和国では平壌・羅先ラソンの2直轄市がそれにあたる(2013年8月現在)。市制の由来としては，朝鮮時代の主要な都邑や日本統治期の〈府〉に基礎をおくもの，人口が多く都市的性格の強い郡を昇格させたもの，郡域内で有力な中心集落(▶邑ウプ)を昇格させたもの，などがある。一般に，市の下位区画は〈洞トン〉になるが，韓国では，特別市・広域市と人口50万以上の特定市に〈区〉が置かれるほか，光州・大田を除く4広域市には，区と郡が併存する。また，1995年以降に市郡統合や郡からの昇格で生まれた都農複合型の市では，その旧郡域部分に邑や▶面ミョンの単位を残すところも多い。なお，90年代の地方自治制の復活・再編で，市は郡とともに基礎自治体となった。市長と市議会議員は公選制である。一方，北朝鮮では，平壌直轄市が下位区画として〈区域〉と〈郡〉を置き，その下に洞や▶里が続くが，そのほかの市は区域や郡がなく，直接洞や里が続く。

佐々木 史郎

じいんけんちく｜寺院建築

朝鮮半島への仏教の伝来は三国時代にはじまる。高句麗に372年，百済には384年に相ついで伝えられ，新羅にも同じころに僧侶の個人伝道によってもたらされたが，迫害を受けたのち527年(法興王14)に国教として受容される。

[三国時代] 高句麗では〈平壌九ヶ寺〉をはじめ多くの寺院が記録にあらわれ，寺院址には平壌▶清岩洞チョンアムドン廃寺，大同郡上五里廃寺などが知られる。伽藍配置は中央に平面八角形の塔を据え，三金堂を東西北面に配置する。この形式は漢代の天文占星思想に由来するものとして，初めは宮殿址と考えられたが，日本の飛鳥寺の伽藍配置と同形式であることが明らかになって寺院址とされた。百済では公州と扶余に寺院址を残し，遺構には扶余▶定林チョンリム寺址五重石塔，益山弥勒寺址多層石塔がある。伽藍配置は中門，塔，金堂，講堂を一直線上に置いた百済式伽藍で，日本に波及して四天王寺式伽藍とよばれる。定林寺址，金剛寺址，軍守里グンスリ廃寺は中門と講堂を回廊で結び，金堂を囲う四天王寺式伽藍であり，弥勒ミルク寺址は回廊が金堂と講堂の中間で閉じる日本の山田寺伽藍と同形式である。東南里トンナムリ廃寺は塔がなく，金堂を中心にして中門と講堂を回廊で結ぶ形式で，日本には紀寺に例がある。古新羅はその固有の文化，伝統の強さから仏教の受容は遅れたが，その後の寺院造立は最も盛んであった。興輪寺，皇竜寺，永興寺，祇園寺，実際寺，三郎寺，霊妙寺，芬皇寺などが知られ，▶芬皇プナン寺に塼塔に倣った石塔と幢竿支柱を残す。▶皇竜ファンニョン寺址は発掘調査によって，566年竣成から統

一新羅時代にわたる大伽藍の全容と変遷が明らかにされた。創建伽藍は百済式で，三面僧房が中門の東西方まで延びて中門とは回廊で連結する。この形式は唐の西明寺を模したと伝えられる日本の大安寺伽藍と類似する点で興味深い。

[新羅] 新羅は唐と結んで660年に百済を，668年に高句麗を滅ぼして半島を統一した。寺院址は慶州を中心に四天王寺址(699)，感恩寺址(682)，望徳寺址(684)，千軍里寺址(8世紀)，▶仏国寺(752)があり，僻遠の山地にも太白山▶浮石寺，智異山▶華厳寺，伽耶山▶海印寺などが創建された。統一新羅時代の伽藍配置は金堂前方の左右に2基の塔を置く二塔式伽藍で，日本の薬師寺と同形式である。四天王寺，望徳寺址は木造双塔址で，感恩寺，仏国寺，千軍里寺などの石塔が現存する。石塔は8世紀に入って流行し，9世紀以降方形多層塔が全国的に普及する。

[高麗] 高麗時代に入って半島北部の開城に首都が遷り，仏教は国教として厚く保護され，全国各地に多くの寺院が建てられた。しかし，度重なる外寇，とくに高麗末期の倭寇の侵入によってその多くは焼失した。高麗時代後半の建築には強い胴張りをもつ柱，斗栱形式に三国時代以来の古い要素をなおも残しているが，三国統一前後から唐文化の影響を強く受けて統一新羅時代に定着した唐様式を継承している。たとえば，現存最古の木造建築である鳳停寺極楽殿(12世紀)や浮石寺無量寿殿(13世紀)の斗栱形式や，二重虹梁蟇股を基本とする構造形式に唐様式が根強く生きている。しかし，鳳停寺極楽殿の頭貫木鼻を垂直に切った形式や，母屋桁下架構の発達などは，中国華北の遼時代建築細部を受容したものであり，また，肘木下端の繰形は12世紀ころに南宋から伝わった様式(日本でいう大仏様=天竺様)の影響と認められる。新羅以来の伝統様式の上に新しく中国の建築様式を採り入れて折衷様化を図り，日本の折衷様式と同じ経過をたどっている。この様式は斗栱の組み方から柱心包様式とよばれ，前記2例に続く例に▶修徳寺大雄殿(1308)，江陵密舎門(14世紀)，成仏寺極楽殿(1320こ

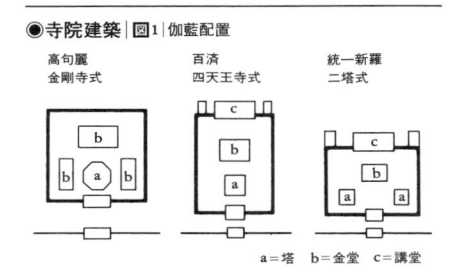

● 寺院建築 | 図1 | 伽藍配置

高句麗　　　百済　　　統一新羅
金剛寺式　　四天王寺式　二塔式

a=塔　b=金堂　c=講堂

図2 | 斗栱形式

柱心包様式　　　　　多包様式
浮石寺無量寿殿　　　開心寺大雄殿

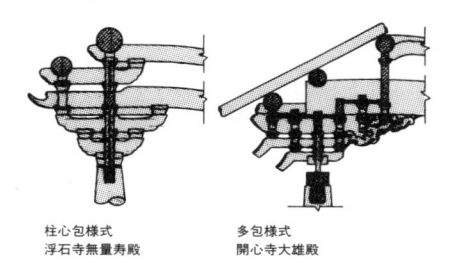

ろ)，浮石寺祖師堂(1377)，道岬寺解脱門(1473)，無為寺極楽殿(15世紀)，▶松広寺国師殿(15世紀)などがある。

高麗時代末期には元の支配を受け，元の建築様式を導入して多包様式が成立した。この様式は柱と柱の間にも斗栱を置く詰組(日本の禅宗様=唐様と同じ)，尾垂木形の肘木鼻，柱上斗栱の梁頭形拳鼻などに特色をもつ。柱心包様式に比べると内外への手先も多く，彫刻を多用して装飾的にも豪勢・華麗を尊ぶ宮殿建築にまず採用されたが，14世紀末には盛行して仏教建築にも採り入れられた。黄州心源寺普光殿(1374)，安辺釈王寺応真殿(1386)がその初期の遺構例である(▶高麗美術)。

[朝鮮王朝] 朝鮮王朝時代は元の滅亡とともにはじまり，太祖は仏教を信仰して造寺造仏を行ったが，3代太宗以降は儒教を奨励し，仏教を厳しく排斥して首都漢城から締め出したため，高麗時代に隆盛を極めた仏教も，山間に旧寺院を復興して命脈を保つ状況であった。王朝後期に入って多包様式が木造建築の主流となり，装飾の多い外観や大きな空間を構成する合理的な架構法に，最も民族的な色合いが濃く表現されている。

この時代の代表例として，▶法住寺捌相殿(1625)，金山寺弥勒殿(1635)，華厳寺覚皇殿(1697)などがある。

宮本 長二郎

ジェサ | 제사 | ➡祖先祭祀

しおから | 塩辛
チョ，チョッカル。▶イシモチやヒシコイワシなどの魚や，貝，エビ，牡蠣，イイダコなどを塩漬けにして，薬味を加えて発酵させたもの。朝鮮半島は三方を海で囲まれるため，その種類は多く，郷土料理として地方毎に，また漬ける時期毎に異なる塩辛が数えられるほどである。塩辛に関する最初の記録は13世紀末に書かれた《三国遺事》にあり，新羅の神文王が王妃を迎える時の幣帛(進物品)の品目のなかにあったとされる。おかずや酒の肴に供されるだけでなく，キムチを漬けたり，料理の味つけにも用いられる。➡魚介類

朝倉 敏夫

しか | 士禍 | 사화
朝鮮王朝中期に勲旧派(中央貴族層＝既成官僚)が士林派(在地両班層＝新進官僚)に対し，4回にわたって行った大弾圧。①1498年(燕山君4，戊午)の〈戊午士禍〉。成宗は勲旧派を牽制するため士林派を登用したが，成宗が死んで燕山君が即位すると，勲旧派は反撃に転じ，《成宗実録》の編纂に際して士林派の史官(金馹孫)が師(▶金宗直ショッチッ)の〈弔義帝文〉を草稿に入れたことを，〈項羽の義帝廃弑になぞらえた世祖非難である〉とし，これを口実に1498年，士林派に死刑，流刑，罷免の大弾圧を加えた。②1504年(燕山君10，甲子)の〈甲子士禍〉。燕山君の生母尹氏は，かつて王妃であったが廃され，死刑に処された。1504年，燕山君は生母の廃位，処刑に関係した勲旧派およびこれに賛成した士林派48名を死刑にするという弾圧を加えた。③1519年(中宗14，己卯)の〈己卯士禍〉。1506年，燕山君が追放され，中宗が即位したが，中宗は趙光祖チョグヮンジョら士林派を重用した。趙光祖らは土地兼併に反対して限田制を主張するなど，大土地所有者であった勲旧派への批判，闘争を推進したため，勲旧派の反感を買った。1519年，勲旧派は〈朋党をつくり政治を混乱させた〉として趙光祖ら75名の士林派を死刑，流刑，罷免にするという弾圧を加えた。④1545年(仁宗1，乙巳)の〈乙巳士禍〉。中宗末年に王位継承をめぐって，中宗第1継妃の世子(のちの仁宗)の舅(尹任)らと中宗第2継妃(のちの明宗の生母)の弟(尹元衡)らの対立があり，1545年，明宗擁立派の尹元衡らは，反対派の尹任およびこれと結んだ士林派など47名を殺害，あるいは流刑にするという弾圧を加えた。

以上4回の士禍の背景には，中央権力に寄生した大土地所有者(勲旧派)と地方の中小地主層(士林派)の対立があり，士林派は1565年，明宗の生母の死を契機に尹元衡らを追放し，士林派政権を確立した。➡党争；朝鮮王朝

矢沢 康祐

しがつかくめい | 四月革命
1960年4月に韓国で起きた学生を中心とした▶李承晩イスンマン政権打倒の大衆蜂起。四・一九学生革命ともいう。同年3月15日の大統領選挙の不正に抗議した馬山市民の蜂起後，行方不明になっていた中学生金朱烈の惨殺死体が発見されるや，抗議の声は全国に広がり，4月19日ソウルの大学のほとんどがデモに決起し，市民をもまきこみ，騒乱状態になった。さらに25日には大学教授団のデモ，26日に第2次の大デモが展開されるなかで李承晩は退陣を表明した。この闘争は自然発生的であったが，李承晩退陣後の許政過渡政府，▶張勉チャンミョン政権下で進められた不正蓄財者追放などの改革に対して，より根本的な改革を求める民衆は，①自由と民主主義，②祖国の自主的平和的統一，③韓国経済の自立化の三つを課題とする反帝闘争へと運動を発展させようとした。しかし，これに対するアメリカの危機感を背景に，61年，▶朴正煕パクチョンヒら軍部によって起こされた▶五・一六クーデタにより挫折した。ここまでの約1年間を四月革命という場合もある。

四月革命の直接的原因は三・一五不正選挙であるが，その背景には，李承晩政権の危機が50年代末のアメリカの対外政策の変更によりいっそう深刻化したことがある。アメリカは，経済援助の投下政策から経済開発によって支配の安定をめざす政策に転換しつつあり，韓国への経済援助を大幅に削減した。そのため援助に依存して成長し

た製粉・製糖・紡織工業を中心とする韓国経済は深刻な危機に陥った。これに対して李承晩政権は援助削減反対を唱えるだけで効果的な経済政策をたてられず、反共・反日を民衆統合のスローガンとした李承晩による対日通商断交も韓国経済の危機を深め、アメリカの新たな対外政策の構想に対応できなかった。ここに李承晩政権は民衆のみならず、アメリカからも見放された。しかし、四月革命の三つの課題は、変革主体の側の理論的、組織的限界性ゆえに実現されなかった。それは現在にも引きつがれ、〈未完の革命〉ともよばれている。

[四・一九世代] 70年代に入ると、四月革命に積極的にかかわった人々（四・一九世代）にも分化が生じた。朴正煕政権の官僚や国会議員となった人々と、四・一九精神をより深化させようとした人々である。朴政権が進めた諸政策は、非民主主義的要素を強固にもちながら、高度経済成長により急速な経済発展を実現し、民衆の生活様式にも大きな変容をもたらした。前者の人々はこの過程を積極的に担い、後者は、それによってけっして実現されなかった、統一と民主主義確立のために活動を続けた。詩人のキム・ジハ（金芝河）などは後者に属する。彼らはまた、〈自立的〉経済の建設という点についても、朴政権下で進められた外国依存の経済発展を批判し、〈民族経済論〉などを展開している。
大和和明

しかどくしょ｜賜暇読書

朝鮮時代、有能な人材を養成するため、若くて有望な文臣に休暇を与え、読書や著述に専念させるようにした制度。1426年から1773年までの間、実施回数は約50回、被選者は300名余りに上った。開始当初は、自宅や寺院などで読書を行わせていたが、1493年龍山の廃寺を改修して読書堂が整備された。燕山君代に一時廃されたが、中宗代に復活し、1517年には豆毛浦（ソウル市城東区玉水洞）に東湖▶読書堂が開設された。東湖読書堂は壬辰倭乱によって焼失し、1609年からは漢江別営が読書堂に充てられたが、それも李适の乱(1624)や丁卯・丙子胡乱(1627、1636-37)によって荒廃した。以後、賜暇読書は制度的には存続したが有名無実化し、1776年の▶奎章閣の設立にともなって行われなくなった。
木村拓

しかんいん｜司諫院｜사간원

朝鮮時代、政治に関する言論活動を掌った中央官庁。▶司憲府と合わせて台諫、司憲府・▶弘文館と合わせて▶三司と称された。1401年、門下府が議政府に統合されて消滅した時、門下府郎舎の職掌を引き継ぐ形で設立された。燕山君末年(16世紀初)に一時廃されたが、間もなく復活して1894年の甲午改革まで存続した。《経国大典》では司諫院の職掌を〈諫諍〉(国王への諫言)・〈論駁〉(人事に関する論難)と規定しているが、実際は司憲府の職掌との区別が曖昧で、制度上は司憲府の職掌とされた〈論執時政〉(政治に関する言論)・〈糾察百官〉(官吏の弾劾)のことを司諫院が行うことも珍しくはなく、場合によっては三法司(刑曹・漢城府・司憲府)の担当である司法関係の職務にも関与した。また、告身の署経(司憲府の項参照)のことも司憲府とともに行った。
木村拓

しがんへいせいど｜志願兵制度

日中戦争の展開とともに、朝鮮に徴兵制を施行(1944)する前提として、1938年2月〈陸軍特別志願令〉が公布され、4月から施行された。朝鮮人は戦場でどちらに銃口を向けるかわからないという不安にかられていた日本が、心の底まで皇民化することを意図したものである。志願とは名のみで、実際には強制であり、その強引さは当時の帝国議会でさえ問題にされた。軍隊内に民族主義者、共産主義者が入ることを恐れた軍は、厳重な選考を行い、6ヵ月間訓練所で〈帝国軍人〉として鍛えあげ、軍に入営させ、あるいは出身地に送り返し、▶皇民化政策の中核として利用した。また、これにより朝鮮支配についても軍の発言力は増大した。38年度から43年度までの志願者総数は80万2227名、うち訓練所入所者1万7664名。44年度以降は徴兵制実施に伴い訓練所は廃止された。▶太平洋戦争
宮田節子

しけんふ｜司憲府｜사헌부

朝鮮時代、政治・社会の紀綱の取り締まりを担当した中央官庁。燕山君代末年(16世紀初)に一時廃されたが、間もなく復活して1894年まで存続した。▶司諫院と合わせて台諫

と称され，それに弘文館を合わせて▶三司とも称された．司憲府は三司の一つとして，政治に関する言論，国王への諫言，官吏の弾劾などの言論活動を行った．また，訴訟の裁判や罪人の取り調べなどの司法に関わる職務も遂行したことから，刑曹・漢城府と合わせて三法司とも称された．これらのほかに署経を司諫院とともに行った．署経とは，告身(官職の辞令状)発給の際，受給者およびその四祖の資格上の瑕疵を調査し，瑕疵がなければ署名して発給を認可する制度のことであり，これによって人事の発令を左右して王権を牽制することができた．

木村 拓

しこ｜史庫｜사고

朝鮮の高麗・朝鮮王朝時代，《朝鮮王朝実録》(《李朝実録》)や国家の重要文献を保存するために設置された書庫．1227年(高麗の高宗14)，王宮内の史館と慶尚北道の海印寺に《明宗実録》を分置したことが内史庫・外史庫分化の起源である．朝鮮王朝初期の史庫は史館と忠州にあったが，1445年，さらに保存に万全を期すため，王宮内の▶春秋館に内史庫，地方に三つの外史庫(忠州，星州，全州)がおかれた．1592年，豊臣秀吉軍の侵略で3史庫が焼かれ，かろうじて全州史庫所蔵本のみが戦火を免れた．戦火終息後の1606年，外史庫を要害の地に移して増設することになり，江華島の摩尼山(のち鼎足山)，平安北道の妙香山(のち全羅北道の赤裳山)，慶尚北道の太白山，江原道の五台山の4外史庫と内史庫に，全州史庫本をもとに復元した《朝鮮王朝実録》が分置された．この5史庫は朝鮮王朝末期まで続いたが，1910年の韓国併合で廃止され，朝鮮総督府の命令で所蔵文献が中央に集められた．

吉田 光男

じこうどう｜慈江道｜▶チャガン道

じさんぎょふ｜茲山魚譜｜현산어보

朝鮮王朝後期の実学者丁若銓チョンヤクチョン(1758-1816)の著書．3巻．写本．丁若銓は▶丁若鏞チョンヤクヨンの兄で，1801年の▶辛酉シニュ教獄に連座して，全羅道▶黒山フクサン島に配流されていたときに，近海の水産動植物を調査した結果をまとめたもの．茲山とは黒山島のこと．全155種の水産動植物が魚類，貝類，藻類，海禽，虫獣に分類され，それぞれの名称，分布，形状，性質および利用法などが記載されている．実学の博物誌的な関心を示したものとして注目される．

宮嶋 博史

シジェ｜時祭｜시제

時享祭シヒャンジェともいう．死後5世代以上たって▶忌祭祀の対象でなくなった父系祖先(男性のみ)に対して，年1回，陰暦の10月か3月にそれぞれの墓の前で行う(〈祖先祭祀〉の項参照)．この祭祀は当該祖先たちの子孫全員の責任において，多くは▶門中ムンジュンの行事として行う．この時には子孫たちが墓地に集まり，始祖から順に一つ一つの墓をまわって祭祀をする．祖先祭祀を大切にすることは▶両班ヤンバンであることの一つの表示でもあり，盛大な時祭はその門中の威勢を示す行為でもある．父系親族集団が形成されるようになる17世紀中期以降に始まった．なお時祭という語は元々は四季それぞれに宗廟で行う祭祀(四時祭)をさしており，遠い祖先の墓前で行うものではなかった．

嶋 陸奥彦

じしんかん｜事審官

高麗時代に地方豪族の力を抑えるために設けた官職．高麗王朝の成立後，地方豪族は郷吏(▶胥吏ソリ)になって力を温存した．それを抑えるために，郷吏の子弟を其人と名づけて上京させ，また中央官僚に出身地の事審官を兼任させ，出身地の郷吏の推薦と監督に当たらせた．高麗後期には事審官が郷吏を使って土地と農民を支配し大きな弊害を起こしたので，1318年に廃止したが，やがて復活し高麗末まで存続した．

旗田 巍

しせきぼ｜支石墓

新石器時代から初期鉄器時代にかけて世界的に分布する巨石墳墓の一種．ふつう4個ないし6個の支石(撑石)を立てて方形の墓室をつくり，その上に1枚の巨石を置いたものをいうが，時代や地域によって墓室の構造は多様である．東アジアにおいては朝鮮半島で顕著に発達したが，中国大陸や日本列島にも分布する．

朝鮮半島では，無文土器(青銅器)時代の代表的墳墓の一つに数えられる．咸鏡北道など一部の地域を除いて，ほぼ全道に分布している．支石墓の形態や構造も複雑で，地上に4枚の板石を立て，平面を長方形の箱形に組み合わせた石棺に巨大な板石で上石

● 支石墓

左－北方式支石墓．平安南道竜岡郡石泉山
右－南方式支石墓．慶尚南道昌寧郡靈山面

をかぶせた，いわゆるテーブル形は北部地方に多い．同形式のものが中国の東北地方に多く分布するところから，朝鮮の支石墓の起源は中国東北地方に求められよう．そして，地上には巨石だけが目立ち，地下に埋葬施設をつくる，いわゆる碁盤形式は南部地方に多い(南方式)．地下の埋葬施設には，石棺，石室，土壙などがある．そのほか，いくつかの埋葬施設とその周辺の積石が連接して，一定の墓域をなしている場合や，さらにそこに巨石を標識的に置く場合などもまれには認められる．朝鮮では，全体的な傾向として，地上に高く威容を示すテーブル形(北方式)が古く，それがそのまま地下に入るようになった碁盤形が新しい．支石墓の内部からは，ときどき磨製の石剣や石鏃などが出土するが，無文土器や銅剣はきわめてまれにしか見つからない．テーブル形は規模が大きく，また，数量も少ないので，そこに集落内部でも特定の被葬者を想定できようが，碁盤形は小規模化するとともに，数量も膨大なものになり，その背後に築造者の階層が広範化したことがうかがえる．朝鮮の支石墓は日本に伝播し，縄文時代晩期後半から弥生時代中期中葉にかけて，北西部九州を中心に，一部は南部九州にまで分布する．その数は，中国東北地方のそれをはるかに凌駕する．

日本の支石墓は，いずれも碁盤形であるが，朝鮮のものに比べて小型化している．地下の埋葬施設には，石棺，土壙に加えて，木棺・甕棺がみられることは大きな特色である．当初は，渡来人の営んだ墳墓であったが，消滅期には，在地性の強い大型甕棺墓群のなかにあって，ごく一部で標識的に巨石が置かれるといったように，変容がみられる．→古墳

西谷 正

じぞう｜慈蔵　→チャジャン
しそうかい｜思想界

韓国の代表的総合雑誌．1953年4月に創刊．創刊時の編集兼発行人は張俊河．朝鮮戦争の停戦会談が開かれているなかで創刊され，70年5月号(18巻5号)にキム・ジハ(金芝河)の物語詩《五賊》を掲載したため廃刊させられた(乙巳五賊)．17年間にわたって通巻205号を発行し，言論界の中心的存在であったばかりでなく，韓国精神文化史上に一つの時代を画した．李承晩，朴正熙政権下で最も果敢に抵抗して言論の自由を守りぬこうとし，そのため当局の忌諱に触れ，通常300～400ページある雑誌が，タイプ印刷で数十ページにやせ細るという時期も2度ほどあった．

大村 益夫

しぞく｜士族

朝鮮時代において，官僚である両班を輩出した最高の社会階層であり，儒学とりわけ朱子学(性理学)の学識をもつ知識人である士大夫の一族に属する人々．士大夫は高麗時代から存在するが，儒学を重視した朝鮮時代には両班(国家官僚)として政治支配者となった．族的結合を社会的基盤としたので士族とよばれた．朝鮮時代後期になると，両班とよばれる傾向が強くなり，士族と両班が混同されるに至ったが，本来，士

族は両班の母集団であり、官僚に就任してはじめて両班となった。

士族は農地経営で蓄積した経済力をもち、両班となって政治権力を掌握するとともに、儒学倫理の体現者として社会的権威となった。士族は、高麗時代末期ころから、朱子学の浸透とともに権威を高め、社会的支配者の側面が強くなって政治を壟断するようになった。朝鮮時代後期になると、崇敬する儒学者の学問を継承するために書院を建立して子弟教育を行い、学的基盤をもって▶科挙合格者を独占した。彼らは朝鮮時代の早い時期に階層として確立し、階層内で婚姻関係を結ぶことによって再生産を行った。16世紀ころより、共通始祖をもち、姓と▶本貫を同じくする父系血縁集団(氏族)による同族意識が強くなり、父系親族を記録した族譜を作成して同族的結合を固めていった。士族は地方社会において権威と権力をもち、軍役・徭役・税などの免除や刑罰における優遇措置などの特権を享受していた。16世紀以降になると、多くの地域で同族結合を強化した士族が集住する集落(氏族村、集姓村)が形成され、現代まで残っているところも少なくない。地方在住士族は、政府が派遣する地方官(▶守令)を補佐すべき立場にあり、実務を担当する▶胥吏(郷吏)などを指揮監督して地方行政の最前線を担っていた。彼らは、土地と奴婢に基礎を置いた経済力と学識をもって、地域社会の支配権を握っており、邑(州府郡県)ごとに▶郷庁(はじめ留郷所)を組織し、自治的な規約(郷規)によって組織を防衛し、儒学規範を明文化した▶郷約を作成して非士族の上に君臨した。地方官も彼らの支配力に一目を置かざるを得なかった。　☞儒教｜身分　　吉田 光男

じだい｜事大｜사대

小国が礼をもって大国に事えること、また転じて勢力の強いものにつき従う行動様式をさす。《孟子》梁恵王章句下に、斉の宣王が隣国と交わる道を問うたのに対し、孟子は〈大を以て小に事うる(以大事小)者は天下を保んじ、小を以て大に事うる(以小事大)者は其の国を保んず〉と答えた故事に由来している。朝鮮史では、朝鮮王朝の対中国外交政策を事大主義と称する。1392年、高麗王朝に代わって李成桂が創建した王朝は、その前期には明、後期には清に対する〈以小事大〉の礼をもって国号と王位の承認を得て国内の統治権を強化し、定例的な朝貢使(▶燕行使)の派遣にともなう官貿易によって経済的利益を得、1592-98年に豊臣秀吉の侵略を受けたときは明軍の支援を得た。つまり中国との事大＝宗属関係によって国土を安んじえた。朝鮮の日本および女真族との関係は、伉礼(対等の礼)による交隣関係であったが、女真族の清王朝が中国を支配すると事大＝宗属関係に代わった。▶事大党と対立した開化派(独立党)は、1884年12月の▶甲申政変で清との事大関係からの独立をその政綱にかかげた。　☞小中華思想｜中国　　姜 在彦

じだいとう｜事大党｜사대당

サデダン。朝鮮王朝末期、対清協調(▶事大)によって王朝国家の存続を企図した一群の政治家をさす。▶金玉均キムオッキュンらの▶開化派(独立党)と対立し、閔妃ミンビを中心とする閔氏一族らの国王外戚によって対清協調政策が推し進められた。　☞閔妃　　鶴園 裕

しちしとう｜七支刀｜칠지도

奈良県天理市の石上いそのかみ神宮に古来より神宝として伝えられた鉄剣。全長74.9cm。左右交互に各3個の分枝をもつ特異な形状は、《日本書紀》神功紀52年条にみえる〈七枝刀ななつさやのたち〉の名と合致する。刀身の表裏両面に金象嵌された61文字の銘文は、4世紀後半の東アジアの国際関係を示す金石文史料として貴重である。銘文は判読が困難な部分が多く、多種の判読案が出されているが、表銘は〈泰和四年五月十六日丙午正陽、造百練鋼七支刀、出辟百兵、宜復供侯王、□□□□作〉と読める。冒頭の年号を泰初、泰始とみる説もあったが、今日では泰和4年(369)と判読して東晋年号にあててよい。この表銘文は、〈泰和四年五月十六日の純陽日中の時に、百練の鍜(鉄)の七支(枝)刀を造る。百兵を辟除し、侯王の供用とするのに宜しい。某(あるいは工房これを作る)の意と考えられる。裏銘文は〈先世以来、未有此刀、百済国世子奇生聖音故、為倭王旨造、侘□□俌〉と読める。

七支刀製作の歴史的経緯を記した裏銘文

で，解釈は大きく分かれる．神功紀の記事内容から七支刀を百済の献上とみる説は，〈倭王旨〉を表銘で侯王とよんで下賜する銘文内容と排反する．逆にその下賜主体を百済と考える百済下賜説の難点は〈百済王世子奇生〉の部分である．〈世子〉は中国王朝の冊封を受けているか，それを希望する場合の表現であり，〈奇生〉は世子の名とみられる（対高句麗戦に活躍した太子の貴須と音通）．ともに名を記している銘文に即する限り，百済と倭は同等である．したがって倭王旨を侯王とよぶ下賜主体を東晋とする東晋下賜説，また侯王の表現を吉祥句にすぎないと考えて，百済が対等の通交関係において贈ったとする説が残ることになる．裏銘文は〈かつてなかったこのような刀（七支刀）を，百済王の世子である奇生が聖音の故に（東晋の指令によって．倭・済対等説では敬称語尾になる），倭王の旨のために造った．後世に伝示せよ〉の意となる．泰和4年は百済が南下してきた高句麗と戦って勝利した年であり，七支刀はそのような東アジアの情勢の中で倭国が登場することを示すものである．

川口 勝康

●七支刀

左―全形．
右―銘文〈十六日丙午正陽……〉の部分．石上神宮．

じちょう|時調|시조

朝鮮の代表的な歌謡形式．朝鮮語ではシジョという．日本の短歌（和歌）に似た面があり，短歌ともいう．形式は▶郷歌の形式の一部分を短縮したもので，初章[3・3　3・3]，中章[3・3　3・3]，終章[3・5〜9・4〜5]．初章・中章では3・3を3・4ないし4・4などに移動できるが，終章の3は厳守する．郷歌から派生しただけに発生が古く，長い年月にわたって綿々と歌い継がれて今日に及び，現在も韓国では詩壇の一角に確固たる地位を占めている．今日伝わる時調のうち最も古い作品は三国時代のものである．作者は王侯貴族から庶民に至るまでの幅広い層を網羅している．とくに優れた歌人に高麗の禹倬，李兆年，朝鮮王朝の宋純，▶鄭澈チョル，▶尹善道ソンドなどがいる．女性歌人には妓生キーセンの出身が多く，なかでも▶黄真伊ジニイは珠玉のような佳句を残し，今日まで愛唱されている．

朝鮮王朝後期になって平民文学が台頭すると，時調も平民の間で盛んに作られ，その結果知識層の歌人の作品とは一風変わった様相を呈するようになった．まず形式面で従来の定型を破った，より長く自由な形式に仕上げており，これらを〈オッ時調〉〈辞説時調〉とよぶ．詩想面では，両班ヤンバンたちの作品が観念的で倫理的な内容であるのとは違い，大胆率直，官能的な内容に滑稽味をまじえ，写実的であり，ほとんど日常生活に即した題材を扱っている．英祖朝（1725-76）の音楽家，李世春セチュンは新しく時調を歌えるように曲を作った．従来は朗詠するだけであったのが，この新曲を得て当時の人々は喜んで歌う方向へと目を向け，以後は時調を作るよりも既作の歌を歌唱する風潮が起きた．〈短歌〉という呼称もこのころから時節歌調をつづめた〈時調〉（時の新しい調べの意）へと変わっていく．この時期には多数の歌手が生まれ，彼らは私設音楽所を設けては後輩を養成するようになり，教材の必要から《海東歌謡》《青丘永言》《歌曲源流》などの歌集が撰集された．⇒文学

金 思燁

[風流の世界] 時調の世界は風流の世界でも

ある．〈お坊の君よ問わまほし　君が行き来し関東を／さればよ　明沙十里は海棠の花紅焔に燃えてあり／雨に　煙る浜辺地はつがいの鷗　縫い飛べり〉（田中明訳．以下同じ）．読人知らずの歌だが，多くの人々に親しみ詠まれている時調である．ここに詠まれている風景は海棠と〈明沙十里〉で有名な元山（北部朝鮮）郊外の海辺である．雨に煙る浜辺，その雨の中を縫うがごとくすいすいと飛び交う一つがいの鷗，まさに一幅の水墨画を見るようである．

朝鮮固有の定型詩である時調のいま一つの特徴は，現代詩と違ってそこには物語や逸話がふんだんに盛られているということである．そしてそれらを知って詠むといっそう世界がふくらむのである．代表的な女流詩人黄真伊は16世紀半ばの人で妓女出身だが，彼女にまつわる逸話は多い．才色兼備の彼女は世の男たちのあこがれの的だった．面壁30年の修行を積み，生仏として高名な知足禅師を彼女の才知と美貌で破戒，堕落させた話や儒者▶徐敬徳ソギョンドクとの相聞歌は有名である．

王族の一員であり，風流人として自他ともに任じている碧渓守ピョッケスという人がいた．彼は〈一介の妓女にうつつを抜かすとはげかわしい．真の風流人は女などに惑わされぬものじゃ〉と豪語してはばからなかった．これを伝え聞いた真伊は，この傲慢な男の鼻をへし折ってやろうと心待ちにしていた．ついにその機会はやってきた．碧渓守が所用で開城に来るという．ある秋の夜，月は皓々と中天に昇り，小川のせせらぎの音しか聞こえない静かな夜だった．碧渓守一行が馬の鈴の音を響かせながら満月台に近づいたとき，待機していた真伊は，琴を引き寄せ静かに歌った．〈緑なす奥山の碧渓水ピョッケスよ　行きの早さを誇らざれ／ひとたび海に注ぎなば　返り来むことも難きを／しばしは憩え　名月の光　山に満つれば〉．碧渓守を碧渓水（守と水は同音），つまり谷あいの早瀬にたとえ，自分の妓名である明月を，中天にさしかかっている月にたとえながら歌った．さすがの碧渓守もこの歌を聞いて馬から飛びおり，彼女の軍門にくだったという話である．諸行無常の思想的あし

らいのなかに，男女贈答歌の言葉を巧みに織りこんだ機知には，稀代の風流人も降伏せざるをえなかったであろう．
　　　　　　　　　　　　　　　　尹 学準

じつがく｜実学｜실학

朝鮮の伝統儒教である朱子学が朝鮮王朝中期ごろからしだいに現実ばなれして虚学化したのに対し，儒学内部からの内在的批判を通じて登場した〈実事求是〉の思想および学問を実学といい，その学派を実学派とよぶ．本来儒教における実学とは，道徳的実践の学問のことであるが，ここにいう実学とは，実証性と合理性に裏づけられた現実有用の学問という意味である．宋学＝程朱の学が伝わったのは高麗末期の13世紀末であるが，それは高麗王朝の建国理念としての仏教の退廃と，僧侶の無為徒食に鋭い批判の矢を向け，▶鄭道伝チョンドジョンらをはじめとする改革派の儒者たちは，武人李成桂を推戴して朝鮮王朝を創建し，崇儒排仏をもって建国理念とした．王朝初めに▶朱子学は，新しい国づくりのための現実有用の学として機能を発揮したが，16世紀ごろからは〈理〉と〈気〉，〈四端〉と〈七情〉など，あまりに現実ばなれした形而上的な思索と論議にふけり，そのような見解によって分かれた学派は，17世紀に入ると執権の座をめぐる党派争い（▶党争）と結合し，その弊害は座視できなくなった．本来の王朝の政治は士＝儒者による文治主義がとられたため，儒者間の分裂と対立は，そのまま民生問題を置きざりにした政治的混乱の原因となった．

17世紀半ばに▶柳馨遠ユヒョンウォンは，《磻渓ばんけい随録》において社会制度の歴史的考察とその改革案を展開して実学思想の体系化をはかり，それは18世紀前半期に▶李瀷イイクに受けつがれて，その門から輩出した▶安鼎福アンジョンボク，尹東奎ユンドンギュ，▶李家煥イガファン，▶丁若鏞チョンヤギョンらによる経世致用学派＝星湖学派（星湖は李瀷の号）を形成した．当時，士大夫たちは老論，▶少論ソロン，▶南人ナミン，▶北人プギンの四色党派に分かれていたなかで，星湖学派は南人派に属する．他方，▶老論ノロン派のなかからも虚学化した伝統儒教を内在的に批判して，〈利用厚生〉による生産力の発展と民生問題の解決を主張した利用厚生学派＝北学派が形成され，▶洪大容ホンデヨン，▶朴趾源パクチウォン，▶朴

●十長生 図十長生図

左より、日、雲、水、亀、鶴、松、不老草、鹿、石、山の10種。動物は各つがいで描かれ、長寿や家族の繁栄の祈りがこめられている。1980年、大韓民国発行の切手。

斉家らがこれに属する。彼らは朝鮮儒教の〈尊明排清〉の風潮を批判して、〈利用厚生〉のためには北＝清の長所から学ぶばかりでなく、入清したイエズス会士を通じて西洋の科学技術からも学ぶべきだと主張した。これらの実学思想が全盛をきわめたのは英祖(在位1724-76)から正祖(在位1776-1800)の治世期で、とりわけ李家煥、丁若鏞、朴斉家らは正祖の信任厚く要職に就いた。

ところが星湖学派の少壮派のなかには西洋の学術ばかりでなく、天主教(カトリック)に傾倒して入信する者が続出し、1800年の正祖の死とともに登場した老論派政権によって、01年の天主教弾圧(▶辛酉教獄)が行われ、星湖学派は再起不能の打撃をうけた。西学＝洋学に対する禁圧は天主教に限らず、科学技術を含めた西学一般に拡大解釈され、老論派の北学派も自然消滅した。1870年代までの朝鮮思想界は〈正学〉としての朱子学を固守し、〈邪学〉としての西学を退ける〈衛正斥邪〉思想が支配的風潮となり、実学思想は李圭景、▶金正喜、姜瑋など一部の学者によってからくもその命脈をつないだが、70年代に朴趾源の孫▶朴珪寿の門からそれを継承した開化派が形成されるにいたった。 ▷開化派／儒教
　　　　　　　　　　　　　　　　姜 在彦

じっちょうせい｜十長生｜십장생

日、水、松、鶴、亀、鹿および不老草に、山、雲、月、石、竹のうちいずれか三つを加えた10個の不老長生の象徴物をいう。長生とは中国の神仙思想によるものであって、長生図は一見蓬萊山を思わせる仙境を描いている。しかし、中国には十長生という言葉はなく、松鶴とか松竹梅のような部分的な組合せはあるが、十長生の組合せはない。朝鮮の十長生はその要素を中国の神仙思想から借用して、固有の自然崇拝の上に朝鮮独自のものに再構成したものであると考えられる。十長生のうち日、月、雲、鶴は天上界の、松、鹿、不老草、山、石、竹は地上界の、また水、亀は水界の永遠の生命あるいは不老長生のシンボルであり、長生図はこれらの象徴物によってシンボライズされた不老長生の小宇宙を表すのである。十長生の構想はおそらく神仙思想の盛んであった高麗末期に成立したと考えられ、それが新年に貼る歳画として文人の間で喜ばれたことが▶李穡の《牧隠詩藁》の歳画十長生の詩からうかがえる。十長生はとくに老人の長寿を祝う吉祥図や、婚礼の際に新婦が持参する箸嚢(刺繡したスプーンケース)の刺繡の模様に用いられていて、家族の長生を願う朝鮮の家族的信仰を示している。
　　　　　　　　　　　　　　　　依田 千百子

してん｜市廛｜시전

都邑にあった常設店舗。シジョン。市廛の存在は三国時代からすでに確認できるが詳細は不明。高麗は王都開城の建設とともに長廊形式の市廛を建設し、朝鮮も漢城の主要街路に公廊を設けて市廛を整備した。朝鮮政府は指定商人(市廛商人)に店舗を貸与し、税を徴収し、官府の需要品を調達させた。市廛は、王室祭祀、官庁修繕、使臣往来などがあるたびに労働力と物資を提供した。とくに六種の商品を扱った大規模市廛(▶六矣廛、ユギジョン、ユクチュビジョンともいう)の国役負担は大きかった。その代わり、六矣廛をはじめとする市廛には特定商品の専売特権が与えられた。市廛商人以外の者が市案に登録された商品を販売することを乱廛と称し、市廛商人にこれを取り締まる権利(禁乱廛権)を認めた。17世紀後半以降、市

廛は禁乱廛権を有効に使いながら成長し，漢城の商業を独占したが，1791年には禁乱廛権が一部廃止され(辛亥通共)，18世紀末以降，市廛を中心とする漢城の商業構造は大きく変容することになった。　　　長森 美信

じてんきょう｜侍天教

朝鮮王朝末期におこった宗教で，東学・天道教の分派。日露戦争の際，*李容九ｲﾖﾝｸﾞ*が東学を基盤に一進会をつくって日本の軍事行動に協力したのに対し，教主孫秉熙ｿﾝﾋﾞｮﾝﾋは東学を天道教と改め，李らを追放した。そこで李は侍天教をおこし，教主となった。教理は東学と同じだが，日本と結びついて勢力を伸ばした。しかし，韓国併合の要望書を出すなど売国的行動が不信を買い，1911年に李が死んだあとは内紛が続いて振るわなかった。⇨天道教　　　吉野 誠

シニジュ｜新義州｜신의주

朝鮮民主主義人民共和国，平安北道北西端の都市。鴨緑ｱﾑﾉｸ江河口から約25kmの南岸に位置する。川を隔てて中国の丹東(旧，安東)と相対する国境都市であり，陸路で中国から北朝鮮へ入る主要通路となっている。また平安北道の道都として，西北朝鮮の政治・経済の中心地をなす。朝鮮王朝時代までは，新義州から鴨緑江の上流19kmの距離にある義州ｳｨｼﾞｭに国境防備の要地として軍営が設置され，また中国との間に国境貿易が行われ，湾商とよばれる義州商人が活躍するなど，義州がこの地域の中心地であった。1906年，日露戦争を契機に京義鉄道がソウルから新義州まで開通し，また対岸の安東市とを結ぶ鴨緑江鉄橋(944m)が1911年に完成すると，経済はもちろん行政の中心も新義州に移り，義州は山間の小都市に後退した。鴨緑江の氾濫原に計画的に建設された新義州の市街地は碁盤状に整然と区画され，朝鮮のほかの都市にみられない特徴的な景観を示している。日本植民地時代，新義州は鴨緑江上流域から切り出された木材の集積地となり，大規模な製材工場や製紙工場が建設された。植民地時代末期に鴨緑江上流に*水豊ｽﾌﾟﾝ*ダムが完成し，水力発電が始められると，人絹や化学薬品などの化学工業が興るようになった。朝鮮戦争後はさらに化学繊維，樹脂をはじめ各種の機械工業も発達し，西北朝鮮第一の総合的工業地帯に成長した。鴨緑江鉄橋は今日北朝鮮随一の国際鉄橋として維持され，平壌と北京間を往復する直行列車が走っている。　　　谷浦 孝雄

じぬしせい｜地主制

朝鮮における地主制は朝鮮王朝後期に形成され始め，日本の植民地支配期に農業における主要なウクラード(経済制度)として定着し，解放後，南北でそれぞれ独自に行われた土地改革，農地改革によって基本的に解体された。

[前史] 近代朝鮮の地主制の歴史的淵源をどこに求めるかについては一致した見解がないが，①16世紀中葉に台頭してくる在地*両班ﾔﾝﾊﾞﾝ*(士林派)の経済的基盤となった地主・佃戸ﾁｮﾈﾌ制に求める説，②18世紀中葉以降に商品貨幣経済の発展とともに登場してくる庶民地主とよばれる新しいタイプの地主(商人出身が多い)に求める説，が有力である。いずれにせよ朝鮮王朝期の地主制は，国家の官僚支配体制と結合しないかぎりその地位が不安定であったこと，佃戸の耕作権が近代の小作人の場合よりはるかに強かったと思われることなどの点で，植民地期の地主制とは性格を異にしていた点が留意されねばならない。

[確立期] 1876年の開港を契機とする米穀輸出の開始や，日清戦争(1894-95)前後からの日本人地主の侵入は，地主的土地所有拡大の引金となった。植民地期の朝鮮人大地主のかなりの部分が開港以降に成長してきたものであることが，近年の研究で明らかにされつつある。ただこの期には，富農層を中心とした商業的農業経営の動きも無視できない比重をもっていた。こうした動きを阻止し，地主制を農業における主要な生産関係として定着させたのが，日本による植民地農政であった。1910年代に行われた〈土地調査事業〉によって，地主の排他的土地所有権が法認された反面，従来農民が獲得していた諸権利は否定された(小作権の物権性の否定，永小作権の否定など)。また農民経営の不可欠の構成要素であった農村家内工業も，日本などの機械制製品の侵入によって壊滅的な打撃を受け(綿製品など)，地主制が急速に拡大していくのである。さらに

20年代には，日本の米穀不足の解消(▶産米増殖計画)と植民地支配の安定化のために，日本は地主制の育成を図り，日本の国家資本の貸付けを武器に，地主は小作人支配を強化するに至る。このようにして朝鮮の地主制は20年代に確立したのであるが，その特徴を列挙すれば，①日本向けの米穀輸出を存立基盤としている点で，日本の経済構造の一環に組み込まれた植民地的地主制であること，②その中核には▶東洋拓殖株式会社を筆頭とする日本人巨大地主が存在しており，朝鮮人も含めて大地主の比重がきわめて大きいこと，③地主の小作人支配が生産の全過程に及び，小作料は多くが籾納だったこともあって，小作人の経営者としての性格が剥奪されていること，などである。30年代に入ると，朝鮮総督府は地主制をある程度規制して，小作人の経済的地位の確保を図ろうとしたが(農地令の制定など)，ほとんど実効をあげることができず，日本国内の地主制が衰退期に入る30年代以降も朝鮮のそれはなお伸張を続け，45年の日本の敗北に至った。

[解体期] 解放後，北朝鮮ではいち早く土地改革の機運が高まり，1946年3月には北朝鮮土地改革法令が発布され，5町歩以上所有者の土地はすべて無償で没収されて，地主制は一掃された。一方，南朝鮮でも解放直後から土地改革を求める農民の声は高まったが，地主の抵抗やアメリカ占領軍のおもわくから直ちには実行されず，実施方針をめぐって二転三転を経たのち，50年3月にようやく改正農地改革法が成立し，有償収奪・有償払下げ原則による地主制の廃止が実現された。→土地改革　　　　宮嶋 博史

しほんしゅぎほうがもんだい｜資本主義萌芽問題

1876年の開港を契機とする日本や欧米資本主義諸国の侵入以前に，朝鮮社会内部に自生的に資本主義経済の萌芽が存在していたか否かをめぐる，歴史学界における論争。第2次大戦前の日本人研究者によれば，開港以前の朝鮮には何らの資本蓄積もなく，自力で近代化をはかる展望はまったくなかったとする説が一般的であった。こうした考え方は〈朝鮮社会停滞論〉として，日本の侵略を合理化する役割を果たしたのである。しかし1950年代の後半になって，まず朝鮮民主主義人民共和国でこうした通説への批判が起こり，次のような考え方が主張されはじめた。すなわち，朝鮮王朝(李朝)後期には商品貨幣経済の発展を起動力とする社会経済的な変動が，抗し難い勢いで起きていたこと，産業部門によっては資本主義的性格を備えた経営が登場しつつあったこと，諸外国の侵入は自生的な資本主義化への努力を抑圧・歪曲するものであったこと，という考え方であり，こうした視点に立った研究が資本主義萌芽研究と総称される。

共和国の研究では，鉱業や冶鉄業における資本主義的経営の存在(▶徳大など)，経済的関係に立脚して成長してくる新しい▶地主制＝庶民地主制の登場などの成果が注目される。同様の視点に立つ研究は，韓国，日本でもほぼ同時期に行われはじめた。とくに韓国では，▶量案(土地台帳)や戸籍などの根本史料を用いて，土地所有関係や身分制の変動の究明が進められる一方，商業資本の成長や，その生産者支配の進展が，実証的に明らかにされつつある。

これらの資本主義萌芽研究によって，朝鮮王朝後期における社会経済面での大変動は動かし難い事実として，広く承認されるにいたっており，思想史・政治史における▶実学思想の研究と相まって，李朝後期史研究は実証的にも理論的にも画期的な進展をみせたのである。ただこれらの研究は，資本主義的要素の検出に重点を置くあまりに，国家の支配体制や社会構造全体のなかでのそれらの位置づけが不明確である，という弱点をも内包している。今後は資本主義萌芽研究の成果に立脚しつつ，李朝後期社会の全体像と，その近代への移行のあり方を解明していくことが必要であろう。
　　　　宮嶋 博史

しみんうんどう｜市民運動

2000年4月の国会議員選挙で2000年総選挙市民連帯〉の落選運動が大きな成果をあげた。この組織は▶環境問題，人権，消費者運動など500に近い各種市民団体の連合体で，立候補を準備中の115名を〈不適格〉者と判定，各党に公認しないように働きか

けた。理由は汚職や選挙違反の前歴がある，民主憲政秩序を破壊した，議会の出席率が低い，近親者の兵役逃れを助けたなどだった。それでも立候補した86名を改めて公表し，キャンペーンを展開，結果的に59名が落選した。この運動の成功は，問題ある立候補者が多かったという事情にもよるが，市民運動の広がりと影響力も無視できない。

1980年代は民主化運動(▶民主回復運動)，90年代は市民運動の時期として語られるが，市民運動においては経済正義実践市民連合(経実連，1989年創立)が有名である。大学教授，弁護士，宗教家らが発起人となり，社会の不条理の是正を訴えたこの運動は，それまで社会運動への参加を躊躇していた一般市民に支持される合法的な市民運動として，急速に組織を拡大した。さらに参与連帯(1994年創立)も，海外進出企業問題，地方自治，社会福祉，少額株主運動などに，専門家のアドバイスを得ながら取り組んでおり，市民の日常的な感覚で生活を取り巻く問題を解決しようとしている。また，環境問題が深刻化するなかで▶環境運動連合(1993年発足)の活動も注目される。このような市民運動の広がりは韓国社会の成熟を示す一つの例といえるだろう。なお，韓国では，NPO法(非営利民間団体支援法)は2000年1月に制定された。

[2000年以降] 市民運動は，2000年以降いちだんと多様化し，大きな広がりを示した。市民運動がもてる力を結集し，念願を達成した代表的な事例に，11年10月のソウル市長補欠選挙がある。現市長の突然の辞任に始まるこの選挙で，市民連合側は〈参与連帯〉の事務局長，朴元淳弁護士を擁立し，まず野党推薦候補との予備選挙で勝利を収めた。さらに余勢を駆って本選挙でも，優勢だった与党候補者を大差で破り，当選を果たした。無数の市民運動組織，女性団体，宗教界，労働団体，有名無名の人びとなどが統一して朴候補を強く支え，綿密な選挙運動を展開した。選挙戦の過程と結果は既成政党を厳しく批判し，市民運動の可能性を見事に表したものだった。意見の違いを超えて一つの目標を達成するために統一し，それが巨大な力量を発揮したのである。済州島の海軍基地建設，アメリカ産牛肉の再輸入・韓米FTA交渉，生活権・プライバシー侵害，さらに社会福祉・雇用・教育・環境・地方自治と，市民運動の参加者は地域，職業，性別，国籍，年齢を超えて大きなうねりとなっている。⇒**女性運動**

舘野晢

シム・サジョン｜沈師正｜심사정｜1707-69
朝鮮王朝時代の画家。本貫は青松。字は頤叔，号は玄斎。▶鄭敾(ジョン)(謙斎)，趙栄祏(ジョヨンソク)(観我斎)と併せて，善画の〈士人三斎〉と称される。山水，花卉(き)，草虫，翎毛(れい)などと作画範囲は広く，指頭画も試みている。山水図は浙派，または明代院体画を主体に，新たに呉派系列の南宗画の影響を大きく受けている。代表作は《灞橋尋梅図》《江上夜泊図》(ともに韓国国立中央博物館)。

吉田宏志

シム・フン｜沈薫｜심훈｜1901-36
朝鮮の詩人・作家。本名は沈大燮。ソウル生れ。三・一独立運動に参加，投獄され，のちに上海に亡命，1923年帰国し，《東亜日報》《朝鮮日報》などの記者をしながら小説や詩を書き，映画製作も行う。初期の▶カップ(朝鮮プロレタリア芸術同盟)のメンバー。主著に忠清南道唐津を舞台に若者たちの▶農村啓蒙運動(ブ・ナロード運動)を描いた小説《常緑樹》(1935)がある。民族の抵抗の詩として高く評価される《その日が来れば》は，解放後に日の目を見ることができた。

金学鉉

しめなわ｜注連縄｜주련승
神域など神聖な場所を限って不浄悪穢の侵入を防ぐ縄。朝鮮ではクムジュル(禁縄)，ウェンセキ(左縄)などとよばれ，主として中部以南地方にみられる習俗で，稲作文化の文化要素として日本の例と共通する点が多い。通常の縄とは逆に左縒りになわれ，紙や帛(きぬ)，枝葉などがつるされる。家庭では子どもの出産後，3週目までのサムシンハルモニ(産神婆(ばば))をまつる期間に家の大門や戸口に張りめぐらされ，男児の場合には唐辛子や木炭，女児の場合には紙，松葉，木炭などをつるして，喪礼中の不浄な者の侵入を防ぎ，火と食物の持込み，持出しを禁じる。牛馬や豚などの家畜の出産に際しても同様の儀式を行う地方もある。このほか，家庭や村での巫儀や告祀(コサ)など重要な

儀礼を行う際にも張りめぐらせ，同じく呪的効果をもつ黄土をまくこともある。村の祭りの祭場となる神木や祠の周辺，祭官の役目を行う人の家などでも注連縄は張りめぐらされ，やはり黄土がまかれる。

〔伊藤 亜人〕

しゃおん｜舎音

朝鮮における小作地管理人の呼称。朝鮮音のマルムを漢字表記したもので，マルムの語義については諸説がある。起源は不明であるが，朝鮮王朝後期の▶宮房田の管理人に端を発し，それが一般の地主所有地にも置かれるようになったとする説が有力である。平安道，咸鏡道では舎音という名称は用いられず，小作地管理人のことを農幕，首作人などとよんだ。舎音は，地主と直接生産農民の間に介在して中間収奪を働くことが多く，その利益の大きさは，致富の手段として〈一に舎音，二に面長(村長)，三に郡守〉という言葉が流布していたことからもうかがえる。植民地期の農村においても大きな力を振るった。

〔宮嶋 博史〕

しゃかいほしょう｜社会保障

韓国は，1997年末の通貨危機以降，〈生産的福祉〉を掲げた金大中政権時代に，急速に社会保障政策を整備した。IMF体制の影響下，グローバル化に適応する経済政策を採用するかたわら，さまざまな福祉の改革を行った。99年にすべての国民に最低生活を保障する国民基礎生活保障法を制定，翌年に施行した。低所得層に対する生活保護などの公的扶助は，99年86万人から2001年142万人に拡大した。

社会保険においても改革が進められた。国民年金制度は88年に導入され，当初は対象者が職場加入者(従業員10人以上の事業所)に限定されていたが，その後，従業員5人以上の事業所(1992)，農漁村地域住民(1995)と徐々に適用対象を拡大し，99年4月に，都市自営業者を含め，全国民を包括する皆年金を実現した。

健康保険は，89年に皆保険制度が完成したが，国民医療保険は組合別に分立し，独立採算制による運営が行われていた。98年にこれらを統合する案がつくられ，99年国民健康保険法を公布した。2000年7月に地域医療保険と職場医療保険を保健福祉家族部傘下の国民健康保険公団に統合し，01年7月に財政も統合した。産災補償保険も，2000年7月からすべての企業に適用された。

95年に導入された雇用保険は，経済危機直前までは30人以上の企業を対象としていたが，98年10月にはすべての企業に拡大し，正規職だけでなく，臨時職・パートタイマーを含む，すべての勤労者(日雇勤労者を除く)を対象に広げた。拠出金納入期間の縮小，給付期間の拡大，給付額の引き上げ，特別給付の導入による強化が行われた。

韓国は，2000年に高齢化率7％を超えて高齢化社会に入った。18年には高齢化率14％を超え，急速に高齢社会となり，その後8年で高齢化率20％の超高齢社会に到達すると推計される。合計特殊出生率は2000年に1.47，06年に1.13にまで低下した。政府は，このまま少子化が続けば18年をピークに総人口が減少すると予測し，少子化対策として，05年5月に〈低出産・高齢社会基本法〉を制定(7月施行)した。第一の柱は，保育施設の量的拡大と質の向上である。第二の柱は，所得段階別の保育費の補助，幼稚園教育費の補助，低所得層の子育ての経済的負担を軽減するための支援策である。

韓国では，2008年7月からく老人長期療養保険制度〉とよばれる介護保険制度を導入した。ドイツ，日本に次ぎ，世界で3番目の介護保険の創設である。保険者は，医療保険制度の運営を担う国民健康保険公団であり，介護保険制度においても運営管理の実務を担当する。被保険者は，年齢で区切らず，全国民で保険料を負担する。保険公団が保険料の賦課・徴収を行う，全国一律の方法である。給付対象者は基本的に高齢者が対象である。保険公団が要介護認定を行い，給付対象者の範囲は，中重度の要介護者に限定される。保険給付は，〈在宅給付〉と〈施設給付〉以外に，〈特別現金給付〉として〈家族療養費〉などがある。 ➡人口

〔田川 佳代子〕

しゃざいもんだい｜謝罪問題 ➡戦後補償問題

しゃしなんせいき｜謝氏南征記 사씨남정기

朝鮮王朝中期(17世紀)の長編小説。作者▶金万重마느중。成立年未詳。貴族家庭内の妻

●シャマニズム 図クッ

帝釈クッを行うムーダン。扇と鈴を持って巫歌を唱えている。ソウルにて。

妾間の葛藤を描く。地名，人名を中国に借りているが，当時の▶粛宗大王をめぐる宮廷事件をモデルにしてこれを諷諌したものといわれる。原作は婦女子を対象にハングルで書かれ，のち従孫の金春沢が漢文に翻訳して男性知識層にも普及した。17世紀以降に出現する娯楽性と教訓性を兼ねた通俗小説の代表的作品である。　　　　大谷 森繁

シャマニズム

朝鮮のシャマニズムはシャーマンである巫覡を中心とした呪術宗教的信仰であり，巫俗ともいう。朝鮮巫俗の歴史は古く，《三国志》魏志東夷伝には古代朝鮮の部族国家の祭天儀礼(▶東盟，舞天など)が記録されているが，これは現行の村祭の源流をなすものである。古代において巫俗は国家宗教の位置を占め，新羅王は一種の巫王であった。一方，新羅末期(9世紀ごろ)になると，仏教の影響を受けて巫仏習合化が進み，個人の僻邪進慶を求める朝鮮巫俗の新しい展開がなされた。高麗時代に儒教が採用されると，巫俗はしだいに抑圧されるようになるが，国家的行事である祈雨祭(▶雨)や▶八関会は巫覡が司祭した。朝鮮王朝では儒教を国教として巫俗を抑圧した結果，巫覡は八賤の一種として賤民に規定された。しかし実際にはこの禁令は守られず，巫俗は絶えることなく，かえって儒教思想によって抑圧された女性の信仰として盛行した。

巫覡はおもに降神を得て占いやクッなどの巫儀を行う宗教的司祭者である。古い文献には巫(女)とか覡(男)と記録されているが，一般的には巫女は▶ムーダン(巫堂)，男巫はパクスー(博士，卜師)とよばれている。ムーダンという概念はおもに巫病(トランス状態)を通して降神を受け，神堂をつくり，クッという巫儀を行う，いわゆる降神巫をさすが，それとはまったく異なる巫堂という社会的身分を家系によって世襲して巫儀を習い，巫業を行う巫職者である，いわゆる世襲巫を含んでいる。朝鮮におけるシャマニズムの概念には，おもに降神巫と世襲巫を含む広義の意味と，降神巫だけに限定した分析的概念である狭義の意味がある。広義の概念にはさらに，完全に学習によって経文を読み，読経逐鬼をする〈判数〉も含まれる。判数はだいたい盲人で盲覡ともよばれ，盲人が先輩盲人から口伝で読経を習い，一人前になる。広義の概念は歴史的に巫覡として使われたものであり，迷信として文献の中には降神巫が〈妖巫〉と記されることもあった。

[降神巫と世襲巫]　降神巫はソウル以北の地方では世襲巫より支配的で，一般的に盛行している。一方，南朝鮮では村ごとにタンゴル(丹骨)という世襲巫が社会的に支配し，土着化している。タンゴルという語は得意関係を意味しており，ある巫堂と特定の村や家とが得意関係にあることに由来するものである。もちろんこれは南朝鮮には世襲巫しかいないということを意味するものではない。南朝鮮にもタンゴル以外に降神巫が存在しているが，ただ世襲巫が村の公的レベルで存在するのに対して，降神巫は私的に存在しているのである。近代以前の伝統社会において南朝鮮では世襲巫が巫儀を独占的に行っていて，降神巫は占いしかやれず巫儀を行うことは社会的に禁じられていた。もしこれを降神巫が破ると，世襲巫はみずからの権利を守るためにそれを禁止したり，ときには巫具を奪うこともあったという。タンゴルはみずからの権利を守るため〈神庁〉を建て，それを中心として巫業者組織をもっていた。

このようにタンゴルは，降神巫よりは世襲制という伝統を伝承しやすい利点もあり，組織的であったが，近代化とともにその組織は解体されてなくなりつつある。それに代わって現在では降神巫が盛んになっており，タンゴルの存在はまもなく完全に消えることになろう。タンゴルは降神巫と違って賤民であり，一定の家系によって世襲されてきた聖職者でありながら社会的には厳しく差別されていた。したがって賤民ということで結婚もタンゴルどうしでするしか方法がなく，社会的にも巫職に強く規制されていた。しかし近代化とともにその制限が緩められ，タンゴルは賤民からの解放を願って転職したり，村から離れていくことが多くなった結果，タンゴル制度はなくなりつつある。

[**クッ**]　クッは幸運，幸福を意味するウラル・アルタイ系言語に起源する朝鮮固有の語で，巫が歌舞賽神を中心に行う除災招福のための宗教的儀礼である。クッはふつう1～5日の日程で数人の巫による歌舞と伴奏を主とした規模の大きな巫儀で，告祀やピソンとよばれる小規模の儀礼とは区別される。クッにはさまざまな種類があり，地方によって巫服，巫具，巫舞，巫歌，巫楽などに特色がある。クッはその目的によって財数クッ(祈福祭)，憂患クッ(治病祭)，死霊クッなどの個人の家で行われる家祭と，村や部落を単位として行われる村祭がある。

クッの基本形態はそれぞれ異なった神を祭るコリ(巨里)という独立性をもつ祭次によって細分されている。一つのクッはふつう12コリからなっているが，12というのは全体を表す便宜的な数で，実際には祭りの内容や規模によってその数や順序が変えられる。コリは巫が降神を祈る巫歌を唱え，跳舞して降神を受け，神託を語り，再び跳舞して送神するという一定の構造をとっている。クッの祭神は成造(家屋)神，帝釈(産)神，大監(屋敷)神，祖上(祖先)，山神，天然痘神など人間に関連した多くの神々である。コリごとに祭場や供物が変わり，南朝鮮以外の巫は祭られる神を表す巫服に着替える。その付属品として鈴，扇，剣，槍などが使われるが，とくに扇と鈴が重要な巫具である。また明図という銅鏡は巫の守護霊とみなされている。クッの進行に従って巫歌が歌われるが，代表的な叙事巫歌として〈パリ公主神話〉(〈神話〉の項を参照)がある。→民間信仰；ムーダン　　　　　　　崔吉城＋依田千百子

シャーマンごうじけん｜シャーマン号事件

1866年アメリカの武装商船ゼネラル・シャーマン号が朝鮮で焼打ちにあった事件。平壌洋擾ともいう。同船は，南北戦争のW.T.シャーマン将軍にちなんで名づけられたスクーナー型帆船で，アメリカの商人W.B.プレストンと中国の天津にあるイギリスのメドーズ商会が共同運航していた。プレストンらは同年8月に大同江を遡上して軍民と衝突し，羊角島付近で座礁したところを平安監司▶朴珪寿の指揮による焼打ちにあい，20余名全員が死亡した。これが原因となって，アメリカの軍艦シェナンドア号が68年朝鮮に来航し，71年にはアメリカ艦隊が朝鮮を攻撃した(辛未洋擾)。この事件は▶興宣大院君政権の鎖国攘夷政策の成果の一つにあげられている。→洋擾　　　原田環

しゅうあん｜輯安

集安。チバン。中国音ではジーアン。中国吉林省集安市に属し，鴨緑江中流域右岸の，長さ十数kmほどにわたって細長く延びる沖積平野にあたる。集安市庁の所在地は，以前は通溝または輯安とよばれたが，現在は集安で，その一部を洞溝とよぶ。

この地は，新石器時代から青銅器時代を経て，中国戦国時代の遺物まで出土するが，とくに高句麗中期以後の遺跡や遺物が多数認められる。この地は，また高句麗の中期，長寿王15年(427)の平壌遷都までの，首都の所在地として知られる。現存する集安に残る城郭は，20世紀の初めに大きく改築されているが，高句麗中期の国内城を継承したものである。城郭は，1辺が約700mのほぼ方形の石築の城壁に囲まれている。高句麗時代には，城郭の西辺は洞溝河を利用しているが，北，東，南の各辺の外側には濠を掘って，防備を固めた。当初，城壁には，甕城形式の城門，四隅には閣楼，各辺に一定の距離をおいて雉などの施設があった。城内には道路が縦横に走った痕跡があり，また礎石や瓦の出土から，建物群の存在が

うかがわれる。国内城跡の北東方約1kmの東幢子でも、建築跡が発掘されているが、性格はよくわからない。国内城跡の北西約3kmの山城子山には、丸都城あるいは慰那巌城に推定される巨大な山城子山城がある。この山城には、いくつかの尾根や谷をめぐって、周囲7〜8kmの石塁で平面不整形に城壁が取り囲んでいる。城壁の南東辺には正門である南門が設けられ、随所に城門、閣楼、雉、水門などの施設があった。城内には宮殿跡・指揮所としての将台跡や水源池がみられる。

集安市内では、これまでに老嶺山脈の東部に23ヵ所1万2206基、西部に9ヵ所152基の墳墓が知られる。これらは積石塚と封土墳からなるが、高句麗の首都が、▶桓仁、輯安にあった時代のみならず、平壌遷都後の時期のものまで、前1世紀後半から後7世紀まで長期にわたって築造されたものである。そのうち、およそ東西8km、南北3kmの洞溝一帯には、1万1300基の墳墓が認められる。そのなかには、方形段築式の巨大墳である太王陵、▶将軍塚などの積石塚のほか、華麗な壁画のみられる三室塚、▶舞踊塚、角抵塚、環文塚、▶牟頭婁塚、四神塚など著名な封土墳が含まれる。400年ごろを境にして、積石塚から封土墳への変化がたどられる。太王陵の北東方約450mの地点には、▶広開土好太王陵碑が立つ。また《三国史記》《三国遺事》によると、小獣林王2年(372)に、高句麗にはじめて仏教が伝来し、まもなく肖門寺や伊弗蘭寺が創建されたと伝えるが、寺院跡はいまだつきとめられていない。なお、主として遼東方面より侵入してくる外敵から、首都である国内城を防御するために、輯安に入る道路に沿って、関門としての遮断城を築いた。南路の望波嶺関隘や覇王朝山城、北路の関馬牆がそれである。　　　　　　　　　　西谷 正

じゅうきょ｜住居

まず朝鮮の伝統的な住居を概観する。

[建物とマダン(内庭)] 屋敷はほとんど例外なく塀をめぐらし、大門一つによって外部(▶道)とつながった独立した空間をなしている。塀は生垣や柴垣もあるが、大部分は土と石でつくられる。塀で囲まれた屋敷は、建物部分とそれ以外のマダン(内庭)からなる。農家ではマダンは農作業に利用される。建物は土または石造の基壇(高さ30〜100cm)の上に建てられる。礎石の上に柱を立て、木や竹のしんに土を塗って壁をつくる。慶尚道では泥を方形にかためて日に干したものを積み上げて壁としたり、全羅道では石と土をかためて壁にすることもある。障子のように木の桟に紙をはった扉がつけられるが、これはドアのように外側に向かって開かれる。室内の壁には壁紙をはる。建物全体の入口としての玄関はなく、各部屋から直接に、あるいは縁側部分を経てマダンに通じている。屋根は中流以上の家では瓦葺きであるが、庶民の家は稲わら葺きである。わら葺きの家を草家(チョガチブ)という。わら屋根は毎年秋の終りに葺きかえるが、このときには新しいわらを編んで古い屋根わらの上にかぶせていく。建物内部の部屋(房という)を床の形式からみると、土間、マル、▶オンドルの3種類がある。オンドル房は床下暖房のある居室部分であり、マルはオンドルのない板敷きの部分である。オンドル房の外側につけられる縁側形式の部分もマルである。

[住宅の構成] 建物を構成するおもな部屋には次のようなものがある。内房(アンバン)は最も奥まった所にあり、おもに主婦と子どもたちの居室である。食事もここでし、衣服や貴重品を納める鍵のかかる櫃籠もここにおく。夫と子ども以外の男性には閉ざされた部屋である。内房の隣にある大庁(テチョン)は板敷きの部屋で、天井を架設せず屋根裏がそのまま出ている。ここの天井部分にある梁は家の最も重要な梁であり、棟上げした年月日や竜や亀などの縁起のよいことばを含む上梁文が記されている。大庁は家人の共用する部分であるが、ここには家の神である成主(ソンジュ)をまつり、また祖先の祭りもここで行う。大庁をはさんで内房の反対側にある越房(ウォルパンまたはコンノンバン)は成人した子どもたちや老夫婦の部屋である。舎廊房(サランバン)は主人の居室であり、客人の接待が行われる。舎廊房のない場合には越房がこの代りとなる。ここは女性の立ち入らぬ部屋である。台所

●住居
□地方両班の家

住宅の構造は，地方と都市，貧富によってさまざまで，たとえばソウルなどでは「ロ」型や「回」型の建築配置をとる場合が多い。右図は伝統的な地方両班の住居の模式図である。靴を脱いで入り，座る生活様式，布団の格納など，一室を多目的に使用する点は日本と共通しているが，各部屋がそれぞれ壁で隔てられて個室化していること，畳の代りに油紙になっている点が異なっている。

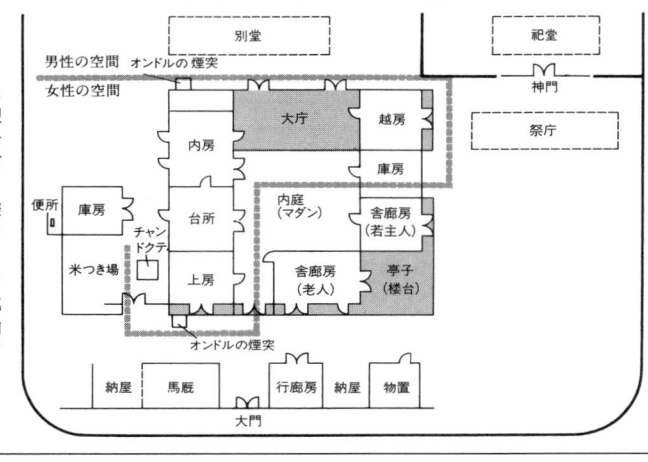

■の部分はマル(板敷き)

図中のラベル：
- 男性の空間／女性の空間
- 別堂／祀堂
- オンドルの煙突／神門
- 大庁／越房／祭庁
- 内房／庫房
- 便所／庫房／チャンドクテ／内庭(マダン)／舎廊房(若主人)
- 米つき場／台所／上房／舎廊房(老人)／亭子(楼台)
- オンドルの煙突
- 納屋／馬厩／行廊房／納屋／物置
- 大門

(プオック)は内房の隣(大庁の反対側)にある。床は土間で，ここは建物全体ののっている基壇の上面よりも低くなっているが，台所の竈が内房のオンドルの焚き口になっているためである。竈の正面には竈神がまつられる。台所の外にはチャンドクテという壇があって，塩，しょうゆなどの調味料やキムチのかめが並んでいる。便所は建物外部の離れた所につくられる。以上は庶民層の家を構成する代表的な要素であるが，その配置には地方的な差がみられる。

家の構造はそこに住む家族の社会的・経済的地位を反映しており，中流以上の家では部屋数が増え，かつ上記以外の部屋が設けられる。行廊房(ヘンナンバン)は大門に接続して設けられ，使用人のための部屋である。別堂(ピョルタン)は隠退した老主人の居所として，敷地の一角に塀をめぐらし，完全に独立して建てられる。オンドル房とマル房を含み，庭園をも設ける。祀堂(サダン)は家の後方に独立した建物で，祖先の位牌を安置する場所である。祀堂の床はオンドルにするのが普通である。上流の大規模な家になるほど，内部の部屋の配置の面での地方差はみられなくなる。

[男女の区別，身分と規模] 儒教倫理にもとづいて男女の区別を厳しくつける朝鮮では，建物の空間利用にもそれが反映され，男の空間と女の空間が区別される。その基本型は内房と舎廊房の区別にみられるが，この区別は家の規模が大きくなるにつれていっそう明確になり，男性の使用する建物である舎廊(サランチェ)と女性の使用する建物(アンチェ)に分けられるようになる。このように建物自体が区別される場合には，サランチェは宅地の表側の大門に近い方に置かれ，アンチェはその後方の表から見えない位置に置かれる。さらにはこの両棟の間が塀で仕切られ，男女の空間の区別がいっそう強調されるようになる。これに伴ってマダンも，サランチェ前面のサランマダンとアンチェの前のアンマダンに区別される。

朝鮮王朝時代には，身分に従って屋敷や住宅の規模・建築様式に制限が加えられていた。たとえば世宗朝には，大君(王子)の住宅は60間，王の兄弟と公主(王女)は50間，二品以上の官位をもつ者は40間，三品以下は30間，庶民は10間以内とされた。〈間〉とは4本の柱でかこまれた部分をさすが，2間をもって1房とすることもあるから，これが部屋数と一致するとは限らない。柱と柱の間隔も，大君は11尺，公主は10尺というようにおのおのの制限があり，また建物の装飾などにも制限が加えられた。しかしこれらの制限は必ずしも厳守されなかったようである。

[現在の住宅] 1960年代後半に高級住宅としてソウルに建設の始まった高層アパートは，

●秋夕　図カンカンスオレー

秋夕の夜，全羅南道の海岸地方で行われる女性の円舞。数十名が円をつくって〈カンカンスオレー〉というくり返しをもつ歌をうたいながら跳躍する。豊臣秀吉軍に対抗する士気を鼓舞するために，李舜臣が始めたという伝承もある。

人口の都市集中とともに全国に普及し，90年代に入るころには都市住民の最も平均的な住居となった。性と世代による部屋の使い分けはなくなり，アパートの入り口に直結する居室（居間），夫婦の寝室としての内房（アンバン）と子供部屋（子女房チニョバン）などを中心とする間取りは核家族化に対応している。

嶋 陸奥彦

じゅうぐんいあんふ｜従軍慰安婦　➡日本軍慰安婦

しゅうけんでん｜集賢殿｜집현전

高麗時代から朝鮮初期，宮中に置かれた学問研究機関。高麗時代に設置されたものは，忠烈王代以後，有名無実の機関となった。歴史的に意義が大きいのは，1420年朝鮮王朝の▸世宗セジョンによって改めて設立されたものである。世宗の集賢殿設立の目的は，人材の養成・学問の振興であったが，古制研究や書籍の編纂事業などを行う傍ら，▸事大文書の作成や，史官・試官・経筵官・書筵官としての職務にも携わった。後には上疏などを通じて，国家施策の是非に関する意見陳述を活発に行うようになり，政治機関化した。56年世祖による武断的な王権強化の過程で廃止されたが，集賢殿の諸機能は，78年以後，▸弘文館に継承された。

木村 拓

しゅうじけい｜周時経　➡チュ・シギョン

しゅうせき｜秋夕

陰暦8月15日の中秋節は朝鮮では嘉俳日または秋夕チュソクとよばれ，一年中で最も重要な祭儀の日と考えられている。嘉俳日とは，新羅儒理王（1世紀）の時代，都内の女子を2組に分けて麻つむぎの競技を行い，この日にその勝敗を決し，歌舞百戯を行い，これを嘉俳といったことに由来するという。またこの日，各家では新穀で酒，餅を作り，棗ナツメ，栗そのほかの新果とともに家廟に供えて祖先を祭るが，これを秋夕茶礼または八月薦新という。また省墓といって祖先の墓参りをし，この機会に墓地の掃除をする。秋夕には各地で相撲（▸シルム）や▸綱引きなどの競技や亀戯，牛戯などとよばれる収穫を寿ぐ年齢集団による仮装訪問者の慣行が行われる。また南朝鮮の海岸地方ではカンカンスオレーという女性の円舞が月光のもとで行われる，済州島でも照里戯という舞踊兼綱引きが挙行される。また▸正月の上元（陰暦1月15日）に行われた〈迎月〉もこの日に再びとり行われる。

秋夕の行事には上元の行事と共通するものが多く認められ，朝鮮では上元と秋夕の祭儀が明らかに対偶関係にあることを示している。このころになると稲をはじめほかの雑穀もすでに実り，この日が元来朝鮮における雑穀や稲の第1次収穫儀礼の行われる日であったことがわかる。半島北部では端午が重要視されるのに対して，半島南部ではこの秋夕が最も重要である。この日の食べ物として里芋団子，里芋汁が作られることはとくに注意すべき点であり，中国の華南や日本の中秋の祭儀との関連性が求められる。➡端午｜年中行事

依田 千百子

しゅうとくじ｜修徳寺　➡スドク寺
しゅうふうれい｜秋風嶺　➡チュプン嶺
しゅうぶんも｜周文謨　1752-1801

中国人神父。江蘇省の崑山県生れ。北京神学校第1回卒業生。教名はジャック・ベロゾ。1794年にソウルに潜入して布教にあたり，朝鮮人信徒に同国内で初めて正式な洗礼を施した。翌年の乙卯ウルミョ教獄に際して忠清南道連山に難を逃れたが，1801年の▸辛酉シニュ教獄のとき義禁府に自首し，同年6月，ソウル郊外の沙南基で軍門梟首キョウシュに処せら

れた。　　　　　　　　　　　　　原田　環

じゅきょう｜儒教

朝鮮の儒教は実に長い歴史をもつ。ただ朱子学以前の儒教(三国時代から高麗朝後期までの)は支配思想であった仏教と共存して存在できた儒教であり、哲学は仏教にゆだね、もっぱら詩文の才を政治・外交面で発揮した文詞・文学儒教であったので、朝鮮儒教の真面目は儒教が支配思想となった朝鮮王朝500年に現れたといえる。

[特徴]　まず朝鮮における儒教の特徴は臣優位の▶両班の儒教である。両班は朝鮮王朝の支配階級(在地の中小地主層)で、力役や兵役免除の特権をもち、官職以外には農工商のいかなる職業にも従事しなかった。彼らは、初等教育機関である▶書堂から、ソウルでは四学、地方では▶郷校を経て、最高学府の▶成均館へと進んで▶科挙試に応じ、重要な文臣の地位を独占したが、このような教育機関で儒教＝朱子学の教養と実業蔑視の感覚を身につけた。官職につけないとき、または政争や党争で野に下ったとき、彼らは郷里で強い支配力をもった。その基盤は▶農荘(自分たちの私有田)と▶書院(彼らの講学と結束の学問所)と▶郷約(儒教精神による郷村自治規約で彼らは役員となった)である。このように朝鮮儒教の担い手である両班＝士大夫たちは農村に生活と社会基盤をもち、朝廷と農村・山林という幅広い活動舞台をもっていた。

第2に朝鮮の儒教は朱子学一尊、それも性理学＝道学(理学)中心の朱子学であった。儒教は修己治人の学である以上、朱子学も経世済民的側面(治人)と精神陶冶的側面(修己)の2面をもつ。朝鮮王朝でも初期の王朝体制づくりの時期に貢献したのは前者の経世治国的朱子学である(たとえば、革新官僚派▶鄭道伝チョンドジョンの《朝鮮経国典》や《経済文鑑》作成における活躍)。しかし王朝体制が整備されるや、代わって体制維持に奉仕する修己＝道学の朱子学が尊重されるのは自然の勢いであった。この方面の朱子学は王朝交代直前に官を辞して郷里の慶尚道(嶺南)に帰った▶吉再キルジェが先鞭をつけていた。彼は新王朝の太常博士の職を二王に仕えずと拒絶し、講学と後進養成に専念した。かくて道義を重んじ、性理学＝道学に心を注ぐ士林とよばれる新しいタイプの在野勢力が嶺南地方に形成された。吉再の学統(嶺南学統)から▶金宗直キムジョンジク、金宏弼キムグェンビル、▶趙光祖チョグァンジョ(朝鮮道学の祖)、▶李退渓イテゲ(《朝鮮の朱子》と称される)が生まれたのをみても、朝鮮性理学は士林の世界で深められ、集大成されたことがわかる。この士林勢力が15世紀後半以降中央政界に引き出されて、やがて士類の政治が定着すると、四七論弁などの理気論を中心とする非実際的な性理学が朝鮮朱子学全体の性格となった。これは、王朝が守成期に入って体制維持＝体制教学的な朱子学が求められたことに対応する。なお▶陽明学は朝鮮性理学の全盛期(16世紀後半)に朝鮮に入った不運と、朱子の学説批判すら斯文シブン乱賊として死に追いやられるケースが出たほどの厳しさの中で、公然と信奉することは許されなかった。朱子学一尊といわれる所以である。

第3に朝鮮の儒教は▶党争の儒教であった。限られた官吏のポストを大勢の両班が争うのであるから権力争いは必至であったが、士林勢力が4度の▶士禍の試練を乗り越えて宣祖代に政権の主導権を握るにいたって、ついに政権を担当する士類間の対立抗争が始まった。これが王朝末まで300年にわたって続く党争である。東人、西人の2派の分裂から始まる党争は、曲折をへて東人が▶南人ナミンと▶北人プギンに、西人が▶老論ノロンと▶少論ソロンに最終的に分かれ、四色党争といわれたが、党派の対立は学派や学説の対立(たとえば、東人には李退渓派、西人には▶李栗谷イユルゴク派が多かったこと、礼訟における南人▶尹鑴ユンヒュと西人▶宋時烈ソンシヨルの対立など)と結びついたので、党派に属する学者は自派の学説を固守しなければならず、党争儒教は朝鮮儒教の学問的発展を著しく阻害した。

第4に朝鮮の儒教は厳格な身分制度(両班、中人、常民、賤民)と家族制度(嫡庶の峻別ほか)を反映して、それらを律する礼制の実践と研究を重んずる礼学儒教であった。冠婚葬祭を中心に生活様式が儀式化され、両班家庭における《朱子家礼》や農民における〈郷約〉の励行を通して儒教は社会生活に深く根を下ろした。国家は《三綱行実図》をつくって孝子、忠臣、烈女の顕頌を行い(▶表

彰)、ハングル訳を付して庶民の教化に努めた。

[実学の開花] しかし朝鮮儒教にも以上の性理学(道学)、党争、礼学中心の儒教とはちがう新しい学風としての実学が18世紀に開花する。それは儒教本来の経世済民にたち返った学問ともいえる。この直接的契機は1600年を前後して被った日本と満州族の侵略(壬辰・丁酉倭乱(文禄・慶長の役)と丙子の乱)がもたらした自国の疲弊であった。実学は祖国を富強にすべく愛国的で開明的な両班知識人たちが提起した社会改革案=時務策を本領とするが、田制改革や社会制度・教育制度の改革から、生産技術の改良、運輸交通手段の整備を説く産業振興策(通商貿易策を含む)、そのために必要な外国(中国と西洋)の先進的学問の摂取と研究(天文暦学、世界地理学ほか)および自国の実情把握のための朝鮮歴史・地理・言語研究までを含む広範囲な領域に及んだ。金堉キュンュク、柳馨遠ユヒョンウォン、李瀷ィィク、安鼎福アンジョンボク、洪大容ホンデヨン、朴趾源パクチウォン、朴斉家パクチェガ、丁若鏞チョンヤギョン(茶山)、金正喜キムジョンヒ(各項参照)らが代表的実学者である。彼らの多くは科挙のための学問を早くから断念し、実際的な学問研究に旺盛に取り組んだ百科全書家的なスケールの持主であった。老荘の自然哲学や陽明学の実際性が実質的に生かされ、評価されたのも(洪大容)、また、名も知られずにく沢、四海に及び、功、万世に垂る>学問をするのが真のく士>であると(儒)学者(ソンビ)精神がみごとに明文化されたのも(朴趾源く原士>)、ともにこの学風の下であったことは注目に価する。実学はみずからの学問的実践によって過去の朝鮮儒教の否定面を映し出す鏡であり、その成果と朝鮮近代との接点をさぐることによって朝鮮儒教の力量をはかる要石的存在であるといえよう。

[朝鮮儒教と日本] 以上のような朝鮮儒教の諸側面を全体としてみたとき、朝鮮儒教を代表する性格、その顔は第2の朱子学―尊、性理学=道学の儒教である。この理と道義に厳しい朝鮮儒教は、19世紀以降の列強の侵略に対して▶衛正斥邪思想として機能し、とくに朝鮮のく自主独立>を掲げながら実際は侵略してくる日本の背信を厳しく糾弾し、▶義兵闘争の先頭に立つ、道義と抵抗の儒教となった。また体認と存養(涵養)を重んずる李退渓に陶冶された朝鮮儒教が日本朱子学に与えた大きな恩恵も忘れることができない。われわれは朝鮮儒教(朱子学)を介して朱子学を受容したにとどまらず(藤原惺窩、林羅山)、儒教(朱子学)の学び方まで深い影響を受けたのである(山崎闇斎、大塚退野)。その成果は幕末に横井小楠を生み出すまでに至った。⇒実学|朱子学|知識人
小川 晴久

しゅくさいじつ│祝祭日

現代の朝鮮では南北両国家の分立を反映してそれぞれ異なった祝祭日が行われている。大韓民国では、檀君神話にちなんだ開天節(10月3日)や▶秋夕(旧8月15日)、仏教の釈迦誕生日(旧4月8日)やキリストの聖誕節(12月25日)などの民俗的・宗教的祝日が行われるのに対して、朝鮮民主主義人民共和国の祝祭日にはこの種の行事がまったくみられず、ほとんどすべてが政治的・国家的行事である。共和国で特徴的なものには、金日成主席の誕生日(4月15日)、朝鮮人民革命軍(抗日パルチザン)創建記念日(4月25日)、社会主義憲法節(12月27日)などがある。南北共通のものには、呼称は異なるが1月1日の新正(ソルミョンジョル(▶正月の名節の意))、3月1日の三・一節(人民蜂起記念日)、8月15日の▶光復節(祖国解放記念日)などがある(かっこ内は共和国の呼称)。
⇒年中行事
依田 千百子

しゅしがく│朱子学

程朱学、性理学ともいう。朝鮮への朱子学の伝来は高麗朝末期の13世紀末〜14世紀初め、▶安裕アニュ、白頤正が中国(元)で学んで帰ったのを嚆矢コウシとするが、朝鮮王朝が儒教を国教として奨励し、貴族に代わって支配層(両班ヤンバン)となった新興地主層が自分たちの学問として朱子学を受け入れたことにより、その地位が保証された。この基盤の上に16世紀(中宗・明宗・宣祖期)に性理学研究の全盛期を迎え、李退渓、李栗谷ィュルゴクらによって朝鮮朱子学の確立をみる。

後世、朝鮮の朱子と仰がれた▶李退渓は後半生郷里に退居し、朱子学説の体認自得に努め、その成果を《天命図説》(鄭之雲との合作)や《聖学十図》に集約して朝鮮朱子学を集大成した。彼の功績はこれら図説、図解

や《朱子書節要》の編纂(朱子の膨大な手紙を3分の1に精選)にみられるように，多岐にわたる朱子学の世界を枝葉を落として簡潔な体系に凝縮したところにあるが，それにとどまらず《四端七情》の理気説による解明など独自の理論的貢献もしている。弟子奇高峰との7年に及ぶ論争(《四七論弁》)の末，四端は《理発して気これに随う》，七情は《気発して理これに乗ず》と規定された四七論がそれである。一方，〝李栗谷は四端七情は《気発理乗》説で一貫できるとして李退渓の《理気瓦発》説に反対し，また理気説の合理的解釈といえる《理通気局》説や，《本然之気》《心是気》という大胆な規定を打ち出して，理気論で朱子に負けない自信を示した。このように退渓は研究の篤実さと造詣の深さに，栗谷は観察の明敏さと論理の鋭さに，それぞれ秀で，前者は理を重んじ，後者は気を重んずる対照的な学風を形成して朝鮮朱子学の双璧となった。

その後の朝鮮朱子学は，退渓の説を支持する主理派(李葛庵，李漢洲，奇蘆沙ら。おもに嶺南地方(慶尚道)が中心で，嶺南学派ともいう)と栗谷の説を支持する主気派(宋時烈，韓南塘，任鹿門ら。おもに畿湖地方(ソウルとその周辺)が中心で，畿湖学派ともいう)，およびその折衷派(金農厳，金渓湖ら)に分かれ，理論問題として《礼訟》(王室の服喪期間問題)，《人物性同異論》(いわゆる《湖洛両論》)，《心は気か理か》をめぐる論争などがあったが，いずれも《党争》と結びついて党派的な見地が先行し，加えて執権派で熱烈な朱子崇拝者〝宋時烈〟(《朱子大全劄疑》という優れた仕事がある)が朱子学批判者を《斯文乱賊》の名で弾圧して朱子学研究の自由な気風を奪ったため，みるべき理論的発展はなかった。しかし朱子学そのものは各地の学校――郷校(公立)，〝書院〟，〝書堂(私立)――や《朱子家礼》にもとづく冠婚葬祭の励行という社会生活を通して朝鮮社会に深く浸透した。そして民族の危機に際しては野蛮な侵略行為を糾弾する高い《道義》性(《名分論》)を発揮したが(日本の《背信背義》を糾弾した〝崔益鉉〟ら)，反面，内部改革の芽をみずからつぶし(開化派への弾圧)，冷静に状況を認識し，有効に対処する政治的リアリティに欠ける弱点を露呈した。

なお朝鮮朱子学(李退渓の朱子学理解)は藤原惺窩，林羅山に影響を与えて日本朱子学の確立に貢献するとともに，山崎闇斎らの崎門学派，大塚退野，横井小楠，元田永孚らの熊本実学派に大きな影響を与えている。
⇒実学；儒教；陽明学　　　　　　　　小川 晴久

しゅっさん｜出産

出産は妻の実家ですることもあるが，婚家ですることが多い。内房(主婦と子どもの居室)の床にわらを敷き，産婦は黒いチマを着て産にそなえる。介添えは姑か経験の豊かなおばあさんにたのむ。産室にはくサムシン(〝産神〟)床)を設け，わらを敷いた上に膳をすえて，米飯と〝わかめスープ〟を3杯ずつそなえる。産婦が出産後初めてとる食事はこれを下げてつくる。へその緒ははさみか昔は鎌で切り，紙かわらに包んでおいて3日目に火で焼く。小さな壺に入れて埋めたり，川に流す地方もある。後産も火で焼く。出産するとすぐ，家の大門や産室，台所の入口などに禁索(〝しめなわ)を張る。これは左縒りの縄で，これに男児の場合はトウガラシ，炭，わらをはさみ，女児の場合は炭，紙，松葉，わらをはさむ。禁索は7日，21日(三七日)または49日間かけておくが，この間外部の人の出入りは禁じられ，また産家からものを持ち出すことも禁じられる。産後3日目に産婦はヨモギを入れた水で身を洗い，また赤ん坊にも初めて沐浴させる。生後7日目におむつをぬいでえりのない着物を着せ，14日目にはえりのある着物を着せる。上下に分かれた着物を着せるのは21日目からである。禁索がとられ，産室が開放されて初めて親戚や近隣の人々がお祝いにくく。⇒子ども；育児　　　　　　嶋 陸奥彦

じゅっちょうせい｜十長生　⇒十長生(じっちょうせい)

しゅっぱん｜出版

韓国は，出版点数では世界10位圏内であり，アジアでは中国，日本に次ぐ出版大国である。大韓出版文化協会の資料によれば，2012年の新刊図書刊行点数(〝漫画を含む)は3万9767点，刊行部数は8690万部だった。出版社登録数(文化体育刊行部調べ，2012年末)は4万2157社，リアル書店数(韓国書店組合連合会調べ，2011年末)は1752店と公表されている。ただし，

出版実績のある出版社（大韓出版文化協会調べ、2012年末）は2537社である。

日本の植民地下では、厳しい言論統制によって民族意識や階級意識を鼓舞する出版物は取締りの対象になり、自由な出版活動は認められなかった。解放（1945）後は、いっせいに出版社が創業され、出版活動は活気を帯びたが、出版社のなかには経営基盤が脆弱なものもあり、倒産や廃業が続出した。歴代の軍事政権による言論出版統制も、出版活動を沈滞させる要因になった。1987年の〈六・二九民主化宣言〉によって出版活動は本格化し、出版社登録数、出版点数、出版部数、書店数などが急増した。その後のほぼ10年間は順調な推移を遂げていたが、IMF（国際通貨基金）ショック（▶IMF時代）は出版界に大きな試練となった。もともと取次機能が弱体なところに、主要取次の倒産が相次ぎ、読者の〈本離れ〉の時期とも重なり、出版社や書店は大きなダメージを受けたのである。

その後の推移をみると、インターネット時代を迎えて、一般読者の本離れは加速化しているが、これを阻止すべく読書推進運動も各地で展開されている。ネット書店の売り上げシェアは40％に迫ったともいわれ、ネット書店の割引販売が常態化している関係で、書籍の定価販売の維持が危うくなっている。こうした事情で一般書店は急激に姿を消しており、人口5万以上の市や郡でも書店の一軒もないところがいくつもある。電子ブックはまだジャンルとコンテンツが限られているが、義務教育の教科書に採択されたこともあって、さらなる発展が見込まれている。

一方、朝鮮民主主義人民共和国では、国の方針に沿った出版物の刊行が原則とされ、〈自由〉な出版活動は認められていない。最近は製作条件が逼迫してきたためか、出版点数の減少と出版物の紙質低下が認められる。また、文学作品の場合は、作者名を表面に出さずに集団創作とするケースが目立っている。
舘野 哲

しゅまく｜酒幕｜▶酒
しゅもう｜朱蒙｜▶チュモン

ジュリアおたあ｜Julia Ota（Vota）
近世初期の朝鮮人キリシタン婦人。生没年不詳。ジュリアは霊名。文禄・慶長の役でキリシタン大名の小西行長に捕らわれ、小西家で養育された。関ヶ原の戦後、徳川家康に仕え、〈奥方ノ御物仕〉として伏見・駿府両城にいた。家康の棄教命令を拒み、伊豆大島、新島さらに神津島に流された。1622年2月のイエズス会士F.パシェコの手紙によると、〈信仰のため追放された高麗人オタ・ジュリア〉は当時大坂でパシェコの援助を受けていた。
五野井 隆史

しゅれい｜守令
朝鮮王朝時代の地方官で、府尹、大都護府使、牧使、都護府使、郡守、県令、県監の総称。員ともいう。道の長官である観察使の監督下で、▶邑（府、大都護府、牧、都護府、郡、県など、道内の行政区画の総称）内の統治にあたった。その任務は守令七事とよばれ、農業を盛んにすること、戸口数を増やすこと、学校を興すこと、軍政を修めること、賦役を均等に課すこと、裁判を迅速に行うこと、奸悪な人物をなくすことであり、この七事を基準にして観察使が各守令の勤務評定を行い、善・殿・悪・最の4等級の評価を中央に報告する仕組みであった。守令の権限は大きなものであったため、国家は出身地の守令には任命しない、同一地での任期は1800日を限度とする、などの統制策をとった。守令は実際には1、2年で交代することが多く、地方の実情にうとかったために、地方統治に当たっては▶郷庁などにいる在地の有力者の助言と補助を不可欠とした。
▶胥吏（しょり）
宮嶋 博史

しゅんきゅうばくれい｜春窮麦嶺｜▶飢饉
しゅんこうでん｜春香伝｜춘향전
朝鮮王朝のハングル小説。作者未詳。18世紀初めに▶パンソリ演唱者により唱物語として創作され、公演される間に小説化された。全羅南道南原に住む妓生の娘春香と府使の子李夢竜はふとした出会いから熱烈な愛のとりこになる。しかし歓喜の逢瀬もつかのま、夢竜は父の栄転で都に去り、残された春香は新任の好色な卞学道の添寝の命を拒んで笞打たれ、牢に入れられる。科挙に及第し、▶暗行御史（王の隠密派遣使）に

任命された夢竜は乞食に扮して南原に下り，下府使の誕生の酒宴が開かれ，春香が処刑される当日に現れて，悪政をさばき春香を助け出す。二人は上京し，王の特旨でめでたく結ばれる。物語の劇的展開に加えて，庶民の反抗精神を代弁した風刺，俗語の使用による親近感，さらに登場人物の造型にもみごとに成功し，今日でも小説，パンソリ，映画を通じて広く愛好される。朝鮮王朝小説の最高傑作。完版（全州），京版（ソウル）の板本のほかに写本も数十種ある。

大谷 森繁

しゅんじゅうかん |春秋館|춘추관
高麗・朝鮮時代に歴史編纂を管掌した官庁。高麗時代にはおもに史館とよばれ，芸文館と統合された時期もあった。朝鮮王朝の草創期の官制でも芸文春秋館として，芸文館との統合体として編成された。しかし1401年に分離して以後，独立した官庁として定着し，1894年まで存続した。春秋館の官職はすべて他官庁の官員が兼任し，春秋館の官職を兼任する官員は史官と称された。史官が作成した史草（政治記録の草稿）は春秋館に集められ，それを基に時政記（当代の政治記録）が作成された。時政記は各王代の実録を編纂するための基本資料となった。

木村 拓

しゅんせん|春川|➡チュンチョン
じゅんそう|純宗|➡スンジョン
じゅんふくいんきょうかい|純福音教会
ソウルの汝矣島ヨイドにある韓国最大の "聖霊主義"の単一プロテスタント教会。汝矣島純福音教会 Yoido Full Gospel Church。70万人を超える信者数をもつ世界最大規模の教会である。福音主義（ペンテコステ派）の教会で，汝矣島純福音教会から分立した教会とともに〈キリスト教大韓ハナニムの聖会〉教団を構成する。教会設立は1958年に趙容基チョヨンギ牧師によってテントがけの教会から始まり，同牧師個人のカリスマと病気治しなどによって急速に信者数をのばした。韓国キリスト教の成功例として語られ，教会の運営方式などが参考にされている一方で，既存の教団からは聖霊主義的な面などから問題視されることも多い。2008年に趙容基牧師は第一線からは引退したが，なお教会運営に関しては大きな影響力をもち続けている。国内，国外の宣教活動や雑誌や新聞の刊行，福祉事業なども盛んに行っており，移民の増加とともに北米を中心とした海外での教会設立も活発である。

秀村 研二

しょ|書
朝鮮における文字（漢字）の伝播は漢代に設置された楽浪郡の中国人からと考えられている。最古の碑は《楽浪・粘蟬ネンゼン県碑》（85または178）とされており，高句麗《広開土タイ王碑》（414）とともに隷書体の優品である。三国時代には《真興王拓境碑》（黄草嶺，磨雲嶺，北漢山），《昌寧拓境碑》，《武寧ムニョン王陵墓誌》（523）があり，六朝の書風がうかがえ，《沙宅智積サタクチジョク碑》（654）とともに貴重な碑である。また1979年に発見された《中原チュンウォン高句麗碑》（480）は隷・楷で書かれている。統一新羅時代には東晋の王羲之に比定され，朝鮮歴代中第一人者とされる金生キムセン（711-?）があらわれ，《朗空大師白月栖雲塔碑》に集字として残されており，崔致遠の《四山碑銘》とともに有名である。朝鮮の書は，統一新羅や高麗前半は大半は金石とくに碑，墓誌として残っているが，石質，風土，戦乱などのため欠損されたものが多い。この時代は唐の欧陽詢・欧陽通ツウ父子の書風（欧法）の全盛時代であった。その中で文宗の世の柳伸，仁宗の世に坦然タンヨン，高宗の世には崔瑀チェウが有名で，金生とともに神品四賢とよばれており，この時代は朝鮮を通じて書の全盛期であったといえよう。高麗後期になると元との密接な交流の影響から趙孟頫（子昂）の書風が盛んになり，李嵓イアム，韓脩ハンス，高麗唯一の隷書を書いた権鋳などが著名であった。また高麗時代には墓誌が200余点出土しており，高麗期の書を知るのに便利である。

朝鮮王朝時代に入ると朱子学が尊重されたために儒教で統一され，芸術的には停滞したが，その中で初期の松雪体（趙子昂）の書風は200年近く行われ，第一人者といわれたのが安平アンピョン大君瑢（李瑢）で，その書には《夢遊桃源図》跋文があり，現在日本の天理大学に収蔵されている。この系統に属する者に朴彭年，成三問ソンサムムン，申叔舟シンスクチュ，宋寅などがあった。また明の文徴明風では成

●正月

立春. 門扉に貼った春聯(《立春大吉》《建陽多慶》などの吉意味の対句を記す)の前で, 晴着を着る子どもたち. セクトン・チョゴリ(原色の縞模様の服)を着, 年(数え年)が増えたことを祝う.

宗の世に成守琛が出た。そのほか明代の祝允明の系統として金絿, 楊士彦, 金時宗などが出ている。中期に入ると書は著しく衰微したが, 韓濩(石峯)が出てこの時代の代表として朝鮮風の書風で通行体として社会に受け入れられ, 彼の書いた《千字文》は大衆の中に浸透し, 以後大きな影響を与えた。安平大君瑢, 韓濩, 金絿, 楊子彦は朝鮮王朝前・中期における書の四大家と称された。その後に出た尹淳(白下)は各体に通じ, とくに行書において一家をなした。彼の弟子である李匡師(円嶠)は《書訣》を著し, その朝鮮風の作品とともに著名である。また許穆は篆書で名を成した。後期に入ると申緯が董其昌風で当時の書風を一変させたが, 書の革新を果たしたのが▶金正喜(秋史, 阮堂, 礼堂)で, 清の翁方綱, 阮元の影響をうけ, 《金石過眼録》を著した。彼は各体に通じたが, とくに隷書はぬきんでていた。その書は秋史体と称され, 近代芸術の先駆者となった。王朝四代の世宗のときに▶ハングル文字が完成し, 四体に区別され, 書き継がれている。解放後は韓国においては国展が開催され, 1981年で30回を数え, その中に書芸として参加

書の愛好者も増加している。

楠見 敏雄

しょいん│書院

朝鮮王朝時代の在郷私立儒学教育施設。高麗末の私設の書斎に起源があるが, のちこれに道学書院(先賢を祭る)と忠節書院(先烈を祭る)の別が生じた。1542年周世鵬(1495-1554)が朱子の白鹿洞書院にならって, 高麗の朱子学者▶安裕をそのゆかりの地慶尚道の順興に祭って立廟, 白雲洞書院と命名した。50年▶李退溪の上書によりこれに《紹修書院》と賜額, 書籍・田土などが下賜された。これが賜額書院の最初である。以後大小の書院が全国各地に簇生し, 18世紀初葉には593(当時の郡県数は329)に達し, ▶郷校に代わって学問・道徳実践の修行と先賢および先烈の崇徳報功の教育・教化の場として国民教育上重要な役割を果たした。礼安の陶山書院(李退溪), 海州の紹賢書院(李栗谷)が著名。しかし反面, 所属の儒生や書院の奴婢となって軍役を避ける者の淵叢となり, かつ朋党に加担して横議をこととし, しかもいたずらに濫設するなど弊害が続出し, 1644年以後数次にわたり禁令を発したが効果は上がらず, ついに興宣大院君政権下の1871年には47書院(うち祠20)を残し, 撤享撤額した。日本統治期にはく祠宇ト同ジク単ニ先賢ノ享祀ヲ行フ公認ノ斎場〉とされたが, 在郷指導層に対する教育教化の機能は看過しえない。

渡部 学

しょうえいじつ│蔣英実 ➡チャン・ヨンシル

しょうがつ│正月

朝鮮の正月は, 元来一年中の無事を祈って静かに引きこもる月であると考えられていた。ちなみに正月を一般にソルというが, ソルとは悲しみや愁いを表す語である。元旦には正朝・茶礼といって家廟の祖先の霊をまつる(▶祖先祭祀)。新しい衣服を着て家族の年長者に対して新年の挨拶を述べ(〈挨拶〉の項を参照), 年賀にまわる。この日, 日本の雑煮に当たる餅湯(トックッ)や甑餅を食べる。門排(金甲神将図)や歳画(鶏や虎の画や道教系の神像)を門や壁に貼って不祥を払う。また福笊という竹で編んだひしゃく形のざる(または竹ほうき)を戸口や壁にかけて幸福をかき集める意とする。元旦から12日までは干支で日をよび, 予祝儀礼や年占が結合

している。たとえば最初の子の日にはチュイプルノリ(鼠火遊)といって田野の草を焼いてネズミや虫の害を防ぎ、辰の日には婦人たちが竜卵汲み(天から降った竜が井戸に卵を生むといい、竜卵の入った水を最初に汲むこと)をして農運を占う。立春には中国の春聯と同様に種々の吉意の文句を大書して貼りつける。

[上元] 正月の行事の大部分は14〜15日に集中している。15日は上元で最初の満月であり、▶秋夕(旧暦8月15日)に対して大望日といわれ、最も重要な祭日である。この日、迎月(タルマジ)という満月祭が行われ、人々はこの日の月で一年の吉凶を占い、種々の願いごとを祈る。また農耕予祝儀礼としての炬火戦、▶石合戦、▶綱引きなどの模擬戦や五穀の穂をかたどった禾積、耕作過程を模倣的に演じる田植遊び、木の影や鶏の鳴き声、大豆などによる豊凶占い、福盗み、処容、踏橋(▶橋)、ノッタリ遊び、凧揚げ、売暑、巫覡の行う安宅祭や横数防ぎなど、各種の個人的な辟邪・迎福の行事および亀戯、牛戯、獅子戯、地神踏などとよばれる青年たちによる仮装訪問者慣行が行われる。上元の夜は夜なべしての夜歩きが許され、女子の解放の機会でもある。一方、この日には清浄な男子を祭主として部落祭が行われ、一年中の平安と豊穣を祈る。元旦や立春の行事の大部分が明らかに中国からの受容であると考えられるのに対して、上元の諸行事は朝鮮古来の固有の満月祭を中心とした新年の祭りであるということができる。上元は日本の小正月に対応するものである。

▷年中行事・農耕儀礼　　　　　　依田 千百子

しょうぎ｜将棋

朝鮮将棋(チャンギ)は中国将棋の流れをひくもので、総32の駒が楚、漢の両陣営に分かれて闘う。ふつう八角形の木の駒を赤と青とに字をぬりわけ、区別する(赤駒は上手がもつのが常例)。将のほか、卒、士、車、馬、包、象などの駒があり、一度とられた駒は日本将棋のように再び使うことはできない。王手を意味する〈チャンイヤ(将也)〉のかけ声とともに、相手の漢将ないし楚将の逃げ場をふさいでしまった方が勝ちである。起源は中国から伝来した新羅時代にもさかの

●将軍塚　図平面図・側面図

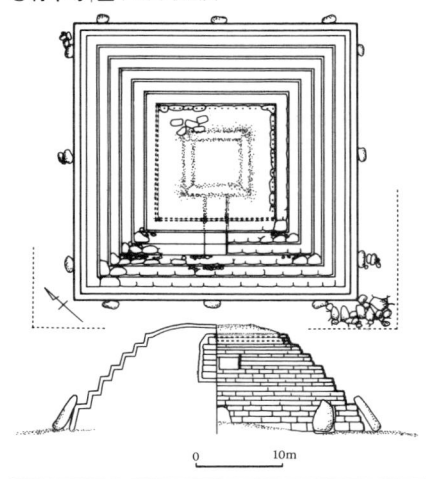

ぼるといわれ、現在も民間娯楽の中で▶囲碁とともにポピュラーな位置を占めている。公式の段位は決められていないが、日本の植民地時代には国手という呼称があった。夏の一日、ケヤキの木の下で老人たちがこの将棋をさしている姿は農村の風物詩である。

金 東旭

しょうぐんづか｜将軍塚

中国、吉林省集安市にある高句麗時代の典型的な段築式の方形積石塚。ていねいに調整した花コウ岩の石材を使って、7段の方壇をピラミッド式に築き上げたもので、頂上部の周縁に1列の孔があることや瓦の出土からみると、もとは建造物が立っていたらしい。最下段は、1辺約30m余り、最上段は、1辺約16m、基底部からの高さ約12〜13mの規模を有する。最下段の4面には、各3個ずつ合計12個の、長さ3mほどの自然石を無造作に立てかけている。墓室は、第3段の上面に床面を置き、最上段の上部とほぼ同じ位置に天井石がくる横穴式石室で、羨道が南西に開口する。玄室の4辺と高さはそれぞれ約5mを測る。玄室床面には、破損した棺座が二つ横たわる。将軍塚の基段の周囲には、幅4mにわたって地覆石の敷石があり、その外側にさらに、幅30mの範囲で石敷きがある。この石敷の北東後方32m

を隔てて，陪塚が数基以上配される。将軍塚から南西方1.6kmほど離れたほぼ正中線上に，広開土왕王陵碑が位置していることを理由に，広開土王陵とする説や長寿王陵説もある。　　　　　　　　　　西谷 正

しょうげん|昌原|➡チャンウォン
じょうげん|上元|➡正月
じょうこ|杖鼓|장구
細長い胴の中央がくびれた砂時計型の両面太鼓。チャング(チャングゴとも)。朝鮮の伝統音楽の代表的な楽器の一つで，唐楽と郷楽の宮廷音楽で用いられ，現在では正楽をはじめ，▸散調，雑歌，民謡，▸農楽，巫楽にいたるまで広範囲に使用される。細腰鼓세요고ともいう。全長約70～73cm，細腰部20～23cmが標準で一木作りの胴。左右の鉢形は，左の方が大きい。革面はいわゆる鼓가죽と同様の方法で，円形の鉄の輪に張って作られ，直径約36～40cmで胴の端の直径より大きい。両革面の間に胴を入れて紅色の木綿糸で作った太く長い紐で締めるが，革面の縁に付けられた8個ずつの金具に紐を交互に渡して締める。音高を調節するためV字形の小さな革ベルトを締め，紐に付けてある。演奏法は，雅楽と室内の音楽では，床に置いて一方の膝で固定し，左手は手のひらと指で，右手は桴채(杖)を持って打つ。農楽など野外で行われる音楽のリズムを打つときは肩から前に紐でつり，左手も太い桴で打つ。➡楽器[図]　　　　草野 妙子

しょうこうじ|松広寺|➡ソンァン寺
じょうこうどう|城隍堂|➡ソナンダン
じょうし|場市|장시
朝鮮における市장の一種で，常設の店舗などの特別の施設を有さず，行商人や近辺の農民たちが定期的に集まって商品交換を行う場所。朝鮮語ではチャンシ。たんに場터ともいう。高麗時代の史料には郷市という名称がみえ，交通の要衝などに設けられたと思われるが，場市が組織化され始めるのは朝鮮王朝に入ってからであり，王朝後期になって全国化した。朝鮮王朝時代の場市は，太祖李成桂がソウル内の市場を特定の場所に集中させたことに端を発し，15世紀にはソウル以外の地方にも場市が発生した。地方の場市は，ソウルのそれと区別して，

とくに場門とか郷市とよばれた。政府は貧民や盗賊の集まる場所として，当初地方場市の抑圧を図ったが，王朝後期になると商品経済の農村浸透に伴い，急速に全国化した。

18世紀後半には全国に1000余りの場市が存在し，その大部分は5日ごとに開かれる定期市であった。これは全国どこの住民も，往復1日の行程で市場と接触できるようになったことを意味する。政府は場監という管理役人を置いたが，実際の支配権は場市を渡り歩く▸褓負商보부상に握られ，税も彼らを通じて徴収された。韓国併合後の1914年9月に総督府は市場規則を制定して，その統制を図った。朝鮮王朝時代から場市は農民反乱などの際に利用されたが，三・一独立運動の際も多く市日が示威運動に利用された。➡商人/朝鮮王朝[図2]　　　宮嶋 博史

[民俗]　市の立つ広場(チャント)に平日には人影も少ないが，市日になると早朝から多くの商人が店を構え，周辺のほぼ日帰り可能な範囲の村々からの農民たちでたいへんなにぎわいをみせる。商人には穀物や地方特産物などの換金作物を買い上げる商人と，食料，衣料，雑貨や家畜などを商う者まで含まれ，その多くはその地方の中心にあたる町(▸邑)に居住しながら一定の地域内の数ヵ所の市を巡回し，一方では都市の仲買商人と取引関係を有する。農民との商いは主として現金で行われるが，現金収入の少ない農民たちは自家産の穀物や換金作物を商人に売って得た金で買物をすることもできる。穀物商の買値が低ければ農民は売り控えて時間をつぶしながら値が上がるのを待ち，こうした農民を相手とする食堂や居酒屋が活気を呈する。ふだんの商いは大多数が小商いであるが，祖先祭祀や婚礼などの儀礼を控えた場合にはかなり大きな商いがみられる。また▸秋夕(旧暦8月15日)や正月の上元(同1月15日)などの名節の前には，贈答や祭物の需要が大きいため市は特別にぎわい，臨時市が立つこともある。

市に出かけることを〈市(を)見に行く〉と表現するように，市はたんなる売買取引の場ではなく，他村の知人や親戚と会っておしゃべりしたり，飲食しながら互いの消息

や情報を交換できる社交の場としても重要である。ときには見合いの場ともなった。とくに主婦たちにとっては生家の親兄弟や友人に会ったり、途中で立ち寄ったりする機会ともなる。また男性たちにとってはとくに売買の必要がなくても市場に出かけて酒を飲むことが大きな楽しみとなっている。また見世物や大道芸や▶パンソリなども、かつては農民にとって数少ない娯楽として、単調な農村の生活にリズムをもたらした。

伊藤 亜人

しょうしか｜少子化｜➡人口
しょうしゅう｜尚州｜➡サンジュ
しょうじん｜匠人｜장인

職人。技能を必要とされる手工業者（匠人、工匠）。新羅において貴族、王族の邸宅に付属する作業場で毛氈などを制作していたことが知られ、高麗では特殊物品の製造と上納を目的に銀所、磁所などが設定されていた。高麗末から朝鮮王朝初においては寺院に所属して建築、版刻、製紙、絵画、瓦製造、石材加工、木材加工などの技能を有する僧が存在した。15世紀末には、手工業技能者は工匠案に登録され、官庁に所属するとともにその作業場で制作に従事するか、製品の納入が求められるようになり、製品は貢納品として上納されたり、当該官庁での使用に供されたりした。工匠たちは、身は良人であっても賤役に服する者とみなされた。

17世紀に▶大同法が施行され、物品納入請負業者である貢人を指定して必要物資の調達を委託するように変わると、陶磁器製造、製紙、武器製造などの官庁作業場でも貢人らによる請負生産と上納のほかに一般向けの商品生産が拡大する。工匠案も役を名目とした布の徴税台帳へと変じ、均役法の施行によって存在意義を失い、必要な労働は対価を支払って調達する給価雇立に変わった。この場合でも、熟練労働と未熟練労働で対価の違いがなく、技術的巧緻に対する公的評価は存在しなかった。

手工業者たちは必ずしも都市に集まっていたのではなく、地方の農村部にも散在し、農閑期に集中して鉄釜を製造した事例、筆製造、網巾製造、木製品製造や修繕、染色業、製紙業なども確認され、また市の日に出店して鉄の農器具を修繕する者などが知られており、日常の需要に応じた多様な匠人が各地域に存在して半農半工の生活を送る場合が多かったとみられる。また、寺院には依然として製紙、版刻、絵画などの技能をもつ僧侶が存在した。他方、ソウルでは絹糸で作る装飾品である佩物（ノリゲ）の8割を製造したとされ、綿紬廛の依頼で進上絹布を染色した業者など、ソウルにも特殊な分野の加工業が存在した。陶磁器製造、真鍮器物（鍮器）製造など、いくつかの製造分野では、分業化された作業場を備えた手工業者も存在していた。しかし、最も需要の大きい衣料品生産は女性の家内労働によって賄われており、一般向けの衣料品生産は京城紡織による機械製綿布の製造開始まで専業化することはなかった。➡資本主義萌芽

問題：身分

須川 英徳

しょうせいいん｜承政院｜승정원

朝鮮王朝時代に王命と官僚の王への上言の出納を任務とした官庁。高麗時代の▶中枢院の後身であり、数回の改変ののち15世紀中ごろに定着し、1894年の甲午改革で承宣院と改められた。承旨、注書などの官僚で構成された。承旨は吏・戸・礼・兵・刑・工の6房に分かれて任務分担し、各官庁の要職を兼任し、王の側近として権勢をふるった。その公的記録である《承政院日記》3047冊は1623-1894年分が現存する。2001年世界の記憶（世界記憶遺産）に登録。

吉田 光男

じょうだいとう｜上大等｜상대등

朝鮮、新羅の最高官職。上臣とも称される。他の官職と異なり、所属官庁をもたず、相当官位の規定も明文がなく、不明である。また1王代に1人の上大等が任命され、王と進退をともにするのが原則であった。《三国史記》によればその創設は531年であり、以後新羅滅亡まで存続した。しかし5世紀末には、すでにその原型が形づくられていた可能性が大きい。上大等は大等とよばれる高級貴族階層の首席にほかならず、王のもとで大等階層を統制し、かつ代表するものとして設置された。おそらく高句麗の▶大対盧や百済の上佐平（▶佐平）の制度にならったのであろう。上大等は王のもとで国政

を総括する立場にあったが、その歴史的性格は一様ではなく、とくに三国統一の前後に官制機構が整備され、王権の専制化がすすむにつれて、その政治的地位は低下していった。逆に8世紀末以降は、上大等から王位に登る例もみられ、政治的比重が増大した。　　　　　　　　　　　　　　木村誠

しょうちゅうかしそう｜小中華思想
朝鮮の儒者たちが、朝鮮を中国と文化的同質性をもったく小中華〉と自負し、他を夷狄視した思想。本来は孔子の《春秋》における〈尊中華・攘夷狄〉の尊華攘夷思想に由来する。朝鮮王朝前期には朝鮮にとって明は〈大中華〉であり、〈以小事大(小を以て大に事える)〉の事大＝宗属関係があったが、女真族＝清が明を滅ぼし、1627年、36年に朝鮮に侵入すると(▶丙子の乱)、政治的には清との事大＝宗属関係を維持しながら、精神的には中国は夷狄化したとし、朝鮮を唯一の小中華として自負した。とくに孝宗(在位1650-59)の治世期には▶宋時烈らによる尊明排清の北伐論が起こり、それ以来清を夷狄視し、さらに近代に入っては西洋＝洋夷、日本＝倭夷に対する鎖国攘夷の思想(▶衛正斥邪)として発展した。18世紀後半期における朝鮮▶実学の北学派は、たとえ夷狄であっても、長所があれば師として学ぶべきだと主張し、小中華思想の枠組みから離れて世界をみようとした。　⇒事大｜中国　　姜在彦

しょうどうたく｜小銅鐸
弥生時代の銅鐸を小さくした形状の青銅製品。性質の異なるさまざまなものが、この名でよばれている。朝鮮半島で作られた朝鮮式小銅鐸は、高さ十数cmを普通とし、鰭は未発達で、身に文様がない。吊手(鈕)が磨滅し、使用の激しさを示す例も多い。大分県宇佐市別府遺跡からその一例が出土している。朝鮮式小銅鐸は、朝鮮で銅剣、銅矛、多鈕細文鏡など、日本の弥生時代にも知られる青銅器類とともに見出される。これら朝鮮式小銅鐸は、日本の銅鐸の祖形か、あるいは共通の祖形から両者が生まれたのか、という密接な関係にある。一方、日本の小銅鐸と称されるものには、銅鐸自身の小型品(小型銅鐸)と、銅鐸を模倣したものの両者が存在するほか、銅鐸誕生前にその先駆的なものとして作られた銅鐸試作品が含まれる可能性があり、さらに、朝鮮式小銅鐸の模倣品もあるかもしれない。九州地方で見いだされている数個のく小銅鐸〉を、銅鐸試作品とみて銅鐸の九州起源を説く研究者もあり、これを模倣品とみる解釈もある。　　　　　　　　　　　　　　佐原眞

しょうにん｜商人｜상인
近代以前の朝鮮における商業の担い手には、ソウルに店舗を構える▶市廛、浦口(船着き場)などの交通要地で商品保管、委託販売などを営む▶客主、行商人である▶褓負商などがあった。

朝鮮王朝は、ソウルに市廛行廊を設置し、取り扱い品目ごとにまとまって営業させ、首都住民の必需品を供給させた。塩や米、水産物などは産地からソウルなどの消費地へと海や河川を利用する船商によって運送され、木製品、鉄製品、織物類は人や牛馬の背によって陸路で運搬された。朝鮮前期においては王室、官衙の必要とする多様な物品は郡県などからの貢納、進上やそれらを原材料とする官庁作業場での生産によって満たされ、加えて支配階層であった両班士族たちは地方在住の農場経営者として華奢を排し、質朴な自給自足的生活を旨としたために、塩、鉄のような非自給的必需品を除けば、社会全体として商品流通に依存する度合いは低かった。15世紀の末になると地方民が有無を相通ずる場として▶場市が発生し、救荒の一助になるとして黙認された。場市は売買だけでなく、飲食、娯楽、情報交換の場でもあり、月3回から月6回の開催へ、全国で1000余ヵ所へと成長していく。

17世紀には▶大同法の施行や官庁作業場の民間請負への変化など物資調達制度の大きな変化により、王室や官衙の求める物品の指定納入業者である貢人が発生する。市廛人には貢人を兼ねている者も多く、彼らによる物資調達の便宜、さらに清への歳幣物品調達負担、王宮の清掃、修繕などの労役負担などを補う意味で、市廛の各廛が漢城府平市署に登録している品目について独占的に売買する禁乱廛が認められた。輸入絹織物を扱う立廛、国産絹織物を扱う綿紬

塵，麻布を扱う布廛，紙廛など有力な廛は一括して六矣廛(ユギジョン)とよばれたが，実際は6～8ヵ廛であり，入れ替りもあった。他方，全国的な商品流通も拡大しはじめ，まず漢江の浦口に船商たちが運んでくる商品を地域別に引き受けて保管，委託売買，宿舎提供などの業務を行う客主(客商主人)が17世紀後半に発生した。地方の浦口，ことに海上交通と河川・陸上交通の結節点には多くの船商が集まり，江景(カンギョン)浦は船の帆柱が櫛の歯のようだと記され，洛東江三浪津は塩船が集まった。地方浦口や陸路要地にも客主が出現するが，官の許可を得た独占的な貨物引受け業者でもあった。なかでも米のように大量の貨物を扱う客主は邸内に貨物保管空間を備え，旅閣とも称した。客主の営業権(客主権)や貢人権は，宮房の農地を管理し収税する導掌権などとともに収益性のある権利として，宮房，士族家門などの間で売買されたが，彼ら自身が営業に携わったのではない。

行商人には，織物や細工物など比較的高価な品物を扱い開城のような根拠地から各地に赴く褓商と，木製品，米などのかさばるものを扱い特定の郡県のなかで開市日を追って移動する負商との違いがあり，貧窮な者が参入した負商たちは相互扶助組織を地域ごとに結成した。このような行商人を相手とする歩行客主も存在した。さらに農民，漁民が綿花や干魚などの地域特産物を携えて季節的に特定の顧客へと販売に赴く場合もあり，売買の場は場市とは限らず，定期的に集落を訪れて販売，集荷することも多かった。

これらの商取引の都合から客主，市廛などのある程度恒常的な経営では各種帳簿類もまた作成されたことが知られているが，商人の社会的地位は低く，加えて個別経営の持続性が低かったために，彼らの取引実態を伝えてくれるまとまった帳簿類はほとんど残されていない。開港後には開港場に客主が出現したが，商業金融制度が未発達であったために資金の従属を免れず，さらに開港場を起点とする流通網の変化，鉄道輸送開始などの社会変化により，在来場市での朝鮮人向け取引を除いて在来商人の基盤はしだいに失われた。➡身分　　　須川 英徳

しょうはくさんみゃく｜小白山脈｜➡ソベク山脈

じょうへいつうほう｜常平通宝｜상평통보

朝鮮王朝時代に流通した銅銭。1633年および51年に鋳造されたのち中断したが，78年以降は恒常的に発行されて全国に普及した。葉銭ともよばれ，正円方孔で常平通宝の4字を刻み，裏には鋳造した官庁を示す文字が記されている。19世紀後半に当百銭，当五銭などの高額銭がつくられたが，品質が悪く，通貨混乱の一因ともなった。1905年からの貨幣整理事業で漸次回収され，植民地権力による貨幣に取って代わられた。➡貨幣[図]　　　吉野 誠

じょうほうつうしんかくめい｜情報通信革命

インターネットをめぐる環境で，韓国は世界でトップ水準にある。国際復興開発銀行(IBRD)の発表(2013年8月)によれば，100人当りのインターネット使用人口は84.1人である。90人を超える北欧諸国には及ばないが，米国(81人)や日本(79.1人)よりもやや高い水準である。また，経済協力開発機構(OECD)によれば，34の加盟国中でブロードバンド・インターネットの普及率は，モバイル(無線)でフィンランド(106.54)，スウェーデン(104.83)，オーストラリア(103.36)に続いて韓国(103.04)が4位，有線でスイス(43.43)，オランダ(39.71)，デンマーク(38.84)に続き，韓国(36.50)が4位である(いずれもカッコ内は人口100人当りの加入件数，2012年12月現在)。スマートフォン(高機能携帯電話)の普及率は67.6%で，2012年に世界第1位となった(米調査会社ストラテジー・アナリティクス調べ)。

韓国が短期間でICT(情報通信技術)先進国に成長したのは，1990年後半以降，政府主導で情報通信革命(IT革命)を推進する政策がとられてきたからである。とくに，金大中政権はIT革命の担い手であるソフトウェアのベンチャー企業を育成する政策を掲げ，通貨危機で97年末に国際通貨基金(IMF)から緊急融資を受けるに至った韓国経済(IMF時代)の活性化に一役かった。ブロードバンド網の整備と電子政府(各行政機関が他の機関との間の事務，国民との各種手続にICTを用いるシステム)の構築を急速に進めた。その結果，韓国

●食事｜図さまざまな膳
❶―円盤．接客用の膳．
❷―冊床盤．最も一般的な膳で，書机代りにも用いる．
❸―虎足盤．
❹―八隅盤．トル床，還暦など祝行事に用いる．

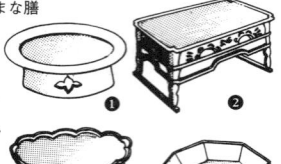

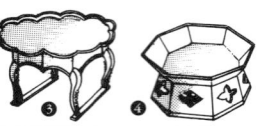

は2001年末にインターネット使用人口がOECD加盟国中で5位となり，10年には国連電子政府ランキングが1位となった．同時に，個人情報やプライバシーの流出，サイバー犯罪，青少年のインターネット依存症，人間関係の希薄化，根も葉もない噂の急速な拡大など，ICTの発達に伴う深刻な副作用も韓国社会にもたらした．一方，半導体，スマートフォン，コンピュータなどのICT関連製品は，韓国の輸出総額の30-40%を占める．米調査会社IDCによれば，2013年1-3月期のスマートフォンの世界出荷台数(2億1620万台)をみると，メーカー別では韓国のサムスン電子がシェア32.7%の7070万台とトップで，2位は米アップル(3740万台)，3位は韓国のLG電子(1030万台)であった．12年の時点で，ICT分野での韓国企業による研究開発(R&D)投資総額は，国内総生産(GDP)の1.48%を占め，これはフィンランド(1.62%)，台湾(1.52%)に次いで高く，米国(0.67%)，日本(0.52%)を凌駕している．ただ，経済におけるICT依存度の高さは，産業構造の弱体化につながるという指摘もある． 小針進

じょうりんじし｜定林寺址｜→チョンニム寺址
しょくじ｜食事

朝鮮では身近な人との朝夕の挨拶は，食事が済んだかという意味の言葉で交わされる．一日の生活で食事をとることはそれほどたいせつなことであった．食事の回数は三国時代から一日2食ないしは3食であった．平和時は2食，戦時は3食，王家は3食であった．これとは別に農家などで農繁期に，中間食，夜食がとられ，4食以上食べる習慣が近年まで続いた．今は基本的に3食である．しかし，朝と夕の食事に重点がおかれ，朝食をご飯，スープ，各種のおかずでしっかり食べるという習慣は，急速に変わりつつある現在の食生活の中でも根強い．誕生日，還暦などの祝いを朝食で接待するのは2食制のなごりといえる．昼食はく点心チョムシム〉とよび，概して軽く済ませ，ご飯よりも麺類，饅頭などの粉食にする傾向が今でも残っており，近年は洋食のパン食も多い．夕食は元来朝食より軽んぜられたが，近年はごちそうを夕食にとる方へと変わってきた．一般に家族の食事は食卓を囲んで共にするが，格式を重んずる場合，とくに老人，年輩者，客人には銘々膳を配するのが昔からのならわしで，今でも行う．

食事は匙と箸をセットで用いる．ご飯，スープ(クック)は必ず匙で食べる．箸は他のおかず類をつまむのに用いる．酒，飲料のほかは食器を手にとり，口に直接つけることは，はしたない食礼(食事作法)とされる．食事を続けているときには匙は食器にかけておき，膳に置いてしまうことは終わったことを意味する．もてなし客より先に食事を終えないこと，客は出されたご飯の一部は必ず食器に残すことが作法とされた．食後はスンニュンが飲まれる．これはご飯のおこげに水を加え，釜の余熱を利用して温かくしたもので，食後のお茶の役割を果たしたが，炊飯器の普及でご飯のおこげがなくなり，おこげは商品化されたものを利用するようになった．スンニュンのほか，トウモロコシ茶，麦茶，薬用人参茶なども飲まれたが，緑茶はみられない．

多人数の食卓は円形，長方形が多く，銘々膳には円盤，角盤，長方形の小型のものなど多種ある．食器は陶器と金属製であるが，真鍮製の鍮器，匙が普通である．高級品には銀製があり，近年はステンレスが多い．少量の調味料用以外は概して大型である．ご飯，スープ，煮ものなどの温かいものには蓋つきが用いられる．ご飯の膳のことを飯床パンサンとよび，格式ばった配膳形式ではご飯，スープ，キムチの3品と調味料の小容器以外に各種料理の皿数を3，5，7，9，12と増すのが正式である．皿は楪チョプとよび，蓋つきで，楪数が多いほど格が上がるが，2桁以上は王家の食事であった．麺の食事のことを麺床ミョンサン，酒をもてなすときを酒

案床ぁんさんとし，酒の肴が出される。宴席用の食事は轎子床きょじしょうで，その季節に合った各種料理がしつらえられる。子どもの満1歳の誕生日にはトル床（トルとは初誕生のこと）がある。還暦，結婚式などではクン床（大きな膳）という特別料理が出される。

膳に一度に並べて食べるという平面展開膳は，中国料理のように順に持って来る立体展開膳とは対照的である。このため料理に用いられる油は冷めても固まらない植物油が多い。このほか四季の特徴を出す時食じし，12ヵ月を二十四節に分けた節食せつしが古くからある。朝鮮半島に古くから続いた食事形式や内容も，近年は合理化の方向へと急速に変容し，多様化しつつある。▶料理

鄭 大聲

しょくでんほう｜職田法　➡科田法
しょくにん｜職人　➡匠人（しょうじん）
じょけいとく｜徐敬得　➡ソ・ギョンドク
しょげつ｜庶孽　➡庶子
じょさいひつ｜徐載弼　➡ソ・ジェピル
しょし｜庶子

朝鮮では庶孽しょげつ，庶人ともいう。朝鮮王朝時代，ことに▶両班やんばんの妾子およびその子孫の場合に多く問題となった。父親は両班でも妾子として家族や社会から差別された。科挙の文科受験資格を認められず，原則として文官職にはつけなかった。武官職につくことはあったが，それも実職ではなく，大部分は科挙の雑科をへて雑職についたため，実際上，庶子は中人身分の待遇をうけた。庶子に対する差別撤廃（庶孽許通）の議論はしばしば起こされ，とくに16世紀後半には差別緩和論がさかんとなって，以後，若干の文科及第者も現れた。しかし庶子に対する差別・侮蔑は後代まで残った。許筠きょきんの《洪吉童伝》は庶子に対する差別の実態と，その差別に反抗しすべての人の社会的平等をめざす洪吉童（庶子出身）の活躍を描いている。

矢沢 康祐

じょせい｜女性

父系の血縁を重視する朝鮮では，後継として男子を尊重するため，一般に女子の出生は喜ばれない。〈出嫁外人〉と表現されるように，女子は他人に嫁いでいずれ家族から出て行くべき者として育てられ，▶族譜上でも他氏族に嫁いだ後にようやく夫の氏名が記載されるにすぎない。また婚家の側の族譜でも配偶者の欄にその出身本貫，姓と生父の名が記載されるのみで，本人には族譜上の名が存在しなかった。農家では子どものときから幼児の世話や掃除，炊飯などを手伝いながら，やがて農作業の重要な担い手となる。かつて▶両班やんばん階層をはじめ儒教の教えを重んじた家庭では，男女有別（〈内外〉観念）をわきまえるようにしつけられ，いわゆる〈三従〉の婦道を身につけて〈シジプサリ〉（婚家暮し）を経験した。

名門であればあるほど格式のある家門どうしで通婚したため，一般に遠方の村に嫁ぐ結果となり，里帰りの機会はきわめて限られ，実家との消息は他人に託した便りによることが多かった。婚家では両親に仕えるばかりでなく，夫の姉妹との共同生活が肉体的にも精神的にも大きな負担となった。嫁の立場は男子の出産によってようやく安定しはじめ，やがて主婦の座につくころには姑とも互いに親しみを増す。同じ境遇にある夫の兄弟，いとこなどの妻たち（同婚）との親密な関係に加えて，夫の姉妹も他郷に嫁いで同じように嫁暮しを味わうようになると互いに親しみを増し，主婦どうしの人間関係が安定していく。

息子に嫁を迎えて孫を得て，〈ハルモニ〉（おばあさん）とよばれるときに，精神的にも社会的にも女性の地位が一生のうちで最も安定する。男性が祖先の祭祀をつかさどるのに対して，女性は男子の出産，家庭内の無病息災など家庭生活に直結した家の神，仏寺，山神の信仰や▶シャマニズム儀礼に重大な関心をもつ（▶民間信仰）。男尊女卑が指摘される反面，日本よりも男女間の社会区分がいっそう徹底しているため，女性の間ではかえって男性から干渉されることの少ない自由な生活空間と社会的活動が可能となる。農家では近親の主婦どうしの親密な関係を中心として，都市部ではこれに同郷，同窓の友人を加えて，家庭生活のための活発な相互扶助活動がみられる。▶契の活動はその代表的なものである。

韓国の都市部では，食事，洗濯などの賄いを▶食母しくも（お手伝いさん）に任せる家庭も多

く，主婦の役割は家事に専念するよりも，主人をたすけて家計を向上させる点にあるとして，私債市場や不動産投機などに積極的に手を出す者も少なくない。しかし男女共学や欧米風の生活様式の浸透によって男女交際が自由になりつつある反面，一般の職場への女性の進出はまだきわめて限られている。朝鮮民主主義人民共和国における女性の地位は，男女平等権法や工場内託児所の設置などで勤労女性としての権利が保障されているといわれているが，実態はよく知られていない。→女性運動　　　伊藤 亜人

じょせいうんどう｜女性運動

近代の朝鮮の女性運動は，日本の植民地下にあった特殊性から，女性の解放をめざす運動も民族解放という課題と切り離しては考えられない。1886年に米国の女性宣教師が創設した梨花学堂(梨花女子大学校の前身)など近代女子教育機関で新教育を受けた女性たちの自発的な運動は，大韓愛国婦人会(金瑪利亜ｷﾑﾏﾘｱら)を結成する。これを基盤にして本格的に女性たちが社会活動をするのは，1919年，三・一独立運動のときであった(柳寛順ﾕｸﾞｧﾝｽﾝら)。しかしこの時期の運動は，民族の独立を志向するもので，女性解放を直接にめざすものではない。三・一独立運動の経験と反省が女子教育・女性運動の必要性を認識させ，20年代に入って朝鮮女子教育協会(1920年，車美理士ﾁｬﾐﾘｻほか)を嚆矢ｺｳｼとし，各地で多くの女子夜学，女子青年会が組織される。24年には，一連の女子労働者の争議と社会主義思想の影響を受けて女性解放を前面に掲げる女性同友会(鄭鍾鳴ﾁｮﾝｼﾞｮﾝﾐｮﾝほか)が結成され，これに賛同する組織が各地方都市で相ついで生まれた。

しかし女性運動の担い手であったインテリ女性たちは，女性の力量が社会主義陣営と民族主義陣営とに分裂することは女性運動を進める上でマイナスだと認識した。そこで女性運動の統一が模索されたが，→新幹会結成の影響もあって27年に女性運動の統一戦線体として槿友会(許貞淑ﾎｼﾞｮﾝｽｸ，黄信徳ﾌｧﾝｼﾝﾄﾞｸ，劉英俊ﾕﾖﾝｼﾞｭﾝら)が創設される。全国各地に40支会が設置され，機関誌《槿友》も刊行される。槿友会は植民地下の差別的な女性政策に反対する一方，29年の光州学生運動ではソウルの女子学生の間で指導的役割も果たした。しかし植民地下の広範な女性大衆の具体的な要求をくみ上げた女性運動の方向を提示できないまま，総督府の弾圧のなかで31年に解消する。その後，女権拡張という方向と，民族運動に女性運動を解消するという方向に二分される。しかし女権拡張を唱え，女子教育に力を注いだ金活蘭ｷﾑﾌｧﾙﾗﾝ，黄信徳，朴順天ﾊﾟｸｽﾝﾁｮﾝらは日本の帝国主義支配に抗しえず，結果的には植民地支配を支える役割を果たした。

[解放後]　1945年8月の解放と同時に建国婦女同盟(劉英俊，許貞淑，黄信徳ら)が組織されるが，具体的な運動の展開もみられないまま，南北の分断状況を反映し組織的にも分裂する。現在，朝鮮民主主義人民共和国では朝鮮民主女性同盟(1945年創立の北朝鮮民主女性同盟が51年に改称)を中心に，女性の社会主義建設への参与が推進されている。韓国では大韓婦人会(1948年創立)の体制的な活動以外，実質的には長らく女性運動不在の状態にあったが，YWCA，女性問題研究院(1952，李姫鎬)，家庭法律相談所(1956，李兌栄)などが73年に汎女性家族法改正促進会を結成，戸主制度の廃止，同姓同本不婚制度の廃止，相続制度の男女平等などを要求する家族法改正運動をくり広げている。また同じ73年からは韓国教会女性連合会により妓生観光反対運動が始められる一方で，70年代以降のYH貿易や東一紡織の女子労働者の闘いは，この後の民主化運動の導火線となる。

[韓国―1980年代の発展]　1980年の光州民衆抗争(光州ｸｧﾝｼﾞｭ事件)を契機に韓国の女性運動は，女性に加えられる暴力から政治的暴力をとらえかえす視点を深める。83年に生まれた女性平友会や家庭内暴力被害女性の救援組織〈女性の電話〉などの組織は，警察官による性拷問やメディアの性差別報道に抗する大衆闘争を展開しながら組織基盤を拡張する。女性労働運動も事務職労働者を加え，労働現場における性差別を告発する。87年には女性の政治的要求を統一的に貫徹するために全国28組織が韓国女性団体連合に結集し，6月の民主化大闘争を迎える。農村女性も米価保証運動，医療保険拒否，

農協民主化運動を闘うなかで89年に全国女性農民委員会を創立する。このような国内の女性の闘いと国連女性差別撤廃条約やナイロビ将来戦略など世界の女性人権の進展に伴い，韓国女性開発院や女性政策審議委員会が政府機関として設立され，女性関連法の制定や改正が進められる。また80年代に新たに生まれた主婦運動は消費者運動，公害追放運動，教育の民主化運動など多くの成果を上げた。女性運動の理論的定立と男女平等の文化創造をめざし，《もう一つの文化》《女性》《女性と社会》《イフ》《女性新聞》などの新聞・雑誌が出される。〈女性学会〉が創設され，映画界では女性の視点を生かした作品も多く制作される。

[90年代以降] 民主化以降，男女平等を実現する政策が進む。また90年代の成果としてあげられるのが挺身隊問題対策協議会による日本軍慰安婦問題(➡日本軍慰安婦)の真相究明である。在韓米軍基地売春女性の救援組織〈トゥレバン〉〈セウム〉〈米軍犯罪根絶運動本部〉の活動も注目されるようになる。また女性関連法の制定・改正は90年代にも女性運動の主要なテーマとなり，家族法改正，嬰幼児保育法，男女雇用平等法，女性発展基本法などの制定，国籍法改正が実現し，性暴力特別法の制定も勝ち取る。91年に性暴力相談所，つづいて国会で女性政策を担当する女性特別委員会が新設される。これらの機関と連携しながら，97年には22の社会団体が中心になり，〈家庭暴力防止および被害者保護などに関する法〉と〈家庭暴力犯罪処罰に関する特例法〉制定にこぎつけた。また，韓国の女性運動団体は戸主制度そのものの廃止を要求，2005年の民法改正により廃止された(08年実施)。91年から，東京，ソウル，平壌で南北女性討論会が開催され，日本軍慰安婦問題の真相究明でも情報を交換した。女性運動の成果として，01年には女性政策を専担する女性部Ministry of Gender Equality が創設され，05年には家族の変化に対応するために女性家族部に拡大再編される。

民主化により1980年代後半から女性の法的地位などは高くなったが，97年のIMF危機以降は女性間格差が広がっている。非正

●書堂

書堂では，地方の没落両班などが雇われ教師となり，《千字文》そのほかの教材を使って，児童らに識字中心の初等教育を施した。朝鮮王朝後期，金弘道《風俗画帖》より。

規雇用者は47.8％と依然高い水準にあるが(2012)，男女比でみると男性39.1％，女性59.4％となり，賃金格差からみると非正規雇用女性は正規雇用男性の4割である。2006年に〈非正規職保護法〉が制定され，有期雇用は上限2年，その後正規職への転換が義務付けられるが，2年目を目前にした解雇が続出した。復職を求める闘争が注目されるが，このような闘いを反映して，12年の第18代大統領選には6人の候補者中，2人の非正規雇用女性が出馬した。➡市民運動｜家族

宋 連玉

じょていちゅう｜徐廷柱｜➡ソ・ジョンジュ
しょどう｜書堂｜서당
朝鮮で初学者のための入門的な教育を行う私塾をいう。朝鮮王朝中期以後に発達し，全国に普及するが，起源は遠く高句麗の扃堂，高麗の郷先生，高麗末・朝鮮王朝初期の書斎にさかのぼる。学童20人内外を1人の〈訓長〉が教える一教室一教師型学校である。個人や宗族の設営のほか郷村の協同設営も多かった。教育は漢籍誦読，習字を主とし，《千字文》《類合》，唐詩など漢詩の諸書，《童蒙先習》《啓蒙篇》《小学》などの書を多く使用。日本統治期に総督府はその自然消滅を期待したが，併合後かえって

著増し，1921年には2万5482を数えた。当局はその近代学校への転換を策したが，他方，村落の醇風美俗の基ともみなして弾圧を避けた。訓長の村落社会での信望は相当高く，1943年に至っても3052堂，学童数15万3784を数えた。解放後は成人用の漢文塾となったものなどのほかはすべて消滅した。

渡部 学

しょり|胥吏|서리

唐・宋以後の中国と同様に朝鮮でも，正規の官僚任用法によらない下級の役人を胥吏とよび(吏属，衙前ともいう)，非常に古くから存在していたと思われるが，統一新羅期までの実態は不明である。高麗時代には地方の行政実務を担当した郷吏とよばれるものが存在し，国家の官僚ではなかったが，彼らは統一新羅末期に台頭した地方豪族の後裔であり，地方の権力者であったから，本来の胥吏の概念にはなじまない。しかし高麗の官僚制が整備されていくにつれて，郷吏の一部は官僚となり，残った郷吏の地位はしだいに低下していった。朝鮮王朝に入ると郷吏の地位低下は決定的となり，政府は郷吏を地方実務の担当者として▸守令の支配下に置くとともに，服装も特殊なものを強制し，賤民身分として世襲化させた。また中央にも諸事務を担当する録事，書吏などの胥吏を置いた。彼らは国家からなんらの禄俸も支給されなかったが，実務に明るいのを利用して不正を働くことが多かった。いわゆる▸三政の紊乱の原因の一つとして，実学派の学者たちが胥吏の問題を盛んに論じた理由もここにあった。→郷庁

宮嶋 博史

しらぎ|新羅|신라

古代朝鮮の国名。356-935年に及ぶ。〈しんら〉〈しら〉と発音するのが一般的であるが，日本では城の意味を語尾に付して，〈しらぎ〉とよびならわしている。新羅の建国年次は，中国の文献で▸辰韓の斯盧国から新羅に変わり，慶州で高塚墳が盛行する4世紀後半とみて，《三国史記》によって奈勿王の即位年をあてた。この新羅建国期は▸六部(王畿内の六つの旧小国)の統合により貴族連合体制が成立する時期でもある。一般には，三国時代(356-676)と統一新羅時代(677-935)に大きく二分するのが普通であるが，斯盧国時代を含めた新羅の時代区分をすれば，表のようになる。

【時代区分と概説】

[前史——斯盧国時代] 新羅は韓族の初期農耕社会から生まれた村落共同体を基盤とした国家である。その中心をなす六村は，辰韓の斯盧国時代に成立し，現在の慶州市とこれをとりまく幅1km，長さ10km以上の谷間をそれぞれ根拠地として発展した。とくにこの地方の谷間は初期農耕に最も適したゆるやかな傾斜地となっている。この農耕生産の有利な地域を基盤とした六村は連合して斯盧国となるが，地域的に偏在していたため，4世紀後半まで国際社会に参加しないが，社会的にはかなりの発展をみせた。斯盧国時代の政治組織を建国神話などからみると，支配権力は弱く，個々の成員が重視され，村落共同体の秩序が確立していた。この段階の王者は，政治的・軍事的才能を要求されるのではなく，農耕生産に不可欠の要因である天候を予知するシャーマンとしての能力を求められた。斯盧文化の性格を神話でみると，▸加羅地方と類似し，天神が山頂に降臨し，水神を王妃として迎える農耕神話がある一方，海洋渡航神話もあり，その基層文化は南方系統とみられる(▸神話)。これに対して，貴族文化は，墳墓の構造やその出土品から伝統を尊重する保守的傾向が強いが，楽浪郡，帯方郡の中国文化や高句麗，モンゴルなどの北方文化の影響もみられる。

[第1期——初期貴族体制期] 4世紀後半の斯盧国から新羅国への改称は，国の内外での飛躍的な発展による。国内的には六村の連合体制が六部の統合による貴族体制に変わった。17代▸奈勿王(王号を▸麻立干と称する)以降，金氏が王位を独占したと伝えられ，国際的にも新羅の名が散見するようになり，新羅も歴史時代に入った。新羅は377，382両年に辰韓諸国の代表として，前秦に朝貢した。399年倭軍に王都を占領され，翌年高句麗の援軍に一時救われるが，ふたたび安羅軍や倭軍に王都を占領された。その後も高句麗と倭とに攻撃され，ときには王都が占領される苦難の時代が続いた。425年

● **新羅** | 図1 | 新羅王朝系図

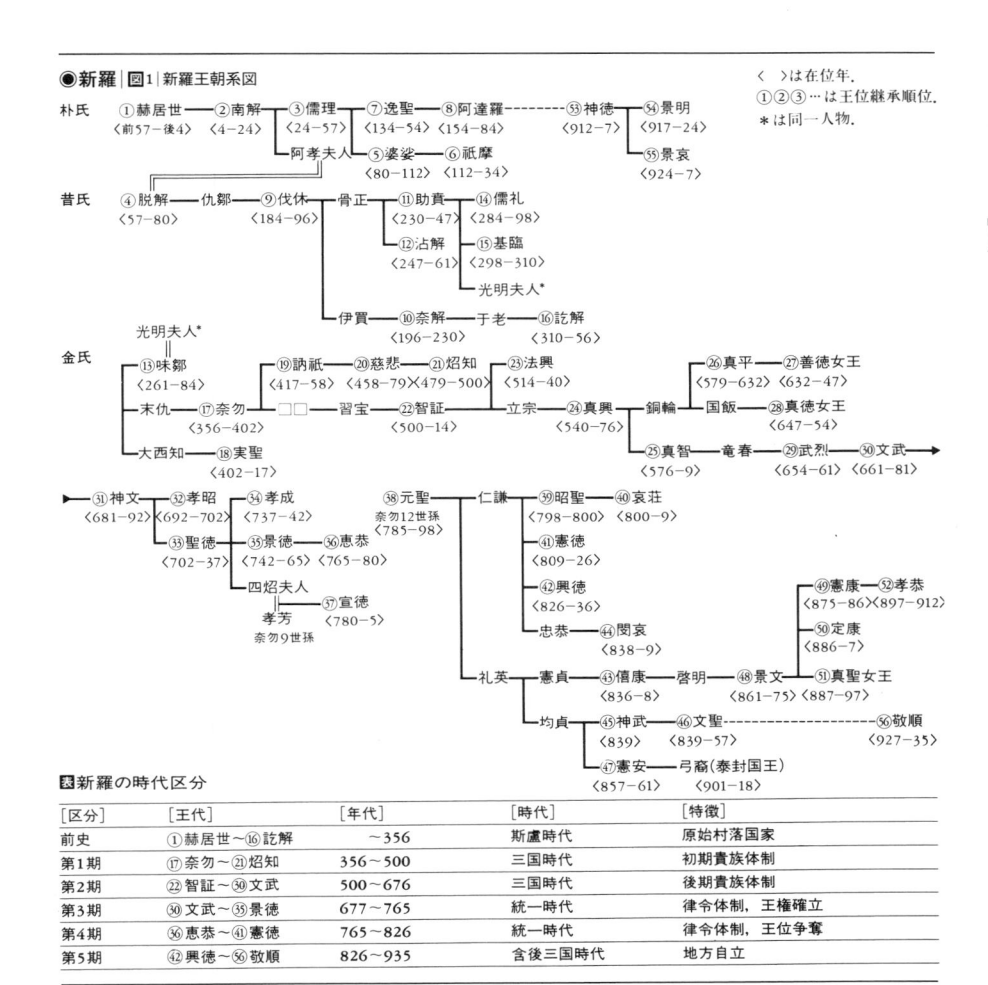

⟨ ⟩は在位年．
①②③…は王位継承順位．
＊は同一人物．

朴氏
- ①赫居世 ⟨前57-後4⟩ — ②南解 ⟨4-24⟩ — ③儒理 ⟨24-57⟩ — ⑦逸聖 ⟨134-54⟩ — ⑧阿達羅 ⟨154-84⟩ ------- ㊺神徳 ⟨912-7⟩ — ㊾景明 ⟨917-24⟩
  - 阿孝夫人 — ⑤婆娑 ⟨80-112⟩ — ⑥祇摩 ⟨112-34⟩
  - ㊿景哀 ⟨924-7⟩

昔氏
- ④脱解 ⟨57-80⟩ — 仇鄒 — ⑨伐休 ⟨184-96⟩
  - 骨正 — ⑪助賁 ⟨230-47⟩ — ⑭儒礼 ⟨284-98⟩
  - ⑫沾解 ⟨247-61⟩
  - ⑮基臨 ⟨298-310⟩
  - 光明夫人＊
  - 伊買 — ⑩奈解 ⟨196-230⟩ — 于老 — ⑯訖解 ⟨310-56⟩

金氏
- 光明夫人＊＝⑬味鄒 ⟨261-84⟩
- 末仇 — ⑰奈勿 ⟨356-402⟩ — ⑲訥祇 ⟨417-58⟩ — ⑳慈悲 ⟨458-79⟩ — ㉑炤知 ⟨479-500⟩
  - 習宝 — ㉒智証 ⟨500-14⟩ — ㉓法興 ⟨514-40⟩
  - 立宗 — ㉔真興 ⟨540-76⟩ — 銅輪 — ㉖真平 ⟨579-632⟩ — ㉗善徳女王 ⟨632-47⟩
    - 国飯 — ㉘真徳女王 ⟨647-54⟩
    - ㉕真智 ⟨576-9⟩ — 竜春 — ㉙武烈 ⟨654-61⟩ — ㉚文武 ⟨661-81⟩ ▶
- 大西知 — ⑱実聖 ⟨402-17⟩

▶ ㉛神文 ⟨681-92⟩ — ㉜孝昭 ⟨692-702⟩
- ㉞孝成 ⟨737-42⟩
- ㉝聖徳 ⟨702-37⟩ — ㉟景徳 ⟨742-65⟩ — ㊱恵恭 ⟨765-80⟩
  - 四炤夫人
  - 孝芳 奈勿9世孫 — ㊲宣徳 ⟨780-5⟩
- ㊳元聖 奈勿12世孫 ⟨785-98⟩ — 仁謙 — ㊴昭聖 ⟨798-800⟩ — ㊵哀荘 ⟨800-9⟩
  - ㊶憲徳 ⟨809-26⟩
  - ㊷興康 ⟨826-36⟩ — 忠恭 — ㊹閔哀 ⟨838-9⟩
  - 礼英 — 憲貞 — ㊸僖康 ⟨836-9⟩
    - 啓明 — ㊽景文 ⟨861-75⟩ — ㊾憲康 ⟨875-86⟩ — ㊿孝恭 ⟨897-912⟩
      - ㊿定康 ⟨886-7⟩
      - 51真聖女王 ⟨887-97⟩
    - 均貞 — ㊺神武 ⟨839⟩ — ㊻文聖 ⟨839-57⟩ -------- 56敬順 ⟨927-35⟩
      - ㊼憲安 ⟨857-61⟩ — 弓裔（泰封国王）⟨901-18⟩

表 **新羅の時代区分**

[区分]	[王代]	[年代]	[時代]	[特徴]
前史	①赫居世～⑯訖解	～356	斯盧時代	原始村落国家
第1期	⑰奈勿～㉑炤知	356～500	三国時代	初期貴族体制
第2期	㉒智証～㉚文武	500～676	三国時代	後期貴族体制
第3期	㉚文武～㉟景徳	677～765	統一時代	律令体制，王権確立
第4期	㊱恵恭～㊶憲徳	765～826	統一時代	律令体制，王位争奪
第5期	㊷興徳～56敬順	826～935	含後三国時代	地方自立

以降，倭王が宋に要請した称号に，新羅，秦韓などく七国諸軍事〉があり，これによれば倭が新羅の独立を認めるとともに秦（辰）諸国がなお存続していたことを示している。新羅史料や南北朝以前の中国史料にみえる▶倭は，北九州および加羅諸国の別称とみられる。

5世紀後半になると，新羅は高句麗，倭の勢力を排除しながら洛東江中流域に進出し，百済を救援して高句麗と戦うことさえあった。この時代には王者の権威が拡大し，その墳墓は直径82m，高さ21mの鳳凰台古墳（慶州）をはじめ大型になった。またその副葬品には加羅諸国と同様農耕器具が多く，この社会の基本が農耕生産であり，王者の権威が農耕祭祀にあったことを示している。これらの墳墓の構造や副葬品の金冠，帯金具，馬具，剣，▶ガラス製品などには，北方スキタイ文化や中国文化の影響がみられ，馬具やガラス製品には日本に影響を与えたものもある。

［第2期――後期貴族体制期］　この時期の特徴は国内の諸制度の整備と領土の拡大とにある。これを細分すれば，前半は貴族体制の

制度化と，三国対立のなかでの領土拡大とである。後半は律令体制への過渡期であり，統一戦争の時期ともいえる。503年に，国際的に使用されていた新羅の国号や王の称号を，国内でも使用することにしたものをはじめ，゛上大等，兵部令など中央官職や州軍主など地方軍政官の名称を制定するなど制度化の第一歩をふみ出した。520年に律令を発布したとあるが，その実態は正式の官服を制定した程度で，これらの諸制度は，初期貴族体制下で成立してきた慣習を整備したものが多い。前期の過酷な国際情勢のもとでは団結を要求され，そのため階級分化や地域の共同体の再編成が行われ，官位十七等の制度や六部の制度も，この時期に原型が成立している。また，経済組織も大きく進展し，牛を使用する農耕が始まり，堤防の築造など農耕生産の技術が飛躍的に発展した。これをうけて商品売買の市場が開かれ，水上運輸も整備された。初期農耕に有利な地形をもつ新羅では，新しい生産技術を導入することによって国力が急速に増大し，528年には仏教を公認し，建元の年号を初めてたてた。

また国際的な活動も積極的になり，前期には受身であった加羅(倭)対策も攻勢に転じ，530年ごろ，卓淳(大邱)地方に進出し，532年には゛金海加羅゜゛地方を併合した。新羅の加羅進出は，この地方に勢力をのばそうとしていた百済や，百済に救助を求められた日本(倭王権)および残余の加羅諸国との間に，複雑な国際関係が生じた。゛真興ネジ王代(540-576)は仏教の興隆と伽倻琴の継承など文化の発展期でもあり，三国時代最大の版図となった領土拡大期でもあった。562年には゛高霊加羅゜゛゜をはじめ加羅諸国を傘下におさめ，漢江流域を制圧し，東海(日本海)岸では咸鏡南道北部まで勢力をのばし，ここに四方軍主をおいて，地方制度を州・郡まで整備した(252ページ図2参照)。

ついで真平シシ王代(579-632)では，中央官職や軍官職・軍団など諸制度の整備をすすめたが，その官制は貴族体制の制度化で，まだ官僚体制ではなく，貴族の請負制で，重要な職掌は複数貴族の合議制であり，軍隊は貴族の私兵や宗教的な゛花郎の集団が中心となっている。この時期の国際関係では，三国間の抗争は小康状態であるが，この間に隋・唐の統一国家が中国に生まれ，朝鮮にも統一の気運が生じていた。隋・唐との関係は良好ではあったが，重視されるにはいたっていなかった。日本との関係は三国中では最も頻繁に使節を派遣していたが，この王代54年間で，日本への使節派遣は10回，日本からの使節(゛遣新羅使)は6回であった。その外交問題は主として任那ナ゛問題で，6世紀中葉に日本がこの問題の仲介役をしたことから，新羅は日本に任那の調ミを送っていた。またこの時期の外交の手続では，使者の口上と貢物の献上とであったが，621年から国書を提出することになった。このように国書による外交が遅れたため，両国の外交史は伝承説話による不正確な資料で書かれてきた。

新羅の統一戦争期は，643年に新羅が唐に救援を求めたときからはじまる。このとき唐の太祖は゛善徳ゾジ女王の廃位などの対策を示した。これを受けて新羅の貴族会議では，647年に女王を廃位するが，゛金庾信ホュジなど下級貴族や地方豪族が女王を擁立して，上大等毗曇ドシなど貴族勢力と戦って勝った。この時期に王家の血縁思想が高揚し，骨制(のち゛骨品の制に発展)が制度化され，651年には官制も改革され，律令官僚体制への第一歩を踏み出した。660年唐との軍事同盟がようやく成立し，唐軍と連合して百済を滅ぼした。しかし日本から帰国した扶余の王子゛豊璋ジジや王族の゛鬼室福信たちが，各地で百済復興軍を起こし，一時優勢であったが，663年゛白村江ハシミッの戦で敗退した。661年以来，新羅は唐と連合して高句麗を攻撃していたが，668年に高句麗を滅亡させた。670年にそれまで同盟を結んでいた唐軍と戦い，旧百済領内の唐軍を駆逐し，高句麗復興軍を援助して唐と対立した。676年までの対唐戦争では，貴族の私兵軍団が消極的になり，地方豪族や下級貴族が積極的に戦った。また，この間に唐の律令官制・兵制を導入し，古代王権が形式的に確立した。

この時期の日本との関係は，前代に比してきわめて緊密なものであった。638年以

来，白村江の戦前後の9年間を除いて，ほとんど毎年使節が往来した。前半には新羅が日本に任那の調を送っていたが，646年に日本から遣新羅使を派遣して任那の調を止め，人質を出すよう新羅に要求した。翌年新羅は日本に金春秋(のちの*武烈王)を人質として派遣した。これは大和朝廷(倭王権)が百済王子豊璋を人質としていたことに形式的に合わせたもので，それ以後も新羅は使者を人質の名目で派遣した。後半の白村江の戦以後も百済の使節が日本に4度派遣され，滅亡後の高句麗の使節が日本に9度派遣されているが，これらは任那の調と同様，新羅が対唐戦争にそなえ，日本との対立を緩和させるため百済の調，高句麗の調を送ったものである。⇒三国時代

[第3期──王権確立期] この時期以後を日本では統一新羅というが，朝鮮民主主義人民共和国などでは*渤海と合わせて南北両国家併存時代(南北国時代)とする。この時期は律令体制の発展期で，貴族文化の最盛期でもある。朝鮮で律令が完備するのは朝鮮王朝時代であるが，この時期に一応整備された。中央官制は651年に官僚化が始まり，675，685年両度の整備によってほぼ完了するが，797年以降しだいに縮小された。新羅の官僚制度を支えた丁田制(壮丁に一定面積の田地を支給する)は722年から始まるが，757年には早くも貴族体制を支えた*禄邑制(禄邑を支給する)に逆もどりした。地方制度では685年に金城(慶州)を中心に，金官京，南原京，西原京，中原京，北原京の五京をおき，全国を九州にわける五京・九州制が完成し，そのもとに119の郡と290余の県が配備され，これらの郡県のもとにはいくつかの村があり，村は10ないし15の自然村落からなっていた。租・調などの徴収，兵役・労役の徴発は，*新羅帳籍にみられるように自然村落を単位としていて，日本の家族単位とは異なったものであった。これは村落共同体が根強く残っていたことを示す。またこれを基盤とした旧貴族勢力も依然として健在で，なかには3000人の奴婢とこれに匹敵する家畜や私兵をもつ貴族がいた。そのため，統一の功臣金庾信の子孫でさえ政治の中枢から遠ざけられ，日本のような新興貴族，律令官人層の台頭はみられない。しかし，外位の廃止など畿内と地方との制度上の差別は一応解消した。

文化面では仏教，儒教をはじめ歌舞・音曲などの貴族文化が飛躍的に発展した。そのうち仏教では680年ごろから四天王寺以下七大寺に特別な官庁を設け，ほかの寺院にも寺田を与えるなど国家的に保護した。新羅仏教は国家鎮護を目的にし，国家の庇護のもとで，前代の*円光をはじめ*慈蔵，*元暁，*義湘など多くの名僧が輩出した。7世紀には涅槃，戒律，華厳，法性，法相の五教のほか浄土教や密教が盛行し，禅宗もしだいに普及するようになった。

日本との関係は，唐との関係と表裏をなし，唐との対立の厳しい7世紀後半には日本との使節の往来が連年行われたが，8世紀には唐との関係が修復されるにつれ，日本との国交が疎遠になった。高句麗滅亡後，日本と緊密な国交を保ったのは対唐戦争のためであるが，日本もこの時期には遣唐使の派遣ができず，大陸文化受容のためには新羅との国交を正常化し，留学生・留学僧を新羅に送る必要があった。しかし，これらの事情が687年ごろから変化し，日本が上位に立つ形で国交を行おうとして新羅と対立しはじめた。日本側はこの要求を出す根拠として，神功皇后新羅出兵の伝承を造作，強調した。新羅は733年に唐の渤海遠征を助け，一挙に対唐関係を好転させ，735年には懸案の領土問題が解決した。この年，日本に対し国号を王城国と改め，対等外交を主張した。752年新羅王子金泰廉が日本に来て，国交の正常化を図ったが，日本側は新羅国王の来朝をうながすなど強硬な姿勢で臨んだので，新羅は日本との外交関係を断つことにした。この時期における新羅と日本とは，727年から始まる日本の渤海外交との関係もあって，外交上悪化の一途をたどったが，貿易はしだいに活発になり，752年の新羅使節団は700人を超え，その大半が商人であった。日本の貴族はこれらの商人から金属工芸品，顔料，染料，香薬などを購入していた。

[第4期──王位争奪期] この時期は，律令体

●新羅│図2│真興王代(540-576)の三国の形勢

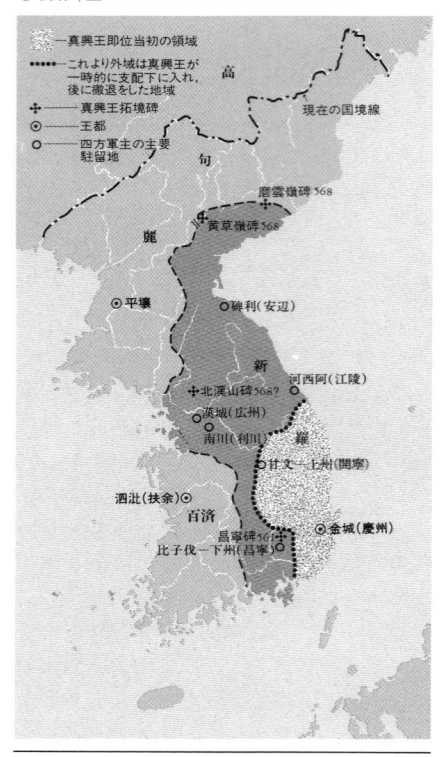

制推進勢力と貴族体制復帰勢力との対立抗争の時期である。恵恭王代(765-780)には、両派の政策的な対立から六つの内乱が続発した。その対立は757年に禄邑制度の復活による貴族体制への復帰政策と、上大等の免職にあらわれた律令体制推進政策とが同時に行われたときからはじまる。貴族体制を支える村落共同体が根強く残存していたため、この体制を復活する政策がしだいに勢力をえたが、律令体制のもつ宮廷貴族の支配権力者的な性格も定着しており、両者を止揚できないまま対立抗争が続けられた。宣徳・元聖両代(780-798)は、軍事力・政治力によって王位を奪い、貴族体制を標榜しながら政策的には律令体制を推進した。809年哀荘王を殺害して王位についた憲徳ホンドク王は、王畿中心の貴族体制をとったため、地方では反乱があいつぎ、その総決算として822、825年金憲昌キムホンチャン父子の内乱が起こった。この時期にも儒教、仏教が栄え、儒教では恵恭王代から五廟制が定着し、788年から官吏登用のため読書三品の制度を定めた。

この時期の対日関係には、貿易問題、9世紀初頭の倭国・日本との国交、漂流民と海賊の問題など次期につながる諸問題がある。貿易問題では、752年までの使節に随伴した貿易から、商人が貿易のため日本に渡航する私貿易に変化し、貿易額も768年の例では、6万5000屯(1屯=2斤)の綿であったという。その後も私貿易は盛んであったが、9世紀に入ると朝鮮海峡に海賊船が横行し、ときに日本の沿岸を襲うこともあった。

[第5期──地方自立期] この時期は王畿を基盤とする貴族体制に復帰したため、地方が自立し、やがて新羅王朝も地方政権となる後三国時代を迎えた。834年に▶骨品制による家屋、衣服、生活用具などの規定を定め、王畿住民の身分序列を設定した。骨品制はこれ以前に成立していた王族の骨制と、かつての六部と関連があると考えられる地縁的な六頭品制とが結合したものと思われる。この骨品制は王畿の住民を優遇した制度で、地方住民は律令制の下で収奪の対象にすぎなかった。そのため地方住民は反乱をくり返し、租税の徴収に抵抗した。このような地方勢力が9世紀末からしだいに結集し、892年に▶甄萱キョンフォンが後百済国をおこし、895年には▶弓裔クンイェが後高句麗国をたて、後三国時代となった。918年弓裔のあとをうけた▶王建ワンゴンは高麗国をたてた。927年に景哀王は王都に侵入した甄萱に殺害された。935年に国土を保つことができなくなった敬順キョンスン王は、群臣にはかって高麗に帰順した。

この時期の文化は時勢を反映して、禅宗が仏教界を支配し、▶風水説もおこってきた。儒教関係では▶崔致遠チェチウォンなどの中国にまで知られた名文家がでた。新羅の歌謡である▶郷歌ヒャンガを集めた《三代目》は890年ごろに編纂されたが、その後散逸した。日本との関係では、840年に清海鎮将軍弓福クンボク(▶張保皐チャンボゴ)からの使者が朝貢してきたが、

国交は許されず，貿易のみ許された。弓福は博多に支店をおき，唐・新羅との交易に従事し，貴族の奢侈品を交易していた。また日本僧円仁らの入唐を助けるなど海上運輸に従事した。866年応天門の変で藤原氏が苦境に立つと，新羅の侵入に内応する者がいるとして，北九州や隠岐の豪族たちが逮捕された。また869年新羅の海賊が博多を襲撃したことから，帰化していた新羅商人30名が北九州から東北地方に流された。こうして正規の国交や貿易がとだえると，両国の対立感情が激化した。

【文化の特徴】 新羅文化は加羅文化と類似し，韓族文化を長く保持していた。その文化は初期農耕社会の村落共同体の文化で，基層文化は主として南方系統である。貴族文化は，初め高句麗，モンゴルなどの北方文化の影響が強く，時代の下るにつれて中国文化の影響が大きくなる。

初期の貴族文化を象徴する大型の封土墳は，3世紀末から4世紀初めごろに現れる。6世紀までは積石木槨墳で，7世紀以後に横穴式石室墓が盛行した。初め木槨墳を平野部に作っていたが，石室墓は加羅古墳の影響をうけて丘陵に作るようになった。新羅古墳の特徴である封土の護石の十二支像は，7世紀中葉の真徳王陵から始まる。新羅古墳出土の副葬品には，純金製金冠を初め，金製，金銅製の装身具が多く，その形態や文様から，中国文化だけでなく北方文化の影響の強いことが知られる。そのほかの副葬品には，勾玉や環頭大刀など，日本の前期古墳の副葬品と類似したものがみられる。

国内で漢字を使用するのは高句麗や百済よりかなり遅れ，6世紀とみられる。真興王代に新羅の辺境に建てられた4個の巡狩碑(▶真興王拓境碑)には，漢字を音借した人名や地名がみられ，1934年に慶州の北郊で発見された壬申誓記石とよばれる独特の朝鮮漢文から，儒教教育の実情と独自の文体とを知ることができる。545年には新羅で初めて国史が編纂され，漢学が新羅に定着したことを伝えている。統一新羅時代になると学校が設立され，強首，▶金大問，崔致遠などの名文家や歴史家が輩出した。また，民間の歌謡集《三代目》が9世紀末に編纂された。そのほか，天文，数学，易学，医学，兵学などの技術分野の学問も発達した。

新羅の仏教は，法興王の尽力で528年に公認された。新羅の王は信仰により生産を維持・発展させる責任をもっていたので，仏教を積極的に導入し，王の名を仏教的な名称とするものもいた。真興王代に，高句麗の僧恵亮を迎えて国家的な教団を組織した。初期の仏教は護国信仰で，固有信仰の色彩も強く，花郎の精神的支柱にもなった。統一直後に元暁や義湘などの名僧たちによって新羅仏教が確立し，中期にその仏教文化の発展が頂点に達したが，末期には享楽化し，これに反発する隠遁的な思想が生まれ，道教や老荘思想が広がった。また，新羅末期には地方自立の傾向をうけて，禅宗が地方豪族と結合して各地で栄え，禅宗九山という多様な宗派を生み出した。

三国時代の新羅の仏教文化は初め高句麗の，のちに百済の影響をうけながら，皇竜寺の伽藍址や芬皇寺石塔のように，覇気と調和美とをもつものであった。統一時代前半の文化は，▶雁鴨池，石窟庵，仏国寺などにみられる宗教的な情熱を秘めた貴族文化である。また，▶武烈王陵碑や聖徳大王神鐘の彫刻は，雄渾・華麗なこの時代の代表作である。

新羅人は歌舞を好み，早くから郷歌を作り，郷札，▶吏読(吐)など独特の表記法を作り出した。新羅の音楽は，真興王が加羅楽師の▶于勒を招き，加羅楽を継承し，高句麗の▶玄琴を受容することで，飛躍的な発展をとげた。

【日本との関係】 新羅地方と日本列島との住民の交流は歴史以前からあり，3世紀には貿易や小国間の外交もみられる。以下，前述の時代区分に対応して言及した両国の交渉史を通観しておく。新羅・大和両王朝の国交は，6世紀前半ないし中葉から，新羅の加羅地方進出に関連して開始された。しかしこの時期はまだ口頭外交で，その内容を正確に知ることができない。国書を交換する外交は621年から始まるが，この時期は主として大和王朝が新文物を新羅から導入しようとする文化外交であった。新羅は

●新羅│図3

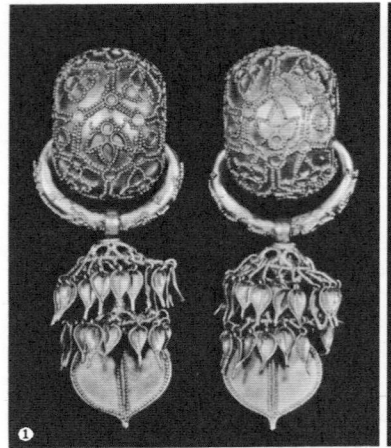

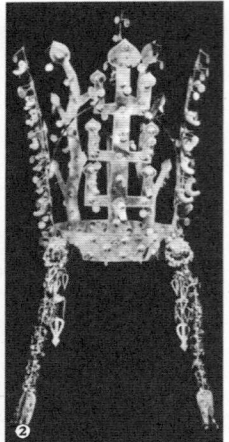

[仏教公認以前の工芸品]
❶－金製太鐶式耳飾．慶州市普門洞古墳出土．ソウル，韓国国立中央博物館蔵
❷－金冠．樹枝と鹿角をかたどった立飾が特徴．これと同様の形象がスキタイ墳墓出土の冠にもみられ，北方系要素を指摘できる．高さ30.7cm．慶州市路西洞瑞鳳塚出土．5～6世紀．韓国国立中央博物館蔵

[梵鐘]
❸－上院寺銅鐘．代表的な朝鮮鐘．8世紀．江原道平昌郡珍富面五台山

[仏像]
❹－ソウル市三陽洞発見の金銅観音菩薩像．6世紀後期．韓国国立中央博物館蔵
❺－金銅弥勒菩薩半跏思惟像．日本の広隆寺弥勒像（木彫）との関連が注目される．7世紀．韓国国立中央博物館蔵
❻－石窟庵如来形本尊．8世紀中期．慶州市近郊

[石塔]
❼―芬皇寺石塔。安山岩を塼形に削ってつくった古新羅唯一の石塔。7世紀。慶州市九黄洞
❽―感恩寺址三層石塔。7世紀後期。慶尚北道月城郡
❾―仏国寺多宝塔。8世紀。慶州市進峴洞

645-656年に積極的な対日外交を展開したが，その後，統一戦争のため667年まで国交を途絶した。この間663年には，日本軍が百済復興軍を助けて出兵し，白村江で新羅・唐連合軍と戦って敗れた(白村江の戦)。671年以後，新羅は対唐戦争に対処するため，対日外交を積極的に推進し，支配下に入った高句麗，百済，耽羅な^(済州島)の使者をも日本に派遣した。しかし日本は複雑な東アジアの国際政治に介入することを好まず，新文物導入の文化外交を主としていた。新羅の対日外交は，協調的であったが，日本に対する警戒心はきびしく，▶文武な王の遺勅(681)では，東海の竜神となって日本軍の侵入を防ぐといっている。また722年には日本軍の侵入を防ぐため首都慶州の東に毛伐郡城を築いた。735年新羅は唐との国交が修復すると，日本に対して対等外交を要求したため，両国の外交がしだいに疎遠となり，779年以後国交は途絶した。

8世紀に入ると日本との貿易がしだいに盛んとなり，8世紀の中葉には日本の貴族が新羅の奢侈品を購入するため，一度に綿数万屯を支払うほどであった。9世紀中葉，張保皐は博多に支店をおいて対日貿易に従事し，東アジアの貿易を牛耳っていた。一方，新羅末期の国家体制の動揺を反映して8〜9世紀には，多数の新羅人が関東地方などに入植し，先進的な農業・牧畜技術などを伝えて日本の社会や文化に影響を与えた。

井上 秀雄

【遺跡，美術】 528年(法興王15)の仏教公認以前の新羅には，祖先崇拝思想を背景とした文化が栄え，巨大な封土をもつ高塚墳とその埋葬品に注目すべき美術品が多い。古墳は，内部構造が積石木槨墳と石槨墳に大別でき，若干の石室墳も存するが，石室墳形式のうち慶尚北道高霊古衙洞や慶尚北道栄州郡順興面台庄二里などの墳墓からは蓮華文やそのほかの草花文を描いた壁画が発見され，とくに，後者の石扉内面右側上画に〈乙卯年於宿知述干〉の陰刻銘があって6世紀ころの制作と推定されている。古墳の埋葬品のうち最も優れた工芸作品は，金冠，耳飾，首飾，銙帯かた，釧くし，履くなどの金製工芸品である。とりわけ，慶州の▶金冠塚，瑞鳳塚，▶天馬な˘塚などから発見された金冠は，新羅の金冠に独自な木を図案化したといわれる〈出字形〉をもち，新羅美術がもつ北方系要素を示している。

また，耳飾は細鐶式と太鐶式に類別できるが，慶州，夫婦塚出土の金製太鐶式耳飾は，その豪華な装飾技法から新羅工芸の代表例にあげられる。そのほか，▶勾玉，丸

玉，白玉，管玉などの玉類，刀剣，刀子などの，鉄斧，鉄槍，鉄鏃，甲などの武器武具類，馬具類，鏡鑑類，漆器，ガラス製品をはじめ多種多様な埋葬品が知られ，これらは，新羅美術が高句麗や百済はもとより，中国や西域地方などとの交渉により形成されたことを物語っている。 ⇒考古学

一方，6世紀初期に仏教が公認されると，新羅美術には新たな展開がみられる。534年(法興王21)に興輪寺の造営が始まり，つづいて永興寺，皇竜寺，祇園寺，▸芬皇寺，霊廟寺などが建立された。なかでも，553年(真興王14)から644年(善徳王13)にかけて完成された皇竜寺(▸皇竜寺址)は，中門，塔，金堂，講堂が南北一直線上にある伽藍配置をとり，金堂には銅造丈六釈迦三尊像を安置し，総高225尺の九重塔を備えた大寺院であったといわれる。

これらの諸寺に安置されていた仏教彫刻には，記録によれば塑造や金銅造があったと知られるものの，現存作例は石造と金銅造が多い。石仏としては，6世紀後期の制作といわれる慶州西岳洞松花山麓から移した国立慶州博物館の半跏像，634年ごろの制作と考えられる芬皇寺石塔(模塼塔)仁王像，7世紀初期の拝里三尊像や644年ごろの制作と推定される三花嶺三尊像などが優品として注目される。いずれも白味の強い良質な花コウ岩を用材として，やわらかい造形感覚を示しており，中国，隋代や唐代初期の仏教彫刻の影響をうけたものと考えられる。

金銅造彫刻は，小金銅仏が圧倒的に多く，国立中央博物館の薬師如来立像やソウル三陽洞発見の観音菩薩立像，慶尚北道善山発見の観音菩薩立像などが6世紀後期の制作として注目される。また，7世紀初期から中期にかけて造立されたと考えられている半跏思惟像は，三国の統一をめざした新羅の支配階層，とりわけ，花郎徒の熱烈な弥勒信仰を背景として制作されたものといわれている。

660年に百済を，668年に高句麗を討って三国統一に成功した新羅は，たんに領土の統一を行ったばかりでなく，百済や高句麗の優れた文化を吸収して，新しい統一新羅の美術として結実させている。統一新羅の

美術活動の原動力となったのは仏教で，統一期に入り，四天王寺，望徳寺，高仙寺，皇福寺，仏国寺，感恩寺など数多くの寺院が創建された。統一期の寺院の伽藍配置は，三国期のそれが皇竜寺のように一金堂一塔式であったのに対し，四天王寺，▸仏国寺，感恩寺(感恩寺址)などのような一金堂双塔式に変化している。そして，塔は7世紀前期に芬皇寺に建立された模塼石塔が，7世紀中期には百済の様式を取り入れた慶尚北道義城郡金城面塔里の五層石塔へ変化し，7世紀後期の感恩寺の三層石塔を経て，8世紀には仏国寺の釈迦塔を完成させ，さらには，仏国寺の多宝塔のような独創的な石塔へ発展して，統一新羅の石造美術を開花させている。

統一新羅の美術作品の最高傑作は，8世紀中期に造られた慶州，▸石窟庵である。石窟庵は，花コウ岩で穹窿天井の石室を構築し，その中央に触地印をとる如来形座像を安置し，周囲に八部衆像，仁王像，四天王像，十大弟子像，十一面観音菩薩像の浮彫と龕室に菩薩座像の丸彫を配置したものである。中尊については，阿弥陀如来像説，釈迦如来像説，胎蔵界大日如来像説などがあって決着をみない。しかし，石窟庵の諸像は，軍威石窟三尊像，掘仏寺跡四面石仏，719年造立の慶尚北道甘山寺の石造阿弥陀如来立像や弥勒菩薩立像などの統一新羅の優れた諸作例が種々の造形感覚と様式を消化したのちに到達した統一新羅美術の極地を示したものといえる。金銅造の仏教彫刻としては，8世紀中期の制作とされる仏国寺の毘盧舎那仏座像と阿弥陀如来座像，8世紀後期の造立と考えられている栢栗寺の薬師如来立像などが注目される。

またこの時代の仏教工芸品は，梵鐘と舎利容器に優品が多い。梵鐘は，聖徳王24年(725)銘の江原道平昌郡五台山上院寺のものが現存最古の作例であり，恵恭王7年(771)銘の▸奉徳寺鐘は聖徳王(在位702-737)の冥福を祈願して景徳王(在位742-765)と恵恭王(在位765-780)の2代にわたって鋳造されたという由縁をもつ。現存最大の作例としてばかりでなく，その美麗な宝相華や飛天の文様も傑出している。舎利容器には，卓抜し

た工芸技法をみせ、682年に制作されたと考えられている感恩寺址西三層石塔発見のもの、函蓋の銘文から692年と706年の間に奉納された九黄里三層塔発見の方形函形舎利容器、あるいは、黄緑色ガラス杯を安置した松林寺五層塼塔発見の舎利容器などがある。多彩な技法で作られており、統一新羅における舎利信仰のあつさを示している。このように統一新羅の美術は、三国期の美的要素の集約と新鮮な造形意欲に特色を認めることができよう。

菊竹淳一

しらぎさんさい｜新羅三彩

朝鮮の統一新羅時代につくられた、三彩釉を施した陶器。遺品は数少なく、大韓民国国立中央博物館所蔵の有蓋高杯は、蓋受けの立上がりのある浅い坏部に、低い鈍重な感じを与える脚部がついた、統一新羅時代に通有の器形を示す。蓋は、つまみを欠失しているが、それを中心に、二重円圏列文、二重圏線文、複合鋸歯文で上半部を飾る。器表全面にかけられた釉薬の色調は、褐色地に赤黄色と緑色が部分的にみられ、三彩の発色が鮮明でない。胎土は、白色に赤味をわずかに帯びた軟陶で、低火度の鉛釉を用いたものである。またこれと、文様、色調、胎土が同一で、おそらく製作地、出土地も同一と考えられる高台付蓋坏がある。これらは、蔵骨器として使われ、また、慶州出土とされる。新羅三彩の分布は、おそらく王都の慶州に限られ、使用者も王、貴族などきわめて限られた階層の人びとであったろう。統一新羅時代に唐と新羅の頻繁な交流の過程で慶州にもたらされた唐三彩を模倣して新羅三彩が製作されたと考えられる。 ➡陶磁器

西谷正

しらぎしゃきょう｜新羅写経

朝鮮における現存最古の写経で、《大方広仏華厳経》新訳80巻の写経残簡。2軸発見されているが、1軸は凝固していて開くことができない。ほかの1軸によると、幅29cm、長さ14mの白紙に、巻四十四から巻五十までが墨書筆写され、両端を水晶で飾った赤色木軸に巻かれている。巻首数巻が欠落しているので確かなことはわからないが、本来は1軸に10巻ずつ筆写され、合計8軸よりなっていたと推測される。また写経2軸とともに金銀泥の経画2片も伝えられており、巻頭の表装画と推定されている。写経末尾には作成年次や関係者名などを記した跋文が付されている。それによると、縁起法師の発願によって754年8月に筆写を始めて翌年2月に完成したこと、写経の主体は全羅道地方の人々であったが、画師や工匠は王京人であったことなどがわかる。朝鮮仏教史や美術史上のみならず、統一新羅の社会構造を知るうえでも貴重な資料である。韓国、湖巌美術館の所蔵。

木村誠

しらぎちょうせき｜新羅帳籍

統一新羅時代の村落の概況を記録した文書で、1933年に日本の正倉院で発見された。〈新羅村落文書〉などともいう。755年もしくは815年の作成と思われる。3年に1度作成された調査記録の断片であり、現在の忠清北道清州付近に存在したと思われる4ヵ村の現状を記録している。記載内容は村名、村域、戸口数、牛馬数、耕地面積、桑などの樹木数であり、耕地面積を除いて過去3年間の増減も詳細に記載されている。これによって、当時の村落が10戸前後、人口総数100名前後の小さな自然村落であったことがわかる。新羅はこうした自然村落を単位に国家的収取を行っていた。本帳籍作成の目的もそこにあったと思われるが、帳籍の性格そのものについては諸説がある。 ➡村

木村誠

しらぎどき｜新羅土器

三国時代の新羅、統一新羅時代に盛行した灰青色、勳（いぶし）黒色系の硬陶。精緻な胎土をより発達した轆轤（ろくろ）技術によって成形し、登窯を利用して1000℃以上の高温で還元炎焼成したものである。3世紀後半ごろ原三国時代の〈金海式土器〉を母体にして発生した。数百年にわたる新羅土器は、古新羅と統一新羅時代の土器に大別されるが、いくつかの段階をへて変遷している。初期の段階ですでに高杯（坏）、短頸円底壺、甕、盌などの器種をそなえ、慶州、東萊、金海、熊川などの洛東江流域で発達した。4世紀後半から5世紀にかけては長頸壺、器台などの器種が加わり、波状文、鋸歯文、円圏文、斜交線文など多種多様な文様が施されるようになる。この段階では、洛東江西岸

地域に分布する伽耶土器とは，器形，胎土，文様のうえできわだった差異がみられる．日本の須恵器の生産技術はそうした洛東江流域の伽耶地方から伝えられた．このころ新羅土器には顕著な地域性がみられる．また積石木槨墳などの墳墓で大量に副葬されることが多い．6世紀後半になると，新羅土器の分布地域は，新羅の領域の拡大にともなって洛東江を越え，忠清南道連山地域，東海岸を北上して，江原道，咸鏡南道付近にまで及ぶようになる．一方，馬，舟，騎馬人物，車，車輪付角杯形の異形土器，牛・馬・鳥・魚・人物・琴などの小像をはりつけた装飾土器，動物，人物などさまざまな土偶が造形された．いずれも葬送儀礼にかかわる明器（死者に添えて墳墓に埋める葬具の一種）である．7世紀末以降の統一新羅時代は印花文土器で特色づけられる．とくに火葬の普及にともない蔵骨器が著しい発達をとげている．近年慶州雁鴨池や臨海殿址の発掘によって，盌，皿，瓶，壺，陶硯など豊富な日常容器が出土している．また緑釉陶器や▶新羅三彩も知られつつあり，ソウル特別市舎堂洞や慶尚北道月城郡望星里などでは，古新羅から統一新羅時代の窯址の調査が進められている． 東潮

しらぎぼう│新羅坊

統一新羅時代，中国にあった新羅人の居留地．三国統一を達成した新羅では，8世紀から9世紀にかけて唐にしきりに朝貢使節を派遣しただけでなく，唐に通交・移住する者が多かった．彼らが集団で居住した新羅坊は，東シナ海沿岸地方の楚州，徐州，登州などにあり，いずれも中国大陸と朝鮮半島とを結ぶ水路の要地にあたる．なかでも登州付近の文登県赤山村のものは，日本の天台僧，慈覚大師円仁が唐への旅の途上滞在し（839，845），その旅行記《入唐求法巡礼行記》の詳しい記録によって知られる．当時，9世紀前半には国内の飢饉のため唐に流亡する新羅人も多く，また▶張保皋が東シナ海の海上権をにぎり，貿易を独占して，その唐側の拠点の一つとして赤山がとりわけ繁栄した．そこには自治組織として勾当新羅所があって摠管が監督しており，張保皋の創建になるという仏教寺院，赤山院では夏冬の講会に集う新羅人は200人にのぼったという．また登州には新羅館があって行き交う使節団や留学生の利用に供された． 大井 剛

じりきこうせい│自力更生

植民地下の朝鮮ではこの語は権力者側の《▶農村振興運動》のスローガンであった．もっともそれは先行する民族運動の側の自主の思想を換骨奪胎して利用したものである．真の自力更生精神は抗日民族解放闘争の中で芽生えていた．解放後の朝鮮民主主義人民共和国で新たな意味でこの語が復活したのは，1961年11月金日成のソ連からの帰朝報告以降である．一般的にはく他人の力を借りず自体の力で困難から脱出し自立的に生きていくこと〉（《朝鮮語辞典》(平壌)）だが，とくに中ソ論争を背景に，く自国の革命と建設は基本的に自国人民の力量と自国の富源によって進めるべきだ〉という立場を鮮明にしたもの．この考え方が70年代にいたりいっそう包括的な▶チュチェ（主体）思想に発展していく．ただし，社会主義国際分業内で特化することなく，自力で重工業を含む民族的自立経済を創出すべきだとの考え方は，1956年段階ですでに定まっていた．これはけっして民族利己主義・アウタルキー（閉鎖経済）論ではなく，そうしてこそ最も良く国際革命運動に寄与できると説明される． 梶村 秀樹

シルム│씨름

朝鮮に古くから伝わる朝鮮相撲のこと．競技者は腰から右ひざに日本の相撲のまわしに当たる布を巻き，互いに利き腕をかけて組み合ったまま競技を開始，左足で全身を支えながら倒し合う．日本の相撲のような土俵がないのが特徴で，両足の強靭さを競い合う点では蒙古相撲に似ている．高句麗の古都輯安（集安）にある角抵塚古墳（鴨緑江対岸．現在の中国側）の壁画にシルムの原形が描かれており，中国の《後漢書》にも記述されているところから，起源は2～7世紀の間とみられる．旧暦の5月5日に▶端午の節供を祝う行事として催されている．韓国では国民体育大会で実施されるなどして盛んになり，現在はプロ組織もできてシルムの人気が高まっている． 浅田 修司

しろくしん｜死六臣｜사육신

1456年、世祖によって廃位された▶端宗タシジョシ(世祖の甥)を復位させようと計画したが露見し、罪を問われて死に至った6名の臣下。朴彭年パタピョシニョシ・▶成三問ソシサシムシ・李塏・河緯地・柳誠源・兪応孚ユウシウンブのことをいう。兪応孚は武臣であったが、それを除けばすべて▶集賢殿出身の文臣であった。端宗復位計画に参画したのはこの6名に限られるわけではないが、彼らが死六臣として認識されるようになったのは、生六臣の一人である南孝温(1454-92)が著した〈六臣伝〉(《秋江集》所収)に由来する。中宗反正以後、死六臣の端宗への忠節が朝廷で議論されるようになり、1691年に至って、死六臣の官爵が復活され、彼らの墓と伝えられていた六臣墓(ソウル市銅雀区露梁津洞)の墓域にあった祠堂が〈愍節祠〉の扁額(翌年には〈愍節書院〉の扁額)を賜った。

木村 拓

しんあんいぶつ｜新安遺物

韓国、全羅南道新安郡曾島面防築里の道徳島沖合水深20mの海底から発見された沈没船とその関係遺物。1976年10月から84年9月まで10次にわたって調査が実施された。引き揚げ遺物は木浦の国立海洋文化財研究所、ソウルの国立中央博物館、および国立光州博物館に収蔵され、陶磁器類2万点余、金属製品729点、石製品43点、木製品その他が574点と多種多量である。木造の船体は典型的な中国の大型尖底ジャンク船で、残存部が長さ28.4m、幅6.6m、深さ(型深)3.6m、復元規模は長さ約32m、幅約11m、深さ約4m、積載重量約200トンと推定される。船内の積荷・使用品とみられる遺物には高麗青磁、古瀬戸、下駄など朝鮮・日本製品もごくわずかに含まれるが、大半は中国製品である。なかでも多くを占める中国陶磁は、龍泉青磁など中国南部(江南)の製品が中心で、14世紀前半(元代中期)のものである。これらの多くは日本での出土品や伝世品と一致する。大量に発見された銅銭も1310年鋳造の元銭を下限とし、また〈慶元路〉銘の分銅がみつかった。さらに荷札木簡の墨書に〈至治三年〉(1323)という年次と、〈東福寺〉(京都)、〈筥崎(宮)〉〈釣寂庵〉(いずれも福岡)など日本の寺社名が確認された。以上のことから本船は、14世紀前半に日元貿易の窓口港だった慶元(現在の浙江省寧波)を出航し、日本にむかっていた貿易船だったと考えられる。当時の海上貿易の実像を知るうえで貴重な資料である。

森平 雅彦

●シルム

金弘道《風俗画帖》より。相手の太ももに結わえた布紐を引いて倒すところ。現代では上半身裸で行うが、人前で肌をさらすことを恥じた朝鮮王朝期には着衣のままで闘技した。高句麗の角抵塚では裸の相撲図が描かれている(項目〈壁画古墳〉の図を参照)。

しんおおくぼ｜新大久保

東京都新宿区の地名。一般的にはJR新大久保駅を中心に職安通や大久保通の周辺を含む地域をさし、日本最大の〈コリアンタウン〉といわれる。大阪市の▶猪飼野や川崎市など在日韓国・朝鮮人の集住地域だった場所とは成り立ちが異なる。もともと在日韓国・朝鮮人が住んでいた地域ではあったが、新宿・歌舞伎町に隣接していることもあり、1980年代から爆発的に増えた〈ニューカマー〉とよばれる韓国人が多く住むようになった。韓国スーパーマーケットや韓国食堂、雑貨店などの店も増加。2003年ごろからの▶韓流ブーム、10年ごろからの▶K-POPブームが拍車をかけ、生活のための店だけでなく、韓流やK-POPの関連商品を扱う店

が急増、全国から観光客が集まるようになった。韓国人だけでなく、中国人を含めたアジア系住民が多く、日本有数の多国籍タウンでもある。
阪堂博之

しんかん｜辰韓｜진한
古代朝鮮半島の南部に存在した韓族の名称。3世紀初めころの朝鮮半島の状態について最も古く、かつ詳細に記した《三国志》魏志の東夷列伝中の韓伝によると、当時半島南部には3種の韓族が分立し、南西部には▶馬韓の諸国が存在し、辰韓諸国は馬韓の東方にあって、北は▶濊貊と接していたという。さらに彼らはかつて秦・漢動乱の際、難を避けて亡命して来たもので、馬韓人がその東界の土地を与えて自立させたことになっている。もちろん伝聞の域を出ない。またその言語も馬韓とは相違し、弁辰韓(▶弁韓)と同一であったとされている。しかし韓伝全体の叙述からみると、言語の相違とか類似については学問的な厳密な立場で解釈するのは疑問である。辰韓が古代三韓の中で大きな史的意義をもつのは、おそらく辰韓諸国の一つ、〈斯盧国〉が中核になって後年の▶新羅に発展するからである。なお文献によっては辰韓を秦韓と表記する場合もある。 ➡三韓 辰国
村山正雄

しんかんかい｜新幹会
1927-31年に活動した朝鮮の民族統一戦線組織。社会主義者と民族主義者との提携による民族統一戦線の考えは、24年ころから現れ、実現の試みもなされていた。26年末、日本帝国内での〈自治〉を求める右派民族主義者の動きに対抗して、あくまで独立をめざす《朝鮮日報》などに拠る左派民族主義者は〈非妥協的民族戦線の樹立〉を呼びかけた。また第3次朝鮮共産党幹部安光泉らは同年11月に〈正友会宣言〉を発表して民族主義者との提携を積極的に打ち出していた。このような動きの中で27年1月、▶洪命熹、申錫雨、▶安在鴻、権東鎮らは新幹会の結成を呼びかけ、前年からソウル派社会主義者と▶物産奨励運動の民族主義者が組織準備を進めていた民興会もこれに合流、2月15日に創立大会が開かれ、〈政治的経済的覚醒を促進する。団結を強固にする。機会主義をいっさい否認する〉という綱領が採択され、会長に《朝鮮日報》社長の李商在が選ばれた。当初会員は200人あまりだったが、民衆の支持を得て同年中に会員数2万、支会数100を超え、最盛時には4万、140支会に発展した。27年5月には同じ性格の女性団体槿友会が結成され、新幹会と歩みを共にした(▶女性運動)。これらは、コミンテルンの統一戦線戦術、中国の国共合作などの動きにも沿うものだった。

新幹会は全国大会の禁止のため活動方針を定められなかったが、郡単位の支会では労働組合、農民組合とともに植民地政策に反対して活動した。29年に許憲を委員長に社会主義者が多数を占める執行部が成立、甲山火田民事件などに取り組み、同年の▶光州学生運動に際して民衆大会を計画したが、多くの幹部が検挙された。次の委員長金炳魯の穏健路線は下部会員の反発をよび、▶コミンテルンの方針転換もあって新幹会解消論が強まり、論争の末31年5月に解消が決議された。多様な階級、階層、多彩な人物が参加した統一戦線組織として民族解放運動史に大きな位置を占め、近年韓国で再評価の動きがみられるが、南北統一問題ともからんで評価は定まっていない。
水野直樹

しんかんこうしゃ｜新韓公社
1945年、日本の植民地支配から解放された南朝鮮において▶東洋拓殖株式会社(東拓)など所有の土地そのほか財産を継承・管理したアメリカ軍政庁の一機関。同年11月、東拓を改称して発足し、46年2月の政令により独立の会社となったが、実質的には一貫してアメリカ軍政庁の直轄機関であった。東拓所有地を中心に旧日本人等所有地の地主経営を行い、その耕地面積は南朝鮮全体の13%に相当する28万町歩、小作農家戸数は南朝鮮総農家数の27%に相当する55万戸に及んだ。48年3月の政令により新韓公社の所有地・管理地を農民に払い下げる機関として中央土地行政処が設置され、公社は全財産を行政処に移管して解散した。
金子文夫

しんかんみんしゅとう｜新韓民主党 ➡政党
しんぎしゅう｜新義州 ➡シニジュ

シン・ギョンスク｜申京淑｜신경숙｜1963-
韓国の小説家。全羅北道井邑生れ。ソウル芸専文芸創作科卒。1985年《文芸中央》新人文学賞に中編《冬の寓話》が当選して登壇。同じ63年生れの女性作家である金仁淑，孔枝泳と並んで〈六三トリオ〉とよばれ，若手作家の旗手と目されている。繊細な文体とこまやかな内面描写，またどこかおとぎ話のようなその作品世界は，90年代に入ってとくに注目され始め，第2作品集《オルガンのあった場所》(1993)で広く知られるようになった。生きることの悲しみ，失われた時の探索などが主なモチーフとなっている。私的世界に埋没しているという批判を受けもしているが，89年のソ連崩壊後，大きな理念がなくなり，彷徨している韓国の知的世界にあって，内面を見つめようとする彼女の作品は人々の強い共感を得ているようである。最初の作品集《冬の寓話》(1990)から最近作の《イチゴ畑》(2000)まで，3冊の作品集と三つの長編を刊行している。

布袋 敏博

しんくん｜沈薫｜⇒シム・フン
しんけいしゅく｜申京淑｜⇒シン・ギョンスク
しんけん｜甄萱｜⇒キョンフォン
じんこう｜人口

朝鮮民主主義人民共和国は，これまで2回の人口センサスを実施している(1993, 2008)。最新のセンサスによると，2008年10月1日現在の人口は2405万2231人(男1172万1838人，女1233万393人)であり，合計出生率は2.0，平均寿命は69.3歳(男65.6歳，女72.7歳)，65歳以上の人口比率は8.7％である。大韓民国では西暦年末尾0もしくは5の年に定期的に人口センサスを実施しており，最新(2010)の調査によると人口は4799万761人(男2384万896人，女2414万9865人)であり，合計出生率は1.23，平均寿命は80.79歳(男77.2歳，女84.07歳)，65歳以上の人口比率は12.8％である。南北とも少子高齢化となっているが，韓国の方がそのテンポと度合いともに大きい。

［**人口の推移**］近代的な人口センサスが実施されたのは植民地期に入ってからである。それ以前の人口統計は租税を主な目的とした〈戸口調査〉にもとづいており，不完全である。そのため諸推計が示されているが，1400年の場合，その値は450万から900万人とかなり開きがある。また，朝鮮王朝末(20世紀初め)の総人口は戸口調査では約1290万人と記録されているが，研究者らは1700万人程度であったとみている。植民地時代に入って実施されるようになった国勢調査によると，朝鮮人の人口は1925年の1902万30人(男972万6150人，女929万3880人)から1944年には2512万174人(男1252万1173人，女1259万9001人)に増加した。45年の日本の敗戦から53年の朝鮮戦争の終了までは，南北とも激しい人口の増減を経験した。44年に北朝鮮に約930万人，南朝鮮に1620万人の人口があったとみられるが，日本の敗戦とともに海外から多数帰国し，49年には北は960万人と微増にとどまったのに対し，南は2020万人と400万人，25％の激増をみた。朝鮮戦争の53年の北の人口は849万人と12％減少し，南は55年に2150万人と6％余の増にとどまり，北からの南下人口を考慮するとかなりの人命の損失があったことが推定される。戦後，南北とも年率3％前後の急速な人口増加を記録したが，70年代以降に1％台に落ち込んだ。この時期に南北とも出生転換が起き，以降，低出生の時期に突入したものと思われる。

［**人口政策＝韓国**］韓国は1960年代の第1次経済開発5ヵ年計画樹立過程において，人

●**人口** 表 南北朝鮮の人口の推移　　(単位：万人)

	［大韓民国］	［朝鮮民主主義人民共和国］
1944	1657	856
1949	2019	962
1953	2153 (1955年)	849
1960	2499	1079
1965	2916 (1966年)	1240
1970	3147	1462
1975	3471	1599
1980	3744	1730
1985	4045	1879
1990	4341	2096 (1991年)
1995	4461	2211 (1996年)
2000	4614	2296
2005	4729	2361 (2004年)
2010	4858	2405 (2008年)

注－韓国の数値はセンサス，共和国は中央統計局発表による。ただし1944年は《朝鮮経済年鑑》1949年版による。

口増加により経済成長が遅れているとして、人口増加抑制政策を推進することを決定し、人口増加抑制政策が盛り込まれた家族計画事業を国民運動として展開した。60年代前半は保健所が中心となって事業を展開した期間であり、〈むやみに産むならば乞食の姿も免れない〉というスローガンを掲げ、避妊サービスの普及と家族計画広報・教育が事業内容の中心であった。60年代後半は地域社会を中心に事業が進められた期間であり、農村の各邑・面に集落単位で家族計画運営のための事業計画構築を図るなど、家族計画専門職員を配置し、啓発教育を中心に事業が展開された。70年代は都市地域を考慮した期間であり、〈娘・息子の区別なく2人だけ産み、ちゃんと育てよう〉がスローガンであった。政府は保健社会部に母子保健管理官室を新設し、家族計画の普及を目的とする国立家族計画研究所を開設、人口関連の研究を専門とする家族計画研究院を発足し、事業管理、運営の体系的な基盤を整えた。80年代は政府の各種社会・経済的施策に人口政策が盛り込まれ、関連省庁において人口政策の積極参加を推進した期間であった。第5次経済開発5ヵ年計画(1982-86)で合計出生率を人口置き換え水準にまで減少させるという目標を設定し、第6次経済開発5ヵ年計画では合計出生率を1.75人まで減少させてその水準を維持するという目標が設定された。しかしながら、長年にわたって人口増加抑制政策が続けられたこともあり、出生率の低下に歯止めがかからず、出生率はさらなる下落傾向をみせており、2001年には超少子化社会に突入することになった。なお、韓国では男児選好による出生性比の歪みがかつて深刻であったが(ピークは1990年で116.5、正常値は115±1)、08年以降はほぼ正常の値を示している。この間、妊娠期間中の胎児の性別判定の禁止措置(1987)や家族法における男女不平等の改正(1991)などの政策が講じられていた。

[人口政策＝朝鮮民主主義人民共和国] 朝鮮民主主義人民共和国の人口政策は、朝鮮戦争後の1950年代と60年代には人口増加政策であった。その目的は戦争による人命損失を補うことにある。当時の人口構造の特徴は若年男子が少ないことであり、したがって戦後の復旧ならびに経済開発のための労働力不足に悩まされていた。労働力不足を補うために、ほとんどの女性は就業することになり、諸政策によって教育水準ならびに社会的地位も向上するのだが、この流れの中で彼女らの意識にも変化が生じ、出産を抑制しようとする要求が社会的に広まった。その結果、人口増加政策はトーンを下げ、70年代から保健省では中絶を認可するようになった。しかし、〈苦難の行軍〉(1995年から2000年)とよばれる時期に飢饉が発生し、多数の人命が失した。その数は、おおよそ33万6000人と推計されている。妊産婦死亡率の上昇ならびに発育不良の児童の増加が、今後の人口成長において懸念されている。そのため近年国連との協力のもとく リプロダクティブヘルス〉に力を入れている。なお、北朝鮮では、韓国のような出生性比の歪みは観察されない。若年男子が失われた朝鮮戦争の後遺症により女性の社会的役割が向上したことや、族譜(その多くは男系中心で編纂)がそれほど普及していないことが影響して男児選好意識が低下したものと思われる。

文浩一

しんこうおう |真興王|→チヌン王
しんこうおうたくきょうひ |真興王拓境碑|→チヌン王拓境碑
しんこく |辰国|→チングク
じんごぐんらん |壬午軍乱|임오군란
1882年(壬午の年)7月に朝鮮の首都、漢城(ソウル)で起きた軍人暴動。73年に興宣大院君から閔氏に政権が移ると、軍隊の待遇は悪化し、新たに新式軍隊の"別技軍"が設けられて優遇された。その結果、旧式の軍人たちの不満が給米の不正支給によって爆発し、暴動となった。大院君はこの暴動を利用して、閔氏政権の転覆と日本公使館の襲撃を図った。彼は、1880年代に入って開始された閔氏政権の開国政策を覆し、鎖国攘夷政策に戻そうとしたのである。李最応、閔謙鎬などの政府要人と別技軍教官の堀本礼造少尉が殺害され、日本公使館は襲撃された。国王高宗の妃である閔妃は地方にのがれ、日本公使館の"花房義質"公使以下は仁川から日本に脱出した。暴動後、

大院君が再び実権を握り，閔氏政権によって設けられた武衛営，壮禦営，別技軍を廃止し，旧来の五営を復活，さらに統理機務衙門を廃止した．これに対し日清両国が武力干渉したが，これには日清両国の利害と開国派の朝鮮人(金允植，兪吉濬など)の思惑がからんでいた．82年8月，清は宗属関係を明記した商民水陸貿易章程を朝鮮と結ぶとともに，大院君を清の保定に幽閉し，軍隊を漢城に駐留させた．同月，日本は済物浦条約と修好条規続約を結び，前者によって公使館に警備兵を配置する権利を得た．この暴動の結果，朝鮮に対する清の宗主権が強まり，▶甲申政変の遠因となった．

原田 環

しんさいこう｜申采浩｜➡シン・チェホ
しんざいこう｜申在孝｜➡シン・ジェヒョ
シン・サイムダン｜申思任堂｜신사임당｜
1504-51
朝鮮王朝中期の女流画家．思任堂のほか号は媤妊，師任堂，妊師斎など．平山の進士申命和の娘で，監察李元秀の妻．息子の▶李栗谷イユルゴクは高名な儒学者．幼時から経典に通じ，書画をよくし，裁縫，刺繍を巧みにするなど多芸多才で知られた．とくに絵は7歳ころから▶安堅アンゲンの山水図などを巧みにまね，長じて草虫，花卉，翎毛などを女性的な繊細さ，優美さに満ちた独自の様式で絵や刺繍に描き，一世を風靡したが，現存する真蹟は稀少である．

吉田 宏志

シン・ジェヒョ｜申在孝｜신재효｜1812-84
朝鮮王朝末期，▶パンソリ最盛期の作家．字は百源，号は桐里．本貫は全羅道高敞．郷吏身分でありながら官薬房を経営していた父の跡を継いで治産につとめた．財があったため積極的にパンソリ広大クァンデ(芸人)を後援するとともに，従来，広大の意の赴くままに歌われていたパンソリ辞説(歌詞)を改訂推敲し，〈春香歌〉〈沈清歌〉〈パク打令〉〈兎鼈トビョル歌〉〈赤壁歌〉〈ピョンガンセ歌〉にまとめ上げて辞説文学を打ちたてた．また創作にも筆を染め，〈カルチギ打令〉〈烏蟾歌〉〈桃李花歌〉〈広大歌〉などを残している．このうち〈広大歌〉は，広大の演唱法，パンソリの音楽的構造，過去の名唱者の歌い方を論じており，作者がパンソリを理論化しようとした意図がうかがえる．門下に金世宗，鄭春風，彩仙チェソン，許錦波ら名唱者が輩出した．彩仙は1866年，王宮の景福宮が落成したとき，興宣大院君の前で師の作〈成造歌〉を歌って感銘させたという．

田中 明

しんせい｜沈師正｜➡シム・サジョン
しんしにんどう｜申思任堂｜➡シン・サイムダン
じんじゃさんぱいきょひうんどう｜神社参拝拒否運動｜
神道により朝鮮人の皇民化を図るため，朝鮮総督府は神社参拝を奨励したが，朝鮮人はこれを拒否することによって抵抗した．1925年竣工の▶朝鮮神宮につづき，1930年代半ばから総督府は1面(村)1神社の計画を推進し，さらに各家庭にも神棚を作らせ，〈天照大神〉のお札を買わせ，毎朝礼拝するように奨励し，37年の日中戦争以後は神社参拝を強要した．とくに日米関係が悪化していく中で，約50万のキリスト教徒に対する弾圧と懐柔策が強化され，教徒は集団で神社参拝を強要されるようになり，一部教徒の中には〈内鮮キリスト教一体化運動〉を推進する者も出てきた．そしてついに38年9月には，長老派教会は警察官立会いの下で神社参拝を決議した．これに反対した約2000名の牧師，教徒は検挙投獄され，200余の教会は閉鎖され，50余名が獄死して抵抗した事件が有名である．➡皇民化政策

宮田 節子

しんしゅう｜晋州｜➡チンジュ
しんしゅうらんだん｜紳士遊覧団｜
1881年5月から8月にかけて，朝鮮から日本に派遣された朴定陽以下62名からなる政府視察団．目的は明治維新以後の日本の開化政策の実情調査にあり，日本滞在中，政治・経済・文化全般にわたって調査するとともに，三条実美太政大臣以下の要人と会見した．その報告は，《日本聞見事件草》などの復命書にまとめられ，朝鮮政府内における▶開化派の発言力の増大と近代化政策を促した．なお，同時期に▶金允植キムユンシクらを中心とした領選使が新式機器の技術習得を目的に中国の天津に派遣されていたことも注目される．➡留学

原田 環

しんしゅくしゅう｜申叔舟｜➡シン・スクチュ

じんじゅつみんらん｜壬戌民乱｜임술민란

朝鮮王朝末期の民衆反乱。1862年(干支は壬戌)2月の慶尚道晋州での民衆反乱に始まり、同年11月にかけて朝鮮南部(慶尚, 全羅, 忠清各道)の各地で相次いだ農民を主体とする反乱。発生期の▶東学の活動時期・地域とほぼ重なり、翌年には▶興宣大院君政権が成立するなど、朝鮮近代の開始期に起きた民衆反乱として重視されている。反乱の直接的原因は地方長官や吏属の勝手な不当収奪(軍税)にあり、地方の新興勢力(富民など)が反乱を指導した場合もみられるが、多くの▶民乱は地方の役人たちに対してだけでなく、新興勢力を含む地方の有力者(地主, 富民など)をも襲撃の対象とした。晋州民乱はその典型であり、農村に滞留し賃労働などで生活を維持している貧民階層(半プロレタリア)が民乱の中心勢力となっていた。下層民衆が半プロレタリア化し、かつ、反乱の指導勢力として登場する歴史的段階の到来を示すものとして注目される。　矢沢康祐

しんじゅんふく｜申潤福｜➡シン・ユンボク

じんしんていゆうわらん｜壬辰・丁酉倭乱｜임진정유왜란

豊臣秀吉が1592-98年(文禄1-慶長3)に2度にわたって企てた朝鮮に対する侵略戦争。日本では〈文禄・慶長の役〉というが、朝鮮では当該の年の干支をとって〈壬辰・丁酉倭乱〉または〈壬辰倭乱〉とよぶ。

【日本側の状況】

[秀吉の動機と準備過程]　本来、秀吉が意図したのは明国を服属させること(唐入り)で、朝鮮に対してはその道案内を求めるという〈仮道入明〉を標榜していた。秀吉が出兵の意志を公表した事実が確認できるのは、関白任官直後の1585年(天正13)9月であるが、その後、対馬の宗義智に命じて外交交渉にあたらせ、朝鮮国王の来日を求めた。九州征服ののちには博多を兵站基地化し、蔵米を集中できる体制をとるなど、具体的準備がすすめられた。秀吉が対外的な領土拡張を求めて出兵したことはいうまでもない。国内の封建的統一が達成されたのち、秀吉が家臣に知行地を給付するには、原則として自己の直轄領を割いて与える以外に方法はなく、それには限界があった。諸大名のなかには海外に所領を希望する者もあり、これらの動きを背景にして、国内統一の延長上に朝鮮出兵が企図された。また、16世紀中ごろに勘合貿易が中断されてから、中国産の生糸(白糸)はポルトガル船を介して輸入されていたが、秀吉の意図する貿易独占政策は明国との直接取引を求めていた。この動きは対外領土拡大の要求に裏打ちされていた。また朝鮮出兵の準備過程は、太閤検地の施行過程と対応していた。わずか20年にすぎない豊臣政権の全過程は、一面では朝鮮出兵という対外侵略の論理に貫かれていたといえよう。

出兵に際しての軍事動員の指令は、1591年9月ごろ秀吉から諸大名に発せられた。諸大名はそれにもとづいて、領内で人員、武具、兵粮米、船などを用意して肥前の名護屋に参陣した。これには奥羽の大名まで実際に動員されている。翌92年(文禄1)=文禄の役の陣立書によれば、朝鮮に出兵するのは西国大名が主力で、軍団は地域的にまとめられ、1万~2万人程度のグループを構成している。その中核には織豊取立大名が配置され、旧族大名である外様を実際に動員できるような体制がとられている。諸大名に賦課された軍役は、たとえば九州大名は知行高100石について5人役(本役)のように、石高制に依拠した形をとっている。豊臣政権の軍役体系は、外様大名を含めた全領主階級を包摂して成立しており、ここに封建的ヒエラルヒーの完成した姿を見いだすことができよう。水軍組織としては、九鬼、藤堂、脇坂らの織豊取立大名を主体とする舟手が作られ、人馬や兵粮米の輸送などにたずさわった。軍事編成には、武士階級だけでなく、領国内の民衆も動員された。彼らは陣夫役(農民)、水主役(漁民)として徴発され、諸大名の軍役体系の一環に組み入れられた。諸浦の船も九州に回漕され、釜山~対馬~壱岐~名護屋間の漕送りに利用された。朝鮮出兵は農漁村の生産条件を大きく破壊したのである。

[和議交渉と第2次出兵]　緒戦の勝利によって朝鮮の都が陥落した1592年5月、秀吉は日本、朝鮮、中国にまたがる国割計画を発表した。すなわち後陽成天皇を北京に移し、

その関白に秀次をつけ、日本の帝位は皇子（周仁親王）か皇弟（智仁親王）に継がせ、その関白に羽柴秀保か宇喜多秀家をあてるというものである。これは、大局的判断を欠いた空想的プランにすぎないが、かえって秀吉の描いた構想を積極的に物語っている。

朝鮮側の対応と合わせて後述されるように、戦局は秀吉の思惑通りには推移しなかった。当時の朝鮮の正規軍は弱体であったが、慶尚道、全羅道を中心とする民衆の義兵組織や、圧倒的な明の援軍の到着によって補給路が絶たれ、渡海した兵員も各地に分散されたうえ一戦ごとに死傷者を出して手薄となっていた。この間、小西行長と沈惟敬（明の遊撃将軍）との間で進められていた和議交渉も、戦局の推移につれて二転、三転した。日本側の条件は出陣諸将の間の思惑の相違からまとまらず、秀吉自身も、当時の国際関係（明帝国を中心とする冊封体制）についての認識に欠けるところがあった。93年（文禄2）6月、秀吉は来日した明の使者に7ヵ条の和平条件を呈示した。ここで秀吉は、明の皇女を天皇の后とし、人質となっている朝鮮皇子を返還することなどのほか、勘合貿易の復活協議と朝鮮八道のうち4道の割譲を求めている。くしくも併記されたこの2条件は、秀吉が出兵の際に企図したことがらであり、国内において、いわゆる武断派・吏僚派諸将の、それぞれの要求を反映するものであった。明側としては、このような要求に応じるはずはない。行長と沈惟敬らは秀吉の表文を偽作し、これをもとに秀吉を〈日本国王〉に封ずることとした。ことの次第は96年（慶長1）大坂城での明使引見の際に明るみに出、秀吉は激怒して再征となった。

1597年（慶長2）の再征＝慶長の役は、偽りの講和交渉がもたらしたものであるから、出兵を強いられた将兵はもとより、兵粮米を負担せねばならない農民の苦痛は大きかった。中世以来不課の原則がとられてきた田の裏作麦の収穫高の⅓を徴収して兵粮米を確保するという非常手段もとられたが、翌年8月の秀吉の死によって、この法令は撤回された。

秀吉の死によって、朝鮮出兵という前近

● 壬辰・丁酉倭乱 年表
1585. 7 ― 豊臣秀吉、関白に就任
・・・・9 ― 豊臣秀吉、大陸征服の考えを示す
1586. 4 ― 豊臣秀吉、朝鮮出兵の考えを示す
1592. 1 ― 豊臣秀吉、諸大名に出陣を命令
・・・・4 ― 日本軍、大挙釜山に上陸（第1次朝鮮侵攻）
・・・・5 ― 日本軍、朝鮮の首都漢城を占領
・・・・6 ― 朝鮮国王宣祖、義州に避難、朝鮮各地で義兵が決起、明の援軍、鴨緑江を渡る
1593. 1 ― 明軍、漢城近くで日本軍に大敗
・・・・5 ― 明と日本、講和交渉に入る
1596. 9 ― 日明間の講和交渉、失敗に終わる
1597. 1 ― 日本軍、第2次朝鮮侵攻開始
・・・・9 ― 日本海軍、李舜臣に大敗
1598. 8 ― 豊臣秀吉、死没
・・・・10 ― 日本軍、撤退開始
・・・・11 ― 日明両海軍の大海戦、日本軍大敗、李舜臣が戦死、日本軍、撤兵完了

代社会でほとんど唯一の対外侵略戦争は、多数の犠牲をもって終りをつげた。豊臣政権は、総力をあげての大動員によって、自己の政権の崩壊を招いたが、みずから確立した幕藩制的支配原理は継承されていくのである。

三鬼 清一郎

【朝鮮側の対応と戦局の推移】 1592年4月、日本軍は釜山に上陸し、壬辰倭乱（文禄の役）が始まるが、日本軍は約半月の間に慶尚道と忠清道の主要都市を、5月初めには漢城（朝鮮の首都、現在のソウル）を、6月には平壌や咸鏡道を占領した。朝鮮国王の宣祖は4月末に漢城を放棄して北方へ逃避し、5月初め、一部の反対を押し切って明に救援を要請した。

緒戦における日本軍の勝因としては、①当初、朝鮮の地方長官や軍隊の指揮官の多くが日本軍に抵抗せず、戦争を回避したり逃亡したこと、②日本軍は戦国時代を経て戦争になれていたうえ、朝鮮側にない鉄砲（鳥銃）を使用したこと、③朝鮮政府の封建的支配に不満を抱く民衆や軍卒の間に、朝鮮の支配層に対する反抗や日本軍への協力（附倭）が現れ、当初、民族的結集に困難が生じたこと、などがあった。しかし海上では、92年5月から〝李舜臣〟の率いる朝鮮水軍が活躍し、5月末には〝亀甲船〟も登場、92年7月の海戦で日本水軍は大敗北を

● 壬辰・丁酉倭乱 | 図1 | 文禄の役の軍役数と進路　図2 | 慶長の役の進路

軍役数は天正20年陣立書(《天正記》古活字版)による
◆〈朝鮮国先懸の御勢〉計13万6900人。
◇〈朝鮮国郡表出勢の衆〉計5万8220人のうち、3000人以上のものを取り上げた。ほかに九鬼嘉隆、藤堂高虎、脇坂安治以下、計9200人の〈朝鮮国舟手の勢〉がある。なお徳川家康以下の〈肥前国名護屋在陣の衆〉は省略した。

こうむった。以後、日本軍は海上補給路をおびやかされるようになる。他方、陸上でも、92年6月ころから、反撃に転じた朝鮮軍の活動や、郷土防衛に決起した各地の抗日義兵(郭再祐〔ジュ〕軍など)のゲリラ活動によって、のびきった日本軍の補給線が切断されはじめた。そのため、日本軍は占領地における物資・人員の苛酷な調達を強行し、朝鮮民衆との対立を深めた。それがまた、抗日義兵勢力の拡大につながり、92年7月以降、日本軍はしだいに守戦に立たされることになった。抗日義兵将の大部分は地方の支配者(地方に居住する両班〔ヤン〕、その多くは地主層)であり、彼らは私財を投じて義兵を組織し、日本軍と闘うと同時に、崩壊した地方の支配秩序(階級支配)の維持につとめた。そして、日本軍との対立が深化する中で、多くの民衆が義兵に参加し、義兵の大衆化がすすんでいった。

他方、明の救援先鋒軍は、92年6月に朝

鮮に到着したが、7月の平壌戦で日本軍に敗れると、日本軍(小西行長)と50日間の休戦協定を結び、中国へひきあげてしまった。その後、93年1月には明の救援主力軍(4万3000人)が朝鮮軍と連合して平壌、開城を奪回したが、明軍は漢城付近の戦闘で大敗すると戦意を失い、講和に期待をかける。また、93年2月には約3万人の日本軍が漢城付近で朝鮮軍に大敗し、そのため小西行長は明軍との講和に期待をかける。こうして日明間の講和が結ばれ、93年8〜10月、日本軍は朝鮮南部に約4万人を残して撤兵した。朝鮮政府は撤底抗戦を主張して講和に反対したが、明軍は朝鮮軍の対日戦も禁止した。しかしこの講和は、前述のように明軍の沈惟敬、李如松と小西行長が講和条件を偽って明の皇帝と豊臣秀吉に結ばせたものであり、その偽りが露見し、97年1月、秀吉の朝鮮再侵略開始となった(丁酉倭乱)。

[再侵略と朝鮮の傷痕] 1597年1月、日本軍は朝鮮南部4道の領有をめざして慶尚道から全羅道、忠清道に侵入したが、朝鮮軍および明救援軍の反撃を受け、97年9月からは守戦に立たされた。98年3月以降は日本軍の守城(倭城)が次々と撃破され、敗北は決定的となった。そして秀吉の死を契機に、98年10月、朝鮮から撤兵を開始したが、日本軍は李舜臣ら朝鮮水軍の追撃をうけ、同年11月、ようやく撤退を完了した。こうして日本の侵略は失敗に終わった。

前後6年余にわたる日本の侵略は、朝鮮に莫大な被害を与えた。耕地は約3分の1に減少し、日本軍による虐殺や、家を焼かれ、流亡する中での餓死者・病没者の続出によって、人口も大幅に減少した。日本に強制連行された朝鮮人も5万〜6万人に達したが、その中には陶工も含まれ、唐津焼、薩摩焼などは彼らによって始められた。また、朝鮮儒学の成果を日本に伝えた▶姜沆のような学者もいた。さらに多くの文化財(慶州の仏国寺、漢城の景福宮などの建築物や美術品、書籍など)が戦火で焼かれ、医学、朱子学などに関する書籍(▶朝鮮本)や銅活字(▶印刷術)なども多量に日本に奪われた。

しかし、壬辰倭乱によって朝鮮社会が衰退したとみることは正しくない。戦後に実施された▶大同法(画期的な税制改革)は戦争中から進んでいたし、奴婢文書を焼きすてるなどの身分解放をめざす奴婢の闘争も進展していた。戦争が中断された1594-96年には、朝鮮政府の封建的支配に対し、新興勢力を中心とする民衆の闘争が激化した。そうした中で身分制の弛緩、商品経済や農奴制などが進展した。崩壊過程にあった明は、壬辰倭乱に対する戦費負担などで崩壊過程がいっそう促進されて1644年に滅亡し、日本では侵略戦争の失敗が豊臣政権の崩壊を促進した。一方、朝鮮では多くの曲折を経ながらも朝鮮王朝を存続させた。それは、壬辰倭乱に対する勝利で、すでに1565年に新進官僚による士林派政権が成立し、社会の新しい動向に適応する体制がともかくもできていたことによる。だが、この戦争が朝鮮に深い傷痕を残したことも事実であり、近代以降今日に至るまで、壬辰倭乱は日本の侵略に対する憎しみ、警鐘の原点となり、李舜臣をはじめ、義僧軍を率いた▶休静(西山大師)や日本軍の武将をかき抱いて身を投じた義妓▶論介などは今も民族的抵抗のシンボルとなっている。なお、柳成竜《懲毖録》はこの戦争の過程を詳述し、後世への戒めとした書である。

室町時代以来の日朝間の善隣関係は、この戦争で断絶するが、その後江戸幕府は国交回復につとめ、1607年に復交し(▶通信使の受入れ。当初は、日本に拉致された朝鮮人のく刷還〉を名目としたため、回答兼刷還使と称した)、09年には日朝通商条約(▶己酉約条)を結んだ。
⇒朝鮮王朝　　　　　　　　　　矢沢 康祐

じんしんやくじょう|壬申約条|임신약조

1512年(永正9:朝鮮中宗7)に対馬の宗氏らを対象にして朝鮮から与えられた通交貿易の条件。1510年(永正7)に▶三浦の乱といわれる朝鮮の乃而浦、富山浦、塩浦の3港に居留していた日本人の暴動事件が起こったため、対馬と朝鮮との通交関係はいっさい断絶した。宗氏は足利将軍や大内氏にたよって朝鮮と講和の折衝を行い、1512年にようやく通交を再開できたが、そのとき朝鮮側から与えられた通交の条件が壬申約条である。永正条約とよぶ人もいるが、条約というよび方は適当ではない。内容は、①

三浦に日本人が居留することを認めない，②宗氏の歳遣船は半減して25隻とする，③宗氏の歳賜米・豆は100石に限る，④特送船の渡航は許さない，⑤受職人，受図書人は再審査して数を減らす，⑥往来の港は乃而浦1港に限る，というものであった．三浦の乱以前の通交条件をさらに厳しくしたもので，以後宗氏は条件の緩和を朝鮮に求めつづけた． ▷日朝貿易

田中健夫

シン・スクチュ|申叔舟|신숙주|1417-75

朝鮮王朝の文臣，学者．字は泛翁，号は保閑斎，希賢堂．本貫は高霊．卓越した学識と文才で世宗以下6代の王に仕え，▷世祖の王位奪取には荷担して官は領議政に至り，対外的にも，1443年通信使の書状官として来日，帰途対馬で宗氏と貿易協定(▷癸亥約条，嘉吉条約)を結ぶ一方，女真討伐でも活躍した．世宗の《訓民正音》制定に参与し，《国朝五礼儀》《世祖実録》《睿宗実録》などの編纂にあたった．著書に，日本と琉球の地勢，国情を紹介した《海東諸国紀》や詩文集《保閑斎集》などがある．諡号は文忠．

山内弘一

しんせいじこくみんかいぎ|新政治国民会議 ▶

地域・国名編の大韓民国［政党］

しんせいでん|沈清伝|심청전

朝鮮王朝のハングル小説．作者不詳．《春香伝》同様に▷パンソリ系統の小説であるが，一方では〈伝奇叟〉とよばれた街頭講釈師の出し物にも名前があがっており，18世紀ころには小説に定着したと思われる．地上と竜宮を舞台にした儒仏思想混淆の親孝行物語．生後7日で母を失った主人公の沈清は，盲目の父のもとで貧しいながら可憐な少女に育つ．15歳のとき，父の目があくよう仏に願をかけ，供養米300石のために中国の船員に身を売り，印塘水の航路のいけにえとなり，入水する．蓮の花と化した沈清は皇帝の前に差し出され，還生して皇后となり，盲人のための饗宴を開いて父にめぐり会い，父は喜びのあまり目があく．《春香伝》と並んで最も愛好された朝鮮王朝小説．1972年に▷尹伊桑によってオペラ化され，ミュンヘンで初演，空前の反響を得，世界的に有名になった．板本に京版(ソウル)，完版(全州)があり，写本も多種ある．

大谷森繁

しんせっきじだい|新石器時代

朝鮮の新石器時代に相当する文化は，ヨーロッパなどで使われる新石器時代の概念とは一致しないので，指標となる土器(▷櫛目文土器)の名称にちなんで櫛目文土器時代とよばれる．1万2000年ほど前に氷河時代が終わって温暖な気候になると，氷原が解けて海水面が上昇して対馬海峡ができ，今日みるような半島ができあがった．櫛目文土器時代の人々は，朝鮮で初めて幾何学文様で飾られた独自の土器を使いはじめた(▷土器)．また，労働用具の一部，すなわち石鏃や石斧などでは磨製石器をつくった．生活や経済の基盤は旧石器時代以来持続して，狩猟，漁労，植物採集など自然の食糧資源に生活の糧を求めたが，弓矢，槍などの狩猟具や銛，釣針などの漁労具にみられるように，労働用具の飛躍的な進歩にともなって獲得経済は大きく発展した．また，少なくとも後半期には一部で原始農耕も始まっている．家畜飼養はきわめて未発達で，一部で犬や豚などが知られる程度である．

この時代の集落は，労働活動と関連して海岸や大河川に近いところに位置し，しばしば貝塚を残す点が特徴的である．ただし，黄海北道の▷智塔里遺跡のように内陸部の比較的広い平地では，原始農耕とのかかわりも見落とせない．この時代になるとはっきりとした住居跡を残すが，一般に露天における竪穴住居である．平面形は円形もしくは隅丸方形が大部分で，方形や長方形は多くない．内部には炉，貯蔵穴などの施設を備える．個々の住居の規模は，平均28㎡ほどである．集落の最小単位である竪穴住居に一つの家族を仮定すると，その集合体である集落は血縁的な氏族集団に相当するであろう．相対的に大規模な狩猟や漁労などの協業を必要とする場合は，その氏族集団が生産活動の単位となったであろう．そして，協業によって得られた収穫物は，家族が消費の単位となって分配されたであろう．しかし，貝類の採取や食用植物の採集など軽微な労働活動は，個々の家族の対象となったであろう．このような氏族集団は，基本的な単位集団であったと思われ，その内部構造は等質的な家族の集合体であ

ったろう。そして，氏族集団つまり集落相互間で，交易や採集活動における領域の問題などを通じて種々の交渉をもち，ときには婚姻関係を結ぶこともあっただろう。櫛目文土器時代の墳墓の実態はよくわかっていないが，この時代の基本的な墳墓は，おそらく土壙墓（地面に不整形な穴を掘って遺体を埋葬するもの）で，副葬品もほとんどなかった慶尚南道の欲知島などで若干の調査例があるにすぎない。京畿道の矢島や慶尚南道の▼東三洞トンサム遺跡では，珍しい例として一種の▼積石塚が見つかっている。⇒旧石器時代[図] ⇒考古学　　　　　　　　　西谷 正

●親族 [図]親族距離を示す寸数
▲は本人。実際に用いられるのは3寸以上である。祖父，曾祖父などを寸で数えることはしない。なお三寸（サムチョン），四寸（サチョン）は，それぞれオジ，イトコをさす親族名称としても用いられる。

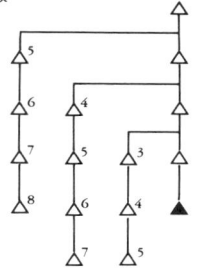

じんせん | 仁川 | ⇒インチョン
しんせんねんみんしゅとう | 新千年民主党 | ⇒地域・国名編の大韓民国[政党]
じんそ | 仁祖 | ⇒インジョ
しんぞく | 親族

朝鮮では父系血縁の原理にもとづく父系親族が最も基本的なものである。これは出生と同時に父子関係によって自動的に父方の血縁関係の中に位置づけられて，姓と▼本貫を受け継ぎ，生涯にわたってその帰属に変更がない制度である。父系血縁による親族集団は，一般に▼門中ムンジュンまたは宗中とよばれており，その最大範囲が同姓同本（同姓で本貫も同じ）の氏族となる。

朝鮮民族はもともと内陸アジアの父系的な伝統を受け継いでいたと思われる。この伝統のもとに支配階層では早くから中国式の姓を採用し（▼人名），氏族外婚や▼族譜の刊行などにより徐々に氏族制を確立してきた。しかしそれが国民全体の社会秩序の基本原理として浸透しはじめるのは朝鮮王朝時代以降のことである。すなわち中央集権制と官僚機構が整備され，▼両班ヤンバン階層をはじめとする社会の成層化が進むに伴い，社会的な地位を明らかにする上で氏族が重要な基盤となった。また父系親族の基本となる父子関係は，儒教の〈孝〉やその実践としての▼祖先祭祀によって支えられていた。氏族内部はいくつもの段階で派に分かれ，農村地帯では地域や▼村を単位として，その土地に定着した始祖の子孫たちによる門中が存在する。門中内では世代の序列や系譜上の距離によって個人が位置づけられ，そ

れにふさわしい行動が期待される。個人にとって父系親族関係は社会生活を営む上での一種の資格とみなされ，必要に応じてその関係は拡大される。個人の生活はこれによって保障される反面，干渉を受けることにもなる。近親内では，両親の奉養と祭祀を受けもつ長男の家をクンチプ（大家）とよび，逆に分出した弟の家をチャグンチプ（小家）とよんで，一般に祭祀や日常生活における緊密な協力関係がみられる。これら近親の家々をふつう▼チバンとよぶ。地域や出身階層によって伝統は多少異なるが，父系親族が集まり住んでいない場合には，近くに住む特定の近親がとくに緊密な関係を帯びる。また名門の門中では都市においても，共同の事業や情報交換のための門中連絡事務所を設け，定期的に親睦を兼ねた集会を開いている。この組織をふつう花樹会とよび，族譜の編纂，祖先の墓碑・祭閣の建立などのほか奨学基金の運営や選挙時の協力などの役割も果たしている。

父系親族のほかには，姻戚関係として夫妻の親どうしのサドン関係や母方の実家（外家ウェガ），妻方の実家（妻家チョガ）との関係が重要である。これら姻戚関係はかつての両班社会では，一般に疎遠でかつ形式化された堅苦しい関係であったが，一般庶民の間では必ずしもそうではない。大都市では父系親族関係に劣らず重要性を増しており，韓国ではとくに主婦たちの▼契活動や買物などで緊密な連絡がみられる。

なお，親族距離を示すのに寸数が用いられる。実際に用いられるのは3寸以上に限られ，農村では10寸，12寸ぐらいまでは近

い親族とみなされる。また〈三寸〉と〈四寸〉は、それぞれオジ、イトコをさす親族名称としても用いられている。　→家｜家族

伊藤 亜人

しんたんがっかい｜震檀学会

植民地下の朝鮮で1934年5月に設立された研究会。李丙燾ら歴史学者を中心に、金台俊、崔鉉培、孫晋泰ら文学者、語学者、民俗学者も加わり、国学＝朝鮮学研究の発展をめざした、朝鮮人自身による初めての組織である。史学史的には、植民地期の歴史研究の三大潮流、すなわち民族史学、実証史学、社会経済史学のうち、前2者に属する人たちが合流した組織であること、のちに朝鮮民主主義人民共和国の歴史学界において指導的地位を占めることになる金錫亨、朴時亨も、学界へのデビューはこの学会を通じてであったことなど、その幅広い研究者の連合戦線的な性格が注目される。機関誌として季刊の《震檀学報》を発刊したが、弾圧により14号で中断された。解放後再び活動を始めたが、朝鮮戦争による再度の中断を経て、戦後は韓国に引き継がれ、《韓国史》全7巻(1963)の出版などを行った。

宮嶋 博史

シン・チェホ｜申采浩｜신채호｜1880-1936

朝鮮の独立運動家、歴史学者。号は丹斎。忠清南道生れ。朝鮮王朝の最高学府成均館に学んだ後、《大韓毎日申報》主筆となり、論説や《李舜臣伝》などの著作で〈愛国啓蒙運動に努め、〉新民会にも加入した。韓国併合後ウラジオストクを経て中国に亡命、上海、北京などで独立運動に参加する一方、満州に残る朝鮮史跡を調査しながら朝鮮古代史を研究。1919年大韓民国臨時政府に加わったが、のち脱退、23年〉義烈団の依頼で〈朝鮮革命宣言〉を執筆、28年には無政府主義者団体に加わった。同年台湾で日本警察に逮捕され、懲役10年の判決を受け、36年旅順刑務所で獄死した。植民地期に〈民族史学〉を樹立した歴史家として高く評価されている。著書は《朝鮮上古史》(1931年《朝鮮日報》に連載)など多数。《丹斎申采浩全集》4巻がある。

水野 直樹

しんとうあ｜新東亜｜신동아

代表的な月刊総合雑誌。〈朝鮮民族の前途の大経綸を提示する展覧会であり、討議場であり、醸醸所である〉(創刊の辞)ことを目標に1931年11月、新東亜社から創刊された。編集兼発行人梁源模、主幹朱耀燮。36年6月、通巻59号で朝鮮総督府により廃刊させられた。解放後の64年9月、韓国の〉東亜日報社から復刊。内外情勢に関する論文に優れたものが多い。

高崎 宗司

しんとし｜新都市｜신도시

ある目的に沿って計画的に造成された都市。韓国における新都市建設は、産業基地や成長拠点の形成、大都市の過密人口の分散、行政機能の誘致などを目的に進められてきたが、〈宅地開発促進法〉(1980)制定以降、新都市といえば、もっぱら政府主導で開発される首都圏の大型住宅都市をさすことが多い。初期に造成されたソウル市の木洞地区(1983)や上渓地区(1986)は〈新市街地〉ともよばれた。1989年発足の第1期首都圏5新都市事業では、盆唐、一山など京畿道の5地区が指定され、超高層アパート群が林立する大規模団地が形成された。また、2000年代の第2期新都市計画では東炭1・2、黔丹、板橋など10地区で建設が進行している。第1期ではソウル依存型の大型ベッドタウンという傾向が強かったが、第2期では就業先や流通機能も備えた自足複合型の都市建設をめざしている。そのほか、仁川経済自由区域(2003年指定)の松島新都市や、〉世宗特別自治市(2012年発足)の建設も注目されている。反面、ソウル・仁川・京畿道への過度の集中という現状には、国土開発のバランス上、課題も多い。

佐々木 史郎

シンドン｜辛旽｜신돈｜?-1371

高麗末の僧、政治家。名は遍照。字は耀空。母は桂城県玉泉寺の婢。幼時から僧となり、やがて王宮に出入りして〉恭愍王の信任を得、1366年師傅となり、辛旽と改名した。権勢家の土地兼併、閥族・世臣の跋扈などの宿弊改革を願う王の意をうけて、同年以後世臣の排除、田民弁整都監を設置しての大土地私有の改革などを推進したが、急激かつ驕慢なやり方は強い反発を招き、71年水原に流され、殺された。

北村 秀人

しんにちは｜親日派

日本の朝鮮支配に協力した朝鮮人に対する一般的呼称。その利用のされ方は時と条件により異なっている。19世紀末には朝鮮政府を日本の従属下に置くために政府要人に対する親日化工作が行われた。とくに日本へ政治亡命した人々や在日留学生がその対象とされた(▶朴泳孝パクヨンヒョ,▶兪吉濬ユギルチュンら)。1905年以降朝鮮が事実上日本の支配下に入ると、今度は韓国併合を促進するために買弁的官僚や山師的人物が利用された。▶李完用ィワニョンや▶宋秉畯ソンビョンジュンはその代表格である。併合後、親日派には日本政府から恩賜金が与えられ、なかには貴族に列せられる者もあった。

しかし、親日派が最も大量にしかも系統的に育成されたのは三・一独立運動以後のいわゆる〈文化政治〉期である。朝鮮の民族運動、労働・農民運動、共産主義運動が一体となって発展する状況に直面した為政者は、その分裂をはかるため積極的に親日派を活用した。この試みは1920年代半ばにはほとんど破綻したが、一部の運動家(▶崔南善チェナムソン,▶李光洙イグァンスら)はテロ、買収などによって転向し、親日派の一翼を担うようになった。解放後、北朝鮮では親日派は一掃されるが、南では〈反民族行為処罰法〉(1947)も植民地時代の旧警察官僚が対象とされたため、李承晩政権下の親日派官僚にボイコットされ、うやむやにされて今日に至っている。2004年12月韓国国会で〈反民族行為真相糾明特別法〉が改正・施行された。⇒親日文学

馬渕 貞利

しんにちぶんがく｜親日文学

民族の主体性を放棄して日本の統治権力に追従あるいは同調した文学という意味で使われる。時期的には第2次世界大戦中のいわゆる〈日帝末暗黒期〉の数年間に限定されるのが普通で、その用語は日本語である。朝鮮総督府は〈国語常用〉の名で日本語を普及させ、ひいては日本語による文学作品の創作を朝鮮人に強要したが、その結果生まれたのが親日文学である。したがって広い意味で、太平洋戦争下の朝鮮人によって日本語で書かれた文学全体をさして親日文学とよぶこともある。

親日文学に手をそめた文学者として、▶李光洙ィグァンス,▶崔南善チェナムソン,李石薫,金竜済,朱耀翰,▶張赫宙チャンヒョクチュ,そのほか多くの名があげられるが、それは必ずしも彼らが心底から日本の支配に協力したということを意味するものではない。最大の親日文学者とよばれる李光洙は、解放直後〈反民族行為処罰法〉によって罪を問われた際、親日行為を行った根拠に、〈対日協力を拒否して日本が第2次世界大戦に勝てば報復されるであろうし、対日協力して日本が勝てば日本国内で日本人と平等の権利を獲得できる、もし日本が負けるなら朝鮮は独立するだろうし、政治的発言権がなかった時点での対日協力は独立の障害にならない〉と述べている。自己弁護の気味はあるが、民族の前途に光明を見いだしえないとき、そのように考えた知識人は少なくなかったわけである。親日文学についてはわずかに林鍾国《親日文学論》(1966)があるくらいで、その本格的論議は韓国でも朝鮮民主主義人民共和国でもいまだになされていない。

大村 益夫

しんばん｜真番｜진번

前108年、漢の武帝が▶衛氏朝鮮国を滅ぼしたのち設立した漢四郡の一つ。真番郡は設立後27年で早くも廃止されたので、その所在地の比定をめぐって諸説がある。そのおもなものは白鳥庫吉などに代表される楽浪以北にあったとする以北説と、稲葉岩吉、今西竜、末松保和、李丙燾などに代表される楽浪以南説とに分かれるが、諸説はまたそれぞれに細かい点で一致せず異論がある。現在はほぼ以南説におちついている。この問題についての重要な基本的文献は、《漢書》分注引用の〈茂陵書〉所見の真番郡の里程に関する記事で、これをいかに解するかが決め手になる。また、《漢書》の朝鮮伝には衛満の時代、その付近に真番、▶臨屯の諸小国が存在した、という注目すべき記事がある。また、衛氏朝鮮の末期、真番辰国が衛氏のために漢への朝貢を妨害されたことが武帝の衛氏討伐の契機となったと記されている。これらの文献を根拠として真番郡以前に、在地の韓族勢力として真番国(真番族)が存在したという説が有力である。

村山 正雄

しんぶん｜新聞

朝鮮における近代的新聞の嚆矢（こうし）は《漢城旬報》で，1883年10月に開化派によって創刊された。甲申政変のとき停刊したが，86年に《漢城周報》として復刊，前者が純漢文であるのに対し，初めて国文＝ハングルを混用する国漢混合の文体を採用したが，88年7月に財政上の理由で廃刊。90年代後半に独立協会運動による民権思想の高揚と歩調を合わせて，ハングルによる▶《独立新聞》(1896-99)および《帝国新聞》(1898年8月創刊)，ハングルと漢文の混合文体による▶《皇城新聞》が発行され，読者層も知識層から庶民，婦女子に拡大した。1905年第2次▶日韓協約（▶日韓保護条約）によって国権が侵害され，統監府が設置されると，《大韓毎日申報》(1905年8月創刊)，《万歳報》(1906年6月創刊)も発刊されて，国権回復のための▶愛国啓蒙運動の一翼を担うようになった。このような状況下，韓国政府は07年に《新聞紙法》を制定し，言論を統制した。当時の言論界の中軸的役割を果たしたのは《大韓毎日申報》であるが，10年5月には▶朝鮮総督府に買収されてしまった。また，1890年代以降，外務省の支援を受けて《漢城新報》(1895年2月創刊)がソウルで発刊されるほか，仁川，釜山，元山などの各地で日本人経営の新聞も発行された。

韓国併合(1910)と同時にすべての従来の新聞は廃刊され，朝鮮総督府の御用新聞▶《京城日報》(日本文)，《毎日申報》(朝鮮文)，《ソウル・プレス》(英文)だけとなった。三・一独立運動後の1920年には《▶文化政治》の名のもとに，▶《朝鮮日報》《東亜日報》《時事新聞》など，朝鮮人による朝鮮語新聞の発行が認可された。《時事新聞》はまもなく月刊《時事評論》に変わり，このほかに呂運亨を社長とする《朝鮮中央日報》(1926年《中外日報》として創刊)が急進的な論陣を張ったが，37年に廃刊。つづいて前記の2紙も40年8月10日付けで強制廃刊されたが，解放後復活した。解放後はこのほかにも左翼，中間派，右翼の各種新聞が乱立したが，朝鮮戦争によって韓国では左翼紙，中間紙が消滅した。

▶マスメディア

姜 在彦＋三ツ井 崇

しんみようじょう｜辛未洋擾 ▶洋擾

しんみんかい｜新民会

日韓保護条約締結後の1907年に結成された朝鮮の民族運動団体。▶安昌浩を中心に，▶梁起鐸，李東寧，▶李東輝らによって秘密結社として組織された。《大韓新民会通用章程》によればその目的は，国民の思想・習慣の革新，教育と産業の振興，国民の団結，そしてそれらを通した《自由文明国の樹立》とされた。会員は金九，朴殷植，申采浩，李昇薫らをはじめ，約800名に達したといわれる。中心は新興市民層，知識人層で，その多くはクリスチャンであった。彼らは，各地での講演会や新聞《大韓毎日申報》などを通した啓蒙活動，大成学校・五山学校設立などの教育事業，磁器製造株式会社設立などの実業活動，中国での独立軍基地建設事業など，さまざまな方面で運動を展開し，新民会は当時の▶愛国啓蒙運動の中枢的機関となった。韓国併合直前に安昌浩ら一部幹部が亡命し，11年寺内正毅総督暗殺陰謀という捏造事件でほとんどの会員が検挙され(105人事件)壊滅した。

大塚 嘉郎

しんみんとう｜新民党 ▶政党

じんめい｜人名

朝鮮で今日のような中国式の姓が採用されるようになったのは三国時代であり，それも王族，貴族に限られていた。統一新羅を経て高麗時代に至って姓はしだいに一般化しはじめた。▶本貫ごとに氏族の▶族譜が編纂されるようになって，族譜の記載様式が整えられると，《行列字》が普及した。これは，同じ一族の同一世代の者が木火土金水の五行の順に従って1字を共有することによって一族内の世代の序列を明らかにする制度で，個人の固有名は残りの1字のみによって示される。命名は，かつては出生後100日目ぐらいに，祖父，父，漢文の見識のある親戚の者などが行い，行列字のほかに祖先や上世代者がすでに用いた字を避け，また字画数や音感を考慮のうえ選ばれる。こうした実名とは別に子どもの時期に日常用いる児名をつけることが多い。児名には福を授かるように，強く健やかに，また女児は従順に育つようにといった祈願をこめた名がつけられる。

日常生活では年長者の本名をよぶことはできるだけ避けなければならず，親族名称(▶親族)などを用いる。祖先や上世代の者の名を読むときには，そのまま読まずに〈字〉を挿入して，たとえば〈英字哲字〉というように読むのが礼にかなった。成人女性に対して本名を用いてよぶことも通常避けられ，既婚者であれば出身地の名を用い，たとえば〈ソウル宅〉という宅号や，子どもの名を冠して〈英哲の母〉などとよぶことが多い。職場や学校でも親しい場合を除いて，韓国では，〈ミス金〉〈ミスター李〉といった呼び方が一般化しており，とくに女性の場合に本名を避けることが多い。朝鮮民主主義人民共和国では，男女をとわず呼びかけの際には名の後に同志の意味の〈トンム〉という語をつけることが多い。また夫婦や恋人どうしの間では相手の名前をよばずに，〈あなた〉に相当することばとして〈タンシン〉〈ヨボ〉が南北をとわず用いられる。朝鮮においては同姓で本貫を同じくする者は不婚の原則があり，女性が結婚後も改姓しないのは中国と同じである。朝鮮の姓は朴，金，李などの代表的な姓を中心に，一字姓が全体の90％以上を占めるが，まれには南宮，鮮于，西門などの二字姓も存在する。全体の姓の数は，調査の時点によって異なるが，多くとも500をこえない。朝鮮王朝末期の《増補文献備考》には496姓とあるが，1930年の国勢調査では256姓とされている。後者の調査で頻度の高い姓をみると，金・李・朴(世帯数30万以上)，崔・鄭・趙(10万以上)，姜・張・韓・尹・呉・林・申・安(5万以上)，宋・徐・黄・洪・全・権・柳・高・文・白・梁・孫(3万以上)などである。　▷人称代名詞　　　　　伊藤　亜人

シンモ｜食母｜식모

他人の家に雇われておもに台所仕事をする女性。古くは朝鮮王朝時代，官衙に属して食事の世話などをした婢身分の女性を食母や茶母などとよんだ。広く現代では女中や家政婦，お手伝いさんの意味で使われる。小説などにもよく登場し，韓国では1970年代初めまでは中流以上の家庭で一般的にみられた。貧しい農村出身の子女が多かったが，産業構造の変化や子女教育上の問題などでしだいに消滅しつつあり，パートタイムの家政婦などに代わる傾向がある。
　　　　　　　　　　　　　　　　鶴園　裕

しんゆうきょうごく｜辛酉教獄

朝鮮王朝末期の1801年(純祖1年，干支は辛酉)に起きた天主教徒弾圧事件。辛酉教難ともいう。▶正祖の父思悼世子の死(1762)をめぐって起きた時派と辟派の▶党争が宗教弾圧に発展したもの。正祖(在位1776-1800)の時代には党争緩和のために各派を平等に登用する蕩平策が採られた。しかし▶純祖(在位1800-34)が幼少で即位すると，大王大妃金氏(英祖の妃，正祖の継祖母)の垂簾政治が行われ，王妃の父で▶老論の辟派のリーダー▶金祖淳が実権を握って時派(正祖にくみしたもの)を抑圧した。時派には老論の一部も含まれていたが，▶南人は時派には天主教徒が多かったので宗教弾圧に発展し，1801年2月22日禁教令が出されるにいたった。4月，信徒の▶李承薫(朝鮮最初のクリスチャン)，丁若鍾(実学者として有名な丁若鏞の三兄)，崔必恭，洪楽敏，洪教万，崔昌顕らが処刑され，▶李家煥，権哲身らは獄死した。丁若鏞と彼の次兄の若銓は流刑に処された。6月には中国人神父の▶周文謨が処刑された。こうした弾圧に対して，周の信徒の▶黄嗣永は，北京のグベーア司教に帛に記した救援要請書を送ろうとしたが捕えられ，〈帛書〉も押収された。〈黄嗣永帛書〉は朝鮮政府にキリスト教を公認させる手段として，清の宗主権の行使と西洋艦隊の示威を求めていたので，朝鮮政府に深刻な危機感を抱かせた。その結果，弾圧は強化され，殉教者は約140名に上った。弾圧の対象はキリスト教関係だけでなく，西洋の科学・文化全般に及んだため，アヘン戦争(1840)以降の東アジアの国際情勢の中で朝鮮はとり残され，近代化に遅れる一因となった。
　　　　　　　　　　　　　　　　原田　環

シン・ユンボク｜申潤福｜신윤복

朝鮮王朝時代の画家。生没年不詳。本貫は高霊。字は笠父，蕙園と号する。図画署の画員で，19世紀初期に▶金弘道とともに風俗画家として活躍。市井の風俗を風刺的な目でとらえ，遊興の艶冶な世界を大胆に描いた。とくに▶妓生を対象とした作品にすぐれたものが多いが，その豊麗な色

彩による生き生きとした人物描写は王朝画壇に新たな刺激を与えた。代表作に《風俗画帖》《美人図》(ともにソウル、澗松美術館)など。

吉田 宏志

しんら｜新羅｜→新羅(しらぎ)

じんりょくゆしゅつ｜人力輸出

韓国の労働政策で、平均1〜3年の期間海外へ出稼ぎに行くことをいう。国家の政策的支援の下で集団的に行われてきたことからこの呼称が生まれた。1960年代初頭に西ドイツに炭鉱夫や看護婦が派遣されたのが最初とされる。その後60年代半ばから70年代初めにかけて、韓国の▶ベトナム戦争への派兵に伴う人力輸出が第2のピークをなした。これはベトナム戦争における米軍および韓国軍からの直接・間接の需要に応ずるためのものであった。そして70年代半ばから81〜82年に至る中東地域への人力輸出が第3のピークをなしていた。ただし、これもオイル・ダラーの動向に強く依存しており、82年には19万余名(19億ドル)だったが、最近では人員・外貨稼得額ともに減少してきている。人力輸出の意義として雇用創出効果、外貨稼得、先進技術習得、国際親善促進などが指摘されるが、ベトナム派兵以後、少数ながらこれらの意義に対する根底的な疑問も出されはじめている。なお、日本との関係では、日本政府が外国人労働者の就業を原則として認めていないので、技術研修など以外は公式には存在しない。➡外国人労働者問題

三満 照敏

しんわ｜神話

朝鮮神話には伝承形態によって▶《三国史記》や▶《三国遺事》など古典に記録されている文献神話と、口伝神話の2種類がある。後者には現在シャーマンが口誦している巫歌神話と神話的昔話が含まれる。朝鮮神話全体の特徴は、①原初的形態を保持している、②巫俗や農耕儀礼など宗教儀礼との関係が密接である、③始祖神話の類が多く族譜意識が強い、④宇宙起源神話は神話記録者である儒学者の合理主義によって記録されなかったため、口伝のものが多い、⑤歴史的に高句麗・百済・新羅の三国鼎立が長く続いたため、神話が統一整序されず多様な伝承形態をとっている、などである。

[文献神話] 文献神話のおもなものは次のとおりである。①古朝鮮の檀君神話　天帝桓因の子桓雄は天符印3個を父より授けられ、徒3000を率いて太伯山頂の神檀樹の下に降臨した。洞窟に虎と熊がいて人間に化すことを願ったので、蓬と蒜を食べて忌籠るよう教えると、熊だけが女となり、桓雄と結婚して檀君王倹を生んだ。▶檀君は▶古朝鮮国を開き、その始祖となった。②高句麗の高朱蒙神話　夫余王金蛙が太伯山の下の優渤水中で一人の女に会った。女は河の神の娘柳花で、天帝の子解慕漱に私通されたため、父母が怒って優渤水中に放置したのだという。金蛙がこの女を部屋の中に幽閉しておくと、日光が女を照らして遂に娠ませた。女は大卵を生み、その中から神童が誕生した。彼は▶朱蒙(弓をよく射る人)とよばれ、その後種々の試練と苦難を克服して南走し、高句麗を建国した。③新羅の朴赫居世神話　新羅六村の人々が蕑川の岸辺に集まって会議をしていると、楊山の麓の林の中に光とともに白馬と大卵が天降り、卵の中から神童が生まれた。彼は▶赫居世(光り輝く君)と名づけられ、新羅の始祖王となった。④昔脱解の神話　東海の多婆那国の王と女王国の女が結婚して大卵が生まれたが、不祥なこととして卵は箱船に入れて海に流され、新羅の阿珍浦に漂着した。一老婆がこれを引き上げて箱を開けてみると、中に一人の神童がいた。これが脱解であり新羅第4代の王となった。⑤駕洛の金首露神話　駕洛国(加羅、伽耶)の村々の村長たちが亀旨峰に集まり、神迎えの祭を行っていると、天空より神の声が聞こえ、紫の縄が天から垂れ、縄の先に金の合子(食器)があった。中には6個の卵があり、これが孵って6人の神童となった。彼らはおのおの六駕洛の王となり、首露が大駕洛の王になった。ある日、緋の帆を張った船が神女を乗せて来航したので、これを迎えて王妃とした。女は阿踰陀国の王女で父王の命により首露王の妃となるため渡来したという。⑥耽羅国(済州島)の三姓始祖神話　良乙那、高乙那、夫乙那の3神人が地中から湧出した。一方、東の海浜に紫泥で封印された木箱が漂着して中から3人

の処女が現れた。彼らは3神人の配偶者となるため日本国より渡来したと告げ，おのおの成婚して国を開いた。

これらの神話はいずれも朝鮮古代王朝の起源または王権神話に限られ，宇宙起源神話そのほかを欠いている。文献神話のおもなモチーフのうち，始祖の山上降下，日光感精要素は北方大陸系であり，卵生，箱船漂流要素や海上他界観などは南方海洋系である。高句麗の朱蒙神話は北方系の遊牧文化と南方系の両要素の結合がみられ，南部の新羅や駕洛(加羅)の神話は南方系の稲作文化の系統を引いている。また支配者の神聖性の根源を天と海に求める観念は日本の天孫降臨神話と同様であり，沸流・温祚兄弟の百済建国神話は日本の神武東征神話と構造的類似を示している。さらに高句麗，新羅の最初の3王は日本のそれと同様に，印欧語族神話的な社会的3機能(主権・軍事・豊穣)ないし宇宙三界(天・地・水)を表すものであり，朝鮮神話と印欧語族神話との関連性を示している。檀君神話は北方ユーラシア，とくにツングース諸族の"熊信仰(人間と熊の婚姻譚や熊祖神話)との親縁関係が求められる。このほか文献神話には，朱蒙神話の大母神による五穀種の授与や済州島の穀種漂着神話などの農耕起源神話がある。

[口伝神話] 巫歌神話には宇宙起源歌や巫祖神話歌のほかに，家神，産神，富神，農神，部落の守護神など朝鮮巫俗の神々の由来や行跡をうたった叙事巫歌(本解)がある。これは現在各種の巫祭で実際に口誦されている生きた神話である。叙事巫歌は仏教や道教と高度の習合を示しているが，その根幹をなしているのはシャマニズム的世界観である。代表的な巫歌〈巫祖パリ公主(捨姫)歌〉の内容は次のとおりである。王は女子ばかり生まれるので，7番目の末娘を石箱に入れて水中に捨ててしまう。捨てられた王女は神の加護により山神の老夫婦に助けられ，養育される。王女が成長して人間界に帰ってくると，両親が危篤状態なので薬水を求め，西天国に行く。苦難の末に薬水を得て持ち帰り，両親を助け，みずからは死霊をあの世に導く巫祖となった。また宇宙起源歌は天地開闢とその後の整備，各種の

文化や国家・村々などすべてのものの原初生成をうたっている。天地分離，天父地母，漂う国土，死体化生，複数の日月，射陽，各界分治などのモチーフを含むこの巫歌は，日本の宇宙起源神話との間に系統的・構造的対応関係や類似が認められる。このほかにも神話的昔話として，土を裳に入れて運んで済州島を造ったというソルムンデ姥(ハルマン)など，巨人による国土(宇宙)創造神話や兄妹結婚型洪水神話，日月起源神話，日・月食の由来などが語られている。

依田 千百子

すいうん｜水運

朝鮮では，古代から，日本，中国との海運，沿岸海運，漢江や洛東江などの河川水運が盛んであった。高麗時代には各地から徴収した税穀を首都開城まで航送する〈漕倉〉制度を政府が直営し，穀物生産地帯の海岸と漢江上流の計13ヵ所に漕倉を設けて漕船を配置した。また日本や宋との航路も開け，開城郊外礼成江岸の碧瀾渡には陶磁器，銅銭などを積載した交易船が出入りして国際港の様相を呈した。朝鮮王朝時代にも最大の水運は徴収した税穀を首都漢城(ソウル)まで航送する政府直営の漕運であった。高麗時代と同様，穀物生産地帯の海岸と大河川岸に倉庫を設け，春先に付属の漕船で漢城の外港である竜山江まで航送した。漕船は江運の場合で200石積み，海運の場合で600～1000石積みの帆船で，補助的に櫓も使用した。漕運は短期間に大量輸送を行うため漕船が慢性的に不足し，のちに舟橋司所属船舶も動員して，大同米，田税米を輸送した。

しかし最も活躍したのは，地方住民所有の〈地土船〉や"客主，旅閣など漢城の京江商人所有の〈京江私船〉であり，民間の水運も15世紀ころから発達していた。とくに京江商人は漢城の穀価騰貴時に〈貿穀船〉を運航して巨利を博したし，地方の市場を結んで物資を輸送する〈船商〉も発生し，そのなかから水運業者が分化してくる。しかし主要貨物である税穀や宮房(王室の御料地)，両班地主の租米などの輸送は季節的に限定され，帆船の技術的限界とも相まって不定期水運の枠を破れなかった。またこの時代

●水原城

水原城は朝鮮で最も発達した様式をもつ城郭として名高い。また築城にあたり、西洋式用具(滑車など)を用い、朝鮮王朝の築城技法に新たな転機をもたらした。《華城城役儀軌》(1800)より長安門外図。

の鎖国のなかでも対馬島主宗氏を介した日本との海上貿易は続けられ、富山浦(釜山)を中心に、米、木綿などを取引したし、朝鮮船舶も日本の港に出入りした。定期水運は1876年の日朝修好条規(江華条約)による開国後の汽船導入によって始まったが、海運は内外航路とも、日本、清、ロシアが支配し、のちに日本が独占権を握って、朝鮮人経営の海運会社の多くは失敗した。その後、朝鮮人水運業者は在来型帆船による河川運送に活路を見いだしていく。　　　　吉田 光男

すいげん｜水原｜➡スウォン
すいほうダム｜水豊ダム｜➡スプンダム
すう｜数｜➡数(かず)
スウォン｜水原｜수원

韓国、京畿道中央部の都市。面積121km²、人口116万8889(2013.8)。1967年以降、同道の道庁所在地である。ソウルの南方42kmの平野部に位置し、朝鮮王朝時代から首都防衛の第一関門として、また嶺東(江原道)方面と湖南(全羅道)方面への分岐点にあたる交通の要地として発達した。新品種の開発で米の増産に大きな貢献をした農村振興庁をはじめ、セマウル研修院、ソウル大学農学部など、農業に関連する政府機関や研究機関が多数集中し、韓国の農業開発の中心地となってきたが、70年代以降の都市化・工業化により、同市の農業は大きく後退した。首都ソウルとの間に高速道路や電鉄などの交通網が整えられ、片道1時間で通勤できる首都圏に属するようになった。70年代初めから化学繊維、電子工業などの工場が立地し、工業化が進んだ。18世紀末に朝鮮王朝22代の正祖が遷都を計画して築いた水原城が1997年にユネスコの世界遺産に登録されたほか、西湖貯水池の水原祝万堤など歴史的遺跡がよく保存されており、首都近郊の観光名所となっている。また東郊の竜仁市には韓国民俗村もある。
　　　　　　　　　　　　　谷浦 孝雄＋佐々木 史郎

スウォンじょう｜水原城｜수원성

韓国、京畿道水原市に残る朝鮮王朝時代の邑城。華城ともよばれた。王朝第22代正祖が建造したもので、1793年(正祖17)の末から翌年初にかけて築城が開始され、3ヵ年近くの歳月を費やして、96年の秋に完成している。邑城の規模や築城技術などの工事概況は、《華城城役儀軌》に詳しい。城壁は、八達山の稜線から山麓にかけて、周囲およそ5kmにわたっている。城壁には、南門である八達門をはじめとして、甕城形式の4ヵ所の門楼、七つのアーチ状の水門をもつ華虹門のほか、北と南に二つの水門、雉城、暗門、敵台、弩台、空心墩、烽墩、砲楼、将台、角楼、舗舎などの諸施設がある。城内には、行宮、客舎、華請館、華寧殿、城神祠などの主要建物群が配置される。そして、城外には、社稷壇、文宣王廟、迎華亭、杭眉亭などもあった。このような完成された城郭をみると、正祖は、ここを離宮として造営したことがうかがわれる。1979年には、4ヵ年あまりの歳月をかけた本格的な復元工事が竣工し、往時の堂々とした面影をみせている。97年世界文化遺産に登録。　　　　　　　　　　西谷 正

すえまつやすかず｜末松保和｜1904-92

歴史学者。福岡県田川市に生まれる。1927年東京帝国大学国史学科を卒業。卒業を前にして朝鮮総督府朝鮮史編修会に就職、その後、京城帝国大学法文学部の専任として朝鮮史を講じる。戦後は学習院大学の教授となり、《新羅史の諸問題》(1954)により文学博士の学位を得る。近代的な朝鮮史研究の開拓者の一人として戦前・戦後の研究、教育を牽引する。日本や東アジアの動向を視野に収めた朝鮮史の論文・著作は広範に

及ぶ。学習院大学において普及版《李朝実録》全56冊影印版出版をはじめ、ほぼ独力で朝鮮史の基本史料を刊行し、研究基盤を整えたことは特筆に値する。多数の著作・論文は《末松保和朝鮮史著作集》全6巻に収録されている。
李 成市

スクチョン|粛宗|令종|1661-1720
朝鮮第19代王。在位1674-1720年。本貫は全州。諱は焞、字は明普。顕宗の一人息子。1667年世子に冊封され、74年13歳で即位するとすぐに親政を始めた。在位期間を通じて朋党間の争いが激しく、主として▶南人〘ナミン〙と西人〘ソイン〙(老論と少論に分裂)との間で政権交代がくり返された。王は官僚に対する人事権(用捨黜陟権)を行使し政権交代(換局)をしてみせることで、王権を強化し、魯山君の復位と廟号端宗の追贈、成三問ら▶死六臣の復官などを通して君臣関係の再定立を図った。経済的には大同法、量田の拡大実施、常平通宝の鋳造・流通を進め、税制改革にも取り組んだ。大興山城・黄龍山城の築造、都城と北漢山城の改修、禁衛庁を新設して軍制を整備し、廃四郡のうち茂昌・慈城に鎮を設置した。12年白頭山に定界碑を建てて清との国境を確定し、1682年・1711年に日本に通信使を派遣した。廟号は粛宗。陵号は明陵。禧嬪張氏の子(景宗)、淑嬪崔氏の子(英祖)がそれぞれ王位に即いた。
長森 美信

スティーブンズ|Durham W. Stevens|?-1908
1904年8月の第1次日韓協約により韓国へ派遣されたアメリカ人の外交顧問。日本政府は同年5月、〈対韓施設綱領〉を作成し、韓国の外交権を奪うこと、それに至る過渡的措置として外交顧問を置くことにした。この外交顧問には、アメリカの支持をとりつける必要から、駐米日本公使館顧問のスティーブンズに白羽の矢が立てられた。彼は在任中、韓国の外交権奪取の下工作に協力するかたわら、親日世論づくりのために積極的に行動した。08年帰米し、新聞紙上に親日の持論を発表して在米朝鮮人の憤激を買い、サンフランシスコのオークランド駅で民族主義者田明雲〘チョンミョンウン〙、張仁煥〘チャンイナン〙により射殺された。
馬渕 貞利

スドクジ|修徳寺|수덕사
韓国、忠清南道礼山郡徳山面にあり、百済法王1年(599)智明大師の創建になる。伽藍は3段の高壇上に建ち、下壇の石造五層塔は新羅の文武王5年(665)の造立である。上壇の大雄殿は高麗忠烈王34年(1308)の創立になり、桁行3間、梁間4間、切妻造の単層仏殿で、構造・形式は▶浮石〘プソク〙寺の無量寿殿に似るが、湾曲した繋肘木〘ッナンジミョク〙や、梁上に初めて華盤を用い、肘木木口や持送りなどの波蓮文、草刻文と華麗な彫刻に華やかさを増す。大雄殿は高麗時代の壁画なども発見され、木造で韓国に現存する最古の建物として現在国宝に指定されている。
宮本 長二郎

スプンダム|水豊ダム|수풍댐
中国と朝鮮民主主義人民共和国との国境を流れる▶鴨緑〘アムノク〙江の下流に建設されたダム。1937年に日本窒素株式会社および長津江水電株式会社の野口遵社長が朝鮮鴨緑江水力株式会社と満州鴨緑江株式会社を設立するとともに着工し、44年に完工。高さは106m、ダムによって形成された水豊湖は長さ138.3km、面積298.2km²、周囲1074.7kmで朝鮮最大の人工湖である。ダムに設置された水豊発電所は出力10万kWの発電機を7基もち、計70万kWで朝鮮最大の水力発電所であり、電力は中国と北朝鮮が2分の1ずつ使っている。鴨緑江にはこのほか、雲峰発電所(1967年竣工、40万kW)、太平湾発電所(87年竣工、19万kW)、渭原発電所(中国名《老虎哨電站》、91年竣工、39万kW)があり、いずれも中朝共同で運営されている。
中川 雅彦

スポーツ
朝鮮のスポーツは、弓術、手搏〘スバク〙などの在来武術や▶シルム(相撲)などの民衆から王族まで楽しんだ伝統的運動文化を起源とするものと、開国(1876)以降の諸外国との接触の中でもたらされた近代スポーツがある。これらのスポーツは、その展開過程の中で日本の侵略と深く関わることになる。日露戦争後から〈韓国併合〉までの間に、日本の侵略が激しくなり、これに対する▶義兵闘争や愛国啓蒙運動が各地で展開し、国権回復や教育救国が叫ばれた。その中で、数多くの私立学校や体育団体が生まれ、民族精神と体力訓練が重視された。とくに、兵

式体操や運動会を盛んに行った私立学校は反日運動の温床とされた。このような流れは、植民地下においても引き継がれ、1920年には〈朝鮮体育会〉が創設され、朝鮮人のスポーツ活動と民族精神の普及発展に寄与した。36年ベルリン・オリンピックのマラソンでの▶孫基禎選手の優勝を伝えた東亜日報社などの▶日章旗抹消事件は、民族の矜持とともにその抵抗精神を示すものであった。このような歴史的過程の中でスポーツ場面における日本との対抗意識が形成されたといえる。

1945年8月15日の解放後〈分断国家〉となり、政府もない困難な中で南部独自で48年のロンドン・オリンピックに選手を派遣し、銅メダル1個を獲得している。しかし、国土の荒廃化をもたらした朝鮮戦争によって体育・スポーツは再建課題となった。60年代に入ると、南北ともに、国民の体育精神の高揚を掲げ、韓国では〈国民体育振興法〉が制定され、学校体育を基盤とする優秀選手育成政策が展開され、北朝鮮では〈国防体育の大衆化〉が推進された。また、双方ともに国際競技会への参加に積極的に取り組み、〈統一チーム〉の提案が試みられた。しかし、それが実現したのは、91年の第41回世界卓球選手権大会(千葉県)で、初めて〈統一コリア〉の旗が掲げられた。またこのとき女子統一チームが優勝、国歌の代わりに〈アリラン〉が流された。オリンピックでは、2000年のシドニー大会で統一チームの入場行進が見られたが、その後は実現していない。このときに伝統武術にもとづく▶跆拳道が正式種目となっている。88年の▶ソウル・オリンピックは、南北双方の体育・スポーツ政策に大きな影響を及ぼした。

韓国では、これまでの〈国民体育〉振興を実体化するために〈生活体育(センファル・チェユク)〉として体育の生活化を促進している。その中で多くの人々がウォーキング、登山、ボディビル、サッカー、サイクリング、水泳などを楽しんでおり、2010年1月現在の生活体育同好人クラブの数は約9万8000弱、種目数は117、会員数は308万5000を超える規模になっている。こどもから高齢者、女性の参加を広く求め、障害者に対する体育事業指針にもとづく事業も活性化されている。また、選手育成政策を中心とする〈専門体育(チョンムン・チェユク)〉では、80年代以降優秀選手の早期発掘とその国家的支援体制が多様に展開されている。その成果は12年のロンドン・オリンピック総合5位という結果に表れている。プロ・スポーツも盛んで、野球、サッカー、バレーボール、バスケットボールのほかにゴルフで活躍する選手が多い。この中で日常的なテレビ視聴率や観戦者が多いのは野球であるが、サッカーの国家代表戦では野球を凌ぐ人気がうかがえる。

北朝鮮では、国家体育指導委員会が体育の大衆化と国防体育の強化、学校体育の育成政策を推進していった。大衆化を促す行事としては、10月の第2日曜日を〈体育節〉、毎月第2日曜日を〈体育の日〉と定め、多彩な体育行事を行っており、4月15日の万景台賞体育大会(金日成生誕記念)、2月16日の白頭山賞体育大会(金正日生誕記念)のほかに、普天堡たいまつ賞体育大会(6月4日)、夏全国体育大会などに大衆的な参加が求められている。とくに、学生を中心とした大規模なマスゲームは有名で、約10万人が出場するマスゲームと芸術公演を繰り広げる〈アリラン〉はギネスブックにも登録されている。また一方、科学的な指導法にもとづく技術の世界的水準化を図る選手育成策が進められている。競技大会では4、5年を周期とする〈人民体育大会〉と毎年行われる共和国選手権大会をはじめ、民族体育競技大会、大学生競技大会、青少年競技大会、種目別選手権大会などが定期的に行われており、これらの大会を通じて国家代表選手を発掘している。卓球、体操、柔道、マラソンなどで世界的水準の選手を輩出している。近年、サッカー選手の育成に力が注がれ、中学校にサッカークラスを設け、放課後にサッカーに専念できるようになっており、学校体育を基盤とした選手養成策を補強する方策がとられている。北朝鮮でも日常的に登山はよく行われており、人気スポーツとしては、サッカー、バレーボール、バスケットボール、卓球、水泳のほか、スケートなどがあげられる。

西尾 達雄

すもう｜相撲　→シルム

スンジョ｜純祖｜순조｜1790-1834
朝鮮第23代の王。在位1800-34年。本貫は全州。諱は玜、字は公宝、号は純斎。▶正祖の次男。正祖の長男文孝世子が夭折すると、1800年正月に世子に冊封された。同年正祖が没し、11歳で即位すると、大王大妃貞純王后(英祖継妃慶州金氏)の垂簾聴政を受けた。04年親政開始後は国舅金祖淳の一門である安東金氏が朝廷の要職を独占し、勢道政権が確立された。純祖は、豊恩府院君趙万永の娘を世子嬪に迎えて豊壌趙氏一門を重用し、27年からは世子に代理聴政を行わせることで、安東金氏の勢道を牽制しようとしたが、30年世子が夭折したことで失敗。4年後、45歳で没した。34年にわたる治世は、邪獄とよばれた天主教に対する大規模な弾圧がたびたび行われたほか、平安道における▶洪景来の乱をはじめ、民乱が各地で起こった。廟号は純宗(1857年に純祖に改号)。陵号は仁陵。文集に《純斎稿》がある。→勢道政治
長森 美信

スンジョン｜純宗｜순종｜1874-1926
朝鮮王朝第27代の王。在位1907-10年。年号は隆熙。諱は坧。▶高宗の第2子、母は明成皇后(閔妃)。1875年王世子に立ち、97年帝制(大韓帝国)採用により皇太子となった。1907年日本により高宗が▶ハーグ密使事件のため退位させられたのを受けて皇帝に即位したが、日本の支配下で名目的地位にとどまった。1910年の韓国併合後は昌徳宮に居住し、李王と称された。
糟谷 憲一

スンチョン｜順天｜순천
大韓民国の南東海岸に位置する市。全羅南道に属し、面積907.44km²、人口27万6699(2013年7月末現在)。道内で最も山地が多いが、交通の要衝として、全羅南・北道や慶尚南道の各地と密に結ばれている。麗水半島の基部をはさんで東の光陽湾岸には光陽・麗水両市にまたがる大規模な産業団地・自由貿易地域が立地するが、西の順天湾の湾奥にはラムサール条約登録の広大な干潟や葦原が広がる。2013年に順天湾国際庭園博覧会が開催された。名刹▶松広寺や仙岩寺のほか、朝鮮時代の囲郭集落の姿をとどめる楽安邑城、慶長の役の激戦地、順天倭城などの古蹟がある。1948年10月には▶済州島四・三蜂起に関連した麗水・順天反乱事件が起こり、鎮圧の過程で民間人にも多くの犠牲者が出た。
佐々木 史郎

せいおう｜聖王　→ソンワン

せいがだいしゅうげきみすいじけん｜青瓦台襲撃未遂事件
金新朝事件ともいう。1968年1月21日、北朝鮮の武装工作員が韓国大統領▶朴正熙暗殺を狙ってソウルの青瓦台(大統領官邸)直近まで侵入した事件。韓国軍は、掃討作戦で工作員31人のうち30人が死亡、1人(金新朝)を逮捕した、と発表した。2012年になって、総数は33人で2人が韓国のスパイとして北朝鮮に帰還したとの証言が飛び出すなど、不明な点が多い。韓国側も30人以上が死亡した。▶朴槿恵は07年の自伝で、02年に訪朝した際、金正日から事件について謝罪された、と明らかにした。事件直後の1月23日には▶プエブロ号事件が発生、米国を巻き込んで朝鮮半島の緊張がさらに高まった。韓国政府が06年7月に発表した調査結果によると、朴正熙は68年、報復のために金日成暗殺などを目的とした部隊を▶韓国中央情報部(KCIA)に指示して創設させた。訓練を受けた場所から〈実尾島部隊〉とよばれた部隊は71年8月、南北関係の変化で計画が中止になったことなどから反乱を起こし、ソウル市内で銃撃戦の末に大半が死亡、生存者も軍事裁判で死刑となった。
阪堂 博之

せいがんりはいじ｜清岩洞廃寺　→チョンアムトン廃寺

せいかんろん｜征韓論
幕末・明治初年の朝鮮侵略論をいい、とくに明治6年(1873)10月の政変の原因がいわゆる征韓論争にあったことから、一般にはこのときの対朝鮮論をさすことが多い。幕末期の征韓論は佐藤信淵や吉田松陰などにみられるが、大島正朝(友之允、対馬藩)や木戸孝允(桂小五郎、長州藩)などの主張を経て、一方では勝海舟(義邦、幕臣)の欧米勢力に対する日清韓3国の提携構想となり、他方では戊辰戦争直後の木戸や大村益次郎(蔵六、長州藩)らの軍事出兵を背景とする征韓論と

なる。おりしも明治新政府の国書の形式からする朝鮮側の受理拒否問題（〈江華島事件〉の項を参照）から端を発し、1869年（明治2）から翌70年にかけては、外務省派遣の佐田白茅（素一郎）や森山茂らの対韓出兵論、あるいは柳原前光（外務大丞）の対朝鮮積極論などが出され、これに対しては賛否両論があった。この場合、征韓論は日本の国家統一とからんで発想されていることは注目してよい。

明治政府は1872年5月、これまでの対馬と朝鮮との関係を絶ち、対朝鮮交渉は外務省の専管とし、ついで8月、外務大丞花房義質らを釜山草梁の倭館に派遣して折衝させたが、不調に終わった。翌73年に入り、朝鮮側の排外鎖国政策（〝衛正斥邪〟）は〈洋夷〉への反感と相まって高まり、日本との修交を依然がえんじなかった。かくして三条実美太政大臣は閣議に対朝鮮問題を論じた議案を付し、そのなかで今日ノ如キ侮慢軽蔑之至ニ立到リ候テハ、第一朝威ニ関シ国辱ニ係リ、最早此儘閣キ難シ、断然出師之御処分之ハ無クテハ相成ラザル事ニ候〉（一部読下し）といい、当面、陸海の兵を送って韓国の日本人居留民を保護し、使節を派して〈公理公道〉を朝鮮政府に説くことを提議した。参議西郷隆盛は即時出兵には同意せず、使節にみずからがなろうとし、板垣退助、後藤象二郎、江藤新平、大隈重信、大木喬任の諸参議が賛同していったん内定はしたものの、正式決定は岩倉使節団の帰国をまつこととした。しかし使節団帰国後もこの遣使問題は延引され、大久保利通と副島種臣の参議就任をまって賛否両論がたたかわされた。岩倉具視や大久保、木戸らは強硬にこれに反対し、その結果、三条に代わって閣議をリードした岩倉のもと、大久保、木戸に大隈、大木も同調し、10月24日西郷の遣韓使節は中止が決定された。西郷、板垣、後藤、江藤、副島はいっせいに下野した。いわゆる征韓論分裂であり、〈明治6年10月の政変〉といわれるものである。

この征韓派と非征韓派の対立を、異質の政治勢力（その程度の差で諸説は分かれる）とみるか、同質の政治勢力の対抗ないし政府主導権の争いとみるかで多くの見解が出されて

おり、また、西郷はあくまで交渉による朝鮮との修交を求めたもので、これまでの彼の征韓論者的イメージを否定する意見も出されている。この征韓論争に勝利し、大久保を中心として固められた大久保政権は1874年には台湾に出兵し、翌75年には〝江華島事件〟を引き起こし、朝鮮に対し軍事力を行使した。征韓論争の内実は、こうしたその後の日本の対朝鮮行動と合わせ総体的にとらえなければならない。また、この征韓論が近代日本の対アジア観の原点となっており、その延長線上に近代日本の大陸侵略政策があったことも留意しなければならない。　田中彰

せいきゅうえいげん｜青丘永言｜청구영언
朝鮮王朝時代に編まれた朝鮮で最初の〝時調（短歌）集。英祖朝の第一の歌人、金天沢（号、南坡）が編集。〝海東歌謡〟とともに王朝時代の歌集としては最も完備したものである。現在、〈京城大学本〉と〈珍書刊行本〉の2種がある。いずれも高麗末から18世紀当時の時調を中心に収めたもので、前者は千十数首を収め、英祖4年(1728)の鄭潤卿、金天沢らの序文がある。後者は580首を収録し、両本とも曲調別の分類をしている。音楽教本として編集したもので、序文によると散在している各文献から抄録したほか、口碑によるものも採録したとある。　金思燁

せいきんかん｜成均館｜성균관
朝鮮王朝時代、首都漢城（ソウル）に設置された国立の儒学教育機関。国子監、国学、太学ともよぶ。1398年創建。定員ははじめ200人であったが、経費などの関係でしだいに減らし、王朝末期に100人となった。学生は〝科挙をめざした。孔子など儒学の先哲を祭る文廟、儒学を講ずる明倫堂、学生が寄宿する東西両斎のほか、尊経閣など付属の建物があった。祭祀料や教育費にあてるため学田と奴婢を与えられ、島や漁場も所有した。現在は〝成均館大学校となっている。　吉田光男

せいきんかんだいがっこう｜成均館大学校
ソウル市鍾路区に本部を置く私立総合大学。朝鮮時代の〝成均館を淵源とし、〈仁・義・礼・知〉を校訓とする。甲午改革後新学制に従って設置された経学科が近代高等教育機関

としての始点とされる。韓国併合後，経学院に改変(1911)され，教育機能を喪失したが，1930年に明倫学院(のち専門学校，終戦時は明倫錬成所)を附設し，儒教教育を行った。46年儒林大会において成均館の伝統を継承する大学設置が企図され，同年9月に単科大学として認可を受けた。53年に総合大学に昇格。2013年現在，文科，法科，医科大学など5大学と儒学・東洋学部など11学部および大学院をもつ。在学生数は約3万5000人。儒教文化研究所などの研究機関も附設する。 通堂 あゆみ

せいさんもん｜成三問｜▶ソン・サムムン
せいざんりほうほう｜青山里方法
朝鮮民主主義人民共和国の党・国家・経済機関の活動方法であり，1960年2月，青山里協同農場(平安南道江西郡)に対する金日成主席の▶現地指導を通じて創出された。その基本は次の点にある。①上部が下部を日常的に助けること，②下部と大衆の中に深く入り，下部の実態を調査分析して，問題解決の正しい方策をうちたてること，③あらゆる活動で政治活動を先行させ，下部と大衆の積極性と創意性を最大限に発揚させることにより，提起された課題を遂行すること，④中心的な環に力を集中して一点を突破し，全体の連鎖を解くこと，⑤一点で模範を創造し，全体に一般化すること。こうした点で青山里方法は，1930年代の抗日武装闘争の時期から受けついだ朝鮮労働党の伝統的な大衆路線を，勝利した社会主義制度の本性に合うよう具体化し発展させた，科学的で革命的な活動方法とされている。なお，青山里現地指導を機に▶協同農場に作業班優待制が，国営農場には作業班独立採算制と賞金制が導入された。 ▶大安システム
高 昇孝

せいじがわら｜青磁瓦｜▶高麗青磁
せいしゅう｜清州｜▶チョンジュ
せいしん｜清津｜▶チョンジン
せいそ｜正祖｜▶チョンジョ
せいそ｜世祖｜▶セジョ
せいそう｜世宗｜▶セジョン
せいとう｜政党
近代の政党が政治理念と政策をもち，政権獲得のために活動する組織集団であるとするならば，近代の朝鮮では▶開化派(独立党)や▶事大党といった政治グループが形成されたが，韓国併合により朝鮮での政党発展は別の形態をとることとなった。それは日本の植民地支配のもとで，近代的意味での国民諸階層を基盤とする政党が成立する条件は否定され，むしろ日本の支配に協力する階層とこれに抵抗する理念をもった政党が結成されたことに示される。日本帝国主義に抵抗し，独立をその政策の柱とする政党・グループはおもに民族主義的な立場に立つものと共産主義的立場のものがあった。1920年代には国内の▶朝鮮共産党と国外(上海)の▶大韓民国臨時政府に代表される民族主義グループが存在したが，30年代には国内での活動は弾圧により不可能となった。国外で活動した政治グループは▶祖国光復会，▶朝鮮独立同盟，大韓民国臨時政府などである。それぞれが政治理念を異にしながらも独立闘争を行い，国内の民衆に独立の希望を与えていた。だが，国外の政治グループはその政治理念，政策を通して国内の民衆に具体的な影響を与えることが十分にできなかった。

[解放後] その結果，解放直後に朝鮮国内で組織された政党は国外諸グループとは実質的な関係をもたず，独自に組織された。朝鮮共産党(朴憲永)，建国同盟(呂運亨)，韓国民主党(宋鎮禹，右派)などである。その後，国外政治グループが帰国し，国内ですでに成立していた政党と行動を共にした場合(祖国光復会系の人々は共産党，のち北朝鮮共産党(金日成)へ)と，独自に政党を組織した場合(朝鮮独立同盟は朝鮮新民党(金枓奉)，臨時政府系の人々は韓国独立党(金九)や朝鮮民族革命党(金奎植)へ)があった。これらの党はいずれも新国家の建設，国内の民主的改革を掲げていたが，①日本帝国主義への協力者や大地主層を基盤とした韓国民主党と，②労働者・農民の支持を得た共産党，新民党，さらに③中間層を支持基盤としたといわれる勤労人民党(呂運亨)，民族主義的立場をとる韓国独立党に大別できよう。

こうした政党活動の消長に直接的影響を与えたのが米ソ両軍の軍政であり，それぞれの軍政目的に合致する政党を擁護し，ま

●政党｜図解放後の南北朝鮮における政党の系譜

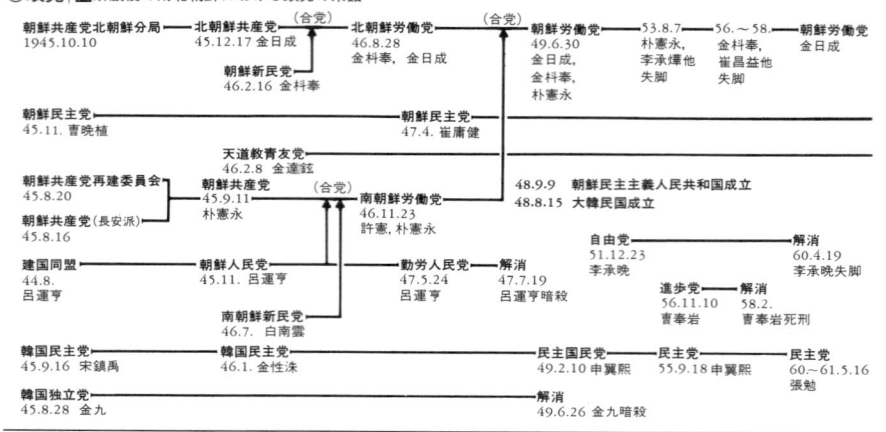

```
朝鮮共産党北朝鮮分局 ── 北朝鮮共産党 ─(合党)─ 北朝鮮労働党 ─(合党)→ 朝鮮労働党 ── 53.8.7      ── 56.～58.    ── 朝鮮労働党
1945.10.10           45.12.17 金日成       46.8.28              49.6.30       朴憲永,       金枓奉,         金日成
                     朝鮮新民党            金枓奉, 金日成        金日成,        李承燁他      崔昌益他
                     46.2.16 金枓奉                             金枓奉,        失脚          失脚
                                                                朴憲永

朝鮮民主党 ─────────────────────── 朝鮮民主党
45.11. 曺晩植                              47.4. 崔庸健
                     天道教青友党
                     46.2.8 金達鉉
朝鮮共産党再建委員会 ── 朝鮮共産党 ─(合党)─┐                    48.9.9  朝鮮民主主義人民共和国成立
45.8.20              45.9.11              │                     48.8.15 大韓民国成立
朝鮮共産党(長安派)    朴憲永              │
45.8.16                                   ↓
                                          南朝鮮労働党
                                          46.11.23
                                          許憲, 朴憲永
建国同盟 ─── 朝鮮人民党 ─────── 勤労人民党 ── 解消             自由党 ────── 解消
44.8.        45.11. 呂運亨      47.5.24       47.7.19           51.12.23         60.4.19
呂運亨                          呂運亨        呂運亨暗殺        李承晩            李承晩失脚
             南朝鮮新民党                                       進歩党 ────── 解消
             46.7. 白南雲                                       56.11.10         58.2.
                                                                曺奉岩            曺奉岩死刑
韓国民主党 ── 韓国民主党 ─────── 民主国民党 ── 民主党 ─────── 民主党
45.9.16 宋鎮禹 46.1. 金性洙      49.2.10 申翼熙 55.9.18 申翼熙   60～61.5.16
                                                                張勉
韓国独立党 ─────────────────── 解消
45.8.28 金九                                  49.6.26 金九暗殺
```

たは反対するものを抑圧した。とくに米軍政下の南朝鮮では共産党は非合法化され、韓国民主党とアメリカから帰国した李承晩が利用された。ソ連軍政下の北朝鮮では北朝鮮共産党、新民党の支持のもとに急速に諸改革が実施されていく。この過程で南では右派政党が、北では左派政党が力を蓄えていく。この傾向に拍車をかけたのが朝鮮の分断を決定的にする南朝鮮における1948年の単独選挙の実施であった。この選挙には韓国民主党と李承晩派が参加したのみで、左派政党はもちろん、勤労人民党、韓国独立党も単独選挙に反対した。こうして右派政党を基盤とした大韓民国が48年8月15日に成立する。この間、朝鮮の独立と分断の危機のなかで左派政党の合同が進行する。北朝鮮共産党と朝鮮新民党が合同し、北朝鮮労働党となり、南朝鮮では共産主義者たちが朝鮮共産党、朝鮮人民党、南朝鮮新民党の3党を合同させて南朝鮮労働党を結成した。しかし南朝鮮における弾圧もあり、南朝鮮労働党は北朝鮮に指導部を移し、49年6月には南北朝鮮労働党が合同して朝鮮労働党を結成し、これが朝鮮民主主義人民共和国(1948年9月9日成立)を支える政党となった。

以上のような解放後の朝鮮の政党の成立・展開過程の特徴は、第1に左派政党を基盤とする国家と右派政党を基盤とする国家に分化した点にある。第2の特徴は左右の政党の対立のなかで中間的立場の勤労人民党は党首呂運亨が暗殺され、民族主義的立場の独立党党首金九も暗殺され、両党とも解散せざるをえなかった点である。こうした政党成立過程の条件は朝鮮戦争後の政党のあり方に影響を与えた。韓国での政党活動は李承晩(自由党)、朴正熙(民主共和党)、全斗煥(民主正義党)政権下に至るまで、政府に批判的な政党は次々と弾圧されており、李政権下の進歩党党首曺奉岩の処刑、朴政権下の新民党金大中事件、全政権下の政党の解散を含む政党活動の抑圧と続いている。

[1980年代] 朴正熙、全斗煥はともに軍出身で、その政権は軍を支持基盤として成立し、与党の中枢にも軍人出身者が多い。全政権の与党、民主正義党(民正党)は、朴政権時代の有力政治家金鍾泌、金大中、金泳三をはじめ、野党、社会運動家など567人を〈政治風土刷新特別措置法〉(1980年11月5日公布)によって政治活動を規制・禁止するなかで、1981年3月の国会議員選挙によって選出された人々によって構成されていた。野党としては民主韓国党、韓国国民党があった。なお、韓国の政党は与野党を問わず共産主義を否定し、アメリカとの安全保障体制を肯定している。一方、共和国では朝鮮労働党と党員が司法、立法、行政、軍など全分野で中枢を占め、党主席金日成の強力な指導下にあった。朝鮮労働党に協力する

[朴政権以降の韓国の政党]〈〈地域・国名〉編の[大韓民国]〈政党〉参照〉

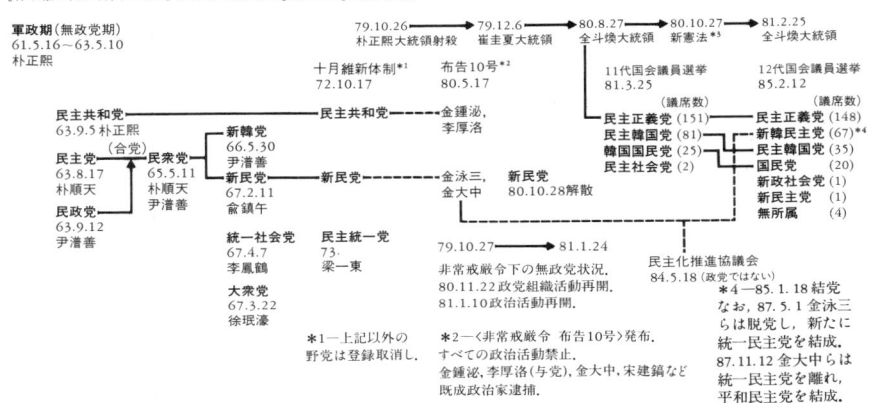

```
軍政期（無政党期）                                                   *3―80.11.5〈政治風土刷新特別措置法〉公布．
61.5.16～63.5.10                    79.10.26      79.12.6    80.8.27    朴政権下のすべての政党解散，有力政治家の追放・規制．
朴正熙                              朴正熙大統領射殺 崔圭夏大統領 全斗煥大統領 80.10.27  82.2.25
                                                             新憲法*3  全斗煥大統領
                          十月維新体制*1  布告10号*2
                          72.10.17     80.5.17              11代国会議員選挙  12代国会議員選挙
                                                            81.3.25        85.2.12
         ─民主共和党─────────民主共和党─                     （議席数）        （議席数）
         63.9.6 朴正熙              金鍾泌，        ─民主正義党（151）─民主正義党（148）
民主党   ─（合党）─新韓党─────               李厚洛           民主韓国党（81） ─新韓民主党（67）*4
63.8.17    65.5.11 66.5.30                             韓国国民党（25）  民主韓国党（35）
朴順天     朴順天 尹潽善                               民主社会党（2）   国民党（20）
民衆党     尹潽善 ─新民党──────新民党─                           新民主党（1）
63.9.12            67.2.11      80.10.28解散                     無所属  （4）
尹潽善             金鍾泌，
                   金大中
         ─統一社会党─民主統一党─
         67.4.3      73
         李鳳鶴      梁一東                民主化推進協議会
                                          84.5.18（政党ではない）
         ─大衆党─
         67.3.22       79.10.27    81.1.24
         徐珉濠        非常戒厳令下の無政党状況．  *4―85.1.18 結党
                      80.11.22 政党組織活動再開．  なお，87.5.1 金泳三
         *1―上記以外の 81.1.10 政治活動再開．      らは脱党し，新たに
         野党は登録取消し．                       統一民主党を結成．
                      *2―〈非常戒厳令 布告10号〉発布．  87.11.12 金大中らは
                      すべての政治活動禁止．        統一民主党を離れ，
                      金鍾泌，李厚洛（与党），金大中，宋建鎬など  平民民主党を結成．
                      既成政治家逮捕．
```

形でキリスト教徒を含む朝鮮民主党，東学-天道教の信者で構成される天道教青友党があった．これら諸政党はいずれも共産主義を肯定し，自主自立の主体路線を歩んでいた．南北朝鮮の政党はまったく相違するイデオロギーのもとに活動・主張をくり広げていた．

85年2月12日に実施された韓国の国会議員選挙では全斗煥政権の与党，民正党は一応安定多数（得票率35.3%）議席を占めたが，同年1月18日に創立されたばかりの新韓民主党（新民党）が野党第1党となり（得票率29.3%），しかもソウル，釜山などの大都市で民正党の得票率を上回った．この新民党は，金大中，金泳三らによって84年5月に結成された民主化推進協議会を基礎に，80年10月に解散させられた朴正熙政権下の野党，旧新民党の党員などの政治活動規制解除者を中心に構成されている．その党綱領では自由民主主義政治を目標に独裁と暴力を排し，国民の基本的権利を保障するとうたい，選挙期間中は激しく政府批判を行った．こうした主張に対する支持が〈野党〉としての新民党の進出につながったものである．⇒地域・国名編の大韓民国［政党］
樋口雄一

せいどうきじだい｜青銅器時代

朝鮮の青銅器時代に相当する文化は，ヨーロッパなどで使われる青銅器時代の概念とは一致しないので，指標となる土器（*無文土器）の名称にちなんで，無文土器時代とよばれる．その始まりは紀元前1千年紀の前半期にあたる．土器は表面から文様がなくなって無文のものとなる．この時代に入って利器や器具が青銅やまれに鉄でつくりだされるが，主体を占めるのは磨製石器である．この時代の最大の特色は，たんに土器だけの変化でなく，生産様式や社会構成に大きな変革がみられたことである．生活基盤は獲得経済に代わって生産経済へと移行し，農業が主要な生産部門となった．北部と南部の内陸部では，キビ，コーリャンなどの雑穀が打製の石鍬を使って耕作され，磨製の石庖丁で収穫され，磨り臼で製粉された．南部では，西海岸から南東海岸にかけて平野部において水稲耕作が行われた．収穫具は石庖丁であるが，農耕具は大部分が木製品であっただろう．農業の定着化とともに，動物の飼育が前の時代に比して盛んになった．豚が最も多く，牛がそれに次ぐ．この時代が農耕社会に属するといっても，狩猟，漁労や植物採集への依存がまったく解消されたわけではない．

無文土器時代の人々は前代（*新石器時代）と同じように竪穴住居に住んだ．集落は河川流域の平野部や丘陵地などへ分布が拡大される．個々の住居は，平面形が長方形が多く，隅丸方形がそれに次ぐ．中部では長大なものや，南部では円形など，地域と時期によって多様である．一つの住居の規模は

平均40〜50㎡と広くなっているようである。内部には炉跡がみられるが，貯蔵穴は屋外へと出ていく。このような住居は数戸あるいは十数戸が群集して集落を構成するが，ときには咸鏡北道の▶茂山虎谷ﾑｻﾝﾎｺﾞｸ遺跡のように，数百戸の可能性があるような大規模集落の存在も想定される。そうなると，一つの氏族集団の枠を越えたものである。そして，そのころいくつかの集落つまり氏族が地縁的に結合して，より大きな部族国家を形成していた可能性が出てくる。この時代の墳墓は実に多様で，また複雑である。おそらく一般的には土壙墓と思われるが，集落内部でも有力な階層は▶支石墓や箱式石棺墓を営み，また磨製石剣，石鏃といった副葬品を収めた。後期にみられる石室墓などの場合，細形銅剣や多鈕鏡(▶銅鏡)などの青銅器を副葬し，管玉などの装身具を含むものも現れる。そこに葬られた階層は，おそらく集落内部において農業祭を主宰する司祭者であり，またやがて権力者へと成長していったであろう。⇒旧石器時代[図] ⇒考古学・鉄器　　　　　　　　　　　　　西谷 正

せいとうこうしょう｜征東行省｜정동행성
元が朝鮮の高麗に設置した機関。正しくは征東等処行中書省。1287年に設置。名称は同じだが，それ以前に間欠的に存在した，日本侵略遂行のための臨時的軍事機関たる征東行省とはまったく別個のもので，歴代高麗王を長官(丞相)とし，左右司，理問所ほかの付属官司と官吏を備えて，地方統制機関としての性格をもつ常置の機構であった。ただ，長官補佐の官は原則として空位のまま置かれた。元は同行省の設置によって，平時には自己に対する高麗の隷属的地位を明示してその動向を牽制し，しかも，▶忠烈王時にみられたように，有事の際には随時元人を長官補佐の官として派遣して，それを高麗の内政監督用の機関に転換させることを図ったのである。元来，元の高麗統制のための機関だった征東行省は，同時に高麗王朝の保身用機関としての側面を有していた。長官の高麗王は，一般行省官の推挙を認められていたので，自己の欲する者を行省官に任じて国政を補佐させた。また，対外的には，征東行省を窓口に元との結びつきを強化して自己の地位の保証を得，対内的にも，同行省を自己の背後にある元の巨大な権勢の象徴として利用し，支配の貫徹と反対勢力の抑圧を図った。▶恭愍ｷｮｳﾋﾞﾝ王による1356年の反元運動後も征東行省は存続したが，まったく高麗王朝の保身用の，形式的な機関となった。ときには倭寇ﾜｺｳをめぐる対日折衝にそれが利用されたりもしたが，李成桂の威化島回軍に始まる1388年の政変を機に完全に廃された。　北村 秀人

せいどうせいじ｜勢道政治
朝鮮王朝時代，国王の信認を得た特定の人物や集団が政権を独占する場合をさし，世道ｾﾄﾞｳ政治ともいう。こうした人物や集団は王室と血縁関係か婚姻関係にある外戚の場合が多く，正祖時代(1776-1800)の▶洪国栄ﾎﾝｸｷﾞｮﾝ(1748-81)以来，外戚の勢道政治が王朝末期まで続いた。とくに▶純祖ｼﾞｭﾝｿﾞ(在位1800-34)以降は幼少の国王が相ついだため勢道政治に拍車をかけ，安東金氏(純祖，哲宗の両時代)，豊壌趙氏(憲宗時代)，驪興閔ﾘｮﾌﾝﾐﾝ氏(高宗時代)などによって政権の私物化が行われた。その結果，国内の政治史綱は腐敗し，おりから強まった欧米など列強の外圧への的確な対応が困難となった。ことに，内外情勢が一段と険悪化した19世紀後半の閔氏の勢道政治は，国家的利害からではなく，▶興宣ﾌﾝｿﾝ大院君と対立する閔氏一族の私的利害から政策決定を行ったため，朝鮮の自立的近代化を大いに損ねた。　原田 環

せいねんうんどう｜青年運動
朝鮮で〈青年〉の付く名称をもつ最初の団体は，1903年の皇城基督教青年会とされるが，宗教系以外での青年団体としては，09年に秘密結社▶新民会の外郭として結成された青年学友会がある。▶愛国啓蒙運動の一翼を担ったが，韓国併合後解散された。三・一独立運動においては数多くの青年が民族解放のために闘い，中国で新韓青年党，大韓青年団連合会，日本で朝鮮独立青年団，朝鮮内で青年外交団などが結成された。
　三・一独立運動後の〈文化政治〉のもとで朝鮮各地には青年会と名づけられる合法団体が無数に生まれ，講演会，夜学などの啓蒙活動を行った。22年にはこのような青年会が約500あったとされる。これらはイン

テリ青年による啓蒙団体の性格が強かったが、しだいに社会主義思想の影響を受け、▶労働運動、▶農民運動をも手がけるようになった。中央組織としては、1920年に張徳秀ら民族主義的インテリが結成した朝鮮青年会連合会があったが、23年ソウル青年会を中心とする社会主義者の指導で朝鮮青年党大会が開かれ、翌24年4月には全国223団体、3万7000人の参加する朝鮮青年総同盟が結成された。朝鮮青年総同盟とその傘下団体は、たびたびの集会禁止処分を受けながら、1920年代の民衆運動の中軸となって活動した。▶新幹会運動の時期には民族統一戦線の方針をとってキリスト教、天道教、仏教など宗教系青年団体との提携も図ったが、30年代に入ると労働組合、農民組合の青年部へと解消、青年運動はその跡を絶った。

[解放後] 南では朝鮮民族青年団、西北青年会など右翼テロ団体として恐れられたもののほか、左翼側では46年に朝鮮民主青年同盟(のち民主愛国青年同盟)が結成された。北でも同年に北朝鮮民主青年同盟が結成されていたが、51年南北の民青が統合、朝鮮民主青年同盟となり、64年に▶朝鮮社会主義労働青年同盟に改称され、現在に至っている。

韓国では、李承晩政権、朴正煕政権のもとで社会的影響力をもった青年団体は存在しなかったが、70年代には韓国キリスト教青年協議会、カトリック労働青年会などのキリスト教系青年団体が民主化運動に積極的に参加し、全斗煥政権下の84年には学生運動出身の活動家を中心に民主化運動青年連合を結成し、労働運動、学生運動との連携を図って活動している。⇨学生運動 市民運動 女性運動

水野 直樹

せいめい | 姓名 | ⇨人名

せいれいしゅぎ | 聖霊主義

韓国のキリスト教ではとくにプロテスタンティズムに聖霊主義的な側面がよくあらわれる。教会の礼拝においてもトンソン祈禱とよばれる、出席者全員が自らの祈りを声を出して一緒に行う祈禱はしばしば熱烈なものとなり、言葉にならない異言を伴ったりする。とくに1960年代から80年代までは祈禱院と称する施設ではリバイバル集会が開かれ、讃美歌と祈禱と復興師とよばれる講師の熱狂的な話の中で聖霊主義的な集会がもたれていた。病気治しに特化した祈禱院があり、最後の救いを求める多くの信者を集めていた。代表的なのが金桂花院長が主催していたハレルヤ祈禱院であった。聖霊主義的な側面に伝統的民俗宗教である巫俗(▶シャマニズム)との親和性をみるのは容易ではある。しかし聖霊主義的な要素は宗教であるキリスト教自体が本来的にもっている側面の一つであるので、巫俗の影響とだけ判断はできない。この聖霊主義的な面は韓国のキリスト教には脈々として流れており、信者を集める力ともなり得る反面、異端的な要素ともなる。そのため聖霊主義は韓国のキリスト教が力をもち得ている間は続くであろう。

秀村 研二

せきそうりいせき | 石壮里遺跡 | ⇨ソクチャンニ遺跡

せきだんりいせき | 石灘里遺跡 | ⇨ソクタンニ遺跡

せきとう | 石塔 | ⇨塔

せきぶつ | 石仏

朝鮮半島で石仏が本格的につくられはじめるのは6世紀後半以降のことである。最初は中国伝来の金銅仏や石仏を手本に、その姿の忠実な再現を試みた小石仏が主体で、石材も加工しやすい蠟石(滑石)が好んで用いられた。やがて7世紀に入るころから仏像の表現形式や素材の面に半島の特徴をみせはじめ、〈百済スマイル〉ともよばれる快活な笑みをたたえた瑞山の磨崖仏のような大型石仏がつくられるようになった。

半島で石仏が盛行したおもな理由は、山岳が多く、かつきめの細かな良質の花コウ岩に恵まれていたからで、東洋三大芸術の一つとも賞嘆される▶石窟庵の諸像もすべてこの花コウ岩からできている。ただし、この石材は非常に硬く、軟質の石材にみられるような鋭利で複雑な彫法が効かないため、どうしても素材の特性を生かした造形表現が要求される。慶州国立博物館の庭に居並ぶ石仏をみてもわかるように、新羅の石仏が釈迦も阿弥陀も同じ印を結んでいること、丸紐を並べたような単純明快な衣文を多用していることなどは、その表れ

●世宗
切手に描かれた世宗。ハングルの創始を讃え，肖像の周りに子音(上と右)と母音(左)を配する。1963年，大韓民国発行。

である。その結果，石灰岩や砂岩を素材に鋭利な刀法を駆使した中国の石仏と比較した場合，朝鮮の石仏はどうしても単調で厳しさに欠けるきらいがある。だが，朝鮮石仏の真の美しさは，身近にある花コウ岩に積極的に取り組み，素材そのもののもつ美しさを石造美にまで昇華させたところにあるといえよう。そして，新羅彫刻の白眉とされる石窟庵の本尊阿弥陀仏座像が，石仏でありながら肌のぬくもりを感じさせるといわれるゆえんもそこにある。 ▷仏像|美術[彫刻]
　　　　　　　　　　　　　　　　　　大西 修也

セジョ｜世祖｜세조｜1417-68
朝鮮王朝の第7代国王。在位1455-68年。本名は李瑈。世宗の第2子。クーデタで甥の▼端宗を追放し，政権を奪った。1466年，▼科田法を廃止して職田法を施行した。学問を奨励し，《経国大典》《国朝宝鑑》《東国通鑑》などの編纂事業を進めた。また軍備を整え，67年の▼李施愛の反乱を鎮圧し，豆満江方面の女真人を征討した。一方，日本とは盛んに修好・通商を行い，多数の日本人が朝鮮の三浦(乃而浦，富山浦，塩浦)に居住した。
　　　　　　　　　　　　　　　　　　吉田 光男

セジョン｜世宗｜세종｜1397-1450
朝鮮王朝第4代の国王。在位1418-50年。本名は李祹。太宗の第3子。内外政に治績をあげて王朝の基盤を固め，後世，〈海東の堯舜〉とたたえられる。農業を重視し，▼農事直説》という農書を編纂させ，田制詳定所を設けて田制の改革を行った。文化事業も盛んに推進し，《訓民正音》(朝鮮文字，ハングル)を作成させ，《高麗史》《高麗史節要》《竜飛御天歌》《資治通鑑訓義》などの編纂事業と並行して銅活字を鋳造させた。また高麗時代に勢力をもった仏教を統制して禅・教2宗に統合する一方，儒学をすすめ，《治平要覧》《五礼儀》《三綱行実》などを編纂させた。対外政策も積極的に進め，豆満江，鴨緑江まで領土を拡大して南部地方の住民を移住させ，さらに倭寇の本拠地を壊滅させるべく対馬を攻撃(己亥東征，応永の外寇)したが，のちに三浦(乃而浦，富山浦，塩浦)を開港し，対馬島主宗氏を介して日本との勘合貿易を開始した。
　　　　　　　　　　　　　　　　　　吉田 光男

セジョン｜世宗[市]｜세종
ソウルから約120km南に新設された特別行政市。忠清南道燕岐郡全域に同道公州市の一部と忠清北道清原郡の一部を加えて，2012年7月1日に発足した。面積465km²，人口11万9822(2013年7月末現在)。市名は賢君の誉れ高い朝鮮王朝第4代国王▼世宗にちなんで選定された。特別市・広域市と同様，道から独立しているが，区制は敷いていない。この地域はかつて朴正熙政権が軍事境界線に近いソウルからの首都移転先に想定していたが実現せず，のちに首都圏への一極集中打開をめざす盧武鉉政権によって再浮上した。しかし，この遷都計画は，憲法裁判所の違憲判決で挫折したため，代替策として政府行政機関の一部移転による行政中心複合都市の建設が決まった。新設の政府総合庁舎には，14年までに9部・2処・2庁(それぞれ日本の省・局・庁に相当)を含む36の中央行政機関と16の国策研究機関の移転が予定されており，12年には第一段階として国務総理室のほか，企画財政部など4部が移転した。当面，教育・文化・先端産業などの機能も併せもつ人口50万規模の自足型複合都市をめざしており，外郭地域には産業団地がいくつも造成されている。また，国土のほぼ中央に位置し，広域交通網の整備によって国内全域と2時間以内で結ばれることになるほか，▼大田，広域市や忠清北道▼清州市と連携した忠清圏興隆の核心地としても注目されている。
　　　　　　　　　　　　　　　　　　佐々木 史郎

せつがくさん｜雪嶽山｜▷ソラク山

せっくつあん｜石窟庵｜석굴암
韓国，慶尚北道慶州市，▼仏国寺の背後の吐含山山頂にある石窟寺。新羅景徳王10年(751)宰相金大城が仏国寺の付属石窟として建造したと伝える。自然の巨石を背

にして花コウ岩を積み上げて築いた石窟で，内部は前室・扉道・主室の3室からなる。ドーム状に築き上げた主室には，本尊丈六如来形像を安置し，周囲の構成は格狭間(こうざま)をもつ須弥壇上に，仏像の浮彫をパネル状に円形に並べ，上方ドーム下に10の仏龕(がん)を設け，本尊の後壁と天井には大蓮花を施す。パネルの仏像は，本尊後方中央に十一面観音像，左右に菩薩，天部，羅漢像が侍立し，前室両側壁に四天王像，八部衆，仁王像を並べ，仏龕中には文珠，維摩(ゆいま)などの座像を安置する。これらは新羅の仏教美術のうち最も注目すべき作品群である。主室天井の外側は土で覆われていたが，植民地時代のセメントによるコンクリート補修を含め，数度の改修が行われ，前室部には近年木造の覆いや空気調整装置を設けて内部を保護している。
宮本 長二郎

●石窟庵│図側面図・平面図

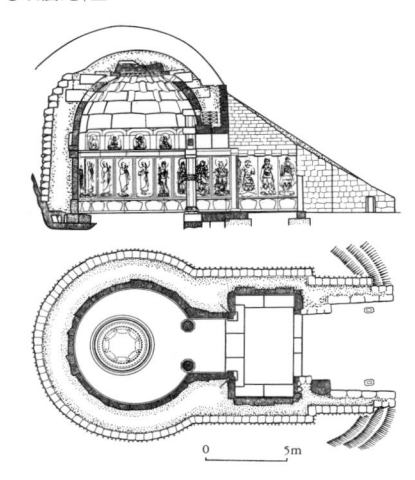

せっそう│薛聡│➡ソルチョン
せったい│接待│➡もてなし
セマウルうんどう│セマウル運動│새마을운동
1970年代に韓国で始められた新しい村づくり運動。朝鮮語でセマウルsae-maulは〈新しい村〉を意味し，農民の意識の活性化による遊休労働力の動員から出発し，社会資本を充実させ，農村の近代化，農家所得の増大，農業生産力の拡大を図ることをねらいとした。1970年，朴正熙(パクチョンヒ)大統領の指示にもとづき，〈自助・自立・協同〉のスローガンのもとに主に農民の自己負担により農閑期の生活環境改善事業が開始された。72年に運動の推進機構が全国的に整備されるとともに，スローガンも〈勤勉・自助・協同〉と変更され，朴政権の〈維新体制〉を支える重要な柱となった。セマウル運動の背景として，工業化の進展と対照的な農村の停滞，朝鮮民主主義人民共和国との農業部門での対抗関係，〈維新体制〉への農民の結集の必要などがあげられるが，最後の国民統合の側面は都市セマウル運動，工場セマウル運動という形で農村から都市へ波及した。セマウル運動の結果，農村には生産と消費の両面から商品経済が急速に浸透し，農家所得の増大，米の自給達成などの成果が表れ，国際的にも注目を浴びることになった。
➡都市化
金子 文夫

●セマウル運動
1972年5月，大韓民国発行の切手。屋根の改良(スレート化など)，農業機械化，道路整備などの図柄。セマウル運動により村の景観も変貌したが，若年労働力の都市への流出は食い止められないでいる。

せん│塼
粘土を焼いて煉瓦のようにつくったもの。墳墓や建造物などの用材の一部として使われた。朝鮮では楽浪郡治址などにおいて最初にみられる。そこでは，墳墓の用材のほか歩道の塼敷にも使用された。三国時代には百済で中期に塼築墳がみられ，武寧(ムリョン)王陵では，蓮華文様の塼を多く使って墓室の壁面を飾っているが，中国南朝様式を踏んだものである。塼は，三国時代以後，仏教寺院の造営が盛んになってから，寺院の壁面や床面を飾る文様塼が本格的につくられはじめた。百済では，扶余の窺岩里で出土した鬼面文，鳳凰文，蓮華文などの優美な文様で飾った方形の塼敷が著名である。百済ではまた，蓮華文を刻んだ箱形塼もあ

●塼
上－宝相華文塼．慶州の臨海殿址出土．新羅
下－鬼面塼．慶州の雁鴨池出土．新羅．ともに国立慶州博物館蔵

る．統一新羅時代に入って慶州の寺院跡や宮殿跡からは，しばしばみごとな方形の宝相華文塼がみられるが，それには側面にも唐草文や双鹿文などを刻んでいる．塼は塔の用材としても使われ，慶尚北道仏霊寺の塼塔の用材には仏像や塔を刻んだ珍しい例がある．そのほか，慶州の四天王寺出土の彩釉四天王浮彫像のある塼は大型で，基壇の化粧材として使われていた．日本の塼は朝鮮から伝えられたもので，百済系や新羅系のものが出土している．　　　西谷 正

せんうき｜鮮于煇｜▶ソヌ・フィ
せんがいそぶん｜泉蓋蘇文｜▶チョン・ゲソムン
せんぐんせいじ｜先軍政治

▶金正日〔キムジョンイル〕による軍重視の政治方式．金日成死後，朝鮮労働党中央委員会の地位低下が指摘されていたが，1998年9月の憲法改正によって，ついに▶国防委員会（金正日委員長）を中心とする〈軍重視の国家政治体制〉が誕生．ソ連・東欧における社会主義体制の崩壊や93-94年の核危機を教訓に，国防委員会が，労働党と軍隊と人民の〈渾然一体〉を基礎に，最高指導者を擁護し，銃隊で社会主義を守ることが先軍政治の原点

〈先軍〉概念の整理は継続的に進められたが，60年8月金日成の朝鮮人民軍柳京洙第105戦車師団への現地指導に同行したことで金正日による〈先軍革命領導〉が始まり，金日成死後の95年元旦の〈タバクソル哨所〉（朝鮮人民軍第214軍部隊）視察をもって〈先軍政治〉を開始したとされる．2009年4月の憲法改正で〈先軍思想〉が〈主体思想〉と並ぶ国家の指導的指針とされた．金正恩政権下では，非軍人が朝鮮人民軍総政治局長に就くなど，〈朝鮮労働党が領導する先軍政治〉の方針が顕著なものとなった．　　　礒﨑 敦仁

ぜんこくだいがくせいだいひょうしゃきょうぎかい｜全国大学生代表者協議会｜▶学生運動
ぜんこくりいせき｜全谷里遺跡｜▶チョンゴンニ遺跡
せんごほしょうもんだい｜戦後補償問題

第2次大戦中にこうむった被害に対して，韓国や北朝鮮（朝鮮民主主義人民共和国）の人々が日本政府に対して謝罪と補償を要求している問題．1965年に締結された〈請求権および経済協力に関する協定〉で，韓国政府はいっさいの対日請求権を放棄した代りに，〈対日民間請求権補償法〉を作って，韓国政府が日本政府に代わって植民地支配や戦争の被害者に補償をした．しかし，その範囲が狭く，金額も少なかったため，批判する人が多かった．そうした人々によって，73年に〈太平洋戦争遺族会〉が結成された．韓国人被爆者やサハリン残留韓国人関係者も団体を結成し，対日補償要求を掲げて運動を展開した（▶被爆朝鮮人，▶サハリン朝鮮人）．一方，82年の〈▶歴史教科書問題〉を契機として朝鮮植民地支配に対する謝罪と補償の必要性を感じる日本人が増えた．87年に日本で〈台湾住民であった戦没者の遺族に対する弔慰金に関する法律〉が制定されると，太平洋戦争遺族会は88年に〈太平洋戦争犠牲者遺族会〉と改称して再発足し，犠牲者に対する公式の謝罪と応分の補償などを要求した．日本では89年から〈朝鮮植民地支配の謝罪・清算を求める国民署名運動〉が展開された．

1990年，太平洋戦争犠牲者遺族会は，韓国政府に対して問題解決のための外交的努力を要請する一方，日本政府を相手どって

裁判を起こす計画を立てた。この年，来日した▶盧泰愚ノテゥ大統領が日本政府に対して犠牲者名簿の調査を要請すると，日本の官民がこれにこたえた。また，同年に〈慰安婦〉問題が提起され，〈韓国挺身隊問題対策協議会〉(挺対協)が中心となって，謝罪や補償などを要求するようになった(▶日本軍慰安婦)。〈慰安婦〉問題について，92年に訪韓した宮沢喜一首相は謝罪をしたが，補償問題は65年に締結された先の〈協定〉で解決ずみとの見解を変えなかった。このような中で，同年，元〈慰安婦〉と元女子勤労挺身隊員の10人が謝罪と補償を求めて提訴し，98年に〈国の立法不作為〉が認められるも(下関判決)，2003年に最高裁は控訴を棄却した。また，別の元女子勤労挺身隊員ら3人は，不二越に未払い賃金などを求めて提訴，不二越が〈和解金〉を支払う形で2000年に最高裁で和解した。さらに，旧日本軍の軍人・軍属として死亡したり障害を負ったりした在日外国人とその遺族が援護法の適用を求める裁判をおこしたことに対しては，一時金を支給する〈平和条約国籍離脱者等の戦没者遺族等への弔慰金等支給法〉が2000年に成立したが，当事者の不満は解消されていない。これら以外にも，韓国・朝鮮人元BC級戦犯の補償問題など未解決の問題があるが，90年代に入って，謝罪や補償を求める韓国朝鮮人・日本人と，謝罪や補償は必要ない，むしろしない方がいい，という日本人との間で，論争が起こり，現在に至っている。

2011年，韓国大法院は元徴用工の訴えに対して，〈個人請求権は消えていない〉という判断を初めて示した。それによって，13年，新日鉄住金と三菱重工業に損害賠償が命じられた。これは，これまでの国家間の合意をくつがえすものであり，対立の回避に知恵をしぼることが求められている。なお，北朝鮮との間では国交がないため，補償問題は残されたままになっている。

高崎 宗司

せんじもん｜千字文
中国の字書の名。南朝梁の武帝が周興嗣(?-520)に命じ，王羲之の書の中から1000字を選び，すべて4字1句の重複のない押韻対偶の文に仕立てさせたものという。朝鮮で

●千字文

現代の韓国で民間の識字用に使われている《千字文》．漢字の下にハングルで訓と音(横書き)がふられ，また成句(たとえば〈天地玄黄〉など)の字義が絵の上に縦書きで講釈されている．

も識字教科書として用いられ，6歳ころから学び始め，次に《類合》(朝鮮王朝前期)，▶《童蒙先習》(同後期)などに進んだ。家庭・家塾または書堂(寺子屋)などで，口伝により訓と音を学んだ。現在，韓国の学校教育では用いられないが，民間では識字用として今でもみられる。15世紀半ばにハングルが創製されて半世紀後ころには，ハングルで訓と音が，各字の下に付され始める。訓は文脈によらぬため異なり，現在大きく3系統存するが，学派の違いによるらしい。盛行するのは，名筆韓濩(号石峯)揮毫にかかる1583年刊の官版であるが，法帖として日本でも江戸時代の和刻がある。口伝は方言によったらしい。なお，朝鮮人撰の《千字文》もある。また，《千字文》の配列による漢字は官庫や大蔵経函の番号や田畑の地番にも用いられた。

藤本 幸夫

ぜんしゅう｜全州 ➡チョンジュ

●瞻星台
新羅時代の天文台と目される慶州市仁旺洞の瞻星台。高さ9.27mの頂上部の井形石組みの上に屋倉を建て、観測器を置いたと想像される。7世紀。

せんせいだい｜瞻星台｜첨성대
韓国、慶尚北道慶州市にある、新羅時代の石築建造物。チョムソンデ。王城のあった半月城の北西に位置し、高さ9mあまりの徳利形をした円筒石造物である。中央部に正方形の窓が開かれ、上端には方形の石組みがある。善徳女王代(632-647)に瞻星台を築いたという《三国遺事》の記事があり、この石造物がそれにあたると考えられている。天文観測に使用されたとする見方が有力であるが、祭壇説などもあり、定説がない。
木村 誠

せんそ｜宣祖｜➡ソンジョ
ぜんとかん｜全斗煥｜➡チョン・ドゥファン
せんぱんもんだい｜戦犯問題｜➡朝鮮人戦犯
ぜんほうじゅん｜全琫準｜➡チョン・ボンジュン
せんみん｜賤民
賤民は古代から存在するが、高麗時代までは公私の〈奴婢〉が大部分を占めていた。公奴婢は官衙に所属し、私奴婢は貴族のほか農民にまで所有され、さまざまな労働を強制された。かつて、高麗時代に広範に存在した〈郷〉〈所〉〈部曲〉を集団賤民とする説が有力であったが、現在ではほぼ否定されている。朝鮮王朝時代になると社会発展による職業分化の中から、職業と結びついたかたちで〈七般公賤、八般私賤〉などとよばれる多様な賤民が析出され、厳しい差別に苦しんだ。しかし法的規定と社会通念には多くのずれがあり、社会通念にも幅があって一律な賤民規定は難しいが、おおむね次の7種が賤民と認められる。

①〈白丁〉 賤民の代名詞であり、屠殺や柳器匠などに従事する被差別民。②芸人才人(広大ともいう。〈クワンデ〉やサダン(捨堂、寺党などと書く。〈ナムサダン〉)。③巫覡 男女のシャーマン(〈シャマニズム〉の項目参照)。④喪輿軍 葬礼の柩かつぎ、墓掘り人夫。⑤僧尼 朝鮮王朝の排仏策から生まれ、最下層に北部地方に居住した在家僧がある。⑥〈妓生〉 官衙に所属し、歌舞音曲や売春などを業とし、針線婢、医女としても官衙で使役された。⑦公私の奴婢 賤民の中で最大のものであり、全人口の10〜数十%程度が存在したと推定される。公奴婢は中央・地方の官衙に所属し、私奴婢は両班など私人に所属して売買・譲渡の対象であった。

同じく賤民とはいっても奴婢と白丁などとの間には越えがたい溝があった。奴婢は良民と連続性をもっていたのに対し、白丁などにはそれが欠けていた。奴婢の場合、子どもの身分が法的制限を受けるなどさまざまな規制はあったものの、事実上、良民との通婚は社会的にも法的にも認知されていたのだが、白丁などにはまったくその道が閉ざされていた。また白丁などが一般村落に居住することを制限され、特定の職業に固定されて蔑視にさらされるなど強い差別を受けたのに対し、奴婢にはそのような制限がなかった。奴婢は一般村落の住民であり、法的行為の主体でもあって、一般良民とそれほど差異のない存在であった。事実、多くの奴婢は売位売官、自贖(自分で身分を買い取ること)、逃亡、虚偽などさまざまの手段で良民に上昇し、まれには両班にまでなった。こうして朝鮮王朝末期には奴婢人口が急激に減少することになった。

1801年には公奴婢が解放され、94年の甲午改革で賤民全体も身分解放されたが、偏見は強く残り、白丁は〈衡平運動〉で解放のための闘いを行った。その後、朝鮮戦争と近代化による社会変動の中に彼らも姿を没した。➡身分
吉田 光男

ぜんらどう｜全羅道｜➡チョルラ道
せんりま｜千里馬｜➡チョンリマ

そうけいしゅう｜曹渓宗｜조계종

仏教の一宗派。チョゲジョン。高麗時代の十一宗, 朝鮮時代の七宗の一。1945年解放後に発足した大韓仏教曹渓宗の略称。宗祖は新羅末に唐から禅宗をもたらした道義トゥィ国師。曹渓の名は, 中国禅宗第六祖慧能ェノゥの別号曹渓に由来する。1205年普照国師知訥チヌルが, 新羅以来の禅門九山を統合して開いた曹渓山修禅社(現松広ソングヮン寺)を, 曹渓宗の淵源とする説がある。しかし, 1172年建立の大鑑国師坦然タニョン碑文にすでに曹渓宗の名が刻まれており, 宗派としての曹渓宗が12世紀以前に存在したことは明らかである。高麗を代表する宗派として教勢を保ったが, 朝鮮太宗代以後の抑仏政策によって衰退。15世紀には宗名さえ失われた。1910年韓国併合後, 朝鮮仏教は, 朝鮮総督府が発布した寺刹令(1911)によって禅教両宗三十本山に整理されたが, 41年太古テゴ寺(現曹渓チョゲ寺)を朝鮮仏教総本山とし, 宗名を朝鮮仏教曹渓宗と定め, 総督府の認可を得た。45年解放後, 韓国仏教曹渓宗と改号して再出帆。53年以後, 日本仏教の悪影響として妻帯僧を追放する〈浄化運動〉をくり広げる非妻帯派と妻帯派とが分裂, 互いに争ったが, 62年両派を統合した大韓仏教曹渓宗が新たに出発した。以来, 韓国最大の仏教宗派としての地位を保つ。宗立教育機関として東国トングク大学校のほか, 全国に多数の高校, 中学校がある。 ⇒太古宗

長森 美信

そうさくとひひょう｜創作と批評

文学を中心とし, 歴史, 民俗, 経済, 美術などに深い関心を示した韓国の季刊誌。1966年1月(冬号)に創刊, 80年6月通巻56号をもって, 政府による雑誌の統廃合施策のため終刊させられた。文学を政治から隔離しようとする〈純粋文学〉の閉鎖性に対し, 同誌は一貫して批判的立場をとり, 文学者の社会的責任を追及した。小説では朴泰洵, 方栄雄, ▶黄晳暎ファンソギョン, 李文求, 辛相雄ら, 詩では▶金洙暎キムスヨン, 申東曄, 申庚林, 李盛夫, 趙泰一といったいわば社会派文学者が次々と問題作を同誌に発表した。創刊号から14号まで編集人をつとめ, 後期にも発行兼編集人であった▶白楽晴ペンナクチョンは同誌の中心人物であり, 批評部門を廉武雄ヨムムウン(1941-)とともに切り開いた。同誌を軸に1974年設立された〈創作と批評社〉は創批新書, 創批選書など活発な出版活動により民衆文化運動の一中心となっており, 85年10月に不定期刊行の形で同題の《創作と批評》1号を発刊したが, 当局は廃刊処分誌の復刊は違法として出版社自体の登録取消しを通告したため, 言論界に波紋を投げた。88年春に復刊が実現した。

大村 益夫

そうしかいめい｜創氏改名

日本の植民地支配下で, 朝鮮人から固有の姓を奪い, 日本式氏を名乗るよう強いた政策。1936年朝鮮総督に就任した▶南次郎が真っ先に決意した朝鮮統治の目標は, 〈第一に朝鮮に陛下の行幸を仰ぐことで, 第二は朝鮮に徴兵制度を引くこと〉であり, 〈南統治の一切はすべてこの目標の下に計画され, 推進された〉と明記されている(《南総督の朝鮮統治》1942, 伝記《南次郎》1957)。天皇はついに朝鮮の土を踏むことができなかったが, 朝鮮における徴兵制は42年5月8日の閣議で決定され, 44年4月以降, 約21万人の青年が徴兵検査を受けた。このような南の統治目標から考えると, 創氏改名はく日本軍の強さは, 同一民族のみで構成されているからだ〉ということを信条としてきた日本陸軍の, とくに南の徴兵制準備の一環であったといえるだろう。もちろん天皇制の強化もその中に入っていただろう。45年3月4日の内務省機密文書によれば, 〈創氏改名の結果如何〉という設問に対して, 総督府は〈徴兵制に実施せられたる今日(略)軍隊中に金某, 李某混じりたるに思いを致さば, その利弊(利害)また自ら明らかなるものなり〉(〈朝鮮台湾在住民政治処遇調査会〉1945.3)と述べている。

この徴兵制準備の一環として行われた創氏改名は, ①氏の創設, ②朝鮮人が日本式氏に名を改める道を開く, という二つからなっていた。従来, 朝鮮社会は男系血統とその血族団体を基本構成とし, 夫婦別姓であった。氏は家の称号であり, 姓は父系の血統を示す。また同本同姓不婚とする制があるが, 同本の〈本〉は▶本貫, つまりその始祖の地をさす。35年当時の総督府調査では, 金の本貫は115, 李の本貫は101, 朴の

● **葬式**

朝鮮王朝時代の両班の葬列。儒教では葬儀を盛大に行うことが子孫の重要な務めとされた。喪輿の行列には，銘旌旗(死者の生前の官職や姓氏を記す)や，雲翣翣(ウンプルサプ。雲模様と亜の字を書いた板)が立ち，また方相氏の面をかぶり，剣を持って邪鬼を追い払う下人たちもつき従った。

本貫は44あり，ほかの姓もすべて本貫をもっている。したがって結婚しても夫婦は別姓であり，子は父の姓に従うので，母子も別姓であり，一家数姓となるのが普通である。①はこの慣例を改め，戸主を中心とする家の観念を確立するものとされた。②は創氏に伴い日本式氏に改名するものとされ，①が全朝鮮人に適用するのに対して②の〈日本式氏をつけることは任意〉とされたが，末端では凄まじい強制があった。しかも届出期限が40年2月11日から8月10日までと短く，この期間内に届出ない者は〈ソノ時ノ戸主ノ姓ヲ以テ氏トナス〉と規定されており，創氏は法的規制であった。期間内に届出た者は約8割(約322万戸)，そのほか南・林など日本読みにすればよいというものを加えると，約9割になったと機密文書では述べている。創氏改名は日本の敗戦とともに終わったが，日本の氏を名乗らされたという屈辱の思いは終生消えることはないだろうし，また在日朝鮮人も多くは本名に復したが，そのときの創氏名をそのまま通名として使っている場合もある。その意味では，創氏改名はまだ完全に終わったとはいえないだろう。　　　　　　　　　宮田 節子

そうしき|葬式

伝統的な葬儀(葬事または葬礼)は儒式に従って行われ，死の直後の〈皋復〉(離れゆく霊魂を呼び戻す儀礼)に始まる。喪に服する人々の範囲は五服の制によって定められているが，その中心は直系の子孫たちである。喪主は死者の長男がつとめるが，嫡長男のいない場合には承重孫子(長男の長男)，次嫡子孫(次男)，妾出子孫の順につとめる。女性が喪主になることはなく，また夫が妻の，父や兄が子や弟の喪主になることもない。葬儀は近親者か親しい友人が護喪となってとりしきる。出棺は死後3日，5日，7日目のいずれかに行う。埋葬とそれに伴う儀式までを含めて初喪という。初喪の後屋外に特別の霊座を設けて位牌と遺影を安置し，毎月1日と15日に供物を供えて朔望奠をする。1年目の命日を小祥，2年目の命日を大祥といい，いずれも親戚や弔問客が集まって大きな祭りをする。大祥が済んで葬儀は完全に終了する。これを三年喪という。

棺を墓地に運ぶには喪輿を用い，相互扶助のための契の組織の人々がかつぐ例が多かった。身分制の厳しかったころは両班の喪輿は▶下人たちがかついだ。当時は下人たちには喪輿の使用が許されず，▶チゲ(背負い籠)にのせて運んだという。未婚者の場合には葬儀を行わず，とくに子どもの場合には父母が夜中にそっと埋めてしまう。

以上のような儒式の葬儀と並んで，死者の霊をあの世へ送り，祖先神に転換させるための巫俗式の死霊祭（チノギグッ）が行われることも多い。また南部の全羅道や慶尚道の島嶼部には，草墳をつくり，屍が骨だけになるのを待って埋葬する複葬の習俗もみられる。

伝統的には死は自宅で迎えるべきものであり，出先で迎える死は事故死や伝染病による死とならんで不浄なものとされていたが，1990年代ごろから病院で迎えるケースが急増した。葬儀も自宅ではなく，葬儀場で行うのが一般化した。それと並行して，従来は不浄な死を迎えた場合に行われていた火葬が一般化している。→墓／祖先祭祀

嶋 陸奥彦

そうじれつ | 宋時烈 →ソン・ショル
そうぞく | 相続

朝鮮では高麗時代末から朝鮮王朝時代の初めにかけては子女均分の財産相続が一般的であり，15世紀末に完成された《経国大典》(1485)においても，男女および出生順位に関係なく，均分の原則が規定され，このほかには祭祀継承者に対してのみ5分の1の加算が認められていた。しかし父系血縁が重視され，祖先祭祀の継承による系譜の継嗣が強調されるに伴い，祖先祭祀の対象が拡大され，しかも嫡長子に奉祀が集中するようになると，嫡長子に対する祭祀のための財産相続が大幅に加算される傾向が顕著になった。こうして朝鮮王朝時代後期には均分相続の原則は実質的に崩れはじめ，王朝末期には男子のうちでもとくに長男を優待した相続慣行が一般化していた。この男子優待の慣行は日本統治時代を経て，今日の大韓民国の民法の戸主相続と財産相続の規定にも引き継がれている。朝鮮民主主義人民共和国では，男女平等権法によってこのような慣行はなくなったとされている。

伊藤 亜人

そうちんう | 宋鎮禹 →ソン・ジヌ
ぞうとう | 贈答

朝鮮社会では贈物のやりとりはあまり行われない。朝鮮王朝時代には王から臣下への端午の日における端午扇（°扇）の下賜というような形態で上から下への贈物があったが，現在，一般に贈物は若者や目下の者が老人や目上の人に一方的に行うのが常である。したがって老人や目上の人は一方的に受けるだけであって，交換(贈答)の観念は弱い。贈物を受けた場合にはすぐにそのお返しの品物を贈ることはせず，時間的にもかなり経ってから，しかもまったく質を変えて返す。そのため贈答が賄賂の意味に近くなることがある。相手に贈物をする場合には，その贈物についての説明はもちろん，〈どうぞ〉という言葉もなく，無言で置いておく。それを受ける方もそのことに関する特別な挨拶はしない。これは昔からの習慣で，家庭を訪問した場合にみやげや贈物は客の手でその家の祭壇に奉じられ，その家族に贈るというよりは祖先にささげるものであって，その家人との直接的な挨拶言葉は必要なかったからであろう。最近の韓国では，旧正月や秋夕（旧8月15日），誕生日などに贈物をする習慣が都市部などで行われつつあるが，その際も贈物を部屋の片隅にそっと置いていくのが一般的である。

崔 吉城

そうばんしょく | 曺晩植 →チョ・マンシク
そうへいしゅん | 宋秉畯 →ソン・ビョンジュン
そうほうがん | 曺奉岩 →チョ・ボンアム
ソウル | 서울

大韓民国の首都。朝鮮語でソウルは首都の意。漢字語でないため，中国語向けにく漢城〉という表記が使われてきたが，2005年にソウルに音を似せたく首爾（首尔）〉という表記に改めた。面積605km²，人口1015万4180(2013)。朝鮮半島の黄海側，中部西海岸寄りにあって，京畿キョン湾に注ぐ°漢江ハン下流の盆地に位置する。旧市街は四方を山に囲まれ，夏の平均気温は25.7℃，冬の平均気温は2.4℃と寒暑の差が大きく，内陸性の気候を示している。日本でほぼ同緯度にある福島や新潟と比べると，夏の気温はほぼ同程度であるが，冬は4-5℃ほど低くなる。北と南に，それぞれ°北漢ブカン山(836m)・北岳山と南漢ナマン山・冠岳クァナク山(629m)などがそびえ，また，中央部を漢江が東から西へと流れて自然の要害をなす。朝鮮王朝の太祖，李成桂ソンゲが1394年に，ここを王都に定めて以来600年以上にわたって，政治・経済・文化・軍事・交通の中心地となり，現在も特別市

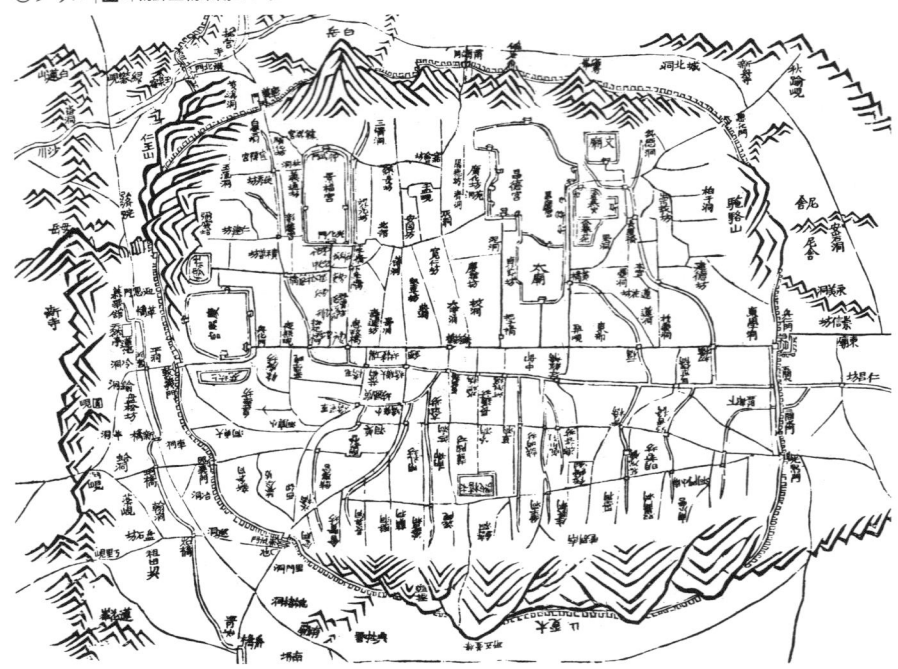

● ソウル ｜図1｜朝鮮王朝末期のソウル

《大東輿地図》(1861)に描かれた朝鮮王朝末期のソウル城内。盆地を囲む山を利用しながら城壁で取り巻く典型的な朝鮮式の囲郭都市である。地図にみえないが、北側(地図上部)には三角山を利用した北漢山城とよばれる逃げ城(山城)をもち、南側は漢江である。城壁には東西南北の四大門のほか、いくつかの小門、水門、城内には三つの宮殿と文廟、太廟などをもつが、条里制などの明確な都市計画にもとづいたものではない。植民地時代に城壁の大部分は壊されたが、現在一部は復旧された。今日のソウル市は漢江の南(江南)に大きく発展しているが、旧城内は現在も中央官庁などがあり、江北の中心である。

として大きな位置を占める。
[歴史] ソウルの歴史は先史時代にさかのぼり、南東郊外の漢江の左岸地域には、旧石器・新石器(櫛目文土器)・青銅器(無文土器)各時代の遺跡が残る。同地域の風納洞土プンナプトン城は、中国、魏の帯方郡治跡、もしくは三国時代百済の都城と推定される。《三国史記》によると、そのころ慰礼ウィレ城ないしは漢山ハンサン、漢城ハンソンなどとよばれた。その周辺には、石村洞ソクチョンドン古墳群など百済前期の墳墓群が知られる。統一新羅時代に入ると、全国九州のうちの漢山州に編入されたが、景徳王代の8世紀の中ごろには漢州に変わり、その付近を漢陽ハニャン郡とした。京畿道北部の開京ケギョン(現、開城ケソン)に首都をおいた高麗時代には楊州ヤンジュと改められたが、その後、南京ナムギョン(高麗王朝の別宮がおかれた)、漢陽府と変遷し、さらに朝鮮王朝時代には漢城府と改称された。このとき首都として大きく発展したが、その名残りを故宮や城門にとどめている。

朝鮮王朝時代、ソウルは漢陽または漢城とよばれた。高麗時代の王都だった開城からこの地に遷都した理由は、すでに地徳の衰えた開京(開城)にとどまっていては繁栄できないとする▶風水説によったとされており、太祖自身風水にすぐれた土地を求めてあちこち旅したという。ソウルは周囲を

山岳で囲まれた天然の要害であり，また南山を隔てた漢江により黄海および内陸方面への水運が便利な交通の要衝地であった。漢城は，四方が城壁で囲まれた城郭都市で，ソウル盆地を囲む山の尾根に沿って築かれた城壁の総延長は18.5kmに達した。およそ20km²の面積を有する城内には，景福宮キョンボックン，昌徳宮チャンドックン，昌慶宮チャンギョングンなどの宮殿，李王家の位牌をまつる宗廟チョンミョなどが造営された。また，景福宮へ通ずる大路沿いには官庁街が建設されたほか，鍾路チョンノの目抜き通りを中心に，住民の消費生活をまかなう官設の商店街も設けられた。なかでも高級布・紙・魚介など特定商品の独占的な販売権を付与された御用商人たちは六矣廛ユギジョンとよばれる大規模な店舗を構えていた。住民(王族，官吏，商工人，奴婢)のほとんどが城内に定住したが，一部は城外に住んだ。城外一里までは漢城の管轄下におかれ，城内，城外を問わず京兆五部とよばれて，東西南北の四大門を通じて厳重な監視のもとに出入が許された。漢城の人口は初期の10万人前後から王朝時代を通じて20万人前後に倍増した。王朝末期の大院君時代には，豊臣秀吉の朝鮮侵略の際に焼失した景福宮の再建や行宮(別荘)として使用されていた徳寿宮トクスグンの改築などが行われ，王朝最後の威容を誇った。

1910年，日韓併合と同時に漢城は京城キョンソンと改称された。京城は日本の朝鮮に対する植民地支配の拠点として，朝鮮総督府，朝鮮軍司令部，朝鮮銀行，東洋拓植株式会社などが設置される一方，京城を起点とする道路や鉄道網(京仁鉄道，京釜キョンブ鉄道)が整備

【ソウルの史跡など】
●景福宮―李朝(朝鮮王朝)の王宮。1394年開城からの遷都とともに造営を開始，翌年落成。1592年豊臣秀吉の侵略(壬辰倭乱)の際に焼失。現存の宮殿は王朝末の大院君政権下で落成。慶会楼，勤政殿などの建物は前庭や曲水池などとともに，長方形と正方形の幾何学的組合せで目をひく。植民地期の1920年代には景福宮内に朝鮮総督府の中央庁が建てられ，正門の光化門が取り払われようとしたが，柳宗悦らの反対によりかろうじて残された。現在，景福宮内には国立民俗博物館や国立中央博物館が設けられ，学術院や芸術院も置かれて，中央庁も86年歴史博物館に模様変えされて開館した。博物館に転用された旧総督府庁舎は，金泳三政権下で95年8月から解体作業に着手。また，景福宮も，10年代に日本によって破壊・移転された建物の復元工事が90年代後半から行われた。●徳寿宮―王朝の王室の別宮として長く慶雲宮とよばれた。王朝末の1907年高宗の長寿を祈願して徳寿宮と改称。周囲の貞洞にはイギリス公使館やロシア公使館が建てられ，王朝末期の政治変動の舞台となった。現在は市庁前の大漢門や古宮内の中和門，中和殿などと伝統的な建物とともに，朝鮮最初の西洋式建築の石造殿があるが，これは今は国立現代美術館となっている。●昌徳宮―王朝初期の1405年離宮として造営されたが，壬辰倭乱で焼失。光海君時代の1611年に再建，1910年の韓国併合まで長く王宮として使用された。仁政殿などの2層構造はそのカラフルな色彩感覚とともに，王朝建築の壮麗さを伝える。●秘苑―昌徳宮の背後に広がる庭園。自然の山地を利用し，方池に円形の島を浮かべた宙合楼前庭など，借景としての自然と人工の調和が美しい。●昌慶苑―秘苑に隣接する。15世紀初めの世宗代に寿康宮として造営されたが，その後昌慶宮とよびならわされた。王朝末の1907年に動物園，のち植物園，遊園地などが設けられて市民に親しまれてきた。86年には復元工事が終わり，再び昌慶宮と改称された。

●東大門・南大門―ソウルの代表的な城門。東大門の正称は興仁之門，南大門は崇礼門。南大門は壬辰倭乱にも焼失せず，王朝500年の偉容を誇り，韓国の国宝第1号。東大門は南方の釜山に通じ，南大門は北方の義州に通じる。現在は門の周囲に広がる東大門市場や南大門市場が有名で，ソウルの衣と食をまかなう中心点である。●南山―ソウルの鎮山ともいうべき山で，ソウルの南側の城壁をなし，王朝時代にはのろし台などを եっせた。標高265m。現在は全域が南山公園となっている。植民地期に朝鮮神宮があった場所には，金九の銅像や安重根の記念館が建てられている。頂上の南山タワー(高さ135.8m)から展望することは，かつては国防上の理由から許されなかったが，現在は可能(ただし写真撮影は禁止)。●パゴダ公園―かつては王朝の古宮内に位置し，王朝王室の護寺であった円覚寺の跡地。現在は大理石13層塔や亀碑石などを残すが，パゴダの名称はこの塔にちなむ。燕山君がこの円覚寺を妓生キーセンの養成所にしたことは有名。1919年の三・一独立運動はここを中心に広がった。すぐ裏手に33人の民族指導者の集まった泰和館(明月館支店)があった。90年代にタプコル公園と改称された。●明洞―ソウルの中心街。植民地期には明治町といった。明洞中央の丘の上にあるカトリックの明洞大聖堂がかっこうの目印である。多くのデパートや飲食店が集中する。●鍾路―王朝時代からの商業街。名称は東大門と西大門を結ぶ直線上の中央にある鍾閣に由来する。光化門から東に向かって街区ごとに一街，二街，三街などとよばれ，多くの銀行や商社などが集中する。●梨泰院―市の南部にある竜山区の在韓米軍基地周辺に発達した歓楽街。日本の立川や横須賀などの街に似た雰囲気があり，若者に人気がある。●新村―西大門城外の大学街。延世，梨花女子，西江，弘益大学校などが集中する。1980年代にソウルの都心と結ぶ地下鉄が開通し，繁華街をかかえる若者の町となった。

鶴園 裕

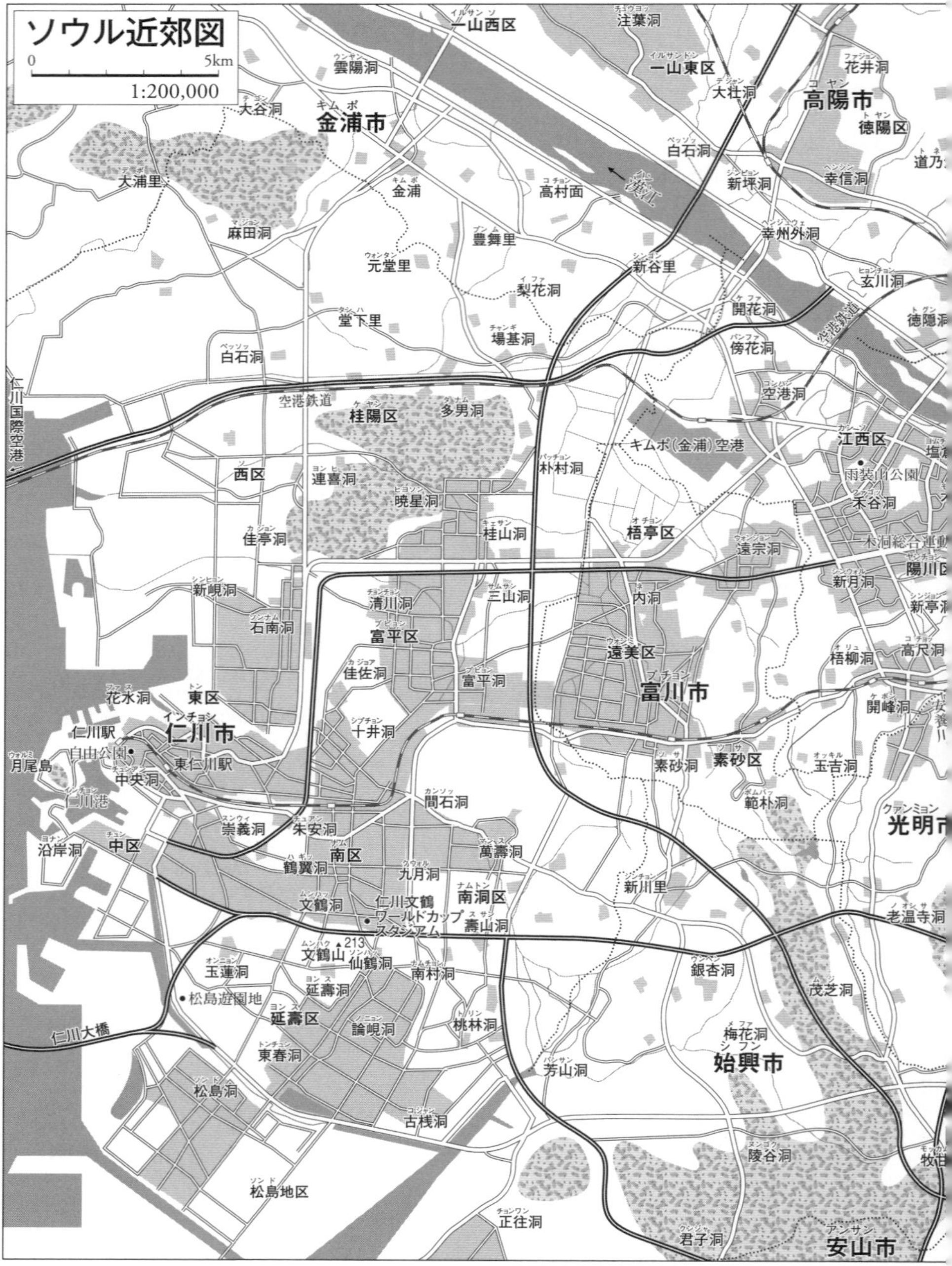
ソウル近郊図
0
5km
1:200,000
一山西区
注葉洞
雲陽洞
一山東区
花井洞
大谷洞
大壮洞
高陽市
金浦市
徳陽区
白石洞
道乃
大浦里
金浦
高村面
新坪洞
幸信洞
漢江
麻田洞
豊舞里
幸州外洞
元堂里
新谷里
梨花洞
玄川洞
堂下里
開花洞
空港鉄道
徳陽
場基洞
白石洞
傍花洞
仁川国際空港
空港鉄道
桂陽区
多男洞
空港洞
キムポ（金浦）空港
江西区
塩
朴村洞
雨装山公園
西区
連喜洞
禾谷洞
暁星洞
桂山洞
梧亭区
木洞総合運動
佳亭洞
遠宗洞
陽川区
新峴洞
三山洞
内洞
新月洞
清川洞
新亭洞
石南洞
富平区
遠美区
梧柳洞
高尺洞
佳佐洞
富平洞
富川市
花水洞
東区
開峰洞
仁川駅
仁川市
十井洞
自由公園
月尾島
東仁川駅
素砂洞
素砂区
玉吉洞
中央洞
仁川港
間石洞
範朴洞
崇義洞
朱安洞
光明市
沿岸洞
中区
萬壽洞
鶴翼洞
南区
九月洞
新川里
文鶴洞
仁川文鶴ワールドカップスタジアム
南洞区
老温寺洞
壽山洞
213
文鶴山
仙鶴洞
玉蓮洞
南村洞
銀杏洞
延壽洞
茂芝洞
松島遊園地
延壽区
論峴洞
桃林洞
仁川大橋
梅花洞
東春洞
芳山洞
始興市
松島洞
古桟洞
陵谷洞
牧
松島地区
正往洞
君子洞
安山市

そうる

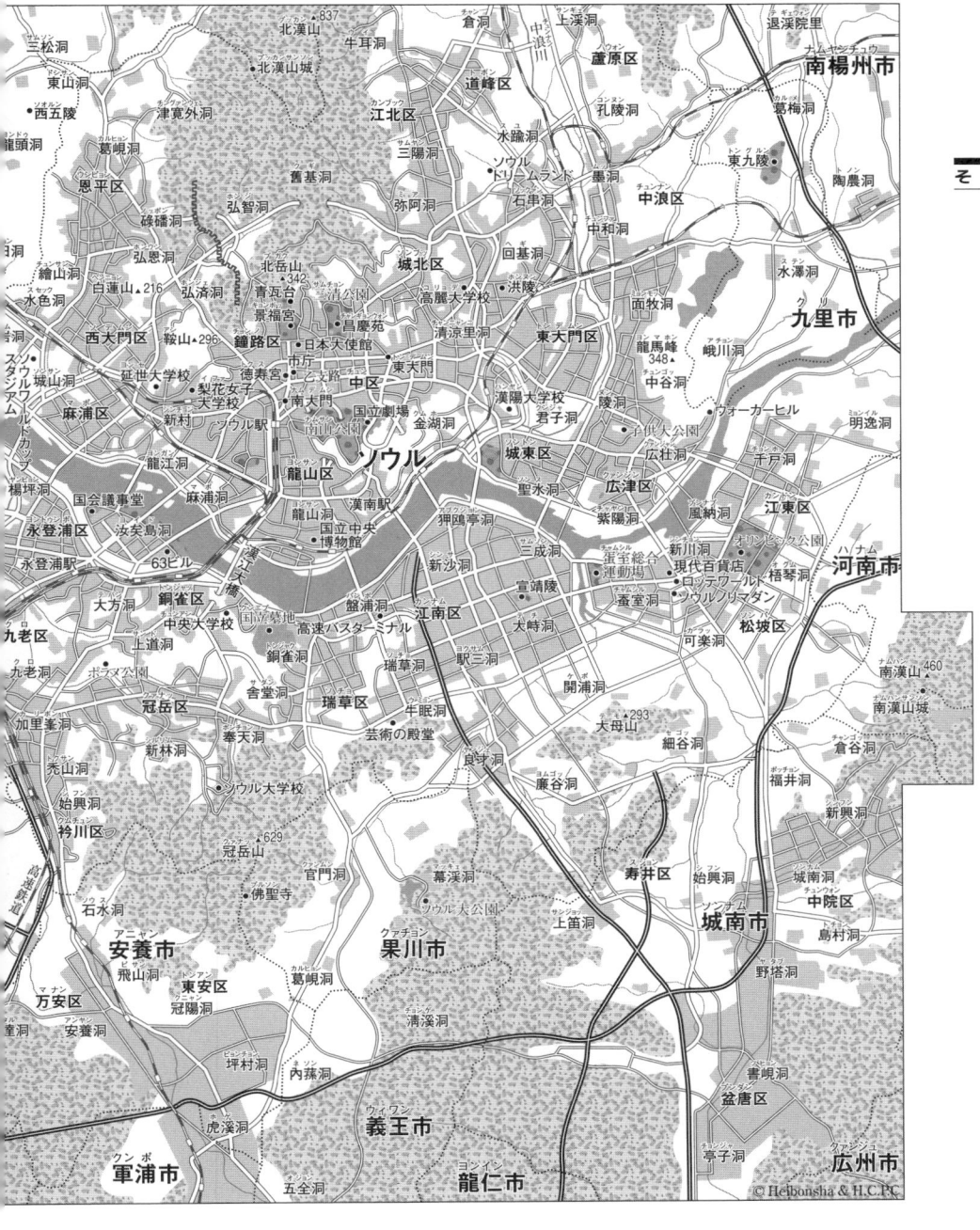

された。赤煉瓦造りの京城駅や朝鮮銀行，大理石や朝鮮の花崗岩をふんだんに使った総督府の西洋式の建築物が，在来のソウル市内の朝鮮家屋を威圧するようになった。城内の道路が拡張され，城外に広がった市域の道路網を建設するために，東大門ﾄﾝﾃﾞﾑﾝ，南大門ﾅﾑﾃﾞﾑﾝなど一部を除く城壁の大部分が撤去された。南大門外の京城駅（現，ソウル駅）からは北部地方，嶺南（慶尚道）・湖南（全羅道）地方，京城の外港仁川ｲﾝﾁｮﾝへ鉄道がのび，東大門外の清涼里ﾁｮﾝﾆｮﾝﾆ駅は嶺東（江原道）・太白地域，元山方面への発着点となった。植民地時代の後半には，工業の発達もみられ，漢江対岸の永登浦ﾖﾝﾃﾞﾝﾎﾟを中心に繊維，食品，ガラス，若干の機械工業がおこったが，これらの工業は朝鮮の民衆の生活上の必要からではなく，日本の中国大陸への侵略を支援する兵站ﾍｲﾀﾝ基地の建設という要請による側面が顕著であった。文化面では，日本の朝鮮統治の重要な側面である同化政策の一環として，教育が重視され，東京大学をモデルにして建物の配列の雰囲気までが似ていたとされる▶京城帝国大学（1924）をはじめ各種の専門学校などが設立された。また，1925年には南山中腹に▶朝鮮神宮が建てられ，参拝が強制された。しかし現実には，官庁や企業では幹部を日本人が独占するなど朝鮮人を差別し，南郊の竜山ﾘｮﾝｻﾝなどに日本人町をつくって朝鮮人とはかけはなれた生活を営んだ。こうして京城は植民地統治の中枢としての機能が強まっていったが，朝鮮人の反発も大きく，高宗の葬儀を契機として1919年3月1日，鍾路街のパゴダ公園（現タプコル公園）での独立宣言発表を皮切りに朝鮮全土に▶三・一独立運動が広まった。

1945年8月，日本の植民地支配から解放されると，京城はソウルと改称され，アメリカ軍政下に置かれた。46年京城は京畿ｷｮﾝｷ道の管轄からはずれ，ソウル特別市に昇格し，同年10月従来の日本式町名を一掃して新しい洞名を採用した。48年に大韓民国が成立すると同時にその首都となった。北緯38度以北を領土として独立した朝鮮民主主義人民共和国も72年まで憲法上の形式的な首都をソウルとし，平壤を臨時首都とよんでいた。1950年6月に朝鮮戦争が勃発すると，ソウルは南北両軍の争奪の対象となり，著しく破壊された（この間，政府は釜山などに移転）。53年の停戦条約の調印をまって，ソウルは韓国の首都として再出発した。

[**人口の膨張と市域の拡大**]　ソウルの人口は日韓併合後急速に増加し，1936年に60万人，42年には100万人を突破した。45年以後には日本，中国など海外からの帰還や北緯38度線以北からの流入も加わり，韓国政府樹立後の49年に144万に達した。朝鮮戦争後，ソウルへの人口集中はいっそう促進され，60年には245万人に膨張した。60年以降，朴正熙政権の工業化政策の進展によってソウルの人口膨張がさらに加速した。70年に553万人に倍増し，80年には800万を超え，世界的な巨大都市に成長，韓国の総人口の20％強を占めるにいたった。このように増加する人口を収容するため，それに伴って，ソウルの市域が次々に拡張され，京城時代の134km^{2}から49年に268km^{2}へ倍増，73年には現在の605km^{2}となった。ことに漢江以南の▶江南ｶﾝﾅﾑ地域の市域の膨張は著しく，漢江辺には高層アパートが立ち並び，漢江中州である汝矣ﾖｳｲ島への国会議事堂の移転や▶ソウル大学校の冠岳山麓への移転（ともに1975）は，首都ソウルのイメージを変えるものでもあった。政府はソウルへの過度の人口集中を防ぐために，工場や大学の分散による地方都市の充実，▶セマウル運動などによる農村振興政策を通じた農民の離村抑制などに努めたが，ソウルと地方都市の経済的・文化的格差が大きく，ソウルの膨張にはなかなか歯止めがかからなかった（▶都市化）。70年代には河川敷や丘陵地に密集する住民のスラム（板子村ﾊﾟﾝｼﾞｬﾁｮﾝという）を郊外に強制移転させたり，隣接する京畿道に城南ｿﾝﾅﾑ市をはじめとする衛星都市を整備したりしたが，就業・就学の場や商業施設，文化施設が集中し，生活の利便性にも格段に恵まれたソウルを指向する人の流れは続いた。またさらに多くの人口を吸引する江南地区の大規模開発や88年のソウル五輪を契機とした都市改造も加わり，80年代を通じてソウルは肥大化の道をたどり続けた。

しかし，こうして膨張を続けてきたソウルの人口も，1991年の1092万をピークに

漸減傾向に転じることとなった。それでも仁川広域市や京畿道の各都市への人口流入が続いていたため、首都圏人口は全体として増え続け、ソウル・仁川・京畿道の人口の合計が韓国の総人口の5割を占めるまでになっているが、韓国統計庁は2012年1月、ソウルからの流出の増大と仁川・京畿道への流入の鈍化により、首都圏人口が初めて純流出に転じたと報じた。その背景として少子化の進行、首都圏集中現象の緩和、ベビーブーマーの退職ラッシュ、深刻化する住居費の格差、交通網の整備による生活圏の拡大などが指摘されている。今後ドーナツ化現象の加速も予想されるが、ソウルの巨大な昼間人口は衰える兆しをみせていない。

谷浦 孝雄＋佐々木 史郎

[各地域の特徴] ソウルは区制がとられており、25区(2013現在)あるが、大きく旧城内2区、漢江以北城外の12区、漢江以南(江南地域)の11区の3地域に分かれる。旧城内地域の鍾路チョン区と中チュン区は韓国の政治・経済の中枢をなし、外国公館も多い。中央官庁は太平路テピョンに、また主要企業の本社、銀行は南大門路に集中していたが、1970年代に漢江中州の汝矣島が副都心として開発され、国会議事堂のほか、証券取引所、《東亜日報》そのほかの新聞社、放送局などが移転した。80年代以降は首都機能の分散が図られ、京畿道果川クァチョン、大田テジョン、世宗セジョンなどの各市へ政府機関の移転も行われており、首都の都心部としての性格も変化をみせている。東西の極に位置する東大門(衣類中心)、南大門(衣類、食品)両市場は韓国の商品相場を左右するといわれ、卸売と小売が混在する独特の風景をみせている。東大門付近には大規模なファッションビルが増え、観光客にも人気が高い。朝鮮時代以来の商業中心である鍾路一帯や、明洞ミョンドンから新世界シンセゲ百貨店、ロッテ百貨店にかけての繁華街が変わらぬ賑わいをみせているほか、個性的な変化によって人気を博している通りも多い。忠武路チュンムロには映画会社や映画館が集まり、70-80年代には映画の町として知られるようになった。現在は映画会社の多くが移転し、往時の雰囲気は薄れたが、2006年からは忠武路国際映画祭が

●ソウル 図2 景福宮

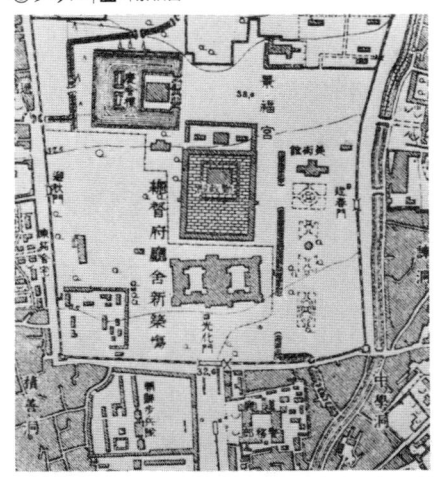

景福宮内に朝鮮総督府庁舎を新築中の地図。周辺に東拓(東洋拓殖株式会社)舎宅、朝鮮歩兵隊などの建物がみえる。総督府作成《一万分一朝鮮地形図》(1921)による。

催されている。またペットショップや動物病院などペット関連の業種が多いことでも知られる。60年代に都心部を東西に流れる清渓チョンゲ川を暗渠化してできた清渓路には衣類や電気部品の問屋街が形成されていたが、2005年の清渓川復元工事により、都心の親水空間として生まれ変わり、上を走っていた清渓高架道路も撤去された。古書や古美術、骨董品の店が並ぶ閑雅な通りだった仁寺洞インサドンは、伝統茶の喫茶店やギャラリー、カフェ、伝統工芸をモチーフとした土産物店などがふえ、伝統色を売り物にした観光スポットとして賑わうようになった。

江北の旧城外地域の住宅は一戸建てが多く、江南の漢江辺の高層アパート群と対照をみせている。江北の代表的な文教地区である西大門外の新村シンチョンには延世ヨンセ大学校、梨花イファ女子大学校などが集中しているが、地下鉄の開通(1983)とともに商業地としても脚光をあびるようになり、ブティックやカフェが並ぶ観光スポットにもなっている。美術・デザイン系の学生が集まる弘益ホンイク大学前の通りもギャラリー、アトリエ、ライブハウス、カフェなどが多く、

ファッショナブルなアートの町として人気が高い。

江南地域には，総合運動場や，全国の主要都市へ直行する高速バスの発着場など広大な敷地の施設がある。江南区を東西に走るテヘラン路には高層オフィスビルが林立し，韓国のビジネス・金融の一大中心を形成しているほか，地下鉄の三成駅の周辺にはコンベンションセンターや高層ホテル，ショッピングモール，仁川・金浦両空港との間にリムジンバスを運行する都心空港ターミナルなどが集積している。瑞草区には最高裁判所にあたる大法院や国立中央図書館，国立国楽院やオペラハウス・コンサートホール・美術館などを集めたく芸術の殿堂〉などがある。松坡区の蚕室地区は1988年ソウル五輪の際，メインスタジアムが開設されたところで，各種スポーツ施設のほか，屋内テーマパークのロッテワールドや漢江市民公園などレジャースポットも多い。江南地域の永登浦区から仁川市に連なる一帯は韓国最大の京仁工業地帯の一角を占め，食品，繊維，化学，機械などの工場が多数立地してきた。60年代に現在の九老区と衿川区にまたがる地区に造成された国家産業団地は縫製加工品，電子機器，雑貨など韓国の主要輸出品を生産する工場が集中していたが，2000年12月にソウルデジタル産業団地として改編され，韓国のIT産業の一翼を担うベンチャータウンとして面目を一新した。

江北城外地域の中でも城内と江南地域の中間にある竜山区は，旧日本軍の軍用地跡に在韓米軍や韓国軍の中枢部門が集中する独特の地域となっていたが，1988年に韓国陸軍本部が移転し，その跡地に戦争記念館が開館した(1994)。また，米軍基地の跡地には2005年に国立中央博物館が移転した。〈ソウルの秋葉原〉ともよばれる竜山電子商街や観光特区として外国人向けの店舗の並ぶ梨泰院などにも多くの人出がある。

ソウルの旧市内には朝鮮王朝500年の歴史的建造物と，王朝末期から植民地時代に建設された近代建築とが混在しているが，一方では70年代以降の経済成長のもとで都市景観の変容と市域拡大がもたらされた。

王朝末期，中国との事大関係を象徴した西大門外の迎恩門(中国からの使節を迎えた門)に代わって建設された西洋式アーチの独立門(1897年・独立協会の提唱により建設)が，高架道路の建設に伴って付近に移転され，その北方を中国国境に接する朝鮮民主主義人民共和国の新義州までのびる道路がく統一路〉と名づけられていることなどは，現代のソウルの変容を象徴的に示すものであろう。朝鮮王朝時代に李王家や両班貴族のみが享受した秘苑や隣接する昌慶苑は公園として市民に開放され，景福宮には国立中央民俗博物館と国立古宮博物館，徳寿宮には国立現代美術館が設置されるなど，文化施設として活用されている。植民地時代に柳宗悦が保存を訴えた光化門(景福宮の正門)は，朝鮮総督府庁舎の建設で移転させられたが，朝鮮戦争で焼失し，1972年に当時の中央政庁(旧総督府庁舎)の前に鉄筋コンクリートで再建された。その後，2006年から原位置に本来の工法で復元する工事が行われ，10年に完成，公開された。かつての・朝鮮神宮は解放直後にとりこわされ，現在はその一帯が南山公園となっている。植民地時代に威容を誇った建物のうち，1926年に竣工した旧朝鮮総督府庁舎は独立回復後，韓国政府の中央政庁として使用されたのち，一時国立博物館に転用されたが，95年に完全撤去された。26年竣工の旧京城府庁舎はソウル市庁舎として使用されたが，新庁舎の建設に伴い，修復工事をへて，2012年にソウル図書館として再出発した。1925年に建てられた旧京城駅舎はソウル駅舎として使用されたのち，2011年に芸術文化交流施設く文化駅ソウル284〉として生まれ変わった(284は同建物の史跡番号に由来)。旧西大門刑務所は1998年に西大門刑務所歴史館に改修され，歴史学習の場として公開されている。

ソウルは高速鉄道KTXをはじめとする幹線鉄道や高速バス路線網，国内航空路線網など，全国の交通の中枢を担っている。市内交通は，1960年代に市電が廃止された後はバスが中心だったが，74年の地下鉄1号線(ソウル駅前〜清涼里)開通につづいて2号線(84年．都心と江南を結ぶ環状線)，3号線(85年．

北西の旧把撥〜江南の良才），4号線（85年．北東の上溪〜江南の舎堂）と続々開通し，2013年現在，9号線までが営業している．また，首都圏の水原や，仁川方面のほか，天安や春川へも電車路線が整備され，ソウル通勤圏が拡大している．市域の拡大にともない西方の京畿道金浦郡にあった金浦国際空港は江西区空港洞として市内に編入された．2001年仁川国際空港の開港後，金浦は国内線専用となったが，02年のサッカーワールドカップ日韓共催を機に東京（羽田）との間に定期チャーター便が開設されて以来，順次チャーター便を含む国際線定期便が増設され，13年現在，東京（羽田），大阪（関西），名古屋のほか，北京や台北にも定期便が就航している． 佐々木 史郎

ソウル・オリンピック

1988年9月17日〜10月2日，ソウルで開催された第24回オリンピック夏季大会．アジア地域でのオリンピックの開催は64年の東京大会に次ぐもので，参加国と地域は160，参加人員は1万4553名，これまで最大規模だったロサンゼルス大会を上回り，史上最大規模となった．80年のモスクワ，84年のロス大会では，政治的対立から参加ボイコットがあったので，東西和合のオリンピックとしては，モントリオール大会以来12年ぶり，韓国は国力を世界にアピールする絶好の機会として万全の準備をして大会に臨んだ．しかし，84年以来南北共同開催を主張してきた朝鮮民主主義人民共和国（北朝鮮）は，ソウル単独開催に反対して参加しなかった．会期中，ボクシング競技でのレフェリー暴行事件，ドーピング問題などが起きたが，大会そのものは順調に進行し，財政的にも3億4900万ドルの黒字を記録した．メダル獲得数ではソ連，東ドイツ，アメリカの順で，韓国は4位であった．オリンピックの成功で国際社会における威信を高めた韓国は，盧泰愚政権のもとで中ソや東欧諸国との交流を拡大する〈北方外交〉を展開した．他方，韓国経済はその後ウォン高などから対外輸出が停滞し，成長率も鈍化し，内需主導型の路線を歩むことになった．なお，北朝鮮は翌89年7月，平壌で第13回世界青年学生祭典を開催（170ヵ国・地域から3万人以上参加），〈朝鮮の統一〉を内外にアピールした． 舘野 晢

ソウルだいがっこう｜ソウル大学校｜
서울대학교

韓国の首都ソウルにある国立大学法人総合大学．1946年，米軍政法令で京城帝国大学をソウル大学と改称，ついで国立ソウル大学校を設立，旧経専，歯専，法専，医専，鉱専，工専，農林専，師範など9校を統合して再編，9単科大学を置いて発足した．初代総長はアメリカ人のハリー・B.アンステッド（46年8月22日-47年10月25日）．当初若干の混乱はあったが，学術水準，規模，設備などあらゆる面で韓国の大学を代表し，官民両界中枢に大量の卒業生が進出している．75年からソウル郊外の冠岳区のキャンパスに移転を始めた．2011年12月には国立大学法人ソウル大学校設立・運営に関する法律（2010年12月27日制定，11年12月28日施行）により国立大学法人ソウル大学校となった．法人化法案に対しては，大学運営の市場競争体制編入による商業化，大学運営評価を通じた政府の介入，コスト削減追求による研究・教育遂行能力低下や教職員のリストラなどを危惧し，教授や学生などによる声明発表や座り込みなど個別の反対運動，ソウル大民主化教授協議会・ソウル大公務員労働組合・大学労組ソウル大学支部などで構成する法人化反対共同対策委員会結成がみられた．またソウル大をモデルとする法人化推進については，地方の国立大学からも法人化後の財政難や国立大学間格差の深刻化を憂慮し，反対意見が出された．

2013年現在，大学本部は冠岳キャンパスに置かれるが，このほか，京城帝国大学以来の蓮建キャンパスに医科大学やソウル大学付属病院，京畿道水原市に農場や樹木院，学術林（演習林）などをもつ．現在，人文，社会科学，自然科学，法科，経営，師範，工科，医科，薬学，農科，獣医科，美術，音楽，生活科学などの16大学のほか，一般大学院，専門大学院9や研究施設74，国家支援研究センター60など豊富な付属施設をもち，教授陣の総数は約1900人，大学院生を含む在学生数は2万8000人を数える．

渡部 学＋通堂 あゆみ

ソウルのはる｜ソウルの春

1979年10月に大統領の▶朴正煕が暗殺された後，韓国に出現した政治的な雪解けムード．名称は〈プラハの春〉に由来するという．暗殺後，国務総理だった▶崔圭夏が大統領権限代行となり，維新体制下で発令された緊急措置を解除し，拘束者を釈放した．崔圭夏は同12月，大統領に就任し，憲法改正の方針を表明．80年2月には金大中ら野党政治家を復権させ，政治活動を解禁した．これによって，野党中心に政治活動が活発化し，民主化を求める学生のデモや労働争議も頻発，拡大して激化し，混乱が続いた．一方，79年12月12日，陸軍参謀総長兼戒厳司令官の鄭昇和が保安司令官で合同捜査本部長の全斗煥の指示を受けた同捜査本部員に逮捕された．逮捕は大統領の裁可を受けておらず，朴正煕直系の全斗煥ら陸士11期生を中心とする〈ハナ会〉(一心会)グループら新軍部による軍内権力奪取のための〈粛軍クーデタ〉だった．全斗煥は80年4月，▶韓国中央情報部(KCIA)部長代理に就任．5月17日に非常戒厳令の強化を発表，金大中ら民主化運動や反体制運動の指導者らを一斉に逮捕，一切の政治活動を再び禁じ，全国の大学を休校にした．これに対し，金大中の地盤である光州市で市民が抗議デモを展開，鎮圧のため投入された軍部隊が発砲し，200人以上の市民が死亡した(▶光州事件)．結局，〈ソウルの春〉はわずか半年余りで終わった．長期独裁政権が突然幕を下ろし，民主化を求めて政治や社会が混乱，軍部が政治に介入して権力を掌握するという構図は，60年4月の李承晩下野から61年5月の朴正煕による〈5.16軍事クーデタ〉に至る経過と類似している．⇒学生運動

阪堂 博之

ソガンだいがっこう｜西江大学校

ソウル市麻浦区に本部を置く私立総合大学．1948年に韓国カトリック教会の発議と教皇ピウス12世の允許により大学設立が企画され，60年4月に開校した．カトリック信仰とイエズス会教育理念を基礎とし，人類文化と人類共同体の発展に献身しうる人材養成を教育理念とする．2013年現在，国際人文学，社会科学，知識融合学，工学部，法学部，経済学など9学部を置き，一般大学院，専門大学院，特殊大学院を備える．附設研究所として哲学，宗教，神学研究所など．同じくイエズス会が東アジアに設立した日本の上智大学，台湾の輔仁大学，フィリピンのアテネオ・デ・マニラ大学，インドネシアのサナタ・ダルマ大学とはさまざまな交流を持つ．

通堂 あゆみ

ソ・ギョンドク｜徐敬得｜서경덕｜1489-1546

朝鮮王朝の学者．字は可久．号は復斎，花潭．本貫は唐城．18歳のとき《大学》の格物窮理条を読んで感動，以後仕官には意を用いず，開城の花潭に庵を建て，読書思索と游歴の一生を送った．宇宙の根源としての大虚を気ととらえる気一元論を唱え，〈主気論〉の先駆者とされ，朱熹の理気論の理に重点を置いて自説を展開した〈主理論〉の先駆者晦斎▶李彦迪(1491-1553)と対照される．著書に《花潭集》がある．諡号は文康．

山内 弘一

ソクタンニいせき｜石灘里遺跡｜석탄리유적

朝鮮民主主義人民共和国，黄海北道松林市石灘里にあって，無文土器時代(▶青銅器時代)の代表的集落遺跡である．遺跡の範囲は，10万㎡にわたり，100余基の住居跡が確認されている．そのうち，無文土器時代の住居跡32基，箱式石棺墓2基，▶櫛目文土器時代(新石器時代)の住居跡1基，原三国時代の用途不明竪穴1ヵ所，そして，高句麗時代の小型横穴式石室1基がそれぞれ調査された．この遺跡の中心をなす無文土器時代の住居跡は，いずれも平面長方形の竪穴式で，炉跡を伴う．住居跡群は，その形態上の特徴によって3類型に分けられ，その変遷が追究されているが，無文土器時代の集落の構造と変遷を解明するうえにきわめて重要である．

西谷 正

ソクチャンニいせき｜石壮里遺跡｜석장리유적

韓国，忠清南道公州市石壮里にある，朝鮮半島南部で初めて発見された旧石器時代遺跡の代表的な一つ．1964年の発見以来，たびたび発掘調査が実施された．錦江中流域右岸の標高約13～17mの河岸段丘上に立地する．10層以上の遺物包含層が認められたが，大きくは前・中・後の3時期の文化層に編年されるとともに，それぞれがヨーロッ

●**族譜**
李退渓の子孫に受け継がれている，韓山李氏良公派世譜。この巻には10世代にわたる記録が収められている。

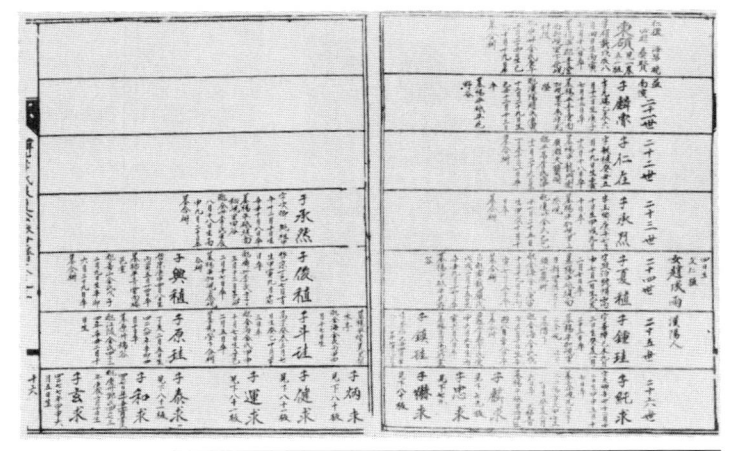

パの旧石器文化の前・中・後期の編年や技法に対比されている。石器の種類は豊富で，チョッパー，チョッピング・トゥール，ハンド・アックス，彫器，サイド・スクレーパー，エンド・スクレーパー，尖頭器，細石核などの石器のほかに，石槌などの石器製作具も含まれる。石材も多様で，斑岩，珪岩，流紋岩，フリント，石英岩，黒曜石などがある。住居跡の検出も報じられたが，疑問点があり，また，さきの編年観に関しても，すべて後期旧石器時代とする見解もあって，問題点が少なくない。　　　西谷 正

ぞくふ｜族譜｜족보
家系に関する記録。中国の制を範として朝鮮でも族譜（チョクポ）が編纂されるが，朝鮮で刊行された族譜で現存する最古のものは15世紀までさかのぼる。朝鮮王朝中期に▶両班の間で族譜は急速に普及するが，その背景には，父系血縁観念の浸透とこれに伴う階級や党派の形成，祖先祭祀・相続などの制度の確立があった。姓氏と▶本貫（一族の興ったとされる地）を同じくする父系親族のうち，有力な人物を派祖とする子孫によって25〜30年ごとに編纂される派譜と，すべての派を網羅した大同譜とがある。族譜には，序文につづき，まず一族中傑出した人物の事績や墓碑文，上世代祖先の墓や祖廟の所在図が記載される。その後に始祖から現世代に至るすべての男性成員について名・字・号，出生年と没年月日，官職の経歴，墓所が，配偶者についても姓と本貫などが記される。ただし女性の場合は本人の名は記されず，夫の姓名・本貫と子の名が記されるにすぎない。族譜は祖先の権勢や徳望を具体的に記録して一族の社会的威勢を根拠づけるものであるため，その編纂にはどの氏族もとくに力を注ぎ，有力な氏族の変遷を知る史料として貴重であるが，ときには改ざんされたり，売買されたりもした。近年韓国では，ハングル表記や写真を採り入れた族譜も登場している。　　　伊藤 亜人

ぞくりさん｜俗離山｜➡ソンニ山

そこくこうふくかい｜祖国光復会
朝鮮における抗日武装闘争の後期1936年5月に，鴨緑江上流中国側の長白県に根拠地をおく▶金日成(キムイルソン)らが組織した朝鮮人の抗日民族統一戦線組織。その綱領10ヵ条は，反帝反封建の人民民主主義革命段階の課題を系統的に示したものとされる。金日成らはこの綱領のもとで，同地域に残存していた民族主義者の部隊との合作を大胆に追求した。祖国光復会の組織は，長白県を中心に中国東北（満州）各地に拡大され，さらに37年ころには朴達(パクタル)，朴金喆(パクキムチョル)ら甲山郡の火田民の組織を通じて国内（おもに咸鏡道地方）に広げられ，天道教の甲山地方の道正朴寅鎮なども加入したという。しかし37-38年の大弾圧（恵山(ヘサン)事件）以後は，国内との連

●祖先祭祀 回忌祭祀

慶尚北道安東郡の名族として知られる真城李氏の忌祭祀．屛風の前に供物をそなえ，門中の人々が集っている．大家では一度に100人以上が集まることも少なくない．

絡網はほぼ断ち切られたようで，ソウルなどでは解放後までほとんど知られていなかった．機関紙に謄写版の《三・一月刊》《火田民》などがある（未復刻）．⇒抗日パルチザン

梶村 秀樹

ソ・ジェピル｜徐載弼｜서재필｜1864-1951
朝鮮の独立運動家．大邱の人．1882年科挙に合格．▶金玉均キムオッキュンらと交わり，開化派の一員となった．83年日本の陸軍戸山学校へ留学．84年帰国し，同年12月の▶甲申政変に参加し，兵曹参判となったが，敗れて日本を経てアメリカへ亡命．86年アメリカ市民権をとり，アメリカ名をPhilip Jaisohnとした．93年医師となるが，95年末朝鮮へ帰国し，中枢院顧問に任命され，96年4月には《独立新聞》を創刊し，▶独立協会の運動を支えた．しかし反独立協会の守旧派の策動により追放され，98年5月再びアメリカへ渡った．医師生活を続けたが，三・一独立運動直後から1925年まで在米朝鮮独立運動を展開．47年米軍政府顧問として南朝鮮を訪れ，翌年帰米し，同地で死亡した．

糟谷 憲一

ソ・ジョンジュ｜徐廷柱｜서정주｜1915-2000
韓国の詩人．号は未堂．全羅北道高敞生れ．ソウル中央仏教専門学校を卒業，1936年詩同人誌《詩人部落》を発刊して詩壇に登場．解放後，ソラボル芸術大教授を経て東国大教授となる．芸術院会員．第1詩集《花蛇集》(1941)所収の《麝香薄荷ジャコウハッカの裏庭道だ 美しき蛇……　どれほど大きな悲しみもて生まれたからとて，あれほど無気味な姿なのか》という句で始まる《花蛇》は，人間の運命的業苦をうたっている．

大村 益夫

そせんさいし｜祖先祭祀｜조선제사
朝鮮では祖先祭祀が重視されてきた．祭祀チェサは家祭と墓祭に大別される．家祭は三年喪（〈葬式〉の項参照）の終了後4世代の間行う（四代奉祀）もので，これには各祖先の命日に行う▶忌祭祀キジェサと，年に3～5回，元旦や▶秋夕（旧暦8月15日）などの名節の朝に行う▶茶礼チャレの2種類がある．これに対して墓祭は，5世代以上前の祖先たちに対して，毎年一定の日に墓地（山所サンソ）で行うもので，▶時祭シジェ，時享祭シヒャンジェとよばれる．

家祭は家の中に祭壇をもうけ，墓祭はそれぞれの祖先の墓の前で，いずれも食事を供えたうえで，儀礼は儒式にのっとって，香を焚き，拝をし，酒を献じ（酒は初・亜・終献の三献），さらに墓祭では祝文を読むという一定の形式をふむ．祭祀の後では供物を下げて参加者一同がこれを飲食する（飲福）．

歴史的には，朝鮮王朝の基本法典である経国大典礼典の奉祀条に，文武官六品以上は三代，七品以下は二代を祀り，官位を持たない庶人は父母のみを祀るというように，身分によって異なる規定がみられる．ところが18世紀中期ごろには庶民にいたるまで四代奉祀が普及するようになった．またより遠い祖先を祀る時祭は▶門中ムンチュンという父系親族組織の発達に伴って17世紀後半から18世紀以降に行われるようになった．

これらの儒式の祭祀と並行して，慶尚道や全羅道などの南部地方では，家の内房ネバンの架の上に祖上壺，世尊壺などという穀物の入った壺が祀られ，主婦がその祭祀を行っている．これは儒教の影響が強まる以前の，朝鮮民族固有の祖先観を伝えているものである．⇒葬式；墓

嶋 陸奥彦

そと｜蘇塗｜소도
古代朝鮮の南部に住んだ馬韓族にみられた宗教的行事．一種のアジールとも解されている．蘇塗という語が史料に初見するのは《三国志》魏志韓伝である．原史料がきわめて簡単で，〈諸国，各々別邑有り，之を名づけて蘇塗と為す．大木を立て鈴鼓を県か

け鬼神に事ふう。諸亡，逃れて其の中に至れば，皆之を還さず〉という短い説明だけのため，その解釈をめぐって異論が多い。橋本増吉は蘇塗は別邑のことで，この別邑が一種のアジールであるとした。白鳥庫吉は古来東北諸族に行われた竿木崇拝の一形式であると解釈した。▶孫晋泰ｿﾝｼﾞｪﾃは，蘇塗は朝鮮語 sot（立つの意）の音訳で，本来くそびえる木〉の意味で，別邑の入口に立てられ，境界神的性格をもつものであると説明した。現在では孫晋泰の説が一般に支持されている。ただし，原史料そのままに解するかぎり蘇塗とは別邑のことをさすといえよう。なお，平泉澄は日本の対馬にこのアジール的存在に類似したもの（天道地）があることを報告している。

村山 正雄

ソナンダン |서낭당

朝鮮の堂信仰の代表的形態の一つであり，一般に峠や村の入口と境界，山麓の路端にある白紙や五色の絹布片などをかけた神樹とその下の小石を積み上げた累石壇をソナンダンという。漢字では城隍堂，累石壇と表記される。城隍という字は高麗時代から文献に見いだされるが，元来は中国の城壁やそれをめぐる堀の神であって，のち城邑内の地域の安寧をつかさどる神となったもので，この中国の城隍神信仰が朝鮮ではまず公的なレベルにおいて受容され，さらに固有の部落の守護神である山神信仰（▶山）と習合して朝鮮独自の城隍神信仰が生まれたのである。朝鮮の城隍神信仰には，①婦女子が随時おとずれて祭物を供え，除厄招福を祈る個人的なもの，②部落祭の対象である部落の守護神としての共同体的なもの，③中国の城隍神を国家が中国に倣って祭る公的な城隍神祭祀の3類型があるが，重要なのは①と②である。朝鮮の城隍神は，村落，地方あるいは都市の守護神であると同時に山神であり，旅行の神でもあり，個人信仰の対象であると同時に集団信仰の対象でもあり，山神の機能と同一である。なお，タン（堂）とは祭場，建物を表すと同時に祭祀そのものをも表す語である。⇨民間信仰

依田 千百子

ソヌ・フィ |鮮于煇|선우휘|1922-86

韓国の小説家，新聞記者。1943年京城師範

●ソナンダン
村の入口の道端に積み上げられた城隍堂。通る人はこの素朴な聖所に小石をさらに積み，安寧を祈る。

を卒業して教鞭をとったが，解放後は▶《朝鮮日報》記者，中学教師，軍人を経て71年から《朝鮮日報》主筆。55年の短編《鬼神》から出発し，《One Way》《テロリスト》を経て，57年の《火花》で作家としての地位を確立した彼は，歴史に対する韓国人の諦観と順応主義を批判し，人間の行動的意志を強調した。50年代の戦後文学における最もはつらつとした線の太い作家として注目されたが，65年前後から初期の社会参与の姿勢は影をひそめ，保守的姿勢の濃厚な小説や評論を書くようになった。

安 宇植

ソベクさんみゃく |小白山脈|소백산맥

朝鮮半島南部の山脈。半島の脊梁▶太白ﾃﾍﾞｸ山脈の中間にある太白山から分岐し，ほぼ南西方向に半島を横断して麗水半島に至り，南海に没する。全長約350km。地質は片麻岩類を主体とし，ところどころに花コウ岩の噴出がみられる。浸食にさらされ，岩石を露出した奇岩奇勝の山地がいたるところにある。主峰の▶智異ﾁｲ山（1915m），徳裕ﾄｸﾕ山（1504m），▶俗離ｿﾝﾆ山（1057m），小白山（1421m）などはいずれも信仰の山や観光地となっている。険峻なため，首都圏や湖南（全羅道）地方と嶺南（慶尚道）地方との交通の障害とされ，古くから▶竹嶺ﾁｭﾝﾆｮﾝ，▶鳥嶺ｼﾞｮﾘｮﾝ，▶秋風ﾁｭﾌﾟﾝ嶺，六十嶺などの峠道が開発された。

谷浦 孝雄

ソラクさん |雪嶽山|설악산

韓国北東部，江原道北部の山。朝鮮半島の脊梁，▶太白ﾃﾍﾞｸ山脈中にあり，花コウ岩からなる山地で，露出した岩石には節理がよく発達し，奇勝を形成している。標高は1708mと高くないが，海岸平野から屏風のように屹立した山容は圧観である。▶金剛ｸﾑｶﾞﾝ山とならぶ霊山とされ，神興寺など仏教関連の修養施設も少なくない。1976年嶺東高速

道の完成とともに，山麓に大規模な国民休暇村が建設され，春秋の観光シーズンには人波が山を埋めるにぎわいをみせる。1967年国立公園に指定された。　谷浦 孝雄

ソルチョン｜薛聡｜설총
新羅の7世紀の文人。生没年不詳。字は聡智。名僧°元暁ヷ゚の子。儒学者として強首にやや遅れて活躍，新羅語を漢字で表す方法(後世の°吏読ﾄｩ)を集成し，漢文を新羅語で読み解く方法(吐ﾄ)を考案して経典を講釈するなど，中国学芸の摂取と儒学の発展に寄与した。また，官職は翰林をへて王の政治顧問役をにない，神文王(在位681-692)に道徳規範の順守を説いた《諷王書(花王戒)》が伝わる。諡ｼｰは弘儒侯。　大井 剛

ソロン｜少論｜소론
朝鮮時代の朋党，四色ｻｼｸ の一つ。粛宗ｽｸﾁｮﾝ 代に西人ｾｲｲﾝ から分派した。1680年庚申換局後，°南人ﾅﾐﾝ に対する処遇をめぐって，金益勲，°宋時烈ｿﾝｼﾖﾙら老壮派(°老論ﾛﾛﾝ)と，韓泰東，尹拯ら少壮派(少論)が激しく対立し，分派するに至った。粛宗の中心人物に，韓泰東，尹拯のほか，南九万，朴世采，尹趾完，趙持謙，呉道一，朴泰輔らがいる。景宗・英祖代にも老論と政権を争い，柳鳳輝，李光佐，趙泰耈，崔錫恒，柳鳳輝，李光佐，趙泰億，崔奎瑞ら，多くの宰相を輩出した。1762年°荘祖ﾁｬﾝｿﾞ (荘献世子)の廃位・死亡事件の際，少論の多くは世子の死を当然視する時派に属した。世子の子である正祖が即位すると，少論時派が一時権勢を得たが，1801年°辛酉教獄を契機に，時派が多かった少論は南人とともに没落し，老論の独走体勢が朝鮮末期まで持続した。→党争°北人　長森 美信

ソン・キジョン｜孫基禎｜손기정｜1912-2002
朝鮮のマラソン選手。新義州出身。1940年明治大学法科卒業。1936年ベルリン・オリンピックのマラソン競技に日本選手として出場，2時間29分19秒2のタイムで優勝した。この快挙を報道した《東亜日報》は孫選手の胸の日の丸を黒々とぬりつぶした写真を掲載し(°日章旗抹消事件)，朝鮮の民衆は民族感情を鼓舞された。総督府はこれを口実に同紙を無期停刊処分にし，《朝鮮日報》も停刊した。孫は解放後，韓国陸上競技連盟会長，顧問などを歴任，韓国スポーツ界の発展に貢献した。　宮田 節子

そんきてい｜孫基禎｜→ソン・キジョン

ソングァンじ｜松広寺｜송광사
韓国，全羅南道昇州郡松光面にあり，新羅末期，慧隣国師の創建と伝える。初め吉祥寺と称し，高麗明宗のとき普照国師°知訥ﾁﾇﾙ の寺域拡張によって栄え，山号を曹渓山修禅社と改め，さらに熙宗4年(1208)王命により松広寺と改称，朝鮮禅の根本道場として知られた。仏の°通度ﾄﾝﾄﾞ寺，法の°海印ﾍｲﾝ 寺，僧の松広寺と称され，天下三宝にあげられるほど僧侶・堂舎数の多い寺院である。堂舎の多くは朝鮮戦争時の火災焼失後の再建であるが，国師殿，下舎堂，応真殿は朝鮮王朝初期の建物である。　宮本 長二郎

ソン・サムムン｜成三問｜성삼문｜1418-56
朝鮮王朝の文臣，学者。字は謹甫，訥翁。号は梅竹軒。本貫は昌寧。文科に及第後，集賢殿の官を歴任，世宗の信任を得，《訓民正音》制定にも参画した。1455年，首陽大君(世祖)が°端宗ﾀﾞﾝｼﾞｮﾝ をのけて王位を奪取すると，彼は国璽を抱いて痛哭し，翌年，朴彭年ﾊﾟｸﾍﾟﾝﾈﾝ ，柳誠源，李愷ﾘｶｲ ，河緯地，兪応孚と端宗の復位を図ったが，発覚して惨殺された。彼らをく°死六臣》とよぶ。著書に《成謹甫集》がある。諡号ｼｺﾞｳ は文忠。　山内 弘一

ソン・ジヌ｜宋鎮禹｜송진우｜1890-1945
朝鮮の独立運動家，政治家。号は古下。全羅南道出身。1915年明治大学卒業。帰国後中央学校校長。三・一独立宣言計画に参加し，1年間服役。21年《東亜日報》社長に就任，40年の強制廃刊まで同社幹部。その間，°民立大学期成運動などを提唱。解放後°金性洙ｷﾑｿﾝｽ らと右派勢力を糾合して韓国民主党を結成し，同党首席総務。朝鮮信託統治問題でこれを過渡的措置として支持したため，反対派に暗殺された。　大塚 嘉郎

ソンジョ｜宣祖｜선조｜1552-1608
朝鮮王朝第14代の王。在位1567-1608年。名は昖。初名は鈞。徳興大院君昭の第3子で，河城君に封ぜられたが，明宗に後嗣がなく即位した。王は李滉(退渓)，柳希春，趙穆，李珥(栗谷)などの人材を登用，ともに講学に励み，《儒先録》《三綱行実》など多

くの書物を編纂刊行して儒学の発展に寄与した。また、趙光祖などに贈職して士林の冤を晴らしたが、廷臣間の抗争は形を変え、金孝元、沈義謙をおのおの中心とした東人と西人の▶党争が起こり、東人はさらに▶南人ᄙᆫと▶北人ᄙᆫに分かれて争った。対外的には、女真軍の侵入を申砬などの活躍で撃退したが、1592年十分な国防体制を整えないまま日本軍の侵入を受け、王は義州に避難した。各地の義兵や李舜臣、さらに明将李如松らの働きで翌年10月還都し、和睦したが、97年には再度侵入され、この前後7年にわたる戦乱(▶壬辰・丁酉倭乱)で国土を蹂躙されたうえ、凶作が続き、激しい党争とあいまって国力は極度に疲弊した。陵は穆陵。
　　　　　　　　　　　　　　　　　山内弘一

ソン・シヨル|宋時烈|송시열|1607-89
朝鮮王朝の文臣、儒者。字は英甫。号は尤庵、華陽洞主。本貫は忠清南道恩津。▶老論ᄙᆫ派の領袖で4代の王に仕え、官は左議政に至る。孝宗(在位1649-59)のとき、王意をうけて、軍事力を整備し、清に対する北伐計画を推進した。顕宗(在位1659-74)時代以後、激しい▶党争の中で浮沈し、1680年▶南人ᄙᆫ派が一掃されると政権をとったが、西人派中の少壮派である▶少論ᄙᆫと対立し、再進出した南人派の政権によって済州に流され、さらに井邑に移されて賜死した。李珥(栗谷)の学統を継ぐ金長生・金集父子の門人で、朱子学研究に没頭し、畿湖学派の主流をなした。李滉(退渓)の四端七情理気互発説を排撃するため《朱子言論同異考》を著し、礼論にも明るく、権尚夏など多くの学者を養成した。著書に《宋子大全》《朱子大全劄疑》などがある。諡号ᄙᆫは文正。
　　　　　　　　　　　　　　　　　山内弘一

ソンジョン|成宗|성종|1457-94
朝鮮王朝第9代国王。在位1469-94年。名は娎。1469年睿宗が薨去し、その子がまだ幼かったため、貞熹大妃尹氏(世祖妃)が大臣らと議して、徳宗(世祖の長男である懿敬世子)の次男の者山君に王位を継承させた。これが成宗である。即位当初は13歳と幼かったため、貞熹大妃が垂簾聴政を行い、76年から親政を開始した。成宗の即位後も、世祖代以来の既得権力層である勲旧派が権力を握っていたため、成宗は勲旧派を牽制するため、▶三司(▶司憲府・▶司諫院・▶弘文館)の言論機能を活性化させ、三司には朱子学的政治理念を追求する士林派が進出することになった。士林派は留郷所の復立を通じて郷村秩序の確立を図ったが、その留郷所の大部分がかえって勲旧派の掌中に帰すという結果に終わった。成宗の治世期間中、法典の整備が進められ、85年に《経国大典》(乙巳大典)、92年に《大典続録》が完成し、頒布されている。
　　　　　　　　　　　　　　　　　木村拓

そんしんたい|孫晋泰|➡ソン・ジンテ
ソン・ジンテ|孫晋泰|손진태|1900-49
朝鮮の歴史・民俗学者。号は南滄。ソウルの出身。1927年早稲田大学文学部史学科を卒業。33年以降、延禧・普成両専門学校講師、45年ソウル大学校教授、49年ソウル大学校師範大学長、文理大学長を歴任し、50年朝鮮戦争で朝鮮民主主義人民共和国に連行後、消息不明。彼の史観は民族の発展だけでなく、その全構成員がすべて幸福になることをめざす新民族主義で、主著は《韓国民族史概論》(1948)、《国史大要》。また1932年4月宋錫夏ᄙᆫらとともに朝鮮民俗学会を創設。民俗学での主著には《朝鮮民族文化の研究》(1948)、《朝鮮民族説話の研究》などがあり、文献を中心に民間信仰の研究、口碑伝承の収集および諸外国との交流・比較を行った。
　　　　　　　　　　　　　　　　　井上秀雄

ソンドクおう|善徳王|선덕왕
新羅第27代の王(在位632-647)。諱は徳曼。第26代真平王の長女で、史書によれば、聖骨の男子が絶えてしまったので、善徳が新羅王となったという。善徳王は、大臣乙祭・上大等など用いて国政を運営するとともに、▶芬皇ᄙᆫ寺などを創建し、▶皇竜ᄙᆫ寺九層塔を建立した。だが、対外的には百済・高句麗の軍事的圧力を受け続け、642年には百済に新羅西方の40余城を奪取され、危機に陥った。新羅は唐に救援を要請したが、太宗は女王の廃位、唐皇族の新羅王就任を提案した。これをうけ新羅国内では親唐自立派と親唐依存派が対立し、647年には上大等の毗曇と廉宗がく女王は善く統治できない〉という理由で善徳王の退位を迫り、反乱を起こした。反乱は半年ほどで鎮圧さ

れたが，乱の最中，善徳王は没し，従姉妹の真徳王が即位した．
井上 直樹

ソンニさん｜俗離山｜속리산

韓国，忠清北道報恩_{ポウン}郡と慶尚北道^{キョンサンプクト}尚州_{サンジュ}市の境にある山．名刹[・]法住_{ポプチュ}寺の所在地としても知られる．小白山脈に属し，主峰の天皇峰（1058m）のほか，毘盧峰，吉祥峰，文蔵台・立石台など，花コウ岩の奇岩・秀峰がつらなる．古来，信仰の山として，また深山幽谷の景勝地として，多くの国王や名僧，文人が訪れ，数々の伝説・逸話や筆蹟を残してきた．俗離山の名は新羅時代から用いられてきたとされ，ほかに光明山，智明山，弥智山，小金剛^{ソグムガン}山，紫霞山などの別名も伝わる．多くの名瀑・名泉と動植物の多様さでも人気が高く，1970年には一帯が俗離山国立公園に指定された．84年に同公園に追加編入された槐山_{クェサン}郡青山^{チョンサン}面の華陽_{ファヤン}渓谷には[・]宋時烈_{ジョル}ゆかりの〈華陽九曲〉や李滉（[・]李退渓_{イテゲ}）ゆかりのく仙遊洞九曲〉などがある．
佐々木 史郎

ソン・ハッキュ｜孫鶴圭｜손학규｜1947-

韓国の政治家．京畿道出身．ソウル大卒，英オックスフォード大で政治学博士．ソウル大在学中から民主化運動に参加し，仁荷大および西江大の政治外交学科教授を経て，1993年に国会議員初当選．金泳三政権で保健福祉部長官．2002-06年に京畿道知事を務めた．07年の大統領選を前に保守陣営のハンナラ党を離れ革新陣営に加わったが，大統合民主新党の大統領選公認候補選びで敗北．08年から統合民主党の共同代表，10-11年に民主党代表．12年の大統領選では民主党の公認候補選びで敗れた．
阪堂 博之

ソン・ビョンジュン｜宋秉畯｜송병준｜1857-1925

大韓帝国期・植民地期の親日派．親日団体[・]一進会を組織して[・]韓国併合に協力した中心人物．[・]金玉均_{キムオッキュン}暗殺の命を帯びて渡日したが，目的を果たさず帰国して危険視され，日本へ亡命．日露戦争のときに日本軍通訳としてもどり，日本の朝鮮侵略に荷担した．1907年には農商工部大臣，内部大臣となって対日協力ぶりを発揮した．その〈功績〉が認められて併合後に伯爵位を受けた．[・]親日派の草分け的存在である．
馬渕 貞利

ソン・ビョンヒ｜孫秉熙｜손병희｜1861-1922

朝鮮の[・]天道教の創始者で，三・一独立運動の指導者の一人．号は義庵．忠清南道清州の人．1894年の甲午農民戦争に参加し，98年に崔時亨_{チェシヒョン}が刑死したあと[・]東学の第3代教主となる．日本へ亡命し，東学再興に意を尽くしたが，日露戦争の際[・]李容九_{イヨング}らが東学を基盤に[・]一進会を組織して日本軍に協力すると，これに反対して東学を天道教と改称，翌年帰国して教団を整備・確立した．1907年には教主を退き，学校や講習所を経営して啓蒙活動にあたり，日本の植民地支配下で教勢の拡大につとめた．19年の[・]三・一独立運動に際し，33名の民族代表の筆頭として独立宣言文に署名，このため逮捕され，病気保釈中に死亡した．
吉野 誠

そんへいき｜孫秉熙｜➡ソン・ビョンヒ

ソンワン｜聖王｜성왕｜?-554

百済の王．在位523-554年．聖明_{ソンミョン}王，明王ともいう．諱_{いみな}は明禯または明穠．524年に梁から〈持節・督百済諸軍事・綏東将軍・百済王〉の爵号を受け，538年には泗沘_{サビ}（扶余）に遷都して国号を南扶余と改めた．新羅と連合して高句麗を攻め，また新羅に対抗するために日本と交渉をもつなど，たくみな外交を展開したが，554年，新羅との戦いに敗死した．日本へ仏教を伝えたとされている．
木村 誠

た

たいあんシステム｜大安システム
朝鮮民主主義人民共和国の社会主義工業管理システムで，1961年12月，大安電機工場（平安南道大安市）に対する金日成の▶現地指導を通じて導入された。その組織機構は，①工場党委員会を最高指導機関とする集団指導，②統一的，総合的な生産指導，③統一的，中央集中的な資材供給，の体系からなる。それらはすべて党委員会の集団指導のもとに，政治活動を先行させながら，政治活動と経済技術活動を密接に結びつけ，上部が下部を日常的に助けるという原則にもとづいて組織されており，党委員会が最高指導機関として，当該企業の経営活動結果に対して全面的に責任を負うことになっている。こうした点で大安システムは，支配人（企業長）単独責任制に立脚した従来の管理システムとは根本的に異なった，いわば工業企業の管理運営に革命的大衆路線（▶青山里方法）を具現した，新しい型の社会主義工業管理システムといえる。　　　　　高 昇孝

だいいちぎんこう｜第一銀行
日本最初の銀行にあたる第一国立銀行は，1873年に豪商三井，小野の両組によって東京で設立された。総監役渋沢栄一は，ほどなく同行の実権を握り，以後同行を拠点として幅広い活動を展開した。彼の積極的なアジア進出策と日本政府のバックアップにもとづき，朝鮮を大きな活動基盤としたことが同行の特徴をなす。1878年にいち早く釜山に，以後各地に次々と店舗を設ける一方，朝鮮海関銀行となり，朝鮮政府に貸し付けるなど勢力をしだいに広げていった。日清戦争以後はとくに朝鮮中央銀行の地位を追求し，1902年には強引に銀行券を発行してその一部実現を図ったが，名実ともに中央銀行的役割を担ったのは05年の▶目賀田種太郎の財政改革によってである。同銀行券は法貨とされ，同行は国庫銀行，貨幣整理機関とされた。だが，韓国併合の前年の09年に中央銀行業務は新設の韓国銀行に移譲された。なお1896年に，普通銀行化にともない〈国立〉の名称がなくなっている。
→貨幣整理事業；朝鮮銀行　　　　　村上 勝彦

だいいんくん｜大院君｜→フンソン（興宣）大院君

だいうざいばつ｜大宇財閥｜→テウ財閥

だいがく｜大学
三国時代以来，高麗や朝鮮王朝の高等教育機関である〈太学〉と近代の大学は区別を要するが，朝鮮における両者の連続性は無視できない。高句麗の太学(372)，新羅の国学(682)，高麗の国子監(992)，朝鮮王朝の▶成均館(1398)などとしての歴史的発展があり，これをうけて近現代にも朝鮮王朝末期の経学院→明倫専門学校(1943)→成均館大学校(1952)とかろうじてつながっている。1923年発足の識者による▶民立大学期成運動もあったが，近代科学の研究・教授の最高機関創設は特殊の分野を除いて当時まだ条件が整わなかった（総督府の〈妨害〉によるとする説もある）。日本の植民地下で24年5月勅令による▶京城帝国大学官制発布，帝国大学令による同大学の成立はあったが，ほかには大学の設立をいっさいみなかった。解放後，韓国では45年米軍政法令6号などにより大学教育が新発足し，49年〈教育法〉公布による新学制が成立し，以来国公私立の大学校（韓国では university をこうよび，college にあたるものを大学という）の簇生をみた。朝鮮王朝時代〈学校は士を養うを本とす〉とされ，士は▶科挙という官僚選抜体制下に組み入れられていたが，その意識は今日も底流にあり，さらに強固な宗族意識が結合して激しい進学競争を呈している。80年代には大学進学率は30％台を推移したが，90年代に急速に上昇し，大学院進学率も急速に伸びた。他方，朝鮮民主主義人民共和国には1946年10月に▶金日成総合大学が設置された。

これを母体に50年までに15の大学が開設され，幹部養成機関が整えられた。51年からは技術人材育成のための労働直結的な工場大学も多数設けられた。いずれも金日成主席の〈社会主義教育に関するテーゼ〉の貫徹を期している。　　　　　　　　　　渡部 学

[**1990年代以降**]　1990年代の韓国の高等教育の発展はめざましい。高等教育機関への進学率は，85年の36％から99年には66.6％にまで急上昇し，2012年現在は70％を超える。97年末に制定された高等教育法による高等教育機関(これに加え，生涯〈原語では平生〉教育法による社内大学，専攻大学がある)は2012年現在，大学(189校)，教育大学(10校)，産業大学(2校)，専門大学(142校)，放送大学・通信大学・放送通信大学およびサイバー大学(20校)，技術大学(1校)，各種学校(4校)の7種類からなり，一般大学院，特殊大学院，専門大学院が設置され，総学生数は約360万人を超える。

このように韓国の高等教育普及度は世界最高の水準に達しているが，4年制大学(その代表としての"ソウル大学校)を頂点とする大学の序列構造がはっきりしているため，2002年に大学全入時代を迎えると大都市(とくにソウル特別市)の有名大学をめざしての熾烈な受験競争が展開される一方で，地方大学では定員充足のできないところも出始めた。政府は，大学の質の管理や，地方大学育成施策を進めるが，受験競争に関しても学習塾など課外授業の全面容認(2000年4月)以降，私教育費の軽減や家庭の経済力による教育格差拡大といった問題への対応も迫られている。また21世紀の知識基盤社会に対応できる国際水準の研究大学・人材の育成と競争力強化も大きな課題であり，そのための大規模な研究投資BK21〈Brain Korea21〉計画が99年から，07年からは人文学研究の支援事業であるHK〈HUMAN KOREA〉もスタートした。これらの改革は，〈大学評価〉と財政配分をリンクさせ，競争力を喚起する形で行われた。

国立大学においては，人事や財政面での大学の自律性を高め，大学間の善意の競争により教育・研究を発展させるというねらいから，05年以来特殊法人化が本格的に検討されてきた。06年国立大学の選択的特殊法人化推進計画発表を経て，07年には国立大学法人の設立・運営に関する特別法が国会に提出されたが，多くの国立大学が強く反発し，廃案となった。この後は一律的な法人化ではなく，個別法による法人化方針がとられた。初の国立大学法人となったのは，05年に国立大学法人としての新設が決定されていた蔚山科学技術大学であった(09年開校)。既存の国立大学としてはソウル大学校の法人化が最初の事例であり，10年に〈国立大学法人ソウル大学校設立・運営に関する法律〉が成立，内外の抗議行動が頻発するなか翌11年12月28日に法人登記が行われた。

朝鮮民主主義人民共和国(北朝鮮)では，"金日成総合大学を頂点に，金策工業総合大学，高麗成均館をはじめとする総合大学，医学大学や師範大学など〈学業を専門とする〉大学のほか，専門学校や〈働きながら学ぶ〉大学として重要工業地区や大規模工場，企業所などに設置される工場大学(初設置は1951年)や水産部門の労働者のための漁場大学(同79年)，農業部門勤労者のための農場大学(同81年)が設置されている。大学生・専門学校生には奨学金が支給されることが憲法で規定されている(第47条)。北朝鮮の発表では92年当時，280余の大学で33万余名の学生が学び，教員は2万名以上を数える。2001年3月には教育省(北朝鮮)と東北アジア教育文化協力財団(韓国)が平壌科学技術大学(PUST)設立を契約，統一部(韓国)が同年6月に承認し，10年10月に開学した。情報通信工学部，産業経営学部，農業食品生命科学部の3学部で構成され，建設エンジニアリング学部，公共医療学部を増設予定である。　⇒教育　　　　　　　　　通堂 あゆみ

だいかんこうくう｜大韓航空[会社]｜대한항공
ソウルに本拠地を置く大韓民国の民間航空会社。英語名はKorean Air Lines(KAL)。航空会社コードはKE。路線網は，国内線では金浦国際空港を拠点に13都市と結び，国際線は仁川国際空港をハブ空港として44ヵ国112都市に就航する。日本へは1964年にソウル～大阪，釜山～福岡線を開設して乗入れを始めた。1945年大韓航空の前身Kore-

an National Airlinesが初の航空会社として設立され，48年国内定期便の運航が始まった．50年朝鮮戦争の勃発とともに国防省に接収されたが，戦後の54年に台湾経由香港線の運航を開始し，国際線を拡大していった．62年政府が60％を出資して新たに大韓航空が設立され，新会社はこれらの路線を引き継ぐとともに，国内線の充実にも努めた．69年政府保有株式が民間会社に譲渡され，大韓航空は純民間企業となった．従業員約2万1000名，所有航空機数149機．▷交通　中島　巌

だいかんこうくうきばくはじけん｜大韓航空機爆破事件

1987年に大韓航空の旅客機がビルマ（現ミャンマー）南方沖上空で爆破された事件．北朝鮮によるテロとされている．同年11月29日，乗客および乗員115人を乗せたバグダッド発ソウル行き大韓航空858便がインド洋上空で消息を絶った．経由地のアブダビで降りた男女2人がバーレーンで日本の旅券偽造容疑で拘束されたが，いずれも服毒自殺を図り，男は死亡，女は命を取りとめて韓国に移送された．機体の残がいの一部はビルマ南方のアンダマン海で発見された．88年1月，韓国政府は①犯人の男は金勝一キムスンイル，女は金賢姫キムヒョンヒで，いずれも北朝鮮の工作員，②時限爆発物を機内に持ち込んで置いた，との捜査結果を発表した．金賢姫は〈ソウル五輪妨害が目的だった〉などと自供，記者会見して犯行を認め，89年にソウル地方法院で死刑判決を受けたが，90年に特赦された．この事件を受け，米国は88年1月，北朝鮮を〈テロ支援国家〉に指定した（2008年10月に解除）．北朝鮮は一貫して関与を否定している．

07年10月，韓国政府は，事件を韓国情報機関による謀略だとの説を否定する一方，事件当時の全斗煥政権が87年12月の大統領選に利用するため，金賢姫を選挙前日までに韓国に移送するよう外交努力を傾けるなど，事件を〈政治的に利用した〉との調査結果を発表した．また，金賢姫の供述から北朝鮮で日本語教育係だった〈李恩恵イウネ〉の存在が明らかになり，日本政府は〈李恩恵〉を日本人拉致被害者の田口八重子と断定．北朝鮮は02年9月に日本の首相，小泉純一郎が訪朝した際，田口について〈1986年に交通事故で死亡した〉とする一方で〈李恩恵という日本人女性は存在しない〉と発表した．

なお，1983年に大韓航空の旅客機がサハリン上空で撃墜された事件は〈大韓航空機撃墜事件〉とよばれる．同年9月1日，ニューヨーク発アンカレジ経由ソウル行大韓航空007便が正規のコースを大きく逸脱してソ連領空内に入り込み，ソ連軍戦闘機に撃墜された．日本人28人を含む乗客・乗員269人全員が死亡．93年，国際民間航空機関（ICAO）は〈航法ミスに気づかないまま，ソ連軍機にスパイ機と誤認された〉との調査結果を発表した．　阪堂　博之

だいかんていこく｜大韓帝国｜대한제국

朝鮮王朝が1897年に採用した国号．1910年の▶韓国併合まで続いた．1897年10月，朝鮮が清との宗属関係をすでに解消した自主独立の国家であることを示すために国王（▶高宗コジョン）が皇帝に即位し，あわせて国号を大韓，年号を光武と改めた（▶光武改革）．大韓帝国時代の前半は，99年8月制定の〈大韓国国制〉に示されるように皇帝専制政治が行われ，国政のブルジョア的改革は阻止された．日露戦争後，日本の保護国となり，1910年8月韓国併合により滅亡した．

糟谷　憲一

だいかんまいにちしんぽう｜大韓毎日申報

朝鮮王朝末期にソウルで発行された日刊新聞．1904年7月にイギリス人▶ベセルと▶梁起鐸ヤンギタクが創刊．論説陣には▶朴殷植パクウンシク，▶申采浩シンチェホらを擁した．05年3月一時休刊し，8月の復刊時に英文版を分離して発行．ベセルを社長とすることにより日本官憲の弾圧をかわし，反日・国民啓蒙の論陣を張った．しかし日本官憲は08年の英国領事裁判によるベセルの一時国外追放・梁起鐸逮捕をはじめ執拗な弾圧を加えた．10年8月の韓国併合とともに朝鮮総督府が買収して《毎日申報》と改題し，その機関紙とした．

糟谷　憲一

だいかんみんこく｜大韓民国｜▶地域・国名編の大韓民国

だいかんみんこくこくぐん｜大韓民国国軍

大韓民国の正規軍．2012年現在，弾道ミサ

イルを有し，陸海空軍によって構成されている。陸軍は，米軍政局の計画に沿って1946年1月15日に創設された南朝鮮国防警備隊 Korean Constabulary Reserve が母体である。海軍は，45年11月11日に結成された海防兵団が母体。46年6月15日に南朝鮮国防警備隊は朝鮮警備隊，海防兵団は朝鮮海岸警備隊に改称され，48年8月15日に大韓民国が成立すると，9月1日に大韓民国国軍に編成され，9月5日にそれぞれ陸軍と海軍に改称された。49年10月1日に陸軍航空司令部が陸軍から独立して，空軍が独立軍種になった。50年6月25日に「朝鮮戦争」が勃発すると，7月14日に李承晩大統領は国連軍司令官であるマッカーサーに手紙を送り，国軍の作戦に関する権限を国連軍司令官に委譲した。54年5月3日に大統領諮問機関として連合参謀本部が設けられ，63年5月20日に国防部長官を補佐する合同参謀本部に改編された。国軍の軍事行動の命令は合同参謀本部を通じて下される。78年11月7日に米韓連合司令部が創設されると，国軍は米韓連合司令部の作戦統制下に入った。米韓連合司令部は，国連軍司令官を兼任する正司令官が米軍側から，副司令官が国軍側から派遣されて成り立っている。作戦統制権は平時と戦時に分けられて，平時は94年12月1日に合同参謀本部議長に委譲された。戦時は2012年4月17日に委譲予定であったが，15年12月1日まで延期された。1951年5月25日から義務兵役制が続いている。海外派兵は，64年9月から73年3月までベトナム戦争に延べ32万名の陸軍と海軍が参戦したことが最初である。また，93年7月にソマリアに派遣された陸軍工兵部隊をはじめとして，アンゴラや南スーダンなど各地に PKO を送っている。

宮本 悟

だいかんみんこくりんじせいふ|大韓民国臨時政府

1919年4月，朝鮮人独立運動家たちが上海で組織した亡命政府。「三・一独立運動」勃発後，独立運動の継続と拡大のため，また対外的にも民族の統一的な指導機関の必要性が痛感され，内外各地で政府樹立計画がすすめられた。当時上海には申圭植，申采浩，呂運亨，李光洙ら多くの独立運動家が集結していたが，彼らは臨時議政院を組織し，「李承晩ｲﾝｿﾝﾏﾝを首班とする閣僚を選出，臨時憲章を制定し，大韓民国臨時政府(臨政)の樹立を宣言した。同じころソウルとシベリアでも臨時政府樹立が宣言されたが，それはやがて上海を基盤に統合されていく。同年6月内務総長「安昌浩ｱﾝﾁｬﾝﾎが着任し，連通制(朝鮮内との秘密連絡網)の組織化や機関紙《独立新聞》の創刊，各種外交・宣伝活動などが展開された。しかし臨政は上海派とシベリア派の対立，安昌浩と李承晩の対立など指導者間の対立抗争もあって混乱が続き，23年国民代表会議の決裂後急速に勢力が弱まった。25年大統領李承晩の弾劾免職後，臨政を率いたのは「金九ｷﾑｸであった。金九は32年李奉昌と「尹奉吉ﾕﾝﾎﾞﾝｷﾞﾙによる相つぐ抗日テロ事件を引き起こし，また33年には蒋介石と対日戦線協力で合意をみた。しかし日本軍の大陸進出に伴い臨政は上海を脱し，40年重慶に入った。そこで光復軍総司令部をたて，41年日米開戦の翌日，対日宣戦を布告。本国進撃に備える途中解放を迎えた。その後南朝鮮に進駐した米軍が臨政を正統政府として認めなかったため，臨政は事実上解体された。

大塚 嘉郎

だいかんれい|大関嶺|➡テグァル嶺
たいきゅう|大邱|➡テグ
たいきょくき|太極旗|➡国旗
たいきん|大笒|대금

朝鮮の伝統的な横笛。テグム。現在の大笒は全長73〜84cmくらいで，太くて肉の厚い双骨竹とよぶ固い竹で作る。吹き口と指孔の間に清孔とよぶ竹紙を張った膜孔があり，吹き込まれる空気によって竹紙が微妙に振動するため独特の音色と強弱の変化が出る。指孔は等間隔に6個あり，末端に近い部分に七星孔とよぶ五つの穴がある。この穴は音律調節と楽器全体の均整をとるためのもの。吹奏の難しい楽器だが，指の使い方で半音も自在に出せるし，吹き方により音域も広がる。唐楽にも郷楽にも用いる。また構造は同じだが，筒音が短2度ないし長2度高いくシナウィ>とよばれた器楽合奏(全羅道や京畿道南部で行われてきた巫楽)用の大笒もある。歴史的にも古く，新羅の三竹(サムジュク)として中笒と小笒とともに，三国時代か

らすでに存在していた。→楽器［図］　草野 妙子

たいこしゅう｜太古宗｜テゴジョン
仏教の一宗団。テゴジョン。1970年に成立した韓国仏教太古宗の略称。宗祖は太古普愚"国師。宗旨および淵源は→曹溪宗と同じ。朝鮮戦争の休戦が成立した1953年以後，曹溪宗の内部で，僧侶の妻帯を日本仏教の悪影響と考えた非妻帯派が〈浄化運動〉をくり広げ，妻帯派を攻撃し，両者は分裂して争った。62年非妻帯派と妻帯派は一旦統合されたものの，両派の考え方の違いが本質的に解消されたわけではなかった。70年両者が互いに相手宗団を認めることを公式表明し，曹溪宗から分離する形で，妻帯僧を中心に韓国仏教太古宗が成立した。仏教宗派としては大韓仏教曹溪宗に次ぐ教勢をもつ。
　　　　　　　　　　　　　　　　長森 美信

たいそ｜太祖(高麗)｜→ワンゴン(王建)
たいそ｜太祖(朝鮮王朝)｜→イ・ソンゲ(李成桂)
たいそう｜太宗｜→テジョン
だいそうきょう｜大倧教｜대종교
1909年弘岩大宗師羅喆ナチョルが始めた宗教教団。朝鮮固有の宗教，民族の原始信仰を体系化したものである。大倧とは→檀君神話に登場する桓因，桓雄，王倹(檀君)などを意味するという。檀君教ともいう。民族的危機に直面し，その克服を意図した宗教で，当初から総督府のきびしい干渉弾圧をうけ，初代教祖羅喆は16年に自決した。2代目教主金教献は〈満州〉に教団本部をおき，二重の民族的苦難をなめる〈在満同胞〉や独立軍将兵に大きな影響を与えた。独立軍の指導者李範奭，金佐鎮キムジャジン将軍らも信者であった。民族主義団体〈重光団〉(1911年結成)は大倧教の実践団体の一つといわれる。第3代教主は檀崖尹世復ユンセボクで，解放後，教団はソウルに移された。公称信徒は35万余(1983年現在)。毎年，檀君が檀君朝鮮を建国したと伝えられる10月3日の開天節には，江華島の摩尼山に登って儀式を行う。→檀君［図］
　　　　　　　　　　　　　　　　姜 德相

だいたいろ｜大対盧｜대대로
高句麗の最高官職の一つ。大対盧は6世紀中ごろに設置された。その前身の対盧は，2世紀では一品官職の相加につぐ第2等の官職名で，五部("五族・五部)の部長らが任命された。大対盧は高句麗王が任命する官職ではなく，勢力の強い者がその職についた。大対盧は貴族連合体制の頂点にたち，貴族会議を運営するとともに，国政全般を執行する職務で，その任期は3年であるが，重任することができた。しかし，貴族間の話合いがつかないと，それぞれ私兵を動員して戦い，勝者が大対盧となった。その間，王は宮門を閉ざして自衛し，仲裁に入ることはなかった。このことは高句麗末期に王権が確立しておらず，旧小国連合の貴族体制であったことを示している。高句麗末期の権力者→泉蓋蘇文ヨンゲソムンは，祖父や父のあとをうけて部長に就任すると，選挙権をもつ貴族たちに懇請し，就任後不適当なことがあれば解任されてもよいとの条件づきで大対盧に就任したという(《三国史記》)。高句麗の貴族体制と大対盧選出の事情を示すものである。
　　　　　　　　　　　　　　　　井上 秀雄

たいでん｜大田｜→テジョン
たいてんかいつう｜大典会通｜대전회통
朝鮮王朝末期の法典。1865年，興宣大院君政権時代に高宗の命令によって編纂された。→《経国大典》以来の王朝の法典を集大成しており，《経国大典》(1485年完成)を原，《続大典》(1744)を続，《大典通編》(1785)を増，《大典通編》以後の追補を補で示している。吏(官史の職分)，戸(戸籍，土地制度，税制)，礼(儀礼，教育，科挙)，兵(軍制)，刑(刑法)，工(土木，営繕，工業)に分けられ，それぞれについての統治規範ならびに制度の基本構造を定めるとともに，その歴史的変遷がわかるように構成されている。
　　　　　　　　　　　　　　　　矢沢 康祐

だいどうこう｜大同江｜→テドン江
だいどうほう｜大同法
朝鮮王朝後期の17世紀に行われた税制・財政改革。王朝初期，農民たちは田税・軍役のほかに貢納・進上の負担を課された。貢納は政府各官庁の必需品，進上は王室の必需品を地方ごとに割り当て，現物で上納させる制度であり，その上納物は各種の鉱産物，水産物，手工業製品や毛皮，木材，果物など広範にわたった。その採取，生産や運搬は農民たちの労役でまかなわれ，田税よりもはるかに重い負担であった。やがて貢納は，貢納請負人が特産地などで購入し

て中央に上納し，その代価を農民たちから米や綿布で徴収する方法が広がったが，その代価はしばしば貢物価の数倍，数十倍に及んだ．こうした貢納請負の弊害を除くため，17世紀に入ると，所有地の規模に応じて米(大同米)や綿布(大同布)を各地から中央に上納させ，その米や布で政府が官庁や王室の必需品を購入する方法がとられた．これが大同法である．大同法は商品経済の発展を背景とし，農民の貢納＝労役を土地課税に切りかえた画期的な税制改革であり，これによって財政も安定した．課税額は初め1結当り(結は土地面積の単位．〈結負制〉の項を参照)米10～16斗であったが，のち米12斗または綿布2匹に統一された．大同法は小作農や小土地所有者には歓迎されたが，大土地所有者(一部の両班層)の反対を受けた．そのため，1608年にまず京畿道で試験的に実施され，以後，平安・咸鏡の2道を除く各道でも順次実施されたが，完全実施までにほぼ100年を要した．のちの▷均役法(1750)とともに，王朝後期の重要な財政改革の一つである． 矢沢 康祐

だいとうよちず｜大東輿地図
朝鮮王朝の地図．金正浩キムジョンホ(号は古山子．?-1864)作．1861，64年に木版印刷で刊行した罪により作者は刑死した．縮尺16万2000分の1．朝鮮全土を緯線方向で22葉に分割し，各葉を横折りにしてある．27年間の現地踏査を行い，過去の地図も参照し，測度法をとり入れて作製した．王朝の地図中，最高傑作で，前近代の歴史・地理研究に役立つ．姉妹編に《青丘図》2巻と《大東地志》32巻がある．項目〈済州島〉〈ソウル〉に当地図の一部を掲載した．→地図 吉田 光男

たいはくさんみゃく｜太白山脈 →テベク山脈
たいへいようせんそう｜太平洋戦争
太平洋戦争下の朝鮮では，すべての政策は〈戦力増強〉に結集され，朝鮮人は〈人的資源〉として，戦力・労働力に動員され，あらゆる物資・資源は軍事用に徴発された．開戦とほぼ同時に陸軍省軍務局では，日中戦争に対応した1938年以降の▷志願兵制度に代えて朝鮮人に対する徴兵制施行を検討しはじめ，42年5月閣議決定，44年から実施された．それはたんに兵力補充のためばか

りでなく，〈大東亜共栄圏の中核たるべき日本民族の防衛のため〉という意図が強く働いていた．この決定を受けて総督府は全力をあげて徴兵の準備に取り組んだ．しかし当時の朝鮮は義務教育制が施行されておらず，約5割の青年はまったく日本の教育を受けていなかったし，日本語の普及率は42年末現在でも2割弱にすぎなかった．そこで総督府はこの未就学の青年を対象に42年に〈朝鮮青年特別錬成令〉を公布し，6ヵ月間訓練所に入所させ，早急に〈皇軍兵士〉に仕立てあげるとともに，〈国語は戦力だ〉を合言葉に日本語普及運動をいっそう強力に展開した(〈朝鮮語〉の項目参照)．43年7月には〈海軍特別志願兵令〉が公布され，10月には学徒兵制が実施され，続く44年8月の〈学徒軍事教育要項〉により，学校は教育の場から，軍隊の下請機関，労働力供給の場へと変わった．

さらに日本国内の労働力補充のために労務動員はいっそう強化され，44年からは国民徴用令によって，応徴士の美名の下に青紙1枚で日本に▷強制連行され，日本各地の炭鉱，軍事施設などで過酷な労働を強いられた．その数は39-45年に約113万人にものぼった．また44年8月には〈女子挺身隊勤労令〉が公布され，未婚の女性も動員され，そのうち多数が▷日本軍慰安婦にされた．このように労働力を失い，物資不足で疲弊しきった農村に，戦時食糧供出という重圧が課せられた．太平洋戦争下でも毎年約500万石を前後する米が日本に輸出され，それを確保するために，43年には日本に先んじて供出の事前割当制度が導入され，ときには竹槍で家宅捜索まで行われた．農村では厭戦気分が蔓延し，食糧を便所や畑に埋めて隠匿したり，供出関係者を襲撃するなどの事件が続発し，また労務動員の途中での集団逃亡，係官の謀殺，学徒兵の集団脱走なども相次いだ．

反面，戦争末期におけるこのような状況は朝鮮人に日本の敗戦を確信させ，独立への希望を与えた．朝鮮の内外では独立のための準備が始められ，44年8月にはソウルで▷呂運亨ヨウニョンらがひそかに〈建国同盟〉を組織していたし，中国の西安でも▷金九キムグ

らは韓国光復軍を訓練し，解放に備えていた．　⇒光復節｜戦後補償問題｜朝鮮人戦犯　　　宮田節子

たいほうぐん｜帯方郡

朝鮮半島の西岸中央部（ほぼ現在の黄海道方面）に設立された中国の郡名．漢の武帝は衛氏朝鮮を滅ぼして，前108年その故地に*楽浪郡（郡の中心は朝鮮県）をおいたが，後漢の末ころから遼東地方の太守として勢力の強かった豪族公孫度は，三国の魏（曹魏）の時代になると漢末中国政権の動乱に乗じて独立的存在となった．公孫度の死後，その子，公孫康はますます独立的傾向を強め，夫余や高句麗を威圧し，さらに南下して中国の前進基地ともいうべき楽浪郡を支配下においた．しかし楽浪郡の南部には韓・濊諸族の勢力が台頭しているので，これらを統制する必要から郡をほぼ二分し，屯有県以南を新しく帯方郡として南方諸族経略の根拠地とした．帯方郡はまた海を隔てた倭国に対する制圧の目的もあった．有名な3世紀前半ころの倭の女王卑弥呼の使者の魏への朝貢もこの帯方郡を経由するものであった．帯方郡は魏が238年，公孫氏を滅亡させるとともに楽浪・帯方2郡も同時に魏の支配下におかれたが，やがて西晋が魏に代わると西晋の支配におかれた．その前後から中国支配の衰退に乗じて逐次勢力を伸ばしていた高句麗は，313年，漢以来の中国支配の象徴ともいうべき楽浪郡を滅ぼして半島への南下を図ったが，ほぼ同じころ帯方郡も南部の韓・濊諸族によって併合され，やがて百済がこの地方におこり，朝鮮の古代史は新しい様相を呈することになった．

帯方郡は《晋書》の地理志に拠ると，帯方，列口，南新，長岑，提奚，含資，海冥の7県を統轄したことになっているが，この7県が現在のどこに比定されるかについては帯方県以外はほとんど不明である．帯方県については，現在の黄海道鳳山郡沙里院面にある唐土城が旧帯方郡治址と推定され，そこからは多くの瓦，塼，泉（銭）などが発見されており，それらは旧楽浪郡時代の出土品と同種である．特筆すべきことは，その付近の墳墓群に，1912年〈帯方太守，張撫夷塼〉という銘のある塼室墓が発見されたことで，その結果，在来不明であった帯方郡の位置を推定する重要な手がかりを得たことである．これらによって帯方郡の所在は，ほぼ現在の大同江以南，載寧江両岸にわたる地域であったと推定されている．

なお，ここで注意しておきたいのは，最近の朝鮮の学界，とくに朝鮮民主主義人民共和国では上述のような楽浪・帯方2郡についての日本における定説に対してまったく異なる見解を示していることである．すなわち，その所在地も在来の定説である半島北西部，ほぼ現在の平壌付近説を排して，さらに北方の遼河付近に比定し，また郡の性格も中国政権の出先機関といったものではなく，在地の朝鮮人によって構成されていたとするもので，現状ではこの学説は文献考証の上からは疑問であるが，今後の問題として一考に値する．　⇒楽浪郡　　村山正雄

たいようせいさく｜太陽政策

韓国の*金大中政権，*盧武鉉政権による対北朝鮮融和政策．〈包容政策〉とも．1998年2月に発足した金大中政権は，*金泳三政権の対北強硬政策を批判し，盧泰愚政権時代の〈南北基本合意書〉や〈南北非核化共同宣言〉を高く評価して政経分離，柔軟な相互主義，一括解決などを基本概念とする穏健な〈積極関与〉政策を採択した．統一政策においても，南北連合段階，連邦段階，完全統一段階からなる〈3段階統一論〉を掲げた．これらの政策は，相手の態度を変えさせるためには〈北風〉よりも〈太陽〉の方が効果的だとするイソップ童話にちなみ，〈太陽政策 the sunshine policy〉と命名された．太陽政策の代表的な例が1998年秋から韓国人観光客の受け入れを開始した*金剛山観光事業である．当初，北朝鮮側は政経分離原則を逆手にとって，その〈政〉を拒絶したまま〈経〉だけ受け入れようとしたが，2000年6月，ついに歴史的な*南北首脳会談の開催に応じ，金剛山観光開発のほか，*開城工業団地，京義線および東海線の鉄道・道路連結事業という対北朝鮮三大経済協力事業が本格化することとなった．*南北離散家族の再会事業も継続して推進された．

盧武鉉政権は〈平和・繁栄政策〉と称してそれを継承し，2007年10月には史上2回目

になる南北首脳会談を実現させたが、06年10月に地下核実験が強行された際には、とりわけ韓国国内の保守層から北朝鮮を利するだけの政策ではないかと強い非難も受けた。▶李明博イミョンバク政権は、北朝鮮の非核化が実現すれば、北朝鮮住民の所得が3000ドルに達するよう韓国が非核化と開放を促しながら支援するとの〈非核・開放3000〉を掲げたが、北朝鮮側から大きな反発を招いた。

礒崎 敦仁

たいりくへいたんきちろん｜大陸兵站基地論
戦時動員体制のなかで、朝鮮に課せられた地理的・経済的役割を表現した政策論。1938年ころから鈴木武雄(京城帝大教授)らが唱え、大陸と地続きである朝鮮を名実ともに〈第二の日本〉とし、たとえ日本との輸送が断たれても朝鮮のみで軍需物資の補給ができるようにしなければならないとした。これにより朝鮮での物資の徴発、資源の略奪、跛行的な軍需産業の確立は、いっそう拍車がかけられた。

宮田 節子

たかはしとおる｜高橋亨｜1878-1967
思想研究者。新潟県出身。東京帝国大学を1902年に卒業後、大学講師、九州日報主筆を経て、05年に大韓帝国に雇傭され、官立中学校教諭(幣原坦の後任)として渡韓、併合後も朝鮮総督府に任用された。この間〈朝鮮の教化と教政〉で文学博士学位取得。▶京城帝国大学創設に関わり、開学後は法文学部教授(朝鮮語・朝鮮文学第一講座)。代表的研究は〈李朝儒学史に於ける主理派主気派の発達〉。退官後も恵化専門学校校長、明倫学院講師や経学院提学を務めるなど、文教行政に関わった。戦後は天理大学に着任、朝鮮学会を創設したことが注目される。

通堂 あゆみ

たくひょう｜啄評｜타평
朝鮮の6～7世紀の新羅王畿内の行政単位。啄評(中国)、喙評(日本)とも書く。《梁書》新羅伝に〈新羅の邑落は、畿内にあるものを啄評、畿外にあるものを邑勒ウプル)という。中国の郡県にあたるもので、新羅には六啄評と五二邑勒がある〉とある。この六啄評を新羅王畿(王都周辺の慶州貴族が基盤とする地域)の六村・▶六部に比定する説、啄と幢(軍隊、軍団)を音通するものとして、王畿の六停

(六つの軍営所在の県)に比定する説との両説がある。六部と六停とは性格の異なるものとみられていたが、両者は同じく畿内の行政区域で、啄評は6世紀以降三国対立の激化によって、軍営設置の単位になるなど、軍政化したものと推測される。6世紀後半設置の法幢軍団内の百官幢、雲梯幢、衝幢、石投幢など畿内を基盤とした部隊の司令官である法幢主の数は6の倍数であり、畿外を基盤とする外余甲幢の法幢主は52人で、《梁書》の記述と一致する。

井上 秀雄

たくりし｜択里志
朝鮮王朝後期の実学者李重煥イジュンファンが著した地誌。1714年成立。写本、不分巻。《択里志》という名称は後世の人がつけたもので、《八域卜居志》《八域志》《博綜誌山水録》など異名が多い。国内で居住に適した所を選択するという目的から、朝鮮8道の地形や気候、産業・交通の状況、人間の気質、名勝、各地に伝わる故事などが記載されている。李重煥の30年にわたる放浪生活で得た知識が反映されており、後世にも広く読まれた。▶地誌

宮嶋 博史

たけしま｜竹島
[位置] 日本海南西海域の北緯37度14分、東経131度52分に位置する島。新生代第三紀の海底火山活動に由来する東西一対の主島とその周辺の30余の岩礁からなり、総面積は0.23km²。島根県の隠岐オキ諸島から北西に約157km、韓国の▶鬱陵ウルルン島からは東南東に約92km隔たっており、本土からの距離は日韓双方とも210余kmとなる。日韓両国が領有権を主張し、日本では島根県隠岐郡、韓国側は慶尚北道鬱陵郡の所属としているが、1953年以降、韓国が実効支配を続けている。韓国側の呼称は独島トクト。国際的には1849年に同島の所在を確認したフランス捕鯨船の名に因んだリアンクール岩礁という呼称を用いることもあり、日本でも一時期、山陰の漁民の間でリャンコ島というよび方が広まった。

[歴史的経緯] 江戸時代の初期に、山陰の漁民はこの島を〈松島〉、鬱陵島を〈竹島〉とよんでいた。1618年に伯耆ホウキ国(現在の鳥取県西半部)米子の大谷・村川両家が、当時朝鮮の空島政策で無住地となっていた竹島(鬱陵島)

を江戸幕府から拝領し，漁労や海獣猟，竹の採取などを行うようになった。それにともない，同島との往来の途中にある松島（現在の竹島）が航路の指標や一時的な避難所として利用され，周辺の漁場も開拓されることとなり，遅くとも61年までには，この島も両家が拝領したとされている。90年ころになると朝鮮の漁民も鬱陵島で活動するようになったため，幕府は対馬藩を通じて朝鮮に鬱陵島への出漁禁止を申し入れたが，朝鮮の反駁を受け，結局，長期にわたる検討と交渉の末，竹島（鬱陵島）の放棄を決めた。そして96年，鳥取藩に同島への渡海禁止を申し渡し，その旨を朝鮮側にも伝えることで決着した（竹島一件）。この時，松島は渡海禁止の対象外で，日本ではその後もこの島の利用を続けた。なお，鬱陵島の所属をめぐり，1693年と96年に個人的に日本との交渉を試みた漁民（一説には軍兵，奴婢とも）の安龍福ｱﾝﾘｮﾝﾎﾞｸが帰国後に〈鬱陵島と于山ｳｻﾝ島（日本で言うところの松島）が朝鮮領であることを日本側に認めさせた〉と申し立てたことが《粛宗実録》に記されており，これがのちに〈松島は于山島であり，朝鮮領〉という朝鮮側の認識につながった可能性がある。しかし，日本では安の供述に多くの虚言が指摘されているほか，松島を有人島としている点で，島の同定については誤認の可能性が高いとされている。

この島の存在が今日的な領有概念の対象として浮上するのは20世紀になってからのことである。日露戦争中の1904年9月，島根県の中井養三郎が，内務・外務・農商務の各大臣宛に〈りゃんこ島領土編入並に貸下願〉を提出し，政府は05年1月の閣議でこれを認め，同島を竹島と命名して島根県に位置づけた。これにより島根県では同年2月22日にこの閣議決定の内容を管内に告示し，隠岐島司の所管として5月に測量を行い，官有地台帳に登録するとともに，漁業権者から土地使用料の徴収を始めた。この竹島の日本領有が大韓帝国に伝えられたのは第2次日韓協約（*日韓保護条約）締結の翌年（1906）のことである。朝鮮での独島呼称の成立時期については説が分かれるが，1906年の鬱陵島郡守の報告書には〈本部所属独島〉の記

●竹島

1954年9月15日，大韓民国発行の切手。当時，帰属問題のからみで日本の郵政省はこの切手を貼った郵便物を韓国に返送した。右下のハングルはトクト（独島）。2004年1月にもトクドの切手を韓国が発行。

載がある。当時の韓国政府は日本の竹島編入に疑義を抱きつつも有効な対応措置をとれないまま，1910年の*日韓併合にいたる。

第2次世界大戦終結後の1946年1月，GHQ覚書により竹島への日本の施政権が停止され，6月にはマッカーサーラインの設定により竹島周辺の漁業活動が規制された。サンフランシスコ講和条約の発効にともなう同ラインの撤廃に先立つ52年1月，韓国が〈海洋主権宣言〉を発して李承晩ｲｽﾝﾏﾝラインを設定し，竹島をその中に含めたことから，この島が係争地化した。52年以降の日韓会談で，日本は同ラインの不当性を主張しつづけ，65年の日韓基本条約締結で同ラインの廃止にこぎつけたが，竹島の帰属については合意が得られないまま，今日に至るまで韓国が占拠を続けている。⇒*平和ライン

[領有問題の推移] 竹島の領有をめぐる主な争点としては，①先占，実効支配の主体，②史料記載の島名の同定，③1905年の日本による竹島編入の有効性，④1945年以降の戦後処理における竹島の扱いについての解釈などがある。このうち，①や②に関しては，日本側に江戸時代の記録があるのに対し，朝鮮側では安龍福の供述も含め，同時代の史料の裏付けが乏しく，推定の域を出ないこと，日本側の島名が時代によって変遷・錯綜し，理解に混乱が生じていること，韓国側が古文献や古地図にたびたびあらわれる于山島や石ｿｸ島を独島の古名としてい

る点については，記載内容や古地図上の位置から，他の島嶼をさしている可能性が高いことなどの問題が指摘されている。③をめぐっては，閣議決定や県の告示で示された領土編入が国際法上有効かどうかという点とともに，韓国への通知が第2次日韓協約後になされたことの不透明性についても意見が分かれている。④では，サンフランシスコ講和条約における日本の朝鮮放棄に関して，竹島を日本領にとどめる旨の例外規定を盛り込まなかったのは，連合国が竹島を韓国領と認めたためとする韓国側と，当時のアメリカの書簡等からそれを否定する日本の解釈が対立している。

韓国では〈独島〉が愛国心鼓吹のシンボル的な存在となっており，長年，官民を挙げて〈独島は我が領土〉とのキャンペーンと国民教育を展開する一方，海外広報も年々強化している。日本側が竹島領有問題を国際法上の妥当性に主眼を置いた〈法的問題〉としてアプローチしようとしているのに対し，韓国では，日本による韓国侵略史と不可分の〈歴史問題〉ととらえようとする傾向が強まり，両者の視点は鋭く対立している。日本政府は過去4回にわたり国際司法裁判所への付託を韓国側に提案してきたが，韓国は〈古来韓国領である独島について，領土問題は存在しない〉として，いずれも拒否し，灯台，船舶接岸施設，警備隊宿舎，漁民住居などの設置や戸籍の発行を通じて実効支配を強めている。1905年に竹島の島根県編入が告示された日に因み，100年後の2005年に島根県議会が2月22日を〈竹島の日〉と定める条例を可決すると，韓国は激しく反発し，韓国人観光客の入島を解禁した。2011年7月，日本の国会議員らが竹島問題の調査と称して鬱陵島を訪問しようとしたが，韓国側は空港で一行の入国を拒否した。2012年8月には李明博大統領が現職大統領として初めて竹島を訪問し，日本の対韓感情の悪化を招いた。　　　　佐々木史郎

たちゅうきょう | 多鈕鏡　➡銅鏡

だつあろん | 脱亜論

▶福沢諭吉が1885年3月16日の《時事新報》紙上に発表した論説。脱亜とはアジアから脱するという意味であるが，ここでいうアジアとはアジア一般ではなく，具体的には朝鮮をさすものとして用いられている。福沢は，日本の独立保持のためには朝鮮の近代化が必要と考え，金玉均，朴泳孝ら朝鮮の▶開化派に物心両面の援助を与えて朝鮮の近代化を図ろうとした。しかし，▶甲申政変(1884)によって開化派のクーデタが失敗に終わったため，彼の企ては挫折した。そこで朝鮮の近代化工作を断念し，日本の国家的利害からのみ朝鮮に対応することを主張して，この論説を著した。この《脱亜論》は，これまで《時事小言》(1881)から《脱亜論》へという流れにおいてとらえられ，福沢のアジア連帯論からアジア侵略論への思想的な転換を示すものとして評価されてきた。しかし，彼が《脱亜論》を著した意図そのものは，朝鮮の近代化工作からの撤退宣言であり，この論説以降は朝鮮に直接的にかかわることにはむしろ消極的になっている。今日では，こうした彼の主観的意図とは別に，〈脱亜論〉という言葉は，日本がアジアの立場を離れ，欧米諸国とともにアジア諸国に侵略しながら近代化をめざした思想として用いられる場合が多い。　　　原田 環

だっぽくしゃ | 脱北者

〈北朝鮮脱出者〉のこと。さまざまな事情で北朝鮮を離れた人々をさす。〈北朝鮮難民〉と呼ぶ人もいる。韓国では1990年代半ばまで，北朝鮮から▶亡命した人々を〈韓国の体制を受け入れた〉という意味で〈帰順者〉とよんだ。南北対立を背景に，政治的理由での亡命者が多かったことによる。その後，生活苦などから一般住民が亡命するケースが増え，90年代後半からは〈北朝鮮脱出住民〉などの呼称が使われ，略称としての〈脱北者〉が一般的に定着した。韓国統一部の呼称は〈北韓離脱住民〉。

統一部によると，韓国入りした離脱住民は98年までに計947人で，99年に初めて年間100人を突破。2013年9月現在で計2万5649人に上った。女性が69%を占めている。韓国は最大の受け入れ国で，当初はほとんど中国経由だったが，中国が治安対策を強化したことなどから，近年は東南アジア経由で韓国入りする人々が急増。2000年代には，各国にある韓国公館や韓国学校などに集団

で駆け込み、韓国亡命を求めるケースが相次いだ。韓国入りできず中国や東南アジアにとどまる人々も多い。韓国政府は〈定着金〉を支給し、自立・自活を促そうと社会に適応するための教育を実施しているが、生活様式や文化の違いなどから適応に苦しむ例が多い。低所得者が多く、犯罪の増加が社会問題化している。59〜84年の帰還事業で在日朝鮮人とともに北朝鮮に渡った日本人妻や家族が脱北者となるケースもあり、約200人が日本入りしたとされる。

韓国から北朝鮮入りする人もおり〈越北者〉（北朝鮮では〈入北者〉）とよばれるが、一般的には45年の解放から朝鮮戦争休戦協定で軍事境界線が画定されるまでの間に北朝鮮に行った人々をさす。逆に、当時、北朝鮮から韓国に行った人々を〈越南者〉とよぶ。

阪堂博之

たなばた｜七夕

朝鮮でも7月7日に牽牛・織女交会の日の伝説にもとづいて中国の乞巧奠と同様、当夜婦女子は裁縫の上達を牽牛・織女の二星に祈る。また曝書、曝衣という書物や衣服の虫干しが行われる。一方、農家では、この日には二星の別離の涙が降るので、これで身を清め髪を洗えば厄払いになるといって沐浴したり、天穀鬼神が降りて来て穀物の収穫量を定める日であるとして休業したりする。このように中国風の星祭のほかに、元来、この時期に朝鮮固有の農耕予祝儀礼が行われていたことがわかる。⇒農耕儀礼

依田千百子

タバコ

タバコは17世紀初めに日本を通して伝来し、初期には倭草、南草などと表記されたが、現代の朝鮮ではタンベとよぶ。朝鮮王朝後期から長きせるは老人の権威を示すシンボルのようになっており、老婆の喫煙姿も目だつ。若者は老人の前や目上の人の前では吸わないことが礼儀である。親子関係でみると、父親の前で息子がタバコを吸うことは禁じられているが、母親の前では許されている。父親は息子がタバコを吸うことを知っており、その現場を発見したとしても、その場を避けてやることが情のある父親と評価されている。またタバコの火を借りる場合には目上の人や老人からは借りない。

朝鮮へのタバコの伝来は、ちょうど中国における明・清交替期にあたり、清朝に拉致された朝鮮人捕虜の代価として清朝側の禁令にもかかわらずタバコが支払われたりしたことが《瀋陽状啓》などの記録にある。やがて平安道の三登や忠清道南部のタバコが使臣を通して中国に広く知られるに及び、商品作物としてのタバコ栽培は急速に広がった。雨量も少なく乾燥した風土がタバコ栽培に適したと思われる。その後、朝鮮王朝政府高官の中には、肥沃な畑地が商品作物としてのタバコにとって代わられることを嫌って禁圧論を主張する者もあったが、農民の副業としてのタバコ栽培は喫煙風習の拡大とともに広がった。朝鮮王朝時代は基本的には農民の自由栽培であったが、日本による韓国併合の直前に煙草税法（1909）がしかれ、植民地期の初期にはタバコ栽培は許可制とされた。1921年には煙草専売令がしかれ、現在も、南北朝鮮とも国家による専売制が行われている。

崔吉城＋鶴園裕

タバン｜茶房｜다방 ⇒茶

たぼはしきよし｜田保橋潔｜1897-1945

歴史学者。北海道函館の生れ。1921年東京帝国大学国史学科を卒業、24年に京城帝国大学予科講師となる。ヨーロッパ留学ののち、27年に教授となり、国史学を担当、主として近代日本の外交史を研究した。33年、朝鮮総督府の朝鮮史編修会に嘱託され、《朝鮮史》第6編を編纂した。38年6月に同会主任となり、次期事業として韓国併合史の編纂と史料蒐集をすすめたが、内外情勢の急迫のため中断された。主著《近代日鮮関係史の研究》（1940）は膨大な史料を駆使した研究で、この分野の古典的文献とされている。ほかに《近代日支鮮関係の研究》（1930）、《日清戦役外交史の研究》（1950）、《朝鮮統治史論稿》（遺稿。日本では未刊）などがある。

吉野誠

タムジン｜曇徴｜담징

高句麗からの渡来僧。生没年不詳。《日本書紀》によると、610年（推古18）高句麗の嬰陽王が法定とともに朝廷に貢上した。よく彩色（絵具）、紙、墨をつくり、あわせて碾磑を制作した。製紙技術はすでに中

国あるいは朝鮮から伝えられていたとみられ，曇徴はさらに良質の紙の製法をもたらしたのであろう。水力を利用した臼はこのときに始まるという。また五経に通じた。《聖徳太子伝暦》には法隆寺に住したとある。
　　　　　　　　　　　　　　　　八木　充

タリョン｜打令｜타령
本来は音楽用語で，主として民謡や雑歌のリズムの名称をさす。トラジ打令(‹トラジ›)，唱夫打令，パンガ打令などのように‹何々節›の‹節›にあたる言葉でもある。一方，曲種とも考えられ，宮廷音楽の器楽合奏曲《霊山会相》のような組曲の中にも‹打令›とよぶ楽曲が入っており，楽曲のスタイルとしてほかの曲と区別する。一般に打令の節回しや楽曲構造には，一つの節回しを擧または甞などの1拍を3分割する拍子や3拍子のリズムでくり返す句があることが特徴で，少しずつ変化しながら歌う。そのため，転じて‹口ぐせ›とか，何度もくり返すことも打令という。身世打令は，身の上話や自分の不幸な運命を物語り，となえるという意味であった。一般にリズム型のことを長短チャンダンとよぶが，民謡の長短型の中に打令長短があり，京畿地方の民謡に最も多く，ついで忠清道，江原道などの中部地方の民謡に何々打令とよぶ民謡(ヌンシル打令など)が南部地方(フン打令など)より多い。　⇒民謡
　　　　　　　　　　　　　　　　草野　妙子

タルトンネ｜달동네
ソウルなどの大都市周辺にできた貧困層の不法住宅地をさす言葉で，日本の植民地期には▶土幕民ともよばれ，テント掛けが多かった。植民地からの解放後や朝鮮戦争後には廃材などで家が造られたためパンジャチョン(パンジャ＝板子，チョン＝村)ともよばれ，肉体労働を主とする最下層民が住んでいた。ソウルは風水地理の関連から，また釜山は地理的に山が近く，朝鮮戦争後や1960年代後半からの都市への人口集中によって山の麓から上に向かって住宅ができていった。これらの町(トンネ)をタルトンネという。月(タル)に近いトンネの意味だと説明される。そのようなバラック作りの建物をハコバン(箱＋房＝部屋)ということもある。1970年にはソウルで4万3000世帯が不法居住で

あったとされる。タルトンネの住民に居住権は与えられ，家屋も改築された。都市の再開発とともにタルトンネの多くはアパート団地に姿を変えてしまった。今日では貧しさの象徴として語られる反面，貧しいながらも住民たちが助け合って暮らしていた人情味豊かな暮らしだったとして，追憶的に描かれることが多い。
　　　　　　　　　　　　　　　　秀村　研二

ダレー｜Claude Charles Dallet｜1829-78
フランスのパリ外国宣教会士。1852年に同会の神学校を卒業後，アメリカ，カナダなどで布教。のちパリで71年から翌年にかけて《朝鮮教会史》(全2巻，1874年刊)を執筆した。この書は，朝鮮の丙寅教獄(1866)で殉教した同会所属の神父ダブリュイ M. A. N. Daveluy (漢名は安敦伊)が収集し，パリの同会本部に送付していた資料に依拠したもので，朝鮮キリスト教史の基本文献となっている(序論は《朝鮮事情》の題で《東洋文庫》に邦訳がある)。ダレーは執筆後，1877年にコーチシナのトンキンに至り，翌年病没した。
　　　　　　　　　　　　　　　　原田　環

タングン｜檀君｜단군
朝鮮の始祖神の号。名は王倹ワンゴム。高麗時代に編まれた▶《三国遺事》では，檀君王倹をどの王朝の始祖王ともしないで，朝鮮全土の開国神・始祖神としてとりあげた。この神話の要旨は，帝釈桓因ファヌインの子桓雄ファヌンが熊女と結婚し，檀君王倹が生まれた。檀君は尭帝即位50年(異説多し)に建国し，平壌城に都したが，のちに阿斯達アサダルに遷都し，1500年間朝鮮をおさめた。箕子キジャが朝鮮に封ぜられたので，檀君は隠棲して，阿斯達の山神になったという。この神話には，儒教，仏教，道教など後世の潤色も多いが，北方形の熊信仰・シャマニズムの入信儀礼と，南方形の聖林降臨信仰・峠の聖地信仰などとの結合が基本的な要素となっているとみられる。檀君王倹の前身は平壌地方の固有神王倹仙人で，王倹の名は▶衛氏朝鮮の王都の地名王倹によると推測される。《三国遺事》が檀君を朝鮮全土の始祖神とした理由は，モンゴルの侵略や高麗王朝の江華島への逃避，元朝への帰順に反対し，各地の義兵や三別抄の活動を精神的に支援する反元自立の民族意識による。
　　檀君信仰は初め民間信仰であったが，高

●檀君

左―檀君教の祭壇、忠清南道の鶏竜山。檀君を国祖とする新興宗教団体は20世紀に入っても各地で次々発足している。

右―檀君が降臨したと伝えられる、江華島摩尼山山頂の塹星壇。毎年10月3日の開天節にはこの地に信者が集まり、祭典を行う。

麗末には地方豪族や貴族にも信仰されるようになり、朝鮮王朝(李朝)の国号採用にも、▶箕子朝鮮とならんで檀君朝鮮の国号が有力な根拠とされた。1429年には世宗が檀君を高句麗始祖東明王(朱蒙)廟に合祀し、以後国家的な祭神となった。19世紀末、民族意識の高揚につれ、檀君はふたたび朝鮮民族の祖神として信仰され、▶大倧教(檀君教)がおこり、現在なお韓国の有力な固有宗教となっている。また、韓国では1961年まで檀君紀元(西暦年に2333年を加算)を使用していた。 ⇨古朝鮮；神話　　　　　　　　　井上 秀雄

たんご｜端午

旧暦5月5日の端午節は天中節ともいわれ、四大名節の一つである。朝鮮の端午の諸行事は二つのグループに大別できる。一つは中国の端午の行事が宮廷を中心に上層部に受容され、その一部が民衆に伝わったと考えられる辟邪の風俗である。朱書の辟邪文を書いた天中赤符(端午符)を門に貼りつけたり、菖蒲湯で髪を洗い、女子は菖蒲の簪を頭に挿す。艾の葉を混ぜた車輪形の餅を食べたり、艾や益母草などの薬草を採る。宮廷ではこの日端午扇と災いをはらう玉枢丹という薬を臣下に下賜した。一方、古く〈馬韓伝〉の五月播種後の国中祭天の記事が示すように、現在でもこの日には各地で朝鮮固有の部落祭である▶ソナンダン(城隍堂)祭や石戦(石合戦)、▶シルム(相撲)、ぶらんこ(クネ)、嫁樹などの祈豊的農耕儀礼が行われている。南朝鮮では旧暦8月15日の▶秋夕が重要視されるのに対して北朝鮮では端午節が最も重要な名節であり、各地で男子のシルムと女子のぶらんこの大会が盛大に行われてきた。朝鮮では元来この日が北方畑作文化圏の収穫儀礼であったことがわかる。 ⇨農耕儀礼；年中行事　　　　　　依田 千百子

だんじとう｜男寺党　⇨ナムサダン

たんじょうび｜誕生日　⇨通過儀礼

タンジョン｜端宗｜단종｜1441-57

朝鮮王朝第6代の王。在位1452-55年。幼くして父王文宗の死により王位についたが、おじの首陽大君(後の▶世祖)に王位を奪われ、江原道寧越に追われた。流配の前後、世祖の不法と端宗の復位を要求する臣下がたえず、死を賭して端宗の復位を図った▶死六臣(▶成三問、朴彭年ら)や、終生世祖に仕えなかった生六臣(▶金時習、元昊ら)の伝承を生んだ。王自身も庶人に落とされたうえ自殺を強要され、流配地で死んだ。悲劇の幼王として臣下の行動とともに野史や野談の形でながく語りつがれ、端宗哀史として有名である。 　　　　　　　　　　　　鶴園 裕

たんそう｜端宗　⇨タンジョン

だんぱつれい｜断髪令

1895年、閔妃虐殺事件ののち親日的政権

として発足した▶金弘集キムホンジッ内閣が，開化政策の一環として全国民に対し髪を切ることを命じた法令．11月に発令されると高宗は率先垂範して断髪し，一部の地方では官吏が街頭で通行人の髪を刈るなどした．閔妃事件への憤りとあいまって強圧的なやり方に民衆の反発が高まり，伝統的な礼俗の否認を意味するこの措置に対し，儒生たちを中心として全国各地で反日▶義兵闘争が展開された．⇨甲午改革

吉野 誠

ちいきかんじょう｜地域感情

地域間の葛藤や感情，あるいは特定地域の優遇や疎外，自己地域の中心主義に関して論じられる際，韓国では地域感情，地域主義といった言葉が用いられる．韓国現代史において，朴正熙，全斗煥，盧泰愚，金泳三と歴代大統領を輩出してきた嶺南ヨンナム地方と，開発や主要人事から疎外されてきた湖南ホナム地方との地域対立をとくに意味する．行政区分でいえば，嶺南とは釜山広域市，大邱広域市，蔚山広域市，慶尚北道，慶尚南道の総称であり，湖南とは光州広域市，全羅北道，全羅南道の総称である．嶺南と湖南を▶三国時代の対立関係(新羅と百済)に原点を求める俗説があるが，立証できるような歴史的証拠はない．地域感情の構図は▶朴正熙パクチョンヒ政権以降のことだととらえるのが妥当である．▶五・一六クーデタ(1961)で政権を握った朴正熙は，その政権の正統性に対する負い目もあってか，政治的基盤を地域主義に置く側面があった．同クーデタの主導勢力には，嶺南出身者が多かった．政府の人事面でも〈嶺南―優遇，湖南―疎外〉がとられ，統計によれば朴正熙政権下の政府高官の出身地別比率は嶺南30.1%に対して湖南は13.2%で，▶全斗煥チョンドゥファン，▶盧泰愚ノテウ，▶金泳三キムヨンサムの各政権でも同様な傾向であった．この構造は民間にも波及した．〈嶺南―優遇，湖南―疎外〉は，政府の経済政策の重点度と開発の度合でも顕著で，朴正熙政権はソウルから大邱を経て釜山に至るラインを中心に工業化を進めていった．開発から取り残された湖南からは1960年代後半から70年代にかけて，大都市への人口の流失を招いた(▶都市化)．おもに農民であった彼らはソウルなどで低所得者層を形成し，これが湖南に対する偏見と差別を助長させていった．湖南出身の▶金大中キムデジュンの大統領就任(1998)で地域感情の解消が期待されたが，かつてとは逆に〈湖南偏重人事〉をしていると野党が非難したり，金大中・盧武鉉・李明博各政権下の各種選挙でも政治家による地域感情の利用とそれに刺激された有権者の投票行動が引き続きみられたりする．

小針 進

ちいさん｜智異山｜⇨チリ山

チェアムニじけん｜堤岩里事件｜제암리사건

1919年4月15日，現在の京畿道華城郡郷南面堤岩里で起こった三・一独立運動弾圧事件．水原を中心としたこの地域の独立運動鎮圧のために差し向けられた日本軍が，訓示をすると称して同里内の運動参加者を礼拝堂に呼び集め，堂内に閉じ込めて射殺，建物もろとも焼き払った．死者はキリスト教徒，天道教徒合わせて29名．日本軍は近隣の村々でも虐殺，放火をほしいままにした．この事件は▶アンダーウッドらアメリカ人宣教師の証言で有名になった．⇨三・一独立運動

馬渕 貞利

チェ・イッキョン｜崔益鉉｜최익현｜

1833-1906

朝鮮王朝末期の文臣，学者，義兵将．字は讃謙．号は勉菴．▶李恒老イハンノの門人であり，▶衛正斥邪論者．1855年文科に及第して官途に就いた．73年戸曹参判となるが，上疏して興宣大院君の書院撤廃などの施策を論難したため，75年まで済州島に流配された．76年日朝修好条規の締結の際には，斧を担いで宮門外に進み，上疏して開国通商は亡国をもたらすとして強硬に反対し，全羅道黒山島へ流配された．79年以降は故郷の京畿道抱川に隠棲した．甲午改革には反対し，断髪の強要にも屈しなかった．96年義兵が起きると宣諭大員に任命されたが，義兵擁護の上疏を呈して辞職．98年には議政府賛政などに任命されたが，独立協会排撃の上疏を呈して辞退．1904年日本の軍事支配が始まると高宗に召されて入京し，抵抗運動を展開したが，翌年日本軍によって追放された．忠清南道定山に住まいして反日行動を続け，06年6月，門人らとともに全羅北道泰仁に▶義兵闘争を起こしたが，敗れた．

対馬の監獄にとらわれ，同地で没した．その言論，行動は旧体制維持の立場から日本の侵略とブルジョア的改革の実施とを頑強に拒む点において一貫していた．著書に詩文集《勉菴集》がある．
糟谷 憲一

チェ・イン|崔麟|최린|1878-1958?
朝鮮の宗教家．チェ・リンとも．号は古友．咸鏡南道生れ．19歳で軍人になり，1903年韓国皇室特派留学生として渡日．留学生運動に参加．明治大学卒業後，10年に帰国して ▶天道教に入教．19年三・一独立運動の計画に加わり，独立宣言に署名し逮捕されたが，出獄後天道教幹部として右派民族主義グループの中で重きをなす．30年代には総督府中枢院参議，《毎日申報》社長，朝鮮臨戦報国団団長を歴任，解放後 ▶親日派として告発された．朝鮮戦争中に北に連れ去られたという．
水野 直樹

チェ・ギュハ|崔圭夏|최규하|1919-2006
韓国の政治家．第10代大統領(1979.12-80.8)．江原道出身．東京高等師範学校卒業．解放後はソウル大教授から官僚に転じ，外務次官などを経て1967-71年に外相．76年に国務総理に就任したが，79年の朴正熙大統領暗殺で大統領権限代行となり，同12月に大統領就任．憲法改正や政治活動自由化などを進めようとしたが，軍部の戒厳令強化，光州事件発生などで80年8月に辞任．わずか約8ヵ月という最短在任期間で〈悲運の大統領〉といわれた．96年，光州事件などで全斗煥，盧泰愚の両大統領経験者が断罪された公判では証人出廷を拒み続け，控訴審で裁判所に拘引されて出廷したが，証言を拒否した．
阪堂 博之

チェ・ジェウ|崔済愚|최제우|1824-64
朝鮮王朝末期の宗教， ▶東学の創始者．号は水雲斎．本貫は慶尚北道慶州．没落両班の出身で，若くして父母に死別し，辛酸をなめた．のちに木綿の行商で全国各地を歩きながら，求道の生活を続けたといわれる．1860年，天の啓示を受け，儒・仏・仙教と民間信仰を融合・発展させた独自の宗教として，東学を創教した．〈至気今至，願為大降，侍天主造化定，永世不忘万事知〉という21字の呪文を口誦して修養すれば，人は天に感応して融合・一体化し，〈地上天国〉が実現できるとするものである．この〈人乃天〉(人すなわち▶天)の思想がもつ万人平等主義は，封建的な身分制度と対立するばかりでなく，朱子学を唯一の正統とする王朝支配体制への挑戦をも意味した．東学が圧政と生活難に苦しむ民衆の中へ急速に広まると，人心を惑わすという理由で逮捕され，64年，大邱で死刑に処せられた．その教えは《東経大全》(1880)，《竜潭遺詞》(1909)によって知ることができる．
吉野 誠

チェ・ジェゴン|蔡済恭|채제공|1720-99
朝鮮後期の文臣．本貫は平康．字は伯規，号は樊巌・樊翁．1735年郷試に合格．43年文科及第．承文院権知副正字を経て，48年芸文館史官となる．英祖の信任を得て，〈老論〉主導の政界にあって， ▶南人の重鎮として要職を歴任．58年〈列聖誌状〉〈御製補編〉編纂の功で都承旨となった．荘献世子(▶荘祖)の廃位が挙論されると，死を賭して撤回させた．62年以降，母と父の喪に服するため官職を退いたが，この間に荘献世子の死があった．67年復官．70年以降，兵曹・礼曹・戸曹の判書を歴任．71年冬至使として清にも往来した．76年英祖が没した後も，正祖の篤い信任を背景に奎章閣提学，芸文館提学，漢城判尹，江華留守などを歴任，《景宗修正実録》《英祖実録》《国朝宝鑑》の編纂に参与した．80年洪国栄が失脚すると，一時官職を退いた．88年右議政として官界復帰．90年左議政となり，唯一の政丞として国政にあたり，辛亥通共の実施などで核心的役割を果たした．93年一時領議政に任じたが，その後は主に水原華城築城役を担当し，98年に辞職．翌年没すると士林葬が挙行された．1801年黄嗣永帛書事件で官爵を剝奪されたが，23年嶺南万人疏で復職した．諡号は文粛．文集《樊巌集》がある．
長森 美信

チェ・シヒョン|崔時亨|최시형|1827-98
朝鮮王朝末期の宗教家．号は海月．慶尚北道慶州の貧農出身．1864年に教祖崔済愚が刑死したあと， ▶東学の第2代教主となる．厳しい弾圧のもと，《東経大全》など東学経典を復刊して教義の体系化を図るとともに，南部朝鮮一帯への布教に力を注ぎ，教団組織を整備，拡大した．92年から翌年にかけ

●済州島
《大東輿地図》(1861)に描かれた済州島．図上の目盛は済州(邑)からの旅程を10里(日本の1里に当る)単位で示したもの．中央部に漢拏山，白鹿潭などの形状もみえる．

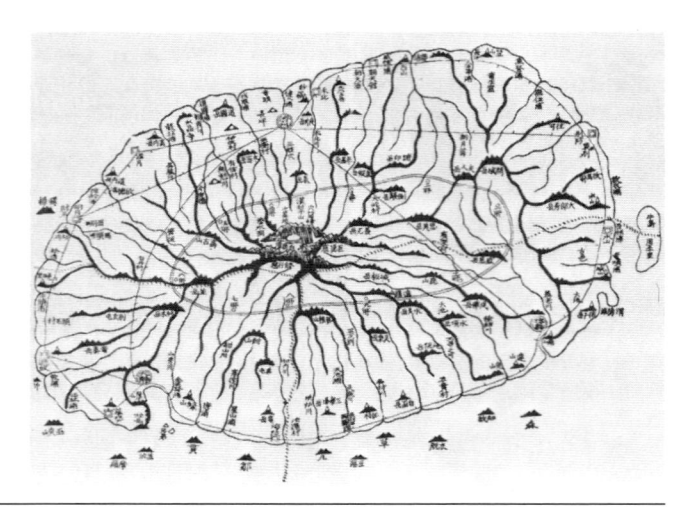

て東学の合法化をめざす教祖伸冤運動を展開．94年の▶甲午農民戦争では，東学本来の非暴力的な教化主義の立場から武力蜂起に消極的で，全琫準らの主戦論と対立したが，のちに農民軍への合流を教徒に指示した．農民軍の敗北後，98年に江原道原州で逮捕され，ソウルで処刑された． 吉野誠

チェジュ｜済州｜제주
韓国の最南端，済州島北岸の都市．面積978㎢，人口43万1716(2013)．半島部の木浦，麗水などと連絡する山地港を中心に発達，済州道の政治，経済，文化の中心であり，道庁所在地となっている．▶漢拏山の北麓にあり，市域全体が傾斜した斜面にある．商業街は沿岸に沿って広がり，高度が増すにつれて，住宅地，公共施設用地，放牧地へと順次移行している．済州島の観光地化に伴い，ホテル，博物館などの施設や国際空港(1968)も建設され，人口が急増している．空港に近い新済州地区に市街地が形成されている．旧済州道が済州特別自治道に昇格した2006年7月には北済州郡を統合し，同じく南済州郡を統合した西帰浦市とともに，同道を南北に二分することとなった．
谷浦孝雄＋佐々木史郎

チェジュとう｜済州島｜제주도
朝鮮半島の南方80kmの海上にある島．韓国屈指の観光地．人口58万6149(2013)．58万6149(2013)．▶漢拏山(1950m)がつくった火山島で，東西に長い楕円形をなし，面積は1840㎢で韓国最大の島．行政上は付属島嶼とともに済州特別自治道をなし，道庁所在地は済州市．漢拏山は韓国の最高峰であるが，山麓に河川がなく，海岸沿いに点在する約150ヵ所の湧泉を中心に集落が形成されている．潜水漁業を行う海女(潜嫂チャムス)が有名で，かつては日本にも多数進出していた．山麓は高度により植生が変わり，200mまでは耕地化されてミカンやいも類が栽培されている．600mまでの草地帯は牛馬の放牧に利用され，1400mまではヤマザクラ，クヌギなどの温帯林，1700mまでは朝鮮モミなどの針葉樹林となっており，大部分が原生林である．1700m以上の溶岩原は高山植物が豊富である．

古代には耽羅国が成立していたが，高麗によって併合され，13世紀のモンゴル侵入の際には高麗の▶三別抄が最後までこの島に拠って抵抗したことで有名である．現代では，1948年4月，▶済州島四・三蜂起が発生し，蜂起した民衆は50年代の半ばまで漢拏山にたてこもってゲリラ化し，8万人以上の死傷者をだした．三多島(石，風，女が多い)の別称をもつ貧しい島だったが，

ミカン栽培の普及によって農業収入が増大したことや，南国的な風情をもった観光地として脚光を浴び，サービス業収入が増大したことにより，島民の所得が大幅に増加した．人口はほかの離島とは異なり，年々増加している．海岸循環道路や漢拏山中腹越えの観光道路が整備され，北部の済州市郊外には国際空港が開設(1968)され，内外の観光客を受け入れている．2007年に〈済州の火山島と溶岩洞窟群〉としてユネスコの世界自然遺産に登録された．

谷浦 孝雄＋佐々木 史郎

[**民俗**] 三多島という別称のとおり，風が強く石が多いので，家屋が低く，屋根は太い綱で編みつけられ，家の周囲には石塀が築かれる済州島特有の家屋形式がみられる．ここでは畑の耕作も海での漁もおもに女性によって担われており，潜女(海女)によるサザエやアワビなどの潜水漁による収入も重要である．女が多いというのは，妻が家の外で仕事をするのに対して夫は家で留守をし子守をする場合が多く，女性の外での活動が著しいことに起因している．済州島の宗教は男性の儒教，女性の巫俗信仰という二重構成をとっており，部落祭などは儒教式と巫俗式のものを男女別々に行っている．島には海神をはじめ多くの神々の堂があり，神房(巫人)がその祭祀を行う．済州島巫俗の特徴は，他地域と比べて男巫の数が多く，古型を残していることである．年中行事は海や漁業に関するものが多く，2月1日には風神であり，豊穣の女神であるヨンドン婆様に対する燃灯祭が古来盛んに行われている．済州島の神話伝承には天地分離神話，地中湧出型始祖神話，巫の歌う神々の由来譚・本解(プリ)，巨女ソンムンデ婆様説話など本土とは異なったものが多い(▶神話)．済州島は高麗朝以来本土からの政治的・文化的影響を強く受け，朝鮮の地方文化の一つとしてとらえることができるが，神話モチーフや独特な隠居制をはじめ精神的・物質的文化のあらゆる面にわたり，本土とは異質の古い南方的・海洋的な独自の基層的民俗文化を多く保存している．

依田 千百子

[**潜女**] 日本の海女のように，女性が潜水漁労に従事する例は，世界でも済州島の海女以外にはみられないといわれる．朝鮮史書では《済州風土記》(1629)に〈潜女〉の記載がみられるが，古くは南朝鮮に広く分布していたらしい．現在は済州島に限られ，約9000人の潜女が操業している．この潜女と日本の海女とは，泳ぎ方，潜水作業の方法や道具など多くの共通点が認められる．違う点は，日本の海女は潜水に際し，サイジとかイソヘコとよぶふんどし様の腰布をつけるが，済州島の潜女は藍色の木綿製水泳着をつける．また，捕採物は畑の肥料にする馬尾草が主であり，食用の海藻類，貝類は副次的で，農耕生活の一環として行われる．このような農耕文化の反映を示す点は，海藻類の採れないとき行う潜水賽神に際し，神房が粟を海中に撒布し，それが種となって海藻の芽が出るという信仰にあらわれている．済州島の潜女が日本の海女より優れている点は，冷水温に強く，妊娠・月経中もいとわず，四季にわたって操業し，賃金の安いわりには能率がよい点である．潜女の優れた能力が島外に発揮されたのは1900年ころからで，北は遼東半島，沿海州方面から，南は対馬をはじめ日本列島各地沿岸に進出した．無形文化遺産の済州チルモリ堂燃燈グッは，海の平穏や海産物の豊饒を霊登神(風を操る女神とされる)に祈る宗教的な儀礼．

北見 俊夫

チェジュとうよんさんほうき│済州島四・三蜂起

1948年4月3日，南朝鮮の単独選挙(〈朝鮮信託統治問題〉の項を参照)に反対した済州島島民の武装蜂起．単独選挙に反対した島民がデモをしたり，竹槍，斧，鎌，手榴弾，旧式銃などをもって，島内の警察署を襲撃するなどの闘争が続いていた．4月3日，南朝鮮労働党は武装蜂起を決定し，党の下に人民遊撃隊を組織した．その規模は300人余り．警察から奪取した武器，弾薬で武装した遊撃隊は，政治犯を釈放し，西北青年会など右翼テロの粛清を行うなど，一時はほとんど全島を掌握し，5月10日の単独選挙実施を阻止した(済州島のみ1949年5月10日に再選挙)．

蜂起の鎮圧のために本土から国防警備隊やテロ団が大量に送り込まれた．国防警備

●崔承喜
《ホロホロ師》を舞う崔承喜．1930年代．

隊やテロ団はパルチザンの家族や島民を虐殺し，部落を焼き払うなどの〈焦土化〉作戦を行った。130あまりの村々が焼かれ，討伐隊による住民の集団虐殺が各地で起こった。遊撃隊は漢拏ハッラ山を根拠地としてパルチザン闘争を展開した。鎮圧出動を命ぜられた国防警備隊第14連隊は，48年10月19日，全羅南道・麗水で連隊ごと反乱を起こし，市の警察署を襲撃，人民委員会を組織，行政機構を完全に掌握した。20日には順天スンチョン市を占拠し，ここでも人民委員会を組織し行政を掌握した（麗水・順天反乱事件）。李承晩政権は22日両市に戒厳令を布告し，弾圧に乗り出した。韓国国軍と米軍の武力により両市が制圧されると，反乱部隊は智異チリ山山岳地帯に入り，全羅南道，慶尚北道を中心にパルチザン闘争を展開した（智異山パルチザン）。だが，韓国国軍の圧倒的な物量と装備の前に闘争は敗退し，57年ころまでに鎮圧された。

李承晩政権は50年代を通して軍内部の反政府分子を一掃するために大量の〈粛軍〉を行った。その後の軍事政権下でも，事件は〈共産暴動〉との烙印が押され，四・三蜂起を語ることはタブーだった。60年4月19日，学生革命で李承晩が下野したが，翌年の軍事クーデタで朴正熙パクチョンヒが最高議会議長に就任，済州島を訪問している。61年に大統領に就任した朴大統領は，65年にも済州島を訪問した。インフラの整備は着手されたが，事件について語ることはタブーだった。

盧泰愚ノテゥが大統領に就任した88年頃から事件関連の資料が公表され，犠牲者を弔う集会も開かれるようになった。事件から40年後，88年4月2日，東京で〈済州島4・3事件40周年追悼記念講演会〉（〈済州島4・3事件を考える会〉主催）が初めて開かれた。この年，済州島では〈済州4・3研究所〉が創設されている。89年《済州新聞》が〈4・3の証言〉の連載を開始，途中，《済民新聞》に紙面をかえて連載は456回続いた（連載は《済民日報》4・3取材班，文京洙・金重明ほか訳《済州島4・3事件》第5巻，1994-2005，新幹社として日本でも刊行）。

97年金大中が大統領に就任，その政権下で，済州島では〈第50周年汎道民慰霊祭〉を開くなど真相究明への道筋が開かれていった。2000年1月〈済州4・3事件真相究明および犠牲者名誉回復に関する特別法〉が公布された（5月10日施行）。同法により編成された調査チームはアメリカ，ロシア，日本などで調査，全12巻の資料集をまとめ，これをもとに03年〈済州4・3事件真相調査報告書〉が作成された。報告書は犠牲者数を2万5000から3万人と推定し，このうち軍警討伐隊による犠牲が80％を超えていることを明らかにした。裁判手続きなしの討伐隊による非武装民間人の殺傷は重大な人権蹂躙であり，過ちだと指摘している。03年10月，盧武鉉ノムヒョン大統領は〈政府の行った犯罪〉として遺族と島民に公式に謝罪した。なお，本事件については金石範キムソクポムが《鴉の死》《火山島》などの著作を発表，近年では文京洙《済州島 四・三事件》が刊行されている。

内海愛子

チェ・スンヒ｜崔承喜｜최승희｜1911-69

朝鮮の舞踊家。石井漠の下で研修の後，1930年代から朝鮮をはじめ，日本，欧米，中国の各地で1000回余りの公演を行い，民族的伝統美を生かしたモダン・ダンスによって〈半島の舞姫〉の名を全世界にとどろかせた。解放後は北（朝鮮民主主義人民共和国）を選択し，1948年に第1期最高人民会議代議員，61年朝鮮舞踊家同盟中央委員会委員長といった要職につくと同時にひきつぎ舞踊活動を展開。52年功勲俳優の称号をうけ，56年にソ連・東欧諸国を巡回公演，57年に国旗勲

章第1級を叙勲されたが、58年以降なんらかの批判をうけたらしく、いっさいの社会的活動を停止している。代表的作品には解放前の《エヘヤ・ノアラ》《石窟庵の菩薩》《剣の舞》、解放後の《風浪をついて》《優雅なる女の舞》《半夜月城曲》などがある。夫は安漠、兄は崔承一で、ともに朝鮮のプロレタリア文学者として知られる。2003年に名誉回復がなされた。　　　　　　　大村 益夫

チェ・チウォン｜崔致遠｜최치원｜858-?
新羅末期の文人。字は孤雲、海雲。王京(慶州)の人。12歳のとき唐に渡り、874年に17歳で唐の科挙に及第して官途につく。黄巣の乱(875-884)に際して高駢の従事官となり、上表文、檄文などを草して文名を高めた。85年帰国して侍読兼翰林学士に任官されたが、国政の乱れに活動もままならず、93年遣唐使としての渡航も阻まれ、翌年真聖女王に〈時務〉10余条を献策した。のち乱世に絶望して各地をめぐり、ついに伽倻山海印寺に隠れすんだという。在唐期の文集《桂苑筆耕》20巻をはじめ、詩賦や《崇福寺碑銘》《釈順応伝》などが伝わる。その門人から新興の高麗に仕官した者が出ている。謚号は文昌侯。　　　　　　　　　大井 剛

チェ・チュン｜崔冲｜최충｜984-1068
高麗の政治家、儒学者。海州の人。1005年科挙に合格、官僚として律令の普及、西北地方の統治に功があり、53年、門下侍中という首相職から退くと、以後は後進の育成に専念した。九つの専門講座を置く九斎学堂をつくったが、これが朝鮮における私学の始まりで、当時あわせて12の私学ができた。九斎学堂の生徒は崔公徒(のち文憲公徒)とよばれたが、ここからは多くの優秀な人物が輩出し、彼は〈海東の孔子〉とよばれた。　　　　　　　　　　　　　　浜中 昇

チェ・チュンホン｜崔忠献｜최충헌｜1149-1219
高麗の武臣で崔氏武人政権の創立者。初名は鸞、謚は景成。牛峯郡の人。武臣の家に生まれ、1174年趙位寵の反乱の鎮圧で武名をあげ、国軍のなかで地位を高めていった。当時、武人李義旼が政界を支配していた。96年忠献は弟や族人をひきいて義旼を暗殺し、つづいて府兵を動員して義旼支持者を殺害追放し、一挙に政権を掌握した。以後、何度も国王を廃立し、反対派を追放する一方、国軍にまさる強力な家兵を養成し、全国に農荘(私有地)を広げ、権勢を誇った。また晋康侯に封ぜられ、晩年には高麗王室の姓の王を賜り、葬儀は国王のそれに従った。忠献のあと崔瑀(怡)、崔沆、崔竩が代々政権を継承した。瑀の代から政房という政庁を崔氏の私邸におき、人事を処理した。こうして崔氏は4代にわたって政権を握ったが、1231年から蒙古の侵入が始まり、その戦乱の過程で58年竩が暗殺され、崔氏は滅亡した。　　旗田 巍

チェ・ナムソン｜崔南善｜최남선｜1890-1957
朝鮮の文学者、歴史学者。号は六堂。ソウル生れ。1906年渡日し、早稲田大学に入学したが、韓国皇帝を日本華族に列することを日本人学生が主張したく早大模擬国会事件〉に抗議して退学。08年帰国して出版社を設立、雑誌《少年》を創刊して李光洙の小説を掲載、みずからも詩を発表するなど新文学の普及に努めた。10年にはく朝鮮光文会〉を組織して朝鮮の古文献の整理・保存に力を注いだ。三・一独立運動に際して崔麟などの依頼で独立宣言を起草、自身は署名しなかったが、逮捕、投獄された。20年代には雑誌《東明》や《時代日報》を発刊、右派民族主義の立場での言論活動のかたわら、歴史研究を深めた。28年総督府のく朝鮮史編修委員会〉の委員となったのち、中枢院参議、満州建国大学教授を歴任、親日活動を行った。解放後は歴史研究に没頭した。著書に《朝鮮歴史》(1946)、《朝鮮常識問答》(1946、日本語訳1965)ほか多数、《六堂崔南善全集》15巻がある。　　水野 直樹

チェ・ハンギ｜崔漢綺｜최한기｜1803-77
朝鮮王朝後期の実学者、哲学者。字は芸老、号は恵崗または浿東。本貫は朔寧。1825年に科挙に合格したが、官職には就かず、読書と著作に専念した。著作集に《明南楼集》があるが、その内容は天文学、地理学、数学から社会思想に至る広範囲のもので、《気測体義》は経験主義哲学の代表作であり、《人政》(1860)そのほかで能力による人材開発の方法を主張するなどの社会思想を展開した。　　　　　　　　　　　　　姜 在彦

チェ・マンシク|蔡万植|채만식|1902-50
朝鮮の作家．全羅北道沃溝出身．号は白菱．早稲田大学中退．1925年から小説を発表，初期はプロレタリア文学運動(*カップ)の同伴者的立場をとる．34年以降自虐意識と社会への揶揄ゃゆ，攻撃のないまざった痛烈な風刺作品に転じ，《レディ・メード人生》《痴叔》などを発表．代表的長編小説に世態描写にさえる《濁流》(1937)，都会人の肥大した欲望を風刺する《太平天下》(1938)がある．解放後の《民族の罪人》も注目すべき作品である．戯曲も少なくない． 長璋吉

チェ・ミョンギル|崔鳴吉|최명길|1568-1647
朝鮮王朝の文臣，儒者．字は子謙．号は遅川，滄浪．本貫は全州．文科に及第後，趙翼，張維らと交遊，学問に励み，陽明学をも研究した．西人派に属して*光海君ぐんを追放し，金瑬らと*仁祖ぞを迎立，以後要職を歴任．後金(清)の侵入時には，洪翼漢などの斥和論に対して，現実重視の主和論を唱え，清に降服条件を打診するなど講和を主導した．文章に優れ，董其昌体の書をよくした．著書に《遅川集》などがある．諡号しごは文忠． 山内弘一

チェ・ムソン|崔茂宣|최무선|?-1395
高麗末の火薬発明者．永州の人．1325年生とも．当時激化していた倭寇の撃退手段として火薬の有効性に着目し，中国人商人からその製法を学び，政府を動かして火㷁都監を設置させ，その主任として火薬と火器の製造，火器搭載戦船の造営に当たった．1380年，錦江河口の鎮浦への倭寇襲来に際し，それらを用いて大打撃を与え，功により知門下府事に任ぜられた．子の崔海山さんも彼の火薬製法を伝えて，朝鮮王朝に仕えた． 北村秀人

チェ・ヨン|崔瑩|최영|1316-88
高麗末の武人政治家．昌原郡の人．初め倭寇を討って名をあげ，以後も倭寇，*紅巾の乱ほかの外寇，内乱などの鎮定に活躍し，またしだいに中央政界でも重きをなした．1388年辛禑と結んで李仁任一派を排除して政権を握り，おりからの明の鉄嶺以北領有の通告を機に，反明・親北元の立場を闡明にし，明の遼東衛征討の軍を興した．しかし，*李成桂けいの威化島からの回軍によって敗れ，殺された．諡号しごは武愍． 北村秀人

チェ・ヨンゴン|崔庸健|최용건|1900-76
朝鮮民主主義人民共和国の軍人，政治家．平安北道泰川郡出身．中国の雲南軍官学校を卒業後，北伐戦，広東コミューンに参加した．1930年代には中国東北部の饒河県地方を中心に金日成部隊と連携しつつ独自の武装闘争を展開．解放後北朝鮮に帰り，48年2月*朝鮮人民軍初代総司令．53年には元帥に次ぐ次帥の称号を受け，58年以後一貫して党内序列第2位．72年以後国家副主席でもあったが，76年9月病没した． 梶村秀樹

ちかしげん|地下資源
朝鮮の鉱物資源で最も古くから知られているのは金であり，朝鮮王朝末期にアメリカ資本の東洋合同鉱業株式会社が平安北道にある雲山金山の権利を獲得したのを皮切りに外国資本が金鉱開発に乗り出した．植民地時代には外国資本の新規の金鉱開発が禁止され，さらに既存の外国資本の金鉱も日本側に買収されるとともに，石炭，鉄鉱，タングステン，モリブデン，黒鉛などの開発が進められるようになった．主要資源の埋蔵量は圧倒的に北半部に多いため，解放後は朝鮮半島の地下資源の大部分は朝鮮民主主義人民共和国政府の管轄下に置かれ，国内産業または輸出のための開発が続けられている．一方，韓国は1974年まで無煙炭の輸出国であったし，50年代にタングステン生産で世界3位に，60年代に黒鉛生産で世界1位になったこともあるが，開発に熱心だったのは70年代までであった．以後，韓国経済では産業の高度化により一次産品に対する依存度が低下し，地下資源そのものが大きな意味を失っていった．
[石炭]　推定埋蔵量は北半部で118億t，南半部で16億tと推定されている．北半部では，平南北部炭田(平安南道价川市，徳川市，順川市，孟山郡，北倉ちゃん郡と平安北道球場郡)，平南南部炭田(平壌市江南郡，平安南道大同郡，南浦市江西区域)，高原＝文川炭田(咸鏡南道高原郡，江原道川内郡)などで無煙炭を産出し，安州炭田(平安南道清南区，文徳郡，肅川郡)，咸北北部炭田(咸鏡北道金策市，吉州郡，明川郡，明潤郡，漁郎郡，清津市)などで褐炭を産出する．

南半部では褐炭はほとんどなく，もっぱら無煙炭が生産されている。生産量については，北半部で1990年に8700万tと発表されたが，以後は不明である。南半部では2010年に208万tであり，年々減少している。

[金属鉱物] 鉄鉱は，北半部では，茂山鉱山（咸鏡北道茂山郡），徳峴鉱山（平安北道義州郡），徳城鉱山（咸鏡南道徳城郡）などで磁鉄鉱が産出され，殷栗鉱山（黄海南道殷栗郡），載寧鉱山（同道載寧郡），苔灘鉱山（同道苔灘郡）などで褐鉄鉱が産出されている。南半部では太白山地区などに鉱山があったが，多くは閉山した。

金は，北半部に成興鉱山（平安南道檜倉郡），甕津鉱山（黄海南道甕津郡），銀峯鉱山（黄海北道白川郡）といった大規模鉱山がある。タングステンは，北半部では万年鉱山（黄海北道新坪郡），満豊鉱山（咸鏡南道長津郡）などで産出されている。南半部では上東鉱山（江原道寧越郡）が代表的であったが，1994年に廃鉱となった。銅は，北半部では上農鉱山（咸鏡南道虚川郡），虚川青年鉱山（同），甲山鉱山（両江道甲山郡），雲興鉱山（同道雲興郡），恵山青年鉱山（同道恵山市）などで産出。南半部では東星鉱山（慶尚南道馬山市），三山第一鉱山（同道高城郡），郡北鉱山（同道咸安郡）が代表的であったが，東星鉱山は82年に廃鉱，三山第一鉱山は70年代に事実上廃鉱，郡北鉱山は74年に廃鉱された。

亜鉛および鉛鉱は，北半部では剣徳鉱山（咸鏡南道端川市）などで産出されている。南半部では蓮花鉱山（江原道奉化郡），第2蓮花鉱山（同道三陟郡），蔚珍鉱山（慶尚南道蔚珍郡）が代表的であったが，それぞれ1993年，74年，86年に廃鉱となった。モリブデンは，北半部では歌舞里鉱山（黄海南道新渓郡），龍興鉱山（平安南道成川郡），九曲鉱山（黄海南道甕津郡）などで産出。南半部では錦城鉱山（忠清北道堤川市）と三栗笑宝鉱山（慶尚南道蔚珍）があるが，前者は1988年に廃鉱，後者は開発中である。

ニッケルは，北半部の富潤鉱山（咸鏡北道清津市），三海鉱山（羅先市）などで産出されている。ボーキサイトは，1960年代から北半部で開発が進められ，平安南道の徳川地区と价川地区で藍晶石が産出されており，順川市の富山アルミナ工場でアルミナとなり，北倉郡の北倉アルミニウム工場でアルミニウムとなっている。マグネサイトは，北半部の龍陽鉱山（咸鏡南道端川市），大興鉱山（同），南渓鉱山（両江道白岩郡）で産出されている。

[非金属鉱物] 黒鉛は，北半部では五一鉱山（旧・東邦鉱山，慈江道江界市）などで産出されている。南半部では月明鉱山（忠清北道沃川郡），得水鉱山（慶尚北道尚州市），鳳鳴鉱山（同道聞慶市）が知られていたが，月明鉱山と得水鉱山は1987年に，鳳鳴鉱山は91年に廃鉱となった。このほか，石灰石は豊富で全国に分布する。また，蛍石，滑石なども全国的に豊富である。

中川 雅彦

ちかてつ | 地下鉄 | ⇒交通

チゲ | 지게

荷物をのせ，人が背負って運ぶ朝鮮の運搬道具。日本の背負梯子（しょいばしご）に似た形をしている。地方により，また用途により，さまざまな形のものがある。朝鮮在来の行商人であった負商（▶褓負商）は，このチゲに商品をのせて，全国の▶場市を回った。チゲを担いでの運搬業に従事する者を，チゲックンという。

宮嶋 博史

ちし | 地誌

朝鮮の地誌には，新羅末期の▶道詵かんに始まる風水地理説にもとづくものや，政府・郡県が統治資料として編纂したものなどがある。前者は都市立地，居住地，墓地などの選定に利用されて自然地理学の発展に寄与したが，しだいに迷信化した。後者は15世紀から盛んに編纂され，《新編八道地理

●チゲ
チゲで商品を担ぐ行商人。チゲ担ぎを業とするチゲックンは都市細民の糊口の道であった。

志》や《世宗実録》地理志，それらの原資料《慶尚道地理志》など，人文・自然・歴史地理学の要素を備えていて，《東国輿地勝覧》を増補した《新増東国輿地勝覧》(1530)で形式が完成した。これを踏襲し，各郡県が幾度も《邑誌》を編纂した。地方史料が少ない朝鮮王朝史研究にとって，各郡県の実情を反映する《邑誌》はたんに地理資料としてだけでなく，地方の政治，経済，社会，文化の様相を伝える史料として高い価値をもつ。風水地理書や官撰地誌の限界をのりこえた科学的な地誌は，実学派の李重煥の《択里志》(1714)に始まり，《大東輿地図》を作った金正浩の《大東地志》(1850)で一応の完成をみた。

吉田 光男

ちしきじん｜知識人

[朝鮮王朝] 朝鮮王朝時代の知識人は，高麗時代の儒学の流れをくんで生まれ，基本的に儒教的知識人ということができる。しかしその儒教的知識人は二つの対立する流れに分裂していく。儒教的倫理観に重きをおき，高麗王朝への忠節を貫こうとする私学派と，旧来の支配体制を否定し，李成桂の新王朝創建に積極的に参与した官学派とがそれである。前者には▶吉再ギルチェが，後者には▶鄭道伝チョンドジョン，河崙，▶権近クォングンらのいわば〈開国の功臣〉が属した。新王朝が統治理念の基盤を儒教に求めたことから官学派知識人の役割はいっそう増大した。彼らは実際的な効用の点で経学よりは中国との交際に必要な詞章を，また統治に必要な政治，経済などの現実的な問題を重視した。のちに鄭道伝ら一部は政変によって失脚したが，官学派知識人は王立アカデミーとしての▶集賢殿に拠って儒教政治の実現に積極的に参加し，世祖即位(1455)以後は勲旧派として再結集した。

これに対して私学派では，新王朝に仕えることを潔しとせず，旧王朝への節義を貫き朱子学の思弁的研究に打ちこんだ吉再の学風が，金叔滋からその子▶金宗直キムジョンジクに伝えられた。そして，金宗直を筆頭にその門下の知識人は正統朱子学の継承と，儒教的理念の実現を政治に求めて士林派を形成することになる。〈士は国家の元気〉といわれるように批判勢力としての知識人の権威

は，官僚知識人が担当する権力の堕落とそれによってもたらされる社会的エネルギーの消失を防止する意味でも有効であった。その結果，至高の権力者である君主といえども在野の知識人によって人倫や徳目にもとる好ましからぬ統治者と判断されたときは，〈反正〉つまり正しい状態に戻すため非難の対象とされ，燕山君の後を襲った中宗反正や光海君の後の仁祖反正のような一種のクーデタも行われた。君主と官僚知識人はこれら批判勢力としての知識人によってその正当性と権威を保障されたのである。

このような，士林派と勲旧派の知識人を〈士〉と〈大夫〉に分ける見解もないではないが(朴趾源《両班伝》)，一般的にこれらは〈士大夫〉とよばれている。当時の知識人はこのように，王朝発足当初から政治体制と深くかかわり合ったが，この伝統はその後も変わらなかった。哲学史や思想史に大きな足跡をとどめている▶李退渓イテゲ，▶李栗谷イユルゴクや▶実学思想の担い手たる▶丁若鏞チョンヤギョン，▶朴趾源パクチウォンといえどもその点では例外ではなく，彼らの思想や理論はおしなべて現実政治との対応において生まれたものであり，その意味ではすこぶる現世的であった。ただし，王朝前期における仏教思想(李退渓の場合)，王朝後期における天主教(カトリック，丁若鏞の場合)のように，絶えず儒教思想と対抗関係にある思想的緊張の中で儒教思想家としての自己形成をなしている点も見のがしてはならない。→山林儒生｜士禍｜儒教｜野人

王朝末期に至ると国内的な諸矛盾に対してはもとより，国権を脅す外部からの諸矛盾に対しても，▶崔益鉉チェイクヒョンそのほかによる例が示すように幾度となくなされた君主への上疏や▶義兵闘争などを通じて，士林派の伝統は守られた。彼らのこのような行為は，伝統的社会体制の維持にその目的があった。王朝末葉の▶衛正斥邪論がおおむね士林派の流れをくむ嶺南派とよばれる知識人らによって支えられ，勲旧派の流れをくむ畿湖派とよばれる官僚知識人がいち早く▶開化派に転じる現象はこれとほぼ見合っている。また開化派の形成には，中国との交流に大きな役割を果たした訳官などの▶中人階層や，開化僧李東仁の活躍，▶金玉

均キュンの思想形成にみられるように仏教の影響なども見のがせない。

[近代以後] 開化とともに士林派の伝統に生きた知識人も部分的に近代化を受容する方向に様相を変えるが，陽明学を媒介に改新儒教をとなえた▸朴殷植パクウンシクやアナーキズムに傾いた▸申采浩シンチェホそのほかの例にもみられるように批判勢力としての知識人の機能は，国権の危機的状況とあいまって民間の団体や教育機関，新聞などに引き継がれていく。また韓国併合による国権喪失後もこの傾向は変わらず，新知識を吸収して国権の回復を図る目的から日本を中心に中国そのほかへの▸留学がなされ，批判勢力としての知識人の伝統は独立運動もしくは民族主義の堅持という形で表現されていた。その代表的な例をキリスト者に求めることができる。外来宗教である▸キリスト教に深く帰依した多くの知識人が，初期の独立運動をリードした民族主義者であった事実はよく知られている。

解放後，分断された朝鮮半島の南北には多数の大学がつくられ，同時に多くの知識人が生み出された。しかし，おのおのの社会体制を異にする南北の知識人のありようはまったく異なるものであった。李承晩政権が成立して以後今日まで，韓国ではそれぞれの時代を通じて体制批判を続ける知識人が存在したことは，彼らの伝統が今もなお生きていることをうかがわせる。そして今では，民衆をつねに啓蒙の対象としてしかみなかった知識人のあり方そのものに対して自己批判が行われ，民衆的知識人のあり方をめぐって模索が続けられている。

朝鮮民主主義人民共和国では，社会主義体制を擁護し発展させるために服務することが知識人の基本的任務とされている。新しい社会体制のもとで職場などに設けられた工場大学を通じて誕生した〈勤労インテリ〉とよばれる労働者出身の知識人にとっては，なおのことそれが基本とされる。

安 宇植

ちず|地図
高麗時代までの地図は現存が確認されていないが，11世紀には朝鮮半島の地勢の概略が図化されていたとみられる。15世紀には天文学的測量や記里鼓車(距離測定器)が導入され，鄭陟の《八道図》や梁誠之，鄭陟の《東国地図》などのかなり正確な実測地図が作成された。また同じころアラビア地図学の影響下に金士衡らが《混一疆理歴代国都之図》という世界地図を作成している。その後は部分的な補正にとどまっていたが，18世紀に実学派の鄭尚驥チョンサンギが100里1尺の縮尺法を用いて《東国大地図》を作成し，近代的な地図に近づいた。これらの成果の上に金正浩キムジョンホが《青丘図》(1834ころ)や《大東輿地図》(1861) を相次いで完成し，朝鮮王朝地図学を集大成した。近代的測量法による地図の作成は日本の植民地政策の一環として開始され，1914-18年に朝鮮総督府臨時土地調査局が測量を行い，陸軍参謀本部陸地測量部の手で全土の5万分の1地形図などが作成された。

吉田 光男

チタムニいせき|智塔里遺跡|지탑리유적
朝鮮民主主義人民共和国，黄海北道鳳山郡智塔里にあり，主として櫛目文土器(新石器)時代から原三国時代にわたる遺跡。瑞興川右岸の沖積地にあって，そこに残る古唐城もしくは唐土城を帯方郡治跡とする説が早くからあった。この土城は現在，智塔里土城とよばれているが，1954年にその付近に原始の遺物が散布することが知られ，57年に発掘調査された。土城内の第Ⅰ地区では，櫛目文土器時代の平面方形の竪穴住居跡1基が検出され，そこから▸櫛目文土器や各種の石器が出土している。上位の原三国時代の文化層からは，漢式の瓦塼や鉄器，青銅製品などの遺物のほか，礎石をもった建物跡の一部が検出された。第Ⅰ地区から南東方に約750m離れた土城外の第Ⅱ地区では，櫛目文土器時代の竪穴住居跡2基が発見されたが，ここの櫛目文土器には波状点線文が多く，第Ⅰ地区より新しい時期にあたる。ここの第2号住居跡では，土器のなかにアワのような穀粒が540cm³ほど検出され，注意を引いた。さらに第Ⅰ・Ⅱ両地区で無文土器(青銅器)時代のコマ形土器や各種の磨製石器が出土したほか，第Ⅱ地区では無文土器時代の竪穴住居跡も検出され，また第Ⅰ地区と同様に原三国時代の文化層も認められた。

西谷 正

ちとうりいせき｜智塔里遺跡｜➡チタムニ遺跡
ちとつ｜知訥｜➡チヌル
チヌル｜知訥｜지눌｜1158-1210
高麗の僧で，禅宗の曹渓山修禅社の開祖。俗姓は鄭，号は牧牛子。黄海道洞州(現，瑞興郡)の人。諡号は仏日普照国師。8歳で禅宗の門に入り，1182年僧科に合格したが，これも捨て，名利を嫌ってひたすら求道に努めた。その間，清源寺，普門寺，上無住庵などで，慧能の《壇経》，李長者の《華厳論》，懐譲の《語録》などに接して禅の悟りを深め，しだいに人々の尊崇を受けるようになった。1200年以後，松広山修禅寺に住し，同寺を中心に新しい禅宗宗派を確立し，05年熙宗により，曹渓山修禅社(松広寺，全羅南道順天)という新しい号と親書の題額，袈裟を与えられた。《定慧結社文》《真心直説》ほかの著作がある。
北村 秀人

チヌンおう｜真興王｜진흥왕｜534-576
新羅の王。在位540-576年。姓は金，諱は彡麥宗または深麥夫。即位当初は太后が摂政した。将軍異斯夫らを先頭に，百済と結んで高句麗と戦ったが，553年百済を攻略，漢江流域を占領して黄海沿岸に達した。翌年聖王を迎え撃って戦死させ，以後百済と敵対関係がつづく。562年大伽耶(高霊加羅)を滅ぼして洛東江流域を平定，転じて日本海沿岸を咸興平野まで進出して，新羅の版図を三国統一以前最大とした。征服地に軍政をしき，巡察して拓境碑を建てている。〈真興太王〉と称し，独自の年号の開国・太昌・鴻済を用い，また居柒夫らに《国史》を編纂させ，于勒に伽倻楽を伝授させた。仏教を奉じて興輪寺，皇竜寺などを造営，百座講会，八関会を設け，新羅仏教の全盛をもたらした。一方，中国北朝の北斉と南朝の陳との双方に遣使し，565年北斉の冊封をうけた。晩年の法号は法雲。真興は諡号ではない。
大井 剛

チヌンおうたくきょうひ｜真興王拓境碑｜
진흥왕척경비
新羅の真興王は高句麗と百済の間隙をついて三方に領域を大いに広め(拓境)，その記念に各地に碑を建て人民を慰撫した。真興王巡狩碑とも真興王巡狩管境碑とも称される。現在次の4碑が知られ，1978年に忠清北道丹陽の山城跡で発見された赤城碑(王の初期(545-560)の建立とみられ，所在地は高句麗の赤山県(赤城)であった)を加えると5碑になる。①昌寧碑　慶尚南道昌寧郡にある。真興王23年(562)の大伽耶(昌寧に近い高霊加羅)討伐に先立ち，前年に臣下と会盟した記念の碑。561年建立。②黄草嶺碑　咸鏡南道咸州郡下岐川面にあったが，現在は咸興博物館(旧，咸興本宮)に移される。③磨雲嶺碑　咸鏡南道利原郡東面にある。②③の碑は王の29年(568)の建立。④北漢山碑　京畿道高陽郡の北漢山の山頂にあったが，ソウルの国立中央博物館に移置。568年の建立か。②～④は新羅の東北・西北拓境の記念碑で，文型は互いに類似する。同じ高官の名も多く銘記され，いずれの碑も新羅史研究の貴重な史料である。➡新羅[回]
浜田 耕策

チネ｜鎮海｜진해
大韓民国南東部の慶尚南道昌原市に属する区。1955年9月，邑からの昇格で鎮海市となったが，2010年7月，馬山市とともに昌原市に統合された。面積120.14km²，人口18万2349(2013年7月末現在)。リアス式海岸に位置し，古来天然の良港に恵まれてきた。朝鮮時代には熊川とよばれ，15世紀には薺浦(乃而浦)や倭館が設置された。壬辰倭乱(文禄の役)の際には日本軍が熊川倭城を築城し，今もその遺構を見ることができる。日露戦争では，開戦に先立って日本が鎮海湾一帯を掌握し，1905年5月の日本海海戦では連合艦隊がここから出撃している。10年代には軍港都市として整備され，45年まで日本海軍の基地として使用されたのち，韓国海軍の主要軍港の一つとして引き継がれている。桜の名所としても知られ，春の軍港祭りには多くの人で賑わう。
佐々木 史郎

ちのうみ｜血の海｜➡歌劇芸術
チバン｜집안
身内や一族という意味を示すチバンは，家の中(家庭)という最小の範囲から同姓同本の最大の全体にいたるまでさまざまな範囲をさして使われるが，家と門中の中間にある"最も近い父系親族"の範囲をさすこ

とが一番多い。これは四世代前の祖先（高祖父母）を共有し，祖先祭祀（家祭）に参加し合う人々の範囲と大きく関連する。この範囲に属する人々はお互いの家を大家〳〵・小家〳〵と呼び合う。親族の死に際して喪に服する父系親族の範囲（堂内トンネ）とも結びついているが，堂内が厳密に個人を単位とする親族関係の距離（寸数＝親等）で規定されるのに対して，チバンの関係は家を単位とするので，家長の子や孫の世代では8寸（8親等）をはるかに超える人々を含むことになる。

嶋 陸奥彦

ちほうじち｜地方自治

韓国の地方自治体は，広域自治団体と基礎自治団体に分けられる。前者は，1特別市（ソウル），6広域市（釜山，大邱，仁川，光州，大田，蔚山），1特別自治市（世宗），8道（京畿道，江原道，忠清北道，忠清南道，全羅北道，全羅南道，慶尚北道，慶尚南道），1特別自治道（済州）からなる。後者は，日本の市町村に相当し，市（73），郡（86），特別市と広域市傘下の区（69）がある（2013年3月現在）。1949年にく地方自治法〉が制定され，地方議会の議員選挙や首長選挙が実施されてきたが，〈五・一六クーデタ〉（1961）により地方議会は解散を命じられ，それ以来91年まで地方自治制にかかわる諸選挙は実施されなかった。首長は政府の任命による時期が続き，地方自治体そのものが事実上，国家の構成機関といってよかった。〈盧泰愚ノテウのく六・二九民主化宣言〉(1987)で地方自治制の完全実施が約束され，盧泰愚政権下の92年3月に基礎自治団体の，同年6月に広域自治団体の議会議員選挙がそれぞれ行われた。92年上半期中に実施されることになっていた両団体の首長選挙は延期され，〈金泳三キムヨンサム〉政権下の95年6月に初めて実現した。首長の権限は強いが，首長の再議要求，議会の行政監視権などの形で，議会との間は牽制と均衡の関係が保障されている。制度的には整備された地方自治制だが，歴史が浅いだけに問題も多い。固有事務（住宅，上下水道，医療，環境，福祉施設など）だけでなく，国家または上級自治団体からの委任を受けて執行する委任事務（戸籍，兵役，国会議員選挙，失業対策など）も膨大で，これらはその委任者の統制の下におかれている。財政基盤も弱く，2012年の場合，一般会計総予算に占める地方独自の歳入（地方税と税外歳入）の割合である財政自立度は全国平均51.1％で，広域自治団体では最高がソウル特別市の87.7％，最低は全羅南道の16.3％であった（安全行政部調べ）。

小針 進

チマ｜치마

朝鮮語で女子の服装に用いる裳モの義で，洋装のスカートにあたる。男子の冠服にもチマがあったが，特殊なものでやはり〈裳〉とよばれた。元来は漢制として伝来し，三国時代に定着した。その実物は正倉院宝物にもみられる。身の丈に応じて4mくらいの布に腰回りにしたがって幅10cmくらいの腰布をつけ，腰布にひもをつけてまき，スカート様に着るものである。ゆるやかに下半身をおおうため〈オンドル〉生活に適している。高麗時代には何枚ものチマを重ねて着たことが文献にみえるが，これは腰部を豊満にみせるためであった。朝鮮王朝時代にはこの下にソクチマ（内裳）をつけ，さらにタンネソッコッ（単内襯袴），〈パジ（袴）〉を着ていた。材料，色は自由で，かつては青系統の少し濃い色物を使うのがふつうであったが，現在は刺繡を付したものなど豪華なものも多い。16世紀の壬辰・丁酉倭乱（文禄・慶長の役）後に上衣の〈チョゴリ〉が短くなり，チマが長くなるが，現在ではチョゴリが25cm前後で，チマを乳房の上辺にゆわえ，ひもで結ぶ形式が普通になっている。未亡人は素色をつけ，死者の裳は平時の色物と同じものを使うが，色彩を淡くする。また〈緑衣紅裳〉は若い娘の晴着を意味した。→衣服

座法

金 東旭

ちゃ｜茶

茶は高麗時代までは，仏教寺院ばかりでなく，宮中における進茶儀礼にも欠かせないものであり，南部の大興寺などの大寺院を中心に茶が栽培されていた。朝鮮王朝以降，仏教がしだいに抑圧されるにしたがい，喫茶の風習は衰退した。年中行事のうち正月や〈秋夕〉（旧暦8月15日）の〈祖先祭祀〉に〈茶礼〉ということばが残っている。本来は祖先にお茶を供えた名残であるが，すっかり儒教式の供物に置き換えられ，茶は用いられていない。日常生活の中で喫茶の習慣がなかっ

たため，食事の後には釜底のおこげに湯を注いで作る香ばしいスンニュンを飲む。近年スンニュンの代りに麦茶，玉蜀黍茶などを飲む家庭も多くなっており，とくに最近は緑茶の効用が盛んに説かれるようになって日常生活に普及しはじめた。煎茶の愛好家による韓国茶道の普及のための組織づくりや活動が目をひく。

［茶房］茶以外の本来は薬用の原料を煎じた飲料も，コーヒーなどとともに一般に〈茶〉と総称される。人参茶，双和茶，枸杞子茶，生姜茶，五味子茶など種類も多く，コーヒーやこれらを専門に扱って飲ませる店は茶房タバンとよばれ，大都市ばかりでなく地方のへんぴな町にまで広く普及している。茶房は植民地時代に生まれたが，解放後の混乱の時代に急速に普及し，社交の場，休息の場として重要となり，成人男性のなじみ客となれば，1日に数回足を運ぶこともまれではない。自分の行きつけの茶房を定めている者も少なくなく，地方の都市では茶房ごとに出入りする客の顔ぶれもだいたい決まっている。茶房にはチマ，チョゴリ姿の〈マダム〉がいて得意客の接待や話相手をつとめたりする。評判のよいマダムには多くの客がつき，また注文に応じてマダムやくレジ〉（ウェートレスのこと）を配達に派遣し，掛払いにも応じる。　　　　　崔 吉城＋伊藤 亜人

ちゃガンどう｜慈江道｜자강도
朝鮮民主主義人民共和国の北部内陸の地方行政区画。1949年に平安ピョンアン北道（▸平安道）から分離して設立され，江界カンゲ市に道都を置く。道名は慈城チャソン郡と江界市に由来する。鴨緑アムノク江を挟んで北に中国と接する国境地帯である。東は2000m級の▸狼林ナンニム山脈，南は1500-2000mの狄踰嶺チョギュリョン山脈でさえぎられた孤立した地域で，江界，楚山チョサンなど狭隘な山間盆地を除き，ほとんど険峻な山地となっている。年平均気温は6℃あまりだが，1月は－16℃，8月は23℃と年較差が激しい。最北部にある中江鎮チュンガンジン測候所は1933年1月に朝鮮半島の観測史上最低温の－43.6℃を記録したことで知られる。カラマツ，モミなどの針葉樹林が繁茂する山林資源の宝庫である。また江界周辺には黒鉛，無煙炭などの地下資源の埋蔵がみられ

る。黄海方面から鴨緑江岸の満浦マンポに至る鉄道が通じており，天然資源が平壌などの工業地帯へ移出されている。禿魯トンノ江流域などで水力発電所が大規模に開発され，これをエネルギー源として満浦線沿線の満浦，江界，熙川ヒチョンなどにパルプ，金属，工作機械などの諸工業が発達した。内陸部を開発するために，江界から狼林山脈を越えて恵山へ至る鉄道が建設されている。また，満浦市は▸広開土コウガイド王碑などの高句麗遺跡で有名な中国吉林省集安市と鉄道橋で結ばれており，朝鮮戦争の際には中国人民志願軍の越境ルートの一つになった。この橋は1939年に日本が旧満州との連絡ルートとして建設したものを継承している。
　　　　　　　　　　　谷浦 孝雄＋佐々木 史郎

チャジャン｜慈蔵｜자장｜590?-658?
新羅の僧。生没年不詳。新羅における律宗の創始者。王族の生れであるが，任官を拒否して出家し，636年王命によって入唐した。643年の帰国後は，大国統に任命されて僧尼の統制にあたり，▸通度トンド寺を創建して戒壇を設けるなど，戒律の定着につとめた。また，外敵撃退を願って▸皇竜ファンニョン寺址の九層塔の建立を建議したり，中国の衣冠制の導入に功があったとも伝えられており，国家仏教を代表する僧侶であった。
　　　　　　　　　　　　　　　　　木村 誠

ちゃれい｜茶礼
年に3-5回，元旦や▸秋夕（旧暦8月15日）などの名節の朝，▸忌祭祀にささげられるすべての祖先夫婦の神主シンジュ（位牌）を祭壇に置き，その数だけの祭物（食事）を供えて，一度にまつる。普通は▸チバンの本家（クンチプk'ŭn-chip）に全員が集合して祭祀を行い，ついでチバン内の各家をまわってそれぞれの家の祖先をまつる。
　　　　　　　　　　　　　　　嶋 陸奥彦

チャンウォン｜昌原｜창원
韓国，慶尚南道南部の都市。人口108万8046（2013年6月末）。旧馬山マサン市に属していた1974年に産業基地開発区域に指定され，大規模な機械工業団地の造成が進められた。79年制定の昌原新都市計画はオーストラリアのキャンベラがモデルとされる。80年に馬山市から分かれて市に昇格し，83年には釜山市に代わって慶尚南道の道庁所在地となっ

た。2010年には馬山市・鎮海市を統合し、面積745km²の新〈昌原市〉となった。昌原国家産業団地、馬山自由貿易地区、鎮海国家産業団地を擁する3市の統合により、地域内総生産は光州広域市や大田広域市を上回る規模になった。
佐々木 史郎

チャン・ジュナ | 張俊河 | 장준하 | 1918-75

韓国のジャーナリスト。平安北道出身。日本神学校在学中の1944年朝鮮人学徒志願兵として入隊したが、中国で脱走、重慶の大韓民国臨時政府に参画し、主席〈金九〉の秘書となった。解放後帰国し、53年総合雑誌《思想界》を創刊、70年キム・ジハ(金芝河)の《五賊》を掲載して発禁となるまで同誌発行人。良心的言論人として民主化運動の先頭に立ち、74年大統領緊急措置違反の第1号逮捕者となった。75年仮釈放中に山で転落死したが、その死因には疑問がもたれている。自伝《石枕》は邦訳もある。
大塚 嘉郎

チャンジョ | 荘祖 | 장조 | 1735-62

朝鮮後期の王世子。荘献世子〈장헌세자〉。本貫は全州、諱は愃、字は允寬、号は毅斎。第21代王〈英祖〉の次男。異腹兄の孝章世子(追尊真宗)が夭折し、2歳で世子に冊封された。10歳で領議政洪鳳漢の娘、恵慶宮洪氏と婚姻。幼いころから学問熱心で、3歳のときに王と大臣の前で《孝経》を諳んじ、しばしば自作の詩文を臣下に分け与えたという。1749年王の代理聴政をすることになったが、世子を疎む〈老論〉とこれに同調する継妃貞純王后金氏らの誣告を受けた王に強く叱責された。その後、宮女を殺し、女僧を入宮させ、また密かに王宮を脱け出して平壤を往来するなど、おかしな行動をみせた。精神疾患だったともいう。61年世子の非行10条目について上疏を受けた王は、自決を命じたが、世子が従わなかったため、庶人に落として米櫃の中に閉じ込め、8日で死に至らしめた。死後、王は思悼世子という諡号をくだした。英祖没後、即位した世子の子(正祖)は荘献世子の号を贈り、現在のソウル市東大門区拝峰山にあった墓、永祐園を水原に移して顕隆園と改称し、しばしば陵幸を行った。1899年廟号荘祖が追贈され、顕隆園は隆陵と改められた。
長森 美信

チャン・ジヨン | 張志淵 | 장지연 | 1864-1921

朝鮮の言論人、学者。字は舜韶、号は韋庵。慶尚道尚州の生れ。高宗32年(1894)進士に及第。1899年《皇城新聞》主筆。ついで広文社を設立し、丁若鏞の《牧民心書》などを刊行。1902年《皇城新聞》社長となり、04年11月〈是の日や放声大哭す〉という社説を掲げ、日韓保護条約の締結が日本の強要によることを暴露して日本官憲によって投獄された。06年大韓自強会の設立に参加し、〈愛国啓蒙運動〉を展開した。10年の韓国併合後は《朝鮮儒教淵源》を発表(1917)するなど歴史研究に従事した。
糟谷 憲一

チャンスおう | 長寿王 | 장수왕 | 394-491

高句麗の王。在位413-491年。〈広開土王〉の王子でその後を継いだ。諱は巨連(巨璉とも書く)。広開土王の領域拡大の成果をさらに進めて、427年鴨緑江中流の国内城(現、中国吉林省集安)から平壤に都をうつし、高句麗の全盛時代を築き上げた。中国の南北両朝に通交し、また半島では百済、新羅を圧迫した。475年百済の都の漢城を落として蓋鹵王を殺害した。そのため百済は都を熊津(現、公州)に下げ、漢江流域は高句麗の領域下に入った。王は広開土王の遺命を守って広開土王碑を建立し(414)、王墓を守護する守墓人烟戸の制を改めた。享年98という。
浜田 耕策

チャンスン | 장승

朝鮮の村里や寺院の入口に立っている木偶(あるいは石)の神像。漢字では長柱、長生、長承、将丞などと表記される。長生標ともいう。チャンスンは各地によって名称がいろいろで、コルマギ、スサルマギ(中部)、ポクス(南部)、ミルク(北西部)などとよばれ、〈風水説や仏教との関係がうかがえる。男女一対のものと単独のものがあり、一般に恐ろしい将軍の面相が彫刻してあり、男チャンスンには冠があるが女にはなく、胴体に〈天下大将軍、地下大(女)将軍〉と彫刻または墨書されている。チャンスンは里程標、境界標としての世俗的機能と、寺院や洞里の入口・両端・四方にあって外部からの災厄を防ぐ守護神としての宗教的機能とを併せもっている。とくに村の入口や村内にあるものは村の守護神と考えられ、部落祭の重

●チャンスン
ソウル郊外の村の入口の両脇に守護神として立てられたチャンスン。年ごとに本数を増やしてゆくのが常例である。また，古式のものでは東方青帝，西方白帝などの文字を書き，方位守護神としての機能を有するものもある。

要な信仰対象となっている。チャンスンという名称は寺院と関係があるが，その起源は仏教文化渡来以前の朝鮮の古い立木，立石の民俗に由来する。チャンスンはソッテ(長竿の上部に鳥のついた神杆)が結合していることが多いが，このような刻木の男女神像と鳥杆の結合は北方のシベリアやモンゴルにもあるが，東南アジアにもあり，朝鮮のこの習俗は南北両文化の中間の環ともいうべきものである。
依田 千百子

チャン・スンオプ│張承業│장승업│1843-97
朝鮮王朝時代の画家。本貫は忠清道太原。字は景猷，号は吾園。教育を受けられず，文字を十分に解しなかったが，すぐれた画才のゆえに図画署の画員となる。明の呉派から清の揚州八怪に至る中国の諸家の画風を習得し，山水，翎毛，花卉，器物などを主題に豪放な筆法による名作を残した。大酒家として知られ，逸話に富む。代表作は《鷲・雉子図双幅》(ソウル南郊，湖巌美術館)，《三人問年図》(ソウル，澗松美術館)など。
吉田 宏志

チャン・ソンテク│張成沢│장성택│
1946-2013
▶金正日キムジョンイルの実妹・金慶喜キムギョンヒ(党中央政治局員・書記)の夫，北朝鮮の高位級幹部。1946年1月22日生。金日成総合大学卒，モスクワ大学留学。88年党中央委青少年事業部長，89年党中央委青年三大革命小組部長，95年から人事を担当する党中央委組織指導部第1副部長を務め，金正日の側近として注目

されたが，2003年10月から2年間以上にわたって公式報道に現われず失脚説が出た時期もあった。07年8月党中央委行政部長就任が判明し，09年4月国防委員，10年6月国防副委員長，12年4月党中央委政治局員。そのほか〈羅先経済貿易地帯と黄金坪・威化島経済地帯共同開発及び共同管理のための朝中共同指導委員会〉の北朝鮮側委員長や国家体育指導委員会委員長を務めた。金慶喜とともに▶金正恩キムジョンウンの後見役といわれてきたが，13年11月下旬に金正恩が〈粛清を決断〉。12月8日朝鮮労働党中央委政治局拡大会議で公然と糾弾され，12日に国家安全保衛部(秘密警察)の特別軍事裁判にかけられ，〈国家転覆陰謀行為〉により死刑宣告，即時執行された。
礒崎 敦仁

チャン・ヒョクチュ│張赫宙│장혁주│1905-97
朝鮮の小説家。慶尚北道大邱生れ。大邱高等普通学校卒業。1932年《餓鬼道》が《改造》の懸賞に入選したのを機に朝鮮人として初めて日本文壇に登場した。被圧迫民族の怒りと抵抗を骨太な筆致で描いたが，39年《加藤清正》で自国への侵略者を英雄として賛美し，〈朝鮮の知識人に訴ふ〉〈岩本志願兵〉などで日本帝国主義の〈皇民化〉政策に荷担した。52年日本に帰化，筆名を野口赫宙とした。作品集《権といふ男》(1934)，長編《人間の絆》(1941)，《嗚呼朝鮮》(1952)などがある。
任 展慧

チャンベクさんみゃく│長白山脈│장백산맥│
チャンパイとも。中国東北地方から朝鮮東北部にかけて広がる標高1000～2000mの火山岩台地の上につらなる山脈。標高2744mの主峰▶白頭ペクトゥ山を中心に西南西から東北東に走る山脈を長白山脈とよび，白頭山から南南東に走る山脈を摩天嶺マチョルリョン山脈という。二つの山脈をのせる台地は，東西240km，南北400kmに達する広さをもち，〈朝鮮の屋根〉とされている。年間降雨量が中国東北・朝鮮東北部を通じて最も多く，国境河川である鴨緑江，豆満江(図們江)と松花江の水源地となっている。豆満江北岸の一帯は▶間島カンド とよばれ，朝鮮王朝時代，清国との間に領有権をめぐって紛争のあった地域である。以前から朝鮮人の移住があったが，日本の植民地支配が強化されるにつ

れて，多数の朝鮮人が移り，朝鮮人集落を形成，主に農業に携わった．間島を中心とする長白山脈一帯は▶抗日パルチザンの根拠地となり，しばしば国境付近の日本軍と衝突した．中国の社会主義革命後もこの地域にとどまった朝鮮人は延辺朝鮮族自治州や長白県において独特の朝鮮人社会を形成している．　　　　　　　　　　　　　　谷浦孝雄

チャン・ボゴ｜張保皐｜장보고｜?-841
新羅の海商，地方将軍．もと名を弓福といい，姓はなかったが，中国名を張保皐とし，日本には張宝高と伝わる．生れは〈海島人〉で，唐に渡り，徐州の軍将となったのち，帰国して全羅道の海岸・島嶼部を根拠地とし，新羅国内および唐，日本との国際交易を行って巨富を築き，私兵を養った．この財力と兵力とを背景に，828年興徳王により清海鎮大使の称号を認められ，黄海，東シナ海方面の海上権をにぎって在唐新羅人居留地である▶新羅坊にも勢力をつちかった．清海鎮は地方独立政権ともいうべき性格をおびた．8世紀末に始まる王位継承の争乱(金憲昌の乱)と地方の反乱のなかで，興徳王没後の王位争奪戦に敗れ，王京(慶州)を逃れた金祐徴を庇護し，閔哀王を倒して839年文聖王(祐徴)即位をたすけ，つづく文聖王に鎮海将軍とされる．だが，王の外戚の地位をねらって得られず，841年反乱を起こし，暗殺された．　　　　　　　大井　剛

チャン・ミョン｜張勉｜장면｜1899-1966
韓国の政治家．号は雲石．京畿道仁川の生れ．1925年にニューヨークのマンハッタン・カトリック大学を卒業．55年保守野党の民主党結成に参加．56年自由党の李起鵬を破って副大統領に当選したが，親米的性格などに基本的な相違はなかった．60年▶四月革命で李承晩政権が倒れた後の国務総理に就任．61年韓米経済技術援助協定を締結して新しい韓米関係の実現に努めた．しかし大統領の▶尹潽善派が分裂するなど政権は弱体であり，過渡政権として南北対話にも否定的で南北統一を願う民衆運動にも効果的な対応ができず，61年朴正煕の▶五・一六クーデタで追放され，政治活動を禁止された．　　　　　　　　　　　　大和和明

チャン・ヨンシル｜蔣英実｜장영실
朝鮮王朝世宗代(15世紀)の科学者，官僚．生没年不詳．本貫は牙山．妓生の子に生まれ，東萊県の官奴であったが，科学技術の才能をもって世宗に登用され，位は正三品大護軍に至った．天文暦学に明るく，世宗の命をうけて中国留学ののち，簡儀台(天文観測台)，渾天儀，大小簡儀(ともに天文観測器)などを作製した．また時計製作にも活躍し，王朝の公的標準時計である自撃漏(自動水時計)や公衆日時計である仰釜日晷などを完成した．また銅活字の鋳造にも参画するなど，同時代に楽器の製作で名高い▶朴堧と並び称される．　　　　　吉田光男

ちゅうおうアジアちょうせんじん｜中央アジア朝鮮人｜▷在ソ朝鮮人

ちゅうげんこうくりひ｜中原高句麗碑｜▷チュンウォン高句麗碑

ちゅうごく｜中国
ここでは朝鮮と中国との歴史的な関係について略説する．中国は東アジアの中で最も早く高度の文明が開けた大国であり，古くから周辺諸国に大きな影響を与えてきた．隣接する朝鮮の場合も例外ではなかった．まず朝鮮最初の王国であった▶古朝鮮は数世紀にわたって繁栄していたが，漢の武帝の侵略をうけて滅亡し(前108)，その故地には漢の4郡が置かれた．このうち3郡は，遠距離による維持の困難や高句麗の興起にともない，まもなく廃止，後退させられたが，▶楽浪郡だけは高句麗によって打倒されるまで(313)約400年間も存続した．朝鮮はその歴史の出発点において中国の侵略・干渉をうけたが，一面ではこうした中国郡県との接触が朝鮮における古代国家形成を刺激した．その後も7世紀には隋，つづいて唐の大軍が高句麗に侵入した．これに対して高句麗は激しく抵抗したが，やがて百済が唐に攻め滅ぼされ(660)，高句麗も唐に滅ぼされた(668)．このとき新羅は唐に協力したが，唐が百済，高句麗の故地を占領しようとするのをみて唐と戦い(670-676)，これを朝鮮から追い出し，朝鮮を統合した．一方，靺鞨族を含む高句麗の遺民は中国東北地方で▶渤海を建て(698)，唐と戦い，高句麗の故地を回復した．そののち10世紀になる

と，モンゴル高原東部で契丹（遼）が興り，渤海国を滅ぼし(926)，また高麗にもくり返し侵攻した(993-1018)。高麗は奮戦して契丹を撃退したが，一時は国都が占領された。13世紀になると，モンゴル軍が約30年にわたって高麗に侵入してきた(1231-59)。高麗は総力をあげて抗戦したが，甚大な戦災をうけ，そのあと元の2回にわたる日本遠征(1274, 1281)には莫大な負担を強いられた。元のあとをうけた明と朝鮮朝との間では軍事衝突をみなかったが，やがて後金（清）が興ると，2回にわたって朝鮮に侵入した(1627, 1636-37)。これらはとくに大規模な侵入であるが，このほかにより小規模なものが何度もあった。

[事大関係] 武力侵入のない平時においても，三国時代（高句麗，百済，新羅）から新羅，渤海，高麗，朝鮮王朝に至る諸王朝は，中国歴代王朝との事大関係（宗属関係）の下におかれた。朝鮮の国王は中国皇帝の冊封をうけて王位の承認をうけ，朝鮮は中国の年号や▶暦を使い，中国へ定期または不定期に使者（たとえば▶燕行使）を送って貢物をささげ，中国から回賜をもらった。高麗初期や朝鮮末期に独自の年号をつくったことも何度かあるが，その使用は長くはつづかなかった。朝鮮が強大な中国との摩擦を避け，独立を維持するためには，事大の礼を尽くすのは避けがたかった。一方，中国も多くの場合朝鮮が事大の礼をとることで満足し，朝鮮の内政にはほとんど干渉しなかった。19世紀後半に清が朝鮮の内政・外交に干渉したが，それは伝統的事大関係から発したものではなく，近代における日本や西洋列強との新たな国際的対立関係から生まれた動きである。また朝貢と回賜も実際には貿易としての一面がある。実態として，事大関係は朝鮮の独立を否定するものではなかった。 ▶事大

[中国文化の流入] 中国の文化は早くから朝鮮に流入した。先史時代には金属器文化が，三国時代以降には漢字，漢文，儒学が伝わり，朝鮮文化に大きな影響を及ぼした。仏教も中国を経由して伝来した部分が大きい。また律令をはじめとする中国の法制度は新羅以降，朝鮮に選択的に受け入れられ，朝鮮の歴代王朝は中国の制度を参酌しつつ官僚支配制度を形成した。高麗以降は科挙制度も採用された。さらに姓名や地名も中国式のものが多くなった。とくに高麗末期に伝来した▶朱子学は，朝鮮朝の体制イデオロギーとなり，支配層たる▶士族の意識，行動を規制した。彼らは朱子学を唯一最高の教学とみなし，仏教をはじめとする朱子学以外の思想に対し排撃論を展開することもあった。また強い中華思想，華夷思想をもち，明が滅んで清が興ったのちも明を追慕すると同時に清を夷狄とみなし，朝鮮を中華の正統の継承者と自負した（▶小中華思想）。それは日本や西洋列強の侵略に対する抵抗の支柱になったが，朝鮮の近代化を進める動きとは摩擦もおこした（▶衛正斥邪）。 ▶儒教

[朝鮮文化の独自性] 朝鮮は中国の侵略を何度もうけ，また平時には事大関係の下におかれ，文化面でも強い影響をうけた。しかし中国に完全に吸収されることなく，強く，かつ柔軟に独自の政治・社会を維持してきた。中国の文化も，ただたんに受容したのではなく，選択的に定着させ，さらにこれを独自に発展させた点をみのがしてはならない。高句麗の古墳壁画，百済・新羅の仏像・仏塔，高麗の青磁，朝鮮時代の白磁などはその具体例である。さらに漢字とは異なる独特な文字▶ハングルを創造するなど，中国文化に埋没することなく，独自の文化を発展させたのである。 ▶年中行事

旗田巍＋森平雅彦

ちゅうごくちょうせんぞく │中国朝鮮族

朝鮮系中国人あるいは中国籍朝鮮人のこと。中国国籍である点で，朝鮮国籍をもつ在中朝鮮人や韓国国籍をもつ在中韓国人とは区別される。1850年ごろから朝鮮人が中国東北地方に移住しはじめた（▶間島）。東北地方の開発を急ぐ清国政府ははじめ歓迎したが，後には朝鮮人が日本の手先になることを恐れて中国への帰化を強要し，従わない者は排斥した。1928年，中国共産党満州省委員会は，〈朝鮮人を中国内の少数民族とみなすこと，革命成功の暁には延辺で朝鮮族の自治権を認めること〉を決定している。なお，32年当時中国に住んでいた朝鮮人は約67万人，そのうち中国に帰化した者は約8万人という数字がある。45年，朝鮮が独立

した後，約220万人のうち約100万人が北朝鮮へ帰国した。中国に残った朝鮮人には，49年の中国革命に際して，中国籍が付与された。中国朝鮮族としての歴史はここに始まる。そのなかには中国共産党の一員として国共内戦を戦った人や，朝鮮戦争に参加した者も多かった。

人口は約200万人。吉林省，黒竜江省，遼寧省の東北3省に多く住んでいる。吉林省には延辺朝鮮族自治州があり，街では朝鮮語が飛び交っている。政府も民族教育に対して保護政策をとっている。しかし，朝鮮族の少ない大都市などでは，朝鮮族の子どもも漢族の学校に通っており，漢語使用者が増えている。延辺には朝鮮族の歌舞団・演劇団・民俗博物館があり，民族文化活動が盛んである。朝鮮語の新聞・雑誌・テレビ番組もある。

一方，90年代に入って，朝鮮族の移動が活発になり，延辺朝鮮族自治州においても朝鮮族が占める割合が減ってきている。92年の韓国との国交樹立が最大の契機である。故郷訪問などから始まって，次第に就労目的で韓国に渡り，2013年現在，韓国在住朝鮮族は約55万人。その韓国で，朝鮮族への差別が社会問題化している。日本にも推定約5万人が住んでいる。⇒在外朝鮮人　　高崎 宗司

ちゅうしゅう｜忠州｜⇒チュンジュ

ちゅうじん｜中人｜중인
▶両班と常民の中間に位置する身分。チュンイン。▶科挙の雑科に合格し，雑職という官職についている人およびその家系の人をさす。首都の中央部に多く居住していたので，そこから彼らを中人とよぶようになった。中央官庁で通訳(中国語，モンゴル語，女真語，日本語など)，陰陽学(天文地理)，医学，法律，算学，音楽，絵画などの技術系官職に従事し，その職は世襲された。中人は一般には従六品までしか昇進できず，常民よりは上だが，両班からは差別された。庶孼(両班の庶子)も中人身分に属した。しかし中人は実務に明るく，経済的実力をもつものも多かった。開化思想を広めた劉大致，呉慶錫も中人であった。なお，広くは実務担当の下級官吏(▶胥吏・軍校)も中人とよばれた。　　矢沢 康祐

ちゅうすういん｜中枢院
高麗，朝鮮王朝，日本の植民地時代に設置された官庁名。高麗初期の991年，宋の枢密院にならい創設され，宿衛，軍機などをつかさどり，のち密直司と改称された。朝鮮王朝初期には政令出納，軍政，警備などをつかさどり，軍参謀部の役割をも果たした。のちしだいに権力を移譲し，無任の堂上官の待命する府となった。大韓帝国では1904年，議政府所属の内閣諮問機関として復活，日本統治期には朝鮮総督の諮問機関として，要人を参議に任じた。15年以後は旧慣・制度の調査を行い，《経国大典》など貴重な出版活動も行った。　　渡部 学

ちゅうせいどう｜忠清道｜⇒チュンチョン道
ちゅうれつおう｜忠烈王｜⇒チュンニョル王
チュ・シギョン｜周時経｜주시경｜1876-1914
朝鮮の言語学者。黄海道鳳山の出身。朝鮮語の近代的研究は，李鳳雲，▶兪吉濬のあとをうけて周時経によって本格的に開始された。1896年《独立新聞》の校正係をしながら〈朝鮮文同式会〉を作り，朝鮮語表記の統一と研究に着手し，その後も各種の学校の教員や政府の国文研究所委員をしながら，民族固有のことばを整理・普及・発展させる民族的国文運動を展開し，そのための科学的言語研究に尽力した。主著に《国語文典音学》(1908)，《国語文法》(1910)がある。前者は朝鮮語の音声論と綴字法に関する研究に新たな方法論を確立した著作であり，後者は音声論，品詞論，形態論，文章論などを論じた当代の代表的著作である。1921年創設の朝鮮語研究会(のちに朝鮮語学会となり，▶朝鮮語学会事件という弾圧を受ける)も彼の影響のもとに生まれた。　　大村 益夫

チュチェしそう｜チュチェ思想｜주체사상
▶金日成ｷﾑｲﾙｿﾝの名のもとに唱道されている朝鮮民主主義人民共和国の思想原理。▶自力更生論をいっそう包括的な哲学体系に発展させて，1960年代後半以降チュチェ(主体)思想とよぶようになった。当初は，〈思想における主体，政治における自主，経済における自立，国防における自衛〉(金日成 1965)というように，国際共産主義運動の多極化状況に対する独自の視点を強調する面が強く，マルクス＝レーニン主義の一般的真理

を自国の歴史的条件に創造的、自主的に適用する立場と説明されていた。それが70年代に入ると、〈チュチェ思想は人間があらゆるものの主人であり、すべてを決定するという哲学的原理〉〈チュチェ思想は勤労人民大衆の自主性の実現をめざす革命の学説〉（金日成，1977，80）と、人間の能動性が強調されるようになった。チュチェ思想は、資本が支配する時代のマルクス＝レーニン主義と共通性はもつが、労働者階級と第三世界人民が歴史の主人として登場しはじめたチュチェの時代（ほぼ第2次大戦後）に相応しい新しい思想で、マルクス＝レーニン主義が客観的物質的条件を重視したのに対し、主体的人間を決定的要因とみるものであるという。土台が上部構造を、生産力が生産関係を一方的に決定するという見方は強く否定される。古典的マルクス主義の観点からの批判や、個人崇拝の現実と思想との関係についての疑義も提起されてはいるが、この人間中心の世界観は、とくに第三世界に積極的に宣伝された。　⇨朝鮮労働党
梶村 秀樹

チュプンれい｜秋風嶺｜추풍령
朝鮮半島の南部、〈小白（ソベク）山脈中央の峠。標高548m。ソウルや忠清道地方から慶尚道地方へ至る道路交通上の要地。古くは秋風嶺よりやや北寄りの〈鳥嶺〉を通じて小白山脈を越えたが、〈京釜〉鉄道が秋風嶺に建設されて以後、国道、高速道路など主要交通路が秋風嶺に移った。秋風嶺駅、高速道路中間の大休憩所などを中心に交通公園がつくられている。16世紀末の豊臣秀吉軍侵略のときに激戦地となり、石碑が建てられている。
谷浦 孝雄

チュモン｜朱蒙｜주몽｜前58-前19
高句麗の始祖王の諱（いみな）。在位、前37-前19年（生没、在位とも《三国史記》による）。別名は鄒牟（チュモ）、鄒蒙。諡（おくりな）は東明聖（トンミョンソン）王（東明王）。建国神話によれば、父は天帝の子解慕漱（ヘモス）、母は河神の娘柳花。柳花が日光に感じて朱蒙を生み、夫余王に養われていた。朱蒙は弓馬の術に優れていたので、夫余の王子たちに嫌われて南方に逃れ、鴨緑江の支流佟佳江のほとりに都して、高句麗を建国したいう。この神話は、北方的要素の日光感精神話と南方的要素の卵生神話とが結合してい

る。また逃避者による建国神話は、後漢時代から北方異民族の神話として伝えられ、類似の神話は夫余、百済の建国神話にもみられる。この神話の解釈には民族の移動説や旧国の勢力拡大説などもあるが、流離者を王者に擁立する風習が東方諸国の初期国家にあったものとみられる。朱蒙を伝説上の人物とする説と、《漢書》王莽（オウモウ）伝の高句麗侯騶（スウ）にあてる説とがあるが、その両面をもつものであろう。　⇨神話
井上 秀雄

チュンウォンこうくりひ｜中原高句麗碑｜
중원고구려비
韓国、忠清北道中原郡可金面竜田里の立石部落で1979年に発見された、三国時代高句麗の石碑。碑石は花コウ岩を使った四角石柱形を呈し、大きさはおよそ高さ135cm、幅56cm、厚さ37cm。前面には、第1行目の〈五月中高麗大王祖王令造新羅寐錦世世為願如兄如弟〉の23字に始まり10行、ついで左側面には同じく23字で7行まで銘文が残っているが、計391字分のうち約244字が判読された。また、右側面でも7字分が判読されており、未判読の後面とともに、四面碑であった可能性が強い。前記のほかく上下相和守天〉〈賜寐錦之衣服〉〈新羅土内幢主〉などの貴重な語句が読まれ、これらによれば、高句麗王は新羅王と兄弟関係を保ち、高句麗の衣服を下賜しながらも、新羅領内に軍事的圧力を加えていたことがわかる。碑は、広開土王に続く長寿王以来の高句麗の南進の過程で、新羅に対して政治的、軍事的に優勢であった高句麗が、中原地方一帯を名実ともに領域支配したことを記念して建てたものと考えられる。その建立年代については、左側面にみえる〈辛酉年〉を481年とする説が有力であるが、421年説もある。碑文の文字は、字径が3〜5cmの隷書体による漢文であるが、一部で〈吏読（リトウ）〉文字もみられ、〈広開土（コウカイド）王陵碑につぐ貴重な高句麗の金石文である。
西谷 正＋浜田 耕策

チュンジュ｜忠州｜충주
韓国、忠清北道中央部の都市。面積984km²、人口21万1222（2013.9）。南漢江中流の盆地に位置する。ソウル方面はじめ四方に通ずる交通の要衝にあたり、三国時代には争奪の対象となった。新羅時代には五京の一つ

中原京が置かれた。朝鮮時代に入ると，1395年に忠清道の中心として観察使がおかれ，同道が南北に分かれた1896年には忠清北道観察使が置かれたが，1908年開通の京釜線鉄道からはずれたため，その地位は▶清州(チョンジュ)に取って代わられた。1956年に市制発足，2005年には中原(チュンウォン)郡を統合した。周辺には石灰，カオリン，滑石など多種の地下資源が埋蔵されており，南漢江の電源開発を背景に自国資源に依存した開発が進められてきた。1955年に韓国最初の近代的化学肥料工場が建設されたのをはじめ，機械，化学，製糸繊維，食品などの諸工業がみられる。

佐々木 史郎

チュンジョン│中宗│중종│1488-1544

朝鮮王朝第11代国王。在位1506-44年。成宗の継妃貞顕王后尹氏の第2子。名は懌。1506年，▶燕山君(中宗の異母兄)の暴政に対し，朴元宗・柳順汀・成希顔らがクーデタを起し，王に推戴された(中宗反正)。治世初期は，反正功臣を中心とする勲旧派に権力を掌握されていたが，15年の▶趙光祖(チョグヮンジョ)の登用以後，士林派の政界への進出が顕著となり，政治・社会への朱子学的道徳・秩序の貫徹をめざす改革政治が推し進められた。しかし19年士林派は大幅な偽勲削除(反正功臣の見直しと削除)を提議したことで勲旧派の反撃に遭い，王権に対する士林派の強硬姿勢に苛立っていた中宗も勲旧派に与したため，大規模な粛清を受けた(己卯(キミョ)▶士禍(サファ))。その後も，権臣金安老の専権などによって政局は安定せず，金安老の失脚後も，中宗の王位継承問題をめぐって，尹元老・元衡兄弟と尹任の戚臣間で対立が起り，45年の乙巳(ウルサ)士禍へとつながった。なお，10年には▶三浦の乱が起り，それを契機に▶備辺司が創設された。

木村 拓

チュンチョン│春川│춘천

韓国北部山岳地帯の都市で，江原道の道庁所在地。面積1187km²，人口27万6950(2013年8月末)。昭陽江が北漢江に合流する狭い盆地に位置し，太白山脈北部の山岳地帯と首都ソウルとを結ぶ拠点で，地方行政と商業の中心地として発達した。朝鮮戦争により廃墟と化したが，戦後，放射線状の道路を骨格とする計画的都市建設が進められた。華川ダム，昭陽江ダムなど上流地域で韓国最大の電源開発が行われ，エネルギー基地となった。2009年にソウル-春川間の高速道路が開通したのに続き，10年末には京春線の複線電鉄も開通し，ソウルと約1時間で結ばれるようになった。大邱・釜山方面には中央高速道路が通じている。韓流ドラマ〈冬のソナタ〉のロケ地としても知られる。春川駅と春川市街地の間にあった米軍基地が05年に閉鎖されたのをうけ，一帯の再開発が進んでいる。

谷浦 孝雄＋佐々木 史郎

チュンチョンどう│忠清道│충청도

朝鮮半島中西部の地方で，朝鮮八道の一つ。三国時代の築造とも伝えられる貯水池・義林(ウィリム)池(忠清北道堤川(チェチョン)所在)より西という意味で湖西(ホソ)地方ともよばれる。韓国に属し，行政上は南北道に分かれる。東側に位置する忠清北道(プクト)は韓国唯一の内陸道で，▶清州(チョンジュ)市に道庁を置き，面積7406km²，人口157万2732(2013)。黄海に海岸線をもつ西側の忠清南道(ナムド)は▶大田(テジョン)広域市に道庁を置き，面積8204km²，人口204万3056(2013)。鉄道の京釜(キョンブ)線・湖南(ホナム)線や京釜高速道路のほか，湖南高速道路，中央高速道路，西海岸高速道路など，首都圏と南部の各道とを結ぶ幹線道路が通過する交通の要地となっている。

[自然] 地形的にきわめて対照的な東西二つの地域に分かたれる。東部は北の車嶺(チャリョン)山脈と南の小白(ソベク)山脈に挟まれた▶漢江(ハンガン)流域であり，大部分が丘陵性の山地で覆われ，平地としては狭小な忠州(チュンジュ)盆地がみられるだけである。西部は標高500mほどの車嶺山脈の南端部分を中間に，北には挿橋(サプキョ)川流域の礼唐(イェダン)平野，南には錦江(クムガン)流域の論山(ノンサン)平野など比較的なだらかな平地が広がっている。北西部の泰安(テアン)半島はリアス式海岸が発達し，泰安海岸国立公園に指定されており，白砂のビーチで知られる万里(マルリ)浦をはじめ，海水浴場も多い。同半島のすぐ南に位置する安眠(アンミョン)島は17世紀に運河の開削により本土から切り離されてできた島で，韓国で6番目の大きさをもつ。沿岸は潮差が6m以上にも達し，干潟地が広く発達しており，浅水(チョンス)湾などで干拓事業が盛んに行われてきたほか，1970年代以

降,湾入部を外海から遮断する防潮堤も多数築造されている。周辺海域には大小250を超える島が点在する。

[歴史] 古代には百済がこの地域を中心として隆盛し,その王都が置かれた▶公州㋐,▶扶余㋐には王陵や仏寺などの遺跡が少なくない。朝鮮初期に忠清道が設置され,忠州や清州が中心都市として発達した。1894年当時,西海岸の牙山㋐には清国軍の拠点があり,ここに上陸して成歓㋐(現天安㋐市の一部)に進んだ清の陸兵を日本軍が撃破した戦闘は,日清戦争初の本格的な陸戦として知られる(成歓の戦い)。96年に東西に分割され,東の忠清北道の忠州と西の忠清南道の公州にそれぞれ道庁が置かれた。日露戦争中の1905年に▶京釜鉄道が本道を通過して設置されると,それに近接する清州の重要性が高まり,08年に忠清北道の道庁が忠州から清州に移転した。また,湖南線との分岐点にあたる大田が交通の要衝として発達し,32年には公州から大田に道庁が移されて,忠清南道の中心地に成長し,行政・教育機関が集中するとともに商業も栄えるようになった。大田は89年に直轄市(95年から広域市)として忠清南道から分離したが,引き続き道庁所在地となっている。また2012年には,忠清南・北道の道界部に新設された▶世宗㋐特別自治市が両道から分離した。この両市には首都機能分散の一環として,中央官庁の相当数が移転している。

[地域と産業] 論山平野を中心とする錦江流域平野と礼唐平野は韓国有数の米作地帯である。従来,水利条件が悪く収穫が安定しなかったが,1970年代末に大清㋐ダム,挿橋川河口堰など大規模な人工灌漑施設が建設され,著しく改善された。東部の山間地は養蚕,葉タバコ,チョウセンニンジンなど特用作物の主産地となっている。泰安半島は比較的低平な地形であるが,水利が悪いため畑作農業地帯として開発され,朝鮮では数少ない散村がみられる。潮差の大きい海岸では良港に恵まれないうえ,大規模な干拓事業や工業団地の造成による海の生態環境の悪化,漁業人口の減少などで沿岸の養殖漁業は低落傾向にあるが,近海の漁場でアナゴ,カニ,エビ,イカ,貝類などの水揚げがあり,一部は輸出もされている。忠清北道北東部の堤川,丹陽㋐一帯は石灰石,石炭のほか,量は少ないが希少鉱物を数多く産し,各種の鉱業が発達してきた。またそれらを原料とするセメントやタングステン工業が分布している。この地方の中心都市となっている大田,▶天安㋐,清州,忠州などはおおむね交通の要衝に位置し,行政,教育,商業にかたよった発展をとげてきたが,60年代末からは地方工業団地が造成され,食品,繊維,機械などの各種産業が発展した。首都圏の有力大学には,忠清南・北道に分校のキャンパスを置いているところも多い。73年から大田郊外に造成が進んだ大徳㋐研究団地は,官民の研究機関が多数集積する研究学園都市として,韓国の先端科学技術開発の中核を担っており,93年には科学万博(大田エキスポ1993)が開催された。小白山脈中の▶俗離㋐山,大田市郊外の▶鶏竜㋐山は奇岩奇勝に富む景勝地であり,ともに国立公園に指定され,多数の観光客を集めている。二つの山はともに古くから霊山とされ,山麓に法住㋐寺,甲㋐寺などの大寺院がある。とくに鶏竜山は韓国の新興宗教のメッカとされ,多数の宗教団体が修養場を置いている。本道はまた韓国の中でも温泉場が多数分布している地域で,百済時代から温井の名で知られ,ソウルからも直行バスがある温陽㋐温泉,大田郊外の儒城㋐温泉などは大規模なホテルが林立する国際的観光地となっている。百済の旧都である公州,扶余も王陵の発掘,博物館の建設など歴史的観光地として整備されている。

谷浦 孝雄+佐々木 史郎

チュンニョルおう|忠烈王|충렬왕|
1236-1308

高麗の第25代王。在位1274-1308年。姓名は王昛。初名は諶,賰。元宗の子。彼は,元の公女を正妃とし,元の風俗・習慣の導入に努め,日本侵略の助勢や官制の大規模な改定ほかの元の要求を甘受しながら,元との一体化を推進して,王権の安定を図ろうとした。しかし,正妃の没後,それぞれに元の力を背景にした,高麗朝廷内の国王派と世子派の対立が表面化し,1298年世子の即位(忠宣王)と王の復位がめまぐるしく行われた。

以後も両派の対立は続き，元の信任を背景に忠宣王がしだいに勢力を伸長していく中で忠烈王は没し，慶陵に葬られた。諡は忠烈(元)，景孝。

北村 秀人

チュンニョン｜竹嶺｜죽령
忠清北道丹陽郡大崗面と慶尚北道栄州市豊基邑の境界にある峠。標高689m。峠道の開通は新羅・阿達羅王5年(A.D.158)と伝えられ，➤鳥嶺(642m)・➤秋風嶺(221m)など，小白山脈越えの三大古道のうち，最古で，高度も最も高い。険阻な地勢でありながら，古来，湖西地方(現在の忠清南・北道一帯)と嶺南地方(慶尚南・北道一帯)を結ぶ交通の要衝であり，近代以降，石灰岩などの地下資源の開発と関連産業の立地が進むと，さらにその重要性が増した。1941年には竹嶺の下に中央線の鉄道トンネルが開通したが，丹陽側にはさらにループ式トンネルを設けて軌道勾配を緩和している。江原道の春川・原州と慶尚北道の亀尾や大邱とを結ぶ中央高速道路(2001年開通)もここを通過する。一帯は小白山国立公園に属し，渓谷や滝などの景勝地に富む。

佐々木 史郎

ちょういちょう｜趙位寵｜➤チョ・ウィチョン
チョ・ウィチョン｜趙位寵｜조위총｜?-1176
高麗朝の官僚。毅宗の末年に兵部尚書・西京留守になった。1170年➤鄭仲夫らの武人がクーデタを起こして➤武人政権をたてたのに反対し，74年西京(平壌)で兵をあげた。岊嶺以北の40余城がこれに応じ，西北部一帯をまきこむ大動乱になったが，2年にわたる戦争の末に西京が武人政府軍に占領され，彼は斬殺された。

旗田 巍

ちょうかくちゅう｜張赫宙｜➤チャン・ヒョクチュ
ちょうこうそ｜趙光祖｜➤チョ・グァンジョ
ちょうしえん｜張志淵｜➤チャン・ジヨン
ちょうじゅおう｜長寿王｜➤チャンス王
ちょうしゅんか｜張俊河｜➤チャン・ジュナ
ちょうしょうぎょう｜張承業｜➤チャン・スンオプ
ちょうせい｜長栍｜➤チャンスン
ちょうせん｜朝鮮｜➤地域・国名編の朝鮮
ちょうせんあめ｜朝鮮飴｜➤飴
ちょうせんえんげき｜朝鮮演劇｜➤演劇

ちょうせんおうちょう｜朝鮮王朝｜조선왕조
1392年に高麗を滅ぼして成立し，1910年まで続いた朝鮮の王朝。李氏朝鮮を略称して，李朝ともいう。朝鮮王朝が成立した時期は，ちょうど日本では南北朝の動乱が終わって室町幕府が確立した時期であり，中国でも約20年前に元が滅びて明が成立している。このように高麗から朝鮮王朝への転換は，東アジアの大きな変動の一環をなしている。朝鮮王朝は518年間存続し，東アジアでは例をみない長期の王朝であった。
【時代区分と概説】 朝鮮王朝時代を時期区分すれば，初期(1392-1469)＝支配体制の確立期，中期(1470-1607)＝支配体制の動揺期，後期(1608-1860)＝支配体制の解体期(再編期)，末期(1860-1910)＝朝鮮近代の4期に区分することができる。対外的には朝鮮国あるいは大朝鮮国を名のり，1897年からは➤大韓帝国を名のった。

高麗は仏教を国教としていたが，朝鮮王朝では儒教の中の朱子学が国教的位置を占めた。また，➤科挙制が強められ，文武の官僚層(➤両班)はほとんどすべて科挙によって登用されるようになり，そのため，儒学の学校(郷校，書院)が盛んとなった。一方，両班，➤中人，良人(常民)，➤奴婢の身分制度もいっそう厳しくなり，両班は中央・地方の官僚として君臨するとともに，地方の大地主，在地支配勢力として国家の行政機構を支えた。そのため，王朝を両班官僚国家とよぶこともある。高麗から朝鮮王朝への転換について，朝鮮民主主義人民共和国では，三国時代から続く封建社会の一段階とみなしており，大韓民国では，➤武人政権期から朝鮮王朝成立期までを奴隷制から封建制(農奴制)への過渡期とし，王朝初期を封建制の成立期とみる見解などが出されている。しかし，王朝初期にはまだ奴隷制的要素が強く，王朝中期に至って封建制が確立したとみることも可能であり，時代区分にはなおさまざまな意見があって流動的である。15世紀には諸制度の確立，農業技術や文化の発展がみられ，王朝の黄金時代が出現するが，17世紀初にかけて，その体制はくずれていき，その反面で商品経済や農奴制的諸関係，新しい政治勢力などが成

長していった。王朝後期に入ると，商品貨幣経済はいっそう進展して，18世紀後半〜19世紀前半には鉱山，一部手工業部門で資本主義の萌芽も現れ，朝鮮社会の内部にも自律的に近代が用意されはじめた(▸資本主義萌芽問題)。しかし朝鮮の社会構成は，19世紀半ばにおいてもなお封建的要素の方が圧倒的に強く，その段階で中国，日本などと同様に朝鮮も欧米の侵略を受けた。そして，1876年には日本に開国して世界市場にまきこまれ，半植民地化の道をたどるようになった。その間，朝鮮内部の主体的な近代化の運動や外国の侵略に対する激しい抵抗運動が展開されたが，欧米列強のあと押しを受けた日本の武力侵略の前に，1910年，朝鮮は日本の植民地とされた(韓国併合)。同時に李氏朝鮮王朝も廃されて王朝500余年間の幕を閉じ，朝鮮民族はみずからの国家を日本に奪われることになった。

[初期——体制の確立] この時期(1392-1469)は，《経国大典》に代表される朝鮮王朝体制の確立期にあたる。李成桂は対外的には新興の明と結ぶとともに，国内では1391年，▸科田法を制定して土地改革を行い，高麗貴族が所有していた私田(荘園)を▸公田に編入するなどして新しい体制を築いた。その上で，1392年に高麗国王(恭譲王)を追放して新王朝を樹立し，国号を朝鮮，国都を漢陽(のちに漢城と改名，今のソウル)に定めた。15世紀前半は旧勢力との争いがなお続いたが，1469年には《経国大典》を公布し，支配体制を整えた。▸議政府，▸三司をはじめとする中央官制のほか，地方制度も整備され，とくに地方では各▸邑＊(郡県)が地方豪族を基盤とした高麗時代のありかたから，行政面を重視した方向へ編成替えされたのをはじめ，郷吏(地方豪族，〈胥吏＊〉の項参照)の地位も低下させられ，面里制(〈面〉〈里〉の項参照)や▸隣保制(五家統制)，号牌法(軍役，徭役の基準として16歳以上の男子に牌を持つよう義務づける法)の実施などを通して，中央政府による地方への直接支配が強められた。しかし他方，在地勢力(地方の地主層)に対しては，科挙を通じて両班官僚に登用するなどしながら国家の支配機構の支柱に組み込む政策をとり，このようにして王朝は両班を中核とする中央集権的な官僚支配体制を築いた。

国家の支配権の強化は科田法にもみられ，両班などに与えられる科田や各種の賜給田のほかはすべて公田とされて，個人のもつ土地からは収穫の10分の1を徴税した。しかし両班などが経営する荘園(▸農荘)は，公田の中で存続を認められ，そこでは奴婢を主な労働力とし，収穫の半分を収取する地主制が展開していた。自作農も広範に存在したが，彼らは良人(常民)として田税のほかに貢納，徭役などの重い負担を国家から課せられていた。そのため，没落や逃亡による彼らの小作人化もすすんで，そこに並作半収制とよばれる地主・小作関係がしだいに拡大していった。こうした地主制の拡大は，人頭数を基準とした力役賦課(計丁法)の存続を困難にし，1420年には所有地を基準とする力役賦課(計田法)に変えられていった。この変化は，《農事直説》(1429)にみられるような水稲の連作や施肥による集約的農業の発展＝生産力の発展とあわせて，奴隷制的関係から農奴制的関係への移行過程を示すものではあったが，土地基準とはいえ，労働力そのものを徴発するありかたは変わっていなかった。しかも王朝初期には，そうした力役の比重の方が生産物収取よりもはるかに大きく，それらの点で，王朝初期には古代的要素がなお根強く残されていた。

[中期——体制の動揺] この時期(1470-1607)は士林派政権の確立(1565)に代表される新旧勢力の交替期であり，また▸大同法(1608)に至る社会変動の時期である。▸党争および▸士禍(1498，1504，1519，1545の4回)がこの間の政治過程を特徴づけている。それは朝鮮王朝建国以来の功臣グループ(勲旧派)と新進官僚グループ(士林派)の対立であるが，前者は首都に居住する貴族＝大荘園(農荘)主，後者は在地の中小地主層という性格をもつ。この新旧勢力の交替は，▸林巨正ョキッチョンなどの民衆反乱を伴いつつ展開されるが，大づかみにいって，生産関係における奴隷制的要素が農奴制的要素へ転換していく過程に対応しているとみることができる。貢納の徭役を含む各種力役では，15世紀半ばごろから，代価を払って代りに役に出てもらう代役制が広がり，さらに16世紀に入ると，

●朝鮮王朝 │図1│朝鮮王朝系図

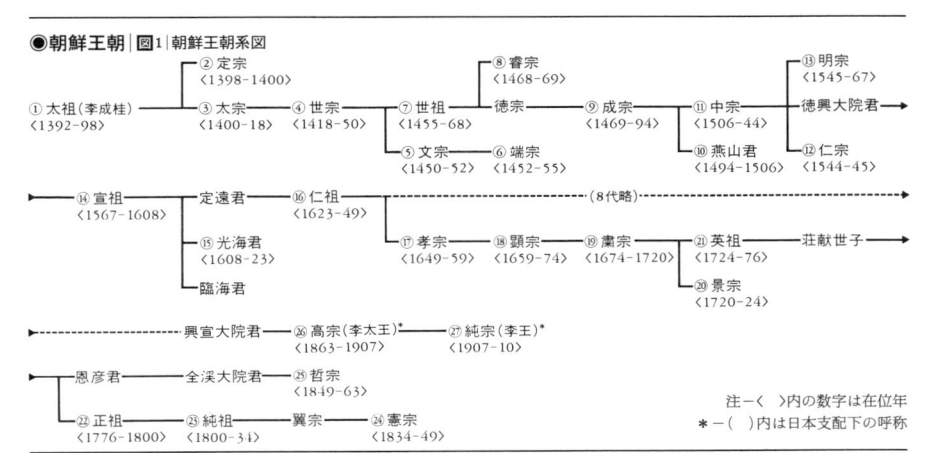

```
①太祖(李成桂)─┬─②定宗〈1398-1400〉
〈1392-98〉    │
              └─③太宗─④世宗─┬─⑦世祖─┬─徳宗─⑨成宗─┬─⑪中宗─┬─⑬明宗〈1545-67〉
                〈1400-18〉〈1418-50〉│〈1455-68〉│        〈1469-94〉│〈1506-44〉│
                                    │          │                    │        └─徳興大院君─▶
                                    │          └─⑧睿宗〈1468-69〉 └─⑩燕山君〈1494-1506〉
                                    │                                         ⑫仁宗〈1544-45〉
                                    └─⑤文宗─⑥端宗
                                      〈1450-52〉〈1452-55〉

▶─⑭宣祖─┬─定遠君─⑯仁祖─┬─(8代略)─────────────────────────▶
  〈1567-1608〉│         │
             ├─⑮光海君 │
             │〈1608-23〉│
             └─臨海君   └─⑰孝宗─⑱顕宗─⑲粛宗─┬─㉑英祖─荘献世子─▶
                         〈1649-59〉〈1659-74〉〈1674-1720〉│〈1724-76〉
                                                         └─⑳景宗〈1720-24〉

▶────興宣大院君───㉖高宗(李太王)*─㉗純宗(李王)*
                  〈1863-1907〉    〈1907-10〉

▶─┬─恩彦君───全渓大院君─㉕哲宗〈1849-63〉
  └─㉒正祖─㉓純祖─翼宗─㉔憲宗
    〈1776-1800〉〈1800-34〉〈1834-49〉
```

注─〈 〉内の数字は在位年
＊─( )内は日本支配下の呼称

代役制に代わって,良人は国家に綿布を納め,国家の各機関はその綿布をもって雇役する方法(力役の布納化)が一般化していった。このようにして力役は実質的に生産物地代へ転化していき,17世紀初め,米納を主体とする大同法に至る。

これらの過程は生産力の発展に伴う商品経済の展開を基礎としており,商品経済は15世紀初頭においては特産物を中心とする遠隔地市場が主体であったが,15世紀後半には地方や村にも市場(▶場市)が開かれ,16世紀末〜17世紀初には,各地の▶客主を中心に邑(郡県)ごとに定期市(五日市)が開かれるようになっていた。一方,朝鮮は16世紀末,豊臣秀吉の大規模な侵略(文禄・慶長の役。朝鮮では▶壬辰・丁酉倭乱という)によって莫大な被害を受けた。この傷あとは大きかったが,しかし,この戦乱の中でも,一部には逃亡や奴婢文書の焼却行為など身分解放を含むさまざまな民衆闘争が展開され,それらを通じて朝鮮社会は発展を続けた。

[後期──体制の解体] この時期(1608-1860)は朝鮮王朝の封建体制が確立するとともに,解体過程をたどり,やがて近代の萌芽が朝鮮社会の内部に形成されてくる時期である。1608年に力役の地税化を意味する大同法が京畿道で行われ,以後約100年を要したが,地主勢力の反対を押さえながら,大同法は順次朝鮮6道で実施された。これによって土地生産物の徴収が国家による徴税の主要形態となり,王朝は農奴制的な地主制に立脚する体制へ全面的に移行した。そして王朝自身も,王族地(▶宮房田という)のような形で半ば私的に地主的要素を強めていくことになる。中央集権的な郡県体制は維持されたが,地主層(在地両班)は▶郷庁(地方行政機関の補佐機関)を通じて邑(郡県)の行政を左右した。他方,17世紀前半には乾田直播法に代わる田植法や畑の二毛作が普及し,施肥も一般化して農業の集約化はさらに進んだ(▶農業)。そして,農業生産力の発展は,農家副業による綿織物生産の発展とあいまって,自作小農民の自立をいっそう確実にするとともに,小作小経営の可能性を増大させ,これを基盤とする地主制を生みだしていった。綿作,▶朝鮮人参・タバコ・蔬菜栽培などの商業的農業も拡大し,18世紀後半にかけて集約的小経営がいっそう発展したが,19世紀前半に至ると,雇傭労働に依拠した大農(広農)経営も一部で発生し,近代への萌芽がみられるようになった。

1678年には▶常平通宝(小額の銅銭)が大量に鋳造されて流通し,以後,貨幣経済も大いに進んだ。そして19世紀には田税や小作料の金納化も一部で発生するようになり,他方では商人などが経済力によって土地を購入して地主となる庶民地主制も発達した。手工業の分野では官営の手工業に代わって民営の手工業が発展し,19世紀前半には鍮器(真鍮製の食器など)・鋳物工業や金,銀,鉄,

銅などの鉱山で、一部にマニュファクチュア(工場制手工業)も形成されるようになった。こうして朝鮮でも自生的な資本主義の萌芽が現れてくる。商業の分野でも18世紀末には自由な商人の活動が封建的な特権的御用商人の体制を圧倒し、身分制の解体もすすんで1801年には公奴婢制度が廃止された。この間、18世紀の英祖・正祖時代には人頭税の地税化などをすすめた▶均役法や、党争を緩和させ、人材本位の官吏登用をめざした蕩平策を実施するなどして、朝鮮王朝封建支配体制の再編成(立て直し)も行われた。

しかし、農村で大きな比重を占めていたのは、依然として封建的要素の強い両班地主制であり、小農民商品経済も広範に展開していくが、租税米などを基盤とする国家的商品経済や高額の小作米などを基盤とする地主的商品経済の比重は依然として大きかった。資本主義の萌芽も社会全体の中ではまだきわめて限られた部分でしかなく、綿業においては家内手工業の段階をこえず、農業においても富農が同時に地主であるような未熟さを濃厚に残していた。また、封建的な王朝権力は、19世紀に入ると、王妃一族による権力の独占と腐敗(▶勢道政治)のもとで、▶三政(田税、軍役、還穀)などによる民衆からの収奪をいっそう強めていった。その矛盾は1812年に洪景来の指導する平安道の大農民反乱(▶洪景来らの反乱)となって爆発し、やがて朝鮮の近代を迎えることになる。

[末期──近代へ] この時期(1860-1910)は朝鮮近代に属し、自主的な近代的変革やさまざまな民族運動が展開される一方、朝鮮が日本の半植民地とされ、1910年、ついに植民地とされる時期である。かつては、1876年の開国以後を朝鮮近代とみる見解もあったが、それは外的要因を重視しすぎており、朝鮮の内的要因も考慮して、今では1860年代以降を朝鮮の近代としている。19世紀前半から半ばへかけて、封建的支配に反対する民衆の反乱(▶民乱)が続出したが、他方では欧米列強の朝鮮侵入も激しさを増し、こうした内外からの危機の深化を背景に、1860年、崔済愚が反封建・反侵略の民衆宗教・思想である▶東学を創出し、またこのころ、知識層の中からは呉慶錫、劉大致らによって開化思想が形成された。一方、1863年に成立した▶興宣大院君政権は王権の強化と▶衛正斥邪(朱子学の正統性を守り、キリスト教=欧米勢力を排除する)政策によって危機の克服をはかった。こうしてその後の朝鮮近代史を規定する内外の諸要因が1860年代初めに現れてくるのである。そして、民衆の反封建のたたかいは1862年、ついに朝鮮南部で貧農を中心とする大規模な農民反乱(▶壬戌民乱)となって爆発する。大院君政権はある程度、両班の封建的特権の排除につとめ、また1866年と71年の欧米の武力侵略を撃退したが(▶洋擾)、しかし他方では王権強化のためにさまざまな重税を課したり、悪貨を鋳造したりしたので、民衆との矛盾を深め、その後も民乱を頻発させることになった。

1873年、守旧派の反撃を受けて大院君は失脚し、王妃(▶閔妃)一族を中心とする閔氏政権が登場するが、守旧派に基盤をおく閔氏政権は、76年、日本の軍事的圧力に屈して不平等条約である▶日朝修好条規を締結して開国し、以後、朝鮮は日本や欧米の半植民地に転落していくことになる。閔氏政権は82年の▶壬午軍乱、84年の▶甲申政変で倒されるが、いずれも清国の支援ですぐに復活し、94年、日本軍によって倒されるまで約20年間続いた。その間、閔氏政権も上からの近代化を推進するが、しかしそれは守旧派の抵抗で不徹底なものに終わり、むしろ閔氏政権の下で朝鮮の半植民地化が進行した。閔氏政権下で上からの近代化を推進したのは政府内の▶開化派であった。開化派は1870年代初めに金玉均らを中心に形成され、84年、彼らの中の急進派は近代的改革をめざして甲申政変を起こしたが、失敗に終わった。94年には開化派を中心とする政権が樹立されるが、日本軍の支援をうけた傀儡政権的要素が強かったため、▶甲午改革などの近代的改革も逆に反発を受けて国民の支持を獲得することができず、96年には崩壊した。その後、親露的政権が樹立され、97年には大韓帝国を名のり、国王は皇帝を称するようになったが、1905年、日露戦争に勝利した日本によって

保護条約の締結を強要され、10年にはついに日本の完全植民地とされ、李氏朝鮮王朝権力も消滅した(韓国併合)。

この間、儒学者、両班たちは衛正斥邪の立場から、日本との開国、日本と結んだ近代化や日本の侵略に反対を続け、1896年と1905年には反日▶義兵闘争を起こした。反日義兵闘争は1907年以降、しだいに大衆化し、全国的に拡大したが、思想的には衛正斥邪の影響が強く、近代的改革をめざす都市の運動と結びつくことができなかった。そのため、日本軍による09年の大弾圧以後、朝鮮国内での運動を継続できなくなる。他方、民衆闘争としては1882年、大規模な都市民衆の闘いとして壬午軍乱が起きたが、94年には全琫準の率いる反封建・反侵略の▶甲午農民戦争(東学党の乱)が爆発した。しかしこれも日本軍の武力で弾圧され、農民軍は反日義兵闘争などへ合流していく。一方、96年以降、都市では▶独立協会などによる独立と近代化をめざす民衆運動や、キリスト教、天道教、新民会などによる▶愛国啓蒙運動、自強運動が展開されたが、これも買弁化した政府や日本によって弾圧された。しかし民衆の蓄積されたエネルギーはけっして消滅せず、やがて日本の植民地下、1919年の三・一独立運動となって爆発する。→地域・国名編の朝鮮[日本の侵略と植民地支配]

【文化の特徴】 朝鮮王朝の文化は前期、後期、末期の3期に分けることができる。

[前期] 朝鮮王朝前期の文化は、▶世宗の時代(1418-50)に開花し、王朝文化の原型もこの時代に形成された。世宗の時代は王朝文化の黄金時代ともいわれ、儒教の国教としての地位確立(集賢殿の設立、国家による《三綱行実図》《孝行録》などの刊行)、世界で最も合理的な文字といわれる▶訓民正音(ハングル=朝鮮文字)の制定、地理書(《八道地理志》)・農書(《農事直説》)・医書(《医方類聚》)・暦書(《暦書七政算》)・朝鮮歌謡書(ハングルで書かれた《竜飛御天歌》)などの編纂、世界最初といわれる測雨器製作と全国の雨量測定(▶雨)、すぐれた天文観測器や天球儀の製作、精巧な金属活字(甲寅字)の鋳造とそれを使った印刷・出版が行われた(▶印刷術)。世宗朝のあともひき続き、《国朝宝鑑》《高麗史》《東国通鑑》などの歴史書、《東国輿地勝覧》(地理書)、《経国大典》(法律書)、《東医宝鑑》(医書)、《東文選》(漢文学)、仏典のハングル訳が編纂・刊行され、歌辞・時調の朝鮮文学、水墨画、朝鮮白磁などの朝鮮美術や各種の学校(▶成均館、▶郷校、四学、▶書堂、▶書院)が発達した。

こうして王朝文化が開花したが、その中軸となったのは朱子学的理念・価値観と固有文化を基礎とした民族意識(〈朝鮮的なもの〉の自覚)であった。後者を代表するのが訓民正音の制定であり、農書、医書、歴史書、地理書、歌謡の編纂においても〈朝鮮的なもの〉の発見とその発展が意識されている。▶朱子学は中国からの輸入思想であるが、高麗の国教・支配勢力であった仏教・仏教勢力に対する抵抗の武器として受容され、そ

●朝鮮王朝 図2 19世紀初頭の商業活動と貿易地

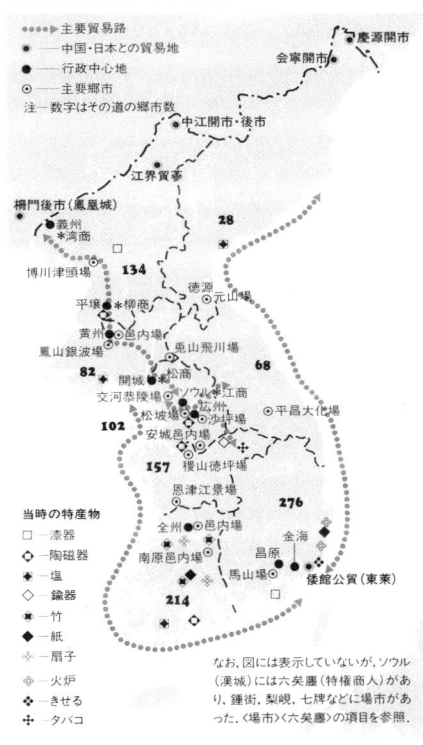

の点から朱子学の名分論・徳義論が強く意識された。朱子学的倫理は家父長制、孝悌や家への忠節、男尊女卑、血族(親族・宗族)重視などの規範を民衆を含む朝鮮人社会に根深く定着させ、幾多の弊害も残したが、他方では名分論、徳義論にもとづき礼を重んじ、覇道より王道、政治権力より思想的正統性を尊重し、思想に殉ずることを尊しとする気風、それこそが士＝知識人であるとする気風、白か黒かをはっきりさせ、あくまでも道理を通そうとする人間タイプを尊重する気風を強めた。そうした正統主義は一面では士禍や王朝後期の党争を生んだが、他面では吉再、金宗直、趙光祖、李退渓、徐敬徳、李栗谷(各項参照)らの士林派や王朝後期の実学、末期の衛正斥邪論(侵略に対する民族的抵抗)を生み出した。また朱子学のみを正当とする意識は漢字・漢文学を正式なもの、*ハングルはく諺文>(地方的なもの)、ハングル文学は男性の文学でなく女性の文学とする傾向を生み、朝鮮文字・朝鮮文学の発展・普及をさまたげた。

[後期] しかし朝鮮王朝文化は、儒教的教条でぬりつぶされていたわけではなく、儒教的徳義にもとづく批判精神の存在とあわせて、土着的・伝統的生活規範にもとづく文化も根強く存続させていた。後者は女性や下層民衆を中心とした仏教崇拝や巫俗信仰、ハングル文学の受容などに示されている。そして、そうした要素が王朝後期の文化を特徴づけていくのであり、*実学やハングル文学、庶民芸術が展開される。王朝後期の実学は、英祖・正祖の時代(18世紀)を中心に、朱子学の教条化に反対して<実事求是>と民生を重んじ、地円説・地転説を含む天文学や暦学、数学の発展、新しい地理書、歴史書、医書、農書の刊行などをすすめながら、土地・租税・身分制度の改革、商業や工業の重視など、政治・経済・思想の変革を提起した。柳馨遠ᵞᵒʰᵍʷᵒⁿ、李瀷ⁱᵏ、洪大容、朴趾源、朴斉家、丁若鏞ᶜʰᵒⁿᵍʸᵃᵏᶜʰᵒⁿ(各項参照)らがその代表的な学者である。王朝後期には壬辰・丁酉倭乱、*丙子の乱(清の侵略)のあとをうけて民族意識が高まりをみせたが、他方では中国(清)や欧米の学問・文化の摂取などを通して偏狭な民族主義の克服も行われた。漢文の世界では正統的な漢文学以外に雑記・雑文と称される小説、列伝類、伝奇小説、通俗小説などが数多く出現し、他方、*《洪吉童伝》《春香伝》など各種のハングル小説や中国小説のハングル訳本も盛んとなった。また、ハングル文学である*歌辞、*時調の流行、*仮面劇の民衆への流布、〈聞く小説〉ともいわれる*パンソリ(歌物語)の発生、絵画でも庶民を主題とした風俗画の発達などがあり、それらを通じて庶民芸術が発達した。

[末期] 朝鮮王朝末期の文化は、一面でそれらの庶民的文化を継承しながら、他面では外国の侵略に対する抵抗思想、開化思想や近代文化の導入などを通して新しい様相をおびることになる。欧米や日本の朝鮮侵略が強まる中で、伝統的な朱子学は*李恒老ʰᵃⁿᵍⁿᵒ、*崔益鉉ᶜʰᵒⁱⁱᵏᶜʰᵒⁿらを中心に衛正斥邪の思想を掲げて反侵略を主張し、民衆にも大きな影響を与えたが、その徹底した反侵略は同時に徹底した反近代であり、また侵略勢力が近代勢力であったため、朝鮮における近代文化の形成は大きな困難を伴うことになった。王朝後期の実学思想は19世紀前半から中葉にかけて、李圭景ᵏʸᵘᵍʸᵒⁿᵍ、*崔漢綺ʰᵃⁿᵍⁱにより、自主的開国・通商による富強発展論や平等社会論にまで高められ、それは呉慶錫、劉大致、*金玉均ᵏⁱᵐᵒᵏᵏʸᵘⁿらによって開化思想に発展させられた。そして開国以後、開化派を中心として1880年代前半には*新聞(*漢城旬報)の発刊や若干の近代技術の導入が行われたが、しかし十分な成果をあげることができなかった。また、反侵略・反封建的性格をもち、下からの近代化をめざす東学の形成とその民衆への浸透がみられたが、しかしそれも徹底的な弾圧を受け、公然とした活動は困難であった。そのような中で、朝鮮においては*キリスト教が近代的文化の導入者、担い手となり、それが他へ広がる形をとった。キリスト教の牧師や教会によって、1880年代半ばから近代的・民族的教育のための学校(培材学堂、梨花学堂など)が設立され、併合前にはキリスト教系の私立学校が950余校にも達した。他方、儒学の流れをくむ書堂も衰えず、そこでは民族主義教育が行われた。そして19

世紀末から20世紀初めにかけて，大衆的な民族運動の高揚の中でハングルによる大衆的な新聞（〈独立新聞〉〈皇城新聞〉など）の発刊があいつぎ，さらに1905年の日韓保護条約（第2次日韓協約）の強制＝植民地化の危機の下では教育・文化活動を中心とする民族運動＝愛国啓蒙運動が展開された。文学の面でも，20世紀初頭から〈唱歌〉〈新体詩〉〈新小説〉など近代文学の萌芽が現れて一世を風靡し，自主独立・近代化の必要などの社会的問題をテーマとするようになる（▶開化期文学）。　⇨実学；儒教；文学；朝鮮美術

【日本との関係】　518年に及ぶ朝鮮王朝時代は日本の室町時代から明治時代までにほぼ対応する。

[高麗末・朝鮮王朝初期]　この時期における日朝間の最大の問題は▶倭寇であった。高麗末期，高麗政府は軍備強化，対馬（倭寇の根拠地）攻撃，倭寇禁圧要求使節の日本派遣など，倭寇対策に力を入れさせ，朝鮮王朝政府もこの政策をひきつぎ，防備体制を固めるとともに室町幕府や西日本の諸大名に使節を送って倭寇禁圧を要求した。また，投降する倭寇（投化倭人）には朝鮮内に土地・家財を与えて安住させ，通商を求める西日本の諸大名・豪族層（使送倭人）や商人（興利倭人）には富山浦（釜山），薺浦（乃而浦），熊川），塩浦（蔚山）の三浦を開港して貿易を認めた。その結果，倭寇は急速に減少し，1404年には日本国王（足利将軍）と朝鮮国王との対等な善隣関係として日朝間の国交が開かれた。これは779年に日本と朝鮮（新羅）の公的関係が断絶（ただし民間の往来・交易は存続）して以来，625年ぶりの正式の国交の再開であり，室町幕府は日明関係と合わせ，これによって東アジア国際秩序を背景とする権威を国内で示すことができた。1419年には倭寇討伐のため，1万7000余の朝鮮軍による対馬攻撃が行われ（▶己亥東征，応永の外寇），1510年には三浦在住日本人の反乱（▶三浦の乱）が起きたりしたが，約160年間，室町時代を通じて両国の使節が往来し，交易も盛んであった。その日朝貿易では朝鮮の綿布などと日本の銅などが交易された。朝鮮の綿布は衣料（とくに兵士の衣服），帆布，鉄砲の火縄，魚網などの材料として貴重であり，日本の社会に鉄砲伝来に匹敵する影響を与えた（日本における木綿栽培も，15世紀後半，朝鮮から伝えられた）。文化面でも室町時代に，朝鮮からは日本の求めに応じて大量の仏典（大蔵経）や仏像，仏画，梵鐘，▶高麗青磁，▶朝鮮白磁のほか▶井戸茶碗（高麗茶碗）などがもたらされて貴重品とされ，また，画人（水墨画僧）の交流も盛んに行われた。

[秀吉の侵略から通信使による国交へ]　しかし，室町期の平和的・友好的関係は後期倭寇やそれに続く豊臣秀吉の朝鮮侵略戦争によってくつがえされた。この戦争は朝鮮民族の抗戦で日本の敗北に終わったが，朝鮮側に莫大な被害を与え，今日に至るまで日朝間の深い傷痕の一つとなっている。他方，日本はこの戦争で大量の▶朝鮮本，金属活字を略奪し，農民のほか陶工や学者（▶姜沆ら）などを連行したが，それらの中から日本における朱子学や印刷技術の発展がもたらされ，有田焼などの磁器生産が始められた。壬辰・丁酉倭乱後，朝鮮は1607年，徳川家康の求めに応じて日本と国交を回復し，1609年には▶己酉約条を結んだ。朝鮮からは1607-24年までに3回の回答兼刷還使，1636-1811年までに9回の通信使（約200年間に合計12回，毎回総勢300～500人に及ぶ使節団一行）が来日した。この▶通信使を介しての国交は徳川将軍（日本国王あるいは日本国大君）と朝鮮国王との対等な善隣関係として行われ，日本は鎖国（1639）後も朝鮮とは唯一，正式の国交関係を保った。日本の要請にもかかわらず，明は国交に応じなかったため，朝鮮との国交，朝鮮使節の来日は徳川将軍の国際的地位を示すものとして重視され，幕府は朝鮮使節を盛大にもてなした。また朝鮮使節団一行との間では宿泊地ごとに文化の交流も盛んに行われた。江戸時代の日朝貿易は対馬藩を窓口として釜山の▶倭館で行われ，日本の銅・銀，朝鮮の綿布（のちには中国産の生糸），絹織物，朝鮮人参が交易された。

[朝鮮王朝末期──侵略と抵抗]　しかし幕末期からは幕府の財政難や外圧のため日朝間の交流はとだえがちになり，明治維新によって明治新政府が樹立されるとともに，日朝関係は緊張と対立を深めることになった。

すなわち，明治政府による国書が従来の慣例を破って〈皇〉〈勅〉を用い，日本を朝鮮より上位に置いたため朝鮮側が国交を拒否すると(書契問題．〈江華島事件〉の項参照)，日本内部ではこれを理由に〈征韓論〉が主張されるようになったのである。朝鮮侵略論は幕末にすでに吉田松陰らによって主張されていたが，明治政府はこれを受けつぎ，1875年に江華島事件(雲揚号事件)を起こし，翌76年，不平等条約である▶日朝修好条規を武力による威嚇の下で朝鮮に押しつけた。そして朝鮮から安価に米，大豆を大量に輸入して日本の労働者の低賃金維持に役立て，また大量の金も輸入して日本の金本位制移行の準備金とするなど，不平等条約にもとづく日朝貿易を日本資本主義の形成，発展のための重要なてことして位置づけた。しかしこうした朝鮮物産の収奪は1882年の壬午軍乱や94年の甲午農民戦争など，反日的性格をもつ民衆運動，革命運動をひき起こすとともに，儒者たちを中心とする反日的な民族運動(衛正斥邪運動)を強めた。一方，開化派は日本とも結びながら自主的近代化の推進をはかり，84年に甲申政変を起こしたが，失敗に終わった。94年，日本は▶日清戦争を開始して朝鮮侵略をいっそう推し進め，1905年には▶日露戦争を起こして朝鮮を日本の保護国とし，▶統監府を置いた。

日本の侵略に対し，朝鮮民族は農村を中心に武装闘争(義兵闘争)，都市を中心に国権回復のための政治・教育・文化運動(愛国啓蒙運動)などの民族独立闘争をくり広げた。そして日本は，これらの運動を軍隊，警察で弾圧し，1910年，ついに▶韓国併合(日韓併合)を強行し，朝鮮を日本の植民地とした。こうして王朝末期(近代)の日朝関係は，それ以前の大筋としては平和的，友好的であった日朝関係から，侵略と抵抗の関係に一変し，日本は朝鮮民族に多大の犠牲を強い，ついには祖国まで奪って朝鮮人にいやしがたい傷痕を残した。 ⇒地域・国名編の朝鮮[日本の侵略と植民地支配] | 日朝貿易　　　矢沢 康祐

ちょうせんおうちょうじつろく | 朝鮮王朝実録 | 조선왕조실록

朝鮮王朝(李朝)の太祖(1392年7月)から哲宗(1863年12月)に至る各王代の事跡を政府が編纂した編年体の記録。25代1706巻。李朝実録ともいうが，韓国では《朝鮮王朝実録》とよぶ。太祖以下3代のみは綱目体であり，廃王(燕山君，光海君)のものは〈日記〉とよばれる。《実録》の編纂は国王の死後に始められ，国王に近侍する史官が記録した〈日記(史草)〉と，時政とよばれる政務記録を保管する▶春秋館が〈日記〉や各官庁の重要書類をもとに年月日順に編纂した〈時政記〉の二つを根本資料として行われる。はじめ編纂事業は高麗の制度を引き継いで春秋館が行っていたが，のちに特設の実録庁に移った。

《実録》ははじめ手写本1部を作成して忠州の▶史庫に保管するのみであったが，1439年の全州・星州史庫増設後，春秋館の内史庫と合わせ，4部の手写本を作成して分置した。のちに梁誠之の献議に従い，清書本1部と活字印刷本3部を作成して4史庫に分置した。1592年の豊臣秀吉軍の侵入(壬辰倭乱)で3史庫本が焼失したため，乱終結後，焼失を免れた全州史庫本をもとに4部を活字で復元し，内史庫と，要害の地に新設された4外史庫(摩尼山のち鼎足山，妙香山のち赤裳山，太白山，五台山)に分置した。孝宗代以後は5部すべてを活字印刷に付した。韓国併合後，散逸した内史庫本を除き，4外史庫本が朝鮮総督府の命令で中央に集められ，また五台山本は東京大学に寄贈されたが，関東大震災でほとんど焼失した。また京城大学が太白山本(一部鼎足山本)を縮印出版し，第2次大戦後，これを学習院大学と韓国▶国史編纂委員会が縮印出版した。王朝の公的史書である《実録》は政争の具となることが多く，党争の激化とともに，完成したものの改修さえ行われた(宣祖，顕宗，景宗の各実録)。《朝鮮王朝実録》は《承政院日記》《備辺司謄録》(〈承政院〉〈備辺司〉の項参照)，《日省録》と並び，朝鮮王朝の政治・経済・社会・文化の根本資料であるばかりでなく，日，琉球，中国など東アジアの国際関係についても豊富な内容をもっている。1997年世界の記憶(世界記憶遺産)に登録。　吉田 光男

ちょうせんおんがく | 朝鮮音楽 | ⇒音楽

ちょうせんかいきょう | 朝鮮海峡

朝鮮半島と日本の対馬との間の国境をなす海峡。韓国側からは大韓海峡，日本側からは

対馬海峡西水道とよぶこともある。最狭部は50kmで、晴れた日には対馬から対岸の釜山、巨済島が肉眼で見える。最深部は210m。古くから朝鮮と日本を結ぶ重要な航路とされ、半島・大陸方面への使節の往来はもちろん、13世紀のモンゴルの日本侵略、16世紀の豊臣秀吉の朝鮮侵略のルートとなった。東シナ海から暖流の対馬海流が北上し、イカ、ブリ、タイなど魚種の豊富な漁場となっている。第2次大戦後から1952年までマッカーサー・ライン、またその後65年までは▶平和ラインが海峡半ばに設定され、日本漁船のライン内への出漁が阻まれた。現在は▶日韓漁業協定にもとづき日韓双方に12海里の漁業専管水域に分割されている。　　　　　　　　　　　谷浦 孝雄

ちょうせんかがくいん｜朝鮮科学院

正称は朝鮮民主主義人民共和国科学院で、政務院（内閣に相当）に直属する共和国の科学研究の中枢機関。1952年に創設され、当初、物理・数学、工学、化学、経済・法学、歴史、言語・文学、考古・民俗など8研究所からなっていた（咸興分院にある化学研究所以外は平壌に所在）が、自然科学系の研究所などが順次新設・分割されていった。64年には社会人文科学系の研究所を社会科学院として分離・独立させた。《科学院通報》のほか、各分野の雑誌と多数の学術書を公刊している。なお、別に政務院各部、委員会（各省に相当）に属する軽工業科学院、農業科学院、医学科学院、教育科学院などがある。　梶村 秀樹

ちょうせんきょうさんとう｜朝鮮共産党

1925年結成の第1次朝鮮共産党以降を朝鮮共産党とよぶが、朝鮮の共産主義運動はロシア革命後シベリア在住の朝鮮人によって始められた。1918年にハバロフスクで▶李東輝らが組織した韓人社会党はのちに上海に移って21年に高麗共産党となった。これとは別にボリシェビキ党員の金哲勲らは20年（19年説もある）イルクーツクでロシア共産党韓族部を組織、21年に高麗共産党に改称した。民族解放を第一の課題とする前者（上海派）と社会主義革命を優先させる後者（イルクーツク派）との間に激しい対立が生まれ、シベリアでは両派の武力衝突（自由市事変）も起きた。イルクーツク派に属する金在鳳、▶朴憲永らは23年前後に帰国し、思想団体火曜会に加入、青年団体、労農団体にも影響力を広げつつ、共産党結成を準備した。25年4月17日、金在鳳ら18名がソウルで朝鮮共産党（朝共）を結成、金を責任秘書に選んだ。翌日には朴憲永、▶曺奉岩らにより高麗共産青年会もつくられた。この第1次朝共は、翌年春コミンテルンに承認され、正式にその朝鮮支部となったが、それ以前の25年末に幹部の多くが検挙され、ほかのメンバーも国外に亡命した。

［第2次～第4次共産党］　26年2月に姜達永を責任秘書に第2次朝共が組織され、党組織の拡大、満州総局・日本部の設置、労農団体の指導のほか、民族主義者との統一戦線結成にも努めたが、▶六・一〇万歳運動の計画時での発覚により弾圧された。次いで日本で一月会を作っていた安光泉らが帰国してソウル青年会派をも含めて26年12月に第3次朝共（ML党）を組織した。幹部のめまぐるしい交替、派閥争いの継続など問題を抱えつつ、▶新幹会、槿友会への積極的参加、機関紙《大衆新聞》（東京発行）の刊行などを通じて数百人の党員を獲得した。28年初めに弾圧を受けたが、後継の第4次朝共が車今奉を責任秘書にして28年2月組織された。しかしこれも同年7月弾圧され、25年に結成された朝鮮共産党は3年あまりで壊滅した。国外の満州総局・日本総局（日本部を改称）も数回にわたる弾圧を受け、残った活動家も30年以降は中国共産党、日本共産党に入ることになった。

［再建運動］　コミンテルンは朝共の承認を取り消したうえで1928年12月〈朝鮮問題に関する決議〉（十二月テーゼ）を発表、労農大衆を基礎とする党再建を指示し、朝鮮内ではこれにもとづいて再建の試みが解放まで続けられた。有名な再建運動に、34-36年の李載裕を中心とする〈党再建ソウル準備グループ〉、39-41年の朴憲永らによる〈ソウル・コムグループ〉があるが、激しい弾圧と分派の未解消のため党再建はならなかった。解放直後、朴憲永らを中心に朝鮮共産党が再建され、北にも朝鮮共産党北朝鮮分局（のち北朝鮮共産党）がつくられたが、46年そ

れぞれ南朝鮮労働党，北朝鮮労働党に再編された．⇒政党｜朝鮮労働党　　　　　　水野 直樹

ちょうせんぎんこう｜朝鮮銀行

植民地時代の朝鮮の中央銀行．1911年の法令にもとづき，1909年に中央銀行として設立された韓国銀行をそのまま継承した銀行．韓国銀行は1905年に中央銀行的役割を担うようになった日本の▶第一銀行韓国支店の業務を継承して発足している．朝鮮銀行は日本の大蔵省の直接監督下におかれ，本店は京城(ソウル)にあったが，重要事項はすべて東京で決定されていた．一般銀行業務のほか，中央銀行として発券業務や総督府財政の整備にあたり，また各種銀行の設立・整理統合にかかわった．業務上のきわだった特徴は，朝鮮中央銀行でありながら日本の国策に応じて満州，シベリア，華北などに数多くの店舗を設け，広範囲に活動した点にある．中国の段祺瑞ダンチール政権援助のための西原借款の実施機関の一つとなったのもその一例である．そのため朝鮮内での金融活動が手薄となり，18年に設立された▶朝鮮殖産銀行がもっぱら朝鮮内で活動して朝鮮銀行の本来的任務を補足，代行した．資本金は，当初の公称1000万円から敗戦直前には8000万円に増加．組織は敗戦直後のGHQ指令によって閉鎖されたが，実際の業務は南朝鮮では再編された組織体制の下で一日も休まず続行され，大韓民国成立後の50年に中央銀行として設立された韓国銀行に継承された．　　　　　　　　村上 勝彦

ちょうせんけいちゅうごくじん｜朝鮮系中国人　⇒中国朝鮮族

ちょうせんけんこくじゅんびいいんかい｜朝鮮建国準備委員会

1945年8月15日，日本による植民地支配からの解放を迎えた朝鮮で新国家樹立のために結成された政治組織．ポツダム宣言受諾発表を前に朝鮮総督府は▶呂運亨ヨウニョンに治安維持への協力を要請，呂は政治犯・経済犯の釈放，自主的治安組織への不干渉などを条件に受け入れ，非合法に作っていた建国同盟を中心として建国準備委員会(建準)を組織した．呂を委員長，▶安在鴻アンジェホンを副委員長(のち許憲)とする建準は，民族主義者から共産主義者まで含む統一戦線として民衆の支持を得た．〈完全な独立国家の建設〉〈全民族の政治的・経済的・社会的要求を実現しうる民主主義政権の樹立〉などを綱領に掲げ，各地での自主的な動きを基盤に8月末段階で145の支部をもった．

建準の当面の課題は治安維持と生活物資の確保だったが，総督府側は行政権力の委譲はおろか当初認めた建準の治安隊による警察権行使すら否定する態度をとり，ひたすらアメリカ軍の進駐を待つ方針をとった．建準では安在鴻の脱退という事態があったが，▶朴憲永パクホニョンら朝鮮共産党の発言力増大もあってアメリカ軍進駐前の新政権樹立が計画され，45年9月6日の全国人民代表者会議で▶朝鮮人民共和国樹立が宣言され，これとともに建準は中央人民委員会に解消し，各地の支部も名称を人民委員会と改めた．主席李承晩，副主席呂運亨，内務部長金九などあらゆる勢力を網羅した朝鮮人民共和国は，アメリカ軍により否認され，各地人民委員会に加えられた弾圧によって新政権に成長することなく終わった．
　　　　　　　　　　　　　　　　水野 直樹

ちょうせんご｜朝鮮語

朝鮮半島と周辺の島で話されている言語で，大韓民国と朝鮮民主主義人民共和国の国語．現在，大韓民国では韓国語という．中国東北地方では吉林省の延辺朝鮮族自治州を中心に多くの朝鮮族住民がおり，日本や，アメリカのハワイ州および本土にもかなりの朝鮮族住民がおり，これらの間でも話されている(▶在外朝鮮人)．共通語は半島中部の方言(京畿・黄海・江原・忠清諸道)を基礎に発達したもので，半島内部ではほかに西部(平安道)，北部(咸鏡道)，南部(慶尚・全羅両道)と4方言に大別され，南の離島済州道方言と対置され，全体としては5方言圏となる．

[系統] 文法構造はアルタイ諸語や日本語によく似ており，アルタイ諸語との親族関係を主張するアルタイ語説が有力で，日本語との同系説も根強く，両者を含めたアルタイ語族説も主張されている．これらの諸言語は構造上の類似に比べて，借用の疑いの余地のない共通の基礎語彙が乏しい点に問題があり，厳密な意味での親族関係が立証されているわけではない．

［構造］ 形態面では接尾辞の接合による膠着語(こうちゃくご)の構成が特徴で，形態範疇としての性・数・格はなく，人称とも無関係である。形態構造や語順といわれる統辞構造など文法現象は日本語にきわめて類似するが，音韻面の構造にはかなりの違いがみられる。

［音韻］ 子音では，破裂音，破擦音が無気[b, d, g, ǰ]，有気[p, t, k, č]，喉頭化[濃音：p', t', k', č']の対立による3系列の体系をなす点が特色で，摩擦音にも関連した対立[s:s']がある。無気音は語頭で無声音，有声音の間では有声音である。流音は1個だけで母音間で[r]，音節末で[l]となる。ほかに[h]と鼻音3個[m, n, ŋ]があるが，流音と[y]は語頭には現れない。音節は開音節・閉音節ともに豊富であるが，音節末子音は[b, d, g, m, n, ŋ, l]の7個に限られ，破裂部のない内破音となる。語頭と語末には子音1個しか立たないが，母音間には子音2個が続きうる。形態素のつなぎめには同化による子音の交替がみられる。母音は前舌母音[i, e, ɛ]，後舌母音[u, o, ɔ, a]，中舌母音[ɯ, ə]があるが，母音[ə]はとくに若い層で失われる傾向にあるようである。

［文法］ 文の構造は日本語にきわめて類似し，主語は必ずしも必要でなく，述語が中心となって文を構成する。用言は単独で述語となり，体言は繋辞(けいじ)と結合して述語となりうる。修飾語は被修飾語の前に位置し，述語は先行する目的語や補語を受けて最後に位置し，文を結ぶ。体言は不変化で接尾する助辞によって文法的関係を示す。用言や繋辞が述語となって従属節や対立節を導き，活用形によってほかの成分とのかかわりを表し，これらが重なり合って複雑な文を構成する。用言は動詞と形容詞に分かれ，接辞や語尾の交替による活用を行うが，繋辞を含めた3者の活用体系にはほとんど違いがない。活用形は，語幹のあとに尊敬表現(-si-)や時制表現(過去-əš'-, 予測判断-ges'-)の接辞がこの順に現れ，語尾があとに接合する。動詞は特定の語尾のみ現在を表す接辞を必要とするが，そのほかの場合には現在を表す接辞は現れない。

叙述，疑問，命令などの語尾の中に丁寧表現を表す語尾があって聞き手に対する敬意を示す。また，丁寧表現の助辞があって活用形とも結合して用いられ，場面に応じて聞き手に対する敬意を細かく表現する。敬意表現の基準をなすのは年齢の上下関係で，身内と他人の区別なく目上に対して用い，目下の者には用いない。活用体系の中に敬意表現が位置を占めるのは，日本語と共通の特色である。体言における敬意表現は語彙的で，体系的な現象は見いだされない。代名詞は一人称，二人称に基本的な形式があり，一人称には謙譲を表すものがある。二人称は多数の形式があって，聞き手との関係で使い分けるが，目上に対しては使用を避ける傾向がある。また連体詞に事物を指示する形式があって，指示代名詞の役割をも担い，近・中・遠を区別するが，同様の指示機能をもつ副詞や用言，疑問を表す形式を合わせて日本語のコ・ソ・ア・ドに似た体系がみられる。⇒敬語法・人称代名詞

［語彙］ 中国文化の影響を強く受けてきたため，古くから漢字を受け入れ，多量の漢字語が用いられる。漢字語には中国の古典に由来する文化的教養語のほか，独自につくられたもの，近代以後に日本から輸入されたものもある。独特の漢字音によって読まれるが，近代的学問や技術における術語を含めて理知的・抽象的な概念語彙が多い。固有の語彙は動作や感覚に密着した把握を示す語彙が多く，これらの違いを具体的に表現し分ける。なかでも擬態語・擬音語はきわめて豊富であり，母音や子音の交替によって微妙な感覚的差異を表現する。

［歴史］ さかのぼりうる最古の言語は新羅の言語である。古代の朝鮮半島には多くの民族が居住していたが，4世紀ころ南東部で辰韓十二国の中から斯盧(しろ)が発展して統一し，新羅を建国した。以後7世紀に至る半島統一の過程で南部のほかの韓族や中部以北の高句麗族などの言語を同化しつつ朝鮮語が成立したと考えられる。10世紀に高麗が建国して都を中部の開城に定め，中部方言を基礎とする共通語発展の基盤が固まり，14世紀末の朝鮮王朝(李朝)建国により都は現在のソウルの地に移ったが，この態勢は引きつがれた。新羅・高麗時代の言語

は，漢字の複雑な用字法（˙吏読ᴵᴰᵘ˙文字）で記録され，断片的なものが伝わるだけで，全体像の把握は困難であるが，15世紀中葉に朝鮮王朝第4代の国王世宗が〈˙訓民正音〉を公布し，今日ハングルとよばれる国字が制定されて朝鮮語を細部まで表現することが可能となり，仏典や中国の古典の翻訳が盛んに行われた．

当時の朝鮮語には単母音7個があって，陽母音[a]と[o]，陰母音[e, w, u]の対立による母音調和が行われ，語尾や助辞にも及んでおり，母音[i]は中性母音であった．語頭には子音群が数種あり，語末には[s]を加えた8子音が立ちえた．母音間に子音[z]があったが，現代語への変化の中で消失し，単母音[a]も済州道方言以外では消失し，二重母音は単母音へ，語頭の子音群は喉頭化音へと変化した．また傍点による高さアクセントの表記がみられるが，今日では南部，北部の方言の一部にアクセントが残るだけである．文法面では，用言語幹に接合する謙譲表現の接辞があり，これら二次的語幹を形成する接辞が独特の体系をなしていたが，現代語では語尾の一部に化石化して残るのみとなり，代わって時制表現の接辞の新しい体系が発達してくる点に特色がみられる．　→ハングル

【言語政策】　1894年の甲午改革で〈諺文ᵘⁿᵐᵘⁿ〉とよんできた国字を〈国文〉あるいは〈国漢文（混用）〉として公用文に採用したが，まもなく日本統治時代を迎え（1910），解放（1945）後の政策は国字専用をめぐって展開する．問題点は，分ち書きなどを含む綴字法の制定，専門用語や一般語彙の選別査定などに集約される．その出発点は朝鮮語学会（〈朝鮮語学会事件〉の項を参照）の〈ハングル綴字法統一案〉（1933）と〈査定した朝鮮語標準語集〉（1936）であるが，独立後は流入した日本語の排除と漢字語の整理に伴う新しい語彙の査定が課題となって作業が積み重ねられた．韓国では1948年〈ハングル専用に関する法律〉を制定し，公用文での国字専用を規定したが，漢字の補記併用が認められ，実際には漢字制限の方向をとることになった．政策は政府関係書類や教育課程への施策の形をとり，1970年から漢字教育を一時廃止

したこともあるが，出版界の対応は新聞協会制定（1967）の常用漢字2000字による制限などにとどまり，まもなく漢字教育を復活した．1975年以後は〈教育用基礎漢字〉1800字に拠っている．語彙については朝鮮語学会の草稿（1942）を引きついで刊行したハングル学会編《朝鮮語大辞典》（正式には大辞典，1947-57）とその後の部分改訂に準拠しているが，1970年から文教部（文部省）の下で綴字法改定と語彙の再査定の作業にかかり，その成果を79年に試案として発表した．この間に専門用語制定作業も行われ，1960年代末ころまでに分野別用語集が順次刊行されている．

朝鮮民主主義人民共和国では1948年に〈新綴字法〉を制定して語頭に[r]を表記するなど独自の方向を打ち出し，49年から出版物での漢字使用を廃して国字専用を実施した．綴字法は54年にも改訂したが，現在は66年制定の《朝鮮語規範集》に依拠している．専門用語の制定や語彙整理の成果は1955年以降，刊行された辞典に収録する形で公布されてきたようであるが，最近の基準となるのは《朝鮮文化語辞典》（1973）である．

大江孝男

【日本語と朝鮮語】　日本語と朝鮮語は歴史的，文化的に永い重層的なかかわりをもち，多くの共通項をもっている．なかんずく語彙の面ではともに中国を中心とする東アジア文化圏に属し，漢字語を借用することによってそれぞれの言語における論理性や抽象性を高め，言語表現を豊かにしてきたことは大きな共通点である．その結果，ともすれば論文や新聞の論説文などの場合には漢字語を除いた固有語部分のみを互いに置換すれば翻訳が可能であるかのような錯覚すら生まれている．しかし現実には逐語訳で事足りるわけではない．たとえば文法的な面では〈人に会う〉〈車に乗る〉〈旅に出る〉の〈に〉は，朝鮮語の場合〈ヲ〉（rɯl/ɯl）をつかわなければならない．〈朝鮮語がわかる〉〈漢字がわからない〉の〈か〉も〈ヲ〉である．

また，敬語の使い方においても両者には違いがみられる．朝鮮語では，話題の人物が身内か否かにかかわらず目上であれば敬語（絶対敬語）を使うのが一般的で，日本語の

ように素材に応じて形を変える敬語(相対敬語)とは異なる。つまり、〈父はおりますが、山田さんはいらっしゃいません〉を〈オトーサマワイラッシャイマスガ、ヤマダサンワイラッシャイマセン〉と言い、他人の前で父親と山田さんを同格に扱う。これは会社などにおいても変わらず、〈社長はまだ戻っておりません〉が朝鮮語の敬語法では〈シャチョーサマワマダオモドリニナッテイラッシャイマセン〉という表現のしかたになる(詳しくは〈敬語法〉の項を参照)。両者の鳥瞰図は似ていても、その一つ一つの設計図は異なるといえよう。語彙の面でも〈愛人〉という日中朝共通の漢字語が、中国では配偶者の一方をさし、朝鮮では一般に恋人の意味で使われ、日本ではおおむね配偶者以外の恋愛関係にある異性を意味するなど、語義内容が微妙に違ってきている点などは注意を要するであろう。ましてや日本語の〈たてまえ〉や朝鮮語の▶モッなどのような、互いの文化理解の鍵になるような固有語の場合には、文脈上の意味とともに互いの民族心理とでもいうような部分にまでも及ぶ深い理解が必要である。　　　高島 淑郎＋鶴園 裕

【朝鮮語と日本】　日本における朝鮮語研究の歴史は、古くは上代にまでさかのぼる。すでに《日本書紀》に朝鮮の地名や人名が仮名つきで登場してくることが知られている。その後も文禄・慶長の役(壬辰・丁酉倭乱)を契機として、対馬を中心に朝鮮語研究は積極的に続けられてきた。江戸時代には両国の関係を修復しようとする動きの強まるなかで新井白石、▶雨森芳洲らの碩学が、また明治以降には前間恭作、鮎貝房之進、▶小倉進平、金沢庄三郎などの研究者も輩出し、雨森芳洲の編著として知られる《全一道人》《交隣須知》や《日韓両国語同系論》(金沢庄三郎、1910)、小倉進平の《朝鮮語学史》(1940)など、多くの成果を残してきた。しかしこれらの研究は一部の学者たちによって進められてきたもので、その影響が一般の朝鮮語学習にも及びはじめるのは、明治も後期を迎えるころからである。日朝修好条規締結(1876)以後の朝鮮への日本の進出は、日本人の朝鮮語修得者の増加を要求し、東京外国語学校(東京外国語大学の前身)に朝鮮語学科が設置され(1880)、専門的な朝鮮語教育に力が注がれる一方、数こそ多くはなかったが、国や一部の県からの派遣留学生の中から、すぐれた力をそなえた通訳官が育成されて、日本人用の朝鮮語学習書も次々に刊行された。もちろんこれらの学習書の中には、場あたり的な会話練習書や、《兵要朝鮮語》(1894)のような軍用テキストも含まれていたが、反面《韓語通話》(1894)、《韓語大成》(1905)、《韓語文典》(1909)など、本格的な学習書と評価されたものも現れた。

しかし韓国併合(1910)がこのような状況を一変させることとなった。併合の翌年8月に公布された朝鮮教育令が、朝鮮人児童・生徒への〈国語〉(日本語)普及を基本にすえたことによって、朝鮮語は日本語にその位置をとってかわられ、外国語なみの扱いを受けることとなる。そしてわずかに残されていた朝鮮語の時間も、日中戦争後の▶皇民化政策のもとで1938年の第3次教育令によって〈随意課目〉と指定され、ついに完全に形骸化してしまう。朝鮮語の学習書の発行はその後も続いたが、朝鮮に移住する日本人に用いられることは少なくなり、朝鮮人の日本語学習にしきりに利用されたほうの一方で朝鮮総督府は手当を支給して官吏に朝鮮語学習を奨励し、統治政策の徹底をはかっることはなかった。現在日本語の中の外来語として顔を出す朝鮮語は、チョンガー、ヨボ(元来、ごく親しい者へのよびかけ)、アイゴー(感動詞)、チマ、チョゴリ、キムチ、キーセンなどで、その歴史的なかかわりの深さにもかかわらずごく少ない。このことは、日本における朝鮮語が、とりわけ〈併合〉以後、きわめてゆがんだ位置に置かれてきたことの、反映の一つといえよう。そしてこのことと対照的に、おそらく数百の日本語や、日本語をそのまま朝鮮語読みにして取り入れたことばが、今なお朝鮮の地に生きつづけているという事実を、見すごしにすることはできないだろう。　　　　梶井 陟

[現代日本における朝鮮語学習]　第2次大戦前の天理外国語学校(1925-)時代から朝鮮語を教えている天理大学を除けば、戦後の朝鮮語教育は在日朝鮮人の民族学校以外では細々とサークル的に教えられてきたといっても

過言ではない。しかし1965年の日韓条約の前後から国公私立大学にも朝鮮語の講座が相次いで設置され、63年の大阪外国語大学、77年の東京外国語大学の朝鮮語学科の設置に示されるように、本格的な学習や研究が行われるようになった。しかし、それ以外の大学の一般教育科目としての朝鮮語は週1回程度の自由選択科目として行われることが多く、質量ともに第二外国語として多く採用されるようになった中国語などには及ばない。また関連科目としての朝鮮史や朝鮮文化論などの設置が少ないことも問題である。むしろ、84年のNHK〈アンニョンハシムニカ——ハングル講座〉の設置に示されるように、一般社会人の朝鮮語学習熱が、年間100万人を超える日本と韓国の相互往来を反映して高まっている。ここでもたんなる語学学習にとどまらない相互理解のための第一歩としての朝鮮語学習が望まれる。

〈鶴園 裕〉

ちょうせんごがっかいじけん｜朝鮮語学会事件

植民地下の朝鮮で1942-43年、朝鮮語学会の会員33名が治安維持法違反として検挙投獄された事件。皇民化政策下の〈国語(=日本語)常用〉方針に反発した一女高生の日記の記述に端を発し、42年夏、同校教員でかつ同学会員であった丁泰鎮が検挙された。そして、10月には同学会にまで弾圧が及び、李克魯、崔鉉培、李熙昇などの言語学者が検挙され、裁判に付された。李允宰、韓澄は拷問のため獄死した。同学会は、朝鮮王朝末期の言語学者・周時経らのあとを継いだ朝鮮語研究・教育者が1921年結成した〈朝鮮語研究会〉を、31年に改称したものである。32年機関誌《ハングル》を創刊し、33年〈朝鮮語綴字法統一案〉を発表、36年には標準語の査定を完成し、同年4月からは朝鮮語辞典編纂事業にも本格的に着手していた。しかし、当時、日本語が〈国語〉とされ、朝鮮語を研究し、普及することは皇民化に対する抵抗であるととらえられたため、同学会は過酷な弾圧を受けた。しかし、20年代以来、同学会の活動は合法的なものであり、朝鮮総督府も朝鮮語教育政策の遂行に際し、同学会の業績を利用せざるを得ないほどで

あった。それゆえ弾圧の根拠はきわめて乏しいものであった。この事件で辞典編纂事業は挫折したが、45年8月15日の解放とともに出獄した学会員は、早くも8月25日には臨時総会を開き、学会の再建に着手し、国語教科書の編纂、教員の養成、《ハングル》の続刊、《大辞典》の完成(1957)などを推進した。また、同学会の言語学者は南北朝鮮に分かれ、双方における言語規範の形成に大きな役割を果たした。韓国では現在ハングル学会と称している。

〈宮田 節子＋三ツ井 崇〉

ちょうせんしがく｜朝鮮史学

科挙と朱子学的教養に拘束されていた朝鮮王朝の両班知識人においては、中国史を〈正史〉とみなして自国史を軽視する事大主義的風潮が一般的であったが、17～18世紀以降'実学派の登場とともに自国史への関心が深まり、《東史綱目》の著者・安鼎福のような国史学専門家も生まれるにいたった。開国後この自国史重視の思想は開化派などによって継承発展させられ、とくに甲午改革期以降本格的な国学研究が緒につきかけていたが、日本の侵略がその順調な展開を大きく制約してしまった。

侵略・植民地支配の時期の近代史学としての朝鮮史研究は、表面的には日本人が独占していたようにみえる。それは史料の公刊や考証技術の一定の精密化をもたらしはしたが、植民地支配の合理化に役だつ否定的な朝鮮史像を描き出すことに意識的に奉仕し、あるいは無意識的にとらわれるという大きな誤りを共有していた。朝鮮史の発展が常に外からつき動かされる受身の形でしかなかったようにいいなす〈他律性史観〉はそうした誤った方法論の一つで、とくに北方方面からのインパクトを強調する〈満鮮史観〉はその一変種である。そして、日本と朝鮮はもと同種で日本が兄の立場であったといいなすような〈日鮮同祖論〉は、直接的に植民地支配を正当化する武器となった。一方、社会経済史的方法論としては、植民地化直前の朝鮮社会を日本の藤原時代に相当する段階であると主張するような〈停滞性理論〉が猛威を振るった。1920年代以後の左翼の歴史家といえどもこの傾向の

影響を免れえなかった。とくに十五年戦争期にはK.A.ウィットフォーゲル流の〈東洋社会特殊性論〉が流行して、〈停滞性〉がいっそう強調されたのであった。

しかし、こうした表面的状況にもかかわらず、実は、〈官学アカデミズム〉から完全に疎外された朝鮮人の中にもう一つの近代史学の流れが存在した。民族解放闘争の中で生まれた〈民族史学〉の系譜がそれで、《朝鮮上古史》《朝鮮史研究草》の著者申采浩らが代表的であり、全面戦争下の時期まで鄭寅普そのほかの人々によってその方法論は保たれてきた。震檀学会の結成(1934)もこのような動きを反映したものの一つといえる。1945年の解放以後、韓国でも朝鮮民主主義人民共和国でも、こうした〈民族史学〉の伏流を意識的に継承しつつ、奪われた自国史を取り戻す営為が強力に進行したのは当然である。共和国では白南雲を経てことに60年代以降金錫亨らにより〈チュチェ(主体)思想〉の観点からの自国史研究が体系的に進められ、ソ連や日本の学界にみられる停滞史観の残滓に対する意識的批判も行われた。韓国でも、とくに60年代以降、多くの歴史家によって〈民族史学〉の継承、〈日帝官学史観〉の克服が自覚的に方法化され、国史研究が質・量ともに飛躍的に発展しはじめた。

一方、日本では、50年代初めころまではまだ戦前的な〈停滞史観〉が惰性的に維持され、研究もあまり活発でなかったが、60年代以後、〈停滞史観〉〈他律性史観〉を克服して〈内在的発展〉の観点から朝鮮史をとらえかえす作業が着手されはじめている。→地域・国名観の朝鮮[時代区分論]　梶村 秀樹

ちょうせんしゃかいしゅぎろうどうせいねんどうめい｜朝鮮社会主義労働青年同盟

1930年代以降の抗日革命闘争の過程で形成された青年運動の伝統を受けつぎ組織された、朝鮮民主主義人民共和国における単一の全国的青年組織。略称は社労青。前身は46年1月結成の朝鮮民主青年同盟。朝鮮労働党の後継者、未来の主人公として、革命と建設の第一線で先駆的役割を果たしているが、64年5月の朝鮮民主青年同盟第5回大会で現在名への改称と組織の改編が行われ、現在にいたっている。同盟員数は71年6月に約300万名という数字をあげたものもあるが、現在の同盟員数は公表されていない。→青年運動　高 昇孝

ちょうせんしゅつりょう｜朝鮮出漁

明治期の日本漁業は沿岸漁業が爛熟期に達し、その生産が頭打ち、伸び悩み状態に立ちいたったので、対応策の一つとして海外漁業への進出が増加し、中でも朝鮮近海への出漁が最大の比重を占めた。明治初年から西南日本の漁民で朝鮮近海に出漁した事例は知られていたが、明治維新後しばらくは日韓両国の国交は絶えていたし、1876年に批准された日朝修好条規には漁業条約がなく、それが日の目をみたのは83年締結の日鮮貿易条約の規定をうけて、90年に日本朝鮮両国通漁規則が公布されてからである。これは形式的には両国平等の通漁条約であったが、朝鮮漁民が日本沿海に通漁することはなく、事実上は不平等条約であった。通漁漁船数をみると、90年に718隻、1900年に1893隻、06年に3129隻、10年に3960隻と増加している。またおもな出漁県は広島、山口、愛媛、香川、長崎、熊本、岡山、福岡、鹿児島などで、西南日本の各県から広く出漁した。　二野瓶 徳夫

ちょうせんしょう｜朝鮮鐘

朝鮮半島で製作された一群の梵鐘で、ほかにまったく比類のない特殊な型式を備えている。まず、竜頭が単頭で、その頸を半環状に曲げて懸吊の役目を果たし、また、竜頭の背後に密着して〈旗挿し〉(甬)という円筒状のものが立つ。次に、和鐘のように、鐘身に大小長短の区画が施されず、その代りに鐘身の上端と下端とに、唐草文とか宝相華文が浮彫された装飾帯がめぐらされる。その上端帯の下縁には乳郭が4ヵ所あり、凹字形をした各郭内に3段3列9個の乳を配列する。さらに、鐘身の下半の空白部には2ヵ所あるいは4ヵ所の撞座がある。乳郭と撞座との間には飛天像を陽鋳している。朝鮮鐘の祖型は、中国唐代の寺院の梵鐘にあるが、朝鮮半島では統一新羅時代に製作が開始され、独自に展開した。現存する最古の在銘鐘は、五台山の上院寺のもので、唐の開元13年(725)にあたる。朝鮮鐘は、

●**朝鮮鐘**
奉徳寺鐘。聖徳王神鐘。またエミレの鐘ともよばれる。後ろ(左側)に，朝鮮鐘に特有の〈旗挿し〉がある。鐘身には飛天と，聖徳王のために景徳王，恵恭王の2代にわたって鋳造されたという鐘銘の浮彫がある。通高3.78m，口径2.27m，国立慶州博物館蔵

統一新羅時代に出現して以来，高麗，朝鮮王朝にもその伝統型式を残した。高麗鐘は，新羅鐘に比して小型化し，全体に文様が粗雑になり，また，卍字形の雷文のような新しい要素がみられる。やがて，〈旗挿し〉が高くなるなど，変化をとげる。ついには，乳郭の代りに上半部に菩薩像，下半部に鐘銘や八卦☆図などを陽鋳するものが現れ，中国の元の影響が看取できる。李朝鐘は，製作手法がさらに拙劣になり，また，撞座がなくなったり，天人像に代わって菩薩像が顕著になるなどの特色を備える。日本にも南北朝時代から多数将来され，渡来した在銘鐘の最古のものである福井県常宮神社鐘や高麗鐘の岡山県観音院鐘など40数口が現存している。 ➡ポンドク(奉徳)寺鐘　　　西谷 正

ちょうせんしょくさんぎんこう｜朝鮮殖産銀行

朝鮮総督府の制令にもとづき，朝鮮各地に分立していた農工銀行6行を合併して1918年に設立された特殊銀行。従来の農工銀行が資金力弱体で農工業部門への拓産長期資金の貸付けが不十分であったために設立された。払込資本金の10倍(のち15倍)を限度とする債券発行で原資を得，朝鮮内のおもに農業部門への貸付けを行った。とくに☆産米増殖計画とのかかわりが大きく，☆東洋拓殖株式会社とともにその推進機関とされた。農事改良，土地改良ならびに水利事業への貸付けがとくに多い。資本金は，当初の公称1000万円が敗戦時に6000万円(払込は5250万円)となっている。敗戦直後にGHQ指令で閉鎖された。　　　村上勝彦

ちょうせんじんきかんきょうてい｜朝鮮人帰還協定　➡在日朝鮮人帰還協定

ちょうせんじんぎゃくさつじけん｜朝鮮人虐殺事件

1923年9月1日の関東大震災の直後におこった大規模な虐殺事件。数千人にのぼる朝鮮人が虐殺され，200人をこえる中国人と数十人の日本人も殺された。1910年に日本の植民地とされた朝鮮では19年の三・一独立運動が弾圧されたのちも☆義烈団などの実力テロ闘争が続き，国外での独立運動も広がった。朝鮮人の日本内地への渡航は厳しく制限されていたが，安価な労働力を求める資本の要求で22年12月に自由渡航制とされ，渡航者が急増した。23年は前半だけで約4万人が増加し，土木工事などの重労働に劣悪な労働条件で従事した。1922年夏に信濃川発電所工事場で朝鮮人虐殺事件がおこると，これに抗議して日朝労働者の連帯の動きも生まれたが(これを契機に同年結成された東京・大阪の朝鮮労働同盟会などは，25年に☆在日本朝鮮労働総同盟に発展)，他方では日本人労働者との争闘事件もおこっていた。

9月1日正午2分前に関東大地震がおこると，その日の夕刻から朝鮮人の放火・投毒の流言が散発的に生まれ，翌2日昼ごろから朝鮮人来襲の流言となって急激に広がった。夕刻前には東京付近に戒厳令がしかれ，すでに出動していた軍隊が増強され，治安維持の権限をにぎった。軍隊，警察は各所に在郷軍人，青年団，消防組を中心に自警団をつくらせ，ときには武器を与えて朝鮮人を狩りたて，集団的に殺害したり，迫害，検束したりした。中国人が集団的に殺される事件もおこった。さらにいたるところに検問所が設けられ，朝鮮人と見ると迫害，虐殺した。流言の発生原因については諸説あるが，朝鮮人を敵視・警戒していた警察の動きが問題で，流言の伝わり方は多分に警察の動きと対応している。そしてこれが警察，軍隊の通信網を通じて権威ある情報として全国に流され，戒厳令による軍隊の出動で一挙に盛り上げられた。一般民衆も日本が独立を奪った朝鮮人に対してかねて

差別感と恐怖感とを植えつけられていただけに、たやすく流言にまきこまれた。地域の旦那衆に督励されたとび職、職人、小商人などいわゆる下層民衆は残虐行為に加わることで日常の不満を発散させ、モッブと化した。まもなく流言が事実無根とわかると、当局は朝鮮人の大部分は順良だとして、自警団を抑えにかかり、朝鮮人、中国人を検束して習志野演習場などに収容する方針をとった。だがそれは〈一部不逞鮮人の妄動〉を認めた不徹底なものであったから、虐殺事件は6日ごろまで続いた。4日から5日には埼玉県、群馬県などで興奮した群衆が警察に護送中ないしは留置中の朝鮮人を奪い取って集団殺害する事件が続発した。習志野収容所でも反抗的とみられた朝鮮人が7日ごろ陸軍から自警団に引き渡されて殺害され、その数は十数人を下らないという。習志野収容所や横浜沖の華山丸などに収容された朝鮮人は東京府、神奈川県で1万4000人をこえる。彼らはひどい待遇と厳しい監視をうけ、やがて罹災地の労働奉仕、とくに死体処理に動員された。

当局は10月20日にようやく朝鮮人虐殺事件の報道禁止を解除し、同時に朝鮮人の〈犯罪〉と称するものを発表して帳消しにしようとした。こうした工作の総仕上げが、無政府主義者・朴烈と金子文子を大逆罪に仕立てあげた事件である。自警団の検挙も行われたが、警察に反抗した者などが中心で、最高刑も懲役4年と軽かった。警察、軍隊は何の処分もうけなかった。虐殺された朝鮮人の数も明らかにはされなかった。司法省では明確な殺人事件による死者は233人にすぎないとした。だが朝鮮罹災同胞慰問班が10月末日までに調査し、これにもとづいて吉野作造がまとめたものでは2613人を数える。これにその後の調査をつけ加えたものは6433人に達している。

朝鮮人虐殺事件には広く民衆もまきこまれただけに、国民の抗議や批判は甘粕事件や亀戸事件に比しても弱かった。衆議院では田淵豊吉、永井柳太郎が政府の責任を追及し、田淵は最も人道上悲しむべきところの大事件を明らかにして謝罪することを主張したが、これは無視された。翌年3月16日には労働団体などを中心に東京で〈日支鮮人追悼会〉が開かれたが、途中で解散を命じられた。少数の批判の声が届かず、政府も大多数の国民もけっきょく事件の上に居直ったことは、日本人の独善的、排外的な国家意識を助長し、軍国主義への道をもたらすことになった。

今井 清一

ちょうせんじんきょうせいれんこう | 朝鮮人強制連行 | ▷強制連行

ちょうせんじんぐう | 朝鮮神宮
日本の統治下、朝鮮全土の総鎮守として京城府(ソウル)南山に建てられた神社。祭神は天照大神と明治天皇。朝鮮各地に建てられた60余社中唯一の官幣大社。国家神道のもとで植民地、占領地には数多くの神社が創建されたが、その主要なものの一つである。1919年に創建を決定、翌年境内地を定め、150万円をかけて25年に竣工、10月15日に勅使を迎えて鎮座の儀、17日に第1回の例祭が行われた。以後勅祭社となり、例祭には勅使が立ち、宮司は勅任官の待遇を受けた。日本の敗戦後まもなく社殿は撤去され、かつて京城帝国大学教授・安倍能成がアテネのアクロポリスになぞらえて賛美した南山の境内地は、ソウルの街を眺望できる南山公園となっている。▷神社参拝拒否運動

大隅 和雄

ちょうせんじんせんぱん | 朝鮮人戦犯
日中戦争からアジア太平洋戦争〈大東亜戦争〉の間、日本軍の軍人軍属として動員された朝鮮人は24万2241人(厚生労働省統計)。敗戦後、日本およびかつての〈大東亜共栄圏〉各地で、連合国(米・英・蘭・豪・仏・中・比)は通例の戦争犯罪を裁く法廷を開いた。朝鮮人は〈日本人〉として裁かれ、148人が有罪となった。うち23名が死刑である。1952年4月28日発効したサンフランシスコ平和条約で、日本政府は戦犯の刑の執行を引き継いだ(第11条)。朝鮮人は条約発効の日をもって日本国籍を離脱したとみなされた(法務局長通達)が、〈日本国民〉として巣鴨刑務所に収容され続けた。52年6月、朝鮮人戦犯たちは釈放を要求して東京地裁に提訴したが、最高裁は戦争犯罪を犯した当時は〈日本国民〉だったので、刑の執行はまぬがれないと釈放請求を却下した(52年7月30日)。

巣鴨に拘禁されている戦犯者は〈特別未帰還者給与法〉(52年4月28日公布)による〈未帰還者〉として俸給・扶養手当などが支給され，朝鮮人戦犯も，同法の適用の対象になった。その後，改正された〈未帰還者留守家族等援護法〉(53年8月1日公布)では戦犯者に留守家族手当療養給付などが支給された。これに国籍条項はあったが，朝鮮人戦犯は対象となった。だが，〈内地〉居住の留守家族に限られていたため対象者はわずかだった。53年8月7日〈戦傷病者戦没者遺族等援護法〉の一部を改正する法律が公布され，刑死，獄死，病死した戦犯の遺族は戦没者の遺族と同じ扱いを受けることになった。同法には戸籍条項があり，朝鮮人戦犯は対象からはずされた。朝鮮人戦犯たちは釈放と補償を求めて運動を続けた結果，58年12月，閣議了解〈巣鴨刑務所出所第三国人の慰藉について〉に基づき一人10万円の見舞金支給，公営住宅優先入居をかちとった。だが，65年「日韓条約の締結後は，〈すべて解決ずみ〉と日本政府は要求を拒否している。韓国政府は〈対日民間請求権申告法〉により補償を行ったが，45年8月15日以前の死亡が対象であり，戦犯は除外された。日韓両政府の補償から除外された朝鮮人戦犯たちは，91年11月日本政府に謝罪と補償を求めて提訴したが，99年12月20日最高裁は請求を棄却した。2008年5月，民主党が衆議院に〈特定連合国裁判被拘禁者等に対する特別給付金の支給に関する法律案〉を提出したが，廃案となった(09年7月)。朝鮮人戦犯たちは歴代内閣に要請書を提出するなどの活動を続けている。韓国では06年6月〈日帝強占下強制動員被害真相糾明委員会〉(国務総理所属)がBC級戦犯も強制動員被害者であると認定，遺族に2000万ウォンの弔慰金を支給している。

→戦後補償問題　　　　　　　　内海 愛子

ちょうせんしんたくとうちもんだい｜朝鮮信託統治問題

第2次世界大戦後の戦後処理をめぐって1945年12月28日モスクワ三国外相会議(アメリカ，イギリス，ソ連)の決定が発表され，その中で朝鮮に関しては5年の信託統治を行うことが明らかにされた。この信託統治案は日本の植民地支配の下で苦しみ，ようやく独立をかちとった朝鮮民族に強い衝撃を与えた。金九ら中国から帰国した「大韓民国臨時政府(臨政)グループはただちに信託統治反対国民総動員運動委員会を結成，ほかの政党・団体も信託統治反対を声明し，連日〈反託〉デモを展開，31日の集会・デモは空前の規模に達した。だが翌46年1月2日朝鮮共産党は，突然，信託統治支持を表明，3日には独自に三国外相会議決定支持大会を開催。反託運動が高揚しているなかでの共産党の態度の急変は運動に混乱をもたらした。信託統治をめぐる分裂は左右の対立となって激化するが，米軍政庁はこの分裂を利用し，金九，李承晩，金奎植らに大韓民国代表民主議院を構成させ(2月14日)，これを米軍政の最高諮問機関とした。呂運亨，許憲，朴憲永ら外相会議支持勢力は，民主主義民族戦線に結集した(2月15日結成)。朝鮮独立の方法を協議する第1次米ソ共同委員会が3月20日からソウルで開かれたが，委員会と協議する団体の条件で米ソが対立，46年5月21日に再開された第2次委員会も協議団体をめぐり対立したまま終わった。このためアメリカは朝鮮問題を「国際連合へ付託，国連臨時朝鮮委員団のもとでの南朝鮮単独選挙(1948)という南北分断の永続化を強行した。→チェジュ(済州)島四・三蜂起　内海 愛子

ちょうせんじんみんきょうわこく｜朝鮮人民共和国

米軍のソウル進駐を目前にした1945年9月6日，朝鮮人民の手で樹立を宣言された人民共和国。「呂運亨らを中心とする「朝鮮建国準備委員会の呼びかけで全国人民代表者会議がソウルで開かれ，朝鮮人民共和国臨時組織法を採択，87名の委員で中央委員会を構成し，朝鮮人民共和国の樹立を宣言した。その施政方針では，日帝と民族反逆者たちの土地の没収，農民への無償分配，同じく工場・鉱山などの接収，国有化，言論・集会・結社の自由，男女同権，8時間労働制実施など27項目を発表，人民はこれを熱烈に支持した。だが，アーノルド米軍政長官は，45年10月10日朝鮮人民共和国を否認，解体を命じて弾圧を加えた。人民共和国死守が決議されはしたが，米軍の弾圧の下で壊滅した。46年には南朝鮮民主主義民

族戦線（1946年1月15日結成。略称南民戦）の主体として再編され、左右合作運動を主導する。

内海 愛子

ちょうせんじんみんぐん｜朝鮮人民軍

朝鮮民主主義人民共和国の正規軍。2012年現在、核兵器と弾道ミサイルを有し、陸軍と海軍、航空および反航空軍（空軍）、戦略ロケット軍によって構成されている。1946年8月に創設された保安幹部訓練所とその司令部である保安幹部訓練大隊部が根幹となって、48年2月8日に統一戦線の軍隊として創設された。48年9月9日に朝鮮民主主義人民共和国が成立するとともに、国家の正規軍になった。海軍は、49年8月28日に艦隊が初めて創設され、9月に海軍司令部が設置されて独立軍種になった。空軍は、47年8月20日に最初の航空部隊が編成され、51年1月に航空司令部が設置されて独立軍種になった。戦略ロケット軍は、2012年3月2日に戦略ロケット司令部の存在が判明し、5月19日に独立軍種になっていたことが判明した。1950年6月25日に勃発した▶朝鮮戦争で中国人民志願軍とともに、国連軍や大韓民国国軍と戦った。同年7月4日以降、人民軍最高司令官が最高指揮権を有する。歴代人民軍最高司令官は、朝鮮労働党の最高指導者である。58年2月8日に朝鮮労働党の軍隊と宣言され、朝鮮労働党によって統制されることが公式化された。77年12月14日に、朝鮮人民軍の創建日が、▶抗日パルチザン部隊である朝鮮人民革命軍が創建されたといわれる1932年4月25日に変更され、抗日パルチザンの伝統を継承する軍隊としての形式が整えられた。朝鮮戦争停戦以降は志願制であったが、2003年3月26日に事実上の選抜徴兵制が布かれた。ベトナム戦争や第4次中東戦争に空軍部隊や工兵隊が派遣されたのをはじめとして、中東やアフリカ、東南アジア、中南米各地に派遣されて、現地の軍隊を訓練したり、実戦に参加したりしている。

宮本 悟

ちょうせんしんわ｜朝鮮神話 ➡神話

ちょうせんずもう｜朝鮮相撲 ➡シルム

ちょうせんせんそう｜朝鮮戦争

大韓民国（韓国）、朝鮮民主主義人民共和国（北朝鮮）間の武力衝突に起因する国際的紛争。

［経過と背景］　朝鮮戦争は1950年6月25日未明の北朝鮮軍の38度線を越えての南下によって開始された。この攻撃は、その準備、規模、作戦のいずれをとってみても、ソ連による事前の承認と援助なしには実行不可能なものであった。しかし、巨視的にみれば、北朝鮮軍南下の背後には、太平洋戦争末期からの朝鮮半島をめぐる米ソの勢力圏争いと統一朝鮮国家の指導権をめぐる国内的対立が存在し、それらが戦争の勃発に大きな役割を演じたことも否定できない。その意味で、朝鮮戦争は典型的な国際内戦の一つであったといえる。

金日成ｷﾑｲﾙｿﾝが戦争を北朝鮮の〈民主基地〉からの民族解放戦争とみなしていたことは明らかであるが、ソ連がそれを支援した理由についてはいまだに定説がない。最も説得力のある説明は、前年6月末に完了したアメリカ軍の韓国からの撤退と1950年初めまでに明確になった対日早期講和および日本の軍事基地化の動きがスターリンを朝鮮における軍事的冒険に駆り立てたとする極東戦略説である。しかし、どのような解釈をとるにせよ、それはヨーロッパにおいて失墜した威信（ベルリン封鎖の失敗）の回復、毛沢東に対する立場の強化などの理由と密接に関連していたものと思われる。また、当時のソ連がアメリカとの全面的対決を望んでいなかったことも確実である。北朝鮮軍の南下に対して、トルーマンは従来の朝鮮への軍事的不介入の政策を放棄し、6月27日には海空軍部隊の投入を、また6月30日には地上軍の派遣を命令した。アメリカの参戦は、形式的にはく武力攻撃を撃退し、かつ、この地域における国際の平和と安全を回復する〉という6月27日の国連安全保障理事会決議にもとづくものであり、その軍隊も7月7日の同決議によって国連軍の一部を構成するものとなった。トルーマンはまた朝鮮以外でも、台湾海峡の中立化、フィリピンとインドシナへの軍事援助促進などの措置をとった。

アメリカが朝鮮戦争に介入した理由は軍事戦略的なものであったというよりは、政治戦略的なものであった。第1に、北朝鮮軍の奇襲攻撃がアメリカの最高指導者たち

にく ミュンヘンの教訓〉を想起させ，第3次世界大戦を抑止するためには朝鮮での宥和を拒否しなければならないと確信させたこと，第2に，攻撃が国連監視下の選挙で樹立された韓国政府に向けられたものであったために，北朝鮮軍を撃退することによって国際連合の権威を守護しなければならないと考えられたこと，第3に，中国革命の成功につづいて韓国の共産化を座視すれば，アジア地域にアメリカの威信が大きく失墜すると判断されたこと，などがその重要なものである。

アメリカ軍の参戦後も，しばらくの間，戦争は圧倒的に北朝鮮軍の優勢のうちに進展し，8月初めには，米韓両軍は半島の南東端に釜山橋頭堡を維持するにすぎなかった。しかし，北朝鮮軍の補給線が伸びきった9月15日，アメリカ軍はマッカーサーの指揮のもとに仁川上陸作戦を敢行し，9月26日には首都ソウルの奪回に成功した。また，アメリカ軍は10月7日には38度線を北上した。アメリカ軍の北上は同日の国連総会決議にもとづくものであったが，明らかに当初の戦争目的である〈北朝鮮軍の撃退〉を〈北朝鮮の占領〉へと拡大するものであった。9月初めには，限定戦争の概念を原理的に理解しようとしなかったマッカーサーや政治的な立場から朝鮮統一を強く要求した国務省極東関係者だけでなく，統合参謀本部や大統領までが，〈ソ連や中国の軍隊が介入する兆候または脅威が存在しないかぎり〉という条件のもとで，アメリカ軍の北進を承認していたのである。戦争目的の変更がもたらした事態は11月末の中国人民義勇軍の全面的介入であった。この結果，アメリカ軍は38度線以南への後退を余儀なくされ，1951年1月4日，ソウルはふたたび共産側の占領するところとなった。しかし，アメリカと同じく中国も朝鮮を軍事的に統一する力をもたなかった。これ以後，戦況は二転三転し，同年6月以後，戦線はほぼ38度線沿いに膠着した。

[休戦] 休戦交渉の直接的契機となったのは6月23日のソ連国連代表 Ya. A. マリクの演説であった。しかし，それを可能にした

のは4月11日のマッカーサー解任であった。トルーマンは，鴨緑江以北の爆撃，中国大陸沿岸の封鎖，国府軍の朝鮮への投入など戦争の拡大を主張するマッカーサーを国連軍司令官そのほかの職務から解任することによって，和平への意思を表明したのである。7月10日に開城で開始され，その後会場を板門店に移した休戦会談は，軍事境界線や捕虜交換の問題で難航し，戦闘が継続するなかで2度にわたって全面的に中断されたが，1953年7月27日に最終的な合意に到達した。しかし，休戦に反対する韓国の李承晩大統領は協定への署名を拒否し，反共捕虜を一方的に釈放することによってそれに抗議した。休戦協定への署名者は金日成，彭徳懐，M. W. クラークである。

[歴史的意義] 朝鮮戦争の歴史的意義について付言するならば，その最大のものはそれが東西冷戦の軍事化と世界化をもたらしたことである。トルーマンは戦争を契機にNSC68（国家安全保障会議文書68号）を承認したが，それは当時130億ドルであったアメリカの年間軍事予算を一挙に350億ドルに増大させ，ヨーロッパからアジアにまたがる反共軍事包囲網の形成を企図するものであった。また，戦争は朝鮮の分断を固定化し，台湾の軍事的解放を不可能にし，その後20年に及ぶ米中対決の原型を形成した。アメリカのベトナムへの介入もその影のもとで実行に移されたのである。さらに，戦争が日本の戦後の歩みに与えた影響も大きかった。それは早期講和と日米安保体制を決定的なものにするとともに，さらにアメリカ軍の日本での緊急調達（特需）は急激な需要増大をもたらし，戦後経済復興の原点ともなったのである。また，自衛隊の前身たる警察予備隊は，朝鮮戦争の開戦直後の1950年8月に創設されている。

小此木 政夫

[南北朝鮮の傷痕] この戦争が南北朝鮮にもたらした物的・人的被害は甚大であった。戦線が南は洛東江から北は鴨緑江まで，あたかもローラーをかけるように移動したため，軍事施設・戦略拠点のみならず，民間施設や民衆が被った直接の被害は大きい。正確な数量的推計は困難だが，当時の国民

経済規模で計30億ドル，工業部門だけで1億1500万ドル，建造物の40％，生産設備の30〜75％（部門によるばらつきがある）が破壊されたとする数字がある。人的被害はさらに深刻で，同族どうしが相争った戦争は，朝鮮人だけで南北計126万人に及ぶ死者を出し，別離・死亡・孤児の大量発生などにより現在も1000万人（南北総人口の⅓）といわれる離散家族を生み出した。同時に戦争以前から推し進められた南北両国家の異質化は，この戦争を経て決定的なものとなった。南で非合法化されていた共産主義者や左派人士は越北し，北の地主やキリスト者は大量に越南したことも関連して，休戦ラインをはさんだ南北の不信・憎悪は増幅された。北朝鮮は南朝鮮を〈米帝の占領下〉にあるものとみなし，また李承晩政権下の韓国は朝鮮民主主義人民共和国を〈北傀〉とよんで中ソの傀儡とみなし，滅共・北進統一を叫ぶなど，相互不信はぬぐいがたいものとなった。戦争がもたらした南北分断体制の固定化をいかに克服するかが，以後の民族的課題となっている。→南北離散家族　　鶴田文夫

[戦争の起源をめぐって] 朝鮮戦争に関する研究は，純軍事面を別とすれば，次のような諸問題を中心に行われてきた。①戦争の起源，②戦争の性格，③ソ連，中国，アメリカ，日本などと戦争の関係，④国連軍の性格，⑤停戦成立の経緯，⑥戦争による被害，⑦戦争の歴史的意義，などである。このうち，①②および③は相互に密接に関連しており，分かちがたい面が多い。これら諸問題のうち，とくに戦争の起源について研究が集中している。どちらが戦争を開始したかをめぐって，韓国側と朝鮮民主主義人民共和国（北朝鮮）側が，互いに相手方が先に開始したとしてまっこうから対立しているためである。

戦争の起源に関する諸説を大別すれば三つとなる。第1は韓国側が戦争を開始したとする説で，これはさらに二つに分かれる。その一つは，北朝鮮政府の公式見解に代表されるもので，アメリカと韓国政府が計画した戦争という説である。ほかの一つは，当時危機に直面していた韓国政府が，危機突破のため，アメリカを戦争に引き込むことをねらい，独自に北朝鮮を挑発したとする説である。

第2は北朝鮮側が戦争を開始したとする説で，これはさらに三つに分けられる。その1はソ連が北朝鮮に開戦させたとする説で，これはアメリカ政府の公式見解であった。この説には，ソ連の動機をめぐって，ソ連の世界戦略説，極東戦略説，中ソ関係起因説などの諸説が含まれる。その2は北朝鮮がまったく独自に戦争を始めたとする説であるが，この立場をとる人は少ない。その3は北朝鮮がイニシアティブをとり，スターリンや毛沢東の同意を得て開戦した

●朝鮮戦争│図戦局の展開

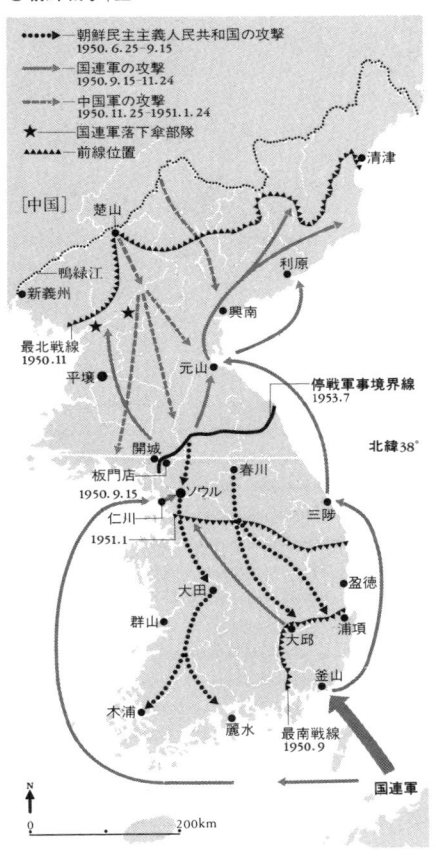

- ●●●●● 朝鮮民主主義人民共和国の攻撃 1950. 6. 25〜9. 15
- ━━▶ 国連軍の攻撃 1950. 9. 15〜11. 24
- ━ ━▶ 中国軍の攻撃 1950. 11. 25〜1951. 1. 24
- ★ 国連軍落下傘部隊
- ▲▲▲▲▲ 前線位置

という説である。

第3は、当時の38度線の状況から、どちらが先に始めたかを見きわめることは困難なだけでなく、無意味であると考え、本来どのような性格の戦争だったのかを重視する説である。

以上のように、朝鮮戦争の起源については多くの仮説があるが、1960年代の終りごろまで、朝鮮半島の内部より外部の力を重視する説が支配的であった。しかし、1970年に公表された《フルシチョフ回想録》は、戦争に関しては北朝鮮がイニシアティブを発揮したことを明らかにした。この回想録が研究の方向に与えた影響は大きかった。これ以後、とくにアメリカにおける朝鮮戦争の研究は、朝鮮半島の内部要因をより重視する方向に大きく転換した。その中から、アメリカのB.カミングズ《朝鮮戦争の起源》(1981)をはじめ注目すべき研究が発表されつつある。

朝鮮戦争は謎の多い戦争であり、なお残された問題も多い。研究上の大きな困難は、北朝鮮やソ連側の資料がきわめて少ないことである。このような制約はあるが、これまで多くの研究が積み重ねられてきた。戦争の起源に関しても、朝鮮半島の内部の要因と外部の要因の双方を十分考慮しつつ、しだいに核心に近づきつつある。　　桜井 浩

[その後の研究] 朝鮮戦争については1980年代後半から中国で参戦した軍人の回想録が次々と刊行され、新たな事実が明らかになった。90年代に入ると、ソ連の極秘資料が漏れ出してくるようになり、94年にはエリツィン大統領から〝金泳三ジャム大統領に一挙に重要な資料が引き渡され、95年にはアメリカの研究機関がさらに多くのソ連資料を獲得して、公開した。

この結果、二つのことが明らかになった。まず第1は、1949年中は北朝鮮の〈国土完整〉も韓国の〈北伐統一〉も、それぞれソ連、アメリカの支持を得られず、実行できなかったが、50年1月、〝金日成ッンと〝朴憲永パクの訴えをスターリンが聞き入れた結果、ソ連の支持のもとに北朝鮮の武力統一の準備が急速に進み、同年6月25日の朝鮮人民軍の一斉攻撃となったということである。

この点に関連していえば、現在では韓国側の資料公開の立ち後れが目立っている。しかし、すでに知られている資料からも、韓国側は、北が先に攻めてくれば、自分たちが北に攻め込むチャンスが生まれると考えていたことがうかがわれる。朝鮮戦争は、南北双方が武力によっても統一したいという意思をもっているなかで、北が先に始めた内戦であったと考えるべきである。そして仁川上陸作戦後、韓国軍は米軍とともに北進した。平壌を陥落させ、鴨緑江に進出して、統一なるかと考えられたその瞬間に、中国人民志願軍が登場し、李承晩大統領の夢は挫折したのである。

第2は、戦争は中国の参戦後は米中戦争に転化したということである。米軍司令官が率いる国連軍司令部と中国人民志願軍司令官が率いる中朝連合司令部が戦い、その背後にはワシントンと北京(そしてモスクワ)がいた。この米中戦争は引分けに終わり、中国革命から生まれた国家は存在資格を勝ち得た。　　　　　　　　　和田 春樹

ちょうせんそうとくふ|朝鮮総督府

朝鮮史でいう日帝時代(日本帝国主義の支配期、1910-45)に日本が朝鮮に置いた植民地統治機関。1910年8月の〝韓国併合を契機に〝統監府と韓国政府の諸機関を統合し、完全なる植民地支配に適するように改編して同年10月に創設された。頂点に位する総督とその補佐役の政務総監の下に、中央には総督官房および総務、内務、度支、農商工、司法の5部を置き、別に所属官署として〝中枢院、警務総監部、鉄道局、通信局、専売局、印刷局、裁判所などとともに地方の13道(地方行政区)を組み込んだ。発足当初のこの機構はのちに数次の改革を経て、中央は1官房8部に細分拡充され、所属官署も肥大化した。初代総督には陸軍大将〝寺内正毅が就任し、各部局の長をはじめ重要なポストにはすべて日本人が選任された。各道の長官以下には朝鮮人も任用され、面ミ(村に相当)には官選の面長が置かれたが、中央・地方の実権は日本人官僚の手中にあった。

総督府支配の特徴は、まず第1にそれが非常に軍事的な性格を帯びていたことである。〈朝鮮半島は全く軍営化されたり〉(釈尾

東邦《朝鮮併合史》)といわれたように，総督府の設置に先だって新聞が強制廃刊され，集会結社が禁じられ，総督の指揮監督をうける▸憲兵警察制度が確立された。司法，行政，立法の3権を掌握した総督は陸海軍大将から選任し，天皇に直属し，その任務は〈陸海軍ヲ統率シ及朝鮮防備ノ事ヲ掌ヅル〉軍事色を前面に掲げたものであった（〈朝鮮駐劄(ちゅうさつ)軍〉の項を参照）。総督は内閣総理大臣を経て上奏し，裁可を受け，その職権または委任によって朝鮮総督府令を発して，これに罰則を付することができ，また法律を要する事項は命令（制令）をもって規定することができるなど，広範な権限を与えられていた。総督府の設置とともに朝鮮社会は永続的な戒厳令下に置かれたようなものであった。その軍事色の度合の強弱から1919年の三・一独立運動までを〈武断政治期〉，その後1920年代を〈▸文化政治期〉と区分する見解もあるが，支配の軍事的性格が根本から改められたことはなかった。

第2の特徴は日本本位の場当り的政策に終始し，朝鮮民衆の生活を破壊し続けたことである。日本国内の米不足を理由に▸産米増殖計画を推進しても，日本農業と競合すると廃止してしまった。また，民族運動が国内に波及することを恐れて朝鮮人の渡航を制限したかと思えば，戦争で日本人労働力が不足すると朝鮮人を▸強制連行してこれを補おうとした。さらに，侵略戦争を拡大すると，その兵站(へいたん)基地（▸大陸兵站基地論）として農業中心の朝鮮社会に軍需工業を引き込んだりもした。戦局が悪化すると，

朝鮮人を徹底的に日本人化して協力させるため，▸皇民化政策によってその民族性を根こそぎ奪おうとまでした。総督府の1925年竣工の建物は植民地支配の象徴であった。解放後は政府庁舎，国立中央博物館などに使用されてきたが，金泳三大統領の指示で1995-97年に解体された。　　　　馬渕 貞利

ちょうせんそうれん｜朝鮮総連　➡在日本朝鮮人総連合会

ちょうせんたいいくかい｜朝鮮体育会
1920年7月13日中央礼拝堂で開催された発起人70余名による創立総会によって朝鮮体育会は発足した。▸三・一独立運動後の体育活動の高まりの中で民族独自の体育機関が求められていた。同年4月10日《東亜日報》社説〈体育機関の必要を論ず〉はこれを後押しした。総会で承認された朝鮮体育会〈設立趣旨書〉は，朝鮮における〈運動奨励〉の重要性を指摘し，それこそが〈個人の幸福〉とともに〈民族の発展〉をもたらすものであることを強調している。同体育会は，38年7月日本人団体である朝鮮体育協会に吸収・解体されるまで，各種競技会を開催し，朝鮮人のスポーツ活動の普及発展に大きな役割を果たした。　　　　西尾 達雄

ちょうせんだいがっこう｜朝鮮大学校
在日朝鮮人が民族教育のために設立した高等教育機関。東京都小平市にある。在日外国人がたてた日本のなかの唯一の〈大学〉である。▸在日本朝鮮人総連合会（朝鮮総連）は在日朝鮮人連盟（1945-49）の時代から民族教育に力を注ぎ，小学校から高校までの民族学校を整えてきたが，朝鮮高校卒業生に対して日本の大学は門戸を閉ざしていた。1956年，それら卒業生に高等教育を与え，あわせて民族学校教師を養成する目的をもって，2年制の短大を創設，58年には4年制とした。現在では，文学歴史，政治経済，経営，外国語，理工，教育，体育，短期の8学部と，前期2年・後期3年の研究院を擁する総合大学である。しかし，日本ではこれを大学と認めず，朝大は66年に各種学校としての認可を東京都に申請，認可の是非をめぐって社会問題化したが，68年4月，美濃部亮吉知事は政府側の反対をおしきって認可した。また，朝大卒業生に対して日本の国公私立

●朝鮮総督府	表歴代朝鮮総督	
	[総督名]	[就任時期]
第1代	寺内正毅	1910.10. 1
第2代	長谷川好道	1916.10.16
第3代	斎藤実	1919. 8.12
同代理	宇垣一成	1927. 4.15
第4代	山梨半造	1927.12.10
第5代	斎藤実	1929. 8.17
第6代	宇垣一成	1931. 6.17
第7代	南次郎	1936. 8. 5
第8代	小磯国昭	1942. 5.29
第9代	阿部信行	1944. 7.24

の大学院の門戸開放が求められてきたが、近年は公立・私立大学の大学院が朝鮮大学校を大学と認め、受験を開放する傾向にある。　　　　　　　　　　　　　小沢 有作

ちょうせんちっそひりょうかぶしきかいしゃ｜朝鮮窒素肥料株式会社

野口遵(1873-1944)の率いる新興財閥日窒が植民地朝鮮に設立した会社。朝窒と略称。日本では比類のない朝鮮の鴨緑江水系における電源開発の豊富な潜在力と、〈産米増殖計画〉推進による莫大な化学肥料需要とに着目して、1927年に咸鏡南道興南に設立(資本金1000万円)、興南肥料工場が30年から操業を開始。以後、朝窒は朝鮮における化学肥料供給を独占し、その巨額の利潤を基礎に、電源開発と技術関連投資を相次いで行うことによって朝鮮北部に一大電気化学コンビナートをつくり出した。その結果、日窒コンツェルンの中での朝窒とその関連工業の比重が増大し、ついには日窒コンツェルンの主たる経営基盤も日本から朝鮮に移るようになった。しかも、42年初めには朝鮮全体の産業設備投下割合の4分の1以上を占め、朝鮮産業の最大の支配者として、いわゆる十五年戦争のもとで急速に進展した軍事的重化学工業化を強力に牽引する資本主体となった。なお、解放後の朝鮮戦争で、朝窒関連の工場設備は壊滅的打撃を受けたが、休戦後再建され、朝鮮民主主義人民共和国における重化学工業の基盤となった。→ハムン(咸興)　　　　河合 和男

ちょうせんちゅうさつぐん｜朝鮮駐剳軍

日露戦争開戦直後に編成され、韓国併合を経て日本による植民地支配の時期を通じて朝鮮に駐屯した日本の陸軍。日朝修好条規締結(1876)後、日本の陸軍部隊が朝鮮に常駐したのは、1882年〈壬午〉軍乱後に結ばれた済物浦条約にもとづいて、ソウルに駐屯した守備隊をはじめとする。甲申政変の翌年、85年に日清間で結ばれた天津条約で、日清両軍は朝鮮から撤退したが、〈日清戦争で日本軍が大挙朝鮮に出兵し、戦争終了後も公使館守備隊が駐屯、さらに96年の日露協定(小村=ウェーバー覚書)で、ソウル、釜山、元山および京釜間電信線保護のため日本軍の常駐が約され、この状況が〈日露戦争直前まで続いた。日露戦争の開戦に先立ち、日本軍歩兵1大隊が朝鮮に派遣され、開戦後さらに増強され、1904年3月11日に6大隊半の兵力で新たに韓国駐剳軍を編成した。韓国駐剳軍は〈帝国公使館領事館及居留民ノ保護ニ任シ且ツ京城ノ治安ヲ維持シ我作戦軍ノ背後ニ於ケル諸設備ヲ全フシテ其運動ヲ容易ナラシム〉という目的で創設されたが、事実上は朝鮮占領軍にほかならず、日露戦争中はもとより、その後も朝鮮の抗日民族運動の鎮圧に当たるとともに、ロシア、中国との国境の防備やシベリア・満州地方への勢力拡張に備える軍事力として維持強化された。

韓国併合後の1910年10月朝鮮駐剳軍と改称され、初めは日本本土から交代派遣されていたが、陸軍では2個師団常駐の要求が強く、15年第19、20師団が新設編成され、羅南、竜山にそれぞれ司令部をおいた。18年5月朝鮮軍となり、朝鮮支配のための軍事力であることはもちろん、シベリア出兵時には間島方面に、満州事変勃発直後には満州に越境進撃したりした。太平洋戦争の末期にはアメリカ軍の進攻に備えて、朝鮮駐屯の日本陸軍主力は第17方面軍(7個師団)に編成され、済州島はじめ朝鮮南部に展開し、北部には第34軍(2個師団)と第3軍中の1個師団が配置されていた。　　　　中塚 明

ちょうせんつうしんし｜朝鮮通信使 →通信使

ちょうせんつうほう｜朝鮮通宝｜조선통보

朝鮮王朝初期に鋳造された銅銭。高麗時代には鉄銭・銅銭のほか銀貨が造られ、朝鮮王朝時代の太宗代(1400-18)に楮貨(紙幣)を発行、世宗代(1418-50)には朝鮮通宝を鋳造した。慶尚道、全羅道に鋳銭所を設置し、司瞻署に管理させ、私銭を禁ずるなどして流通を図ったが、一般の農民層の間では米や布が交換手段として使用されつづけ、普及するには至らなかった。→貨幣　　吉野 誠

ちょうせんどくりつどうめい｜朝鮮独立同盟

太平洋戦争の時期に中国延安の解放区に拠点をおいて活動した朝鮮人共産主義者による抗日民族統一戦線組織。日中戦争下の1938年武漢で、抗日戦に参与すべく〈金元鳳(キム ウォンボン)〉らが朝鮮義勇隊を組織したが、武漢陥落後その中の共産主義的な部分は延安に移り、

移動途上で41年1月組織した朝鮮青年連合会を42年7月朝鮮独立同盟に発展させた。▶金科奉(キムクアボン)，崔昌益(チェチャンイク)らが指導者。傘下の軍事組織は41年7月朝鮮義勇軍に再編され，武亭，朴孝三の指導下に華北，華中戦線での対日本軍工作に従事し，日本軍から脱出した朝鮮人兵士を受け入れて勢力を増した。解放直後には2000名もの部隊をなして北朝鮮に帰り，朝鮮民主主義人民共和国の建国過程に参与して延安派とよばれたが，56年の権力闘争に敗れて，大半は政権外に追われた。
梶村 秀樹

ちょうせんにちにちしんぶん｜朝鮮日日新聞

朝鮮で発行された日刊の植民地新聞。1920年7月1日《京城日日新聞》として創刊。▶朝鮮総督府の代弁機関とみられていた《京城日報》などに対抗する〈民論〉発揚の新聞として出発した。22年には《京城日報》の2万7000部に対して《京城日日新聞》は約8000部と，他紙の《釜山日報》の1万5000部，《朝鮮日報》の1万1000部にも及ばず（《日本記者年鑑》），経営状態はよくなかった。31年3月15日前京城日報社支配人鮫島宗也の手に経営権が移り，《朝鮮日日》と改題した。しかし，経営は好転せず，経済紙《朝鮮商工新聞》を経営する斎藤五吉に買収され，その姉妹紙として再出発する。〈民論〉高揚の性格が薄れ，戦中は日本の〈大陸兵站基地政策〉に協賛し，敗戦とともに終刊。
香内 三郎

ちょうせんにっぽう｜朝鮮日報

韓国の新聞。三・一独立運動の翌1920年3月に創刊。当初，朝鮮人実業家による実業新聞の性格を帯びていたが，24年社長に李商在(イサンジェ)，主筆に▶安在鴻(アンジェホン)が就任して以来，左派民族主義の立場に立ち，▶新幹会の機関紙的役割も果たした。30年代には方応謨(パンウンモ)が一般紙として経営の拡張に努め，雑誌《朝光》も発行した。40年8月総督府の圧力で廃刊。解放後の45年11月復刊され，中道右派の立場をとった。現在，韓国の新聞では発行部数第1位とされ，《東亜日報》と並んで韓国の代表的な日刊紙（朝刊のみ）となっている。朝鮮日報社は《月刊朝鮮》《週刊朝鮮》などの雑誌も発行している。
水野 直樹

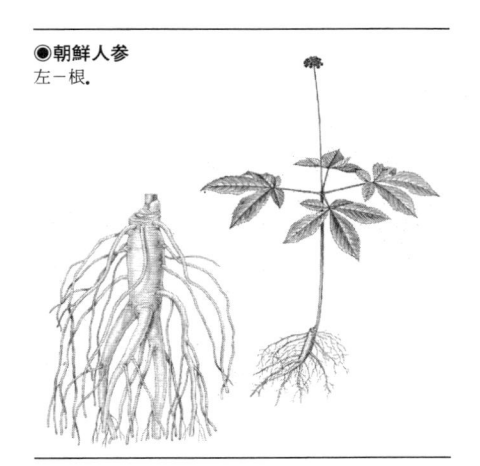

●朝鮮人参
左―根。

チョウセンニンジン｜朝鮮人参｜조선인삼

朝鮮人参はウコギ科ニンジン属に属す多年草で，野菜の人参（セリ科ニンジン属）とは別種である。学名は *Panax schinseng* Nees と *Panax ginseng* C.A. Meyer が併記され，和名はオタネニンジン，チョウセンニンジンである。朝鮮半島では人参（インサム）とよばれ，日本では高麗人参，薬用人参とも通称される。原産地は朝鮮半島から中国東北部にかけての地域と考えられている。野生の人参は現在では非常に少なく，市場に流通する人参はほとんどが栽培された人参である。栽培地として，韓国では江華(カン)島，金浦(キム)，豊基(プ)，錦山(クム)周辺が著名であり，北朝鮮では開城(ケソン)，中国では長白山一帯が知られる。

人参は古来より東アジア全域で不老不死，滋養強壮などさまざまな薬効があるとされ，漢方の生薬として用いられた。朝鮮半島では人参茶や参鶏湯(サムゲタン)など一般の食用にも用いられる。朝鮮では新羅聖徳王代（8世紀）の《三国史記》の記述に，唐への貢献品として初めて人参の記載がみられ，歴代の対中通商，対日通商において朝鮮産の重要な輸出品であった。人参は朝鮮時代には対日貿易で最も重要な商品であり，17世紀には対馬藩が江戸に〈人参座〉を設けて独占販売を行ったほどであった。ただ18世紀中盤に入ると，日本では朝鮮からの人参輸入は大幅に減少し，会津藩，小諸藩，松江藩において人参の栽培が広がった。人参の栽培は，

● 朝鮮白磁

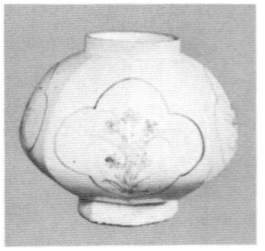

左―白磁．大壺，18世紀，高さ46.3cm．
中―染付．秋草文面取壺．17世紀，高さ24.7cm．大阪市立東洋陶磁美術館蔵
右―鉄砂．虎鷺文壺．17世紀，高さ29.9cm．大阪市立東洋陶磁美術館蔵

朝鮮では少なくとも18世紀末までには成功し，19世紀には人参を蒸して乾燥させた〈紅参(ホンサム)〉が清に大量輸出されるようになった。そして大韓帝国期には内蔵院による紅参の専売が開始され，植民地期は朝鮮総督府専売局，解放後は大韓民国の専売局(最後は韓国煙草人参公社)にも専売が継承されたが，1996年に紅参専売が廃止された。　辻大和

ちょうせんはくじ│朝鮮白磁

朝鮮王朝時代に焼造された白磁。李朝白磁とも。すでに高麗時代に出現していた白磁は，朝鮮王朝時代に入って完成した。中国の元末・明初の白磁の影響を受け，深い釉調をもったみごとな白磁ができあがった。前期(14世紀末～16世紀)には，釉薬に鉄分が含まれず，雪のように白い純白磁が生まれた。器形には，深鉢，広口壺，皿などがあり，無文のものが多い。この時期の窯跡は，各地で認められる。後期すなわち17世紀に入ると，白磁の釉色は青味がかり，さらに末期に近づくにつれて，透明性を失い，濁った白色釉へと変化する。このころの白磁の器形には，広口壺，長卵形壺，各種の祭器などがあり，また，陰刻，陽刻，透し彫などもみられる。この時期の窯跡は，京畿道の広州を中心に認められる。白磁は，白の清潔感を愛する李朝人に最も好まれた。青花白磁，つまり染付が出現した後も，《光海君日記》にみえるように，17世紀の前半ごろは，一時は染付が王世子用であるのに対して，白磁が王の専用品として規定されたことさえあった。⇒陶磁器　西谷正

ちょうせんびじゅつ│朝鮮美術

朝鮮王朝(李朝)時代は，前代の仏教に代わって儒教が国教となった。教義の中心を朱子学に置き，政治理念の基本となって，儒教は大いに発展した。したがって，朝鮮王朝社会に儒教的理念にもちづく新しい身分制度や教育がもちこまれ，一般の生活様式にも大きな影響を及ぼした。その結果，仏教美術は著しく衰退し，新たに儒教的性格が加わったことが，朝鮮美術の大きな特色である。

[絵画]　14世紀末から20世紀初めまで約500年間存続した長命な李王朝下で制作された李朝絵画は，遺品が希少な国初から1世紀半ほどの期間を除けば，現存作品は広範囲かつ膨大な数量にのぼる。この点は遺品が仏画に限られる前代の高麗時代とは大きく異なり，さらに王朝絵画は仏教を離れ，中国諸画派の影響をうけて発達した点も一つの特色である。作品の様式的変遷に従って王朝絵画は前期(1392-1550)，中期(1550ころ-1700ころ)，後期(1700ころ-1910)の3期に大別することができる。前期の代表的な画家として，秀文，▶安堅(アンギョン)，崔涇(チェギョン)，▶姜希顔(カンヒアン)，姜希孟(カンヒメン)，李上佐，梁彭孫(ヤンペンソン)，申潜，▶李巖(イアム)などがあげられる。これらの画人達によって，宋・元の李郭派(李成，郭熙(カクキ)がうちたてた華北系の山水画)風，南宋の馬夏派(馬遠，夏珪(カケイ)の院体画)風および明代の院体画，明初の浙派画風，宋・元の米法(べいほう)

山水画風など，中国の主要画風がさまざまに試みられ，その国風化がはかられている。しかし，同代の現存作品はその数がきわめて少なく，とくに15世紀にそれが著しい。その中にあって安堅の《夢遊桃源図ムンユトウオンド》は，芸術愛護で知られた安平大君李瑢の命で描かれたもので，現存する王朝絵画の随一の傑作といわれている。図には大君の題跋のほかに申叔舟シンスクチュなど当時の名臣碩儒21人の跋が付せられており，書跡としての価値も高い。画風はその伝にみられるように北宋の郭煕の様式を継承しており，日本の室町期の初期水墨画が主に南宋院体画の馬遠，夏珪，梁楷リャンカイなどを範として受け入れたことと大きな違いをみせている。

中期には，申思任堂シムサイムダン，金禔キム，李不害プレ，李正根ジョン，黄執中ファンチブチュン，李興孝フン，李霆ジン，李慶胤ギョン，李英胤ヨン，李成吉ギル，魚夢竜オモンニョン，尹毅立ユンイリブ，金埴キム，李継祜ギェ，李楨ジ，李澄ジ，趙涑ジ，李起竜ニョン，金明国ミョン，韓時覚シガ，李明郁ミョン，咸悌健ジェゴン，尹斗緒ドソなどが活躍した。この時期は文禄・慶長の役（壬辰・丁酉倭乱，1592-98)，清朝による丁卯・丙子の乱（1627, 36）など日本，中国による相次ぐ外寇と，王朝内部の党争によって政治的には非常に不安定であったが，芸術活動は続けられ，特色ある朝鮮画様式を形成した。金禔，金明国などによる浙派画風が画壇でおおいに流行し，また李英胤，金埴，趙涑などは前期の李巌の功績の上に翎毛レイモウ・花鳥画の民族的様式を確立した。さらに墨竹の李霆，墨梅の魚夢竜，墨葡萄の黄執中・李継祜などの名家が輩出し，李楨の没骨ボッコツ風の墨気豊かな山水画には，当時中国で全盛期を迎えていた南宗画の影響がしのばれる。なお，王朝中期を代表する画家金明国は通信使に随行して日本を2度訪れ，当時の芸苑にはみられぬ減筆体の禅味ある達磨や寿老人をかき残しており，当時日本でも有名であった。

後期は文運の振興がはかられて，民族性豊かな朝鮮王朝文化の新生面が開かれた。当時の清代中国では考証学や西洋科学が盛んであったが，それらが北京に赴いた使者(▶燕行使)によって朝鮮に伝えられた。その結果，従来の朱子学における形式的・観念的傾向とは異なり，事実に即してものごとを探求しようとする新しい学問，▶実学が台頭した。画壇もこのような風潮を反映して写実探求，現実生活への注目など新しい画観を生みだし，朝鮮民族固有の情調を画面に強く打ちだした作品がつくられるようになった。この期の主要な画家として，士大夫シデブでは▶沈師正シムサジョン，姜世晃カンセファン，▶金正喜キムジョンヒ，趙熙竜チョヒリョン，南啓宇ナムゲウ，金秀喆スチョル，田琦チョンギなどがおり，また画員（政府の作画機関である図画署に所属する画家）では▶鄭敾チョンソン，金斗樑ドリャン，崔北チェブ，李寅文インムン，▶金弘道キムホンド，金得臣ドゥクシン，▶申潤福シニュンボク，李命基ミョンギ，許維ホユ，▶張承業チャンスンオプなどがいる。彼らの作品は前・中期に比してかなり豊富に伝存し，それらによって彼らが明清絵画の二大潮流である北宗画ほくしゅうがと南宗画はもちろんのこと，明末の万暦（1573-1619）ころから隆盛しはじめた版画や揚州系画風なども積極的に取り入れて，さまざまに画風を発展させたことがわかる。鄭敾は安堅と並び称せられる山水画の大家で，多くの地方を巡歴して朝鮮の真景図を描き，ついには従来の北宗画様式に新たに隆盛しはじめた南宗画様式を折衷して，特異な李朝山水画を大成した。また，金弘道は鄭敾の延長線上に独自の真景山水を展開させ，また申潤福や金得臣などとともに宮廷生活や庶民生活を描く風俗画に新生面を開いた。張承業は李朝絵画史の最後の巨匠で，山水，人物，翎毛，静物のいずれも巧みであったが，とくに古銅器，文具を描いた静物画に特色ある作品を残している。そこには揚州八怪系の清朝文人画の影響が明らかだが，画筆などに新工夫をほどこすなど，独特な墨法のあとがみられる。

また，朝鮮王朝期を通じて生活の中で親しまれてきた絵画に〈民画〉がある。花鳥，畜獣などの十長生図，人物図，文字絵，文房図など主題は広範で，民間信仰的な象徴性をもつ生活画である（▶民画)。

[**陶磁器**]　朝鮮王朝時代の陶磁は高麗時代のそれとは大きな違いをみせている。高麗ではもっぱら青磁が好まれて特異な発達を示したが，朝鮮王朝初期に高麗末期の象嵌ぞうがん青磁が引き続き焼成されているものの，や

●朝鮮美術
❶—安堅《夢遊桃源図》(部分)。安平大君李瑢のある夜の夢物語をたどって描いたとされる。北宋の郭熙の作風を受け継ぐ15世紀の数少ない遺品。奈良,天理図書館蔵
❷—金明国《達磨図》。17世紀。ソウル,韓国国立中央博物館蔵
❸—鄭敾《仁谷幽谷居図》。近い山や樹木を米点で表すなど,南宗画様式を採り入れている。後期の代表的山水画。ソウル,澗松美術館蔵
❹—金弘道《群仙図屛風》(部分)。のちには風俗画などを描いた金弘道の若いころの作。18世紀後期。ソウル,湖巌美術館蔵
❺—螺鈿結納箱。17世紀。韓国国立中央博物館蔵
❻—華角貼生文函。蓋の天板には鶴と鳳凰,四側面には十長生を主題とする動植物文が描かれている。18世紀。韓国国立中央博物館蔵

がて面目を一新して,白磁一辺倒となったのである。作風に多様さがみられるのも特徴で,その製作期を前・中・後期の3期に大別するが,絵画における区分とは若干異なっている。前期を太祖元年から仁祖末年(1392-1649),中期を孝宗元年から英祖27年(1650-1751),後期を英祖28年から高宗20年(1752-1883)とする説が有力である。前期には良質な白磁が生まれ,青花(染付)も現れ,▶粉青沙器ブンチョンサギが盛行した時期であるが,この期を代表するものは高麗象嵌青磁の流れをくむ粉青沙器である。これは白土で器面を化粧する技法と施文法に特徴があり,日本では三島手(三島)ともよばれ,彫三島ほりみしま,刷毛目はけめ,彫刷毛目,絵刷毛目,粉引こひきなどと分類されている。これらの中で最も尊重されるのは,〈礼賓寺れいひんじ〉〈内贍寺ないせんじ〉〈内資寺〉〈長興庫〉〈仁寿府にんじゅふ〉ほかの官司銘が刻まれた,いわゆる礼賓三島れいひんみしまで,官物に供せられたものだけに優れた作品が多い。粉青沙器はともに灰色や灰黒色の胎土に白泥を塗布して,その上から透明釉を施したものであるが,刷毛目は白泥を刷毛で塗ったもので,刷毛を使わずに白土の泥

漿にひたして白化粧掛をしたものは粉引とよんでいる。これらは15世紀を最盛期に、主として南部地方で作られたが、とくに忠清南道の鶏竜山窯が優れた作行を示して有名である。

前期には粉青沙器とは別に、中国の元・明初の白磁や青花の影響によって白磁が焼造されている。白磁は高麗時代から作られているが、朝鮮王朝前期に新たな隆盛をみせた。とくに京畿道広州郡の官窯では優れた白磁が焼かれ、李朝陶磁の主流となっていくが、15世紀には宮廷だけでなく、地方の人々までも白磁を用いたようで、白磁の一般使用の禁令が出されている。朝鮮白磁は儒教的な倫理観や生活理念にふさわしいものとされたようである。青花(染付)は世祖代(1455-68)に入って焼かれるようになり、初期のものは中国明初風で絵画的文様の整った精緻なものである。壬辰・丁酉倭乱で朝鮮全土が戦場となったため国土は荒廃した。その30年後に今度は金軍が2度にわたって侵入し、災害を加重した。この戦乱によって朝鮮王朝前期の陶窯は大半が廃滅し、陶工も多数拉致されるなど、陶磁工芸も大きな打撃を受けた。これを境にして粉青沙器は姿を消してしまう。

中期は前期とは異なる白磁、染付、および鉄砂磁器が現れ、広州官窯における燃料不足が深刻な問題になり、分院窯に移るまでの約100年間である。この時期を代表するのは新しい白磁で、雪白磁といわれ、わずかに青味を帯びた優品が広州官窯の松亭里窯や金沙里窯などで焼かれた。染付は17世紀後半期のものはいまだ明らかでないが、おそらく18世紀前半にかけて李朝染付の精華ともいうべき秋草手に続き、繊細な筆づかいをみせる窓絵のある優れた作行のものが製作されたものと推測される。鉄絵のある白磁は雲竜文、梅竹文、葡萄文など、図画署の画員が絵付をしたと思われる作品がみられるが、後期には衰退してしまう。

後期は広州官窯の分院が1752年に牛川江と漢江の合流点に移って官窯の中心になり、また民窯の磁器窯が全国に広がった時代である。白磁、染付に加えて辰砂や瑠璃釉、さらに飴釉を用いたものなどが作られ李朝陶磁は新しい展開をみせる。面取や扁壺といった新たな形の酒器や文人趣味のさまざまな文房具なども作られているが、青花の顔料である青料は、自国では産せず中国からの輸入にたよったため、青花は貴重でその使用は官物および一部支配者階級に限られた。1754年(英祖30)には倹約のため、画竜尊(竜文様のある酒壺)以外の青花磁器の製造を禁じている。これを補うものとして鉄砂による絵付(鉄絵)が多く行われるようになり、民窯において民画風の絵文様をもつものが生まれた。青花はその後官窯を中心に製作され、山水、十長生などの文様をもち、わずかに灰黒色を帯びた青料に特徴をもつ優品が残されている。辰砂は官窯ではほとんど焼成されなかったようで、文房具などに青花と併用されるなどきわめて限られていた。白磁中心の李朝のやきものの中で、辰砂はその華やかさの点で異色の存在といえよう。

民窯では黒釉、飴釉、失透釉などの雑器が主に作られ、それぞれ朝鮮独特の素朴な美の一面を明示しているが、それらの中のあるものは日本にもたらされて、16世紀前期から高麗茶碗として珍重されはじめた。いわゆる高麗茶碗は、その大部分が朝鮮王朝時代に南部地方で焼かれたもので、日本では井戸茶碗を最高に雲鶴、狂言袴、三島、刷毛目、粉引、堅手、雨漏、熊川、金海などの名称で、茶人にたいそうもてはやされた。茶道の隆盛を背景としてこれら高麗茶碗の需要はますます高まり、朝鮮貿易を独占していた対馬藩はそれによって莫大な利益を得たという。

[工芸] 朝鮮王朝はその国初から積極的に崇儒排仏の政策をとったが、前期の社会にはまだ高麗以来の伝統が根強く残り、仏教は美術界の一部を占めていた。歴代の国王の中には第13代の明宗のような崇仏の王も出て、一時的に造寺造仏も行われたが、仏教退潮の趨勢には抗しきれず、高麗ほどの優れた仏教美術は生まれなかった。仏像は石造、木造、陶造、金銅造、塑造などが造立され、像容的な面白さや材質的な興味

をひくものがあるが、いずれも緊張感に欠け、造形的な優秀さは認めがたい。そのほか、仏教工芸関係では梵鐘（ぼんしょう）や香炉などが前代同様多く作られているが、とくに注目すべきものはみられない。李朝らしい工芸品は、絵画と同様に仏教から離れて発達し、近世の新しい時代精神によって生み出されたものである。その形態・文様上の特色は、儒教の祭祀用の角型盆器や面取の酒器などに典型的にみられるように直線的で簡潔な姿である。これには儒教の形式主義的な一面が強く反映されているといえよう。金工品の中では、高麗以来の伝統技術である金・銀象嵌が注目される。象嵌は火鉢、煙草箱、印章箱、燭台、馬具などの鉄や真鍮（しんちゅう）の台に施され、実用性を兼ね備えた美しい意匠を完成させている。漆工では螺鈿（らでん）に特徴を発揮した。高麗螺鈿のように器面全体を細かな文様で埋め尽くすものとは対照的に、李朝螺鈿は厚貝を使用し、後期の青花磁器の文様に似て、地を大きくとり、そこに蓮池水禽（れんちすいきん）や葡萄といった絵画的な模様、四君子（しくんし）などの文人好みの文様、あるいは十長生などの吉祥文様をおおらかに配している。このほか、李朝独特の工芸として華角貼（かかくばり）がある。これは薄く削った牛の角の裏面に透けて見えるように原色で文様を描き、木製の器面にはり付けたもので、箪笥（たんす）、鏡台、ものさし、糸巻きなど主に女性用の品々に用いられた。また、李朝では木工品に独自の造形がみられる。柿、槐（えんじゅ）、桐などの木理（もくり）の美を生かした文房家具がそれである。指物（さしもの）、挽物（ひきもの）、彫物などさまざまな手法を駆使し、箪笥、櫃（ひつ）、膳、食器などの家具・調度品、さらに文匣（ぶんこう）（本箱）、書案（文机）、硯床（けんしょう）（硯箱）、文箱、状差し、筆筒などの優れた文房家具をつくり上げた。朝鮮は石材に恵まれているところから、かまどや火鉢をはじめ、鍋、釜、灯火器にいたるさまざまな石製の日用品があり、その単純、素朴な造形には商品生産的な類型化がみられず、木工品と同様な李朝人の造形感覚が率直に表れている。

〔吉田 宏志〕

［建築］　1392年、李成桂（太祖）は、新王朝を樹立し、94年漢陽府に都を定めた。漢城（ハンソン）（ソウル）ともよばれたその城郭はソウル四山の稜線に沿って石造の城壁をめぐらし、南大門、東大門のほか六つの小門を開き、城内には太祖造営の景福宮をはじめ、徳寿宮、昌徳宮、昌慶宮、慶煕宮などの宮殿が次々に営まれた。しかし、壬辰・丁酉倭乱で大半が焼失し、現存宮殿はその後に再建されたものである。

朝鮮王朝前期の建築は、高麗末期に元から導入した多包様式（斗栱（ときょう）の一形式で、柱頭はもとより柱間にも斗栱をおき、複雑でにぎやかな外観をつくる）のものが、柱心包（ちゅうしんぽう）様式（柱頭のみに斗栱をおき、柱間には間斗束をおく。肘木（ひじき）には剞形（きけい）が入る。"寺院建築")の建物とともに盛んに建てられた。多包様式はその華麗重厚な意匠から、威厳性を要求される宮殿や城門にとり入れられ、その代表的な建築がソウル南大門（なんだいもん）(1396)である。この様式は14世紀末には盛行し、寺院建築にも採用された。柱心包様式は高麗時代に確立された剛健かつ調和のとれた様式だが、朝鮮王朝初期にさらに熟成されて朝鮮独特の建築様式として完成された。しかし、王朝3代の太宗の時代(1400-18)以降、高麗王朝の滅亡を仏教の篤信による国力の疲弊によるものとして、首都漢城から仏教が締め出された。その結果、仏教寺院はわずかに山間の旧寺院を復興して命脈を保つような状況となり、そのため仏教寺院を中心に発展した柱心包様式はしだいに廃れ、副次的な建物や小寺院の仏堂にのみ採用されるようになった。

朝鮮王朝後期に入り、壬辰・丁酉倭乱による甚大な破壊からの復旧・再建事業に力がそそがれるようになると、柱心包様式はほとんど姿を消し、多包様式が木造建築の主流となった。すでに高麗末期ころから民族的な傾向を強めつつあった建築様式は、外観の装飾性を強調し、内部の架構はより大きく高い空間をつくるために、徹底的に合理性が追究された。その自由奔放な装飾・造形は、民族的な色合いを濃く表現したものといえよう。王朝では儒教が奨励され、孔子をまつる廟と"郷校（きょうこう）(学校)を付属させた文廟が各地の都邑に建てられた。これらの郷校では、儒者のうち中央官庁に入れ

なかった人々が教師になり，子弟を教育した。また，これらの儒学者はその居所である▶書院でも子弟を教育し，著名な儒者には額が与えられて賜額書院とよばれ，尊敬された。また書院とともに各地に設けられ，この時代を特徴づける建築に楼亭がある。これは渓流沿いや高台などの風光明媚な名勝地に建てられ，行事に際しては共同の集会場や接客場となり，戦時においては作戦本部や観測所にも利用された。その機能や立地から，建物の様式はきわめて絵画的に華美につくられた。李朝の石造建築は城郭や楼閣の台基の積み方に著しい進歩を示すが，城郭では水原の華城カソン(1796)が中国における墩とんや台までも併用し，完備されたものとして知られる。しかし▶水原スウオン城を最後として以降の築城は衰退する。 宮本 長二郎

ちょうせんふく｜朝鮮服｜➡衣服
ちょうせんぶよう｜朝鮮舞踊｜➡舞踊
ちょうせんプロレタリアげいじゅつどうめい｜朝鮮プロレタリア芸術同盟｜➡カップ
ちょうせんぶんがく｜朝鮮文学｜➡文学
ちょうせんぼん｜朝鮮本

高麗本ともいう。主として朝鮮人または中国人撰書の朝鮮における刊行書をさすが，高麗時代，朝鮮王朝時代のものを，それぞれ高麗本(版)，朝鮮本(版)とよぶこともある。朝鮮と日本の往来は古く，応神朝に百済博士▶王仁ワニが《論語》《千字文》をもたらしたのが最初とされる。その後も渡来人とともに多量の書籍が伝えられた。8世紀前半の新羅への留学僧審祥の蔵書70部中，50部までが新羅僧の撰述であった。また丹波康頼の《医心方》には《百済新集方》《新羅法師方》の引用がある。以上は写本巻子本であろうが，現存しない。高麗は印刷術が盛んで，宮廷には官版刊行のため書籍鋪なども設けられた。3度大蔵経が刊行され，日本では《▶高麗大蔵経》の名で知られたが，とくに初彫本は日本に多く残存し，本国にはほとんどない。木活字や金属活字印刷は13世紀前半には行われ，1377年刊の《白雲和尚抄録仏祖直指心体要節》巻下1冊(フランス国立図書館蔵)という世界最古の活字本も現存する。高麗刊本は日本の五山版にも影響を与えたといわれるが，大蔵経以外にはほとんど存しない。

朝鮮王朝になると，官版は▶奎章閣の校書館などで刷られ，活字本が多いため100部から300部がせいぜいで，普及させる時にはそれを地方官衙で木版に起こしたりした。富裕な家門，▶書院，寺刹での刊本も多いが，書肆じの刊行物とみられるものでは，1576年刊《攷事撮要コウジサツヨウ》が最初である。豊臣秀吉の朝鮮侵略時に多量の書籍を略奪したが，大部分は16世紀の活字本および木版本で各地に現存し，貴重な本も少なくない。その時印刷道具一式がもたらされ，また工人も拉致されたようで，その影響下に文禄から寛永年間にかけて古活字版時代という一大盛期を招来した。しかし活字本は印刷部数が少なく，当時の出版物に対する需要を満たし得なかった。結局，従来の木版印刷にもどったが，出版文化の飛躍的発展に資したところは甚大である。和書の装丁や版式にも影響を与えた。略奪本には朱子学関係書も多く，林羅山などは積極的に利用して日本朱子学の成立と隆盛に大きく作用したが，それらの和刻も多く出た。さらに▶《金鰲キンゴウ新話》《三綱行実図》《五倫行実図》などは仮名草子にも影響している。江戸時代以降は対馬の宗家を通じてしか朝鮮本は入らなかったが，宗家には158部804冊が現存し，林家など江戸官学にそれらを貸し出している。明治以後に購入されたものもあり，日本に存する朝鮮本はかなりの数にのぼる。内閣文庫や足利文庫，蓬左ホウサ文庫などには本国でも見ることの困難な貴重本もある。朝鮮本は大型で，花紋などを押した蠟引き黄表紙に，朱糸の五穴綴じが特徴であり，料紙は楮紙コウゾシが最も多い。➡印刷術；紙 藤本 幸夫

ちょうせんみんが｜朝鮮民画｜➡民画
ちょうせんみんしゅしゅぎじんみんきょうわこく｜朝鮮民主主義人民共和国｜➡地域・国名編の朝鮮民主主義人民共和国
ちょうせんみんよう｜朝鮮民謡｜➡民謡
ちょうせんもじ｜朝鮮文字｜➡ハングル
ちょうせんりょうり｜朝鮮料理｜➡料理
ちょうせんろうどうとう｜朝鮮労働党｜

조선로동당
朝鮮民主主義人民共和国の政権を担う政党。1930年代の▶抗日パルチザン闘争の革命伝

統を継承し、〝金日成キムイルソンの〟チュチェ〈主体〉思想を指導指針とし、〈共和国北半部における社会主義の完全な勝利と全国的範囲における民族解放民主主義革命・祖国統一の実現を当面の目的，共産主義の建設を最終目的〉としている。労働者・農民・勤労知識人の前衛部隊であると同時に，朝鮮民族と朝鮮人民の利益を代表する大衆的政党でもあるとされている。

解放直後，北朝鮮の共産主義者も，いち早くソウル中心に生まれた〝朴憲永パクホニョンらの〟朝鮮共産党の影響を受けていたが，1945年10月に金日成らを中心に独自の朝鮮共産党北朝鮮分局（最近の公式文献ではこれを朝鮮共産党北朝鮮組織委員会とよび，あるいはこの時期に朝鮮労働党が創立されたとしている）が組織され，さらに46年8月広汎な勤労大衆を指導する必要から朝鮮新民党と合同して北朝鮮労働党が生まれた（このときから49年6月まで委員長は旧新民党の〝金枓奉キムドゥボンで，金日成は副委員長）。続いて南朝鮮でも46年11月朝鮮共産党・新民党・人民党の三者が合同して南朝鮮労働党が生まれ（委員長は許憲），果敢な反米人民抗争，48年以後にはパルチザン抗争をも展開したが，厳しい弾圧の中で朴憲永ら主要な指導者はしだいに安全な北朝鮮に移るようになり，49年6月には南北の党が合体して朝鮮労働党（委員長金日成）として再発足した。朝鮮戦争後には南におけるその地下組織もまったく消滅した。

48年3月の北朝鮮労働党2回大会に続いて56年4月3回大会，61年9月4回大会，70年11月5回大会，80年10月6回大会と重ねてきたが，この間53年8月朴憲永ら南朝鮮労働党系の粛清，56年崔昌益ら延安派（〈朝鮮独立同盟〉の項参照）・親ソ派の追放など激しい党内闘争を経験したすえ，50年代末以降，金日成による唯一指導体系を強化している。中ソ論争の顕在化以降はゆれを示しつつも，完全にはいずれにも組せず，〝自力更生のチュチェ思想を強調して独自の国際路線をとり，近年では非同盟諸国との連帯を重視している。党員数は56年にすでに100万名を超え，72年約200万名，80年306万名（北朝鮮人口の20％に近い）に達する。最高決定機関は大会だが，執行機関として100余名からなる中央委員会，さらにその内部に中央委員会政治委員会と中央委員会秘書局（金日成は5回大会以後総秘書）が設けられている。なお《労働新聞》は中央委員会の機関紙である。→政党　　　　　　　　　　　　　　梶村秀樹

[1980年代以降]　1980年の第6回党大会で〈全社会の主体思想化〉が基本路線として採択されて，人事面では金日成総書記（総秘書）の長男〝金正日キムジョンイル書記（秘書）が実質的にナンバー・ツーの地位に就き，後継者であることが内外に示された（金正日書記への後継者指名は，党内的にはすでに74年に決定済みだが非公表）。94年7月に金日成総書記が急死したのち，金正日書記は党，軍，政府などに対する実権を掌握していたが，服喪と食糧危機などで総書記のポストには3年以上にわたり就任せず，軍を中心にそうの体制固めに専念。97年10月，金正日書記が総書記にようやく就任し，後継体制が正式に発足した。ただし総書記就任は，党の各道代表者会や人民軍代表者会などでの〈推戴〉という形をとり，中央委員会総会での選出という正規の手続きはとられなかった。

この間に，朝鮮労働党の指導方針である〝チュチェ（主体）思想の内容も大きく変貌。1960年代半ばに〈思想における主体，政治における自主，経済における自立，国防における自衛〉と定式化された主体思想は，70年代以降は〈人間は自然と社会の主人〉とする〈人間中心の世界観〉に発展。一方，人間は肉体的生命とは別に最高指導者である首領とともに永遠に生きる〈政治的生命〉をもつとされ，80年代後半には首領を最高脳髄，朝鮮労働党を中枢神経，人民を細胞とする〈社会政治的生命体〉国家論が形成された。かくして金日成・正日父子に対する絶対的忠孝のイデオロギーが確立され，朝鮮労働党は体制崩壊した他の社会主義国の政権党とは異なると強調されるようになった。第6回党大会で改正された党規約では，朝鮮労働党は〈主体型の革命的マルクス＝レーニン主義党〉であるが，党創建50周年を迎えて95年10月に発表された金正日論文〈朝鮮労働党は偉大な首領金日成同志の党である〉では，〈主体の革命的党〉とのみ規定し，マルクス＝レーニン主義への言及がない。

第6回大会以降，規約上は5年に1回召集されることになっている党大会が約20年間も開催されていない。また，金日成総書記が死亡した94年以後は，党の重要問題を決定するため規約上は6ヵ月に1回以上開かれるはずの中央委員会総会も，開催されたという報道はない(2000年7月末現在)。党の指導メンバーである政治局委員および委員候補の数は，第6回大会時には委員19名，委員候補15名の合計34名であったが，死亡などで現在は委員8名，委員候補8名の合計16名程度と推定される。政治局常務委員に至っては，第6回大会時の5名に対し現在は金正日総書記兼常務委員の1名のみ。現在，日常の指導は，金正日総書記が党中央委員会書記や中央委員会各部の責任幹部に直接指示する形がとられているようである。中央委員は，第6回大会時には145名であったが，現在までにその3分の1以上が死亡。委員の数は新たに補充されて現在約170名と推定され，大幅に世代交代した。99年10月10日の党創建54周年にあたり，党機関紙▶《労働新聞》は社説で，金正日総書記の権威の絶対性を改めて強調するとともに，党の指導的役割をいっそう強化するよう呼びかけた。2000年10月には党創建55周年を迎えた。⇒地域・国名編の朝鮮民主主義人民共和国 〔小牧 輝夫〕

ちょうせんろうのうそうどうめい｜朝鮮労農総同盟

植民地朝鮮の全国的な労働者・農民組織。三・一独立運動後の朝鮮では1920年の朝鮮労働共済会，22年の朝鮮労働連盟会の結成，各地での労働争議，小作争議にみられるように労農運動が盛んになった。これを指導する全国組織として24年4月朝鮮労農総同盟が姜宅鎮，金鍾範ら社会主義者のイニシアティブにより結成された。当初の参加団体は167。27年には朝鮮労働総同盟と朝鮮農民総同盟とに分立することを決定したが，総督府がいっさいの集会を禁止したことや，幹部の間での派閥争いも加わって労農運動を指導する全国組織としての機能を果たすことができなかった。20年代末から30年代初めの労働運動，農民運動の高まりの中，非合法の赤色労働組合・農民組合への転換がなされるに伴い，労総・農総は自然解消状態となった。⇒農民運動｜労働運動 〔水野 直樹〕

ちょうていらい｜趙廷来｜⇒チョ・ジョンネ
ちょうはくさんみゃく｜長白山脈｜⇒チャンベク山脈
ちょうひろく｜懲毖録｜징비록

朝鮮，16世紀末の書。著者は▶柳成竜ユソンニョン。壬辰・丁酉倭乱(文禄・慶長の役)の過程を，戦争の様相，義兵の活躍，明軍との関係，李舜臣らの人物像などについて，直接の担当者であった著者が，体験をもとに後世へのいましめとして詳述している。1598年の作で，初刊は1633年(《西厓集》に収録)と推定される。日本でも1695年に京都大和屋から刊行，現代語訳は朴鍾鳴訳注本(《東洋文庫》所収)などがある。 〔矢沢 康祐〕

ちょうべん｜張勉｜⇒チャン・ミョン
ちょうほこう｜張保皐｜⇒チャン・ボゴ
チョ・グァンジョ｜趙光祖｜조광조

1482-1519

朝鮮王朝の文臣，儒者。字は孝直。号は静庵。本貫は漢陽。▶吉再キジェの学統を継ぐ金宏弼キムグェンピルの門人で朱子学を修め，士林の領袖となる。王道政治の実現を説いて▶中宗の信任を得，賢良科の実施，昭格署(道教の寺院)の廃止などを行ったが，自派の士類を多く登用し，過激な言動があったため，南袞ナムゴンら勲旧勢力の誣告ぶこくを受け，一党はことごとく断罪，彼も綾州に流され，賜死した(己卯士禍)。著書に《静庵集》がある。諡号シごうは文正。 〔山内 弘一〕

チョゲじ｜曹渓寺｜조계사

ソウル特別市鍾路チョンノ区にある。大韓仏教▶曹渓宗の総本山。日本が韓国を併合した1910年，全国の僧侶の義捐金で覚皇カクファン寺が創建された。約300年ぶりにソウル都城内に建てられた寺院だった。15年覚皇寺内に，朝鮮総督府の寺刹令(1911)によって統合された朝鮮仏教禅教両宗三十本山の連合事務所が置かれた。22年には禅教両宗中央総務院と禅教両宗中央教務院という二つの対立する宗務機関が設置されたが，25年朝鮮仏教中央教務院として統合された。29年104名の僧侶が覚皇寺に集まって朝鮮仏教禅教両宗僧侶大会を開き，宗憲をはじめ，教務院規程，教正会法，宗会法などを制定，朝鮮仏教界の中心寺刹としての地位を固め

●**チョゴリ**
チョゴリを着てチマ（裳）をはく女性（左），とパジ（袴），チョゴリの正装姿の男性。

た。38年覚皇寺を現位置に移築。41年三角山にあった太古寺を移転する形をとって寺名を太古寺と改めた。仏教界の〈浄化運動〉が一段落した54年，曹渓寺と改称した。境内には樹齢約500年と推定される白松（天然記念物），樹齢約400年の槐の木がある。
　　　　　　　　　　　　　　　　長森 美信

チョゴリ｜저고리

朝鮮の上衣で，男女とも同形である。男はこの下に▶パジ（袴）をはき，女はさらにパジの上に▶チマ（裳）をつける。庶民は素色の白が主だが，灰，うすい水色，黄，紅，緑などチマよりは明るい色を好む。素材はとくに限定はない。三国時代から形は変わらず，朝鮮王朝の初めまでは1mくらいの長いチョゴリを着て，腰を布か革のバンドでしめたが，16世紀末の壬辰・丁酉倭乱（文禄・慶長の役）以降はこの長さが短くなり，腰のバンドもなくなった。壬辰・丁酉倭乱当時で，男のチョゴリは身の丈が80cm，女子は60cmくらいであったが，現在は男は50cm，女は25cm内外である。夏はチョクサム（赤衫）とよぶ単衣を着，さらに下にソクチョクサム（内赤衫）を着る。冬は綿入れの二重（襦）を着るか刺し子（納衣襦）を着る。厳冬にはさらに筒状の小手（吐手）を腕にはめて寒気を防ぐ。チョゴリは新羅時代には〈尉解〉と表記されているが，モンゴル語のチョコトクチ（胸衣）に由来するともいわれる。近年，多くの遺品が発掘され，高句麗壁画にみえるチョゴリなどとともに現在までの変遷をうかがうことができるようになった。➡衣服　金 東旭

チョ・シク｜曺植｜조식｜1501-72

朝鮮中期の学者。本貫は昌寧，字は楗仲または健中，号は南冥。20代半ばまで漢城に暮らしながら学問に熱中し，25歳のときに《性理大全》を読んで以後，性理学に専念した。30歳で妻の実家がある金海に移り，さらに母の故郷であった三嘉に移り住んで，後進の教育に努めた。1538年以降，献陵参奉，典牲署主簿，丹城県監などに任じられたが，全ての官職を辞退。とくに丹城県監を辞するときの上疏は，朝廷の臣下たちに対する厳しい批判と，国王明宗と大妃文貞王后に対する直線的な表現で大きな波紋を起こした。官途に就かず，学問に専念する彼の名声は高まり，鄭琢・金孝元・崔永慶・金宇顒・李楨・金沔・趙瑗・鄭逑・崔滉・郭再祐・成汝信ら，多くの門人を輩出。61年晋州（現山清）に山天斎を建て，72年に没するまで性理学の研究と後進の教育に努めた。死後，門人たちが建てた徳川書院（晋州），晦峴書院（のち龍巌書院，三嘉），新山書院（金海）が，光海君代に全て賜額し，領議政が追贈された。諡号は文貞。文集《南冥集》のほか，著書に《学記類編》《神明舎図》《破閑雑記》，作品に《南冥歌》《勧善指路歌》などがある。
　　　　　　　　　　　　　　　　長森 美信

チョ・ジョンネ｜趙廷来｜조정래｜1943-

韓国の小説家。ソウル生れ。1970年《現代文学》誌に短編《陋名》を発表して登壇。83年から発表しはじめた大河小説《太白山脈》により一躍人気作家となった。この作品は解放直後から朝鮮戦争までを背景に，左右両勢力を客観的に描こうとしたもので，タブーであった左翼の復権を企図した点が評判となり，全10巻に及ぶ大長編はのべで約500万部のロングセラーとなった。その後，前編にあたる日帝時代を舞台にした《アリラン》（全10巻）を完成させ，98年5月からは，▶四月革命から90年代はじめまでを背景とする大河小説《漢江》を《ハンギョレ新聞》に連載したが，これは作者の言葉を借りれば，また別のタブーである《北朝鮮》を同じ民族の片方として客観化しようという意図をもつものという。上記の大河小説を除く作品を集大成した《趙廷来文学全集》（全10巻，1999）がある。
　　　　　　　　　　　　　　　　布袋 敏博

チョナン｜天安｜천안

大韓民国忠清南道に属する市。面積636.25km²、人口60万2393(うち外国人1万4629、2013年7月末現在)。ソウルの南約84kmにあり、交通の要衝を占める。朝鮮時代にソウルから南に向かう幹線道が慶尚道方面と全羅道方面とに分かれる分岐点だったことから、〈天安サムゴリ〉(三叉路)の地名が生まれ、現在も京釜高速道路のサービスエリアにその名が用いられている。首都圏の大市場と結びついた酪農・畜産、施設園芸、果樹栽培などが盛んで、特産のウリやブドウのほか、クルミ入りの菓子は全国的にも人気が高い。大学が多く立地する学園都市として発達してきたほか、中部内陸工業地域の一翼を担う工業都市としても成長が著しい。従来からの繊維・食品・農業機械工業などに加え、市内各地に造成された産業団地には大手企業による電子機器、半導体、化学工業などが進出しており、アニメ産業や映像制作の誘致も進んでいる。また、先端・高度技術関連の外国人企業専用団地も造成されており、労働者も含めて外国人人口が増加している。三・一独立運動の志士 *柳寛順ユァンスンの出身地であり、1987年には *独立記念館が建設された。　　　　　　　　佐々木 史郎

チョブン｜草墳｜초분

韓国南西部・全羅南道の多島海地方で広く行われていた葬制。草殯초빈などともよばれ、複葬制・洗骨葬の一種と考えられる。遺体を納めた棺はすぐに埋葬せずに、山林や海岸、耕地の隅などに移し、地面や石、床几などの上に仮安置する。上を藁や樹枝などで覆い、1-3年間置いてから、肉の落ちた遺骨を取り出して浄め、正式の墳墓に埋葬する。類似の葬法は《三国志》魏書東夷伝や《隋書》高句麗伝などにも散見され、朝鮮時代までは全国的に行われていたとされるが、全羅南道の南西海岸・島嶼地域では、この地方独特の巫俗とも結びついて遅くまで残り、2000年代に入ってからも、実例が記録・報告されている。起源については、南方文化の伝播など、いくつかの説がある。
佐々木 史郎

チョ・ボンアム｜曺奉岩｜조봉암｜1898-1959

韓国の政治家。江華島生れ。三・一独立運動に参加し、1年間の服役後渡日し、中央大学へ入学したが中退。1925年 *朝鮮共産党の創立に中心人物の一人として参加。30年検挙され、7年間服役。44年再び逮捕されたが、日本の敗戦により出獄。仁川人民委員会結成の先鋒となるが、46年共産党を脱党。初代農林部長官、国会副議長を歴任したが、李承晩の独裁に反対して52、56年と大統領選に出馬し、落選。55-56年にかけて、反独裁・民主守護、祖国の平和統一を綱領とする進歩党を組織し、56年11月正式に結党した。58年、進歩党の発展を恐れた李承晩政権により、北朝鮮のスパイにでっちあげられ(進歩党事件)、翌59年死刑を執行された。　　　　　　　　大和 和明

チョ・マンシク｜曺晩植｜조만식｜1882-?

朝鮮の独立運動家。号は古堂。平安南道の江西出身。1913年明治大学卒業。学生時代ガンディーに傾倒。三・一独立運動で1年間入獄。22年朝鮮物産奨励会会長、27年 *新幹会中央委員、32年《朝鮮日報》社長。創氏改名を拒否し、神社参拝に反対するなど、徹底したキリスト教民族主義者として知られた。解放後、平安南道建国準備委員会や北朝鮮五道政治局の委員長を歴任。45年朝鮮民主党を結成、46年朝鮮信託統治に反対して軟禁され、以後、消息不明。　大塚 嘉郎

チョリョン｜鳥嶺｜조령

忠清北道槐山괴산郡延豊연풍面と慶尚北道聞慶문경市聞慶邑の境にある峠。標高642m。古来、〈鳥も超えがたい〉ほどの峻険さから、〈セジェ〉(セは鳥、ジェは峠の意)ともよばれる。ちなみに、朝鮮語地名の〈〜嶺〉は、山脈ではなく、峠を意味する。鳥嶺に小白山脈越えの峠道が拓かれたのは15世紀初めで、1920年代に南の梨花嶺이화령を通る新道が開通するまで、漢城(現ソウル)と嶺南영남地方(現慶尚南・北道一帯)を結ぶ幹線ルートの一つとして利用された。鳥嶺の南側には、壬辰倭乱(文禄の役、1592)の後、関門と城壁が築かれた。1594年築造の鳥谷関(第二関門)、1708年築造の主屹関(第一関門)・鳥嶺関(第三関門)や城壁は、その後、荒廃が進んでいたが、1966年に史蹟第147号に指定され、70年代に復元された。現在、これらの史蹟群を含む慶尚北道側の一帯は聞慶セジェ道立公園

となっている。　　　　　　　　佐々木 史郎

チョルォン｜鉄原｜철원
朝鮮半島の中央部，江原道に属する郡。チョロンとも。北緯38度線以北にあり，1945年の分断当初は北朝鮮側に属していたが，53年7月の休戦後，江原道は南北に二分され，双方に鉄原郡が置かれるようになった。韓国側は面積899km²，人口4万8574(2011)，北側は面積554km²，人口6万2418(2008推定)。軍事境界線をはさんで南北が対峙する要塞地帯となっている。楸哥嶺構造谷に沿って開かれた京元街道(ソウル～元山)中間の要衝であり，鉄原邑は，9世紀初め▶弓裔が創建した泰封国の首都にもなった。面積600km²をこえる溶岩台地上にあり，20世紀に入って水田が開発された農村地帯だが，朝鮮戦争中，鉄原，金化，平康を結ぶ一帯は〈鉄の三角地帯〉とよばれる激戦地となった。旧労働党舎，月井里駅，白馬高地など多くの戦跡地が残るほか，〈非武装地帯を望む展望台，第2地下トンネルがある。　　　　　　　　谷浦 孝雄＋佐々木 史郎

チョルチョン｜哲宗｜철종｜1831-63
朝鮮王朝第25代の王。在位1849-63年。兄の獄事に連座して江華島に流されていたが，前王の憲宗(在位1834-49)に後継ぎがなく，突然ソウルによび戻されて19歳で即位した。国王としての正規の教育を受けず，姻戚の安東金氏のなすがままであった。王の治世中には税制の乱れがはなはだしく，水災や疫病がはやり，1862年には〈壬戌民乱とよばれる全国的な民衆反乱が起きた。また，周辺の国々では日本の開港(1854)や英仏連合軍による北京占領事件(1860)があり，朝鮮沿岸にも英仏の艦船が出没して朝野に不安を与えた。哲宗の時代にはこのような不安な世相を背景に，朝鮮の民衆宗教ともいうべき▶東学が生み出された。　　　鶴園 裕

チョルラどう｜全羅道｜전라도
朝鮮半島南西端の地方。朝鮮八道の一つで，湖南地方ともよばれる。この〈湖〉については，現在の全羅北道金堤市にあった百済時代の貯水池〈碧骨堤〉をさすとする説，〈錦江の古名〈湖江〉に由来するとする説などがある。現在，韓国に属し，行政区域上は南北道に分かれるほか，1986年に全羅南道から▶光州市が直轄市(95年から広域市)として分離している。全羅北道は▶全州に道庁を置き，面積8067km²，人口187万2965(2013)。全羅南道は面積1万2257km²，人口190万6887で，道庁は2005年に光州から務安郡に移転した。
［自然］　北東から南西方向へ走る盧嶺山脈と▶小白山脈を中心とする500mほどの丘陵性山地によって大部分覆われているが，北部には万頃江・東津江の流域に広がる朝鮮最大の▶湖南平野，また二つの山脈の間を流れる栄山江流域の羅州平野があり，韓国第一の穀倉地帯とされている。二つの山脈の先端は複雑な沈降海岸地形を形成しながら海へ没し，その西～南の海上は▶珍島ほか大小2000余の島が散在する多島海をなしている。潮差は北部の群山港付近では6mをこえ，干潟地が広く発達しており，万頃江・東津江の河口から古群山群島，辺山半島にかけて，1990年代から大規模な干拓事業(セマングム干拓)が進められている。小白山脈の南端近くで1000m級の名峰が集まる智異山一帯は，全羅南・北道と慶尚南道の道界にまたがる国立公園となっている。気候は比較的温暖多雨であり，南部では年平均気温13℃前後，年降水量1100-1400mmほどになる。全羅南道と慶尚南道との道界部を流れる蟾津江下流部は韓国の最多雨地の一つとされ，木浦付近の多島海地域は濃霧日数の多さで知られる。
　　　　　　　　佐々木 史郎
［歴史］　朝鮮王朝初期の八道制施行時には南方海上の▶済州島も本道の管轄区域としたが，1946年これを分離して済州道に昇格させた。全州が中心地となってきたが，1896年に南北2道に分割され，南は光州が中心地となった。朝鮮時代には王族の直轄領が広く分布し，その土地を耕作する農民は穀倉地帯に住みながら概して貧しかった。近代に入り，東学思想が広まり，▶甲午農民戦争(1894)が主に全羅道を舞台に展開されたのも，そのような社会的背景に基づくものと思われる。日本植民地時代にも▶東洋拓殖株式会社や日本人の大農場が多数設置され，小作農民の間で農民運動が盛んであった。独立後の農地改革によって小作農

民の大部分は自作農となったが，朝鮮戦争の勃発に伴い，高率の農地税をとられたし，1960年代以降の経済開発においては重点的な投資対象となった慶尚�道（嶺南）地方との格差が広がり，インフラ整備や政府人事などでの不公平感も加わって，地域的な対立感情が深刻化した。80年5月の「光州事件」の背景には，このような全羅道の政治的・経済的疎外感があったとされている。政府もこうした地域格差や対立感情の緩和・是正を重要課題としてきたが，選挙での投票行動などでは，依然として地域間のコントラストがきわだつことが多い。

［地域と産業］ 韓国第一の米作地帯であるが，養豚などの畜産業も行われている。また北部ではモモやカキ，南部ではナシなどの果樹の主産地となっている。全州一帯の山地はコウゾの産地であり，古くから朝鮮紙（・紙）の生産が行われてきたが，今日この伝統が群山，全州などの製紙業に伝えられている。海岸一帯は天然の良港に恵まれ，風波のない湾内では貝類，ノリ，ワカメの養殖が盛んに行われている。とくに韓国ノリの大部分は本道で生産され，日本へも輸出されている。また，木浦，麗水などの漁港はグチ，サバなど沿・近海漁業の基地となっている。かつて広範囲に見られた製塩業は廃止されたところが多いが，島嶼部を中心に天日製塩を維持する塩田もあり，伝統の味として珍重されている。本道は長年純農村地域として，製紙，木工品などの伝統的な産業以外にはみるべき工業がなかったが，1980年代以降，麗水・光陽�地区を中心に大規模な石油化学コンビナートや製鉄所が建設され，面目を一新した。内陸の全州，光州にも地方工業団地が造成され，食品，繊維，自動車などの諸工業が発達しているほか，ソウル・大田に連なる先端産業団地の造成も進んでいる。全羅南道庁が移転した務安郡に隣接する木浦西海岸高速道路の開通で首都圏との結びつきも強化され，沈滞傾向にあった地域経済の活性化をめざして，一連の開発計画が進められている。また，全羅北道西海岸のセマングム干拓でも，あらたな大規模開発が見込まれている。これまで韓国の工業発展の二大中心をなしてきた京仁圏と嶺南圏が飽和気味となり，中国・東南アジア市場への進出戦略も加わって，湖南圏の開発への認識は高まりつつある。一方，本道に属する多数の島は比較的低平な地形をもち，水田や畑地として利用されているが，水利が悪いため，農業は不安定である。半農半漁の自給的経済を営んできた島嶼部では，年々過疎化や高齢化が進んでおり，多島海海上国立公園などを中心に，観光振興が図られている。木浦と麗水が島々との交通の中心地となっている。

谷浦 孝雄＋佐々木 史郎

チョンアムトンはいじ｜清岩洞廃寺｜
청암리폐사지

朝鮮民主主義人民共和国，平壌特別市大聖区域清岩洞にある三国時代高句麗の寺院址。大同江右岸の清岩洞土城内にあり，1938年に発掘調査された。その結果，平面が八角形の建物を中央に置き，その東・西・北の三方に堂宇と，南方に中門を配置するという，一塔三金堂式の伽藍であることがわかった。北方建物の北側の台地でさらに数棟の建物跡が認められたが，いずれも高麗時代のものである。《三国史記》によると，文咨王7年(498)に〈秋七月創金剛寺〉と記す。《東国輿地勝覧》には，〈金剛寺遺址在府東北八里〉とあり，また，寺院址の南東にあたる酒巌山を〈酒巌在府東北十里〉とする。つまり金剛寺址は酒巌とともに，平壌府の北東方にあって，現在の清岩洞廃寺の位置と距離的にもそれほど大きな隔りがないことなどから，この寺院址は，《三国史記》記載の金剛�寺跡に比定されている。一方で，寺院址出土の創建時のものと思われる瓦の型式について，記録より古く5世紀初頭に上限を求める見解もみられる。この寺院址の伽藍配置は日本の奈良県飛鳥寺のそれと密接な関係をもつと考えられる。 ▷寺院建築　西谷 正

チョン・インジ｜鄭麟趾｜정인지｜1396-1478
朝鮮王朝の文臣，学者。字は伯雎。号は学易斎。本貫は河東。文科に及第後，太宗，世宗の知遇を受け，要職を歴任，「世祖」の王位奪取には参謀として活躍し，功臣号を受けた。一時仏書刊行に反対して追放されたが，官は領議政に至った。《治平要覧》《高麗史》《資治通鑑訓義》など多くの書物

を編纂刊行し，暦法の改定や，世宗の《訓民正音》制定にも参与した．著書に《学易斎集》がある．諡号しごうは文成．
　　　　　　　　　　　　　　　　　　山内 弘一

チョン・インボ |鄭寅普|정인보|1892-?
朝鮮の学者．字は経業，号は為堂・薔園など．ソウル市出身．1910年に朴殷植，金奎植，申采浩らとともに同済社を組織．18年以降，延禧，梨花などの専門学校で国語，国学，東洋学の教鞭を執り，《時代日報》《東亜日報》などの論説委員として，総督府の政策を痛烈に批判して，民族精神を鼓舞した．48年国学大学長に就任，50年朝鮮戦争で朝鮮民主主義人民共和国に連行後，消息不明．主著《朝鮮史研究》では民族の魂を追究し，《薔園国学散藁》では古典の新解釈が多い．
　　　　　　　　　　　　　　　　　　井上 秀雄

チョン・グワンウ |千寛宇|천관우|1925-85
言論人，歴史家．農家に生まれる．1944年京城帝国大学予科に入学．46年ソウル大学校に進学し，*李丙燾いびょんど の指導を受ける．在学中は朝鮮後期の*実学研究を行ったが，以後古代史から近代史に至るまで広く研究する．卒業後は歴史研究のかたわら，言論人としても活動した．52年より1年間アメリカに留学して新聞学を修め，帰国後長く韓国日報，*朝鮮日報，*東亜日報などで論説委員，編集局長，主筆などを務める．言論弾圧に抵抗し，民主化運動にも関わったが，全斗煥政権下では政府系機関の顧問や諮問委員に関わることもあった．
　　　　　　　　　　　　　　　　　　三ツ井 崇

チョン・ゲソムン |泉蓋蘇文|천개소문|?-665
高句麗末期の権力者．淵蓋蘇文とも書き，《日本書紀》皇極元年(642)条には大王を殺した伊梨柯須弥いりかすみとみえる．貴族の出身で，642年栄留王や大臣を謀殺し，王の甥の蔵を即位させた(宝蔵ほうぞう王)．以後権力を集中して，莫離支まくりしの位にのぼった．対外的にも強硬な路線をとり，百済と結んで新羅を圧迫した．そこで，新羅は唐に救援を請うや，唐は高句麗に講和をすすめた．蘇文はこれを拒否したため，高句麗は唐の太宗の攻撃をうけた．彼の死後，子の男生，男建，男産が対立して国内は乱れ，唐・新羅の連合軍に滅ぼされた．
　　　　　　　　　　　　　　　　　　浜田 耕策

チョンゴンニいせき |全谷里遺跡|전곡리유적
韓国，京畿道漣川郡全谷面全谷里にある旧石器時代の代表的遺跡の一つ．朝鮮半島のほぼ中央，北緯38度線を北に越えたすぐの地点に位置する．1978年に発見され，その翌年から10年計画で発掘調査が実施されている．遺跡は漢灘江右岸の台地上に立地し，片麻岩盤上に，砂礫層と溶岩(玄武岩)層が十数mの厚さで堆積するが，石器は約27万年前とされる溶岩層の上にある，厚さ5mほどの粘土層から検出される．この粘土層は火山灰層ではなく，長期にわたる自然堆積とされる．地表面採集および堆積層出土の石器には，珪岩製のハンド・アックス，両面石器，クリーバー，多角面円球，チョッパー，チョッピング・トゥール，スクレーパー，石槌などがある．それらの形態学的ならびに統計学的分析によると，ヨーロッパの前期旧石器時代のアシュール文化に酷似し，東アジアでは最初で，確実な両面加工のハンド・アックス伝統の旧石器文化といわれている．
　　　　　　　　　　　　　　　　　　西谷 正

チョン・ジェドゥ |鄭斉斗|정제두| 1649-1736
朝鮮王朝後期の学者，朝鮮陽明学派の祖．字は士仰，号は霞谷．本貫は慶尚道延日．*鄭夢周ていぼうしゅうの後孫に当たる．朱子学が全盛を誇り，異学異端視されていた*陽明学を朝鮮で初めて本格的に研究し，江華島に李匡臣，李匡師いきょうしらの*少論しょうろん派学者たちの間にその学統を開き，王朝末の李建昌，*鄭寅普ていいんぼに受け継がれた．かたわら天文暦学，文字学，社会制度の研究に励み，〈虚〉〈仮〉を憎むく実学〉を実践した．しかし代表作《存言》をはじめ彼の全著作は，陽明学者なるゆえに当時は刊行されなかった．全集に《霞谷集》がある．
　　　　　　　　　　　　　　　　　　小川 晴久

チョンジュ |全州|전주
韓国，全羅北道中央部の都市で，道庁所在地．面積206km²．人口64万9581(2013)．韓国第1の穀倉地帯である*湖南こなん平野の東辺からやや外れた盆地に位置し，交通の要衝として後百済(892-936)の首都とされた歴史をもつ．朝鮮王朝を開いた李成桂いせいけいの本貫(祖先の発祥地)であり，全羅道の中心とされてきたが，近代に入り，鉄道や高速道から外されたため，交通要衝としての地位が低くなり，行政，教育中心の都市となった．

全州第一産業団地(1969)，同第二産業団地(1987)の造成により工業化が進み，益山市や群山市の工業団地と並ぶ全羅北道の工業の中心として，とくに繊維産業の集積が目立つ。一方，全州城の城門や李成桂の肖像画を祀る慶基殿などの遺跡が散在する古都として知られ，伝統的な都市住居が残る校洞・殿洞の韓屋保存地区も観光客に人気が高い。伝統産業として全州紙，扇子などがあり，また全州ビビンバの名で知られる五目混ぜ飯の本場である。芸術の都としても知られ，全州国際映画祭が開催される。
佐々木 史郎

チョンジュ|定州|정주

朝鮮民主主義人民共和国，平安北道南部の都市。猪川江下流の沖積平野と黄海沿岸の海岸平野が連なった広大な博川平野に位置し，北朝鮮有数の穀倉地帯となっている。1812年の▶洪景来の反乱のときには農民軍が籠城し，最大の激戦地となった。開国後キリスト教がいち早く定着したところとして知られ，朝鮮における近代教育の揺籃，▶五山学校があった。中心地の定州邑は平義線(平壌〜新義州)の中間要駅で，亀城，朔州方面へ至る平北線(平壌〜水豊発電所)の分岐点となっている。1994年定州郡が定州市に昇格。
谷浦 孝雄

チョンジュ|清州|청주

韓国，忠清北道の中西部の都市で，道庁所在地。面積154km²。人口66万8164(2013)。錦江の支流である無心川が形成した盆地の最奥部に位置し，清州盆地から錦江沿いにかけての穀倉地帯の中心都市となっている。京釜街道から漢江および錦江上流の山間地へ通ずる交通上の要衝として，古くから軍事，地方行政上の拠点とされてきた。1908年以来忠清北道の道都として，行政，教育，商業を中心とする都市として発達した。周辺農村の特産物の繭，葉タバコを背景に製糸，タバコ工業が行われてきたほか，69年に造成が始まった清州工業団地は73年に第1団地が完成，その後，89年までに第2, 3, 第4団地が相次いで完成し，機械・電子・化学・食品など多様な業種が立地している。忠北大・清州教育大や国立清州博物館，清州古印刷博物館をはじめ，大学や社会教育施設が多く，教育文化都市としても知られる。1377年に清州で刊行された仏教書《直指心体要節》は世界最古の金属活字本として，2001年にユネスコの世界記録遺産に登録されている。
谷浦 孝雄＋佐々木 史郎

チョン・ジュヨン|鄭周永|정주영
1915-2001

韓国最大の財閥，現代グループ(▶現代財閥)の創始者。日本の松下幸之助に相当する立志伝中の人物。韓国最大の資産家といわれる。名勝，金剛山麓の江原道通川で生まれ，18歳の時，父が牛を売った代金70ウォンを持ち出してソウルへ向かい，朝鮮戦争後の建設ブームや朴正熙政権下の高度経済成長の波に乗り，鋭い経営感覚と大胆な手法で企業規模を拡大，最大の財閥に成長させた。故郷，▶金剛山の開発に強い関心をもち，1998年，北朝鮮(朝鮮民主主義人民共和国)を訪問，▶金正日総書記から開発許可を得た。92年の大統領選挙に出馬したが落選。最後の仕事として金剛山開発に取り組んでいる。ファミリーで唯一の政治家，六男の鄭夢準(韓国サッカー協会会長)は有力な大統領候補だったが，03年自殺。⇒金剛山
小林 慶二

チョン・ジュンブ|鄭仲夫|정중부|1106-79

高麗朝の武臣で▶武人政権の創立者。黄海道海州の人。兵士から身を起こし，武勇を買われて毅宗のときに上将軍となった。当時，武臣は文臣に軽蔑され，不満がつのっていた。1170年毅宗が郊外に遊幸したとき，彼は護衛にあたっていたが，同行の李義方，李高らの武臣と共謀し，突如として王の一行に襲いかかり，随行の文臣を斬り，つづいて王城にかけもどり，生活苦に悩んでいた兵士を扇動して蜂起させ，多くの文臣を殺害，追放した(庚寅の乱)。さらに毅宗を廃して明宗を立て，一挙に政権を手に入れた。つづいて73年金甫当が毅宗復位運動のために挙兵したのを機会に，またも文臣を殺害追放した(癸巳の乱。前者と合せて庚癸の乱という)。やがて武人相互の争いが起こり，李高を李義方が殺し，李義方を鄭仲夫が殺し，鄭仲夫はただ一人残って権力を振るった。彼は門下侍中という最高官職に上り，広い土地と私兵をもって権

勢を誇ったが，将軍慶大升らに殺された。

旗田 巍

チョンジョ｜正祖｜정조｜1752-1800

朝鮮王朝第22代の王。在位1776-1800年。本名は李祘。先王の英祖とともに文芸復興の王として知られ，この2王の時代を英正時代などともよぶ。幼くして父の思悼世子が祖父の英祖に櫃の中に閉じこめられて死ぬという事件(1762)を目撃し，以後の時派(世子に同情)，僻派(世子を非難)の対立を実見したために，終生，外戚や党派の争いをなくして，文治主義による王権の確立を目標とした。即位の年には王立アカデミーにあたる▶奎章閣を設置し，〈庶類疎通節目〉を出して当時社会的に冷遇されていた庶子(妾腹の子)の朴斉家や李德懋らを閣員に採用した。また在位中には，数度の活字の鋳造を行って《大典通編》《同文彙攷》などを印刷し，奎章閣閣員には▶《日省録》とよばれる公的日記を書かせ，みずからも《弘斎全書》という著作集を出した。この時期，党派にかかわらず優秀な学者を多くブレーンとして採用したので丁若鏞をはじめとする▶実学が花開いたが，王の死後党争がからんだ天主教弾圧事件の▶辛酉教獄(1801)のため実学は支持者を失った。

鶴園 裕

チョン・ジヨン｜鄭芝溶｜정지용｜1903-?

朝鮮の詩人。忠清北道生れ。日本の同志社大学英文科卒。1927年ころより詩作を始める。▶《文章》誌の詩部門推薦人として多くのすぐれた新人を世に送り出した。《鄭芝溶詩集》(1935)，《白鹿潭》(1941)などの詩集がある。言語感覚にすぐれ，朝鮮語の美しさを極限にまで駆使した詩人といわれている。解放後は梨花女子大学校の教授として，また，左翼文壇のリーダーとして活躍。朝鮮戦争のとき越北し，以後消息は不明である。

尹 学準

チョンジン｜清津｜청진

朝鮮民主主義人民共和国北東部の都市。天然の良港を有し，漁業や各種工業が発達する。1960年に隣接の羅南市，富寧郡の一部を合併し，7区域からなる直轄市に昇格した。朝鮮王朝時代には零細な漁村にすぎなかったが，1908年に開港し，北部山地の木材や水産物の貿易港として発展しはじめ，29年に咸鏡線が開通すると，北部山岳地域への交通の要衝となった。日本植民地時代末期に▶茂山の鉄鉱と阿吾地の石炭を原料とする製鉄工業が建設され，それ以来北部朝鮮の冶金工業の基地となった。朝鮮戦争では大きな被害を受けたが，復旧され，製鉄以外にも各種機械，造船，化学繊維などの工業が建設されて，▶咸興と並ぶ共和国の重工業地帯となっている。工業原料の自給化政策を進めている共和国は豆満江流域の天然資源に注目し，清津はその開発拠点となっている。また，1次産業においても，輸城平野の稲作や日本海でのスケトウダラ，タラ漁業に力が入れられている。清津港は国際貿易港として各国の貿易船が出入し，日本へも新潟港などへ石炭や鉄鉱石を積んだ貨物船が往来している。また在日朝鮮人の帰国船が到着する港としても知られている。85年7月咸鏡北道に復帰。

谷浦 孝雄

チョン・ソン｜鄭敾｜정선｜1676-1759

朝鮮王朝時代の画家。本貫は光州。字は元伯，号は謙斎，蘭谷。元来は両班の出身であったが，画才に恵まれ，高祖父のすすめによって図画署の画員となった。朝鮮絵画史上最も重要な画家の一人であり，官位は県監(県知事)に至る。多くの地方を巡歴し，金剛山そのほかの名勝を描き，真景図に新境地を開いた。《金剛全図》，《仁王霽色図》(ソウル，湖巌美術館)《清風渓図》(ソウル，澗松美術館)などにみる彼の独創性は従来の北宗画様式に，新たに伝えられた南宗画様式を折衷させたものといえよう。とくに擦筆で垂直線を連ねた大胆な斧劈皴はその最たるもので，朝鮮の山水画は鄭敾にいたってようやく中国風の定型山水の枠を脱したといえる。また彼は《仁谷幽居図》のようなまったく南宗画風の作品を最初に試みた人物でもある。→朝鮮美術[図]

吉田 宏志

チョン・チョル｜鄭澈｜정철｜1536-93

朝鮮王朝中期の文臣，歌人。字は季涵，号は松江。王朝政治史上の大きな特徴である▶党争が起こったとき，西人派の頭目としてかかわり，党勢の浮沈によって政治生活が左右されていた。官は左議政まで上った

が，ときには流配の辛酸をなめている．政治家としての足跡に劣らず，文学史上第一級の歌人として優れた作品を多く残している．歌集《松江歌辞》には5編の▶歌辞(関東別曲，思美人曲，続美人曲，星山別曲，将進酒辞)と84首の▶時調が収録されている．とくに歌辞は広く愛誦されただけでなく，その後の歌壇に大きな影響を及ぼした．朝鮮語の美を深く探り，広く詩語を開拓している．当時の儒者流の文人とは違い，彼の作品には享楽主義と逃避思想，道教的神仙世界への憧憬が詩想の主軸をなしているが，一方では忠君と酔楽が時調の主題の大半を占めている．17世紀の文人▶金万重も朝鮮における真の文学作品は，〈関東別曲と両美人曲〉だけだと高く評価している． 金 思燁

チョンチョンこう｜清川江｜청천강
朝鮮民主主義人民共和国の北西部を流れる川．▶三国時代には薩水とよばれ，高句麗の武将▶乙支文徳が隋の大軍を撃滅した古戦場として知られる．慈江道東新郡の北東部山間地に発し，▶狼林山脈から分岐した狄蹌嶺山脈と妙香山脈の間を流れて，西朝鮮湾に注ぐ．全長199km，流域面積9450km²．水量が豊富で可航区間は150km以上に及び，包蔵水力も大きい．▶平安北道熙川市から河口まではほぼ直線的な河道をなし，平行して鉄道の満浦線が走る．この路線は名山として知られる▶妙香山や山麓の古刹普賢寺へのルートとしても利用されてきた．下流部は平安南北道の道界をなし，周囲に博川平野や安州平野が広がる． 佐々木 史郎

チョン・ドゥウォン｜鄭斗源｜정두원｜1581-?
朝鮮王朝中期の文臣．字は丁叔，号は壺亭．本貫は全羅道光州．1630年(仁祖8)に陳奏使として明に使いし，翌年マテオ・リッチの《天文書》《遠鏡書》《千里鏡説》《職方外記》《西洋国風俗記》などの漢訳西洋書や火砲，千里鏡(望遠鏡)，自鳴鐘(時計)などの器機を携えて帰国した．これは一行の訳官李栄後がイタリア人ロドリゲス(陸若漢)に西洋暦法の推算法をたずねた〈問答書簡〉とともに，西洋文物・科学の朝鮮移入の最初の記録となった． 小川 晴久

チョン・ドゥファン｜全斗煥｜전두환｜1931-
韓国の軍人，政治家．第11-12代大統領(在任1980.8-88.2)．慶尚南道出身．1955年韓国陸士第11期卒．79年10月の朴正煕大統領暗殺事件の際，戒厳司令部合同捜査本部長として軍と情報機関の実権を掌握．民主化運動が急速に高まるなかで80年5月17日非常戒厳令をしき，野党勢力の中心人物であった▶金大中元大統領候補をはじめ，朴体制を支えてきた▶金鍾泌元首相，李厚洛KCIA部長など既成の実力者を一斉逮捕(五・一七クーデタ)．この直後の▶光州事件に軍を投入，流血のすえに制圧し，体制を固め，再び軍人中心の政権を成立させた．80年8月第11代大統領となり，10月に新憲法を公布(第五共和国)，81年2月第12代大統領．外交に力を入れ，レーガン政権誕生直後に訪米，88年のソウル・オリンピック誘致にも成功した．83年10月，歴訪先のラングーンで4閣僚ら19人死亡の爆弾テロにあったが，全大統領は現場におらず難を逃れた(▶ラングーン事件)．84年9月，韓国元首として初の公式訪日を果たし，天皇と会見，〈日韓新時代〉の幕明けをうたった．87年6月の民衆決起の中で民主化を受けいれ，改憲，大統領直接選挙を経て，翌2月盧泰愚と交替した． 猪狩 章

　1988年9月，第五共和国(全斗煥時代)の不正を告発する〈五共非理〉摘発の世論が起き，全斗煥一族の不正蓄財が問題化，全斗煥が謝罪して山寺に出家し，▶盧泰愚大統領が政治的赦免を求める談話を発表したが，光州民衆虐殺事件(光州事件)の真相解明と責任追及の声が高まった．96年6月，ソウル地裁で反乱・内乱罪などにより死刑の実刑判決を受けた(12月に無期に減刑)．97年末，金大中の助言を受けた▶金泳三大統領の特赦で釈放された． 前田 康博

チョン・ドジョン｜鄭道伝｜정도전｜?-1398
高麗，朝鮮王朝の文臣，学者．字は宗之，号は三峯．本貫は慶尚道栄化．▶李穡の門人で，朱子学を修め，威化島回軍以後，▶李成桂(朝鮮王朝の太祖)の参謀として活躍した．田制改革案を支持し，仏教の排撃を強硬に主張して対立勢力を退け，趙浚らとともに李成桂を王に推戴して功臣号を受け

●丁若鏞
生誕200年記念切手。1962年，朝鮮民主主義人民共和国発行。

た。朝鮮王朝成立後も要職を歴任し，文物制度や国策の決定には多く関与したが，王位継承の内乱に座し，李芳遠(▶太宗)に斬首された。著書の《三峯集》には，朝鮮王朝の統治理念を示した《朝鮮経国典》《経済文鑑》や，朝鮮王朝初期の排仏政策に理論的根拠を与えた《仏氏雑弁》などを収める。諡号じごうは文憲。　　　　　　　　　　山内 弘一

チョンニムじし｜定林寺址｜정림사지
韓国，忠清南道扶余郡扶余邑東南里にある寺院址。1942-43年と，79-80年に大規模な発掘調査が行われた。主要伽藍は，日本で四天王寺式配置といわれるものに相当し，南北軸線上に，南から中門，塔，金堂，講堂の順序で一直線上に並び，周囲を回廊で囲む。2010年の発掘調査では，講堂に採り付く回廊付近で付属建物が検出された。現在，創建当初の石造五重塔と，講堂跡中央に高麗時代の丈六石仏が残る。寺跡からは，百済時代末期から，統一新羅時代を経て，高麗時代にいたる屋瓦が出土する。高麗時代の平瓦のなかに，太平8年(1028)と定林寺の銘が印されたものがあり，この寺は連続的に存続していたと考えられるところから，定林寺の寺名が百済時代までさかのぼることを思わせる。五重塔の初層塔身四面に，いわゆる大唐平百済国碑銘が刻まれている。義慈王20年(660)に，百済が唐・新羅連合軍に敗れたとき，唐軍によって刻まれた百済滅亡時の記念碑ともいうべきものである。定林寺址は，王宮跡の真南で，都城のほぼ中央に位置しており，官立的色彩が強い。出土遺物は，屋瓦，土器，陶硯，陶俑，塑像など豊富であるが，とくに陶俑は北魏の影響を濃厚に受けている点が注目される。
→塔［圓］　　　　　　　　　　　西谷 正

チョン・ポンジュン｜全琫準｜전봉준｜1854-95
朝鮮王朝末期の朝鮮南部で起こった▶甲午農民戦争の指導者。全羅北道の泰仁で生まれ，古阜に移った。わずかな土地を耕しながら農村子弟の教学に従事していたといわれる。1893年，農民を率いて郡守の暴政に抗議したがいれられず，翌94年2月，郡庁を襲撃した。5月には各地の農民に呼びかけて決起し，農民軍の総大将に推された。彼は東学の地方幹部の地位にあったが，〈地上天国〉の実現という教理を実践的に解釈して蜂起の理念にまで高め，▶東学の組織を媒体とすることによって反乱の地域的拡大に成功した。農民軍が全州を占領し，6月上旬に全州和約を結んだあとは，全羅道内各地を巡回して農民の手による弊政改革を指導した。日清開戦後，朝鮮が日本軍の占領下におかれると，東学上層幹部の和平論を退けて再蜂起する。しかし，12月初めの公州攻防戦に敗れ，南方に退却して再起を期したものの，密告により日本軍に捕らえられた。翌年3月，ソウルで処刑されたが，日本による侵略・支配のもとで苦しむ民衆の間に，〈緑豆将軍〉の愛称で永く語り継がれた。　　　　　　　　　　吉野 誠

チョンマづか｜天馬塚｜천마총
韓国，慶尚北道慶州市皇南洞にある古新羅の積石木槨墳。1973年に文化財管理局によって発掘された。東西60m，南北51.5m，高さ12.7mの円墳。東西6.6m，南北4.2mの範囲に人頭大の川石と砂利を敷きつめ，四壁・天井を角材で築いた木槨部を積石でおおい，盛土したもので，槨内には四周に石壇をめぐらせた木棺と，その短壁の外側に副葬品収蔵櫃が配されている。被葬者は王とみられ，金銅製飾履をのぞき，冠，耳飾，釧くしろ，銙帯かたいなどの装身具に黄金が用いられていた。そのほかにも金・銀の装飾品，玉，武器，利器，馬具，ガラス器，漆器，土器など1万2000点に及ぶ遺物が出土した。墳名の由来となった天馬図は，白樺樹皮製の障泥あおりに描かれ，神気をはきながら天翔ける白馬が表現されている。同じ白樺樹皮製彩画板に描かれた瑞鳥，騎馬人物像など

とともに高句麗古墳の壁画と共通する。5世紀末から6世紀初めに築造された墳墓である。　　　　　　　　　　　　　　　東潮

チョン・モンジュ｜鄭夢周｜정몽주｜1337-92
高麗末期の文臣，学者。初名は夢蘭，夢竜。字は可遠。号は圃隠。慶尚道迎日の人。王朝交替期の政治家として活躍，対明関係の修復に功があり，倭寇の取締りを求めて来日したこともある。▶李成桂ｼﾝｹ(朝鮮王朝の太祖)などと恭譲王を擁立した後，李成桂推戴の動きに対抗し，高麗を支えようとしたが，李芳遠(▶太宗ﾀｲｿﾞｳ)の門客の手にかかり，開城の善竹橋で暗殺された。《朱子家礼》《大明律》により，社会倫理と法秩序の確立を図り，また学校を整備し，朱子学によって後進の指導につとめたので，李穡ｾｷに〈東方理学の祖〉と評された。著書《圃隠集》には〈丹心歌〉などを収める。諡号ｼｺﾞｳは文忠。
　　　　　　　　　　　　　　　山内弘一

チョン・ヤギョン｜丁若鏞｜정약용｜1762-1836
朝鮮王朝後期の▶実学思想の集大成者。字は美鏞，号は茶山，俟菴，与猶堂。本貫は全羅道羅州。京畿道広州の馬峴で生まれた。1789年科挙試の文科に及第，官職は副承旨，刑曹参議に至り，▶正祖ｾｲｿﾞのの信任が厚かった。▶南人ﾅﾑｲﾝ派の学者だが，老論ﾉﾛﾝ派の▶朴斉家ﾊﾟｸﾁｪｶとも交わり，その北学論に共鳴した(〈党争〉の項を参照)。文章，経史に卓越したばかりでなく，西学(洋学)の造詣も深く，正祖に城制改革案を上疏，スイス人テレンツ P. J. Terrenz の《奇器図説》を参照して作成した《起重架図説》を国王に献呈し，▶水原ｽｳｫﾝ城の築造工事には，これによって製作した滑車や鼓輪を利用した。彼は西洋の科学技術面だけでなく，思想的にも天主教(カトリック)に傾倒し，1801年の天主教弾圧事件(▶辛酉ｼﾆｭｳ教獄)では長兄丁若鍾ﾁｮﾝﾔｸﾁｮﾝが杖殺され，次兄の丁若銓ﾁｮﾝﾔｸﾁｮﾝは黒山島，彼は全羅道康津に流配された。500余巻にのぼる彼の著作は，康津での18年間の流配期と，その後の晩年に完成したものである。文集《与猶堂全書》は，〈修己〉のための六経四書の注釈と，〈経世〉のための一表二書(《経世遺表》《牧民心書》《欽々新書》)とからなる。〈自撰墓誌銘〉のなかで前者を〈本〉とし，後者を〈末〉として，本末を備えたと書いている。彼の現実改革をめざす経世思想は，その哲学的な経学研究の基礎のうえに構築されたものである。
　　　　　　　　　　　　　　　姜在彦

●**チョンリマ**
切手に描かれたチョンリマ(千里馬)像。1961年，朝鮮民主主義人民共和国発行。平壌の万寿台の丘付近にある全高46mの巨大な銅像をはじめ，各地に千里馬像が建てられている。

チョンリマ｜千里馬｜천리마
朝鮮の伝説で一日に千里を走るという名馬をいうが，朝鮮戦争(1950-53)後の朝鮮民主主義人民共和国では制度改革と社会主義建設の速さと，それを支える人民の革命的気風を象徴する語として盛んに用いられている。天を駆ける巨大な銅像も立てられた。朝鮮戦争による破壊から立ち直り，植民地時代に立ち遅れさせられた生産力を急速に現代的水準に引き上げるために，〈千里馬の気風〉が必要であるとされた。とくに1956年の▶朝鮮労働党中央委員会12月総会以後，社会主義的競争運動としての〈千里馬運動〉が全国的に展開され，技術神秘主義(技術を神秘化する思想)を克服する積極性と創意性によって成果をあげた労働者，農民などには，〈千里馬騎手〉の称号が与えられた。現場からの提唱によって59年から，従来の個人単位ではなく集団を単位とする〈千里馬作業班運動〉に発展し，60年以後〈青山里方法〉として導入された作業班優待制・報賞制とも結びついて集団的革新の作風確立の契機となっている。
　　　　　　　　　　　　　　　梶村秀樹

チリさん｜智異山｜지리산
朝鮮半島南部の▶小白ｿﾊｸ山脈中の主峰。標高1915mで，韓国の半島部の最高峰。山体が雄大で，広大な傾斜面一帯は原生林がうっそうと茂った森林地帯となっている。▶金剛ｸﾑｶﾞﾝ山，▶漢拏ﾊﾝﾅ山とともに三神山の一

つとされ，山麓には▶華厳寺，双溪寺，実相寺など多数の寺院が建立されている．多数の奥深い溪谷が絶好の隠れ家を提供しており，古くから政治的・社会的被抑圧者の国内亡命地とされてきた．日本植民地時代には，反日ゲリラ闘争の根拠地あるいは戦争非協力者の逃亡地となった．朝鮮戦争を前後した時期には，共産党員による武装闘争が展開された（〈済州島四・三蜂起〉の項を参照）．山麓一帯では薬草の採取，ジャガイモ，雑穀などの栽培を主とする粗放的農業が営まれ，韓国でも開発の遅れた地域の一つであったが，1970年代以後，山麓斜面が草地に造成され，大規模な牧畜業もみられるようになった．また，智異山国立公園に指定されたことを契機に，道路の整備など観光開発が進められている．

谷浦 孝雄

チングク｜辰国｜진국

古代朝鮮の南部に存在したとされる国名．辰国という名称はすでに《史記》《漢書》にみえるが，その内容についてやや詳細な記録を残しているのは《三国志》魏志東夷列伝である．ところが《三国志》の記載がきわめて断片的で，矛盾した個所もあるため，古来この国の存在，性格については諸家の見解が一定しない．白鳥庫吉は辰国は▶辰韓のことであり，辰王は辰韓王であるとした．三上次男も辰王は2～3世紀ころ半島南部に成立した一種の部族連合国家の君主であったと解釈している．最近の朝鮮民主主義人民共和国ではこの辰王の存在をさらに積極的にとらえ，前4世紀以前に出現していた▶三韓全体の最高権力者であるとみている．これに対して三品彰英は辰国に関する文献上の矛盾をついて，辰国は史書編纂者の観念上の所産で，その歴史的実在には疑問があるという説を提出した．三品彰英の非実在説も根拠があるので賛成者が少なくない．このようにまったく相反する2説が提出されるのは，原史料の説明不足と記述の矛盾によるものである．一例をあげれば，《三国志》では辰王は馬韓の一国の〈月支国〉に治したとあるが，《後漢書》では〈目支国〉と記し，《翰苑》所引《魏略》でも〈目支〉と表記されており，〈月支国〉をどう解釈すべきかいまだに結論が出ていない．また，《後漢書》

とく魏志》では辰王の性格，その支配範囲についての記述がまったく相違するので，簡単にその一つをもって辰国を律するわけにはいかない．これらの解明は今後の課題である．

村山 正雄

チンジュ｜晋州｜진주

韓国，慶尚南道南部の都市．1949年に市制発足，95年に晋陽郡を統合し，現在の市域となった．面積713km²，人口34万1221(2012)．洛東江の支流である南江中流の盆地に位置する．南に川を臨み，山地を背にした自然の要塞地で，古くから軍事拠点とされた．義妓▶論介の逸話で知られる矗石楼や晋州城趾など壬辰倭乱（文禄・慶長の役）の戦跡が残されている．朝鮮王朝末期，▶壬戌民乱(1862)の発火点となった晋州民乱の地としても知られ，早くから商業的発展の進んだ地域であった．1896-1925年，慶尚南道庁が置かれた．1905年に鉄道が開通して以後，いっそう商業が盛んな一方，醸造，織物工業なども発達し，市街地が南江南岸に広がっていった．現在，機械，繊維，製紙などの産業が立地し，なかでも絹織物は全国的なシェアが高い．慶尚南道南部の教育都市としても知られ，大学が6校おかれている．

谷浦 孝雄＋佐々木 史郎

ちんせいでん｜沈清伝｜➡沈清(しんせい)伝

チンとう｜珍島｜진도

韓国，全羅南道珍島郡に属し，朝鮮半島の南西端に面する島．同郡の総面積の8割強を占める．半島部の花源半島とは幅わずか400m余の鳴梁海峡を隔てるだけで，現在は珍島大橋で結ばれている．面積363km²で韓国第3位の島．低い山地で覆われ，大部分が林野となっているが，耕地面積は1万3000haほどあり，人口の大半は農業に従事する．また，沿岸水域ではワカメ，カキなどの養殖も盛んであるが，人口減少が続いており，珍島郡の総人口は1982年の8万1814から2011年には3万3853まで落ち込んでいる．際だって臭覚が鋭敏な珍島犬の産地として知られている．また，潮流の速い鳴梁海峡一帯は壬辰倭乱（文禄の役）で▶李舜臣の水軍が大勝したところである．毎年春，島と対岸の潮が割れて陸地が現れる〈韓国版モーゼの奇跡〉に大勢の観光客が訪

れる．

谷浦 孝雄＋佐々木 史郎

つうか｜通貨

南・北朝鮮とも通貨単位の名称にウォンを用いているが，内容的にはまったく異質のものである．日本植民地時代には，円を単位とする朝鮮銀行券が使われたが，1945年以後日本との断絶，南北分断が相次ぎ，通貨に大きな混乱が生じた．北朝鮮では朝鮮銀行券とソ連軍票が入り乱れたが，46年に設立された朝鮮中央銀行が翌年に通貨整理を断行，ウォンを単位とする中央銀行券に統一した．南朝鮮では朝鮮銀行券が引き続き使用され，50年に韓国銀行の発足をみたが，朝鮮戦争が勃発したため，独自の通貨体制の出発は戦後に延期された．

[朝鮮民主主義人民共和国] 朝鮮戦争以後の混乱期にインフレが進行し，1959年に100：1のデノミを実施した．その後，80年代までは国家による供給の一元化と価格統制の結果，財政や企業間取引においては無現金決済（銀行内の口座間移動）が徹底し，通貨は経済計算上の単位でしかなく，現金通貨はもっぱら住民の消費支出において使用されるだけだった．しかし79年には新札一斉交換を行った．90年代に社会主義国際市場が崩壊し，経済状況が悪化すると，現金決済が増加し，それに伴う通貨量の膨張により，インフレが深刻になった．2009年に100：1のデノミを伴う通貨交換が行われ，所持する現金全額の交換が行われなかったことから，自国通貨への信認が低下した．13年10月現在，朝鮮ウォン交換比率は，貿易取引レートが対米ドル100ウォン，住民用交換レートが対米ドル8000ウォン程度．

[大韓民国] 1953年に旧100円：新1円のデノミと通貨変更を伴う第1次通貨改革，また62年朴正煕政権によって旧10円：1ウォンの第2次通貨改革が実施された．朝鮮戦争以後，物価の上昇が一貫して続き，70年代には年平均16％以上に達した．韓国では物価の抑制が重要な政策課題となり，公共交通運賃の極端な抑制などの現象を生み出した．97年12月，ウォンは完全変動相場制度に移行し，翌98年1月には1米ドル当り1700ウォン前後となったが，2006年には950ウォン程度になった．13年10月現在，韓国の

●通過儀礼

初誕生（トル）の祝いに屛風を背にトル床に着く子ども．菓子や果物の下に並べてあるのは紙幣．

ウォン交換比率は対ドル1060ウォン，対円(100円)1080ウォン程度．

三村 光弘

つうかぎれい｜通過儀礼

人が生まれ，成長し，やがて死ぬという一生の折り目折り目にあたって行われる儀礼．個人の一生にかかわる儀礼であるが，同時にそれは個人の社会的地位の変化と，社会によるその承認という意味をそなえている．朝鮮では出生後100日目に〈百日〉の祝宴がもよおされ，親戚や近隣の人々が子どものための贈物をもってやってくる．最近ではこの日に〈百日写真〉と称して子どもの裸の写真をとる風習がある．満1年目の誕生日をトルといい，祝宴がもよおされる．色鮮やかな服を着た幼児の前に〈トル床〉という膳がすえられるが，そこには米，麵，餅，果物，お金，糸，弓矢（女児の場合ははさみ，ものさし，針），本，紙，筆，墨などを置く．幼児がこのうちのどれを手にとるかによってその子の将来を占おうとするもので，トルチャビという．たとえば米やお金をとれば富者になり，本や筆をとれば学者になるという．これ以降，毎年の誕生日にはとりわけ祝いをしないが，50歳代に入り還暦が近づくころから再び誕生日の朝に親戚や近隣の人々を招いて生日宴を行うようになる．

15〜16歳になると，子どもから一人前の成人になるいわば成人式が行われた．男子に対しては冠礼といって，それまで後ろで

編んで垂らしていた髪を頭頂部で髻に結い，網巾，草笠，紗帽，宕巾などの被り物をつけさせた。正式には三加礼といって，被り物と衣服を3度替えたという。冠礼は高麗時代に中国から入った風習であるが，上流社会にのみ限られていたようである。朝鮮王朝後期には早婚化の傾向に伴って，冠礼が独立した儀式ではなく，婚礼の直前にその準備段階的に簡略化して行われるようになった。甲午改革(1894)に際して断髪令が出されて以後冠礼はすたれていったが，ほかの通過儀礼が残存するなかで冠礼のみが消えていったことは，これが独立した儀礼として十分に土着化していなかったことを示すものと思われる。女子に対しては，笄という儀式があり，結婚の直前に髪を上げて後頭部で髻を結い，これに簪をさした。その他の通過儀礼については，〈出産〉〈婚姻〉〈還暦〉〈葬式〉などを参照されたい。

嶋 陸奥彦

つうしんし｜通信使

李氏朝鮮の国王が日本国王(日本の外交権者)に国書を手交するために派遣した使節。朝鮮通信使とも。日本では朝鮮来聘使ともよぶ。1404年(応永11)足利義満が〈日本国王〉として朝鮮と対等の外交(交隣)関係を開いてから，明治維新にいたるまで，両国は基本的にはその関係を維持した。この関係にもとづいて，朝鮮からは通信使(派遣の名目によって回答使とされることもある)が来日し，日本からは〈国王使〉が派遣された。しかし，両国王使節の頻繁な往来は〈文禄・慶長の役〉までであった。徳川家康以後の歴代将軍は，対馬の宗氏が詐称した場合を除いて，直接使節を送らなかったので，朝鮮から通信使が来日するのみとなり，国書の交換もその際にまとめて行われることになった。徳川将軍への通信使は，通常，1636年(寛永13)から1811年(文化8)までの9回の〈通信使〉に，1607年(慶長12)から1624年(寛永1)までの3回の〈回答兼刷還使〉を加えて，前後12回とされている。初めの3回は，朝鮮側は，宗氏の偽作した国書に対する〈回答〉と，〈文禄・慶長の役〉の際に日本に拉致された朝鮮人の〈刷還〉を名目としたため，こうよんだ。〈柳川一件〉で対馬での国書偽作などの不

正が明らかになったのを契機に，使節の名目は〈通信使〉に改められ，朝鮮側の国書の宛先も〈日本国大君〉に改められた。〈大君〉号は1711年(正徳1)の8回目に，新井白石の建議によって一度〈国王〉とされるが，その後再び〈大君〉にもどされた。

1630年代末(寛永末年)からの〈鎖国〉政策と明・清交代などの国際情勢の変化によって，江戸幕府は，対外関係を中国・オランダとの〈通商〉，朝鮮・琉球との〈通信〉という狭い範囲に限定した。そのうち正式な外交関係を結んだ独立国は朝鮮のみであり，通信使の来日は，徳川将軍の国際的地位を検証する場として，大きな政治的意義をもった。また，日本の儒者などの知識人は使節の一行との交歓によって新知識を得，人民は珍しい異国の文物に接するなど文化的影響も大きかった。

通信使は，幕府の命をうけた対馬藩の要請によって，派遣が決定された。一行は，正使・副使・従事官の三使官と随員からなり，正使は文官の堂上官で吏曹参議の格が与えられ，随員にも才幹優れた者が選ばれた。総勢は平均400名ほどで，国書と贈物を携え，釜山と江戸の間を往復した。その送迎や接待は豪奢を極め，両国ともに財政的な負担は大きかった。日本側の費用は50万両とも100万両ともいわれる。そのため，12回目は天明の大飢饉により延期され，行礼場所も対馬に変更されて，1811年にようやく実施された(易地聘礼)。その後も通信使の派遣はたびたび計画されながら，財政難や外圧などのため延期され，実現しないままに明治維新を迎えた。通信使関係の記録は，日本側では《通航一覧》をはじめとして膨大な量が残っており，朝鮮側にも使節一行の紀行文など多くの記録が残っている。《海游録》など使節一行の紀行文にはその時代の日本の国情を冷静に観察し描写したものが多く，当時の日朝関係のみでなく，日本の文物・社会などを知る貴重な史料となっている(《海行摠載》所収)。

荒野 泰典

[文化交流] 江戸時代の通信使は，文化交流の使節でもあった。三使の人選は厳しく，のち宰相になるほどの有能な人物をあて，日本での交流にそなえて製述官や書記，画

●**通信使**
江戸日本橋を練り歩く通信使の行列。〈清道〉の旗の後に正使の輿が続く。見物に群がる人々の姿から、通信使が幕府のみならず一般庶民にも大きな関心をもって迎えられたことがうかがえる。羽川藤永《朝鮮人来朝図》より。肉筆浮世絵、神戸市立博物館蔵

員，良医には第一級の人材が選ばれた。江戸まで往復の約6ヵ月間，一行は海路や陸路の宿舎で日本の儒学者や文人，画家，医者と交歓した。たとえば1719年(享保4)の一行との唱和集は，《藍島鼓吹》《両関唱和集》《桑韓唱酬集》など十数種にのぼっている。とりわけ，儒学者の関心は▶李退渓リトェゲにあって，彼の著述はほとんど日本で翻刻され，版を重ねていた。したがって儒学者たちの交流では，李退渓の学問が話題の中心とな

らざるをえなかった。
　江戸時代の医者必携の医書は朝鮮の《医方類聚》《東医宝鑑》《治腫擥南》などであって，通信使の一行に〈良医〉〈医員〉を加えることが幕府の要請で慣例となり，各地で医学をめぐる問答がくり広げられた。たとえば1719年には，築山竜安が大坂の使館で〈医員〉白興銓と問答し，《桑韓唱和集》の第3巻として刊行された。1711年(正徳1)の北尾春圃と奇斗文のそれは《桑韓医談》となり，1764年(明和1)の山田図南と李佐国の交流は《桑韓筆語》にまとめられている。
　また通信使には一流の画家が随行して日本の画家と交流し，数多くの絵を残した。なかでも金有声の《山水花鳥図屏風》(清見寺)や李聖麟の絵巻《槎路勝区》，▶金明国キムミョングクの《寿老図》などが有名である。一方，狩野探幽は《朝鮮信使参入之図》を描き，狩野洞雲は《朝鮮国使節歓待図》を残した。このほかに羽川藤永の《朝鮮人来朝図》があり，画家不明の《洛中洛外図》《江戸図屏風》にも描かれ，淀川を行く使節を描いた《船団図》があり，行列の絵巻も多数残っている。通信使の来日は民衆にも歓迎され，《唐人行列之絵図》《朝鮮使節行列図》などの浮世絵版画がそのつど販売された。また1764年の通

●**通信使** 表 江戸時代の朝鮮通信使

[西暦]	[正使]	[使命]
1607	呂祐吉	修好
1617	呉允謙	徳川家，大坂平定の賀
1624	鄭岦	家光の襲職
1636	任絖	泰平の賀
1643	尹順之	家綱の誕生
1655	趙珩	家綱の襲職
1682	尹趾完	綱吉の襲職
1711	趙泰億	家宣の襲職
1719	洪致中	吉宗の襲職
1748	洪啓禧	家重の襲職
1764	趙曮	家治の襲職
1811	金履喬	家斉の襲職

注―1607-24年の3回は回答兼刷還使とよぶ．

●綱引き

忠清南道の牙山の綱引き。綱のそばで農楽隊が幟旗を振り、向うに大勢の見物人がみえる。

信使にまつわる殺人事件を題材とした歌舞伎として並木正三の《世話料理鱸庖丁》(1767)、並木五瓶の名作《韓人漢文手管始》(1789)があり、劇壇をにぎわした。

通信使が通った琵琶湖沿いの京街道(野洲・鳥居本)は朝鮮人街道の名を残している。また通信使に随行した〈小童〉たちの踊りが岡山県牛窓町の〈唐子踊り〉となり、行列が大垣市の〈朝鮮軕〉となった。しかも朝鮮の民画が朝鮮軕の衣装にとり入れられている。一方、通信使もさまざまなものを学んで帰った。水車の技術やサツマイモの栽培法など、あげればきりがないほどである。

李 進熙

つうどじ｜通度寺｜→トンド寺
つしま｜対馬

対馬島は日本本土よりも朝鮮半島に近く、古代から交通・防衛上の要地として日朝関係に深いかかわりをもっていた。13世紀、対馬地頭代に任命された惟宗氏がしだいに実権をにぎり、宗氏を名のって島主となる。14世紀中ごろ、▶倭寇の活動が激化すると、対馬はその最大の根拠地として恐れられ、1419年朝鮮の太宗は倭寇掃討のための対馬遠征(▶己亥東征、応永の外寇)を行った。しかしその一方、朝鮮では倭寇の投降者に恩典を与えて貿易を許し、また足利将軍、管領、探題、大名、宗氏や地方の豪族などからの使者を優遇したため、日本からの平和な渡航者が増加した。この状態はかえって朝鮮側の経済を圧迫し、やがて日本からの渡航者を対馬島宗氏を中心に統制化していくこ

とになる。1510年▶三浦の乱により、対馬・朝鮮関係は一時的に断絶するが、対馬では日本国王使の名目をかりた使者を派遣して復旧回復につとめ、以後の通交貿易者は、宗氏および対馬島人で占められていった。

近世に至り、文禄・慶長の役後再開された日朝関係は、江戸幕府によって中世同様、対馬の特殊権益が承認された。しかしこの段階では、まだ島内に特殊な通交者(受図書人、受職人)が存在し、宗氏の完全な貿易独占とはいえなかった。それが1635年、朝鮮と幕府の双方に強い影響力をもっていた重臣の柳川氏が失脚し(▶柳川一件)、これを契機に宗氏以外の勢力が排除され、幕藩制社会の下で運営される新しい日朝外交・貿易の機構が確立した。また江戸時代を通じて、徳川氏は李氏朝鮮国王と対等な交隣関係(▶通信使)を展開させていたものの、朝鮮との直接的接触は回避していた。このため通常の外交実務は対馬藩が行い、朝鮮釜山に設置された▶倭館において、種々の外交折衝、そのほか日本国情の通達、朝鮮や中国方面の情報収集などがはかられた。〈鎖国〉時代における特殊な貿易といい、対馬の国際社会に果たした意義はきわめて大きいといわねばならない。この状態は、明治初期まで続いた。 →日朝貿易

田代 和生

ツツジ｜躑躅

ツツジ科に属する落葉低木。朝鮮語ではチンダルレという(チョウセンヤマツツジ)。山間の日当りのよい所に自生し、高さ1mくらい。春に紅色の花が3～5個ずつ5条の深くえぐられた漏斗状に咲く。冬が過ぎてひからびた山野にいちばん早く咲く花で、葉よりも花が早く咲くところにこの花の魅力がある。アカマツも育たない岩地の山々にこの花が咲くと春が来たことが実感される。満山紅とばかりに咲く様は、つつましくまた華麗である。ツツジの花の咲くころ、村の娘たちは生命の蘇生を象徴するこの花を摘みに山野にコッノリ(花遊び)に出かける。朝鮮の山野に最もありふれた花であるが、とくに朝鮮北部の山地に多い。 →国花

金 東旭

つなひき｜綱引き｜줄다리기

朝鮮語ではチュルタリギ、チュルタギとい

い，〈索戦〉の字を当てることもある．古くから朝鮮半島南部で盛んで，おもに正月上元(旧暦1月15日)に年占の行事として，村の老若男女が東西に分かれて行う．綱には雄綱，雌綱の区別があり，女陰を象徴する雌綱の先端の大きな輪に，雄綱をはめこむ形で引き合うが，東側が雄，西側が雌とされており，地方によっては雌綱が勝つと豊年になるという．正月の初めから家ごとにわら束を集めて綱をつくり，太い親綱に数十条の子綱をつけて引くが，綱引きが始まると農楽隊がそばで▶農楽をにぎやかに奏して，士気を鼓舞する．2011年無形文化遺産に登録．　　　　　　　　　　　　　李 杜鉉

つみいしづか｜積石塚

石を積み上げて墓室を覆ったもので，ケルンともいう．朝鮮では，無文土器時代(青銅器時代)に支石墓，箱式石棺，竪穴式石室などの埋葬施設を補強するために，その周囲に積石を行い，しかもそれらが数基密集して築かれた結果，積石による墓域を形成するような例はあるが，本格的な積石塚は，《三国志》の〈魏書高句麗伝〉に〈積石為封〉とあるように，三国時代高句麗の前・中期に特徴的にみられる．いずれも方墳であって，鴨緑江とその支流の流域一帯で自然発生的に出現し，数多く分布するようになった．初期の積石塚は，1辺数mの小規模なものが，1ヵ所に多数集中している．最盛期には墳丘の裾に基壇を設けたり，墳丘を段築するものが出現するが，その数は多くない．終末期にはさらに数は減少し，中華人民共和国集安市の▶将軍塚のように切石積7段築成のピラミッド形の壮大なものが出現する．百済でも初期に，高句麗の影響下にソウルの石村洞4号墳(基底部の1辺が約十数m，扁平な割石積みの3段築成)のようなものが築かれている．新羅の古墳でも，封土下に木槨を覆う積石をみる場合がある．⇒古墳　　西谷 正

ツルマギ｜두루마기

トゥルマギとも．朝鮮で外套のようにいちばん外側に着る外出着の名称．男女両用．袍，周衣とも書く．朝鮮語の〈ツルマギ〉とは身体をまんべんなくおおうとの意である．方言ではフルマキともいい，これはモンゴル語のフルマクチからきたともいわれてい

● **ツルマギ**
パジ，チョゴリを着た上にツルマギを着た男性．

る．歴史的には新羅の〈尉解〉(上衣)からきたものとみえ，▶チョゴリの身の丈を130cmくらいに長くしたもので，高句麗壁画にもその原型がみえる．高麗時代には〈白苧袍〉として上下を通じて着用され，腰に帯(勒帛)があったが，現在のツルマギには帯がなく，結び紐があるだけである．朝鮮王朝時代には〈直領袍〉として着用された．材料は自由で夏物はひとえの苧，冬物はみな二重でときには綿入れもある．19世紀末までは士大夫は〈道袍〉とよばれる袍を着て，このツルマギを庶民が着るものとして避けたが，旧韓末の衣服簡素令によりこれを着用しはじめた．現在は西洋式のオーバーなどに押されて礼服として着るほかはすたれかけている．⇒衣服　　　　　　　　　　　　　金 東旭

ていいんふ｜鄭寅普　⇒チョン・インボ
ていがんりじけん｜堤岩里事件　⇒チェアムニ事件
ていかんろく｜鄭鑑録｜정감록

朝鮮王朝中期以降，民間に流布した予言書．易姓革命による李氏王朝の滅亡を説く．成立の由来は不詳で，さまざまな異書が存在するが，李氏の祖先である李湛と鄭氏の祖先鄭鑑という2人の人物の問答の形式をとって，漢陽(ソウル)に都する王朝が数百年続いたあと▶鶏竜山の鄭氏王朝がこれに代わるとし，その間におこる災難や禍変などを予言している．王朝政府は禁書として取り締まったが，圧政に対する民衆の願望を代弁する性格をももっており，容易に根絶しえなかった．王朝末期の民衆宗教▶東学にも少なからぬ影響を与えている．　吉野 誠

ていさいと｜鄭斉斗｜➡チョン・ジェドゥ
ていじゃくよう｜丁若鏞｜➡チョン・ヤギョン
ていしゅう｜定州｜➡チョンジュ
ていしゅうえい｜鄭周永｜➡チョン・ジュヨン
ていしよう｜鄭芝溶｜➡チョン・ジヨン
ていぜん｜鄭敾｜➡チョン・ソン

ていせんきょうてい｜停戦協定

1953年7月27日に▶板門店で国連軍と▶朝鮮人民軍および中国人民志願軍の間で署名された協定。51年7月10日から断続的に続いてきた停戦会談によって合意に至ったものである。50年6月25日から続いてきた▶朝鮮戦争の戦闘状態を停止させ、軍事境界線を確定させた。停戦協定締結に反対していた韓国政府の意向によって、韓国軍の代表は署名していない。英語と朝鮮語、中国語による正本があるが、英語版では〈休戦 Armistice〉、朝鮮語版と中国語版では〈停戦〉になっている。停戦協定では、協定の実施を監視して、違反を協議して処理するために中朝側5名と国連軍側5名で構成される軍事停戦委員会が設けられた。しかし、停戦協定に未署名である韓国軍の将校が91年3月25日に国連軍司令部首席代表に任命されたことに中朝軍側が抗議して、軍事停戦委員会は開催されなくなった。94年4月28日に朝鮮人民軍は国連軍側に中朝軍側の代表団の撤収を通告した。代わって、5月24日に朝鮮人民軍板門店代表部の設置を国連軍側に通告し、中国人民志願軍代表団は12月15日に撤収した。以降、秘書長会議や共同日直将校会議、将官級会談、連絡将校会議などの形式で、お互いに代表権を認めない朝鮮人民軍板門店代表部と国連軍司令部代表が接触している。さらに、停戦協定では、協定で規定された朝鮮半島外から兵力や兵器の増強を禁止する措置を監視するために、国連軍側が指名したスウェーデンとスイス、中朝側が指名したポーランドとチェコスロバキアの4名の将校による中立国監視委員会が設けられた。しかし、56年6月21日に国連軍司令部側が兵器増強の条項に拘束されないと中朝側に宣言したため、中立国監視委員会は機能しなくなった。チェコスロバキア（当時、チェコ）が93年4月に、ポーランドが95年2月に板門店から撤収し、5月3日に北側の中立国監視委員会事務所は閉鎖された。➡非武装地帯

宮本悟

ていちゅうふ｜鄭仲夫｜➡チョン・ジュンブ
ていてつ｜鄭澈｜➡チョン・チョル
ていどうでん｜鄭道伝｜➡チョン・ドジョン
ていとげん｜鄭斗源｜➡チョン・ドゥウォン
ていむしゅう｜鄭夢周｜➡チョン・モンジュ
ていりんし｜鄭麟趾｜➡チョン・インジ
ていりんじし｜定林寺址｜➡チョンニム寺址
テウざいばつ｜大宇財閥｜대우재벌

1970年代に急成長した財閥、企業グループ。総帥の金宇中（1936-　）が1967年に弱冠31歳で設立した繊維輸出商社の大宇実業を拠点に、70年代に驚異的な急拡大を遂げ、▶現代財閥、▶三星財閥と並ぶ三大財閥の一つになった。ほかの有力財閥に比べ歴史が新しく創業者が若いため、70年代の韓国経済の躍進を象徴する財閥といわれた。繊維品の対米輸出の伸びを基礎に、70年代前半から企業買収を通じた多角化戦略を積極的に展開し、76年に韓国機械（後に大宇重工業）、78年に玉浦造船（後に大宇造船）、GMコリア（後に大宇自動車）などを買収することにより、重化学工業部門における基盤を確立した。反面、その間の強引ともみられる企業買収とそれに伴う人材スカウトは、財界の反発や財閥肥大化に対する世論の批判を招き、48社にものぼったグループ傘下企業は全斗煥政権下で22社まで減少した。その後、大宇グループは総合商社の大宇を中核に、重化学工業からさらに金融業、先端技術産業への進出を図り、99年4月には系列企業数は34社、総資産78兆ウォンに達した。しかし、97-98年のアジア通貨危機を契機とする金大中政権による財閥改革のなかで資金繰りが行き詰まり、グループとして崩壊の危機に陥った。政府の強力な業種絞り込み政策に対して、主力業種を自動車、重工業（造船）、貿易・建設、金融・サービスに整理していったが、それまでの過剰な投資を整理しきれず、99年8月に経営破綻した。その結果、グループは解体され、主力企業の大宇自動車はGMが買収し、GM大宇として操業を続け、2011年に韓国GMに名称変更している。➡財閥

金子文夫

テグ｜大邱｜대구

韓国の6広域市の一つ。面積884km²、人口250万5644(2013)。もとは慶尚北道南部の都市で、道庁所在地だったが、1981年に直轄市に昇格して同道から分離し、95年に広域市となった。ただし、慶尚北道の道庁は引き続き同市におかれている。洛東江のおもな支流の一つ琴湖江の流域平野に位置する。東西を1000m級の山岳で閉ざされた盆地にあり、韓国では夏の暑いことで有名である。新羅時代から地方の行政・軍事の要地とされてきたが、朝鮮王朝以後は慶州にかわり慶尚北道の中心地となった。〈大邱〉の表記は18世紀末以降、それまでの〈大丘〉に代わって一般化したといわれる。農産物の集散地として商業が栄え、とくに全国から商人を集める薬令市(漢方薬の材料の取引)が有名である。大邱リンゴの名で知られるリンゴの特産地だったが、1970年代以降、都市化の影響や樹齢の老化、人件費の上昇などによって減少が進んだ。現在は、飲料などの加工部門に重点をおき、栽培の中心は義城郡、軍威郡など周辺地域に移りつつある。30年代から綿工業や毛織物工業が発達しはじめ、今日においても合成繊維や染色部門を中心に韓国の繊維産業の一大集積地となっている。また、80年代以降は金属、機械のほか電子や精密部門などの伸びも著しく、ソウルと釜山を結ぶ国土開発の主軸上にあって、独自の経済圏を形成してきた。人口面では2005年ころから仁川に第3位の座を譲ったが、仁川はソウル大都市圏に組み込まれているため、大邱が今なお実質的に韓国第3の都市と目されることが多い。▶盧泰愚元大統領、▶朴槿恵大統領の出身地でもある。　佐々木 史郎

テグァルれい｜大関嶺｜대관령

朝鮮半島の脊梁、▶太白山脈中部の峠。標高832m。京畿地方から日本海沿岸地方へ至る重要交通路上の最高地点である。かつてはソウルから大関嶺を越えて江陵までバスで8時間半かかったが、1976年に嶺東高速道路が開通、3時間半に短縮された。峠の東側は急坂をなし、18kmで江陵市に至る。西側は緩傾斜の山地が広がり、寒冷地農業や牧畜を研究する試験場のほか、大規模な牧場が造成されている。　谷浦 孝雄

テコンド｜跆拳道｜태권도

1946年当時軍隊で武術指導を担当した崔泓熙らが、自ら習得した空手、テッキョンなどのさまざまな武術を基に民族独自の武道として体系化したもの。55年4月11日に韓国で跆拳道(テコンド)と命名された。足や手による直接的打撃、ノックアウト、レフェリーストップ、得点により勝敗を決める。世界テコンド連盟(WTF)と国際テコンド連盟(ITF)の系統があり、教義や名称のほか、防具の取り付け部位や打撃部位などが異なる。2000年のシドニーオリンピックで正式種目に採択されたのは、WTFによるものである。　西尾 達雄

テジョン｜大田｜대전

韓国中西部の都市。もと忠清南道東部に属し、1932年には▶公州に代わって道庁所在地となった。1949年に市制発足、89年直轄市に昇格して忠清南道から分離し、95年には広域市に改編されたが、道庁は引き続き同市におかれている。人口153万1418(2013.9)は韓国第5位。朝鮮時代を通じて公州管内の農村地帯だったが、1905年の▶京釜鉄道開通以後、湖南線との分岐点にあたる交通の要地として急速に開発が進み、日本人の流入も増大した。大田の地名は韓国併合後の1914年に確立したものである。道庁移転後は行政や教育の面でも地位が高まった。朝鮮戦争によってひどく破壊されたが、戦後は軍事施設が集まり、復興が進んだ。大徳研究開発特区には1973年に研究学園団地に指定された大徳研究団地があり、韓国科学技術院(▶KAIST)や韓国電子通信研究院(ETRI)など政府・民間の研究機関が多数集中して、原子力や宇宙開発、生命工学などの先端的な研究を行ってきた。93年には大田エキスポ(科学技術万博)が開催され、近年は先端ベンチャーの集積をめざした大徳テクノバレーの造成も進んでいる。90年代以降、特許庁や統計庁など首都機能の一部が移転し、韓国鉄道公社(KORAIL)の本社も置かれているほか、2012年発足の▶世宗特別自治市に隣接する北部地域でも新たな開発が見込まれている。伝説的な古い歴史をもち、1920年代に大がかりに開発された儒城温

泉(ラジウム泉)から▸鶏竜ヶ山国立公園にかけては韓国有数の観光地となっている。

佐々木 史郎

テジョン|太宗|태종|1367-1422

朝鮮王朝第3代の王。在位1400-18年。本名は李芳遠。太祖▸李成桂ｿﾝｹﾞの第5子。太祖の開国を補佐し、異母弟2人と▸鄭道伝ﾁｮﾝﾄﾞｼﾞｮﾝを殺して王室の内紛に勝ち、即位した。王権の強化に努め、私兵を廃止して兵権の一元化をはかり、官制を整備して議政府や▸司諫院を設け、《経済六典》(高麗末からの条例をまとめたもの)を印刷頒布した。号牌法(軍役、徭役の基準として16歳以上の男子が牌をもつことを義務づける法)を実施して人民支配を強化する一方、申聞鼓(王宮の鼓をたたいて民衆が直接王に上言する制度)を設置して直訴を許した。また鋳字所を設けて銅活字を鋳造し、《大学衍義》などを印刷出版した。この時代、日本や▸琉球との交渉が開けたが、慶源の撤収など東北辺は消極策に終始した。▸世宗ｾｼﾞｮﾝに譲位後も上王となって政治・軍事を掌握した。

吉田 光男

てっき|鉄器

朝鮮で利器や器具に鉄が用いられるのは、すでに無文土器時代(▸青銅器時代)に萌芽をみるが、不確かな点が多い。鉄および鉄器生産が確実に普及しはじめるのは、灰陶系の陶質土器に特徴づけられる原三国時代(〈金海式土器〉の項を参照)に入ってからのことである。陶質土器や鉄器の型式、製作技術に加えて、共伴の明刀銭などからみて、初期の鉄器は紀元前3～前2世紀ごろに現れるが、中国戦国時代の燕の鋳造鉄器文化の影響を受けたものである。その範囲は、西海岸地方では鴨緑江から清川江流域を中心として、一部は大同江流域にまで及んでいる。清川江流域の平安北道細竹里遺跡では、斧、矛、刀、鏃をはじめ11種に及ぶ鉄器が出土し、また大同江流域の平安南道甑山郡では鉄斧の鋳型も出ている。一方、東海岸地方では北部の豆満江流域から咸興平野にまで波及している。続いて前漢の後半期に併行する時期になって、西海岸地方の大同江および載寧江流域を中心に鍛造の鉄器がいちだんと普及するが、これは明らかに▸楽浪郡の文化との関連を示す。このころの鉄器は、東海岸地方では、北部の咸興平野や南部の慶州盆地などでもかなり出土する。

さらに《三国志》の〈魏書韓伝〉の時期になると、南部朝鮮でも、ことに南岸地方で鉄器製作がいちじるしく進展することが、比較的多量の鉄器や数ヵ所の製鉄跡の検出によって容易にうかがえる。また同じく弁辰伝〉は、その地から鉄が産出すると伝える。鉄器出土地として著名なものに慶尚南道の▸金海ｷﾒ、府院洞両遺跡があり、また製鉄跡には慶尚南道の城山、東莱両遺跡がある。4世紀ごろまでに三国時代に入って以後、朝鮮半島全体の利器、器具が完全に鉄器化される。三国間の緊張状態を反映して各種の鉄製武器や武具が発達する。それらは新羅古墳から大量に出土し、加耶古墳でも実例が増えている。高句麗壁画古墳では、武器や武具の使用図が写実的に描かれている。三国時代はまた農業社会であり、各種の農具の鉄器化は、その生産性を高めたことであろう(▸農業)。なお、新羅古墳を中心にして加耶や百済の古墳で、鉄素材としての鉄鋌ﾃｯﾃｲが出土する。

西谷 正

てつげん|鉄原|➡チョルォン

てつそう|哲宗|➡チョルチョン

てつどう|鉄道

1876年に日本を訪れた修信使▸金綺秀ｷﾑｷﾞｽの一行が初めて鉄道に乗り、89年には李夏栄がアメリカから鉄道車両の模型を持ち帰るなど、朝鮮でも鉄道敷設への機運が高まると、開化派官僚の▸李容翊ｲﾖﾝｲｸや資本家朴琪涼らが独自の鉄道敷設計画を進めた。これに対して日本は、94年の日朝暫定合同条款で鉄道敷設権を獲得し、朝鮮人や列強の動きを抑えて1900年に▸京仁鉄道、04年に▸京釜ｷｮﾝﾌﾞ鉄道を開通させた。さらに日露開戦とともに日本の軍用鉄道の敷設が強行され、06年に京義線が開通して朝鮮半島縦貫鉄道敷設が完了した。同時に全線が統監府の管理下に入り、1910年以降は朝鮮総督府鉄道局がこれを運営することになった。植民地化初期の朝鮮鉄道には日本から満州(中国東北)への連絡輸送が期待され、11年から南満州鉄道との直通運転、17年から満鉄への委託経営が開始された。しかし、委託経営は朝鮮・満州双方の鉄道にとって負担

となり、しかも20年代に入ると総督府が新たな産業政策を開始したため、朝鮮鉄道は25年に再び総督府直営に戻された。そして、朝鮮から日本などに向けた輸移出品の輸送が重視され、27年に開始された朝鮮鉄道12ヵ年計画では、鉱山・森林・穀倉地帯と輸出港を結ぶ鉄道網が構想された。さらに33年には、満州事変以降の戦時体制の一環として日本と満州を結ぶいわゆる<北鮮ルート>構想が生まれ、東北朝鮮各線の経営が総督府から満鉄へと移管された。

[解放後] 植民地期に、ソウルから釜山・木浦・新義州・元山へ放射状に延びるX字型の幹線が整備されたが、解放後の南北分断によって鉄道も分断され、2007年から始まった京義線の南北連絡もその後休止された。韓国ではほとんどの鉄道路線が国有となり、1963年から鉄道庁、2005年から韓国鉄道公社が運営している。また04年から主要ルートに順次、韓国高速鉄道(KTX)が開通した。KTXの運営は鉄道公社が担当し、当初は専用路線が一部区間のみだったが、在来路線の複線化や電化を進め、その後専用路線も増加した。このほかソウル(1974-)・釜山(85-)・大邱(97-)・仁川(99-)・光州(2004-)・大田(06-)などの大都市では地下鉄が運行され、2007年には仁川空港鉄道も開通した。しかし、高速道路の整備によって旅客・貨物とも自動車輸送への依存度が高く、国内航空路線も鉄道と競合している。

一方、北朝鮮では自家用車や高速バスがほとんどないため、中長距離輸送は鉄道に依存している。路線のほとんどは単線だが、電化率は8割ほどである。しかし、長年の経済不振から電力が不足し、運行に支障をきたしているといわれる。平壌には、地下鉄(1973-)と路面電車(91-)がある。韓国・北朝鮮ともほとんどの路線が標準軌間(1435mm)で、路線延長は韓国が約3300km、北朝鮮が約5200kmである。→交通|道路　　橋谷 弘

テドンこう|大同江|대동강

朝鮮半島北西部の川。狼林山脈主峰の小白山に発し、途中、馬灘江、沸流江、普通江、載寧江など大小の支流を合して黄海へ注ぐ。長さ439kmで朝鮮第5位の川である。船舶の可航距離は260kmに及ぶ。1866年、河口から140km地点にある平壌近くまで侵入したアメリカ商船が撃沈されるシャーマン号事件が起きた。流域面積は1万6673km²に達し、上流の山岳地帯は森林資源や金、亜鉛などの鉱物資源に富み、楽浪準平原の名で総称される中・下流域は平壌平野、載寧平野などの平野に恵まれ、肥沃な農業地帯となっている。また、中流域一帯は広い範囲にわたって無煙炭の炭田が分布し、工業の原料として利用されている。古朝鮮はじめ、高句麗など古代王朝が盛衰した地であり、その後も歴代王朝が穀倉地帯として重視した。古代史にあらわれる浿水をこの大同江に比定する説もある。流域には首都平壌市をはじめ、松林市、南浦市などの都市が発達し、朝鮮民主主義人民共和国の中枢地帯となっている。　　谷浦 孝雄

テベクさんみゃく|太白山脈|태백산맥

北部の狼林山脈とともに朝鮮半島の脊梁をなす山脈。東朝鮮湾の元山の南に発し、日本海沿いにまっすぐ南下して釜山市の多大浦に達する。長さは約600km。基盤が古期の花コウ片麻岩類からなり、山脈全体が白く見えるところから命名されたと思われる。ところどころに見られる花コウ岩層が激しい浸食作用を受け、複雑な山容をあらわしている。山脈の南端にある主峰太白山(1546m)は、湖南地方(全羅道)と嶺南地方(慶尚道)を分かつ小白山脈との分岐点をなすが、東麓一帯には無煙炭が豊富に埋蔵され、石灰石、森林資源などとともに<太白山地域総合開発計画>のもとに開発がすすめられている(江原道の太白市がその中心で、国営最大の長省炭鉱などを擁し、人口11万(1980))。太白山から北に五台山、雪岳山、金剛山などの高山がそびえ、それぞれ山岳信仰の中心となっている。山脈の西斜面には南西方向に数本の支脈が発達し、ゆるやかに黄海に没している。一方、東斜面は南北方向の断層崖の発達により急傾斜となっており、東側では海岸までの距離が平均16kmと狭く、広い平地が見られない。平均高度800mの太白山脈が東西交通を阻んできたが、1976年に江原道の大関嶺を越える高速道路が開通し、それまでバスで8時間半かかったソウル〜江陵間が3時間半に短

縮され，太白山地の観光資源，自然資源の開発が進められている。 谷浦 孝雄

テポドン ▷地域・国名編の朝鮮民主主義人民共和国〔対外関係〕など

てらうちまさたけ｜寺内正毅｜1852-1919

初代▼朝鮮総督。幕末に長州藩の御楯隊に加わったときから一貫して軍人畑を歩み，1888年陸軍士官学校長，98年初代教育総監など軍の要職を経て1902年陸軍大臣になった。このとき日露戦争推進の任にあたり，06年には陸軍大将の地位にのぼった。その後，南満州鉄道株式会社設立委員長，第3代韓国統監などを歴任し，10年8月の韓国併合に伴い初代朝鮮総督となる。徹底した武断派で鳴らし，総督就任後は憲兵警察政治〈憲兵警察制度〉をしき，朝鮮人の独立運動を厳しく弾圧する一方，▼土地調査事業の実施や朝鮮教育令の発布などを通して植民地支配体制の整備を強行した。このため彼と第2代総督▼長谷川好道の時代を〈武断統治期〉とよぶこともある。 馬渕 貞利

テレビ ▷マスメディア

てん｜天

朝鮮語で天をハヌル하늘というが，畏敬，崇拝の対象としての天はハヌニム하느님とよばれる。朝鮮における天の観念は，まず古代朝鮮人の天神信仰〈ウラル・アルタイ族に普遍的〉にみられ，それは歌舞によって除厄招福を行う朝鮮シャマニズムのなかに定着した。次に儒教社会となると天は政治的な概念となり，おもに〈天命〉〈天の意志，また天からの賦与＝自然性〉の観念として機能した。注目すべきは，天の内実を民とみる観念〈《書経》《孟子》〉が16世紀の朝鮮王朝の儒者▼李栗谷ｲﾙｺﾞｸによって〈王者は民を以て天となし，民は食を以て天と為す〉〈《聖学輯要》為政第四下〉と発展的に定式化されたことである。王朝後期，キリスト教の伝来とともに天は唯一人格神〈ハナニム〉となった。以上の土壌の上に西学〈キリスト教〉に対抗して登場した19世紀の一大混合宗教である▼東学〈のちの▼天道教〉の〈人乃天〉〈人すなわち天。人を天のように敬え〉という画期的な思想が誕生する。キム・ジハ〈金芝河〉が獄中で構想した〈飯こそ天である〉という現代の思想は東学に次ぐ天の諸観念の集大成といえよう。 小川 晴久

でんさいか｜田柴科

高麗時代に官僚制度の物質的基礎となった土地制度。その前身は940年〈太祖23〉にできた役分田で，建国の際に功労のあった臣下への論功行賞としての土地分与制度であった。976年に田柴科と改称されたが，まだ従来の性格を残していた。やがて官僚制度が整備されると，998年〈穆宗1〉官職の上下に対応する土地支給制度となり，1014年，34年の改定ののち，76年〈文宗30〉最終的に確立した。土地支給額を18等級にわけ，第1科〈田100結，柴50結。結は土地面積の単位。〈結負¤制〉の項参照〉から第14科までは田地と柴地〈薪をとる土地〉を，第15科から第18科〈田17結〉までは田地だけを支給した。それにより文武百官から下級吏員や兵士にいたるまで，官職をもつものはそれぞれの地位に応じて規定額の土地を受けることになった。この土地は私田とよばれたが，支給は本人の生存中に限られ，死ねば国家に返した。また租〈小作料〉は本人が耕作者から直接にとるのではなく，国家の手で徴収されて本人に渡された。また租の率も公定されていた。しかし兵士に支給された土地〈軍人田〉は軍役が世襲であったから土地の世襲が認められた。12世紀以後，貴族層内部の政権をめぐる争いや，つづいて▼武人政権の成立による文臣官僚の没落などの混乱の過程で，田柴科による土地の支給は行われなくなった。それに代わって▼農荘〈私有地〉が拡大し，官僚層内部の分化が進行した。▷高麗 旗田 巍

てんどうきょう｜天道教｜천도교

▼東学を継承する朝鮮の一宗教。甲午農民戦争に敗北し，教主▼崔時亨ﾁｪｼﾋｮﾝが処刑された〈1898〉あと，東学の第3代教主▼孫秉熙ｿﾝﾋﾞｮﾌｲは日本に亡命していたが，国内の事務を任されていた李容九らは日露戦争の際▼一進会をつくって教徒を日本軍に協力させた。これに反対した孫は，1905年12月，東学の正統を受け継ぐ宗教として天道教を宣布，翌年帰国して教団組織の確立を図った。07年には《天道教大憲》を頒布し，全国を72教区に分けてソウルに中央総部を置き，みずから教主となる一方，李らを除名処分にした。教義は東学と同じく〈人乃天〉〈人すなわち天〉を根本宗旨とし，〈地上天国〉の実現を

最高理念とするもので，呪文・祈禱など五つの修道条目を定めている。孫は同年，教主を退き，普成専門学校(現，高麗大学校)や印刷所普成社などを経営して啓蒙活動に力を注いだ。10年の韓国併合後も，植民地支配のもとで政教分離をかかげて教勢の拡大につとめ，教徒300万人を称するまでになった。19年の三・一独立運動では，キリスト教や仏教界に働きかけて運動を準備し，中心勢力の一つとして力を発揮した。その後，厳しい弾圧のもとで，教団の組織・運営や植民地政策への対応の仕方をめぐって分裂・対立がくり返されたが，民族解放運動のなかで，出版社を経営し，雑誌《開闢かいびゃく》を発行するなど一定の役割を担いつづけた。45年の解放以降，大韓民国では，純宗教団体としての再建をめざして教派の統一がすすみ，100万ほどの信徒を有して活動している。朝鮮民主主義人民共和国には，植民地支配下での積極的な解放闘争の潮流に立って創建された天道教青友党が，信者を基盤に朝鮮労働党の政策を支持する政党として存在している。　　　　　　　　吉野 誠

てんまづか｜天馬塚　▶チョンマ塚
てんゆうきょう｜天佑俠

日清戦争の際，朝鮮で活動した玄洋社系の団体。1894年，東学農民軍が蜂起すると，これを日清開戦の導火線にしようとする軍部，玄洋社の意をうけて，鈴木天眼，内田良平らが渡海し，すでに釜山居留地でアジア経綸を語らっていた田中侍郎，武田範之らのグループに合流した。彼ら十数人は天佑俠を名のり，農民軍の支援を意図して6月下旬に釜山を出発，全羅南道淳昌で農民軍の幹部と接触した。しかし，総大将全琫準と盟約し共同作戦をとったという《玄洋社史》などの記述はきわめて疑わしい。主観的な意図はともかく，彼らの行動が侵略の尖兵としての役割を担うものだったことは動かしがたい。開戦後には，彼らの大部分は日本軍のもとで状況偵察などの任務にあたった。　　　　　　　　　　吉野 誠

でんりょく｜電力

朝鮮半島の本格的な電力開発は植民地時代に始まり，咸鏡南道では1929-32年に赴戦江に第1-4号発電所が竣工したのを皮切りに35年に長津江に第1-4号発電所が竣工し，咸鏡北道では40年に富寧川に第1-3発電所が竣工し，平安北道では41-44年に鴨緑江に水豊第1-7号発電所が建設された。45年の解放時には，朝鮮半島の電力はその9割が北半部で生産されていたため，同年5月14日に北半部から南半部への電力供給が断絶されたとき，南半部の産業は大きな打撃を受けた。その後，北半部の朝鮮民主主義人民共和国では豊富な水力資源の開発に加えて，60年代から国内の石炭を利用する火力発電所の建設が進められた。共和国では2000年現在で800万kWの発電能力を有すると発表されているが，以降発電能力に関する数値は発表されていない。一方，南半部の韓国では，1960年代から本格的に火力発電所の建設に重点を置いた開発が進められ，70年代には多目的ダムを多数建設するようになるとともに，原子力発電所の建設も進められた。韓国では，2012年現在，8181万kWの発電能力を有するにいたっている。

[北半部の電力生産]　北半部では朝鮮電気，北鮮合同，西鮮合同，鴨緑江水力などの植民地時代の電力会社が1945年11月28日に北朝鮮電気総局に統合されたことで電力事業は一元化された。北朝鮮電気総局は共和国建国後，電気局，電気省，電力工業省などにその名称を変更しながら今日に至っている。現在では，1万kW以上の大規模発電所は主に中央の電力工業省が建設や運営を担当し，それ以下の中小規模の発電所は主に地方の道が建設や運営を管轄している。北半部の発電能力は水力と火力が半々であると発表されているが，うち水力発電の設備は川の凍結によって冬に発電量は半減するといわれている。主要な水力発電所は，平安北道朔州郡にある水豊発電所(70万kW)，慈江道慈城郡の雲峰発電所(40万kW)，咸鏡北道清津市から富寧郡に跨る西頭水発電所(45.5万kW)，咸鏡南道虚川郡の虚川江発電所(35.5万kW)，咸鏡南道朱光郡の長津江発電所(34.7万kW)，慈江道狼林郡の江界青年発電所(22.4万kW)，咸鏡南道新興郡の赴戦江発電所(20.2万kW)などであり，主要な火力発電所には，平安南道北倉郡の北倉火力発電所(160万kW)，平壌市の平壌火力発電所(50万kW)，

●塔

左―定林寺址の5層石塔。7世紀,忠清南道扶余,高さ8.33m,花コウ岩。
右―松林寺の5層塼塔。9世紀,慶尚北道漆谷,高さ16.13m。
なお仏国寺多宝塔,芬皇寺石塔の図は項目〈新羅〉を参照。

平安南道安州市の清川江火力発電所(20万kW),羅先市の6月16日火力発電所(20万kW)などがある。

[南半部の電力生産] 南半部では植民地時代に設置された朝鮮電業,京城電気,南鮮電気の3社が解放後も電力事業を担っていたが,1962年に国営の韓国電力株式会社に統合されて電力事業を独占することになり,韓国電力株式会社は82年に韓国電力公社となった。その後,分割,民営化の動きが始まり,2001年に韓国電力公社の発電部門が6個の子会社に分割された。12年現在の南半部の発電能力は,水力は645万kW,火力は4954万kW,原子力は2071万kWである。主要な水力発電所としては,京畿道加平郡の清平水力発電所(14万kW),京畿道南楊州市の八堂水力発電所(12万kW),江原道華川郡の華川水力発電所(10.8万kW)などがあり,主要な火力発電所には,忠清南道保寧市の保寧火力発電所(400万kW),忠清南道泰安郡の泰安火力発電所(400万kW),忠清南道唐津市の唐津火力発電所(400万kW),慶尚南道河東郡の河東火力発電所(400万kW)などがあり,原子力発電所には,釜山広域市の古里原子力発電所(313.7万kW),蔚山広域市の新古里原子力発電所(513.7万kW),慶尚北道慶州市の月城および新月城原子力発電所(377.9万kW),全羅南道霊光郡の霊光原子力発電所(590万kW),慶尚北道蔚珍郡の蔚珍原子力発電所(590万kW)がある。　中川 雅彦

ト│道│도
朝鮮の最上級の地方行政区画。〈道〉という名称は中国唐代の行政区画に起源をもち,8世紀の新羅から存在が確認されるが,それが地方行政区画となったのは,高麗中期の五道両界制(楊広,慶尚,全羅,交州,西海の各道と東界,北界)に始まる。中部,南部を〈道〉とし,東部,北部の辺境地帯を〈界〉として区別するこの制度は,高麗末期の六道両面制(京畿道を加えた六道と東北面,西北面)までうけつがれ,道の長官には民政官の按察使が,界,面の長官には軍政官の兵馬使が就任した。朝鮮王朝初期に八道制(北から咸鏡,平安,江原,黄海,京畿,忠清,慶尚,全羅の各道)がしかれ,中部,南部と辺境との区別がなくなり,区分も現在の姿に近づいた。王朝時代の道には中央から長官として観察使(監司,巡察使,従二品)が派遣され,副官である都事の補佐をうけ,軍司令官の兵使,水使と協力して統治した。1895年の'甲午改革で一時,道制が廃止されて二十三府制が採用されたが,翌年,十三道制(咸鏡,平安,忠清,慶尚,全羅の各道を南北に区分)となって復活した。日本の植民地時代には観察使は道長官と改称され,多く日本人が任命された。現在,大韓民国,朝鮮民主主義人民共和国とも9道(江原道は軍事境界線により分断されている)に分かれている。 ⇒高麗[図]
　　　　　　　　　　　　　吉田 光男

とう│塔
〈石塔の国〉という言葉がふさわしいほど,朝鮮の仏跡を訪ね歩くと必ず出会うのが石塔で,その数は1000基を下らないといわれている。3層や5層の方形塔をはじめ,六角塔,八角塔,中国呉越の銭弘俶塔(955)の流れをくむ宝篋印塔,外形を煉瓦積みの塼塔に似せた模塼石塔,十字形の平面プランをもつラマ式石塔,獅子が頭上に塔を支えた獅子石塔などさまざまある。こうした朝鮮石塔に共通する特色は,主として天然の花コウ岩を素材に,その特性を

生かして独自の石造美を実現していることであり，その代表的な作品が「仏国(ブルグク)寺の釈迦，多宝の両石塔である。仏国寺は8世紀中ごろに建立された2塔式の伽藍で，西塔を釈迦塔，東塔を多宝塔という。方形の3層石塔である釈迦塔は，四面に隅柱や束柱を浮彫にした二重基壇上に，各1石からできた塔身と屋蓋を積み重ね，さらに屋上に石造相輪をあげたもので，朝鮮で最も美しい石塔の一つに数えられる。その簡素化されたつくりと均整のとれた形体は，半島の統一を契機に完成したといわれる新羅式石塔の典型をなし，なかには，基壇や塔身の側面に神将像や仁王像を浮彫にした塔もある。

こうした新羅式石塔は，中国式塼塔に外観を似せた模塼石塔を母体に，木造塔の流れをくむ百済式石塔の影響をうけて完成したもので，慶州の「芬皇寺の石塔や全羅北道益山の弥勒寺の多層石塔は，その始原形式をよく伝えている。百済式石塔の特色は，屋根の勾配が緩やかで軒の出が深く，かつ四隅で軽く反転し，初層に比べ2層以上の高さが急に低くなることで，扶余の「定林(チョンニム)寺址の5層石塔(平百済(ペイクチェ)塔ともいう)はその典型である。

石塔以外では，中国西安の大雁塔にみるような塼塔，法隆寺五重塔のような木造塔もかつては数多く建立されたらしいが，現存するものとしては松林寺の5層塼塔，「法住(ポプチュ)寺の木造5層などわずかである。ただし，朝鮮における木造塔の歴史は古く，日本最初の木造塔が半島渡来の百済工人によって建てられたのをはじめ，新羅の大刹皇竜(ファンニョン)寺の9層塔(「皇竜寺址)は，相輪も含めて高さが225尺，つまり法隆寺五重塔の2倍もあったと伝えられている。　大西 修也

どう｜洞｜➡ トン
どう｜道｜➡ ト
とうあにっぽう｜東亜日報
韓国の新聞。三・一独立運動の翌1920年4月「金性洙(キムソンス)らが創刊。初代社長「朴泳孝(パクヨンヒョ)，主幹張徳秀(チャンドクス)。〈朝鮮民衆の表現機関〉を標榜して言論・啓蒙活動に大きな役割を果たした。金性洙，「宋鎮禹(ソンジヌ)ら右派民族主義者の立場を代弁したが，「《朝鮮日報》とともに植民地期の民衆運動を知るうえで不可欠の資料でもある。30年代前半には〈ブ・ナロード運動〉(労働夜学など識字運動を中心とした〈農村啓蒙運動〉)を呼びかけるなどの活動を行ったが，36年〈「日章旗抹消事件〉で4度目の停刊処分を受け，40年8月強制廃刊。解放後の45年12月復刊。金，宋らの韓国民主党系の新聞として右翼的論陣を張った。李承晩，朴正熙両政権の時代には野党に近い立場にあった。70年代の〈「維新体制〉の下ではそれを貫くことができなかったが，現在も韓国を代表する日刊紙(夕刊のみ)である。74年の同社記者らによる言論自由闘争と白紙広告事件(政府の圧力で企業が広告を取りやめた事件)は日本でも関心をよび，市民による購読運動が展開された。なお，東亜日報社は総合雑誌《新東亜》や《女性東亜》などの月刊誌も発行している。　水野 直樹

とういつかくめいとうじけん｜統一革命党事件
韓国中央情報部(KCIA)が1968年8月24日〈北朝鮮労働党の指令で政府転覆を企図したグループ158名中73人を送検した〉と発表，首謀者はソウルの運輸業者，金鍾泰(キムジョンテ)とされ，北朝鮮からの工作資金で労働者や農民を中心とする革命集団〈統一革命党〉を創設したという。また72年4月，韓国内務省は統一革命党再建を図ったとして9グループ32人を逮捕し，死刑，無期懲役などの重刑判決を下し，一部処刑を行った。統一革命党は75年に在日韓国人連帯委員会を設立していたが，85年7月，中央委員会全体会議をソウルで開き，党名を韓国民族民主戦線(韓民戦)と改称した。つづいて東京で同党日本代表部名で記者会見し，党綱領，規約も改定したと発表，地下放送も〈救国の声〉放送と改めた。　前田 康博

とういつきょうかい｜統一教会
植民地解放後に成立したキリスト教系新宗教。公式名称は世界平和統一家庭連合(日本の公式名称は世界基督教統一神霊協会)であるが，韓国では一般的に統一教とよばれている。1954年韓国で「文鮮明(ムンソンミョン)によって開教された。二代目教主は文鮮明の妻韓鶴子である。教義は〈イエスから再臨主の使命を継承した教祖と共に神を中心とした地上天国

を建設する〉という，キリスト教を根幹としながらも，儒教や巫俗などの伝統宗教の影響がみられる。1960年代に反共産運動である〈勝共活動〉を展開し政府の庇護を受けるが，90年代の冷戦崩壊後は北朝鮮と経済活動で急接近している。また宗教活動だけでなく，統一グループとよばれる多角的企業経営・教育，学術・文化・マスコミなどの諸事業を幅広く展開している。同時期に発生した新宗教との違いは活発な海外宣教とその成功があげられる。韓国以上に信徒の多い日本では韓国にはみられない〈霊感商法〉問題や献金勧誘行為の違法性が社会問題化している。現在，在韓日本人の約半数が統一教信者であるといわれるが，それは教義の中核に位置し，最高の秘跡に当たる合同結婚式で韓国人男性と結婚した女性信者であるといわれている。

古田 富雄

とういつもんだい｜統一問題｜▶地域・国名編の朝鮮［南北分断と統一問題］

とういほうかん｜東医宝鑑｜동의보감
朝鮮王朝時代の医書。23編25巻。宣祖の命をうけた▶許浚ホジュンが1597年，朝鮮，中国の医書を集めて編纂に着手し，1613年に刊行した。内景(内科)，外形(外科)，雑編(流行病，霍乱かくらん，婦人病，小児病)，湯液(薬方)，鍼灸の各編に分かれ，各病下に処方を付す。朝鮮第一の医書として評価が高く，広く流布した。早く中国，日本にも伝わり，江戸幕府の官版をはじめ，それぞれ多くの版を重ねた。2009年世界の記憶(世界記憶遺産)に登録。
▶医学

吉田 光男

とうかい｜東海｜▶トンヘ

とうがく｜東学｜동학
朝鮮王朝末期におこった民衆宗教。19世紀中葉の朝鮮では，各地に▶民乱が激発するなど社会不安が増大し，西欧列強の侵略に対する警戒心もアロー戦争(第2次アヘン戦争)での英仏軍の北京占領によって頂点に達した。慶州出身の▶崔済愚チェジェウは1860年，こうした内外の危機をのりこえる〈保国安民〉の策として，民間信仰を基礎に儒教，仏教，仙教を取り入れた独自の宗教，東学を創始した。東学とは西学(キリスト教)に対決する東方すなわち朝鮮の学を意味し，欧米人の侵入に備えて剣舞を奨励するなど民族的な自覚の高まりを背景としていた。また，基本宗旨である〈人乃天〉(人すなわち天)の思想は，人間の平等と主体性を求める反封建的な民衆意識を反映するものであった。▶天とは宇宙万物の本源であるが，人はそれぞれ内に有する神霊なる心の修養につとめることによって天心に感応し，天と融合・一体化することができる。聖賢が天に代わって人々を教え導いた時代が過ぎ去り，東学の創教によって開闢かいびゃくした後天の世には，天霊の直接降臨により天心一如が実現し，すべての人間が神仙と化した〈地上天国〉の建設が可能であるという。具体的な修養方法は21文字からなる呪文の口誦が中心で，この平易な教えは圧政に苦しむ農民の間に急速に広まった。天との結合の可能性において万人が平等だとする教理が封建的な身分秩序と相いれないのはもちろん，〈後天開闢〉の思想は，李氏王朝の終末を予言する▶《鄭鑑録》の運命観とも結びついて，王朝支配そのものへの批判を内包していた。

政府は1864年，崔済愚を処刑して厳しい弾圧を加えたが，第2代教主となった▶崔時亨チェシヒョンは教祖の思想を表現した《東経大全》や《竜潭遺詞》を復元・刊行し，教義の体系化を図るとともに，南部朝鮮一帯への布教に力を注いだ。各地域の教徒集団を〈包〉とよんで接主がこれを統率し，その上に都接主，中央に道主を置くという教団組織が確立するのもこの時期である。さらに，92年から翌年にかけ全羅道の参礼や忠清道の報恩に教徒を集めて，教祖の冤罪えんざいを晴らし，東学の合法化を得るための運動をくり広げ，94年の甲午農民戦争(かつて〈東学党の乱〉ともよばれた)への気運が急速に醸成されていった。この農民反乱において東学は，民衆の現状打開の意欲を鼓舞するとともに変革への一定のビジョンを与え，従来の民乱がもっていた地域的分散性を克服する組織的媒体としての役割を果たした。農民軍敗北ののち東学は大弾圧を受けたが，第3代教主▶孫秉熙ソンビョンヒは1905年，東学の正統を継ぐ宗教として天道教を宣布，今日に至っている。▶甲午農民戦争｜天道教

吉野 誠

とうがくとうのらん｜東学党の乱｜▶甲午農民戦争

トウガラシ｜唐辛子

朝鮮語でコチュとよび、〈苦椒〉〈苦草〉の字を当てる。朝鮮料理に用いられる代表的な香辛料で、豆みそ、もち米、麦芽などと合わせて熟成したトウガラシみそ(コチュジャン)は各種料理の薬味のベースになる。野菜の漬物キムチには、ニンニク、▶塩辛などとともに欠かせない。青トウガラシや葉も野菜として利用される。熱帯アメリカ原産のこの植物が朝鮮にもたらされたのは日本の九州地方からで、豊臣秀吉の朝鮮侵略のころとされ、〈倭芥子〉と記されている(李睟光《芝峯類説》1613年著)。日本の畿内へは朝鮮から伝来したらしく、〈高麗胡椒〉(《大和本草》)などとよばれ、やがて〈唐辛子〉となったようだ。朝鮮種は大粒で辛味成分のカプサイシンが比較的少なく、ベタイン、アデニンなどのうま味成分が微量あって、薬味に用いられる要素ともなっている。料理などでの使用量は東部、南部などで多く、北部や西部地方では少ない。なお、朝鮮では男子出生の際、門前の注連縄にトウガラシと炭をつるす風習がある。〈小さなトウガラシが辛い〉ということわざもあるが、朝鮮王朝後期からは広く民間説話などにも登場する。朝鮮半島の食生活にはトウガラシは欠かせない。
鄭大聲

とうかんふ｜統監府｜통감부

1905年第2次▶日韓協約によって〈保護国〉にされた大韓帝国に対し、日本がその〈保護権〉を行使するために作った機関。同年12月に設置。本来、保護国とは対外的に独立国家ではなくなるが、内政面では一定の自主性をもつものとされた。ところが統監府は統監の指揮の下、各部局に日本人顧問を配し、韓国の内政を植民地的に再編成する併合準備機関となった(顧問政治)。07年からはさらに統監府の機能が強化され、日本人次官が韓国内政の全般を取り仕切るようになった(次官政治)。韓国政府は行政権、軍事権(1907)、司法権(1909)、警察権(1910)を次々に奪われ、まったく無力な形で併合の時を迎えた。歴代統監は▶伊藤博文、曾禰荒助、▶寺内正毅の3名である。▷朝鮮総督府 馬渕貞利

どうきょう｜道教

道教は遅くとも6世紀末ころには朝鮮に伝わったと考えられている。《三国史記》や《三国遺事》に、高句麗には7世紀前半に五斗米道が伝わって信奉され、栄留王や宝蔵王が唐に道教を求めたという記事があり、また百済にも方術遁甲の法(仙人の秘技、妖術)が知られていた形跡がある。統一新羅では、中国の西王母にならった仙桃聖母祠が建てられ、神仙説が信じられたが、花郎道(▶花郎)にみられるように、道教はしだいに仏教や古来の信仰習俗と習合していった。高麗の道教は北宋の影響もあり、国家のため災いを除き、福を祈るものとして王室の厚い保護を受け、朝鮮最初の道観(道教の寺院)福源観が建てられ、玉皇、老人星、五福太一などをまつる国家のための斎醮(道教の祭り)が盛んに行われた。また〈八関会〉や山岳信仰には、仏教や古来の信仰との習合現象が顕著であり、宮廷で行われた守庚申(体内にすむ三尸という悪霊が、天に昇って主人の過失を生死を司る神に告げるのを防ぐため、庚申の日に徹夜すること)や道士の服装には朝鮮固有の習俗が多く取り入れられていた。

朝鮮王朝時代になると朱子学が重視されたために、宮廷の守庚申は成宗時代以後中絶し、福源観の後身である昭格署も趙光祖ら儒臣の批判の的となり、壬辰倭乱の兵火にかかったのち廃された。しかし、道教は▶東医宝鑑などの医学書に多大な影響を与えたほか、ハングルの勧善書が刊行され、財神としての関帝の信仰も行われるなど、民間の信仰習俗として流布した。朝鮮では道教教団が成立しなかったが、それは道教が仏教や古来の信仰習俗と深く結びついたためと考えられ、現在でも民間の守庚申や▶竈神信仰のような習俗に道教の強い影響をみることができる。
山内弘一

どうきょう｜銅鏡

化粧道具、ときには光線を反射する呪術用具(〈シャマニズム〉の項を参照)として用いられ、普通は青銅鏡である。朝鮮では、紀元前3、4世紀ごろの無文土器時代(青銅器時代)に初めて出現した銅鏡は、多鈕細文鏡とよばれる。これは鏡面が凹面をなすことが多い。鏡背には幾何学文様がみられ、また、一方にかたよって、2,3個の鈕をもつ。この鏡には粗文と細文があり、前者が古く、後者

●銅鏡
上－多鈕粗文鏡．径9.4cm，伝平壌市出土，前4世紀．
下－多鈕細文鏡．径14.3cm，韓国江原道襄陽郡出土，前1世紀初頭．

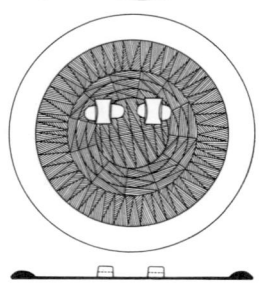

が新しい．その起源は北方系青銅器文化に求められ，朝鮮のほか中国遼寧地方，ロシア沿海州，日本に分布し，この地域の初期金属文化を特徴づける青銅器の一つであり，呪術性が強い．ついで，前108年の楽浪郡の設置以後，郡県の官人墓の副葬品のなかに化粧道具の一つとしての銅鏡がしばしば出土する．南部地方の慶尚北道慶州市朝陽洞で日光鏡などの前漢鏡や，慶尚南道良洞里で方格規矩四神鏡のような，新あるいは後漢の銅鏡が出土する．いずれも楽浪郡から入手したと思われ，宝器性の強いものである．慶尚北道漁隠洞では，前漢鏡とともにその仿製品が伴出している．三国時代では，百済の武寧ムニョン王陵で四神鏡や獣帯鏡など4面が，また，新羅の皇南大塚から方格規矩鳥文鏡など，わずかな出土例がある．新羅ではまた，皇竜寺塔心礎の鎮壇具のなかにも方格規矩神獣鏡が含まれるが，古代の朝鮮では総じて銅鏡に対する愛好は少なかった．しかし，中世の高麗時代には銅鏡が例外的に顕著な展開をみせ，▶高麗鏡とよばれる．
西谷 正

とうごくさいじき｜東国歳時記｜동국세시기
朝鮮の年中行事や風俗を記録した朝鮮王朝末期の書．著者は洪錫謨ホンソンモ．著作年代は不詳だが，1849年に記した序がある．東国は朝鮮の別称．前近代の歳時風俗に関する貴重な記録で，今日における朝鮮歳時風俗の原点を知ることができる．前近代の朝鮮の歳時記としては，このほかに金邁淳キムメスン(1776-?)の《洌陽歳時記》があるのみで(洌陽とはソウルのこと)，1819年の著者自身の跋文がある．この両書は《東洋文庫》の《朝鮮歳時記》に所収．→年中行事[朝]
姜 在彦

とうごくせいいん｜東国正韻｜동국정운
朝鮮に現存する最初の韻書．朝鮮王朝の▶申叔舟シンスクチュらが中心になり編集した活字本6巻．1447年(世宗29)成立，翌年刊行．4声・23母・91韻に分類している．朝鮮漢字音を整理すべく元の《古今韻会挙要》(1297)の諺解(ハングル訳)を図ったがうまくゆかず，これを土台に朝鮮字音独自の韻書を作ることになり，成立．巻分けは中国のごとく四声の別をもってせず，同種の韻を一括し，その中を4声に分けている．字音は初期の▶ハングル字体で示されている．中国字音にあっても朝鮮字音にはない舌頭と舌上，重唇と軽唇，歯頭と正歯などの区別はしないが，朝鮮字音にはない〈濁〉の範疇を設けるなど，はなはだ人為的な所も多く，朝鮮字音研究にはほとんど資料的価値はない．刊行後字音の標準として各種諺解書に付されたが，現実音との乖離もはなはだしく，成宗(在位1469-94)初期には用いられなくなる．子音を表す23母字は，▶《訓民正音》所載のハングル初声字の例字と合致し，ハングルの成立過程に本書が深く関わっていると考えられる．本書の成立には明の《洪武正韻》(1375)の影響も大きく，書名もこれに倣っている．以前は巻一，巻六の残巻しかなかったが，1972年に完本が発見され，その影印本がある．
藤本 幸夫

とうごくつがん｜東国通鑑｜동국통감
三国時代から高麗末までを記した朝鮮王朝前期の歴史書．徐居正ソゴジョンらにより，1484年(成宗15)になる．外紀1巻，本文56巻．巻首の外紀は，檀君・箕子・衛満の諸朝鮮，漢の四郡，三韓などを略述し，本文は三国時代から高麗末までを編年体で記す．内容的には，既存の《高麗史節要》(1452)，《三国史節要》(1476)，そのほかの中国の関係史料などをそのまま利用したにすぎず，しかも誤りを含むので，史料としてはあまり重視さ

れていない。ただ、王朝成立以前の歴史を統一的に叙述したこと、叙述の基礎を朱子学的史観に置いたことなどは史学史的に注目される。日本では、1667年徳川光圀が京都で刊行させて以後普及し、江戸時代を通して朝鮮史知識の源泉として重視された。

北村 秀人

とうごくぶんけんびこう｜東国文献備考｜
동국문헌비고

朝鮮王朝後期の政書の一つ。100巻、40冊。1770年(英祖46)洪鳳漢などが英祖の命を受け、元の馬端臨撰《文献通考》にならい、古今の文物制度のすべてについて、その沿革をのべて分類して13考とし、編纂して政務の参考とした。その後数度にわたり増訂改編されたが、刊行されなかった。1903年(光武7)朴大容などが高宗の命により3度増修を行い、改編して16考250巻とし、《増補文献備考》と名づけ、08年に刊行、板本と鉛活字印本の2種がある。朝鮮における事物の研究には最も参考となる書である。

森岡 康

とうごくよちしょうらん｜東国輿地勝覧｜
동국여지승람

朝鮮王朝時代の地誌。1481年(成宗12)、王命により50巻が編纂され、数回の改訂増補ののち1530年、《新増東国輿地勝覧》55巻として完成した。全国総図と各道地図を掲げ、中国の《大明一統志》の影響をうけて、朝鮮全土の郡県ごとに建置沿革、属県、郡名、姓氏、風俗、形勝、山川、土産、城郭、烽燧、学校、駅院、楼亭、橋梁、仏宇、祠廟、陵墓、古跡、名宦、人物、題詠などの項目に分けて記述。《周官六翼》など、本書編纂当時に存在してその後失われた書籍も引用し、15～16世紀朝鮮の研究に不可欠の史料である。朝鮮地誌の代表作として評価が高く、後代の地誌・地方誌(邑誌)に大きな影響を与えた。→地誌

吉田 光男

トゥサングループ｜斗山グループ｜

現存する韓国最古の財閥。1896年に朴承稷パクスンジクが京城の鍾路チョンノ4街に開いた生地商がその源流である。解放後に株式会社斗山商会に改組するとともに、戦前にキリンビールが設立した昭和ビールの払い下げを受けて1952年に東洋麦酒を設立し、朴承稷の長男の朴斗秉パクトゥビョンが社長に就任した。同社が発売したOBビールがトップブランドの地位を確立すると、66年にコカコーラのボトリングおよび販売事業を開始した。その後も70年代までに食品機械、製瓶、製缶、ホップ生産など関連事業への多角化を進めた。97年の通貨危機を契機にビールほか飲料およびその関連事業をすべて売却するとともに、2001年に公営の機械メーカーである韓国重工業(現在の斗山重工業)を、さらに05年に建設機械メーカーの大宇綜合機械(現在の斗山インフラコア)をそれぞれ買収し、機械製造中心のグループへと大きく変貌を遂げた。1973年の朴斗秉の死後、斗山は朴斗秉の息子たちによる共同経営体制を敷き、兄弟が順番にグループ会長職に就いている。2013年現在の会長は五男の朴容晩である。公正取引委員会発表の2013年相互出資制限企業集団で資産額第17位(公企業を除くと第12位)。

安倍 誠

とうさんどういせき｜東三洞遺跡｜→トンサムドン遺跡

とうじき｜陶磁器｜

[朝鮮の土器文化]　朝鮮の土器文化の起源は、前4000年ころにまでさかのぼる。釜山市東三洞貝塚で発見された細隆線文土器や無文土器がこのころの土器で、つづいて貝殻で施文した櫛目文土器や無文土器が現れ、青銅器時代になると朱を塗って磨き上げた赤色磨研土器が発達する。鉄器時代(前100-後300)には朝鮮北部の平壌付近に漢帝国の設置した楽浪郡が置かれ、漢代の陶器文化を受けた灰陶や灰釉陶、緑釉などが焼造された。一方、南では、釜山近郊の金海貝塚出土に代表される灰陶(金海式土器)がこのころ発達する。器面に縄蓆ジョウセキ文を施し、高温で焼き上げ、なかに自然釉のかかったものもあり、三国時代の新羅土器に受け継がれる。金海式土器は対馬や壱岐、北部九州の弥生時代の遺跡からも出土し、日本の硬質陶器である須恵器焼造にも影響を与えた。→土器

[三国時代から統一新羅]　三国時代(紀元前後-668)になると、北に高句麗、南に新羅と百済が成立し、互いに影響を与えながらも独自の陶器文化を形成した。高句麗のやきものは

●陶磁器｜図窯の分布

地図: 朝鮮半島の窯跡分布
- 咸鏡南道
- 平安南道（平壌）
- ［朝鮮民主主義人民共和国］
- 黄海南道（周村）
- 黄海北道
- 江原道
- 余（燕）津
- 開城
- 景西洞（高麗）
- 道馬里・金沙里・分院里（李朝）
- 竜仁（高麗白磁）
- 京畿道
- 忠清北道
- 忠清南道
- ［大韓民国］
- 鶏竜山（李朝）
- 慶尚北道（慶州）
- 全羅北道
- 扶安柳川里（高麗青磁）
- 慶尚南道（金海・金山 李朝）
- 熊川（李朝）
- 全羅南道
- 康津（高麗青磁）
- ◆一窯跡
- ○一主要都市
- 0〜100km

灰陶で，中国東北部の陶器に類するものが多く，さらに楽浪以来の鉛釉陶も焼造された。新羅，百済では，還元炎焼成による灰白色，灰黒色の硬陶，いわゆる⟩新羅土器（新羅焼）が主流となって発達した。壺，瓶，杯，高杯，椀，皿など器種は豊富で，器面には線刻で文様を施している。基本的には無釉であるが，自然釉のかかったものもある。新羅土器は5世紀の初め日本に伝えられ，河内の陶邑(すえむら)で硬質陶器(須恵器)が焼造された。新羅土器にはこうした日常の器皿のほかに，騎馬人物形土器や鴨形土器，土偶，器面に人物や動物を貼り付けた副葬用の明器類も盛んにつくられ，慶州付近の高塚墳墓から大量に出土している。また三国時代には中国華南の古越磁の青磁，黒釉磁も輸入されていることが近年明らかになってきた。

つづく統一新羅時代(668-935)には伝統的な新羅土器に加えて，緑釉，二彩，三彩などの鉛釉陶，灰釉を意図的にかけた灰釉陶などが新しく加わる。器面に連続的な印花装飾を施し，その上から灰釉，鉛釉をかけたもので，基本的には新羅土器の伝統の上に生まれた陶器である。また慶州の雁鴨池や皇竜寺などからは緑釉瓦が大量に出土しており，建築装飾に鉛釉陶が積極的に用いられた。

［高麗］高麗時代(918-1392)，朝鮮半島において本格的な磁器焼造が行われる。開城に都を置いた高麗王朝は，隣国の中国からたび重なる侵略を受けたが，それとともに中国の文物も受け入れ，磁器においては越州窯・耀州窯青磁，汝窯・定窯白磁，景徳鎮窯の青白磁，河南天目，磁州窯，広東・福建陶磁など，ほぼ中国全域の陶磁が伝わっており，開城付近の高麗墳墓からはこうした中国陶磁が大量に出土している。高麗時代の陶磁器は，中国陶磁の影響を強く受けながら発展していったといっても過言ではない。青磁，白磁，黒釉磁，天目，鉄彩手，鉄砂釉，青磁辰砂(しんしゃ)，画金磁などの磁器が焼造されたが，高麗時代を代表する陶磁器は青磁である。初期の青磁は半磁胎で灰釉を施した灰釉陶といえるもので，韓国ではこれを緑青磁とよんでいる。

本格的な青磁がつくられるのは9世紀から10世紀初めころで，五代，北宋初期の越州窯青磁の作風の影響を受けたものである。11世紀ころ，高麗では中国の青磁に勝るとも劣らない⟨翡色青磁⟩をつくり上げ，これをみた中国の徐兢が⟨近年以来制作工巧，色沢尤佳⟩と絶賛したことはあまりにも有名である。翡色とは翡翠(カワセミ)の羽の青みにたとえた美称であるが，確かに⟩高麗青磁のあがりのよいものは，中国の青磁にもみられない不思議な釉調をたたえたものがある。高麗青磁の最盛期は仁宗(在位1122-46)，毅宗(在位1146-70)のころといわれ，中国青磁の影響を残しながらも高麗独特の作風をたたえた優品が多くつくられた。高麗青磁の窯址は全羅南道康津郡の竜雲里，沙堂里，全羅北道扶安郡保安面柳川里が代表的である。いずれも朝鮮半島の西海岸で，焼造された青磁は貢瓷として開城の都へ運ばれたものと考えられる。

高麗青磁にはこのほか，釉下に白土や黒土を象嵌した象嵌青磁，釉下に鉄で絵付を行って青磁釉をかけた鉄絵青磁，鉄釉を全面にかけて青磁釉をかけた鉄砂釉青磁，金彩を施した画金青磁，辰砂を釉下に施した辰砂青磁などがある。象嵌青磁は中国にも

みられない高麗独自の青磁で，緻密で繊細な文様が器面に施され，静けさと幽玄さをたたえたその魅力は高麗陶磁を象徴するものである。この象嵌青磁の技法は12世紀ころ頂点を迎え，高麗末に衰退し，朝鮮王朝の〚粉青沙器(三島)〛にその技法が受け継がれる。鉄絵青磁は中国南方の広州西村窯，福建泉州窯の釉下彩磁の影響を受けて生まれたものと考えられる。画金青磁は遺例がきわめて少なく，ソウルの中央博物館に収蔵されている〈青磁象嵌猿兎唐草文画金扁壺〉がその代表作である。高麗陶磁には青磁のほかに白磁，黒釉磁，鉄彩手などがつくられているが，青磁ほどには優品は多くない。白磁は作風は青磁とまったく同じであり，技法的には青磁をならったものが多い。

[朝鮮王朝]　朝鮮王朝(李朝，1392-1910)は，高麗王朝が中国文化の影響を強く受けていたことに対して，民族独自の文字(ハングル)をつくり上げ，文化的にも独自の気風をつくり出そうとした時代である。陶磁器においても高麗王朝が青磁を主流としたのに対して，朝鮮王朝では白磁が主流となった。作風も高麗青磁に代表される端正で，厳しさをたたえた作風に対し，重量感のある自由でおおらかな陶磁器をつくり出した。1392年，王朝の中に陶磁器生産を監督する司膳署(後に司饔院)が置かれ，全国の陶磁器を生産する陶器所，磁器所324ヵ所を監督した。白磁は素文が主体であるが，15世紀には中国からコバルトを輸入して青花(染付)を焼造した。初期の青花は明初の作風を受け継ぎ，唐草文などを器面に描いたきっちりとした作品をつくったが，17世紀ころには白地を多く残して秋草文や魚文，草花図，虎図などを，淡く細い線で描いた李朝青花を完成した。中国の染付にはみられない優しさを感じさせるものである。李朝青花は17世紀初めに日本に伝わり，伊万里染付を生み出した。

青花とならんで〚朝鮮白磁〛には白磁鉄絵，白磁辰砂などの種類がある。白磁の大きな器体に太い筆づかいで竜や虎，草花，竹などの図を描き，青花の優しさとは違う力強さをたたえたものである。また辰砂は中国のいわゆる釉裏紅と同じ技法である。

朝鮮王朝においては，もっぱら白磁が宮廷の什器として用いられ，その生産は厳しく監督されたが，一方民間では，粉青沙器という白釉陶が発達した。粉青沙器は高麗青磁の伝統を受けて生まれたものであり，初期においては白化粧した器に青磁釉をかけたものを焼成していた。施文方法は高麗青磁から受け継いだ印花文，象嵌文が行われ，搔落し，線刻，鉄絵とつづき，刷毛目，粉引へと発達した。印花は日本では三島手とよばれるものであり，鉄絵は鶏竜山窯が名高い。軟らかな陶胎の上に，力強い線で魚文や唐草文をさっと描いた鶏竜山窯の鉄絵は，日本人にも愛玩され，やがてその技法は日本の絵唐津へ受け継がれることになる。

李朝陶磁と日本の近世陶磁を考えるうえで重要な点は，〈やきものの戦争〉といわれた文禄・慶長の役である。朝鮮に派兵した諸大名は，戦後，朝鮮より数多くの陶工を連れ帰り，唐津，上野，高取，萩，八代，伊万里などにおいて茶陶を主に生産させたといわれる。また日本の近世茶陶のなかでとりわけ珍重された〚高麗茶碗〛は16世紀ころ朝鮮半島南部で焼かれた民窯の雑器である。高麗茶碗には〚井戸茶碗〛，三島茶碗，熊川茶碗，雨漏茶碗などがあり，今日も茶人の間で高い評価を受けて伝世している。

⇨**高麗美術**；**朝鮮美術**　　　　　弓場 紀知

どうせん｜道詵　⇨トソン
とうそう｜党争
朝鮮王朝における党派の争い。王朝中期に勲旧派(中央貴族層の既成官僚)が士林派(在地両班層の新進官僚)に対して行った〚士禍〛とよばれる弾圧の後，士林派が1565年に政権を掌握するが，士林派は1575年に東人(改革派)と西人(保守派)に分裂した(ただし，東人が優勢)。さらに91年には西人への対応策をめぐって東人が南人(穏健派)と北人(強硬派)に分かれた(ただし，南人が政権を担当)。東人，西人，南人，北人の呼称は，各派の居住地域がそれぞれソウルの東，西，南，北に集中していたことから生じた。壬辰・丁酉倭乱(文禄・慶長の役，1592-98)後，南人が失脚し，1600年に北人が政権を握ったが，北人は，08年，王位継承をめぐって大北

（▶光海君ᄀ°擁立派）と小北（反光海君派）に分裂した（大北が政権を掌握）。しかし，23年，西人が光海君の暴政に反対して武力クーデタをおこし，▶仁祖ᄂ°をたて権力を握った（北人は追放され，以後，勢力を失う）。

孝宗・顕宗代（1650-74），西人と南人の間で，王妃の死去に伴う服喪期間＝礼論の対立（実際は孝宗の王位継承にかかわる論争）があり，その結果，1675年には南人政権ができたが，80年，西人は新王擁立を企てたとして南人を追放し，政権を掌握した。西人の▶宋時烈ᄋ°らは朱子学の批判・修正をいっさい認めず，反対派に反逆者，賊臣の烙印を押して処刑したりしたため，党争は激しさを増した。西人は83年に▶老論ᄂ°派（宋時烈派）と▶少論ᄂ°派（反宋時烈の少壮派）に分裂したが，1721年に少論派が権力を掌握した一時期を除き，以後，興宣大院君政権成立（1863）前まで，西人の老論派が政界を支配した。英祖（在位1724-76）は少論派も登用，正祖（在位1776-1800）も南人を登用して党争の緩和を図った（蕩平策）。老論派は，英祖による王世子処刑の適否をめぐって時派（否定的）と僻派（肯定的）の分裂はあったものの，1800年の純祖ᄌ°即位とともに老論派の安東金氏による▶勢道政治（国王の外戚による政権独占）となり，1801年のキリスト教弾圧（▶辛酉ᄉ°教獄）で南人系は多数が殺害，流刑された。王朝の党争は権力闘争であるが，多くの場合，武力抗争でなく，儒教的教義や秩序（倫理）をめぐる理論闘争（イデオロギー闘争）の形態をとっている点に特徴がある。　⇒儒教｜朝鮮王朝　矢沢 康祐

どうぶんいこう｜同文彙攷｜동문휘고

朝鮮王朝後期に編纂された，朝鮮と清国および日本との外交文書集。129巻。初め▶正祖ᄌ°の命により編纂。採集した外交文書を原，別，補，付編の4編58目とし，その後3年ごとに記事を書き加え，8次にわたり続刊された。主として1636年（仁祖14）から1882年（高宗19）に至る約150年間の文書の集大成で，王朝後期の東アジアの外交関係を知る良い史料である。1936年原編17〜50巻を覆印。78年ソウル大学校で原刊本96冊の影印本を刊行。1851年（哲宗2）刊の《同文攷略》は同書を簡略にしたものである。

森岡 康

トゥマンこう｜豆満江｜두만강

朝鮮半島の東北部，北朝鮮と中国およびロシアの国境をなす川。名称は女真語に由来し，中国では図們ᄆ°江と表記する。白頭ᄐ°山に水源を発し，西頭水，琿春河などの支流を集めながら東流，西水羅半島の東方で日本海に注ぐ。長さは521kmあり，流域面積は中国側3万3168km²，朝鮮側1万0513km²あり，ロシア側にはごくわずかしかない。高麗時代まで流域一帯は女真族の勢力下にあったが，朝鮮王朝初に豆満江を境に南側が朝鮮領に組み込まれた。王朝末には朝鮮人の北岸への移住が頻繁に起こり，白頭山定界碑（1712）における〈土門江〉の解釈をめぐって清朝との間に間島問題（▶間島）が発生した。西頭水で小規模な水力発電が行われているが，豆満江の水資源はほとんど開発されていない。西頭水〜会寧の間で流木が行われ，豆満江材とよばれるが，冬期は結氷する。流域の▶茂山ᄆ°，阿吾地一帯は朝鮮随一の鉄鉱，石炭資源の埋蔵があり，これらを原料として日本海沿岸の▶清津ᄎ°，金策などに金属，化学工業が発達している。

谷浦 孝雄

[豆満江開発]　豆満江は朝鮮民主主義人民共和国（北朝鮮），中国，ロシアの3ヵ国に流域をもつが，中国領は河口から約15km上流地点でとどまり，海への出口がない。港への距離の遠い（多くは大連港を利用）中国の吉林省や黒龍江省から日本海への出口を確保する試みから，1990年7月，中国吉林省の長春で開かれた第1回北東アジア経済発展国際学術会議の場で吉林省代表が同省からの外洋への輸送ルート開拓を中心とする開発構想が提案された。その後，91年3月，国連開発計画（UNDP）による中朝ロ3ヵ国協同の豆満江流域開発計画が提案され，のちに韓国，モンゴルも同計画に参加した。2005年には，開発の対象範囲を拡げるとともに，参加している各国の政府が主体となり，UNDPは調整役となる形で〈大図們江イニシアティブ〉（GTI）に再編された。09年11月に北朝鮮は同計画からの脱退を表明したが，朝中，朝ロの二国間プロジェクトとして羅先ᄅ°経済貿易地帯を中心とした開発は続けられている。

三村 光弘

とうめい｜東盟｜동맹

高句麗の民族的祭典の名称。東明とも記す。《三国志》魏志東夷伝の高句麗の条に〈十月を以て天を祭る。国中大会、名を東盟と曰う〉とあり、収穫時の祭天の儀礼を東盟とよんだらしい。夫余の迎鼓、東濊の舞天なども同じく収穫後に歌舞飲食を楽しんだものという。また別に高句麗の伝説上の始祖の東明王を東明とよぶ場合もある。すなわち河伯の女が日光に感じて生んだ▶朱蒙のことである。《三国志》魏志夫余伝の終末に引用されている東明伝承も同系であろう。

村山 正雄

とうめいおう｜東明王｜➡チュモン（朱蒙）

どうもうせんしゅう｜童蒙先習｜동몽선습

朝鮮王朝時代に作られた初学者のための入門的な教科書。不遇の儒臣、本貫を咸陽とする朴世茂(1487-1564)の著で、1541年になった。17世紀中葉以後▶書堂の発達に伴って広く行われた。内容は序、五倫、儒学総論、中国および朝鮮の歴代要義（歴史）からなり、分量は17帳226行。音を示す〈吐〉を割注で入れ、好適の〈経史之略〉すなわち最小必要な教育内容（ミニマム・エッセンシャルズ）をなしている。1699年刊奎章閣板本には粛宗の序と宋時烈の跋が付されている。日本統治期には朝鮮歴史の部分が当局から嫌われ、1918年の訓令〈書堂規則発布ニ関スル件〉では書堂で教授するのに適当な書籍とは認定されなかったが、部分的削除、変改を加え、書名を変更したりした各種異本が各地で数多く刊行され、その普及度は高かった。

渡部 学

とうもんぜん｜東文選｜동문선

朝鮮王朝前期に編まれた朝鮮漢文学の集大成。15世紀末～16世紀初めに徐居正らや当代の学者たちによって編纂された。正・続に分かれ、総154巻45冊という膨大なもの。古代から15世紀にいたるまでの代表的な詩と散文などがジャンル別に、年代順に収録されている。文学史上貴重な文献であるばかりでなく、政治、経済、思想史分野の研究などにとっても資料的価値が高い。1960年代、韓国では多くの学者たちの手でハングルによる国訳本が刊行された。

尹 学準

とうようたくしょくかぶしきがいしゃ｜東洋拓殖株式会社

日本の法律にもとづき1908年に朝鮮で設立された、農業拓殖を主とする植民地統治のための国策会社。東拓と略称。初期には朝鮮内の農業拓殖事業が主務とされ、重点を土地買収と移民事業におきつつ所有耕地の地主経営を行っていた。所有地は増大しつづけ、敗戦時には25万町歩に達して朝鮮最大の地主であった（〈地主制〉の項参照）。所有耕地のピークは1920年代初頭の田畑合計約7万3000町歩で、所属小作人は1918年時点で約15万名に達している。移民事業の方は17年間で約9000名と不活発に終わった。1917年、寺内正毅内閣の大陸積極政策にもとづいて法改正が行われ、活動範囲が朝鮮に限定されず広く外国に及ぶものとされ、営業目的に拓殖資金供給が加えられ、本店も当時の京城(ソウル)から東京へ移された。その結果、まず満州(中国東北)に、のちには南洋、華北、樺太などに進出した。朝鮮内の事業としては1920年代の▶産米増殖計画へのかかわりが大きく、社内に土地改良部を設けて同計画の事業代行機関となった。1945年の日本敗戦直後にGHQ指令によって閉鎖され、南朝鮮の資産は▶新韓公社が、北朝鮮では人民委員会、続いて新政府が受けついだ。資本金は、当初の公称1000万円が閉鎖時には1億円(払込みは7500万円)に増えていた。

村上 勝彦

トゥルマギ｜➡ツルマギ

どうろ｜道路

近代朝鮮における道路網整備は、統監府支配のもとで1906年に大韓帝国政府内部に設けられた治道局によって出発した。そして総督府設置後の11年には道路規則が公布され、道路を4等級に区分してそれぞれの管理機関や規格などが定められて、2期にわたる治道事業が展開された。植民地期の道路網建設の目的は、たんなる社会資本整備だけではなく、軍事色、警察色の濃いものであった。たとえば、最も重要な一等道路はソウルと道庁、主要駅などを結ぶほか、師団司令部や鎮守府をはじめとする軍事拠点への連絡を目的としていた。また道幅などの規格を制定するにあたって、砲車の通

行を可能にするよう配慮された。道路工事の大半を地方官庁が担当し、それが近隣住民に夫役として課せられたために不満も生じた。植民地期の道路整備は、不十分だった鉄道路線を補完する面があったが、農産物などの資源を日本へ移出する役割も果たした。

［解放後］　韓国では、モータリゼーションの進展とともに道路が最も重要な交通手段となった。1969年には韓国道路公社が設立され、都市間交通のために高速道路網の整備が開始された。70年には初の高速国道として京釜高速道路が全線開通し、2000年代に入ると総延長は約4000kmに達して鉄道路線を上回るようになった。高速道路の利用は自家用車やトラックだけでなく、都市間の一般的な移動手段として高速バスが使われている。また、1971年から➤セマウル運動の一環として多くの農村道路が建設された。輸送実績（2011）は、旅客（人キロ）は道路61％、鉄道20％、地下鉄14％、貨物（トン）は道路81％、鉄道5％で、道路の利用が圧倒的な比率を占めている。

北朝鮮では、高速道路は1978年に開通した平壌・元山観光道路と、平壌・開城高速道路（1992）、平壌・香山観光道路（1995）の3路線で、総延長は約470kmである。その他の道路は、未舗装の区間も多いといわれている。自家用車や民生用トラックは少なく、燃料も不足しているとみられるが、近年は都市間の移動手段として長距離バスが運行され、軍用や公用のトラックの荷台に客を便乗させる副業もみられる。しかし、鉄道運賃の方がバスより安いため、依然として長距離輸送に占める鉄道の比重は高いと思われる。　➡交通｜鉄道｜道（みち）

橋谷 弘

どき｜土器

朝鮮の原始時代の後期から中世の初期にかけて、土器は日常生活用具として重要な役割を果たした。朝鮮で土器がはじめて出現するのは、➤櫛目文土器の時代（➤新石器時代）のことで、数千年以上前にさかのぼる。櫛目文土器は、器表面にしばしば櫛あるいは箆によって描いた幾何学的な文様で飾られる。採集経済社会に特有の煮沸用の甕形が主体を占める。紀元前1千年紀の前半期に➤無文土器の時代（➤青銅器時代）に入ると、土器の表面から文様が消えていき、無文土器となる。この時期から農業経済社会に入り、日常生活の容器も多様化してくる。つまり、煮沸用の甕形に加えて、貯蔵用の壺形、供献用の高坏形などが一般化していく。また、主として前半期には丹塗り、後半期には黒色に、それぞれ磨研したものが現れる。紀元前数世紀のころ、いち早く原三国時代に入った北部地方の北辺部地域では、より堅緻になった無文の土器と共伴して、高火度で焼成された陶質土器の壺形が現れる。これは灰色を呈する堅緻なもので、器表面には縄蓆文などの調整痕が残る。陶質土器は、ついで平安南道の平壌付近、そして紀元後数世紀のころ、南部地方へと製陶技術が伝播していく（➤金海式土器）。紀元4世紀ごろに名実ともに三国時代に入ると、陶質土器は完成し、無文土器の流れをくむものは赤褐色軟質土器として残るが、主座を陶質土器にゆずる。

三国時代の高句麗では、中国の漢式土器系統の黒灰色軟質土器を主体とするが、黒色磨研壺などに特色がみられる。器種には壺形、三足付円筒形などがある。百済では、硬質の灰青色土器を主として、軟質の赤褐色土器が共存する。初期には黒色磨研土器もある。器種が豊富で、壺形、高坏形、甑形、器台などがあり、文様のあるものもある。また三足付有蓋坏などに特色がみられる。新羅では、やはり硬質の灰青色土器を主体にする（➤新羅土器）。器種、文様ともに多様であるが、長頸壺、坏などの脚台に方形の透しをもったり、各種の器物、動物、人物を形どった異形土器があって、特筆される。そして、加耶土器も新羅土器とはそれほど大きな差はないが、細部にわたって日本の須恵器の起源に大きな影響を与えた。7世紀後半に統一新羅時代に入ると、器形において、前代に流行した長頸壺、蓋付高坏、異形土器などはみられなくなるかわりに、長頸瓶、無蓋高坏、合子などが出現したり、また器表面の文様が花文や幾何学文で押されるなどの特色がみられる。土器は10世紀前半の高麗時代の初期までみられるが、青磁（➤高麗青磁）の発達におされていく。
　➡陶磁器

西谷 正

とくだい｜徳大

朝鮮王朝末期，鉱山所有者から採掘権を得て一定鉱区の経営をした鉱山業者。採掘期間や区域に関する契約を結び，数名ないし十数名の労働者を雇い入れて，自己の採算による経営を行い，鉱山主に所定の賃貸料を支払った。鉱山主から資金の貸与を受けて経営を請け負う場合と，零細な自己資金のみで経営する場合とがあり，鉱夫に対しては食事や宿舎を保障したうえで生産物を分け合う方式から，賃金のみを支払う方式まで種々の形態があった。王朝後期における鉱業の著しい発展を背景として19世紀初葉に発生した経営方式であるが，開港後に侵入した日本人資本も，1920年代から直接経営に転換するまでは，徳大制を利用した経営が一般的であった。→**資本主義萌芽問題**

吉野 誠

どくりつきねんかん｜独立記念館

独立運動の資料を中心に展示している韓国の博物館。1982年に〈**歴史教科書問題**〉が起こったとき，〈植民地時代のことを忘れているのは日本人だけではない。韓国人も忘れている〉と指摘された。そこで，政府が呼びかけ，国民も基金を寄せて，独立記念館を建設した。87年8月15日に三・一独立運動の志士＊柳寛順ﾕｸﾜﾝｽﾝの故郷である忠清南道天安市に開館した。展示館は七つあり，それぞれ，民族伝統館，近代民族運動館，日帝侵略館，三・一運動館，独立運動館，臨時政府館，大韓民国館となっている。日帝侵略館の拷問シーンの生々しい再現が話題になった。韓国独立運動史研究所が併設されており，《韓国独立運動史研究》を刊行している。

高崎 宗司

どくりつきょうかい｜独立協会

朝鮮王朝末期に独立確保とブルジョア的国政改革とを主張して活動した政治結社。1896年7月に開化派系官僚を中心として結成され，会長は初め安駉寿ｱﾝｷﾞｮﾝｽ，98年に＊李完用ｲﾜﾆｮﾝ，＊尹致昊ﾕﾝﾁﾎと代わった。《独立新聞》(1896年4月創刊)がその機関紙的役割を担った。初期は高級官僚中心の団体であったが，ソウルに独立門，独立館，独立公園を建設するための募金運動を展開して自主独立思想を広めた。97年8月以降の討論会活

●独立協会｜図独立門

1897年パリの凱旋門に倣い，独立協会がソウル市義州路(現，統一路)に建てた独立門。1980年代に高速道路の建設に伴ってわずかに移動され，議論をよんだ(写真は移動前のもの)。アーチ前方に残る石柱は中国の使節を迎えた迎恩門跡。

動を通じて少壮会員が台頭し，98年2〜3月のロシアの内政干渉・利権獲得に反対する闘争を契機としてソウル市民の街頭集会(＊万民共同会)に支えられて大衆運動に進出した。以後，守旧派政府との対決を強め，10月には＊中枢院の改組(半数を協会から選出)による立法機関化などの国政改革を要求する運動を進めるに至った。いったんは政府との間に国政改革案が協定されたが，11月に皇帝(＊大韓帝国)，守旧派の巻返しにより協会解散・指導者逮捕の弾圧を受けた。万民共同会の抗議闘争により協会は再建されたが，改革要求は実現されぬまま12月に軍事弾圧を受けて協会は最終的に解散させられた。会員からはのちの＊愛国啓蒙運動・独立運動の活動家が輩出しており，独立協会は朝鮮のブルジョア民族主義運動の出発点といえる。

糟谷 憲一

どくりつぐんこうそう｜独立軍抗争

三・一独立運動(1919)以後，朝鮮国内での非暴力闘争の失敗の教訓に学び，武装闘争路線に再編して，国境を接する中国東北地方にまたがって展開された朝鮮独立運動。とりわけ中国東北地方は旧韓末の＊義兵闘争の志士が活動を継続しており，シベリア干渉戦争の影響もあって，抗日独立軍は短時

日のうちに武装力をいちじるしく強化することができた。独立軍は朝・中国境地帯に一大軍団を形成し、1920年になると長大な国境線は独立軍の散兵線となり、朝鮮総督府はその侵襲、テロにおびえた。独立軍は、豆満江岸の美占、三屯子、鳳梧洞で組織的攻撃もはじめるが、日本軍は20年10月に▶琿春(こんしゅん)事件を捏造し、〈満州〉侵略の口実とし、独立軍の〈討伐〉を開始した。独立軍は李青天、▶洪範図(ホンポムド)、金佐鎮、李範奭(イボムソク)らの指揮下に正面衝突を避け、〈旅行団〉を編成、移動しながら和竜県青山里(チョンサルリ)の森林で日本軍を迎えうった。約3000の独立軍は同年10月20〜23日、大小10余回の戦闘をくり返し、日本軍の加納大隊に壊滅的な大打撃を与えた。朝鮮独立軍が3000の兵力を集結して勝利を得たのは旧韓末の義兵蜂起以来かつてなかったことなった。青山里の勝利は独立運動の軍事路線の正しさを再確認させ、その後の武力抗争の出発点になった。それは在外同胞の民族的信頼の回復、大同団結に大きな力となり、上海の▶大韓民国臨時政府の威信を高めた。 ⇒抗日パルチザン

姜徳相

どくりつしんぶん|独立新聞

朝鮮王朝末期にソウルで発行された新聞。1896年4月に▶徐載弼(ジェピル)が創刊し、▶独立協会の機関紙的役割を担った。純ハングル文を用い、隔日刊(1898年7月より日刊)。97年より英文版《The Independents》を別に発行した。文明開化、国家の自主独立、法治主義の確立、教育振興の必要を力説し、啓蒙主義的な論陣を張った。98年5月アメリカに追われた徐に代わって▶尹致昊(ユンチホ)が主筆となり、議会制導入論などの国政改革論を展開した。同年12月の独立協会解散後は、アメリカ人、イギリス人の経営下に移り、資金難により99年12月に廃刊した。 ⇒新聞

糟谷憲一

どくりつとう|独立党 ➡開化派

トクンニこふん|德興里古墳|덕흥리 고분

朝鮮民主主義人民共和国、平安南道大安市德興里にある壁画墳墓。1976年12月に発掘調査され、被葬者や年代がわかる希有な墳墓として脚光を浴びた。封土は原形をとどめていないが、内部に南向きの横穴式石室

が築かれた。羨道、前室、甬道、玄室の順序に連接し、全長8.2mを測る。石室は、加工した石材で積み上げられ、表面には漆喰が塗られていた。墓室のほぼ全面に描かれた壁画により高句麗の文化や風習、さらに政治の一端に触れることができる。羨道では槍を取った門守などが目につく。前室には14行600余字の墨書銘があり、被葬者の名が鎮で、築造が永楽18年(409)であることを示す。また前室には、被葬者の肖像画、被葬者である幽州刺史に向かって伺侯する13郡の太守図、そして、被葬者一行の行列図などがあって、いわば被葬者の公的な場面を描く。玄室の壁画は、被葬者の私的な生活図が中心となっている。この墳墓は、すでに盗掘を受けていて、遺物は出土しなかった。

西谷正

とこ|都賈|도고

朝鮮王朝後期の商業界で盛んに行われた買占めあるいは独占行為、また、それを行った商人。17世紀半ば以降、商品経済が発達して多数の商人が輩出すると、相互間の競争激化に対処するため、一部の商人によって独占的商業活動が展開されるようになった。禁乱廛(きんらんてん)権(乱廛とは特定商品の取扱い権を破ろうとすること)によって首都ソウル一帯における取引の独占を図った▶六矣廛(ユギジョン)の市商人のように、御用商人の都賈は特権に支えられていたが、新興の私商人層はみずからの経済力にもとづく買占め活動でこれに対抗した。一般▶市廛の禁乱廛権が廃止された1791年以後も、六矣廛の特権はなお維持されたばかりでなく、私商都賈の活動は権力との結びつきをも深めながらいっそう活発化した。

蓄積された都賈資本はこの時期の商業発展を主導したが、同時に生産への支配を強めてその自由な成長を阻害したから、小生産者層を中心として都賈に反対する動きがしだいに大きくなった。さらに1876年の開港以降の時期には、侵入した外国商業資本が都賈商業体制の解消を執拗に要求した。都賈商人は種々の形態での独占の維持・強化によって対抗を試みたが、日本による植民地化の過程で最終的な解体を余儀なくされた。 ⇒商人

吉野誠

としか｜都市化

朝鮮民主主義人民共和国では1950年代に，また大韓民国では60年代後半から都市化が進行し，首都圏の膨張，地方産業都市の形成がみられる一方，遅れた農村に対してそれぞれ独自の政策が展開された。

[都市化の進行] 共和国の都市人口比率は朝鮮戦争直後に18％にすぎなかったが，1960年には41％に達した。これは50年代に実施された農業集団化過程で多数の農村人口が都市の工業部門へ移動させられたからである。その後はやや緩やかに都市化が進められ，80年に60％に達したものと推定される（国連調査）。韓国の都市化は共和国にやや遅れて始まったが，その後加速した。すなわち，55年に都市人口比率が24.5％だったのが，66年に33.6％へと上昇し，その後70年に43.2％，そして80年には55％に達し，共和国と並ぶようになった。共和国は計画的な人口配置を行っており，首都▶平壌への過度な人口集中を避けているが，80年当時約170万人，全人口の10％前後が集中しているものと思われる。社会主義建設の中枢として，平壌への政治，経済，文化など社会的機能の集中は人口のそれよりもはるかに高い。▶ソウルへの人口集中率は1960年の10％（245万人）から80年の22.3％（800万人余）へと飛躍的に高まり，韓国の都市人口の40％を占める（1983年には900万人を超えた）。ソウルの膨張は人口集中と社会機能の集中の相互作用が累積的に進行し，さらに財政当局が集中する人口の要求にこたえて社会資本投資を実施したからである。平壌が比較的等質なエリート層を集めているのに対し，ソウルはエリート層集団と厚い下層住民に両極分解し，中間層が薄い社会構成をもっているところに特徴がある。

[地方産業都市の発達] 共和国では工業化が進展するなかで，原料供給地に産業都市が形成された。▶清津，▶咸興などの古くからの工業都市が金属工業基地，化学工業基地として発達する一方，恵山，江界，熙川，雲山などに地域の産業と結びついた工業が育成された。これらの地方工業都市の発達は産業の地域的分散，地域経済発展の拠点として役立っている。一方，韓国では，ソウルへの人口集中を抑制する効果もねらって地方各地に工業団地が形成された。加工貿易立国を目標とする韓国は，これらの団地を東海岸から南海岸にかけての港湾適地に建設した。▶浦項，▶蔚山，▶昌原，麗川（▶麗水）などがその代表例である。原料を輸入し製品を輸出する韓国の工業団地は，労働力の吸収など間接的な影響しか地域経済に及ぼさない点に特徴がある。共和国の工業都市では住民は労働者地区で集団的な生活を営み，農村と明確に分離している。韓国の地方工業団地の住民も，共和国ほど画然としていないが，周囲農村とは別天地をつくっている。また，住民構成においてホワイトカラー層が著しく少ない点は両者共通である。

[新農村建設運動] 共和国は1964年に〈わが国農村問題に関するテーゼ〉を発し，都市と農村の格差をなくすために，都市（工業）が農村（農業）を支援すること，政府財政によって都市型居住区を建設する方針を決定した。これは1950年代の農業集団化において人為的に多数の人口を引き出したこと，工業化資金を農民に依存したために農民が自力で膨大な費用のかかる新農村を建設することが不可能だったということが背景にあると思われる。▶協同農場の管理施設，学校，病院などの公共施設を中心に多層式の集団住宅が並ぶ新居住区が漸次伝統的な農村に変わっている。韓国では70年から自力更生を原則とする▶セマウル運動が開始された。集落ごとに農民が団結して所得増大事業をおこし，環境改善，住宅改良を実施して新農村を建設することにより都市との格差を解消しようとするセマウル運動は，その後政府支援のもとに都市型居住区を建設するという面が強化され，外見的には共和国の新農村建設とはなはだ似通った傾向をもつようになった。⇒人口　　　　谷浦孝雄

[1990年代以降——韓国] 韓国の都市は，首都のソウル特別市をはじめ，6つの広域市（▶釜山，▶大邱，▶仁川，▶光州，▶大田，▶蔚山）や，9つの道（京畿道，江原道，忠清南・北道，全羅南・北道，慶尚南・北道，済州特別自治道）のなかの主要都市などで構成される。1960年には39.2％にすぎなかった都市の人口比

率は，70年には50.1％，80年には68.7％，90年には81.0％，2000年には88.4％と著しい増加が続き，10年には90.9％にまで至った。

60年代以降の工業化政策によって，ソウルへの一極集中が激しくなるとともに，釜山や大邱など地方の産業・工業都市の人口拡大も進んだ。工業化に伴う急速な都市化によって，都市部には中間層とよばれる専門・技術・管理職などのホワイトカラー層や自営業層が形成される一方で，製造や建設現場，サービス部門などに従事する不安定な低賃金労働者も増大した。また，都市化の進展は➤交通渋滞や➤環境問題といった，生活面における副作用も同時に引き起こしていった。

80年代以降の特徴としては，ソウルと仁川，京畿道からなる首都圏の人口成長が著しい。80年に35.5％であった首都圏の人口比率は，2010年には49.3％に達し，全人口のほぼ半数が首都圏に居住している。首都圏の拡大はソウルへの人口集中に加えて，80年代以降に本格化した京畿道における新都市建設によるところが大きい。なかでも，水原や城南，富川，高陽，龍仁などはソウル近郊のベッドタウンとして，それぞれ100万人前後の規模を有しており，区政が敷かれる市も京畿道には少なくない。90年代以降，ソウルの人口はわずかに減少しているのに対して，京畿道の人口は伸び続けており，2003年には京畿道の人口はソウルを初めて上回った。

2003年には盧武鉉大統領が，首都圏の過密解消と国土の均衡発展を目的として，新たな行政首都を忠清圏に建設する計画を発表した。しかし，04年の憲法裁判所による違憲判決によって，中央行政機関の一部移転による行政中心複合都市の建設が進められる運びとなった。12年には中部に世宗特別自治市が誕生し，同年より一部省庁や政府関連機関の移転作業が始まっている。
➡家族　　　　　　　　　　　　　渡邊 雄一

［北朝鮮］　朝鮮民主主義人民共和国の場合，都市人口比率は1993年の国勢調査で60.9％，2008年の国勢調査で60.6％となっている。もっとも人口の多い都市は➤平壌であり，総人口299.4万人，うち都市部人口270.1万人である（2008年国勢調査の人口を2011年6月以降の行政区画で調整した数値。以下同様）。ついで➤南浦（総人口98.3万人，うち都市部人口70.3万人），➤清津（同82.1万人，同70.7万人），➤咸興（同76.9万人，同70.4万人）が都市部人口70万人を超える大都市となっている。

平壌は1946年9月5日以来道級の市，すなわち直轄市である（当初は〈平壌特別市〉とよばれていたが，50年以降は〈平壌市〉とよばれている）。南浦は79年12月に直轄市となり，2004年に分割されて平安南道の下に入ったが，10年1月に直轄市に復帰して今日に至る。清津は1963年11月に直轄市となったが，70年に咸鏡北道に復帰し，77年11月に再び直轄市になったが，85年7月に咸鏡北道に復帰して今日に至る。咸興は62年10月に直轄市になったが，70年7月に咸鏡南道に復帰して今日に至る。

また，総人口が30万人を超す中規模の都市としては，➤元山（総人口36.3万人，うち都市部人口32.8万人），➤新義州（同35.9万人，同33.4万人），端川（同34.6万人，同24.1万人），➤沙里院（同30.8万人，うち同27.1万人），➤開城（同30.8万人，同19.3万人）がある。うち開城は朝鮮戦争で共和国の実効支配下に入ってから事実上の中央直轄であり，1957年6月に形式的に京畿道の所属から直轄市となったが，2003年に黄海北道の所属になった。新義州には2002年9月に中央直轄地としての特別行政区を設置する政令が発表されたが，実施されていない。なお，1993年9月に羅津郡と先鋒郡を統合して中央直轄市としての➤羅津・先鋒市が設置され，2000年8月に羅先市に改称され，今日に至る（総人口19.7万人，うち都市部人口15.8万人）。➡人口
　　　　　　　　　　　　　　　　中川 雅彦

としさんぎょうせんきょうかい｜都市産業宣教会

産業化時代の宣教政策として労働者の中に入り，彼らとともに働きながら宣教するプロテスタントの組織。韓国では1957年に大韓イエス教長老会が結成したのを最初とする。はじめは労働者を教会に導くことを主目的としたが，68年ごろから労働問題にも取り組むようになった。72年に朴正煕政権

が▶維新体制をしいて以降は，労働三権が事実上剝奪された中で，カトリック労働青年会とともに自主的な労働組合の結成や労働争議にも積極的に取り組み，▶韓国労総や労働庁と対立した。70年代後半に起こった東一紡織争議や邦林紡績争議などを通して，労働者に大きな影響を与えていた都市産業宣教会の存在がしだいに社会の注目を浴びるようになった。79年8月のYH貿易争議では，政府によって背後操縦勢力とみなされ，調査を受けた。代表的人物としては女性牧師の趙和順が有名。80年代に入ると，労働運動の質的変化や成長があり，関与は減った。 ➡キリスト教│労働運動
〈髙崎 宗司〉

トソン│道詵│도선│827-898
新羅末の僧。俗姓は金。全羅道霊巌の人。武烈王の子孫ともいわれる。15歳で僧となり，のち恵徹大師に学び，23歳で穿道寺で具戒を受けた。さらに修業後，晞陽県の玉竜寺に住し，一時憲康王の師傅として出仕したが，同寺で生涯を終えた。▶風水説に通じ，開城の地理の優秀性を指摘し，高麗太祖の出現と建国を予言したとされることから，その説は高麗時代に盛んに行われ，政治的にも大きな影響を与えた。高麗王朝の彼に対する顕彰も盛んで，大禅師，王師，先覚国師などの称号が追贈された。《鄭鑑録》《道詵秘記》などの著作があったというが，いずれも後人の偽作とされている。
〈北村 秀人〉

とちかいかく│土地改革
日本の統治政策下で朝鮮における植民地▶地主制は極限まで拡大しつづけ(1943年に小作率は総耕地面積の62.0%，水田のみでは68.3%)，大多数の小農の生活を破綻に追いやっていた。それゆえ，地主制を廃絶し，農家経済を安定した発展の軌道に乗せることは，解放後における南北朝鮮を通じて最大の政治課題であった。
[北朝鮮] 北朝鮮では，1945年秋の〈3·7制〉(小作料を3割以下に制限)実施を経て，46年3月5日北朝鮮臨時人民委員会により無償没収，無償分配を原則とする〈土地改革法令〉が公布され，同月中に実施を完了したという。実施主体として貧農を中心とする農村委員会が里ごとに組織され，没収対象は日本人，日本国家，民族反逆者，逃亡者，教会，寺院，宗教団体，継続的に小作させている者，全所有地を小作させている者などの所有する全耕地と5町歩を超える所有耕地のすべてで，計100万0325町歩に達し，その98.5%が全農家の70%にあたる72万余戸に家族数と労働力に応じて分配された。残りの1.5%と灌漑施設などは人民委員会が保有した。地主に対しても，他地域に移住して自耕農となる場合には土地を分配した。また，耕地の売買・抵当・賃貸借を禁じ，所有者が耕作放棄した土地を人民委員会が管理して農民に耕作権のみを与える耕作権地制度を設け，小農の再分解を阻止するとともに協同化を通じての〈小農問題の根本解決〉の条件を整えている。 ➡協同農場
[南朝鮮] 南朝鮮でも上述の北の状況を知るにつけ農民闘争が高揚し，米軍政府は予防反革命的意図からの農地改革を企図したが，立法議院で右派の反対にあって断念し，1948年3月軍政府直轄の▶新韓公社の管理地約23万町歩についてのみ分配を実施した。大韓民国成立後も紆余曲折の末，50年3月10日に至りようやく〈農地改革法〉が公布された。対象は地主所有地と3町歩を超える所有地(墳墓に付属する2反歩以内の土地など例外を除く)とされたが，実施に至るまでの数年間に地主主導の隠匿・分散や時価での強売が進行しており，実際に改革が実施された耕地は約55万町歩(前記米軍政府既払下地も含む)にすぎず，分配を受けたのは150万戸余であった。平年作生産量の150%を基準とする有償原則がとられ，地主に対しては該当量を記した地価証券が交付された。これは地主の資本家への転化を図ったものだが，朝鮮戦争後のインフレ高進下で必ずしも所期の結果を生まなかった。一方，耕地分配を受けた農民は5年間毎年平年生産量の30%を現物で償還することを義務づけられた。くわえて臨時土地収得税の負担や農産物価格の全般的下落のため，零細自作農とはなったものの，生活の安定を実現しえなかった。かくして禁止規定にもかかわらず小作関係が再生し，70年代には全耕地の20%前後に及ぶと推定されている。ただし，なかには離村小農が親戚に預けた土地なども含まれ，

解放前のように小作制が主要な生産関係であるというわけではない。　　　　梶村秀樹

とちちょうさじぎょう｜土地調査事業
朝鮮の植民地化初期に行われた土地の所有権，価格，地形，地貌などの調査・測量事業。朝鮮総督府は，韓国併合（1910）直前からの土地調査事業を受けつぎ，併合直後に臨時土地調査局官制，1912年に高等土地調査委員会官制・土地調査令を公布して本格的に調査事業を行った。18年11月に全事業が完了し，調査筆数は1901万余筆，費用は2456万円に達した。その結果，林野（調査事業は22年完了）を除いてすべての土地の所有権が確定し，課税地も表のように52％増大した。土地所有者が，臨時土地調査局長に申告し（国有地は通告），同局長が地方土地調査委員会の諮問を経て土地の所有者・境界を査定する方式がとられた。ところが当時土地所有関係に流動的要素があり，煩雑な申告作業に加えて地方有力者・地主などが同委員会の有力メンバーとなっていたので，土地所有権・占有権が否定される農民が少なくなかった。公式に示された紛争地は全調査筆数の0.5％，約10万筆で，そのほとんどが所有権にかかわっており，また併合直前からの駅屯土（朝鮮王朝時代の宿駅付属の田土）調査事業によって強引に国有地化されたこともあって，紛争筆数の65％は国有地をめぐるものであった。事業完了の18年末現在，全国442万町歩のうち国有地が27万町歩，日本人所有地が24万町歩で，ほかは朝鮮人所有地である。

　この事業の結果，総督府財政の基礎が確立し，国有地が創出される一方，事実上の農民的土地所有が否定されたり，土地を収奪された農民が小作人に転落して地主的土地所有が再編・強化され，また土地商品化が進められるなかで国有地払下げの恩恵も受けるなど日本人地主の進出が容易となった。最大の日本人地主であった東洋拓殖株式会社は，この国有地を基本に所有地拡大をはかっていった。事業完了の数ヵ月後に朝鮮最大の民族運動である三・一独立運動が勃発したが，農民部で最も激しくかつ長期に展開したことは，事業の性格をよく示している。⇒地主制｜流民　　　村上勝彦

●土地調査事業｜表 土地調査事業による課税地の増加

	旧面積 （1000町歩）	新面積 （1000町歩）	増加率 （％）
水田	1258	1496	18
畑	1469	2712	84
垈地*	114	120	5
その他	25	47	88
計	2866	4375	52

注－*印は家屋敷を含む土地。

トッケビ｜도깨비
［口碑伝承と生きている信仰の中のトッケビ］　トッケビは朝鮮の民衆の間に伝えられた鬼神の中，最も人口に膾炙された存在。ただし，〈トッケビは棒でぶっ叩き，鬼神は経で追い払う〉という諺が示すように，死者霊の化してなる鬼神とは異なる存在である。姿は目にみえないこともあり，みえることもある。一本足の巨人で，〈独脚鬼〉と記されもした。口碑伝承のトッケビは，陰鬱な夜更け，人けのないところに現れる。相撲を挑んだり，また美しい女の姿で若者を誘ったりもする。いたずら好きで，美女と思って抱いたが実は火かき棒であったなどという話もある。トッケビは，わらじとか古杵，〈ふるい〉などの生活用具が化してなることがある。また女の血のついたものがよりいっそうトッケビに変わりやすいのだという。一般にトッケビは人に深刻な危害を加えることはなく，むしろその神通力によって財物を与え，福をもたらすともいう。これらを通して，トッケビは昔の韓国人の生活の姿を反映したものとされる。こうしたトッケビ観はほぼ定説である。しかし，朝鮮半島の西岸から南岸にかけてのトッケビ信仰の現地調査によると，民譚（昔話）で形成されたトッケビ像とは異なる面も多い。漁民の伝承では，トッケビにより富，豊漁を得ることもあるが，惑わされて死ぬこともある。何よりも，漁民は海辺，船上でトッケビ告祀（祈禱）をして豊漁を祈願した。また山上から海上にみえるトッケビの火を眺める（山望）。その場所では魚がたくさん捕れるという。以上は，生きているトッケビ信仰であり，示唆するところが多い。昔話やお伽噺となる以前のトッケビは畏怖すべきものであったと思われる。　　　野村伸一

とっこうりこふん|徳興里古墳|→トクンニ古墳

とひょうぎしし|都評議使司
高麗末期から朝鮮王朝初期にかけて存在した最高政治機関。その前身は都兵馬使である。これは北辺防衛を管掌する中央機関で、その指揮下に防衛の実務を担当する兵馬使が東北面と西北面におかれた。モンゴルが高麗を制圧すると、まず兵馬使が廃され、つづいて1279年(忠烈王5)都兵馬使は都評議使司と改称され、その構成と職務も変わった。都評議使司は、百官を統轄する僉議府、軍事をつかさどる密直司、財政を管掌する三司の高官数十名で構成され、政治・軍事・財政を支配する最高機関となった。合議制で運営されたので合坐ともいう。吏・戸・礼・兵・刑・工の六曹は残続したが、有名無実となり、実権は都評議使司が握った。李成桂が新王朝の王位に上るときには、その推戴をうけた。朝鮮王朝の太祖(李成桂)時代には旧来のままに存続したが、1400年(定宗2)、▶議政府と改名し、その職務権限の多くを六曹に移し、議政府は特別に重要な政策だけを審議する機関になった。

旗田 魏

どまくみん|土幕民|토막민
おもに、日本統治下の朝鮮における都市細民をいう。土幕は朝鮮語でウムマク(穴蔵の意)ともいい、土小屋または掘立小屋のこと。町はずれの河川敷、山の傾斜地などに小屋を建てて住みついた人びとで、数百戸の部落を形成した地域もあった。土幕民は朝鮮王朝時代にも存在したが、植民地期に顕著な現象となり、ソウル(当時京城)では1931年5000人であったのが39年2万人に急増した。土地を失った離農民が都市に流入して土幕に住むケースがほとんどで、職業としては運搬人夫(▶チゲかつぎ)、土木人夫などの低賃金の肉体労働者が大部分だった。なお、1960年代末以後の工業化政策の下で韓国の都市部で増大したスラムはパンジャチョン(板きれの村)、あるいは▶タルトンネ(月に近い丘の上の町)などとよばれる。 →流民

水野 直樹

とまんこう|豆満江|→トゥマン江

トラ|虎
朝鮮ではトラは山神(▶山)の使い、化身と考えられており、寺にある山神閣には老人の

●トラ

トラに乗る山神の図。温陽民俗博物館蔵

横にうずくまるトラか、トラに乗った老人を描いた山神図が必ず掲げられ、山神の全能を示す象徴とされている。朝鮮のトラはシベリアトラで、朝鮮王朝時代にはソウル付近にも出没したという。ソウルの升型の間取りの家屋で中庭へトラが入り込まないように、虎網を仕掛けたほどである。トラは勇猛の代名詞とされ、文班、武班からなる両班のうち武班は虎班ともよばれた。また朝鮮王朝時代の祈雨祭(雨乞い)では、雨の降らないのは竜のせいだとされ、ソウルを流れる漢江にすむ竜王を怒らせるために、トラの頭を漢江に投げ入れることもあった。朝鮮の屏風には〈胡猟図〉とよばれる虎狩りの風俗を描いたものや、民画では竹林にうずくまるトラと吉鳥とされる▶カササギを対にした画題が多いが、愛敬のあるトラの表情と相まって民画の特色をなしている。〈昔、虎がたばこをすっていたころ〉という昔話の出だしにうかがえるように朝鮮人に親しまれたトラも、朝鮮戦争以降は韓国での出没の報告はない。なお、1988年のソウル・オリンピックでもトラの子(ホドリ)がマスコットとされている。 →熊

金 東旭

とらいじん|渡来人
主として古代に朝鮮、中国などの海外より日本列島に移住してきた人々、およびその子孫のことをさす。明治以来広く日本で用いられた〈帰化人〉という呼称に代わって、1960年代後半以降、日朝関係史の再検討の

気運のなかで使われるようになった語。

[帰化人と渡来人] 帰化人の語が問題視される理由は、まず、元来、古代の7世紀後半〜8世紀ごろの律令国家の支配層が中国の中華思想の慣例に従って天皇の徳化を慕って渡来したものとする観念から出た語であり、少なくともそれ以前、日本列島内にまだ帰化すべき国家と君主が確立していない時代の渡来者を〈帰化人〉として一括することは妥当性を欠くことにある。さらに明治時代以来今日に至るまで、帰化人といえばすべて日本人とは異なる蔑視さるべき特殊な存在であるとみなす傾向があり、それが日本の朝鮮、中国に対する侵略、支配とそれに伴う思想的影響によってつくられた、被支配民族への抑圧を歴史的にさかのぼらせて根拠を求めるという誤った観念にもとづくことにあると指摘される点も無視できない。

[移住と活動の4段階] 古代の朝鮮などからの渡来人の移住と活動の段階については、およそ①前2世紀〜後3世紀、②4世紀末〜5世紀初頭、③5世紀後半〜6世紀、④7世紀後半という四つの時期に分けられる。

①は対馬島を含む西日本各地出土の朝鮮系土器などに知られる、朝鮮、中国からの文化が普及した最初の段階。②は日本(倭)の政権の成長に伴う対外活動に呼応した渡来人の画期で、《古事記》《日本書紀》をはじめとする伝承上も、のちにいう西文氏、秦氏、東(倭)漢氏の祖先が渡来したとされる応神朝ごろに比定される。③は②をうけて、雄略朝を主にして、朝鮮南部の百済、加羅(任那)などから多数の各種技術者集団が進出した時期。④は660-663年の百済の滅亡に伴い百済の王族、貴族、官人以下が大挙して移住し、あるいは亡命した時期である。同時期、高句麗からも王族などの亡命者、渡来者があった。

[秦氏と漢氏] これらのなかで最も代表的な古い渡来系氏族は秦氏と漢氏である。秦氏は秦の始皇帝の子孫の弓月君が120県の百姓を率いて渡来し、機織を仕事としたとされるが、事実は慶尚南道の蔚珍(古名は于珍)地方からの集団移民で、山背(山城)に拠点を置き、大和政権に官人として仕え、他方、伴造として新羅系渡来人などを部に編成して支配し、生産物を貢納して6世紀には政権の財政の一翼を担うほどの地位を得、開発にもかかわった。漢氏は後漢の霊帝の子孫である阿知使主とその子の都加使主が党類17県を率いてきたと伝えるが、これも慶尚南道咸安地方の安羅(安邪)からの集団移民で、のち大和の高市郡檜前に住み、8世紀後半には同郡の漢氏がきわめて多く、他姓の者は十中の一、二にすぎないとされた。同氏は、③の時期に百済などから新たに来た才伎と称される渡来人の集団を率い、大和政権に官人としての地位を固めた。

つまりこの両氏ともに中国皇帝の後裔であるという祖先伝承と系譜を完成させたのは8世紀のことであり、おおむね②の時期に朝鮮の同一地域より先に移住した集団を核にして、おもに③の時期に朝鮮各地から渡来した人々を加えて、人為的に形成された、多数の非血縁の集団の集合体を総括した称ということができる。こうして②③の朝鮮から相次いで渡来した人々がもたらした武器、武具や農具類などの鉄器の鋳造技術と供給、新たな土器製造、機織技術の伝播、乾田系農業技術、雑穀栽培など多彩な先進文化は、日本列島在来の人々をも巻き込みつつ、しかも部制の成立、展開にみられる大和政権による政治組織化に強く規制される形で、その後の日本の政治、社会、軍事、生産力の発達に大いに寄与した。

[7世紀以降] 7世紀の飛鳥時代においても、仏教芸術の担い手として知られる鞍作止利(鳥仏師)、遣隋使に同行した留学生や留学僧の高向玄理、僧旻など、前代以来の渡来人の子孫の動きが顕著である。8世紀の奈良時代に入ると、こうした渡来人の子孫は、律令国家の完成に伴う中華思想、さらには対外意識の高まりのなかで、日本在来の氏と区別され、〈帰化〉した人々として意識される。しかし、当時は、少数の朝鮮(新羅)、中国(唐)からの渡来人もいたが、すでに②〜④の渡来人、およびその子孫は日本古代の政治、社会、文化の諸分野に広範な活動の幅を広げ、その生活や思考の様式なども在来の日本人となんら変わるとこ

ろがなくなっていた。ただ、政治的、身分的にはその氏族名と姓などとになお渡来人の系統としての独自性をとどめていたが、それも改賜姓などによって薄れていった。しかし、9世紀初頭の平安京および畿内に居住する氏族のリストである《新撰姓氏録》には、朝鮮（百済、高句麗、新羅、任那）、中国系の渡来人の子孫は、〈諸蕃〉という〈中華〉と対照的な語で分類、記載されている。

鈴木 靖民

とらく｜斗落｜두락
朝鮮独特の耕地面積表示法。朝鮮語マジギを漢字表記したもの。1斗落とは種子1斗をまく広さの耕地をさし、土地の所在（平野部か山間部か）や肥沃度により、その絶対面積は異なる。主として水田の面積表示に用いられ、朝鮮王朝以後広く普及した。王朝末の日本人の調査では、水田1斗落は150坪から300坪に相当した。1斗落の1/10の広さを表す升落、20倍の広さを表す石落という単位も用いられた。 ➡結負制｜日耕

宮嶋 博史

トラジ｜도라지
朝鮮民謡の曲名。トラジは朝鮮語でキキョウ（桔梗）の花を意味する。朝鮮半島では北部の山野に比較的多く自生する多年草で、初秋に幅ひろい白の花びらをもった花が咲く。白いトラジは薬草ともなり、ゴボウ状の根は食用とする。民謡《トラジ》の歌は、正確には《トラジ打令タリヨン》とよび、《アリラン》とともに朝鮮の二大民謡として世界的に知られている。明快な3拍子のリズムが特徴的で、多くの民謡のなかでは比較的新しい。黄海道の殷栗地方の民謡にも、京畿道の立唱の《山打令》にも《トラジ打令》という曲があるが、互いに特別な関係はない。〈トラジ　トラジ　白いトラジ　深い山奥の山川の白いトラジ　一、二本の根を掘っただけで　竹のかごが一杯になる〉という歌詞から始まる。2番以下の歌詞に、江原道、金剛山、殷栗などの地名が出てくるが、江原道で歌われていた《アリラン》の一つに類似する旋律をもっており、《トラジ》はこの曲を源流としている。 ➡民謡

草野 妙子

どりょうこう｜度量衡
朝鮮における度量衡の制度は、高麗時代まで、高麗尺のような独特のものと、周尺、唐尺のような中国伝来のものとが混用されていた。しかし高麗中期以降の武臣反乱や元の侵略など、国内の混乱状態が続く中で、従来の度量衡の基準器が失われ、その制度が紊乱ビンランをきわめたため、朝鮮王朝に入ってから新たな制度が定められた。その概要は次のとおりである。①度（ながさ）　まず1425年に「国楽の音律に合わせた黄鐘尺（1尺34.72cm、以下同じ）が作られ、次いで31年には中国古代の制度を参酌しつつ周尺（20.81cm）が定められた。さらに布帛尺（46.73cm）、造営尺（31.24cm）などが定められ、周尺は量田（土地調査）用に、布帛尺は織物の寸法に、造営尺は建築物にと、それぞれの用途に応じて各種の尺が使い分けられた。②量（かさ）　造営尺を基準として、長さ2尺、幅0.7尺、深さ1.4尺の量を1合とし、10合を1升、10升を1斗、15斗を小斛（または平石）、20斗を大斛（または全石）とした。1斗は約5.976lとなる。③衡（おもさ）　黄鐘尺0.9尺の長さと0.09尺の内周をもつ黄鐘律管（国楽で用いられる笛）に入る水の重さを88分と定めて、10釐リを1分、10分を1銭、10銭を1両、16両を1斤、3斤を小称、30斤を中称、100斤を大称とした。10℃の水でこれらの重さを測定すれば、1両は約27.58g、1斤は約441.3gとなる。

このように世宗王代に朝鮮王朝の度量衡制は確定されたが、16世紀末の日本の侵略で基準尺の多くが失われたため、王朝後期における制度再確定の努力にもかかわらず、地方ごとに、また用途ごとに、きわめて多様な度量衡の単位が用いられるようになったのである。1902年に平式院度量衡局が設置され、平式院総裁李載完イジェワンの建議によって新たに白金で度量原器が作られて、従来の制度は一新されるとともに、メートル法への換算値が確定された。また〈韓国併合〉に先立つ09年には度量衡法が制定され、日本と同一の制度に統一されたが、旧来の基準によるものも広く併用された。解放後、韓国では1961年メートル法が施行されたが、実際には尺貫法も残っている。北朝鮮では1947年度量衡に関する法令が出され、現在はメートル法を基準にしているとみられる。

宮嶋 博史

トン｜洞｜동

農村の集落を1～数個合わせた名称で，里と同じ．現代の韓国では都市の行政区画名称として日本の町に近い使われ方もしている．→里［地域・国名編・大韓民国・朝鮮民主主義人民共和国］［末端行政区画］　　　　吉田 光男

トンサムドンいせき｜東三洞遺跡｜동삼동유적

韓国，釜山広域市影島区東三洞にあって，櫛目文土器時代（新石器時代）における，朝鮮半島南岸地方の代表的遺跡として著名である．遺跡は，釜山港内の影島の中部，南東海岸の汀線に近い傾斜面から平坦面にかけて立地する．1930，32年に発掘が行われ，さらに63，64年，そして69年から3年にわたってそれぞれ発掘調査が行われた．これまでの調査は，主として貝層の発掘に主眼がおかれてきたため，生活遺構を含めた集落の全貌はわかっていない．住居跡に付随したと思われる石囲いの炉跡や，一種の積石塚と推定される墓地の検出は，数少ない遺構として注目される．これまでに採集された遺物は，櫛目文土器，石器，骨角器，獣骨，魚骨，貝など多岐にわたり，数量も膨大なものになる．

69-71年の調査では，貝塚の層位が大きく三つの文化層に分けられた．最下層の東三洞Ⅰ期層は，櫛目文土器が出現する前段階に位置づけられる．ここからは無文，丸底・尖底の小型鉢，口縁部に2条の交叉した短斜線列文をめぐらした尖底の小型鉢，隆起文のある平底の深鉢などと共伴して，縄文時代前期の轟式，塞ノ神式，曾畑式土器が出土した．東三洞Ⅰ期層には，刃部を局部的に磨製した頁岩製扁平石斧，貝輪，骨器などが伴った．ついで中間層である東三洞Ⅱ期層では，櫛目文のある土器が大量に出現した．広口の口縁と尖底をもつ深鉢や，鉢・壺などの器表面に短線列文，斜格子文，綾杉文，組帯文を描いた．それらに，縄文時代中期の阿高式および阿高系土器が伴出した．東三洞Ⅱ期層には，黒曜石製石器が伴い，この時期にカキ類の採集が盛行した．上層の東三洞Ⅲ期層では，二重口縁に，無文の平底土器が多くなる．この層からは，縄文時代後期の西平式と鐘ヶ崎系土器が共伴した．

このように，櫛目文土器時代の全期間にわたって貝層が形成され，また，日本の縄文文化とも交流をもったことがわかる．遺跡の立地や遺物からみて，漁労活動を主要な生業としながら，背後の山中では狩猟を行い，さらに，ある時期からは，集落の周辺で簡単な原始農耕も開始していたことが推測される．　　　　西谷 正

どんちょう｜曇徴｜→タムジン

トンドじ｜通度寺｜통도사

韓国，慶尚南道梁山郡下北面霊鷲山にある曹渓宗の寺．海印寺，松広寺とともに韓国三大寺刹の一つ．新羅の善徳女王（在位632-646）のころ，入唐した慈蔵律師が請来した舎利を奉安して舎利塔を建て，金剛戒壇を設けて創始された．また《三国遺事》によれば，慈蔵が請来した《大蔵経》1部400箱を納めたという．舎利塔の金剛像，十二支神像や大雄殿基壇の蓮花文浮彫は創建時を伝える．大雄殿は1641年の再建になり，背後の舎利塔の拝殿として大雄殿内には仏像をもたず，大棟をT字形にして東正面を妻入とする珍しい形式をもつ．　　　　宮本 長二郎

トンヘ｜東海｜동해

韓国，江原道東海岸の都市．旧三陟郡北坪邑と溟州郡墨湖邑が合併し，1980年に市に昇格した．面積108km²，人口9万4079（2013）．鉄道の北坪駅は84年東海駅に，北坪港は86年東海港にそれぞれ改名した．〈東海〉は日本海をさす朝鮮での呼称でもある．太白山脈中の太白山地域の豊富な地下資源を背景に，石炭，セメント，鉄材などの諸工業が発達し，南に隣接する三陟とともに江原道随一の工業地帯として，開発の拠点をなしてきた．90年代以降，炭鉱の相次ぐ閉山により石炭産業は衰退したが，セメント工業は全国有数の生産を続けている．南部の北坪地区は太白山脈以西と三陟，三和などや沿岸工業地帯や太白山地をつなぐ要地であり，北部の墨湖地区は日本海漁業や海外貿易の基地である墨湖港を中心としている．1976年開通の嶺東高速道により首都ソウルとは3時間余りで結ばれている．武陵渓谷，望祥海水浴場，泉谷洞窟などの観光資源に恵まれ，97年に

は市域の3割が観光特区に指定された。墨湖港から鬱陵島行きの定期船が出るほか、東海港からは鳥取県境港やウラジオストクとの間に国際旅客フェリーが運航されており、さらに福井県敦賀にも定期船就航が検討されている。

佐々木 史郎

トンヨン｜統営｜통영

大韓民国慶尚南道に属する市。1995年、旧忠武市と統営郡の合併により発足した。面積238.06km²、人口13万9417（2013年8月末現在）。同道南海岸の固城半島南半部を占めるほか、多数の沿岸島嶼も管轄する。付近の海域は閑麗海上国立公園に属し、リアス式海岸と多島海からなる景勝地として人気が高い。観光特区に指定された弥勒島や閑山島には▶壬辰倭乱（文禄の役）の史蹟地も多く、市名は1593年三道水軍統制営が置かれたことに由来し、合併前の忠武市も、朝鮮水軍の名将▶李舜臣の諡・忠武公に由来する。半島部のすぐ南に隣接する弥勒島との間には1932年開削の統営運河が通っており、それをまたぐ忠武橋（1967年竣工）や統営大橋（1998年竣工）は観光名所となっている。また、32年に運河の下に開通した東洋初の海底トンネルは、今も人道専用として使用されている。運河北岸の忠武港（現統営港）は釜山-麗水間の沿岸航路の中継点としてさかえ、名物の忠武式海苔巻きとともに、広くその名を知られてきたが、自動車交通の発達により、その地位は低下している。東に隣接する▶巨済島（巨済市）との間が巨済大橋（1971年竣工）、新巨済大橋（1999年竣工）で結ばれており、2010年末には、そこからさらに島伝いの橋梁を通して、釜山まで自動車道がつながった。

佐々木 史郎

な

ないじゅし｜内需司｜내수사
朝鮮王朝の官庁。宮中の物資を調達し，王室所有の財産を管理することがその職掌であった。正確には内需司という呼称は世祖代からである。所有地の耕作収入，▶奴婢の納める人頭税(身貢)，高利貸(長利)などを収入源とし，王室の私有財産を拡大させた。しかし，民田の侵奪や長利の弊害から内需司廃止論が出て，廃止と設置がくり返された。朝鮮後期には職制にも変更が生じ，また物資調達機能が四つの宮房でも分担されるようになって機能が縮小した。▶甲午改革(1894-95)以降は，奴婢の解放や王室財政業務の内蔵院への移管により，その機能は宮中祭祀の料理の調達，各種備品の製造などに限定されていく。1907年廃止された。

三ツ井 崇

ナ・ウンギュ｜羅雲奎｜나운규｜1902-37
朝鮮の映画人。号は春史，咸鏡南道会寧の生れ。1926年《かごの鳥》に出演して以来，俳優，シナリオライター，プロデューサー，監督と，映画界の各方面にわたって活躍し，大衆の人気を博した。27年には朝鮮人経営による最初の映画製作会社〈羅雲奎プロダクション〉を設立した。代表作《アリラン》(1926)は朝鮮民衆の抵抗精神を象徴的に暗示した作品で，彼みずからシナリオを書き，出演し，実質的には監督までしている。➡映画

大村 益夫

ナジュ｜羅州｜나주
大韓民国全羅南道の西部に位置する市。面積608.15km²，人口8万7927(2013年6月末現在)。1981年の旧羅州郡羅州邑と栄山浦邑の合併で発足した市は，当初，錦城市を名乗り，86年に羅州市に改称された。95年に周辺の羅州郡を統合して，現在にいたる。高麗・朝鮮時代には，〈三白〉(米・蚕繭・綿花)の地とされる羅州平野の豊かな農業生産と▶栄山江の水運を背景に，湖南地方南部の一大中心をなし，北部の▶全州とともに全羅道の道名の由来となった。1896年に全羅道が南北に分割されると，全羅南道の道庁が光州に置かれ，羅州はその管轄下に入って，地位が低下した。日本統治時代に日本人街が形成された栄山浦地区には当時の建造物が多数残っており，旧船着き場一帯をく近代歴史通り〉として修復・整備を進めている。特産のナシは日本統治時代に導入されたもので，現在も全国有数の生産を誇る。1962年竣工の旧湖南肥料工場はかつてこの地域で最大の工場とされたが，現在，オクタノール・ブタノールなどを生産する化学工場に変わっている。そのほか，市内3ヵ所に農工団地が造成され，製造業の誘致が図られている。

佐々木 史郎

ナットンこう｜洛東江｜낙동강
朝鮮半島南東部の大河。▶太白山脈中の太白山に発し，甘川，琴湖江，黄江，南江などの支流を集めながらゆるやかに南下し，釜山市西方で朝鮮海峡に注ぐ。全長525km，流域面積は2.4万km²に達し，嶺南(慶尚道)地方のほぼ全体に及ぶ。雨量の豊富な南朝鮮を流れるため水量はゆたかで，流域には安東，金泉，大邱，晋州，金海など多数の盆地・平野が発達し，古くから加羅，新羅などの文化が形成され，今日も韓国の主要な農業地帯となっている。流れがゆるやかなため，かつては安東まで舟運が可能で，朝鮮王朝時代には税米の輸送(漕運)に利用され，また日本からの使者や交易品は洛東江を守山までさかのぼり，鳥嶺をへて忠州から漢江の水運でソウルに至った。現在では上流に日本の協力で建設された安東ダム(1975完成)がある。

谷浦 孝雄

ななよんきょうどうせいめい｜七・四共同声明｜
➡南北共同声明

ナマンさん｜南漢山｜남한산
ソウル南東の京畿道広州郡中部面に

位置する山。標高460m。花崗岩・花崗片麻岩が削られてできた残丘性の山地で，周囲が開け，〈夜よりも昼の方が長い〉という意味から〈日長(イルジャン)山〉，〈昼長(チュジャン)山〉などの別称もあった。漢江以北の北漢(プカン)山などとともに，ソウル盆地を守る要害の一つとして，三国時代から山城が築かれてきたほか，行宮，楼亭，寺刹などの史跡・名所も多数点在する。1971年に南漢山道立公園に指定され，ソウル近郊の行楽地・史跡ゾーンとして人気が高い。その中心となる南漢山城は，新羅・文武王12年(672)の築造と伝えられる山城の跡を利用して，朝鮮時代に築かれたもので，1636年に丙子の乱を逃れた国王(仁祖)がここに身を寄せたことで知られる。その際の清軍の攻撃やのちの朝鮮戦争(1950-53)により，多くの施設が破壊されたが，その後，修復を重ねて現在に至っている(史蹟第57号)。　　　　　　　　　佐々木 史郎

ナミン｜南人｜남인
朝鮮時代の朋党，四色(サセク)の一つ。宣祖(ソンジョ)代に東人(トンイン)から分派した。1591年東人と対立する西人(ソイン)の鄭澈らが，宣祖に世子冊封を建議した件で追放されると(建儲議事件)，東人は西人に対する対応をめぐって，▶柳成竜(ユソンリョン)，禹性伝，金誠一ら穏健派(南人)と，李潑，李山海ら強硬派(▶北人(プギン))に分裂した。このとき南人が政権を握ったが，92年からの日本軍侵入を防げなかった責任を問われ，戦後北人に政権を奪われた。17世紀後半，孝宗と孝宗妃に対する孝宗継母趙氏の服喪期間をめぐって起こった礼制論争では，政権党の西人と激しく対立した。1675年，89年に一時政権を手にするが長くは維持できず，94年甲戌換局で▶尹鑴(ユンヒュ)，許積・李夏鎮・李元禎ら多くの人士が殺されたり，流配となって急速に勢いを失った。以後，政局は▶老論(ノロン)と▶少論(ソロン)との争いが中心となるが，英祖が蕩平策を実施するなか，呉光運，▶蔡済恭(チェジェゴン)ら，南人出身で重要な政治的役割を果たす人物も出た。▶李家煥(イガファン)，▶丁若鏞(チョンヤギョン)など，西学，実学や天主教に深く関わる人物が多く出たのも南人の特徴である。⇒党争　　　　　　　　　　長森 美信

ナム・イル｜南日｜남일｜1914-76
朝鮮民主主義人民共和国の政治家。咸鏡北道出身。1939年ソ連タシケント師範大卒。解放後，帰国して教育行政などに従事したが，朝鮮戦争中の50年11月人民軍総参謀長となり，停戦委員会首席代表として53年7月停戦協定に署名。53年3月には▶朴憲永(パクホニョン)に代わって外務相となり(-1959)，54年のジュネーブ会議では首席代表を務めた。同年〈在日朝鮮人は共和国公民〉と明言したいわゆる〈南日声明〉は，在日朝鮮人運動の路線転換の大きな契機となった。67年以後副首相として諸種の実務部署を担当したが，70年以降目立った活動はなかった。　梶村 秀樹

ナムォン｜南原｜남원
韓国，全羅(チョルラ)北道南部の山間にある都市。面積753km²，人口8万6708(2013.7)。蟾津(ソムジン)江中流部に形成された盆地に位置する。全羅線中間の要駅があり，小白山脈をこえて慶尚南道，全羅南道地方へ至る交通上の要衝に発達した商業都市である。朝鮮の代表的古典《春香伝》の舞台とされる広寒楼があり，また民謡のふるさととして知られ，伽倻琴，団扇など伝統工芸が盛んである。市の南東方にそびえる名峰▶智異(チリ)山(1915m)への登山口である。1597年の慶長の役(丁酉再乱)における激戦地としても知られる。
　　　　　　　　　谷浦 孝雄+佐々木 史郎

ナムサダン｜男寺党｜남사당
朝鮮の旅芸人。朝鮮王朝の中期以後，記録にあらわれるサダン(当て字として寺党，舎堂，捨堂，舎正，社堂，社党，舎党など)は最下層の▶賎民で，居士(コサ)と称する男と同性愛関係を結び，いくつかの寺党と居士の組が集まって一群をなし，村から村へと流浪の旅をつづけ，村の広場などで歌舞をみせ，そのとき観客にこびをうり，売色をも辞さない旅芸人たちであったが，王朝の後期，男色を売るようになってサダンは少年のナムサダン(男寺党)にかわった。職業的な流浪芸人として1920年代まで全国の農漁村を回りながら民衆娯楽を提供してきた。その主なレパートリーは▶農楽(ノンアク)(ノンアク)，皿回し(ボナ)，とんぼ返り(サルパン)，綱渡り(オルム)，仮面舞劇(トッポギ)，人形劇(トルミ)などで，才人(チェイン)，▶広大(クヮンデ)(賎民芸能集団)らの歌舞百戯の伝統を継承している。彼らの仮面舞劇は山台都監系の演劇に比べて，上層階級に対す

●ナムサダン

小鼓をたたく2人のコサ(居士)を背にサダン(寺党)が客と取引きをしている。朝鮮王朝後期、《箕山風俗図帖》より。

る最も鋭い風刺とパロディをあらわしており、とくに現存の唯一の民俗人形劇であるコクトカクシは、彼らによって今日まで伝承されてきた。男寺党ノリとして無形文化遺産に登録。⇒人形劇　　　　　　　李 杜鉉

ナムさん｜南山｜남산

慶州市の南にある南北約8km、東西約4kmの南北に長く伸びる楕円形の山で、南北に連なる金鰲峰(471m)・高位峰(495m)と40の渓谷からなる。新羅時代から南山とよばれ、真平王時代ころから寺院が造営され、8世紀前後、全山で盛んに造仏された。ほとんどの渓谷沿いに仏址が散在しており、これまで100以上の寺址、70以上の磨崖仏・石仏が発見され、石塔・石仏の宝庫となっている。これ以外にも古墳があり、火葬蔵骨器なども出土している。僧侶や花郎の修業の場、遊興の場でもあり、高麗・朝鮮時代を経て現在もさまざまな霊験ある民間信仰の場として重要な意義をもつ。⇒塔　井上直樹

ナムさんしんじょうひ｜南山新城碑

慶州市の南山周辺で発見された新羅時代の石碑。南山新城は慶州市の南の南山北部の主峰蟹目嶺を中心にめぐらした包谷式山城の山城で、全周約3.7km。碑石は1934年に発見されて以来、現在まで10碑が発見されている。同碑は591年の南山新城造営工事に際して作成されたもので、どの石碑にも冒頭にく辛亥(591)年二月廿六日、南山新城を作る時、法の如く作る、もし三年以内に崩壊した場合には罪されることを誓う〉という定型句があって、堅固な城壁を作成することを誓約させ、その後に徴発に関わった地方官・在地有力者の名前をはじめ、工事に関与した人物名が列記され、それに続いて分担距離などを刻記し、工事の担当区間・責任者を明示する。担当部分が城全体の周長のおおよそ215分の1であることから、同様の石碑が本来、200前後存在していたと考えられる。新羅の力役などを理解する上で貴重な資料で、今後の発見が期待される。石碑は現在、国立慶州博物館に所蔵されている。　　　　　　　井上 直樹

ナムポ｜南浦｜남포

朝鮮民主主義人民共和国、平安南道南部の都市。面積2629km²、人口45万5000(2008年推定)。大同江河口から26km上流にある河港を中心とする工業商都市。もとは一寒村であったが、日清戦争のとき日本艦隊が停泊地として利用したことを契機に平壌市の外港にあたる貿易港として発展した。1897年開港地となり、1910年に平壌と南浦を結ぶ平南線が開通した。その後周辺から豊富に産する銅鉱やケイ砂を原料とする製錬、ガラス工業が勃興するようになった。日本植民地時代は鎮南浦とよばれたが、47年に南浦と改称した。その後、非鉄金属、造船工業を主とする工業都市として都市化が進み、79年には直轄市とされた。86年に外海を堰止める西海閘門(長さ8km)が竣工、南浦港は潮汐の影響を免れたが、山林の荒廃による土砂の流入で、湾底の上昇が懸念されているとの情報もある。2000年秋平壌-南浦高速道路が開通。04年に再度平安南道に編入され、特級市に位置づけられた。韓国統一部の発表によれば、10年に特別市に変更されたとされている。中国・丹東港との間にはコンテナ航路が開設されている。
　　　　　　　谷浦 孝雄＋佐々木 史郎

ナメとう｜南海島｜남해도

韓国南部の慶尚南道南海郡に属する島。面積297km²は韓国の島嶼中、第5位。望雲山(785m)・錦山(701m)など山が多く、平地に

は恵まれないが，果樹栽培や高級肉牛の飼育が増えている。海岸線は湾入が発達し，養殖を含む沿岸漁業が盛んで，竹簾を用いた伝統漁法のカタクチイワシ漁が有名。島の南北は閑麗海上国立公園に含まれ，海洋レジャーや漁村体験，歴史学習などへの観光客誘致に力を入れている。本土の慶尚南道河東郡までは南海大橋(1973年開通)で，また泗川市までは昌善-三千浦(チャンソン-サムチョンポ)大橋(2003年開通)などで結ばれている。近く第2南海大橋も竣工するほか，全羅南道麗水市との間にも架橋の計画がある。壬辰・丁酉倭乱(文禄・慶長の役)で日本の水軍を撃破した名将・李舜臣の戦没地で，その勲功を顕彰する忠烈祠は史蹟第233号。新羅以来の古刹・龍門寺は慶尚南道有形文化財第85号。　　　　　佐々木 史郎

なもつおう｜奈勿王　➡ネムル王
なんげん｜南原　➡ナムォン
なんにち｜南日　➡ナム・イル
なんぽ｜南浦　➡ナムポ
なんぼくきょうどうせいめい｜南北共同声明
韓国の李厚洛中央情報部長と朝鮮民主主義人民共和国の金英柱労働党組織部長との間で合意をみた朝鮮統一に関する7項目の基本原則で，1972年7月4日南北双方がそれぞれ共同声明として発表した。七・四共同声明ともいう。朝鮮統一に対する南北朝鮮の主張は大きな食い違いをみせていたが，70年8月朴正熙大統領が南北間の善意の競争を呼びかけ，人的往来，文化交流など非政治問題の解決を先行させる案を打ち出した。このため71年9月から離散家族捜しのための南北赤十字会談が26年ぶりに開始されていた。こうした動きの背景には，70年代初頭に始まる米中接近のなかで72年2月ニクソン大統領の訪中が実現するという劇的な国際環境の変化がある。

共同声明の内容は，祖国統一の原則として，①自主的統一，②平和的統一，③思想と理念，制度の差異を超越した民族の大団結という3点がうたわれ，赤十字，調節委員会の2チャンネルを通じて話合いが始まった。翌73年8月の金大中事件を契機に共和国が接触を中断し，実質的な進展はみなかったが，この統一三原則はその後の南北対話の道を示すものとなった。➡地域・国名編の朝鮮[南北分断と統一問題]，資料編〈統一問題年表〉
　　　　　　　　　　　　　前田 康博

なんぼくしゅのうかいだん｜南北首脳会談
2000年と07年に開催された韓国と朝鮮民主主義人民共和国の首脳による会談。2000年6月13-15日，金大中大統領が平壌を訪問し，金正日国防委員長との間で分断後初の南北首脳会談が実現。6月15日の〈南北共同宣言〉では，①統一問題の自主的解決，②南側の連合制案と北側の低い段階の連邦制案の共通性を認め統一を志向，③離散家族訪問団の交換，非転向政治囚問題の解決，④経済協力を通じた民族経済の均衡的発展，⑤早い時期の当局間対話開催，の5項目に加え，金正日が適切な時期にソウルを訪問することを合意。

史上2回目の首脳会談では，2007年10月2-4日，盧武鉉大統領が陸路で平壌を訪問し，金正日国防委員長との間で実現。10月4日の〈南北関係発展と平和繁栄のための宣言〉は，①南北共同宣言の精神の再確認，②相互尊重と信頼関係への転換，③11月中に南北国防相会談を平壌で開催，④朝鮮戦争終戦宣言のための3ヵ国もしくは4ヵ国首脳会談を開催，⑤〈西海(黄海)平和協力特別地帯〉の設置，⑥白頭山観光の実施，白頭山-ソウル直行路の開設，⑦離散家族の面会拡大，⑧11月中に南北首相会談をソウルで開催することなどに合意をみたほか，南北の首脳が随時対面することが明記された。その後，李明博政権下での南北首脳会談は，一度も実現しなかった。
　　　　　　　　　　　　　磯崎 敦仁

なんぼくりさんかぞく｜南北離散家族
朝鮮半島の南北分断により肉親と生き別れになった人々。約500万人が北から南に逃れたとされる。朝鮮戦争前後の混乱で家族と離ればなれになった人々が最も多い。韓国統一部の1996年の推計では，韓国内の離散家族は約767万人に上り，北朝鮮を含めると総数1000万人を超えるとみられる。年々，高齢化が進み，深刻な人道問題となっており，南北対話でも最重要課題に位置づけられている。71年に韓国側が離散家族捜しのための南北赤十字会談を提案。85年9月，南北50人ずつがソウルと平壌を相互

訪問する方式で分断後初の離散家族再会が実現した。89、92年にも南北は相互訪問で基本合意したが、実務協議などで対立し、実現しなかった。2000年6月、分断後初の▶南北首脳会談で事態が大きく進展し、首脳合意に基づいて同8月、南北100人ずつの相互訪問が実現した。その後、10年11月までに計18回の相互訪問が実施され、南北計約1万8000人が肉親らと再会を果たした。映像を通じた再会事業も行われ、同月までに3700人余が対面した。このほか、民間ブローカーを通じて中国など第三国で再会を果たした人々も約3000人いるという。韓国統一省によると、88年から2013年9月末までに離散家族再会への参加を申請した人は12万9000人を超えるが、既に5万6000人以上が死亡した。

阪堂博之

なんぼくれんせきかいぎ│南北連席会議

1948年4月19日から28日まで平壌で開催された全朝鮮政党・社会団体代表者連席会議をさす。南北の政党、社会団体56の代表者695人が参加し、南朝鮮から連席会議を呼びかけた▶金九ら、▶金奎植ら395人が38度線を越えて参加した。30日には共同声明を発表、外国軍隊の即時・同時撤退、全朝鮮政治会議を召集し、臨時政府を樹立、総選挙を実施し、憲法を制定、統一的民主政府を樹立、南朝鮮の単独選挙は民族の意思を表さないことを明らかにした。南北連席会議には南から大韓独立促成国民会(委員長▶李承晩)、韓国民主党(党首▶金性洙)を除くほとんど全部の政党・団体の代表が参加し、民族の統一と自主独立のため南北の人民の意思を結集した歴史的会議となった。会議後、金九らはソウルに戻り、単独選挙ボイコットをしたが、5月10日南朝鮮では済州島を除いて分断の永久化をもたらす単独選挙が強行された。 →チェジュ島四・三蜂起

内海愛子

にちろせんそう│日露戦争

1904-05年、朝鮮、満州の支配をめぐって、日本とロシアの間で戦われた戦争。日清戦争で清国の勢力を朝鮮から一掃した日本は、戦後、ロシアとの対立に直面した。王妃である▶閔妃を殺害し(1895年10月)、宮廷から親露派を排除しようとした日本は、かえって政治的に孤立した。1896年2月、ロシア兵のソウル入京とともに、朝鮮国王はロシア公使館に避難し、約1年もそこにとどまり、ロシアの影響力がいちじるしく強まった。しかし、朝鮮では乙未の▶義兵闘争(1895-96)や▶独立協会の結成(1896)などにみられるように、民族運動に新たな高揚があらわれ、朝鮮の自主・独立を願う声が大きくなり、排露熱も勃興した。こうした内外情勢の進展につれ、朝鮮の宮廷や政府にも、98年ごろから国際的保障のもとでの永久中立をはかり、独立を維持しようとする方向があらわれ始め、同年春には、ロシア人顧問の解任、露韓銀行の閉鎖などが行われた。一方、朝鮮の独占的支配を長年にわたりめざしてきた日本は、ロシアの満州南部への進出に脅威を感じ、1902年、日英同盟を結び、ロシアとの戦争に備えた。03年夏からの日露交渉も難航し、ついに04年2月8日、仁川・旅順のロシア艦隊を日本軍が奇襲し、日露戦争が始まった。

朝鮮政府は日露開戦に先立ち、1903年11月、04年1月、あいついで戦時局外中立を声明したが、日本はこれを無視し、開戦前に朝鮮に軍隊を増派し、開戦直後の2月23日には日韓議定書をおしつけ、日本軍の自由行動を認めさせた。ついで3月、日本は新たに韓国駐箚軍(のちの▶朝鮮駐箚軍)を編制して、朝鮮を軍事占領下においた。さらに同年8月、第1次▶日韓協約を強要、顧問を送りこんで朝鮮の内政に深く干渉し始めた。日露間の戦争は、日本に有利な戦況ながらも、日本も兵力・財力に行きづまり、ロシアにも帝政打倒の革命運動が起こるなどして、結局、アメリカの仲介で、05年9月、日露講和条約(ポーツマス条約)が成立した。これより先、同年7月、日本はアメリカと▶桂=タフト協定を交わし、8月には日英同盟を改訂、それぞれ戦後に日本が朝鮮を独占的に支配することを認めさせた。日露講和条約締結後の11月、日本は第2次日韓協約(▶日韓保護条約ともいう)を朝鮮に強要し、外交権を奪って、朝鮮の植民地化に大きく前進した。しかし、朝鮮では反日義兵闘争、▶愛国啓蒙運動など、植民地化に反対する民族運動が高まり、日本による朝鮮

の完全な植民地化はなお容易に進まなかった。　→韓国併合｜日清戦争　　　　中塚 明

にっかんきょうどうせんげん｜日韓共同宣言

〈日韓パートナーシップ宣言〉ともいう。正式名称は〈共同宣言―21世紀に向けた新たな日韓パートナーシップ〉。過去の日韓関係を総括し、21世紀に向けた新たな協力関係構築への決意をうたった首脳合意文書。1998年10月、来日した韓国大統領、▶金大中と日本の首相、小渕恵三による日韓首脳会談で署名された。日本側が〈過去の一時期、韓国民に対し、植民地支配により多大の損害と苦痛を与えたという歴史的事実を謙虚に受け止め、これに対し、痛切な反省と心からのおわびを述べた〉と明記。韓国側はこれを評価し、〈過去の不幸な歴史を乗り越えて和解と善隣友好協力に基づいた未来志向的な関係発展のため互いに協力すること〉の重要性を強調したという内容。日本首相の〈反省とおわび〉が初めて明記された外交文書でもある。2002年ワールドカップ（W杯）サッカー共催に向けて文化やスポーツ、青少年などの交流活発化を確認、韓国側は日本大衆文化の段階的開放の方針を表明した。これを受けて韓国政府は同10月、日韓合作映画や映画祭受賞作、漫画単行本や漫画雑誌を解禁（第1次開放）。99年9月に第2次、2000年6月に第3次、04年1月に第4次と順次、開放が進んだが、テレビドラマなどの地上波放映は解禁されていない（▶日本文化開放）。日本製品輸入を禁じるため78年に導入された〈輸入先多角化制度〉は99年6月末に撤廃され、日本製品の輸入は完全自由化された。これらが日韓の垣根を崩し、大衆文化や商品の相互流入を促して、03年からの▶韓流ブームにつながったといえる。また、政府支援もあって、W杯共催を機に日韓各層の交流が急速に進み、市民や草の根レベルの交流が定着、旅行者の往来が飛躍的に増加するなど、日韓関係の様相を一変させる効果をもたらした。
　　　　　　　　　　　　　　　　阪堂 博之

にっかんきょうやく｜日韓協約

20世紀の初頭、日本が韓国（旧▶大韓帝国）を植民地として併合する以前に、韓国の国としての機能を次々と奪うことを目的として締結した条約。同じ名称の条約が三つあり、それを締結された順に第1次（1904年8月22日）、第2次（1905年11月17日）、第3次（1907年7月24日）と区別している。このうち第2次日韓協約は、▶日韓保護条約もしくは乙巳(ｲﾂｼ)保護条約（乙巳は干支で示した締結の年）とよばれて重視されている。この条約によって、韓国は日本の〈保護国〉とされ、国際的には国家として認められない地位に転落したからである。

第1次日韓協約では国政の根幹である財政と外交を監督する日本政府派遣の顧問を韓国政府に置くことが決められた。また、外交上の重要案件は日本政府と協議しないかぎり処理できないようにされた。こうして、いわゆる〈顧問政治〉が始められ、韓国政府の対日従属性は動かしがたいものになった。第2次日韓協約では韓国の外交権が完全に奪われ、▶統監府が設置されて内政面でも日本人統監が韓国政府の上に君臨するようになった。これから統監（初代統監は伊藤博文）が国王以上の絶大な権力をふるうようになって、韓国はほとんど植民地同然の状態に置かれることになった。第3次日韓協約では韓国政府が施政の全般にわたって統監の指導を受けなければならなくなり、韓国政府はただあるというだけで有名無実化された。わずかに残されていた軍隊もこのとき解散させられた。1910年8月に結ばれた韓国併合条約はこの政府をも解体し、朝鮮を日本領内に編入することを意味したのである。こうした歴史的経緯をみるとわかるように、日韓協約は韓国を植民地化するために日本が支配権を拡大していく過程で必要とした諸条約であった。各条約の締結の際には韓国官民の頑強な抵抗や▶義兵闘争などの反対運動があった。これを抑えるために日本の朝鮮支配はいっそう暴力的なものになっていった。　→韓国併合　馬渕 貞利

にっかんぎょぎょうきょうてい｜日韓漁業協定

1965年に日本国政府と大韓民国政府との間で締結された、韓国周辺水域の漁業資源の合理的利用と安全操業などに関する協定。日本政府は韓国の▶平和ライン宣言の直後の1952年2月から日韓漁業交渉を開始した

が，当時の韓国の国民感情や両国漁業の資本力・技術の格差から交渉は難航し，65年に至りようやく協定の妥結をみ，゜日韓条約の一環として締結された。主要な内容は，①漁業に関する水域として12カイリまでは自国の排他的管轄権を行使できる，②韓国の管轄水域外の周辺に共同規制水域を設定し，この水域は主要漁業の漁船規模，漁期，最高出漁漁船数，網目，集魚灯光力，ならびに総漁獲基準量などが規制される，③共同規制水域の外延の東経132°以西，北緯30°以北に共同資源調査水域を設定する，④日韓漁業共同委員会を設置し，漁業資源の科学的調査，規制措置の勧告を行う，⑤日本側は大日本水産会，韓国側は水産業協同組合中央会の両国民間団体により日韓民間漁業協議会を設置し，操業秩序の維持および事故処理についての取決めと実務の処理に当たる，などである。

この協定の締結以後，77年に米，ソ両国の200カイリ漁業専管水域の実施をはじめ各国の200カイリの排他的漁業水域の設定の時代を迎え，日本も同年200海里水域法を制定した。しかし日韓両国間では日韓漁業協定にもとづいて漁業が行われ，200カイリの排他的水域は適用されないものとなっている。そのため77年の日本の200海里水域法制定年にも，韓国周辺の200カイリ水域内で日本は約14万ｔ程度の漁獲を行ったと推定され，日本の漁業者が開拓した韓国周辺水域における漁業の権益はやや後退はみられるが，ひとまず確保されたといえる。98年9月専管漁業水域交渉は，竹島の帰属問題を棚上げして解決することで合意し，99年1月22日に新協定が発効した。ただし，相手国の排他的経済水域内での操業を認めるものの，漁獲割当量は制限されることになった。　➡朝鮮出漁　　米田一二三

にっかんじょうやく 〖日韓条約〗

1965年6月22日に日本と大韓民国の政府間で調印された日韓基本条約と，それに付随する一連の協定・外交公文の総称。これにより両国は国交を開くが，その後現出したいわゆる〈日韓癒着〉体制の基点をなしている。

［成立の経緯］　1910年の゜韓国併合により日朝両国家間の関係はいったん消滅してしまったが，第2次大戦後独立した朝鮮とサンフランシスコ講和条約(1951年9月調印)をへて独立を回復した日本とが，いかなる新たな国家関係を結ぶのかがそもそもの問題であった。しかし，朝鮮の南北の分断状況にも規定され，またアメリカ，日本，韓国の政府の意図を反映して，朝鮮民主主義人民共和国を無視し，韓国とのみ交渉が進められた。1951年11月に日韓予備会談が開始されて以降，53年10月に，〈日本の朝鮮統治は恩恵を与えた〉とする日本側の久保田貫一郎首席代表の発言により第3次会談が中断状態となるまでは，朝鮮戦争(1950-53)に日本を直接荷担させようとするアメリカの圧力が前面に出ていたが，李承晩政権の反日姿勢は固く，日韓両国の主張にはまだ大きな隔りがあった。しかし，長い中断期間をへて，58年4月第4次会談が再開されて以降は，復活した日本の独占資本が対韓再進出衝動を強めており，また61年5月に成立した゜朴正煕政権は日本の資本をひきいれての〈近代化〉路線による権力基盤の補強を志向し，さらにベトナム戦争に深入りするアメリカの，韓国についての対日〈肩替り〉要求とも合致して，会談は急速に進行するようになった。

だが，〈日帝の再来〉と〈第二の李完用たることも辞せず〉とする朴政権の姿勢への韓国民衆の批判は鋭く，日本でも革新勢力による日韓会談反対運動が一定の展開を示した。日本での運動の論理は，アメリカ，日本，韓国の軍事体制批判や独占資本の進出にともなう低賃金構造固定化論などが前面に出て，植民地支配の責任追及にもとづく再侵略批判論は比較的少なかった。これに対し，韓国の民衆運動は，日韓会談の推進が自主的平和的統一に対する阻害要因となるばかりでなく，再び政治的，経済的に日本への従属の道を開くことを正面から批判し，具体的には漁業問題，対日請求権問題における〈屈辱的譲歩反対〉に的をしぼって盛り上がった。とくに会談妥結寸前の64年3月から6月にかけて学生を主力とするデモが高揚し，朴政権は非常戒厳令によってこれを抑圧し，1年後にようやく調印にこ

ぎつけたのであった。こうした経過を反映して調印された日韓条約の批准過程は、両国ともきわめて変則的なものとなった。韓国国会では65年8月14日野党議員総辞職という状況の中で与党のみの単独承認が強行され、日本の国会でも同年11月6日衆議院日韓特別委、11月12日同本会議、12月11日参議院本会議と連続的に強行採決が行われた後、12月18日批准書が交換され、条約が発効した。

［条約の内容］　条約の主内容にふれれば、まず日韓基本条約(前文と全7条からなる)では、韓国政府が、〈(1948年12月12日付の)国連総会決議195号が明示するとおりの朝鮮にある唯一の合法的な政府である〉(3条)とされている。韓国側がこれを全朝鮮における唯一の合法政権であることを確認したものと説明したのに対し、日本側は休戦ライン以南を現に管轄している事実を確認したものにすぎないと説明したが、その後の運用実態(朝鮮民主主義人民共和国との国交未回復など)からすれば、前者の解釈のニュアンスが投影していることは否定しがたい。〈日韓漁業協定〉では、〈平和ライン〉を撤廃して韓国側の漁業専管水域(直線基線から12カイリ)と共同規制水域を限定するかわり、日本側が漁業協力資金を供与することが取り決められた。〈在日韓国人の法的地位および待遇に関する協定〉では、協定にともなう日本側の特別法により66年1月から5年の間の本人申請にもとづき、いわゆる〈協定永住権〉が付与されることとされたが、在日朝鮮人のすべてが韓国を支持しているわけではなく、〈分断と同化〉の在日朝鮮人政策を現出させることになった。〈文化財および文化協力に関する協定〉では、若干の国有文化財が韓国政府に返還されることとなった。竹島(朝鮮では独島という)の帰属をめぐる問題は基本的に棚上げにされた。そして請求権問題では、総額8億ドル以上の〈請求権資金〉(政府無償贈与3億ドル、海外経済協力基金による政府借款2億ドル、民間借款3億ドル以上)を日本側が供与することとひきかえに、韓国側が個人の未払賃金なども含むいっさいの対日請求権を放棄することを取り決めた。これは韓国民衆からみれば、わずかな金で巨大な植民地支配下の痛苦に対する賠償要求を放棄するばかりでなく、かえって借金を負わされ、しかもその〈ひもつき資金〉が日本資本の再侵入の呼び水になるという不条理なことであった。実際こうして政府資金が主に社会資本部門に投ぜられたあと、70年代には日本企業の直接投資が大量化していったのである。それは、とくに政府資金の周辺に〈日韓癒着〉とよばれる腐敗や利権の〈黒い霧〉を多く発生させるばかりでなく、構造的に、韓国を低賃金労働集約産業に特化した地域として日本独占資本の再生産構造の一環に編入する結果をもたらしていった。2005年1月、韓国政府は日韓条約交渉の文書のうち請求権問題に関する資料を公開し、個人の対日請求権消滅という結論に至る経緯が明らかにされた。→地域・国名編の大韓民国［日本との関係］など

梶村　秀樹

にっかんへいごう｜日韓併合　→韓国併合
にっかんほごじょうやく｜日韓保護条約

日露戦争に勝利した日本が大韓帝国政府に強要して1905年11月17日に締結した条約。第2次日韓協約または乙巳保護条約という。この条約によって韓国は日本の〈保護国〉とされ、国際社会における独立国としての地位を失った。これの実現のために日本政府は積極的に動き、まず日本の朝鮮支配に対するアメリカ・イギリス両国の支持をとりつけた(1905年7月の〈桂=タフト協定〉、同8月の第2次日英同盟条約)。それはまさに帝国主義外交であった。日露戦争の〈論理的帰結〉として韓国の外交権が剝奪され、韓国の外交は日本政府が代行するとされた。また、韓国政府の意志とは無関係に、①韓国における政治・軍事・経済上の〈卓絶なる利益〉を日本がもっていること、②その利益を守るために日本が韓国に対し〈保護の措置〉をとること、が確認された。そして、これらのことが9月に調印された日露講和条約の第1条に盛りこまれた。

列強の承認を得た日本政府は5ヵ条からなる条約案を作って、これを韓国政府につきつけた。その主な点は、韓国の外交権を日本政府がにぎることと、韓国政府を監督する日本の統監(→統監府)を置くことであった。韓国の国王や諸大臣は、これが韓国の

植民地化につながるものであるとして，締結交渉を行うことも拒否した。しかし，日本政府はどのような形をとってもこの条約を結ぶつもりであった。特命全権として訪韓した⁺伊藤博文と，駐韓公使⁺林権助や駐剳軍司令官⁺長谷川好道らとはかって日本軍を出動させ，韓国政府を威圧した。このとき，個別に脅迫され，賛成した⁺李完用らぅら5名の大臣はく⁺乙巳五賊〉とよばれるようになった。条約調印の報が発せられるや，その撤回を求める声が湧きおこった。侍従武官長閔泳煥ミンョンファンらは抗議の自決をし，ソウルの商人たちは店を閉じて条約の無効を主張した。反日気運が急速に高まるなか，⁺崔益鉉チェイッキョン，閔宗植，申乭石らが各地で反日の武装闘争にたちあがり，第2次反日⁺義兵闘争が始まった。日本はさらに1907年に第3次の日韓協約を強要し，朝鮮の軍隊を解散させて朝鮮の植民地化を急いだ。⇒日韓協約

馬渕 貞利

にっこう | 日耕 | 일경

朝鮮における耕地面積表示の一種。一日耕とは犂ぅぅを牛1頭にひかせて，1日に耕せる広さの面積をさす。一日耕の¼（地方によっては⅙や⅜）を一息耕（息は休息の意。休息から休息までの間に耕せる広さ）という。主として畑に関して用いられた。牛耕の普及とともに用いられるようになったと思われ，新羅時代の史料にすでにみえる。朝鮮王朝末期には一日耕の広さはだいたい800坪から1200坪に相当した。⇒斗落（とらく）

宮嶋 博史

にっしょうきまっしょうじけん | 日章旗抹消事件

1936年8月9日ベルリン・オリンピックのマラソンでの⁺孫基禎ソンギジョン選手優勝の知らせが朝鮮に届いた。これを知った群衆は街路に集まり，⁺三・一独立運動を彷彿とさせるほど万歳を叫んだという。16日後の8月25日，《東亜日報》体育主任李吉用イギリョン記者は，李象範ィサンボム画伯，写真班員，編集部員など数人の職員と協力して，その日の新聞から受賞台に上がった孫基禎選手のユニホームの胸に付いた日章旗を消した。初版はそのままにし，2版で消したものを発刊した。これに激怒した⁺朝鮮総督府は，東亜日報の記者ら約50名を連行し，10名を鐘路ジョンノ警察署に逮捕した。厳しい拷問が行われ，李吉用記者の妻が差し入れに着替えを持って行くと，白いシャツが真っ赤に染まっていたという。東亜日報社は無期停刊処分となった。

西尾 達雄

にっしんせんそう | 日清戦争

1894-95年，朝鮮の支配をめぐって日本と清国の間で戦われた戦争。明治維新以後，朝鮮に勢力拡大をはかった日本と，朝鮮に宗主権を主張していた清国とは，1880年代から朝鮮を舞台に対立を激化させていた。⁺壬午ィモ軍乱(1882)，⁺甲申政変(1884)などをめぐり軋轢をくり返していた両国は，1885年の天津条約でいったん朝鮮から撤兵したが，⁺甲午農民戦争（東学党の乱）が激しくなり，94年6月，朝鮮政府が農民軍鎮圧のため，清国の派兵を求めたのをきっかけに再び朝鮮に出兵した。日本政府は公使館と居留民の保護を出兵の表向きの理由としたが，その真意はこの機会に清国の勢力を朝鮮から一掃するところにあった。蜂起した農民軍は日清両軍の出兵という状況のもとで，政府軍と和議をむすび（全州和約），農民戦争は鎮静化し，日清両国は出兵の口実を失ったが，日本政府は撤兵を拒否して朝鮮の〈内政改革〉を主張した。

日本政府は7月中旬，日英通商航海条約の調印に成功し，イギリスの対日好意を確認すると，具体的作戦行動に入り，7月23日，朝鮮の王宮を占領，朝鮮兵を武装解除する一方，25日には豊島沖で，29日には成歓で清国軍を攻撃，日清戦争の火ぶたをきった。一方，朝鮮政府は日本側の圧力もあり，農民軍の弊政改革要求をも反映して，7月28日，軍国機務処を設け，内政改革を進めることになった（⁺甲午改革）。8月1日，日本は清国に宣戦布告，その後日本軍は平壌および黄海の海戦であいついで勝利し，さらに遼東半島，山東半島を攻撃，旅順，威海衛などを占領した。翌95年になって清国は講和を求め，4月17日，日清講和条約（下関条約）が調印された。その第1条にはく清国ハ朝鮮国ノ完全無欠ナル独立自主ノ国タルコトヲ確認ス……〉とうたわれ，清国は朝鮮に対する影響力を失った。

朝鮮では1894年秋から，農民軍が反日の

旗印を鮮明にして再び蜂起したが,指導者全琫準は逮捕,処刑され,農民軍も日本軍と政府軍に敗れた。しかしこの農民の戦いは,95年の乙未の〝義兵闘争をはじめ後年の反日義兵闘争に連なるものであった。日清戦争後,日本は三国干渉をうけ,朝鮮をめぐってロシアと対立し,また朝鮮の民族運動の質的な高まりにも直面し,政治的に安定した地歩を築くことはできなかったが,対朝鮮貿易は年をおって増加し,日本の綿糸・綿布と朝鮮の米を交換する〈綿米交換体制〉といわれる日朝間の貿易構造が形成されるようになった。　➡日露戦争➡日朝貿易　中塚 明

にっせいろく|日省録|일성록
朝鮮王朝の正祖以下4代各王の公的日記。2322巻。〝奎章閣編。1760年(英祖36)正祖が世孫であったときに始まり,即位後の創設した奎章閣閣員が代筆し,王みずから加筆削正した。その後も継続して1910年(隆熙4)に至る150年間の記録となり,〝《朝鮮王朝実録》《承政院日記》《備辺司謄録》などとともに王朝研究の根本史料である。1960-72年にソウル大学校より高宗朝(1864-1907)の《日省録》576巻,44冊が影印刊行された。2011年世界の記憶(世界記憶遺産)に登録。
　　　　　　　　　　　　　　森岡 康

にっせんどうそろん|日鮮同祖論
日朝両民族はその祖先を同じくし,兄弟あるいは本家と分家に擬せられる間柄であり,本来一体となるべきであるという主張。日本の朝鮮侵略,朝鮮支配が歴史的に合法なものであると説明するために喧伝された。日鮮同祖論の枠組みが形成されたのは古く,少なくとも江戸時代中期の国学にまでさかのぼることができる。平田篤胤らの国学における《古事記》《日本書紀》の研究は,日朝両民族は国家形成の段階から密接な関係にあったこと,日朝間には日本を支配的な地位につける上下関係が成立することを説き,日鮮同祖論の骨格を作りあげた。幕末期には尊王攘夷論と結びついて〝征韓論が登場するが,征韓論は支配層が政治的危機を回避するためにとった方策であり,日鮮同祖論の一面を具体化した理論でもあった。

明治期に入り,日本の朝鮮侵略が進むにつれて日鮮同祖論はますます重要性を増し,内容の精密化がはかられることになる。その第1の時期は日清・日露戦争によって朝鮮支配の完成がめざされる時期で,国史(日本史)の編集に併行して久米邦武らが唱えた同祖論である。このときにはとくに日朝の一体性に力点が置かれ,韓国併合を実現するための理論となった。第2の時期は韓国併合(1910)後で,同祖論は朝鮮人の日本人化を促す論理として焼き直された。当時の同祖論者喜田貞吉は,朝鮮人は〈早く一般国民に同化して,同じく天皇陛下の忠良なる臣民とならねばならぬ。是れ啻に彼等自身の幸福なるのみならず,彼等の遠祖の遺風を顕彰する所以である〉と述べている。第3期は三・一独立運動(1919)以後であるが,朝鮮人の強靭な民族的自覚を抑えるためにいっそう精緻な同祖論が必要とされた。その要請に応えたのが金沢庄三郎の《日鮮同祖論》(1929)である。彼はすでに《日韓両国語同系論》(1910)や《日鮮古代地名の研究》を著していたが,言語学の手法を駆使して日朝両民族の同祖性を論じるとともに,さらに大きな地域的広がりをもつ同一民族の存在を想定してみせた。これがまた日本の侵略拡大に符合する理論と結びついたといえよう。
　　　　　　　　　　　　　　馬渕 貞利

にっちょうこっこうせいじょうかこうしょう|日朝国交正常化交渉
日朝国交正常化に向けた政府間交渉。1990年9月28日平壌で署名された〈日朝関係に関する日本の自由民主党,日本社会党,朝鮮労働党の共同宣言〉(3党共同宣言)の〈両国間に存在している非正常な状態を解消し,できるだけ早い時期に国交関係を樹立すべき〉との言及に基づき,91年1月30-31日,国交正常化のための第1回会談を平壌で開催。議題は,①国交正常化に関する基本問題,②経済的諸問題,③国際問題及びその他の諸問題(在日朝鮮人の法的地位,日本人妻の里帰りなど)とされ,当初の日本側首席代表には中平立・日朝交渉担当大使,朝鮮民主主義人民共和国側首席代表には田仁徹シンチョル外交部副部長。91年3月11-12日第2回会談(東京で開催),5月20-22日第3回会談(以降第8回まで北京で開催),8月31日-9月2日第4回会談,11月18-20日第5回会談,92年1月30日-2月

1日第6回会談，5月13-15日第7回会談。92年11月5-6日開催の第8回会談で，北朝鮮によって拉致された日本人〈李恩恵ﾘｭﾝﾍ〉問題に言及したことを非難して北朝鮮側は交渉を中断。なお，第7回および第8回会談は，田仁徹死去に伴い李三魯ﾙ大使が北朝鮮側代表。99年12月，村山富市元総理を団長とする超党派代表団が平壌を訪問，▶金容淳ｷﾝﾖﾝｽﾝアジア太平洋平和委員会委員長と会談し，両国政府に国交正常化交渉の早期再開を促すことで合意。日本政府は98年8月の〈テポドン〉発射に抗議する制裁措置を解除し，2000年4月4-7日第9回会談が平壌で開催。日本側団長は高野幸二郎大使，北朝鮮側団長は鄭泰和ﾁｮﾝﾃﾌｧ大使。日本側が，植民地支配の過去清算と現在の懸案(拉致問題，ミサイル問題)の一括解決を主張したのに対して，北朝鮮側は過去清算の先行に固執。8月22-24日に第10回会談を東京で開催。しかし，9月に50万tのコメ支援が決定され，10月にオルブライト米国務長官が平壌を訪問すると，北朝鮮側の交渉意欲は急速に衰え，10月30-31日に北京で開かれた第11回会談を一方的に決裂。02年9月17日小泉純一郎総理と金正日国防委員長が署名した〈日朝平壌宣言〉で〈国交正常化を早期に実現させるため，あらゆる努力を傾注する〉として10月中の交渉再開を明記。それを受けて02年10月29-30日にクアラルンプールで第12回会談が開催されたが，拉致被害者家族の帰国問題で対立し，日本世論が強く反発するなどして，三度中断となった。なお，第12回会談の代表は，日本側・鈴木勝也大使，北朝鮮側・鄭泰和大使。→日本人拉致問題│6ヵ国協議

礒﨑 敦仁

にっちょうしゅうこうじょうき│日朝修好条規

▶江華ｶﾝﾌｧ島事件(1875)のあと，日本と朝鮮との間で1876年2月26日に，朝鮮の江華府で結ばれた〈大日本大朝鮮修好条規〉のこと。江華条約ともいう。日本側全権は黒田清隆と井上馨，朝鮮側全権は申櫶ｼﾝﾎﾝと尹滋承。内容は全12款からなり，主要点は次の4つである。①朝鮮は〈自主〉の国で，日本と〈平等〉な権利を有すること(第1款)。②使節の相互往来と滞在(第2款)。③朝鮮は釜山以外に新たに2港を開くこと(第4，5款。のちに仁川，元山と決定)。④開港地における日本の管理官の駐在と治外法権の承認(第8，10款)。朝鮮にとって不平等な内容であったが，その背景には，朝鮮に対する日本の武力的威圧のほかに，条約をめぐる日朝両国の外交戦略の違いがあった。日本が江戸時代の▶通信使を通しての日朝関係である交隣関係を，資本主義に即応した近代国際法にもとづく関係に改めようとしたのに対し，鎖国攘夷政策を採る朝鮮は，書契問題(〈江華島事件〉の項を参照)によって損なわれた交隣関係を修復しようとした。その結果，日本が開港や▶居留地の設定など資本主義的要求を積極的に出したのに対して，朝鮮は旧来の交隣関係の枠を超える要求をしなかったため，条約の内容は片務的となった。条約の実施の段階で，両国間の位置づけの違いが明確になり，先の①②③をめぐって対立した。この対立は1882年の▶壬午ｼﾞﾝｵ軍乱まで続くが，この間には朝米修好通商条規(1882)を始めとしてイギリス，ドイツ(いずれも同年)など欧米諸国と条約を結び，朝鮮は世界資本主義体制に組み込まれていった。

原田 環

にっちょうぼうえき│日朝貿易

朝鮮半島と日本列島との間では古くから人々の交流があり，それに伴う交易があったが，779年日朝間の正式の国交がとだえ，その再開は1404年まで待たねばならなかった。
→地域・国名編の朝鮮[日朝交渉史]

[中世] その間，13世紀前半までは西日本の民間人と朝鮮(新羅，高麗)との貿易は盛んであり，とりわけ11世紀末までは日宋貿易の中継基地としても朝鮮(高麗)は重要あった。その後，モンゴルの高麗侵略，日本への▶元寇，▶倭寇の発生によって日朝貿易は断絶状態に追いこまれるが，朝鮮は高麗末・朝鮮王朝初期に倭寇鎮圧に力を入れるとともに，日本側にも倭寇鎮圧を要求し，その代りに使送倭人(室町幕府＝日本国王や西日本の諸大名)，受職人(西日本各地の豪族や倭寇の首領などで朝鮮政府から特別に官職を授与された者)，興利倭人(商人)などに貿易を認めた。貿易は初めなんらの制限もなかったが，日本からの渡航者が増大するにつれて，寄港地を

富山浦(釜山浦)、薺浦の2ヵ所に制限、1426年、蔚山の塩浦を加えて3港(三浦)とし、三浦以外での交易者は海賊とみなした。三浦と漢城(今のソウル)には▶倭館がおかれ、三浦には貿易に従事する日本人の居住(恒居倭人)を認めた。また貿易船にも制限が加えられ、1443年、▶対馬の宗氏は年間の歳遣船数を50隻とされた(▶癸亥約条、嘉吉条約)。貿易の形式には献上物贈答(進上、回賜)、特定品(銅、蘇木、コショウなど)を政府との間で公定価格で交易する公貿易、商人との取引(ただし、禁制品を除く)を認めた私貿易とがあった。1510年、朝鮮側の貿易削減策に不満をもった恒居倭人と対馬島人の蜂起(三浦の乱)が起きると、その後は恒居倭人を禁止し、対馬宗氏の歳遣船も25～30隻に減らし、開港地も1547年には釜山浦のみとした。しかし、三浦の乱以後でも年間60隻余りが往来し、それ以前、15世紀の最盛期には年間200隻の貿易船が往来したといわれる。

日本からの輸出品には銅、硫黄、薬材、漆器、屏風、扇のほか、東南アジア産物の再輸出品(コショウ、蘇木など)があり、朝鮮からの輸出品には米、大豆、人参、麻布、木綿、花むしろ、虎・豹の皮、《大蔵経》や仏具、▶朝鮮本などがあった。このうち、日本産の銅(倭銅)と朝鮮産の木綿は日朝貿易の主軸をなし、朝鮮にとって倭銅はシンチュウ(真鍮)の日常器具や銅活字、銅銭の材料として、日本にとって朝鮮の木綿は兵士(足軽など)の衣服や鉄砲の火縄、帆布、漁網の材料として貴重であった。とくに防寒の面で麻衣や紙衣よりも優れていた木綿は野戦に従事する兵士の衣料として重んじられ、将軍や各地諸大名は競って輸入に努めた。また16世紀後半には銀の輸出も試みられたが、やがて需要の高い中国への輸出に転じ、断絶した。そして日本では博多が日朝貿易の中心地として栄えた。しかしこの日朝貿易も1592-98年の豊臣秀吉の朝鮮侵略(壬辰・丁酉倭乱)で断絶する。

[近世] その後、1607年の国交回復をうけて、09年の約条(▶己酉約条)で貿易が再開されるが、渡航者は日本国王名義の使節(ほとんどは偽使)、対馬宗氏の特送使、対馬の受職人に限られ、開港地は釜山浦に限定された。対馬宗氏の歳遣船も20隻に減らされ、しかも船の大小、船夫の人数も指定された。貿易は使節による進上(封進)とそれへの回賜、官営の公貿易、朝鮮商人と対馬の役人・商人による私貿易(毎月3、8の日、計6回開市)の3形態で行われた。日本側の進上(封進)ではコショウ、蘇木、銅盤、銅鏡、金屏風など、朝鮮側の回賜では人参、虎皮、豹皮、麻布、絹布、木綿、花むしろ、油紙、筆、墨などを、公貿易では日本から銅、鉄、スズ(錫)、蘇木、水牛角など、朝鮮からは木綿などが、私貿易では日本から銀、銅、ミョウバン、コショウ、蘇木など、朝鮮からは人参、中国産の生糸、絹織物などがそれぞれ輸出された。

とりわけ、日本産の銀は私貿易の半ばを占め、朝鮮から中国へ再輸出されたが、大量の銀流出を憂慮した幕府の政策で18世紀半ばには銀輸出が禁止され、代わって別子銅山などの銅が朝鮮に大量に輸出された。他方、朝鮮の木綿は17世紀中ごろまで日本へ大量に輸出されたが、その後は日本国内における綿花栽培の広がりに伴ってしだいに減少した。朝鮮人参や中国産生糸などの商品は対馬藩が大坂、京都などで売りさばき、莫大な利益をあげていたが、生糸は京都の西陣などに売られ、朝鮮貿易は西陣の織物生産にとって欠かせない存在であった。また人参(▶朝鮮人参)は高貴薬であり、これも当時は医療に欠かせないものであった。しかし18世紀末～19世紀半ば、日本、朝鮮とも内外情勢が厳しくなり、それに伴って日朝貿易も不振となり、やがて日本は明治維新を迎える。

[近代] 近代以降の日朝貿易は1876年の日朝修好条規、同付録、日朝通商章程で再開されるが、日本は治外法権、低額関税、金などへの免税権、開港地での日本貨幣使用権などに支えられ、朝鮮を経済的にも侵略した。初めは日本が朝鮮貿易を独占したが、82年以降、清国商人も参加しはじめ、日本と清国の対立・抗争がしだいに激化し、やがて日本の朝鮮支配権獲得を意図した▶日清戦争が開始される。この間、開港地は初め釜山のみであったが、やがて元山、仁川へと拡大され、90年代後半には木浦、南浦、

群山,平壌も開港・開市された。また,日本人の通行区域も初めは開港地4km以内であったが,これもやがて20km,続いて40kmへと拡大され,85年には朝鮮における内地行商権を日本は獲得した。日朝貿易に従事する日本商人は,初め対馬や西日本の零細商人が多く,資力の弱い彼らは暴力行為を伴いつつ,日本の経済侵略の先兵的役割を果たしていったが,貿易の実権は ▶第一銀行をバックとする政商など大商人が握り,日清戦争後は大阪の大商人が実権を完全に掌握した(▶在朝日本人)。

そして貿易品は朝鮮からは米,大豆,金地金など,日本からはおもに綿製品がそれぞれ輸出された。ただし,日清戦争後に日本は産業革命に成功し,それ以後,日本産の綿布,綿糸の対朝鮮輸出を行うようになるが,それ以前の対朝鮮輸出綿製品はもっぱらイギリス製の綿布であり,日本は中継貿易をしていたにすぎなかった。その一方で朝鮮から安価に大量の穀物を輸入(おもに阪神地域の労働者に供給)し,日本資本主義のための低賃金維持に役だてた。他方,大量の朝鮮産の金地金は,日清戦争における清国からの多額の賠償金とともに,日本における金本位制確立のための準備金の一部として重要な位置を占めた。

こうして朝鮮は日本資本主義のための食糧・原料供給地,商品販売市場とされ,日本の半植民地に転化されていくが,米,大豆の大量移出は朝鮮における穀価高騰をもたらし,また,安価な機械製綿布の大量移入は朝鮮における綿織物家内手工業を破壊した。そしてこの二重の要因が朝鮮の民衆,とりわけ貧民層の生活を困窮化させ, ▶壬午ゞ^軍乱, ▶防穀令事件, ▶甲午農民戦争などの民族的抵抗を生み出す重要な原因となった。しかし日本はさらに ▶日露戦争において朝鮮を保護国とし,その特権のもとに,朝鮮を食糧・原料供給地,日本商品の販売市場として,いっそう略奪を深め,支配を強化したのである。　　　　　矢沢 康祐

にっちょうゆうこううんどう｜日朝友好運動
朝鮮戦争下,朝鮮民主主義人民共和国を擁護するという意志が,戦後における日朝友好運動の発足にあった。1952年6月に日朝協会の結成をみたのは,そのあかしともいえた。55年に入ると,朝鮮総連(▶在日本朝鮮人総連合会)が結成され,他方,日朝協会も第1回全国大会をもち,以後この二つの団体の提携を軸にして,日朝友好運動が展開されていくようになった。在日朝鮮人の共和国帰国事業(▶在日朝鮮人帰還協定),日朝往来自由実現の運動,日韓会談反対などが60年代までのおもな取組みであったが,このようななかで,日朝友好とは共和国・総連との友好・交流であるという意識が,これにかかわる日本人の間に広まっていった。

しかし,70年代に至ると,これとは異質な市民活動としての日韓連帯の動きが活発になった。一つの流れは,日立就職差別事件の勝訴(1974年6月)を大きな契機として,就職,教育,社会保障など在日朝鮮人に対する差別問題の解決に取り組む市民グループが各地に自主的に生まれたことである。これら市民グループは,その連絡体として〈民族差別と闘う連絡協議会〉を設け(1974年11月。略称,民闘連),以後毎年全国交流集会を開催している。もう一つの流れはキム・ジハ(金芝河),金大中,在日韓国人政治犯などをめぐる韓国民衆の民主化の動き(▶民主回復運動)に連帯する市民運動が起こったことである。このような民衆レベルとは別個に,国会議員のレベルで超党派の友好組織も発足,71年には日朝友好促進議員連盟(会長,久野忠治),75年には日韓議員連盟(会長,安井謙)が結成された。戦後30年にして,日朝友好運動は総体として,北,南,日本に住む朝鮮人それぞれの課題,共通する課題を視野に収める幅広い活動になった。
　　　　　　　　　　　　　　　　　小沢 有作

にほんきょうかしょもんだい｜日本教科書問題 ▶歴史教科書問題

にほんぐんいあんふ｜日本軍慰安婦
第1次上海事変(1932)から日本の敗戦までに,戦地・占領地で日本軍によって軍人・軍属の性の相手とされた女性。日本,朝鮮,中国,台湾,シンガポール,フィリピン,インドネシア,オランダなどさまざまな国・地域の女性が慰安婦として徴集された。その徴集形態は,占領地の場合,軍の主導が前面に立ったのに対し,植民地台湾・朝鮮では

官憲や軍と連携した徴集業者によるものが多く、朝鮮人慰安婦の場合、貧困家庭の未婚女性を就業詐欺、職業斡旋の形で徴集するケースが多かった。慰安婦が男性の相手をした場所を〈慰安所〉というが、それは軍や業者の経営する軍専用のものもあれば、民間の遊郭を指定する場合もあった。慰安所の設置は、強姦防止、性病防止対策、兵士の慰安、防諜などがその理由とされた。慰安婦は、女性差別のほかに待遇や衛生管理の面で民族差別を受けるなど重層的な差別に苦しみ、自由も制限されて生活環境も劣悪であった。

慰安婦の呼称について、一般的に〈従軍慰安婦〉が使用されることが多いが、〈従軍〉という表現には自発性の含意があり、不適当であるとの指摘がある。また、当初韓国では慰安婦のことを〈挺身隊〉といっていたが、労働動員としての女子勤労挺身隊と混同を避ける必要が出てきた。以上のような経緯から、近年では、〈日本軍慰安婦〉〈日本軍性奴隷〉とよぶことが多い。慰安婦の存在については早くから指摘され、韓国では民主化に伴い、女性団体が慰安婦問題に取り組むようになっていた。しかし、研究が盛んになったのは補償問題が提起され始め、女性史・ジェンダー研究が本格化した1990年代からであった。研究の進展に伴い、関連の資料集や元慰安婦女性の証言集なども刊行されるようになった。2005年から日韓会談関係の文書が公開され始めると、補償問題に関する議論にいっそうの関心が集まるようになった。日本および被害国等における支援のための市民運動も活発化し、1997年には〈戦争と女性への暴力国際会議〉、2000年には国際的ネットワークのもとで〈女性国際戦犯法廷〉が開催されるなど、現在まで継続している。また、軍だけでなく企業が設けた慰安所の実態についても明らかになりつつある。

朝鮮人元慰安婦に対する補償問題が提起されたのは、1990年代からであった。90年5月、盧泰愚大統領の訪日が決定すると、おりから問題になっていた強制連行者の名簿調査問題に刺激されて、韓国女性団体連合などが声明を発表し、〈挺身隊問題に対する日本当局の謝罪と補償〉などを求めた。6月、日本の国会で、野党議員が慰安婦についての調査を求めたとき、政府委員が慰安婦は民間業者が連れて歩いたもので日本政府の関与はないと答弁したことから問題化した。11月には韓国挺身隊問題対策協議会(挺対協)が結成され、①慰安婦として強制連行した事実を認めること、②公式に謝罪すること、③生存者や遺族に補償すること、④歴史教育のなかでこの事実を教えることなどを要求した。91年8月、金学順が〈私は元慰安婦であった〉と名乗り出て世界の関心を集めた。12月に謝罪や補償を求めて東京地裁に提訴して大きな問題になった。92年1月に訪韓した宮沢喜一首相は、慰安婦問題について〈反省の意とお詫びの気持ち〉を公式に表明したが、補償については具体的な言及を避けた。7月、日本政府は慰安婦問題に対する調査結果を公表し(第1次)、補償の代替措置について検討することを明らかにした。93年8月、日本政府は第2次調査結果を公表し、慰安所制度に関する日本軍の関与と強制性について認め、〈お詫びと反省の気持ち〉を表明した(河野洋平内閣官房長官談話)。河野談話は以後、日本政府の公式見解として踏襲されていった。その後、村山富市内閣のもと、95年7月に〈女性のためのアジア平和国民基金〉(アジア女性基金)が設立され、元〈慰安婦〉に対して、国民の寄付金をまとめた〈償い金〉を伝達し、政府資金で〈医療・福祉援助〉を行った。同基金は2006年度の事業終了後に解散する。アジア女性基金に対しては、慰安婦問題の責任の所在を曖昧化するものとして批判もある。挺対協や日本の支援団体は、あくまで日本政府が個人補償をすべきだと批判している。

韓国政府は、盧泰愚政権以降、日本政府と同様、65年の〈日韓請求権並びに経済協力協定〉で補償問題は解決ずみという態度をとり、慰安婦に対する個人補償を日本に求めない方針をとってきたが、盧武鉉政権は、慰安婦問題は同協定における対象外との立場から、日本による補償の必要性を主張する姿勢を示した。2012年韓国の大法院は同協定により個人請求権までは消滅しないと判断した。こうして、日韓両政府

の同協定の解釈に差異が生じることとなった。

　日本政府によって軍の関与が認定され、公式的な謝罪の動きが出ると、日本では〈謝罪や補償も必要ない〉とする反論や教科書から慰安婦問題についての記述の削除を求める動きが活発化した。これらは、慰安婦制度を〈公娼による商行為である〉と国家責任を回避しようとするもので、現在に至るまで、政界、言論界においてこのような議論が存在する。一方で、2007年アメリカ連邦議会下院を始め、オランダ・カナダ・韓国の各国会、台湾立法院、ヨーロッパ議会において、日本軍による強制性を承認し国会での謝罪を勧告する決議が行われた。慰安婦問題をめぐるこのような摩擦は現在まで継続している。　▷強制連行；戦後補償問題

三ツ井 崇

にほんじんらちもんだい｜日本人拉致問題

日本人が朝鮮民主主義人民共和国に拉致された問題。1987年11月に発生した大韓航空機爆破事件の実行犯である金賢姫キムヒョンヒが、拉致された日本人女性〈李恩恵イウネ〉から日本語・文化の教育を受けたと供述し、拉致〈疑惑〉が浮上。92年11月、日朝国交正常化交渉の第8回本会談で、日本側がこの問題を提起したところ、北朝鮮側は一方的に協議を打ち切った。97年2月、元北朝鮮工作員の証言によって横田めぐみさん拉致事件が浮上したが、北朝鮮側は〈捏造〉〈でっち上げ〉などと全面的に否定。同年、拉致被害者家族によって〈北朝鮮による拉致被害者家族連絡会〉(家族会)が結成され、救出運動が活発化、わが国の国民的関心事に。2002年9月の日朝首脳会談で金正日国防委員長が拉致の事実を初めて認め謝罪し、拉致被害者5名(蓮池薫・奥土祐木子さん夫妻、地村保志・浜本富貴恵さん夫妻、曽我ひとみさん)の帰国が実現。しかし、北朝鮮側が横田めぐみさんや有本恵子さんを含む8名について〈死亡〉と通告し、疑問点の多い報告書を出したために、日本世論が猛烈に反発。すでに帰国が実現した5名を含め、日本政府が〈拉致被害者〉と認定した者は17名に達する(2013年9月現在)。1998年に活動を開始した〈北朝鮮に拉致された日本人を救出するための全国協議会〉(救う会)は、政府認定被害者のほか〈確度の高い複数の情報で確定された〉被害者複数名を認定。日本人拉致は70年代後半と80年代前半に多発しており、工作員による身分証明書の偽装、工作員教育係の確保、〈よど号グループ〉による人材獲得など、対南、対日工作と密接に関連したものとみられる。　▷日朝国交正常化交渉；6ヵ国協議

礒崎 敦仁

にほんぶんかいほう｜日本文化開放

韓国では日本の植民地支配を受けた歴史的背景から、日本からの文化面での影響を防ぐため、日本映画の一般上映、日本歌謡曲のレコード・CDの販売、日本語の歌の公演などが、事実上禁止されてきた。〈日本文化禁止〉と法律で明文化されていたわけではなく、〈国民感情を害する憂慮があるか、公序良俗に反する外国の公演を行ってはならない〉(公演法第19条)などの条項にもとづく行政措置であった。もっとも、実態的には旅行者の手や衛星放送の越境などによって日本文化は大量に入り込んでいた。▶盧泰愚ノテウ政権から▶金泳三キムヨンサム政権にかけて、日本大衆文化の開放に関して、高官の発言やマスコミによって問題が提起されはじめる。1998年10月、▶金大中キムデジュン大統領訪日を受けて、韓国政府は日本大衆文化の段階的開放措置を発表した。▶漫画の単行本・雑誌の日本語版の輸入、日韓合作映画や日本人俳優の出演する韓国映画、四大国際映画祭受賞作の上映などが解禁された。翌99年9月に発表された同措置第2弾では、〈2000席以下の室内公演場〉での日本の歌謡曲のコンサート開催を可能とし、日本映画上映も国際映画祭の範囲が大幅に拡大され、受賞作以外でも条件が緩和された。2000年6月にも同措置第3弾が発表され、アニメーション、ゲーム、放送、CDに関しても、条件付きで初の開放措置がとられた。日本歌謡の公演は全面開放され、映画も〈18歳未満入場禁止〉以外のものは全面開放された。▶盧武鉉ノムヒョン政権下の04年1月には同措置第4弾として、日本語の音楽CD販売、テレビゲームソフトの販売、18歳以上観覧可の映画上映が全面解禁され、ドラマの衛星・ケーブル放送での放映も認められるようになった。未開放分野は事実上、テレビ地上

波でのドラマやバラエティ番組の放映だけとなったが，李明博政権下では新たな措置は行われなかった。　　　　　　　　　小針進

にんぎょうげき｜人形劇

▶仮面劇の大部分が農民などの非職業的な演技者たちによって継承されてきたのに反し，現存の民俗人形劇は職業的な流浪芸人の▶ナムサダン(男寺党)によって伝承されてきた。彼らは人形劇をトルミとよんでいるが，一般にはく朴僉知劇パクチョムチクル>＜洪同知劇ホンドンチクル>＜コクト閣氏劇コクトカクシクル>とよばれ，これらは同種異名で，いずれも劇中に登場する人形の名に由来している。朝鮮の人形劇は三国時代のく傀儡戯>から始まり，それは中国，あるいは直接北方のルートによって輸入された西域楽の一種であったと思われる。現存の民俗人形劇の脚本の内容は朝鮮王朝後期の庶民文学の台頭と同時に形成されたものと思われ，その主題は仮面劇と同じように破戒僧への風刺，妻妾の争い，庶民生活の哀歓，両班ヤンバン階級に対する侮辱と嘲弄，仏教への帰依などであるが，人間を食うウワバミや小便をする丸裸の男性の人形が登場するなど，いっそう自由奔放である。7～8幕に分けて演出されている。その舞台と演出方式，人形操縦法などは中国人形劇とほぼ同様であり，日本の人形劇とも同一系統であると思われる。しかし，人形操縦者が伴奏音楽により操縦と唱と台詞を兼ねる一人三役の演出形態であり，日本の人形劇のように分化しなかった。コクト閣氏劇は重要無形文化財に指定されている。このほかく曼碩僧マンソクチュンノリ>という無言人形劇が4月8日の釈迦誕生日などに演ぜられたが，今は絶えて伝わらない。→演劇　　李杜鉉

●人形劇

上左は主人公の朴僉知人形で，僉知(チョムチ)は年長者に対する庶民的尊称。上右はその本妻のコクト閣氏で，醜婦として表現される。下右の洪同知は赤色，裸体の人形で，同知(ドンチ)という素朴な官職名をもつ。下中は小巫堂(ソムダン)，下左は僧の上佐(サンジャ)。

にんしょうだいめいし｜人称代名詞

日本語に比べるとその数は少ないが，敬語法とも絡みあって複雑である。一人称く私>は，対等または目下にna(複数uriまたはuridŭl)，目上にchŏ(複数chŏhŭiまたはchŏhŭidŭl)。二人称くお前>nŏ(複数nŏhŭiまたはnŏhŭidŭl)は，親しい友人間または子ども同士で用いる。くきみ>chane(複数chanedŭl)は，成人(大学生くらい以上)の目下に用いる。くあなた>にあたる語はなく，tangsin(複数tangsindŭl)は，中年以上の女性間またはnŏなどでよべるほど親しくない中年以上の男性間で用い，ほかは夫婦・恋人間，喧嘩の際の相手方，youの訳語，広告などにおける不定二人称，また話題にのぼっているがその場に居合わせぬ尊敬すべき第三者をさす場合に用いるなど特殊で，外国人には軽々しく用い難い。姓不明の人にはsŏnsaengnim(先生さま)，taek(お宅)，agassi(アガシ。お嬢さん)，ajŏssi(アジョシ。おじさん)，ajumŏni(アジュモニ。おばさん)，yŏnggamnim(ご老人。ヨンガムは令監とも書く)などとする。アジョシ，アジュモニは本来親族呼称である。姓のわかる人には，男女とも姓のあとに先生，社長，課長などの職位をつけたうえ，nim，あるいはく女史>などを語尾に付す。同僚間ではミスターやミスなどを姓に冠することも韓国では行われる。＜姓＋氏>は役所などで用いてよそよそしくて固苦しく，＜名＋氏>は恋人間に用いる。

三人称は元来なく，sheを厥女kwŏlnyŏ，kŭnyŏ(その女)とするなど翻訳語を経て，現在は指示代名詞kŭ(複数kŭdŭl)でhe，sheを表す．指示代名詞i(この)，kŭ(その)，chŏ(あの)にsaram(人)をつけ，この(その，あの)人と用い，pun(方)を用いると丁寧になる．i(人)をつけるとその中間で，妻が夫を言う場合などに用いる．自分をchagiというが，日本語同様相手をさすこともある．疑問代名詞はnugu(誰)，不定代名詞はamugae(某)．北朝鮮では高度に敬意を表すとき，呼びかけまたは男女共姓や姓名の下にtongji(同志)をつける．また，呼びかけや男女，身分の上下を問わず，広く姓や姓名の下にtongmu(友だち)が用いられるが，〈さん〉にあたる．

▷敬語法　　　　　　　　　　　　藤本 幸夫

ぬひ│奴婢

奴婢は古代から朝鮮王朝末期まで存在する．古くは戦争捕虜，後には人身売買，債務，刑罰を契機にして奴婢が生み出された．新羅時代から官庁に所属する公奴婢と私人に所属する私奴婢の2種があり，この区分は朝鮮王朝末期にまで受けつがれた．高麗時代には奴婢に対する厳格な法的規制が定められ，身分的に上昇する機会が閉ざされたが，武人政権期には主人とともに出仕し，政治権力を握る者も現れた．また▶万積ﾏﾝｼﾞｮｸの乱(1198)などの集団的抵抗運動も展開されたが，まだ身分解放をかちとることはできなかった．朝鮮王朝時代にはさらに奴婢制度が発達し，全時代を通じて公私奴婢とも40万～50万人ずつが存在した．

　公奴婢(公賤)は，所属する官衙によって，寺奴婢(一般官衙)，内奴婢(内需司)，駅奴婢(駅)などとよばれ，中央と地方の官衙に世襲的に所属して各種労役に従うほか，匠人，楽工，歌童，舞工，庫直，▶妓生ｷｰｻﾝ，針線婢，医女などにも使役され，またソウルでは官員に割り当てられ，召使(根隨)として雑役に従事した．公奴婢の中には職務を利用して貢物代納を行い，蓄財する者も出た．公奴婢は人頭税として綿布1匹，米2斗の〈身貢〉を収めたため，所属官衙の財源の一部でもあった．

　私奴婢(私賤)は，主家に同居する率居奴婢と別居する外居奴婢があるが，いずれも主家にとっては生産手段の一部であるし，売買，贈与，入質，相続の対象となる貴重な財産である．このため奴婢・良民間，公私奴婢間に生まれた子の帰属が問題となった．原則として母の身分を継承することになったが，時代によりさまざまな規定が生まれた．これは奴婢所有者間の争いだけでなく，良民数を確保して税収を維持しようとする国家と自己の財産を守ろうとする奴婢所有者との争いでもあった．

　奴婢の解放は，1801年の政府による公奴婢原簿焼却と，1886年の奴婢身分世襲の禁止をうけて，1894年の甲午改革による身分制廃止で実現した．▷賤民│身分　吉田 光男

ヌンサンニこふんぐん│陵山里古墳群
능산리고분군

大韓民国，忠清南道扶余郡扶余邑陵山里にある古墳群．三国時代百済後期の王都である泗沘ｻﾋﾞ(扶余)の故地から，東方へ3km余りの羅城外にあって，6世紀後半から7世紀前半にかけて築造され，当時の王陵が含まれると推定されている．伝王陵群と，その東方に少し離れて東古墳群，さらにその東方にも塼敷や割石積みの石室の一群がある．6基からなる伝王陵群は，1915年と17年に発掘調査された．いずれも円形の墳丘をもち，裾部に切石または割石の外護列石をもつものが多い．内部主体は，南面の横穴式石室で，よく研磨された扁平な花崗岩の石材で構築される．そのうち，東下塚には，四神，蓮華文，雲文などの壁画を描く．いずれも古く盗掘を受けていて，木棺の棺材，飾鋲，銅釘，鉄釘，冠の金銅透彫金具などわずかな遺物しか出土していない．東古墳群は，そのうち5基が37年に発掘調査されたが，ともに伝王陵群と類似した構造の横穴式石室が扁平な花崗岩で構築される．内部は盗掘によって荒らされていて，鉄釘，鉄楔，鉄地金銅張飾鋲，座金具などの木棺金具と，飾玉，金糸などわずかしか遺存しなかった．▷考古学　西谷 正

ねっかにっき│熱河日記│열하일기

朝鮮王朝末期の実学派の巨匠▶朴趾源ﾊﾟｸﾁｳｫﾝが，1780年に清の乾隆帝の古稀を祝う▶燕行使(正使，朴明源)に随行し，熱河(現在の河北省承徳市)に往来したときの見聞や清朝文

人たちとの筆談を収録した日記体の文集．〈利用厚生〉のための北学論を展開した朴趾源の思想の書であり，また紀行文学の白眉として高く評価されている．朴趾源の文集《燕巖集》中の雄編として知られていたが，20世紀に活字本として刊行され，その北学論的な実学の内容がいっそう明らかにされた．日本語による抄訳本(東洋文庫)もある．

姜 在彦

ネムルおう｜奈勿王｜내물왕｜?-402?

新羅の王．在位356ころ-402年ころ．新羅史上，実在が確認される最初の王．その称号に従来の〈尼師今〉とともに新たに〈麻立干〉を称して支配者集団のなかで頭角をあらわし，中国華北を統一した前秦に遣使している(377，382)．新羅は先進地域である高句麗の影響下にあったが，390年ごろから倭に服属して人質を送り，さらに倭軍の制圧をうけた．しかし高句麗の広開土王が倭に通じた百済を攻めて南進策をとると，400年高句麗に朝貢して臣従し，その軍を迎えて倭および加羅の勢力を退けた．

大井 剛

ねんきんせいど｜年金制度｜➡社会保障

ねんちゅうぎょうじ｜年中行事

朝鮮の年中行事は，その基本的生産様式である農耕の各段階に応じた信仰儀礼を軸として，文化系統の異なった種々の行事が並存・結合・混交しながら年中行事という一つの周期的慣習を形成し，人々の生活に節目を与え，アクセントをつけている．たとえば中国の歳時風俗そのままの形態の宮廷を中心とする上層階級のみの典礼，新羅・高麗の仏教盛時に盛行した仏教儀礼(燃灯会など)の残存，儒教にもとづく祖先祭祀や道教的な諸行事，さらに固有の巫俗的諸行事が雑然と並存・混交し，きわめて複雑な様相を呈しており，それは朝鮮文化の複雑な歴史と性格の一面を如実に表している．また朝鮮では相次ぐ戦乱による生活の不安定さと，朝鮮王朝における極端な儒教偏重主義によって正常な民衆の娯楽機関の発達がみられなかった結果，民衆の娯楽は種々な年中行事や部落祭のおりの仮面劇などに求められてきた．したがって朝鮮の年中行事はその宗教的機能とともに，近代に至るまで民衆の娯楽という重要な機能を担ってきたのである．

朝鮮の伝統的な年中行事(次頁表参照)のなかには，中国と同じ期日に行われる行事や，関帝，城隍神など中国と同名の神格に対する祭儀がある．中国から受容されたと考えられる行事の種類は，元旦，立春のような暦のうえの起点であるものや上巳，端午，七夕，重陽のような干支・陰陽思想によって定着した重日の行事など中国文化の宇宙論的体系とかかわりをもつ行事，および文廟釈奠のような儒教的行事，浴仏日(灌仏会)，中元のような仏教思想にもとづいたものがその大部分を占めている．他方，中国の民衆生活と最も密接な関係にある竈神・紫姑神・財神の祭りや道教的諸神誕生日といった行事はほとんど受容されていない．さらに中国の年中行事の受容形式と行事の担当集団との関係についてみると，中国の年中行事はまず公的レベルで受容され，それに対応する固有の習俗がなく，ほかの文化要素との関連が稀薄な場合(立春節など)は，個人のレベルにまで受容されるが，固有のものが存在する場合は一般民衆はその固有の行事をもって代行し，中国文化は上層部においてのみ受容される結果，両者の並存が認められる(たとえば城隍神祭．〈ソナンダン〉の項目参照)．ところが共同体によって担われている収穫儀礼としての仲秋節(秋夕)の行事のような社会構造や文化の諸要素との関連の深いものは受容されにくくなり，たとえ期日や名称は中国的であっても内容は固有のままであるという傾向が認められる．このように年中行事に関しても上層・基層あるいは公的・私的な文化の二重構造という朝鮮文化の特徴が明確に表れているのである．この事実は，日本の年中行事のうち公家のものには外来要素が多く，武家のものには民間行事から入ったものが多いが，日本では階層の区分に恒久性が乏しいために絶えず上下の交流が行われ，年中行事の上昇や下降の様相がめまぐるしいのときわめて対照的な点であるといえよう．➡農耕儀礼；祝祭日

依田 千百子

ねんていけんぴ｜秥蟬県碑

朝鮮民主主義人民共和国，平壌の西約40km，

平安南道温泉郡の旧海雲面にある花崗岩製の石碑。秥蟬神祠碑ともよばれる。1913年に発見された。現在、高さ1.44m、幅1.19m、厚さ約13cmを測るが、上部を欠失する。前面に罫線を引き、隷書体で7行80字を刻んでいる。風化が進んで判読できない文字もあるが、後漢章帝の時期にあたる、元和2年(85)4月戊午に、楽浪郡に属する秥蟬県の長が、県の官吏と協議し、神祠を建てて、碑石に辞を刻したものである。平山という山の神を祀り、その神徳の霊顕によって、百姓長寿、五穀豊穣たらんことを祈願して

●年中行事	裏朝鮮と中国との対比	
[月日]	[中国]	[朝鮮]
1月1日	三元の日。鶏鳴いて起きる。爆竹を鳴らし、悪鬼を避ける。接神(諸神を迎える)。神荼(しんと)・鬱塁(うつるい)の門神を貼る。長幼順に拝賀す。屠蘇酒	元旦、正朝茶礼(家廟の祖先を祀る)。歳拝、年始回り、徳談(年下の者に祝賀のことばをかける)が行われ、歳画、福笊をかける。夜光鬼(辟邪行事)。餅湯を食べる
1～12日		有毛日・無毛日。12日間の干支に応じて豊凶を占い、家業の繁栄を祈願する
2日	[財神祭]	
7日	人日。7種の菜をもって羹(あつもの)を作る	人日。朝廷では閣臣に人勝(首飾り)をわかち、儒生の試験が行われる
●	立春。施鈎(綱引き)、打毬(蹴鞠?)、鞦韆(ぶらんこ)の戯をなす	立春節。立春帖子(春聯)をかけ、木牛戯が行われる
15日	豆糜(とうび)をつくって蚕神を祭す。紫姑(厠神)を迎えて占う。[元宵節、観灯]	上元。迎月、その他各種の農耕予祝行事や踏橋など辟邪迎福の行事が行われ、薬飯を食べる。安宅祭、洞神祭も催される。石戦(石合戦)も行われた
2月●	[釈奠(せきてん)]	
1日		奴婢日(人夫の日)。南朝鮮では風神祭が行われる。春季文廟釈奠
8日	釈迦降誕の日。香花をとり城をめぐる(行城)	
●	春分の日。民ならびに戒火草を屋口に種(う)う。社日、牲牢(犧牲)を宰(ほふ)り、神を祭る。寒食節、火を禁ずること3日、餳(とう)と大麦の粥を作る	
2月末～3月初		清明節(春耕の鍬入れをする) 寒食日(墓参をし、種まきをする)
3月3日	禊祓、曲水の飲。[清明節、墓参]	上巳。花煎と花麺を家廟に供え、食べる。花柳遊び(仕事始めの、山や水辺における集団的遊宴)
4月8日	諸寺、斎を設け、浴仏(灌仏)し、竜華会をなす	浴仏節(釈迦誕生日)。灯夕(燃灯の行事を行う)
15日	僧尼、結夏(けつげ)す	
5月5日	端午(浴蘭節)。艾(よもぎ)の人形を門戸にかけ、毒気を祓う。菖蒲酒。競渡(ペーロン)を行い、薬草を摘む。夏至節、粽(ちまき)を食べる	端午節。端午扇、玉枢丹が下賜された。天中赤符を門に貼りつける。菖蒲湯、菖蒲簪(かんざし)、相撲、ぶらんこの競技が行われる
		城隍神(ソナンダン)祭。棗の嫁入り(祈豊の行事)
6月15日		流頭日(厄払いに清流で髪を洗い、また酒宴を行う)。流頭薦新(小麦粉で作った餛飩や餅と新果を祖先に供える)

いる．当初は平山君神祠の参道に立っていたものと思われる．発見された時は，小道のわきの耕地に傾いて立っていた．碑文は《後漢書》祭祀志にみえる，元和2年正月の詔に対応し，また，その内容から，石碑が立っていた地点の南西方約500m余りの所にある於乙洞土城が，漢代の秥蟬県治址であることがわかった．

西谷 正

ねんとうえ |燃灯会|연등회

高麗時代に盛行した春季の年中行事で，▶八関会はちかんえとともに二大国儀であった．上元(1月15日)，ときには2月の夜，仏に灯火

[月日]	[中国]	[朝鮮]
6月●	伏日，湯餅(ゆでめん)をつくる．辟悪餅という．〔蝗害除けの虫王祭．土地神・竜王を祭る〕	三伏．薬水飲み．狗醬(犬肉のスープ)，赤小豆粥を食べる
6月～7月		農楽．洗鋤宴，草宴(夏の除草作業ののち部落をあげて行う宴)
7月7日	七夕，牽牛・織女の巡り合い．乞巧，人家の婦女，綵縷を結び，七孔の針をうがったりして，酒脯，瓜果を庭中につらね，裁縫の上達を願う．書物，衣服の虫干し	七夕．曬書曝衣(虫干しの日)
15日	盂蘭盆会	中元節．寺院での法会．亡魂日(蔬果や酒飯をととのえ，亡き親の霊魂を招く)．百種日ともよばれ，一説に百種に花果を仏に供えたことにちなむという．いなかでは市場が開かれる
8月14日	朱墨をもって小児の頭額に点し，百疾を祓う．秋分，牲をもって社を祀る．〔仲秋節〕	
15日		秋夕．秋夕茶礼(新穀を家廟に供え，祖先を祀る)．省墓(墓参り)．相撲，綱引き，亀戯，牛戯そのほか各種の農耕儀礼が行われる．里芋汁，里芋だんごを食べる．嘉俳日ともいう
27日	〔孔子聖誕祭〕	●秋季文廟釈奠
9月9日	重陽．登高(山に登る)，飲宴し菊酒を飲む	重陽節．菊花煎を食べ，花菜を飲む
10月●	朔日，新嘗の黍臛(きび入りのあつもの)を作る．〔衣替え，寒衣節〕	城主(告祀)祭(収穫祭)．煖炉会(火鉢の炭火で牛肉などを焼き，時食とする)．時祭(墓地での祖先祭)
11月●	冬至，日の影を測り，赤豆粥を作り，疫を祓う	冬至，赤小豆粥を食べる．暦の頒賜
12月8日	臘日，臘祭を行い，田猟をして獣をとり，先祖を祭祀する〔臘八粥〕	●臘日．冬至より第3番目の未の日，スズメを食べる
23日	〔豚・酒をもって竈神(そうしん)の天に上るを送り祭る〕	
31日	〔歳暮．肴と蔬菜を供え，歳送り歳迎えをする〕	除夕．旧歳拝(親戚の長老を歴訪)，守歳(一晩中眠らない)．駆儺(仮面劇)が行われる
閏月	気にあたることを避けて，百事をあげず	寿衣(死骸に着せる衣服)を作るなど，百事に忌むことがない

注―中国は6世紀の《荊楚歳時記》による．ただし，〔 〕は後世の行事を表す．朝鮮は洪錫謨《東国歳時記》(1849)などによる．●は年によって月日が移動することを示す．月日は旧暦．

●農楽

象毛戯．帽子に付けた長さ12尋の白布（象毛）を回しながら，楽器を打ち鳴らす農楽隊．

をささげ，音楽と踊りでたのしみ，国家の太平を祈った．八関会が首都の祭礼であったのと違い，首都をはじめ全国の農村で行われた．本来は仏教儀礼であったが，朝鮮農村の火祭行事に結びつき，国王から民衆までが参加する国家的祭礼になったものと思われる．高麗末期から朝鮮王朝時代には4月8日の釈迦の誕生日に行うようになり，民衆の行う燃灯会は民俗化し，韓国では現在もつづいている． 旗田 巍

のうがく｜農楽｜농악

朝鮮の農村で行われる伝統的な民俗音楽．〈農者天下之大本〉（農は天下の大本）と書いた農旗を先頭に立て小鉦が先導する農楽隊の行進は，現在も韓国農村でみられる情景である．農楽は農村生活と密着しており，農民の厳しい労働の疲労をいやし，また洞祭その他の村祭や各種の農耕儀礼の際に演奏される労働と儀礼の舞楽であり，農村娯楽の中心をなしている．農楽隊の構成はふつう小鉦2，杖鼓2，鉦1，太鼓2や，さらに小鼓5～8，士大夫役1，猟師役1を加え，ほかに農旗手と令旗手を含めて20名内外になる．農楽の形態は地域により，伝承関係によって左道クッ，右道クッ，中間クッの三つに分けられるが，隊員の構成，衣裳，音楽もそれぞれちがう．農楽はふつう12コリ（次）に構成されているが，コリはいわば基本楽章であり，コリがさらにカラク（リズム）に分立され，1コリはほぼ3カラクに分かれているので，農楽は12コリ3カラクだといわれる．コリの変化は小鉦手がリードし，ほかの隊員はこれに従う．農楽の起源については諸説があるが，稲作に伴う共同労働とともに起源の古いものであろうと思われる．豊穣を祈る祝願の音楽に発するとする説，寺との密接な関係から寺の建立のための募金の方法として寺僧らが楽器をもって家々を回ったことがもとになったという説，また戦時に農民軍を訓練する方法として戦時用の陣法を楽舞によって指揮・訓練したことから発展したとする説などがある．⇒農耕儀礼 李 杜鉉

［農楽の広がりと湖南農楽］ 朝鮮の民俗芸能を理解するためにはクッパン（巫儀の現場）と農楽とをまず知らなければならない．農楽は嶺東，嶺南，京畿・忠清，湖南左道，湖南右道に分類される．このうち湖南農楽は演劇的な農楽パンクッが多彩に展開されることで知られる．湖南では，かつて，正月（旧暦，以下同）の村祭や綱引き，3，4月の花煎あそび（女性の野遊），端午のあそび，田植と除草の場での慰労（5，6月），さらに7，8月のトゥレクッあそび，7月15日の百種パン（百中パン）戯，8月15日の秋夕クッ，10月の堂山クッ，12月の寺クッ（各地の寺が村の農楽隊を招いて催した農楽），大晦日の埋鬼クッ（農楽隊が各戸を巡って除災招福をすること）などにおいて演じられた．

湖南では，山沿いの地のものは左道農楽，海岸・平野部のものは右道農楽とよばれるが，近年は両者の混交が進んでいる．村の神域や個人の家の庭でやるパンクッでは農楽隊のもつあらゆる歌と踊り，また多彩な調べが披露される．各種の陣形をえがく陣解きジン，また日光戯サルクェン（サンセク第一の鉦叩き．演奏の先導者）と鉄砲打ちによる寸劇，盗っ人捕らえョビッテ，雑色チャプセクあそび（両班ヤンバン大ダェガリ，八仙女，僧らの寸劇，仮面戯），歌（ノレ）クッなどがある．農楽隊の演戯で目につくものに象毛回しサンモドルリがある．満州，モンゴル族，清朝軍人の帽子に由来する戦笠サンリプ（ペレンイ）の上に象毛（長短二種）を付け，これを踊りながら多彩に回してみせる．この演戯は中国にもみられない．この由来について，もとは巫堂ムーダンが主宰するべき堂山クッ，トゥレクッ，乞粒コルリプクッなどを農楽隊がやる

ことになったためという。すなわち農楽隊は神域，家の庭を練り歩きつつ巫者に代わって祭儀を取り仕切る。両手は楽器でふさがれている。そこで彼らは，頭上の象毛を回し，巫者の舞を表現したという。現在の湖南農楽の演目のなかにも堂山クッがある。まず堂山の前に整列し，音楽を奏で，次に神木を巡る。村によっては12堂山があるという。これなどはかつては巫者が主宰した部分であろう。朝鮮半島の農楽隊は元来は，音楽により村から鬼神を追いやる儺儀の担い手だったとみられる。その練り歩きと演戯は中国の男巫らのやる儺戯に通じる。その淵源は中国古代の民間の儺儀にあるといえる。ちなみに農楽は傑出したサンセヤや専門的な楽士がいると，そのもとで伝統的技法が伝承され，村の祭儀とはかかわりなく広まる傾向がある。左道農楽の筆峰ピッポン，南原ナモォン，右道農楽の高敞チャンなどの農楽はその一例で，現在なお盛んに伝承されている。

野村伸一

のうぎょう|農業

南北に長く伸びた朝鮮半島の農業は，自然条件の違いにより地域ごとにかなり顕著な相違があり，農業発展の歴史も異なっている。

[**自然環境と地域区分**] 朝鮮農業の地域区分についてはさまざまな試みがあるが，最も一般的な4地域区分と，それぞれの自然条件を表に示す。全般的な自然条件の特徴としては，①降水量(▷雨)が日本より少なく，それだけに畑作の占める比重が大きいこと，②春季の乾燥がはなはだしく，この期の干害対策が長く朝鮮農業の最大の課題であったこと，などである。なお済州島はⒹ地域に属するが，水田はほとんどみられない。

[**歴史**] 朝鮮農業の起源については，よるべき考古学的発掘の成果が限られていて不明な点が多いが，櫛目文土器時代(▷新石器時代)の後期には原始的な農耕の存在を確認できる。しかし農業が主たる食糧供給源としての地位を確立するのは次の無文土器時代(▷青銅器時代)からで，この時代には地域ごとに多様なタイプの農耕が行われていた。ⒶとⒷ地域海岸部の灰褐色森林土地帯では陸耕式のミレット(アワ，キビなど)栽培が，Ⓑ地域のポドゾル土壌地帯では焼畑式のミレット栽培が，ⒸⒹの褐色森林土以南の地帯では水稲・麦・アワ・ヒエ作が行われており，農具は石製または木製で，地域ごとに独自の組合せがみられる。こうした状況に大きな変化を与えたのが，前3世紀ころからの鉄製農具の使用であり，さらに後4～5世紀ころに華北から受容された牛耕と灌漑の技術であり，後者が三国の長期にわたる戦争を支えた生産力的基盤であったと思われる。三国時代の鉄製農具としては，チェンギ(犂チャン)，タビ(踏み鍬タビ)，カレ(3～7人用の踏み鋤)，クァンイ(鍬)，ソエシラン(クァンイを南部の重粘土壌用に改良した三つ刃鍬)，ホミ(中耕・除草具)，ナッ(鎌)などがあり，朝鮮在来農具の基本的なものはすでに出そろっている。4～5世紀に受容された牛耕技術は水稲作における乾田化技術を伴うものであり，畑作の牛耕による春干対策の進展とあいまって，旧来の農業を画期的に変革するものであったが，この時代の牛耕の普及はなお端緒的なものだったと思われる。次の高麗時代になると牛の飼育が広がり，それに伴って休ませている土地でも牛耕を行う休閑式農法，さらに部分的には連作式農法が行われるようになったと推定されるが，モンゴル支配期には牛の飼育が大打撃を受け，あいつぐ戦乱による耕地の荒廃とあいまって，耕地の集約的利用の方向が顕著になってくる。

こうした集約的農法の方向を確立したのが，朝鮮王朝初期の1429年に完成された朝鮮最古の農書《農事直説》であった。ここでは稲の連作技術(田植を行わない直播法が主流)，畑における1年2作(Ⓓ地域)，2年3作(Ⓒ地域)の方式が定式化されているのである。こうした土地利用＝地力維持方式は中国のそれと大きく異なるものであり，《農事直説》の完成は，朝鮮の農業が独自の農法体系を樹立し始めたことを示す象徴的なできごとであった。王朝後期に入ると，農法はまた大きな変化をみせる。田植法の普及と秋播麦の溝作の普及がそれである。朝鮮では田植期の降雨が不安定なために，田植の普及が遅れていたが，この期になって，水利施設の充実や陸苗代のような田植遅延対策が進展することにより，ようやく田植法が全国

的に普及するようになる。また麦の溝作技術が開発されて，耐干性の弱い小麦を2年3作に導入することが可能になり，2年3作がⒶ地域にまで北上するのである。

以上概観したように，朝鮮の在来農法は，4～5世紀，高麗後期から朝鮮王朝初期，朝鮮王朝後期の三つの大きな画期をへて，しだいに完成されてきたが，日本の植民地支配期には在来農法への正しい評価が行われず，日本の農法を一方的に移入させることに農業指導の重点が置かれた。いわゆる〈明治農法〉の導入により，水稲の反当収量はかなり顕著な上昇をみせるが，それでもはなはだしい干害には在来農法の方が強い耐干性を発揮したりして，毎年の米の生産量は不安定であった。また日本が必要とした綿花以外の畑作物は，反当収量が横ばいまたは減少するものがほとんどであった。

[現状] 解放後の南北分断により，朝鮮農業の現状は南北で大きく異なっている。北半部では1946年の*土地改革，53年から本格化された農業協同化運動(*協同農場)により，土地所有関係が大きく変革されるとともに，水利化，機械化，電化，化学化を4本柱とする農業技術革命により，生産・技術面でも大きな変化がもたらされた。とくに水田の増加とその水利化の達成，トウモロコシの導入とその比重の高まり，畑灌漑の開始などが著しい変化である。一方南半部では，1950年の農地改革により地主制は基本的に廃絶されたものの，60年代までは農業に対する投資配分がきわめて不十分であり，大量の農産物をアメリカからの輸入に仰ぐ状態が続いた。しかし70年代に入って，解放後初めての積極的な農政ともいえる*セマウル(新しい村)運動が始められるとともに，〈統一種〉という稲の新品種の導入によって水田生産力も顕著な上昇がみられるようになり，最近では企業農の育成が提唱されるに至っている。▷灌漑|飢饉|地主制|農耕儀礼|農書
宮嶋 博史

[**グローバル化時代の韓国農業と農村構造**] 1990年代までのコメ(米)依存の農業構造　韓国では，93年のガット・ウルグアイラウンド交渉妥結を受けて，コメ以外の農産物は市場開放されたが，コメは2004年まで10年間の開放猶予期間を設け，その間に競争力を高めていくこととなった。コメが市場開放されなかった理由は，農業の根幹がコメ生産にありながら，零細経営が多く，構造的に脆弱とみなされたからである。平均的な農家は収入の多くを農業収入に依存し，その農業収入の多くをコメ収入に依存した。零細コメ農家を多数抱えた状態でコメ市場を開放すれば，農業全体への影響が大きくなる。このことからコメ市場開放は先送りされた。

〈90年代の経営規模拡大とコメ農業の転換〉90年代には，コメ生産性の向上とコメ農業からの転換が進められた。コメ生産農家の規模拡大推進，およびコメ以外の果実・野菜・畜産などの施設農業の振興に政策資金

●農業　表 農業の4地域区分

	[Ⓐ西北朝鮮]	[Ⓑ東北朝鮮]	[Ⓒ中部朝鮮]	[Ⓓ南部朝鮮]
所属道	平安南北道，慈江道，黄海南北道	咸鏡南北道，両江道	京畿道，江原道	忠清南北道，全羅南北道，慶尚南北道
平均気温(℃) 1月	−6.4～−1.0	−12.0～−5.8 (高原は−19.0)	−6.6～−4.4	−1.5～1.8
7月	24.0～25.0	20.0～23.0	24.0～25.0	25.0
年降水量(mm)	900内外	450～800	1100～1200	1000～1300 (慶北は1000内外)
土壌	灰褐色森林土(黄南は褐色森林土)	ポドゾル(海岸部は灰褐色森林土)	褐色森林土	黄褐色森林土(忠北，慶北は褐色森林土，南部海岸部は赤色土)
近代の畑利用方式	2年3作	1年1作(海岸部は2年3作)	2年3作(京畿南部は2年4作)	2年4作(慶北北部は2年3作)

が投じられ，一定の成果を収めた。前者の支援内容は，農家の農地購入・農地借入・機械購入の支援であり，コメ農家の経営農地面積を拡大させ，大面積経営に必要な機械投資を支援することで，90年代後半には大規模農家層が出現した。後者は，畜産や野菜，果実などの商品作物振興に必要な，施設資金支援が行われ，食糧消費構造の高度化も手伝って，これらの作目の生産額割合が増えた。かつては農産物生産額全体のなかでコメ生産額の割合が過半を占めたが，近年は，畜産の生産額がコメを凌駕するようになった。

〈アジア経済危機とFTA推進政策への転換〉これらの大規模農家層は，90年代末のアジア経済危機で被害を受けた。通貨下落による輸入資材価格高騰で，資材投入型の大規模農家層は，融資金の返済困難に直面した。その後，韓国政府は，輸出による経済全体の回復を企図して，FTA（自由貿易協定）推進政策へ転換した。FTA交渉では，韓国と相手国の市場開放が課題となる。2000年代のFTA交渉では，コメ以外の畜産・果実が交渉対象となったが，畜産や果実は90年代の政策により，コメに代わる成長農業分野となっていたために，開放への反発は強かった。しかしながら結局は，市場開放による農業への被害を補償することを条件に，FTAが受け容れられた。

〈コメ市場開放下の農政のジレンマ〉　コメ農業の分野では，農村に少数の大規模農家層と多数の高齢零細農家が併存する状況が生まれた。このうち高齢零細のコメ農家は，市場開放後の安価なコメ輸入で米価が下落すれば，生存を脅かされることとなる。そのため，2004年のコメの政府収買制廃止時には，米価下落に備えてコメ所得等補填直接支払制が導入されたが，コメ所得等補填直接支払制が，零細農家を含むすべてのコメ農家を支援したことで，構造政策のスピード低下も懸念された。市場開放対策としての，コメ農家丸抱えの支援政策は，中小零細農家の離農と農地放出を減らし，農地を大規模農家に集約する構造政策に逆行する恐れがあった。

〈韓国農村のイエとムラ〉　農民高齢化と担い手問題の生じている韓国では，集落の農家グループの共同化・組織化支援を始めているが，今のところなかなか進展していない。韓国農村は血縁共同体を基礎とし，ムラよりもイエが重視され，ムラ独自の地域事業の組織化が難しい。ただ農村外部からの帰農者が多く，地縁のない外部者も容易に農村に入り，農業の担い手となる。オープンな韓国のムラは，外部者の受け入れに抵抗が少ない。そのことが，担い手確保の問題を日本とは違った方向に導く可能性を秘めている。韓国農村の外観は日本と同じく見えるが，その内実は，かなり異なっている。⇒農民運動

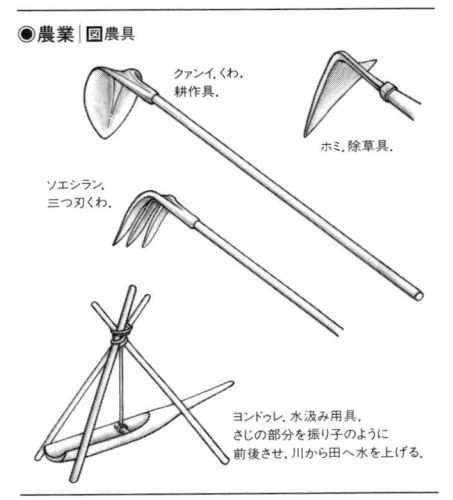

深川博史

のうこうぎれい｜農耕儀礼

農耕の過程に従って作物の豊穣を祈願し，また収穫を感謝する儀礼。農耕民のなかでもとくに穀物栽培民の間で発達している。朝鮮では元来稲作にともなう儀礼と考えられるものは類型的にも少なく，分布も南朝鮮の一部に限られ，稲作儀礼が畑作儀礼と密接に結合した形でそれぞれの耕作過程にともなう儀礼群を構成しており，畑作の伝統的な重要性を示している。朝鮮では稲作の基本儀礼のほかに年初，すなわち旧正月15日の上元（•正月）を中心として予祝儀礼が独立して行われている。この日は•秋夕（旧暦8月15日）に対して大正月とよばれ，•綱引

き・⌈石合戦・炬火戦などの模擬戦や天体占い，豆占・種子占など作柄や天候・品種を占う年占的儀礼，禾積・田植遊びなど類感呪術的予祝儀礼や亀戯・牛戯・獅子戯・地神踏などとよばれる仮面仮装の来訪者慣行など多くの儀礼が行われる。また2月1日には南朝鮮の海岸地方では風神祭が行われるが，これはヨンドンハルモニ（ヨンドン婆様）という豊穣女神に対する予祝儀礼である。移植法（田植）が新しく伝えられた耕作法であるためか田植儀礼は未発達であり，田植後に家中心の農神祭と洗鋤宴（⌈プマシ⌋の項参照），草宴とよばれる集団的饗宴が行われる。作物の生長期には⌈農楽と各種の雨乞い（⌈雨）が行われる。農楽は農神を宥和し，豊作を祈願するためのもので，農民の互助集団〈農契〉がこれを組織する。

収穫儀礼は二重組織をなしており，第1次収穫儀礼として秋夕に多くの儀礼が行われる。祖先に初穂を供えたり，上元と同様の各種の模擬戦や訪問者慣行，年占的儀礼がこの日に再び行われ，両者が明らかに対偶関係にあることを示している。第2次収穫儀礼は収穫作業の終わったのち家祭の形で行われる。これは主婦によって，夜間，厳粛にとり行われるもので，神米壺の中の旧穀が新穀に取り替えられ，穀物（米）そのものが神としてまつられる。儀礼の背景をなす神観念には祖霊的穀霊信仰と天上の豊穣女神に対する信仰の2類型があり，前者が朝鮮全土に認められるのに対して，後者は南朝鮮に限られている。　➡年中行事｜農業

依田 千百子

のうじちょくせつ｜農事直説｜농사직설
現存する朝鮮最古の農書。朝鮮王朝第4代世宗の命により，鄭招，卞孝文らが編纂，1429年に完成し，翌年刊行された。編纂の直接の目的は，南部朝鮮の先進的な農法を調査・集大成し，それを北部地方に普及させることにあったが，水田における稲の直播き連作技術や，畑作の2年三毛作など，朝鮮独特の農法を初めて成文化した点で画期的な意義をもつ。以後の王朝農書に決定的な影響を与えた。　➡農書｜農業　宮嶋 博史

のうしょ｜農書
朝鮮の古農書の歴史は，大きく三つの時期に分けることができる。①朝鮮王朝以前には朝鮮独自の農書がつくられず，もっぱら中国農書が用いられていた。中でも最も広く流布したのが元代の《農桑輯要》で，高麗末期には重刊本が出されたほどであり，《斉民要術》や陳旉《農書》も輸入されていた。②朝鮮王朝前期には従来の中国農書のたんなる受容を脱却して，朝鮮独自の農法を体系化しようとする政策が追求されるにいたる。その結果，世宗の命により編纂されたのが《農事直説》(1430初刊)であり，また京畿道果川地方の農業の様相を記した《衿陽雑録》(姜希孟著，1492)であった。とくに前者は，水田直播き連作技術，畑作の2年三毛作などを集成し，以後の農書に大きな影響を与えた。③朝鮮王朝後期には多数の農書が著された。16世紀末の日本軍の侵入で多くが失われてしまった《農事直説》の再普及を意図して，それに増補を加えた《農家集成》(申洬編，1655)を嚆矢として，18世紀には水田農法を体系化した《山林経済》(洪万選著)，商品作物栽培を多数収録した《増補山林経済》(柳重臨著)，集約農法を体系化した《千一録》(禹夏永著)などが著された。19世紀前半の農書では《林園十六志》(徐有榘著)，《農家月令歌》(丁学游著)が重要で，前者は従来の古農書類を集大成したものとして，後者は全文がハングルで書かれたものとして注目される。

以上のような朝鮮古農書の特徴としては，大多数が漢文で書かれたものであること，地方独自の農書があまりみられないことなどで，また同じく中国農業の圧倒的な影響下から出発しながらも，日本よりは2世紀も早く独自の農書が作られた点も注目される。19世紀後半になると，開化派系の人物によって《農政撮要》(鄭秉夏著)，《農政新編》(安宗洙著)，《農談》(李淙遠著)などの農書がつくられたが，内容的には日本の農書の翻案的なものが多い。日本の植民地期には，古農書に記された朝鮮在来農法の研究は等閑視され，もっぱら日本農法の直輸入がはかられたが，解放後，朝鮮民主主義人民共和国で主要な古農書の現代語訳の作業が進められた。　➡農業

宮嶋 博史

のうしょう｜農荘(庄)

新羅・高麗・朝鮮王朝の各時代にあった王室・貴族・高官・寺院の私有地。田荘，田園，荘園，農場，別墅，別業などともよばれる。統一新羅時代から存在したが，12世紀後半の▶武人政権の成立以降，▶田柴科の崩壊と併行して急速に増大し，そのため高麗末期には官僚への土地分給が困難となり，また国家財政が窮迫し，重大な政治問題になった。高麗滅亡の直前に李成桂が行った田制改革で多くの農荘が没収され，朝鮮王朝初期には一時減少したが，やがてまた拡大した。しかも従来の農荘主が主として首都に住む不在地主であったのに対し，在地地主的性格を強めた。農荘の形態には，いくつもの村落をかかえこむ広大なもの，1村をまるごと支配するもの，1人の土地が方々に分散するものなど多様であった。高麗王室の農荘は荘，処とよばれ，地方行政区画をなした。農荘は国王の賜与，開墾，農民の寄進，買得，強占など多様な経路で成立した。そこには別荘，倉庫，祠堂，書堂，仏宇などがおかれることがあった。その耕作者は奴婢と佃戸(小作人)で，漸次佃戸の比重が高まった。佃戸は5割の小作料を納めた。その管理は農荘主の家臣や奴僕が行ったが，朝鮮王朝中期以後は▶舎音，導掌という専任管理人がおかれた。朝鮮の農荘は全時代を通して不輸不入の特権がなく，国家に公租公課を納入することになっていたが，事実上納入しない場合が少なくなかった。
　　　　　　　　　　　　　　　　　旗田 巍

のうそんけいもううんどう｜農村啓蒙運動

植民地期の朝鮮で1920年代後半から30年代前半にかけて全国的に展開された，おもに都市の知識人，青年，学生らによる農村啓蒙活動。本来の農民自身による農民運動とは区別されるべきであるが，この運動が農民意識の変革や経済生活に及ぼした影響を無視することはできない。活動は文字の普及をはじめとする知識(科学や農業技術)の大衆化と民族意識の鼓吹を主内容とし，農民の生活苦の軽減と独立への道の模索を課題とした。生活改善，営農改善などに力を注いだ基督教青年会(YMCA，YWCA)や天道教系の朝鮮農民社の運動，夏期休暇で帰郷する学生を対象に呼びかけた朝鮮日報社の〈文字普及運動〉，東亜日報社の〈ブ・ナロード運動〉，農民夜学などの運動が明らかにされている。▶沈薫の小説《常緑樹》(1935)はこの運動を描いたものである。
　　　　　　　　　　　　　　　　　新納 豊

のうそんしんこううんどう｜農村振興運動

1930年代，農業恐慌によって壊滅的状態に陥っていた朝鮮農村を〈救済〉し，侵略戦争の強固な足場に編成することを意図して展開された運動。1930年代初頭朝鮮農村は全農家の48％(約120万戸)の絶糧農家を出す状態になり，小作争議が続発し，植民地支配の基礎を揺るがすようになった。このような危機に対処するために，宇垣一成を中心とする総督府によって立案されたのが農村振興運動であった。33年から〈物心一如〉の運動として展開され，農民は経済的に立ち直ると同時に，精神的にも皇国農民になることが要求された。具体的には〈更生3目標〉として絶糧と借金の退治，借金予防を掲げ，1戸ごとの指導に重点がおかれた。しかし当時の農村の基本矛盾であった土地所有関係や，平均50〜60％に及ぶ高率小作料にはまったく手をつけず，増産と節約を強要するだけでは農民を救済しうるはずもなく，戦争の拡大とともに▶皇民化政策の一環としての精神運動の面がいっそう強化されていった。
　　　　　　　　　　　　　　　　　宮田 節子

のうちかいかく｜農地改革　→土地改革

のうみんうんどう｜農民運動

歴史的には農民の自己解放を求める運動は古くから存在するが，農民運動が組織的形態をもって広範に展開されるのは，日本資本主義が植民地朝鮮を本格的に自己の再生産構造の内に組み込みはじめた1920年代以降のことである。20年代前半には当時最も矛盾が集中・先鋭化していた▶地主制の下で，おもに小作条件の改善をめぐる小作争議の形態をとって展開された。この小作争議の過程で各地に設立された〈小作人組合〉は，すでに国内で活動を始めていた左翼系の諸団体との連携を深め，24年には全国組織としての▶朝鮮労農総同盟が結成される。20年代後半に入ると農村における急激な社会変動があらゆる面で顕在化し，また系統農会，産業組合，▶金融組合などの官製の農

村掌握機構も整い、新たに総督府農政と耕作農民との間の矛盾が鮮明になってくる。25年の〝朝鮮共産党創建〟以降、労農総同盟はその指導下にあったが、民族解放闘争の一環としての農民運動はこうした状況の変化に対応して従来の〈小作人組合〉から自作農をも糾合した〈農民組合〉へと改編が進み、27年には朝鮮農民総同盟と朝鮮労働総同盟とに発展的に解消した。この時期にはまた各界の民族運動団体も農村問題への積極的な取組みをみせており、とりわけ25年に創立された天道教系の朝鮮農民社の運動は、営農改善、協同組合、共同耕作など農民の生活意識に即したユニークな運動として注目される。20年代末には政治的スローガンを掲げ、面事務所や駐在所を襲撃するなど暴動的性格を強めていた各地の農民組合運動はほぼ非合法化され、以後は地下に潜伏するが、北部地域においては一時的にせよ解放区的状況をすら現出させていたといわれる〈赤色農民組合運動〉へと連なっていく。だがこの運動も37年ごろには各個撃破され、朝鮮農民社も非合法化される。しかし農民の蓄積された経験や共同性は、以降のより困難な状況のなかで、生活の拠りどころとも抵抗のばねともなって保持され、45年解放後の南北における〝土地改革〟への原動力となっていく。

新納 豊

[**1980年代以降**] 1960年代に始まる韓国の経済開発計画は、産業構造の中心を農業から工業に変えようとするもので、農民を労働力の供給源にし、主要農産物価格を統制した。その結果、農業による生計維持は困難になり、若年層の都市移住に拍車がかかり、農村には中高年層が取り残された（就業人口における農林漁業の割合は1974年に50％を切り、90年代末に10％以下）。70年代は肥料と農業機械の投入で農業生産性は向上したが、国際化の荒波は農村を直撃した。農畜産物の輸入枠拡大を求めるアメリカなどの強い圧力によって、安価な輸入食品が国内市場に流入したからである。87年の〈牛騒動〉、88年の〈トウガラシ騒動〉は、農畜産物輸入自由化が招いた事態への農民の抗議にほかならなかった。前者は輸入食肉への反対行動、後者は、輸入タバコの自由化によって、トウガラシへの転作を強いられた農民が、トウガラシ価格の暴落への怒りを行動で示したもので、国会近くの広場をトウガラシで〈火の海〉にした。農協中央会などはく身土不二〉（国産品を食べよう）運動、輸入農畜産物拡大反対運動などを展開し、ときには関係機関や輸出国大使館への激しい抗議行動をくり広げた。農地買収反対運動、工業排水による農地汚染や放射線廃棄物処分場建設への抗議行動にも、地域農民が積極的に加わった。なお、農家の大部分は地域農協に組織化され、生産物を農協ルートで販売しているが、一部には都市生協、スーパーなどと直接取引する動きも現れた。

[**2000年以降**] この時期の韓国農畜産業は、以前にも増してグローバリズムの荒波にさらされた。韓国経済の発展戦略が対外貿易、すなわち輸出の拡大に重点を置いたため、農畜産部門は必然的に犠牲を強いられるからである。その具体的な現れが、2006年の盧武鉉政権によるFTA（自由貿易協定）の推進決定だった。最大の相手国アメリカとの交渉は李明博政権時代の12年に発効し、チリ、シンガポール、EU（欧州自由貿易連合）などとも締結された。FTAは締結国相互の関税障壁や通商規則の撤廃を目的とするだけに、廉価で豊富な輸入農畜産物が韓国市場で流通するようになれば、国内農家は壊滅的な打撃を受ける。そのため、農業協同組合中央会、全国農民会総連盟、韓国経営人中央連合会などは何度も反対運動を組織し、政府・国会陳情や世論喚起などを行った。韓米FTAについては、13年9月現在、発効して1年半を迎えた。発効後の経過をみると、いまだに未知数の課題も多く残されているが、国際経済の推移やそのほかの要因、政府の転廃業対策・被害補償措置などで、関係農家、畜産業などへの影響は予想したほどではなかったとの意見も出ている。

舘野 哲

ノ・テウ |盧泰愚|노태우|1932-
韓国の軍人、政治家。第13代大統領(1988.2-93.2)。慶尚南道大邱生れ。陸士11期生で全斗煥チョンドゥファンと同期、アメリカの特殊戦学校卒。首都警備司令官を経て1980年国軍保安司令官。〝ベトナム戦争には68年、猛虎部

隊の大隊長として参戦。▶全斗煥将軍とともに朴正煕大統領射殺事件後の79年12月，粛軍クーデタに加わった。81年，陸軍大将で退役，全斗煥政権下で政務第二長官(外交・安保)，体育相，内相，ソウル・オリンピック組織委員長。87年春，民正党代表として大統領選出馬を予定していたが，全斗煥批判が高まるなか，同年6月，国民に民主化を認める〈六・二九民主化宣言〉を発表。同年12月の大統領選では〈普通の人〉をキャッチフレーズに，野党の▶金泳三ジョサム，▶金大中ジュン両候補を退けて当選した。88年9月▶ソウル・オリンピックを開催，同大会は共産圏を含む160ヵ国が参加，史上最大規模となった。オリンピックを機に中ソ接近策を進め，同年10月の国連総会でも〈六者会談〉を提唱した。90年9月，韓ソ国交樹立，91年9月，北朝鮮とともに国連同時加盟を実現，92年8月，中韓国交樹立を実現した。93年2月退任。95年11月巨額収賄と不正蓄財容疑で拘束され，96年6月ソウル地裁で▶光州クジュ事件の反乱・内乱罪などにより22年半の実刑判決を受けた。97年末，金大中の助言を受けた金泳三大統領の特赦で釈放された。　　　　　　　　　　　　　　前田 康博

ノ・ムヒョン｜盧武鉉｜노무현｜1946-2009
韓国の政治家，第16代大統領(2003.2-08.2)。慶尚南道出身。貧しい農家出身で，1966年に釜山商業高校を卒業後，建設労働などに従事した。75年司法試験に合格し，判事を経て，〈人権弁護士〉として釜山を中心に活動する。88年に野党・統一民主党総裁だった▶金泳三ジョサムの誘いで釜山の選挙区から総裁選に出馬して，国会議員になった。率直な弁舌で国民的関心を集める。その後，▶金大中ジュンが総裁の野党に加わった。〈▶地域感情の打破〉を訴え，国会議員選や釜山市長選に立候補して，選挙で通算4度の落選を経験した。2000年4月の総選挙落選後，インターネットを常用する若者らが中心になって韓国初の政治家ファンクラブ〈盧武鉉を愛する人々の集い〉(ノサモ)が勝手連的に結成され，その後の大統領選でも大きな影響を及ぼす。同年8月海洋水産部長官に就任。新千年民主党の大統領候補者として，02年12月の大統領選ではハンナラ党の▶李会昌ヘチャンを僅差で破って当選し，03年2月第16代大統領に就任。国民参加型の〈参与の政府〉をキャッチフレーズに，脱権威主義的な姿勢を強調する国政運営を行った。同時に，行政経験がない学生運動出身者らを要職に多く起用する〈アマチュア政権〉ぶりや度重なる本人の失言が露呈し，大統領弾劾訴追案が04年3月に国会で可決されるなど(同年5月憲法裁判所が同案を棄却)，混乱も目立った。07年10月に▶南北首脳会談を実現させたが，日本や米国との関係は悪化した。不動産価格の高騰，雇用状況の悪化を招いた経済政策への国民の不満も多かった。大統領退任の後，在任中の不正献金疑惑で側近や親族が逮捕されるなかで，自宅そばの岩崖から09年5月に投身自殺した。
　　　　　　　　　　　　　　　　小針 進

ノルティギ｜널뛰기｜→板跳び

ノロン｜老論｜노론
朝鮮時代の朋党，四色サセッの一つ。粛宗スクチョン代に西人ソインから分派した。1680年庚申換局で政権を握った西人の中で主導権争いが始まった。83年金益勲らが激しい弾圧を▶南人ナミンに加えると，韓泰東ハンテドンらはこれに反対して金益勲らを弾劾した。金益勲に与する▶宋時烈ジョルと，韓泰東に近い尹拯との不和もあって，西人は，宋時烈を中心とする老壮派(老論)と韓泰東を中心とする少壮派(▶少論ソロン)に分かれた。老論が約10年間にわたって政権を維持するなか，89年禧嬪張氏が生んだ王子(のちの景宗キョンジョン)の世子冊封に反対した宋時烈らが排斥され，南人が再び政権を握り(己巳換局)，94年には少論政権が復活した(甲戌換局)。粛宗代以降の中央政治史は，老論と少論との争いを中心に展開されたが，おおむね老論が優位を保った。景宗代の金昌集，李健命，李頤命，趙泰采，英祖代の閔鎮遠，李観命，鄭澔，洪致中らはいずれも老論に属した宰相である。1762年荘献世子の廃位・死亡事件が起こると，世子の死に同情的な僻派と，世子の死を当然視する時派に分かれ，対立したが，朝鮮末期まで政権中枢にあって勢力を維持した。
→党争；北人　　　　　　　　　長森 美信

ノンゲ｜論介｜논개｜?-1593
朝鮮王朝時代の妓生キーセンで，壬辰・丁酉倭乱

（文禄・慶長の役）の義妓として知られる。全羅道長水生れ。1593年6月，慶尚道の晋州城を占領した日本軍は，城の南側を流れる南江のほとりの矗石楼で酒宴を開いた。その席にはべらせられた論介は日本の一武将（朝鮮では毛谷村六助とされる）を岩の上にさそいだし，抱きかかえて共に南江に身を投じた。以来，この岩を義岩とし，矗石楼の奥に論介祠堂を建て，毎年6月には祭事を行っている。　　　　　　　　　　　矢沢 康祐

ノンサン｜論山｜논산
韓国，忠清南道内陸の都市。1996年に旧論山郡から市に昇格。面積554.8km²，人口12万9921(2012)。2003年には大田デジョン広域市に接する北東部が鶏竜ケリョン市として分離し，名峰*鶏竜山は市域からはずれた。韓国の穀倉，湖南平野の一画を占める論山平野に位置し，稲作中心の農業地帯である。古くから錦江クムガンの河港都市である江景カンギョン邑を中心に栄えてきたが，1911年に鉄道・湖南線の論山駅が開業し，交通・行政・経済の中心は旧論山邑（1996年鷲岩洞チアムドンと富倉洞プチャンドンに分離）に移った。バス交通の結節点としてにぎわい，サービス業に従事する人口の比率が高い。高麗石仏として有名な弥勒菩薩のある灌燭クァンチョク寺があるほか，畿湖学派ゆかりの書院・郷校など，儒教関連の史蹟も多い。特産品に江景邑の*塩辛がある。
　　　　　　　　　　　　　　　佐々木 史郎

は

はいかんぶんがく｜稗官文学

稗官は，本来，為政者のためにく街談巷語・道聴塗説〉を集めた小官のことで，対象はきわめて雑多である。朝鮮で稗官文学なる用語を初めて用いたのは▶金台俊チュンの《朝鮮小説史》で，概念的には曖昧だが，それは叙述形式や内容の多様性の反映であり，そこにこそ魅力があるといえよう。朝鮮の稗官文学は▶李仁老イニノの《破閑集》や崔滋チャの《補閑集》，▶李奎報イギュボの《櫟翁稗説ニョゴンペソル》などの高麗詩話を批判的に継承したもので，成俔ソンヒョン(1439-1504)の《慵斎ヨンジェ叢話》がその白眉とされる。以下，徐居正ソゴジョン(1420-88)の《筆苑雑記》，李陸イリュ(1438-98)の《青坡チョンパ劇談》，魚叔権オスックォン(生没年不詳，15世紀に活躍)の《稗官雑記》，車天輅チャチョルロ(1556-1615)の《五山説林》，沈光世シムグァンセ(1577-1624)の《海東楽府》へと続く。これらの多くは《大東野乗》や《昭代粋言》《稗林》《寒皐観ハンゴグァン外史》などの野史叢書に収録されている。稗官文学は士大夫のく個〉としての関心のあり様を示すものとして興味深いが，時代が下るにつれ，描かれる対象が狭まる傾向がある。それは朝鮮初期士大夫の博学的素養が次第に専門化(もしくは狭隘化)していく過程を示すものでもあろう。

野崎 充彦

ばいせんやろく｜梅泉野録｜매천야록

朝鮮王朝末期の学者黄玹ファンヒョン(1855-1910)の編んだ野史。梅泉は黄玹の号。1864年の興宣大院君政権時代の開始から1910年の韓国併合までの記録をおさめている。内政・外交上の重要事件，大院君政権・閔氏政権の実態，科挙の不正と売官，民衆運動・民族運動，地方官の腐敗と暴政，文化・風俗など内容はきわめて豊富である。黄玹は韓国併合に痛憤，服毒自殺した。翌年門人らによって《梅泉集》が刊行され，解放後の55年に韓国▶国史編纂委員会が《梅泉野録》の活字本を刊行し，朝鮮近代史研究の基本史料として用いられている。

糟谷 憲一

はか｜墓

伝統的な墓は山所，墓所，陰宅とよび，山につくるのが普通である。墓の位置や方角は▶風水説(三国時代に中国から伝わるが，朝鮮王朝時代には一般民衆にまで浸透)に従って青竜(向かって右の丘陵)，白虎(向かって左の丘陵)，内明堂(前面の平地)をはじめ，主山(後方の山型の地形)，案山(墓の前方の小高い地形)などをみて地官(風水師)が決める。土葬をするので1人につき1基が通例であるが，夫婦を一つの墓に納めることもある。墓の前には石の祭床(供物を捧げる台)や碑石が立てられ，大きなものになると望柱石や石像などで飾る。墓は土まんじゅうなので定期的な手入れが必要である。修理の時期は春の寒食(3月)のころで，これを改沙草という。もう1回は▶秋夕(陰暦8月15日)の準備としての伐草である。墓の風水上の位置が子孫の盛衰に大きく影響を与えると考えられているため，墓地の選定には細心の注意が払われるとともに，その位置をめぐって争いの起こることもしばしばである。子孫に不幸の続くときにはより良い場所を求めて移葬することもある。同じ山に一族の墓がある場合には，子孫の墓を先代の墓よりも上につくることはできないから，山腹の上から下に向かってあたかも▶族譜上の系譜関係が具現されるような観を呈する。なお，朝鮮南部の全羅道や慶尚道の島嶼トソ部では，草墳をつくり，屍が骨になるのを待って埋葬する複葬の習俗もあった。

1970年には10％程度だった火葬率は，土地不足や人口の都市への集中を背景に90年代に入るころから急速に普及し，2005年には50％，11年には70％を超えた。火葬した遺骨を骨壺に入れて納骨堂に収めるが，これには屋内型の奉安堂と屋外型の奉安壁がある。さらに散骨や灰を木の根元に埋める

●墓
山にある墓所で、棺を銘旌(弔旗)でおおい、その上に板を並べているところ。白装束を着けているのが親族。

樹木葬なども増えている。墓こそ死者の永遠の住処であり、そこに埋葬された骨を通じて祖先と子孫が繋がるという思考に変化が生じている。 ⇒古墳|葬式|祖先祭祀
嶋 陸奥彦

パガジ|바가지
朝鮮にはヒョウタンに類する一年草のパク(朴)があり、田畦や屋根につるをはわせて栽培する。果実は丸いカボチャ状で直径30cm以上になる。これをかま(釜)で蒸し、中身を除いて乾燥させたものをパガジといい、容器やひしゃくにする。わら屋根にずんぐりしたパクが転がっている光景は、朝鮮の秋の風物詩であった。新羅王朝の始祖赫居世ははパクのような大卵から生まれたと伝えられ、のちに朴という姓がつけられたとされる(《三国史記》)。朴姓は朝鮮では金姓などと並ぶ大姓になっている。また、新羅の傑僧元暁ウォンヒョはパガジで作った道具を用い、踊念仏を創始して村々を回ったという(日本の空也上人の踊念仏の源流とも考えられる)。朝鮮の▶仮面劇の面は、今日でもパガジで作ることが多い。
金 東旭

ばかん|馬韓 ⇒マハン

はきもの|履物
素足にじかにつけるものと、その上にはくくつ類に分けることができる。前者には日本の〈下沓カビ〉にあたるポソン(襪)がある。ふつう白の袷ぬのか綿入れとして作られ、色物は使わないが、新羅時代には絹を用いた物もあった。正倉院御物の下沓も現在の韓国のポソンと同じ形をしている。日本の足袋は草履をはくために足先が割れているが、奈良の古代遺跡出土の木沓ぼくからみると、韓国のポソンと同じく先が割れていなかった可能性がある。現在も韓国では礼装としてチマ、チョゴリにポソンはつきものである。ポソンの上にはく履物には、三国時代から足がすっぽり入る草履と同じスタイルの皮の靴が発達していて、高句麗壁画などにも見られる。これを朝鮮でクドゥというが、日本のクツと同音である。一般庶民はわらか麻の履物をはいたが、これも奈良時代の日本のものと似ている。わらのものをチプシンといい、麻のものをミトゥリという。この両者は近代まであまり変わらなかった。20世紀にはゴムが用いられるようになり、先端部に若干のそりをもつゴムシン(ゴム靴)になった。ほかにナマクシンとよばれる靴は木をえぐって作り、5cmぐらいのかかとをつけて雨の日には着用した。現在は固有ぐつの変化したゴムシンを除いて、ほとんどスリッパ、サンダル、皮靴、長靴などの西洋式のものに変わっている。
金 東旭

パク・ウンシク|朴殷植|박은식|1859-1925
朝鮮の独立運動家、学者。字は聖七、号は謙谷、白岩。黄海道黄州に生まれる。儒学を修め、▶丁若鏞チョンヤギョンに心酔した。1898年▶《皇城新聞》創刊に参加し、主筆となった。1900年には経学院、漢城師範学校の教師となった。05年《大韓毎日申報》主筆、06年西友学会評議員兼《西友》主筆、大韓自強会会員となり、▶愛国啓蒙運動を展開した。08年には西北学会の結成に参加し、《西北学会月報》の主筆となった。10年以降、自国史研究を重視し、《蓋蘇文伝》(1911)、《安重根義士伝》《韓国痛史》(ともに1914)などを著し、民族史学の開拓者となった。11年国外へ脱出し、中国、沿海州に亡命生活を送り、19年にはウラジオストクで愛国老人団を組織した。同年三・一独立運動が起きると上海の▶大韓民国臨時政府に加わり、《独立新聞》社長となる一方、《韓国独立運動之血史》(1920)を著したが、本書は三・一独立運動の貴重な記録である(邦訳は〈東洋文庫〉所収)。25年には臨時政府第2代大統領に選ばれたが、7月に退任し、上海で11月に病没した。
糟谷 憲一

パク・キュス | 朴珪寿 | 박규수 | 1807-77

朝鮮王朝末期の開明的政治家。本貫は潘南。字は桓卿，瓛卿，号は桓斎，瓛斎。祖父は実学者▶朴趾源チパジウォン。1848年に増広試に合格し，同義禁，礼曹判書，平安監司，右議政などを歴任した。とくに高宗の即位(1864)以後重用され，景福宮の再建，▶シャーマン号事件(1866)など，▶興宣フンソン大院君政権の内外政策を積極的に支えた。しかし，71年の辛未洋擾以後は，大院君の鎖国攘夷政策に反対し，大院君の下野(1873)以降は明治維新後の日本との国交回復を積極的に主張するにいたった。彼の周囲から金允植，金玉均キムオッキュン，朴泳孝，兪吉濬ユギルチュンなど有力な開国派(▶開化派)が輩出した。著作に《瓛斎集》などがある。　　　　　　　　　　　原田 環

パク・キョンシク | 朴慶植 | 박경식 | 1922-98

在日朝鮮人の歴史家。慶尚北道出身。6歳で両親とともに渡日，大分県で青少年時代を過ごしたのち，東京で国民学校の助教を務めた。戦後は，朝鮮建国促進青年同盟(建青)や在日本朝鮮人連盟(朝連)の運動に関わる一方，東洋大学で歴史学を専攻。1949年から70年まで民族学校で教師生活をした後は，在野の歴史家として統一戦線的立場を堅持した。日韓条約締結時の65年に出した《朝鮮人強制連行の記録》は，戦時下の朝鮮人労務動員の実態を初めて世に問うもので，日本社会に衝撃を与えた。その後も《日本帝国主義の朝鮮支配(上・下)》《朝鮮三・一独立運動》《在日朝鮮人運動史(解放前・解放後)》などを発表。またマル秘の官憲文書や運動体の内部資料を集めた《在日朝鮮人関係資料集成》《朝鮮問題資料叢書》などを刊行するとともに，在日朝鮮人運動史研究会やアジア問題研究所を主宰した。95年には〈在日同胞歴史資料館〉の設立に向けて活動を開始するが，資金難や自身の交通事故死などで実現できなかった。生前に残した膨大な資料が，滋賀県立大学に〈朴慶植文庫〉として収められた。　高柳 俊男＋三ツ井 崇

パク・キョンニ | 朴景利 | 박경리 | 1926-2008

韓国の女流作家。慶尚南道忠武出身。1950年代には《不信時代》など自伝的要素に社会批判を織り込んだ告発調の作品を発表，60年代には《金薬局の娘たち》《市場と戦場》

●履物

シンは履物の総称だが，総皮製の皮鞋はおもに男性用。女性用は絹・木綿などの帛鞋が多い。

太史鞋(宮中男子)

絹鞋(宮中女子)

チプシン(草履)

ポソン

ナマクシン(木鞋)

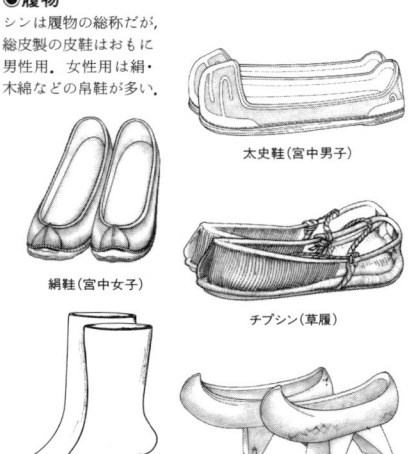

などにより社会的・歴史的視点の成長をみせ，69年以降，大作《土地》を発表，94年に完成した(5部16巻)。これは19世紀末から20世紀半ばにいたるある家族の運命を中心に展開される民族の一大叙事詩である。《朴景利文学全集》がある。なお詩人のキム・ジハは娘婿にあたる。　　　　　　　　　　長 璋吉

パク・クネ | 朴槿恵 | 박근혜 | 1952-

韓国の政治家。第18代大統領(2013.2-)。▶朴正煕パクチョンヒの長女。大邱出身。9歳だった1961年，陸軍軍人の父が5.16軍事クーデタで政権を奪取，後に大統領となった。西江大卒。仏留学中の74年8月，母の陸英修が〈文世光事件〉で流れ弾に当たって死亡。以後，母の代わりにファーストレディー役を務めたが，79年10月に父も側近に暗殺された。98年，国会議員に初当選して政界入り。2002年5月に北朝鮮を訪問し，金正日と会談した。04年に野党ハンナラ党代表となった。07年大統領選では党内予備選で▶李明博イミョンバクに敗れたが，12年大統領選で当選。13年，韓国初の女性大統領に就任した。韓国初の親子2代の大統領でもある。　阪堂 博之

はくそんこうのたたかい | 白村江の戦 |
백강전투

663年，朝鮮南西部の▶錦クム江河口付近で行

●朴趾源
生誕220年記念切手．
1957年朝鮮民主主義人民共和国発行．

われた倭・百済復興軍と唐・新羅連合軍との戦闘．白村江〈くはくすきのえ〉ともよむ〉は錦江の古名．660年，唐・新羅の連合軍によって百済は滅亡し，義慈王以下，多数の王族が唐へ連行された．唐は獲得した百済領に熊津都督府など五都督府を設置し，その下に州・県を置き，在地有力者をその長とする間接統治を行った．しかし，百済滅亡直後から百済遺民たちは鬼室福信や道琛，黒歯常之らを中心に各地で抵抗し，百済復興運動を展開した．復興軍は新羅を撃退し，熊津都督府を襲撃して守備軍と新羅との糧道を断ちきり，唐軍を苦しめた．道琛は領軍将軍，鬼室福信は霜岑将軍と自称し，百済の遺衆を結集して，一時は200余城を傘下に治め，その勢力は百済領の過半に及んだ．

こうしたなか福信は倭国に使者を送り，百済復興のための救援軍の派遣と倭国に滞在していた義慈王の子，▶豊璋ぷじゃうの帰国を要請した．豊璋を復興百済の王として迎え入れるためであった．倭国はただちにこれに同意し，662年，阿曇比邏夫連ら5000余人の兵士が渡海，豊璋とともに復興軍の拠点であった周留ずる城に入った．倭国は積極的に百済復興運動に介入し，これ以後も援軍を派遣した．こうして百済復興運動は高まりをみせたが，道琛を殺害し兵権を掌握していた福信と百済王豊璋との間で内紛が生じ，663年，福信は豊璋によって殺害されてしまう．

このようななかで唐・新羅連合軍の百済復興軍に対する包囲網は徐々に狭まり，663年8月27日から28日にかけて白村江で唐と倭の水軍が激突した．唐の記録によれば，両軍は四度交戦してすべて唐水軍が勝利し，倭水軍は400艘を焼失したという．倭水軍は朴市田来津えのように孤軍奮戦した者もいたものの，唐水軍の前に大敗北を喫したのであった．百済王豊璋は数人とともに戦場から離脱し，高句麗へと逃げ去ったというが，その後の消息は不明である．白村江での大敗北，百済王豊璋の逃亡によって復興運動は力を失い，最後まで任存城で抵抗を続けていた遅受信も力尽き，高句麗に逃亡した．こうして百済復興軍は完全に消滅し，百済遺民の一部は倭国へと亡命した．

井上 直樹

パク・ソンチョル｜朴成哲｜박성철｜
1913-2008
朝鮮民主主義人民共和国の政治家．咸鏡北道の生れ．抗日パルチザン出身といわれるが，朝鮮戦争後とくに外交面で頭角を現し，1959-70年外務相として諸種の国際会議に出席．▶金一きむいるの下で70-75年第二副首相・副総理，75-77年政務院総理，77年以後国家副主席．1972年5月金英柱南北調節委員会委員長の代理としてソウルに赴き，朴正熙大統領と会見したことがある．
梶村 秀樹

パク・チウォン｜朴趾源｜박지원｜1737-1805
朝鮮王朝時代の学者で▶実学の北学派の巨匠．パク・シウォンとも．字は仲美，号は燕巖．本貫は潘南．権勢の強い▶老論ぷの派に属しながら，仕官のための科挙を拒み，貧困に耐えて実学思想の研究に専念した．とくに《書経》大禹謨の三事である正徳・利用・厚生のうち，〈正徳〉偏重を批判して，民生安定のための〈利用・厚生〉を強調し，そのような学問の重要性を主張した．また，当時の〈尊明排清〉の風潮を批判して，学ぶべき長所があれば，たとえ〈夷〉であっても師として学ぶべきだとし，1780年の燕行使(北京に派遣された使節)に随行したときの紀行文《熱河ねっか日記》で，その思想を具体化した．ところがその文体が〈醇正な文体〉を乱す稗官奇書流であると，正祖をはじめ儒者たちの非難を浴びたので，98年に正祖が広く農書を求めたとき，《課農小抄》に〈限民名田議〉を付して，〈醇正な文体〉をもってこれに応えた．これは農業技術と土地制度の改善策を展開したものである．また，朝

鮮小説史上特筆すべき作品である《両班伝》では両班階級の虚飾と腐敗を鋭い風刺であばき，《許生伝》では群盗たちの無人島開拓による理想社会の実現を描写した。その盟友には実学派随一の天文・数学者▶洪大容チョンがおり，北学派の俊秀▶朴斉家チェガ，▶李徳懋トンム▶柳得恭ドッコンらが彼に私淑した。近代開化思想の源流をなす朴珪寿ギュスはその孫に当たる。文集に《燕巌集》がある。

姜在彦

パク・チェガ｜朴斉家｜박제가｜1750-1815？
朝鮮王朝時代の学者で▶実学の北学派の俊秀。パク・ジェガとも。字は次修。号は楚亭または貞蕤。本貫は密陽。▶朴趾源チウォンに師事する。詩文や書画にもすぐれていたが，正祖の信任厚く，1776年に新設された奎章閣の検書官として，▶李徳懋トンム▶柳得恭ドッコン，徐理修とともに抜擢され，これを四検書という。78年の▶燕行使に随行した北京旅行から帰国して《北学議》を著し，清国の農蚕，牧畜，城郭，宮室，舟車から甎（煉瓦）の製法にいたるまで仔細に観察し，それから学ぶことによる〈利用・厚生〉を説いた。4回にわたって北京に往来，琉璃廠の五柳居は彼との知見を求める中国人学者のたまり場となった。清の《四庫全書》の編纂官紀昀キインや，金石学の大家翁方綱などと親交があった。

姜在彦

パク・チュングム｜朴春琴｜박춘금｜1891-1973
朝鮮の政治家。慶尚南道の生れ。1910年代末期に渡日，20年李起東らと労働者の相互扶助団体相救会を組織，21年前朝鮮総督府警務局長丸山鶴吉の支援を得て親日融和団体相愛会に改組し，副会長となる。32年東京本所区の在住朝鮮人を基盤にして，衆議院議員選挙に立候補して当選，朝鮮人としてはじめての代議士となる。37年にも再び当選し，朝鮮人の〈志願兵制度実施〉を請願した。45年6月京城で大義党を結成，党首として朝鮮独立運動家の一掃を試みたが成功せず，解放後，▶親日派民族反逆者に指名された。

朴慶植

パク・チョンヒ｜朴正煕｜박정희｜1917-79
韓国の政治家，軍人。第5, 6, 7, 8, 9代大統領(1963.10-79.10)。慶尚北道出身。貧しい農家の末子に生まれ，1937年に大邱師範卒。聞慶小で教員を務めた後，40年に満州に渡り，42年に満州国軍官学校卒業後，日本の陸軍士官学校に編入して44年卒業。45年の解放を満州国陸軍中尉で迎えた。46年，韓国陸軍士官学校の前身となる朝鮮警備士官学校に2期生として入学，卒業。48年に起きた韓国軍の反乱事件〈麗水・順天事件〉で左翼活動容疑で逮捕されたが，軍内の南朝鮮労働党の組織を告白するなどして刑を免れ，除隊となった。50年の朝鮮戦争勃発で軍役復帰。第2軍副司令官で少将だった61年5月16日，〈軍事革命委員会〉の名で5.16軍事クーデタを決行，実権を握った。クーデタを〈軍事革命〉，実行グループを〈革命主体勢力〉と称し，同委員会を国家再建最高会議と改称，61年7月に議長に就任した。▶韓国中央情報部(KCIA)を創設。61年に訪米し，ケネディ大統領と会談した。

62年に第1次経済開発5ヵ年計画を発表。63年，大統領選に出馬し，前大統領の▶尹潽善ユンポソンに勝利して当選，民政に移行した。65年，国内の反対を押し切って▶日韓基本条約を締結，日本と国交を結び(日韓国交正常化)，有償2億ドル，無償3億ドルなどの資金供与を受け，経済建設の足掛かりとした。米国の要請で▶ベトナム戦争に参戦，派兵した。67年再選。69年に大統領3選を禁じた憲法を改正して3選を可能にし(3選改憲)，71年大統領選で金大中に小差で勝ち，当選した。72年，KCIA部長の李厚洛リフラクを北朝鮮に派遣，金日成と会談させるなど南北秘密接触を行い，7月4日に〈南北共同声明〉を発表した。南北緊張緩和の雰囲気の中，同年10月に特別宣言を発表して非常戒厳令を宣布，国会を解散して政治活動を禁じるなどした(10月維新)。12月に憲法を改正し(維新憲法)，直接選挙から間接選挙とした大統領選で当選。維新憲法では大統領任期は6年となって再選禁止条項が削除され，大統領の緊急措置発動権や国会解散権など超法規的な強権が憲法で保障された(▶維新体制)。

韓国内で退陣と民主化を求める運動が激化，73年の▶金大中事件(金大中拉致事件)や77年の対米不正工作事件〈コリアゲート〉などで国際的にも厳しい評価を受けた。74年8

月15日には光復節記念式典で在日韓国人，文世光ﾑﾝｾｸﾞﾝに銃撃され，夫人の陸英修が流れ弾に当たって死亡した(文世光事件)。79年10月26日，釜山や馬山で大規模な民主化デモが起きているさなか，側近らとの宴会の席でKCIA部長の▶金載圭ｷﾑｼﾞｪｷﾞｭに射殺された。

その統治は61年以来，18年間の長期に及んだ。民主化運動や批判勢力などを徹底して抑え込もうとした強権的な統治手法は〈開発独裁〉の典型とされ，国内外から〈独裁者〉との強い批判を浴びた。一方で，農村近代化のための▶セマウル運動や浦項総合製鉄の設立など経済建設に注力し，〈漢江ﾊﾝｶﾞﾝの奇跡〉とよばれる高度経済成長を成し遂げた〈近代化の功労者〉と高く評価する声も強い。歴代大統領に付き物のくネポティズム〉(縁故主義)や私的蓄財とは無縁だったとみられていることも評価の一因だが，総合的な評価は二分されたままで定まっていない。99年，大統領の金大中が業績を高く評価したことで公式再評価の機運が高まり，2000年には記念館の建設地が決定。激しい反対運動が展開されたが，紆余曲折の末，12年ソウル市内に〈朴正煕大統領記念・図書館〉が開館した。13年2月に長女の▶朴槿恵ﾊﾟｸｸﾈが初の女性大統領に就任，親子2代の大統領となった。

阪堂博之

はくてい|白丁|백정

朝鮮の被差別民。朝鮮語ではペクチョン。白丁という語は高麗時代には国家の職役についていない一般庶民をさしたが，1423年に政府が非農耕民である禾尺ﾌｧﾁｮｸ(楊水尺)・才人ｼﾞｪｲﾝを〈新白丁〉として戸籍に編入したことからしだいに差別語化した。早々に分離して軽業などの大道芸人となった才人とともに，白丁は賤民の代表として厳しい迫害を受けた。結婚は白丁間のみに限定され，▶奴婢などと異なって身分上昇の機会は閉ざされていた。職業の制限は厳しく，農業以外に主として柳細工の製造販売や畜獣の屠殺などに従事し，それがまた差別観念を再生産した。一般集落に居住することも許されず，町の郊外に彼らのみの集落を形成し，冠や衣服にいたるまで制限されて一般民衆から賤視された。1894年の甲午改革で身分解放が行われたが，5万～十数万人といわれる白丁に対する差別はその後も厳存した。1923年，日本の水平社に刺激されて彼らは衡平社を結成し，解放運動を開始した。現在は南北朝鮮ともに身分としての白丁は消滅した。⇒身分|衡平運動|賤民

吉田光男

パク・テウォン|朴泰遠|박태원|1909-86

朝鮮の作家。号は仇甫。ソウル出身。1930年代の前衛的技巧派作家として知られる。ジョイスの《ユリシーズ》の影響を思わせる《小説家仇甫氏の一日》(1934)，プロットを解体し，客観描写に徹した挿話を連ねて清渓川周辺の庶民の生態を活写した《川辺の風景》(1936-37)が代表作。他方，朝鮮や中国の稗史小説類にも親しむ。解放後は朝鮮民主主義人民共和国で活動，《甲午農民戦争》(1977)などの作品がある。

長璋吉

パク・テジュン|朴泰俊|박태준|1927-2011

韓国の政治家，企業家。慶尚南道出身。6歳から日本に住み，早稲田大学に入学したが，1945年の解放で帰国し，陸軍士官学校を卒業。61年〈5.16軍事クーデタ〉後に国家再建最高会議議長の秘書室長。68年に朴正熙政権の後押しを受けて浦項総合製鉄(現POSCO)を創業し，初代社長に就任。同社を世界的な企業に育て上げ，81年まで社長，92年まで会長，後に名誉会長を務めた。81年に国会議員初当選。民主正義党(民正党)代表，民主自由党(民自党)最高委員，自由民主連合(自民連)総裁などを経て，2000年に金大中政権で国務総理に就任したが，脱税疑惑のため約4ヵ月で辞任した。81-88年日韓経済協会会長。3度にわたり韓日議員連盟会長を務めた。

阪堂博之

はくてつ|白鉄|⇒ペク・チョル
はくとうさん|白頭山|⇒ペクトゥ山
はくなんうん|白南雲|⇒ペク・ナムン

はくぶつかん|博物館

朝鮮最初の博物館は1908年設立の皇室博物館であり，韓国併合後，李王家博物館と改称された。今日の韓国国立中央博物館の源流といえる。朝鮮総督府は，朝鮮総督府博物館，平壌府立博物館などを設立して，朝鮮の文化財を保護したが，一方では，大量の高麗青磁などを日本へ搬出し，はなはだしい場合は景福宮のようにほとんど破壊した。その正門である光化門は▶柳宗悦の抗

議文などによって破壊から免れたが，移転させられた。柳宗悦，՝浅川巧らによって24年京城(ソウル)に設立された朝鮮民族美術館は，そうした朝鮮総督府の朝鮮文化破壊政策に対する抗議の行動でもあった。

解放後の韓国では公立・私立の博物館が激増し，現在では，韓国博物館協会の登録博物館は600を超える。国立のものに，ソウルに設立された中央博物館と民俗博物館，そして新羅の旧都に設立された慶州博物館，百済の旧都に設立された扶余博物館と公州博物館，14世紀に木浦の沖合で沈没した貿易船から引き上げられた遺物(՝新安遺物)を展示する光州博物館と木浦の海洋遺物展示館などがある。近年(2012)でも，アジア初の現代史専門の博物館である大韓民国歴史博物館，ソウルのビル地下に店舗跡の遺構を展示する遺跡博物館がオープンしている。私立の博物館としては，財閥の総帥が設立した湖巌美術館や湖林博物館のような大規模な博物館のほかに，韓国刺繍博物館のような専門的で小さな博物館がある。さらに見逃せないのが大学の博物館，大寺院の宝物館の類，そして各地の民俗博物館である。韓国の総合大学には博物館の設立が義務づけられているので，各大学ごとに特色のある展示をしている。梨花女子大学付属博物館が所有している陶磁器・木工品・金属工芸品などは質量ともに優れていることで知られている。三大寺刹の一つ՝松広寺の遺物展示館のように国宝を有しているものもある。地方の民俗博物館では済州島のそれが有名である。なお，韓国中央博物館は，近代的な博物館が登場して100周年にあたるとして，2009年に一年にわたって記念行事を催した。

北朝鮮には朝鮮革命博物館をはじめ，朝鮮中央歴史博物館，朝鮮民俗博物館，万景台革命事蹟館，党創建事蹟館などがある。

高崎 宗司

パク・ホニョン|朴憲永|박헌영|1900-55
朝鮮の共産主義運動草創期以来の活動家。非転向で1945年8月15日の解放を迎え，南朝鮮の党を統括したが，朝鮮戦争後，北朝鮮で粛清され，波乱の生涯を閉じた。忠清南道礼山郡出身。京城高等普通学校生として三・一独立運動を体験後，1920年上海に渡り，高麗共産党イルクーツク派(のちの火曜派)の組織に加わり，帰国して25年の՝朝鮮共産党創立に参画。同年末逮捕されたが，法廷で裁判長に眼鏡を投げつけ，精神錯乱を装って病気保釈をかちとると，そのまま国外に逃走した。32年上海で逮捕されたが，39年出獄後京城帝大生などの地下組織ソウル・コムグループを指導。光州付近の煉瓦工場労働者として解放を迎えると，組織をもつ強みで，45年9月ソウル中心に再建された朝鮮共産党の主導権を握り，46年以降激烈な反米人民抗争を指導していく。あけひろげな大衆政治家というより冷徹な組織指導者型で，46年秋以後は逮捕を避けて北朝鮮に移り，そこから南朝鮮労働党(՝朝鮮労働党)の地下組織を指導する一方，48年朝鮮民主主義人民共和国創建とともに副首相兼外相となったが，朝鮮戦争停戦後の53年8月，突如くアメリカのスパイ>の名目で党を除名され，その指導下の南労党グループ李承燁ら12名の粛清裁判が進められた。その後55年12月分離された朴憲永自身の裁判があり，死刑宣告を受け，処刑された。朝鮮戦争開戦には南労党系としてとくに積極的だったと思われるが，党内闘争に敗れ，その責任をとらされたものとみられる。

梶村 秀樹

ハーグみっしじけん|ハーグ密使事件
1907年6月，オランダのハーグで第2回万国平和会議が開かれることを知った朝鮮国王(՝高宗)は，国際会議の場で朝鮮が日本の支配下におかれていることの窮状を訴え，՝日韓保護条約(1905)が無効であることを列国に承認させようと計画，アメリカ人H.B.՝ハルバートらの援助を得て，李相卨，李儁，李瑋鍾の3名を代表としてハーグへ派遣した。彼らは平和会議への朝鮮代表の参加を実現しようと試みたが，朝鮮は<外交権>を失っているという理由で受け入れられなかった。保護条約が不当であるという訴えも各国代表は聞かなかった。<平和>を名とする国際会議が侵略を容認し合う帝国主義外交の場でしかないことを痛感させられた李儁は，抗議の自決をした。日本政府はこの密使派遣を不法行為として国

王を詰問，退位させ，同年7月朝鮮の内政全般を日本の監視下に置くため第3次▶日韓協約を押しつけ，韓国軍をも解散させた。

馬渕 貞利

パク・ヨル｜朴烈｜박열｜1902-74
朝鮮の社会運動家．本名朴準植．慶尚北道生れ．京城高等普通学校を中退し，1919年渡日，21年には黒濤会を組織し，アナーキズム運動に参加．22年同志金子文子と同棲，小サークル不逞社を組織し，機関誌《黒濤》《太い（ふてい）鮮人》などを発刊した．23年9月関東大震災時，金子文子とともに保護検束され，東京地裁で治安警察法違反，爆発物取締罰則違反のかどで起訴され，26年3月天皇暗殺を図ったとして大逆罪にでっちあげられ，死刑を宣告された（朴烈事件）．4月に昭和〈御大典〉の恩赦で無期懲役となったが，金子は7月に自殺した．この間，予審調室で2人が同席している写真などが配布され，当局の取調べが手ぬるいとして西田税ら国家主義者は若槻礼次郎内閣の倒壊運動に利用した（いわゆる〈怪写真事件〉）．朴烈は45年11月まで20余年獄中にあったが，46年1月新朝鮮建設同盟を結成して委員長となり，同年10月これを在日本朝鮮居留民団（民団）に改組し，団長となる．49年民団6全大会で団長選挙に敗れて韓国に帰り，李承晩政権の国務委員となる．50年朝鮮戦争時北朝鮮に連行され，のち南北平和統一委員会副委員長として活動する．

朴 慶植

パク・ヨン｜朴堧｜박연｜1378-1458
朝鮮王朝の音楽家，官僚．字は担夫，号は蘭渓．本貫は密陽．1411年，文科に及第し，位は正二品芸文館大提学に至る．1427年，自作の黄鐘と編磬によって十二律の音階を完成して楽制を整え，31年，宮廷の朝会に使用した郷楽を廃して中国の雅楽を採用し，その楽譜が《世宗実録》に残る．高句麗の王山岳，新羅の于勒とともに朝鮮の三楽聖とよばれ，同時代の科学者▶蔣英実と並び称される．

吉田 光男

パク・ヨンヒョ｜朴泳孝｜박영효｜1861-1939
朝鮮王朝末期の政治家で，▶開化派の中心人物の一人．字は子純．哲宗（在位1849-63）の娘婿．本貫は潘南．朴珪寿の門下で▶金玉均らと開化派の盟友となり，1882年には修信使として訪日．84年の▶甲申政変に加担，失敗後日本に亡命．94-95年の▶甲午改革の当時，金弘集内閣の内部（内務）大臣となったが，失脚して再び日本に亡命．1907年に日本の圧力による高宗の強制譲位に反対し，済州島に配流された．韓国併合後は朝鮮貴族として侯爵に列せられ，▶中枢院顧問となる．

姜 在彦

はくらくせい｜白楽晴｜▶ペク・ナクチョン

パク・ワンソ｜朴婉緒｜박완서｜1931-2011
韓国の小説家．京畿道開豊生れ．1970年《女性東亜》誌の長編小説公募に《裸木》が当選して作家活動に入る．遅いデビューだが，その分完成された形での出発でもあり，安定した文体で旺盛な創作活動を続けた，現代韓国を代表する作家の一人．自身の体験してきた朝鮮戦争と，中産階級の日常生活を主なモチーフに多様な作品を書いているが，80年代からは女性問題を主題とした作品も発表しはじめ，89年《女性新聞》に連載した《あなたよ，まだ夢を見ているのか》は〈朴婉緒シンドローム〉といわれるほど大きな反響をよんだ．短編・長編両方に優れ，最初の創作集《恥ずかしさを教えます》(1976)から，近作の《とても寂しいあなた》(1998)まで10冊を超える作品集があるほか，長編として《よろめく午後》(1977)，《未忘》(1990)，《その山が本当にそこにあったのか》(1997)など13編があり，《実践文学》1999年冬号から長編《とても古い冗談》の連載を始めた．また，《ビリに贈る喝采》(1977)から，《大人の役割，人の本分》(1998)まで10余冊に及ぶエッセイ集がある．《朴婉緒小説全集》14巻と《朴婉緒短篇全集》5巻がある．

布袋 敏博

ばさん｜馬山｜▶マサン

はし｜橋
橋にかかわる民俗で盛んであったのは，まずタリバッキ（踏橋）であろう．▶正月の上元の夜になると老若男女がみな家を出て橋を踏み渡るが，ソウルでは各処の橋に至り，夜もすがら橋を往来し絶えることがなく，ことに広通橋や水標橋は踏橋する人波に埋まり，笛を吹き鼓を打ち鳴らして喧嘩をきわめたという．橋と脚が朝鮮語では同音なので，上元に橋を渡ると年中脚を病むことなく，厄を免れ，健康であるとされた．

同じく上元の夜の風俗で，その年運勢が悪いといわれた子どもをもつ親は砂袋をつくって川に橋を渡し，越江功徳によって厄運を免れることを祈願するノトという行事がある。橋づくりは仏家の現世での三功徳の一つとされたことに由来するものであろう。また子どもが無事に成長することを願って，親はひいき関係にある▶ムーダン（巫堂）に子どもの住所，姓名，年齢などを記した命橋ミョンダリとよばれる布をあずけて，子どもの儀礼上の母親としての役割をうけもってもらう。この場合ムーダンと子どもは寿永母スヨンオミと寿永子スヨンアドゥル（あるいは寿永娘スヨンタル）の関係になり，この両者は命橋によって結ばれていると認識されている。

李 杜鉉

パジ｜바지

朝鮮の衣服で，男女ともに下半身をおおうものの総称。女子は▶チマの下に下着として身につけ，男子はパジの下にソクパジ（内襯袴）や褌類の〈犢鼻褌〉をつけ，おもて着としてはく。ふつう男のパジは前がふさがった窮袴で，女のパジは襠をあてて開服袴に仕立て用便の便をはかっている。夏は一重，秋冬は二重綿入れで，刺し子（納衣ノビ）のパジをつけることもある。パジの上部で帯をしめ，足首のところにはテニムという紐をゆわえるのがふつうである。ノインウラ出土の紀元1世紀の袴や正倉院御物の〈袴〉も今日の朝鮮のパジと同形で，騎馬民族の衣服に由来する長い伝統をもっていることがうかがえる。高句麗の壁画にもその形態がみられ，新羅ではこれを〈柯半〉とよんだことが中国の文献にみえる。パジは15世紀の文献に〈把持〉と表記されている。日本で，ももひきを〈ぱっち〉とよぶことがあるが，これにはパジとの関連がうかがえる。 ⇒衣服

金 東旭

バス ⇒交通

はせがわよしみち｜長谷川好道｜1850-1924

明治・大正期の陸軍軍人。長州藩士長谷川藤次郎の長男。戊辰戦争，西南戦争などに従軍。日清戦争には混成旅団長として第2軍に従軍，のち第3師団長，近衛師団長をへて日露戦争には第1軍に従軍，韓国駐剳軍司令官となる。軍事参議官，参謀総長などを歴任し，1914年元帥となった。16-19年第2代朝鮮総督をつとめ，いわゆる武断政治を徹底させたが，朝鮮民族の〈三・一独立運動〉のなかで辞任した。

井口 和起

はただたかし｜旗田巍｜1908-94

朝鮮史，中国史の研究者。朝鮮南部の馬山で生まれ，中学校卒業まで朝鮮で過ごす。1931年東京帝国大学文学部東洋史学科卒業，32年伝統的東洋史学にあきたらず，歴史学研究会の創立に尽力。33年満蒙文化研究所研究員，同年治安維持法違反により逮捕される。40年満鉄調査部北支経済調査所調査員となって〈中国農村慣行調査〉（その成果は戦後刊行され，53年朝日文化賞受賞）を担当。北京で敗戦を迎え，50-72年東京都立大学教授，74-79年専修大学教授。51年《朝鮮史》を著し，戦後の朝鮮史研究の方向を示す。59年朝鮮史研究会の創立に尽力し，71-89年，同研究会会長として，若手研究者の育成に努めた。65年《元寇》を著して朝鮮民族の主体的抵抗闘争，元寇をめぐる国際関係を解明し，72年高麗を中心とした朝鮮社会の独自構造を追究した《朝鮮中世社会史の研究》を上梓した。さらに，日韓会談反対運動のなかで朝鮮・朝鮮人への偏見・差別を批判するとともに，69年《日本人の朝鮮観》・《シンポジウム 日本と朝鮮》，83年《朝鮮と日本人》などを刊行して，戦前・戦後の日本の朝鮮史研究の問題を批判的に論じ，新たな朝鮮史研究の必要性を高唱した。また分断後の南北朝鮮との文化交流にも尽力し，94年韓国政府から文化勲章〈宝冠章〉を授与された。

矢沢 康祐＋井上 直樹

はちいきし｜八域志 ⇒択里志

はちかんえ｜八関会

高麗の国家的祭礼で▶燃灯会などとならぶ二大国儀の一つ。〈はっかんえ〉ともいう。本来は入信者に八戒を授ける仏教の儀式であった。新羅時代からその名がみえるが，内容はわからない。高麗時代になると仏教色はうすれ，天霊，五岳，名山，大川，竜神などの土俗的な神をまつり，収穫を祝う祭礼に変わった。例年11月15日前後の2日間，王宮の正門である儀鳳門とその前庭の毬庭で行われた。第1日の小会では，国王の祖真拝謁，太子以下京官・外官の朝賀，楽戯の観覧と酒宴が行われ，第2日の大会では，

小会とほぼ同様の儀式のほかに，宋商人，東西蕃子(東女真と西女真)，耽羅(済州島)人などの外国人の朝賀と宝物献上が行われた。日本人が参席したこともある。朝鮮王朝になり，儒教(反仏教)政策により八関会は廃止された。

旗田 巍

はなぶさよしもと|花房義質|1842-1917

日本の外交官。子爵。岡山の出身。岡山学校，適塾に学び，1867年(慶応3)から1年間欧米を外遊。明治維新後，対朝鮮外交が対馬藩から明治政府に移管された際，72年に外務大丞として釜山の草梁倭館を接収した。77-79年に元山開港問題，80-82年に仁川開港問題にあたった。82年7月ソウルで*壬午*軍乱に遭遇，翌年8月に，軍乱の事後処理としての済物浦条約および日朝修好条規続約を，*金弘集*らとの間で調印した。江戸時代の交隣関係から明治以降の近代国際法的関係へという，日本の対朝鮮外交の転換期にあって，その実務を外交の現場で担った。

原田 環

はなふだ|花札

朝鮮語ではファトゥ(花鬪)とよぶが，日本の花札と同じである。日本から朝鮮王朝末期の開港後に入ったらしい。2人以上ならどこでもやれるため韓国ではたいへん人気があり，しばしば賭けごと(ネギ)として行われる。朝鮮王朝時代の在来の賭博は長い切札で行われたが，植民地時代を通じて花札にかわってしまった。花札で占いもする。韓国のマスコミの社会面をにぎわす賭博団などはおおむね花札によるものである。王朝時代の賭博が男性たちの世界であったのに比べて，現在の花札による賭博は女性たちの*契の集りの余興としてはやりだした。日本の植民地時代には，*時調をうたいながら，その時調の内容にみあった花札をとる遊びなども考案されたりしたが，定着するにはいたらなかった。

金 東旭

ハムギョンどう|咸鏡道|함경도

朝鮮半島の北東部の地方。朝鮮八道の一つで，関北地方ともよばれる。現在は朝鮮民主主義人民共和国に属し，3道と1特別市に分かれている。咸鏡北道(道都*清津*)は面積1万5980km²，人口232万7362(2008)。咸鏡南道(道都*咸興*)は面積1万8534km²，人口306万6013(2008)。*両江道(道都*恵山*)は面積1万3880km²，人口71万9269(2008)。*羅先*特別市は面積746km²，人口19万6954(2008)。

[**自然**] 本道の中央を北東から南西方向へ標高2000m以上の咸鏡山脈が走り，本道のほぼ全域を山地が覆っている。咸鏡山脈の南東斜面はところどころに数百mの断層崖を発達させた山地が日本海沿岸まで迫り，広い平地がほとんどみられない。海岸線は比較的単調だが，羅津，清津など天然の良港がかなりみられる。東朝鮮湾頭には咸興，金野の二つの平野が連なり，本道唯一の平野地帯となっている。咸鏡山脈の北西斜面は鴨緑江，豆満江の河床にかけてゆるやかな傾斜面をもつ高原台地が広く分布している。白頭山から南南東方向へ走る摩天嶺山脈を境として東を茂山高原，西を*蓋馬*高原とよび，朝鮮の屋根を形成している。高原部の年平均気温は2〜3℃，冬には−20℃以下の酷寒となり，カラマツ，朝鮮モミなどの亜寒帯性針葉樹林帯が厚く分布している。海岸地帯は年平均気温が6〜8℃，1月の平均気温は−5〜−9℃に下がるが，北端の雄基湾以外は不凍港である。

[**歴史**] 三国時代には高句麗の支配下に置かれたが，統一新羅の成立(676)以来，高麗時代末まで，中国東北部やシベリア地方の諸種族が*渤海，金などの王国を建てて支配した。高麗末に咸興出身の李成桂が本道の大半を支配下に置くとともに高麗王朝を滅ぼし，1392年李王朝を創建した。当初は南部を除き大半が辺境として位置づけられ，東北面とよばれたが，1413年に永吉道(永興・吉州に由来)として朝鮮八道の一つに組み入れられた。その後，咸吉道(咸興・吉州より)，咸鏡道(咸興・鏡城より)，永安道(永興・安辺より)と改称をへて，98年以降，咸鏡道の名が定着した。朝鮮末期の1896年に南北二道に分割され，1947年には両江道が分離した。

朝鮮王朝は豆満江一帯の国境地帯の防備を固める一方，南部住民を本道に移住させ，朝鮮の一体化に努めた。そして，王朝末にはむしろ朝鮮人が豆満江対岸の*間島地域

に進出し，谷あいの各地に朝鮮人集落を形成していった。日本植民地時代にはまず高原部の山林資源が注目され，豆満江や鴨緑江沿いに林業基地が建設された。1930年代には蓋馬高原の水力を利用した大型発電所が建設され，これを背景に各種の化学工業，金属工業が沿岸の咸興，清津に発達し，北朝鮮の重化学工業地帯を形成した。これらは，おおむね日中戦争のための軍需物資を供給する兵站基地となった。第2次世界大戦末期の45年8月，北東岸でソ連軍の侵攻作戦が開始され，13日には清津が占領された。

［地域と産業］ 高原部は水力資源をはじめ，鉄鉱石，マグネサイト，石炭などの地下資源，山林資源など朝鮮における自然資源の宝庫であり，これを背景として沿岸の清津には金属工業基地，咸興には化学工業基地が形成されている。朝鮮の屋根といわれ，かつて火田(焼畑)地域として知られた蓋馬高原は北朝鮮にとって重要な工業原料や電力の供給地であるが，輸送網の整備拡充が課題となっている。1990年代初頭からの▶豆満江開発計画のなかで，咸鏡北道の羅津・先鋒地区(2000年8月羅先市と改称)が拠点とされた。咸興・金野平野を除くと有力な農業地帯がないが，山間の緩傾斜面を利用した牧畜業や果樹栽培が行われている。また本道の近海にはリマン海流が流れこみ，メンタイ，タラ，ニシンなどの豊富な漁場であり，清津，▶金策港などを基地とする漁業が行われている。反面，冬季を中心に生活環境の苛酷さでも知られ，咸鏡北道化城や咸鏡南道耀徳などで強制収容所の存在も伝えられている。2000年代に入り，咸鏡北道の豊渓里は地下核実験で，舞水端里はミサイルの発射実験で注目をあびた。　　　　　　　　　　谷浦孝雄＋佐々木史郎

ハム・ソッコン |咸錫憲|함석헌|1901-89
韓国の宗教家，思想家。平安北道出身。1928年東京高師卒業。在学中▶金教臣らと内村鑑三の聖書集会に出席。帰国後母校の▶五山学校で教師。解放後ソウルに移り，56年から《思想界》誌上で本格的な評論活動を展開。70年にはみずから《シアレソリ(民の声)》誌を創刊(1980年発禁)。苦難にある民衆の視点から社会や教会のあり方を問い続け，韓国民衆運動のシンボル的存在となっている。著書として《死ぬまでこの歩みで》《人間革命》などがある。
　　　　　　　　　　　　　　　　大塚嘉郎

ハムン |咸興|함흥
朝鮮民主主義人民共和国の東北部沿岸の都市。ハムフンとも。人口76万8551(2008)。咸鏡南道の道都。東朝鮮湾の北部に広がる日本海沿岸最大の咸興平野の東縁に位置する北朝鮮第一の化学工業地帯。咸興の本拠地は城川江の河口から10kmほど上流に位置し，朝鮮時代には東北朝鮮の軍事上の要地となり，観察使が置かれた。また咸興は王朝の太祖▶李成桂の出身地にあたり，盤竜山麓には彼の住居や孔子廟などの遺跡が今日も保存されている。咸興平野の農業地帯を背景に商業都市として発達し，とくに穀物や牛，漢方薬の市が賑わったところである。日本植民地時代の1928年に咸鏡線(元山～会寧)が開通すると，中間の主要駅となり，北方奥地の▶蓋馬高原方面に至る産業鉄道の発着点となった。29年以後赴戦江および長津江の二大水力発電所が完成すると，これを基礎に隣接の興南地域に野口財閥によって大型の窒素肥料工場(▶朝鮮窒素肥料株式会社)をはじめ各種の化学工場が建設されるようになり，またたくまに北朝鮮最大の重化学工業地帯に発達した。朝鮮戦争によって興南の諸工場は壊滅的な被害を受けたが，戦後，ソ連や東欧諸国の支援を受けて復旧された。60年に咸興は興南など周辺の地域を合併，大拡張して9区域から構成される直轄市に昇格したが，67年にふたたび咸鏡南道管内の市に降格された。その後，ビナロン(ビニロン)などの化学繊維工場，大型設備を製作する竜城機械工場などを次々に建設し，化学製品と重機械を中心とする北朝鮮の重化学工業基地に成長した。平壌とともに冷麺の本場とされ，ジャガイモなどのでんぷんを使用した腰の強い麺を辛いたれで和えて食べる方式は咸興冷麺ともよばれる。
　　　　　　　　　　　　　谷浦孝雄＋佐々木史郎

ハメル |Hendric Hamel|?-1692
オランダ東インド会社所属の船員。漢名，哈梅児。1653年，デ・スペルウェール号で

台湾から長崎に向かう途中，暴風雨にあい，一行38名とともに済州島に漂着。翌年ソウルに護送され，さらに麗水，康津などに監禁されたが，1666年，7名の仲間と脱出，日本を経て帰国した。のち抑留の体験記《蘭船済州島難破記》と付録《朝鮮国記》を著述したが，これは《ハメルの漂流記》として知られ，朝鮮の地理，風俗，政治などを本格的にヨーロッパに紹介した最初の文献となった。邦訳《朝鮮幽囚記》(東洋文庫)。
山内 弘一

はやしごんすけ | 林権助 | 1860-1939
日本の外交官。朝鮮植民地化の過程で仕上げ作業を担当した。会津藩士の出身。仁川，上海，ロンドンの各領事，駐清公使館の首席書記官などを経て帝国主義外交の手腕を身につけ，1899年駐韓公使となる。朝鮮に対するロシアの影響力を排除するために対露強硬論を唱え，日露開戦と同時に朝鮮植民地化工作をおし進めた。1904-05年の日韓議定書，第1次・第2次日韓協約(▶日韓保護条約)など一連の▶日韓協約はすべて彼の在任中に結ばれた。08年以降，イタリア大使，北京公使，駐英大使などを歴任し，34年枢密顧問官となった。
馬渕 貞利

ハルバート | Homer Bezaleel Hulbert | 1863-1949
アメリカの北メソディスト派宣教師，言語学者，歴史学者。朝鮮名は轄甫。バーモント州に生まれ，ダートマス大学を卒業。1886年朝鮮の官立学校〈育英公院〉の教師として招聘され，91年まで在職。93年再び朝鮮に渡り，宣教事業に従事し，1901年には《コリアン・レビュー》を創刊した。反日的立場をとり，05年皇帝高宗のアメリカ大統領あて親書をもたらし，07年には高宗のハーグ万国平和会議への密使派遣を援助した(▶ハーグ密使事件)。07年にアメリカへ帰国し，朝鮮研究を続けた。49年ソウル訪問中に病没。著書に《朝鮮史》(1905)，《朝鮮亡滅》(1906)などがある。
糟谷 憲一

ハルラさん | 漢拏山 | 한라산
韓国最南端，済州島の主峰，標高1950m。粗面岩からなる鐘状火山をその上に噴出した玄武岩が楯状火山に変化させたもので，現在は死火山である。頂上に白鹿潭という火口湖があり，山麓には360余の寄生火山が分布している。海岸までせり出した溶岩流は万丈窟や挟才窟などの溶岩窟を形成し，済州島の始祖神話である三姓穴神話(▶神話)や蛇神の説話を有する特異な景観を示している。また柱状節理に沿った海食崖は天池淵，天帝淵などの海岸瀑布となっている。これらはみな主要な観光地として開発されている。集落は海岸付近の湧泉を中心に形成されており，緩傾斜の山麓一帯は温帯混淆林や針葉樹林の広大な原生林となっている。古来から金剛山，智異山とともに三神山の一つとされてきた。
谷浦 孝雄

ハン | 恨 | 한
朝鮮語で，発散できず，内にこもって，しこりをなす情緒の状態をさす語。怨恨，痛恨，悔恨などの意味も含まれるが，日常的な言葉としては悲哀とも重なる。挫折した感受性，社会的抑圧により閉ざされ，沈澱した情緒の状態がつづくかぎり，恨は持続する。長い受難の歴史を通じてつねに貧しく，抑圧されて生きてきた民衆の胸の底にこもる恨は，おのずから彼らの行動を左右する要因としてはたらき，抵抗意識を生みだすようになる。韓国では植民地時代から解放後の〈外勢〉と〈独裁〉のもとで，恨は〈民族の恨〉として強く意識化されてきた。詩人▶キム・ジハは，恨を個人的・集団的に過去の歴史のなかで蓄積された〈悲哀〉であると定義したうえ，広く第三世界の抑圧された民衆の抵抗の根源的活力としてとらえている(《不帰》)。
金 学鉉

ハンガン | 漢江 | 한강
朝鮮半島中央部の川。▶太白山脈に発し，半島を西に横断して黄海の京畿湾に注ぐ。本流の長さ514kmは朝鮮半島第4位だが，流域面積は2.6万km²で鴨緑江に次ぐ。流域は大きく南・北漢江に分かたれ，ソウル近くの八堂で合流する。北漢江は山間地を峡谷をなして流れ，春川等の盆地以外に大きな平地の発達をみない。早くから水力発電の開発が進められており，中でも春川市北部の昭陽江ダムは砂礫ダムとしては東洋一，二を誇る韓国最大のダムである。一方，南漢江流域は京畿道の米どころである驪州盆地はじめ，数多くの盆地平野

を発達させ，韓国の主要な農業地帯となっている．また上流の寧越(ニョンウォル)，旌善(ジョンソン)一帯は無煙炭，石灰石など鉱物資源に恵まれ，鉱山町が点在する．流れのゆるやかな南漢江は朝鮮王朝時代，嶺南(慶尚道)方面への水運に利用され，河口から330kmの寧越まで船が航行した．ソウルより下流には広大な金浦(キンポ)平野が発達し，江南(カンナム)の永登浦を中心とした京仁工業地帯や金浦郡を中心とした穀倉地帯を発達させている． 谷浦 孝雄

ハンギョレ │ 한겨레

〈一つの民族〉を意味する題字の韓国日刊紙．民主化宣言後の1988年5月，〈民衆の立場を代弁する真の国民新聞〉を標榜して創刊された．75年の言論自由化闘争や80年11月の言論統廃合で解雇された元記者らが中心になって創刊準備を進め，政府や権力に支配されず，財閥を後ろ盾としない自由な新聞をめざし，独立した経営基盤確保のため国民から寄付金50億ウォンを集めた．漢字とハングル併用の縦書きだった韓国紙の中で初めてハングルだけの横書きを採用，新聞制作にCTSを導入するなど韓国新聞界の流れを先取りした．代表者や編集責任者を社員投票で選出，労組にも経営参加を認めるなど，民主的な経営・編集方針で異彩を放った．政府との軋轢が頻繁に起き，広告が集まらず経営的な困難も抱えた．96年に《ハンギョレ新聞》から改題．〈民主，民族，統一〉を旗印にしており，〈進歩系新聞〉と位置づけられている． 阪堂 博之

ハングル │ 한글

朝鮮の国字．〈大いなる文字〉という意味であり，また〈`訓民正音〉ともいう．かつては諺文(オンムン'ənmun)ともいい，日本でなまって〈おんもん〉とよんだが，今日ではこの呼称は用いられない．

[構成] 子音字母14，母音字母10からなる音素文字であるが，音節ごとに組み合わせた形で文字として用いられるので音節文字の性格も備えている．字母は1字で1音を表すが，現代語の喉頭化音(濃音)は子音字母を重ねて表し，母音で始まる音節を示す字母'と音節末のŋとは同じ字母の〈ㅇ〉である(以下〈 〉内にハングルを示す)．母音字母のうちの4個は半母音y[j]をもつ母音を表し，母音字母a〈ㅏ〉とi〈ㅣ〉，ə〈ㅓ〉とi〈ㅣ〉の組合せは，それぞれ単母音[ɛ]〈ㅐ〉，[e]〈ㅔ〉を示す．字母o〈ㅗ〉またはu〈ㅜ〉と他の母音字母との組合せは，半母音[w]と主母音の結合を示す．

音節は初声(音節頭子音)，中声(音節核部)，終声(音節末子音)に分析して考えられる．中声をなす母音字母の形によって子音字母を配する位置が変わるが，a，ə，iに対しては子音字母を左に，o，u，ɯに対しては子音字母を上に組み合わせ(綴字例①②参照)，終声がある場合には初声と中声の組合せの下にさらに子音字母を組み合わせ(綴字例④⑤)，全体がほぼ正方形をなすように構成する．現代の綴字法では，助辞や接辞の交代によって，ある場合には現れない子音も表記して語幹の形が一定の綴字を保つようくふうされている．たとえば，

〈값〉gabs[kap](値段)
〈값도〉gabs・do[kapt'o](値段も)
〈값이〉gabs・'i[kapsi](値段が)
〈값을〉gabs・'ɯr[kapsɯl](値段を)

こうして音節文字として必要な字音の組合せの数は3000種類に近い．

[歴史] この文字は朝鮮王朝第4代世宗の時代に創案され(1443)，〈訓民正音〉の名で公布された(1446)．それ以前は`吏読(リトゥ)とよばれる，漢字を利用した不十分な表記が行われていたが，この文字によってはじめて朝鮮語を細部に至るまで表現できるようになった．音素文字の原理は元朝の制定したパスパ文字やモンゴル文字によって知られており，この原理にもとづき漢字にならって構成することで新しい文字を創案したと考えられる．

制定当時は子音字母17，母音字母11で，現代では用いられない子音字母z〈ㅿ〉，ŋ〈ㆁ〉，ʔ〈ㆆ〉と母音字母ɐ〈・〉があり，ほかに中国語の軽唇音を表す字母があって，初期にはそのうちの1個は母音間でbの弱化した朝鮮語音β〈ㅸ〉を表すのに用いられた．ʔ〈ㆆ〉は当初から特殊な位置でのみ用いられた字母であり，ŋ〈ㆁ〉は終声のみに用いられるようになったため，形の類似から初声の'〈ㅇ〉と混同され，z〈ㅿ〉とɐ〈・〉とは音韻変化で消失したため用いられなくなった．

●ハングル|裏ハングルの字母とその転字・転写・発音

注―転写は，マッキューン=ライシャワー方式によるもので，発音に即している。綴字例では転字と異なる場合のみ( )で付記した。

[子音字]

[字母]	[転字]	[転写]	[発音]
ㄱ	g	k, g	[k, g](牙音)
ㄴ	n	n	[n](舌音)
ㄷ	d	t, d	[t, d](舌音)
ㄹ	r	r, l	[r, l](舌音)
ㅁ	m	m	[m](唇音)
ㅂ	b	p, b	[p, b](破音)
ㅅ	s	s	[s](歯音)
ㅇ	', ŋ	-, ng	[-, ŋ](喉音)
ㅈ	j	ch, j	[tʃ, dʒ](歯音)
ㅊ	č	ch'	[tʃ'](歯音)
ㅋ	k	k'	[k'](牙音)
ㅌ	t	t'	[t'](舌音)
ㅍ	p	p'	[p'](唇音)
ㅎ	h	h	[h](喉音)
ㄲ	gg	kk	[k']
ㄸ	dd	tt	[t']
ㅃ	bb	pp	[p']
ㅆ	ss	ss	[s']
ㅉ	jj	tch	[t'ʒ]

[母音字]

[字母]	[転字]	[転写]	[発音]
ㅏ	a	a	[a]
ㅐ	ai	ae	[ɛ]
ㅑ	ya	ya	[ja]
ㅒ	yai	yae	[jɛ]
ㅓ	ə	ŏ	[ɔ]
ㅔ	əi	e	[e]
ㅕ	yə	yŏ	[jɔ]
ㅖ	yəi	ye	[je]
ㅗ	o	o	[o]
ㅘ	oa	wa	[wa]
ㅙ	oai	wae	[wɛ]
ㅚ	oi	oe	[we]
ㅛ	yo	yo	[jo]
ㅜ	u	u	[u]
ㅝ	uə	wŏ	[wɔ]
ㅞ	uəi	we	[we]
ㅟ	ui	wi	[wi]
ㅠ	yu	yu	[ju]
ㅡ	ɯ	ŭ	[ɯ]
ㅢ	ɯi	ŭi	[ɯi]
ㅣ	i	i	[i]

　子音字母は，中国音韻学の牙，舌，唇，歯，喉という五音体系により，g〈ㄱ〉，n〈ㄴ〉，m〈ㅁ〉，s〈ㅅ〉，'〈ㅇ〉を調音器官の形をかたどった基字とし，さらに字画を加えて他の字母を形成する。字母の形成の順序はそれぞれ，g〈ㄱ〉，k〈ㅋ〉；n〈ㄴ〉，d〈ㄷ〉，t〈ㅌ〉；m〈ㅁ〉，b〈ㅂ〉，p〈ㅍ〉；s〈ㅅ〉，j〈ㅈ〉，c〈ㅊ〉；'〈ㅇ〉，ʔ〈ㆆ〉，h〈ㅎ〉であり，別にr〈ㄹ〉，z〈ㅿ〉，ŋ〈ㆁ〉はそれぞれn〈ㄴ〉，s〈ㅅ〉，'〈ㆁ〉を基字とする。

　母音字母は，ɐ〈ㆍ〉，ɯ〈ㅡ〉，i〈ㅣ〉を基礎に，a〈ㅏ〉，ə〈ㅓ〉はɐ〈ㆍ〉とi〈ㅣ〉とを，o〈ㅗ〉，u〈ㅜ〉はɐ〈ㆍ〉とɯ〈ㅡ〉とをそれぞれ逆向きに結合して形成されたものである。これは，当時の母音調和による陽母音a〈ㅏ〉，o〈ㅗ〉，ɐ〈ㆍ〉と陰母音ə〈ㅓ〉，u〈ㅜ〉，ɯ〈ㅡ〉の対立を反映している。

　ハングルは朝鮮王朝時代には正字である漢字に対する民間の文字として〈諺文〉とよばれ，従の位置を脱しきれなかった。甲午改革(1894)によって公用文にも用いられるようになって〈国文〉とよばれたが，朝鮮が日本の統治下にはいってから，〈ハングル〉という名称が考案された。これは，〈大〉を意味する古語〈ハン〉と，文字を意味する〈クル〉を結びつけたものであるが，〈韓〉の字音にも通ずるとして広く受け入れられ，大韓民国では今日正式名称として用いられ

[綴字例]

[字母]	[転字]	[発音]	[意味]
나 ①	na	[na]	僕
소 ②	so	[so]	牛
개 ③	gai(kae)	[kɛ:]	犬
말 ④	mar(mal)	[mal]	馬
쌀 ⑤	ssar(ssal)	[s'al]	米
값	gabs(kap)	[kap]	値段
가게	gagəi(kage)	[ka:ge]	店
모래	morai(morae)	[morɛ]	砂
어깨	'əggai(ŏkkae)	[ok'ɛ]	肩
껍질	ggəbjir(kkŏpchil)	[k'optʃil]	外皮, 殻
김치	gimči(kimch'i)	[kimtʃ'i]	キムチ
괭이	goaiŋ'i(kwaengi)	[kwɛŋi]	鍬
가위	ga'ui(kawi)	[ka:wi]	はさみ
딸기	ddargi(ttalgi)	[t'algi]	いちご
한글	hangɯr(hangŭl)	[hangɯl]	ハングル

[今日用いられない字母]

子音字		母音字	
[字母]	[転字]	[字母]	[転字]
ㅿ	z	ㆍ	ɐ
ㆁ	ŋ		
ㆆ	ʔ		
ㅸ	β		

綴字例①の나をとれば, ㄴがn音を, ㅏがa音を表して, naの音節を表記したことになる. このように母音素と子音素を明確に分析しながら音節文字として表記するハングルの構成原理は, 中国音韻学や, 陰陽五行説による, 〈(天), 一(地), 丨(人)の象徴などにもとづくもので, 漢字のくずし字などから平仮名が成立する(例えば, 奈→な)過程とはまったく異なる.

日本語のアイウエオにあたる音声表は〈反切表〉または〈カギャ表〉などと呼ぶ. 巻末の資料編に反切表を示した. 辞書などの配列も, 反切表にもとづき, (アカサタナ式に表現すれば)カ・ナ・タ・ラ…の順になっている.

は

ている. 朝鮮民主主義人民共和国では〈チョソンクル〉(朝鮮文字)とよんでいるようである. ▷朝鮮語　　　　　　　　　　大江 孝男

ハンサンとう|閑山島|한산도
韓国の南部, 南海中の島. 固城半島の忠武市から8.5kmの距離にあり, 面積15.55km²の小島で, 最高部の標高223m. 耕地が300haほどあり, 住民は半農半漁の生活を営む. ノリなどの海藻類, 貝類の養殖も盛んである. 1592年の壬辰倭乱(文禄の役)のとき, ▶李舜臣将軍の率いる朝鮮水軍が日本水軍を打ち破り, 制海権を掌握するにいたった閑山島海戦の行われたところとして名高い. 閑山島から南海の島々をめぐりつつ, 全羅南道の麗水港へ至る閑麗水道は海上国立公園にも指定され, 風光明媚の観光コースになっている.　　　　　　谷浦 孝雄

パン・ジョンファン|方定煥|방정환|
1899-1931
朝鮮児童文学運動の先駆者. 号は小波. ソウル生れ. 日本の東洋大学に学び, 一時期▶開闢誌の記者となる. 1922年から作品活動を始め, 23年月刊児童雑誌《オリニ》(少年少女の意)を創刊. その後も朝鮮少年総連盟(1927創設)など各種少年団体に関連した. 感傷的, 教訓的な童謡, 童話, 少年小説の創作のほか, 世界名作童話の翻案も行った. 《小波全集》(1940)がある. 韓国では62年《小波児童文学全集》が出版され, 57年には作文, 合唱などの児童文化事業団体であるセ

●パンソリ
パンソリの唱者と鼓手．

サッケ(新芽会)によって〈小波賞〉が設けられた．
大村 益夫

はんしんきょういくとうそう｜阪神教育闘争

1948年1月24日，文部省通達〈朝鮮人設立学校取扱について〉による朝鮮人学校の閉鎖・弾圧に対する大阪，神戸を中心とした在日朝鮮人の民族教育を護る闘い．45年8月，日本の植民地支配から解放された在日朝鮮人は，奪われた母国語，民族の文化と歴史を取りもどすための民族教育に努力し，47年10月現在，578校，生徒6万余人に達し，体系的な民族教育を実施していた．しかしGHQ民間情報局長の指示によったこの通達で，朝鮮人学校は全面的に日本の学校教育法，教育基本法に従うことを強いられ，朝鮮人学校がそれに応じないとして48年4月，全面的に学校閉鎖令が指示された．神戸，大阪では4月23日から26日にかけて民族教育を護ろうとする朝鮮人父兄の抗議闘争に対し，武装警官の実力行使による大弾圧があった．神戸ではいったん閉鎖令が撤去されたが，GHQの非常事態宣言で取り消され，大阪と合わせて日本人若干名を含め3000人以上が逮捕され，うち178人が起訴され，軍事裁判によって重刑をうけた．
朴 慶植

パンソリ｜판소리

朝鮮の民俗芸能の一つで，物語に節をつけて歌うもの．唱劇，劇歌ともよぶ．朝鮮王朝後期，18世紀初め朝鮮の中部以南に生じた．その起源については諸説があるが，叙事巫歌あるいは民間に伝承されていた説話を歌唱化したものという説が有力である．それがパンソリに発展したのは，商業の発達や富裕な平民層の出現など，変動期にさしかかった当時の社会に，儒教道徳の呪縛から自由な面白い芸能を求める気運があったと同時に，興行が成功する経済的な基盤ができていたからである．

パンソリの演唱は，唱者1人，伴奏の鼓手1人で行われる．唱者は歌の内容に合わせてパルソム・ノルムセ(身ぶり)を交えながら緩急さまざまな節をつけて歌い，間にアニリ(語り)をはさむ．鼓手は拍子をとると同時にチュイムセ(合の手)を入れて進行させる．格別な舞台などなく，外庭に筵一枚が演戯場であった．演目には次の12編があったが，現在も歌われているのは①～⑤だけである(かっこ内は別名．なお，①～④は〈東洋文庫〉に邦訳がある)．①春香歌(*春香伝)，②沈清歌(*沈清伝)，③興夫歌(*興夫伝またはパク打令．打令は日本の〈ふしうた〉に当たる)，④水宮歌(兎鼈歌)，⑤赤壁歌(華容道打令)，⑥ピョンガンセ歌(横負歌)，⑦裴裨将打令，⑧チャンキ打令，⑨雍固執打令，⑩曰者打令(武叔打令)，⑪江陵梅花打令，⑫仮神仙打令(淑英娘子伝)．これらの辞説(歌詞)は初めは単純粗雑だったらしいが，しだいに素材を広げ，民謡，雑歌など挿入歌謡を増やし，多彩になった．また愛好者が上流階級に広がるにつれパトロンができて，その指導のもとに漢詩や故事をふんだんにちりばめた上品で教訓的な要素が加わった．そうした意味での洗練整理をした人物としては，両班階級の権三得，中人階級の*申在孝らが知られている．

演者は*広大とよばれる流浪賤民の職業的芸能人であった．広大には仮面劇や人形劇，曲芸に進むグループもあったが，パンソリ広大は上記の洗練化とともに〈歌客〉として一段高くみられるようになった．唱者として名高い者には，形成期(18世紀)の河殷潭，崔先達，全盛期(19世紀)の宋興禄，牟興甲，権士仁らがあげられる．こうした経過によって，パンソリは諧謔，風刺，エロティシズムという庶民の興味と，両班の嗜好の両方にこたえる二重的性格をもつにいたった．現代では，韓国で民族固有の芸能としてパンソリが尊重されているのに対

し，朝鮮民主主義人民共和国では両班の玩弄物として否定されているが，これもパンソリの二重的性格を示すものであろう。パンソリの詠唱は2003年無形文化遺産に登録。

田中 明

ハン・ソリャ｜韓雪野｜한설야｜1900-76

朝鮮の作家。咸鏡南道咸興の生れ。咸興高等普通学校卒業後，日本大学で学ぶ。帰国後1925年▶カップ(朝鮮プロレタリア芸術同盟)創建に参加，このころから作品活動を始め，李箕永ギョンと並んでプロレタリア作家の双璧と称される。34年カップの一斉検挙で投獄，36年出獄後最初の長編《黄昏》を書いた。解放後は北朝鮮で文学芸術同盟中央委員会委員長，教育文化相(大臣)，朝鮮労働党中央委員，作家同盟中央委員会委員長などを歴任，要職にありながら作品活動を続けていたが，62年ころ何らかの批判をうけたらしく，いっさいの作品活動，社会活動を停止した。初期の短編はイデオロギーが前面に出て公式的・図式的であるが，むしろカップ壊滅後の作品によいものがある。代表作《黄昏》は，困難な状況下にあっても買弁資本家とたたかう先進的紡績労働者の姿を描きだしている。

大村 益夫

ハンナラとう｜ハンナラ党｜▶地域・国名編の大韓民国［政党］

はんにちかんじょう｜反日感情

反日感情が形成される遠因は，豊臣秀吉の朝鮮侵略や日本の朝鮮植民地支配に求められる。韓国の観光地に行くと，しばしば案内文に〈壬辰倭乱〉の文字を見出すことができる。秀吉の朝鮮侵略(▶壬辰・丁酉倭乱)の際に建物などが焼失したことを明らかにしているのである。また，植民地下で行われた独立運動に対する弾圧，土地や米の収奪，軍や工場への戦時動員，いわゆる〈創氏改名〉や日本語の強要なども学校教育でしっかり教えられている。近因は，植民地支配を正当化するいわゆる〈妄言〉や在日韓国・朝鮮人に対する差別などに求められる。1945年以降，日本人の韓国近海への出漁や，〈日本は朝鮮で良いこともやった〉と発言したく久保田発言〉などが反日感情をあおった。64年から65年にかけて行われた，日本の〈韓国再侵略〉に反対する日韓会談反対運動(▶日韓条約)はその爆発であった。その後，82年に始まる▶歴史教科書問題も，植民地支配を正当化し，日本が再び軍国主義化する現れとして反日感情を爆発させた。

しかし，98年の▶金大中キムデジュン大統領の訪日以後，変化が現れ始めた。日本文化が段階的に解禁され(▶日本文化開放)，若者が日本文化を受け入れるなど，反日感情が和らいだ。2002年の▶ワールドカップ共同開催や人の往来が激増したこと，▶韓流により日本人が韓国に親しみを持ち始めたことなども作用した。その一方で，近年はまた，〈慰安婦〉問題や竹島問題，補償問題の新たな展開により，反日感情が高揚してきている。抗日の歴史を誇る北朝鮮(朝鮮民主主義人民共和国)でも反日感情は強い。▶戦後補償問題｜日本軍慰安婦｜竹島

高崎 宗司

はんべいうんどう｜反米運動

解放後，韓国はアメリカから物心両面の援助を受け，朝鮮戦争では悲痛な民族体験をしたため，多くの韓国人はアメリカに好意的な感情をもっていた。だが米軍の進駐以来，犯罪の増加，基地周辺での誤爆・騒音・環境汚染などが市民生活を脅かし，これに反対・抗議する人々が増えていった。その後，韓国の政治・経済的な力量が高まるにつれ，対米感情は現実的・客観的なものとなり，反米運動は多様化し，集団で持続的な行動へと移っていった。とりわけ〈光州民主化抗争〉(▶光州クァンジュ事件)を鎮圧した韓国軍に，移動許可を与えた▶在韓米軍に激しい抗議がなされた。また，釜山・ソウルのアメリカ文化院放火事件(1982，85)，▶ソウル・オリンピックでのアメリカ選手団の傍若無人な振る舞い，アメリカ政府の市場開放要求，それにともなう通商摩擦，さらに在韓米軍の住民虐殺事件(老斤里事件など)が明るみになるにつれ，反米運動は広がりをみせ，アメリカとの蜜月関係は終わりを告げた。決定的な契機となったのは，2002年6月に女子中学生2名が米軍装甲車に轢殺された事件である。これに抗議する大勢の人々が，連日アメリカ大使館へ抗議のデモを繰り広げ，韓国民の対米感情は大きく転換した。その後もアメリカ産牛肉の輸入再開問題，韓米FTAの交渉と妥結が加わり，農民，畜

産家，各種関係業界などによる反米運動が粘り強く展開された。これらすべての運動の根底にはく経済大国になったのだから，あらゆる面でアメリカと対等に向かい合いたい〉という韓民族の自尊心・自負心が強く反映されている。
舘野 晢

ハン・ミョンフェ |韓明澮|한명회|1415-87

朝鮮前期の文臣。本貫は清州，字は子濬，号は狎鴎亭，四友堂。章順王后(睿宗妃)・恭恵王后(成宗妃)の父。祖父は開国功臣で，明から国号〈朝鮮〉を受けて帰国した芸文館提学尚質。早くに父母を亡くし，不遇な少年時代を送った。科挙に失敗し，1452年蔭補で敬徳宮直になった。友である権擥の推薦で首陽大君(世祖)の側近となり，53年癸酉靖難に与して靖難功臣，世祖即位後に佐翼功臣に冊録された。*成三問らの上王(端宗)復位運動を阻み，57年に吏曹判書となって以後，兵曹判書など，要職を歴任した。北方の国境防備に多くの功を立て，66年領議政となったが，病を得て引退。67年*李施愛の乱に関わった嫌疑で逮捕されたが釈放された。翌年世祖が没し，睿宗が即位するが，このとき南怡の獄事を治めた功で翊戴功臣に録され，69年領議政に復職。睿宗が突然亡くなり，幼い成宗が即位すると，兵曹判書を兼任。院相として庶政を決済し，国舅として権勢を誇った。71年佐理功臣に冊録。恭恵王后の没後，狎鴎亭で明使臣を私的に接待したことで弾劾され，全ての官職を解かれた。死後は世祖の廟庭に配享された。諡号は忠成。1504年の甲子士禍のとき，尹妃賜死事件に関わった罪で剖棺斬死に処されたが，中宗反正後に伸冤された。
長森 美信

ばんみんきょうどうかい|万民共同会

1898年，*独立協会の指導・影響下にソウル市民が街頭で開いた大衆的政治集会。同年3月にロシアの干渉政策反対のために開かれた集会がその最初であり，9月以降，独立協会が展開した守旧派大臣排斥・国政改革要求の運動の際にはしばしば開かれた。11月には連日開かれ，逮捕された独立協会指導者の釈放に力があったが，12月に弾圧により独立協会とともに解散させられた。この運動は都市民衆が大衆的な民主主義運動に参加した朝鮮史上最初の例である。
糟谷 憲一

パンムンジョム|板門店|판문점

大韓民国と朝鮮民主主義人民共和国の境をなす休戦ライン上の要地。開城から東に約10km，ソウルから北に約50km離れた*非武装地帯内にある。1951年10月から朝鮮戦争の当事者である北朝鮮・中国軍と韓国・アメリカ軍(国連軍)の代表がここで休戦会談を行ったが，韓国は*停戦協定の内容を不満として調印を拒否したため，53年7月に北朝鮮・中国軍と国連軍の3者のみによる変則的な停戦が成立した。停戦協定の遵守に関わる事案を扱う軍事停戦委員会本会議場は南北の軍事境界線にまたがって建てられている。そのほかに，中立国停戦監視委員会の建物もあり，当初はスイス，スウェーデン，ポーランド，チェコスロバキア(当時)の4ヵ国の監視団が常駐していたが，現在残留しているのはスイスとスウェーデンのみである。北朝鮮側に板門閣，韓国側にく自由の家〉があって，それぞれ報道関係者や観光客が訪れているが，個人での訪問は認められていない。92年には双方に南北連絡事務所が開設された。

一帯は北朝鮮軍と国連軍の共同警備区域Joint Security Area(JSA)となっているが，1976年8月にポプラの枝落としをめぐる小競り合いに端を発した乱闘・殺傷事件(ポプラ事件)により，両軍の管轄区域が境界線で仕切られ，双方の人員が隔離されるようになった。板門店の警備にあたる国連軍の主体は，韓国・北朝鮮が国連同時加盟を果たした92年以降，順次米軍から韓国軍への移行が進んだ。板門店付近の共同警備区域における南北両軍の兵士たちの交流を描いた韓国映画《JSA》は2000年に公開されて大きな反響をよび，翌01年には日本でも公開された。
佐々木 史郎

はんもんてん|板門店 ➡パンムンジョム

ハン・ヨンウン|韓竜雲|한용운|1879-1944

朝鮮の詩人，僧侶，独立運動家。本名は韓裕天，号は万海，竜雲は法名。忠清南道洪城生れ。1905年江原道雪岳山百潭寺で得度。日本，シベリアなどを放浪。三・一独立運動の〈朝鮮独立宣言書〉に署名，3年間投獄

される．生涯を独立運動，仏教革新運動に投じ，一方，近代文学史上不滅の作品と評価される詩集《ニムの沈黙》(1926)を残した．この詩集はニム(愛する人．韓竜雲においては祖国，衆生，真理など自由な概念に発展)の不在を悲しみ，待ちわびる心をうたい，主権喪失の暗い時代，宗教的観照を通じて永遠の生を追求した．主著には，ほかに人類の普遍的な自由，平等を論じ，独立思想をのべた〈朝鮮独立に対する感想の概要〉(三・一運動の裁判予審に備えて書かれたという)，形骸化した仏教の改革を力説した《仏教維新論》(1913)などがある．韓国ではことに70年代以後《韓竜雲全集》が刊行されたほか，評伝，研究論文が多く書かれ，その全体像の究明がさかんである．
　　　　　　　　　　　　　　　　金 学鉉

びじゅつ｜美術

朝鮮は日本と同様に中国文化圏にあって，中国の強い影響を受けてきたが，その文化は風土や民族性を反映して独自な発展をみせている．たとえば朝鮮半島は日本に比べて雨が少なく，空気が乾燥しているので，良材や大木が乏しいが，そのかわり良質な石材や陶土，および金属資源に恵まれており，石塔や石仏，金，銀，鉄，銅などの金工作品にすぐれたものが多いのは，大きな風土的特色といえる．また工芸作品にみられる民族性については，素材がもつ自然の美を意識的に保存しようとする自然主義が底流として一貫しており，ある種の繊細さや素朴さに独自の風趣を示している．

【工芸】 一般に工芸は用途を伴い，文様装飾などの美的要素が付された美術分野のひとつである．原材料によって陶磁器・金工・木漆工・染織などに細分される．工芸は人々の生活に身近な存在であり，朝鮮半島の美術のなかでも固有の美意識が色濃く表れている．

[三国時代まで] 道具による原材料加工と装飾を工芸の始まりと定義するならば，その嚆矢は新石器時代，紀元前6000年頃に登場する隆起文土器とそれにつづく櫛目文土器となる．櫛のような線や点をほどこした櫛目文土器は，立体装飾を特色とする日本の縄文土器や，描文を特色とする中国の彩文土器とは異なる独自の造形となっている．

青銅器時代は，中国東北地方の青銅器文化の影響により，新たに鋳造技術が工芸の加工技術として登場する．多鈕粗文鏡や多鈕細文鏡，防牌形銅器などの青銅製儀器類には，幾何学文に動物や人物文などが加わり，豊かな表現となる．土器は無文土器が主となる．

原三国時代には，中国より鉄器とともに轆轤ろくろと窯が伝わり，瓦質がしつ土器が登場した洛東ナクトン江流域で焼かれた鴨形土器は極限まで単純化されたユーモラスな造形を示している．昌原茶戸里チャウォンチャホリでは最古の漆塗りの鞘や筆が発見された．

三国時代には地域ごとに特色ある工芸が展開した．高句麗は流麗かつ躍動的な造形を特色とするが，真坡里チンバリ9号墳出土の金銅透彫飾金具，清岩洞チョンアムドン出土の金銅製火炎透彫冠などはその代表例である．百済は優美な曲線美を特色とするが，武寧王陵では各種の金銀，金銅製品のほか，漆絵で飾られた木製枕や足座が出土した．1993年に陵山里ヌンサンニ寺跡から出土した金銅龍鳳香炉は，神仙思想にもとづく多数の動物や仙人などを細やかに鋳造した傑作である．王宮里クングンニではガラスの坩堝るつぼが出土し，ガラスの自生産が行われたことがわかる．新羅はシベリアやアルタイ地方の影響を受けた金冠，銙帯，釧，履など豪華な金工品を特色とする．出字形をとり，勾玉装飾のあしらわれた煌びやかな金冠のほか，金粒を飾る鏤金るきん細工に飾られた耳飾，西アジア伝来のガラス器などの豪華な副葬品が知られる．騎馬人物や土偶を多数飾る陶質土器も特色的であり，当時の人々の信仰や風俗を今日に伝えている．伽耶は鉄生産と交易により力をつけたが，環頭大刀など装飾性に富んだ武器が知られるほか，車輪などさまざまな形象を象った陶質土器が作られた．伽耶の陶質土器の技術は5世紀頃に日本に伝えられ，須恵器の源流となった．

[統一新羅，高麗時代] 統一新羅時代は仏教の興隆とともに，唐や日本と共通する国際性のある工芸品を特色とする．感恩カムウン寺出土の金銅製舎利容器(682)に代表される各種の舎利容器，聖徳大王神鐘(771)などはその代表例である．雁鴨池アナプチ遺跡では大量の土

器が出土したほか，漆絵，文様形の金属板を漆で固定した平脱などは，日本の正倉院とも共通する金銅製鋏などが出土し，往時の豊かな生活をしのばせる。そのほかスタンプで文様をほどこす印花文土器の火葬壺も特色である。

高麗時代には，仏教工芸を中心に優美かつ繊細な装飾を特色とする数々の工芸品が生まれた。陶磁器では，中国五代の越窯きの技法が伝わり，青磁が焼造され始めた（▶高麗青磁）。青磁の開始年代については9世紀説と10世紀説があるが，2000年代以後に越窯関連の新資料が明らかとなり，今日では10世紀とする見解が強い。青磁は開京なの付近で焼かれたが，やがて全羅南道康津かッや全羅北道扶安ラッなど南部が中心となった。これら南部の青磁は釉色が美しく，12世紀初頭にはく翡色ひそくともよばれる完成の域に達した。12世紀中期には青磁の地に白土や赭土しゃどを埋め込んで白黒の文様を施す象嵌ぞうがん青磁が誕生した。象嵌技法は高麗青磁を特色づけるもので，陶磁器の中心であった中国にも輸出された。13世紀には金を加える金彩，銅によって赤色を加える辰砂しんしゃ技法も登場した。

14世紀後半にかけて，青磁の色はしだいに褐色となり，やがて朝鮮時代の▶粉青沙器ふんせいさき（三島みしま）へと移行した。木工・漆芸分野では中尚省，都校署に職人が所属し，家具などさまざまな什器を作ったが，最も精緻な技法は螺鈿らでん漆器である。これは貝の表面を文様の形に切り抜いて漆で固定するもので，さらに鼈甲べっこうとも称される玳瑁たいまいや金属線で精緻に装飾する例もある。13-14世紀の経箱など仏教関連の例が多く，文様には細やかな唐草文や菊文が多い。金工分野では梵鐘，鰐口，香炉などの仏具が多く伝わるが，統一新羅時代から続く線象嵌が発展をとげ，蒲柳水禽文をあらわした韓国国立中央博物館の青銅製浄瓶じょうへいなどがその代表作となっている。そのほか鍛造や彫金技法を駆使した華やかな金製装身具，容器なども王墓などから出土している。

［朝鮮時代］　朝鮮時代(1392-1910)には，儒教(朱子学)を重んじる風潮から，機能美と力強さを備えた工芸が生まれた。陶磁器分野では，15-16世紀にかけて前代の象嵌青磁を基礎としてさまざまな白土装飾をほどこす粉青沙器が焼造された。1460-70年代頃に京畿道広州に王家や官庁の器を専門に焼く官窯が設置され，白磁やコバルト顔料で青色の文様が描かれた青花(染付)が焼かれることとなったが，16世紀末にかけて地方でも白磁が焼かれた。粉青や地方窯の白磁は肥前など日本の近世窯業の成立に影響を与え，また日本の侘び茶のなかで茶碗として珍重された。17世紀以後には白磁のみとなるが，コバルト顔料の不足により，鉄絵具で褐色の文様を描く鉄砂てっしゃが流行した。18世紀前半に官窯は金沙里きんさりに移動し，青花が復活するとともに秋草手ともよばれる簡素な絵付けの一群が焼造されたが，後に日本の民芸運動のなかでも高く評価された。1752年には官窯は分院里ブヌォンリに定着するが，両班層の増加に伴い，そのスティタス・シンボルとされた水滴や筆筒などの文房具の量産をはじめ，特色ある多彩な陶磁器が焼かれた。➡陶磁器

漆工では前代にひきつづき螺鈿が主流である。15-16世紀には朝鮮固有の人為的に亀裂を入れた割貝わりがい技法が登場する。文様には簡明な蓮華唐草文が多く，割貝技法とともに本阿弥光悦など日本の漆芸に影響を与えた。17-18世紀には，絵画的な文様や葡萄栗鼠など吉祥文が増加する。19-20世紀には，薄く貝を切る薄貝法や，小さな貝片を組み合わせ，山水や▶十長生じゅうちょうせいなどの吉祥文を表した家具類が多く伝わっている。木工分野でも18-20世紀にかけての家具が特色となっている。透彫を見事にほどこした膳のほか，骨組構造のみを生かした四方棚，文机，文箱など書斎に置かれたものが多い。これら家具の装飾には螺鈿や金具のほか，牛角の裏面に赤や黄色など鮮やかな彩色で文様を表す華角かかくも用いられた。染織分野は高麗時代までの例がきわめて少ないが，16-17世紀になると墓からの出土服飾がみられ，19-20世紀には多くの服飾類が伝世している。セットンとよばれる五行色を合わせた女性や子供の衣服，色布を自由に組み合わせたチョガッポは優れた色彩感覚を示すものとなっている。金工分野

は初期の例が少なく，19-20世紀の作例が多い．鉄地に銀の線象嵌をほどこし，吉祥文が多くあらわされた．そのほか石製品も朝鮮時代の工芸の特色となっており，重厚かつ洗練された筆筒などの文房具や香炉などが伝わっている．　　　　　　　片山まび

【絵画】　朝鮮の絵画は，現存作品に限っていえば，その内容は4-7世紀にかけて制作された高句麗の古墳壁画，13-14世紀の高麗の仏画，および14世紀末以後の朝鮮王朝(李朝)絵画の三つの分野で代表される．それ以外の三国時代の百済や古新羅，それに続く統一新羅時代，ならびに高麗時代前半期などの作例はその遺品がきわめて少なく，高句麗古墳壁画から高麗後期仏画に至る約500年間はほぼ空白に近い状態といえる．したがって，時代的に大きな隔りのあるこの両者の間に発展的な様式変化の跡をたどることができず，朝鮮絵画史研究の上で障害となっている．

[高句麗]　古墳壁画は，将軍塚，安岳3号墳，徳興里古墳など，現在約100基から発見されている．それらは，すぐれた絵画技法と高度に発達した土木技術を土台として成り立ったものであるが，壁画には高句麗人の死生観，日常生活における進取的な気性，あるいは情緒や感情までもが繊細に表現されている．また，墓主夫妻像はその多くが風俗画的な性格を帯び，蓮華文や唐草文などの装飾文様には仏教的色彩がうかがわれる．一方では天界図などに道教的要素も現れているなど，中国の思想的影響が顕著である．なお，巧みに描かれた人物や動物とは対照的に，背景の山岳は太い線と細い線を波状に重ねて象徴的に表され，山水の表現がいまだ初歩的な段階にとどまっていることを示している．高句麗の古墳壁画は作風的には中国の東晋末および北魏の影響を強く受けているが，東アジア最古の絵画を代表する貴重な遺品群であり，さらに日本の飛鳥時代の高松塚古墳壁画と密接な関係を有するものとしても，近時ますますその意義が広く認識されるようになった．高句麗古墳の一群(北朝鮮と中国東北地方)は2004年世界文化遺産に登録．▷高句麗┊壁画古墳

[高麗]　宮廷機構として専門画家の所属する図画院が設立され，肖像画や山水花鳥など多岐にわたる主題の絵画が制作された．一方，高麗時代は中国北宋代に蘇軾らが唱えた詩書画一致の文人思想を受け，王侯士大夫や僧侶の間でも絵画を鑑賞するだけでなく，余技として制作する者もいた．また北宋や元との活発な文化交流により，高麗王室には多数の中国画が請来し，その絵画様式は古典として次の朝鮮王朝画壇にまで影響を与えた．ただし一般絵画では，山水の様相がうかがえる版画《御製秘蔵詮》や魯英《地蔵菩薩半跏像》などがあるが，現存する作例はきわめて少ない．一方，宗教画である仏教絵画は現在150点ほどが認知されており，多くは日本に伝世した．仏画は高麗時代における仏教の隆盛や美術思想の高揚に伴って盛んに制作された．現存作例の大部分は13世紀後半以降の制作で，主題は阿弥陀如来，観音菩薩，地蔵菩薩，羅漢が大多数を占め，図様は特定の形式の反復性が強い．宮廷の作画では，高麗王やその家族の現世的救済を願旨とするものが多い．中国元代絵画の大きな影響による繊細巧緻な技巧が駆使されて，貴族的な高い気品と洗練された美しさを備えている．

[朝鮮王朝]　朝鮮王朝(李朝)は国家の指導原理として仏教に代わって儒教が採用され，美術の様相も大きく変化した．儒学を身につけた王族や上層知識人の価値観は鑑賞画に色濃く影響を与え，とくに中国宋，元代の影響で高麗時代より隆盛し始めた水墨画が愛好された．儒林の士人である文人画家は，教養の一端として余技で中国故事や歳寒三友，四君子などの作画を嗜んだ．一方，宮中の画事に携わる図画署の画員は職業画家として，ものの形状を正確に写し取る技術を磨き，求めに応じ王侯貴族の肖像画や地図，儀式の記録画，官用の屛風をはじめ，鑑戒図，文人官僚の会合を記録した契会図という朝鮮特有の山水画など，多岐にわたる主題の鑑賞画制作に携わり，活発な絵画活動を展開した．前期に制作された遺品は希少であるが，それ以後は現在まで数多くの作品が伝世している．

朝鮮王朝の絵画は中国の重要画風を受容し，独自の画風を発展させた．様式的変遷

にしたがい，前期(1392-1550頃)，中期(1550-1700頃)，後・末期(後期1700頃-1850，末期1850-1910)の3期ないしは4期に分けられる。前期は，《夢遊桃源図》を描いた*安堅アンギヨンをはじめ，画員画家が主に中国北宋代の山水画様式を継承し，とりわけ主題では瀟湘八景図が愛好された。また詩書画一致で知られる文人画家の*姜希顔カンヒアン・希孟兄弟は，北京で流行していた明代の浙派画風をいち早く導入した。中期に入ると，明代浙派の画風が流行し，後のく*民画>に連なる朝鮮独自の造形感覚が培われ始める。また墨竹の名手と知られる李霆など，一つの画題で名を馳せる士人画家や，特定の画題を代々得意とする画家の家柄も台頭した。*李巌イアムや申思任堂，金埴などにより花鳥画も発展する。後末期は，英祖や正祖が高い鑑識眼の持ち主で，優れた画家が数多く輩出された。元末の南宗画様式が主流となり，西洋画法の受容もみられる。*鄭敾チョンソンらは朝鮮の名勝を表した真景山水画，*金弘道キムホンドや*申潤福シンユンボク画員画家は両班ヤンバンや庶民，妓女の日常を表した風俗画を描き，現実を対象とする絵画が発達した。末期は，清朝文化の刺激を受けた文人の*金正喜ピムジョンヒと，彼を追随した中人階級の画家が画壇を主導した。画員の*張承業チャンスンオブは清朝の揚州八怪系を受容し，表現主義的な画風で個性を発揮した。

柳宗悦が提唱した〈民画〉は民間の美として知られ，朝鮮民族固有のユーモア溢れる造形感覚が前面に現れた絵画，または彩色装飾画全般の総称として用いられてきた。近年，民画には宮中装飾画が含まれていたことや，中国画風を受容した正統画にも造形の着想源が得られるなど，民画の位置づけの見直しが求められている。

朝鮮王朝の絵画は古くより日本に伝来し，日本の画壇にも部分的にその受容の痕跡が認められる。　　　　　　　　　　石附 啓子

【彫刻】　三国時代の4世紀末に仏教が朝鮮半島に伝えられ，彫刻は仏像を中心に展開する。その初期には3国とも中国仏像の直模的な表現による扁平で硬直した体軀，衣紋が左右対称に広がる正面観主体のものが造られた。高句麗は3国のうちで最も早く仏教および仏像を受け入れたが，遺品はきわめて少ない。遺品のほとんどが小金銅仏であり，その代表的な様式は三尊仏である。遺品中で最古のものは延嘉7年(539)の造像銘をもつ金銅如来立像である。高句麗の仏像はその地理的関係から中国の北魏を主とする北朝様式の影響を強く受けている。

百済の仏像はほぼ600年ころを境にして前期と後期に分けられる。前期は一光三尊形式の小金銅仏や小型石造の半跏像などが中心であるが，6世紀後半にはまだ中国六朝や高句麗系の様式が残っている。後期には比較的大きな金銅仏や石窟寺院形式の磨崖石仏，大型石仏が造られており，7世紀前半に至って隋・唐両王朝の新しい影響を受けながら百済独自の作風を帯びるようになった。顔は丸く温和で，〈百済の微笑〉とよばれる特有な笑みを浮かべている。百済は6世紀前半に日本に仏教を伝え，飛鳥，奈良の地に仏教文化を開花させたが，その仏像制作には百済の渡来人の手が大いに及んでいるものと考えられる。

古新羅の仏像は弥勒信仰を背景とした弥勒仏や半跏思惟形の菩薩像の制作が盛んであったことが特色である。2体の大型金銅半跏思惟像(ともにソウル国立中央博物館)は3国中のいずれの王朝の造像であるのか不明だが，そうした弥勒信仰を背景として生まれたものであろう。古新羅末期にはこれらの金銅仏とともに石像も発達し，三尊像や半跏像も造られた。

続く統一新羅時代には3国それぞれの仏像様式が統合され，石像，銅像，塑像など多くの仏像が造られ，現存する作品も少なくない。とくに統一以後盛んであった阿弥陀信仰による造像と，薬師信仰による金銅像の盛んな造成が注目される。この期の最大の傑作は慶州吐含トハム山の石窟庵本尊の如来石像とその一群の脇侍たちである。石窟庵本尊の偉容は東洋各国の石仏中の精華とも称えられているが，これは新羅の石像彫刻の200年にわたる伝統の上に完成されたものであり，また良質な石材に恵まれた朝鮮の風土と民族の造形感覚との密接な関係を示すものといえよう。しかし，石窟庵の石仏群を頂点として，以後，朝鮮の仏像は

作風の低下をきたしていく。高麗時代は前代に引き続き仏教は盛んで，仏教美術は諸方面に新たな展開をみせるが，仏像は秀麗にして力感に満ちた前代のそれを凌駕することができなかった。→石仏・仏像　　吉田宏志

【建築】　三方が海に囲まれ，四季の変化に富み，山が多く平地の少ない朝鮮の自然環境は，島国日本と同様に独自の地方文化を育んだ。建築では住居にその自然環境による差異がよく現れている。中国大陸と陸続きで寒冷期の長い北部の気候は，紙貼りの土間床式のオンドルを発達させ，また，温暖な南方では床を上げた板敷間を中心にしてオンドル部屋をL字形，コの字形に連ねた朝鮮独特の民家建築をつくりあげた。これは土間床のみの中国と板敷床の発達した日本の民家の性格を兼ね備えたものともいえよう。

朝鮮の木造建築に最も多く使用されている木材はアカマツで，日本のヒノキやスギのような良材は得られない。アカマツには大材が少なく，樹脂を多く含み，屈曲材が多いために加工精度が悪いなどの欠点がある。しかし，垂木や梁には丸太材や屈曲材を巧みに利用して意匠的効果をあげ，仕上がり精度の悪さは彩色を施して解決するなど，材質上の制約はかえって朝鮮王朝期に民族的色彩の強い建築を生じさせた要因になっている。

朝鮮建築の特性としては，ほかに古式技法をよく残している点があげられる。外寇による相次ぐ戦乱のため，多くの木造建築が失われ，古代建築は石造物を除き木造建築はまったく残存しない。しかし，高麗時代の建築にみられる柱の胴張り（エンタシス）や，隅柱を高くして軒反りをつける隅増し技法，側柱の内転び，扇垂木などの技法は，中国唐代の建築の影響を受けて高麗時代に継承された古式技法である。丸太材のままの扇垂木や，強い軒反り，小屋裏をつくらない化粧天井などの古式は現在もなお根強く伝承されている。このような朝鮮建築の特性は，同じく唐の様式を基本としながら，良材を得て早くから技術的改良を加えて和様化の道を歩んだ日本建築と対照的で，大陸的な壮大さを保ちつつ民族的な個性を発揮したものである。

以下では三国時代の建築について概観するが，高麗時代および朝鮮王朝時代の建築については〈高麗美術〉〈朝鮮美術〉の項目をみられたい。

［百済］　朝鮮半島の南西部を占めた百済は，高句麗との抗争の間に3度都を変えた。4世紀にソウル近くの漢山城に都を定め，470年ころには錦江中流の熊津に，538年には錦江下流の泗沘（現，扶余）に遷り，660年に唐・新羅連合軍と争って滅亡した。百済は3国のなかでも最も築城が多く，木柵と土城の多いのが特徴である。各都城には防備のための山城を設けたが，首都泗沘を防御するための扶蘇山城と市街地を囲む羅城（外城），そして扶蘇山城の周囲を包む中城を備え，さらに外郭山城として甑山城，青馬山城，石城山城，聖興山城を配して王都を防備している。

百済に仏教が伝えられたのは4世紀末ころで，扶余の一帯には寺址が多く，定林寺址，軍守里寺址，金剛寺址，東南里廃寺址などがあり，伽藍配置は中軸線上に中門，塔，金堂，講堂を配したいわゆる四天王寺式である（→寺院建築）。仏塔では益山弥勒寺石塔，扶余定林寺石塔などが現存するが，木造塔も多く建てられた。これらの寺址から出土する瓦塼は，3国のうちで最も優美で，豊富な文様構成をもつ。なかでも素弁蓮華文瓦は日本との関連を示し，日本の初期仏教建築に与えた影響を認めることができる。

［高句麗］　高句麗は後1世紀ころ，鴨緑江中流の通溝に拠を構え，3世紀ころには国内（輯安）城と山城の子山城を築いたが，4世紀ころには大同江下流の平壌に都を遷した。初めは大城山一帯と安鶴宮を中心にしていたが，586年（平原王28）に平壌城を築いて都とした。平壌城は内城（王宮），中城（官衙），外城（市街地），北城（防御）で構成された平山城で住民全員を城内に収容できるほど大規模であった。高句麗の山城は三方が絶壁に囲繞され，南方に緩斜面の地を選び，山の稜線や絶壁に沿って城壁を築いた堅固な要塞であった。この築城方式は百済や新羅でも採用され，また，石築の方法などととも

に百済を通じて北九州の築城にも影響を与えた。

　4世紀後半に仏教が高句麗に導入されて各地に大規模な伽藍が建設された。平壌の東北にある清岩洞チョンアムドン廃寺，上五里サンオリ廃寺址，平原郡元五里廃寺址などの寺址が有名である。清岩里と上五里は八角の建物を中心に左右と後方の3方に仏殿を配し，日本の飛鳥寺との伽藍配置の類似が注目される。高句麗の建築様式は安岳1号・3号墳(4世紀中ごろ)，角抵塚，舞踊塚(ともに4世紀末ころ)，徳興里古墳(408)，双楹塚(5-6世紀)などの古墳壁画によって知ることができる。朱塗りの柱上に斗栱トゴンをもち，中備えに人字形割束をつけ，大梁上に叉首サスを置き，棟を受ける。屋根は瓦葺きで大棟両端と中央に装飾瓦を飾り，大棟中央に焰型を飾るものもある。壁画は当時の王室・貴族の住宅形式をよく表しているが，皿斗付きの大斗や巻斗，人字形割束，肘木キョル下端の舌の表現などは法隆寺と同種であり，中国から高句麗を経て日本への文化伝播の一端がうかがえる。

[新羅]　朝鮮半島の南部，日本海側に建国した新羅は，小部族国家連合体として発足し，やがて統一専制国家となり，7世紀には半島を統一した。首都慶州キョンジュには，当初は南川に沿う半月形の低丘陵上に月城を築き，王宮を構えた。周囲に羅城を備えず，東に明活山城，南に南山城，西に西兄山城，北に北兄山城を設けて羅城の役割を果たした。

　新羅に仏教が伝えられたのは高句麗，百済より遅く528年(法興王15)といわれ，次の真興王(540-576)代には興輪寺(544)，皇竜寺(644)，善徳女王(632-647)代に芬皇寺(634)，皇竜寺塔など，各代の王は競って各地に仏寺を造営した。三国統一前後から唐との交流が頻繁になり，その影響を受けて統一新羅の文化を発展させた。慶州の四天王寺や望徳寺，浮石寺など多くの寺院が建てられたが，木造建築は現存せず，石造物にすぐれた遺品が多い。　▷高麗美術|朝鮮美術

宮本 長二郎

【近代】　西洋近代式の美術制度導入の側面からみると，高羲東コウィドン(1886-1965)が1909年に東京美術学校に留学し，朝鮮最初の西洋画家となったことは朝鮮近代美術の一つの分岐点となった。高羲東に続いて金観鎬キムグァノ(1890-1959)，金瓛永キムファニョン(1893-1960)らが東京美術学校で西洋画を学んだが，当時の朝鮮では美術留学自体非常にまれであり，美術概念が定着していくのも1920年代に入ってからである。植民地期を通じて官立の美術学校が設立されなかったため，近代的美術を学ぶには留学をするか，留学派のもとで学ぶほかなかった。この時期，朔星会(1925)，緑郷会(1928)などの美術団体が次々と設立され，きわめて短期間のうちに〈美術〉が吸収されていったのである。

　総督府は〈朝鮮美術の保育助長〉の名目で1922年に〈朝鮮美術展覧会〉を創設したが，審査陣は日本人美術関係者を中心に構成されていた。審査の過程で，朝鮮においては美術経験がいまだ浅薄であるため，作品の内容を充実させるには朝鮮の独自性を追求すべきだとして，いわゆる〈郷土色〉が推奨されるようになった。しかし，それは日本人の眼を通して見た〈朝鮮的なもの〉にすぎず，日本人が朝鮮に対してもっていた偏見や蔑視を朝鮮人画家が内面化する結果を招いた。これとは別個に，日本の文化的圧力から脱して主体性を確立しようとした朝鮮の美術家や知識人の間にも朝鮮の独自性追求をめぐる〈朝鮮美術論〉が沸きおこり，その過程で南宗画が再評価されている。

　伝統絵画においては，1918年朝鮮人主体の〈書画協会〉が創設され，23年には李象範イサンボム(1897-1972)や卞寛植ピョングァンシク(1899-1976)らが東洋画と西洋画を融合した新たな山水画を追求するために〈同研社〉を設立した。また結城素明門下で学んだ金殷鎬キムウノ(1892-1979)や，その弟子金基昶キムギチャン(1914-2001)らは日本画風をとりこんだ作品世界を築きあげたが，解放後，彼らは親日派として批判を受けることになる。

　1930年代にはさまざまな絵画様式が試みられ，金仁承キムインスン(1911-2001)に代表されるようなアカデミズムにのっとった作風以外にも，李仁星イインソン(1912-50)や具本雄クボヌン(1906-53)のように後期印象派やフォーヴィスム風の作品にとりくむ画家も多く輩出され，プロレタリア美術に関心を寄せる者まで現れた。

一般的には具象が好まれ，抽象画を扱ったまれな例としては金煥基キムファンギ(1913-74)や劉永國リュウヨングック(1916-2002)をあげることができる。40年代には国家総動員法に呼応して，朝鮮人画家にも国威発揚や戦争賛美を謳う作品の制作が課せられた。　　　　　　喜多 恵美子

[近代建築]　朝鮮半島における近代建築は，1876年日朝修好条規によって鎖国が解かれ，日本との交流が始まり，その後，欧米諸外国とも交流をもつようになることが始発点となった。もちろん華城(水原スウォン城)の建設(1794-96)にも近代的都市建築計画の始まりが見受けられ，景福宮の再建も近代という時代を背景として行われたことは明らかである。しかし，ここでは開港以後の近代建築の足跡をたどることにする。日本の統治下に置かれる1910年以前は，これら諸外国から近代建築がもたらされることになったが，代表的なものとして，明洞聖堂(コステ神父，1898)，日本領事館(1896)，英国の領事館(1890)，ロシア公使館(サバティン，1885)，石造殿(ハーディング，1910)，培材学堂講堂(1886)，梨花学堂メインホール(1900)などがある。それ以後，日本からの影響を強く受けることになり，朝鮮銀行(辰野金吾，1912)，京城駅(塚本靖，1925)，京城郵便局(1915)，朝鮮ホテル(デ・ラランデ，1914)，朝鮮総督府庁舎(デ・ラランデ，野村一郎，国枝博，1926)，京城府庁(岩井長三郎，1926)，李王家德寿宮美術館(中村與資平，1938)など多くの近代建築が建てられた。しかし，朝鮮半島ではモダニズム建築が建てられることは少なく，京城基督教青年会館(笹慶一，1934)はそれを代表するものであった。

朝鮮人の近代建築への関与はロシア公使館などを施工した沈宜碩シムウィソクを嚆矢とするが，設計に関与したのは日本統治下に入って以後，京城工業専門学校を卒業するか，日本を中心とした海外で学ぶかした建築家達であった。前者には朴吉龍パクギルリョンや朴東鎮パクドンジンがおり，朴吉龍は和信百貨店(1937)の設計や雑誌《朝鮮と建築》への関与で知られている。一方，朴東鎮は普成専門学校(現高麗大学校)の本館(1934)など教育施設の設計で有名である。後者としては関西工学伝習学校で学び，W.M.ヴォーリスの事務所に勤めた姜沁カンシムがおり，延世大学校教授食堂の設計などに参加した。ヴォーリスの事務所には林億洙イムオクスもおり，学校，病院，YMCAなど朝鮮におけるヴォーリスの作品の多くは彼らの助けを得て建てられたのである。
　　　　　　西垣 安比古

【現代】　解放後，思想対立が激化するなかで金容俊キムヨンジュン(1904-67)，金周経キムジュギョン(1902-)ら有力画家が越北するなど，画壇には大きな変化がみられた。分断後の韓国では1950年代末から朴栖甫パクソボ(1931-)や金昌烈キムチャンヨル(1929-)らによって主導されたアンフォルメル絵画が，世界の美術動向とはじめて足並みをそろえたという理由から，韓国における現代美術の基点であるとされるようになる。

60年代以降，極写実主義，実験美術，ビデオアートなどが欧米の動向を視野に入れつつ模索されると同時に，韓国美術の独自性を探求する試みも盛んに行われている。とくにモノクローム絵画は国際的評価を得て70年代韓国の代表的な様式となった。個人ではビデオアートのナムジュン・パイク(白南準，1932-2006)や日本の〈もの派〉の理論的支柱李禹煥リ・ウファン(1936-)の活躍に目覚しいものがあった。80年代には社会的現実を作品に反映させようとする民衆美術(ミンジュンミスル)運動が呉潤オユン(1946-)や林玉相イムオクサン(1950-)らによって牽引され，民主化闘争の一環として大きな広がりをみせた。88年以降，海外渡航の自由化にともない活動の場を国外に求める美術家が増大し，国内でも光州ビエンナーレ(1995)をはじめとする国際展が定期的に開催されるなど，韓国現代美術の国際的な存在感が高まった。

一方，朝鮮民主主義人民共和国においては朝鮮の独自性追求という至上命題において韓国と一脈通じる側面があるものの，制作の方向性を示すのはあくまでも国家指導者であり，美術家個人の創作上の自由はあまり確保されていない。とはいえ共和国の美術は，近年イギリスで展覧会が開かれ，2005年の北京国際芸術博覧会では人民芸術家の鄭昶謨チョンチャンモ(1931-2010)と鮮于栄ソヌヨン(1946-2009)が金賞を受賞するなど，世界的な注目を集めている。
　　　　　　喜多 恵美子

ひてんこうちょうきしゅう｜非転向長期囚

韓国の獄中に長年とらわれておりながら思想転向を拒否してきた政治犯をさす言葉。朝鮮戦争を前後し南北分断のはざまで▼国家保安法などの治安法に問われ投獄された人、その後に朝鮮民主主義人民共和国（北朝鮮）から工作員として韓国に派遣されて逮捕された人などで、長い場合は40年もの獄中生活を過ごした。10年以上の獄中生活を強いられた在日韓国人政治犯が非転向長期囚に含めて考えられたこともある。韓国の民主化とともにこれら長期囚は段階的に釈放されてきたが、出獄後には保安観察処分に付され、監視下に置かれた。とりわけ北朝鮮出身者の場合、韓国には身寄りがおらず高齢化が進んでいるため、北朝鮮への送還を希望する者も少なくない。▼金泳三政権の発足とともに1993年3月、北朝鮮に送還された李仁模はその一人で、2000年6月の▼南北首脳会談では(元)非転向長期囚のさらなる送還が合意され、63名が9月に送還された。　　　　　　　　　　　石坂浩一

ひばくちょうせんじん｜被爆朝鮮人

〈唯一の被爆国〉日本に、実は当時〈日本人〉として強制連行されてきた多くの在日朝鮮人被爆者がいた。1944年当時広島県だけでも8万1863人の朝鮮人が確認されており、被爆当日、数万人に及ぶ朝鮮人が広島、長崎にいたと推定されている（約10万ともいう）。広島で被爆して死亡した朝鮮人だけでも約2万人とされている。さらに被爆したとも知らずに大韓民国や朝鮮民主主義人民共和国へ帰国した人も多い（約4万人という）。在日の場合、朝鮮人被爆者は長い間治療も救済もあまり行われずに放置されてきたが、現在では被爆者健康手帳を交付されているものの、後遺症や就職差別のため悲惨な境遇にある者が少なくない。帰国者の場合、共和国の実情はつかめないが、韓国では日韓条約(1965)以後問題が表面化し、1979年に〈在韓被爆者治療に関する四項目合意書〉が調印され、渡日治療が実現した（治療費は日本政府負担、渡航費は韓国政府支給）。以来6年間で350人が渡日しているが、入院期間が2ヵ月と定められ、本格的治療には至らず、また韓国側の渡航費の枠もあって在韓被爆者の要求を満たしていない。渡日治療の取決め期間は5ヵ年とされており、86年に期限切れとなった。　　　　　　　　宮田節子

在韓被爆者の渡日治療が期限切れとなった後、在韓被爆者は日本政府に対し、40億ドルの個人補償要求運動を起こした。これが影響して、当時の盧泰愚大統領の訪日に合わせ、海部俊樹首相によって医療人道支援として90年に40億円が在韓被爆者のために提供され、無料医療と慶尚南道陝川のセンター建設のために使用された。また、一部の在韓被爆者は、広島と長崎で当時の徴用先である三菱重工を被告とする裁判を提起し、大阪でも被爆者援護法の韓国での適用を求める裁判を行った。これらの裁判を契機に、2002年7月から被爆者健康手帳の交付申請や、治療のため渡日に必要な旅費などを支給するなどの支援事業が実施され、03年3月から被爆者健康手当の支給認定を受けた在外被爆者には出国後もひき続き手当が支給されることになった。さらに04年10月から在外被爆者が居住国の医療機関で支払った医療費の一部が助成されるようになり、05年11月から手当などの申請手続き、08年12月から被爆者健康手帳の申請手続きが居住国の在外公館などを通じてできるようになった。

他方、北朝鮮に帰国した被爆者の調査と一部の渡日治療も開始されたが、現在なんの支援もなされておらず、韓国と比べても著しく不公平となっている。　　　高木健一

ひぶそうちたい｜非武装地帯

DMZ。韓国と北朝鮮を分断している軍事境界線（休戦ライン）の南北約2kmずつ、計約4kmの幅で設けられた緩衝地帯。1953年7月27日に調印された朝鮮戦争▼停戦協定（休戦協定）によって設置された。韓国と北朝鮮は相手側の侵入を防ぐため、鉄条網や地雷、監視哨所を置き、武装兵士が監視活動に当たっている。一般人の立入りや敵対行動などは禁止されている。このため、豊かな自然が手つかずで残っており、野生動物や渡り鳥の楽園となっている。日本が1905年に敷設した京義線の線路も約20kmの区間が分断されていたが、2000年6月の南北首脳会談後、地雷の一部が撤去され、02年4月に韓国側

の非武装地帯手前にある都羅山駅まで延伸された。03年には"金剛山観光のため江原道で縦断臨時道路も造成された。韓国側では非武装地帯南端から5～20kmに民間人統制線（民統線）を設け，それより非武装地帯側の地域を民間人統制区域として，決められたルート以外や朝鮮戦争停戦前から居住している住民ら以外の出入りを原則的に禁じている。

　45年の解放前後，米国とソ連が朝鮮半島分割占領のため暫定的な境界とした北緯38度線が48年の韓国，北朝鮮の建国時にも境界となったが，朝鮮戦争停戦協定では停戦時点で南北双方が獲得していたラインを軍事境界線と定めた。このため，それまで韓国領だった開城は北朝鮮領となり，北朝鮮領だった江原道束草は韓国領となった。なお，軍事境界線を象徴的な意味で"38度線"とよぶこともあるが，実際の北緯38度線とは別物であり，地図上でも一致していない。
阪堂 博之

びへんし｜備辺司｜비변사
朝鮮王朝の政策決定機関。議政府議政，六曹判書，両局大将などの高級官僚が合議制で運営した。15世紀に設置された知辺事宰相を前身とし，本来は国境地帯の防備策定機関として1510年の"三浦の乱に際して臨時に設置され，54年に常設化された。豊臣秀吉軍の侵入時（1592-98）に活躍し，17世紀には"議政府の権限を奪って国家の最高政策決定機関となった。興宣大院君時代の1865年，議政府の一機関に格下げされ，92年に廃止された。本司の重要議事の逐日記録である《備辺司謄録》は1617-1892年分の273冊が現存し，朝鮮王朝時代の政治，軍事，経済，社会に関する貴重な史料である。
吉田 光男

ひゃくさい｜百済｜→百済（くだら）
ヒュジョン｜休静｜휴정｜1520-1604
朝鮮王朝の名僧。字は玄応。号は清虚。本名は崔汝信。平安北道の"妙香山に住んでいたので西山大師の尊称で崇められた。1552年僧科に及第，のち，教宗判事，禅宗判事を経て判禅宗事に進むが，59年辞して入山した。仏教界の統一，教禅兼修，儒仏道三教合一論を主張，王朝仏教中興の祖と

●表彰
上－表旌門。李舜臣をまつる忠清南道牙山の顕忠祠。1973年，大韓民国発行の切手。
下－郷校の前に立ち並ぶ孝子碑や功績碑。全羅南道珍島。

なる。"壬辰・丁酉倭乱（文禄・慶長の役）に際し，門徒1500人を召集して義僧軍を編成，全国に檄を発した。八道十六宗都総摂に任ぜられ，弟子の惟政（泗溟堂）らと各地の義僧軍5000人を率いて日本軍と戦った。義僧軍は平壌，開城の奪回をはじめ，武器の製造や山城の築造などでも活躍した。
矢沢 康祐

ひょうしょう｜表彰
朝鮮では朝鮮王朝時代に儒教倫理が浸透して以来，孝子，節婦，烈女や忠臣，学徳の顕著な者を表彰することが盛んに行われ，その伝統は現在も形をかえて残っている。朝鮮王朝時代には，各地方や道ごとに推薦を受けて各地の儒林団体や官庁がこれを表彰し，中央官庁においても表旌門の下賜や"書院への賜額などを行った。こうした有徳の人物が出ることは，その一族"門中ばかりでなく，その地方の名誉とみなされ，表彰はそれを公式に認定するものであった。これら有徳の人物を輩出した門中や村では，石碑や碑閣，表旌門などを建立して，その徳行を記録した。村の入口や人通りの多い道路沿いや"郷校の門前などにはこうした碑石が立ち並んでおり，公的なものばかりでなく，門中によるものも存在す

る。これらの表彰は儒教倫理を各地方，各階層に普及するうえで効果があり，それは基本的な社会秩序を維持するための政策としての意味も大きい。また書院への賜額などは，各地方氏族を中央政権下に統合する効果も大きかった。地方の門中にとっては，一族の名誉を誇示する機会として，大きな碑閣を建立することもあり，一族の族譜にもその碑文が転載されたりする。こうした伝統的な表彰は，今日でも細々と地方の郷校などで行われている。日本統治下では，こうした儒教的な伝統に加えて地方の民生向上における功績を加味した表彰が行われた。今日では朝鮮民主主義人民共和国における金日成賞や韓国における▶セマウル運動の指導者に対する表彰など，さまざまな国家的な表彰が南北を問わず盛んである。

伊藤 亜人

ひょうりゅうみん｜漂流民

漁業・商業ほかの海上業務や船舶での移動中に気象条件の急変などによって遭難し，本人の意図とは無関係な海域をさまよう人びと。いずれかの地に漂着し，生きて本国に戻ったことが漂流記ほかの文献記録に残されて初めて，その存在が明らかになる。まとまった漂流記として，崔溥《漂海録》（15世紀），張漢喆《漂海録》（18世紀），文淳得《漂海録》（19世紀）があるほか，金非衣ら（15世紀，成宗実録），李志恒（17世紀，海行摠載）など正史・叢書類に収載されたものがある。これらは，異国・異域を見聞した奇譚の類として関心を集めることが多く，〈海洋文学〉として位置づけられてもいる。したがって，漂流事件の事実性は重要視されず，史実と創作との境界が曖昧なままに扱われる傾向もなしとはしない。

一方，朝鮮王朝後期になると，日韓間の漂流・漂着事件が両国の官憲によって詳細に記録されるようになったから，1990年代以後は史実としての漂流事件の客観的な分析が進んだ。1599-1872年に日本列島に漂着した朝鮮人は9700人を超え（事件数が970件余），1618-1872年に朝鮮半島に漂着した日本人は1200人を超える（事件数は90件余）。漂着した人びとは，両国家間に成立した相互無償送還を主旨とする漂流民送還制度によって規則的に本国に送還されたが，その背後には16世紀半ば以後における東アジアの安定的な国際秩序成立がある。

池内 敏

ヒョッコセ｜赫居世｜혁거세

新羅の始祖王名。別名は赫居世居西干，赫居世王，閼智。姓の朴氏は後世の付加。赫居世居西干は，光かがやく王の意味で，民間伝承に多く用いられる閼智は穀霊を意味する。赫居世は天から降臨するが，水神の王后閼英をえて，はじめて天候と土地との結合する農耕神話＝建国神話が完成する。新羅六村の村長は王都周辺の名山に，赫居世は山麓の蘿井付近に降臨した。これは新羅王権の弱さを示す開国神話といえる。

⇒神話｜バガジ

井上 秀雄

ピョンアンどう｜平安道｜평안도

朝鮮半島北西部の地方。朝鮮八道の一つで，江原道淮陽と咸鏡道安辺との境にある鉄嶺(685m)以西の意味で関西地方ともよばれるほか，西北路，西北界，西北道などの異称も広く用いられてきた。朝鮮末期の1896年に平安北道と平安南道に分割された。1945年の南北分断後は朝鮮民主主義人民共和国に属し，49年に平安北道の東半部が▶慈江道として分離されたほか，平安南道からも▶平壌が直轄市として分離した。同じく平安南道にあった▶南浦は1979年に直轄市とされたのち，2004平安南道に再編入されたが，11年に再度直轄市(特別市)に昇格したとの報道もある。平安北道(道都は▶新義州)は面積1万2680km²，人口272万8617人(2008)。平安南道(道都平城)は面積1万1891km²，人口は北朝鮮で最大の405万1706人(2008)。

[自然]　北部から東部にかけて，本道の大部分は標高1500〜2000mの▶狼林山脈やその支脈の狄踰嶺山脈，妙香山脈などの険峻な山地によって覆われているが，黄海沿岸には平坦な海岸平野が延々と続き，よい対照をなしている。とくに大同江の中・下流域には平壌平野と楽浪準平原が連なり，北朝鮮最大の平野地帯となっている。楽浪準平原は露出した石灰岩層が広く分布し，カルスト地形がみられる。中国との国境をなす▶鴨緑江は北部山地の大部分を流域とする朝鮮最長の河川である。

冬季には凍結し，徒歩による渡河が可能である。沿岸部の年平均気温は9℃前後，1月は−8〜−9℃に下がる。北部山間地は1月の平均気温が−20℃に迫る酷寒地である。年間降水量は900〜1000mmだが，年によって変化が大きい。山地部にはカラマツ，モミなどの亜寒帯性針葉樹林が広く分布する。

[歴史] 朝鮮王朝が鴨緑江を国境と定め，防備を固めるまで，本道は中国北方勢力の影響を絶えず受けてきた。古くは漢が楽浪郡を設置して支配(前108-後313)し，高句麗，女真族などが入れかわり立ちかわり支配した。平安南道江西ｶﾝｿﾞ郡・平壌市・平安南道西部から黄海南道北部にかけて点在する高句麗古墳群は，2004年に北朝鮮初のユネスコ世界遺産に登録された。高麗王朝に至り，本道の多くを支配下に置き，北界として安北都護府に管轄させた。14世紀末に侵入した中国の紅巾軍を撃破する過程で，朝鮮王朝創始者の▶李成桂ｲｿﾝｹﾞが本道を朝鮮領に確定させた。朝鮮は中期以降鎖国政策をとったが，西北辺境の義州ｳｨｼﾞｭでは中国と交流する定期市が開かれた。

王朝末の開国から日本植民地時代にかけて，朝鮮の中ではとくに本道にキリスト教を中心とする西欧文明の影響が浸透し，▶愛国啓蒙運動や抗日独立運動の志士を多数輩出している。日中戦争の開始とともに平壌を中心に兵站ﾍｲﾀﾝ基地が建設され，植民地時代末期の▶水豊ｽﾌﾟﾝダム発電所竣工以後は鴨緑江下流の新義州に軍需工業が発達した。1948年の分断国家成立後，平安南道の道都だった平壌が朝鮮民主主義人民共和国の首都として拡張，整備された。平壌市の北部は68年に平城市として分離し，平安南道の新たな道都となった。50年10月，朝鮮戦争に参戦した中国人民志願軍が本道の山岳地帯で本格的な攻勢を開始し，国連軍を圧倒して戦争の流れを大きく変えた。

[地域と産業] 黄海沿岸の平野地帯は人工灌漑施設も整い，北朝鮮の代表的な米作地帯となっている。北部山岳地帯は水力資源と山林資源が豊富であり，これを背景に化学繊維，パルプ，家具などの諸工業が新義州を中心に発達している。鴨緑江にかかる中朝友誼橋で中国の丹東ﾀﾝﾄﾞﾝと結ばれる新義州は，陸路による対中交易の窓口として重要な地位を占めている。山間の雲山ｳﾝｻﾝ，熙川ﾋｼﾞｮﾝや慈江道の江界ｶﾝｹﾞなどは工具，工作機械を中心とした特色のある工業都市となっている。また，金，鉛，タングステン，ニッケルなどの鉱物資源も豊富である。平安北道寧辺ﾖﾝﾋﾞｮﾝは核関連施設が集中することで知られる。同道西海岸の東倉里ﾄﾝﾁｬﾝﾆには事実上のミサイル発射基地とされる西海ｿﾊｴ衛星発射場があり，2012年にここから打ち上げられたロケットは北朝鮮として初めて人工衛星の軌道投入に成功した。

平壌の周辺は，石炭，石灰石，鉄鉱など地下資源も多数産し，それを背景に重工業から軽工業にいたる北朝鮮最大の総合的工業地帯となっている。とくに平安南部炭田(徳山ﾄｸｻﾝ，江東ｶﾝﾄﾞﾝ，江西ｶﾝｿﾞなど)，平安北部炭田(价川ｹｼﾞｮﾝ，德川ﾄｸﾁｮﾝなど)は北朝鮮の無煙炭の大半を生産する炭鉱地帯である。平安南道江西郡に建設された降仙ｶﾝｿﾝ製鋼所(のちに千里馬ﾁｮﾝﾘﾏ製鋼企業連合所)は，1950年代に始まる▶千里馬運動のシンボル的な存在となり，その一帯も2004年に千里馬郡に改められた。大同江河口の広梁ｸｧﾝﾔﾝ湾は干潟地が広く発達しており，塩田などに利用されている。比較的単調な海岸線には天然の良港がみられないが，竜岩浦ﾖﾝｱﾑﾎﾟ，南浦などの港を基地とするグチ，フグなどの漁業が行われている。南浦は平壌の外港の役割を果たすとともに，造船工業が立地する。

谷浦 孝雄＋佐々木 史郎

ヒョンデざいばつ | 現代財閥 | 현대재벌

韓国の代表的財閥，企業グループ。ヒュンダイとも。建設業を中心に造船，自動車，化学，セメント，電子，金融など幅広い分野で事業を展開した。創始者の鄭周永ﾁｮﾝｼﾞｭﾖﾝ(1915-2001)が1947年に設立した現代建設が財閥形成の起点とされる。中核企業となった現代建設は，朝鮮戦争後の復興とそれに続く国土開発における建設ブームに乗って成長し，さらに，ベトナムと中東の海外建設市場での成果によって，基盤を固めた。この間67年には現代自動車(75年，三菱自動車の技術協力により韓国初の国産車ポニー発売)を，73年には現代重工業(造船・重機械製造)を設立

して重工業部門を拡充し，76年には現代総合商事の設立によって国内外の受注・販売機能を拡大し，韓国最大の財閥グループとしての地位を固めた。また，80年代以降は金融業，先端技術産業分野への進出を進め，とくにエレクトロニクス関連の半導体，コンピューターの分野では，海外企業との技術提携を通じて，先端技術の吸収と生産拡大をめざした。現代建設の中東進出，現代重工業の100万トン・ドック建設などは70年代韓国経済の躍進を象徴していたが，他面で同族支配からの脱却，株式公開といった経営体質の改革を迫られた。99年4月時点では，系列企業数は62社，総資産は89兆ウォンと韓国最大の財閥であった。金大中政権による財閥改革で主力業種を建設，自動車，電子，重化学，金融・サービスにしぼり込んだが，2001年に創始者の鄭周永が没した影響もあり，現代グループ(現代峨山，現代商船など)，現代自動車グループ(現代自動車，起亜自動車など)，現代重工業グループ(現代重工業，現代尾浦造船など)，現代百貨店の4グループに分解した。これらのうち現代峨山は▶金剛サン山観光など北朝鮮関係の事業を行うという特徴をもつ。12年時点で，現代自動車グループは韓国財閥グループの第2位(総資産155兆ウォン)，現代重工業グループは第6位(56兆ウォン)に位置している。→財閥

鈴木明彦＋金子文夫

ピョンヤン |平壌|평양

朝鮮民主主義人民共和国の首都。朝鮮半島の西北部，大同テドン江中流の準平原地帯の北端に位置する古都で，柳京リュギョン의 雅称をもつ。現在は直轄市となっている。面積2629km²，人口325万5388人(2008)。西北朝鮮最大の平野を背後に，川幅500m以上の大同江岸の高台に位置し，古くから軍事上の要害の地であった平壌は朝鮮最古の都市とされている。大同江が東から大きく回って綾羅島ヌンナドをはさんで市の中央部を南流し，南部には羊角ヤンガク島，豆老(楼)トゥロ島がある。平均気温は10.5℃，8月24.5℃，1月−5.9℃で年較差が大きい。年降水量は1049mmで，その過半が7-8月に集中する。1948年9月，朝鮮民主主義人民共和国が成立し，平壌はその首都とされた(憲法上の形式的な首都は72年の憲法改正までソウルとなっていた)。朝鮮戦争(1950-53)中，平壌の市街地は空爆と市街戦によりひどく破壊されたが，戦後，北朝鮮政府は首都平壌の建設に膨大な資材と労力を投入し，多くの大規模建築物を擁する大都市を再建した。

[**市域と産業**] 朝鮮王朝時代の平壌は大同江西岸の北にある小高い万寿台マンスデから南の蒼光チャングァン山に至る小地域だったが，植民地時代に蒼光山以南に軍事施設中心の市街地が，また大同江対岸に工場地帯が拡大した。朝鮮戦争以後，数回の行政区域変更措置を通じ，平壌市は大拡張され，19区域4郡を擁する大都市となったが，食糧事情が悪化した2011年に一部の郡と区域を黄海ファンヘ北道に移し，市域面積と人口を縮小させたとの報道がある。

大同江西岸の中心部は大小の街路によって区画された国家行政，文化の中心地であり，広い緑地帯の中に中央官庁，▶金日成キムイルソン総合大学，人民文化宮殿のほか，1982年の金日成主席の古希慶祝事業として建てられた高さ170mの▶主体チュチェ思想塔，高さ60mの凱旋門，人民大学習堂(大図書館)などの記念碑的大建築が散在し，壮大な威容を誇示している。職住近接の政策により首都の機関で働くエリート層は中心部の高層アパート群に住んでいる。市中央を流れる普通プトン江一帯は市民公園となっている。普通江と大同江にはさまれた市の中心部牡丹峰モランボン一帯は金日成銅像，朝鮮革命博物館，チョンリマ(千里馬)像などの巨大建造物が集中する革命聖地とされ，全国から人民の訪問の絶えない巡礼地となっている。

韓国ソウルの地下鉄1号線の開業に先立って1973年に開通した地下鉄千里馬線は，防空シェルターを兼ねており，地下100mほどの深さで運行されている。かつて中心部にあった工場はすべて郊外へ，また平安ピョンアン南道の道行政機関も68年新設の平城ピョンソン市へ移された。88年のソウル五輪に対抗したとされる第13回世界青年学生祭典(1989)を開催し，それに合わせて大規模な競技場や宿泊施設の建設が急ピッチで進められたが，その過程で債務の増大を招き，財政を圧迫した。この時に建設された綾羅島メーデー・

●平壌

図1｜現在の市街図

平壌は〈革命の首都〉ともよばれるように，社会主義革命の記念碑が多い．万寿台の丘にある朝鮮革命博物館の前庭には金日成銅像（高さ20m），丘の横には千里馬銅像（46m）があり，1982年には大同江畔の巨大なチュチェ思想塔（170m）や，牡丹峰競技場付近の凱旋門などが建てられた．また，万寿台芸術劇場や牡丹峰劇場では抗日パルチザンの戦いを主題とした〈歌劇芸術〉も上演される．大同江沿いには，朝鮮の伝統建築である入母屋式・瓦屋根の美を生かした平壌大劇場や玉流館（宴会場．美味の平壌冷麺で有名）がある．なお大同江ホテルは平壌最古の国際ホテルとして知られる．都市計画で整備された街区は整然としている．かつて貧民街であった普通江周辺の地区は中高層ビルの住宅街に変貌し，雨が降れれば溢れていた普通江は運河となっている．郊外の大城山には動植物園や総合遊戯場もある．

図2｜平壌付近の遺跡-高句麗時代

スタジアムは，世界最大規模のマスゲームがくり広げられるアリラン祝祭の会場として知られる．87年に起工された巨大な柳京ホテルの建設は92年に中断され，2008年に再開したものの，完成・開業の見通しは立っていない．

平壌市周辺は石炭，石灰石など地下資源に富み，また共和国の主要な農業地帯となっており，これらを背景に各種の工業が中間地域に集中している．セメント，繊維，食品などは比較的早くから発達したが，のちに機械製作工業に力が入れられるようになった．平壌市の周縁地域には農場が分布し，平壌市民への食糧供給基地となっている．とくに副食物の野菜，肉類，鶏卵，果物の生産に重点が置かれており，万寿台養鶏場のような大規模な畜産業も行われている．平壌と北京の間には直通の国際列車が往復しており，平壌空港からは中国（北京，瀋陽，延吉），ロシア（ウラジオストク，ハバロフスク），マレーシア，クウェートなどに高麗航空の旅客便が運行されている．また，海上交通としては，大同江下流の▶南浦が平壌の外港となっている．

［歴史］▶古朝鮮，すなわち建国神話に現れる▶檀君朝鮮から，やはり伝説の域を出ない箕子朝鮮，そして前2世紀中の約90年間，中国の遼河一帯，北朝鮮を支配した▶衛氏朝鮮につらなる古代朝鮮国の王都である王倹城は平壌付近にあったとみられている．なお，1993年に平壌東郊の檀君陵で発掘調査が行われ，高句麗時代の積石塚古墳と確認されたが，出土した男女2体の人骨は特殊な年代測定により，檀君のものとして発表された．北朝鮮ではこの陵墓を高句麗が始祖朱蒙の父，檀君を祀ったものとして，94年その近くにコンクリート製の塚を完成させ，檀君王陵としたが，国外の学界ではその信憑性は認定されていない．

前108年に衛氏朝鮮を滅亡させた漢の武帝はこの地域に漢四郡を設置したが，その中心的存在となった▶楽浪郡の首都も王倹城であった．楽浪郡を通じた漢の朝鮮支配は合計420年間に及び，その拠点となった

平壌には，楽浪文化が栄えた。楽浪城の跡は市内の土城洞ﾄｼｼﾞに今も残っている。紀元前後から中国東北部に起こり，北朝鮮へ勢力を拡大してきた高句麗は4世紀に楽浪郡の支配地域を統合し，427年首都をそれまでの国内城(現在の中国吉林省集安付近)から平壌へ移した。三国時代の平壌は激しい勢力争いを反映し，二重三重に城壁をめぐらした要塞都市であった。668年に唐・新羅連合軍によって高句麗が滅ぼされた後は，この地に唐の安東都護府が置かれた。高句麗滅亡直後，高句麗の遺民と靺鞨ﾏﾂｶﾂ族が渤海を建て，高句麗の旧領の大部分を支配するようになったが，首都を現在の吉林省方面に移したため，平壌は辺境地となった。

918年に建国された高麗王朝は，東・西朝鮮湾をつなぐ地域までの朝鮮半島を統一することに成功し，首都こそ*開城ｹｿﾝに置いたが，平壌を西京として北進の拠点とし，また首都に対する北の守りとした。高麗王朝を滅した朝鮮王朝も首都をさらに南方のソウルへ移したが，平壌を平安道の道都にすえた。朝鮮時代には人口が2万人ほどに達したとみられ，ソウル，開城につぐ第3の都市であった。1592年の壬辰倭乱(文禄の役)では小西行長軍が平壌を制圧したが，翌年明軍の攻撃を受け，撤退した。1866年にはアメリカの武装商船ジェネラル・シャーマン号が大同江を遡上して平壌に至り，焼き討ちに遭う事件が起こった(*シャーマン号事件)。日清戦争中の94年9月，平壌で市街戦が行われ，日本軍が勝利をおさめた。

日本の支配下に入って，1906年の京義線(京城～新義州)の開通を皮切りに，大同江下流方面への平南線(至南浦)，日本海沿岸地方へ通ずる平元線(至元山)，鴨緑江流域方面へ至る満浦線などが平壌を基点に整備され，平壌は北朝鮮の軍事，行政，経済の中心都市として急速に発達した。30年には人口が15万人以上になり，ソウルに次ぐ大都市となった。製糖や兵器廠など日本系の大企業のほかに，後背地の農村を市場として食品，繊維など中小企業が多数設立された。一方，平壌では朝鮮王朝末以来，キリスト教系の宗教団体による学校教育が盛んに行われ，キリスト教の影響が平壌市民の間の根強い反日感情の精神的バックボーンとなったとされている。

谷浦孝雄＋佐々木史郎

[遺跡など] 平壌一帯の歴史は旧石器時代にさかのぼるが，旧石器時代の前期では祥原郡*コムンモル遺跡が著名である。中期には力浦区域大峴洞で旧人の，後期では勝湖区域晩達里で新人の化石人類がそれぞれ出土して注目される。櫛目文土器時代(新石器時代)に入ると，大同江下流域の河岸に立地する遺跡が，三石区域湖南里南京，寺洞区域美林洞・金灘里ｷﾑﾀﾙﾘ，大聖区域清湖洞などに点々と分布する。それらは，旧石器時代以来の，狩猟，漁労を主体とした採集経済を基盤とする文化の所産である。無文土器時代(青銅器時代)に入って，畑作中心の生産経済へと移行し，農耕集落が増大していくが，この時代の墳墓としては，*支石墓や箱式石棺墓がいちじるしく，平安南道大同郡の旧柴足面青雲里などに支石墓の遺例をみる。そうした地域的発展と，記録にみえる前2世紀前半ごろにおける衛氏朝鮮の成立との諸関係はよくわからない。ついで，漢の武帝は前108年に衛氏朝鮮を倒して，現在の平壌市楽浪区域を中心とした地域に楽浪郡を設置した。

その後，高句麗は313年に楽浪郡を滅ぼし，平壌城を増築したが，この平壌城は，平壌市大聖区域清岩洞ﾁｮﾝｱﾑﾄﾞﾝに残る土城と考えられる。さらに427年に輯安ｼﾞｭｱﾝ(現，吉林省集安)の国内城から平壌城へ遷都した。それ以後，高句麗後期の首都，平壌は，政治的・経済的・軍事的拠点として繁栄した。そのころの都城は，市内大聖区域安鶴洞に残る安鶴ｱﾅｸ宮跡を日常平時の王宮とし，その背後の丘陵に大城山ﾃﾎﾟﾝｻﾝ城を築いて，いったん危急時の王都の守りとした。王宮は一辺約620mの方形の城壁で囲まれ，また山城は六つの峰をとり囲んで周囲7kmほどの城壁が五角形に近い楕円形にめぐる。そして，586年には，そこから南西方6～7kmのところに，30年ほどかかって長安ﾁｬﾝｱﾝ城を築き，本格的な都城を完成させた。長安城は，山城形式をとった北城，中枢的な内城・中城，さらに整然とした方格地割をもった外城からなり，全体を総延長23kmの城壁でとり囲むという壮大なものであった。当時の王・

貴族階級の古墳は，平壤市街の北東方の丘陵地帯に濃密に分布するが，そのほとんどが横穴式石室を内部主体とし，なかには壁画で飾るものもある。また，この時期に，高句麗仏教は隆盛期を迎え，平壤地方には金剛寺(゛清岩洞廃寺)や定陵寺をはじめとする寺院跡が知られる。　　　　　　西谷 正

びんひ｜閔妃｜→ミンビ

ファオムじ｜華厳寺｜화엄사
韓国，全羅南道求礼郡馬山面にある華厳宗の寺。智異山の南麓にあり，山号は智異山。新羅真興王5年(544)僧烟起の創建になり，景徳女王13年(754)の再興と伝える大寺。豊臣秀吉による壬辰の乱(文禄の役，1592)に伽藍焼失後，碧巌禅師が再建に着手し，1703年に伽藍全体を竣工した。覚皇殿は現存する朝鮮最大の木造建築で，基壇は新羅時代のものといわれ，中に石刻の華厳経が遺存する。境内には統一新羅時代の石造物が多い。三層四獅子石塔は一般に舎利塔とよばれ，上成基壇は四方に獅子，中央に慈蔵の立像をすえて三層石塔を支えている。塔身の扉まわりに仁王，四天王，菩薩像の浮彫があり，様式上8世紀中ごろの建立と認められる。大雄殿の南方に東西両塔があり，東塔は簡素な造りで，西塔の二重基壇，初重塔身に十二支八部衆・四天王の陽刻を施す。覚皇殿前の石灯籠は現存最大のもので，新羅後期石塔の白眉とされる。ほかにも露盤，利竿支柱などが残存する。　宮本 長二郎

ファン・サヨン｜黄嗣永｜황사영｜1775-1801
朝鮮人クリスチャン。教名はアレクサンデル。字は徳紹。本貫は昌寧。1791年進士合格。中国人神父の゛周文謨から洗礼を受ける。1801年の゛辛酉教獄に際し，ソウルから忠清道堤川郡鳳陽面舟論の土窟に身を隠して，北京のグベーア司教あてに訴願を帛(しろぎぬ)に記した(黄嗣永帛書$_{ハクソ}$)。しかし同年11月に帛書とともに捕らえられ，翌月，大逆不道の罪名で極刑に処された。帛書の内容はキリスト教弾圧の実情報告と救援要請にあり，とくに後者において西洋の軍事力の使用などを求めていたため朝鮮政府は警戒を強め，キリスト教の弾圧と鎖国攘夷政策を徹底していった。　　　原田 環

ファン・ジニ｜黄真伊｜황진이
朝鮮王朝中宗期(1506-44)の名妓，女流詩人。フワン・ジニとも。別名は真娘，妓名は明月。進士の庶子として開城に生まれた。美貌に加えて詩書音律すべてに秀で，名勝の朴淵の滝，碩儒の゛徐敬徳$_{ソギョンドク}$(真伊の師でもあった)とともに松都(開城)三絶と賞された。才色兼備の彼女は高僧の知足禅師や謹厳な貴公子の碧渓守$_{ビョッケス}$ら多くの名士を恋のとりこにしたという。彼女の作った゛時調は，儒教道徳に縛られた男性の作とは異なり，愛情生活を奔放にうたい上げており，時調史上，独特な位置を占めている。そうした点が現代人の関心をそそり，鄭漢淑，崔仁浩ら現代作家によって小説の素材にもされている。　　　　　　　　　　田中 明

ファン・スヌォン｜黄順元｜황순원｜
1915-2000
韓国の作家。平安南道大同出身。早稲田大学卒業。初期には詩を書き，詩集《放歌》(1934)，《骨董品》(1936)を発刊。1940年小説集《沼》を出し，以後小説に専念する。初期の代表作《星》(1941)をはじめ，少年を主人公とした幻想的，心理的で，韓国の風土に根ざした抒情性に富む短編によって知られる。この抒情性の背後にはつねに原初的な生の鮮明な印象が刻まれている。解放後は，解放前に書きためた作品とともに新作を次々と発表，《カインの後裔》《木々斜面に立つ》《日月》《動く城》などにより長編作家としての地位を固める。慶熙大学教授，芸術院会員。《黄順元代表作選集》がある。
　　　　　　　　　　　　　長 璋吉

ファン・ソギョン｜黄晢暎｜황석영｜1943-
韓国の小説家。中国，吉林省長春生れ。東国大学哲学科卒。高校在学中に書いた短編《立石付近》で゛《思想界》新人文学賞を得たが，その後かなりの期間，工場や工事場を転々とした。彼の真価が発揮されたのは労働体験をもとにした1971年の《客地》で，リアリズムに貫かれたこの作品で韓国文学にとってなじみの薄い生産と労働，富と貧困といったテーマを民衆的な立場から追究した。《弟のために》《韓氏年代記》《森浦への道》などは，いずれも《客地》に始まったテーマが発展したものである。84年には，朝

鮮王朝時代の義賊を描いた10年がかりの大河歴史小説《張吉山》を完結した。　　　　安 宇植

ファンへどう│黄海道│황해도

朝鮮半島中西部の地方。朝鮮八道の一つである。ホワンへとも。独立後,朝鮮民主主義人民共和国に属し,行政的には載寧江を境に,2道に分割されている。東に位置する黄海北道(道都は沙里院)は面積8157km²,人口211万3672人(2008)。西側の黄海南道(道都は海州)は面積8450km²,人口231万0485人(2008)。なお,朝鮮戦争の停戦後に北朝鮮側に入った旧京畿道の北部地域(開城とその周辺)は黄海北道に編入されている。

[自然] 北東から南西方向へ走る彦真,滅悪二つの山脈は北部こそ1000mほどの高さをもつが,大部分は500m以下の残丘性の山地を連ねている。山脈の北部には楽浪準平原に続く広い載寧江流域平野があり,南部にも京畿湾に沿って延白平野が展開している。滅悪山脈の先端にあたる甕津半島は複雑な海岸線をもつ沈降海岸を形成し,前面海上には麒麟島,昌麟島などいくつかの島が散在している。海岸は5～6mの潮差があり,広い干潟地が発達している。

[歴史] 3世紀初めの後漢末年(205)から約110年間帯方郡が置かれた。314年には高句麗が楽浪郡と前後して帯方郡を滅ぼし,三国時代には高句麗の最南前線としてしばしば戦場となった。統一新羅時代にはその最北地帯だったが,次の高麗王朝は国境を鴨緑江まで押し上げ,本道には西海道を置いた。朝鮮初期には豊海道とよばれたが,のちに黄海道の名が定着した。広い平野に恵まれ,純農村地帯であったが,日本植民地時代末に北部の山地に産する鉄鉱と大同江岸の石炭を背景に金属工業が開発され,松林を中心に工業化が進んだ。

朝鮮民主主義人民共和国発足後の1949年,黄海道は黄海北道と黄海南道に分割された。なお,45年の南北分断当初,黄海道のうち甕津半島やその沿岸島嶼を含む北緯38度以南の地域は韓国側に入り,京畿道に位置づけられた。朝鮮戦争の停戦後,その多くは北朝鮮の統治下に入り,黄海南道所属となったが,白翎島,大青島,小青島,大延坪島,小延坪島の西海5島は韓国側に残り,京畿道甕津郡所属をへて,95年には仁川広域市に編入された。この黄海南道の南部沿岸水域は南北の境界線主張が交錯する最前線であり,これまで第1次・第2次延坪島海戦(1999,2002)や北朝鮮の沿岸砲台による延坪島砲撃(2010)など,何度か武力衝突がくり返されている。2010年に白翎島沖でおきた韓国哨戒艇の沈没事件も,韓国政府は北朝鮮の魚雷攻撃と断定した。

[地域と産業] 載寧,延白両平野は朝鮮民主主義人民共和国の穀倉とされる米作地帯である。沙里院,黄州の緩傾斜の丘陵地はナシ,リンゴなどの大規模な果樹園が造成されている。ごく一部を除き,低平な耕地適地が広く,気温,水利などにも比較的恵まれた本道は北朝鮮の重要な農業地帯となっている。北東部の谷山,遂安には金,タングステンなどの希少鉱物や石灰石が,また殷栗地方には鉄鉱が豊富に埋蔵され,地元の沙里院,松林そして平壌へ運ばれて鉄,非鉄金属,セメントなどの工業を発達させている。甕津半島から京畿湾沿いに広くみられる干潟地では塩田,ノリ,貝類の養殖漁業が盛んである。海州は従来から軍港として軍事上重要な位置を占めているが,グチ,フグなど黄海漁業の基地にもなっている。　　　谷浦 孝雄＋佐々木 史郎

ファンヨンじし│皇竜寺址│황룡사지

韓国,慶尚北道慶州市九黄洞にある新羅最大の寺院遺跡。真興王14年(553)に造立がはじまり,善徳王13年(644)に完成した。国家の尊崇があつく,金堂丈六仏と九層木塔は,真平王の玉帯とともに新羅三宝に数えられた。高麗朝にも隆盛を維持したが,1238年に蒙古軍の兵火によって焼失し,再建されることなく今日に至っている。1976年以来の数次にわたる大規模な発掘調査によって創建伽藍は一塔一金堂式(四天王寺式)で,統一新羅時代に3金堂を並置した一塔三金堂式伽藍に変わったことが明らかになった。また塔心礎下からは銅鏡,玉,垂飾,白磁壺などの埋納物のほか,2万点を超す遺物が出土している。新羅初期の伽藍配置には

百済系の一塔一金堂式が多く，統一期になると独自の双塔式が盛行し，日本の薬師寺はこの影響を受けているが，平壌の*清岩洞チョンアムドン廃寺や日本の飛鳥寺で知られる高句麗系の一塔三金堂式は新羅には例がなく，古代寺院伽藍変遷史上特筆されることであろう。

また九層塔は《三国遺事》に国家鎮護を目的として，第1層は日本，第2層は中華，以下，呉越，托羅，鷹遊，靺鞨まっかつ，丹国，女狄，濊貊わいはくの九敵に備えたとあり，塔建立後新羅の統一がかなったという所伝とともに本寺の護国仏教的な性格を伝えるものであろう。 ⇒寺院建築　　　　　　　佐藤 興治

ふう | 普雨 | ⇒ボウ

ふうすいせつ | 風水説

人間に及ぼす地気の作用を信じ，山脈，丘陵，水流などの地勢を観察して，さらに陰陽五行や方位（青竜＝東，朱雀＝南，白虎＝西，玄武＝北）をも考え合わせ，その最も吉相とみられる地を選んで，これに都城，住居，墳墓をつくらせる地相学，宅相学，墓相学をいう。朝鮮では中国から導入されて三国時代にはすでに都邑の占地の論拠として重視された。新羅末から高麗初にかけて*道詵トソンによって体系として普及し始め，高麗朝においては仏寺建立と結びついて王室から重んじられた。道詵は朝鮮の地形を舟形とみなし，太白山・*金剛クムガン山はその船首に，月出山はその船尾にあたり，扶安プアンの辺山は舵，*智異チリ山は櫂，雲住山は腹部に当たるとし，国家安泰を図るにはこの舟を安定させるため要所に寺塔を建て仏像を安置すべしと唱えた。また王朝の繁栄を保つためには風水の良好な地に都を定めるべしとされ，しばしば遷都論の論拠となった。朝鮮王朝初の*鶏竜ケリョン山への遷都計画やソウルへの遷都も風水説に拠った。朝鮮王朝以降には主として，子孫に繁栄をもたらすことを願って祖先の墓所選定に風水が重視されるようになり，広く民間に普及した。大地の生気の衰旺・順逆はおもに山と水の形状によって左右され，吉気の盛んな地に葬れば，遺体はその生気に感応してその子孫の禍福にも反映するとされる。風水師は墓地の選定に立ち会って，山の方位，大小，起

●風水説
図墓地の風水図

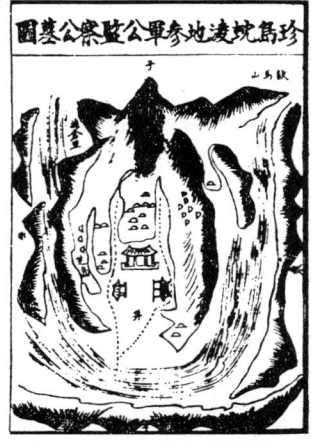

主峰を頂点として東西の峰（青竜，白虎）に囲まれ，南に開けた地形は，優れた風水とされる。中央の土まんじゅう状の墓が立ち並ぶ部分が明堂で，主峰の脈を受けるような位置にある。

伏，順逆，隠現などを見ながら風水の吉凶を判定し，同時に下棺の日時や方角の指示も行う。風水の絶好の地である明堂は限られているため，氏族間で明堂をめぐって紛争が生じることもあった。 ⇒墓　　伊藤 亜人

[近現代] 李昰応イハウン（興宣大院君）に明堂の地を教え，みごと高宗ら国王を輩出させた鄭万仁チョンマニンや，*村山智順の《朝鮮の風水》執筆に協力した全基応チョンギウン，また朴正熙夫妻の墓所を選定した池昌龍チチャンニョンや，金大中の風水指南として大統領選勝利に導いた孫錫佑ソンソグなど，権力に仕える風水師の伝統は近現代も続いた。一方，個人的な発福（明堂の効果）を狙う利己的なものではなく，全民族の共存共栄をめざす新しい風水を提唱したのが崔昌祚チェチャンジョ（元ソウル大教授）である。風水マスター道詵をモデルとし，地に欠陥があれば，病んだ子を慈しむ母のように癒す裨補ビボ風水こそ朝鮮本来の〈自生風水〉であるとし，その主張を《韓国の自生風水》(1997)に結実させた。しかし，その理想主義的な風水解釈もアカデミズムの根強い風水批判にさらされ，大学を追われる結果となった。そのあとを継いだのが金斗圭キムドゥギュ，

で，もと独文学者という異色の経歴ながら，旺盛な活動力を発揮．《朝鮮風水学 人の生涯と論争》(2000)や《権力と風水》(2002)，《風水学事典》(2005)などの力作を矢継ぎ早に刊行している．これらの背景には形勢学派(地形重視)と理気学派(方位重視)の対立があるが，その検証は今後の課題であろう．

野崎 充彦

プエブロごうじけん | プエブロ号事件

1968年1月23日，朝鮮民主主義人民共和国の元山港沖でアメリカの武装情報船プエブロ号が朝鮮人民軍海軍艦艇に拿捕され，80余人の乗組員が逮捕され，取調べを受けた事件．ちょうど▶ベトナム戦争のさなかであったため，これを契機にアジア，極東全域の緊張が激化した．この事件を討議した国連緊急安保理事会の空気をふくめて，アメリカに対する国際的世論の批判もあり，結局，同年12月23日，アメリカ側が公式に謝罪することにより，事態は平静にもどった．乗組員は全員釈放され，帰国を認められたが，アメリカの対朝鮮外交上の汚点となった．事件後，元山港に保存されていたプエブロ号は99年より平壌市内の大同江に係留，公開された．

畑田 重夫

ぶきょく | 部曲 | 부곡

新羅・高麗時代に良民より劣るとされた身分の人間が住んだ行政区画を意味する．新羅時代の部曲の実体は史料不足でわからないが，高麗時代には郡・県の住民は良民で，部曲や郷・所・津・駅などの住民は良民より低い身分の人間で，行政区画と身分制度が結合していた．部曲人は国学への入学や出家して僧となることが禁じられ，刑罰は良民より重かった．部曲人は代々その身分を継承し，郡県民(良民)との間に生まれた子は部曲人になった．部曲の規模は郡や県より小さいとは限らず，より大きいものもあった．その数は郡・県より多かったらしい．郡・県の住民が反逆などの大罪を犯すとその地域は部曲におとされ，逆に部曲人が大功をたてるとその部曲は郡・県に昇格され，住民は良民の身分を与えられた．高麗の中期以降，部曲はしだいに廃止され，朝鮮王朝になるとごく一部を残してほぼ全部が消滅し，郡県民に吸収された．▶賤民

旗田 巍

ブギン | 北人 | 북인

朝鮮時代の朋党，四色の一つ．宣祖代に東人から分派した．1591年鄭澈の建儲議事件を機に，西人に対する対応をめぐって，東人は穏健派(▶南人)と強硬派(北人)に分裂した．吏曹銓郎の人事をめぐる李山海と▶柳成竜との軋轢，李潑と柳成竜との不和，そして李潑と禹性伝との平壌妓生問題をめぐる対立など，個人的感情による分派との説もある．北人の呼称は，李潑の家が北岳の麓にあり，李山海の家が漢江の北にあったためともいう．▶徐敬徳，▶曺植の学脈につながる人物が多かったが，居住地や学問的性向も多様であったため，分党がくり返された．99年南人から政権を奪取したが，洪汝諄を大司憲に薦挙する人事が立つと，これに反対する南以恭，金藎国ら(小北)と，洪汝諄，李山海ら(大北)が分裂した．領議政李山海と兵曹判書洪汝諄ら大北が，光海君を世子に擁立，政権を固めた．以後，大北，小北は何度も分裂，対立しながらも政権中枢にあったが，仁祖反正によって没落した．南人に吸収された残余勢力とその後裔は北人系南人とよばれた．▶党争

長森 美信

ふくざわゆきち | 福沢諭吉 | 1835-1901

日本の思想家，教育者．明治14年(1881)の政変後，朝鮮への関心を強めた．兪吉濬をはじめとする朝鮮人留学生を受け入れるとともに(▶留学)，金玉均，朴泳孝ら▶開化派の朝鮮近代化政策を物心両面から支援し，門下の▶井上角五郎らを朝鮮に派遣した．しかし自らも関与した▶甲申政変(1884)の失敗によって，こうした試みは挫折した．そこで翌85年3月に《脱亜論》を《時事新報》紙上に発表して路線の転換を図り，以後は日本一国の近代化に専心した．朝鮮に対する文化工作としては，著作を通して開化派に与えた影響のほかに，《漢城旬報》(1883-84)と《漢城周報》(1886-88)の創刊を，日本から印刷機と活字を送って援助したこと，井上角五郎に朝鮮語・漢字混用文をつくらせて，それを《漢城周報》に用いさせ，大衆の啓蒙に努めさせたこと，などがあげられる．▶脱亜論

原田 環

フクサンとう｜黒山島｜흑산도

韓国南西部の全羅南道新安郡に属する島。▶木浦ᄆ ッポの西約97kmの距離にあり、面積は19.7km²。紅ホン島、大苦テドゥッ島、永山ヨンサン島などとともに黒山面を構成し、▶面事務所を置く。正式の島名は大黒山テフクサン島で、南西70kmにある小黒山島と区別されるが、通常、黒山島といえば、大黒山島をさす。南方式支石墓など、先史時代の遺跡が残り、とくに9世紀末から唐などとの海上交易が拡大すると、入島者が増えた。朝鮮粛宗4年(1678)に黒山鎮が設置されるなど、古くから西方海域の国防拠点としても重視されてきたほか、流刑地としても用いられ、朝鮮末期の文臣、丁若銓や崔益鉉もここに配流された。歴史的には羅州牧、智島郡、務安郡などに属してきたが、1969年の新安郡設置に伴い、同郡に編入され、現在に至る。多島海海上国立公園の一部に指定され、24km西の紅島とともに人気が高い。漁業も盛んで、とくにエイが名物である。　　　　　佐々木 史郎

ふくだとくぞう｜福田徳三｜1874-1930

日本の経済学者。東京商大(現、一橋大学)などの教授。ドイツ留学後の1902年、朝鮮、シベリアに出張。2ヵ月ほどの見聞をもとに《経済単位発展史上韓国の地位》(1903-05)を執筆。発展段階説の立場から朝鮮の停滞と封建制の欠如を論じ、ロシアではなく、封建制を経た日本こそが〈朝鮮を同化して進歩に導く命運と義務がある〉として日本の朝鮮支配を合理化し、のちに〈停滞論〉とよばれるその朝鮮史観は以後大きな影響を与えた(▶朝鮮史学)。三・一独立運動以降は▶吉野作造らと黎明会を組織して朝鮮人自治を主張したが、独立の実力なしとして朝鮮の独立には反対した。　　　　　鶴園 裕

プサン｜釜山｜부산

韓国南東端の広域市、面積766km²。人口353万8285(2013)で、ソウルに次ぐが、1995年の389万2972人をピークに、その後は漸減傾向が続いている。天然の良港釜山港を中心に形成された都市で、当初は慶尚キョンサン南道に属していたが、63年以後、政府の直轄市となり、95年には広域市に再編された。長く釜山市内にあった慶尚南道庁は83年に昌原チャンウォン市に移転した。

●釜山

富山浦とよばれた朝鮮王朝初期の釜山の図。日朝貿易の拠点である倭館が中央にみえる。《海東諸国紀》(1471)より。

朝鮮時代の15世紀には三浦サムポの一つとしてこの港が開かれ、古くは富山浦と表記されていたが、背後の甑チュン山(130m)の山容が釜に似るとして、のちに同音の釜山浦に改められたといわれる。日本の対馬との貿易が釜山鎮付近にあった▶倭館で行われたが、富山浦自体は閑散とした漁港であった。1592年、豊臣秀吉の朝鮮侵略〈壬辰・丁酉倭乱〉の際には日本軍の上陸地点となった。戦後処理が一段落した1607年、富山浦倭館に代わる豆毛トゥモ浦倭館が開設され、78年にはさらにその代替となる草梁チョリャン倭館が現在の竜頭ヨンドゥ山公園の辺りに新設され、広大な敷地には対馬藩から多くの人員が常駐した。

1876年の日朝修好条規による開港以後、日本の▶居留地が置かれ、日朝貿易の拠点として飛躍的に発展した。1905年の日露戦争を契機に▶関釜カンプ連絡船、▶京釜キョンプ鉄道(京城～釜山)、京義鉄道(京城～新義州)、さらに中国東北部の安奉鉄道(安東～奉天)へと連なる日本の大陸侵略路が完成し、釜山はその第1関門として重要な位置を占めた。初期には貿易と水産業が中心だったが、植民地時代後半には綿工業、造船などの諸工業が発達し、人口も1904年の1万2000人から

10年2万2000人，29年には12万人へと急増し，首都ソウルに次ぐ大都市となった．当時の市人口の3分の1以上を日本人が占め，市の南部の影島やや富民洞一帯に日本人町をつくり，現地人の生活とは別天地をなしていた．

朝鮮戦争(1950-53)中は戦禍を免れ，臨時首都とされたが，南下した避難民によって人口が急増し(約105万，1955)，海岸に迫った丘陵地一帯に板子村(バラック)が乱立して，街全体がスラム化した．

戦後いち早く，繊維，食品や合板，鉄材などの建材など，衣食住関連の工業が発展したが，1960年代後半からは電子，縫製品，靴などの輸出産業が多数勃興し，釜山港は韓国第1の貿易港に成長，人口も75年には245万に急増した．洛東江岸の沙上に輸出工業団地ができ，東莱以北が新興住宅地として開発される一方，金海国際空港の開設(1976)を機に洛東江河口の中州が釜山市に編入されるなど，市域も60年の241km²から430km²に拡大された．さらに95年の広域市への改編では，市域がさらに北東部へと広がった．　　　谷浦孝雄+佐々木史郎

旧市街地は海岸線と凡川に沿った細長い平地に形成され，その中心地にある竜頭山公園は，日本統治時代に竜頭山神社が建てられていたが，現在は釜山タワーが立つ公園として，市民に親しまれている．その下に広がる国際市場や南浦洞・光復洞一帯は，多くの人でにぎわう繁華街である．海岸近くにはチャガルチ市場の名で知られる大規模な水産市場があり，観光客にも人気が高い．長く旧市街の影島大橋付近にあった釜山市庁舎は1999年に北東の蓮堤区に移転し，跡地には超高層ビルによる釜山ロッテワールドの建設が予定されている．

もともと縦に細長く発達した市街地を結ぶ幹線道路は1本しかなく，交通事情はよくなかったが，1985年に南北を貫通する地下鉄1号線が開通したのを皮切りに整備が進み，2013年末現在，4号線までが営業されているほか，金海国際空港や金海市方面へも電鉄路線が通じている．地下鉄1号線と2号線が交差する西面駅周辺は，多くのバス路線も集中しており，市域の中心に位置する新たな繁華街として，大きな賑わいをみせるようになった．北部の東莱温泉は1000年前から利用されていたといわれる韓国屈指の温泉場であり，近くの海雲台海水浴場とともに国民的な休養地となっている．2010年に全線開通となった韓国高速鉄道KTXの京釜線はソウル−釜山間約425kmを2時間15分ほどで結んでいる．釜山港は南海岸一帯の国内航路のほかに，国際港として日本の下関，博多，厳原，大阪などとの間に旅客船やフェリーが就航している．また，中国の上海や山東省烟台，ロシアのウラジオストクなどにも航路が開設されている．1990年代以降，大規模なコンテナ埠頭の拡張が進み，東アジアを代表する物流拠点となっている．　　　佐々木史郎

プサンだいがっこう｜釜山大学校

釜山にある国立総合大学．米軍政下の1946年，日本統治期に設立された釜山高等水産学校(終戦時は専門学校)を前身とする水産学部と人文学部からなる釜山大学として開学した(日本人学生・教員は水産講習所下関分所に異動，現在の水産大学校へ)．水産学部は翌年分離されて釜山水産大学校となり，96年に釜山工業大学校と統合し，現・慶大学の基礎を形成した．2005年には国立密陽大学と統合．13年現在，人文，社会科学，自然科学，工科，経済通商など13大学とスポーツ科学部をもち，各種大学院を備える．海港都市釜山に位置する大学として造船・海洋・港湾・物流分野にすぐれた研究特色をもつと自負する．在学生数は約3万人．
　　　通堂あゆみ

プジョンこう｜赴戦江｜부전강

朝鮮半島の北端を流れる鴨緑江の支流．プチョン，ポチョンとも．全長約100km．蓋馬高原の遮日峰(2506m)などから発し，高原上の緩斜面を北流，いったん長津江と合流したのち，新芝坡鎮付近で主流に合する．1929年，標高1200mの地点にダムが建設され，面積約24km²の広大な赴戦江湖が生成した．湖水は27.5kmのトンネルを通じて咸鏡山脈南麓の城川江に落とされ，赴戦江発電所の20万kWの発電機を動かすことになった．この朝鮮最初の大型発電所の完

成によって，「朝鮮窒素肥料株式会社の興南工場が操業を開始し，北朝鮮の重化学工業の嚆矢となった。流路変更によって約700mの落差が得られ，その後同方式の発電所があいついで建設された。　　　　谷浦 孝雄

ふじんうんどう｜婦人運動｜⇒女性運動

ぶじんせいけん｜武人政権

高麗後期，12世紀後半から13世紀にかけての約100年間，武臣出身者が武力で文臣をおさえつけ，王朝を支配した政権。武臣政権ともいう。高麗王朝の支配層は文臣と武臣で構成されていたが，文臣が圧倒的優位を占め，武臣は軽蔑されていた。また国軍の兵士も生活不安と重い労役に苦しんでいた。そういう不満がつのり，1170年「鄭仲夫チョンジュンブ，李義方イウィバン，李高らの武臣はクーデタを起こして兵士を蜂起させ，多くの文臣を殺害追放して一気に政権を掌握した（庚寅の乱）。つづいて73年東北面兵馬使金甫当が反対の兵をあげると，それを鎮圧すると同時に，またも文臣を殺害追放した（癸巳の乱）。この両乱を庚癸の乱というが，これで文臣の力は失われた。しかしその後も武人相互の権力争いがつづき，李高は李義方に，李義方は鄭仲夫に，鄭仲夫は慶大升に殺され，李義旼は「崔忠献チェチュンホンに殺された。その後，崔氏は忠献，瑀(怡)，沆，竩と4代にわたって政権を握ったが，蒙古との抗争の中でクーデタによって倒された。その後も金俊，林衍，林惟茂らの武臣出身の者が政権を握ったが，蒙古と結ぶ国王派によって1270年林惟茂が殺され，100年続いた武人政権は終わった。

　武人政権の土台は，第1には強力な私兵集団であった。初めは悪少，死士という腕力の強いものや寄食して来る門客が中心であったが，やがて宿舎，武器，食糧を用意して都房という強大な私兵を養成した。国軍も残っていたが，それよりも私兵はずっと強力であった。第2には「農荘(農庄)とよばれる私的所有地であった。武人権力者は全国各地に農荘を置き，その収穫物を自家に運びこみ，自身および私兵の経費にあてた。私兵と農荘の存在は武人の自立性を示すが，国王から高い官爵をもらうことによって王朝内の地位を強め，その地位を利用して私兵や農庄を増やした点，また権力獲得の方法がみな王城内のクーデタであった点で，基本的には王朝の権威に依存する官人の域を脱していなかった。⇒高麗　　旗田 巍

ふせきじ｜浮石寺｜⇒プソク寺

ふせんこう｜赴戦江｜⇒プジョン江

ふぞく｜巫俗｜⇒シャマニズム

プソクじ｜浮石寺｜부석사

韓国，慶尚北道栄州郡浮石面にある華厳宗の寺。山号は太白山。新羅文武王16年（676）「義湘ウィサン国師により創建された名刹。寺名は無量寿殿後方の巨石が浮いたようにみえるところから浮石寺とつけられたともいい，また善妙尼の霊が石を浮かせて義湘を法難から救ったという伝承もある。寺地は鳳凰山の山麓に石壇を段々に築き，下段に3層石塔2基，第3段に梵鐘楼，第6段の安養門から最上段の無量寿殿に至る。無量寿殿の正面に統一新羅時代の石灯と礼拝石，東方の高台に同時代の3層石塔を配り，北方の山道をたどって祖師堂に至る。無量寿殿は桁行5間，梁間3間で柱には強いエンタシスをもち，入母屋造の屋根に強い軒ぞりをもつ。日本の大仏殿に類し，宋様式の影響を示す。解体修理中に発見された墨書銘に1376年重創とあるが，様式上は「修徳スドク寺の大雄殿（1308）より古く，13世紀後半ころの建立と推定される。堂内西寄りに東面して安置される本尊釈迦如来は，塑造の丈六仏で，高麗時代の塑造の作例として貴重である。祖師堂は桁行3間，梁間1間，切妻造屋根の小堂で1377年の建立になり，開基義湘国師の真影を奉る。堂内入口左右の壁面には建立当初の製作になる菩薩像2面，四天王像4面の壁画が残る。高麗時代にさかのぼる唯一の建物壁画で，現在は取りはずして無量寿殿内に収蔵する。境内には統一新羅時代の石造物として幢竿支柱や，石造如来座像2軀などがある。　　　　　宮本 長二郎

プッカンさん｜北漢山｜북한산

韓国，ソウル市内の北部にある山。標高836m。ソウル盆地をとり囲んでいる山脈中の主峰であり，屹立する岩肌の山頂が市街地からまのあたりに望まれ，市の南部にある南山ナムサン（265m）とともにソウルの象徴的存在とされている。白雲台，仁寿峰など岩場で

●仏教
左－4月8日の懸灯節（浴仏会）に家族の名を記した灯籠を懸けて幸運を祈る。燃灯会が民俗化した行事であろう。
右－山霊閣。寺院の裏手などに建てられ、なかには虎に乗った山神の図（項目〈虎〉参照）が掲げられている。仏教と民間信仰の習合を示すもの。

の岩登り，四方から山頂へ至るハイキングコース，山麓には祥雲寺，僧加寺などの寺院，プールや遊園地が散在し，ソウル市民のかっこうの行楽地として親しまれている。東麓中間部には，1711年に築かれた北漢山城があり，朝鮮王朝時代から首都ソウルの北辺の守りであった。北漢山と尾根づたいに連なる道峰山(717m)，望月寺一帯を合わせて北漢山国立公園に指定されている。

谷浦 孝雄

ぶっきょう|仏教

中国，朝鮮，日本の仏教は《漢訳大蔵経》にもとづいている点では共通しているが，教理や儀礼，教団組織についてはそれぞれ異なり，朝鮮半島に伝来した仏教は，中国とも日本とも異なった独自な仏教を創造した。

朝鮮における仏教の受容は，《三国史記》によると，372年(小獣林王2)に高句麗に伝来したのが最初である。秦王苻堅が使いを派遣し，経文とともに順道が来，次いで374年には阿道が来ている。翌年の春2月，順道に省門寺，阿道に伊弗蘭寺を建てたのが海東(朝鮮の異称)仏法の始めであるという。百済については，384年(枕流王1)7月，東晋に遣使朝貢し，さらに9月にはインド僧摩羅難陀が晋より来朝したので，宮中に迎えて礼敬したのが百済仏教の始めである。新羅については，第19代訥祇王(417-458)のときに沙門墨胡子が高句麗から新羅の一善郡に仏教を伝えた。また，百済からは6世紀前半の聖王代に日本に仏教が伝えられ，百済の勧勒，高句麗の慧慈，慧灌など，来日した学僧も少なくない。

新羅では6世紀の法興王・真興王が奉仏天子であったために仏教は盛んとなり，皇竜寺(皇竜寺址)，芬皇寺，浮石寺，仏国寺など多くの寺院が建立された。新羅仏教の極盛期は半島が統一された文武王から恵恭王にいたる，670年代から約100年余りの間である。この時期の仏教界を代表するのが元暁と義湘であった。元暁は和諍思想を説き，義湘は華厳十刹を創建した。元暁や義湘は日本の華厳宗にも影響を与えている。この華厳をはじめ律(慈蔵)，涅槃，法性，法相の五教のほか浄土教や密教も行われたが，8世紀以後になると，中国の禅宗が新羅人によって伝えられ，禅門九山が成立し，高麗時代に盛行するに至った。

高麗の太祖王建は崇仏の念あつく，護国鎮護の法として仏教を保護し，多くの寺院を建立し，無遮大会や八関会，燃灯会などを行ったため，仏教は社会全体に深く浸透した。寺院は広大な寺田をもち，多数の僧侶をかかえていたが，高麗末期には辛旽のように国政を壟断する僧も現れた。高麗仏教で最も有名なのは文宗の第4子である義天(大覚国師)である。入宋した義天は天台学を高麗に伝え，《新編諸宗教蔵総録》という経典目録を作った。また，この時代には朝鮮仏教の重要史料である《海東高僧伝》が著されている。朝鮮王朝になると朱子学を国教としたため排仏運動が盛んとなり，仏教は弾圧の中にかろうじて命脈を保つに至った。とくに15世紀末の燕山君によって寺院は廃棄され，寺田

は没収，僧侶は還俗されるに及んで，僧侶の社会的地位は八賤の一つに低下した(▶賤民)。
［特質］朝鮮仏教の最も大きな特質は，新羅以来，護国仏教の伝統が存在することである。その精神を端的に表すのは新羅の▶円光らの〈世俗五戒〉である。五戒とは〈一に曰く，君に事うるに忠を以てす。二に曰く，親に事うるに孝を以てす。三に曰く，友に交わるに信を以てす。四に曰く，戦に臨みて退くこと無し。五に曰く，殺生に択むあり〉である。臨戦無退と殺生有択を教えた世俗五戒は護国仏教のイデオロギーとなり，弥勒信仰とともに▶花郎道の精神的基盤となった。この伝統は高麗時代になって《高麗大蔵経》の彫造となって現れた。契丹や元が侵入したとき，敵国撃退の悲願をこめてつくられたのが世界的な文化財として現在，海印寺蔵経閣に保存されている《高麗大蔵経》である。新羅，高麗と受け継がれてきた朝鮮護国仏教の伝統は，朝鮮王朝においてもいかんなく発揮された。1592-98年の壬辰・丁酉の倭乱(文禄・慶長の役)に際して西山大師(▶休静)と泗溟大師(惟政)は，義僧を率いて蜂起し，戦闘に参加した。これらにみられるように護国仏教が朝鮮仏教を貫く特質の一つである。

朝鮮仏教の教理的な特質としては，その総合性にある。たとえば新羅の元暁は中国仏教とは異なった独自な無礙の哲学を創造し，新羅という国家と朝鮮民族の枠をこえた普遍的な思想を形成した。また新羅の義湘や，高麗の均如は朝鮮独自な華厳教学を樹立した。さらに高麗の▶知訥の教禅一致思想は，朝鮮禅の伝統を確立させた。朝鮮仏教の修行においては禅と念仏とを双修したが，これも日本仏教とは大いに異なっている。

朝鮮仏教の伽藍配置のなかで，中国や日本の寺院とまったく異なった建造物は，山神閣(山霊閣)，七星閣，冥府殿である。山神(▶山)や道教の七星をまつっているところに，仏教と民間信仰，仏教と道教との習合がみられるが，これも朝鮮仏教の著しい特色である。

［現状］日本の植民地支配のもとでは朝鮮総督府の寺刹令(1911)により，禅・教両宗を総合して本山31，末寺1200余が置かれた。1919年の三・一独立運動の際には仏教界を代表して▶韓竜雲らが独立宣言書に署名している。45年，第2次世界大戦が終結し，大韓民国が独立してから，韓国の仏教は日本の仏教の支配と影響とを否定して，再び復興へと向かった。その第一歩は妻帯僧の追放であった。62年，宗団の革新を意図して大韓仏教▶曹渓宗が成立した。また妻帯僧を主とする太古宗が分立した。そのほか新興仏教としての円仏教が大きな社会的基盤を獲得した。現在，仏教系の諸宗としては，真覚宗，元暁宗など多くの小宗派がある。最大の宗派である大韓仏教曹渓宗は24の本山を有し，東国大学校をはじめとして多くの高校，中学を設立している。なお，朝鮮民主主義人民共和国の仏教については情報が少なく，その状況を把握することは困難であるが，おそらく中国革命のときに寺院の破壊と僧侶の追放が行われたのと同じような状況があったと思われる。しかし由緒ある寺院は文化財として保護修復されているものと推定される。→寺院建築

鎌田 茂雄

ふっこうかい｜復興会

韓国のキリスト教会では信者の信仰覚醒を目的とするリバイバル集会を復興会とよんでいる。とくにその代表的なものとして，日本による植民地支配を目前にした1907年に平壌を中心として起こった大復興会があり，この時に早朝祈禱会(セビョックキドフェ)やトンソン祈禱など今日の韓国プロテスタント教会を特徴づける祈禱方法が定式化した。また祈禱院などの施設で復興師とよばれる牧師が行うリバイバル集会も復興会とよばれることが多い。また教会行事としての復興会は，一般的に春と秋に数日間開催され，信者の信仰を強化覚醒させるものとして，他の教会の牧師などを講師として呼んで行われることが多かった。しかし21世紀に入るころからは，信者数の減少傾向などから，アメリカなどでの宣教手法を用いたセミナーなどとよばれる新しい宣教プログラムの導入が多くなってきており，復興会とよばれることは少なくなってきている。

秀村 研二

ぶっこくじ｜仏国寺｜➡プルグク寺

ぶっさんしょうれいうんどう｜物産奨励運動

1920年代前半期に日本商品・企業の本格的進出に対応しつつ展開された朝鮮の国産品愛用運動．〈われらの生活はわれらのもので！〉のスローガンの下に各界各層の人々によって提唱されたこの運動は，単純な日貨排斥にとどまらず，民衆生活部面での経済的従属の深化を見据えつつ，その自立を志向するものでもあった．当初各地で散発的に展開されていたこの運動が全国的な規模で活発に展開されるのは，1923年1月ソウルでの〈朝鮮物産奨励会〉結成以降であるが，日貨排斥＝反日運動とする総督府の弾圧や〈民族改良主義〉とする左翼勢力からの批判もあって，ほぼ1年で運動は停滞状況を迎える．その後この運動の実質面は，むしろ各地で展開されはじめた協同組合運動に継承されていく．
〔新納 豊〕

ぶつぞう｜仏像

朝鮮半島に仏像が伝来したのは4世紀後半で，北部の高句麗にはじまり，百済，新羅の順と考えられているが，あまり明確にすることはできない．遺品で最も古いと考えられるのは，延嘉7己未年(539?)銘の韓国国立中央博物館所蔵の銅造如来立像をはじめとするいくつかの小金銅仏である．これらは銘品をまじえるものの，それが干支だけであったり，ほかに確かめられない年号であるため，年代決定に問題を残している．しかしそれらの表現は中国の6世紀初めの作風を受けるもので，高句麗は北魏との，百済は南朝の宋との関係が歴史・地理的に想定されているが，いずれにせよ身体・服制ともに漢化された仏像が基になっている．種類・形式ともに多様な中国での様相の大部分が輸入されたと思われるが，なかでは半跏思惟(はんかしい)形の菩薩像が特殊な信仰を受けて，統一新羅時代初期まで流行した．統一新羅時代になると唐の影響が強く，像種，様式，技法などあらゆる面でその直模的な造像が行われたが，一般に中国仏よりもやさしさがあり，親しみやすい表現のものが多い．慶州石窟庵の諸像はこの時期の代表的な作で，その格調の高さは盛唐の作品に劣らない．慶州南山の諸所に遺る石仏や，新羅仏と総括され，日本をはじめ諸外国にまで散在する多数の小金銅仏も，この時代の仏像盛行を物語っている．高麗時代以後は造像の規模が著しく減少するが，なかで鉄仏の制作が盛んであったこと，また統一新羅以後，触地印(そくちいん)と智拳印(ちけんいん)の如来像が目立つことなどが注意される．全般的にみて像種が比較的乏しいことと考えあわせて，この地に密教が根付かなかったことが関連すると思われる．➡石仏
〔田辺 三郎助〕

ブナンじ｜芬皇寺｜분황사

韓国，慶尚北道慶州市九黄洞にある、曹渓宗の寺．634年(新羅の善徳女王3)に創建され，当時の名僧、慈蔵(じぞう)、、元暁(がんぎょう)などの住刹(じゅうさつ)として名高い．創建時の石塔が残るほか，礎石，石灯台座，碑台座が散在するのみで，創建伽藍の配置は不明である．石塔は安山岩を塼(せん)の形に切って積み上げた3層擬塼塔で，基壇四隅に石の獅子を据え，初層四面に龕(厨子)を設けて四方仏を安置し，入口両脇に仁王像を置く．植民地時代には第2・第3層間の石函中から金・銀製の多くの納蔵品が発見された．現在，韓国の国宝に指定されている．➡新羅〔図〕
〔宮本 長二郎〕

ぶねいおう｜武寧王｜➡ムニョン王

ぶねいおうりょう｜武寧王陵｜➡ムニョン王陵

プマシ｜품앗이

朝鮮の農村で行われる共同労働の一種．田植や夏の除草などの農繁期に，農民どうしが労力を提供し合って農作業にあたること．日本の〈ゆい〉に似ている．プマシは部落内の親しい者どうしで組織される比較的少人数の共同労働であるが，同様の共同労働が全部落的に行われる場合には，トゥレとよぶ．トゥレも田植や，とくに除草作業に際して行われることが最も多く，昔時は〈農者天下之大本〉と記した旗を立て、〈農楽(のうがく)〉を奏しながら共同作業にあたった．そして最も苦しい作業である夏の除草が終わると，部落あげてのホミシッシ(朝鮮独特の除草具ホミを洗うこと．洗鋤宴と訳される)という宴が開かれた．
〔宮嶋 博史〕

ふよ｜夫余

古代，中国の東北方面から朝鮮半島東北にかけて存在したとされる部族名，国名．扶余とも書く．中国音ではフーユ．民族の系

統についてはツングース系ともいわれるが，定説がない。《三国志》の魏志東夷列伝の記すところでは匈奴と俗を同じくするとしている。夫余の名称は早くから中国の史書にみえるが，三上次男は彼らが部族国家の体をととのえたのはほぼ前2世紀末ころと推測している。その根拠地についても異説が多いが，池内宏は現在の松花江流域の阿勒楚喀 Alchuka 付近を比定している。夫余は強敵高句麗に隣接し，しばしばその脅威をうけたので，歴代の中国王朝に接近し，朝貢政策をとった。しかし五胡十六国時代になると，鮮卑の侵入をうけて国王は自殺し，遺民は▶沃沮ヨクソの地(咸鏡道方面)に走った。彼らはここで東夫余を建国したという。この東夫余も相ついで高句麗の攻撃をうけ，494年滅亡した。広開土王碑文にも東夫余討伐が記されている。夫余族の習俗については前記の東夷列伝に詳しく記されているが，官名に家畜の名称を使用する習慣があり，また新春には迎鼓(あるいは迎年)という祭天の行事を催すなどシャマニズムの傾向がうかがわれ，高句麗の▶東盟と同様のものと思われる。彼らの建国説話は高句麗，百済のそれとすこぶる近似しており，魏志夫余伝巻末にはく魏略〉所収の東明王伝説(▶朱蒙チュモン)を付記している。　　　村山正雄

ブヨ│扶余│부여

韓国，忠清南道南部の郡。面積625km²，人口7万2959(2013)。錦江中流の広い平野地帯にあり，米作を中心として，高麗人参，カラムシなどの特用作物を栽培するほか，マッシュルームやトマトの生産でも知られる農村地帯である。郡の中央および北部には残丘状の丘陵地がみられ，金鉱など希少鉱物の埋蔵がみられる。とくに林川金鉱山は古くから開発された歴史をもつ。郡の中心は錦江の左岸に位置する扶余邑。この町は三国時代，百済王朝が最後の首都とした古都泗沘サビであり，多くの遺跡から発掘された遺物は国立扶余博物館に収められている。百済王朝滅亡時，3000人の官女が投身したという，扶蘇山が錦江(白馬江)に臨む絶壁落花岩(ナックァアム)などもあり，歴史の町として観光地化している。かつては江景カンギョンなどとともに錦江沿いの米集散地と

してにぎわったが，鉄道や道路交通が発達した結果，論山ノンサンや全羅南道益山イクサンに商圏を奪われ，人口もこの10年で2万近く減少している。　　　　　　　谷浦孝雄＋佐々木史郎

[遺跡] 百済は，538年(聖王16)に，熊津(公州)からその南西方およそ36kmの泗沘に遷都し，660年(義慈王20)の滅亡まで，6代120余年間にわたって，王都とした。百済後期の泗沘は，現在の扶余にあたる。扶余地方の歴史は，櫛目文土器時代(新石器時代)にさかのぼるが，地域としての発展は，無文土器時代(青銅器時代)に入ってからのことである。扶余郡草村面松菊里ソンググニには，その時代の大規模な集落遺跡があり，その一隅にある石棺墓からは，遼寧式銅剣と磨製石剣・石鏃・管玉などが出土した。同じく蓮華里ヨンファニでは，竪穴式石室のなかから細形銅剣や多鈕ニュウ粗文鏡などが出土しており，ともに地域的集団の首長層の所産と思われる。扶余の歴史的記念物は，扶余邑内に遺存する百済後期の遺跡群に目をみはるものが多い。大きく湾曲する錦江(白馬江)の東岸に面した独立丘陵に扶蘇山プソサン城があり，土塁や軍倉跡などが認められる。扶蘇山城の南麓は，王宮跡と推定され，また，そこから南方1kmほどのところに宮南池という庭園跡がある。百済後期には仏教が隆盛し，扶蘇山の南西麓から南方に開ける台地の随所に寺院址がある。伽藍配置は，▶定林チョンニム寺址や軍守里廃寺址のように，日本でいう四天王寺式，すなわち単塔系式が特徴的であるが，東南里廃寺址のように，複塔系式の可能性があるものもある。これらの遺跡群は，羅城によって囲まれた範囲内に位置する。そして，羅城の外，扶余邑の中心部から東方3kmあまりのところに，▶陵山里ヌンサンニ古墳群があって，そのころの百済王族の墳墓地とされる。→百済[図3]　　　　　　　西谷 正

ぶよう│舞踊

朝鮮の伝統舞踊は宮中舞踊と民俗舞踊に大別できる。

[宮中舞踊] これは，さらに祭礼のための佾舞イルムと宴礼のための呈才チョンジェに分かれる。宴礼舞の呈才には唐楽呈才と郷楽呈才とがあり，それぞれ，伴奏音楽，衣装，踊りの動き方などの系統がまったく異なる舞楽で

●舞踊

上―剣舞．申潤福《風俗画帖》より．朝鮮王朝後期．ソウル，澗松美術館蔵
中―処容舞．《湛楽宴図》(作者不詳)，朝鮮王朝中期．
下―僧舞．

笏記》(1901)などの記録が正確で，再演できる舞楽が多く，現在韓国国立国楽院で復興された曲も多い．
　佾舞は，祭礼の主祭者の身分によって舞人の数が異なり，天子の場合は八佾舞で8行8列に並んで64人が舞い，王の場合は6行6列の36人の六佾舞，大夫は四佾舞，士は二佾舞の制度があった．1948年大韓民国となってから，文廟楽は八佾舞で行っている．佾舞には文舞と武舞の区別があり，文舞の舞人は左手に籥を持ち，右手に翟を持って踊る．武舞の舞人は左手に戚を持ち，右手に干を持って拍子に合わせて打ちながら一斉に同じ動きで舞う．文廟も宗廟も迎神，奠幣，初献の曲では同じ文舞を踊るが，武舞は宗廟の場合は前3列の舞人は両手に1本の執剣を持ち，後3列は両手に秉槍を持って上下に振りながら舞う．宗廟の佾舞は楽曲とともに世宗の作が世祖(15世紀)によって改作され，朝鮮舞踊の色彩が濃厚になった．定太業(武舞)と保太平(文舞)などがある．
　宴礼舞の唐楽呈才は音楽とともに中国(おもに宋)から輸入された舞踊で，舞人の先導役の竹竿子がいて，漢文で書かれた唱詞や致語を歌う．次に舞人全員(元舞とよぶ)が唱詞を歌い，舞いが始まる．四方を形成しながら相対舞，相背舞という動きをして位置を代わりながら舞う．〈寿延長〉〈抛毬楽〉〈献仙桃〉などがある．郷楽呈才は，竹竿子はなく，唱詞も固有の朝鮮語で歌われ，しだいに郷楽呈才の方が栄え，朝鮮王朝末期に至ると，唐楽呈才と郷楽呈才の区別がはっきりしない舞楽も多くなったばかりでなく，4分の3ぐらいが郷楽呈才となった．花冠に黄色の鶯衫を着て春のウグイスの姿を表現した〈春鶯囀〉，高麗時代の伝説にちなんだ〈舞鼓〉，戦笠，戦服，戦帯をつけて舞う〈剣舞〉など多数の曲が伝えられている．呈才の中で唯一の仮面舞踊〈処容舞〉は，五方を象徴する東の青，南の紅，中央の黄，西の白，北の黒という5人の舞人がそれぞれの色の仮面と衣装をつけて踊る男舞である．外進宴は舞童，内進宴では女の官妓に限っていたが，官妓は一時宮中から追われ，民間人による舞楽が行われたため，

ある．これらの宮中舞踊は50種以上あるが，そのほとんどは高麗朝から朝鮮王朝末までに完成した．20世紀に入り，李王家の雅楽部を経て，日本統治時代といくつかの動乱のため，一時は3分の1に減少したが，《楽学軌範》(1493)，《進宴儀軌》(1744)，《呈才

民俗舞踊との交流が激しくなって，両者に共通する点が多くなった。

[民俗舞踊] 民俗舞踊には，男舞，巫俗舞(巫堂舞)，舞童踊，獅子舞，サルプリ，僧舞，農楽系の小鼓舞，杖鼓舞，元来男寺党たちによって演じられた踊りで，のちに女妓によって行われるようになった閑良舞などがある。そのほか，仮面舞踊劇(▶仮面劇)が今なお盛んに民衆によって行われている点は，東アジアの民族のなかで珍しい。陰暦の正月15日(上元)，または8月15日の祖先の霊をまつる日(▶秋夕)に，婦女子だけが手をつなぎ，歌を歌いながら踊る円舞の〈カンカンスオレー〉(無形文化遺産)は，全羅道の海岸地帯の最も有名な民俗舞踊である。朝鮮舞踊の基本的な技法をすべてもち，僧侶の煩悩を克服するために生じた太鼓の曲打ちがある僧舞は，民俗舞踊の精髄であるともいわれ，たんなる宗教舞踊ではない。また，巫俗舞もやわらかい体の動きと激しいリズムの表現では独特の動きがあり，除厄招福を祈る舞踊に娯楽的心情が表現される。同じ系統をひく，即興舞踊の女1人による〈サルプリ〉は，ハンカチか長い布1枚を扱いながら体の躍動的な動きや静かな流れを抽象的にみせる舞踊として有名である。〈半島の舞姫〉として有名な▶崔承喜も，こうした伝統を背景としている。　　草野妙子

ぶようづか | 舞踊塚 | 무용총

中国，吉林省集安市の禹山南麓の洞溝平野にある，三国時代高句麗の墳墓。舞踊図などの壁画が著名であり，南東方に約4mを隔てて角抵塚に接し，2基が並んでいる。1辺約15m，高さ約3m余の方形封土墳のほぼ中央に，南西方向に開口する横穴式石室がある。内部はすでに盗掘を受けており，出土遺物は不明である。壁面には厚い漆喰が塗られ，そこに絵画と文様を複雑多種に描いている。主要な壁画をみると，玄室の奥壁には，帳房内に床几に座る主人公の肖像画を描き，僧侶あるいは道士と思われる人物と応待している。それにつづく東壁には上・下に1棟ずつの小型建物があり，台所から食膳を運ぶようすなどがみられる。建物の横には騎馬人物像と男女の舞踊図などがみられる。反対側の西壁には狩猟図が大

●ぶらんこ

クネティギに興じる娘たち。

きく描かれ，そして，天井部には天人・飛天，角抵(相撲)，弾琴する男女，四神，蓮華などの図像が描かれる。玄室両前壁から通路両壁にかけては，それぞれ1本の大きな樹木図がみられる。羨道の壁画は剝落がひどいが，板ぶきの建物や男子の図像などが認められる。5世紀前半ころの所産である。角抵塚は規模，構造とも舞踊塚に近く，壁画内容も似通っている。ことに玄室西壁に描かれた，樹下で角抵する力士像と行司役の老人像は名高く，この墳墓の命名の由来となった。→高句麗[図3]；壁画古墳[図]　西谷正

ぶらんこ

朝鮮ではクネ그네とよばれ，▶端午の日に女子のぶらんこ乗り(クネティギ)が，男子の▶シルム(朝鮮相撲)とともに盛んに行われる。これは朝鮮における成年儀礼の一つで，裏山や村はずれの大樹の枝に長いぶらんこをたらし，チマ・チョゴリ姿の娘たちがぶらんこの高さをきそう光景は朝鮮王朝時代の風俗画にも描かれている。《東国歳時記》などによると，クネはもと北方民族のもので，中国に入って鞦韆とよばれ，寒食の日に鞦韆の競技(半仙戯)が行われたが，やがて朝鮮に伝わり，高麗時代には宮中でも盛行し，のちに端午の行事になったという。端午の日には全国いたるところでぶらんこ競技大会が開かれるが，伝統的には朝鮮北部で盛んであった。　　李杜鉉

ブルグクじ｜仏国寺｜불국사

韓国，慶尚北道慶州市の郊外にある大寺。新羅の法興女王代(在位514-540)に創建され，景徳女王10年(751)に宰相金大城キムデソンの発願により伽藍は大規模に拡充されたと伝える。伽藍は吐含トハム山麓に東西2部を営み，大雄殿を中心とする東部は，大雄殿前方左右に多宝塔，釈迦塔を配し，四囲に回廊をめぐらせ，正面の紫霞門前面には高い石壇を築き，石造アーチを用いた優美な青雲橋，白雲橋がかかる。伽藍配置は奈良の薬師寺と同じ双塔式で，石築壇や建物の基壇・礎石はすべて金大城再興のものであるが，大雄殿，極楽殿，紫霞門などの現存の建物は朝鮮王朝中期の再建になり，1972年には現存の建物と様式を統一して伽藍全体が復元された。釈迦塔は別名無影塔と称される方形3層石塔である。3層とも塔身と屋根は一石から造り出している。石組技巧のすぐれたもので，軽い反りをもち，簡素で完璧なまでの正確な比例を保つ。相対する多宝塔の特異な構造形式は釈迦塔ときわだった対照をなし，いずれも新羅時代の代表的石塔で，朝鮮建築中の最もすぐれた作品である。釈迦塔の第3層塔身上部の舎利孔からは，金銅・銀製の舎利函3点とともに，1966年新羅木版の《無垢浄光大陀羅尼経》が発見された。これは8世紀前半のものと推定され，現存する世界最古の印刷物とされている。大雄殿北方の舎利塔は灯籠型の石塔で，塔身の4区の仏龕ブツガン中に如来型座像2軀，天部型立像2軀の浮彫があり，高麗初期の造立と推定される。大雄殿の本尊毘盧遮那如来，極楽殿の本尊阿弥陀如来は，ともに金銅の半丈六座像で，両像とも様式上景徳女王10年の造立で，新羅銅造彫刻を代表するものである。仏国寺の名が示すように護国仏教の中心地でもあった同寺は，現在は慶州観光の中心地となっており，慶州郊外の仏国寺門前には観光ホテルがたちならんでいる。1995年世界文化遺産に登録。➡印刷術[図]；新羅[図]

宮本 長二郎

ぶれつおう｜武烈王｜➡ムヨル王

ぶれつおうりょう｜武烈王陵｜➡ムヨル王陵

ふろ｜風呂｜➡沐浴

プロレタリアぶんがく｜プロレタリア文学

朝鮮におけるプロレタリア文学は，一般的には➡カップ(朝鮮プロレタリア芸術同盟)の出現によってその歴史も始まると理解されているが，前史的段階がある。1922年に労働文学青年を中心に，〈本社は解放文化の研究と運動を目的とする〉と綱領にうたった焰群社が，翌年には金基鎮キムギジン，朴英熙パクヨンヒら中堅的文学者の同人グループとしてパスキュラ(PASKYULA)が発足したことである。前者はその間に未刊に終わった雑誌《焰群》を2号まで編集しており，後者の名称は同人のイニシャルに由来した。この両者と，ほかに個人が金基鎮らの呼びかけで結集し，25年8月23日カップは出現した。

これが社会的に認知されるのは26年，準機関誌《芸術運動》の刊行によるが，その後の足跡は2度の方向転換によって特徴づけられる。27年9月1日，従来の自然発生的段階から階級意識を踏まえた目的意識的段階への移行が最初で，〈第三戦線〉を形成した東京留学生の突上げを反映していた。カップを掌握した➡林和イムファら留学組少壮派により，31年ころさらに左傾路線に転じたのは2度目の転換であった。その後は中道的妥協が排撃され，〈前衛の目で事物を見る〉という〈党の文学〉路線が敷かれた。だが31年から34年にかけて弾圧があいつぎ，雑誌《無産者》，映画《地下村》，新建設社をめぐる事件などで同盟員の過半数を失い，35年5月21日林和，金基鎮らが京畿道警察局に解散届を提出し，カップはその幕を閉じた。その間に内容と形式，文芸の大衆化・創作方法などをめぐる内部論争に，アナーキストや民族主義文学派，海外文学派まで巻きこみ，朝鮮文学史にさまざまな足跡を残した。解放後初期の北朝鮮・朝鮮民主主義人民共和国の文学は，基本的にはこのプロレタリア文学を継承したが，60年代に入り，この伝統は否定されるようになった。➡文学

安 宇植

ぶんいっぺい｜文一平｜➡ムン・イルピョン

ぶんえきかん｜文益煥｜➡ムン・イックァン

ぶんえきぜん｜文益漸｜➡ムン・イクチョム

ぶんがく｜文学

[古典文学──詩歌] 古代歌謡の代表は➡郷歌で，これは万葉仮名のように漢字の音訓を

借用して表記されたが,歌集《三代目》が戦禍によって失われたため,わずか25首が《三国遺事》などに伝わるのみである。その他の民間歌謡に,百済の〈井邑(チョンウプ)詞〉や高麗の〈思母曲〉〈カシリ〉〈青山別曲〉〈双花店〉などがあり,思慕の情を咏んで抒情に富む(《楽学軌範》《楽章歌詞》所収。いずれも朝鮮時代に編纂)。一方,13世紀の高麗では士大夫によって〈翰林(ハルリム)別曲〉が生まれる。これは中国の詞の高麗化ともいうべきものだが,作品世界が狭く,広がりのないまま消え去った。

朝鮮詩歌の口語・歌唱・抒情・短形への志向は,〝時調によって開花・定着する。漢詩のように押韻ではなく,音節数から生まれるリズム感を生命とする時調は4・4・4音を一章とし,初・中・終の三章からなる〈平時調〉が基本で,士大夫やその周辺の人々を担い手とし,典雅な様式美の世界を形づくった。やがて,それを拡大した〈オッ時調〉,さらに長文化して散文に接近し,世俗的で諧謔味に溢れた〈辞説時調〉へと展開した。近代では自由律的な技法も試みられ,現代まで命脈をつないでいる。

朝鮮王朝の建国史を寿いだ〝〈竜飛御天(ヨンビオチョン)歌〉(10巻125章,1447)や,世宗が亡き妃を追悼するため,釈迦の功徳を称誦した〈月印千江之曲〉(3巻,580余曲)は楽章体とよばれる韻文詩歌だが,公的な性格が強くて抒情には適さず,作品は少ない(いずれも歌詞はハングル,注解は漢字)。

それに対し,同じく国語韻文長歌である〝歌辞は時調と同じく4音を基本とし,丁克仁(チョングギン)(1401-81)の〈賞春曲〉以降,士大夫によって数多く創作される。なかでも文人・政治家として名高い〝鄭澈(チョンチョル)の《松江歌辞》には5編の歌辞(関東別曲・思美人曲・続美人曲・星山別曲・将進酒辞)と84首の時調が収録され,後世に大きな影響を与えた。また,金仁謙(キムインギョム)(1707-72)の《日東壮遊録》のように五万字を超える長編の日本旅行記も登場するが,時調ほどの永続性はなかった。

[漢詩の〈朝鮮化〉について] 通常,朝鮮の詩歌には漢詩は含まれない。漢詩は詩であっても歌ではなかったからである。しかし,中国の《文選》に倣って,古代から当代に至る代表的な詩と散文がジャンル別に網羅された〝《東文選》(154巻,1478)の編纂が示すように,漢文学の影響は圧倒的で常に朝鮮文学の主流を占めていた。それは一方で民族文化との軋轢を生むが,それを止揚すべく朝鮮の文人たちは苦闘する。高麗の崔滋(チェジャ)(1186-1260)は詩話集《補閑集》で中国の事物に託して朝鮮を詠うことを批判し,それを受けて〝李穡(イセク)(1328-96)は朝鮮の歳時風俗をダイレクトに詠いこんだ〈国俗詩〉を産みだした(《牧隠集》)。

漢詩に用いる故事・物名・地名・人名の〈朝鮮化〉はその後も受け継がれ,〝権近(クォングン)(1352-1409)は〈紀名詩〉で地名を読み込んだが,朝鮮の地名が詩語になりうるかをめぐっての論争もくり返され,柳夢寅(ユモンイン)(1559-1623)や洪万宗(ホンマンジョン)(1643-1725)らはその擁護に力を注いだ(《於于野談》《小華詩集》など)。また,朝鮮後期では楽府体を用いて朝鮮の歴史と民間風俗を詠った海東楽府が数多く創られるが,それは民族意識の高揚を反映したものであった。このような中から博物学的知の巨人として知られる〝丁若鏞(チョンヤギョン)(1762-1836)は〈我は是れ朝鮮人 甘んじて朝鮮の詩を作す〉(〈老人一快事〉《与猶堂全書》巻6)と韻律や故事など煩瑣な定めに拘泥することなく,志のゆくままに詠う〈朝鮮詩〉を提唱するに至る。ここまで来ればいっそのことハングルで国語詩歌を作るべきだとも思えるが,それをなし得たのは極く少数に過ぎなかった。

[古典小説] 朝鮮の古典小説は士大夫の手になる一部の作品を除いては,作者・成立年代が不明で,主人公・舞台とも朝鮮ではなくて中国に仮託したものが多く(したがってリアルな描写に欠ける),また似たような結構をもつ作品がくり返し登場する傾向が強い。つまり,匿名性・抽象性・類型性をその特徴とする。そのため通常の文学史的な叙述は困難で,ジャンルごとに整理されることが多い。ここでもそれに従い,主なジャンルと作品を紹介しておく(ただしジャンル概念は相対的なもので,一つの作品が複数ジャンルの性格を帯びることも少なくない)。

〈伝奇小説〉 本来,伝奇とは中国唐代に形成された漢文小説の一種で,朝・日・ベトナムなど広く漢文化圏に広がった。朝鮮では

新羅末高麗初に唐への留学経験者によってもたらされ、《新羅殊異伝》(編者者不詳)をその嚆矢とする。とくに▶崔致遠ｼﾞｬｳｫﾝは挿入詩による抒情の深化や、主人公の孤独さの描写などが評価されるが、まだまだ説話的な性格が強い。明の瞿佑ｸﾕｳ(1341-1427)の《剪灯ｾﾝﾄｳ新話》を換骨奪胎した▶金時習ｷﾑｼｽﾌﾟ(1435-93)の《金鰲ｸﾑｵ新話》こそは本格的な朝鮮小説の始祖といえよう。そこに含まれる五つの作品はいずれも主人公が異界(または冥界)の異人(または鬼神)と出会い、最後は自らも現世から姿を消すという物語で、文人小説らしく洗練された漢詩文の表現が効果的に用いられ、極めて高い完成度を示している。伝奇小説は、権韠ｸｫﾝﾋﾋﾟﾙ(1569-1612)の《周生伝》(三角関係の恋が成就する直前に壬辰倭乱で朝鮮に派遣され、懊悩する中国人青年の述懐)や、趙緯韓ﾁｮｳｳｨﾊﾝ(1558-1649)の《崔陟ﾁｮｸ伝》(壬辰倭乱に巻き込まれた夫婦が中国や日本への流浪の末に再会する波乱万丈の感動譚)、《雲英伝》(世宗の第三子である安平大君に仕える宮女雲英と金進士が禁断の恋の末、非業の死を遂げる悲恋譚。作者不詳だが、柳泳とする説がある)などに受け継がれていくが、18世紀に入ると衰退してしまう。

〈夢遊録小説〉 文字どおり夢の世界を描いたもので、ある人物が夢の中で一群の人々と出会い、そこで闘わされる討論や宴の場に陪席し、宴が終わるとともに覚醒するという共通した構造をもつ。登場人物は実在もしくは架空だが、いずれの場合も現実世界に対する批判や風刺が込められ、強い寓意性を帯びている。世祖に王座を奪われた端宗の復位を謀って惨殺された▶死六臣が登場する《元生夢遊録》(作者には▶林悌と元昊の二説あり)、尹継善ﾕﾝｹﾞｿﾝ(1577-1604)の《達川ﾀﾙﾁｮﾝ夢遊録》(壬辰倭乱の激戦地で戦没者の鬼神らが敗戦の責を問う)のほか、《皮生ﾋﾟｾﾝ夢遊録》《金華寺夢遊録》《大観斎夢遊録》などが知られる。

夢遊録は15世紀に登場して以来、開化期に至る近代の初めまで連綿と続く。それは社会参与を旨とする士大夫の問題意識の反映であったからである。

なお、同じく夢をモチーフにしたものであっても、天界から地上へ謫降された主人公が8人の美女と結ばれるロマンを描いた▶金万重ｷﾑﾏﾝｼﾞｭﾝ(1637-92)の《九雲夢》や、李庭綽ｲｼﾞｮﾝﾁｬｸ(1678-1758)の《玉麟夢》などでは、夢は思想的・宗教的覚醒の契機として利用され、夢遊録とは性格が異なるため〈夢字小説〉として別個に扱われる。

〈英雄軍談小説〉 非凡な主人公が様々な困難に遭遇するも、戦乱などで功を挙げ活躍するサクセスストーリー。奸臣の陰謀によって一家離散となった劉忠烈が避身中に得た道術で奸臣を討ち、夷狄を撃退して国家の危機を救う《劉忠烈伝》。幼くして孤児となった蘇大成が李尚書の娘彩鳳と佳縁を結ぶも、尚書の死後、義母に疎まれて家を追われ、放浪中老僧から道術や宝剣を得、中原に侵入した胡国を撃破して皇帝を救い、妻とも再会する《蘇大成伝》(両作品とも作者不詳。舞台は中国の明)のほか、《張豊雲伝》や《張雄伝》などが知られる。壬辰倭乱で活躍する実在・架空の武将の活躍を通じ、朝鮮の〝精神的勝利〟を描く《壬辰録》や、丙子胡乱で孤軍奮闘のすえ謀殺される実在の将軍の悲劇を描いた《林慶業将軍伝》などは同じく戦乱を背景とするものだが、ここにいう英雄軍談小説とは別ジャンルとされる。

〈大河小説〉 朝鮮後期、才子佳人の結びつきを軸に家門の栄枯盛衰を描いた大長編小説が登場した。主人公が複数存在し、したがってストーリーも複線的に展開するなど、通常の小説とは構成が全く異なるうえ、《柳孝善行録》と《劉氏三代録》、《聖賢公淑烈記》と《林氏三代録》などのように、それぞれ前篇・後篇をなす場合も少なくない(しかも作者は別)。なかでも《玩月会盟宴》は180巻180冊という大長編で、おそらく世界一であろう。作者には没落両班のほか、宮廷図書館である楽善斎に多く所蔵されていたことから、小説読者から作者に転じた〈コリアの紫式部〉ともいうべき宮廷女性作家の存在が考えられる。

〈パンソリ・野談系小説〉 ▶パンソリとは森羅万象を声で演じる伝統芸で、▶《春香伝》や《沈清伝》など12マダンとよばれる代表的な演目がある。その中から文字表記によって定着したものをパンソリ系小説とよび、数こそ少ないものの民衆芸能に起源をもつものとして貴重なものである。漢文説話である▶野談のなかで小説的な完成度の高い

ものをとくに漢文短編，もしくは野談系小説とよぶ。実学派の巨匠 朴趾源(パクチウォン)の社会風刺に満ちた《許生伝》や《両班伝》《虎叱》はその代表格であり，死んだ子さえ脅しのネタに利用する醜い親の姿《成進士伝》など，市井にうごめく人間の欲望世界をシニカルに描いた李鈺(イオク)(1760-1812)などもこの系列に属する。

〈天君小説〉 唐の韓愈が毛筆を擬人化した《毛穎伝》に始まる仮伝体(もしくは擬人小説)は漢文化圏で多くの模倣を産んだ。しかし，人の心を国王とし，そのもとに仕える四端七情(惻隠の情など心の働き)を臣下として，あるべき国家像を描く天君小説なるジャンルは朝鮮だけに出現したものである。師の曺植(チョシク)の説いた心性論にもとづき，金宇顒(キムウオン)(1540-1603)が《天君伝》を書いたように朱子学を奉じた朝鮮士大夫の理想世界をこれほど直截に反映したものはない。現在まで8種の作品が確認されている。

[近代] 朝鮮の近代文学は発生とほぼ時を同じくして日本の植民地支配下におかれたために，その姿は歪められざるをえず，その歪みを修復しようと，近代的志向をもつと同時に民族主義的・反帝国主義的性格を帯びることとなった。近代文学の出発点をどこに置くかについて異論はあるが，19世紀末・20世紀初頭とするのが通例である。20世紀初頭の開化期にあっては〈唱歌〉〈新体詩〉〈新小説〉が一世を風靡した(開化期文学)。新小説とは，自主独立・近代的教育の必要性を説いた 李人稙(イインジク)の《血の涙》(1906)，因習打破・婦権拡張を説いた 李海朝(イヘジョ)の《自由鐘》(1910)などをはじめ，社会的問題をテーマにして1916年ころまで書かれた一群の小説をさし，思想面でも文体面でも未熟ではあったが，4・4調や4・3調などで新しい社会事象をうたった唱歌，旧来の定形詩の枠を打ち破った新体詩と並んで，朝鮮に近代文学の萌芽をもたらしたものといえる。次に登場するのが 李光洙(イグァンス)と崔南善(チェナムソン)である。彼らは《少年》《青春》誌などを通じ，言文一致の文体によって民族意識と啓蒙意識に支えられつつ，新文学の道を切り開いていった。初期の李光洙にはトルストイ的な理想主義に立った民衆の教化者としての自覚があった。1919年の三・一独立運動の前後に 金東仁(キムドンイン)，朱耀翰らの《創造》(1919年2月～21年5月)，金億，廉想渉(ヨムサンソプ)らの《廃墟》(1920年7月～21年1月)，朴鍾和，洪思容らの《白潮》(1922年1月～23年9月)といった文学同人誌が出現し，李光洙流の啓蒙主義に反発して自然主義と浪漫主義の旗印をかかげた。そうしたなかから，理想を追うよりも暗い現実を直視し，その変革を示唆する批判的リアリズムの文学があらわれた。韓国ではこれを〈新傾向派文学〉とよび，北朝鮮では〈初期プロレタリア文学〉とよんでいる。これが世界プロレタリア文学運動の影響もうけて，朝鮮でも1925年に朝鮮プロレタリア芸術同盟(略称 カップ)が結成され，一時は文学界を席巻するほどの勢いをみせた(1935年解散)。農村の階級分化と農民の闘いを描いた李箕永(イギヨン)の長編《故郷》(1933)，紡績工場の労働闘争を描いた 韓雪野(ハンソリヤ)の長編《黄昏》(1936)などが代表的作品といえる。一方，階級的立場に立たない民族主義的な作品傾向も根強く存在し，プロレタリア文学と拮抗しつつ，ともに日本の支配に抵抗した。農村啓蒙運動に題材をとった李光洙の長編《土》(1932)，趙家3代の没落過程をリアルに描いた廉想渉の長編《三代》(1931)などがその代表作といえよう。この両者にはさまれてモダニズム文学が小さく息づいていたのが，1930年を前後する時期の朝鮮文学の様態であった。

1931年に満州事変が起こり，朝鮮国内への弾圧が厳しくなると， プロレタリア文学は壊滅状態となり，プロレタリア文学派も民族主義文学派もともに狂暴な日本支配のもとに呻吟せざるをえなくなった。現実政治への関与を避けて土俗的リリシズムや愛欲の美学を追い，風俗小説，歴史小説にもぐりこむ傾向が現れたりした。しかしながら，この時期に文学は個々人の内面に立ち向かい，文章は彫琢され，芸術的香りの高い作品が生まれたのも確かである(李泰俊(イテジュン), 李孝石(イヒョソク)ら)。日中戦争以後は皇民化政策のもとで創氏改名が強行され，〈国語〉と称する日本語によって〈時局〉的な作品を書くよう強要された。一部の文学者は獄中で殺され，また一部の文学者は総督府に迎

合する作品を書いたりして，いわゆる〈親日文学〉も生まれたが，多くの文学者はその中間で，沈潜した身辺雑記など朝鮮語で作品を書くこと自体を課題としたり，せめて日本語でなりとも朝鮮の風物詩を書き残したりして嵐をやりすごそうとした。〈地方色〉に名をかりて〈民族色〉を保持する試みも行われた。　　　　　　　　大村 益夫

[**大韓民国**]　1945年に解放された朝鮮半島は，米ソによって38度線を境に南北に分断された。そのうえ両大国の冷戦構造に組み入れられたため，文学も植民地統治による傷痕を克服する暇もなく，左右の対立に巻きこまれ，それぞれ別途の発展過程をたどった。大韓民国の文学は朝鮮戦争(1950-53)直後から本格的に始動した。しかし，第2世代とよばれる戦後派が担い手となった50年代の文学は，一つの民族が血で血を洗う戦争を体験したことへの驚愕と悲鳴によって彩られた。この異常な戦争を嘆き，みずからの運命に敗北感を味わった彼らは，当時流行した西欧の実存主義に救いを見いだし，挫折感や虚無主義の濃厚な文学を生んだ。孫昌渉ソンチャンソプの《人間動物園抄》《剰余人間》《神の戯作》，張竜鶴チャンヨンハクの《非人間誕生》《ヨハネ詩集》，金声翰キムソンハンの《無明路》《蛙──デウスの自殺》，呉尚源オサンウォンの《猶予》《白紙の記録》，徐基源ソギウォンの《暗射地図》，〈鮮于煇ソヌフィの《火花》《テロリスト》，李範宣イボムソンの《誤発弾》など，戦後派の主要な作品は題名からして暗鬱でシニカルな，いわば〈囚人の美学〉を暗示したものであった。60年代に登場した第3世代も金承鈺キムスンオクの《生命演習》，徐廷仁ソジョンインの《後送》，洪盛原ホンソンウォンの《D dayの手紙》，李清俊イチョンジュンの《不具者と痴呆》というように幼時の戦争体験を描くことから文学的な出発を始めた。しかし彼らはみずからのおかれた状況を正確に把握し，個人の存在理由を認識することで戦後派の情緒的アナーキズムや知的敗北主義，倫理的自己逃避などを克服する契機とした。とはいえ，60年に李承晩独裁政権を倒した〈四月革命の主役でもあった第3世代には，たんなる政治変革にとどまらず，民衆こそは歴史の推進者であり，文学行為はそれを認識させるためにあると考える人々もいた。

そのため60年代は，金柱演キムジュヨン，金治洙キムチスら文学における政治性を否定する純粋文学派と，〈金洙暎キムスヨン，申東曄シンドンヨプらの作品に注目し，文学の社会参与(アンガージュマン)を主張した〈白楽晴ペクナクチョン，廉武雄ヨムムウン，任重彬イムジュンビンら同世代の批評家らの熾烈な論争によって特徴づけられた。この論争をさらに発展させる役割を果たしたのが，60年代半ばに出現した季刊誌《創作と批評》《文学と知性》である。これらはまた文壇の枠組みを超えて新人を発掘し，大胆に誌面を提供して従来の短編小説以外に中編小説，長編小説を登場させ，あわせて詩の分野の活性化を促し，読者を拡大した。

朴政権の〈維新体制下の70年代は文学に政治的弾圧と，経済の高度成長によるテーマの多様化をもたらした。《五賊》《乙巳五賊》を発端とする〈キム・ジハ(金芝河)や白楽晴，李浩哲らへの弾圧はこれに抵抗する自由実践文人協議会を出現させた。また急激な経済成長は貧富の格差や疎外を生み，土俗の美を描いてきた〈金東里キムドンニらとは別に〈黄晳暎ファンソギョンの《客地》，尹興吉ユンフンギルの《九足の靴で居残った男》，趙世煕チョセヒの《侏儒が打ち上げた小さなボール》，李文求イムング の《わが村》など疎外される弱者である労働者や農民への関心を示した作品を誕生させた。都市と農村の社会的矛盾を突いたキム・ジハや，強引な近代化と物質万能の風潮への懐疑を表した朴泰洵パクテスンの作品もこの文脈から生まれた。このほかにも尹興吉の《長雨》のように南北分断状況を自己の痛みとして描くなど，70年代は文学的実りの豊かな時代とされているが，これと軌を一にして文学の社会参与の内容も，リアリズム文学論や農民文学論から民族文学論へと具体化された。だが80年代の文学はにわかに，〈恨ハンの情念の濃厚な内向的なものへと様相を一変させた。79年末の朴正煕大統領射殺事件と維新体制の崩壊，つかの間の〈ソウルの春〉と全斗煥政権の登場，80年5月の〈光州クヮンジュ事件や《創作と批評》《文学と知性》の停刊処分など社会的激動が作家意識を萎縮させたのである。そのため〈詩の時代〉到来といわれたほどもっぱら詩の分野で活況を呈してきたが，80年代半ばには民衆文化

運動の高まりとあいまって民族文学論は民衆文学論に発展し、黄晢暎の大河小説《張吉山》の完結をはじめ民衆文学論を支える秀作が相次いで発表されるなど、80年初めのそれは〈一時的敗北〉(白楽晴)といわせるほどに回復の兆しをみせている。　　　　　安宇植

　1980年5月の〈光州〉(光州事件)を経験した80年代は、学生たちの目を労働現場に向けさせ、民衆文化の追求へと向かわせ、社会が民主化を求める政治の時代であったが、労働者詩人とよばれた朴ノへの詩集《労働の夜明け》(1984)が出版され、広く読まれたのもそうしたことの一つの反映であった。またこの時代は多くのタブーを打ち破ろうと努力が続けられた時でもあった。83年からは▶趙廷来〔チョジョンネ〕が左翼の復権を企図して1948年の麗水の反乱などを背景に大河小説《太白山脈》を発表し始め、▶黄晢暎はベトナム戦争を題材に《武器の影》(1985, 88)を書き、玄基栄は引き続き済州島四・三事態(▶済州〔チェジュ〕島四・三蜂起)を作品化した。さらには北の作品《血の海》や《花を売る乙女》(▶歌劇芸能)が国内で流布されもした。政治的タブーは、▶ソウル・オリンピックを前に、政府の緩和策によって88年3月、7月の越北・拉北文人のほぼ全面的な解禁にまで至り、しだいに弱まってゆく。80年代はまた、《太白山脈》や金源一の《火の祭典》(1983-98)など、現代史を舞台とした重厚な長編が書かれ始めた時期でもあり、これらはいずれも完結後、高い評価を受けることになる。この時期、最大の人気作家は▶李文烈〔イムニョル〕であったが、▶朴婉緒〔パクワンソ〕(《母の杭》《あの年の冬は暖かかったね》)、呉貞姫(《銅鏡》)、梁貴子(《遠美洞の人々》)、金香淑(《ガラスの番人》)らの女性作家たちも着実に仕事を進め、90年代の女性作家の時代を準備していた。そうした中で、80年代末頃からは〈光州〉の体験が作品として結晶し始める。崔允の〈ほら、音もなくひとひら花が散り〉(1988)がその代表的なものであるが、90年代には林哲佑の《春の日》(1998)のような大作に結実する。

　他方、89年の旧ソ連の崩壊とそれにともなう世界的な社会主義の退潮は、韓国の知的社会にも多大の影響を及ぼし、革新勢力も思想的な求心点を見失ったかのように彷徨を続けていったが、それらに代わるかのように若手の女性作家たちが現れ、90年代はあたかも女性作家の時代といった様相を呈することになる。まずフェミニズム的要素の強い孔枝泳〔コンジヨン〕などが同世代の女性たちから大きな共感をもって迎えられ、彼女の《サイの角のようにひとりで行け》(1993)や《サバ》(1994)はベストセラーとなった。一方、少し遅れて▶申京淑〔シンギョンスク〕が第2創作集《オルガンのある場所》(1993)刊行前後から脚光を浴びるようになった。彼女たちのいくつかの作品が、傾向を違えながらもまた他方では、80年代の熾烈だった民主化運動や労働運動の時代を現在の視点から回想する〈後日譚文学〉とよばれる要素をもっていたのに対し、90年代中盤に登壇した▶殷熙耕〔ウニキョン〕の場合は、そうした社会性はほとんどもたず、女性の立場から愛や結婚に対する既成の道徳の枠を取り払おうとしている。この当代の人気女性作家3人が大きな人気を得ていった時期・内容の微妙なずれが、90年代の読者層、韓国社会の移り変わりを示しているようである。その意味で、崔泳美〔チェヨンミ〕の詩集《30歳、宴は終わった》が94年に創作と批評社から出版されるや大ベストセラーとなったことは、そのタイトルとともに象徴的な出来事であった。時代がこのように大きく変化する中で、▶朴景利〔パクキョンニ〕は19世紀末からの民族の歴史を描いた大長編《土地》(全5部, 16巻)を94年に完成させ、崔仁勲〔チェイヌン〕は十数年ぶりに新作長編《火頭》(1994)を発表するなど大家たちも健在ぶりを示し、崔明姫は彼女のほとんど唯一の作品《魂》(1981-96, 全10巻)を遺した。さらに獄から出た黄晢暎が久々の新作長編《懐かしの庭》(2000)を刊行したが、彼はこの作品が〈東仁文学賞〉候補作に選ばれると、それを拒否して波紋をよんでいる。
　　　　　　　　　　　　　　　布袋敏博

[朝鮮民主主義人民共和国]　一方、朝鮮民主主義人民共和国の文学は、李箕永、韓雪野らかつてのカップ盟員と、左右の対立厳しい韓国から共和国へ逃れた▶林和〔イムファ〕ら旧カップ盟員や李泰俊そのほかを軸に、土地改革や重要産業の国有化などの諸改革に始まる平和的民主建設にわく現実を描くことと、民族解放の英雄をたたえる〈金日成将軍の

歌〉をつくることから解放後の幕を開けた。李箕永の長編《大地》や韓雪野の《凱旋》はそうしたテーマに添ったこの時期の代表作とされた。50年に朝鮮戦争が始まるや、アメリカ軍と戦う勇敢な人民と人民軍、そしてこれを勝利に導く英雄としての金日成を形象化することが文学の課題とされ、千世鳳チェンセボンの《戦う村びとたち》、黄健ファンゴンの《燃える島》、朴雄杰パグンジョルの《上級電話手》、韓雪野の《歴史》などが傑作とされた。また戦争に関する多くの記録文学が書かれた。53年に停戦協定が結ばれ、廃墟の中で復旧が始まった。尹世重の《試練の中で》、李根栄イグニョンの《初収穫》、千世鳳の《石渓の新春》、李箕永の《豆満江》、黄健の《蓋馬高原》、朴雄杰の《祖国》、李庸岳イヨンアクの《平壌灌漑詩抄》、関丙均ミンビョンギュンの《朝鮮の歌》などの長・中編小説や詩集の表題が語っているように、戦後人民経済復旧3ヵ年計画とこれにつづく重工業建設を中心とする5ヵ年計画の遂行に立上がった人民の姿や、その英明な指導者としての金日成像を描いた作品がこの時期には多かった。だがその一方で、政治や文芸思想上の対立から林和、韓雪野など何人もの著名な文学者が、作品とともに抹殺された。

これ以後60年代半ばまでは一言でいって〈チョンリマ(千里馬)の時代〉とよばれている。社会主義建設の速度を伝説上の馬の速さになぞらえたこの時期の文学は、創作方法としての社会主義リアリズムに忠実であること、人民を革命的、階級的、政治的、つまり共産主義的に教育するための有効な武器となることがかつてなく強調された。文学の主要なテーマは一貫して①抗日武装闘争時代の革命家の不屈の闘争、②社会主義建設の英雄的人物像、③祖国統一のための闘争、などであるが、60年代後半からはとりわけ、抗日武装闘争の指導者とされる金日成を中心に、その一家までも革命家の家族の典型として形象化することが文学の最も重要な課題とされ、金日成とその一家に対する深い敬愛の念をささげる内容の作品が大量に出現するようになった。また、解放後の文学は金日成の文芸理論を首尾一貫して指針としてきたが、70年代には抗日武装闘争期に金日成によって指導され、創造されたという革命的な芸術の伝統を継承することが強調されるようになった。こうした指針をもとに金日成の抗日武装闘争を描いた作品のほとんどは、文学者の集団創作によるもので個人の作品とされていない。ともあれ共和国では、小説のほかにも詩や大型の゛歌劇芸術が、70年以後は人民を゛チュチェ(主体)思想で教育する有力な武器とされている。

〈後継者問題がすなわち革命領袖問題〉であるとする朝鮮民主主義人民共和国にあっては、゛金正日キムジョンイル党総書記を形象化することが重要な文学的主題である。その代表的なものは現在も続いている叢書〈不滅の嚮導〉シリーズであるが、こうした形象化小説は1979年末頃から創作され始めたとされている。その中で秀作と評される李鐘烈の《静けさ》(1983)は、ある山あいの駅の閉鎖をめぐって起きた軋轢あつれきと、人民の生活を心配して夜を徹して駆けつけた金正日書記の指導により解決するというものである。題名は、現地指導のため列車の中で休むしかない宿命にある指導者のため、通り過ぎる列車は汽笛を鳴らさないよう配慮しているところからきている。ストーリー展開には飛躍があるが、駅の閉鎖を告げるためやってきた副駅長に対し、そこに長年勤める老駅長の悩む姿=個人の内的葛藤を描いている点が注目される。また、朝鮮戦争を経験してきた世代と戦争を知らない新しい世代の軋轢を描いた金サムボクの《世代》(1985)のように、世代間の問題を扱った作品も現れた。90年代、共和国最大の出版事業は故金日成主席の回顧録《世紀とともに》(1992-)であったが、そこにはわずかながら歴史記述の事実への修正がみられた。こうした姿勢は文学作品の取り上げ方にも反映しているとみられ、92年の《主体文学論》(金正日)にも゛李光洙イグァンスや゛崔南善チェナムソン、金億、゛方定煥パンジョンファンらの名があげられており、゛金東仁キムドンインの作品集が刊行されてもいる。

一方、〈苦難の行軍〉というスローガンに表れているように、90年代に入って共和国は食糧難など経済的な難局に直面している。その解消には農村の立直しも急務であるが、

安宇植

若い層には農村を忌避する傾向がみられるともいわれている。そうした問題を主題に小説化しているのが李テユンである。彼の《稲穂》(1995)は，図書館司書の恋人に対し農民であることを恥ずかしく思う若者の悩みを描いた作品である。また最近では，思想や政治，社会問題とは関係のない，男女間の愛情問題を扱った李ソンシクの《幸せの日》(1998)が人気を得ているが，示唆的である。もっともこうした主題の作品はとくに珍しいわけではなく，これまでも帰国作家，南大鉉の《青春頌歌》(1987年刊，94年再版。邦訳あり)などがよく知られている。そのほか活躍している作家に長編では鄭基鍾や宋相元，短編では盧正法や韓雄贇らがいる。

▷在日朝鮮人文学｜在外朝鮮人文学　　　　布袋 敏博

ぶんかせいじ｜文化政治
三・一独立運動後の1919年8月第3代朝鮮総督に就任した斎藤実が表明した植民地支配政策。併合以来の〈武断政治〉が朝鮮民族の抵抗によって行き詰まると，総督府は民族運動を分断・弱体化させ，植民地支配を維持するため，〈文化の発達，民力の充実〉を掲げて危機打開を図った。〈文化政治〉の基本方針は当時の首相原敬の考えによるもので，究極的目標は同化に置かれていた。総督武官制廃止，▷憲兵警察制度廃止，普通警察制採用が行われたが，実際には文官が総督になったことはなく，警察機構も拡充され，軍事支配の本質は変わらなかった。また▷会社令の撤廃，▷産米増殖計画などの経済政策を通じて朝鮮人ブルジョアジー，地主を植民地支配の支えとして取り込むことも図られた。一方，新聞・雑誌の発行，団体の結成などが支配に抵触しない範囲で許されたことは，20年代の各種民衆運動，文化運動を活性化させる条件となった。通常31年までを〈文化政治期〉とするが，27年までとする説もある。
　　　　　　　　　　　　　　　　水野 直樹

ぶんけい｜聞慶　▷ムンギョン
ぶんこうじ｜芬皇寺　▷プナン寺
プンジャン｜豊璋｜풍장
百済義慈王の子。生没年不詳。豊章とも書き，またたんに豊ともいう。660年の百済滅亡後，王族の▷鬼室福信と僧の道琛らは周留城(錦江河口付近)を拠点に百済復興をはかり，当時日本に人質となっていた豊璋を迎えて王に立てた。多くの残存勢力がこれに呼応し，泗沘城(扶余)などに駐屯する唐軍を包囲して唐・新羅軍を苦しめた。しかし内紛から福信は道琛を殺し，その福信も豊璋に殺され，復興軍の勢力は弱まった。豊璋は高句麗，日本に救援を求めたが，663年，唐・新羅軍の総攻撃の前に周留城は陥落し，豊璋も逃亡して百済復興運動は挫折した。このとき復興軍救援にむかった日本軍が敗れた▷白村江の戦は，日本史上著名な事件である。
　　　　　　　　　　　　　　　　木村 誠

ぶんしょう｜文章
解放前における朝鮮の代表的な文芸誌。1939年2月創刊。編集兼発行人は金鍊万だが，実質的には作家の▷李泰俊が編集を担当した。27号という短い生命だったが，植民地下では《人文評論》(1939-41)とともに最後の朝鮮語文学雑誌として朝鮮の近代文学史上画期的な役割を果たした。また新人の推薦制を実施して趙芝薫，朴斗鎮，朴木月ら純粋文学派の多くの優れた新人を送り出した。41年4月，日本の植民地政策によって強制廃刊させられるが，《文章》はいわば日帝時代末期の〈暗黒期文学時代〉に突入する前の残照のかがやきのようなものであった。
　　　　　　　　　　　　　　　　尹 学準

ぶんせいさき｜粉青沙器
粉青沙器は，白土によってさまざまな装飾がほどこされた陶器であり，主に14世紀末頃から16世紀にかけて焼造された。日本では三島ともよばれるが，韓国美術史研究者の高裕燮が装飾の特色から〈粉粧灰青沙器〉と改め，日本でも1990年代後半以後，その略称である〈粉青沙器〉もしくは〈粉青〉が用いられることが増えた。14世紀末に前代の▷高麗青磁の象嵌技法を引き継ぎ，文様を彫った後に白土や赭土を塗りこめて白黒の文様をほどこす象嵌粉青が登場する。15世紀前半にはスタンプで施文する印花，広い面積を象嵌する面象嵌，文様の背景部分の白土を掻き落す掻落粉青が展開する。15世紀後半からはこれらの省略技法として，刷毛で白土を塗った痕を装飾とする刷毛目，白土を塗った上から文様を線彫りする線刻粉青，黒色に発色する鉄絵具で

●粉青沙器
左－粉青印花鉢．
右－粉青掻落牡丹文大壺．
いずれもソウルの韓国国立中央博物館蔵

文様を描く鉄絵粉青が展開する．15世紀後半には白土の溶液に浸して白一色とする粉引き粉青のみとなるが，地方にまで白磁の生産が広まった1580年代頃には消滅した．粉青沙器の一部は16世紀に日本で茶陶として取り上げられ，肥前など日本の陶器の装飾にも影響を与えた．　　　片山　まび

ぶんそう｜文宗｜▶ムンジョン
フンソンだいいんくん｜興宣大院君｜
흥선대원군｜1820-98
朝鮮王朝末期の政治家，李昰応ィㇵゥンのこと．フンソンデウォングン．字は時伯，号は石坡．本貫は全州．南延君，球の四男として生まれ，興宣君に封ぜられたが，不遇であった．しかし1863年に次男の命福が第26代の国王▶高宗コションン(在位1863-1907)として即位すると大院君(すなわち興宣大院君)となり，摂政として実権をふるった．ちなみに大院君とは，王朝において国王に直系の王位継承者がいない場合，王族内のほかの系統から次王を選び，その王の実父を尊称するものである．大院君は興宣大院君に限られるものではないが，今日では一般に興宣大院君をさして用いる場合が多い．彼が最初に政権を担当した10年間は，国内的には紀綱の弛緩と財政の逼迫ハッハヾ，対外的には欧米諸国からの開国への圧力，といった内外ともに厳しい情勢下にあった．そこで彼は国内政策としては，▶備辺司の廃止，三軍府の復活，▶書院の撤廃，景福宮の再建，天主教徒の弾圧(丙寅教獄)，洞布の徴収などを行い，対外政策としては鎖国攘夷政策(▶衛正斥邪)

を強化して2度の▶洋擾ヨゥ(1866，71)，日本との書契問題(1868-76．〈江華島事件〉の項参照)などを惹起した．攘夷の決意を表明した斥和碑の建立(1871)に示される彼の鎖国攘夷政策は，外国の侵略を撃退するうえでは成果をあげたが，朝鮮の近代化を遅らせる結果となった．結局，書院の撤廃，景福宮の再建などに強く反対する▶崔益鉉チェイクヒョンら儒生の反発と，高宗の王妃である▶閔妃ミンビおよびその一族との対立から1873年に下野した．
　1882年の▶壬午軍乱によって閔氏政権が一時的に倒されると再び政権を握り，閔氏政権の日朝修好条規以来の開国路線を否定して統理機務衙門や▶別技軍を廃止し，旧来の官制を復活した．しかし，開国派(金允植らの対清協調派)の要請と日清両国自身の思惑から両国軍が武力介入したため，彼の鎖国攘夷政策復活の企ては失敗に終わり，清の保定に幽閉された(1882-85)．その後，95年に政権に関わったが，彼の閔氏に反対する立場を利用しようとした日本の意図によるものであって，往年の精彩はみられなかった．　　　原田　環

ぶんぶおう｜文武王｜▶ムンム王
ぶんろくけいちょうのえき｜文禄・慶長の役｜▶壬辰・丁酉(じんしんていゆう)倭乱
へいあんどう｜平安道｜▶ピョンアン道
へいあんどうのうみんせんそう｜平安道農民戦争｜▶ホン・ギョンネの反乱
べいかんごうどうぐんじえんしゅう｜米韓合同軍事演習
▶在韓米軍を含む米軍と韓国軍による各種

の合同軍事演習。2012年現在，米韓合同指揮所および政府演習である乙支フリーダム・ガーディアン Ulchi-Freedom Guardian が夏期に，米韓合同指揮所演習であるキー・リゾルブ Key Resolve と米韓合同野外機動演習であるトクスリ Foal Eagle が春期に実施されている。乙支フリーダム・ガーディアンは，1954年から国連軍司令部が実施してきた指揮所演習であるフォーカス・レンズ Focus Lens と68年から韓国政府が実施してきた政府演習である乙支演習を統合して，76年から始まった乙支フォーカス・レンズ Ulchi-Focus Lens が2008年に改称されたものである。キー・リゾルブは，1994年から始まった連合戦時増員演習(RSOI: Reception, Staging, Onward Movement & Integration)が2008年に改称されたもの。トクスリは，1961年からほとんど例年行われてきた小規模な米韓合同野外機動演習が75年に命名されたものであり，その後に規模が拡大されて，2002年から連合戦時増員演習と統合して実施されるようになった。トクスリとは別に，大規模な米韓合同野外機動演習であるチーム・スピリット Team Spirit が1976年から91年まで例年実施されていた。これは，69年のフォーカス・レティナ Focus Retina 演習や71年のフリーダム・ボルト Freedom Bolt 演習を前身として始められたものである。しかし，チーム・スピリットは92年に一度中止され，93年に再開されたが，94年に再び中止となった後は実施されていない。　　〔大韓民国陸軍〕　　　　　　　　　　　　　　　　宮本 悟

べいかんそうごぼうえいじょうやく｜米韓相互防衛条約

米国と韓国の軍事同盟条約。1953年10月1日，朝鮮戦争▶停戦(休戦)協定調印を受けて結ばれた。韓国大統領の▶李承晩イスンマンはく北進統一〉を主張して停戦に強く反対する一方，米国による韓国防衛の確約を求め，米国は李承晩から停戦協定への協力を得る見返りとして(停戦協定への調印は拒否された)相互防衛条約を結んだ。▶在韓米軍の駐留が明記され，一方が武力攻撃を受けた場合の共同対応が義務づけられている。北朝鮮に対する抑止力、との位置付けで，米国による〈核の傘〉も含まれる。在韓米軍司令官は在韓国連軍司令官および米韓連合軍司令官を兼務。韓国軍の首都防衛司令部傘下の部隊と特戦団を除く全部隊は米韓連合軍司令部の指揮下にある。94年12月から平時作戦統制権を韓国軍に移管。有事作戦統制権も2012年4月に韓国軍へ移管することでいったん合意したが，10年3月の韓国海軍哨戒艦沈没を受けて15年12月1日に延期した。06年1月，韓国は在韓米軍の朝鮮半島以外への展開を初めて容認した。

1966年7月，在韓米軍地位協定(SOFA)が締結され，67年2月に発効した。しかし，米兵による犯罪がなくならず，韓国民の不満が高まったことを背景に，2001年4月に改正協定が発効し，罪を犯した米軍人の引渡しを起訴段階に早め，付属文書に韓国の環境法令を尊重するとする〈環境条項〉が新設された。　　　　　　　　　　阪堂 博之

へいくだらとう｜平百済塔　➡チョンニム(定林)寺址

へいしのらん｜丙子の乱

1636年(朝鮮王朝の仁祖14≡清の崇徳1)に起きた清の第2回朝鮮侵略。朝鮮では丙子胡乱병자호란という。清(後金)は1627年の第1回侵略(丁卯の乱)以後，朝鮮と兄弟関係を結び，対明戦の軍糧，兵船など多大な貢物を毎年徴収していた。このため朝鮮では反清親明意識が高まり，32年，清が兄弟関係を君臣関係に変え，貢物を増加するよう要求したことを契機に，朝鮮国王▶仁祖インジョは全土に宣戦教書を下した。これに対し，清の太宗は36年12月，10万の軍隊で朝鮮を攻撃した。仁祖は一族を江華島に避難させたが，彼自身は退路をふさがれ，首都漢城の南，広州の南漢山城ナムハンサンソンに逃れた。しかし翌年1月，南漢山城を完全に包囲された仁祖は清軍に投降し，首都の南西，漢江岸の三田渡サムジョンドに設けられた受降壇において清太宗に臣従を誓わせられ，39年には同所に清帝をたたえる〈大清皇帝功徳碑〉を建てた。これ以後，日清戦争後の下関条約締結(1895)まで，朝鮮は清に臣礼をとるのである。　　吉田 光男

へいじょう｜平壌　➡ピョンヤン

へいわライン｜平和ライン

大韓民国大統領李承晩が1952年1月18日に発した〈海洋主権宣言〉によって設定された

朝鮮半島周辺の区域。この水域(沿岸からの最長距離200マイルに及び,"竹島を含む)の表面・水中・海底にあるすべての天然資源,鉱物,水産物を韓国政府が保護・保全・利用する権利をもち,水産,漁業に対し主権を行使する,ただし航行の自由は妨げないとした。日本では李ラインと通称され,韓国では当初〈李承晩(イスンマン)ライン〉,〈海洋主権線〉とよばれたが,のちに後者は〈平和ライン〉と改称した。1945年9月28日に出されたトルーマン・アメリカ大統領の大陸棚と水産資源保存水域に関する二つの宣言にならったもので,52年4月28日にサンフランシスコ講和条約が発効すると,マッカーサー・ライン(1945年9月27日に指定され,49年9月には東経130°,北緯24°にまで拡張され,50年5月には一定区域でのカツオ,マグロ漁業が許可された)が撤廃され,日本漁船の操業範囲が拡大されるため,それを制限することを目的とした。韓国政府は53年12月12日,漁業資源保護法を制定し,李ライン内に入った日本漁民をこの法律違反として漁船とともに大量に拿捕するにいたり,釜山収容所に抑留した(1965年までに327隻,約3900人)。1952年から開始された日韓会談で日本側からこの不当性が主張され,65年,この会談の合意により李ラインは廃止され,"日韓漁業協定にもとづき,韓国沿岸12カイリを韓国の専管水域とした。　　　　　　　　佐々木 隆爾

ヘインじ|海印寺|해인사
韓国,慶尚南道陝川郡伽倻面にあり,韓国三大寺刹の一つ。802年(新羅哀荘王3)入唐僧の順応と理貞によって創立。伽藍は峻峰伽倻山中腹の一稜線上に西面する。西から解脱門,九光楼,大寂光殿(本堂),経板庫がそれぞれ4区の壇上一直線に並び,九光楼と大寂光殿との中間に三層石塔を配した一塔並列式の伽藍配置をもち,朝鮮王朝末期の建築ながら完備した伽藍は半島随一の偉観を誇る。三層石塔は創建時の造立と思われる。伽藍最上部の大蔵経板庫は,1488年(王朝成宗19)竣工になり,寄棟屋根の2棟が相対して並びたつ。現存する大蔵経の版木は,高麗の高宗が蒙古軍退散を祈願して1236年から14年間にわたって完成したもので,もとは江華島にあったが,王朝太祖(在位1392-98)の時にこの寺に移された。海印寺は数度の火災にもかかわらずそのたびに再建され,また"《高麗大蔵経》の版木の保存に努めた。同版木は韓国の国宝に指定され,95年世界文化遺産に登録された。
　　　　　　　　　　　　　　宮本 長二郎

へきがこふん|壁画古墳
三国時代の高句麗を主として,百済,新羅,加耶(加羅)や,高麗時代に若干,横穴式石室などの壁面に各種の壁画が描かれた墳墓が知られる。高句麗では,王都のあった中華人民共和国吉林省の集安市や,朝鮮民主主義人民共和国平壌市付近に多くみられ,これまでに80余基が報告されている。最古の例は黄海南道の"安岳3号墳で,永和13年(357)の紀年と冬寿という被葬者の墨書を含み,その起源が中国の遼東地方にあることをうかがわせる。4世紀後半から5世紀の壁画古墳は,墓室の壁面に塗った漆喰の上に,主として被葬者の肖像画や公的,私的の生活場面などを描くが,6〜7世紀に下ると,石室の壁面に直接描いた四神図(青竜,朱雀,白虎,玄武)などの題材が中心となる。百済では,中期の王都であった大韓民国忠清南道公州邑の宋山里6号墳において,6世紀前半ごろの塼築墳の壁面に部分的に粘土を塗り,そこに四神図や日月図を描いている。後期の王都のあった同じく扶余邑の陵山里東下塚では,6世紀後半から7世紀前半にかけて築かれた横穴式石室の,よく研磨された側壁に四神図と,天井に蓮華文,飛雲文などをそれぞれ直接に描いている。これらが日本列島に伝わり,飛鳥の高松塚古墳などとして結実したと思われる。

　新羅では,王都から北方に遠く離れた慶尚北道栄豊郡順興面に,2kmほどの距離をおいて2基の壁画古墳が知られる。邑内里のものは,漆喰の上に裸身の力士像や蛇や蓮華のような動植物などを描き,419年にあたる可能性もある〈己未〉の紀年墨書がみられる。もう一つの古墳でも,やはり漆喰の上に壁画を描くが,羨道の天井石に蓮華文と,玄室入口の石扉の外面に神将のような人物像がみられ,さらに石扉の内面には,〈乙卯年於宿知述干〉の陰刻銘があり,6世紀ごろの年代が与えられている。加耶では,大加耶の故地,慶尚北道高霊邑の古衙洞に

●壁画古墳
❶—安岳3号墳壁画．被葬者(冬寿か)像．高句麗，4世紀，黄海南道安岳郡．
❷—角抵塚壁画．相撲図．高句麗，4世紀，中国吉林省集安．
❸—江西大墓壁画．玄武図．高句麗，7世紀，平安南道江西郡．

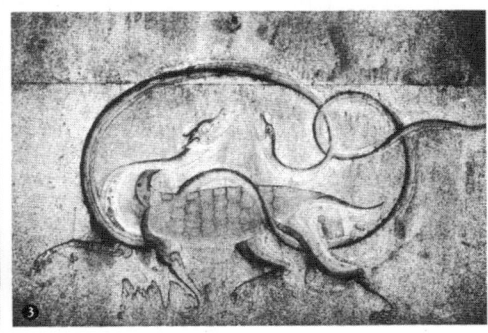

おいて，6世紀ごろの横穴式石室の玄室と羨道の天井で，薄く塗った漆喰の上に描かれた蓮華文が遺存している．ついで，高麗時代では，王都のあった開城付近と慶尚道でわずかに壁画墳墓が知られる．いずれも漆喰などの上に描かれているが，開城の恭愍グ王陵(1374)では，玄室の東，西，北の3壁に十二支神像と天井部に星座と日像を描いている．また，水落岩洞や法堂坊の墳墓でも十二支神像や四神図が認められる．慶尚北道の安東西三洞や慶尚南道の居昌屯馬里では，石棺形の石室の壁面に，それぞれ四神・星座と人物像をみる．安岳3号墳など高句麗の壁画古墳の一群は2004年世界文化遺産に登録．→美術［絵画］　　　　　　西谷 正

ペク・ソンヨプ｜白善燁｜백선엽｜1920-
韓国の軍人，外交官．平安南道出身．平壌師範および満州国軍官学校を卒業．1945年の解放時は満州国陸軍中尉．46年に韓国軍の前身の南朝鮮国防警備隊に入隊．第1師団長だった50年6月に▶朝鮮戦争が勃発，釜山橋頭堡を守る＜多富洞の戦い＞を指揮した．第1軍団長だった51年7月に始まった休戦会談に韓国軍代表として参加．参謀総長を2度，韓国軍初の陸軍大将などを務め，60年退役．中華民国，フランス，カナダの各国大使を歴任．69-71年の交通部長官在任中によど号ハイジャック事件が発生して対応にあたったほか，ソウル地下鉄の建設計画を推進した．忠州肥料，韓国綜合化学工業の社長も務めた．　　　　　　　阪堂博之

ペク・チョル｜白鉄｜백철｜1908-85
韓国の文学評論家．本名は白世哲．平安北道義州生れ．1931年渡日し，東京高等師範学校を卒業．若いころ一時期左翼的な詩も書いたが，35年以降は文学評論に専念し，プロレタリア文学批判の論陣を張った．▶《開闢ヶピヨク》記者，《毎日新報》文化部長などを経て，解放後は55年から韓国の中央大教授．国際ペンクラブ韓国本部委員長を長く

●白頭山

1980年の年賀切手に描かれた白頭山。朝鮮民主主義人民共和国発行。中央は天池。白頭山は朝鮮全土のシンボルとして尊ばれ，韓国の国歌《愛国歌》にも歌われている。

つとめるなど，幅広い社会的活動をした。主著《朝鮮新文学思潮史》2巻(1947-49)は朝鮮最初の近代文学通史であり，客観的な叙述，資料の豊富さ，引用の綿密さにおいても類を見ない。《白鉄文学全集》4巻がある。
大村 益夫

ペクトゥさん |白頭山|백두산
中国と朝鮮の国境にある山。➤長白山脈の主峰で，標高2744m。頂上付近に周囲約2kmの天池または竜王潭とよばれるカルデラ湖がある。新生代第三紀から第四紀にかけての火山活動で生じた火山だが，現在は死火山。元来1500m内外の火山岩台地の上に噴出したアルカリ粗面岩の鐘状火山だったが，さらにその上に噴出した玄武岩によって楯状火山となった。上層部を軽石層が広く覆い，白く見えるところから白頭山の名が由来した。白頭山から南方には日本海まで走る険峻な摩天嶺山脈を中心に，落差1000m内外の急崖をもつ➤蓋馬高原が立ちはだかっており，いまだに人跡まれな山である。中国と朝鮮の国境河川である鴨緑江と豆満江，それにアムール川(黒竜江)の支流松花江の源流である。古くから神秘の山とされ，朝鮮族や中国東北諸族の建国神話の舞台となっている。朝鮮王朝と清朝の間でしばしば国境をめぐって紛争が生じ，1712年，兵使峰と大膿脂峰の間に白頭山定界碑が建てられた。しかしその後碑面の〈土門〉という文字の解釈をめぐって〈間島問題〉が生ずるなど，白頭山頂上付近の中国，朝鮮の国境はなかなか画定しなかった。日本の植民地時代には，山麓の森林地帯が抗日パルチザン闘争の根拠地となった。とくに金日成を中心とする➤祖国光復会の活躍が有名で，しばしば国境地帯の日本軍と衝突した。独立後，朝鮮民主主義人民共和国では白頭山を朝鮮における社会主義革命の聖地として尊んでいる。
谷浦 孝雄

ペク・ナクチョン |白楽晴|백낙청|1938-
韓国の文芸評論家，英文学者。大邱生れ。ソウルの京畿高校卒業後，渡米してブラウン大学で英文学，ドイツ文学を専攻，1972年D.H.ロレンスに関する研究でハーバード大学の学位を取得。ソウル大学教授(2003年退官)。65年《朝鮮日報》《新東亜》《青脈》などに寄稿して文筆活動を始め，66年➤《創作と批評》を創刊。文壇の保守的な構造と韓国文学がめざすべき新しい方向を包括的に分析した〈新しい創作と批評の姿勢〉を創刊号に発表して文芸評論家としての地位を確立。評論集《民族文学と世界文学》(2巻)，《人間解放の論理を求めて》に収録の〈市民文学論〉〈民族文学の現段階〉〈文学的なものと人間的なもの〉〈第三世界と民衆文学〉などは，民族の主体性を踏まえ，民衆的立場から現実変革と南北統一をめざす文学の創造への志向をうかがわせる。韓国民主化運動・統一運動の旗手として日本でも注目され，《白楽晴評論集》など多くの著作物が邦訳されている。
安 宇植

ペク・ナムン |白南雲|백남운|1895-1979
朝鮮の歴史家，政治家。全羅北道生れ。水原高等農林学校，東京商科大学(現，一橋大学)に学んだ後，延禧専門学校(現，延世大学校)教授となり，朝鮮史の研究に従事。主著《朝鮮社会経済史》(1933)《朝鮮封建社会経済史・上》(1937)は，史的唯物論にもとづく社会構成体的な発展段階論を朝鮮史にはじめて適用したものとして，今なお古典的な意味をもつ。解放後は政治家としても活躍し，新民党委員長，民主主義民族戦線議長，勤労人民党副委員長などを歴任した後，北朝鮮に赴いた。共和国でも教育相，科学院院長などの要職を歴任した。
宮嶋 博史

ヘサン |恵山|혜산
朝鮮民主主義人民共和国，両江道中央部の都市。鴨緑江の上流，虚川江との合流点に形成された比較的広い氾濫原に位置する。

朝鮮王朝時代，国境防備上の拠点として兵営が置かれた。20世紀に入って，▶蓋馬ゲマ高原の木材資源の開発に伴いその集散地として発展，1937年には吉州キルチュからの恵山線が開通した。朝鮮戦争後，▶両江リャンガン道の新設とともにその主都となり，鴨緑江上流方面の自然資源の開発の基地とされる一方，各種の工業が建設された。　　　　　　　　　谷浦 孝雄

ヘジャ｜慧慈｜혜자｜?-623

高句麗の学問僧。595年(推古3)に来日し，聖徳太子の仏教の師となり，同年渡来の百済慧聡とともに三宝の棟梁と尊ばれた。596年造営の飛鳥寺に住し，仏法の弘通にあたった。615年帰国し，622年太子の死をききて大いに悲しみ，来年の命日に死ぬと予言し，約した日に入滅したので，時人は慧慈もまた聖なりと評したという。太子著の《三経義疏》を本国に持ち帰ったと伝えられる。　　　　　　　　　　　　　　　　　八木 充

ヘジュ｜海州｜해주

朝鮮民主主義人民共和国，黄海南道南部の都市。京畿湾の北岸，海州湾岸に位置する。市街地は北の首陽山と南の南山の間を流れる広石川の開いた平野地帯に形成されており，南山から南方へのびた小さな竜塘半島の先端にある竜塘浦に海州港がある。市の東方には京畿湾に沿って開城市まで広大な延白ヨンベク平野が展開し，また西方にも甕津オンジン半島や長山串へ至る比較的低平な平原が広がる。古くから周囲の穀倉地帯の中心地としてまた軍事上の要衝として重視された。もと孤竹とよばれたが，高麗時代に首都開城の西の守りとして海州と名づけて都護府が置かれ，朝鮮王朝時代は黄海道として節度使が置かれた。第2次大戦後，黄海道の南北分割措置にともない黄海南道の主都となった。周囲の平野地帯は稲作を主とする農業，山地では石灰石などの採掘，また京畿湾ではイシモチ，ノリなどの水産業が盛んであり，これらの産業活動を背景に海州市では商業をはじめ，セメント，造船，陶磁器などの工業が発達している。海州港は拡張工事が行われて大型船の接岸も可能となり，貿易港ともなっている。市内には首陽山城，15世紀初めの建築物芙蓉堂，文廟など歴史的名勝地が多い。　　　　谷浦 孝雄

ベセル｜Ernest Thomas Bethell｜1872-1909

イギリスの言論人。朝鮮名は裴説。1904年《ロンドン・デーリー・ニューズ》紙の特派員として朝鮮に渡り，同年7月▶梁起鐸ヤンギタクらとともにソウルで《大韓毎日申報》を創刊し，その社長となった。韓国統監府は，イギリス人としての治外法権を利用して排日論を唱道する同紙を抑圧するため，イギリス政府に外交工作を行い，彼の国外追放を図った。このため07年10月と08年6月の2回にわたってソウル駐在イギリス総領事の領事裁判に付され，08年6月の判決により上海で3週間の禁錮刑に服した。これを機に社長を退き，09年ソウルで病死した。　　　糟谷 憲一

ヘチョ｜慧超｜혜초｜704-787?

新羅の僧。恵超とも記す。若くして入唐し，719年には金剛智に師事した。やがて海路よりインドにわたり，釈迦の遺跡をたずねた。帰路は中央アジアを経由して，727年，安西都護府(亀茲)に帰った。その後，長安で再び金剛智に師事して訳経に従事するなど，その生涯の大半を唐ですごした。彼の残した旅行記《往五天竺国伝》は，当時のインド，中央アジアの風俗，地理などを知るうえで貴重である。　　　　　　　　木村 誠

べつぎぐん｜別技軍｜별기군

朝鮮で最初の洋式軍隊。閔ミン氏政権による近代化政策の一つとして，▶花房義質はなぶさよしもと公使の勧めの下に，1881年5月に創設された。メンバーは従来の訓練営，竜虎営などの五営から選抜された80名からなり，武衛営に属し，旧式軍隊よりも優遇された。教官は日本陸軍の堀本礼造少尉で，創設と訓練に日本がかかわったので，俗に倭別技ともよばれた。▶壬午イモ軍乱(1882)に際して堀本少尉は殺され，別技軍も暴動に参加した。軍乱後，▶興宣フンソン大院君が再び政治的実権を握ると廃止された。　　　　　　　原田 環

べっきょく｜別曲｜별곡

朝鮮の歌謡。はじめは正楽や雅楽に対して，高麗・朝鮮王朝初期の歌謡名の末尾に付された曲の呼称であったが，転じてジャンル名となる。〈曲〉とは〈歌〉(ノレ)の意。〈別曲〉は中国の楽府がふや楽章などとは違う，朝鮮固有の俗楽または郷楽をさし，別途に作られた歌という意味を表す。別曲の代表作は

《翰林別曲》で，高麗の高宗朝(1213-59)に作られ，歌壇に大きな影響を与えた。当時の▶武人政権のもとで翰林院(詞命をつかさどる官庁)にいた儒臣たちが合作したもので，翰林院における生活断面を8節に分けて歌っており，彼らの享楽的であると同時に風雅な生活感情を表現している。各節の終りには〈……景(光景)，幾如何(いかなるものじゃ)〉という誇示的な意味を含む囃子が付いている。全体に雄壮で威風堂々たる情感を十二分に出し，格調高いこの歌は当時の文人の間で広く愛唱され，安軸の《関東別曲》など亜流作も生んだ。朝鮮王朝になっても儒臣たちはこの歌形による作品を多く作っている。この特異な歌形は〈別曲体〉〈景幾体〉〈翰林別曲〉などの異名でよばれている。　　　　金 思燁

ベトナムせんそう｜ベトナム戦争

韓国は1965年に本格的なベトナム派兵に踏み出し，73年まで青竜・猛虎・白馬部隊を中心に延べ40万人というアメリカに次ぐ兵力を送りつづけ，それに加えて建設，運輸に従事する労働者，技術者や軍需物資を扱う商社をも大々的に送り込んだ。韓国のベトナム参戦はアメリカのサイゴン政権支援の要請に応じたものだが，そこには派兵に伴う外貨の獲得，韓国軍の質的・量的強化など，総じて韓国の国力増強という狙いが込められていた。経済的な面ではベトナム戦争は韓国に対して，兵士の給与の送金，派遣労働者の賃金の送金，韓国企業の収入などを合わせて1966-72年の7年間に約10億ドルの外貨を提供し，韓国の国際収支赤字を緩和させるとともに，〈ベトナム特需〉とよばれる経済的活況をもたらし，また韓国の企業や労働者がその後海外に進出していくきっかけを与えた(▶人力輸出)。他面，朝鮮民主主義人民共和国の側は韓国軍のベトナム派兵に対抗して義勇軍派遣の意思を表明し，軍需物資，鉄，セメント，肥料などの物質的援助を行った。

ベトナム戦争は朝鮮半島における南北対立の激化を生み出さずにはおかず，1968年1月にはアメリカの情報収集艦が共和国に捕獲される▶プエブロ号事件が起こった。また75年のベトナム解放に際しても南北の軍事的緊張が高まったが，それは韓国内で

は〈総力安保体制〉の名のもとに反政府運動を封じ込める事態をひき起こした。こうした緊張のため，韓国，共和国とも国家財政に占める軍事費の割合は30%台に達し，財政的な困難が増大することになったが，共和国の場合には第1次七ヵ年計画(1961-67)の達成を遅延させる一つの要因となったとみられる。　　　　　　　　金子 文夫

べんかん｜弁韓｜변한

古代に朝鮮半島の南部に居住した韓族の名称。正しくは弁辰(弁辰韓)という。朝鮮半島南部の状態を最も古くかつ最も詳細に記録した《三国志》魏志東夷列伝の韓の条によると，3世紀初頭，半島南部には3種の韓族が分立し，南西部には▶馬韓諸国が，南東部には▶辰韓諸国が割拠していたという。弁辰はほぼその中間に存在したと推定される。彼らは辰韓と雑居して服装も言語も風俗も類似しているが，宗教的行事は異なっていたという。またこの地方は鉄の産地で，韓，濊，倭の諸国が争ってこの鉄を取り，鉄は楽浪，帯方2郡にも供給されたとしている。弁辰諸国はだいたい慶尚南道方面を中心とする地域と比定され，それはいわゆる任那諸国として《日本書紀》によれば倭の進出によってその支配下におかれたとされる地域であるが，最近の学界では倭の任那支配に疑問がもたれ，この地方はたんに▶加羅(伽耶)とよぶことが多い。→三韓

村山 正雄

ほう｜宝

新羅，高麗，朝鮮王朝初期に存在した公的な高利貸機関。寺院，学校，地方官などが主体となって設置した財団で，穀物，銭，布を元本として長期貸付を行い，利息を各種公共事業の資金に充当した。文献上の初見は613年(新羅の真平王35)に設置された〈占察宝〉だが，最も盛行したのは高麗時代であり，仏教の影響も強い。寺院維持用の〈寺宝〉，▶八関会費用の〈八関宝〉，学校維持用の〈学宝〉，救荒用の〈常平宝〉，老人扶養用の〈泉宝〉などがあり，利殖のみを目的に設置したものはないという。15世紀以降，文献からは姿を消すが，その機能の一部は朝鮮王朝後期に発達する民間の〈契〉が継受した。→契

吉田 光男

ほう｜法

朝鮮の法は，朝鮮王朝以前の伝統社会にあっては，中国法の影響が強かった。4世紀には高句麗律令が，6世紀には新羅律令が制定された記録があるが《三国史記》，三国時代や統一新羅時代までの法制については，現在では詳細に解明できない。高麗の法律も基本的には唐の律令をモデルとしつつ，部分的に朝鮮の実情に合わせた修正が行われた。

[朝鮮王朝] 朝鮮王朝に入ると明が宗主国とされ，太祖は明律を国家の刑典として使用することを宣布した。明律は王朝末期まで根本的な法典としての役割を果たしつづけたが，他方で《経国大典》《続大典》など主要なものだけでも10種に及ぶ法典が編纂された。これらの法典編纂は，各官職に下達された国王の命令＝受教を，時代状況に合わせつつ集大成する形で行われた。また各法典とも，吏・戸・礼・兵・刑・工の六典から構成されたが，これはすべての社会事象を六つの範疇で把握しようとする六分主義の反映であり，東洋法体系の伝統的編纂方式にしたがったものであった。伝統社会の法思想の特徴として，礼が重視されたことがあげられる。自然の法則との調和を保ちつつ社会生活を送るために従うべき規範＝礼こそが第一義的であり，法はその実践のための補完物と考えられていた。礼の重視，法の軽視は同時に，近代的自我＝権利意識の覚醒にとっては大きな障害要因となっていた。また，礼の体現者たる王や両班貴族などの治者は当然に法の主体であり，被治者たる庶民のみが法の適用を受ける客体と考えられていた。しかし，中国法の圧倒的影響下にあったとはいえ，男女均分相続やローマ法と同様の親等計算（▶親族）などは，朝鮮固有の制度として生きつづけた。

また，儒教思想とりわけ朱子学が支配的だった王朝社会にあっても，後半期には実学派の思想家が輩出し，近代的自我形成への萌芽がみられはじめた。朝鮮社会内部でのこうした自生的な発展への胎動は，やがて東学思想や甲午改革（1894）として顕在化した。法制面でも〈洪範十四条〉(1895)や〈刑法大全〉(1905)の頒示がみられた。これらは依然として封建的身分制度を肯定した条項を残してはいたが，反面でその廃棄を規定した条項をも含んでいた。

[植民地期] 自生的な発展への動きが全面的な開花をみる前に，日本による朝鮮の植民地支配が始まった。朝鮮支配をめぐる列強の角逐のなかで，日本は▶日朝修好条規(1876)で治外法権を獲得したのを手始めに，第3次▶日韓協約で法令制定権を，そして1909年にく韓国司法及監獄事務委託＝関スル覚書〉で司法権を掌握した。これらの集大成として10年〈韓国併合条約〉が登場し，朝鮮総督は立法・司法・行政の全権を掌握することとなった。これ以後朝鮮の法体系は，日本で制定された法律に加えて，朝鮮総督の制定する制令や総督府令が適用され，人権に関しては特殊制限が加えられるものとなった。▶憲兵警察制度が実施されるとともに，保安法や警務部総監令などの言論・集会の弾圧法規も制定された。また▶会社令によって民族資本の形成が抑圧され，反面では国籍法は朝鮮では施行されず，朝鮮民衆は国籍選択権を奪われていた。わずかに朝鮮の旧来の慣習を認めた場合でも（朝鮮民事令の親族，相続など），それが日本の植民地支配の維持にとって好都合な場合だけに限られていた。したがって，植民地期の朝鮮の法制は，日本の支配を媒介にして，大陸法とりわけドイツ法の強い影響下に置かれるようになった。

[解放後] 1945年の解放後，北緯38度線を境にして南北でそれぞれ独自の立法が行われはじめた。まず南朝鮮では，米軍政がしかれた直後に，治安維持法，政治犯処罰法，出版法などの弾圧法規は廃止された。しかし他方で，植民地時代の諸法令でそのまま存続したものも多く，それらに関しては米軍政が必要に応じて，改廃するか新しい立法を行うようになった。48年8月には南朝鮮地域に大韓民国が成立し，それとともに大韓民国憲法も発効した。同憲法は立憲政体を宣言するとともに，経済的民主主義の実現をめざし，個人の自由・男女平等の原則をうたった。これ以後現在まで，72年の維新憲法などを含めて韓国の憲法は8回にわたる改廃が行われてきているが，改廃をめぐる中心的な論点は大統領の権限をどう

規定するかにあった。憲法だけでなく、朝鮮戦争直後から1960年代初頭にかけて主要法令が制定されていった。すなわち、刑法、労働三法(ともに1953)、刑事訴訟法(1954)、民法(1958)、民事訴訟法(1960)、商法(1962)などである。これらの立法の中で、労働法に日本やアメリカの制度が大幅に採り入れられるなど、新たな変化が生じたが、反面で民法においては〈同姓不婚〉の原則が朝鮮固有のものとして採用されている。

また北朝鮮でも、1946年に北朝鮮土地改革令、労働法令、男女平等権法、重要産業国有化令が相次いで制定され、法制面での支配と隷属からの解放がはかられた。次いで48年9月に、最高人民会議は朝鮮民主主義人民共和国の創建を宣言し、人民民主主義の憲法を採択した。この憲法は人民主権をうたい、計画経済の方向を打ち出した。その後刑法が制定され(1952)、72年には48年憲法を改正した社会主義憲法も制定された。〈全朝鮮人民の利益を代表する社会主義国家への移行〉を宣言したこの憲法の下で、新たに幼児教育法(1976)、土地法(1977)、社会主義労働法(1978)などが制定されて現在にいたっている。

朝鮮半島では現在、南北分断の長期化とともに、まったく異質の法規範の併存状態が続いている。　　　　　　　三満 照敏

ポウ│普雨│보우│1515-65

朝鮮王朝の僧。号は虚応堂、懶菴。金剛山で経典研究と参禅に専心したが、1548年、摂政文定王后(明宗の母)の信任を受け、奉恩寺の住持として、奉恩寺に禅宗、奉先寺に教宗をおき、僧科を設置し、出家許可証である度牒の制を行うなど禅教両宗を復活させ、王朝仏教の中興時代を現出させた。しかし、李栗谷ユルゴクら儒生の強硬な反対にあい、王后の没後、僧職を削られて済州島へ流配され、ここで杖殺された。著書に〈虚応堂集〉などがある。　　　　　山内 弘一

ぼうこくれいじけん│防穀令事件

1889年に朝鮮で実施された穀物輸出禁止(防穀)令をめぐる日本、朝鮮間の対立事件。開港(1880)以来、元山では日本商人による大豆輸出が盛んであったが、咸鏡道観察使趙秉式チョビョンシクは同年10月、凶作による食糧難を理由に穀物の道外への搬出を禁止した。防穀令は伝統的な救荒政策の一つで、条約上も認められていたが、日本側が強硬に抗議したため紛糾し、朝鮮政府は同令を解除させたうえ趙を懲戒、更迭して解決を図った。しかし、商人たちは日本政府を動かし、91年12月朝鮮政府に対して14万円余の損害賠償の請求を行った。交渉は当初から難航し、商人らは対外硬に転じつつあった日本の民党に働きかけて活発な運動を展開した。議会での突きあげをうけた伊藤博文内閣は自由党の大石正巳を公使に派遣、93年5月には外交断絶の最後通告を発して圧力をかける一方、裏面で清国の李鴻章に斡旋を依頼し、紛争中のほかの3件の分を含め総額11万余円の金額で妥結した。伝統的な朝鮮の経済循環が開港によって破壊されつつあることを示す象徴的な事件である。　吉野 誠

ほうじゅうじ│法住寺│➡ポプチュ寺
ほうしょう│豊璋│➡プンジャン

ほうせんか│鳳仙花

朝鮮近代芸術歌曲のうち、最も有名な作品。1920年ころの作曲。洪蘭坡ホンナンパ(本名・洪永厚、1897-1941。京畿道水原出身)が小説《乙女の魂》を出版するとき、本の扉に〈哀愁〉と題するバイオリン曲を作曲して楽譜をのせたのが原曲である。その美しい旋律を見た音楽家金享俊キムヒャンジュンは、〈垣根の陰に咲く鳳仙花よ、君の姿はあわれなれば〉(第1節前半)と、当時の朝鮮の人々のおかれた不当な状況を比喩して作詞した。この曲を、有名なソプラノ歌手金天愛キムチョネが狂わんばかりの独特の唱法でうたって以来、全国的に広がった。第3節の歌詞〈北風寒雪の冷たい風に、君の姿は失せたれど、平和な夢みる君の魂ここにあれば、のどかな春風によみがえらん〉は、〈民族の魂は春に蘇える〉ことを暗示しているとして、40年代には日本の警察からレコード販売禁止と歌唱禁止令が出た。曲全体は8分の6拍子で12小節からなり、ヘ短調で書かれているが、本来の民族音楽にある旋律の流れが生かされているばかりでなく、同じようなリズムのくり返しが、かえって曲想を強く印象づけている。歌詞も伝統的な4・4語の形式が生かされている。

　　　　　　　　　　　　　　草野 妙子

ほうそう |放送| ➡マスメディア

ホウづか |壺杅塚|

韓国の慶尚北道慶州市路西洞にある三国時代新羅の古墳。1946年韓国国立中央博物館によって調査された。径16m、高さ5mに復元される積石木槨墳で、隣接する銀鈴塚とともに双円形をなす。木棺内に仰臥伸展の状態で埋葬された被葬者には、金銅製の冠・履、金製の耳飾、銙帯(かたい)・腕輪・指輪、玉、太刀を身にまとっていた。棺外には、蓋に蓮華文を鋳出した青銅容器、鬼面を表現した木心漆面、馬具、鉄製武器・工具、鉄鋌、土器などの遺物が副葬されていた。古墳名称の由来となった青銅盒(ごう)の外底面にはく乙卯年國岡上廣開土地好太王壺杅十〉という4行4字の銘が鋳出されていた。「広開土(こうかいど)王没後の3年、長寿王3年(415)にあたる乙卯年に高句麗の地で制作されたものであろう。古墳の年代は伴出遺物から6世紀とみられるので、この盒は伝世されたのであろう。5世紀における新羅と高句麗の政治的・文化的関係を物語る資料である。　東潮

ほうていかん |方定煥| ➡パン・ジョンファン

ほうとくじしょう |奉徳寺鐘| ➡ポンドク寺鐘

ぼうめい |亡命|

経済状態が悪化し、国内の引締めが強化され始めた1990年代半ばから、北朝鮮(朝鮮民主主義人民共和国)から脱出する亡命者が増え始めた。ほとんどが川一つ隔てた中国へむかい、警戒の厳しい軍事境界線を越える人は少ない。食糧事情が悪化し主食の配給がとだえた地方からの亡命者が大半だが、独裁体制からはじき出された政治家、外交官などエリートも少なくない。亡命者中、最大の要人は、*チュチェ(主体)思想を理論化した黄長燁朝鮮労働党書記で、97年日本からの帰途、中国で亡命した。亡命者の証言を聞くと、最初から韓国をめざす人は少ないという。韓国はアメリカの植民地で、生活は貧しく、乞食や売春婦がうろうろしているという宣伝が行き渡っているためである。大半の人々は、亡命先の中国やロシアで韓国の実情を知り、韓国行きを決めている。

北朝鮮と中国を隔てる*豆満(トゥマン)江は川幅が100mにも満たない個所が多く、食糧を求めて中国へ渡る北朝鮮の住民はあとを絶たない。このため実際の亡命者数は確認が難しいが、韓国統一省が98年に発行した《北韓人権白書》は、脱出者はロシアに300人、中国へ1300人で、うち500人が韓国への亡命を申し出たと推計している。しかし、中国内だけで10万人に達するという推測もある。一方、韓国への亡命者の数をみると、93年までは毎年10人以下だったのが、94年には50人を超え、99年には150人近くに達した。2000年は半年間(6月末まで)で115人と依然増加の傾向をみせている。2000年7月現在、991人が韓国で暮らしている。その後、北朝鮮からの亡命者(*脱北者)は急増し、02年には前年度の倍近い1141人が韓国に受け入れられ、同年末現在、約3000人が韓国で暮らしている。99年ソウル近郊にハナ院という受け入れ施設が開設された。

亡命者には〈定着金〉として3700万ウォンが、またもたらした情報の質により最高2億5000万ウォンの〈補労金〉が支給される。政府は亡命者の雇用を確保するため〈就業保護制〉を実施、雇用主に賃金の半額を補助するなど雇用促進をはかっているが、環境や職場になじめず、2割近くが定職につかず、〈補助金〉に頼って暮らしているという。　小林 慶二

ホ・ギュン |許筠| 허균 |1569-1618|

朝鮮王朝中期の文人、学者。字は端甫、号は蛟山、惺所。父、両兄も当代屈指の文人で、とくに姉の許蘭雪軒(ホナンソロン)は日本、中国にも知られた女流詩人。許筠は26歳で文科に及第、詩文をもって一世を風靡し、数次にわたり明国へ使臣として赴いた。しかし傍若無人の言動と党争の激化にわざわいされてしばしば弾劾を受け、ついには反逆罪で処刑された。官職は左参賛に至った。彼は当時の朱子学を信奉する保守的な風土にあって、〈道徳は聖人が作ったものであり、情欲は天が与えたものであるから、自分は天に従って情欲に随う〉と高言してはばからず、道教、仏教に傾倒する一方、天主教の文献を中国から持ち帰って紹介するなど、進歩的な異色の思想家であった。文学史上、ハングル小説*《洪吉童伝》の作者として有名であるが、漢文学でも当代第一

の文章家，詩人であり，とくに詩に対して高い眼目を有し，詩評に《鶴山樵談》《惺叟詩話》，詩の選集に《国朝詩刪》がある。小説，戯曲などの軟文学にも造詣が深く，彼の文集中の伝記類を中心とした部分は《喬山小説》として朝鮮文学史上有名である。《惺所覆瓿藁》43巻12冊が写本で伝わる(1962年に影印本刊行)。明代の革新的思想家李贄に比して朝鮮の李贄と称せられる。

大谷 森繁

ぼくいんしょく｜朴殷植｜→パク・ウンシク
ぼくえいこう｜朴泳孝｜→パク・ヨンヒョ
ぼくえんしょ｜朴婉緒｜→パク・ワンソ
ぼくかくきょせい｜朴赫居世｜→ヒョッコセ(赫居世)
ぼくかんざん｜北漢山｜→プッカン山
ぼくけいじゅ｜朴珪寿｜→パク・キュス
ぼくけいしょく｜朴慶植｜→パク・キョンシク
ぼくけいり｜朴景利｜→パク・キョンニ
ぼくけんえい｜朴憲永｜→パク・ホニョン
ぼくしげん｜朴趾源｜→パク・チウォン
ぼくしゅんきん｜朴春琴｜→パク・チュングム
ぼくせいか｜朴斉家｜→パク・チェガ
ぼくせいき｜朴正煕｜→パク・チョンヒ
ぼくせいてつ｜朴成哲｜→パク・ソンチョル
ぼくせん｜朴堧｜→パク・ヨン
ぼくたいえん｜朴泰遠｜→パク・テウォン
ぼくれつ｜朴烈｜→パク・ヨル
ほこう｜浦項｜→ポハン
ぼこくりゅうがく｜母国留学｜→留学

ホ・ジュン｜許浚｜허준｜1546-1615
朝鮮中期の医人。本貫は陽川，字は清源，号は亀巌。祖父・父はともに武臣であったが，武科には応試せず，29歳の時に雑科の医科に及第し，内医院に奉職した。壬辰倭乱が勃発し，宣祖が義州に避難した時，それに随従して王の側を離れなかったため，1604年扈従功臣に列せられた。宣祖が死去すると，首医として罪に問われたが，光海君は罪を赦して厚い信任を置いた。多くの医学書の編集や諺解(ハングル訳)事業を手掛けたが，なかでも1610年に完成した《東医宝鑑》は，当代の朝鮮・中国の医学書の集大成として高い評価を受け，中国・日本でも刊行された。死後の15年，輔国崇禄大夫(正一品)の位階を追贈された。医官としては破格の待遇であった。

木村 拓

ホ・ジョン｜許政｜허정｜1896-1988
韓国の政治家。慶尚南道生れ。普成専門学校卒業。三・一独立運動参加後，中国に亡命して上海の大韓民国臨時政府に参加。その後アメリカでニューヨークを中心に活動。解放後，韓国民主党の結成に参加し，初代総務となる。以後国務総理代理(1951-52)，ソウル市長(1957-59)などに就任。1960年の四月革命後，張勉政権成立までの過渡内閣の首班および大統領権限代行となり，アメリカの新しい対韓政策の遂行に道を開いた。朴正煕政権下では野党の立場をとっていたが，しだいに政治的影響力をなくした。全斗煥政権下では国土統一院の顧問団の議長を務めた。

大和 和明

ぼっかい｜渤海｜발해
698年に建国され，926年に滅亡した中国東北地方南東部から朝鮮半島北部を境域とした国家。パルヘ。中国音ではボーハイ。663年の高句麗滅亡後，唐の営州に移されていた高句麗遺民の一団が東方に脱出し，松花江上流の地域に拠点を構え，震国と号して自立を宣言した(698)。彼らは大祚栄を中心に，靺鞨人および高句麗人によって構成されていた。初め大祚栄は唐に対抗するため突厥に援助を求めたが，まもなく唐にも実力を認められ，713年には渤海郡王に冊封された。以後渤海を国号とするようになる。719年に王位を継いだ大武芸は，独自の年号を建て，領土の拡張をはかった。732年には北方の強族で唐の羈縻州となった黒水靺鞨部への侵攻をはかって，唐および新羅と戦端を開いたが，まもなく収まり，唐との友好関係を回復した。しかし新羅とはついに公的な外交関係はもたれなかった。ついで738年に即位した大欽茂は，50余年にわたる在位の間，唐との友好関係を推進し，内政を充実させて渤海発展の基礎を築き，762年には郡王から国王に昇格された。その後渤海は発展を続け，9世紀の初め第10代大仁秀のころに全盛期を迎え，東は日本海に達し，南は新羅，西は契丹とそれぞれ国境を接し，北は松花江に至る版図をもつ国家に成長した。《新唐書》に〈海東盛国〉と評されているのはこのころのことであろう。

渤海の支配体制は、官職・制度すべてにわたって唐制に倣った律令制中央集権国家であった。そして政治機構を支える財政的な基盤は、基本的には農耕・牧畜に従事する定着民からの租税によっていたと思われる。地方行政単位として王都を含め要地に5京が置かれ、このうち大半の期間は上京が王都とされた(図参照)。

外交では、727年(神亀4)に新羅を牽制する目的で日本に使者を送った。唐との友好関係が回復すると、対日外交も貿易を主目的とするようになっていった。毛皮、人参などを輸出し、絹織物などを輸入した。文化的にも唐の影響を受けて高度な文化が展開されていた。民間における信仰はシャマニズムであるが、支配層には儒教思想や仏教などが広まっており、漢文学などの中国的教養も必須のものとされていた。

渤海は9世紀後半以降王位をめぐる内紛が相次いで衰退の道をたどり、ついに926年に契丹の耶律阿保機によって滅ぼされてしまった。滅亡の前後には多数の渤海人が高麗に亡命している。このように、7世紀末から10世紀初めまで存続した渤海について、その後の朝鮮ではどのように理解されていたであろうか。→考古学

［渤海と朝鮮史］　高麗の太祖王建は渤海を〈親戚の国〉といい、建国当初に使者を送ってきた契丹に対して、渤海を裏切って滅ぼしたと非難して絶交している。この王建の親近感の基盤には、現実に王族をはじめとする多数の渤海人が亡命してきていることとともに、渤海と同じく高麗もかつての高句麗の継承者をもって任じているという共通の民族感情があったものと思われる。一方、高麗朝に編纂された史書のうち、《三国史記》(1145ころ)、《三国遺事》(1285ころ)、《帝王韻紀》(1287)などに渤海関係記事がみえる。しかし最も流布した官撰の《三国史記》には、新羅との戦闘記事のほかは記されていない。このことは渤海を朝鮮史上の問題として考えることを希薄にする大きな原因になったものと思われる。

ついで朝鮮王朝になると、《高麗史》(1451)、《高麗史節要》(1452)などには、多くの渤海人の亡命記事がみえ、また王建の契丹との

●渤海│図渤海の領域と5京

絶交を義挙と賞賛している。ところが、《東国通鑑》(1484)になると、〈契丹が渤海を裏切って滅亡させたことなど、どうしてわが国と関係があるのか〉といって、王建の行為を非難する意見が示されるにいたった。これは朝鮮王朝の北進策の後退、現実に旧渤海領の大半が女真など他民族の支配下にあることなどによる渤海への関心の低下を反映しているものと思われるが、以後《東国通鑑》の評価が支配的になっていく。

さて、17世紀になって実学が勃興、発展し、自国の歴史に対する学問的関心が高まるとともに、渤海についても見直されるようになった。まず朱子学者の許穆が壇君以降の歴史を書いた《東事》(1673)の中に渤海の歴史を叙述した〈靺鞨列伝〉を収めている。内容には誤りが多いが、まとまった記述としては早い時期のもので注目され、実学発展の上に大きな功績を残した李瀷は〈靺鞨列伝〉の補正に努めている(《星湖僿説》)。そして朝鮮における歴史書の中の名著といわれる安鼎福の《東史綱目》(1778)にも渤海のことが記されている。しかしその記述は凡例に〈渤海はわが国の歴史に記録すべきではない。しかし高句麗の故地に興った国であるから記述する〉とあるように、つけたりとされているのである。

こうした《東史綱目》に代表される，渤海史を朝鮮史の従属的な立場におく見方に対し，積極的に自国史上の問題として研究すべきことを主張したのが柳得恭ユドゥッコンの《渤海考》(1784)である．彼は，〈百済，高句麗が滅んだ後，南に新羅，北に渤海が存在した．そしてこの両国を統一した高麗は南北国史や渤海史を編纂すべきであったのに，それをしなかったため渤海の領土が誰のものであったか不明にしてしまい，結局，渤海の旧領を回復することができなくなってしまった〉と述べ，多くの史料を博捜して《渤海考》を著した．このような柳得恭の，渤海を朝鮮史上の問題として理解すべきであるという主張は，洪奭周ホンソクチュの《渤海世家》，丁若鏞チョンヤギョンの《疆域考》，韓致奫ハンチユンの《海東繹史》などの記述に受けつがれていく．そして20世紀前後の近代啓蒙期になると，渤海を高句麗の継承者として新羅などと同列に評価し，自国史に位置づけようとする努力がなされ，今日に至る研究の直接の出発点となっている．現在では，こうした成果をふまえて文献，考古両側面から渤海史の研究が行われ，同時期に並存した新羅，渤海を南北国時代という時代区分を立てて，朝鮮史の体系において論ずべきであるという意見が有力になっている．　　　　石井 正敏

[日本との関係]　建国初期の渤海のおかれた国際環境は，北西の突厥トゥルク，南の新羅に取り囲まれた厳しいものであった．726年に渤海の最北方に位置していた黒水靺鞨部が，渤海に通告することなく渤海領内を通過して入唐し，さらに唐が黒水靺鞨部の地に黒水州を設置したことに起因して，唐および新羅との抗争にまで発展しそうな様相を呈した．こうした情勢の下で727年新羅を牽制することのできる勢力である日本に使節を派遣して，日本と結ぼうとした．ここに渤海と日本の国交が開始され，以後919年(延喜19)まで続くが，その間渤海からの使節の来日は34回に及び，一方，日本からの遣渤海使派遣は13回で，その多くは渤海の使節を送る使であった．こうした両国の通交の歴史は，大きく2時期に区分できる．

第1期(727-811)は，渤海が新羅を牽制することを日本に期待して使節を派遣する一方，日本は新羅を蕃国に位置づけ続けるために，渤海の協力を得ようとする政治的な目的をもった外交であった．とくに759年(天平宝字3)に藤原仲麻呂政権によって立案された新羅征討計画は，日本と渤海が連携して征討を実現しようとしたものであり，そのために両国の使節の往来も頻繁であった．しかし藤原仲麻呂政権の衰退にともなって新羅征討計画が消滅し，また大欽茂が762年に唐から渤海国王に冊立されて唐との緊密な関係が維持され，同時に新羅との緊張も緩和されるにしたがって，日本と渤海との関係も変質し始めた．798年(延暦17)には，日本が渤海の来航を6年に1度に制限したが，渤海の強い来航年期短縮要請を受け入れた日本は，799年に無制限な渤海船の来航を許可するほどであった．これは渤海が日本との貿易に積極的であったことを示すものであった．

811年(弘仁2)に最後の遣渤海使が派遣された後の第2期(814-919)は，まったく渤海からの一方的な使節の派遣となった．彼らは毛皮，人参，蜂蜜などの特産物をもたらし，代りに日本の絁あしぎぬ，綿，糸などの繊維加工品を獲得するという貿易を目的としたものであった．こうした渤海の貿易中心の来航に対して，日本は824年(天長1)に来航年期を12年に1度と制限したが，渤海は以後も在唐日本人留学僧との連絡を口実に年期に違反して来日することがたびたびであった．また日本側も渤海の使節団のもたらす貿易品をいち早く手に入れようとして，王臣家や国司などが争って来航地に赴き，禁止されていた外国使との私的な貿易を行うほどであった．こうした渤海との積極的な私的貿易活動に抗しきれなくなった日本政府は，872年(貞観14)に平安京内での渤海使節との交易活動を公に許可せざるをえなくなったのであった．また，日本の漢詩集の《文華秀麗集》《経国集》に渤海からの使の作った詩賦がのせられるなど文化的交流も行われた．　　　　酒寄 雅志

ホッジ | John R. Hodge | 1893-1963

アメリカの軍人．1945年8月，日本が連合国に降伏すると同時に，当時沖縄で米軍の指揮にあたっていた彼は，第8軍24軍団を

ひきいて朝鮮に移動，9月初めから南朝鮮における日本軍の武装解除の任務にとりくんだ。南朝鮮人民による自主的な▶朝鮮人民共和国づくりの動きを封圧し，同年9月11日，米軍政長官にアーノルド少将を任命し，ソウルに軍政庁を置いた。48年大韓民国政府樹立までのアメリカ側の責任者として，以後のアメリカの対韓政策の軌道をしいた。
畑田 重夫

ホナムざいばつ ｜湖南財閥｜호남재벌
韓国の財閥。全羅道（湖南ともよぶ）の大地主金氏一族が育てたのでこの名がある。1919年▶金性洙キムソンスによって京城紡織（株）が設立され，その後中央商工，三養社（農場経営），海東銀行と次々に事業を拡張，38年には南満紡績（株）を設立して満州にも進出した。植民地下の朝鮮では最大の土着工業資本に成長したが，金融的には日本資本の支配を受けた。一方で，《東亜日報》，普成専門学校（後の▶高麗大学校）をも経営して民族主義右派の基盤になったことにみられるように，民族資本の二面性を表す典型とみなされている。解放後は満州，北部朝鮮の工場を失い，原料の不足などにより生産の回復は順調ではなかった。李承晩・朴正熙両政権期にはアメリカの経済援助，外資の導入をほとんど受けることができず，財閥の中での地位は低下した。現在は三養グループとよばれ，三養毛紡，三養社（食料品）を傘下に抱えている。⇒財閥
水野 直樹

ホナムへいや ｜湖南平野｜호남평야
韓国南西部，黄海沿岸の平野。北は車嶺山脈，南は蘆嶺山脈によって画された，南北約80km，東西約50kmの幅をもつ韓国最大の平野である。河川流域の沖積平野を除き大部分が標高30mほどの準平原からなり，一部に残丘がみられる。▶錦江，万頃江，東津江などの水脈が縦横に走り，古くから米，麦を中心とした朝鮮半島随一の穀倉地帯として知られている。中心都市として，全州，群山，裡里などがある。
谷浦 孝雄

ポハン ｜浦項｜포항
韓国，慶尚北道東部の迎日湾に面した都市。面積1128.8km²。人口は慶尚北道で最多の52万3800（2013.9）。兄山ヒョンサン江が形成したデルタに位置し，日本海漁業の基地浦項港を中心に商業都市として発達し，1949年市に昇格，95年には迎日ヨンイル郡を統合した。朴正熙政権のもとで70年に国営の浦項総合製鉄所の建設が着手されて以来，韓国の製鉄基地として市の面貌を一新した。同工場は73年に103万t規模の第1期工事を完成したのち数回の拡張工事を重ね，81年には年産850万t規模の国際的大工場となった。同工場の建設にあたっては日本から借款や技術が提供され，日本の韓国に対する経済協力の代表例となった。浦項総合製鉄は90年代に銑鉄生産量で世界一となり，2000年に民営化，02年には社名をPOSCO（ポスコ）と改称した。同社の粗鋼生産は現在，1987年竣工の光陽クヮンヤン製鉄所を主要拠点としているが，浦項市の経済は同社とその関連企業への依存度がきわめて高い。兄山江は土砂流出量が多く，河口に砂州を広く形成しており，その一つ松島は海水浴場として有名である。鬱陵島との間に定期旅客船が就航しており，ソウルおよび済州との間には航空便も開設されている。慶尚北道最大の水産基地でもある。
谷浦 孝雄＋佐々木 史郎

ポハンこうかだいがっこう ｜浦項工科大学校
慶尚北道浦項市に本部を置く私立大学。POSTEC（Pohang University of Science and Technology）。浦項総合製鉄株式会社（現POSCO）の会長▶朴泰俊パクテジュンが1986年に設立した。韓国最初の研究中心大学であることを自負し，〈研究を通じた社会奉仕〉を掲げて科学技術の応用研究，産業界との連携，少人数英才教育による人材育成を行う。2013年4月現在，数学，物理学，化学，生命科学，新素材工学，機械工学，産業経営工学などの10学科と教養学部として人文社会学部をもち，このほか浦項加速機械研究所など法人承認の研究所が19，大学承認の研究所が54ある。学生数は学部生が約1400人，大学院生が約1800人と大学院生の多さに特徴がある。専任教授は約270人，研究員は約780人。
通堂 あゆみ

ほふしょう ｜褓負商｜보부상
朝鮮在来の行商人で，褓商（袱商とも書く）と負商の総称。負褓商ともいう。負商が穀物，乾魚や日用雑貨を▶チゲという運搬具にのせて売り歩いたのに対して，褓商の方はや

●褓負商

チゲを背負う行商人とその妻。朝鮮王朝後期の金弘道の風俗画より。行商人に杖はつきもので、先端にチゲを支える留金をはめ、中を空洞にした仕込み杖も多かった。なお、女性の頭上運搬は朝鮮の特徴である。

や高級な手工業品たる織物、衣服、帯紐、櫛などを褓(ふろしき)に入れて行商を行った。その起源は新羅時代にまでさかのぼると思われるが、彼らの活動が活発化するのは高麗末・朝鮮王朝初期からであり、褓負商の起源を朝鮮王朝の太祖李成桂と結びつけた伝説が残っているのもこのためである。16世紀末から17世紀前半にかけての日本、女真の侵略に際して、軍糧の確保・運搬に大きな役割を果たしたことから、政府の庇護を受けるようになった。各地に任房という事務所をもった組合組織を作り、部内者の保護と部外者の抑圧に大きな力を振るったが、すべて政府の黙認下に置かれた。朝鮮王朝末期の内憂外患に当たって、彼らの強大な組織力を政治的に利用せんとする意図から、政府は1866年に褓負庁を設け、興宣大院君の長男李載冕を庁理として、褓負商組織の統合と統制を図った。同年のフランス艦隊侵入(洋擾)に際してはその撃退に活躍し、以後、恵商公局(1883)、商理局(1885)、商務社(1899)と統制機関の名称はたびたび変更されたが、一貫して政府の統制下に置かれた。1898年に彼らの組織である皇国協会が、▶独立協会の運動を暴力的に粉砕した事件は有名である。1909年▶一進会に呼応して〈韓国併合〉を唱えた大韓商務組合も褓負商の組織であるが、〈併合〉の翌年に彼らの組織はすべて解散を命じられた。→商人

宮嶋 博史

ポプチュじ|**法住寺**|법주사

韓国、忠清北道報恩郡▶俗離산にある寺院。寺伝によると新羅真興王(在位540-576)創立、聖徳王が重修したと伝える。統一新羅時代の双獅子石灯、石蓮池、四天王石灯、磨崖弥勒菩薩像など多くの石造物を残すが、建物はいずれも朝鮮王朝時代のものである。1624年(仁祖2)建立の捌相殿は、半島で現存唯一の木造五重塔で心礎に舎利を奉安。各層間の逓減が大きく、朝鮮独自の工法による多層建物の架構法を示す典型例である。現在も信仰・観光の中心地として多くの善男善女でにぎわっている。

宮本 長二郎

ホ・ベンニョン|**許百錬**|허백련|1891-1977

20世紀に活躍した南宗文人画の大家。号は毅斎。全羅南道珍島出身で、朝鮮末期の画家▶許錬の傍系孫に当たり、木浦の許楗とともに、許百錬は光州で湖南画壇を主導した。はじめ許錬の子に絵を、文人鄭萬朝に詩書を、日本では小室翠雲に南画を学んだ。帰国後は水墨画の伝統継承のため光州に錬真会を設立し、弟子の育成とともに、書画を愛好する知識人とも交流し、文人精神を発揮した。解放後は茶園や農業学校経営など、湖南地方の教育と地域発展にも先鞭をつけた。作品は花鳥画や吉祥的な画題のほか、のどかな農村など実景に即した山水画も多い。展覧会への出展も多く、数々の受賞を果たした。現在、光州に許百錬の全貌を伝える毅斎美術館がある。

石附 啓子

ポモじ|**梵魚寺**|범어사

韓国、釜山市東莱区青竜洞の寺。835年(新羅興徳王10)の創建。伽藍は1592年の豊臣秀吉による壬辰の乱(文禄の役)により灰燼に帰し、1602年再建後、再び火災にあい頽落した。現在の伽藍は1613年高僧妙金和尚の再建と伝えられる。創建時の遺構としては、大雄殿前方下壇の左右に並ぶ石塔、石灯がある。3層石塔の2層基壇には上・下壇とも格狭間があり、石灯は竿石に比べて火袋が大きく、台座蓮弁は肉厚で時代の特徴をよく表している。大雄殿は事跡記により1717

年の再建とされるが，様式的には妙金和尚の再建時までさかのぼる可能性がある。大雄殿前方の普済楼も，大雄殿とほぼ同時期の再建と推定される。寺名は，寺域にある巨岩のくぼみに円形の池があり，そこに金色の魚が泳いでいたところから生じたという伝説をもつ。背後の金井山には，壬辰の乱に際して多数の僧兵がたてこもったと伝えられている。
宮本 長二郎

ホ・リョン｜許錬｜허련｜1808-92
朝鮮時代末期に活躍した全羅南道珍島出身の画家。初名は維，字は摩詰，号は小痴。はじめは海南尹善道の古宅緑雨堂が収蔵する尹斗緒・徳熙父子の絵や中国版本を実見し，画法を学ぶ。茶道で名高い草衣禅師の紹介で，当時中央で文化潮流を先導していた士大夫▶金正喜に入門し，とくに秋史体の書と南宗文人画風の山水画を得意とした。金正喜との親交を通じ，申観浩や権敦仁など高名な士大夫に伝り，憲宗や大院君李昰応に詩書画を披瀝するに至る。晩年は故郷の珍島に戻り，雲林山房を建てた。許錬の画業は子孫が受け継ぎ，現在も五代目以降の一族が画家として活躍している。代表作に《山水図》（ソウル大学校博物館）などがあり，自叙伝《小痴実録》などの記録も多い。
石附 啓子

ほんがん｜本貫｜본관
氏族発祥の地名をさし，姓氏と組み合わせて表記される。たとえば金海金氏と慶州金氏とでは，同じ金姓であっても本貫が異なり，父系血縁関係をもたない他族とされる。本貫の地は史実にもとづく始祖の出身地であることも多いが，新羅，伽倻などの建国神話や伝説にもとづいて本貫を定めた氏族や，中国から帰化した者の最初の定住の地を本貫とした例も少なくない。本貫の制度は高麗時代以後，地方の豪族が当時の郡県制のもとで地域別に階層的に編成されてゆく過程でしだいに定着し始めたと考えられる。姓と本貫を同じくする〈同姓同本〉の者どうしの婚姻が禁じられる氏族外婚制の単位として重視されるようになったのは，朝鮮王朝以降のことである。金，李，朴，崔などの大姓では今日でも本貫の数は数十に達するが，一方では閔，成，車，慎などのように単一本貫の姓氏もある。今日でも韓国では結婚などに際して本貫が重視され，▶戸籍にも記載されている。 ⇒族譜｜故郷
伊藤 亜人

ぼんぎょじ｜梵魚寺｜⇒ポモ寺

ホン・ギョンネのはんらん｜洪景来の反乱
朝鮮王朝末期，1812年の民衆反乱。平安道農民戦争ともよぶ。洪景来홍경래は平安道竜岡郡の没落した両班家の出身で，その主謀者の一人。地師（葬地を占う）を業とし，各地を放浪しながら同志を糾合して蜂起の準備に10年近くをかけた。平安道出身者に対する差別の打破，幼王の外戚や姻戚による専権政治反対を内容とする檄文を発し，中央政府の打倒をよびかけた。イデオロギー的には，済世の聖人鄭始守という架空の人物が，明の世臣遺孫の鉄騎10万を率いて東国（朝鮮）の粛正を行うという空想的なものであった。しかし，地方差別に不満を抱く在地の両班層や郷吏，郷任などの中間支配層，さらには私商や貧農，都市貧民層までもまきこんだ民衆反乱となった。反乱は陰暦で前年の12月18日に始まり，この年の4月19日まで続いたが，義州や安州などの拠点都市の攻略に失敗し，農民軍指導部が小農民層の組織に失敗したことなどにより，平安道各地の農民軍は旧暦の1月10日ころまでに鎮圧された。指導部は定州に籠城する方針をとり，胡軍（中国）が救援に来るなどという流言を流しながら8000名に及ぶ政府軍の包囲に耐えた。政府軍の定州攻撃は，攻城具や火器，爆薬を使用し，地下道による城壁爆破をもって行われた。公式には，生捕りの男女2983名中，10歳以上の男子1917名の斬首と主謀者の処刑によって終結した。しかし民衆の間には洪景来生存の噂がたえず，19世紀後半の民乱（▶壬戌民乱など）に受け継がれることになる。
鶴園 裕

ホン・グギョン｜洪国栄｜홍국영｜1748-81
朝鮮後期の文臣。本貫は豊山。字は徳老。▶正祖の外祖父洪鳳漢は10親等の親戚にあたる。1771年文科及第。承文院副正字を経て世子侍講院説書になった。英祖が世子（荘献世子）を米櫃に閉じ込めて殺し，世子の子（正祖）を世孫に定めると，思悼世子の死に深く関わった▶老論僻派が害そうと謀

った世孫を護り，世孫から厚い信任を得た．司書となった75年世孫による代理聴政が挙論されると，これに強く反対した鄭厚謙・洪麟漢・金亀柱ら老論僻派を弾劾して失脚させ，翌年の正祖即位に力を尽くした．正祖即位後，同副承旨に特進，宿衛所を創設し，宿衛大将として王の警護を担った．まもなく都承旨に昇進，直提学を兼ねた．78年には妹(元嬪)を後宮に入れ，〈勢道〉という言葉が生まれるほどの威勢を誇った．翌年元嬪が病没すると，王の異母弟を元嬪の養子とし，王の後継者にしようと図ったが，80年王妃(純貞王后金氏)が元嬪を殺害したと信じて，王妃の食事に毒薬を入れたことが発覚して放逐され，翌年江陵で没した．→勢道政治
長森 美信

ホン・タグ｜洪茶丘｜홍다구｜1244-91
高麗出身の元の武将．諱は俊奇．茶丘は年少時の字．1233年高麗に背いて，蒙古に逃れ，以後遼陽・瀋陽方面の高麗人亡命者を統轄していた父洪福源の横死後，1261年その任を継いだ．林衍の乱，三別抄の乱など高麗内の反元的動きの鎮定，高麗での元の日本侵略準備の監督と2回の遠征の指揮，乃顔・哈丹など満州方面の諸王の反乱討伐などに当たり，元の東方経略に重要な役割を果たし，遼陽行省右丞に至った．父の死に関連して，高麗を深く恨み，常にこれを陥れようと謀り，苦しめた．
北村 秀人

ホン・デヨン｜洪大容｜홍대용｜1731-83
朝鮮王朝の実学思想家，科学者．字は徳保，号は湛軒．南陽洪氏．金元行の門人．天文学者，数学者，音楽家(玄琴の名手)として実力があり，朴趾源ら北学派の指導者的存在であった．とりわけ天文学には造詣が深く，郷里清州長命の自宅の前に私設の天体観測所〈籠水閣〉をつくり，実測に当たった．35歳のとき燕行使の書状官に選ばれた叔父の随員として北京に旅行し，ドイツ人の欽天監正(天文台長)と対等にわたりあったこと，またこのとき出会った厳誠ら杭州の三遊士との友情は有名．彼の名を不朽にするものは作品《毉山問答》中に展開されている地球自転説(創唱は半世紀前の金錫文)を含む東アジア初の宇宙無限の主張であろう．全集に《湛軒書》がある．
小川 晴久

ポンドクじしょう｜奉徳寺鐘｜봉덕사종
いわゆる朝鮮鐘のうちで，最も優美な巨鐘として知られる．鐘腹の側面に2ヵ所，漢文で陽鋳された銘文がある．全体に磨滅はひどいが，銘文によると，当時，聖徳大王神鐘とよばれて，新羅の王都，現在の韓国慶尚北道慶州市にあった奉徳寺にかかっていたものである．奉徳寺は，738年(開元26)に，孝成王によって，父聖徳王追福のため創建されたものである．ところが，孝成王は存位わずか5年で没したため，弟の景徳王がその位を継ぎ，そして12万斤の銅を用いて，一大梵鐘を鋳造しようとしたが，在世中に完成せず，景徳王の子恵恭王が，771年(大暦6)にようやく父王の意志を継いで完成したという経緯がある．その後，奉徳寺が洪水で流失し，鐘は慶州で転々と所在を移したが，現在は，国立慶州博物館に保管されている．この梵鐘は新羅最大のもので，通高3.33m，口径2.27mを測る．竜頭，旗挿しは雄健であり，肩帯乳郭および口帯の宝相華文はきわめて繊細優雅である．とくに飛天は流麗であり，撞座の蓮華文も豊麗である．〈エミレの鐘〉の別称でも名高い．→朝鮮鐘［図］
西谷 正

ホン・ボムト｜洪範図｜홍범도｜1868-1943
朝鮮の義兵将，独立運動家．平壌(一説に慈城，陽徳)の雇農の生れ．兵士，ついで咸鏡道甲山の鉱山労働者，猟師として暮らした．1907年義兵闘争が全国的に拡大し，同年9月の銃砲火薬取締法により猟師の生業が圧迫されると，11月に車道善らと義兵を起こし，咸鏡道の山岳地帯で活躍した．10年には根拠地を中国間島地方へ移し，独立軍運動への転換を遂げた．19年，三・一独立運動に際しては大韓独立軍総司令として朝鮮国内に進撃して日本軍を破り，翌20年には間島に進攻した日本軍を撃破した(→独立軍抗争)．同年シベリアへ移ったが，翌年ソビエト政権と対立して軍隊を解散させられた．43年にソ連カザフスタンのクズイル・オイダに没した．
糟谷 憲一

ホン・ミョンヒ｜洪命熹｜홍명희｜1888-1968
朝鮮の独立運動家，作家．号は碧初．忠清

北道生れ。1905年東京に留学したが，韓国併合時，錦山郡守であった父洪範植の自決により中国へ亡命，独立運動に加わり，▶申采浩〈シンチェホ〉らと交友。帰国後，19年の三・一独立運動の際には故郷槐山でデモを指導した。20年代に一時社会主義思想に近づいたが，《東亜日報》主筆，《時代日報》社長，▶五山学校の校長などを歴任，左派民族主義の立場をとった。27年からの▶新幹会運動の中心となったが，29年検挙，投獄された。その後，朝鮮王朝時代の義賊を描いた大河小説《林巨正》の執筆に打ち込み，朝鮮文学史に金字塔をうち立てた。解放後，南朝鮮で中間政党を率いたが，48年▶南北連席会議に参加し，北に残留。共和国副首相，祖国平和統一委員会委員長などを歴任した。国語学者洪起文〈キムン〉はその長子。

水野 直樹

ま

まがたま｜勾玉

朝鮮では曲玉と書くことが多い。文字どおり湾曲した玉で、一端に近く孔をうがち、装身具用の垂飾品とした。勾玉は櫛目文土器時代（新石器時代）に始まるが、それも不整形で実例も少ない。その起源は動物の歯牙製垂飾品に求められよう。無文土器時代（青銅器時代）に入ると、形態、材料ともに多様なものが認められる。原三国時代（▶金海式土器の時代）では、南部の南岸地域に限って実例が知られるが、そこではじめて断面が円形に近く、定形化したC字形の水晶製品が出現している。優美な勾玉が盛行するのは三国時代に入って、それも新羅においてである。百済や加羅（加耶）でも知られるが、類例は少ない。新羅の勾玉の材質は硬玉、メノウ（瑪瑙）、水晶など多種であり、また装身具のみならず、金冠などの垂飾品にも用いられた。なお南部地方では、大型の勾玉形をした母体に小型の勾玉形をいくつか付着させた子持勾玉が数例、母子曲玉の名で知られる。

西谷 正

まきむらひろし｜槇村浩｜1912-38

詩人。本名は吉田豊道。高知県生れ。岡山市にある関西中学卒。1931年満州事変に取材した反戦詩《生ける銃架》を発表し、注目された。代表作の長詩《間島パルチザンの歌》(1932)は30年の▶間島五・三〇蜂起に触発されて書いた叙事詩で、プロレタリア国際主義の立場から朝鮮民衆の反日武装闘争をリアルに描いた。プロレタリア作家同盟などで活動したが、獄中で得た病がもとで26歳で夭失した。84年には《槇村浩全集》1巻が刊行されている。

高崎 宗司

マサン｜馬山｜마산

韓国、慶尚南道南海岸にあった市で、2010年に▶昌原市に編入され、旧馬山市域は馬山合浦区と馬山会原区に改編された。昌原市編入前の人口は42万8069(2005)。鎮海湾の最奥部の馬山港を中心に形成された商工業都市で、馬山浦事件とよばれるロシアとの角逐を背景に、1899年各国居留地を設定した国際港として開港し、後背地の金海平野の農産物の積出港として発達しはじめ、のちには醸造、製紙などの地方工業も興った。解放後は、1960年に不正選挙に端を発する馬山事件が発生し、李承晩政権崩壊（▶四月革命）の導火線となった。朴正煕政権の下で70年に、外国企業の誘致による輸出産業の振興と、外貨獲得を目的とした馬山▶輸出自由地域が設置された。同地域には雑貨、縫製加工品、電気機器類などの工場が多数建設され、雇用の創出と輸出額の増大を通して、韓国経済のテイクオフに貢献した。市人口も60年の15万7000人から75年には37万2000人へと増大し、韓国第7位の都市に浮上した。80年代に入ると、インフレの高進などによって、輸出自由地域を支えていた低賃金のメリットが縮小する一方、このような特殊地域の役割が終わったとする世論も生じ、撤退する外国企業が現れるようになった。こうした流れを受け、馬山輸出自由地域は2000年に生産中心の工業地区から、生産・貿易・物流・流通・情報処理・サービス業などの機能を拡充・高度化させた自由貿易地域に拡大改編された。10年には大規模な機械工業団地を擁する隣接の昌原市と統合したことにより、馬山の市名は消滅したが、人口100万を超える一大商工業都市として再出発することとなった。

谷浦 孝雄＋佐々木 史郎

マスメディア

ここでは南北朝鮮におけるマスメディアの現状を概観する。植民地期までの新聞については《新聞》の項を参照されたい。放送は1924年に朝鮮総督府通信局により着手され、27年社団法人京城放送局(JODK。1932年朝鮮放送協会と改称)が開局した。当初は日本語と

朝鮮語の混合放送であったが，33年から朝鮮語を第2放送とする二重放送に移行し，45年までに18ヵ所の放送局が設けられた。解放後，南朝鮮の10局は米軍政当局に接収されるが，48年大韓民国成立とともに政府に移管された。北朝鮮では平壤放送局の施設を用いて45年10月に放送が始まった。

[**大韓民国**] 韓国の定期刊行物は，1980年に政府主導の大規模なマスメディア統廃合により，大幅にその数が減らされた。1960年代初めに新聞，通信，週刊・月刊の刊行物は約600に及び，うち400余がソウルで発行されていた。76年末には《東亜日報》《朝鮮日報》《韓国日報》《中央日報》《京郷新聞》など，日刊紙は全国で37紙を数えた。通信社は合同，経済，東洋，時事，貿易，産業の6社があり，ラジオの中央放送局は公営の韓国放送公社(KBS。73年に国営を公営に改めたが，実質的には国営に近い)，民間のキリスト教放送(CBS)，文化放送(MBC)，東亜放送(DBS)，東洋放送(TBC)の5局，テレビ放送(1956年開始)の中央局は公営のKBS，民間のMBC，TBCの3局があった。79年10月朴正熙政権が倒れるまで，大統領緊急措置の乱発により〈国家安全保障のため〉という理由で言論活動は大幅に制限され，反政府活動や民主化運動などの報道は禁じられ，情報機関員が編集局に常駐して事前検閲が強化された。

80年5月の〈光州クヮンジュ〉事件を契機に登場した全斗煥チョンドゥファン政権の下で，10月に軍人を中心とする国家保衛立法会議が制定した215件の法律の中には，政治風土刷新特別措置法，大統領選挙法などと並んでマスコミ活動に大きな影響を与える言論基本法が含まれていた。それ以来，新聞，テレビなどは自由主義的ジャーナリズムの機能を奪われ，国家至上主義，公益性優先という役割を担わされて，政治への監視・批判機能を失うに至った。軍事政権のマスコミ政策は，マスメディアの数を制限することから始まった。80年12月1日，KBSがテレビのカラー放映を開始したが，テレビ部門では同日TBCがKBSに統合されてKBS第1，第2と衣替えし，残る政府系のMBCテレビとの3本立てとなった。さらに同月KBSはMBC，《京郷新聞》(政府系)の株式65%を取得し，実質的に公営一色となった。ラジオ部門も自主的放送で知られたDBS，TBC，韓国FM(大邱)，TBC系の全日放送と西海放送がすべて10月末までに公営のKBSに統合され，残るのはCBSと株式を政府に握られたMBCのみであった。

新聞と通信社の統廃合は露骨な政府主導で進められ，中央紙は東亜，朝鮮，中央，韓国，京郷の各紙のほか，経済紙，英字紙各2紙，また地方紙は1道1紙(計10紙)と制限され，通信社も民営の形をとりながらも合同通信を中心に統合され，連合通信1社となった。新聞は以前から用紙節約を理由に朝夕刊いずれかの発行とされていたが，ソウル中央紙の地方支局縮小，地方紙のソウル駐在記者の制限，官公庁取材記者の制限，通信社電の使用奨励など，言論管理と報道統制が強められた。とくにKBSや連合通信，有力紙出身者は，文化公報部長官・次官や海外公報官，与党議員などへの転出が多く，韓国のマスコミは現体制維持機構に組み込まれて久しい。連合通信は98年12月，北朝鮮報道を専門とする内外通信を吸収し，連合ニュースと改称。

前田 康博

韓国の歴代軍事政権は言論統制のためにマスメディアの統廃合をし，あからさまに報道の支配介入を実行した。だが社会の民主化を求める民衆の闘いは〈六・二九民主化宣言〉(1987)において言論・表現の自由の保障と言論基本法の制定を勝ち取った。新聞の発行は〈定期刊行物の登録等に関する法律〉によって，許可制から一定の要件さえ整えれば自由になり，《国民新聞》(1988)，《ハンギョレ新聞》(1988)，《世界日報》(1989)，《文化日報》(1991)などの全国紙が相次いで創刊され，経済・スポーツ紙も創刊された。双方行のインターネット新聞もスタートし，なかでも《オーマイニュース》(2000)の登場は広く歓迎された。2013年現在，全国向け日刊紙は11紙，経済紙は5紙，スポーツ紙は6紙，外国語紙は4紙，地方紙は30紙超となっている。各新聞の論調や紙面は，株主や読者層の意向を反映してかなり個性が強い。なかでも《ハンギョレ》(題号を改称)は〈権力と資本からの自由〉を標榜し，延べ

6万1820名の少額株主からの出資を得てスタート，民主的・進歩的な立場からの報道で他紙とは一線を画している。有力紙の主要株主は，《中央日報》《朝鮮日報》《東亜日報》《韓国日報》は社主と関連財団，《国民日報》は純福音教会，《世界日報》は統一教会である。朝鮮，中央，東亜を三大新聞と称している。刊行部数は韓国ABC（新聞雑誌発行公査機構）の調べ（2011年末）によると，朝鮮181万部，中央131万部，東亜124万部の順，ハンギョレは28万部。最近は各紙とも刊行部数の急落が目立つが，インターネットの普及とフリーペーパーの影響が大きい。フリーペーパーは首都圏および大都市の駅などで平日の朝と夕刻に無料配布される。地下鉄・バス車内などでは，これら《Focus》《METRO》《AM7》などを，乗客の大部分が読んでおり，有価紙の読者はほとんど見かけない。《新聞離れ》はかなり深刻のようだ。新聞論調は朝鮮・中央・東亜は保守右派的，親米反北朝鮮色が強く，ハンギョレ・京郷はリベラル左派的，反米親北朝鮮とみなされている。

ラジオ放送局は増えているが，放送自体は報道媒体としての役割を低下させており，音楽番組やスポーツ中継が多いようだ。これに対してテレビは，ソウルの場合，公営のKBS（韓国放送公社）1・2，民放のMBC（文化放送），SBS（ソウル放送），DBS（京仁放送），EBS（教育放送），AFKN（米軍放送）などと地上波が7チャンネルもあり，これに衛星TV（BS・CS）とケーブルTVが加わり，多チャンネル時代になった。また，軍事政権時代には新聞社や大手企業は放送事業に参入できなかったが，2009年7月の《メディア法の改正》で可能になった。この結果，《朝鮮日報》はTV朝鮮，《中央日報》はJTBC，《東亜日報》はチャンネルA，《毎日経済新聞》は毎日放送の呼称で，11年12月1日から放送を開始した。今ではニュース，ドラマ，アニメ，音楽，スポーツ，教育学習，宗教，ショッピングと専門チャンネルが増えた。日本のNHK衛星放送番組も観ることができる。釜山，大邱，光州などのローカル・テレビ局も，郷土色豊かな番組を放映している。

各分野で民主化した韓国社会だが，政権交代のたびに政権与党はマスメディアへの規制を主張し，法制度の改正や機構改革が論議され，実行に移される。そしてメディアはいつもその対応を迫られる。広告収入の面でも新聞・雑誌・テレビ・ラジオの4媒体は，ネット広告の急迫という，メディア環境の変化への適応に追われている。《メディア法の改正》の余波はいまだに続いており，その帰着点を見定めるのはもっと先のことのようだ。

[朝鮮民主主義人民共和国] 新聞では朝鮮労働党機関紙▶《労働新聞》，政府機関紙▶《民主朝鮮》，雑誌では党中央委員会の理論誌▶《勤労者》が重要である。1946年に創設された政務院直属の朝鮮中央通信社は《朝鮮中央通信》（KCNA）を発行しており，事実関係の把握に欠かせない。一般紙的色彩の強い《労働新聞》に対し，月刊の《勤労者》からは政権継承者とされる金正日書記が掌握している《党中央》の動向がうかがえる。このほか労働，農民，青年，婦人など各団体の機関紙は，党中央の主張にそって，広くその普及の役割を担っている。党，政府，地方など各機関紙の記事の違いから，指導層の意見や政策路線の相違点が浮かび上がることも多い。放送では，政務院直属の中央放送局（平壌）と地方局10局があり，このほか外国向けの平壌放送がある。テレビは1969年朝鮮中央テレビ放送の開局で始まり，カラー放送も行われている。また南向けの開城テレビが71年に開局している。なお，韓国でも国家安全企画部による《希望のこだま放送》（短波）が北向けに73年に開始されているが，これは北の《統一革命党の声放送》（中波。1985年《救国の声放送》と改称）に対抗するものとされている。　前田康博

北朝鮮のマスメディアは，基本的に国民を《チュチェ（主体）思想》で教化する役割を担っている点で，韓国の場合とは大きく異なる。報道内容は全面的に規制されており，一部の関係者を除き国外のニュースに接することはできない。最近は韓国でも北朝鮮のメディア報道を伝えるようになったが，多くの人はあまり関心を示していない。

舘野晢

マダンげき | マダン劇 | ➡演劇

マツ｜松

朝鮮に自生する松はアカマツとチョウセンゴヨウが主であるが，後者は日本のゴヨウマツ(五葉松)より球果が大きく(長さ10～15cm)，その実は食用にされるため，盛んに樹種改良や植林が行われている。呼び名もアカマツはソナムまたはソルとよばれるのに対して，チョウセンゴヨウはチャンナムの固有語のほかに，果松，松子松，五粒松，油松，海松などの異名をもつ。朝鮮王朝時代には松禁政策によって松を保護し，伐採を禁じている禁標内で松を伐ったら首をはねられてもしかたがないとされた。松は建築材，船材，オンドルの燃料などとして重要な資源であったが，濫伐のために樹齢の高いものはあまり見当たらない。朝鮮王朝時代の家屋の棟梁には太い松材を用いたが，これは家の跡継ぎや社会の重要な人物にたとえられた。また，松は不老長寿のシンボルとされ，▶十長生図の一つに数えられている。松の実はそのおっとりした味が買われ，菓子の材料にもなり，外国への輸出品ともされた。春先の松の花粉は茶食として芳香豊かな菓子とされ，また花粉を入れて発酵させた松花酒は薬用とされる。なお，最近日本へ輸出されることで知られるようになったマツタケは，韓国のアカマツ林がやや乾燥した花コウ岩質のツツジ類の多い山地であり，樹齢が比較的若いなどの条件に適しているためよくとれる。　金 東旭

マッカーサー｜Douglas MacArthur｜1880-1964

アメリカの軍人。アーカンソー州出身。元帥。日本の敗戦直後の1945年9月7日，アメリカ太平洋陸軍最高司令官として朝鮮住民に対する布告第1号を発し，▶ホッジ中将，アーノルド少将らによる軍政の基本路線をしいた。50年6月25日，▶朝鮮戦争が勃発すると，朝鮮派遣国連軍最高司令官となった。緒戦で国連軍側は釜山に追いつめられるなど敗色が濃厚であったが，同年9月15日の仁川上陸作戦で形勢の挽回に成功した。しかし10月下旬の中国人民志願軍の参戦を契機に苦戦を強いられ，中国東北部(満州)の爆撃を主張するなど限定戦争への不満にもとづく強硬策を唱え，トルーマン大統領と対立，51年4月，国連軍司令官を解任された。　畑田 重夫

マッカリ ➡酒

マッキューン｜George Shannon McCune｜1873-1941

アメリカ人宣教師。朝鮮名，尹山温。ミズーリ州パーク大学卒。1905年アメリカ北長老会宣教師として朝鮮に渡り，09年平安北道宣川の信聖学校校長に就任。朝鮮民族に同情的な宣教師として，三・一独立運動ではその影響下にあるキリスト教学生に対し決起を示唆したといわれる。35年平壌の崇実専門学校校長であったとき神社参拝強要を拒否したため，翌年総督府によって国外追放された。朝鮮語によるキリストの伝記のほか，《神道は宗教である》(1937，英文)などの著書がある。　大塚 喬郎

マッキューン・ライシャワーしき｜マッキューン・ライシャワー式

朝鮮語のローマ字表記法の一つ。アメリカ人宣教師の子で平壌生れのジョージ・M．マッキューンとアメリカ人歴史家エドウィン・O．ライシャワーが共同で1937年に考案したものである(39年に公表)。アメリカ陸軍の陸地測量部もこの表記を採用したほか，現在でも外国でよく使用される。文字の構成よりも実際の発音を忠実に転写するもので(▶ハングル)，たとえば，子音において，朝鮮語話者には区別されない無声/有声の別(k/g, t/d, p/b, tʃ/dʒ)を区別して表記し，有気音(激音)は補助記号[ʻ]をつけ，無気音(濃音)は同一子音を重ねて区別する点，母音において，ㅓ/ㅡにはそれぞれŏ/ŭとブレーヴェをつけてㅗ/ㅜと区別する点が特徴的である。2音節以上で生じる発音変化にも対応し，発音どおりに表記する。韓国では一時期これを少し改変した表記法を使っていたが，現在はあまり使用されていない。　三ツ井 崇

マッケンジー｜Fredrick Arthur Mckenzie｜1869-1931

カナダの新聞記者，著述家。ケベック生れ。1904年ロンドンの《デーリー・メール》紙の特派員として朝鮮を訪れ，日露戦争の経過，日本の朝鮮支配にふれた《東京からチフリスまで》(1905)を刊行。06年再び朝鮮，中国，

日本を訪れ，《ベールを脱いだ東洋》(1907)を著した。07年三たび朝鮮を訪れ，▶義兵闘争の取材旅行を行い，日本の対朝鮮軍事支配を告発した《朝鮮の悲劇》(1908)を刊行した。三・一独立運動が起きると，翌20年《朝鮮の自由のための闘い》を刊行して，日本の武断統治の実態と独立運動の姿とを伝えた。晩年はソ連・東欧方面の特派員として活躍し，31年カナダで没した。　　糟谷 憲一

マッコリ →酒

まつり｜祭り

神霊を呼び迎え，これに供献奉仕して，それを慰め祈るために規定された行為を反復的に行う呪術宗教的行為をいう。朝鮮の祭りに関する記録は古く《三国志》魏書東夷伝にみられるが(▶東盟)，一般的には家のレベルのものと部落レベルのもの(〈村〉の項参照)とに分けて考えられ，さらに宗教類型的には祭祀とクッの2類型に大別することができる。祭祀は儒教的あるいは儒教の影響の強くみられるもので，ふつう▶祖先祭祀をしている。祭祀における祭次や形式，祭られる祖先の観念はほぼ儒教の形式によるものであり，祭官の資格や順番も規定されていて，女性は祭官にはなれない。クッは起源的にウラル・アルタイ語族一般に共通してみられる幸福と幸運をもたらそうとする積極的な宗教儀礼につながる伝統的，基層的な巫俗的祭りである。クッは祖先を含めて数多くの神々を祭るもので，シャーマンや司祭者など専門的儀礼担当者(〈ムーダン〉の項参照)がこれを行っている。これはシャマニズムと深くかかわるもので，おもに女性によって支持されている。

朝鮮ではこれらの二つのタイプの祭りが並存し，相互に関係し合いながら機能している。これらの祭りは家と村のレベルにおいて，あるいは地方によって多様化し，社会の中に定着している。また朝鮮の祭りの特徴としては，シャマニズムを基礎として道教，儒教，仏教との習合が著しいこと，演劇的要素が多いこと，巫女が銅鏡を神体として祭っていること，死穢など不浄に対する禁忌がきわめて厳重であることなどがあげられる。　→シャマニズム｜民間信仰

依田 千百子

マハン｜馬韓｜마한

古代朝鮮半島の南部に居住した韓族の名称。3世紀初めころの朝鮮半島南部の状態を最も詳しく伝える《三国志》魏書東夷列伝の韓の条によると，当時韓族は3種に分かれ，その一つを馬韓と称したという。馬韓は半島南西部にあり，およそ大小50余国から構成され，一種の部族連合的段階にあったものとみられている。馬韓全体の統治者の存否については史料により異論がある。各部落の首長はそれぞれ大小によって臣智とか邑借と自称し，その官爵も楽浪，帯方の太守を介して中国風の称号をうけていたことが記録されている。宗教は農耕儀礼に関係の深いシャマニズムの一種と思われる。5月の播種のとき，10月の収穫のときには，部落民が鐸舞に似た舞踊を行って天神を祭ったという。また〈蘇塗〉というアジール的な存在があったことが記されるが，その解釈については諸家に異論がある。のちの朝鮮古代三国の一つ百済は，馬韓諸国の一つ伯済国が中核となって4世紀半ばころ成立したものといわれている。→百済｜三韓

村山 正雄

マリッカン｜麻立干｜마립간

朝鮮古代の新羅の王号。新羅の王号には居西干，次次雄，尼師今，麻立干の4種がある。麻立干は，《三国遺事》では第17代奈勿王(在位356-402)から第22代智証王(在位500-514)まで，《三国史記》では第19代訥祇王(在位417-458)からはじまり，王の称号は503年から使用したという。《秦書》には382年に新羅王楼寒(麻立干)の名がみえる。麻立干は尼師今と同様王の俗称で，新羅全期を通じて使用されたとみられる。麻立干の原義には，宗・夫などの尊称的な人名尾称とする説や，高句麗最高官職名の莫離支とする説などがある。8世紀の新羅の学者金大問の説では，〈麻立とは方言の橛(mal)で，橛は橛標をいう。位の順序において，王橛を主とし，臣橛を下にするので，このように名づけた〉として，会同の際の座標に由来すると解している。このことから麻立干は古代祭政の司祭者の称号で，貴族会議(▶和白)の首席にいる古代王者と推測される。

井上 秀雄

まんが｜漫画

1909年に李道栄(イドヨン)が《大韓民報》の創刊趣旨を1コマで描いて〈挿画〉と題したのが、新聞に登場した最初の時事漫画である。20年には創刊された《東亜日報》に、金東成(キムドンソン)が〈絵物語〉という田の字形の4コマ漫画を発表した。この〈挿画〉や〈絵物語〉に代わり、新聞紙上で〈漫画〉が用いられるようになったのは、《東亜日報》に〈当選漫画〉が掲載された23年からである。24年には《朝鮮日報》に盧寿鉉が4コマ漫画の〈モントングリ〉を発表、最初の新聞連載漫画として人気を博し、のちに映画化もされた。

[第1次漫画ブーム] 1945年の解放後、〈漫画同人会〉による最初の漫画専門誌《漫画行進》(1948)など時事性の強い大人向けの漫画雑誌が発行される一方、〈子ども漫画〉ブームが起き、漫画雑誌や単行本も数多く出版され、世界文学も漫画化された。その後、新聞の4コマ連載漫画も《ソウル新聞》に金竜煥(キムヨンファン)の《コチュブ》(1952)、《東亜日報》に金星煥(キムソンファン)の《コバウ令監(おじさん)》(1955)が登場するなど、50年代には各新聞で次々と作品が掲載されていく。

やがて漫画ブームも去り、薄くて安い単行本が出始めてから、漫画は書店から貸本屋へと販路が徐々に移り、60年以降はほとんど貸本屋を通じての流通となる。大人向けの漫画は新聞や雑誌の4コマ漫画が主流で、単行本は駅や街の売店に置かれる読物程度にしか認識されない時期が続いた。

[第2次漫画ブーム] 70年代に入り、高羽栄(コウヨン)が時代劇に現代感覚を取り入れ、〈漫画小説〉と命名した《林巨正》(1972)の連載が《日刊スポーツ》で始まる。日刊紙に初めて登場した長編劇画は大人の読者の間で流行し、雑誌などで掲載された人気作品の単行本は書店に置かれるまでに状況も変わった。〈劇画〉に代表される〈成人漫画〉は80年代に、50年代の〈子ども漫画〉に続く第2次漫画ブームを迎える。一方では日本の劇画の海賊版やその影響を受けたアクション物、貧しい主人公が成功する姿を描いた財閥物などが氾濫して物議をかもしたが、本来子どもを対象にしていた貸本屋が、それまであまり縁のなかった学生街やオフィス街にも登場する。こうした〈成人漫画〉の人気は、《漫画広場》(1985)、《週刊漫画》(1987)などの漫画専門誌を生み、李賢世(イヒョンセ)の野球漫画《恐怖の外人(アウトロー)球団》(1982)は韓国漫画の最高販売部数を記録、映画化もされるなど爆発的な人気を得て、スポーツ物をはじめとする漫画全体が活況を呈した。また、70年代後半に普及したテレビでは、アメリカのアニメとともに《鉄腕アトム》《マジンガーZ》などの日本作品が数多く登場、とくに《キャンディ・キャンディ》の人物描写や舞台設定が〈純情漫画〉とよばれる少女漫画に、《ドラゴンボール》のアクションが少年漫画に与えた影響は大きい。

[漫画文化] 大衆文化として定着し、経済的な余裕も生まれたことで、漫画は次々と登場してきた漫画雑誌を中心に動き出した。90年代に入り、男の子に占領された貸本屋から足が遠のいていた女の子向けの少女コミックや少年、ハイティーン、成人向けの雑誌が相次いで創刊される。読者層がハイティーンから20歳代前半に及ぶ少年少女漫画誌もあり、レディースコミックも登場し、年齢や性別を超えて漫画文化が定着しつつあるといえる。もう一つの漫画媒体であるアニメはテレビ・映画・ビデオのほか、ケーブル・テレビに漫画専門チャンネルの〈トゥニバース〉もある。漫画家志望や同好の士による同人誌は、80年代から目立ってきているが、作り手の養成先としては漫画アニメーション専門学校があり、また漫画学科のある大学も増え、現役の漫画家が教壇に立ったりもしている。

増田 忠幸

[1990年代以降の漫画・アニメーションと日本] 韓国では、日本大衆文化開放をめぐる議論の高まりの中、日本漫画・アニメを一体化してとらえ、その性表現や暴力描写を問題視し、国内産業や国家アイデンティティへの脅威とみなすことが少なくなかった。漫画・アニメーションを同じものとみなすこれらの言説には、アニメーションを漫画映画とよび、漫画というジャンルを曖昧にとらえてきた韓国の漫画・アニメーション観が関係している。90年代半ば以降、韓国国内において、大衆文化のコンテンツそれ自体への理解が進むと、アニメーションと漫画は

異なる表現メディアとして認識され始める。政府は文化産業振興基本法などを通じ，各産業を支援・育成するとともに，青少年保護の観点からの表現規制やレイティングを行うようになった。

週刊漫画雑誌の創刊ブームによって形成された出版漫画市場は，おもに日本の少年漫画の翻訳版を掲載することで市場を拡大したが，通貨危機による不況や，人気翻訳漫画の日本における連載終了，青少年保護法導入の影響によって，90年代末には勢いを失った。2000年以降は，児童を対象とするフルカラー学習漫画の出版や，青年層を主な読者とし，インターネット上で閲覧する漫画・ウェブトゥーンが人気を呼び，産業的側面からも注目されている。

アニメーション業界は，安定的収益を生み出す日本アニメ制作の〈下請け〉を長く行ってきたが，90年代半ば以降，人材育成や産業博覧会の開催，地上波での放送枠の確保などの政府産業支援策を通じ，制作体制の充実が図られた。高等教育機関でのCG・3Dアニメーション制作教育に力を入れるなど，セルアニメーション中心であった日本アニメとの差別化を図ろうとしている。近年《ポロンポロン・ポロロ》をはじめとした幼児向け3Dアニメが好調で，国外にも輸出され，人気を得ている。このように，韓国の漫画・アニメ産業は，漫画・アニメ大国日本との距離を測りつつ，独自性を模索し，競争力を高めようと試みている。　山中千恵

マンギョンボンきゅうじゅうにごう｜万景峰92号｜안경봉호

日朝間を往来した北朝鮮船籍の貨客船。新潟と北朝鮮・元山ウォンサンを約30時間で結び，在日朝鮮人の祖国訪問などに使われてきた。2004年2月の〈改正外国為替及び外国貿易法〉（改正外為法）に続いて，6月に〈特定船舶入港禁止特別措置法〉が成立し，北朝鮮籍や北朝鮮に寄港した船舶などの入港を一定の期間，阻止できるようになる。06年7月にはミサイル発射に対する制裁措置として入港禁止。その後11年8月から北朝鮮国内の羅津-金剛山間の観光船などとして利用される。　礒崎敦仁

まんせきのらん｜万積の乱

高麗の武人政権時代の奴隷反乱。1170年に鄭仲夫ら武臣のクーデタで文臣政権が倒れ，▶武人政権が出現したが，武人相互の殺し合いで政情不安が続いた。その時期に農民・賤民の一揆反乱が続発したが，98年（神宗1年）私奴万積ら6人が公私の奴隷を集め，日を定めて一斉蜂起し，まず最高権力者▶崔忠献チェチュンホンを殺し，私奴はそれぞれ主人を，官奴は宮城内で役人を殺し，奴隷の戸籍台帳を焼いていっさいの公私奴隷を解放しようと提案した。みな賛成したが，約束の日には数百人しか集まらなかったので，日を改めて蜂起することにした。しかし密告によって計画が暴露され，首謀者万積ら100余人が殺され，反乱は未発に終わった。しかし高度の目標をかかげた点で奴隷解放史上の注目すべき反乱であった。　旗田巍

まんぽうざんじけん｜万宝山事件

日本帝国主義のため土地を奪取された朝鮮農民の〈満州〉移住によって，1931年に起きた朝鮮・中国両民族の対立事件。この直後に満州事変が起きており，日本の十五年戦争の契機の一つにあげられている。事件は朝鮮人移民（当時約63万人）をさらなる中国侵略の手先にしようとした日本の政策と，それを額面どおり受けとって朝鮮人移民を侵略の尖兵と誤認した中国が，国権回復運動の矛先を最も弱い立場の朝鮮農民にむけたことから発生した。衝突は長春郊外の万宝山で朝鮮農民が水田経営のために完成した水路を同年7月中国人が破壊したことに端を発している。日本は朝・中両民族の離間を助長するため水路破壊を誇大に宣伝し，〈在満同胞の安危急迫〉などと扇動的に報道したため，逆に朝鮮内で激しい排華暴動が起こった。〈リットン報告書〉によると，平壌，仁川などの中国人街が略奪を受け，死亡127名，負傷393人をだした。日本官憲は当初，暴動を鎮圧せず，しばらくは傍観していたため，犠牲者はより増大した。〈満州〉，朝鮮の双方で起こった事件を総称する。　姜徳相

みしま｜三島　▶粉青沙器（ふんせいさき）

みち｜道

道を一般にキル，道に面した部分をコリ，

キルコリという。▶住居が一般に壁によって囲まれ，頑丈な門を構えているため，道は生活空間から隔絶される傾向がある。子どもの遊び場や立ち話なども道端よりも屋敷内のマダン（内庭）が好まれる。しかし通行人の少ない路地（コルモク）は，住民共有の生活空間としての性格を帯び，コルモクごとに隣人意識もみとめられる。屋敷内では家の守護神や祖先を祭る儀礼が定期的に行われるのに対して，屋敷外の路傍や辻ではもっぱら雑鬼や厄神に対する除厄や退散のための儀礼が行われる。村の入口の辻や人通りの多い路傍には，村人の徳行，学行を記念する碑が立てられ，通行人の目をひく（▶表彰）。かつては村の入口近くの道の両側に守護神として▶チャンスン（長栍）を立てた村も多い。村道はかつては▶チゲ（背負子）や牛の背による運搬を基準にしたため幅が非常に狭かったが，韓国では耕耘機の導入のための村道拡張が▶セマウル運動の初期に各地で推進された。→道路　　　　　　伊藤 亜人

みっこう｜密航

法律用語でいう〈不法入国〉の通称で，〈旅券又は船員手帳を持たないで船舶などを利用して密かに本邦に潜入するもの〉をさし，あくまで国法の視点から事態をとらえた語句である。政府は，これらく不法入国〉者を防止・摘発するために外国人登録証の常時携帯を必要とする，と説明している。日本への密入国者のほとんどが韓国からのもので，1960年代半ばまでは，日本から引き揚げた者が家族ぐるみで再度生活の場を求めて来たケースや日本に居住する親族との同居を目的として来るケースが多かったが，60年代後半以降は，むしろ日本に職場を求める出稼ぎが多くなってきた。こうした密入国者は全国で10万人前後に及ぶとみられ，外国人登録証もなく，その摘発を恐れながら，同胞の企業で低賃金で働き，近所との交際も避けて暮らしている。政府は北朝鮮からの密入国者をスパイ活動を目的とすると誇大に宣伝しながら（1965年から80年までの15年間に25名検挙），〈水ぎわ〉での検挙や通報による摘発に努め，日本海沿岸ではポスターなどで密航防止に協力するよう呼びかけている。しかし，76年から80年までの5年間に密入国者として摘発された3200名の入国時期をみると，1000名が10年以前，700名が5年以前に渡日して，それ以来日本で暮らしつづけている人々である。いわば密入国者は難民の性格をおびているのに，実際には人権の保障が何一つない地下生活者の境遇に追い込まれているのである。

小沢 有作

みつよう｜密陽　⇒ミリャン

みなみじろう｜南次郎｜1874-1955

第7代朝鮮総督。朝鮮における▶皇民化政策の推進者。大分県出身。16歳のときに成城学校へ転校してから陸軍軍人の道を歩み，日露戦争に大本営参謀として参加，1923年陸軍士官学校長となる。29年朝鮮軍司令官，34年関東軍司令官となり，36年8月朝鮮総督に就任。南は〈国体明徴，鮮満一如，教学振作，農工併進，庶政刷新〉の〈朝鮮統治五大政綱〉を掲げ，朝鮮を大陸侵略の兵站基地と位置づけて北部地方の工業化を促進するとともに，朝鮮人を戦争に動員するために〈内鮮一体〉という同化政策を強行した。そして▶志願兵制度を導入し，▶創氏改名によって朝鮮人の名前まで日本式に改めさせた。42年5月小磯国昭総督と交替し，枢密顧問官となる。戦後A級戦犯として巣鴨拘置所に拘留された。　　　　馬渕 貞利

みぶん｜身分

ここでは，国家や社会の内部における制度的ないし慣習的な階層序列をいう。前近代の朝鮮では，人々は生得的になんらかの身分に属し，それに規定されて生きることを余儀なくされた。古代の身分としては，《魏志東夷伝》にみられる▶下戸や，新羅の▶骨品などが知られる。また▶奴婢に代表される▶賤民も古代から存在した。高麗時代以降になると国家レベルでの法的身分制度として良賤制が施行され，人々は大きく良民と賤民とに区分された。良民はその内部に多種多様な社会的身分・階層の者を含む。朝鮮王朝時代の場合，支配層として官僚を輩出し，▶両班とも称された士族を頂点に，在地の有力者層として地方行政の末端を担った郷吏（▶胥吏）や，漢城居住の専門技術官僚層である▶中人，人口の多くを占めた一般の農民や▶商人・工匠（▶匠人）などか

らなる常民(常漢)などに分かれていた。一方，賤民はおもに奴婢をさす。奴婢はその所有主にとって重要な労働力であり，財産でもあったが，農業生産力の発展にともない土地の財産価値が上昇すると次第にその価値を低め，また国家が財源確保のために良役負担者である良民の確保をめざしたこともあり，17世紀から19世紀にかけて急速に減少し，1894年の＊甲午改革により制度的に消滅した。なお，朝鮮王朝時代には良賤制とは別次元のものとして，柳細工や畜肉処理に従事する＊白丁など，その生業が賤視されることで社会の最下層をなした被差別民としての賤民も多く存在した。

六反田 豊

みまな|任那|임나
朝鮮古代の国名。〈にんな〉ともいう。532年に滅亡した金海加羅国の別名であるが，562年までつづいた加羅諸国をさすこともある。任那は《日本書紀》など日本の史料と〈広開土王碑〉や《三国史記》など朝鮮の史料とでは，使用頻度，読み方，領域などに相違がみられる。日本では任那の名称を多用し，これをミマナとよみ，洛東江流域の加羅諸国やときには蟾津江流域の諸国まで含む広義の任那と，金海加羅国のみをさす狭義の任那との二様に使用している。朝鮮の古代史料には任那の名称は，わずか3例しかみられない。これをニムナとよみ，金海加羅国のみをさしている。ミマナのよみは，ニムナの転訛したものである。ニムナのよみは金海加羅国の始祖王后の許黄玉が来臨した聖地主浦の古訓に由来している。日本で広義に任那を使用したことは，韓や唐の場合と同様に，最も関係の深かった任那の国名を，加羅諸国などに拡大使用したためである。 ⇒加羅｜キメカラ（金海加羅）

井上 秀雄

みまなにほんふ|任那日本府
《日本書紀》引用の《百済本記》(＊《百済記・百済新撰・百済本記》)にみえる6世紀中葉の加羅地方(朝鮮南部)の政治組織。ただし現在の学界では，任那日本府の存在を全面的に否定する説や，名称の造作説，その政治組織や歴史記述に疑問をもつ説などが錯綜をなし，定説がない。それゆえ，任那日本府に関連する次の4項目の基本問題について代表的な意見を列記する。

①《百済本記》の史料価値　ⓐ《日本書紀》編者により，大和朝廷(倭王権)の国内統一の過程を，加羅地方に仮託したとする偽書説。ⓑ660-663年に亡命してきた百済貴族が，大和朝廷での政治的地位を要請するために編纂した歴史書とする説。ⓒ597年に百済王子阿佐るが来朝したとき，大和朝廷との国交再開を要請するため，百済王朝からもたらされた歴史書とする説。

②大和朝廷と加羅諸国・百済との関係　ⓐ大和朝廷の南朝鮮支配は4世紀中ごろから6世紀中ごろまで，約250年間つづいたとする説。ⓑ大和朝廷ないしは日本列島内の倭国(＊倭)が，5世紀後半に加羅諸国を一括して，直接支配したとする説。ⓒ4世紀後半に百済と加羅諸国が，6世紀初頭に百済・加羅諸国と大和朝廷が，それぞれ国交を開いた。百済が大和朝廷と国交を開いた目的は，国際関係の強化と軍事力の援助にあったとする説。

③任那日本府の名称と実態　ⓐ正式な名称を任那日本府とし，伝承記事の朝鮮出兵・遣使などを含め大和朝廷の朝鮮経営がすべてここを基地としたとする説。ⓑ任那日本府は仮称で，原名は任那倭府であるとし，その実態は大和朝廷が百済王を仲介にして，加羅諸国を間接的に支配したとする説。ⓒ原名は倭府で，倭を加羅諸国の別名とみ，実態は百済の支配下に入った加羅諸国内の反百済自立派の亡命者集団であるとする説。

④任那の調　600-645年に，任那の調を新羅が5回，百済が1回納めている。ⓐこれを大和朝廷が加羅諸国を支配していた証拠とする説。ⓑ百済・高句麗の滅亡後，新羅が百済の使者を3度，高句麗の使者を10度派遣したのと同様，新羅の外交政策とする説。

以上の諸説のうち比較的穏当な説とみられるものは，①ⓒ，②ⓒ，③ⓒ，④ⓑである。今後の研究では，まず《日本書紀》の任那日本府像を明確にしたうえ，その歴史像をもとに加羅史を中心とする朝鮮古代史や日本古代史のほかの事象の歴史像との関係を追究し，史実解明への緒を求め，最後にその成果にもとづいて，日本・朝鮮の関

係史のみならず，両国の古代史を抜本的に再検討することが必要であろう。→加羅

井上 秀雄

ミュージカル｜→演劇
みょうこうさん｜妙香山｜→ミョヒャン山
みょうせい｜妙清｜→ミョチョン
ミョチョン｜妙清｜묘청｜?-1135

高麗時代の僧で，西京(平壌)の反乱の首謀者。改名して浄心といった。陰陽地理の説に通じ，西京の日者(天文を観測し吉凶を占う者)白寿翰の師となり，民心をとらえた。2人は陰陽の術をもって仁宗に取り入り，異変の多い上京(首都開城)から西京に遷都すれば国は栄えると進言した。仁宗はこれに動かされて西京に巡幸し，廷臣のなかにも妙清支持者が増えた。これに対して，金富軾らは遷都に強く反対し，妙清を妖人として排撃した。この状況をみて妙清は1135年西京で反乱を起こし，国を大為と称し，天開と建元したため，仁宗は金富軾に命じて討伐させた。やがて妙清は仲間に斬られたが，西京の民衆は翌年まで抵抗を続けた。

旗田 巍

ミョヒャンさん｜妙香山｜묘향산

朝鮮半島の北部，妙香山脈中の主峰で，標高1909m。妙香山脈は，狼林山脈の西側支脈で，平安南道と平安北道・慈江道の境をなす。妙香山はこの3道の接点に位置し，樹木がうっそうとした山容は秀麗で，朝鮮の名山の一つとされている。朝鮮の建国神話の主人公，檀君の生誕地といわれる檀君窟がある。山麓の普賢寺は高麗時代創建とされる古寺で，大小40余の建築物からなる規模は朝鮮五大寺の一つに数えられる。ここからは16世紀末の日本軍侵略に抗して決起した義兵の指導者となった，休静(西山大師)，泗溟大師らが輩出した。

谷浦 孝雄

ミョン｜面｜면

朝鮮で郡の下，里(洞)の上の地方行政区画。日本の村にあたる行政団体。通常，数個～20個の里で構成される。朝鮮王朝初期に郡を東西南北4面に分けたことが〈面〉という名称の始めとみられるが，行政区画となったのは16世紀と推定される。平安道，黄海道では〈坊〉，咸鏡道では〈社〉とよばれた。

朝鮮王朝時代の面は政府の命令伝達，徴税事務などの単位で，行政村としての性格が強い。面の役員には郷任と総称される風憲，約正，都尉位，勧農官などがあり，両班が就任して住民を支配した。これらは1894年の甲午改革で廃止され，執綱，書記，下有司などが新設された。面の数は韓国併合(1910)時で全国に4322あったが，1914年には2518に統廃合された。日本の植民地下の17年，判任官の面長がおかれ，面は地方行政の最下級機関となった。大韓民国では現在も面制をしいているが，朝鮮民主主義人民共和国では54年に面を廃止し，その業務を里に移管した。→村邑

吉田 光男

ミョンタリ｜命橋｜→橋
ミリャン｜密陽｜밀양

韓国，慶尚南道内陸の都市。1989年に旧密陽郡の密陽邑が市に昇格して郡から分離したが，95年に再統合がなされて現在の密陽市となった。面積799km²。人口10万8271(2013.9)。洛東江が南界を画し，その支流密陽江が市内を貫流しており，平地と水利に恵まれた嶺南地方(慶尚道)の代表的農業地帯である。稲作はじめ，蔬菜栽培，畜産も盛んだが，隣の昌寧と並びニンニク，トウガラシの主産地として名高い。また密陽朴氏の本貫地で，民謡《密陽アリラン》でも知られる。嶺南作物試験場があり，米の新品種〈密陽〉が創出された。京釜鉄道と道路交通を結ぶ要地にあり，早くから商業や繊維産業・窯業などが発達してきた。なかでも陶磁器や耐火煉瓦，ガラス繊維などの生産が有名である。

谷浦 孝雄＋佐々木 史郎

みんが｜民画

朝鮮王朝末期に，民衆のために制作された一群の絵画。政府の図画署の画員という王室お抱えの専門画家たちの描いた肖像画や山水画，または仏画などとは画風も用途もまったく異なり，屏風や額に表装され，あるいは直接壁に張り付けたりして庶民の生活のなかで日常の用に供されてきたものである。したがって作者や制作年代なども明らかにすることはできない。その主題は山水，蓮池，虎，花鳥など鑑賞用のもの，儒教や仏教や道教などの教理を民衆や子供にでも理解できるように，平易に絵解きし

●民画｜図文字絵

いずれも〈廉〉の字を主題にしたもの．
左－鳳凰を上に描き，〈鳳は千仞を飛び，飢えても粟をついばまず〉と徳目を添えている．
右－花鳥や離俗の人物で装飾したもの．

たものなどがあり，なかでも特色のあるものに，儒教の徳目の信，義，礼，忠，孝，悌，廉などの文字を独特の字体で書き，それに草花や動物などで装飾を施したもの（文字絵）がある．また，桃，ザクロ，コイ，コウモリなどおめでたいものを題材にしたもの，または机や書棚の上に書籍や文房具などを描き，これにも花や鳥などの装飾を施したもの（文房図）がある．机や棚や書籍など直線で構成されるものには東洋画独特の逆遠近法が使われている．このように部分的には伝統的な画法などもみられるが，民画は構図とか筆法などにとらわれず，素朴ななかに，かえって明るい健康な造形感覚と，たくましい表現力がみられる． 泉 宏尚

みんかんしんこう｜民間信仰

朝鮮の民間信仰はおもに家庭信仰と部落信仰に分けられる．つまり家や部落が単位になっている信仰である．

［家庭信仰］ 家庭レベルの信仰では麦と米の収穫のとき，つまり年2回〈告祀〉を行い，神に感謝するとともに家庭の安全を祈る．これは主婦がおもに司祭するものであり，餅を作って家の所々のさまざまな神々，つまり垈主神（▶屋敷神），成造神（家屋神），守門将（入口，玄関の神），竈王神（▶竈神），井戸神，▶厠神（便所の神）などにささげて祈る．これは季節的に行われるものである．これをシャーマンや盲覡をよんで行うこともあるが，告祀以外に年の初めに家の安全のために巫儀や読経を頼んで行うことがある．これは〈安宅〉といい，シャーマンが行うものを〈安宅クッ〉，盲覡が経文を読んで行うものを〈安宅経〉という．これ以外にも家族が病気になったときは粟飯を作り，包丁で雑鬼を払う儀礼を行う．これもおもに主婦がするが，ときには村の中でよくできる人に頼むこともある．しかし本格的には巫女に頼んでする．これをプタッコリという．より大きい巫儀はクッになる．とくに病気の治療を目的として行うものを憂患クッという．また家庭には祖先を祭る祭祀がある．祖先祭祀は祖先たる資格がある死者を命日と正月と秋夕（旧8月15日）に▶茶礼（祭祀）として祭る．祭祀は父系祖先のみが対象となる．このような祭祀や巫儀，あるいは主婦によって行われる神願いなどが総合的に家庭の信仰になっている．⇒祖先祭祀

［部落信仰］ 部落レベルでの民間信仰も家庭信仰と調和しており，村ごとに聖なる神域があり，神木とか岩が神体とされたり，あるいは神堂を建てて位牌や神画などを村の神として祭ったりしている．村の神をソウル地方では付根神とかサルリュンといい，江原道や慶尚北道地方では山神，城隍神（▶ソナンダン）といい，全羅道地方では堂山という．神堂とともに神木のそばに▶チャンスン（長栍）という木偶神像を立てる．長栍は村の入口に立てており，村を守るという機能神である．南朝鮮には石偶神像が多くあり，済州島にはドルハルバン（石祖）という石像があるが，この石像は本土の長栍のような信仰的機能は弱い．村では村の神を祭る部落祭が行われる．部落祭は巫儀式と儒教式の2種類がある．前者は〈堂クッ〉や〈別神クッ〉といい，後者は〈洞祭〉〈山神祭〉というものである．前者はおもにクッに関心をもっている女性が中心になって▶ムーダン（巫堂）を招いて祭る．これは隔年とか5年，あるいは10年に1回村中で村の安全，豊年を願って大きなフェスティバルのように行う．これは女性中心であるといっても男性を排除するものではない．むしろ東海

●民間信仰

❶―屋敷神．屋敷の裏庭やチャンドクテ（キムチや調味料などの甕を安置する壇）の横に小さな甕に穀類を収め，上を藁づとでおおってまつる．ソウル近郊の民俗村博物館
❷―竈神．白い小さな器（竈王中鉢）に水や塩を入れ，竈王に家内平安を祈る．器の右に吊るした竹笊のざるは〈福笊（ブクジョリ）〉とよばれ，大晦日の夜に行商が売り歩く縁起物でもある．
❸―別神クッ．忠清南道の恩山郡．3月28日から4月1日の間，村の別神堂で行われる．中央はムーダン，手前には農楽隊の姿もみえる．
❹―儒教式の洞祭．済州島．豚を供物として祭壇にささげる祭官たち．

岸の村祭の別神クッは男性が中心になって行うのが常である．クッの規模は家祭より大きいが，儀礼的構造は家祭と同様である．

それに反して儒教式の洞祭は，年1回以上定められた祭日に村人から選ばれた清浄な人が〈祭官〉として村人を代表して祭るものである．祭官は出産や葬式などの不浄のない人であり，男性であることが条件で，だいたい1人か2，3人である．これらの祭官が村の日常生活（俗）から離れて沐浴斎戒しながら体を清め，神聖な禁忌を守って行う．祭物や拝礼，祝文を読み上げるなどは儒教式で行う．村の平和と安全のために紙を焼いたりする．祭りが終わったとき〈飲福〉といって村人全員で共飲・共食をする．この祭祀は儒教式であるが，儒教によって作られたものとはいえず，古い型があって儒教によって形式化されたものと思われる．

現在韓国では民間信仰にもとづいて宗教化した新興宗教や，既成宗教から民間信仰化した新興宗教などの多くの類似宗教がある．⇨シャマニズム／年中行事　　　崔 吉城

みんしゅうしんがく｜民衆神学

1970年代の軍事政権下における高度経済成長による都市化・産業化の進展のなかで，70年代後半にキリスト教において都市労働者たちの側に立つものとして主張されたのが民衆の神学であった．これはカトリックの第2バチカン公会議（1962-65）の影響を受けて南アメリカで始まった解放の神学の影響を受けているが，西欧の神学中心だった韓国の神学に歴史の主体として民衆を位置づけて独自の視点を与えたものとして高く評価された．プロテスタント教会主流の保守的教派では，高度経済成長期には成長の側面が強調され，社会の底辺層への関心は

低かった．民衆神学は社会の改革をめざし，軍事政権に対する民主化闘争に関与する実践的神学でもあった．しかし80年代末に民主化が達成され，社会全体が豊かになるとともに影響力を失っていった．日本語で読める代表的著作として，徐南同《民衆神学の探究》(1989)がある．

秀村 研二

みんしゅかいふくうんどう│民主回復運動

民主化運動ともよばれる．韓国において独裁政権に反対し人権を守る運動として，1950年代の終りごろから始まったが，70年以降新たな様相をみせるようになった．70年以降の運動は，キム・ジハ(金芝河)の《五賊》筆禍事件(乙巳五賊)，金大中の大統領選出馬，全泰壱の労働条件改善要求焚身自殺などの流れのなかで，直接的には73年8月の金大中拉致事件などが契機となって高揚した．同年10月，学生が金大中事件の真相究明などを掲げてデモを行い，続いて言論人，文学者，キリスト者たちが決起した．こうして民主回復国民会議をはじめ自由実践文人協議会や東亜日報言論守護闘争委員会などが結成されるに至ったが，相つぐ緊急措置の宣布により，運動は一時沈滞を余儀なくされた．76年3月の民主救国宣言事件(三・一明洞事件)以降，運動は再び活気をおびはじめ，77年に入って急増した労働争議への支援にも積極的に取り組むようになった．また，このころから民族統一という課題がはっきりと打ち出されるようになり，79年3月には〈民主主義と民族統一のための国民連合〉が結成された．YH貿易争議や経済不況などを背景として，同年10月，釜山，馬山で市民による大規模なデモが起こり，朴正熙大統領暗殺事件に発展した．その後，民主回復への曙光が見えたが，80年5月，全斗煥を中心とする軍部のクーデタと直後の光州事件をへて，運動は再び逼塞を余儀なくされた．しかし，81年秋には学生が新たな胎動を起こしはじめ，続いて82年3月には釜山アメリカ文化院放火事件，83年5〜6月には金泳三元新民党総裁の断食事件なども起こって，運動は再び高揚局面に入った．83年9月には民主化運動青年連合が結成され，機関誌《民主化の道》を発行したのを第一歩として，各種団体が結成され，種々の機関誌紙，パンフレットが発行されるようになった．民主化運動の全国民的な広がりを背景に，85年2月の選挙では野党の新韓民主党(新民党)が大躍進した．同年3月，23個の運動団体が連合して〈民主統一民衆運動連合〉を結成し，民主憲法をかちとる運動を推し進め，87年5月，民主化運動勢力を総網羅した民主憲法争取国民運動本部の結成に至る．その間，権仁淑事件(性拷問事件)，朴鐘哲事件(情報機関の調査中に水拷問により死亡)，金権泰拷問事件などが発覚し，国民の政権への批判が最高潮に達しつつあった．そうして87年6月29日，ついに政権は国民の要求を受け入れ，長い独裁政治は終焉を迎えた．

　日本では，1973年の金大中事件を契機に，対韓政策を見直し，韓国民主回復運動に連帯しようとする動きが活発になった．80年の金大中に対する死刑判決は，日本人にも大きな衝撃を与え，〈金大中らを殺させるな〉という運動が盛り上がった．民主回復運動が提起する問題の普遍性と，その人間的な叫びの切実さによって，運動は日本のみならず世界各地の人々に共感を呼び起こした．　⇒学生運動│市民運動

高崎 宗司

みんしゅじゆうとう│民主自由党　⇒地域・国名編の大韓民国［政党］

みんしゅせいぎとう│民主正義党　⇒政党

みんしゅちょうせん│民主朝鮮

朝鮮民主主義人民共和国政府の機関紙．日刊．当初は北朝鮮臨時人民委員会機関紙として1946年6月創刊，48年政府機関紙となる．政治，経済，文化，社会，国際問題などに関する記事や評論など，多彩な紙面を構成し，朝鮮労働党中央委員会機関紙《労働新聞》とともに，多数の読者を擁し，最大の発行部数を誇る代表的な全国紙の一つ．98年11月10日付から最高人民会議常任委員会と内閣の機関紙となった．

高 昇孝

みんしゅろうそう│民主労総　⇒労働運動

みんぞくかいぞうろん│民族改造論

李光洙(イグァンス)が三・一独立運動挫折後の1922年5月，朝鮮語の総合雑誌《開闢(ケビョク)》に発表した論説．彼は，民族独立の前提としての人格修養を力説する安昌浩(アンチャンホ)の考えに従って，朝鮮人の精神的な改造を説いた．

しかし朝鮮民族の〈劣等性〉を強調した論説であるとして，他の論者から批判を受けた。《民族改造論》は改良的民族運動家としての李の考えを示したものだが，その後李が▶親日派に転ずるにいたって，〈劣等〉な朝鮮人を日本人化せよとする考えの代名詞ともなった。　　　　　　　　　　　　水野 直樹

みんぞくきょういく｜民族教育｜➡在日朝鮮人

みんぞくむら｜民俗村

固有の民俗文化が保存・復元され，教育・啓蒙や観光に活用されている村落や空間。韓国では〈民俗マウル（ミンソンマウル）〉と〈民俗村（ミンソクチョン）〉を区別することもある。民俗マウルは，建築物や景観を含め，国家や道により，在来の村落全体が文化財指定されたもので，全南順天市楽安邑城(史蹟302号)，済州西帰浦市城邑里(重要民俗資料188号)，慶北慶州市良洞里(重要民俗資料189号)，慶北安東市河回1里(重要民俗資料122号)，江原高城郡五峰1里旺谷マウル(伝統建造物保存地区1号)，忠南牙山市外岩里(伝統建造物保存地区2号，いずれも国家指定)が代表的である。一方，狭義の民俗村は，村落景観を人為的に造成し，伝統様式に従った建築物を移築・新築したり，民俗資料を設置するなどして，体験学習や公演を行えるようにした空間をさす。代表例としては，1973年に着工し，翌年に完工した韓国民俗村(京畿龍仁市)があげられる。ここには朝鮮半島各地方の家屋約270棟が移築・復元され，朝鮮王朝時代後期以降の生活資料が数多く展示されている。また近年では，地方の各自治体が在来の村落を〈緑色農村体験マウル〉や〈伝統テーマ・マウル〉に指定し，農村生活を体験学習する場として開発を試みており，これが民俗マウルとよばれることもある。　　　本田 洋

みんだん｜民団｜➡在日本大韓民国民団

ミンビ｜閔妃｜민비｜1851-95

朝鮮王朝第26代▶高宗の妃。驪興閔氏の一族，閔致禄の娘として，京畿道驪州に生まれる。1866年，▶興宣大院君の夫人閔氏の推薦で王妃となったが，宮中内外に閔氏一族の勢力を扶植し，73年には大院君を失脚させた。翌年，王子坧(のちの純宗)を産んで基盤をさらに固め，閔妃とその一族は政権の中枢を独占する。閔氏政権がすすめた開国政策は国内にさまざまな対立を生み出し，82年には▶壬午軍乱がおこった。このとき閔妃は変装して王宮を脱出したが，清国軍が介入して大院君を天津に連れ去ると，再び勢力を回復した。このころから事大＝守旧派としての性格を強め，84年の▶甲申政変を清国軍の力を借りて乗り切ったあとは，袁世凱らの勢力とも結んで開化派を弾圧し，守旧的な政治を続行した。94年7月，日本軍が大院君をかついで王宮を占領し，開化派の政権が成立すると(▶甲午改革)，閔妃の一派は政権から追われた。しかし翌年，三国干渉ののちロシアと結んで巻き返し，政権を回復。このため，勢力後退で焦燥感にかられた日本の手によって殺された。

[閔妃虐殺事件]　1895年，日本公使三浦梧楼の指揮により日本軍人・大陸浪人らの手で閔妃が殺害された事件。三国干渉を契機として復活した閔氏政権の排日政策に対抗して勢力挽回を図った三浦は，10月8日早朝，ソウル駐在の日本守備隊および岡本柳之助，安達謙蔵ら日本人壮士のグループに命じて景福宮を襲撃させた。宮殿内に乱入した彼らは閔妃を斬殺して奥庭にひきずり出し，死体を凌辱したうえ石油をかけて焼き払い，これと同時に，大院君をかつぎ出して▶金弘集らを首班とする親日開化派政権を成立させた。三浦は朝鮮軍隊の内紛を装ったが，王宮の内部にいた外国人の目撃などから国際的な非難をあびた。そこで日本政府は，三浦以下48名を召喚して形ばかりの裁判を行い，翌年1月，証拠不十分として全員を免訴・釈放した。日本のこうした蛮行に対して，朝鮮各地で反日▶義兵闘争がまきおこった。　　　　　　　吉野 誠

みんよう｜民謡

労働や年中行事の際に歌われる民謡を土俗民謡とし，娯楽や宴会などの楽しみで歌われる歌謡を通俗民謡とよぶが，その区分に明確な基準はない。いずれも旋律のスタイルや発声法，歌詞の内容によって地域差があるが，いくつかの民謡は広い地域の民衆の間に普及し，京畿道の《アリラン》のように朝鮮民族の代表的な民謡となったものもある。また専門の民謡歌手によっての

み伝えられている高度な技巧が加わった曲も多いが，全体に共通する特徴として次の3点があげられる。①多人数で歌う民謡のほとんどは，先唱者の独唱と受唱者たちの合唱部分の交互唱による有節形式で，これは共同作業のとき，労働の力を合わせるため，独唱する音頭(先唱者)にこたえて歌った作業の形式が歌の形式となったといわれる。一方，独唱する民謡はほとんど通節形式的である。②リズム的特徴。3拍子，3分割を含む3拍子(♩拍子)，4拍子(♩拍子)などの拍節法にもとづいたリズム型(長短などとよぶ)をもつ民謡と自由リズムで歌われる民謡とがある。③旋律は，5音音階にもとづく民謡のほか，独特の装飾音のつく3音旋律や4音旋律も多く，数種の旋法が認められる。

民謡は言語と同じように，それぞれの地域的な特色が音楽的にはっきり示されており，だいたい次の5地域に分けて概観することができる。

[京畿民謡] 京畿道と忠清道の一部の民謡。クッコリとよぶ3拍子系のリズムが多く，基本的には5音音階で跳躍進行の旋律が多く，音域も広い。軽快で流暢な抒情性がある。巫歌から民謡となった《唱夫打令》(・打令)，巫歌にも・時調にも関係がある《ノレカラッ》，そのほか《パンガ打令》，《トラジ打令》(・《トラジ》と通称)，《漢江水打令》《ニルリリア》や，長い旋律のアリランという意味で自由リズムの《キーンアリラン》などが有名。

[南道民謡] 全羅道全域と忠清道の一部の民謡。歌い方と発声法はこの地域で発展した・パンソリと共通する要素をもっている。京畿民謡に比べると，劇的で太く力強い表現力ある声で歌われる。装飾音や付加音や変化音のつく3音音階の界面調とよぶ旋法が多い。リズムもパンソリや器楽形式の・散調と共通するチャンダンが多くテンポもしだいに遅から急へ速くなる。代表的な民謡《六字ペギ》は合唱と独唱で歌われるが，大部分は独唱でゆったりしたテンポの自由リズムで，故事来歴や年中行事などを読みこんだ歌詞の種類も多い。そのほか《農夫歌》《珍島アリラン》《フン打令》などや踊り歌の《カンカンスオレー》が知られ，また鳥の声を模した旋律が歌い込まれる《鳥打令》はとくに有名。

[西道民謡] 平安道と黄海道の民謡。・杖鼓のほか伴奏はほとんどつけず，声を長く伸ばし，細かな装飾音やビブラートのつく旋律が多い。裏声，地声，鼻声などに変える特殊な技法と抒情性が特徴で，自由リズムのキーン調と言葉と声の技法を編み込んだヨックム調，または細かいリズムのチャジン調が組み合わさった民謡が多い。平安道の《愁心歌＋ヨックム愁心歌》《キーンアリ＋チャジンアリ》，黄海道の《山念仏＋チャジン山念仏》《キーンナムボンガ＋チャジンナムボンガ》などが代表曲である。

[東部民謡] 太白山脈を境とする慶尚道，江原道，咸鏡道の東部の民謡。日本の民謡音階に似た5音音階による東部旋法を基本とし，複雑な装飾音もなく，3拍子系のリズムは一般にテンポが速い。慶尚道の民謡は一般にテンポが比較的速く，細かな装飾音は少ない。典型的3拍子系のセマチとか♩拍子のチュンモリやクッコリ，速い3分割リズムのあるチャジンモリ，急速なタンモリという種類のチャンダンで歌われる民謡が多い。《密陽アリラン》《ケジナチンチナネ》のほか，麦打ち歌から生まれた2拍子の《ポリタジャク》などがある。江原道では自由な形式をもつ《ハン五百年》《旌善アリラン》など，咸鏡道では《新高山打令》《哀怨声》などが代表的な民謡である。

[済州島民謡] 海女たちの仕事歌や海の安全と豊漁を願う民謡が多く，音域もあまり広くなく自然発声による独自のスタイルが特徴で，《オドルトギ》《イヤフン打令》《シウジェソリ》などが代表曲である。　　　　草野 妙子

みんらん｜民乱

普通は朝鮮王朝末期の民衆反乱をさすが，通時代的に民衆反乱一般をさす用語としても使われる。民擾などともいう。高麗時代の民乱には・万積の乱など奴婢の反乱が多いが，王朝末期の19世紀には，都市，農村を問わずさまざまな形態の農民反乱や都市暴動が起こり，〈民乱の世紀〉という呼び方さえある。代表的なものには・洪景来の反乱(1812)，・壬戌の民乱(1862)などがある。ことに後者は，慶尚道晋州を発火点

として慶尚道，全羅道，忠清道，咸鏡道の各地に飛火し，地方官衙や富民を襲うなど，開港前の王朝社会の階級矛盾の激化を反映したものとなった。民乱は"甲午農民戦争(1894)の序曲ともいうべきもので，"守令の追放など民衆意識の変容は注目に値する。王朝政府は税制の改革や不正官吏の粛清などの民乱対策を進めたが，洪景来の不死伝承にみられるように，民乱は民衆の英雄を生み出した。　　　　　　　　　　　　鶴園 裕

みんりつだいがくきせいうんどう｜民立大学期成運動

三・一独立運動以降の教育振興運動の一環として展開された，朝鮮人による朝鮮人本位の大学創設を目標とする運動。1922年2月に公布された第2次朝鮮教育令に大学教育に関する規定が盛り込まれ，ついで総督府内で"京城帝国大学創設の方針が確定するや，同年11月李商在(イサンジェ)ら47名の発議により朝鮮民立大学期成会が結成された。同会では各地に地方部を組織し，また巡回委員を全国に派遣するなどして趣旨宣伝と資金募集のための活動を展開し，一時は全国を風靡したが，結果的には総督府の圧力と資金難のために所期の目標を達成することはできなかった。だがこの運動の精神は普成専門学校(現在の"高麗大学校)などの民族系高等教育機関に継承されていく。　　新納 豊

みんわ｜民話

民話とは民間説話の略称だが，朝鮮においても一般的には日本の場合と同じように，説話，伝説，民譚，伝来童話などを総称するかなり広義な解釈のうえで使われている。慣用語には〈イェンナル(昔)イギャ(話)〉がある。
[特徴]　朝鮮民話の特徴としては次の諸点があげられる。①"虎に関する話が多い。民話の中の虎は猛獣として，また山神あるいはその使者という二重の性格をもっている。②植物では人参をテーマにした話が特色である。③親孝行譚が多い。これは朝鮮王朝の儒教奨励以前からあった固有の親孝行思想を背景にしている。④風水地理，卜占，呪術，仙人，死と再生，霊魂などを扱った話が多い。⑤科挙(官吏登用試験制度)を素材とした話が多い。⑥天地創造，洪水，地震の由来など神話的民話が現在なお広く伝承されている("神話)。⑦シャマニズムとの関係が深く，巫歌の中には民話のモティーフが受容されている。⑧朝鮮王朝中期以降民話の小説化が行われ，多くの作品を生んだ。⑨笑話はユーモアが豊富で，支配階級の腐敗や権力を機知とユーモアをもって誹謗(ピバン)し，辛辣な批判を加えている。⑩朝鮮の語りの場はオンドル部屋が主である。成人男子は舎廊房(サランバン)に，女子どもは内房(ネバン)に居住する男女別々の住居様式は，語りの場においても男女を分離した。その結果，男の話者には成人男子向けの伝説，笑話，世間話("野談)が多く，女の話者には女子ども向けの教訓話や動物昔話の類が多いなど，民話の内容や形式に差異が生じた。⑪子どもを対象とした発端部分の表現にく昔々虎がタバコを吸うころのこと〉という特有のものがある。

　稲作農耕，中国文化や仏教の受容など，文化的，歴史的に関連の深い朝鮮と日本の民話には，類似共通したものが多い。朝鮮民話の中で世界的に分布しているシンデレラ型，アンドロメダ型，キューピッドとプシュケー(三輪山)型，白鳥乙女型などは日本のものと内容的，構造的にほぼ一致している。また朝鮮でよく知られている民話はそれぞれ日本に対応する類話がある。たとえば4人の力士(朝鮮)―桃太郎(日本)，犬と兄弟―花咲爺，竜王の娘と贈物―浦島太郎，意地の悪い虎―かちかち山，親指小僧―一寸法師，フンブとノルブ("《興夫伝》)―舌切雀など。しかし犬と兄弟の話と花咲爺の話が朝鮮では兄弟の葛藤，日本では隣人どうしの葛藤となっているなど，当然そこには類似性とともに顕著な独自性が表出されている。崔仁鶴(チェインハク)によると朝鮮昔話の話型は，動物昔話105，本格昔話266，笑話198，形式譚・神話的昔話そのほかが52，合計621の話型に分類されている。

[収集と研究]　朝鮮民話の収集は1920年代から始まったが，当初は日本人研究者や欧米の宣教師が主であり，これら外国人による昔話集出版に刺激されて"孫晋泰(ソンジンテ)，鄭寅燮(チョンインソプ)，任晳宰(イムソクチェ)らが採集に着手した。孫には《朝鮮民譚集》(1930)，《朝鮮民族説話の研究》(1947)，鄭には《温突夜話》(1927)が

あり，任にはのちに《昔話全集》(全5巻，1971)がある。第2次大戦後の民話研究はおもに国文学者による文学的研究が中心であったが，60年代に入ると張德順チャンドクスンの〈民族説話の分類と研究〉(1966)が発表され，このころから口承資料を中心にした民話の本質的研究が始まる。とくに崔仁鶴の《韓国昔話の研究》(1976)は初の朝鮮昔話のタイプ・インデックスであり，国際的比較研究への道を開いた。79年から韓国精神文化研究院によって口碑文学の全国的調査収集が行われ，その結果が《韓国口碑文学大系》(85巻)として刊行された。 依田千百子

むかしばなし│昔話│→民話

ムクゲ│木槿│목근

朝鮮ではムグンホァ(無窮花)とよび，夏から秋にかけて一時に咲かず，ねばり強く咲き続ける様が朝鮮の国民性を表すとされている。家の近くならどこにでも自生するところから，朝鮮の異称を〈槿域〉(ムクゲの地)ともいう。結婚式の際に着るフォルオッ(闊衣)とよばれるうちかけ様の礼服にムクゲの花を前後に刺繡するが，これもムクゲの花の多産性にちなむものであろう。朝鮮王朝末期にはこの無窮花をテーマとした愛国歌が現れ，植民地時代には海外の亡命人士によって歌いつがれ，今日の韓国の〈愛国歌〉(▶国歌)となっている。またムクゲは韓国の国花とされており，国章はこれをかたどったものである。 →国花 金東旭

ムサン│茂山│무산

朝鮮民主主義人民共和国，咸鏡北道の山間地にある鉱山都市。中国との国境河川，豆満江中流の狭小な平地部に位置する。女真族など中国東北地方の諸族が朝鮮半島へ侵入する通路の一つにあたり，朝鮮王朝はここに兵営を置き，北辺防備にあたらせた。日本植民地時代に入ると，▶間島への朝鮮人移民ルートや豆満江流域の木材搬出の基地となり，筏流しが行われた。茂山に至る鉄道が建設されたのを契機として，1930年代には茂山鉄鉱山の開発が進められ，この鉄鉱石を原料とする大規模な製鉄工業が日本海沿岸の▶清津チョンジンで行われるようになった。最近は，茂山から清津の金策製鉄所までの長距離輸送管が設置され，茂山の選鉱所で粉砕された鉄鉱石が送られている。茂山鉄鉱山は埋蔵量が10億t以上と推定される朝鮮最大の磁鉄鉱床であり，品位は40％内外とそれほど高くないが，北朝鮮の国内需要を十分満たしたうえ，日本などへも輸出されている。 谷浦孝雄

ムサンホゴクいせき│茂山虎谷遺跡│무산호곡유적

朝鮮民主主義人民共和国，咸鏡北道茂山郡茂山邑にあって，豆満江上流域の河岸に立地する，朝鮮半島北東部を代表する先史時代遺跡の一つ。1959-61年に発掘調査が行われ，1380㎡の範囲内に▶櫛目文土器(新石器)時代から原三国時代(鉄器時代初期)にわたる竪穴住居跡51基と，▶無文土器(青銅器)時代の箱式石棺墓2基が検出された。住居跡は，その構造と遺物から，およそ6期に分けられる。第Ⅰ期は，櫛目文土器時代末期に属し，検出された10基の住居跡はいずれも方形もしくは長方形の小型であり，櫛目文土器や石器，骨器を出土した。第Ⅱ期から第Ⅳ期は，無文土器時代にあたり，全部で20基検出された住居跡は，ともに長方形であって，無文土器や磨製石器，骨器などを出土し，第Ⅳ期では卜骨がみられる。第Ⅴ期と第Ⅵ期は，原三国時代に相当し，全部で21基の住居跡が検出されたが，いずれも長方形で，黒色磨研土器や鋳造鉄器などが出土した。本遺跡出土の動物遺体の分析によると，櫛目文土器時代には，猪，鹿などの狩猟活動とともに，豚や犬を飼育している。無文土器時代になると，ここでは他の地域に比べて，豚や犬の飼育は大きく進み，牛のような使役動物も加わり，過半を占める狩猟の獲物に迫っている。植物遺体は第Ⅱ期以降の住居跡からキビ，モロコシなどが検出されている。 西谷正

ムーダン│巫堂│무당

朝鮮における女巫をさす語。シャーマンをさす朝鮮語にはマンシン(万神)，タンゴル(丹骨)，チョムジェンイ(占匠)などさまざまな語があるが，最も一般的に用いられている語はムーダンとパクスーである。女巫のムーダンに対して，パクスーpaksu(博士，卜師)は男巫をいう。ムーダンはウラル・アルタイ語族共通の女巫の呼称udaganに由来す

る語で，これに漢字の巫（朝鮮音mu）の影響が加わってムーダンとなったと考えられる。パクスーはウラル・アルタイ語族の男巫の呼称baksiと同系の語である。朝鮮の巫には女巫が多く，全体の約80％を占めている。その機能は司祭，巫医，卜占予言，霊媒，神話の伝承者，芸能娯楽的機能などであるが，最も重要なのは芸能娯楽的機能である。ムーダンは本来〈歌舞降神〉の巫女を意味し，歌舞に巧みなことが巫女としての資格の重要な要素である。

朝鮮のシャーマンは入巫形態から降神巫と世襲司祭巫の二つに分類される。降神巫は巫病による降神の体験をもつ者で，中北部地方のムーダンとパクスーがこれに当たる。守護神をまつる神堂をもち，巫祭では激しい跳舞によってトランス状態に陥り，朝鮮語でコンスとよばれる神託を語る。全国に分布しているチョムジェンイもこのタイプに入る。世襲司祭巫は降神体験をもたず，一定の家系によって巫業を世襲する者で，神堂もなくトランス現象も起こさない。彼らは交霊者というより司祭者的である。湖南地方（全羅道）のタンゴル，嶺南地方（慶尚道）のムーダン，済州島のシンバン（神房）がこれに含まれる。シンバンは男巫が多く，降神型もあり，古型を残している。また，クッとよばれる巫祭を司祭できるか否かという機能面からも二大別される。ムーダン，タンゴル，シンバンがクッを司祭できる司祭巫であるのに対して，チョムジェンイはたんなる占い師でクッは司祭できない。

中北部地方では降神巫が主流をなしていて，彼らは信者との間に檀家関係を結び，神縁といわれる神母ッシンォミと神娘ッシンタルとの間の養子関係によって巫業を継承している。一方，南部地方は世襲巫が主体で，彼らはタンゴルバン（丹骨房）とよぶ地域組織をもち，その地域の巫業権を所有している。階級内婚を行い，女子は巫業を姑嫁継承し，男子は音楽の伴奏に当たる。この地方の降神巫はもっぱら卜占と祈禱に従事し，世襲司祭巫との関係は分業的・相補的である。中北部の降神巫と南部地方の世襲司祭巫の関係については諸説あるが，各地域の地理的・社会的・歴史的条件を背景として，朝鮮シ

●ムーダン

子どもの病気治療にクッ（巫儀）を行うムーダン。ソウル，国師堂。

ャマニズムがその発展過程で分化，変化したものとみなすことが妥当であろう。世襲司祭巫の形成には，その基層に存在した根強い南方的文化の影響が考えられる。⇨シャマニズム　　　　　　　　　　　　依田 千百子

むとうるづか |牟頭婁塚|모두루총

高句麗中期の都の丸都城（現，中国吉林省集安）に近い下魚羊頭にある土墳。石築の主室と前室の2室を構え，主室には2人が埋葬されていたと推定される。壁面には漆喰が塗られているが，壁画は描かれていない。前室正面の上壁に墨書の墓誌があり，それは本来800字ほどであったと推定されるが，現在約200字を判読できるにすぎない。題記に〈大使者牟頭婁〉とあり，墓主は牟頭婁であることが確認される。墓誌によれば，牟頭婁は4世紀末の広開土王時代の人で，彼の氏族は出身地の北扶余の支配を担当して高句麗王に代々仕えた高句麗の有力な氏族であったことが知られる。　　　　浜田 耕策

ムニョンおう |武寧王|무령왕|462-523

百済の王。在位501-523年。諱イミは斯麻サマあるいは隆。中国史書には余隆とある。475年の熊津ウンジン（公州コンジュ）遷都以後，百済はこの王代に至ってようやく一応の安定期を迎える。即位後まず前王東城王を殺害した苩加ペクカを誅殺し，ついで高句麗による北からの圧力をくいとめ，南には加羅地方への支配権の確立をはかるなど，国力の充実につとめた。521年には梁よりく使持節・都督百済諸軍事・

●武寧王陵
王陵の玄室内部.

寧東大将軍・百済王〉の官爵号を受け,また日本に対しても,513年に五経博士を送るなど,活発な外交を展開している.1971年に公州で発見された▶武寧王陵は,百済史研究上貴重な資料である. 木村 誠

ムニョンおうりょう|武寧王陵|무령왕릉

韓国,忠清南道公州시市内にある三国時代百済の武寧王と王妃の陵墓.1971年,偶然に発見され,調査された.百済中期の王都があった公州の中心から北西約1kmの丘陵地に築かれた,百済中期の十数基からなる宋山里송산리古墳群の一つを構成する.直径約20m内外の円形墳丘のほぼ中心に玄室がくるように埋設された墓室は,塼築せんちく,南向きの単室墓である.玄室は,平面が南北に長い長方形をなし,その規模は,南北4.2m,東西2.72mを測る.玄室の羨道せんどう寄り長さ1.05mの部分は,床面が一段(31cm)低くなっているので,奥壁寄りの残りの部分全面が棺台のようになっている.東西の2壁の上方はアーチ形天井になっているが,南北の2壁はほぼ垂直に近い壁面をなす.壁体は蓮華文などを彫刻した塼を用い,横に4枚長手平積みと,その上に塼を1段立てた小口縦積みとを交互にくり返して構築している.壁面の北と東・西に,それぞれ1個と2個ずつ,合計5個の龕がんが設けられ,そこには青磁の灯盞とうさんを置いた.壁龕のまわりの表面には,宝珠形の輪郭に沿って火焔文の彩色がみられる.また,壁龕の下位に

は連子れんじ窓のような設備がある.床面には塼を二重に敷き,その上面から天井中央までの高さは2.93mである.玄室南壁の中央に,南に向かって長さ2.9m,幅1.04mの羨道がつけられ,アーチ形の天井は,高さ1.45mを測る.使用塼の文様や構築方法は,玄室とほぼ同じである.羨道の前方には,岩盤を削ってつくった墓道が長さ9.3mにわたって延び,その底面には塼築の排水溝が設けられている.

墓室の内部は盗掘を免れ,完全な状態で遺存していた.玄室には西側に王妃,東側に王の木棺がともに南枕に安置されていた.両者とも金製などの装身具で装い,棺の内外から銅鏡,青磁容器,環頭大刀,鉄鉾,鎮墓獣など多種多様の豪華な遺物が出土した.とくに重要なのは,羨道に置かれていた2枚の閃緑岩製の買地券で,その銘文の内容から,この古墳が癸卯年(523)に62歳で没し,乙巳年(525)に埋葬された百済の斯麻王(諱)すなわち武寧王と,丙午年(526)に没し,己酉年(529)に埋葬された王妃の合葬墓であることがわかった.墓室の塼築構造といい,越州窯産青磁といい,中国南朝文化の影響が濃厚に認められ,また,買地券銘文中の,梁から受けた爵号である寧東大将軍は,《梁書》列伝の記事と符合する.出土遺物は国立公州博物館に収蔵・展示されている. 西谷 正

むもんどき|無文土器

朝鮮半島における無文土器(青銅器)時代の指標となる土器.土器の表面に,▶櫛目文土器の幾何学的文様のような施文がほとんど行われず,無文のものが多いところから,無文土器とよぶ.無文土器と総称する土器は,地域や時期によって多様であり,複雑である.無文土器は,粗製でいわゆる狭義の無文土器と,精製の丹塗磨研土器,および黒色磨研土器に大別される.基調をなす狭義の無文土器には,器形でみると,壺,甕,高坏たかつき,埦わん,鉢,甑こしきなどがある.砂混りの胎土で,輪積み,あるいは巻上げによって成形される.器表面は普通なで仕上げで調整されるが,ときには刷毛目を残すものがある.600〜700℃で焼成され,黄褐色,赤褐色,灰褐色などの色調を呈する.

地域性や年代差を考えて，いくつかの特色をながめると，北東部の豆満江流域や東海岸地域では，前半期の粗製の甕に，突瘤文や有孔列点文がみられたり，丹塗磨研の壺や塊が伴う。北西部の鴨緑江流域の初期の無文土器には，線刻による幾何学的文様がみられる。北西部でも，大同江流域では，朝鮮ゴマの形をしたコマ形土器がみられ，二重口縁部に刻み目をもつものがある。南部では，前半期に，有孔列点文のある粗製の壺と甕に，丹塗磨研の壺がセットをなす点が特徴的である。後半期には，粘土紐(帯)を口縁部に巻き付けた甕に特色があり，黒色磨研の長頸壺が共伴する。無文土器は，住居跡，墳墓のほか，一般の遺物包含層から出土する。

日本の縄文時代終末期から弥生時代前期に，朝鮮南部の丹塗磨研の壺，そして弥生時代前期後半から後期にかけて，やはり南部の粘土紐(帯)巻付けの無文土器，ないしその技法を濃厚に備えた甕が北部九州を中心に出土する。→青銅器時代；土器　　西谷 正

ムヨルおう｜武烈王｜무열왕｜603-661
新羅の王。在位654-661年。姓は金，諱は春秋。廟号は太宗。善徳女王代の642年，高句麗と結んだ百済による大攻勢をうけて新羅が国家存亡の危機にたつと，貴族将軍▶金庾信らの勢力をうしろだてに高句麗，倭，唐の諸国を股にかけて往来し，外交手腕をふるって唐の援助をとりつけ，真徳女王代に親唐政策をおしすすめた。その結果，新羅は唐に臣属し，6世紀初めの法興王以来の衣冠制や独自の年号を改めて唐の制度を採用，651年には唐制にならった官僚体系を中心とする国家機構をととのえた。唐服を着た新羅使が倭人を驚かせたのもこの年である。654年金庾信らに推戴されて即位，唐の冊封をうけ，法制を整備して理方府格60余条を制定した。唐の高句麗遠征に協力し，子の金仁問ら遣唐留学生に援軍を請わせ，660年金庾信，太子法敏(▶文武王)らを率いて唐の百済遠征軍に連合し，百済を滅ぼして三国統一の基盤をかためた。

大井 剛

ムヨルおうりょう｜武烈王陵｜무열왕릉
韓国，慶尚北道慶州市西岳洞にあり，統一新羅時代第29代太宗武烈王の陵墓。661年に没し，埋葬された。慶州盆地西方にある仙桃山の南東麓，丘陵地末端部に築かれた西岳洞古墳群の一つを構成する。周囲約112m，高さ約13mの円墳状をなし，墳丘裾のところどころに割石が露出するが，墳丘の崩壊を防ぐ外護列石の一部と思われる。東方には陵碑の存在が認められるので，東面していたことになる。陵碑は現在，亀趺(亀をかたどった台座)と螭首(竜を刻した碑首)だけしか残っておらず，その中間の銘文を刻んだ碑身はなくなっている。螭首の中ほどに篆額があり，〈太宗武烈大王之碑〉の8字を2行に陽刻する。螭首，亀趺ともに唐の陵墓制度の影響を受けたものであるが，文献史料でみられるとおり，当時における新羅と唐の密接な関係がうかがえる。碑の四隅に礎石が残っているので，もとは碑閣があったと思われる。なお，陵碑については，《大東金石書続》によると，〈武烈王碑，在慶州，金仁問書，唐高宗龍朔元年辛酉立，羅文武王元年也〉とみえる。

西谷 正

むら｜村｜마을라
朝鮮のむらはマウルとよばれる。行政的な意味でいえば，朝鮮王朝時代に行政村として▶面が作られ，現在でも地方行政の末端機構として機能している。しかし人々がマウルとよび，共同体的な意識をもって生きている〈むら〉は自然村である。

[むらの歴史] 本来のむらは生活と生産の場であるだけでなく，とくに近代以前にあっては血縁・地縁共同体の性格を色濃くもっていた。具体的にさかのぼりうる最古のむらとして，正倉院に偶然文書(▶新羅帳籍)が残った8～9世紀ころの忠清道の4ヵ村の例では，各むらは100人程度の人々が住み，周囲8000歩程度の独自のテリトリーをもっており，水田や畑だけでなく，麻，桑，クルミ，松などの樹木が栽培されていた。周辺にはどこのむらにも属さない土地が広がっており，それがむらの中に取り込まれるのは高麗時代以後のことである。かつては各むらに指導者としての村主がいたのだが，すでにこの時代には彼らも国家機構の末端に位置づけられていた。新羅末期の戦乱を経て高麗の支配層になっていった，むらを

●村

往時の朝鮮における農村の景観。1920年代の姿であるが，韓国では70年代からのセマウル運動によって大きく変貌し，屋根もスレートや瓦葺きが増えた。朝鮮民主主義人民共和国でも農業共同化により集合文化住宅が普及し，農村の景観は一変しつつある。

本拠地とする地方豪族たちの多くは，かつての村主たちの後身である。都で官僚，貴族になった人々も，開拓のために北方へ移住した人々も，本拠地であるむら，あるいはむらの連合体の擬制的な血縁集団とみなして強いつながりを意識し，現在にまでつながる＊本貫の意識を育てていった。また運輸，物品製作など国家に対する特定の義務もむら単位で賦課されることが多く，むらは実質的に最小の政治単位でもあった。

朝鮮王朝時代にはむら＝＊里のうえに行政村として面が作られた。しかしむらは尊位・頭民などとよばれる長老が治める独自の世界であった。現存の史料からみると，むらには人口数十人規模のものが多く（100人を超えるものは少ない），一般に＊両班，常民，＊奴婢など各身分が混住していた。しかし駅集落には駅吏身分の者が多いなど，同一身分の人々が多く居住するむらもあり，とくに両班は同族で集住する傾向が強く，いわゆる同姓部落が数多く存在して，大規模なものになると広大な地域を垣で囲って集落を作り，一族の子弟教育のための学校まで建てるなど，周辺の民衆を威圧していた。人口移動の割合はかなり高かったとみられるにもかかわらず，むらは地縁を中心に強い共同性を保ち，共同の農作業（＊プマシなど）などを行っていた。通常，むらは農民の世界で商人や手工業者がおらず，郡内に数ヵ所開かれる定期市（＊場市）が必要物資の重要な交換・購入・販売の場であった。ソウルなど一部の都市を除き，大部分の住民にむらを離れた生活は考えられなかった。それゆえ被差別民（＊賤民）に対する差別は多くの場合むら社会からの排除というかたちをとった。被差別民だけで居住条件の悪いところに集落を作った一部の人々のほかは，集落のはずれに押し込められてむらへの参加を拒否されたり，＊ナムサダン（男寺党）のように住みつくことすら許されず，漂泊する人々もいた。

吉田 光男

[民俗] むらは今日も農漁村において社会生活の最も重要な地域単位となっている（以下では，現状については韓国について述べる）。住民は一時的な仮住いの者などを除けば，〈村人〉として一体感をもっている。人々は村外に出ると村の名によって〈○○サラム（○○村の人）〉として扱われ，都市に移住した後も同郷人の間では村名が個人の社会背景としてしばしば言及される。むらの形態や規模はその立地条件や生業基盤の違いや歴史を反映して多様性に富んでいる。農村には平地や山麓の緩傾斜面に位置するものが圧倒的に多く，これに対して林業や漁業は生業としての基盤が弱いため漁村や山村は日本に比べて少ない。そのなかで，火田（焼畑）の伝統を有したむらは深い山間部にあり，極端な散村形態を示す点でユニークな存在である（＊火田民）。むらの立地の面でもかつては風水（＊風水説）が村人の生活の隅々を左右するものとして重視され，背山臨流や蓮花浮水型などの佳地を選んだといわれ，またむらに災害や伝染病が続いたりした際に風水上の支障があると判定されたためむらを移動したという伝承も多い。あるいは風水上の欠点をカバーするため，村の境に立石や石積みの塔を築いたり樹木を植えたりすることもあり，ときにはこれが隣むらとの紛争の種となることもあった。むらには入口に当たる場所が比較的明瞭で，峠のような山路には＊ソナンダン（城隍堂）の木と石積みが設けられたり，村に通じる辻や路傍に＊チャンスン（長栍標）や立石，また村人の徳を記念する神道碑（〈表彰〉の項を参照）が

立てられたり，村の守護神の神木が茂っていたりする．また今日では村名の標示板や案内板，スローガンなどが掲げられることも多い．むらにはたいてい公会堂，倉庫，広場，共同井戸，洗濯場などの公共の建物や施設があって，公会堂は集会場や洞事務所を兼ねることが多く，村人への通報用の拡声器が据えられている．どのむらにもたいてい認可を受けた精米工場があり，また少し大きなむらの中心近くには雑貨店，酒幕(居酒屋)，理髪店，豆腐工場などがある．

住民構成の上からみると，かつて両班の身分に属する人々がむらを実質的に支配してきたいわゆる〈班村〉と，常民の気風を伝統とする〈民村〉とに大きく分けられるが，必ずしもこうした区分が明瞭でない地方も多い．またかつて賤民視された特定の職能者によって特徴づけられたむらもあったといわれるが，今日ではその痕跡も認めがたい．住民の氏族構成の点では，一つの氏族の門中ムンジュン(〈親族〉の項を参照)が圧倒的な地位を占めるいわゆる〈同族部落〉や二，三の門中が勢力均衡している村，特定の門中への集中がみられないいわゆる〈雑姓村〉などさまざまであり，こうした氏族構成の違いが村社会の性格を大きく左右している．行政上の〈里〉にはこうした伝統的な単位としてのむらがいくつか含まれることが多いが，その場合でも行政上の里長のポストは伝統的なむらごとに置かれるのが一般的のようである．里長のほかに〈オルン〉とか〈有志〉とよばれる長老格の経験豊かな人々の意見が有事に際して重要な役割を果たすことも多いが，同族村では門中内の長老である門長や実家の影響力も大きい．

むらの自治組織である洞契(・契)は，共有林や公共施設，備品などを管理・運営し，またむらの祭り(洞祭)の主体ともなる．洞契の成員は村人とみなされる成人世帯主で構成され，必要に応じて契員から徴収した基金や共有資産から上がる収入などを資金として，洞祭をはじめとする村の事業が運営される．洞祭に際しては年長者たちの意見をもとにして司祭者にふさわしい清浄な者が祭官に選定される．祭官に選ばれた家庭では戸口に注連縄を張り，主人は斎戒沐浴して家族ぐるみで供物の準備にとりかかり，祭りの終了後には祭官の家で村人たちの飲福(祭物を共食すること)が行われる．またかつてはむらの若者たちによって編成された農楽隊(・農楽)がむらの境界，共同井戸，広場，神木のほか各戸を巡りながら，庭で厄祓いのための〈地神踏み〉を行って，各戸から布施を集めたり，あるいは他村にまで出かけて行ってその収入をむらの事業資金にあてることも行われた．このほかむらにおける組織として婦人会，青年会，4Hクラブなどの年齢，世代的な組織や，むらの振興，生活改善などの公共的な性格をもつさまざまな組織がみられ，近年ではその中でも〝セマウル(新しい村)運動の推進委員会が重要な役割を演じている．　▷都市化　伊藤 亜人

むらやまちじゅん｜村山智順｜1891-1968
宗教民俗学者．1919年東京大学卒業(社会学専修)．同時に朝鮮総督府の嘱託となる．朝鮮の宗教と民俗を現地調査し，また各種報告を蒐集して《朝鮮の鬼神》(1929)，《朝鮮の風水》(1931)，《朝鮮の巫覡》(1932)，《朝鮮の占卜と預言》(1933)，《部落祭》(1937)，《釈奠・祈雨・安宅》(1938)，《朝鮮の郷土娯楽》(1941)などの調査報告書を残した．これらは当時の朝鮮の基層文化を理解する上で貴重な第一次資料である．村山は41年，嘱託を辞して唐突に帰国する．以後，日本では研究機関に属さず，研究発表をしなかった．なお村山が持ち帰った当時の写真は，今日韓国で注目されて著書として刊行されている(《村山智順写真集：1920-1930年代の朝鮮人の生老病死》2013)．
野村 伸一

ムン・イクチョム｜文益漸｜문익점｜1329-98
高麗末の文臣．朝鮮への木綿の移入者．字は日新．号は三憂堂．江城県(現在の慶尚南道山清郡)の人．1363年元に使節の随員として派遣された彼は，帰国の際に木綿の種子を持ち帰り，郷里で舅の鄭天益とともに栽培し，糸車・糸繰り・織布の技術や用具も学んで，しだいに苧布や麻布にかわって綿布を広く普及させていった．その功により召されて再度中央に出仕したが，辛昌のとき，田制改革に反対の権勢家におもねたことから罷免された．
北村 秀人

ムン・イックァン｜文益煥｜문익환｜1918-94

韓国の牧師，詩人，統一運動家．号は晩春．北間島(現，中国吉林省朝鮮族自治州)生れ．アメリカのプリンストン神学大学大学院修了．1970年代後半から南北統一・民主化闘争の指導者として活躍．76年民主救国宣言をソウルの明洞大聖堂で発し，78年維新憲法を批判，80年〈内乱予備陰謀罪〉で収監．89年平壌を訪問し，金日成主席と会見，共同声明を発表，帰国後〈国家保安法違反〉で逮捕．ノーベル平和賞候補に推薦される．邦訳書に獄中書簡集《夢が訪れる夜明け》がある．

舘野 皙

ムン・イルピョン｜文一平｜문일평｜1888-1939

朝鮮のジャーナリスト，教育者，歴史家．義州の人．号は湖岩．1908年に東京の明治学院中等部を卒業後，平壌の大成学校などで教壇に立った．11年に東京専門学校(後の早稲田大学)に入学するが中退し，一時，上海の《大共和報》に勤めた．その後はソウル市内の中学校で教鞭を執るかたわら，新聞紙上で健筆をふるった．33年以降は《朝鮮日報》の顧問となり，朝鮮の歴史を近代を中心に史上の奇人をとりあげるなど斬新な史観で論じ，後世に影響を与えた．著作に《対米関係五十年史》などがあり，《湖岩全集》3巻に集成されている．

原田 環

ムンギョン｜聞慶｜문경｜

韓国，慶尚北道北部の都市．1995年に旧店村邑市と聞慶郡が合併し，聞慶市となった．面積911km²，人口7万6245(2013)．山間盆地に位置するが，鉄道の慶北線を通じて京釜線や中央線に連絡する交通の要地となってきたほか，2000年代に中部内陸高速道路が開通し，京釜高速道路や嶺東高速道路との連絡も改善された．農林業のほか，石炭，土状黒鉛，タングステンなどの鉱業が行われていたが，1990年前後に炭鉱はすべて閉山となった．その跡地では自然環境の復元と観光休養施設の整備が進められている．ほかに陶磁器，生糸，カーバイドなどが生産され，輸出も行われている．市の中心部から北西にある〈鳥嶺〉は，かつて小白山脈をこえて嶺南地方(慶尚道)とソウルを結ぶ重要な峠道だったが，1920年代に南側の梨花嶺(548m)をこえる道路が開通し，その役割を終えた．鳥嶺には壬辰倭乱(1592)後に築かれた関門や城壁の遺跡があり，一帯は聞慶セジェ道立公園に指定されている．

佐々木 史郎

ムンジュン｜門中｜문중｜

父系血縁による親族集団の正式に組織化されたもの．特定の地域に定着して6-7世代以上経過した後に組織されることが多い．入郷祖(定住初代の祖先)以下の〈時祭〉を行うことを主な目的とし，その費用をまかなうために農地などの共有財産を持つ．定住以後の世代数が長くなると，内部にさらに小さな門中が複数組織されて重層的構造をもつようになる．また異なった地域で組織された門中が集まって，より遠い共通祖先の時祭のために上位の門中を組織することもある．親族制度が父系制に転換し始める17世紀中期以後に出現した組織形態である．

嶋 陸奥彦

ムンジョン｜文宗｜문종｜1019-83

高麗第11代の王．在位1046-83年．父は第8代顕宗，母は元恵太后金氏．国家の諸制度が完備されて支配体制が最も安定し，高麗文化の華が咲きひらいた時期の国王として知られる．外交的にも宋，契丹，女真などとの関係が比較的平和な時期であったことが幸いして，政治，経済，社会の全般にわたって充実した施策が推進された．その代表的なものとしては，1076年に行われた両班，軍人らに対する土地支給制度(〈田柴科〉)の改定や禄俸制の完備，そしてこれらの給与制度改定に関連した官制の組織的な改編があげられよう．しかし，制度の完成に続いてあらわれるのはその崩壊の兆しであって，11世紀末〜12世紀初めにはとくに郡県制度，土地制度において矛盾が露呈し，武臣や農民の不満がつのりはじめる．

浜中 昇

ムン・ソンミョン｜文鮮明｜문선명｜1920-2012

韓国の宗教家，〈統一教会(統一教)〉の創始者．北朝鮮平安北道定州郡で出生．幼少期に〈キリスト教〉に入信し，16歳の時イエスから再臨主の〈召命〉を受けたとされる．解放直後の平壌で布教活動を展開，スパイ容疑

で逮捕されるも朝鮮戦争中に解放され，南に渡って1954年に統一教会を創設する。韓国キリスト教会からは〈異端の権化〉として批判を浴び続けたが，60年代からは海外宣教に力を入れ，アメリカを主な拠点として活動する。80年代までは徹底した反共産主義者として政治活動を行っていたが，晩年には南北統一を訴え，金日成と面会し，北朝鮮と経済的な交流をもった。また〈統一グループ〉とよばれる多角的企業の経営や教育や文化活動なども幅広く展開した。

古田 富建

ムンムおう |文武王|문무왕|?-681

新羅の王。在位661-681年。姓は金，諱は法敏。武烈王の太子として660年の百済討滅戦に金庾信らとともに参加，翌年王の病死により即位する。唐軍に連合して，百済復興軍を抑え，663年日本の水軍をも白村江(錦江下流)に破り，さらに668年弟の金仁問らをさしむけて高句麗を滅ぼした。この間，唐により鶏林州大都督に任命されて，新羅は唐の間接統治領である羈縻州となったが，高句麗復興軍を助けて唐と戦い，一時唐に新羅王の官爵を剥奪されながらも，唐の勢力を排除して671年百済旧領を，676年高句麗旧領の一部を領有し，半島部における三国統一を達成した。

大井 剛

めいしんほうかん |明心宝鑑|명심보감

高麗・朝鮮王朝時代に広く用いられた箴言集。高麗の忠烈王(在位1274-1308)の時代に，露堂秋適という人物によって編まれたと伝えられる。朝鮮王朝時代に，主として嶺南地方(慶尚道)一帯で，《童蒙先習》《撃蒙要訣》などとともに学塾の教本として広く用いられ，儒教による民衆教化に大きな役割を果たした。中国の儒学の先人各派の箴言を集めたもので，人物では，孔子(24編)，太公(14編)，荘子(5編)など44人による93編が収められ，また《景行録》(19編)など20書から45編が引用されている。

伊藤 亜人

めがたたねたろう |目賀田種太郎|1853-1926

明治時代の大蔵官僚，韓国財政顧問。江戸生れ。18歳から8年間，アメリカに留学したのち，文部省官吏，代言人，判事をへて1883年大蔵省に任官。日清戦争勃発時に同省主税局長となり，地租増徴などの増税，沖縄土地整理，地価修正，関税改正などの事業にたずさわり，戦費調達と軍拡基調の日清戦後経営を税制面から支えた。日露戦争勃発の1904年，第1次日韓協約にもとづく韓国財政顧問設置にともない同局長から同顧問に転じ，07年の第3次日韓協約による韓国保護国化までの3年間のうちに，日本軍を背景とする強力かつ急激な幣制・財政改革を断行して植民地経済基盤を一挙につくりあげた(貨幣整理事業)。第一銀行を韓国中央銀行とし，日本の貨幣を流通させて韓国を日本の貨幣勢力圏に組み込む一方，韓国皇室財政の縮小と地方官吏の徴税機構からの排除などによって朝鮮王朝支配体制を弱体化させ，植民地統治財源としての新税賦課，土地調査の準備などを進めた。顧問をやめた後は，貴族院議員，枢密顧問官として活躍した。専修学校(現，専修大学)の創設者でもある。

村上 勝彦

メレンドルフ |Paul George von Möllendorff| 1848-1901

ドイツの外交官，東洋学者。漢字名は穆麟徳。メルレンドルフともいいならわす。ハレ大学で法律，東洋諸語を学んだあと，1869年に清国へ渡り，各地の海関に勤務，天津・上海のドイツ副領事をつとめた。82年李鴻章の推薦で朝鮮政府の外交顧問となり，主として海関業務を担当したが，ロシアとの接近策をすすめたため李鴻章と対立し，85年に解任された。以後，清国に戻って言語研究に力を入れ，《満語文典》(1892)や《満文書籍解題》などを著し，寧波で死んだ。

吉野 誠

めん |面|→ミョン

メンタイ |明太|명태

スケトウダラのこと。慶尚北道以北の東海岸で多く獲れる。ミョンテ，干したものは北魚とよばれ，焼いたり，汁にしたり，和え物にして食される。祖先祭祀の供物として供えられるほか，干した明太は厄除けに使われ，豊漁を象徴する舟神ともされた。博多の名物とされる辛子明太子は，朝鮮半島で古くから明太の卵を漬けたものを，明治期になって日本と共同で開発した食品である。→魚介類

朝倉 敏夫

めんるい｜麺類

朝鮮語でクッスという。元来は常用の主食ではなく，誕生日，婚礼，賓客用の別味とされ，魚肉料理や餅菓子類を主とする膳の一種の口なおしであったが，今日では饅頭などと同じく軽い中間食や昼食にも食される。〈クッスをいつ食べさせるのか〉といえば結婚式はいつかという意味であり，〈クッスの入る腹〉とは早くおなかがすくことをさすのも，このような食習慣からきている。材料にはそば粉，小麦粉のほかに緑豆の粉などを用いるが，近年北朝鮮ではジャガイモデンプンなどでも麺がつくられている。麺食の歴史は古く，高麗時代には寺院が製麺業を営み，麺づくり機を備えていた。家庭では麺棒で伸ばし，包丁で切りきざんだ麺，型枠で細く押し出して熱湯に通し，すぐに冷水でさらして固くした麺などが用いられている。温かいスープの温麺ｵﾝﾐｮﾝ，冷たいスープの冷麺ﾈﾝﾐｮﾝ，スープなしで具とともにまぜ皿に盛る皿麺（ビビン麺），麺を包丁できざみ，そのまま熱したスープに入れるカルクッス（包丁麺）などがある。日本でも馴染まれている冷麺は本来冬の食物で，温かいオンドル部屋でさわやかさを味わうものであった。冷麺にも各種あり，麺のやわらかさに特徴がある平壌冷麺，麺のしんがかための咸興冷麺などがよく知られる。米作に適さない朝鮮北部で麺類の料理はとりわけ発達している。　　　　　　　　鄭 大聲

もくよく｜沐浴

今日，日本で一般にみられる湯槽を用いた風呂は朝鮮にはみられないが，夏に清流で沐浴する古くからの風俗は，今日も農村で見かける。高麗時代には男女同浴の風俗もあったことが《鶏林類事》や《高麗図経》にみえるが，朝鮮王朝時代以後は儒教の普及とともに論外とされるに至った。今日，農村部では男性は夕暮時に人目を避けて村はずれの清流や淵で沐浴し，女性は暗くなってから沐浴する。しかし両班の気風を保つ老人たちは，今日でも人に肌をみせることを避けて戸外での沐浴を慎む。夏以外には数日おきぐらいに戸内の井戸端や納屋などで水をくんで沐浴したり，部屋の中で金だらいの水で身体をふくのが一般的である。しかし都市部では沐浴場を設けた家庭も多く，水槽にたたえた冷水をくんで沐浴する。沐浴は日常生活以外でも，村の祭り（洞祭）や家庭内の宗教儀礼に際して祭官や祈願者があらかじめ身を清めるためにも行われている。また沐浴とは別に，毎日起床後，仕事で外出して帰宅したとき，就寝前には，〈洗手ｾﾝｽ〉と称して必ず顔，首，胸もと，手足をていねいに洗いぬぐう習慣があり，数日おきに洗髪も欠かさない。また近年，富裕層には西洋式の浴場とシャワーを設ける家庭が多くなっている。日本式の風呂は日本統治下に一部の人々の間で試みられたが，今日ではわずかに都市部で共同沐浴場（銭湯）形式として残っているだけである。

伊藤 亜人

もさん｜茂山　→ムサン

もさんここくいせき｜茂山虎谷遺跡　→ムサンホゴク遺跡

モスム｜머슴

朝鮮の農村における雇傭労働者の一種で，朝鮮王朝時代から近・現代にわたって存在した。雇傭主の家に居住して，農業労働だけでなく，家事労働にも従事した。賃金は食事，酒，煙草などの現物形態で支払われるのが普通であり，それ以外に貨幣賃金を支払われたり，若干の私耕地を与えられることもあった。モスムの本来の性格は，資本主義的な農業労働者でも奴隷でもなく，宗属関係や債務関係にもとづく労働力提供の形態であったと思われる。しかし1894年の私奴婢解放以後には，従来の率居奴婢（独立した一家を形成せず，主人の家内に居住した奴婢）をもモスムとよぶようになったこともあって，近代のモスムの性格を一概に規定することは困難である。　→奴婢　　宮嶋 博史

もち｜餅　떡

朝鮮語ではトックと総称し，餅，片とも書き表す。冠婚葬祭はもちろん，ちょっとした喜びごとでも餅を作って祝って食べるのがならわしである。種類も非常に多い。もち米を蒸して搗くのが主である日本の餅とは異なったものがみられる。①シルトックは甑餅ｼﾙﾋﾟｮﾝの意。うるち米の粉を練って甑（せいろう）で蒸す。粉の間につぶし小豆などを平面に幾重にもはさみ敷いたのが代表的。

松葉を敷いて蒸す松餅ソンピョンなども有名である。②ムルトックは水餅の意．うるち米の粉を練り，蒸してから搗いたものであり，餡をくるむもの，ヨモギや松の花粉を混ぜて搗いたり，油でいため，揚げるものなどがある．③うるち米の粉を濁酒(マッコリ)で練り，生地を膨張させて蒸す蒸餅チュンピョン類は一種の蒸しパンである．④もち米，もちアワを粒ごと蒸して搗く引切米シルトックなど．これらの基本型にさらに数多くのバリエーションがある．ムルトックを細く伸ばして斜めに薄切りにしたものを肉汁で食べるトックックはめでたい膳にも出されるが，正月料理として日本の雑煮のような存在である．今日でも年輩者が若い人に向かって年齢をきく婉曲表現として，〈トックックを何度食べたか〉という言い回しが残されている．

鄭 大聲

モッ｜멋

朝鮮における美意識，価値観を表す語．明確な定義はなく，人によって異なる．芸術の諸分野における理想的概念としてもとらえられる．日本の〈いき〉〈わび〉やフランスの〈エスプリ〉などと同様，固有文化を象徴する語．モッはまず形や表現の美において〈かっこういい〉こと〈粋な姿態〉があげられ，規格から逸脱し，単調・無味から脱した微妙な変化に求められる．静止の美ではなく，流・律動の美，線の中でも曲線美において，歪形，奇抜，諧謔において，遊戯の気分，興に乗る無心の状態からモッが感じられる．たとえば舞踊，▶パンソリ，▶農楽，伽藍の屋根の勾配などにモッの美はある．精神的な美としてのモッは非実用性，非功利性にあり，悠々自適，自在の境地の楽天性，あるいは〈殺身成仁〉の気概にモッの美的衝動が感じられる．モッのあるさまを示す言葉として，風流，磊落ライラク，毅然，咲呵，乱調，妙技，超然，意気，義気などがあげられよう．日本の〈いき〉にもモッは感じられるが，〈いき〉が〈垢抜けして(諦)，張のある(意気地)，色っぽさ(媚態)〉と定義され(九鬼周造)，どちらかというと一種の緊張関係が基調をなしているのに対して，モッは〈自由・奔放〉のうちに，現象の〈真髄〉を感じ，人間実存の〈無限の飛翔〉を夢みる美意識といえるのではないか．モッは自然の内なる美的感覚であるが，〈誇張〉〈虚飾〉に陥る否定的な面も大きいといえよう．

金 学鉉

もっかん｜木簡

地中から発見された木製品のうち，墨で文字が書いてあるもの．朝鮮半島では1975年に慶州の▶雁鴨池ではじめて木簡が発見されて以後，楽浪郡の遺跡から出土したものを含め，現在まで35ヵ所から750余点が確認されている．これら木簡は皇南洞376番地遺跡，国立慶州博物館内遺跡，月城垓字など新羅王都の慶州，官北里遺跡・雙北里遺跡・陵山里寺址・宮南池など百済王都の扶余だけではなく，城山山城・柱陽山城・二聖山城などの▶山城，釜山鳳凰洞遺跡・羅州伏岩里など地方の遺跡からも出土している．荷札・伝票・帳簿などの文書木簡をはじめ，論語を書写した木簡，呪符木簡，習書木簡や削屑，さらには文書のインデックスとなる題籤軸なども発見されており，古代朝鮮における文書行政の一端を解明する上できわめて重要である．また，朝鮮半島出土の木簡と中国・日本出土の木簡との共通点などから中国・朝鮮・日本における木簡文化の伝播と受容を理解する上でも重視される．

井上 直樹

モッポ｜木浦｜목포

韓国，全羅南道南西部の黄海沿岸の都市．モクポとも．面積50.1km²．人口24万3944(2013)．務安ムアン半島西端に位置し，大田と結ぶ湖南線の終着駅があり，前面の海上に散在する数百の島々への海上交通の拠点をなす．朝鮮王朝時代には水軍の基地が置かれた．1897年に開港し，背後の▶湖南ホナム平野に産する米，綿花の日本への輸出港として発達したが，現在は陸地の農工産物，島々の水産物を交換する商業都市の性格が強い．市内には植民地期の和風建築や近代建築も残る．栄山江の河口をなす木浦湾の大半はせきにより淡水湖化され，周辺農村の水不足解消に利用されている．木浦港は黄海漁業基地の一つである．2000年代に入り，沈滞した地域経済を再生させるため，情報通信・海洋産業・セラミックスなどの部門で地域特化したベンチャー企業の集中育成をめざして，儒達ユダルベンチャータウンの造成が

進められている。01年末には平澤ピョンテク・唐津タンジン・群山クンサン経由でソウルと木浦を結ぶ西海岸高速道路が開通し、首都圏との交通量の分散化が進んだ。05年、全羅南道の道庁が光州広域市から近郊の務安郡に移転した。

谷浦 孝雄＋佐々木 史郎

もてなし

朝鮮ではもてなしをする場合、家庭に招くことが礼にかなっているとされている。客をもてなす場合には肉料理、魚料理、卵料理、野菜料理、スープ、鍋ものなど数々のごちそうを量的にも人数分より多く作り、大皿に盛りつけ、一つのテーブルに全部いっぺんに出す。かつての両班ヤンバン家では銘々膳の場合もあったが、現在では皆で同じ皿や鍋のものをいっしょに食べる。また別味として ▶餅、シケ(甘酒)、▶飴、汁粉などを作る。そして十分に時間をかけて楽しく話しながら食事を楽しむ。このとき客は出されたごちそうを全部は食べず、残すのが礼儀である。また朝鮮では男女が互いに距離を保つという〈内外〉の観念があり、客であっても相手が男性であれば主婦は直接酒をすすめるなどのサービスはせず、主人がもっぱらそれに当たる。逆に客が女性であれば主婦がすすめる。大勢の客の場合には男女別々のテーブルにつき、部屋も別々に使うことが多い。そして男性は男性だけで話し、女性は女性だけで共通の話題をテーマに時を過ごす。この場に子どもは参席しない。帰るときには餅や飴をみやげとして持ち帰るようにすることが多い。また主人の家族は全員大門(入口)の外まで出て見送る。そして親族の場合には路賃(交通費)を持たせることも多い。 ▶宴会

崔 吉城

もんちゅう｜門中｜▶ムンジュン

や

やくすい｜薬水

朝鮮で山間に湧く霊泉のことを薬水ヤクスイという。これを飲めば病が治り，長寿を得るという信仰にもとづく，いわゆる生命の水である。各薬水にはそれぞれの縁起と効力が語られ，眼病や外傷，体力増強に効くもの，子どもを授けたり，腹中の女児を男児に変えるものなどさまざまな霊験が伝えられている。またこれをけがすと神怒に触れるとされ，肉を食べた者や月経中の女性など不浄の接近は許されない。この神は多く竜・蛇の形で考えられているが，水翁・水媼ともよばれ，老夫婦神としてまつられることもある。春夏の候，神水で炊いた飯を水媼に供え，治病と長寿を祈る行事をノクメという。ソウルの仁旺山麓の薬水が有名である。⇒薬
依田 千百子

やし｜野史｜야사

民間で著述された歴史。野乗，稗史，外史，私史などともよばれた。《三国史記》《高麗史》や朝鮮各王代の実録のような正史，すなわち官で編纂した歴史と対立する意味で使われる。野史の叙述の中には，正史に記されない内容，正史以上に史料の信憑性が高い内容もみられる。朝鮮時代以前の野史は，▶崔致遠チェチウォンの撰とされる《新羅殊異伝》，李斉賢《櫟翁稗説》，一然▶《三国遺事》など，数えられるほどしか伝わっていない。朝鮮時代に入ると，徐居正《筆苑雑記》，成俔《慵斎叢話》，▶許筠ホギュン《海東野言》《同別集》などがあらわれ，17世紀以降，鄭道応《昭代粋言》，編者不詳《大東野乗》のような大部な叢書が登場した。18世紀にはさまざまな書から選んだ記事を通史的に改めて編修した《安鼎福アンジョンボク《列朝通紀》や李肯翊《燃藜室記述》などもみられた。現在韓国では現代語訳された野史が多くの読者を獲得している。
長森 美信

やしきがみ｜屋敷神

朝鮮語では屋敷(垈地，〈チプト〉という)の守護神は一般にトジュ(基主)やオプとよばれ，キムチや調味料などの甕を安置するチャンドクテという壇や裏庭の隅に小さな甕に穀類を納めてまつり，上を藁づとでおおった型式が多い。特定の祭日は定めずに，10月の吉日を選んで行う家庭内の平安を祈願する安宅・告祀の際には供物を捧げる。オプは家庭の財運をつかさどる蛇体の神霊と考えられている。このほか青竜や七星に対する供物を裏庭に捧げる地方もある。⇒民間信仰[図]
伊藤 亜人

やじん｜野人｜야인

①野人女直の略。高麗・朝鮮王朝時代の朝鮮人が，鴨緑江・豆満江の対岸に住む女真(女直)族＝満州族に与えた呼称。この場合の野人は文化の低いことを意味する呼称であり，もともとは元・明時代の中国が狩猟を主とする女真の部族をさしてよんだ蔑称であるが，その呼称が朝鮮でも用いられた。②官職のない在野の両班ヤンバンなどに対する呼称。とりわけ，政治的あるいは思想的・倫理的立場の相違から，あえて官職につかず，節義を重んじた人々をいう。朝鮮では，権力者側の主張する正統性よりも，思想的・倫理的正統性を重視する傾向が強く，しばしば権力者よりも野人が尊崇された。朱子学者の▶吉再キルチェは，高麗の滅亡，朝鮮王朝の成立にあたり，忠臣二君に仕えずの倫理を守って新王朝に仕官せず，嶺南ヨンナム(慶尚道)の郷里に退いた。以後，吉再は野人を貫き，▶山林儒生として後進の養成に専念し，嶺南学派(山林学派)を築いた。また，儒臣▶金時習キムシスプら6名は，▶世祖セジョ(叔父の端宗をクーデタで殺害し王位につく)の行為を人倫に反する覇者の道として，その正統性を認めず，官を捨て野人として生涯を送ったが，後代，金時習らは〈生六臣〉と称され，人々の尊崇

をうけた。その後も"党争などで権力から外されると、都から地方へ退き(〈落郷〉という)、野人となって学問に専念する者が多かった。17～18世紀の朝鮮の"実学"も、その多くは、党争で権力から遠ざけられた"南人派の野人の間から興ったものであり、彼らはしばしば仕官を拒み、貧しい民衆と生活を共にしながら、民衆の側に立つ在野の知識人、良心の知識人として、権力の批判と政治・社会の改革を試みた。➡知識人

矢沢 康祐

やだん│野談│야담

野談は朝鮮漢文で表記された人物説話集の総称、野談の野とは野史の野であり、野卑の野、つまり公私の私、雅俗の俗を意味する。文学的には〈説話以上、小説以下〉で決して完成度が高いとはいえないが、その反面、上は王侯貴族から下は乞食・盗賊、はては鬼神・妖怪にいたるまで登場人物は多彩を極め、朝鮮社会の世態風俗や人情の機微を知るうえで格好の資料である。これは主人公も舞台も中国モノが多数を占める朝鮮古典文学にあって特異、かつ貴重であるといえよう。

野談集の嚆矢(こうし)は柳夢寅(ユモンイン)(1559-1623)の《於于(オウ)野談》とされるが、そこでは高麗詩話や15世紀朝鮮の"稗官(ペガン)文学の影響をうけ、まだ逸話集的な性格が濃い。しかし、任埅(イムバン)(1640-1724)の《天倪(チョネ)録》ではフィクション化の傾向をみせはじめ、朝鮮後期の三大野談と称される《東野(トンヤ)彙集》《渓西(ケソ)野談》《青邱(チョング)野談》に至ると、形式的には〈伝〉文学的な叙述様式を発展させ、内容的には市井の庶民の哀歓に満ちた人情話を細やかに描くなど、小説的でリアルな表現を獲得するようになる。その背景にはイヤギックン(語り部)とよばれる口誦芸人の存在があった。近代期でも雑誌《野談》(解放後、《韓国野談全集》として刊行)が出されたが、往年の輝きには遠く及ばない。

野崎 充彦

やないはらただお│矢内原忠雄│1893-1961

経済学者。学生時代に内村鑑三の影響で朝鮮伝道を志したが、家庭の事情で断念した。1920年に東京帝国大学助教授になり、植民政策論を教えた。主著《植民及植民政策》(1926)や《朝鮮統治の方針》で、朝鮮議会の設置など、植民政策の改善を主張したが、植民地の存在そのものを否定しなかった点や朝鮮の民族運動に対する認識不足については批判も多い。42年に無教会派の信仰上の同志"金教臣(キムギョシン)や"咸錫憲(ハムソクホン)らが独立運動の容疑で逮捕された聖書朝鮮事件が起こると、戦時下の困難な状況のなかで救援運動を行った。

高崎 宗司

やながわいっけん│柳川一件

1631年(寛永8)対馬の大名宗義成(よしなり)と家老柳川調興(しげおき)の御家騒動から、日朝間の国書の偽作・改竄(かいざん)などの不正が露顕して、幕府外交上の大問題となった事件。柳川氏は調興の祖父調信の代に日朝関係の実務派として台頭、朝鮮と日本の中央政権の双方に独自の地位を築いていた。この事件は、35年、将軍徳川家光の親裁によって調興方の有罪に決し、義成はひきつづき日朝関係の管掌を認められた。それとともに対馬の以酊庵に京都五山の僧を駐在させ、日朝外交文書を管掌させる(以酊庵輪番制)など、幕府が日朝関係を管理・統制する体制が強化された。また、朝鮮側の国書で徳川将軍を〈日本国大君〉とよばせ(従来は〈日本国王〉)、日本側の国書に日本年号を使用するなど、国書の体裁が改められた。この改革は朝鮮にも容認され、翌年、その証しに通信使が来日して、近世的な日朝外交体制(大君外交体制)が定着・確立した。➡通信使

荒野 泰典

やなぎむねよし│柳宗悦│1889-1961

民芸運動家。1916年から40年にかけて約20回朝鮮を旅行し、朝鮮について多くの文章を書いた。19年の三・一独立運動に際して《朝鮮人を想ふ》を発表し、日本の植民政策を批判した。また朝鮮の美術工芸に関する論文を通して、その美しさとともに、作者である朝鮮人への敬愛を説いた。22年に《失はれんとする一朝鮮建築の為に》を発表して、王宮の正門である光化門を朝鮮総督府による破壊計画から救った。24年には"浅川巧とともに京城に朝鮮民族美術館を設立した。84年に生前の功により韓国政府から文化勲章を受けた。主著《朝鮮とその芸術》(1922)は朝鮮問題に対する公憤と朝鮮の芸術に対する思慕に貫かれた名著で、韓国において5回も翻訳されている。朝鮮関

係論文を網羅した《柳宗悦全集》第6巻〈朝鮮とその芸術〉が81年に，《朝鮮を想う》が82年に刊行されている。　　　　　　高崎 宗司

やま｜山｜산

朝鮮において山は始祖発祥の聖所とされており，▶檀君の建国神話における桓雄や新羅六村の祖はいずれも山上に降臨したとされている。今日でも江華島の摩尼山は桓雄降臨の地として山頂に祭壇を設けている。統一新羅においてはすでに▶風水説の影響を受けて国土の鎮山として，東の吐含山(慶州)，南の▶智異山，北の▶太白山，西の▶鶏竜山，中央の父岳を五岳とし，その神霊に対する国家的な祭祀が行われていた。その伝統は朝鮮王朝時代にも引きつがれて，東の▶金剛山，西の▶妙香山，南の智異山，北の▶白頭山，中央の三角山(ソウル)を五大名山と称した。また都邑の選定においても風水が考慮され，今日のソウルの地への遷都に際しても，背後に鎮山がそびえ，南側前方に案山を抱く風水上の佳地が求められた。

［山神］　これらの名山とは別に，山神は巫俗の神々の中でも最も霊威ある神とみなされ，▶虎を従えた白鬚の老人姿の山神像が流布しており，仏教とも習合して寺院境内の山神閣に祭られている。しかし，一方では山神を若い女性姿の神とする伝承も少なくない。名山といわれる山の頂上近くの岩壁や巨岩には，〈山神霊之位〉や山神像の線刻をほどこし，その下に祭壇を設けている例も多い。とくに女性たちは山神を子授けの神として祈子信仰の対象として，沐浴で身を清め，清潔なチマ，チョゴリの姿で，ときには僧を伴ってその読経に合わせて祈る姿がしばしばみられる。また山神を山上の聖所で迎えてから麓の村の守護神として祭る例も中部地方以北には各地にみられ，▶大関嶺の山神を迎えて祭る江陵端午祭はその一例である。山神が祈子の対象であると同時に，山は死後の墓所ともなっており，一般に山は生活の場としてよりも死後の安らぎの場とみなされる。⇒墓　伊藤 亜人

やまじろ｜山城｜→山城(さんじょう)

やゆう｜野遊

朝鮮語ではトゥルノリ(野遊)またはプルノリ(草宴)などともいい，農耕社会の哀歓をつづる野遊びのこと。三国時代より山間渓谷に民はよく歌舞したと伝えられており，野遊は永い伝統をもっている。今日でも春秋には都市近郊の渓流などで群集歌舞する様が見受けられる。またこれとは別に，釜山近郊で行われる東萊野遊という野外の▶仮面劇などもある。朝鮮王朝時代の女性の場合，嫁は一種の労働力と考えられたので，嫁いだ後の母と娘の再会は困難であったが，夏の農閑期を利用して里と娘の嫁ぎ先の中間地点で母と娘が御馳走を携えて会い，一日清遊を楽しんだのがこの野遊である。またこの時期には，他人の家に奉公する作男たち(▶モスムなど)や▶下人たちも酒食をあつらえて▶農楽を奏し，両班たちを罵倒しながら気炎を上げたものである。この日には主人たちも彼らの遊びの便宜を計らってやるならわしであった。今日の韓国では，中年の主婦を中心とした▶契の集まりで野遊に出かけ，杖鼓などの音楽に合わせて踊り歌う様がみられる。　　金 東旭

ヤン・ギタク｜梁起鐸｜양기탁｜1871-1938

朝鮮の言論人，独立運動家。号は雩岡。平壌出身。1904年イギリス人▶ベセルとともに《大韓毎日申報》を創刊した。07年同紙を中心として国債報償運動(日本借款を募金により返済しようとした)を起こした。08年同紙の反日論調への弾圧をねらう日本官憲により報償金横領容疑で逮捕されたが，無罪釈放された。07年▶新民会の結成に加わり，幹部となったが，11年の105人事件によって逮捕投獄された。20年代には中国東北に渡って独立運動を展開し，30年代には上海の大韓民国臨時政府幹部ともなった。江蘇省で客死。　　　　　　　　糟谷 憲一

ヤン・ジュドン｜梁柱東｜양주동｜1903-77

朝鮮の詩人，古典文学研究家。号は无涯。開城の生れ。幼くして漢文に親しみ，早稲田大学で英文学，仏文学を学ぶ。1920年代に詩人として浪漫的・象徴的作品を発表するかたわら《金星》《文芸公論》誌を発刊。プロレタリア文学論争時には折衷主義的立場で参加。のち小倉進平の著作に刺激され，▶郷歌解読に着手，大作《朝鮮古歌研究》(1943)を完成。次いで高麗歌謡の研究を行い，

《麗歌箋注》を著す．詩集《朝鮮の脈拍》(1930)のほか英詩の翻訳がある．
三枝 寿勝

ヤンバン|両班|양반

高麗・朝鮮時代の国家官僚．官僚機構を，文班(文官)と武班(武官)の二つのグループに分けた時の総称である．朝廷で儀礼を行う際に，それぞれ東西に列を作るので，文班・武班をそれぞれ東班・西班ともよんだ．朝鮮時代後期になると，両班という表現は▶士族に対する尊称としても使われるようになり，両班と士族は混同されていった．

両班は制度的には高麗時代に唐の制度を取り入れたことから始まる．高麗時代から朝鮮時代にかけて両班官僚による政治が進められた．朝鮮時代になると，官僚選抜試験である▶科挙のうち，高級文官への登竜門である文科と高級軍人への登竜門である武科の合格者はほとんど士族が独占して国家の支配権を掌握した．両班とはいいながら，武班に対して文班が優越し，軍の中枢部はほとんど文班が占めた．武科で政府首脳部になる者もまれには存在したが，一般に地域の軍管区司令官どまりであった．両班になるためには，儒学とりわけ▶朱子学や中国の古典に精通していることが必須であり，両班は官僚・政治家であるのと同時に儒学の学者でもあった．科挙の試験は良身分の成人男子一般に開かれていたが，長年にわたる過酷な勉学が必要であったため，経済的・社会的条件を備えた士族の子弟たちでなければ合格に至ることは困難であった．結果的に士族が科挙合格者を独占し，そのことが士族の権威をさらに高めることとなった．

両班は19世紀末まで朝鮮政府の中心的スタッフであったが，大韓帝国期に制度改変によって近代官僚が進出してくるにつれ，その存在基盤が失われていった．近代になると，両班という用語は，官僚や士族に対する呼称という性格をもちつつ，たんなる敬称へと意味が拡散していった． ▶儒教 ▶身分
吉田 光男

ユ・インソク|柳麟錫|유인석|1842-1915

朝鮮王朝末期の学者，義兵将．字は汝聖，号は毅庵．本貫は高興．▶李恒老の門人で，1866年丙寅洋擾(アメリカ船，フランス艦隊の侵入)に際して斥和上疏運動，76年日朝修好条規締結時の開国反対上疏運動(上疏とは国王への意見書提出)に加わり，▶衛正斥邪論者としての名を高めた．95年忠清道堤川ジェチョンに移住し，翌年1月門人らが義兵を起こすや大将に推された．柳の義兵部隊は忠州を占領し，地方官を殺害するなど勢力をふるったが，日本守備隊，政府軍に敗れ，5月には堤川も失った．その後，中国東北地方へ逃れ，1900年帰国した．04年以降，日本の支配に抵抗する動きを示し，08年には沿海州へ根拠地を移して▶義兵闘争を展開した．のち中国へ移り，15年奉天省興京県で客死した．著書に詩文集《毅庵集》がある．
糟谷 憲一

ゆう|邑|▶ウプ

ゆきっしゅん|兪吉濬|▶ユ・ギルチュン

ユ・ギルチュン|兪吉濬|유길준|1856-1914

朝鮮王朝末期の▶開化派の政治家．字は聖武，号は矩堂．本貫は杞渓．▶朴珪寿パッキュス の門下で開化思想に傾倒し，1881年には日本，83年にはアメリカに留学．85年に帰国してのちは開化派の一味とみられて自由を拘束されたが，その間，西洋の事情を紹介した《西遊見聞》を著し(1895)，94-95年の▶甲午改革では金弘集政府の中心人物の一人として諸改革に敏腕をふるった．96年2月高宗のロシア公使館播遷ハセン に伴う金弘集内閣の崩壊とともに日本に亡命．1907年に帰国してからは在野人として▶興士団，漢城府民会を通じて▶愛国啓蒙運動を展開．1910年の韓国併合のとき男爵を授与されたが辞退．前記のほか《矩堂詩鈔》などの著があり，韓国で《兪吉濬全書》(1974)が刊行されている．
姜 在彦

ユ・グァンスン|柳寛順|유관순|1904-20

朝鮮の独立運動家．忠清南道天安郡の生れ．梨花学堂在学中，1919年▶三・一独立運動に参加，帰郷して示威運動を計画．4月1日並川の定期市日に集まった群衆に太極旗を配り，独立宣言文を朗読，示威行進を組織した．彼女はデモの先頭に立ち，指揮をとった．憲兵の発砲で自分の両親を含む30余人の死者を出した．寛順は負傷して逮捕され，首謀者として懲役3年を宣告されたが，日本に裁く権利はないと獄中闘争を展開し

た．上告審では法廷侮辱罪を加算されて懲役7年となったが，最後まで節をまげなかった．20年10月12日拷問で併発した病気のため，16歳で獄死．年若き少女の壮烈な祖国愛は〈朝鮮のジャンヌ・ダルク〉として今日なお人々の胸中に生きている．
美 徳相

ユ・ジノ｜兪鎮午｜유진오｜1906-87

韓国の小説家，法学者．ソウル生れ．1929年京城帝国大学卒業．京城帝大，普成専門学校で教鞭をとる一方，作家として活躍．解放後は高麗大学校総長などを歴任し，憲法起草委員(1948)，再建国民運動本部長(1961)などに就任．67年野党の新民党総裁に招聘される(-70)．74年民主回復国民会議結成に参加し，国民宣言に署名．また国際法学会会長をつとめるなど法学会でも活躍．主著に《憲法解議》《若い世代に寄せる書》《華想譜》などがある．とくに1930年代に書かれた《金講師とT教授》などの小説は，植民地下朝鮮人インテリの苦悩をよく伝えている．
大和 和明

ゆしゅつじゆうちいき｜輸出自由地域

1960年代以降，多くの発展途上国では外国資本に依存する輸出指向型の工業化政策を採用しはじめ，その政策を象徴する特殊な保税工業団地を設けるようになったが，韓国では70年に慶尚南道の▶馬山マサン，74年に全羅北道の裡里イリに輸出自由地域が設置された．韓国政府は，製品の全量輸出を条件に，関税免除，国内税の減免，100％出資の承認，労働争議の規制，行政手続の簡素化などの優遇措置を外資に提供している．韓国にとっては，外資導入，輸出増大，雇用拡大，技術移転などがねらいとされ，外資にとっては低廉な労働力の安定的確保が最大の利点とみなされている．馬山には電機，電子などの労働集約的産業を中心に70年代中ごろには約100の企業が入住し，約3万人を雇用したが，進出企業の9割は日本からで，ほとんどが中小企業であり，労働者の大半は若年の女子であった．裡里への外資の進出は少なく，83年の稼働企業は17社にすぎず，しかも韓国資本が多数を占めている．馬山開設当時は，日韓経済関係の焦点として注目を集めたが，韓国の重化学工業化と労賃水準の上昇のため企業撤退が相次

● 柳寛順
1982年大韓民国発行の切手．義士安重根の切手も同時にセットで発行されている．

ぎ，輸出自由地域の重要性は低下しつつある．⇒イクサン（益山）
金子 文夫

ユ・ソンニョン｜柳成竜｜유성룡｜1542-1607

朝鮮王朝の文臣．リュ・ソンリョンとも．字は而見．号は西厓．李退渓に学ぶ．壬辰倭乱（文禄の役）の際，左議政，領議政，兵曹判書，都体察使をつとめる．1591年，豊臣秀吉の侵略の危険を察し，金誠一チョルシの対日派遣，▶李舜臣イスンシンの登用などを行い，防衛体制の整備につとめた．しかし国内の動揺をさけるため，金誠一とともに〈日本の侵略はない〉と主張したので，戦争が起こると一時失脚させられたが，やがて復職し，内政・外交（対明関係）に努力し，日本軍の撃退に功績をあげる．98年，戦争終結後，日明講和問題などの責任を問われて免職され，隠棲して▶《懲毖録チンビロク》を著し，壬辰・丁酉倭乱（文禄・慶長の役）の経緯を記録し，後世へのいましめとした．文集に《西厓集》がある．
矢沢 康祐

ゆちんご｜兪鎮午｜⇒ユ・ジノ

ユ・ドゥッコン｜柳得恭｜유득공｜1749-1807

朝鮮王朝後期の学者，文臣．字は恵風，恵甫，号は冷斎，冷庵，古芸ゴウン堂．本貫は黄海道文化．1778年▶燕行使蔡済恭の随員として朴斉家とともに清に赴き，帰国後，朴斉家，李徳懋イドンム，徐理修とともに▶奎章閣キュジャンガクの検書に登用された．▶実学の北学派に属したが，とくに渤海を朝鮮史上に位置づけようとした《渤海考》(1784)は，渤海史研究の先駆的なものとして注目される(▶渤海)．文集にこの《渤海考》を含む《冷斎集》がある．
宮嶋 博史

ユ・ヒャンウォン｜柳馨遠｜유형원｜1622-73

朝鮮▶実学の創始者．字は徳夫，号は磻渓パンゲ

本貫は黄海道文化．京畿道楊平，驪州などに住み，母方の叔父李元鎮を師として学んだ．仕官の道を断念して，壬辰・丁酉じょうの倭乱(文禄・慶長の役)，▶丙子の乱後の国家および民生問題の解決を学問の中心におき，1653年に全羅道扶安郡愚磻洞という僻地に移住．村民に飢饉に備えた食糧の備蓄，緊急時のための造船や馬の飼育を指導したり，隣人や奴僕などとも身分を超えて交際するなど，その実学の思想を実践した．多くの著作のうち現伝するものは《磻渓随録》のみであるが，この書は田制を基本とし，教選(官僚の養成と選抜)，任官，職官，禄制，兵制などについて歴史的に考証し，公田制による土地均分などの改革案を展開している．1770年に英祖の特命で刊行され，後世に伝わる．その思想は▶李瀷いらによって継承されていく． 姜 在彦

ユン・イサン ｜尹伊桑｜윤이상｜1917-95
韓国系のドイツの作曲家．慶尚南道忠武市生れ．父は詩人尹基鉉．大阪音楽学校と東京で音楽を学ぶ．1943年抗日運動により投獄．45年解放後は韓国文化再建に尽力．46年から統営，釜山で音楽教育に携わり，53年ソウル大学に移る．55年韓国文化賞受賞．56年渡欧し，パリ音楽院とベルリン音楽大学で学ぶ．50年代後半にダルムシュタット夏期講習に参加，脚光を浴び，64年フォード財団の招きによりベルリンに移る．67年共産主義者の容疑で韓国当局によりソウルに連行，投獄．2年後釈放，ベルリンに連れ戻され，70年韓国政府により恩赦．ハノーバー音楽大学を経て，73年ベルリン音楽大学教授．71年西ドイツ国籍を取得．88年西独・文化大功労賞受賞．91年カンタータ《わが国土，わが民族》を作曲，10月平壌で発表．59年以来，百十数曲に及ぶ全作品がベルリンで出版されている．東アジア的音楽思想と演奏様式を背景に，西洋音楽の作曲技法を駆使した独創的な作風である．代表作は，《ローヤン(洛陽)》(1962)，《大オーケストラのためのレアク(礼楽)》(1966)，オペラ《シムチョン(沈清)》(1972)，《大オーケストラのための幻想的舞曲ムアク(舞楽)》(1978)，交響曲第4番《暗黒のなかで歌う》(1986)，《オーケストラのための説話・新羅》(1992)などである． 草野 妙子

ユン・グァン ｜尹瓘｜윤관｜?-1111
高麗の政治家．字は同玄．坡平の人．文宗代に科挙に合格し，以後要職を歴任，門下侍中に至った．その間，当時強大化し，高麗侵入をくり返す女真の征討に従事した．1104年東北面兵馬行営使としての征討に失敗したが，07年元帥として17万の軍を率いて女真軍を討ち，咸鏡道咸興方面に9城を設置した．しかし，女真(後の金)の高麗侵寇は依然やまず，09年には大敗．高麗は9城を放棄し，女真と講和した．諡おくりなは文肅． 北村 秀人

ユン・ソンド ｜尹善道｜윤선도｜1587-1671
朝鮮王朝の文臣，歌人．字は約而，号は孤山．本貫は海南．鳳林大君(孝宗)の師傅で，官は礼曹参議に至る．憂国の志が強く，国政をほしいままにする権臣を弾劾したために何度も各地へ流配の憂目にあった．官界への意欲を断ち，郷里の海南へ戻ったが，やがて南海の孤島の甫吉島に入って，楽書斎と名づけた書斎を築き，読書と詩作を楽しみながら生涯を終えた．彼の文集《孤山遺稿》には，《山中新曲》《山中続新曲》などの題で▶時調34首と，独特の詩型による《漁夫四時詞》(40首)が収められている．王朝の歌壇で，歌辞では▶鄭澈チョシ，時調では彼が最高峰である．鄭澈が開拓した詩語を彼はさらに広げて語韻の音楽性を歌の中で追求し，詩想は一貫して逃避的隠者の世界を描いている． 金 思燁

ユン・チホ ｜尹致昊｜윤치호｜1865-1945
朝鮮の政治家．号は佐翁．忠清道牙山の生れ．1881年▶紳士遊覧団の随員として渡日し，中村正直の同人社に学んだ．83年アメリカ公使館通訳となって帰国，▶開化派に荷担し，▶甲申政変失敗後は上海およびアメリカへ留学し，アメリカ南メソディスト派の信徒となった．95年帰国して外部協弁，学部協弁を歴任，96年ロシア皇帝戴冠式に閔泳煥ミンヨンファンの随員として参加．フランスに遊学して97年帰国．▶独立協会に加わり，98年会長となり，反露闘争，国政改革運動を指導．同会解散後は1904年外部協弁，05年日韓保護条約締結後は退官し，大韓自強会，▶新民会の各会長．日本の韓国併合後

の11年，105人事件により逮捕投獄された。15年出獄後は教育家，キリスト教界指導者として活動したが，日本統治末期には国民精神総動員朝鮮連盟の役員となるなど積極的対日協力者となり，解放後その罪を非難され，自殺した。1883-1906年にわたる日記(6巻本)が公刊されている。　　　糟谷憲一

ユン・ドンジュ|尹東柱|윤동주|1917-45

朝鮮の詩人。中国，北間島の明東生れ。延禧専門学校(現在の延世大学校)を経て，1943年日本の同志社大学英文科に在学中，思想犯として捕らえられ，45年2月福岡刑務所で獄死した。中学時代から詩を書いており，キリスト教信仰と民族愛がとけ合った朝鮮語による詩は植民地下の暗黒時代に民族の詩心を代弁した。詩集に，死後刊行された《空と風と星と詩》(1955)がある。〈死ぬ日まで天を仰ぎ／一点の恥ずべきことなきを／草葉に立つ風にも／わたしは心苦しんだ〉と〈序詩〉でうたったように，彼は〈悲しい族属〉(詩集中の一編)の一人として殉節の精神をまっとうした。　　　金学鉉

ユンノリ|윷놀이

すごろくに似た朝鮮の伝統的なゲームで，擲柶戯とも書く。主として正月に行い，今日も韓国では盛んである。柶(ユッ yut)は長さ10～15cm，直径2～3cmの棒を縦に割ったかまぼこ形の木片4個で，これを掛声とともに空中に投げ，落ちたときの表裏の出方で点数がきまり，点数に応じて馬田と称する図上の駒を進める。点数は5級に分け，3伏1仰(1個が開いて落ちた場合)をト(徒または豚)，2伏2仰をケ(開，犬)，1伏3仰をコル(杰，鶏)，4仰をユッ(流，牛)といって，それぞれ仰の数が点数となり，4伏はモ(牟，馬)で5点。馬田は正方形で，四辺に20個，対角線上に9個の圏点を置いたものであり，駒の回り方が定められている。2人以上偶数の人数が2組に分かれて対抗し，先に四つの駒を馬田の外に出した方が勝つ。ユンノリは室内や庭で敷物をしいて行われ，老若男女が楽しむ。その起源は百済時代までさかのぼるといわれる。　　　李杜鉉

ユン・ヒュ|尹鑴|윤휴|1617-80

朝鮮，朝鮮王朝中期の学者。尹鑴とも書く。字は希仲，号は白湖。本貫は南原。〝南人〟

●ユンノリ

農閑期に金銭を賭け，ユンノリに熱中する村人。全羅南道珍島の村にて。

派の巨頭。内憂外患の時代に生まれ，多感な青年期に民族の屈辱(〝丙子の乱と三田渡での臣礼〟)に出会ったのちは科挙に応ぜず，学問専一の生活を送った。聡明な知性と豪胆な気風は，経学研究の理論面，実際面(帝室の服喪問題)にともども発揮され，とくに朱子の学説に従わず自説をたてる自主的態度は西人派の〝宋時烈〟らから〈斯文乱賊〉と攻撃され，悲劇的な最期を遂げた。著書に《中庸解説》などがある。　　　小川晴久

ユン・フンギル|尹興吉|윤흥길|1942-

韓国の小説家。全羅北道井邑生れ。円光大学国文科卒。1968年《韓国日報》の新春文芸作品募集に短編《灰色の冕旒冠の季節》が当選し，教職を捨て，作家生活に転じた。現実社会の矛盾や不条理などをユーモアやペーソスにくるんで描き，70年代に最も多くの話題作を提供した一人であった。急激な経済成長は，社会や人心にさまざまなひずみをもたらしたが，それらを素材とした《九足の靴で居残った男》《青ざめた中年》や，一つの民族が血で血を洗う争いをくり広げた朝鮮戦争を，純真な少年の目を通して見直すことで南北分断の痛みをわがものとした《長雨》《黄昏の家》などは，日本にも紹介されて多くの共感をよんだ。　　　安宇植

ユン・ボソン|尹潽善|윤보선|1897-1990

韓国の第2代大統領(1960.8-62.3)。忠清南道出身。イギリスのエジンバラ大学卒のクリスチャン。上海で朝鮮独立運動を行い，祖

国解放後帰国して1948年初代ソウル市長。'四月革命後の60年8月第4代大統領。翌年の'朴正熙らによる'五・一六クーデタ後，軍部が実権を握るにつれて対立し，62年3月辞任，朴が大統領権限代行に就任した。この間の尹の動きが結局は18年に及ぶ朴政権を生む一つの原因となった。朴大統領暗殺のあと，戒厳布告令違反の罪で80年1月懲役2年を宣告されたが，刑の執行は免除された。全斗煥政権には協力的姿勢をとっている。　　　　　　　　　　　　　　猪狩 章

ユン・ボンギル｜尹奉吉｜윤봉길｜1909-32
朝鮮の独立運動家。忠清南道礼山郡出身。郷里で教育事業に専念したのち，20歳で中国に渡り，独立運動に献身する。上海で愛国志士'金九の薫陶を受け，傾倒する。1932年4月29日上海虹口公園で日本の天長節祝賀会が開催されたとき，参席した日本の要人群に投弾，陸軍大将白川義則，同中将植田謙吉，海軍中将野村吉三郎，駐中国公使重光葵らを死傷させた。同年12月19日処刑される。　　　　　　　　　　姜 徳相

ようし｜養子
朝鮮王朝の初期ころまでは姓の異同に関係なく，3歳未満の子を養子として育てる習俗があったが，氏族制度が普及するに伴い，王朝の中期以降は中国と同じく異姓不養が原則とされるに至った。したがって養子の縁組は姓も'本貫も同じくする同姓同本の近親内の，しかも子の世代に当たる者に限られた。とりわけ上層の両班社会においては，老後の奉養と死後の祭祀を担当する後継者を確保する方策として養子が採られた。養子を迎える最大の理由は，'族譜上の継承と'祖先祭祀にあるが，一方ではく麦一升あれば養子に行かない〉ということわざに示されるように，家産も考慮された。このほか子どもの無病息災と長寿を祈願して，'ムーダンや占い師との間で儀礼的な養子関係を結んで神の加護を求める習俗（'橋の〈命橋〉）がある。　　　伊藤 亜人

ようじょう｜洋擾
19世紀後半に，鎖国を続ける朝鮮にフランスとアメリカが武力を用いて開国を強要した事件で，丙寅洋擾と辛未洋擾がある。いずれも'興宣大院君政権(1863-73)の鎖国攘夷政策('衛正斥邪)の下で起きた。丙寅洋擾は1866年(丙寅の年)の二つの事件，'シャーマン号事件とフランス艦隊襲撃事件の総称である。前者は，同年8月にアメリカの武装商船のシャーマン号が交易を求めて大同江を遡上し，交戦の末，平壌付近で焼き沈められ，乗組員全員が死亡した事件である。この事件は，後述の辛未洋擾の原因となった。フランス艦隊襲撃事件は，同年3月にベルヌー司教以下9名のフランス宣教師が処刑された丙寅教獄に端を発する。このとき難をのがれた3人の神父のうち'リデルが清の芝罘に救援を求めた結果，フランス艦隊が出動した。出動は2回行われた。1回目は，旗艦プリモウゲ以下3隻による漢江下流域の偵察行動(1866年9〜10月)，2回目は旗艦ラ・ゲリエル以下7隻による江華府の占領と漢江河口の封鎖であった(同年10〜11月)。しかしフランス側が目的とした丙寅教獄の責任追及と条約の締結は，朝鮮側の武力抵抗と持久戦によって失敗に終わった。辛未洋擾は1871年(辛未の年)に起きたアメリカ艦隊の襲撃事件であり，その原因はシャーマン号事件にあった。アメリカは同事件の生存者確認のために，1867年1月に軍艦ワチュセットを，翌68年4月に軍艦シェナンドアを派遣し，事件の真相究明に当たらせた。71年5月には，旗艦コロラド以下5隻を派遣した。同艦隊(司令官，ロジャーズ少将)は6月，朝鮮側の攻撃を退けて江華島の軍事拠点を壊滅させたが，朝鮮政府によって交渉を拒否され，むなしく芝罘に帰還した。

丙寅，辛未の両洋擾でフランスとアメリカの要求を退けたことは，大院君政権に自信を与えた。その結果，同政権は，〈洋夷侵犯，非戦則和，主和売国。戒我万年子孫。丙寅作辛未立〉と刻んだ石碑(斥和碑)を全国に建立し，断固とした鎖国攘夷の意志を示した。朝鮮が欧米諸国に開国するのは，政権が大院君から閔氏に移り，江華島事件をへて'日朝修好条規(1876)を締結して以後のことで，1882年の朝米修好通商条規につづき，同年イギリス，ドイツ，84年イタリア，ロシア，86年フランスと，それぞれ修好通商条規を結んだ。　　　　原田 環

ヨ・ウニョン|呂運亨|여운형|1886-1947

朝鮮の独立運動家,政治家。ヨ・ウンヒョンとも。号は夢陽。京畿道生れ。培材学堂,郵逓学校に学んだ後キリスト教に入信,教育事業を行った。1914年中国に渡り,南京の金陵大学英文科に学び,18年上海で新韓青年党を組織し,▶金奎植キムギュシクをパリ講和会議に派遣,三・一独立運動に際して19年4月▶大韓民国臨時政府樹立に参加。同年末日本に渡り,陸軍大臣田中義一らに会い,記者会見でも朝鮮独立を主張して日本政界に物議をかもした。このとき吉野作造らにも会った。上海にもどり,大韓人居留民団団長を務める一方,高麗共産党にも加わり,22年にはモスクワでの極東民族大会に出席,議長団の一人に選ばれた。その後,上海を中心に韓国労兵会,中韓互助社の活動を行った。孫文とも交友があったという。29年日本官憲に逮捕され,朝鮮に移送,懲役3年の判決を受けた。出獄後の33年《朝鮮中央日報》社長に就任したが,36年の〈▶日章旗抹消事件〉で廃刊となった。44年秘密結社建国同盟を結成,解放の日に備えて活動した。45年8月の解放に際して総督府の要請に応じて治安維持に協力,▶朝鮮建国準備委員会を結成して委員長に就任,9月には▶朝鮮人民共和国を樹立,副主席となる。朝鮮人民党委員長,民主主義民族戦線議長を経て,47年勤労人民党委員長となり,最左翼の南朝鮮労働党(▶朝鮮労働党)とは異なる道を歩んだ。左右合作委員会の左派代表として合作に努力したが,47年7月李承晩派に暗殺された。気骨ある社会主義者であり,雄弁家としても名高く,解放後の南朝鮮では最も人気のある政治家だったといわれる。　　　水野 直樹

ようめいがく|陽明学

朝鮮に陽明学が入るのは16世紀後半,《伝習録》の伝来をもってであるが,ときあたかも朝鮮王朝朱子学(性理学)の理論的高揚期にあたり,朝鮮の朱子の存在の▶李退渓イテゲが生存中であった。彼によっていち早く《伝習録弁》が書かれ,陽明学が〈賊仁義乱天下〉の〈邪説〉と断定されたことは朝鮮陽明学にとって不幸な出発であった。しかし▶老論ノロン派が政権を握り,▶宋時烈ソンシヨルが朱子学批判者を〈斯文乱賊〉と弾圧するまでは,陽明学を公然と評価する多少の自由はあった。丙子の乱(1636)の難局に主和論者としてよく対処した▶崔鳴吉チエミンギル,その著《谿谷漫筆》で朱子学しか学ばない朝鮮の学問的風土の貧寒さを慨嘆した張維チヤンユはこの時期を代表する陽明学のよき理解者であった。しかし本格的に陽明学を研究し,その学統を朝鮮に開いたのは▶鄭斉斗チヨンジエドウである。彼は師友の忠告や老論派の排撃にもひるまず,いっさいの名利を捨てて江華島で研鑽ケンサンを積み,その成果を《存言》3巻に著した。しかし朝鮮の《伝習録》といえる本書は刊行されず,彼の学問は江華島を中心とする▶少論ソロン派の学者たち,李匡臣,李匡師クアンサ,李令翊,李忠翊らに受け継がれ,やがて近代の民族的危機の状況下で再浮上することになる(李建昌,李建芳,▶鄭寅普チヨンイボら)。朝鮮王朝では陽明学派は公然と存立することを許されなかったが,固有名詞を語れないこの厳しさは,反面陽明学をますます生きた学問に変えた。人間的真実が探究されるところ,学問の有効性が問われるところ,〈虚〉と〈仮〉を憎む〈実学〉精神の発揮されているところに,朝鮮陽明学の生きた姿を読み取る作業が必要であろう。　　　小川 晴久

よくそ|沃沮|옥저

古代の朝鮮半島北東から現在の中国の東北方面北方にかけて居住していた民族名。またその国名,地名。沃沮については最も詳細な記録を残した《三国志》魏志東夷伝によると,沃沮族は半島の北東部,すなわち現在の咸鏡道からその北方に居住していたようであるが,古文献ではさらに北方のウスリー江流域一帯に存在していたらしい。北は挹婁ユウロウや▶夫余族,南では▶濊貊ワイバクに接し,西方には高句麗の勢力があった。その言語は高句麗と大同小異で,四方を強敵に包囲されているため,必然的に高句麗の直接間接の支配を受けざるをえなかった。前108年,漢の武帝が漢四郡を設けたとき,沃沮は▶玄菟ゲント郡治に入った。そのころの中心地は現在の咸興カムフンに比定されている。しかし高句麗族の強大化にともない,その支配に屈した。3世紀半ば曹魏の▶毌丁倹カンキユウケンの高句麗遠征のおりには,高句麗王の宮(位宮)が沃沮に亡命したので沃沮も魏軍の

討伐を受け，245年，玄菟太守王頎の攻略に下った．このとき高句驪王はさらに逃れて北沃沮に走ったという．しかし北沃沮とか南沃沮とかの区別は便宜的なもので，部族的に特別の違いはなかったようである．また，沃沮の文化で注目されるのは独自の習俗とともに，かなり中国文化の影響が及んでいることである． 村山 正雄

よしのさくぞう｜吉野作造｜1878-1933

政治学者．李殷徳，金雨英ら朝鮮人留学生との出会いを通して朝鮮問題に関心をもった．1916年に朝鮮，満州（中国東北部）を旅行し，帰国後《満韓を視察して》を書いて日本の植民政策を批判した．19年の三・一独立運動に際しては《先づ自己を反省せよ》《対外的良心の発揮》《朝鮮統治の改革に関する最少限度の要求》などの論文を発表して，日本が自己反省すべきこと，朝鮮統治政策を改善すべきことなどを説いた．23年の関東大震災における▶朝鮮人虐殺事件のときには，独自に虐殺の実態調査を行った．中国・朝鮮関係の代表的論文を集めた《中国・朝鮮論》（1970）がある． 高崎 宗司

ヨス｜麗水｜여수

韓国，全羅南道の南海岸にある都市．1949年市制発足，98年には麗川市および麗川郡を統合した．面積503.8km²．人口29万5215（2012）は全羅南道の市・郡の中で最多．前面の突山島が風波を防ぐ絶好の港に恵まれ，朝鮮王朝時代には海防上の要地として水軍が置かれ，豊臣秀吉軍の侵入の際，▶李舜臣の活躍した古戦場として知られる．近代に入ってからは南海諸島への海上交通，近海漁業の基地として商業都市となった．1948年，南朝鮮単独選挙に反対して起こった▶済州島四・三蜂起を鎮圧するために出動した海軍の反乱事件で有名である（麗水・順天反乱事件）．麗水から忠武市沖合の▶閑山島に至る閑麗水道一帯は海の国立公園に指定され，定期遊覧船が回航されている．南海沿岸産業団地の中心地として，大規模な石油化学コンビナートのほか，肥料・水産加工・造船などの工業が立地している．2012年には〈生きている海，息づく沿岸〉をテーマに世界博覧会が開催された．
谷浦 孝雄＋佐々木 史郎

ヨチョン｜麗川　→ヨス（麗水）

よどごうじけん｜よど号事件

1970年3月31日に発生した日本初のハイジャック事件．共産主義者同盟赤軍派を名乗る田宮高麿ら9人が羽田発福岡行の日本航空ボーイング727機〈よど号〉（乗客122人，乗員7人）をハイジャックし，ソウルを経て平壌に着陸．9人は北朝鮮側に投降，その庇護下に置かれた．80年代から無罪での帰国の意志を表明し，90年前後には訪朝した日本人旅行者らと頻繁に面会．田宮高麿らメンバーの一部は北朝鮮で死亡，偽米ドル事件でタイ・カンボジア国境で逮捕された者もいる．その妻の一部や子供は日本への帰国を実現．彼らく よど号グループ〉には，日本人拉致事件に関与した疑いがあるとして結婚目的誘拐容疑で国際手配されているメンバーもいるが，彼らも北朝鮮側も一切認めていない． 礒崎 敦仁

ヨム・サンソプ｜廉想渉｜염상섭｜1897-1963

朝鮮の作家．本名尚燮，号は横歩．ソウル出身．慶応大学中退．《廃墟》の同人として評論により文学活動に入ったが，1921年短編《標本室の雨蛙》で注目される．同年《東亜日報》をふりだしに各紙の記者生活を送りつつ，植民地末期の数年を除き生涯を通じて旺盛な創作活動をみせた．代表作は《万歳前》（1923），《三代》（1931）．前者は三・一独立運動前夜の暗い社会を背景に虚無に陥った青年を日本自然主義の影響色濃い筆緻で描く．後者は封建地主，開化期開明派，植民地世代の一家三代を中心に，1930年代朝鮮社会を再構成して写実主義文学の一つの到達点とされる．日常生活を緻密になぞる鈍く重い独特の写実的文章をもつ．
長 璋吉

ヨンサンくん｜燕山君｜연산군｜1476-1506

朝鮮王朝第10代の王．在位1494-1506年．成宗の第1子で名は㦕．母尹氏の賜死事件のため性格異常をきたしたといわれ，全国に使臣を派遣して美女良馬を集め，円覚寺で妓生を養成，▶司諫院，経筵を廃して▶成均館を遊戯場とするなどの非行が多かった．このような王の性格を利用した柳子光など勲旧勢力が，▶士禍をひきおこし，金宏弼ら多くの士林が粛清された．成希顔

らが中宗を立てると燕山君に降封(王としての諡を贈られず，王の兄弟として遇されること)，江華島に流されて，卒した。　　　山内弘一

ヨンサンこう|栄山江|영산강

韓国南西部の〈全羅南道を流れる河川。潭陽郡の龍湫峰(560m)に発して光州広域市・羅州市・霊岩郡などを流れ，木浦市で黄海に注ぐ。全長122km。流域面積は約2800km²で，全羅南道の総面積の4分の1近くを占める。流域の羅州平野は肥沃な穀倉地帯であり，丘陵地では特産のナシ栽培も盛んである。古くから南西海岸や沿岸島嶼との水運に利用され，木浦から48km上流の羅州市栄山浦には1960年代まで小汽船が往来する河港があった。反面，下流域は河床の上昇による洪水の多発や灌漑設備の不足による干ばつ被害に長年悩まされてきたが，70年代以降，大型貯水池や栄山江河口堰の建設をはじめとする栄山江地区総合開発事業により改善が進んだ。また，李明博政権(2008-13)による四大河川整備事業の対象となったが，実質的な効果や環境への影響については評価が分かれている。
佐々木 史郎

ヨンジョ|英祖|영조|1694-1776

朝鮮王朝第21代の王。在位1724-76年。文芸復興の王として知られ，31歳で即位し，王朝では最長の治世52年に及んだ。即位当初から臣下間の〈党争の調停に心をくだき，蕩平策とよばれる各派閥から人材を登用する政策をとり，臣下との調和に努めた。また社会政策の面でも度支定例や〈均役法などの財政・税制改革を行い，寛刑の実施，申聞鼓とよばれる民衆の直訴制度の復活など，王道理念からする数々の政策を実施した。その基礎には《六典》や《続大典》などの法典の整備，《続五礼儀》や《東国文献備考》などの一種の百科事典の編纂事業などがあった。晩年にはみずからの手で実子である思悼世子を暴虐行為を理由に櫃の中に閉じこめて死にいたらしめるという悲劇をうみ(1762)，その妥当性をめぐって臣下間に時派(世子に同情)，僻派(世子を非難)の新たな党争を生んだが，自身は耆老所(一種の敬老組織)に入って天寿を全うした。
鶴園 裕

ヨンセだいがっこう|延世大学校|연세대학교

韓国，ソウルにあるキリスト教系私立総合大学。1915年アメリカ人宣教師〈アンダーウッドが設立した徹新学校大学部が始まり。18年ソウルの新村洞に移り，23年延禧専門学校と改称，41年工業経営専門学校とさせられたが，46年文科・商経・理工・神学・政法の5単科大学と大学院を置く総合大学に昇格，57年セブランス医科大学を併合して現名となった。新村キャンパスのほかに江原道に原州キャンパス(一山，梅芝)をもつ。2013年現在，新村キャンパスには文科，医学，商経，経営，工科，神科などの計13大学と一般大学院のほか，連合進学大学院や国際学大学院などの専門・特殊大学院が計14，原州キャンパスには5大学1学部のほか，特殊大学院が設置されている。セブランス病院に代表される医療院(1885年アメリカ人宣教師アレンによって設立された広恵院を淵源とする)のほか，国学研究院などの附属研究院や研究所を多数付設。在学生数は総計約3万7800人。卒業生は実業界に多く進出している。
渡部 学＋通堂 あゆみ

ヨンピョンとう|延坪島|연평도

韓国，京畿湾中の島。朝鮮民主主義人民共和国側の甕津半島に近く，大延坪島(面積7.01km²)と小延坪島(同0.24km²)の2島からなる。人口2078(2012)。かつては黄海道に属していたが，北緯38度以南に位置するため，1945年の南北分断当初は南側に属し，対岸の甕津半島とともに京畿道に編入された。〈朝鮮戦争の停戦後，軍事境界線以北の甕津半島は黄海南道に入ったが，大・小延坪島は白翎島・大青島・小青島とともに韓国領にとどまり，甕津郡所属の〈西海五島〉として，北朝鮮の脅威と間近に対峙する軍事的要地となってきた。95年以降，甕津郡は京畿道から仁川広域市に編入され，現在に至っている。海岸部では貝類や海藻類の水揚げがあるほか，近海はイシモチやワタリガニの好漁場となっているが，99年6月と2002年6月には両軍の艦艇が交戦し，双方に死傷者と艦艇の喪失があった(第1次・第2次延坪海戦)。また2010年11月には，北朝鮮からの砲撃で，大延坪島の韓国軍と民間人に死傷者や施設被害が続出した。　佐々木 史郎

ら

らうんけい｜羅雲奎｜➡ナ・ウンギュ
らくせんうんどう｜落選運動｜➡市民運動
らくとうこう｜洛東江｜➡ナットン江
らくろうぐん｜楽浪郡

中国の漢の武帝が，前108年▸衛氏朝鮮を平定して，その故地に設置したいわゆる〈漢四郡〉の一つで，その代表的なもの．武帝は前109年(元封2)衛氏朝鮮王朝最後の国王，衛右渠の抗命を理由に出兵して，翌年これを平らげ，楽浪ほか3郡をおいて朝鮮を直接支配下に編入した．楽浪郡の中心地はほぼ現在の平壌付近に比定される．最初の領域は現在の大同江，清川江沿岸から鴨緑江下流方面にわたるものと推定され，朝鮮半島北西部の重要な地域を包括するものであった．諸史料によってみてもこの地域は古くから中国と深い関係をもち，政治，文化などあらゆる面で中国との交流の大動脈の機能を担う地域的特性をもっていた．

楽浪郡の存続はおよそ4世紀にわたるが，その歴史はのちの▸帯方郡分立をはさんで2期に分けられる．漢帝国の衰退は周辺諸族の台頭を招来したが，楽浪郡も周辺民族の侵入によって逐次縮小の途を歩むことになる．すなわち，前82年(始元5)，漢は早くも▸真番，▸臨屯の2郡を廃止し，さらに▸玄菟郡も縮小してそれらの一部は楽浪郡に編入された．続いて後漢の光武帝時代，後30年(建武6)には楽浪東部のいわゆる嶺東七県が廃止された．しかし楽浪郡の消長の上からみて最も重大な変化は帯方郡の新設である．これより先，遼東の豪族，公孫氏は楽浪郡をその支配下に入れていたが，中国支配の弛緩に乗じて半島南部には韓・濊諸族の活動が旺盛となり，郡の南部を脅かすにいたったので，204年(建安9)公孫度は支配体制強化のため郡をほぼ二分して，南半を帯方郡と称した．やがて3世紀前半，曹魏(三国魏)は▸公孫淵を殺し，楽浪・帯方2郡は魏の支配下におかれ，ついで晋の治下におかれた．一方，晋末の動乱に乗じて，かねてから野心をもっていた満州(現，中国東北)の強国▸高句麗は南下して313年ころ楽浪郡を滅ぼし，帯方郡も前後して韓・濊諸族によって併合された．

楽浪郡はこうして滅び去ったが，その4世紀もの長きにわたる存続を通じて中国の前進基地として果たした歴史的意義はすこぶる大きい．すなわち，この期間に東夷諸族を直接間接に支配し，この支配によって中国の高度の文化に刺激された東夷諸族に独自の国家形成の契機を与えたことである．邪馬台国の女王卑弥呼の使者が帯方郡を経由して中国に赴いたことは周知のところである．またく楽浪文化の名称で珍重される文化遺産は主として漢代前後の工芸品が多く，銅製の祭器，金銀の装飾品，絹織物，すぐれた鋳鉄技術を示す各種の出土品，とくに▸木簡文書を納めた封泥などやおびただしい印章などは膨大な調査報告として今日に残されている．遺跡の研究報告も多大の成果を残しており，解放後は現地の研究者に受けつがれている．ただし，最近の朝鮮民主主義人民共和国の史学界の見解は，楽浪郡の所在を在来の定説よりもさらに北方の遼河流域方面に求め，楽浪郡の性格もたんなる中国の郡県支配ではなく，〈楽浪国〉とか〈帯方国〉ともいうべき韓族の一大在地勢力として認識すべきであるという説が唱えられており，今後の研究にまつところが多い．

村山 正雄

[遺跡]　楽浪郡は25の県からなっていたが，ほぼ現在の朝鮮民主主義人民共和国平安南道から黄海北道を中心とする地域にあたる．郡治は朝鮮県にあったが，楽浪郡治址は，平壌の市街地から大同江を挟んで対岸の平壌市楽浪区域土城洞一帯に比定される．この低丘陵地帯に遺存する土城からはく楽浪

礼官〉〈楽浪富貴〉の4文字を配した瓦当や，封泥の文字を刻んだものが出土している。郡治址は東西約700m，南北約600mの範囲に，およそ31万㎡を囲んで不整形に土塁がめぐらされている。城壁内では，古くから遺物が採集されていたが，1935年，37年に，土城内中央の台地の東側斜面で部分的な発掘調査が行われた。その際，瓦葺き礎石建物，塼築の井戸，塼敷歩道，玉石溝などの遺構や，赤く焼けた漆喰や炭化した木柱，瓦塼，封泥などが検出された。これまでに城内から種々の遺物が出土しているが，瓦塼や陶器類が最も多く，封泥，金属製武器・武具，漆器，ガラス・水晶製装身具，貨幣，同鋳型とつづく。郡治址出土の遺物のなかで，とりわけ注目されるのは封泥であって，〈楽浪大守章〉や〈楽浪大尹章〉のような郡の官印のほか，〈朝鮮令印〉〈長岑長印〉〈昭明丞印〉〈不而左尉〉など，郡下25の県の令・長・丞・尉の官印が含まれる。

また，楽浪郡治址の南方から東方にかけて，現在の平壌市楽浪区域貞柏洞付近一帯には，千数百基以上の古墳が群集して分布する。この楽浪古墳群は，1，2世紀ころを境にして，木槨墳から塼築墳へと変化する。木槨墳は，たとえば，王光墓でみるように，方形の竪壙内に，角材をもって槨をつくり，L字状に仕切られた内槨に，夫婦用の二つの木棺が安置される。木槨の上部は，やはり角材で横架してから粘土で覆い，さらに封土を盛り上げて方形の墳丘をつくる。木棺内からは，被葬者に装着されていた装身具類が出土する。内槨の北から西にあるL字状空間には，被葬者の身分や地位を示す〈楽浪大守掾王光之印〉の木印をはじめ，陶器，漆器，調度品，車馬具，武器など多くの副葬品を納める。木槨墳は，漆器の紀名銘や銅鏡の鏡式から，前漢末から後漢にかけて盛行したことがわかる。塼築墳は，塼で横穴式の墓室と羨道をつくったもので，墓室内には，二つないしそれ以上の木棺が安置される。副葬品には，陶器，漆器，武器，銅鏡，貨幣，明器などがあるが，木槨に比べて盗掘を多く受け，出土量は少ない。副葬品や使用塼の紀年銘からみると，塼築墳は後漢から西晋にかけて，さ

● **楽浪郡** 図 漢四郡と三韓 前108-後313ころ

らに楽浪郡滅亡後の東晋まで長く営まれている。 ⇨考古学　　　　　　　　　　西谷 正

らしゅう 羅州 ⇨ナジュ
ラジン 羅津 ⇨ラソン（羅先）
ラソン 羅先 라선

朝鮮民主主義人民共和国の北東部にある咸鏡北道の都市。面積746k㎡，人口19万6954(2008)。冬季も砕氷船を必要としない天然の良港，羅津港を有する。1932年に同港の築港と市街地計画が始まり，鉄道路線の整備とあいまって，日本から満州に渡るルートの一つとして位置づけられるようになった。45年8月，対日参戦に踏み切ったソ連軍が8日の空爆に続いて，12日に上陸した。65年に清津との間が鉄道で結ばれ，交通の要衝として都市化が進み，67年市に昇格。東海岸に不凍港をもたないソ連が，70年代末以来軍港として利用するようになったとされ，世界の注目を集めた。91年豆満江開発のため北隣の先鋒（旧雄基）郡とともに〈自由経済貿易地帯〉とされ，93年に合併し，羅津・先鋒直轄市となる。同年〈羅津・先鋒自由経済貿易区開発計画〉によって地域が拡張され，98年には地

帯の名称が〈羅津・先鋒経済貿易地帯〉となった。2000年羅先市と改称。その後、咸鏡北道への再編入と直轄市昇格をくりかえしてきたが、10年1月には特別市に位置づけられた。中国・ロシア両国には羅津港の使用権が付与されている。また、韓国釜山港との間にコンテナ航路が開設されたが、南北関係の悪化から13年現在、休止が伝えられている。　　　　　　　　　　　佐々木 史郎

ラングーンじけん｜ラングーン事件

1983年10月9日にビルマの首都ラングーン（現ミャンマーのヤンゴン）で起きた韓国政府代表団を狙った爆弾テロ事件。ビルマを公式訪問中だった大統領の▼全斗煥（チョンドゥファン）ら一行が国立墓地アウン・サン廟（殉難者廟）を献花のため表敬訪問した際、爆弾が爆発し、副総理の徐錫俊や外務部長官の李範錫ら閣僚4人を含む韓国人17人とビルマ人4人の計21人が死亡、40人以上が負傷した。全斗煥夫妻は到着がわずかに遅れたため無事だった。ビルマ政府は〈北朝鮮工作員によるテロ〉と断定、北朝鮮との国交を断絶し、謝罪を要求したが、北朝鮮は一貫して関与を否定。ビルマ政府の発表では、実行犯は3人で、1人は銃撃戦の末に死亡、2人が重傷を負った。うち1人は死刑となり、無期懲役となった残る1人（カン・ミンチョル）も2008年5月に病死した。02年になってミャンマーと北朝鮮が関係見直しのため、外交レベルで接触を続けている事実が表面化。07年4月に国交を回復した。ただ、ミャンマーが11年3月に民政移管して以降は韓国との関係が急速に深まっている。　　　　　　　　阪堂 博之

ランニムさんみゃく｜狼林山脈｜낭림산맥

朝鮮半島北部の山脈。ナンニムとも。鴨緑江中流の南岸から発し、元山西方において楸哥嶺（チュガリョン）地溝帯によって画されるまでほぼ南北に展開しており、南部の▼太白（テベク）山脈とともに朝鮮半島の脊梁をなす。平均高度1000mだが、稀塞峰、小白山など2000mを超す高峻な峰々と深い渓谷が連なり、東西交通の大きな障害となっている。北部では江南山地と▼蓋馬高原の境をなし、また南西方向へ狄踰嶺（チョギュリョン）、妙香、彦真、馬息嶺などの山脈が分岐している。　　　谷浦 孝雄

リ｜里｜리

最下級の地方行政区画。〈洞〉（トン）とも称し、漢城（ソウル）では〈契〉と称した。本来は自然村落であり、自治団体的性格が強い。多くは数個の集団に分かれ、それらも〈里〉とよぶ。〈里〉は高麗時代から存在し、日本の字（あざ）にあたる。〈里〉は一般民衆の生活の場であるが、通常は賤民以外の各身分が雑居していた。郡衙を通した地方行政は〈面〉（ミョン）よりも〈里〉を直接の対象とすることが多く、行政責任者として部落の長老が尊位、頭民、管領などの役職につき、行政命令を実行するとともに村落自治を運営した。郡衙との連絡には庶民の〈洞掌〉があたった。朝鮮王朝政府は〈五家作統法〉により、日本の〈五人組〉に類似した連帯責任と相互監視のための〈五家統〉（〈隣保制〉の項を参照）を組織させたが、民衆の実質的な結合は互助組織である▼契であった。〈里〉の数は18世紀中ごろで約4万であったが、韓国併合後の1914年、面里制で約2万8000に統廃合され、行政村の性格が強くなった。

なお、距離の単位としても里は用いられるが、10朝鮮里が日本の1里に当たる。➡村
地域・国名編の大韓民国・朝鮮民主主義人民共和国［末端行政区画］　　　　　　　　　　　　　吉田 光男

| りおう｜李王｜➡スンジョン（純宗）
| りかいしょう｜李会昌｜➡イ・フェチャン
| りかいちょう｜李海朝｜➡イ・ヘジョ
| りかじょしだいがっこう｜梨花女子大学校｜➡イファ女子大学校
| りかつ｜李适｜➡イ・グァル
| りがん｜李巌｜➡イ・アム
| りかんよう｜李完用｜➡イ・ワニョン
| りくいてん｜六矣廛｜➡六矣廛（ろくいてん）
| りけいほう｜李奎報｜➡イ・ギュボ
| りこう｜李滉｜➡イ・テゲ（李退渓）
| りこうしゅ｜李光洙｜➡イ・グァンス
| りこうせき｜李孝石｜➡イ・ヒョソク
| りこうろう｜李恒老｜➡イ・ハンノ
| りこく｜李穀｜➡イ・ゴク
| りさいこう｜李晬光｜➡イ・スグァン
| りさんかぞく｜離散家族｜➡南北離散家族
| りじ｜李珥｜➡イ・ユルゴク（李栗谷）
| りしあい｜李施愛｜➡イ・シエ
| りしえん｜李子淵｜➡イ・ジャヨン

りしちょうせん｜李氏朝鮮｜➡朝鮮王朝
りしゅんしん｜李舜臣｜➡イ・スンシン
りしょうき｜李升基｜➡リ・スンギ
りしょうくん｜李承薫｜➡イ・スンフン
りしょうばん｜李承晩｜➡イ・スンマン
りしょうばんライン｜李承晩ライン｜➡平和ライン
りしょく｜李穡｜➡イ・セク
りじんさい｜李仁済｜➡イ・インジェ
りじんちょく｜李人稙｜➡イ・インジク
リ・ジンヒ｜李進熙｜이진희｜1929-2012

考古学，日朝関係史の研究者．1929年韓国慶尚南道生れ．明治大学で考古学を学び，57年同大学大学院修士課程修了，55-61年朝鮮高校講師，61-71年朝鮮大学校教員，94-2003年和光大学教授．朝鮮考古学・古代史，日朝関係史研究を進めるとともに，〈広開土＊王碑〉の拓本の研究を精力的に行い，72年に《広開土王陵碑の研究》，77年に《好太王碑と任那日本府》，80年に《広開土王碑と七支刀》などを発表して，日本軍部による碑字改竄を主張し，拓本の再検討，さらにそれに依拠した大和朝廷の〈任那支配〉の再検討を高唱した．　　　　井上 直樹

りじんろう｜李仁老｜➡イ・インノ
リ・スンギ｜李升基｜리 승기｜1905-96

朝鮮の科学者．全羅南道潭陽出身．松山高校を経て，1931年京都大学化学工業学科卒．合成繊維研究の先駆者で，39年(アメリカがナイロン合成を公表した翌年)早くもビナロン(ビニロン)合成に成功したが，日本では冷遇され，第2次大戦末期には不穏言動で検挙されたりした．解放後，帰国してソウル大工科大学長を務め，朝鮮戦争中に北に移って咸興のビナロン工業の育ての親となった．57年以来最高人民会議代議員．自伝《ある朝鮮人科学者の手記》(1969)がある．
　　　　　　　　　　　　　　　梶村 秀樹

りせいけい｜李成桂｜➡イ・ソンゲ
りせいけん｜李斉賢｜➡イ・ジェヒョン
りそう｜李箱｜➡イ・サン
りたいおう｜李太王｜➡コジョン(高宗)
りたいけい｜李退渓｜➡イ・テゲ
りたいしゅん｜李泰俊｜➡イ・テジュン
りちょう｜李朝｜➡朝鮮王朝
りちょうじつろく｜李朝実録｜➡朝鮮王朝実録
りちょうはくじ｜李朝白磁｜➡朝鮮白磁
りちょうびじゅつ｜李朝美術｜➡朝鮮美術
りちょうみんが｜李朝民画｜➡民画
リデル｜Félix-Clair Ridel｜1830-84

フランスのパリ外国宣教会士．漢名は李福明，李卜明．1859年パリ外国宣教会神学校を卒業．61年朝鮮に潜入し，66年の丙寅教獄に際し天津に脱出してフランス艦隊の出動を求め，同艦隊による同年9月の朝鮮偵察と10月の江華島襲撃(＊洋擾)を朝鮮人信徒とともに水先案内した．69年司教となり，77年に朝鮮に再入国，翌年1月捕らえられたが，日清両国の働きかけで北京に送還された．その後日本に渡り，《朝仏辞典》(1880)，《朝鮮語文法》(1881)を横浜で刊行．84年に母国で没した．　　　　　　原田 環

りとう｜吏読｜이두

朝鮮で国字＊ハングルの創案(1443)以前に発達した漢字による朝鮮語の表記法．吏道，吏吐，吏書などとも書く．広義には，漢字の音や訓を利用して行った朝鮮語表記の総称としても用いられ，三国時代の固有名詞や官職名の表記を含めていうこともあるが，狭義では，郷札きょう，口訣くけつ(後述)と区別して，朝鮮語の構文に従って書き下した一種の変体漢文で，漢字語に添加する朝鮮語を書き表したものをいう．

解読にまだ問題のあるものもあるが，たとえば次の例の太字部分のように，助辞や用言の活用形を表記したものが主であり，名詞，副詞なども一部含まれる(かっこ内は当該部分の音を示す)．〈凡侍朝及侍衛官員**亦**(-i)顧問**教是去等**(-isi·gʌ·dɯn)各職**次以**(-ro)**進叱**(nas·dɯra)回合**為白乎矣**(-hʌ·sɯrb·o·dʌi)先後失行**為在乙良**(-hʌ·gyan·ɯr·an)罰俸禄半月(凡そ朝廷に仕えるもの及び護衛の官員が御下問せられたならば，それぞれ職次(の高下)によって進み回答申し上げるところ，先後(を)誤って行ったならば罰(は)俸禄半月)〉(《大明律直解》)．

新羅時代の金石文に初期の姿がみえ，高麗時代の金石文などで発達した形となり，朝鮮王朝に受けつがれた．国字創案の前後には漢文の翻訳に用いたこともあるが，主に下級官吏の公用文や契約文の文体として19世紀末まで用いられた．漢字の用法と読みには伝統的な型があって，古代の漢字音や訓を反映するものがまじっているので，

●竜

炎様の翼をひるがえし，四方に四肢を張る黄竜図。集安五塊墳第4号墓の玄室天井壁画。高句麗。

これらを見分けることによって古代朝鮮語の重要な資料となる。

郷札は新羅時代に▶郷歌の記録に用いられた漢字による表記で，全文が古代の朝鮮語であるが，原則的には名詞，動詞など意味部は訓表記，文法形態部は音表記と考えられる。また，▶口訣は吐ともいい，漢文読解の補助として語句の下に付記する形態部をさすが，漢字やその略体字が用いられ，のちには主にハングルが用いられるようになった。これらにみられる漢字の用法には共通のものがあり，漢文訓読の発達・変遷との関連が考えられる。その源流は日本上代の漢字使用の原型であったと考えられるが，最近，高麗末期の漢文訓読資料の発見により漢文読法の観点からも新たな注目をあびている。　　　　　　　　大江 孝男

りとうき｜李東輝｜➡イ・ドンヒ
りとくぼう｜李德懋｜➡イ・ドンム
りのうわ｜李能和｜➡イ・ヌンファ
りぶんれつ｜李文烈｜➡イ・ムニョル
りへいとう｜李丙燾｜➡イ・ビョンド
リム・チュンチュ｜林春秋｜림춘추｜1912-88

抗日パルチザン出身の朝鮮民主主義人民共和国の政治家。金日成部隊の忠実な隊員で，詳しいメモにもとづく回想録を執筆している。解放後は江原道の人民委員会，党委員会の委員長，朝鮮戦争後には東欧諸国大使などを務めたが，有能な書記タイプで，延安派追放以後，行政機構の中枢にあった。1962年から最高人民会議常任委員会書記長，67年に一時格下げされたが，72年12月中央人民委員会書記長として復活，83年よりは国家副主席。党中央政治局常務委員でもあった。　　　　　　　　梶村 秀樹

りめいはく｜李明博｜➡イ・ミョンバク
リャンガンどう｜両江道｜량강도

朝鮮半島の最北部内陸の地方行政区画。朝鮮民主主義人民共和国に属し，1954年に旧咸鏡南道(咸鏡道)の北半部を中心に，隣接する咸鏡北道・平安北道の一部地域を加えて新設された。道都は▶恵山市。面積1万3880km²，人口71万9269(2008)。朝鮮最高峰の白頭山(2744m)を境として，鴨緑江，豆満江を挟んで北に中国と接する国境地帯であり，道名はこの両河川が流れていることに由来する。恵山市と中国吉林省の長白朝鮮族自治県との間には，鴨緑江をまたぐ長恵国際大橋がかけられており，中朝交流ルートの一つとなっている。朝鮮の屋根とされる▶蓋馬高原と茂山高原の一部を道域とし，平均高度は1300mをこえる。恵山の年平均気温は3.9℃，1月の-16.5℃をはじめ，11月から3月の月平均気温が氷点下に下がる酷寒の地である。朝鮮王朝時代までは▶火田民が流浪するほどの僻地だったが，日本植民地時代に豊富な山林資源やマグネサイトなどの地下資源の開発のために恵山まで鉄道が敷かれ，高原各地に鉱山町や林業基地が発達した。独立後は恵山を中心に製紙，家具，繊維，機械など各種の工業が建設された。国内資源の最大限利用を国策とする北朝鮮では，本道の自然資源開発に大きな力を入れており，その一環として恵山を中心とする交通網の整備を行っている。この地方はかつて抗日武装闘争が展開されたため，革命の聖地とされており，1980-90年代に道内の厚昌郡，豊山郡，新坡郡がそれぞれ金亨稷郡，金亨権郡，金正淑郡に改名された。これらの郡名は金日成主席の父，叔父，先妻の名に由来する。　　　谷浦 孝雄＋佐々木 史郎

りゅう｜竜｜용

朝鮮では高句麗の壁画などに麒麟，鳳凰，

亀とともに竜は四霊図の一つとして早くからうかがえ，霊獣とされている。山の動物である虎と対になって帝王の象徴にもなり，王の座るところは竜床とよばれる。王の常服に袞竜袍という袍があり，これにも竜の刺繡が付されている。朝鮮ではイムギとよばれる大蛇が河沼にすみ，これが化して竜となり，昇天すると信じられ，この竜が天に昇る際に竜巻が起こると考えられている。雨乞いの際には土で竜の形を作り，これを鞭打って竜を怒らせたり，〈竜王経〉の経文を唱えたりすることもある。風水説でも竜の思想は習合され，山の脈がとだえることなく続いているのを千里行竜といい，東の脈を青竜，西の脈を白虎とよび，その間に明堂とよばれる吉地があるとされている。

金 東旭

りゅうがく│留学

近代以降における朝鮮人の主たる留学先は，日本，中国（当初は清国），そしてアメリカであった。朝鮮は1876年2月の日朝修好条規によって開国したが，新文物を吸収すべく81年5月には日本に紳士遊覧団62名を，12月には清国に領選使一行69名を派遣した。遊覧団の随員兪吉濬ユギルチュン，柳定秀は福沢諭吉の慶応義塾に，尹致昊ユンチホは中村正直の同人社に残留し，最初の海外留学生となった。福沢と朝鮮との結びつきには，1879年秋日本に密航した開化僧李東仁ィドンィンが関与していた。また，領選使一行には，天津機器製造局で軍事技術を学ぶ者38人が含まれていた。83年9月アメリカに到着した報聘使一行に加わった日本帰りの兪吉濬は，アメリカに残って初のアメリカ留学生となった。

朝鮮をめぐる日清両国の拮抗関係は留学生の受入れにも投影されていた。朝鮮開化派の重鎮で日本留学の後ろ楯でもあった金玉均キムオッキュンは，1882年3月の初来日で福沢と会い，以降多くの留日学生を福沢に託した。日清戦争後における日本の勢力拡大を背景に，朝鮮政府学部（文部省）と慶応義塾との間には留学生委託契約が結ばれた。日露戦争が日本に有利になりつつあった1904年10月には，韓国皇室特派留学生50人が東京府立一中を中心に派遣され，日韓保護条約後の07年3月には学部所管日本国留学生規程が制定され，東京に留学生監督がおかれた。韓末の留日学生は約500人であったが，併合後は1920年1230人，30年3793人，36年7810人，42年2万9427人と増えた。1911年6月，朝鮮総督府は留学生規程を定め，東京に留学生監督をおいて取締りにあたったが，41年には朝鮮奨学会に改組された。これは，解放後は在日朝鮮人の手によって南北の違いを超えた在日朝鮮人子弟のための奨学団体となっている。

1895年5月慶応留学生でつくられた親睦会を嚆矢として，1912年の学友会などさまざまな団体が生まれ，《学之光》などの機関誌も発刊された。1919年留学生が東京で発した二・八独立宣言は本国での三・一独立運動の先駆となるなど，抗日救国運動を担った。中国，アメリカ留学生も独立運動の重要な担い手であった。

解放後の韓国の海外留学はアメリカが主流であり，OECDの統計(2010)では，国外の高等教育機関に在学する学生の52.4％はアメリカに，ついで18.8％は日本となっている。朝鮮民主主義人民共和国からは，ロシアをはじめとする社会主義圏や第三世界に留学しているようであるが，詳細は不明。

[母国留学] 日韓条約以降，在日韓国人の祖国往来が本格化するとともに，在日世代には韓国文教部の在日僑胞母国留学制度による留学の道が開かれた。夏休みなどを利用した短期参観団を除いても，2012年までに約4600人が母国の大学などで学んでいる。在日本朝鮮人総連合会系に比べて在日本大韓民国民団系の民族教育は立ち遅れているが，母国留学はそれを補完する役割を果たしている。

1971年4月，大統領選を目前にして陸軍保安司令部は学園スパイ団事件を発表したが，その逮捕者の中に京都出身でソウル大在学中の徐勝スン，徐俊植ジュンシク兄弟が含まれていたことは母国留学に大きな影を投じた。国家保安法，反共法違反で兄は無期，弟は7年の刑に処された（弟は88年に，兄は90年に釈放）。その後，同種の事件が相次ぎ，日本各地でも救援運動が生まれたが，民族の一員として生きようとする世代に衝撃を与えた。

なお、朝鮮民主主義人民共和国へは短期訪問を除いて留学はまだ認められていない。

1970年代から80年代の軍事政権期に、韓国に留学した在日韓国人たちのうち100人を超える人々が、ある日突然国家保安法違反などで逮捕され、過酷な拷問のなか北朝鮮のスパイという容疑をでっち上げられ、政治犯として数年から10数年の刑に処された(死刑判決の例もある)。その過酷な拷問の事実を描いた映画《南営洞1985》(鄭智泳監督、2012)は反響をよんだ。

韓国は新しい時代を迎え、2005年5月〈真実和解のための過去事整理基本法〉が制定され、同法のもと設置された同整理委員会は、過去の国家犯罪を究明し、被害者の救済に向けて再審への道を開いた。日本にも調査官が派遣され、これら在日韓国人元政治犯のうち韓国の裁判所で再審無罪が確定するケースが相次いでいる(2013年6月末現在14名)。

これらの元政治犯は、いずれも〈再入国許可〉を得て渡韓したが、逮捕、拘留によってその有効期限が過ぎ、刑期を終えて日本に戻るときは〈新規入国〉扱いとされ、〈特別永住(旧協定移住)〉の地位を失ってしまった。その結果、①海外に出国後の日本再入国時にはそのつど空港で〈指紋と顔写真〉の生体情報が採取され、②〈在留カード〉の常時携帯義務が免除されない、などの扱いを受け、そのことはその子供たちにも引き継がれている。在日韓国人元政治犯については、再入国許可の〈期限切れ〉は不可抗力によるもので、従前の〈特別永住〉資格は日本側において回復措置がとられるべきであろう。

田中 宏

りゅうかんじゅん | 柳寛順 | ➡ユ・グァンスン
りゅうきゅう | 琉球

朝鮮と琉球の古い時代の関係はよくわからない。〈癸酉年高麗瓦匠造〉銘の瓦、〈顕徳参年〉(956)銘の高麗鐘が沖縄で発見されているが、瓦の作成年代や鐘の将来時期ははっきりしない。一方、12世紀初期に重修された慶州芬皇寺の石塔塔身の中の石函より南海産のイモガイ(芋貝)が発見されたことから、当時の両地域の交渉を推測する見解もある。また高麗青磁の破片が沖縄で発見されたことも、この時代の交易関係を推測させる材料となる。

両国の関係がはっきりと記録に現れるのは、高麗末期の辛昌王元年(1389)琉球国中山王察度の使者の来朝からである。このとき察度は臣と称し、倭寇にさらわれて琉球に売られた高麗人を送還し、方物を献じた。これに対して高麗も使者を送り、高麗人の送還を謝して礼物を贈った。やがて高麗が滅び、朝鮮王朝となるが(1392)、琉球王は臣と称して書を奉るという形式で頻繁に使者を送り、倭寇にさらわれた朝鮮人や朝鮮漂流民を送還し、方物を献じた。当時、琉球は明に朝貢して冊封をうけ、中国、日本、南海諸国と活発な貿易を展開していた。朝鮮への使者派遣も貿易活動の一部であった。琉球はスズ、蘇木、檀香、丁香、象牙、犀角、天竺酒、コショウなど主として南海の産物を献上し、朝鮮は仏典、苧布、麻布、綿紬、ニンジン、虎・豹・熊の皮、花席(花ござ)、紙、屏風、鞍子などを贈った。琉球はとくに《大蔵経》を熱望し、朝鮮が応じきれないほどであった。

15～16世紀には主として琉球使節が朝鮮をおとずれる形で貿易が進められた。ただし15世紀半ばからは博多商人をはじめとする九州・対馬の商業勢力が使節をつとめるケースが目立つようになり、その中には日本側で仕立てられた偽使も数多く含まれるとみられる。こののち豊臣秀吉は朝鮮出兵の際に琉球に食糧の提供を要求し、つづいて薩摩は琉球を征服して支配下においた(1609)。以後、薩摩は琉球に対し、明への朝貢のほかは外国への使者の派遣を禁止したために朝鮮と琉球の直接交渉の道は絶たれた。しかし、その後も両国の使者が中国(明、清)の国都で接触し、文書を交わすことがあった。なお琉球は薩摩から朝鮮人陶工3人を招いて朝鮮の陶磁制作技術を学んだ(1617)。その一人である一六ゆいは琉球にとどまり、子孫が栄えた。今も沖縄には、こうれえぐす(高麗辛子)、きーゆい(チョウセンアサガオ)、高麗鑱、高麗煙管などの語が残っている。

旗田 巍＋森平 雅彦

りゅうけいえん | 柳馨遠 | ➡ユ・ヒャンウォン
りゅうげん | 李裕元 | ➡イ・ユウォン

りゅうせいりゅう |柳成竜| ➡ユ・ソンニョン

りゅうとくきょう |柳得恭| ➡ユ・ドゥッコン

りゅうひぎょてんか |竜飛御天歌| 용비어천가

朝鮮王朝の建国叙事詩。➡鄭麟趾らの撰。1447年刊，木版本。10巻，125章からなる。初章1聯，終章3聯以外は2聯で，対になったハングル歌，そして漢詩訳が続く。前聯は中国の故事，後聯は朝鮮の事跡で建国の正当性を主張する。世宗の前6代祖の事跡を述べるが，太祖(李成桂)に最も詳しい。110章以降は後代の王への訓誡。ハングル(1446年‣訓民正音として制定)による最初の資料で，注は漢文で書かれて長く，高麗末から王朝初期の中国東北部や日本に関する記事もあり，文学・語学・歴史的にも重要である。朝鮮，満州の地名，人名のハングル表記もある。《世宗実録》にハングルの歌詞があり，宮廷の宴饗で歌われた。書名は《易経》にちなむ。原刊本らしき残巻があるが，一般には1612年刊本による。

藤本 幸夫

りゅうみん |流民

資金と計画をもった移住者を移民とすれば，鍋，釜と寝具など生活用具を〈男負女戴〉して(男は背負い，女は頭上にのせて)漂泊する民を流民というべきである。すでに朝鮮王朝末期，実学派の学者の著述に農民の流亡化が指摘されているが，流民が言葉として定着したのは，日本が‣土地調査事業を強行し農民から莫大な土地を奪取したことに関連している。土地を離れた農民は山に入り，火田を開き(‣火田民)，あるいは都市の周縁で‣土幕民となる者も少なくなかったが，わずかな縁を求めて，あてのない流亡の旅に出，朝鮮半島北部の者はシベリアや中国東北(旧満州)に，南部の者は日本に流れてゆく者が多かった。朝鮮半島を縦断する旅費もないほど貧寒としていたためと説明されている。大地に根を生やしたような農民が，故郷を捨てて国境を越えてゆく姿は亡国の民の悲しみそのものである。中国東北，シベリア方面にどれくらいの人が流れていったか，通過統計がないのでわからない。➡在外朝鮮人

姜 徳相

りゅうりんしゃく |柳麟錫| ➡ユ・インソク

りょうあん |量案

朝鮮で用いられていた土地台帳。田案，導行帳，鉄券台帳ともいう。国家は土地把握のための量田(検地)をしばしば行ったが，その結果を記録したのが量案で，高麗時代にすでに作製されていたことは確実である。現存する量案によると，1筆の土地ごとに①字号と地番，②量田の方向，③土地の等級，④土地の形状と地目，⑤東西・南北の尺数，⑥結負(면적)(面積)，⑦四方の土地の形状と所有者，⑧耕作中(起)か休耕中(陳)かの区別，⑨所有者名(地税負担者名とする説もある)などが記載されている。字号は結負(‣結負制)が5結に達するごとに改められ，その順は‣《千字文》によった。量案は3部作られ，戸曹・道・郡におのおの1部ずつ保管された。規定では20年ごとに量田が行われることになっていたが，実際にはそれほど頻繁に実施されず，とくに朝鮮王朝後期になると1720年の量田を最後として，大規模な量田は行われなくなった。末期には量田を行う役所として量地衙門，地契衙門が設立されたが，この時期に作製された量案は旧来のものと形式が異なっており，新量案とよぶ。韓国併合以後は地方官庁に保存され，‣土地調査事業でも参考資料として利用されたが，1938年に廃棄処分となった。そのため現存する量案は朝鮮王朝後・末期の，限られた地方のものであるが，社会経済史研究の第一級の史料となっている。

宮嶋 博史

りょうきたく |梁起鐸| ➡ヤン・ギタク

りようきゅう |李容九| ➡イ・ヨング

りょうこうどう |両江道| ➡リャンガン道

りょうざんりこふんぐん |陵山里古墳群| ➡ヌンサンニ古墳群

りょうちゅうとう |梁柱東| ➡ヤン・ジュドン

りようよく |李容翊| ➡イ・ヨンイク

りょうり |料理

三方を海に囲まれ，大陸と地続きの朝鮮半島で発達した朝鮮料理は，精進料理の流れをくんで生の材料を多用し，箸で食べる日本料理や，一般に干した材料を多用し，脂を用いて加熱して食べる中国料理に対し，双方との共通性を有しながらも，箸と匙で食べる料理として独自に発達した。また調味料や香辛料の使い方にも特色がある。食べ物に関しては中国と同様に医食同源の思想があり，薬飯，薬酒，薬念(調味料，薬

● **料理** 図 七楪飯床の配膳例

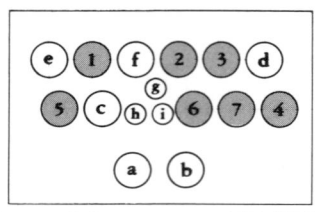

```
  e  1  f  2  3  d
        g
  5  c  h  i  6  7  4
        a  b
```

[料理の品数に数えるもの]
❶ ― 焼物
❷ ― 和え物（熟菜）
❸ ― 和え物（生菜）
❹ ― 煮物
❺ ― 煎（フライパン焼き）
❻ ― 膾（刺身類）
❼ ― 干物

[基本メニュー――品数には数えないもの]
ⓐ ― ご飯　　ⓑ ― 湯（タン）
ⓒ ― キムチ　ⓓ ― チャンアチ
ⓔ ― 鍋物（チゲ）
ⓕ ― 蒸物（チム）
ⓖ ― しょうゆ
ⓗ ― 酢じょうゆ
ⓘ ― トウガラシ酢みそ

味），薬果，薬水など飲食物に薬の字を用いたものも多い．食の文化という点では朝鮮と日本は古くからかかわりがあり，釜，鍋，甑などをはじめとする台所用具や食べ物の呼称に朝鮮語と対応するものが少なくない．食器は金属製（シンチュウ製の鍮器か，最近ではステンレス）がほとんどで，陶器もそれについで用いられ，概して大型である．普通，家庭での食事では米飯にスープ，＊キムチが必ずつく．形式としてメニューが豊かになるにつれ，おかずの楪（皿）数が3，5，7と奇数の単位で増す．三楪飯床を例にとると，ご飯，スープ，キムチ以外にナムル（野菜の和え物）の生菜（生野菜），熟菜（和え物）各1皿と，クイ（魚，肉などの焼物）かチョリム（煮つけ）のどちらか1皿の計3皿で，これに調味料がつく．以後皿数が増すごとに，別欄〈朝鮮料理の副食〉に示すような鍋物，煎，脯，膾などが加えられる．

[歴史]　このような朝鮮料理の組合せが確立したのは高麗時代の後期とみられる．しかし現在のような朝鮮料理は，朝鮮王朝500年の都ソウルの王家の食生活が基本になって洗練された宮廷料理的なものと，各地方の特産物を材料にしてその地方に古くから伝わる調理法からなる郷土料理の変遷したものの双方で成り立っている．穀物や水産物とともに畜肉料理が豊かなのは，地続きの大陸の食生活の影響である．三国時代以前にもあった肉食は，仏教の伝来，普及によって統一新羅時代から高麗中期にかけて一時的には制限をうけ，食生活から影をひそめた．しかし高麗時代に北方の肉食民族である契丹の侵入，100年を超える元による支配の中で肉食は広く普及する．以後，肉料理は連綿とひきつがれ，今日のようなバラエティに富んだ料理がつくられるにいたった．

朝鮮王朝時代の科学，文化の発展は，食材料の品種改良，調理法の発達へとつながり，食生活文化は向上する．今日の各種料理メニューの多くはこの時代のものとみてよい．一方ではこのころから強く打ち出された崇儒排仏政策によって，高麗時代に仏教とともに栄えた茶道が衰退を余儀なくされた（＊茶）．また王朝後期の17～18世紀ころには，トマト，カボチャ，エンドウ，トウモロコシ，ジャガイモ，＊トウガラシなどが海外から新しく流入してくる．キムチなど朝鮮料理が辛くなるのはこのころからのことである．

[料理書]　こうして朝鮮の食文化の成熟とともに，朝鮮王朝後期になると料理書も現れる．＊洪吉童伝》の作者として知られる＊許筠は，朝鮮八道うまいもの尽しともいうべき《屠門大嚼》(1611)を残しているが，これは食物誌の先駆である．17世紀後半には漢文の料理書の《要録》などと並んで，ハングルによる《飲食知味方》が現れるが，後者は嫁ぐ娘たちのために母親が各種料理と酒づくり法を記したもので，古料理書の白眉といえよう．漢文のものには中国の料理書からの転載も少なくないが，慶尚道の山村の主婦による同書は固有の価値をもつ．18世紀に入ると，《山林経済》（洪万選，1715）の〈治膳篇〉のように＊農書のなかに料理に関する記述が豊富にみられるが，これは19世紀前半の《林園十六志》などに継承されていく．また後者と双璧をなすハングル版家庭百科の《閨閤叢書》は〈酒食議〉の部で料理法を詳しく説明しており，後世に大きな影響を及ぼした．

[主食]　米飯が主食としては中心であり，最高のものとされたが，麦，粟，豆類などの雑穀（＊穀物）を混ぜた混ぜご飯もよく食さ

【朝鮮料理の副食】
●スープ類—クック,湯(タン)などとよばれ,わかめスープ(ミオククック)が最も有名である(*わかめ)。ご飯には必ずつき,匙で食べる。特異なものに補身湯(ポシンタン)とよばれる犬肉のスープがあり,夏の暑気払いに多く食する。●鍋物—煎骨(チョンゴル),鳥雑(チゲ)などとよばれる。クックよりは汁が少なく,寄せ鍋風であり,匙で具と汁を味わう。みそ味で作る家庭的なテンジャンチゲ,肉,魚,野菜,キノコ類などをふんだんに使った高級な神仙炉(煎骨)が代表的である。●刺身類—膾(フェ)とよび,トウガラシの入った酢みそ,酢じょう油で和えたりつけたりして食べる。牛肉を用いたものは肉膾(ユッケ),魚を用いたものは生鮮膾(センソンフェ)などとよぶ。材料にはなまものの ほかに,軽く熱を通して用いる熟膾(スッケ)もある。●蒸物—チム。材料をつけして煮くずれしない程度にしたもので,鶏肉のぶつ切りを蒸煮したタクチムがその代表。●包み物—サム。チシャ(サニーレタス類)などの生野菜にコチュジャン(トウガラシみそ)をそえ,米飯を包んで食べる。●あえ物—野菜を調味料で和えたナムルが代表的で,生野菜を和えた生菜(センチェ),湯を通した熟菜(スクチェ)がある。大豆もやし,ゼンマイなどのナムルが有名である。●焼物—クイ。直火で魚,肉などを焼く料理で焼肉はその好例。●炙—ジョク。肉や野菜を切りそろえて串に刺して間接火で焼いたもの。冠婚葬祭のときに使われる。●煎—ジョン。魚肉,野菜などの薄切りに卵をといた衣をつけ,油をひいたフライパンで焼いたもの。●煮物—チョリム。魚や肉をしょう油などで煮つめたもので,保存がよい。●いため物—ポックム。肉類を多く用いるが,焼き飯のことをポックムパプなどとよぶ。●揚物—ティギム。衣をつけて揚げるもので,日本のてんぷらとも変わらない。●脯—ポ。魚や肉類の干物で,保存食品である。●キムチ—野菜類の漬物の総称で,数十種類に達する(項目<キムチ>を参照)。●チャンアチ—しょう油漬のこと。ナス,ニンニクなどを黒くなるほど漬けこむ。●ジョッカル—塩辛類で,小エビ,イシモチ,カタクチイワシ,イカ,カニ,カキ,たらこなど種類も多い。直接食するが,キムチの材料などにも使われる。

なお,〈魚介類〉〈果物〉〈菓子〉などの項目も参照されたい。

鄭 大聲

れる。秋夕や正月などの名節,還暦祝などの祝事の席に用いられる薬飯はもち米にナツメ,栗,松の実,クルミ,はちみつ,ゴマ油などを炊きこんだものである。粥(チュック)も,たんなる病人食というのではなく,魚肉,野菜類などを加えるものが多い。▶麺類は中間食や口なおしとして好まれ,日本でも知られる冷麺のほか,温麺,スープなしで具と混ぜて皿にもる皿麺(ビビン麺)などがある。めでたいときに食する▶餅(トック)も,もち米,うるち米の両方を用い,つき餅,蒸し餅と種類が多く,日本などよりも多くの場面で食される。饅頭(マンドゥ)は中国から伝わったものであるが,広く食される。餡には魚肉,野菜,キノコ類が多く使われ,肉汁に入れてスープとともに食するのが一般的である。

[副食] 材料そのものは日本と共通のものが多いが,調理法,調味法(後述)には特色がみられる。日本でよく知られている焼肉やキムチのほかに別欄に示すように多様な料理がある。こうした料理の特徴は,大陸性の風土によることも大きいが,膳に一度に並べて食べる平面展開膳方式や,食事に必ず匙が用いられることにもよっている。冷めても固まらない植物油の多用や,スープ,煮汁,漬物汁なども匙で食べるので,それに見合うような副食料理へと料理内容が適合し,発展してきたといえる。

[調味料] 調味料,香辛料のことを朝鮮語では薬念とよぶが,朝鮮料理の特徴の一つはこの薬念とその用い方にある。みそはテン醬,しょう油はカン醬(テンは固い,カンは塩の意)という。両者とも日本のものに比べると塩味が強く,甘味が薄い。手づくりの在来法は原料の大豆を煮てつぶし,みそ玉(メジュ)に丸め,わらでつって日陰でカビを生やし,塩水とともに甕に入れ,数ヵ月後に水にといてこす。液を煮つめたのがしょう油,こし残りを固めたのがみそである。しょう油では熟成を進めるために玉を甕にといてじっくり仕上げる方法が多い。工場生産では原料構成が手づくりと同じではないが,味は類似している。郊外や農村では自家製が多くみられる。概して中流以上の家庭では甕を置くチャンドクテという壇が台所の外にあり,その広さと甕の数はその家の生活の豊かさの目安でもある。甕の中身の熟成の良否は家運にかかわるものとされ,細心の注意が払われる。トウガラシみそ(コチュジャン)は17世紀後半からのもので,みそ玉,もち米,トウガラシ粉を原料にして熟成させる。多くは手づくりである。これをベースにしょう油,みそ,酢を合わせ,膾(刺身類),和え物,煮物などに用いる。しょう油,みそ,コチュジャンづ

くりは主婦の手でなされ，これでその家の味が決まるが，味の濃淡は人情の表れだともされる。住宅事情の変化，つまりアパートとよばれるマンションが一般化した結果，手づくりは大きく減少した。

薬念のもう一つの特徴は中国料理ほどには動物性の油を使わず，ゴマ油などの植物油を多用することにある。しょう油と合わせることが多いが，混ぜご飯のビビンパプ，野菜の和え物，焼肉や刺身のたれ，餅や焼海苔にも使われる。なかでも北部，西部地方の料理には多く用いられる。酒からつくられる酢も昔は手づくりであり，柿，梅の酢もあった。甘味料は現在では砂糖が中心だが，昔からはちみつ，水飴が用いられている。一般に調味法はしょう油が主で，ゴマ油，ゴマ塩，胡椒，トウガラシ，砂糖，酢のほかにネギ，ニンニクをきざんだものがよく併用される。化学調味料の生産・消費量が増大し，味の大きな要素となっている。

[日本との比較] 朝鮮と日本の食文化を対比してみると差異も多いが，食物史上のかかわりも少なくない。究極は朝鮮半島は大陸と地つづきで，日本は海をへだてた島国という点に尽きるが，二，三の例をみてみよう。①肉食と香辛料　大陸北方の肉食民族との交流，さらに肉食を禁じる仏教を排した朝鮮王朝時代の崇儒排仏政策の影響で定着した肉料理は，それをおいしく味わうための香辛料の導入を積極化させた。日本ではあまり使われなかった南方産の胡椒が，15世紀後半から日本を通じて輸入され，広く用いられるようになった。その後，輸入胡椒の見返り品の逼迫や豊臣秀吉の侵略による混乱などで胡椒の需要をまかないきれなくなったころ，トウガラシを知ることになる。これは朝鮮でも栽培できたので，やがてトウガラシみそやキムチなど各種料理に用いられていく。この点で，仏教文化のもとで肉食の乏しかった日本とは対照的である。②大豆文化　大豆種子を室内栽培で野菜に変え，これを日本などより料理に多用する知恵は，冬の厳しい朝鮮ならではといえよう。もやし料理の多いゆえんである。また豆腐は14世紀末に元から伝わったものだが，豆乳の生しぼり法で鹹水(または海水)を用いて固め，仕上りの固いのが特徴である。なお四国の高知市には，秀吉の侵略のさい長宗我部元親が連行してきた朴好仁一族(息子秋月長左衛門)による豆腐づくりの影響がほかの食習俗とともに残っている。③匙と箸　朝鮮では匙と箸をセットにして用いるが匙が主であり，日本は伝統的には箸のみである。匙による食事では食器は手に持たないので，箸の食文化に比して概して大型になる。粥料理，具の盛りあがったスープ，鍋物，味の濃い煮つけ物の汁をちょっとすする料理，水キムチなどが多くみられるのは，匙文化の特色といえよう。このように食事道具の違いは料理の内容とも関連するが，食事作法(食礼)の差異にも反映されている。→食事

鄭大聲

りょうんこう｜呂運亨｜→ヨ・ウニョン
りょかく｜旅閣｜→客主
りよく｜李瀷｜→イ・イク
リョクトウ｜緑豆

和名ヤエナリ。豆科の一年草で種子はほぼアズキ大。色は緑色または黄褐色で，実は丸みを帯び，一つの長いさやに10個ほど入っている。もやしや飴の原料になり，また寒天様のムクとよばれる食物の原料になる。1894年の甲午農民戦争の指導者▶全琫準ﾁｮﾝﾎﾞﾝｼﾞｭﾝは緑豆将軍とよばれ，当時〈鳥よ鳥よ青い鳥よ，緑豆畑におりるなよ〉と歌われたが，〈青い鳥〉を小役人に，〈緑豆畑〉を農民にたとえたという。

金東旭

りり｜裡里｜→イリ
りりくし｜李陸史｜→イ・ユクサ
りりつこく｜李栗谷｜→イ・ユルゴク
りんきょせい｜林巨正｜→イム・コッチョン
りんけいぎょう｜林慶業｜→イム・ギョンオプ
りんしゅんじゅう｜林春秋｜→リム・チュンチュ
りんしんこう｜臨津江｜→イムジン江
りんてい｜林悌｜→イム・ジェ
りんとん｜臨屯

中国，漢の武帝が▶衛氏朝鮮の故地に設立した郡名。武帝は前108年いわゆる漢四郡を開いたが，臨屯郡はほぼ現在の朝鮮の咸鏡道南部から江原道方面に置かれたものといわれる。郡治所の比定には諸説あって一致しない。次の昭帝の時代には諸般の事情

からその維持が困難となり，前80年代から前70年代にかけて諸郡の統合が行われ，臨屯郡も〝楽浪郡に編入された〟。最近の朝鮮民主主義人民共和国の史学者は臨屯郡を含めて四郡の位置をまったく別個に比定しており，今後の研究課題となっている。

村山 正雄

りんぽせい｜隣保制
治安維持などのため近隣の一定数の家々に隣組を作らせ，連帯責任を負わせる制度。高麗時代までの隣保制については不明であり，朝鮮で隣保組織が明確に確認できるのは朝鮮王朝に入ってからである。王朝政府は1485年に五家作統法を実施したが，これは5戸を1統として統首を置く制度であった。ソウル以外の地方では5統を1里として里正が置かれ（➡里），数里を合わせて面〝とし，面には勧農官が置かれた。ソウルには面に相当するものとして坊があり，管領が置かれた。治安維持や租税納入の連帯責任のための制度であったが，全国的にどの程度実施されたのか不明な点が多い。王朝後期に入ってその再実施が提唱され，1675年に五家統節目21ヵ条が制定・実施され，末期に及んだ。五家統のような上からの隣保組織が作られるにいたった背景には，高麗期における村落共同体的な結合の強化があったものと思われるが，両者の関連についてはなお不明である。

宮嶋 博史

りんわ｜林和 ➡イム・ファ
れいすい｜麗水 ➡ヨス（麗水）
れいせん｜麗川 ➡ヨス（麗水）
れいめん｜冷麺 ➡麺類
れきしきょうかしょもんだい｜歴史教科書問題
韓国では〈教科書歪曲事件〉ともいう。1982年，検定により歴史教科書の記述が〈侵略〉から〈進出〉に書き換えられたとの報道が日本でなされたことをうけて，韓国・北朝鮮（朝鮮民主主義人民共和国）・中国などの歴史家やジャーナリストが日本の歴史教科書は朝鮮・中国などに対する侵略の歴史を歪曲しているとし，是正を要求した。6月，韓国の新聞が〈日本，教科書検定強化，古代の天皇に敬語，侵略の用語を抑制〉などと報じた。続いて7月に中国共産党の機関紙《人民日報》が日本の教科書を批判した。このとき，小川平二文相が〈内政問題だ〉，松野幸泰国土庁長官が〈内政干渉だ〉と反発したことから，問題は大きくなった。以後，韓国の新聞などは多大な紙面を費やして，連日，日本の歴史教科書を批判した。8月になると，宮沢喜一官房長官が〈韓国・中国などの批判に十分に耳を傾け，政府の責任において教科書の記述を是正する〉という内容の〈政府見解〉を発表した。その後，検定基準に，近隣諸国に配慮するという〈近隣諸国条項〉が設けられ，事態は収拾に向かった。86年には，右翼的な色彩の強い《新編日本史》を検定に合格させたことに韓国政府などが反発した。文部省は執筆者側に異例の修正を求め，決着した。しかし，それに関連して，藤尾正行文相が〈文句を言っているやつは世界史の中でそういうことをしたことがないのか〉などと述べて新たな問題になり，中曾根康弘首相から罷免された。88年には，奥野誠亮国土庁長官が〈教科書で神話，伝説をもっと取り上げた方がよい〉などと発言して物議をかもした。90年，文部省は〈学校においては（中略）日韓両国民が相互に尊重し，理解を深めるよう，我が国と朝鮮半島の関係について，一層適切な指導が行われるよう努めてほしい〉などとする〈見解〉を発表した。

戦後50年に出された〈村山談話〉や教科書に載せられた〈日本軍慰安婦〉の記述などを背景に，日本の歴史教科書が〈自虐史観〉の影響を受けており，その克服をめざすという〈新しい歴史教科書をつくる会〉が97年に結成されたが，会の主導で編まれた中学歴史教科書が自国賛美と植民地支配・侵略の軽視という点を指摘されながら検定合格となったことをめぐって，2001年以降，韓国・北朝鮮および中国から反発が強まった。➡戦後補償問題

高崎 宗司

れんそうしょう｜廉想渉 ➡ヨム・サンソプ
ろうじん｜老人
世代と年齢の序列が互いの行動の基準となる朝鮮においては（たとえば〈敬語法〉の項参照），とくに男性の場合，年齢が高くなるにつれて権威も高まり，その発言は絶対的な重みをおびてくる。これは住居における男子の

居室についてみれば，幼少時代の内房ネバンから越房コンバンを経て舎廊房サランバンへ，時にはさらに亭子（楼台）へと，一直線により格の高い部屋に移っていくことに端的に表現されてきた（〈住居〉の項参照）。墓の配置もこの延長上にあるとみてよいかもしれない。慶尚道地方では父親が60歳代に入るころ（▶還暦），息子に家産管理の実務を譲り渡す慣行があり，一見日本の隠居制をおもわせる面があるが，これは実務代行に限られる現象であり，社会的に家を代表する権利，祭祀権，そのほか父と息子との権威関係にはいささかも影響を及ぼすものではない。このような権威序列のなかでは，子どもにとって老人は畏怖すべき存在であり，老人にとっては好々爺になるには困難な状況がある。老人の権威が無限に高くなる傾向は，とくに社会的，経済的に格の高い家で顕著である。これに対して女性の場合には，地位の直線的上昇はさほど明確ではなく，ここにくこわいおじいさん〉に対するくやさしいおばあさん〉のイメージが形成される。

このような老人の地位は長男が父母と同居して後継者になる直系家族制度および長男を優遇する相続制度に支えられてきた。しかし都市化に伴う核家族化に加えて高齢化が進行するにつれて老人だけの世帯が急増している。しかも相続制度の改定により長男の特権的地位がなくなった。このような変化が高齢者の貧困や孤独，高い自殺率の背景となっている。⇒女性　　　　嶋 陸奥彦

ろうどううんどう｜労働運動

朝鮮における賃労働者の萌芽は，朝鮮王朝末期に発生していた（▶資本主義萌芽問題）。その後，開港とそれに続く日本による植民地支配の進展につれて（19世紀末〜20世紀初め）まず鉱山・埠頭労働者が，続いて工場労働者が登場しはじめる。それとともに，すでに1910年代から労働組合も組織され，労働者の集団行動もみられるようになる。それらは同時に，三・一独立運動（1919）に結実する大きな流れの一翼をも形成していた。しかし労働運動の本格的な展開がみられるのは20年代に入ってからである。この時期には工場労働者が労働者階級の中核として登場するようになった。それは，朝鮮が商品市場および原料供給基地として，日本帝国主義の植民地支配の構造にいっそう強く組み込まれたことの反映でもあった。それとともに労働者の闘いを組織的に指導・推進していく全国的組織が生まれた。朝鮮労働共済会（1920），朝鮮労働連盟会（1924），▶朝鮮労農総同盟（1924。1927年朝鮮労働総同盟および朝鮮農民総同盟に分離）などである。また労働運動と密接な関係にあった▶朝鮮共産党（1925）や▶新幹会（1927）もこの時期に結成される。また29年の▶元山ウォンサンゼネストは植民地期の最大規模の運動であった。

30年代に入り，日本帝国主義が海外への膨張衝動をいっそうあらわにするにつれて，朝鮮における労働運動は，弾圧・非合法化されていった。プロフィンテルンの九月テーゼ（1930）や太労十月書信（1931。上海に本部をおく汎太平洋労働組合秘書部が発表）に依拠しつつ，大衆闘争を通ずる左翼の結集を試みた赤色労組運動が各地で頻発した。こうした非合法闘争への弾圧は37年の日中戦争を契機に一段と強まったが，労働者の闘いは抗日武装闘争，サボタージュ，職場離脱などの形で，日本帝国主義の崩壊まで執拗に続けられた。

［解放後］　1945年の解放後，38度線以南での労働運動は，45年11月の朝鮮労働組合全国評議会（全評）の結成を契機に爆発的な高揚をみせた。全評は8時間労働，最低賃金制確立などを綱領に掲げ，企業の接収，自主管理ひいてはゼネストを組織する中でその影響力を全国に及ぼした。しかし，朝鮮の信託統治への賛否をめぐる当時の政治状況（▶朝鮮信託統治問題）が労働運動の領域にも色濃く反映し，46年3月には米軍政庁の庇護の下に，大韓独立促成労働総連盟（大韓労総）が結成された。全評対大韓労総という左右の対立抗争は，48年に大韓民国政府が樹立されるとともに，全評の敗北へと帰結していった。これ以後朝鮮戦争を経て，南北分断固定化の歩みが始まったが，労働組合の全国組織としては，大韓労総が60年の四月革命で崩壊し，61年の五・一六軍事クーデタののちに韓国労働組合総連盟（韓国労総）として再生した。四月革命後，つかの間の〈▶ソウルの春〉の期間，新しい運動潮流へ

の模索はあったが、概して60年代から70年代は、反共と労使協調を基調とする韓国労総に主導される運動が主流となった。

韓国労総は、62-81年の4次にわたる経済開発計画と相まって、労働者の経済的地位向上には一定の成果を上げてきた。しかし、この過程は反面で、高度成長の歪みをしわ寄せされる下層労働者にとっては、韓国労総が支配と抑圧の役割をも果たすという矛盾を顕在化させることになった。とりわけ70年代に入ってからは、韓国労総に収斂されえない労働者の要求や不満が間欠的に噴出するようになった。ソウルの平和市場の青年労働者全泰壱⁂の焼身自殺(1970)は、そうした事例の先駆であり、象徴でもあった。韓国労総は、国家安全保障と高度経済成長という政策的枠組みを前提としつつ、資本の良きパートナーとして、西欧型の経営参加をその運動目標としている。そうした運動が下層労働者をも包摂し、大衆的基盤をもったものとして定着するのか、あるいは▶都市産業宣教会などの試みにみられるような、下層労働者の要求に依拠した運動が新たな潮流を形成するようになるのか。それが80年代における韓国労働運動の重要な焦点となった。

一方、38度線以北での労働運動は、1945年11月に結成された朝鮮職業総同盟の下に各産業別組織が結集・整備される形で進行した。48年の朝鮮民主主義人民共和国成立後も朝鮮労働党の指導下で、これらの組織労働者に対する待遇改善と社会的地位の向上が図られた。

三満 照敏

[1980年代後半以降] 韓国において一定の範囲で、労働者の権利が認められるようになったのは、1987年の〈六・二九民主化宣言〉以降のことである。それから89年にかけて労働争議が多発した。争議の原因は賃上げ要求が最も多く、次いで賃金不払い、労働協約の締結要求であった。不当労働行為の処理件数も増加した。これは労働者の処遇がいかに劣悪であったかを示すものであるが、87年11月に労働三法が改正され、労働組合活動の自由が約束されたのも追風となった。96年末から97年にかけても全国的な争議が数多く起こった。近年の争議の特徴として、問題の多様化、長期化、大型化があげられる。労働運動のナショナル・センターとしては、体制内的活動を重視する韓国労総(1996年末現在、5875単組、120万8052名)と、御用組合的な活動に反対する民主労総(全国民主労働組合総連盟、929単組、49万6908名)がある。政府は長らく民主労総を認めていなかったが、97年争議では民主労総が主導権を握ったため、交渉の相手として認めざるをえなくなった。IMF(国際通貨基金)事態(▶IMF時代)以降は労組の組織率、争議件数ともに低落し、独断的な労働運動への社会的な批判も強まりつつあった。

[2000年以降] 2011年末現在、韓国労総は89万名、民主労総は68万名の組合員を擁し、競い合いながら活動を続けている。しかし社会経済的な影響力は弱まっている。その原因としては、組合組織率が全労働者の約10%にとどまり、しかも正規雇用労働者中心であること、次々と打ち出される政府の労働対策や使用者側の組合対策に、労働側は効果的に対抗できないためである。最近は両ナショナル・センターともに政治参加を志向しているが、それは組合運動にとってプラスになっていない。韓国労総は大企業の正規雇用労働者の利益擁護団体という批判を受け、民主労総に対しても中小企業労働者や非正規雇用労働者の組織化に尽力せよと厳しい指摘がある。だが労働現場では以前ほどではないが、紛争・争議がしばしば発生しており、労働運動の必要性が薄れたわけではない。非正規労働者の増大、労働条件の低下、さらに正規職も〈整理解雇制〉の導入で安泰とはいえなくなっただけに、シビアな労働現場に根ざした組織化と活動が求められている。 ⇒労働問題 舘野 晢

ろうどうしんぶん｜労働新聞

▶朝鮮労働党中央委員会の機関紙で、朝鮮民主主義人民共和国の代表的な日刊新聞。1946年9月北朝鮮労働党の成立にともない、北朝鮮共産党機関紙《正路》が朝鮮新民党機関紙《前進》を統合して発足した。朝鮮戦争以後は漢字を全廃し、横書きの体裁をとっている(漢字を使っていた時期の原題号は《労動新聞》)。国際問題などについて共和国の公式見解が無署名の論説の形で掲載されること

が多く，政府機関紙《民主朝鮮》より重要である。なお，国外で読める新聞としてはほかに英字紙《The Pyongyang Times》などがあり，また朝鮮中央通信社があって《朝鮮中央年鑑》を刊行している。→マスメディア

梶村 秀樹

ろうどうもんだい|労働問題

労働問題は広義の経済問題の一領域をなすといえるが，韓国の労働問題もまた，この国の経済のありようと密接に関連している。1960年代から始まった経済開発計画は〈低廉で良質な労働力〉が豊富に存在していることを不可欠の前提条件として，企画・推進されてきた。戦後日本の経済成長をもしのぐほどの韓国経済の急速な成長は，農村から都市への大量の人口移動を伴っていた（▶都市化）。産業別就業者は60年には第1次産業79.5%，第2次産業5.8%，第3次産業14.7%の構成比であったが，70年にはそれぞれ50.6%，14.2%，35.2%，80年には34.0%，22.6%，43.4%と変化してきている。こうした変化は，一面で労働者の名目賃金を引き上げ，一定の中間層の形成をもたらしたが，反面では膨大な未組織・低賃金労働者をも生み出してきている。経済成長の成果の分配がつねに問題とされてきた根拠でもある。

この間，労働者の唯一の組織体である韓国労働組合総連盟（▶韓国労総）は，経済成長のための良きパートナーたることを基本路線としてきた。ただ，韓国労総の組織率はけっして高いとはいえず，80年の約20%（約110万人）をピークに，以後は減少傾向をみせている。

また労働法制は，50年代半ばに労働組合法，労働争議調整法，勤労基準法などが制定され基本的な枠組みが形成された。その後，産業災害補償保険法，職業安定法，職業訓練法などが順次整備されてきているが，失業保険法は現在も制定されていない。80年末の労組法改正で，従来の産業別組織から企業別組織に転換したことが大きな特徴となっており，これが労働組合の組織活動にもさまざまな影響を与えている。この間推進されてきた▶人力輸出も，雇用創出や外貨稼得の面で一定の役割を果たしてはきたが，国際経済の動向に左右される面が強く，最近は減少しつつある。そして高度経済成長は今後必ずしも楽観を許されない環境の中で，〈公正な分配〉という課題はいっそう重要となる。

一方，朝鮮民主主義人民共和国では〈労働者階級が指導する国家〉との建前から，韓国におけるような労働問題が重要課題として顕在化することはないが，精神労働と肉体労働との差別の撤廃や女性の家事労働からの解放が，国家的な課題としてしばしば強調される。また78年制定の社会主義労働法では〈労働は公民の神聖な義務〉であり，労働の質と量によって分配されることが定められている。

三満 照敏

[1980年代後半以降] 韓国では，1987年以降改善されてきた賃金や労働条件が，97年のIMF（国際通貨基金）事態を契機に切り下げられ，企業倒産や失業問題が深刻化した。こうした状況は，IMFが突きつけた韓国経済の高賃金，高金利，高物価体質に対する是正要求に起因している（▶IMF時代）。構造調整政策（労働改革・金融改革・財閥改革）の浸透は，国民に痛みを負わせ，とりわけ労働者に犠牲を強いるものとなった。▶財閥企業の再編成（ビッグディール）は，労働者を解雇する絶好の口実となり，総需要の激減に伴う労働需要の減少で，整理解雇や名誉（勧奨）退職させられる労働者が増加した。公式的に失業者は79万名，失業率は3.6%と発表（2000年6月）されているが，現状を反映していないという批判が強い。常用雇用が減り，不安定雇用の増加傾向も現れている。さらに基本給・諸手当の削減，時間外労働の制限，労使慣行の撤回など，労働者の既得権剥奪が着実に進行している。

[2000年前後] この頃から，あらゆる職場で正規職の割合が減り，非正規職の拡大が目立っている。勤労形態別付加調査（統計庁）によれば，全賃金雇用労働者に占める非正規雇用労働者の割合は，2002年に27.4%（384万名）だったが，12年には33.3%（581万名）と増加した。これに対し労働側では50%を超えたと主張している。いずれにせよ，雇用・労働形態，賃金，労働時間，身分保障などの面で，正規職と非正規職の格差の広がりが，求職者や非正規職労働者の希望を失わ

せ，社会全体に格差と歪みをもたらし，未来設計を困難にしている。政府や国会も事態の深刻性を認識してはいるものの，事態の根本的な解決をみるまでには至っていない。　→労働運動　　　　　　　　　舘野 晢

ろうりんさんみゃく｜狼林山脈｜→ランニム山脈
ろうんこう｜呂運亨｜→ヨ・ウニョン
ろくいてん｜六矣廛｜육의전
朝鮮王朝時代，ソウルに存在していた特権的な御用商人たる廛人の中でとくに規模の大きかった6種の商店。くりくいてん〉ともいい，六注比廛ともよばれる。都に御用商人を置く制度は高麗時代から存在し，朝鮮王朝も1399年ソウルに▶市廛左右行廊を置いてその制度を受け継いだが，六矣廛は16世紀から17世紀の間に成立したものと思われる。〈矣〉の字義をめぐってはさまざまな解釈があるが，矣は股の字に等しく，6種の特権的な株を意味するとする説が有力である。政府の商業統制機関である平市署の監督下に，毎年多大の国役負担を行う代償として，政府からの資金援助，乱廛(廛人に与えられていた特定商品の独占的取扱い権を破ろうとする行為)の禁止などの特権を与えられていた。一般廛人の禁乱廛権を廃止した1791年の辛亥通共以後も，六矣廛に限ってはその特権が維持され，1894年まで存続した。六矣廛を構成した商店は時期により異なるが，たとえば19世紀初期には，絹織物，綿布，綿紬，紙，苧布，内外魚物を扱う商店で構成されていた。またときには商店数が七つや八つになったこともある。→商人｜都賈
(とこ)　　　　　　　　　　　宮嶋 博史

ろくじゅうばんざいうんどう｜六・一〇万歳運動
1926年6月10日，朝鮮王朝最後の王▶純宗の葬儀に際して行われた独立示威運動。1925年に結成された▶朝鮮共産党は純宗の葬儀を機会に民族解放の声をあげることを計画，学生や天道教徒に呼びかけて準備を進めたが，直前に発覚，共産党は弾圧された。しかし検挙を逃れた学生らは6月10日当日，ソウル市内各所で〈独立万歳〉を叫んで官憲と衝突，共産党と連絡をもたない学生による示威も行われ，約200名が逮捕された。地方には波及しなかったが，20年代半ばの民族解放運動として，とくに共産党が民族統一戦線を組もうとした点で重要である。
　　　　　　　　　　　　　水野 直樹

ろくぶ｜六部｜육부
朝鮮古代の新羅王畿の地域区分。六村ともいわれ，梁部(楊山村)，沙梁部(高墟村)，本彼部(珍支村)，牟梁部(大樹村)，韓祇部(加利村)，習比部(高耶村)からなる。新羅王畿は慶州盆地と周辺の五つの谷間からなり，ほぼ現在の慶尚北道慶州市，同月城郡にあたる。王畿内の六部(旧小国)が連合して新羅を建国したので，新羅貴族は主として六部出身で，その住民も地方住民より政治的地位が高かった。各部の構成については部族説などもあるが，農耕生産を中心とする自然村落の連合体とみられる。六部は社会的には平等であったと思われるが，政治的には梁部，沙梁部が最も有力で，本彼部，習比部がこれに次いでいた。三国時代の新羅では，地方住民は姓の代りに村名を用い，官位は外官であったが，六部の住民は部名を使用し，京官を与えられた。統一新羅時代には，典京府，六部少監典などを設置し，王朝が六部の住民を保護した。
　　　　　　　　　　　　　井上 秀雄

ろくゆう｜禄邑｜녹읍
新羅の俸禄制度の一種。689年から757年までの間，一時的に廃止されたほかは，新羅の全時期を通じて行われていた。一時廃止されるまでの禄邑は，食邑と同様に，特定の地域に対する一定の支配権を，貴族官僚に与え，俸禄としたものであり，旧首長層の領域支配に由来するものと思われる。これに対して復活後の禄邑は，官庁ごとに特定の村落を禄邑に指定し，俸禄などの経費にあてたものであり，官僚個人による固定的な村落支配は許されなかった。しかし，貴族官僚層の恣意的支配を完全に排除することはできず，徐々にその私的勢力基盤に転化していったとみてよい。禄邑は新羅独特の俸禄制度であり，中央集権的官僚制とは相入れない性格のものであった。
　　　　　　　　　　　　　木村 誠

ろたいぐ｜盧泰愚｜ノ・テウ
ろっかこくきょうぎ｜6ヵ国協議
朝鮮民主主義人民共和国の核問題を解決するための米・朝・中・日・韓・ロによる6ヵ国協議。2003年4月下旬に中国の仲介で開催さ

れた米朝中3ヵ国協議を拡大し、03年8月末に北京で初の6ヵ国協議を開催。その後も一貫して北京で開催され、議長はホスト国の中国が担う。北朝鮮の主張は、〈一括妥結〉〈同時行動〉の2原則の下で、第1段階で核開発を再凍結し、第2段階以後、米朝平和条約、米朝・日朝国交正常化などと連結しながら、最終的に核施設を解体し、ミサイル問題でも合意するというもの。他方、米国は北朝鮮に対し、〈完全かつ検証可能で不可逆的な〉核放棄CVID（Complete, Verifiable, and Irreversible Dismantlement）を要求。北朝鮮は05年9月の第4回6者協議第2ラウンドで採択された6者共同声明で、〈すべての核兵器および既存の核計画〉を放棄し、NPTに早期に復帰することを約束。北朝鮮による第1回核実験後の07年2月13日、第5回第3ラウンド〈共同声明の実施のための初期段階の措置〉で、①北朝鮮が60日以内に寧辺の核関連施設の停止および封印、IAEA（国際原子力機関）による監視受け入れ、②米朝国交正常化のための協議開始、米国は北朝鮮のテロ支援国家指定解除や対敵通商法の適用終了の作業、③日朝国交正常化のための協議開始、④他の5ヵ国は緊急エネルギー支援として重油5万tを支援、で合意。08年9月27-30日に開催された第6回第2ラウンド〈共同声明の実施のための第2段階の措置〉で、①北朝鮮はすべての核施設を無能力化し、年末までにすべての核計画を完全かつ正確に申告し、核物質、技術、知識を移転しない、②米朝・日朝国交正常化をめざす、③各国による100万tの重油相当規模を限度とする対北朝鮮支援、④6ヵ国外相会合を適切な時期に北京で開催、で合意。08年6月、北朝鮮は議長国・中国に対し核計画に関する申告書を提出し、10月までに検証措置について合意が成立したため、米国は10月12日に北朝鮮のテロ支援国家指定を解除。09年4月5日に〈テポドン2号〉とみられる人工衛星を発射した北朝鮮は6ヵ国協議からの離脱を宣言。→北朝鮮核問題|北朝鮮ミサイル問題

礒崎 敦仁

ロッテグループ

日本と韓国の双方で事業を展開する財閥。創業者の辛格浩（日本名は重光武雄）は1941年に日本に渡って早稲田高等工業高校応用学科に進んだ。卒業後の48年にガム生産工場である株式会社ロッテを設立し、ロッテはガムやチョコレートなど日本有数の総合菓子メーカーとして成長を遂げた。辛格浩は日韓国交正常化を契機に韓国に進出、67年ソウルにロッテ製菓を設立した。短期間に韓国最大の菓子メーカーにまで成長すると、70年代には飲料、商社、建設、百貨店、さらに石油化学へと事業を多角化した。その後は堅実な経営を志向したが、2000年代になると通貨危機後に経営危機に陥ったKPケミカルや現代石油化学の一部事業を相次いで買収して上位財閥の仲間入りを果たした。創業者の子女も経営に参加し、長男の辛東主（重光宏之）は日本事業を、二男の辛東彬（重光昭夫）は韓国事業を管掌している。公正取引委員会発表の2013年相互出資制限企業集団で資産額第7位（公企業を除くと第5位）。

安倍 誠

ろぶげん｜盧武鉉｜→ノ・ムヒョン
ろんかい｜論介｜→ノンゲ
ろんさん｜論山｜→ノンサン

わ｜倭｜왜

7世紀以前の日本の呼び名。中国人が付けた名であるが、対外関係では7世紀後半まで自称として使われていた。日本語の一人称代名詞〈わ〉〈吾〉によるとする説が古くから唱えられている。最近は身長、体型など人種的特徴によるとする説もある。後漢に成立した《説文解字》に〈倭は順なる貌なり。人に従い委の声〉とある。転じて背が丸く曲がって低い人をさすといわれる。なお倭はもと委と書いたと説くのは《経典釈文》の誤解。確実な倭の初見は《漢書》地理志の〈楽浪海中に倭人有り、分かれて百余国を為す。歳時を以て来りて献見すと云う〉で、前1世紀半ばころ九州北部の集落の首長たちが*楽浪郡から前漢の先進文化を摂取していた事実にもとづく。ほかにも《山海経》海内北経に〈蓋の国は鉅なる燕の南、倭の北に在り。倭は燕に属す〉、《論衡》儒増篇ほかに〈周の時は天下太平にして越裳は白雉を献じ倭人は鬯草を貢ず〉とある。いずれも根拠は不確かである。《三国志》魏志東夷伝によって、中国人は朝鮮半島南部を倭とよんでいたとか、倭人が朝鮮南部に進出していたとかいう説もあるが、史料解釈が穏当ではない。

九州北部と朝鮮南部との間に古くから住民の移住も含む継続的交流があったことは確かであるが、歴史的親縁性の証拠を中国史料の文面に求めるのはむつかしい。したがって、倭人は、前漢の朝鮮四郡の設置(前108)によって中国人に知られ、平均身長に約10cmの差があったらしい韓人種族と区別して〈小柄な人〉と命名された公算が大きい。1、2世紀に九州北部の部族連合が栄えたが、倭人種族を正式に代表する〈倭王〉が国際的に公認された最初は3世紀の邪馬台国の卑弥呼で、倭についてのまとまった叙述(《魏志倭人伝》)もこのころ現れる。なお中国安徽省亳県の後漢墓塼銘は〈倭人〉でなく、〈倿＝伋人〉であろう。　　山尾 幸久

わいばく｜濊貊｜예맥

古代中国の東北(旧満州)から朝鮮半島北東部にかけて居住していた民族の名称。〈かいばく〉ともよみ、穢貊とも記す。濊貊という呼称には2義あって、一つは先秦の古典などにしばしば濊とか貊という名称で現れるもので、彼らの習俗などについて最も詳細に記録した文献は《三国志》魏志東夷伝である。この列伝の中に記されている*夫余、*高句麗、*沃沮などの諸族を構成した主体は濊貊系とみられている。また、のちに朝鮮南西部に百済国が起こったが、その支配層は彼らの系統とみられている。前漢の武帝時代、前128年(元朔1)、鴨緑江上流から佟佳江流域方面に蒼海郡が設立されたが、当時この辺は濊貊系高句麗の支配下にあったので、設立後2年で廃止されている。

狭義の濊貊は、朝鮮半島の江原道から咸鏡道南部に居住していたもので、《三国志》魏志東夷伝所載の〈濊〉はそれにあたるとみられる。彼らの言語は、白鳥庫吉によればツングース系を主として、若干のモンゴル系を混合したものと推測されている。彼らの生活形態は、前述の史料によれば、狩猟、漁労、牧畜を主として、農耕も併せ行ったらしい。その社会組織には中国の影響もみられるが、いまだ全部族を統轄する最高権力者は出現せず、渠帥といわれる部落の長老が中国の間接支配下にあったようである。彼らの宗教は、10月の収穫時に天を祭って全部族が歌舞飲酒する(舞天)というシャマニズム的な特色をもつものであったことが記されている。　　村山 正雄

わかめ

朝鮮の沿岸部全域に産し、スープや和え物でよく食される。ことにミオックックとよ

ばれるわかめのスープは，出産，誕生日などにつきものの儀礼的食品となっており，サムシンハルモニとよばれる"産神"にささげるなど，朝鮮の"出産習俗と切り離せない。妊婦のいる家庭では早くからわかめを準備し，海から離れた山村では大量に買い付けておいたものである。わかめスープは子育てスープであった。高麗時代の王家の財産分与の項目に藿田というわかめ採取場もみられる。

鄭 大聲

わかん|倭館|왜관

日本からの送使接待のために朝鮮に設けられた建物。室町期には三浦(富山浦，齊浦，塩浦)と漢城(現在のソウル)に，江戸期には富山浦(現在の釜山)のみに置かれた。室町期の日朝貿易は外交使節往来の形式をとり，日本各地からの渡航使者は三浦で朝鮮側役人による書契や文引に押された図書の検査を受け，浦所の中にある倭館に入宿し，使節の格に応じて朝鮮側の接待をうけた。そのあと上京の途につき，途中の宿泊地でも接待を受けながら漢城の倭館(東平館)に入宿，ここでも接待を受け，さらに王宮で朝鮮国王の謁見を受けた。他方，江戸期の倭館は釜山浦内の豆毛浦から草梁に移されたが(1678)，東館(館守屋，裁判屋，開市大庁)と西館(三大庁館)に分かれ，対馬から代官が派遣されて外交や公私の貿易をここで行った。江戸期には倭館に接して朝鮮側の宴大庁と，草梁客舎などがあり，対馬からの送使への饗宴や，朝鮮国王の殿牌に対する拝礼儀式が行われた。⇒日朝貿易

矢沢 康祐

わこう|倭寇|왜구

朝鮮半島および中国大陸を襲った海賊的集団に対する朝鮮・中国側の呼称。直訳すれば〈倭寇〉は，日本人の海賊ないしは侵攻を意味するが，その民族的構成の内実については古来より議論がある。また活動時期により，初期倭寇・前期倭寇・後期倭寇に区分される。

初期倭寇は13世紀に発生し，高麗側の史料上では1223年を初出とし，65年までに11件が確認される。その襲撃先は朝鮮半島の慶尚道沿岸地域で，日本側史料によれば，対馬・壱岐・松浦の住民などが海賊行為を働いたことが確認できる。高麗は，かかる倭寇の禁圧を日本に求め，九州の少弐氏はこれに応えて対馬の海賊を使節の目前で斬首したという。初期倭寇は，67年以降，モンゴルや高麗の日本降伏勧告使節がしばしば来日することにより，幕府が沿岸警戒態勢を強めた結果，終息したものと推定される。

前期倭寇は，14世紀後半，朝鮮半島全域ならびに中国山東省沿岸などを襲撃したものであり，高麗側では庚寅年(1350)を倭寇の始まりとして長く記憶された。同年より1391年まで延303件の倭寇事件が確認され，重複したものを整理すれば136集団の倭寇を数えることができるという。このうち76年から85年までの間が倭寇のピークであった。その構成員は，対馬・壱岐・松浦のく三島の倭寇〉(史料上の初出は1399年)とされ，場合によっては博多の住民が松浦の代わりに数えられた。このほか，高麗の被差別民である禾尺・才人たちが倭賊を偽装したという高麗側の記事や，朝鮮王朝の官人李順蒙が1446年に述べた発言(〈倭人は一，二に過ぎず，本国の民，倭服を仮着し党を成して乱を作す〉)を根拠に，前期倭寇には高麗人も参加していたとする説がある。一方，1367年以降，高麗から倭寇禁圧要請を受けた日本の足利政権は，国内の〈溢れ物〉〈悪党人〉が高麗で狼藉を働いていると認識しており，その禁圧を九州の守護大名に下命している。高麗はまた，対馬宗氏に米穀を下賜して懐柔につとめる一方，89年には対馬に軍事侵攻するなど，硬軟おりまぜた対策をとった。倭寇制圧を名目とする対馬への軍事侵攻は，朝鮮王朝においても1419年に実行されたが(応永の外寇，己亥東征)，対馬の頑強な抵抗により撃退されたため，以後はもっぱら懐柔策をとり，その結果，前期倭寇は15世紀初頭には終息した。

後期倭寇は，16世紀後半，中国大陸の浙江・福建・広東地方や，朝鮮西南部沿岸などを襲ったもので，中国の嘉靖年間(1522-66)をピークとしたため〈嘉靖大倭寇〉ともよぶ。その構成員は，中国の福建・広東の住民が大半を占め，〈真倭〉すなわち日本人は1～2割であると当時から認識されていた。そのため，後期倭寇の著名な頭領は，王直・徐海・許棟など中国人が多い。彼らの日本

側パートナーとしては，博多の助才門，大隅の辛五郎などの名が知られている。彼らは中国浙江省の舟山諸島や，日本九州の五島・平戸・薩摩・大隅などを拠点とし，明の海禁政策を破って東シナ海を縦横に活動した。後期倭寇には中国人や日本人のほか，ポルトガル人や朝鮮人もおり，とくに朝鮮の珍島出身とされる沙火同シャホトンは，五島の倭寇と結託して朝鮮に道案内した容疑をもって，朝鮮政府から日本に対し引き渡し要請がなされた。後期倭寇は明の海禁政策の緩和(1567年頃)や，豊臣秀吉の海賊停止令(1588年)の発動により，16世紀末には終息した。
米谷 均

わじょう|倭城

文禄・慶長の役(゛壬辰・丁酉倭乱。1592-98)に際して日本軍が朝鮮南部に築城した城郭。日本軍が朝鮮に侵入したとき，日本からの軍需物資を保管し，その補給路を確保する拠点にした城郭で，慶尚・全羅両道の海岸に二十数城築き，その多くは遺構を残している。そのほか，釜山・平壌間の10余のつなぎ城をはじめ，各地に倭城が二十数城もあったが，これらは臨時応急のもので，その遺構は知られていない。その配置は釜山城が全体を統轄し，各地の要衝にそれぞれ大名の預かる本城と，これを擁護する端城(支城)とがあった。また，倭城は海岸の船着場を含む外郭部と，背後の小山の上にある内城部とから構成されている。内城部は材料，地形，目的などの相違から若干異なるところもあるが，ほぼ近世の日本城郭と同型で，朝鮮の城郭と著しく異なる。その築城は諸大名が分担し，2000～8000人を動員して約3ヵ月の日時を要した。
井上 秀雄

わに|王仁

5世紀初，百済から渡来したとされる人物。和邇吉師ワニキシとも記される。《日本書紀》応神紀16年2月条によれば，天皇は太子菟道稚郎子ウジノワキイラツコの師であった阿直伎アチキから王仁という優秀な人物が百済にいることを聞いて，使者を派遣し，王仁を招聘した。到来した王仁は太子の師となり，典籍を教授したという。《古事記》には王仁が《論語》10巻・《千字文》1巻を献上したというが，《千字文》

●倭城

慶長の役さい小西行長軍が慶尚南道熊川(鎮海の南東)に築いた倭城の遺構。外郭上部から加徳島を望む。

は6世紀に作成されたもので，王仁の渡来時期とは合致しないため，この伝承は後世に造作されたものと理解される。《続日本紀》延暦10年(791)4月条には，漢の高帝の末裔で百済に移住した王狗の子孫が王仁で，久須王(貴首王)の時，倭が文人を求めたので，王仁を派遣した，と伝える。
井上 直樹

わはく|和白|화백

新羅の有力貴族によって組織された会議。国家の大事を決定したといわれている。《新唐書》新羅伝は，〈事を行うのに必ず会議を開いた。これを和白とよび，一人でも異議を唱えれば決定されなかった〉と，そのようすを伝えている。おそらく統一新羅時代のことと思われる。同様の会議形態は《隋書》新羅伝にもみられ，さらに《三国遺事》巻一の真徳王条は，大事の決定に際しては大臣が霊地におもむいて合議したと伝えている。和白の呼称がいつごろから始まったかは不明であるが，国事を決定するための会議は古くから行われていたとみてよい。おそらくその源流は，5世紀以前の゛麻立干マリツカン(王の称号)を中心とした合議制に求められるであろう。6世紀以降は有力貴族である大等階層によって構成され，その承認なしには王位継承もなしえなかったほどであったと考えられている。しかし，王権の確立・専制化とともに，その政治的役割は低下したとみるべきであろう。
木村 誠

ワールドカップ｜World Cup

サッカーのワールドカップ（W杯。国際サッカー連盟主催）は，世界で最も多数の観衆を集め，最も多くのファンを熱狂させる国際大会である。2002年の第17回W杯大会は，1996年5月，スイスで開かれた国際サッカー連盟理事会で，日本と韓国の共同開催と決まった。試合は32ヵ国が参加し，64試合が両国の各10都市で行われた。韓国の開催都市はソウル・釜山・水原・仁川・光州・蔚山・大邱・大田・全州・西帰浦，開幕式と準決勝はソウル，3位決定戦は大邱であった。当初，開催国は日本が有力とみられていたが，韓国の強い巻返しで，結果的に共同開催となった。韓国の〈国技〉サッカー（1986年から毎回ワールドカップ出場）だけに，ファンはもちろん，政府・開催都市ともたいへんな熱の入れようであり，また日韓共催が両国の関係改善にもたらす効果も注目された。日韓両国チームは開催国枠で参加し，双方とも決勝トーナメントに進出した。韓国チームは強豪国チームを破って第4位となり，その善戦ぶりに応援の熱気が全土を席捲した。

舘野 晳

ワンゴン｜王建｜왕건｜877-943

高麗王朝の創始者，太祖。在位918-943年。祖先についてははっきりしないが，松岳（開城）地方に一定の勢力基盤をもち，海上貿易にも関係していた家系らしい。新羅末期，反乱軍の一首領▶弓裔に帰順してその部下となった。弓裔の部将として早くから軍事的才能を発揮したが，とくに水軍活動においてめざましく，後三国期に弓裔の後高句麗国が西南海の海上権を掌握できたのは，もっぱら彼の功績による。909年に海軍大将軍となり，913年には侍中（首相）となったが，専制君主弓裔が暴君と化するや，918年，弓裔を放逐した諸将の推戴を受けて年号を天授と定め，王位についた。すなわち高麗の太祖であり，自己の本拠地である開城を都と定めた。弓裔に代わった太祖は，後百済との武力抗争を継続する一方，親新羅政策をとる。新羅の伝統的権威を吸収しようとしたのであるが，これは935年，新羅が高麗に降伏することによって実現された。後百済との武力抗争も高麗側に有利となり，936年，後三国は高麗によって統一される。統一後の太祖は，各地の豪族を武力や婚姻，人質をとおしていかに高麗国家の内部にとり込むかという課題に腐心したが，この問題は以後の諸王に受け継がれていった。

浜中 昇

ワンとう｜莞島｜완도

韓国南西部の全羅南道に属する島。面積90.1km²。古今(コグム)島，甫吉(ポギル)島，青山(チョンサン)島など約60の有人島や200余の無人島とともに莞島郡を構成し，島の南部に郡庁を置く。海流の影響で暖温帯林が繁茂し，園芸農業も盛んである。多島海海上国立公園に属する南部を中心に岩石海岸が多く，海食崖が発達する。周囲はサバ，タイ，サワラなどの漁場に恵まれるほか，ノリ，ワカメ，カキ，アワビなどの養殖でも全国有数の規模を誇る。古くから多島海西部の海上交通の中心地で，東岸の将島には統一新羅時代の海商，▶張保皐(チャンボゴ)ゆかりの清海鎮遺跡がある（史蹟第308号）。1969年に本土の海南(ヘナム)郡，2005年に東隣の薪智(シンジ)島との間が橋で結ばれたが，郡内各島や▶済州(チェジュ)島との海上交通では今も重要な地位を保っている。▶草墳(チョブン)(草殯)の古習など，この地方独特の民俗文化でも注目される。

佐々木 史郎

地域・国名編

朝鮮
大韓民国
朝鮮民主主義人民共和国

朝鮮
Chosŏn
Korea

朝鮮の呼称｜自然｜民族と文化の源流｜朝鮮史の特質｜日朝交渉史｜日本の侵略と植民地支配｜南北分断と統一問題｜1980年代後半以降の南北関係｜2001年以降の南北関係

ユーラシア大陸の東縁から日本列島へ突き出した半島部と大小3400余個の付属諸島からなる地域。面積は約22万2000km²で，ほぼイギリス本国に匹敵する。1948年以後は，南半部の大韓民国（9万9313km²，人口は1999年現在，4733万）と，北半部の朝鮮民主主義人民共和国（12万2762km²，人口は1993年現在で2052万）とに分かれている。⇒人口

[朝鮮の呼称]　朝鮮の名は，14世紀末から約500年間この地域を支配した李氏朝鮮王朝（李朝）によって広まったが，《史記》の箕子のくだりに朝鮮の名がみられるように紀元前にすでにこの名があったとされる。たとえば《東国輿地勝覧》(1481)は〈朝日が鮮明なるところ〉として朝鮮の由来をあげている。朝鮮王朝時代の学者，李瀷らは朝は東方，鮮は鮮卑族の意と解釈した。英語のKoreaは高麗の発音(Koryŏ)からきたもので，世界にまたがる大帝国を築いた元が伝えたものであろう。なお，朝鮮の異称や雅号として，〈三千里錦繡江山〉（南北が3000朝鮮里に及ぶ），〈槿域〉（ムクゲの花が咲くところ），〈青丘〉，〈鶏林〉（もとは新羅の異称），〈韓〉〈海東〉などがある。

【自然】
[地形の特徴]　朝鮮は地形上，東・西朝鮮湾頭をつないだ北部と南部の二つに大きく区分できる。北部は平北〜蓋馬地塊（蓋馬高原）であり，日本海（朝鮮では東海という）に沿って北東から南西方向に走る咸鏡山脈を頂点に北西方向に緩傾斜の斜面が広く分布している。この地塊は鴨緑江・豆満江対岸の長白山脈と一体のもので，本質的には半島部ではなく大陸に属する。結晶片岩，花コウ片麻岩類からなり，始生代以後海進の影響を大きく受けなかった安定地塊のため，堆積岩層の分布が少ない。山脈西側斜面は鴨緑江・豆満江の流域をなすが，土砂の流出が非常に少なく，嵌入曲流する河道の沿岸にはほとんど平地を発達させていない。東・西朝鮮湾線の南部は本来の半島部というべきもので，日本海寄りを南北に走る太白山脈を頂点に，西側に広い緩斜面を形成している。この斜面は長い間の風化・浸食作用によって土砂の流出が極度に進み，固い岩層が残丘状に残り，これらが太白山脈から南西方向の支脈（小白山脈）となっている。咸鏡山脈，太白山脈の日本海側は断層作用によって急崖が形成されており，落下した土砂による狭い海岸平野が延々と続いている。平北〜蓋馬地塊は南が隆起し，北が沈降した傾動地塊であり，半島部は東が隆起し，西が沈降した傾動地塊である。

中国との国境をなす鴨緑江・豆満江はともに白頭山に発し，広大な流域面積を有するが，風化・浸食作用の少ない固い岩盤上を流れるため，嵌入曲流が発達しているが，沿岸にほとんど平地を形成していない。半島部の漢江，洛東江，錦江は山地から多量の土砂を運び，流域に多数の盆地平野を形成している。河口まで流れ出た土砂は強い潮流によって沖合に流されるため，デルタ平野はあまりみられないが，広大な干潟地を形成しているのが特色である。大同江の中・下流には露出した石灰石が広く分布し，カルスト地形をみせる楽浪準平原となっている。日本海側の河川は短く，急傾斜であり，土砂流出量が多く，砂州，潟湖などの独特の地形を多数形成している。

内陸にはこぢんまりした盆地が多数みられ，古代からこれらが住民の主たる生活舞台となってきた。広い海岸平野としては北から清川江河口の博川平野，大同江・載寧江合流点の平壌・載寧平野，漢江下流の金浦平野，錦江，万頃江，東津江が連なる湖南平野，栄山江流域の羅州平野，洛東江下流の金海平野がある。日本海側のみるべき平野としては竜興平野のみである。海岸線は東海岸と西北海岸は単調だが，所々に天然の良港がみられる。中西海岸以南と南海岸はきわめて複雑な海岸線をもち，南西から南海岸にかけては数千の島が散在する多島海となっている。西海岸は潮差が大きく，中部の京畿湾の8mを最高に北の竜岩浦で4.7m，南の群山で6.2mに及んでおり，この海域に流入する河川が運び込む土砂によって広い干潟地が発達している。⇒地下資源；電力

[気候と植生]　四季が明確な温帯に属するが，南北に約1000kmと長いため，緯度によって気候の差が激しい。年平均気温は南部13℃前後，中部11℃，北部山岳地帯は4℃ほどである。大

陸の東端にあるため大陸性気候の影響を強く受けて気候の年較差が大きく，中部でも夏に30℃を超す日が30日以上，冬には−15℃に下がることも少なくない。降水量は中・南部が1200〜1300mmなのに対し，北部は700〜800mmと少ない。6〜9月に⅔以上の降水がかたより，冬には非常に少ない。干害が農業にとっての最大の脅威であった朝鮮では，古くから雨によせる関心は高く，祈雨祭や測雨器の発達をみた。植生では，アカガシを主とする暖帯照葉樹林が南部の沿岸地帯に，また北部山岳地帯が亜寒帯森林となっているほか，大部分の地域はナラ，カシ，モミなどを主とする温帯落葉樹林である。しかし，太白山地を除く大部分の山地は朝鮮王朝時代や植民地時代に行われた山林政策によって人手が入り，自然林から人工林に移行している。北部山地はカラマツ，モミなどの針葉樹林が繁茂し，朝鮮の山林資源の宝庫となっている。→雨 農業

[海流] 黄海は水深が浅く，優勢な海流の影響が弱いうえ，冬の水温が低く，よい漁場はなっていない。日本海側は北上する対馬海流と南下するリマン海流が交錯する世界的な漁場となっており，また半島南西部の多島海もよい漁場である。ニシン，メンタイ（スケトウダラ），イシモチ，タラ，イカが代表的な魚種である。→魚介類

[地域区分] 朝鮮半島はソウルから元山に至る楸哥嶺地溝帯を境として北部と南部に分かれ，北部は狼林山脈を境として咸鏡道中心の東北部を関北とよび，平安道を中心とし黄海道を含めた西北部を関西とよぶ。京畿道，江原道，忠清道を中部地方とし，全羅道，慶尚道，済州島（現在は済州道をなす）を南部地方とする。また京畿・忠清両道をさして畿湖，江原道を関東，全羅道を湖南，慶尚道を嶺南，忠清，全羅，慶尚の3道を総称して三南地方とよぶ場合もある。朝鮮王朝初期の15世紀から行われた咸鏡，平安，黄海，江原，京畿，忠清，慶尚，全羅の八道制は自然地理を加味したすぐれたものであったが，甲午改革後の1896年に，行政的に咸鏡，平安，忠清，慶尚，全羅の5道をそれぞれ南北2道に分けた十三道制をしき，現在は南北の両国家において，9道ずつの行政区画を行っている。朝鮮の各地方に関しては八道の各項目を，また現在の行政区分に関しては〈大韓民国〉〈朝鮮民主主義人民共和国〉の項目を参照されたい。→道 邑 面

:里:地域感情　　　　　　　　　　　　谷浦 孝雄

【民族と文化の源流】 朝鮮半島における人類の活動は，約50万年前の旧石器時代から始まっている。近年，朝鮮半島全土から数段階に時期区分することのできる旧石器が多数発見され，前期旧石器から後期旧石器をへて中石器時代の設定すら可能な長期にわたる人類の祖先の存在が知られるようになった。

現在の朝鮮人の直接の祖先とみられる新石器時代人の出現は，前4000年ころとする説が有力である。旧石器時代の文化活動には，それほど明確な地域差はみられないが，新石器時代以後には朝鮮独自の文化がみられるとともに，ほかの地域で発生し，周辺の各地に波及した文化（〈大〉文化）を受容して，朝鮮文化の内容を豊富にしてきた。この時期の生産様式は，自然物採集を主としており，シベリアから伝わった櫛目文土器を使用していた。前15世紀ごろから間接的に中国の農耕文化を受け入れていたが，前7世紀以後には北方の騎馬民族から青銅器文化を受容し，前3世紀には中国の鉄器文化をもった。衛氏朝鮮が建国した（*古朝鮮）。このように，朝鮮民族は北方・西方の文化を吸収しながら，独自の文化を形成した。→旧石器時代 新石器時代 青銅器時代 鉄器

[朝鮮人] 朝鮮人は，人種的にはモンゴル系の黄色人種で，形質的には日本人に最もよく似ている。身長，頭形，顔形，血液型，指紋などでは，日本人と満州族とに最も関係が密で，中国人とはそれほど類似していない。北部の朝鮮人は満州族に，南部は日本人に似ているが，例外として，モンゴル帝国の占領下にあった済州島人の頭形は満州族に近く，平安南道・南北黄海道人の頭形は最も華北型に近い。ツングース族に属する満州族や東部シベリアの古アジア諸族などが，前40世紀ごろから朝鮮半島に移住し，これより前に南方から移住してきた人々と共存していたとも考えられている。

朝鮮人は南北各地の諸種族が混交したものであるが，種族による文化の相違はあまりみられず，時代が下るにしたがって同一民族として共通の文化圏をもつようになった。たとえば前記の衛氏朝鮮以降は，北部には*高句麗を中心とした高句麗文化圏が成立し，南部には*三韓時代の韓族文化を基盤とした*百済と*新羅の文化が栄えた。その後には，北方には高句麗文化を継承した*渤海の文化と南

方には統一新羅の文化が栄えたが、▶高麗の成立とともに、これらの文化の融合をはかりながら、独自の朝鮮文化を完成させた。

［言語と文字］ 原始時代の朝鮮には多くの系統を異にする種族と言語があったが、《三国志》魏志東夷伝によれば、3世紀の朝鮮には漢、貊、韓、倭の4民族がおり、その後しだいに南部の韓族が勢力を得、新羅の統一によって朝鮮民族の形成基盤ができた。ただ、民族形成の過程や地形の複雑さから地域文化が強固に残存し、方言が発達した。言語構造は日本語と最もよく似ており、アルタイ語系統とされている。音韻構造も原始時代までさかのぼると、日本語とかなり類似していたとみられる。

▶三国時代の金石文をみると、北魏を主とする中国北朝系の文字が5世紀前半までに高句麗に受容され、6世紀前半までに百済へ、6世紀後半までに新羅へ、それぞれ伝えられた。6世紀後半には新羅系統の文字が山陰、関東など日本各地に伝えられた。中国の文字文化が朝鮮に入るとき種々の文化変容が起こり、高句麗では省略文字、新羅では複合文字など異体文字が使用された。これらの異体字は政治的に重要な箇所（王名、始祖名、官職名、官位名、貴族の名前など）に集中しており、政治的な自立を主張したものとみられる。また、文体も朝鮮語風に、主語・述語の順に記述することなどもみられるが、王朝側が文体を指定するなど、言語、文章の統一をはかる政策をとっていた。こうして朝鮮の文字文化は三国抗争期に始まり、地方勢力との結合をはかるために積極的に文字文化が利用された。これは王朝の権威を誇示するとともに、言語文化の統一により民族文化の高揚をはかることになった。のちの▶朝鮮王朝建国後まもない15世紀の朝鮮は、朱子学の興隆による漢文全盛の時代であるが、同時に▶訓民正音(1446)によって朝鮮文字（ハングル）、朝鮮文の創製された時代でもあり、言語、文学の民族化の時代でもあった。ハングルの創製は朝鮮文化史上きわめて大きな意義をもっている。➡朝鮮語｜ハングル｜文学

［宗教の習合にみる固有性］ 朝鮮文化は、軍事的・政治的圧力を背景として、北方、西方の異文化を受容しながら成長した。従来の考え方では、受容された〈大〉文化のみに注目し、地域文化を軽視する傾向があった。たとえば統一新羅時代から高麗時代にかけては仏教が盛行し、朝鮮王朝時代には儒教がこれに代わったとされている。しかし、これは支配階層の文化のみを見たもので、仏教受容の当初から儒教と仏教とは同時に受容され、両者相携えて発展しただけでなく、固有の信仰をも発展させたことを見逃している。

三国時代の中国文化受容には、朝鮮文化の特色を示すものが少なくない。たとえば、高句麗の小獣林王時代(371-384)には、仏教が初めて受容されただけでなく、太学をたて、儒教教育を始め、律令（成文法）を公布して、儒教的な政治形態をとった。このように、仏教の渡来が儒教文化の発展をうながし、儒・仏相携えて発展するのは百済の場合も同様であった。さらに、仏教文化の受容は固有の信仰をも発達させた。高句麗では625年に、唐で道教が盛んなのを知ってこれを取り入れている。このように、儒・仏・道三教を積極的に受容するだけでなく、在来の信仰もあわせて、新しい信仰を作り出すところに朝鮮の特色がみられる。近代の19世紀半ばに生まれた民衆宗教である東学が、西学（天主教、カトリック）を意識しながら儒・仏・道三教の結合を唱え、また朝鮮の民間信仰を土台にしている点などはその典型である。なお、中国文化と朝鮮文化の関係についてはく中国〉の項目も参照されたい。➡シャマニズム｜道教｜仏教｜儒教｜キリスト教｜東学

井上 秀雄

【朝鮮史の特質―前近代史への視点】 前近代の朝鮮史を王朝の興亡史としてみるとき、二つの特徴があることに気がつく。一つは、各王朝の存続期間がひじょうに長いことである。実態がなおよくわかっていない古朝鮮（檀君朝鮮、箕子朝鮮、衛氏朝鮮の総称）の時代はさておき、互いに覇を競った高句麗・百済・新羅の三国、三国を統一した新羅（統一新羅）に取って代わった王氏高麗、それをついだ李氏朝鮮（李朝、朝鮮王朝）と、いずれも400年以上続いた王朝である。もう一つは、朝鮮で王朝の交代が行われたときが、いずれも東アジア史上の大変動期にあたっていることである。たとえば、統一新羅から高麗への転換期にあたる10世紀は、中国では唐・宋変革期に、日本では古代律令体制の解体期にあたっている。また高麗から朝鮮王朝への転換期にあたる14世紀は、中国の元・明交代期、日本の南北朝内乱期にあたっているのである。

これら二つの特徴的な現象は、何を意味しているのだろうか。第2次大戦前の日本の朝

鮮史研究者たちは，ここから二つの結論を引き出した。朝鮮史の停滞性と他律性という結論である。しかしこのような朝鮮史観は，今日では克服されつつある。上に述べたような王朝交代の，中国や日本に比べての特異性にも留意しながら，前近代朝鮮史をどのようにとらえるかを考えてみたい。

[巨視的にみた社会変動] まず最初に，前近代の歴史の中で重要な位置を占め，しかもある程度詳細に社会の実態を知ることができる統一新羅時代，高麗時代，朝鮮王朝時代の三つの時代をとりあげ，それぞれの社会の特徴を対比させて，社会変動の状況を巨視的にみてみよう。

①支配層の社会的基盤 支配層のあり方をみると，統一新羅時代の支配層は，▶骨品制という新羅独特の身分制の中，上層部分によって占められていた。ところで骨品制は本来，新羅の王京人(慶州人)に限定された身分制であった。骨品制の適用範囲は三国統合の過程で若干拡大されるが，それにしても新羅の支配層はごく限られた貴族層から成っていたと考えられるのである。ところが新羅の支配力が衰えはじめる9世紀になると，各地に豪族が台頭してくる。そして彼らは，後三国(新羅，後百済，後高句麗)の内乱期を経る中でいっそうの成長をみせるが，後三国を再統一して高麗王朝を立てた王建も，このような地方豪族の一人であった。王建は各地の有力な豪族と積極的に姻戚関係を結び，彼らの力を借りながら，全国を再統一したのである。高麗初期の支配層を形成したのはこれらの豪族たちであり，統一新羅期の支配層の閉鎖性に比べると，はるかに広い基盤から成っていた。

高麗はやがて▶科挙制度を取り入れて，官僚制的な国家体制への傾斜をみせるが，科挙及第者であることが支配層になるための不可欠の条件となることはなく，豪族の系統をひく門閥貴族の力も依然として大きかった。ところが朝鮮王朝時代になると事情が一変する。科挙制度が本格的に確立され，原則として科挙及第者でないと支配層に参加できないようになるのである。そしてこのような変革を推進する中核となったのが，▶朱子学的理念にもとづく国家体制の建設をめざした新興の官僚層グループであった。

統一新羅期・高麗前期・朝鮮王朝前期という三つの時代における以上のような支配層の変化は，支配層をより広い社会的基盤から求めようとする過程の産物であったということができる。このような支配層の社会的基盤の変化とともに，社会の大部分を占める民衆のあり方も，三つの時代で大きく異なっている。それを端的に示すのが，親族・家族制度の変化である。

②親族・家族制度の変化 戦前の日本人研究者たちは，〈朝鮮に於ては永く固有の家族制を守株じうし，朝鮮王朝末期に至る迄，殆ほとんど変革のみるべきものなくして，古代の家族制を其のままに踏襲し来れる〉(稲葉君山)として，これを停滞論の根拠の一つとしたのであるが，朝鮮王朝時代の家族制度は，けっして古代の家族制そのままのものではない。新羅時代の家族制度の実態は，なおよくわかっていないが，一般民衆は姓をもっておらず，名も朝鮮固有のものであったと思われる〈人名〉の項を参照)。近代以前の日本で庶民が姓をもっていなかったのと同様だったわけである。庶民が姓をもつようになるのは高麗になってからのことで，これは民衆を姓氏集団として把握しようとした高麗の支配政策と関連したものである。

このように朝鮮では高麗時代になって，庶民も中国式の姓(漢字1字，まれに2字)と名をもつようになったのであるが，この時代には同じ姓氏集団の中での結婚も広く行われていた。ところが朝鮮王朝になって，朱子学が一般民衆にまで浸透するにつれて，同族(▶本貫を同じくする同姓集団)内の結婚が行われなくなり，このような親族・家族制度が近代まで続くことになったのである。したがって近代になって日本人に知られるようになった，日本とはひじょうに異なる朝鮮の親族・家族制度は歴史とともに古いものではなく，国家の政策や社会のあり方にも対応して変遷をたどってきた，すぐれて歴史的な産物である。

③独特の郡県制 支配層のあり方と，民衆の親族・家族制度のあり方とを結びつけるパイプの一つである地方行政制度も，時代によって大きく異なっている。前近代の地方行政制度で最も興味深いのは，高麗時代の郡県制である。この時代には，次のような独特の郡県制が行われていた。すなわち〈A郡に属するx県〉という場合，中国ではA郡の地域内にx県が存在しており，A郡とはxおよびx以外のx'，x''などのいくつかの県からなっている地域をさした(ちょうど現在の日本の県と郡とを逆にした形)のであるが，高麗の郡県制は，こ

れとはまったく異なるのである。高麗でく A 郡に属する x 県〉という場合, ㋑ A 郡と x 県は別の地域(多くは隣接)であり, A 郡の中に x 県があるのではないこと, ㋺く属する〉とは, x 県が A 郡の支配を受けるという意味であることの2点に, 高麗の郡県制の特異性があらわれている。この場合, 中央から官僚が派遣されるのは A 郡だけであり, x 県には派遣されない。したがって中央からみれば, x 県には A 郡を通じての間接的な支配しか及んでいないのである。

このような独特の郡県制が成立したのは, 先にみた統一新羅から高麗にかけての支配層の変動と大きくかかわっていた。初期高麗は豪族連合政権的な性格が強かったが, A 郡のような地域(これを主邑しゅゆうとよぶ)はたいてい王建に協力して統一事業に功績のあった豪族の出身地であり, x 県のような地域(属邑)は, 逆に王建に反逆したような豪族の根拠地であった。そのために属邑は主邑の支配を受けたのであり, この支配に国家は直接関与しなかったのである。

高麗後期になると郡県制は変質しはじめ, 朝鮮王朝に入ってからは, 原則としてすべての郡や県に中央から官僚が派遣されるようになるが, 重要なのは, 同じ郡県制といっても, 時代によりひじょうに異なっていることを理解することである。

戦前の日本人研究者のように, 実証的な裏づけもなく家族制度の古代以来の不変性を主張したり, 史料にく郡県制〉とあれば文字の同一性からだけでそれを中国のものと同一視したりして, それによって朝鮮史の停滞性を主張するような見方は, 研究の進展によってその根拠を失ったといってよいであろう。

[時代区分論] 前近代の社会変動のほんの一端を上でみたわけであるが, それではこのような社会のあり方の違いをどのように位置付ければよいのであろうか。また違いを生み出した力を, どこに求めたらよいのだろうか。こうした問題を考えるために, 前近代の時代区分についての研究状況を概観しておこう。

朝鮮前近代史を世界史の発展段階の中に位置付ける試みを最初に行ったのは, 日本の経済学者・福田徳三であった。ドイツの歴史学派経済学を学んだ福田は, 自足経済(村落経済), 都市経済(領域経済), 国民経済という世界史の三段階説を前提として, 朝鮮は朝鮮王朝末期にいたるまで, 自足経済の段階にとどまっていたとしたのである。そしてそう判断しうる根拠として福田は, 第二段階の都市経済を生み出す封建制が, 朝鮮の歴史に欠如していたことをあげた。このような福田の封建制欠如論と停滞論的理解は, 日露戦争期にあらわれたものであり, 日本による朝鮮の植民地化の動きを合理化する役割を果たした。

福田的なとらえ方に対する批判は1920-30年代になって, 民族解放運動の進展を背景に朝鮮人研究者の手によって行われはじめた。植民地期の朝鮮人自身による朝鮮史研究を, 現在の韓国の研究者たちは社会経済史学, 民族史学, 実証史学の三つのグループに分けているが, 独自の体系的な朝鮮史把握を示して, 日本人研究者の朝鮮史像に批判を加えたのは, 前二者であった。

社会経済史学の立場, これは史的唯物論にもとづく歴史研究のことであるが, この立場を代表する研究者は *白南雲ペクナムウン(福田徳三の門下)であった。彼はマルクス主義的な発展段階論を朝鮮の歴史にも適用できると考えた。そして, 三国以前を氏族共産制社会, 三国期から統一新羅期までを奴隷制社会, 高麗以降を中央集権的なアジア的封建制社会ととらえる時代区分を提唱し, 福田らの封建制欠如論を批判した。

白のような社会構成体的な基準にもとづく時代区分とはまったく異なる時代区分の考え方を提示したのは, 民族史学の立場に立つ人たちであり, その代表的な研究者が *申采浩シンチェホであった。彼は日本の植民地支配を打ち破る力を民族独自の精神に求め, それを歴史の中に見いだそうとして研究を進めた。そして前近代史を, 民族精神と中国の文化に倣おうとする事大精神との闘争の歴史ととらえ, 12世紀の *妙清みょうせいの乱により事大精神が民族精神を圧倒するに至るとして, この乱を前近代史上の最大の事件と位置付ける独自の時代区分を主張したのである。

解放以後の朝鮮人研究者による時代区分論も, 基本的には上の二つの立場を受け継いだ立場で行われている。朝鮮民主主義人民共和国では, 古朝鮮を古代奴隷制社会, 三国以降を中世封建制社会とする時代区分が今日の定説とされ, 基本的には世界史的な社会構成体の各発展段階を朝鮮の歴史に適用する考え方が支配的である。しかし同時に, たとえば, 高句麗の遺民たちが建国したとされる渤海を朝鮮史の中に含めるべきだとして, 朝鮮史上

の最初の民族統一国家を統一(統合)新羅にではなく，高麗に求める考え方などには，民族史学的な方法の影響がうかがえる。

一方，大韓民国では，世界史的な各発展段階を朝鮮史に適用しようとする立場，奴隷制・封建制という概念は西欧基準のものであるからそれに代わる別の発展段階論を考えるべきであるとする立場など，さまざまな立場からの時代区分論が百家争鳴的に主張されている。その中で最も注目されるのは，民衆史の視点からの時代区分論の提唱である。この考え方は，現在の南北分断体制を克服する主体を民衆に求める立場から，民衆の成長過程として歴史をとらえ直そうとするものである。そこには民族史学の方法を継承，発展させた側面が顕著であるが，このような民衆史的，民族史的な立場からの時代区分論と，マルクス主義的な時代区分論との総合化の試みが，今後の朝鮮史学界における時代区分論の最大の課題であろう。

[民衆史としてみた前近代史] しかし民衆史の視点から歴史，とくに前近代史をとらえ直すことは，それほど簡単なことではない。朝鮮のように，古い時代から周辺の他民族の侵略をいくたびもこうむってきたり，近代の植民地支配の下で歴史研究の自由が抑圧されてきた歴史をもつ民族の場合には，とりわけそうである。そして現在においては朝鮮と同様に，〈歴史を奪われてきた〉民族の方が多いのであるから，そのような意味でも，民衆史の立場に立った朝鮮前近代史の再構成の試みは注目されなければならない。

民衆史において重要なことは，民衆の日々の労働と生活の歴史を明らかにすることである。たとえば'農業の歴史などは，民衆史の重要な一部分をなす。朝鮮農業の歴史はまだよくわかっていない所が多いが，先にみた三つの時代における農業のあり方は，ひじょうに異なる。統一新羅期の農業はまだきわめて粗放的なもので，牛の利用度や耕地の安定性も低かった。ところが高麗を経て朝鮮王朝期に入ると，水田における稲の連作や，畑における二毛作が一般に行われるようになる。しかも雨の少ない気候条件を克服するために，稲の生育初期を畑の状態で栽培するという，中国や日本にはみられない独特の稲作法(乾田直播法)も，この時代になると確立されてくる。このような農業の発展は，中国の先進的な農業に学びながらもそれを朝鮮の自然条件に見合ったものにするための，農民たちのたゆみない努力の積み重ねの結果であった。

先にみた三つの時代における支配層の違いや，地方統治体制，家族制度の変動なども，究極的には，民衆の日々の労働と生活における発展にもとづいているものと思われる。民衆史の視点から前近代史を再構成するということは，このように民衆の労働と生活における発展が，社会体制全般の変動とどのように結び付いているのかを，具体的に明らかにすることである。現在の朝鮮史研究では，韓国を中心として民衆史への着実な歩みが進められている。民衆史の視点から新しい朝鮮像が示されるならば，それは〈歴史を奪われてきた〉地域の歴史研究にも大きな示唆を与えることになるであろう。

[東アジア史上の朝鮮] 朝鮮前近代史をとらえるうえでもう一つの重要な問題は，その東アジア世界との関わりである。農業や高麗の郡県制の例にみられるように，朝鮮では，中国の制度や文化を受け入れながらもそれらが中国のたんなる模倣に終わったわけではけっしてない。仏教や儒教，科挙制度なども同様である。今日でも日本人の中には，朝鮮文化を中国文化の亜流にすぎないと考えている人が多いが，それは明らかに誤りである。

中国との関係の問題を，統一新羅から高麗への移行期を例にあげて考えてみよう。統一新羅末期に台頭してきた豪族の中には，日本史でも有名な'張保皐(弓福)のように，中国や日本との貿易を成長の足がかりとした者が含まれていた。高麗を創建した王建自身も，海上貿易勢力と密接な関係をもっていた。彼らの視野は国際的であり，唐の滅亡という国際情勢を利用しながら，唐と深く結び付いていた新羅の支配体制を打ち破り，新しい社会を志向した。そして高麗王朝は，後三国の内乱期を通じて示された豪族たちのエネルギー，さらにはその背後にある民衆のエネルギーを吸収すべく唐やのちには宋の制度に学びながら独特の支配体制をうち立てたのであった。あの高麗独特の郡県制は，こうした過程の産物であったといえよう。

この移行期にみられるように，朝鮮においては，旧体制を倒して新しい社会体制を作るためには，中国や北方との関係をも視野に入れなければならない状況がつねにあった。そして新しい社会の支配勢力は，中国の先進的

な制度や思想に学びながらも，それに独自の内容をもりこむことにより，強固な支配体制をつくろうとしてきたのである。最初に指摘した前近代史の二つの特徴，すなわち①一つの王朝が長く続き，王朝の交代がたんなる政権移動に終わるのではなく，広範な社会変動をも伴っていること，②その変動期が東アジア史上の変革期とも一致することがなぜ生じたのかは，以上のように考えれば理解できよう。そしてこの二つの特徴が，朝鮮前近代史の停滞性や他律性をけっして意味せず，民衆の成長を基本的な要因としながら，いくつかの段階的な発展をとげてきた歴史であったことも理解されよう。そしてある意味では，朝鮮前近代史の展開の中にこそ，東アジア世界の変動が最もよく現れているといってよいのかもしれないし，こうした特徴は今日の南北統一問題が東アジア世界に与えているインパクトの強さにまでつながっているのかもしれない。

ひるがえって日本の前近代史をみるとき，朝鮮との大きな違いに気づかされる。たとえば，10世紀に朝鮮で統一新羅から高麗への移行が行われたとき，日本では国際的な変動に連動した政治的・社会的変革が行われなかった。むしろ同じ時期，日本は遣唐使の廃止など鎖国的な体制を強めていくのである。そしてこの鎖国体制は，国風文化の発達を生み出す一方で，日本前近代史の大きな特徴の一つである古代から中世への移行の緩慢さ，なしくずし性(その象徴が古代天皇制の存続)を生み出したのではないだろうか。中国という巨大な文明に隣接し合っている日本と朝鮮の位置を考えるならば，日本前近代史の特徴は，何よりも朝鮮との比較を通じてこそ最も明らかになるはずである。この点にこそ，日本人が朝鮮前近代史を学ぶ最大の意味があるといえよう。　➡朝鮮史学➡中国

宮嶋 博史

【日朝交渉史】　ここでは近代に至るまでの日朝交渉史を通観するが，〈加羅〉〈高句麗〉〈百済〉〈新羅〉〈渤海〉〈高麗〉〈朝鮮王朝〉などの項目中の日朝交渉に関する記述を併せて参照されたい。

[原始, 古代]　朝鮮半島と日本列島との間では，古くから人々の往来があった。九州や沖縄で発見される縄文前期の土器には，朝鮮で出土する櫛目文土器と共通するものがあり，そのころすでに日朝間に交流のあったことがわかる。また，稲作，青銅器(銅剣，銅矛，銅鐸な

ど)や鉄器を伴う弥生文化は，主として朝鮮半島南部からの集団的な➡渡来人によってもたらされたと考えられている。その後も2世紀後半には，進んだ鉄技術と太陽祭祀をもつ朝鮮人集団が断続的に日本に渡来し，3世紀の大和政権は彼らに媒介されて朝鮮南部(➡辰韓，➡弁韓など)産出の鉄を確保し，鉄工技術を独占して勢力を拡大していった。そして4世紀後半，大和政権は百済と国交を結び，このとき百済から➡七支刀が伝来した。また➡広開土王碑文の倭と高句麗の戦闘記事が示すように，朝鮮南部からの鉄供給ルートの安全維持や百済からの要請にもとづいて，朝鮮南部で一時的に軍事行動を展開した。ついで大和政権は，5世紀前半にも百済の対高句麗政策に加担して朝鮮南部に軍事力を投入，さらに5世紀後半には，百済再建への支援と引き替えに，一時，任那地方(➡加羅)に勢力をのばした。しかし，6世紀前半には再建された百済が任那地方に勢力を拡大し，大和朝廷は倭臣らの政治集団を安羅に常駐させることになった。これが《日本書紀》に記されている〈➡任那日本府〉の実体であったとみられるが，近年，大和朝廷による任那の植民地支配を否定する説も多い。

562年以降は，任那地方を含む加羅諸国が新羅の支配下におかれ，それに伴い大和朝廷は朝鮮半島からの後退を余儀なくされた。一方，以上のような状況の中で，5世紀中ごろから，農民を中心とする秦氏集団や，手工業技術者を中心とする漢氏集団など，大量の朝鮮人が朝鮮南部から西日本各地に移住して，アワ，麦，豆を中心とする朝鮮式畑作技術や，硬質の須恵器の生産技術をもたらし，日本における鉄の国産化も可能にしていった。そして，渡来朝鮮人の中の有力者は，6-7世紀の日本国家の中で一定の政治的地位を世襲する有力豪族となった。また513-554年には，高句麗との対立を深めていた百済から，大和朝廷を味方に引き入れるための外交の一環として諸博士が派遣され，日本にはじめて仏教や儒教，漢字や医学，薬学，易学，暦学などを伝えたが，彼らは日本の古代国家や飛鳥文化の形成に大きな役割を果たした。しかし，隋との厳しい対決を強いられていた高句麗からも，僧➡慧慈らが飛鳥寺に派遣されて聖徳太子の師となっており，➡曇徴も来日し，また新羅も対高句麗・百済戦略上，大和朝廷との接触を強め，7世紀前半にかけて盛んに日

本へ使節を派遣し，7世紀前半の日本からの渡唐留学生は多くが新羅船に依存するなど，高句麗，新羅の影響もけっして小さくはなかった。

ついで660年代，新羅・唐連合軍によって百済，高句麗があいついで滅ぼされ，大和朝廷は百済滅亡直後，朝鮮に救援軍を送ったが，敗退した（ᵖ白村江の戦）。こうした中で，滅亡した百済・高句麗の土地から難をのがれて多くの朝鮮人が日本に移住してきた。関東に勢力をもった高麗王若光もそのときに渡来したものと考えられている。一方，白村江の戦以後，新羅と大和朝廷との外交は，一時途絶したが，新羅は唐との厳しい対決の中で，日本との対立の緩和につとめ，形式上は日本を〈宗主国〉，新羅を〈朝貢国〉とする形で使節を派遣した。これ以後8世紀初めまで，両国の間ではひんぱんに使節が往来するが（ᵖ遣新羅使），その間は日本の遣唐使が中断されていたときであり，日本の律令国家の完成にとって新羅は重要な役割を果たした。しかしやがて，対唐関係を改善した新羅が日本に対等外交を要求しはじめると，大和朝廷は〈宗主国〉の地位に固執して新羅との対立を深め，779年には，ついに新羅との外交関係を断絶した。また824年以降，大和朝廷は朝鮮からの渡来民をいっさい禁止し，ますます孤立主義，排外主義を強めていった。しかし他方，779年以降も，日朝間では ᵖ張保皋らの活躍に示されるように，民間人による交易は盛んに行われ，数多くの新羅商船が来日した。そしてこのような関係は中世にも引き継がれていく。

［中世］高麗は920年日本に国交を求め，また1019年の刀伊の入寇に際して日本人捕虜100余人を送り返すが，日本の朝廷は偏狭な国際意識にとらわれて，あくまでも高麗を朝貢国として扱おうとし，国交に応じなかった。しかし，国交未成立にもかかわらず，高麗商人は盛んに日本との間を往来し，日本商人も積極的に高麗との貿易をすすめた。朝廷の閉鎖的姿勢にもかかわらず，平氏政権，鎌倉幕府はともに積極的な開国政策をとり，高麗との貿易を重視し，交易を続けた。しかしやがて，モンゴルの高麗侵略（1231-57）によって日本と高麗の交易は困難となった。また，高麗は元の日本遠征（ᵖ元寇）に動員されるが，長期にわたる高麗の対モンゴル抗戦や，その後の ᵖ三別抄軍の反乱は，モンゴル（元）の日本遠征を遅らせる役割を果たした。また，疲弊した高麗はさまざまな口実を設けて日本遠征の回避につとめるが，最終的には兵士，軍船，食糧などの分担を強制され，2度にわたる日本遠征に参加させられ，大きな被害をうけた。

一方，元寇（1274-81）のあと，日本と高麗の間は断絶状態となり，それに伴って対高麗貿易への依存度の大きかった九州・瀬戸内海沿岸の中小領主層や零細農漁民による朝鮮半島での海賊行為（ᵖ倭寇など）が増大し，高麗各地に大きな被害を与えた。それは1350年ころから激しさを増し，1370-80年代にピークに達した。高麗政府および朝鮮王朝政府は，倭寇の討伐と並行して，室町幕府や西日本の大名に倭寇とりしまりを求め，その結果，1404年朝鮮王朝と室町幕府の間に国交が樹立されて両国の善隣外交が発足し，経済・文化面の交流が盛んとなった。貿易面では，1443年に ᵖ癸亥約条（嘉吉条約）が結ばれ，15-16世紀の約150年間，多いときには年間200隻もの貿易船が日朝間を往来した。そこでは日本の銅と朝鮮の綿布を中心に，多くの品物が交易され，両国の経済に大きな影響を与えた。また，大蔵経や仏像，仏画，鐘なども大量に日本にもたらされ，水墨画の交流が行われ，高麗茶碗などが伝来されるなど，文化交流も盛んであった。こうした日朝関係は当時の日本にとって，日明関係よりもはるかに重要な意義と緊密さをもっていた。

［近世］室町時代の平和的，友好的な日朝関係も，室町時代末期の後期倭寇の発生や，とりわけその後の豊臣秀吉の朝鮮侵略（文禄・慶長の役。朝鮮では ᵖ壬辰・丁酉倭乱という）によって完全に断ち切られた。秀吉の侵略では前後2回，あわせて約30万人の軍隊が朝鮮半島をふみにじり，朝鮮に莫大な被害を与えた。日本軍は学者や陶工，多くの農民や婦女子を日本に連行し，大量の ᵖ朝鮮本や銅活字を奪った。しかし，李舜臣の率いる朝鮮海軍や各地で立ち上がった義兵の戦いによって日本軍は敗北した。日本の農漁民も，この戦争に人夫や水夫として動員されたほか，軍糧などの負担を強いられた。結局，この侵略戦争は豊臣政権の墓穴を掘り，その崩壊を早めた。その後，江戸幕府は朝鮮との国交回復につとめ，1607年朝鮮と復交し，09年には日朝通商条約（ᵖ己酉約条）を結んだ。そして24年までに3回の回答使兼刷還使，1636-1811年に9回の ᵖ通信使（300-500名の使節団一行）が来日した。鎖国下の日本にとって，朝鮮は，琉球以外に

朝鮮

は唯一の正式な国交締結国であり，徳川将軍の国際的地位を日本全国に示す絶好の機会として，幕府に重視された。また，使節団一行は幕府だけでなく，途中の各大名によっても盛大に迎えられ，それは同時に両国の文化交流ともなった。他方，この間江戸時代の日本では，壬辰倭乱の際に連行してきた▶姜沆ら朝鮮人学者や奪ってきた朝鮮本が，日本の朱子学の確立に大きな役割を果たした(▶朱子学)。また，奪ってきた金属活字によって日本の印刷術が大きく発展し(▶印刷術)，連行されてきた朝鮮人陶工の手によって日本で初めて磁器生産が行われた(▶陶磁器)。

江戸時代は，以上のように，日朝間の平和的・友好的関係が長期にわたって維持され，そのもとで政治，経済，文化の交流がすすめられた時期であったが，しかしながら，そのような中で，古代以来の朝鮮蔑視観(とりわけ朝鮮を日本の〈属国〉視する考え)が，17世紀ころから徐々に台頭しはじめ，さらに18世紀後半以降で，幕末に至るまで日本に対する欧米の圧力が強まる中で，日本も隣国朝鮮を侵略して欧米に伍していこうとする主張(林子平，佐藤信淵，橋本左内，吉田松陰など)が強まってきた。1811年から明治維新までの間，日本も朝鮮も国内・国際情勢が緊迫し，日朝間の使節の往来は中断したままであったが，しかし両国の国交は断絶していたわけでなく，貿易は対馬を通して継続されていた。また，幕末以来，朝鮮との連帯によって欧米の侵略に対抗すべきだという意見(横井小楠や勝海舟など)もないわけではなかった。しかし，倒幕派，佐幕派を問わず，〈征韓論〉的主張が為政者の中で強く，それは近代日本の〈征韓論〉へと連続していくのである。そして，明治以降の日本では，前近代にみられる平和的，友好的な日朝関係や日本が朝鮮から受けた恩恵は無視されて，伝説にすぎない〈神功皇后の三韓征伐〉や，あからさまな侵略である倭寇とか，豊臣秀吉の対朝鮮戦争が日本の海外雄飛の事例として宣伝され，また，〈任那日本府〉などが，大和朝廷による南朝鮮植民地支配の疑う余地のない歴史的事実とされ，朝鮮を劣等視する蔑視観が醸成されることになった。朝鮮の植民地化(韓国併合)は，古代の〈偉業〉の復活であり，さらに原始・古代の日朝文化の共通性もく日鮮同祖〉を示すもの(▶日鮮同祖論)，韓国併合は分家が本家に戻るようなものとされるなど，ゆがめられた前近代の日朝関係史像は日本の朝鮮侵略，植民地支配に最大限に利用されたのである。▶日朝貿易：対馬：琉球　　矢沢 康祐

【**日本の侵略と植民地支配**】 自主的近代国家をめざす朝鮮社会の内在的発展の歩みは，開国前からすでに始動していた。ことに▶壬戌民乱(1862)の後に登場した▶興宣大院君政権(1863-73)は伝統的社会構造の変質に即応して統治基盤を大きく変えようとする過渡期的特徴を示していた。

[**外圧への対応**] 外圧の中での近代化という同じ課題において，客観条件の差ゆえにわずかに先行することとなった日本の，内的な弱さを外への侵略でカバーしようとする路線が，朝鮮社会の発展を大きく阻害，歪曲することとなった。欧米諸国は朝鮮の開国を求める圧力を1860年代に急速に強めたが(▶洋擾)，大院君の強固な鎖国政策に直面して日本が突破口を開くのを期待する姿勢をとった。これを背景として明治政府は閔氏政権(▶閔妃)への交代による対外政策の軟化を利用しつつ，江華島事件を契機として朝鮮の近代世界への開国を意味する▶日朝修好条規を結ばせることとなった(1876)。この条約は幕末日本が強要されたと同質ないしそれ以上の不平等条約であった。これに依拠して日本は，同質の路線を追求する清国とともに，原始的蓄積段階的な不平等貿易を推進し，またその商権を確保するための政治・軍事的介入を強行した。かくして朝鮮をめぐる日清間の対立が激化し，▶日清戦争(1894)にいたる。

こうした危機的状況に対応せんとする自主的政治思想の潮流として，伝統的価値観に立つ両班たちの▶衛正斥邪思想，上からの近代国家への変革を構想する▶開化派の思想，そして民衆の変革意識の媒体としての▶東学思想の三者がある。いずれも1860年代に芽生え，開国後に大きく展開して，相互にからみあいながら朝鮮近代史の主体的側面を織りなしていった。しかし，▶金玉均らの開化派が政権奪取をめざした▶甲申政変(1884)は内外の困難を克服しえずに挫折を強いられた。一方，民衆の反封建・反侵略変革運動は，壬午の軍人反乱(▶壬午軍乱，1882)を先駆として，▶甲午農民戦争(1894)に大きく花開いていく。甲午農民戦争こそ朝鮮社会の近代への移行の決定的転換点となる可能性をはらんでいたのだが，日本の侵略の意図に立つ軍事力の行使がこの可能性を破壊してしまったのである。ただし，日本軍占領下で，開化派系の

政治家たちが，農民軍に対応しながらかねての構想にそって遂行した゛甲午改革は，旧社会を支えてきた身分制度や租税制度を解体して，ブルジョア的発展に道を開く役割を果たした。だが，まだ幼い朝鮮の民族ブルジョアジーは，閔妃虐殺事件(1895)に代表されるような日本とロシアの強引な政治介入を排除しきれぬ王朝権力のもとで，国家の保護なしに外来商品との不利な競争を強いられ，しだいに地主的発展の方向へ追いこまれていくことになる。

こうした甲午以後の〈半植民地〉的局面のもとで，民衆運動の陣型は実力養成・国権回復（阻止された自主的近代国家としての一国的発展の道の奪回）を目標に立て直されていく。開化派の流れをくむ人々は1896年に在野の運動体として゛独立協会を組織し，民主主義的理念をふまえた大衆運動・民衆啓蒙運動に取り組むようになっていくが，その一方，抗日の実力闘争の面では衛正斥邪派の儒者たちが゛義兵闘争の口火を切った。日英同盟を背景に帝国主義世界体制の一角を占めんとする日本は，こうした状況にある朝鮮の支配をめぐって，同型の後進帝国主義国家である帝政ロシアと対立し，ついに゛日露戦争を引き起こすにいたった。そして，戦争の結果として列強が黙認するようになった状況を背景に，戦後の朝鮮で傍若無人に行動し，1905年末に実質的植民地化を含意する゛日韓保護条約(第2次日韓協約)を強要して，06年初には〈統監府〉を開設，さらに゛東洋拓殖株式会社の設立を急いだ。こうした国家の存亡の危機に際して朝鮮民衆は義兵闘争と国権回復をめざす゛愛国啓蒙運動に総力をあげて立ち上がった。とくに07年の第3次日韓協約強要，韓国軍隊解散(日本軍が直接的に民衆抗争を弾圧)以後は，義兵闘争においても，平民や旧韓国軍将兵が主流を占めるようになり，抗日闘争はしだいにブルジョア民族主義の理念のもとに統合されていく。かくして全土で日本軍と朝鮮民衆の悽惨な戦闘がくり返されたすえ，10年に形式的にも日本が直接統治する〈韓国併合〉が強行されたのである。

[植民地化と朝鮮社会の変容] 日本は，謀略でつくり出した゛一進会を利用して，〈併合〉を朝鮮民衆が望んでいるかのように装わせようとしたが，事実は，民衆の強い不同意の意志を，軍事力の優位によってかろうじて表面的におさえこんだ形にすぎなかった。帝国主義世界体制の中での，相対的に弱体な日本帝国主義と相対的に強力な朝鮮民族との支配・被支配の関係への分解は，日本の植民地統治の無謀な強圧性をきわだたせた。実際，植民地統治の初期10年間を特徴づける゛朝鮮総督府の〈武断政治〉〈憲兵政治〉ともいう）は，宗教を除くいっさいの朝鮮人の自主的な団体，言論機関を認めず，占領軍政をそのまま延長したような体制であった。また，永久支配の願望（民衆の独立意識への恐れ）に根ざす〈併合〉当初からの〈同化主義〉の統治政策（〈自治〉すらの否定）は，植民地下の民衆生活をいっそう陰うつなものにした。

1910年代の総督府の経済政策は〈゛会社令〉と〈゛土地調査事業〉に代表され，日本中心の経済循環に組み込む植民地経済への改編の基盤構築を意味するものであった。前者は〈併合〉前からの貨幣整理・財政整理事業（゛貨幣整理事業）と連動して民族資本の活動を強権的に解体ないし改編し，朝鮮を日本資本主義のための商品市場化せんとするものであった。後者は，農民の土地所有権を確定することによってその分解を促し，同時に旧王室領有地を国有化してそれを払い下げ，日本人大地主の農場を創出することをねらいとしていた（゛地主制）。総督府のこのような政策体系のもとで，人口の多数を占めていた小農民は全般的に没落への道に引き入れられたのである。こうした状況の下で民衆の独立思想が維持され，むしろ強められていったのは必然であった。義兵や愛国啓蒙運動家たちは満州（中国東北，゛間島），シベリアに根拠地を設けて長期抗戦の態勢をとった。国内の強圧体制下でも，志を曲げぬ人々の横の連係がひそかに保たれていた。⇒在朝日本人；流民

[独立運動の展開] 国権回復闘争の理念的枠組は，〈併合〉前から受け継がれた一国的発展の道の奪回をめざすブルジョア民族主義であった。この持続する志，蓄積された力量が，第1次大戦後の有利な国際的条件に際会して一挙に噴出したのが，1919年の゛三・一独立運動である。全国津々浦々で民衆のデモ，蜂起が約1年間持続し，民族運動史上の輝かしいピークを形づくった。亡命政権としての゛大韓民国臨時政府もこの抗争のるつぼの中から生まれたものである。日本帝国主義も，一方で血なまぐさい鎮圧を遂行しつつ，一方では収拾策として〈゛文化政治〉への移行を表明せざるをえなかった。それは結局，事後の弾圧よ

り事前に抗争の芽をつむ方策の講究，分割統治策の適用にすぎず，統治の暴力的性格の根本的変化はなかったが，自主的な社会活動や言論機関をある程度容認する譲歩を含まざるをえなかった。

この間，経済的には，第1次大戦期に急速に確立された日本独占資本の要求に即して，資本輸出による本格的な植民地経済圏の形成策が推進された。20年代のそれは安価な米を大量に日本に搬出するための〈˚産米増殖計画〉を軸としており，資本輸出も主に農業部門に向けられた。そのことは植民地的商品経済下の農民層分解をいっそう加速させ，多くの農民が故郷を離れて遠くは満州などに移住し（˚在外朝鮮人），日本に低賃金労働者として渡航することを余儀なくさせた。反面，上層の民族ブルジョアジーは従属発展の道にしだいに引きこまれていった。〈文化政治〉はまた〈同化主義教育〉の推進に重点をおく側面ももっていた。

こうした局面の変化を背景に，民衆(労働者，農民)が民族解放闘争の前面に立つ段階を迎える。外から，上から押しつけられる〈近代〉化(資本主義化)に対して，単純にこれに反発し，あるいは下からの自生的〈近代〉を対置するだけでなく，〈近代〉を超える民衆解放の理念の追求が志向されるようになったのも必然であった。20〜30年代は，ブルジョア民族主義から民衆的民族主義への移行の時期ともいえる。社会主義のイデオロギーが青年知識人のあいだに急速に普及していったことも，こうした時代状況の一環として理解される。社会主義者と民族主義者(民族解放を志す非社会主義者)とは，一面では民族解放闘争のイニシアティブを争いつつも，˚新幹会の運動(1927-31)にみられるように協同戦線を組んで，民衆運動の高揚期をつくり出した。そして，30年代に入ると，社会主義の理念に導かれた農民組合運動が各地で激しく展開された。国境を越えた満州での˚抗日パルチザン闘争や中国大陸での抗日運動(˚朝鮮独立同盟など)の展開も，こうした国内民衆の闘いに呼応し，これを激励するものでもあった。30年代の闘争の中に，解放後の主体的歴史を担う思想がすでにはぐくまれていたのである。⇒**青年運動**|**女性運動**|**農民運動**|**労働運動**

[**皇民化政策**] だが当面，日本帝国主義は，矛盾を回避しようとしていっそう矛盾を拡大していくその崩壊過程で，満州事変から日中戦争，˚太平洋戦争へと突入していき，その無謀な目的のために朝鮮の資源から人員までの総動員を図った。満州事変期には，官製の〈˚農村振興運動〉をもって大恐慌下の闘争の高揚に対応した総督府は，とくに日中戦争以降の時期に全面的な総動員体制を強行していった。戦時労働力不足を埋め合わせるための˚強制連行から〈˚志願兵制度〉，軍属としての動員，ついには徴兵制の適用(1944)にいたるまで手段を選ばず強行した。朝鮮内でも1930年代以来〈大陸兵站基地〉として国策投資による軍需工業化が急激に進められたが，そのための労働力動員や産業統制・企業再編による実害も見落とすわけにはいかない。そしてこうした強制を維持するための精神動員策，すなわち˚皇民化政策が無謀にも民族固有の言語や姓名，文化の抹殺を図ったことは，深い傷跡を残した。戦時体制下，表面的には完全に沈黙を強いられた民衆は，解放が近いことを予感していたのであった。

梶村 秀樹

【**南北分断と統一問題**】 現在の朝鮮民族の最大の課題は，不条理な分断国家体制の自主的克服，統一の回復である。日韓関係をふくむ朝鮮現代史のすべての事がらは，この価値基準に立って評価されねばならない。

[**分断をもたらしたもの**] 南北朝鮮の分断は朝鮮人の誰一人夢にも思わなかったことであり，第2次大戦後の冷戦体制下の大国とりわけアメリカの思惑が，朝鮮半島を二つに引き裂いてしまった基本的要因である。1945年8月15日の解放直後の民衆意識は，1930年までの民族解放闘争が培ってきた思想の延長線上にあり，南北の差異はまだまったくなかった。その建国構想の最大公約数は，解放直後に主導権をとった˚朝鮮建国準備委員会や地方の人民委員会の動向から推して，土地改革と国家資本主義を基礎に民族主義者と社会主義者が広く結集した協同戦線の体制であったとみられる。もし，外力に妨げられずにこの構想が実現されていたなら，民衆の苦難がはるかに少なかったことは明白である。しかし，反共世界戦略に立つアメリカはこの構想の実現を容認できず，露骨な介入をあえてし，ソ連も，朝鮮の民族的利害よりその世界戦略を重視したためか，アメリカの動きを牽制する役割をほとんど果たさなかった。

南北分断が完全に固定化してしまうまでには，45年の米ソ分割占領，48年の二つの国家の成立，50-53年の朝鮮戦争の3段階があった。

38度線を境界とする45年の米ソ分割占領は、ヤルタでの密約などによるものではなく、日本の敗戦まぎわに、橋頭堡を残したいアメリカ側がもちかけた米ソ交渉であわただしく決定されたものであることが明らかにされつつあるが、いずれにせよ分断の第1の遠因であることはまちがいない。次に、南朝鮮を占領したアメリカ軍は、政治動向が不利なことを知って建国準備委員会などの自主的な動きを一切否認し、直接軍政をしき、左翼勢力を猛烈に弾圧する一方、45年12月のモスクワ三国（米・英・ソ）外相会議で連合国から統一朝鮮の独立までのプロセスの決定を委ねられた米ソ共同委員会を決裂させて、アメリカの意のままになる国連総会に問題を移し(1947)、48年には南朝鮮の単独選挙を強行して(〈国際連合〉〈朝鮮信託統治問題〉の項を参照)、思惑どおりに反米親米に徹した李承晩政権の大韓民国を発足させてしまった(8月15日)。すぐ続いて北朝鮮では朝鮮民主主義人民共和国の樹立が宣言された(9月9日)。かくして二つの国家ができてしまい、分断は一段と深まったが、とくに南の李承晩政権の基盤は弱く、情勢は流動的で南北再協商の可能性は十分にあると考えられていた。戦線がローラーのように南北を往復し、同胞同士が武器をとって闘いもした・朝鮮戦争がこの可能性を完全につぶしてしまったのである。左翼系の活動家は人民軍とともに北へ移らざるをえず、反共意識に徹した〈越南者〉が南に移り、南北間のイデオロギー分化はいっそう顕著になった。〈国連軍〉の旗を使ってアメリカが介入した責任は明白だが、開戦責任の問題の究明も、民衆の視点から強く要求される。

[統一への志向] 朝鮮戦争後、完全に越えがたいものとなった38度線の休戦ラインを背にして、南北それぞれに資本主義と社会主義という相異なる体制のもとで、分断を前提とする別個の歴史展開がみられることになった。分断が固定化した状況の中で分断を止揚する自主的思想が成熟してくるのには、長い時間を必要としたが、以後、南での矛盾の深化がその過程の焦点となった。李承晩政権を崩壊させた1960年の・四月革命は、民主化から自主平和統一へという韓国民衆の希求を急速に具体化させ、北でもこれに南北連邦制提案をもってこたえたが、朴正熙政権を登場させた61年の・五・一六クーデタがいったんこの動きを遮断してしまった。しかし、以後、軍事政権下でも韓国民衆の民主化闘争はしだいに厚みを増し、大きな力を蓄えつつ今日まで持続している(〈民主回復運動〉〈大韓民国〉の項を参照)。その間72年7月4日の自主的・平和的統一をうたった・南北共同声明は、米中接近など多分に国際的条件に規定された一場のできごととみなされざるをえないが、そこで〈思想と理念、制度の差異を超越しての大団結〉が両政府間で確認されたことは、今後に生かしうる貴重な遺産として残っている。

しかし、この間1965年に民衆の反対をおしきって結ばれた・日韓条約にもとづく日韓支配層間の政治・経済的関係の深化が、統一問題にも大きく影を落としていることを重視しなければならない。それは韓国経済の従属高度成長と産業社会化、そして不可避的な階級矛盾の深化を生み出しつつ、アメリカの軍事力と補いあいながら、軍事的〈開発独裁〉政権と財閥の支配を補強することによって、統一問題への接近に重圧を課していることを見落としてはならない。解放後の歴史の初発の時点で、外部から強引に育成された分断勢力が、その後の自己運動のなかで、分断を前提とする自己の基盤を補強しようとしてますます外力への依存を深めるという悪循環(いわゆる〈外部矛盾の内部転化〉)が、ますます課題を複雑にしている。しかし、そうしたなかで、南での民主化・統一運動は、学生、知識人のみならず、矛盾を肌で感じている労働者に担われるようになり、拡大している。また分断の重圧は相対的規模の小さい北の内政にもいっそう大きなインパクトを及ぼしており、そのことが、70年代以降の北朝鮮における経済問題の困難の一つの要因をなしていることも見落とすわけにはいかない。

こうした事情と中国のバック・アップなど国際条件の好転を背景として、84年初め北朝鮮は、朝鮮半島の平和問題に関する南北とアメリカの三者会談を提案するにいたった。そして84年10月北の水害救援物資を南が受け入れたことを契機に、11月、南北経済会談、南北赤十字会談再開(7年ぶり)など南北当局間の直接接触もはじまり、さらに85年には離散家族や芸術団の相互訪問、南北経済交流委員会の開催などへと進展し、88年ソウル・オリンピック開催をめぐる不協和音をはらみつつも、統一をめざす動きもようやく活発化してきた。

梶村 秀樹

【1980年代後半以降の南北関係】　1988年の・ソ

ウル・オリンピックをあえてボイコットした朝鮮民主主義人民共和国(北朝鮮)は、89年に世界青年学生祭典を開催するが、これと前後してベルリンの壁崩壊など東欧情勢の激動が始まり、南北の国際環境に大きな変動が生じた。韓国の盧泰愚(ノテゥ)大統領は、88年にいわゆる〈七・七宣言〉で、韓国が中国やソ連との関係改善を進める一方、北朝鮮のアメリカや日本との関係改善にも協力するという新方針を発表し、〈北方外交〉を進めていた矢先のことであり、東欧諸国との国交樹立が相次いだ。かくして、90年9月には韓ソの国交樹立、南北の高位級(首相)会談開始、日韓国交正常化への始動と、南北関係にとってきわめて重要な動きが集中した。

こうした状況のもとで、91年9月には南北の国連同時加盟が実現し、韓国は92年8月、中国との国交樹立を果たす。一方、91年12月には南北高位級会談で〈南北間の和解と不可侵および交流・協力に関する合意書〉(以下、南北合意書)が調印され、92年9月には合意書実行のためのいくつかの付属合意書も発効した。しかし冷戦終結後、北朝鮮の核問題が国際的にクローズアップされ、この問題が南北関係に重大な影響をもちはじめる。南北間では91年の合意書調印後に〈朝鮮半島の非核化に関する南北共同宣言〉が仮調印(同年12月)され、92年1月には北朝鮮が国際原子力機関(IAEA)と保障措置(核査察)協定を結んで査察を受け入れたことで解決への期待が生まれた。しかしその後状況は逆に悪化し、南北相互査察のための南北交渉が行き詰まる一方、IAEAの特別査察要求に反発した北朝鮮は93年3月に核拡散防止条約(NPT)脱退を発表するにいたった。同年6月と7月の米朝高官協議の結果、北朝鮮はNPT脱退を一時留保し、アメリカは北朝鮮に軽水炉を提供することが合意された。しかし北朝鮮が94年5月、IAEAの査察要求を拒否したまま原子炉の使用済み燃料棒の取出しに踏み切ったため、国連安保理で北朝鮮に対する経済制裁議論が非公式に始まるなど、北朝鮮をめぐる情勢は一挙に緊張が高まった。そうした状況のなかで同年6月、カーター元米大統領が訪朝して金日成主席と会談し、米朝協議の再開とともに南北首脳会談開催への同意をとりつけた。これを受けて、南北首脳会談は7月25日から平壌で行うことが南北間で合意された。しかし、再開された米朝協議の初日の7月8日、金日成主席が急死した。韓国では、金日成主席に対する弔意の表明や反政府組織の弔問団派遣の是非が政治問題化し、政府は朝鮮戦争に関する金日成主席の責任などに言及してこうした動きをすべて禁止する決定を行った。韓国政府のこうした対応に北朝鮮は強く反発し、金泳三(キムヨンサム)政権との関係が完全に冷却化した。

[**米朝対話から4者会談へ**] 一方、米朝は94年10月、核問題解決のための包括的な取決めである〈合意枠組み〉に到達し、関係改善に向かって動きはじめた。韓国は南北対話が断絶したまま米朝対話が進展することに一種の疎外感と焦りを感じていた。95年3月、米朝の〈合意枠組み〉にもとづいて北朝鮮への軽水炉と重油の提供を行う朝鮮半島エネルギー開発機構(KEDO)が米、韓、日3ヵ国を原加盟国として発足し、韓国は〈韓国型〉軽水炉を提供するかわりに事業費の大部分を負担することとなる。同年5月、北朝鮮が日本に米支援を要請するや、韓国は、支援は韓国が先行すべきであると日本に申し入れ、6月の南北間協議の結果、15万tの米を無償で提供することが合意された(2週間後に日朝間でも無償15万t、有償15万tの米支援に合意)。南北間では追加の米支援をめぐって9月に協議が行われたが、支援米輸送船の国旗掲揚問題や写真撮影をめぐる乗組員抑留などのトラブルで協議は中断した(日朝間では10月に有償20万tの追加米支援に合意)。

この間、北朝鮮は94年4月に、朝鮮戦争の停戦協定を恒久的な平和協定に転換する〈新平和保障体系〉樹立を提案し、韓国は停戦協定の署名者ではないとして朝米の平和協定締結とそのための朝米対話を再三呼びかけていた。北朝鮮は他方、同年5月に停戦委員会から軍代表団を撤収し、ついで中国軍代表団の撤収(同年12月)、中立国監視委員会のポーランド代表団の撤収(95年2月)を強引に実現させ、停戦委員会の機能を実質的に停止させた。96年2月、北朝鮮はアメリカに対し、平和協定締結までの間、停戦協定に代わる〈暫定協定〉の締結を呼びかけるとともに、同年3月、軍首脳が〈停戦状態は限界点に達した〉と発言、4月には板門店の共同警備区域に武装兵力を配置するという示威行動をくり返した。こうした状況に対し、96年4月韓国とアメリカは共同で、朝鮮半島の恒久的な平和の確立のため、南、北、米、中の〈4者会談〉開催を提案した。北朝鮮は明確な回答を保留していたが、同年9月、韓国東海岸の江陵付近に北朝鮮の

潜水艦が座礁し，上陸した武装要員と韓国軍とが銃撃戦を行うという事件が発生，南北関係は一挙に緊張した。事態収拾のための米朝協議が重ねられ，結局同年12月に北朝鮮が謝罪し，同時に4者会談に関する米韓の説明会に出席する意思を表明した。韓国もこれを受け入れて事件は落着した。97年3月，4者会談の説明会が開かれ，同年8月からの4者会談予備会談では北朝鮮が食糧支援を先行させ，議題に駐韓米軍撤収問題を掲げるよう求めて難航したが，ようやく12月，〈朝鮮半島における平和体制の確立およびこの地域における緊張緩和に関する問題〉を議題に，ジュネーブで歴史的な4者会談が開催された。会談では98年3月に2回目の会談を行うことが合意されたが，議題の性格からみて会談が相当長期化することは必定であった。

冷却化していた南北関係は，北朝鮮が潜水艦事件で謝罪し，4者会談説明会への出席を表明したことから，97年3月，韓国が大韓赤十字会を通じた民間レベルの対北朝鮮支援の拡大を決定し，改善の方向に向かった。5月には南北赤十字会の間でトウモロコシなど食糧5万tの支援が合意され，支援はその後円滑に実施された。

[南北首脳会談へ] 南北関係の展望では，かねてより南北双方の新体制発足が関係改善の契機になる可能性があるとみられてきた。北朝鮮では97年10月に'金正日'書記の労働党総書記就任が実現し，新体制が正式に発足した。韓国では12月の大統領選挙で野党の'金大中'候補が当選し，98年2月には新政権が誕生した。金正日総書記は，総書記就任直前の97年8月に発表した論文で，金日成主席の祖国統一の遺訓を貫徹するよう国民に呼びかけるとともに，〈南朝鮮当局者が，……実際の行動において肯定的な変化をもたらすなら〉，いつでも会談と協議を行う，と述べた。北朝鮮側のこうした発言はとくに目新しいものではないが，金正日総書記が南北関係や統一問題に初めて総括的に言及し，南北問題に取り組む姿勢を明らかにしたという点が注目された。

一方，韓国の金大中大統領は就任演説で，対北朝鮮関係を改善するためとして，①北朝鮮の武力挑発は容認しない，②北朝鮮を吸収統一しない，③南北間の交流協力を実現可能な面から進める，という3原則を明らかにした。その後さらに，交流協力は政経分離原則で行うと言明し，北朝鮮に対する包容政策（いわゆる〈太陽政策〉）を打ち出した。しかし金大中大統領は，就任後しばらくは，保守の自由民主連合との連立政権で国会内での政治基盤が弱かったことと，経済危機の克服に力を集中する必要から，北朝鮮との関係改善には慎重であった。そのため北朝鮮側は《労働新聞》などが金大中政権批判を強めて牽制する一方，99年2月には南北高位級政治会談の開催を提案して南北対話での主導権をとる動きを見せた。同年9月，ミサイル問題を中心とする米朝間協議が今後さらに包括的に対話を進めることで合意し，アメリカは北朝鮮に対する経済制裁の緩和方針を発表，北朝鮮も交渉が継続している間はミサイルを再発射しないことを表明した。同年10月，アメリカは対北朝鮮政策見直しに関するペリー報告を公表し，米朝間の包括的な交渉の枠組みを示した。

金大中大統領は，任期の折返し点となる2000年に入ると，南北経済共同体創設構想などを打ち出す一方，秘密裏に南北首脳会談開催の交渉を開始した。同年3月には，北朝鮮に対する政府レベルでの経済協力や朝鮮半島の冷戦体制終結を呼びかけるベルリン宣言を発表，交渉の促進を図った。同年4月，南北は首脳会談を6月に平壌で開催することを発表した。こうして歴史的な南北首脳会談が，6月13-15日に開催され，〈南北共同宣言〉が発表された。共同宣言には，①南北統一における自主性原則再確認，②北朝鮮が提唱する連邦制統一案の初期段階と，韓国が提唱する段階的統一案の国家連合（南北連合）段階との共通性確認，③南北離散家族の訪問団交換再開，④民族経済の均衡的発展のための経済交流と協力，およびそのほかの分野での交流の促進，⑤南北当局者間での対話再開と金正日国防委員長のソウル訪問の約束，などが示された。韓国側は，当面の最大の目標を南北共存体制の構築に，また北朝鮮側は統一問題での自主性原則再確認と面子を保つ形での経済支援確保に置いていたと思われ，その意味では双方が所期の目的を達成した。南北首脳会談は初めてであり，合意には不明確な点や安全保障問題のように触れられなかった点があることは今後の課題であり，南北関係が一気に進展すると楽観することはできない。しかし，首脳会談は朝鮮半島の緊張を緩和させ，長期的に見て民族統一への一歩前進であることは確かであり，その意義はきわめて大きいと評価でき

[南北の経済交流] 1984年11月に始まった南北経済会談は、結局なんらの成果を生むことなく1年余りで中断してしまった。しかし、88年のソウル・オリンピックと前後して韓国と東欧諸国やソ連との経済交流が活発化するなかで、89年1～2月に韓国の代表的な財閥である現代ヒュンダイグループ(現代財閥)の▼鄭周永チョンヂュヨン名誉会長が財界人として初めて訪朝、北朝鮮側と金剛山共同開発などの合弁事業を実施することに合意し、再び南北の経済交流への関心が高まった。この最初の南北合作計画は実現しなかったが、91年12月に調印された南北合意書では、南北は〈資源の共同開発、民族内部交流としての物資交流、合作投資などの経済交流と協力〉を行うことで合意した。その直後の92年1月、大宇テゥーグループの金宇中会長が訪朝、西海岸の港湾都市、南浦で縫製加工など軽工業分野での合弁投資を行うことに北朝鮮側と合意した。同年7月には、北朝鮮の金達玄副総理兼対外経済委員会委員長が訪韓、韓国側の積極的な対応を呼びかけ、韓国側は10月に北朝鮮に合弁工業団地造成に関する調査団を派遣した。しかし、この南北の合作計画は、核相互査察問題の行詰りなどのため凍結状態となった。

しかし、94年10月に米朝の核合意が成立したことを受けて、韓国は同年11月、凍結していた民間の南北経済協力を部分的に解禁する措置をとった。これを契機に、同年12月から95年1月にかけて双竜、三星、大宇、ハンファなど韓国の代表的な財閥グループの代表が相次いで北朝鮮を訪問し、投資問題を協議した。しかし、金日成主席の死亡後、南北の関係が悪化して政府間の対話が中断したため、韓国政府は企業から提出された投資申請に対して最終許可を保留し、実質的に凍結した。唯一の例外は大宇グループのケースで、これは95年5月に512万ドルの投資申請に最終許可が出された。96年9月に北朝鮮の羅津・先鋒自由経済貿易地帯で国際投資フォーラムが開かれたが、南北間の対立が解けず、結局韓国からの参加は実現しなかった。97年3月に北朝鮮が4者会談の説明会に出席したのを受けて、韓国政府はKEDOの軽水炉建設事業に関連する韓国電力をはじめ、投資申請の一部に最終許可を出した。また、98年には民間事業では最大の、現代グループによる▼金剛クムガン山観光開発事業に最終許可が出された(投資額はその後増額され、1億4867万ドル)。

しかし、97年に発生した金融・通貨危機克服のため、韓国企業の多くが対北投資戦略の再検討を余儀なくされたこともあって、99年以後は投資申請、最終許可はともに急減した。2000年6月末現在、韓国の企業から統一部に提出された投資申請のうち、〈協力事業者〉承認を受けたものが39件、最終許可に当たる〈協力事業〉承認を受けたものが18件であるが、実際に営業中のものは、大宇と現代の2件だけである。2000年6月の南北首脳会談で政府ベースによる経済協力が合意され、7月末の閣僚級会談で具体的な事業としてまず南北間の鉄道(京義線)再連結を行うことになった。こうした動きを受けて、民間でも三星グループが積極的な姿勢に転じるなど、今後は南北の経済交流・協力事業が活発化するものと予想される。ただし韓国の経済界では、民間投資の拡大のためには、投資保証協定や二重課税防止協定などが必要という声が強い。また、北朝鮮側が韓国への急速な経済依存には警戒的であるほか、韓国側でも資金の負担には限界があるため国際金融機関や関係諸国の支援を期待しているような事情もあり、南北間の経済協力が一挙に拡大するのは難しいであろう。

一方、南北の交易(貿易)は、韓国側の発表によれば1988年から許可され、実際に通関するのは89年からである。搬出(輸出)と搬入(輸入)を合わせた合計額が91年に急増して1億ドルを超え、95年には2億8729万ドル(米支援分を含めると5億2450万ドル)に達した。96年以後は韓国の金融・通貨危機の影響などで変動がみられるものの、99年には3億3344万ドル(搬出2億1183万ドル、搬入1億2160万ドル)と過去最高額に達した。交易の構造は、当初、韓国側の搬出より搬入の方が大幅に上回る韓国の入超であったが、98年から一転して韓国の出超となった。これは、軽工業品を中心とする委託加工の漸増で韓国からの原料・資材の搬出が増えたほか、韓国の金融・通貨危機で韓国側の搬入が減少した反面、軽水炉事業や金剛山観光開発にともなう一般商業取引外の物資の搬出が増大したためと思われる。2000年上半期には交易額はすでに2億0279万ドルに達しており、年間では4億ドルを上回って最高記録を更新する見込みである。北朝鮮の主要貿易相手国は、99年の場合、中国、日本、韓国の順であるが、2000年には韓国の順位が

上がる可能性がある。今後，南北首脳会談の結果を受けて鉄道連結などの経済協力事業が実施され，民間投資も増加すれば，南北の交易はさらに拡大することが予想される。

こうした南北の経済交流が拡大することは，双方にとって当面の経済的利益をもたらすだけでなく，相互の信頼関係を高めるうえでも役立ち，将来の統一にとっても好ましいものであることはいうまでもない。ただ経済交流が一段と拡大するためには，南北の政治関係が今後も安定し，北朝鮮を取り巻く国際環境がさらに進展する必要があろう。

[統一問題] 朝鮮半島の南北分断は，歴史的には米ソ冷戦のなかで固定化された。したがって冷戦終結は，朝鮮半島をめぐる国際環境を大きく変化させ，南北統一にとって好ましい外的環境を生み出したことは間違いないであろう。だが，朝鮮半島の統一問題は複雑であり，朝鮮戦争やその後の南北間の対立関係から相互の不信感も根強く，統一への民族の熱い思いとは別に，期待されたような進展はみせていない。

統一をめぐる南北の基本的な対立点は，統一形態の相違にある。北朝鮮は，金日成主席が1980年の朝鮮労働党第6回大会で〈高麗民主連邦共和国〉創立による連邦制統一案を提起した。この統一案は，南北の二つの社会体制をそのまま残して連邦制とし，これを最終的な統一の形態としている。一方，韓国は89年9月に盧泰愚大統領が〈韓民族共同体〉統一案を発表した。これは，中間段階として〈自主・平和・民主〉の3原則を基礎に南北が国家連合を形成して民族共同体を回復・発展させながら，最終的には統一憲法を採択して総選挙により完全な統一国家を樹立する，というものである。

89年以降，東欧諸国やソ連などの社会主義体制が崩壊したことで，北朝鮮は社会主義体制護持という重大問題に直面した。金日成主席は91年1月，〈一民族，一国家，二制度，二政府にもとづく連邦制〉をあらためて強調し，ドイツ統一後に韓国内に生まれた吸収統一論議を批判，牽制した。もっとも，韓国内の吸収統一論は，ドイツ統一後，旧西ドイツがその負担で経済が大きく悪化したことから急速に鎮静化した。91年の南北合意書は，1972年の南北共同声明で合意された統一3原則(自主的解決，平和的方法，民族の大同団結)を再確認したうえ，民族的和解の達成，南北間の武力不行使，多面的な交流と協力の実現を規定するなど，南北関係では72年の南北共同声明以来の画期的な内容である。とくに，前文で〈双方の間の関係が国と国との関係ではなく，統一を志向する過程で暫定的に形成される特殊な関係〉と規定し，平和統一に共同で努力する，としている点は注目される。また，第1条で〈互いに相手方の体制を認定し，尊重する〉としたことも，今後の統一論議で重要となる点であろう。

93年7月，金泳三大統領も〈和解・協力，南北連合，統一国家〉の3段階統一案を提起した。これは，盧泰愚前大統領の民族共同体統一案と基本的に同一であり，統一案に関しては前政権の主張を継承した。金大中新大統領が新たな統一案を提唱するかどうかは不明であるが，これまでの発言ではやはり段階的統一案を主張している。このように韓国では，多少のバリエーションがあっても段階的統一案はほぼ共通の考え方といえる。したがって，連邦制を主張する北朝鮮と段階的ながら最終的には完全な統一国家を主張する韓国との差は大きいようにみえる。だが実際には，南北の統一案で，北朝鮮が主張する連邦制の初期段階と韓国が主張する段階的統一の国家連合(南北連合)段階には，共通する部分がある。金日成主席が91年1月に〈一民族，一国家，二制度，二政府にもとづく連邦制〉を主張した際，〈当初は連邦共和国の(南北の)地域自治政府の権限を大きくし，徐々に中央政府の機能を強める方法〉を提案した。北朝鮮側はその後，連邦制の初期段階では南北の自治政府が軍事，外交などの権限をもつことも認められる，としている。したがって南北が，北朝鮮が提唱する連邦制の初期段階または韓国の提唱する国家連合(南北連合)の段階に向かう可能性が生まれた。

しかし前述したように，1994年に金日成主席が急死し，その後，南北関係が冷却化したため，統一問題をめぐる進展はなかった。だが，北朝鮮では金正日書記が，総書記就任直前の97年8月に初めて南北関係および統一問題に言及した論文を発表し，一方，韓国では選挙公約で南北関係の改善を強調し当選した金大中大統領が，就任演説で対北朝鮮関係改善3原則を打ち出し，〈吸収統一はしない〉方針を明示したことで，南北の新政権が統一問題に取り組む基本的な姿勢が示された。2000年6月，南北首脳会談の実現は，統一問題で

新たな進展をもたらした。金大中大統領と金正日国防委員長によって署名された〈南北共同宣言〉は、統一問題に関して二つの重要な項目を含む。一つは、〈統一問題をその主人であるわが民族だけで互いに力を合わせて自主的に解決していく〉と自主性原則をとくに確認したことである。もう一つは、〈南側の連合制案と北側の緩やかな連邦制案には共通性があると認定し、今後この方向において統一を指向していく〉と統一の具体的な方向に双方が初めて合意したことである。前者は、従来の統一3原則の中でとくに北朝鮮側が重視する自主性原則を改めて確認することで、北朝鮮としては統一問題での主導権を確保しようとしたものといえる。後者は、すでに本事典の旧稿でその可能性を指摘していたものが実際に南北の合意として宣言されたもので、双方が統一に向かうことを決意すれば当然の帰結であり、一つの前進であることは間違いない。ただし根本的な問題は、南北ともに最終的に相手側の体制で統一することは選択肢に入っていないということであろう。いずれにせよ、南北の統一が実現するまでには今後も紆余曲折があり、なお多くの時間を要するであろう。日本を含めた関係諸国は、なにはともあれ、南北統一への民族的希求を理解し、これを支持していくことが求められている。

小牧 輝夫

【2001年以降の南北関係】

2000年6月の南北首脳会談以降、同年7月から閣僚級会談、12月から経済協力推進委員会がそれぞれ開始され、▸南北離散家族の再会を含め、南北関係は一定の進展を見せた。しかし、01年1月に共和党のブッシュ政権が発足し、北朝鮮に対して前政権より厳しい姿勢を示したことから、朝米関係は緊張した。このため、南北関係も影響を受け、停滞した。

02年4月、金大中大統領は特使を派遣し、金正日国防委員長と南北関係の原状回復に合意した。6月には黄海で南北の艦艇が交戦する事件が発生したが、9月には京義線と東海線の南北鉄道・道路連結工事の起工式が南北で同時に実施され、また9月の釜山アジア大会に北朝鮮の選手団と応援団が参加した。しかしこの間に、韓国では南北首脳会談前後に多額の資金が秘密裏に韓国から北朝鮮に提供されたことが発覚し、大きな論議を呼んだ。

10月になると、アメリカが北朝鮮による濃縮ウラン計画の存在を発表したことから、核開発をめぐって北朝鮮と国際社会との緊張が高まり、南北関係にもそれが反映した。03年1月の第9回閣僚級会談では、韓国側が北朝鮮に核開発計画の廃棄を強く求め、北朝鮮側は反発したが、〈核問題の平和的解決に南北が協力する〉ことで合意した。

03年2月、韓国で▸盧武鉉ノムヒョン大統領が就任し、基本的には前政権による対北朝鮮融和政策を継承した〈平和繁栄政策〉を掲げた。盧武鉉政権は、南北首脳の再会談は時期尚早とみて、6ヵ国協議を通じての核問題解決を求める一方、南北協力事業では、▸金剛山クムガン観光、京義線と東海線の南北鉄道・道路連結、および開城工業団地の3事業に絞って推進するとともに、食糧・肥料の支援を継続している。

04年5月、南北将官級会談が開始され、6月には黄海での武力衝突防止策と軍事境界線一帯での宣伝活動の停止に合意した。しかし、韓国政府が故金日成主席10周忌のための訪朝を許可しないと決めたことや、脱北者(▸亡命)が年々増大する中で、7月に韓国がベトナムに滞在していた脱北者460人以上を一括入国させたことなどに北朝鮮が反発し、8月に予定されていた第15回南北閣僚級会談が延期されるなど、南北関係はやや停滞している。

南北の交易額は年々拡大して2000年に朝中貿易に次いで第2位となり、03年に7億2400万ドルに達したが、04年には若干減少して6億9700万ドルとなった。 ⇒大韓民国・朝鮮民主主義人民共和国の【政治】など

小牧 輝夫

大韓民国
Taehan-minguk
Republic of Korea

面積＝10万0148km² 人口（2012）＝5034万人 首都＝ソウル Sŏul（日本との時差なし） 通貨＝ウォン Wŏn

〈国旗〉〈国歌〉〈国花〉については，それぞれの項目を参照。なお，〈人口〉〈通貨〉などの項目も併せて参照。

第2次世界大戦後の米ソ両国による朝鮮の南北分割占領を前提に，1948年8月15日に南朝鮮に成立した国家。韓国と略称される。冷戦体制下の分断国家として，北緯▶38度線をはさんだ南北対峙状況のもとで，歴代政権は反共を旗印とする強権的政治体制を維持し，民主化と統一を求める民衆との対立状況をつくりだしてきた。80年代後半にいたり，経済発展を背景に政治的民主化が進み，また冷戦体制の解体によって南北の対立構造も変容し，2000年6月には初の南北首脳会談が実現をみた。経済的には，1960年代以降，外国資本に依存しつつ輸出を起動力とする目覚ましい工業化・高度成長を遂げ，新興工業国として脚光を浴びるにいたった。96年にはアジアで2番目にOECD（経済協力開発機構）加盟を果たしている。対外関係の特徴は，国家成立以来あらゆる面でアメリカへの依存の強いこと，また1965年の▶日韓条約締結以降は日本への経済的依存が強まったことであるが，70年代には開発途上国との，さらに80年代には社会主義圏との交流にも目を向けるようになった。91年には北朝鮮（朝鮮民主主義人民共和国）と同時に国連に加盟している。

【略史】 1945年8月15日に日本が無条件降伏すると，かねて独立運動をになってきた▶呂運亨ヨウンヒョン，▶安在鴻アンジェホンから民族主義者はただちに▶朝鮮建国準備委員会を結成し，▶朴憲永パクホニョンが再建した▶朝鮮共産党も加えて自主的な行政機構の創出を進め，地方ごとに人民委員会を組織していった。米軍の進駐を目前にした9月6日には，▶李承晩イスンマンから▶金日成キムイルソンにいたるまで内外で日本帝国主義の支配に抗して闘ってきた人士を，左右を問わず幅広く指導部に網羅した▶朝鮮人民共和国が発足した。しかし38度線以南に進駐した米軍は，呂運亨ら左派民族主義者や共産主義者が主導権をもつ人民共和国を全面否定して強力な軍政をしき，45年12月にモスクワで開かれた米英ソ3国外相会議では，米ソ合同委員会の管理下で臨時政権樹立を具体化し，同政権を米英ソ中4ヵ国の5年間の信託統治下に置くことなどが合意され，即時独立を求める民衆の志向は無視された。

［李承晩政権の時代］ 1946年から47年にかけて，戦後冷戦体制の枠組みが形成されるなかで，南朝鮮内部では信託統治をめぐって反対する右派と支持する左派との対立が激化し（▶朝鮮信託統治問題），他方で米ソ合同委員会は，モスクワ協定の解釈をめぐる米ソの対立によって機能停止に陥り，47年9月アメリカは一方的に朝鮮独立問題を▶国際連合にもち込むにいたった。この結果，国連に臨時朝鮮委員会が組織され，同委員会の監視下で朝鮮全土の総選挙を実施することが決議されたが，北朝鮮人民委員会とソ連が臨時朝鮮委員会の38度線以北への立入りを拒絶すると，48年2月アメリカは南朝鮮単独選挙実施の国連決議をとり，南北朝鮮の分断を決定的なものとした。南朝鮮民衆は，済州島の48年4月3日を期した武装蜂起（▶済州島チェジュド四・三蜂起）をはじめとして広範な単独選挙反対の運動を展開したが，5月10日に選挙は強行され，5月31日の制憲国会開会，7月12日の憲法承認を経て，8月15日に大韓民国が成立した。初代大統領には李承晩が就任し，1960年までの李承晩政権時代が始まった。

発足直後の李政権は，済州島四・三蜂起に連動した麗水・順天における軍隊の反乱（1948年10月），▶智異山チリサン一帯を根拠地とするパルチザン闘争，米軍撤退（1949年6月）などの難局に直面し，50年5月の第2回国会議員選挙では与党は少数派に転落した。だが同年6月25日に勃発した▶朝鮮戦争の結果，韓国の反共体制はアメリカの軍事・経済援助の増大に支えられて李政権の専制支配体制が確立していった。しかし政権永続化のために，大統領選出方法の国会議員による間接選挙から国民による直接選挙への変更，大統領の3選禁止条項の撤廃などの憲法改定を強引に行ったことが，かえって民衆の不満を集積させ，経済的危機を背景としつつ60年の学生を中心とする▶四月革命によって李政権は崩壊した。その後の憲法改定では，李独裁体制への批判から，大統領権限を大幅に縮小した責任内閣制に転じ，李政権時代の野党（民主党）を基盤とする▶張勉チャンミョン政権（▶尹潜善ユンポソン大統領）が登場したが，四月革命を起こした民衆のエネルギーは張政権の規制を乗りこえ，民主化と統一

を求める運動は空前の高揚を示した。

[朴正熙政権の時代] こうして南北分断状況に新たな局面が開かれるかにみえたとき，61年5月16日に軍事クーデタ(▶五・一六クーデタ)が勃発し，軍人を主体とする▶朴正熙政権が成立した。新憲法では再び大統領権限が強化され，しかも朴正熙は政権永続化を意図して69年には李承晩同様に大統領の3選禁止条項を改定した。朴政権は軍事面では対米依存という点で李政権の政策を継承し，65年にアメリカの要請に応じて▶ベトナム戦争に参戦する一方，経済面では李政権の反日政策から対日接近に転じ，65年には国内の反対運動を押しきって▶日韓条約を締結した。70年代初頭，米中接近という国際情勢の変動を要因として，南北赤十字会談および南北両政権当事者間の対話が試みられ，72年7月4日に統一に向けた▶南北共同声明(七・四声明)が発表された。しかし朴政権はその直後に，内外情勢の急変に対処するためと称して，強権的政治体制を飛躍的に強化する▶十月▶維新体制〉を成立させた。

維新憲法によって，新設の統一主体国民会議(大統領選出母体で，2359名からなる)による大統領選出(72年12月23日)，大統領任期は6年で重任制限なしというように，政権永続化を保障する制度的基礎は一段と整備されたが，これに対して維新体制撤廃を求める▶民主回復運動が盛り上りをみせていった。その指導者で野党の大統領候補であった▶金大中が，政敵抹殺をねらった朴政権によって73年8月に東京で拉致されると(▶金大中事件)，南北対話は中断され，日韓関係も以後緊張の度を加えていくことになる。維新体制に対する民衆の批判を高度経済成長の実現によってかわしながら長期政権を維持した朴正熙は，79年の第2次石油危機を契機とする不況と，それを背景とした労働運動の高揚，野党＝新民党(総裁，▶金泳三)の急進化，釜山・馬山の民衆暴動などの一連の政治的危機の深まりのなかで，10月26日に腹心の部下である▶金載圭中央情報部長に射殺され，衝撃的な最期を遂げた。

[全斗煥政権から盧泰愚政権へ] 朴政権の崩壊以後80年前半にかけて，民主化運動は急激に発展し，次の政権をねらう野党系の金大中，金泳三と朴政権直系の▶金鍾泌が民主化で歩調を合わせ，〈三金時代〉とよばれる韓国政治の新時代が到来するかにみえた。しかし急速な政治変革を恐れた軍部は，80年5月17日の非常戒厳令の全国化によって実権を掌握し，抵抗する光州の学生・市民多数の虐殺(▶光州事件，85年の政府報告では死者193人)を通して，再び軍人中心の▶全斗煥政権を成立させた。全政権は既成政党を解散させ，有力政治家を追放し，民主化運動は逼塞状況となった。その後，〈和合〉政策の名のもとに政治活動の規制が徐々に解除され，85年2月の国会議員選挙では，在野指導者の金大中，金泳三らが率いる新韓民主党(新民党)が野党第1党に躍進した。野党側は，大統領選挙の方式を選挙人団による間接選挙から国民による直接選挙へと変えることを柱とする憲法改正を政治課題に掲げ，改憲問題が民主化運動の焦点を形づくった。与党側は議院内閣制案で対抗しながら，87年6月には現行憲法にもとづく次期大統領候補として▶盧泰愚民主正義党(民正党)代表を指名した。これを改憲の放棄とみなした野党・民主化運動勢力は街頭行動を強め，アメリカの干渉も加わり，全政権は苦況に立たされた。こうしたなかで盧泰愚代表によって6月29日に発表されたのが，歴史的な8ヵ条の〈民主化宣言〉(六・二九民主化宣言)である。その要点は，大統領直接選挙制への改憲，政治犯の復権，言論の自由化など，野党・民主化運動勢力の主張を大幅に取り入れたものであった。全大統領はこの宣言を直ちに受諾した。

六・二九民主化宣言を契機に韓国の政治状況は大きく転換していった。それまで抑えられていた▶労働運動が一気に高揚し，急進化していくなかで，憲法改正が与野党合意のうえで国民投票にかけられ，成立した。大統領選出は国民の直接選挙によること，大統領任期は1期5年間とすることが定められ，87年12月に大統領選挙が実施された。野党側は金大中，金泳三の間で候補者一本化の調整ができず，さらに朴政権期の与党政治家の金鍾泌候補が加わり，選挙戦は▶地域感情の対立がからんで白熱化したが，投票の結果は民正党の盧泰愚候補の勝利となった。盧政権は国会議員選挙法を改正し(小選挙区224議席，全国区比例代表75議席)，88年4月総選挙を実施したところ，与党は第1党の地位は保ったものの過半数割れの敗北を喫し，政局運営に苦しむことになった。88年の▶ソウル・オリンピックを史上最大の規模で開催し，北朝鮮との対話，社会主義圏との外交で得点を稼ぎながらも，

政権基盤の弱さから内政面では野党の攻勢によって前政権の不正を摘発せざるをえなくなった盧政権は、90年早々に大がかりな政界再編成に踏み込んだ。与党民正党と野党民主党(金泳三総裁)、共和党(金鍾泌総裁)の3党合同による巨大与党民主自由党(民自党)の結成である。野党側にも、これによる政権獲得の期待があり、盧泰愚から金泳三への政権委譲、議院内閣制への転換などの密約があったという。

[金泳三政権から金大中政権へ] しかし、もともと系譜が異なる3党が唐突に合同したため、内部対立が絶えず、国民の支持率はきわめて低く、政局はむしろ混迷していった。91年には"地方自治制を復活させるべく、3月に基盤地方議会選挙(市、郡、区)、6月に広域地方議会選挙(ソウル特別市、5直轄市(釜山、大邱、仁川、光州、大田)、9道)が実施され、これは与党系が勝利したものの、92年3月の国会議員選挙(小選挙区237議席、全国区比例代表62議席)では与党は大幅に議席数を減らした。この結果、与党は議院内閣制への改憲方針をとりやめ、92年12月に大統領選挙が実施された。選挙戦は与党民自党の金泳三、野党民主党の金大中、それに現代財閥総帥で統一国民党を旗揚げした"鄭周永"の3人の争いとなり、金泳三候補が勝利をおさめた。

93年2月に発足した金泳三政権は、32年ぶりの文民政権として思い切った行政や人事の改革に取り組んだ。その一環として、軍人政権時代の歴史の見直し、清算を進め、ついには元大統領の全斗煥、盧泰愚に対して、光州事件などの責任を追及し、重刑を科するにいたった。一方、与党は金鍾泌が離党するなど、なお内紛をかかえ、95年の統一地方選挙では野党が勝利をおさめたため、民自党は過去の軍人政権との決別の意味を込めて党名を新韓国党に変更した。96年4月の国会議員選挙では、議席総数299のうち与党新韓国党139議席、野党新政治国民会議(金大中総裁)79議席、自由民主連合(金鍾泌総裁)50議席という配分となった。この間、金泳三大統領は、韓国が名実ともに先進国となることを目標とする〈世界化〉長期構想を発表し、96年には念願のOECD(経済協力開発機構)加盟を実現した。

ところが97年になると、韓宝財閥をはじめとして中堅財閥の破綻が相次ぎ("財閥)、折からのアジア通貨危機が韓国にも波及する。政権末期の金泳三政権の対応の遅れも重なって、韓国経済の国際的信用は急速に失墜して、ウォンと株価の大暴落から外貨準備が底をつき、韓国は対外債務不履行の危機に陥り、97年11月にIMF(国際通貨基金)に緊急支援を要請するにいたった。こうしたなかで大統領選挙が実施され、与党は"李会昌"総裁を候補に指名したものの、京畿道知事の"李仁済"が離党し、国民新党をつくって立候補したため、与党側は分裂状態となり、新韓国党はハンナラ党に改称した。こうした情勢のなかで野党側は、金大中と金鍾泌の間で候補者一本化を進め、金大中を候補者とする見返りに、金鍾泌を国務総理とすること、99年末までに憲法を改正して議院内閣制に移行することなどで合意をみた。選挙の結果は金大中候補が当選した。

98年2月に発足した金大中政権の最初の2年間は、経済危機からの回復が最優先課題となった。IMFの支援条件は厳しいもので、輸入の抑制を通じて経常収支の黒字化を強制する一方、金融機関の整理、財閥の改革、労働市場の流動化、外資導入の自由化などの構造改革を迫り、企業倒産、大量の失業など国民に多くの犠牲を強いることになった。99年には経済は回復に向かい、同年末"IMF時代の終了"が宣言されたが、こうした情勢のため、議院内閣制への移行は棚上げにされた。政界再編を意識した与党新政治国民会議(国民新党も1998年8月合流)は党名を新千年民主党に改称し、2000年4月の国会議員選挙に臨んだものの、273議席中115議席の獲得にとどまり、野党ハンナラ党の133議席に及ばなかった。この間、北朝鮮に対して融和政策を進めてきた成果として、6月に金大中大統領は平壌を訪問、金正日総書記と史上初の南北首脳会談を実現させ、南北関係は新たな段階に入った。初の南北首脳会談実現を理由として金大中大統領は12月にノーベル平和賞を受賞し、01年には第2回首脳会談のソウル開催が期待されたが、これは実現をみなかった。

[盧武鉉政権から李明博政権、朴槿恵政権へ] 2002年12月の大統領選挙では、新千年民主党の"盧武鉉"がハンナラ党の"李会昌"に1097万票対1040万票の僅差で競り勝ち、03年2月に第16代大統領に就任した。盧大統領は若年層を支持基盤としていたが、閣僚人事の紛糾、不正資金疑惑、イラク派兵、マスコミとの対立など、不安定要因が重なり、支持率は低落した。また政権発足直後から与党内の対立が表面化し、03年11月に民主党が分裂

して少数与党=ヨルリン・ウリ党(開かれたわれわれの党)が発足した。盧大統領批判を強めた野党は，04年3月，大統領弾劾訴追案を国会で可決したが，逆にこれが与党に有利に作用し，4月の国会議員選挙では，ウリ党152議席，ハンナラ党121議席，民主労働党(2000年1月労働組合を中心に結成)10議席，民主党9議席，自民連4議席，その他3議席となり，与党が過半数を制した。民主党，自民連は大敗し，左派の民主労働党が初めて議席を得て，ウリ党議員には市民運動，学生運動経験者が目立つことになった。

盧政権は北朝鮮との融和政策を継続する一方，〈国家保安法廃止，歴史清算(植民地期の〈親日派〉，建国後の公権力の不当な行使などの真相究明)，首都移転など，体制の根幹にかかわる重要な政策を打ち出し，保守派野党との対立を深めた。北朝鮮との関係は，1998年に開始された〈金剛山観光事業の拡充に加え，2004年に〈開城〉工業団地を開設するなど，交流のパイプを広げ，07年10月には第2回南北首脳会談を平壌で実現させた。歴史清算では，05年に〈過去史基本法〉が成立し，1905年から100年間の公権力による事件の見直しを進めることになり，これに関連して〈親日反民族行為真相究明委員会〉が組織された。一方，対外経済面では，2006年に韓米FTA交渉開始，07年妥結，韓EU・FTA交渉開始など，経済グローバル化を推進した。しかし，政権運営，経済運営に期待されたほどの実績があげられず，盧大統領の支持率は政権後半には大きく低下し，与党との対立すら招く事態に陥った。

2007年12月の大統領選挙では，ハンナラ党の〈李明博〉が1149万票を獲得し，大統民主新党(ウリ党の後継)の鄭東泳の617万票，保守系無所属の李会昌の356万票に大差をつけ，08年2月に第17代大統領に就任した。続いて実施された08年4月の国会議員選挙では，ハンナラ党153議席，統合民主党(大統合民主新党の後継)81議席，自由先進党18議席，親朴連帯14議席，民主労働党5議席，その他28議席となり，ハンナラ党が単独過半数を確保した。李明博政権には，企業経営者の経験を活かした経済運営が期待されたが，就任早々の米国産牛肉輸入交渉の妥結に対して，08年5月から6月にかけて，これに反対する市民，労組，野党のキャンドル集会が空前の盛り上がりをみせた。これは，BSE(牛海綿状脳症)へ

の不安をもった女子中高生の呼びかけが発端となったもので，1987年民主化闘争以来の大規模デモへと拡大した。その影響もあり，韓米・韓EU・FTAの最終的妥結は10年にずれ込み，11年批准となった。

李政権は，盧政権のような北朝鮮との融和政策をとらず，厳しい対応を示していたが，2010年3月の西海岸における海軍哨戒艦〈天安〉沈没事件(政府は北朝鮮の攻撃によると発表したが，疑問も出された)，11月の北朝鮮軍による西海岸〈延坪〉島砲撃によって，南北関係は極度に悪化した。また日本との関係は盧政権期後半の悪化した状態から改善がみられたものの，11年8月の李大統領〈竹島(独島)〉上陸によって一段と深刻になった。

2012年4月の国会議員選挙では，与党セヌリ党(ハンナラ党を改称)152議席，民主統合党(統合民主党の後継)127議席，統合進歩党13議席，その他8議席となり，与党がかろうじて過半数を獲得した。12年12月の大統領選挙では，セヌリ党の〈朴槿恵〉が1577万票(51.6%)を獲得し，民主統合党の文在寅の1468万票(48.0%)を上回り，13年2月に第18代大統領に就任した。韓国初の女性大統領であるとともに，朴正煕大統領の長女であることでも注目を集めた。外交面では，対米関係，対中関係のバランスをとり，北朝鮮とも交流の一時的断絶から再開にこぎつけており，日本との関係改善が次の課題となっている。

[**南北の関係**] 分断国家として成立し，朝鮮戦争という惨劇を体験した韓国では，朝鮮民主主義人民共和国(北朝鮮)との対決姿勢が一貫して社会の基調となり，1948年制定の〈国家保安法は北朝鮮への同調とみなされる行為を厳しく処罰する法律として機能してきたが，反面で同一民族であることに由来する緊張緩和への模索も試みられている。南北間の緊張状態の存続は，強権的政治体制を正当化して，高度経済成長へと国民を動員し，また外国からの援助を引き出す効果を生んだ。その一方で，自己の体制を前提としたうえでの南北対話と統一への提案がくり返し行われてきた。南北双方の思惑が一致して南北対話が実現したのは，〈南北離散家族捜しのための南北赤十字会談(1971-)〉と，統一の3原則を確認した〈南北共同声明の発表(1972.7.4)〉が最初であった。この背景には，朝鮮戦争で敵対した米中両国の接近という国際環境の大きな変化が横たわっていた。その後，中断をはさみなが

らも，84年には韓国の水害に対する北朝鮮の救援申入れを発端として，スポーツ交流，経済交流，離散家族の相互訪問への動きがみられた。韓国側は，経済建設の面で北朝鮮より優位に立ったという認識のもとに，南北の関係改善に積極性を示し，87年ミャンマー沖での大韓航空機行方不明事件，88年'ソウル・オリンピック単独開催などで激しい対立はあったものの，90年には初の南北首相会談が行われた。91年9月の国連総会で，北朝鮮がそれまで主張してきた南北単一加盟方針を取り下げた結果，韓国と北朝鮮の国連同時加盟が実現した。93年に金泳三政権が誕生すると，金日成主席との南北首脳会談が日程に上ったが，94年7月の金日成死去によって実現にはいたらなかった。以後，北朝鮮の後継者問題，核開発疑惑，食糧危機，さらには北から南への小規模な軍事的侵入，'亡命者の続出などの不安定要因のため，南北和解は順調には進まなかったとはいえ，直接貿易，投資，観光開発（'金剛山観光）などでは一定の進展があり，金大中政権が融和的な'太陽政策（包容政策）を堅持した結果，2000年6月に金大中大統領と金正日総書記の'南北首脳会談が平壌で実現した。これによって，統一にはなお紆余曲折が予想されるものの，南北交流拡大の道筋がつけられた。

2000年代に北朝鮮はミサイル，核兵器開発を進め，これを抑制しようとする関係国は03年から'6ヵ国協議（米国，中国，日本，ロシア，韓国，北朝鮮）の枠組みを設けたものの，北朝鮮は06年10月に第1回核実験を実施するなど，6ヵ国協議は有効に機能しなかった。その一方，盧武鉉政権は，北朝鮮に対する融和政策を推進し，04年の開城工業団地稼動などさまざまな南北交流事業を進展させ，07年10月には第2回'南北首脳会談が平壌で開催された。これに対して李明博政権は北朝鮮に厳しい姿勢を示したが，10年11月の延坪島砲撃事件で朝鮮戦争休戦以来の民間人死者が出るなど，南北関係は緊張の度合いを強めた。その後，11年12月に北朝鮮の金正日総書記が死去し，金正恩新体制に移行し，韓国も李明博政権から朴槿恵政権に移行するなかで，北朝鮮は韓国に対する強硬姿勢と緩和姿勢とをくり返している。→地域・国名編の朝鮮【南北分断と統一問題】，資料編の［統一問題年表］

【政治】
［憲法，政治制度］　韓国の憲法は1948年7月の制定以来，しばしば改定が加えられてきたが，その重要な焦点は大統領の任期，選出規定など，政権の長期化にかかわる条項の変更であった。87年10月発効の第6共和国憲法では，大統領は国民の直接選挙で選出され，任期は1期5年，重任禁止と定められている。行政府における大統領の権限はきわめて強く，国務総理および国務委員（各部長官）の任命権をもち，国務会議（内閣）の議長となる。国会は張勉政権時代を除いて一院制で，選出方法は小選挙区と全国区比例代表の併用とされ，任期は4年と規定されている。司法機構は大法院・高等法院・地方法院から構成され，三審制が基本となっている。ただし，三権分立の観点からみると，行政権の優越のために司法権の独立は少なからず侵害されているといわざるをえない。たとえば，'光州 事件後の金大中裁判のように政治的性格の濃厚な裁判の場合，大法院による刑の確定直後に大統領が減刑措置をとる例がときとしてみられるが，これなどは行政権優位の現れといえる。地方自治は1961年の軍事クーデタ（五・一六クーデタ）以降，機能停止の状態が続いていたが，91年から地方議会選挙，地方自治体首長選挙が順次復活してきた。地方自治体は，9道（京畿，江原，忠清南・北，全羅南・北，慶尚南・北，済州），ソウル特別市，世宗特別自治市（2012年発足），6広域市（もと直轄市の釜山，大邱，仁川，光州，大田，および1997年指定の蔚山）からなる広域地方自治体と，ソウル特別市・広域市の区，道の市・郡からなる基礎地方自治体の2層で構成されている。

全般に大統領権限の著しい肥大化が韓国の政治制度の特徴であり，歴代政権は大統領秘書室，警護室などの補佐機関を強化してきた。なかでも朴正煕政権時代に創設された'韓国中央情報部は政権維持のために威力を発揮し，強権的政治体制を象徴する機関であった。そのマイナス・イメージを払拭するため，全政権下で国家安全企画部に，さらに金大中政権下で'国家情報院に改組され，権限は大幅に縮小された。

［政党］　韓国の主要'政党は与野党を問わず保守的性格が強く，社会主義的政党は，社会主義インター加盟の小党（1970年代の統一社会党など）が存在したとはいえ，ほとんど活動の余地を与えられてこなかった。1987年の民主化宣言以前は平和的な政権交代がなされなかったため，与党は大統領によって創立され，政

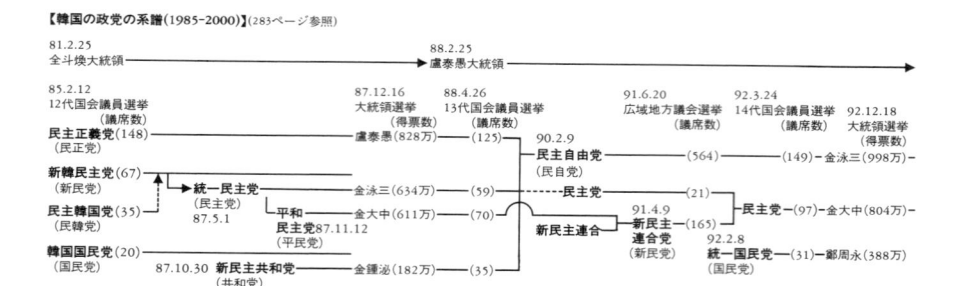

【韓国の政党の系譜(1985-2000)】(283ページ参照)

81.2.25 全斗煥大統領	→	88.2.25 盧泰愚大統領	→

85.2.12 12代国会議員選挙 (議席数)	87.12.16 大統領選挙 (得票数)	88.4.26 13代国会議員選挙 (議席数)	90.2.9	91.6.20 広域地方選挙 (議席数)	92.3.24 14代国会議員選挙 (議席数)	92.12.18 大統領選挙 (得票数)
民主正義党(148) (民正党)	盧泰愚(828万)	─(125)─	民主自由党 (民自党)	─(564)─	─(149)─金泳三(998万)	
新韓民主党(67) (新民党) → 統一民主党 (民主党)	金泳三(634万)	─(59)─	民主党	─(21)─		
民主韓国党(35) (民韓党)	平和民主党 87.11.12 (平民党) 87.5.1	金大中(611万)	─(70)─	新民主連合	民主─(97)─金大中(804万)	
				91.4.9 民主─連合党 (新民党)	─(165)─	
韓国国民党(20) (国民党)	87.10.30 新民主共和党 (共和党)	金鍾泌(182万)	─(35)─		92.2.8 統一国民党─(31)─鄭周永(388万) (国民党)	

権の崩壊とともに解体する特徴をもっていた。▶李承晩シンマン政権時代の与党は，当初は李承晩直系の大韓独立促成国民会で，これに地主・有産階級を基盤とする韓国民主党が準与党として加わっていたが，後者はその後野党化し，前者を中心に1951年に自由党が結成された。60年の四月革命後の▶張勉チョンミョン政権では，李政権時代の野党であった民主党が与党となったが短命に終わり，▶朴正熙パクチョンヒ政権下で新与党として民主共和党が創立された。▶全斗煥チョンドゥファン政権が成立すると，既成政党はすべて解散させられ，新たな与党として民主正義党(民正党)が発足した。民主化宣言を経て成立した▶盧泰愚ノテウ政権は民正党を引きついだが，90年に第2野党の統一民主党(民主党)と第3野党の新民主共和党(共和党)を糾合して巨大与党民主自由党(民自党)の誕生にいたる。金泳三政権の与党は民自党のままであったが，95年末に新韓国党に改称し，さらに97年11月末にハンナラ党に改組した。▶金大中キムデジュン政権では野党に転じている。

与党は権力の存在を結集軸にしているため，1980年代までは政権交代につれて系譜が断絶する傾向があったのに対して，野党はそれなりに歴史をもってはいたが，派閥対立が激しく，離合集散が目まぐるしかった。代表的野党の系譜をたどると，起点は李承晩政権発足時の準与党であった韓国民主党に求められる。同党が民主国民党，さらに民主党へと改編されつつ第1野党の地位を維持し，張勉政権の与党に転じる際に分裂して，野党として新民党が結成された。61年の軍事クーデタで政党活動が禁止され，解除後に群小野党の乱立となったが，67年の新民党創立によって統合が果たされた。同党は維新体制下で民主化運動の隊列に加わるにいたったものの，80年には解散を余儀なくされた。全斗煥政権下の第1野党は，はじめ民主韓国党であったが，85年の国会議員選挙直前に全政権批判の立場を鮮明にして結成された新韓民主党がその地位を占めた。同党は87年に統一民主党(金泳三総裁)と平和民主党(金大中総裁)に分かれていき，前者は90年に与党に合体した。後者はその後の再編を経て，95年に新政治国民会議となり，98年に金大中政権の与党に転じ，2000年には新千年民主党に改称した。

2000年代に入り，保守系のハンナラ党は，金大中政権，盧武鉉政権下では野党であり，04年の国会議員選挙では過半数をとれなかったが，李，朴政権下では与党になり，08年，12年の選挙では過半数を得た。政党名は12年2月にセヌリ党(新しい世の中の党)に改称している。これに対して進歩系の新千年民主党の系譜は分裂と統合，名称変更をくり返した。まず03年11月，新千年民主党の内部対立の結果，盧大統領系の議員が新たに少数与党ヨルリン・ウリ党(開かれたわれわれの党)を結成し，民主党から分裂した。04年4月の国会議員選挙でウリ党が大勝，民主党が惨敗し，ウリ党多数派の時期が続いたが，07年12月の大統領選挙を前にしてウリは解体状況になった。ウリ党を離れた議員が同年5月に中道改革統合新党を結成し，6月に民主党が合流して中道統合民主党に改称(8月に民主党に変更)した。別のグループは8月に大統合民主新党を立ち上げ，これがウリ党を吸収し，民主党を上回る勢力となった。大統領選挙に敗れた進歩系は，08年2月，大統合民主新党と民主党が合体して統合民主党を結成し，8月に民主党と改称した。その後，11年には次期国会議員選挙，大統領選挙をにらんで野党の大統合が模索されたが成功せず，12月に民主党は市民統

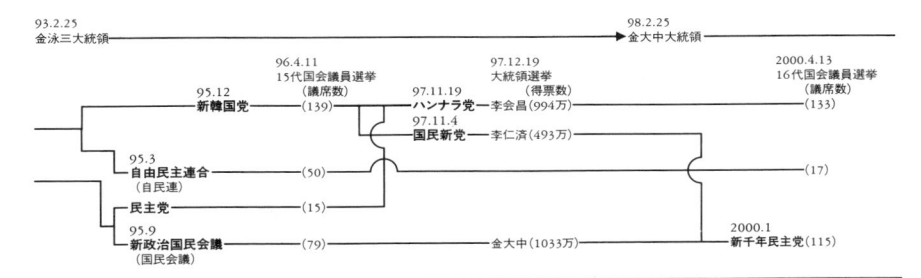

```
93.2.25                                                    98.2.25
金泳三大統領 ─────────────────────────────────→ 金大中大統領

                    96.4.11              97.12.19          2000.4.13
                    15代国会議員選挙      大統領選挙         16代国会議員選挙
                    (議席数)              (得票数)           (議席数)
         95.12
         新韓国党 ──(139)─┬─ ハンナラ党 ─ 李会昌(994万) ──(133)
                         │  97.11.19
                         │  97.11.4
                         └─ 国民新党 ── 李仁済(493万)
         95.3
         自由民主連合 ─(50)──────────────────────(17)
         (自民連)
         民主党   ─(15)
         95.9
         新政治国民会議 ─(79)── 金大中(1033万) ──┐ 2000.1
         (国民会議)                              └ 新千年民主党(115)
```

合党などを糾合し,民主統合党となった。左派系では,2000年1月に労働運動を基盤にして結成された民主労働党が,04年4月の国会議員選挙で10議席を獲得したが,08年4月の選挙では5議席に減少した。11年の野党大合流のなかで,民主労働党は12月に国民参与党などと合流して統合進歩党に改組し,12年4月の選挙では13議席を獲得して野党第2党の位置にある。

[在野勢力と民衆運動] 韓国の代表的野党は伝統的に親米反共の性格が濃く,政権批判勢力としては急進的でなかったため,反政府運動の先頭に立つのはつねに▶学生運動であった。60年の四月革命は学生革命といわれており,60年代の日韓条約反対闘争,70年代の一連の民主化運動なども,学生運動を抜きにしては考えられない。学生の先鋭な運動に触発されて,野党指導者,言論・知識人,キリスト者などが反政府運動の統一組織を結成するのが一般的なパターンであり,74年12月結成の民主回復国民会議はその一例といえる(▶民主回復運動)。言論機関の世論に対する影響力は伝統的に大きいため,政府は▶マスメディアの規制に気を配っている。政府の報道規制に対して74-75年に《東亜日報》記者が〈自由言論実践宣言〉を掲げて起こした運動は,国際的にも大きな注目を集めた。さらに70年代以降の反政府運動の特徴として,工業化とともに成長してきた労働者階級の自立した運動が,民主化闘争のなかで重要な位置を占めるようになった点を指摘することができる。

労働組合の全国組織は,解放直後に左派系の朝鮮労働組合全国評議会(全評,1945年11月結成)が大衆的基盤をもって組織されたが,米軍政庁によって弾圧され,対抗的に組織された右派系の大韓独立促成労働総連盟(大韓労総,1946年3月結成,李政権下で大韓労働組合総連合に改組)が,50年代には唯一の存在であった。しかしその御用団体的性格を批判し,民主的労働運動を求める勢力は,59年に新たに全国労働組合協議会を結成した。61年5月の軍事クーデタですべての労働団体を解散させると,朴政権は大韓労総の人脈を中心に韓国労働組合総連盟(▶韓国労総)を組織し,▶労働運動を体制内に統合する機能を果たさせた。これに対して,強権的政治体制のもとで奪われていた労働基本権の回復を求める自立した労働運動が,ソウル平和市場の縫製労働者全泰壱の焼身自殺(1970年11月)を契機に全国各地で展開されるようになった。それを支えるうえで有力な役割を果たしたのは,▶都市産業宣教会(プロテスタント系,1958年結成),カトリック労働青年会などのキリスト教団体であった。

18世紀末に導入されて以降,受難と抵抗の歴史をもつ韓国の▶キリスト教は,李政権時代以来勢力拡張を続け,80年代には信者数は公称で1000万人近くに達したという。はじめはカトリックが浸透したが,やがてアメリカの影響下でプロテスタントが多数派になっていった。全国いたるところに大きな教会の建物がみられることは,韓国におけるキリスト教の影響力の強さを物語っている。教会組織は国際的広がりをもっており,民主化運動に国際的支持を集めることができたため,政府側も対応に配慮せざるをえなかった。1976年3月1日にソウルの明洞大聖堂で開かれた祈禱会で▶文益煥ムンイクァンらにより〈民主救国宣言〉が発表されたこと(三・一明洞事件)に示されるように,教会の祈禱会はしばしば民主化運動を推進する役割を演じていた。

80年代以降も在野の民衆運動勢力は多様な運動を展開し,全国組織として民主統一民衆

運動連合（民統連，1985年），全国民族民主運動連合（全民連，1989年），民主主義民族統一全国連合（全国連合，1991年），さらには韓国進歩連帯（進歩連帯，2007年）などが結成されている。▶労働運動では，87年の民主化宣言直後から労働争議が急増し，労働組合の組織化が相次いだ。既成の韓国労総を批判しつつ躍進を遂げた急進的な民主労組は90年1月に全国労働組合協議会（全労協）を結成し，95年11月の全国民主労働組合総連盟（民主労総）設立へといたった。▶学生運動では1980年代後半，韓国社会の把握と戦略課題をめぐって，反米・民族解放を主張する自民闘（反米自主化反ファッショ民主化闘争委員会）と反独裁・階級闘争を重視する民民闘（反帝反ファッショ民族民主闘争委員会）の二大勢力に分かれた。金日成の《チュチェ（主体）思想の影響を受けた自民闘が主導権を握って87年に全国大学生代表者協議会（全大協）を組織し，それを継承して93年には韓国大学総学生連合（韓総連）を結成した。

しかし，民主化過程の帰結として93年に金泳三政権が成立すると，在野の民衆運動は目標をあらためてとらえ直す局面に入っていった。学生運動は退潮に向かい，代わって中産層を基盤とした▶市民運動が活発化していく。その先駆的組織は89年に結成された〈経済正義実践市民連合〉（経実連）であり，合法的な手法で格差是正や不正腐敗防止を訴えていった。93年には▶環境問題に取り組む環境運動連合が発足した。94年にはく参与民主社会市民連帯〉（参与連帯）が設立され，政治経済社会の広範な問題に取り組んで実績をあげた。その延長上に，2000年の総選挙では，当選させてはいけない候補者リストを発表する落選運動が展開され，注目を集めた。

[軍事]　朝鮮戦争の悲劇を体験した韓国の歴代政権は，〈北の脅威〉を唱えながらたえず軍事力の増強につとめてきた。陸軍を中心に陸海空三軍からなる韓国軍の総兵力は，常備軍のみでは約60万人であり，そのほかに予備役や郷土予備軍などの名称で民間人後方組織が編制されてきた。南北の軍事力バランスをみると，主力戦車，艦艇，戦闘機などの数量では韓国側が少ないものの，性能の面ではすぐれており，ほぼ均衡がとれているとみられる。国民の軍事負担は重く，成人に達した男子には原則として2〜3年間の兵役の義務が課せられている。これは成人になる一種の通過儀礼として受けとめられているが，仕事や学業が中断する社会的損失が大きいという批判もある。軍事支出は80年代まではGNPの6%，政府予算の3分の1を占め，経済成長の帰結として90年代末にはGNPの3%台，政府予算の5分の1にまで下がってきたが，なお高い水準にあるといえる。軍事産業の育成は政府の重点施策であり，各種兵器のライセンス生産を推進している。

アメリカの軍事援助が韓国の軍備増強に果たしてきた役割は絶大であり，1953年10月調印の米韓相互防衛条約にもとづき米軍は韓国に駐留を続けてきた。▶在韓米軍は50年代から60年代にかけて徐々に減少したが，70年代以降は陸軍，空軍を主体に4万人ほどの兵力を維持し，冷戦体制が解体した90年代末に約3万7000人になり，さらに世界的な米軍再編のなかで2007年には2万8500人まで減少した。その軍事力は在日米軍とともに米国の東アジア戦略の要に位置しており，核兵器を含む最新鋭装備を擁しているとみられる。在韓米軍司令官は，朝鮮戦争以来，名目的には国連軍司令官を兼任し，韓国軍に対する作戦統制権をもっていたが，94年末に平時の統制権については韓国側に返還され，戦時の統制権も2015年には韓国側に移される予定である。1978年以来大規模化した▶米韓合同軍事演習（チーム・スピリット）には，在日米軍はもちろんのこと，日本の自衛隊も事実上参加しており，日米韓軍事一体化の進展を示すものとなっている。なお，近年の演習はキーリゾルブと称している。

[外交]　韓国成立の経緯からみても，またその後の軍事同盟関係からみても，韓国にとってつねに最も重視しなければならないのはアメリカとの関係である。李承晩政権の外交はアメリカ一辺倒であって，アメリカの軍事・経済援助なくしては政権の存立はありえなかったし，アメリカは冷戦体制下のアジア戦略遂行のために李政権を支持したのであった。この相互関係は朴正熙政権となっても変わらず，1965年にはアメリカの要請に応じてベトナム派兵に踏みきっている。70年代に韓国の民主化運動にかかわって人権問題で米韓関係にきしみが生じたが，アメリカは対ソ戦略上の最前線基地である韓国への支援を断つわけにはいかず，結局は強権的政権を支持せざるをえなかった。このことは，反政権側の人々も含めて親米的であった韓国の国民感情のな

かに，徐々に反米的感情を作り出していく要因となった。それを加速したのが，80年代後半から表面化した貿易摩擦問題である。対韓貿易赤字の急増に直面したアメリカは，韓国製品の輸入規制，韓国の農産物市場の開放，ウォンの切上げなど，さまざまな要求をもち出し，韓国側ではこれに対する抗議行動が展開された（˙反米運動，˙農民運動）。冷戦体制の解体もまた韓米関係に変化をもたらす要因となった。在韓米軍の撤退問題がアメリカ議会筋から提起され，駐留経費の韓国側による肩代り，作戦統制権の委譲などが進展する一方，韓国社会内部からは在韓米軍が住民に与える損害などのマイナス面を指摘する声が出るようになった。

次に重要なのは日本との関係である。李承晩政権は抗日独立運動の実績を立脚点にしていたがゆえに，いわゆる˙平和ラインに象徴される徹底した反日政策を堅持していた。朴正熙政権になると，主としてアメリカの援助削減を背景とする経済上の動機から対日接近政策に転じ，1965年に˙日韓条約を締結して国交を正常化した。以後，経済面を中心に日本との関係は急速に緊密化していくが，同時に73年の˙金大中事件，74年の朴大統領狙撃（大統領夫人射殺）事件，82年以降の˙歴史教科書問題，90年代の˙日本軍慰安婦問題など，多くの紛糾する難題が出現した。98年に金大中大統領が来日し，歴史問題に決着をつけ，未来志向の日韓関係を築くと宣言して以降，少なくとも外交関係のうえでは安定的な局面に入ったようにみえた。

1960年代までの韓国外交の対象は，アメリカ，日本などの西側陣営にほぼ限られていたが，70年代以降は開発途上諸国，さらには社会主義圏との交流にも力を注ぐことになった。その要因の一つは韓国経済の工業化に伴う輸出市場拡大と資源確保の要請である。輸出の増大を至上命令としてきた韓国にとって，アメリカなど先進工業国の保護貿易主義の高まりは新市場開拓の必要性を増大させ，また石油危機後の資源問題の深刻化は資源保有国との交流拡大を焦眉の課題としたからである。別の要因として，北朝鮮と対抗しつつ国際的地位の上昇を図るねらいがあげられる。75年の国連総会では，韓国支持派決議案と並んで北朝鮮支持派決議案が採択された。これは北朝鮮の非同盟諸国に対する外交活動の成果と評価されたため，韓国は対抗上非同盟諸国への接近を図ることになった。83年10月，全斗煥大統領一行が非同盟諸国歴訪の途上，ミャンマーのヤンゴンで爆弾テロに見舞われた事件は，韓国の影響力拡大をおそれた北朝鮮側の工作員による行為（ミャンマー政府の報告書）とされている。

また，1960年代以来の中ソ対立，70年代からの米中接近，80年代後半からの米ソの緊張緩和に示される国際政治の多極化は，反共を国是とする韓国に社会主義圏と交流する契機を与えた。88年の˙ソウル・オリンピックと，それに続く冷戦体制の解体は，この流れを一気に加速した。まず88年にトップを切ってハンガリーとの国交樹立が合意され，89-90年に東欧諸国との正式な国交樹立が続いた。ソ連とはシベリア開発をめぐって接近が図られ，90年に国交正常化が実現した。中国との関係改善については，経済交流が先行した反面，北朝鮮との関係を重視した中国側の慎重な姿勢のために国交樹立はソ連よりも遅れ，92年に実現をみた。こうした社会主義圏との国交正常化は，当然北朝鮮との関係改善とも連動していた。

国際政治の多極化と韓国経済の発展を背景に，韓国の国際機構への進出も活発化した。国連加盟については，北朝鮮との対抗が国連外交の場にもち込まれたため長年決着がつかずにいたが，北朝鮮の方針転換の結果，91年に南北の同時加盟が実現した。地域協力機構として重視しているのはAPEC（アジア太平洋経済協力会議）で，91年に第3回総会がソウルで開催された。

2001年以降の動向をみると，まず北朝鮮との関係では，金大中政権の˙太陽政策が盧武鉉政権に継承され，交流と協力の事業が続いた。南北首脳会談は2000年6月，07年10月の2回開催され，南北閣僚級会談，南北経済協力推進委員会，南北赤十字実務協議などが断続的に開かれている。南北の鉄道の連結では，2000年9月に京義線復元が着工され，03年6月に京義線と東海線の連結が実現した。また現代財閥が主力となった，˙金剛山観光事業，韓国企業が北朝鮮労働者を雇用する˙開城工業団地事業が推進された。韓国から北朝鮮への輸出は年々増加し，日本を抜いて中国に迫り，食糧などの人道支援も増大した。李明博政権下で南北交流は停滞気味であったが，朴槿恵政権下では改善の徴候がみられる。

アメリカとの関係では，盧政権は自主外交

表1 経済成長の主要指標 (単位＝％)

	1960-64	65-69	70-74	75-79	80-84	85-89	90-94	95-99
GDP成長率	5.6	9.8	8.4	8.8	6.1	9.0	7.5	4.9
1人当りGDP増加率	−1.6	15.2	20.0	26.1	5.7	18.8	11.7	1.9
消費者物価上昇率	—	11.4	13.9	16.6	12.6	4.2	7.0	4.4
輸出増加率	38.9	39.6	50.2	28.4	14.4	17.1	9.1	9.0
輸入増加率	7.7	35.9	32.9	24.9	8.9	15.6	11.0	6.5

注—5ヵ年平均．経済企画庁調査局編《アジア経済2000》(2000)による．

をめざしつつも，イラクへの韓国軍派兵で協力的な姿勢を示した．これに対してアメリカは，世界的な軍事戦略の再編に伴う在韓米軍の移転・削減計画を提案し，駐留兵力の減少とともに38度線付近の基地を後方に移転させる計画を立案し，順次実施に移している．経済面では06年に韓米FTA交渉が開始され，07年大筋妥結，10年最終合意，11年11月国会承認，12年3月発効と進んだ．

中国との関係では，03年にアメリカを抜き韓国の最大の輸出先となったこと，直接投資の持続的拡大など，経済面での結合度が高まり，中国への留学生も増大している．一方，中国は，北朝鮮の核開発をめぐる*6ヵ国協議で重要な役割を果たすなど，北朝鮮に対して影響力を発揮しているため，韓国政府は，北朝鮮政策を進めるうえで中国との連携を模索する状況にある．

【経済】韓国の経済は，日本の植民地支配によるゆがみ，解放後の南北分断による不均衡，朝鮮戦争による破壊という二重三重の困難から出発しなければならなかった．*李承晩政権時代はアメリカの援助への全面依存として特徴づけられる．アメリカの影響下で北朝鮮の*土地改革と対抗しつつ1950年から実施された農地改革は，農家経済の自立と農業生産力の増進による農民生活の向上という目的を達成できず，むしろアメリカの余剰農産物援助に圧迫されて，農村では〈春窮麦嶺〉(*飢饉)と称する端境期には，飢餓に苦しむ〈絶糧農家〉が生じるほどであった．

工業生産の面では，小麦，砂糖，綿花などの援助物資を加工する〈三白工業〉(製粉業，製糖業，綿工業)が成長し，政権と癒着した*三星財閥などの〈特恵財閥〉の肥大化をもたらしたが，重化学工業の発展はみられず，経済構造は全体として著しく均衡を失していた．50年代末にアメリカの援助が削減に向かうとともに経済的危機が顕在化し，これが李政権崩壊の一つの要因となった．

［経済発展の経過］*朴正煕政権は1962年以降，経済開発五ヵ年計画を作成・実行し，工業化を基軸にした高度成長を実現していくことになる．五ヵ年計画の目標には自立経済の達成が掲げられ，援助経済からの脱却が志向されていたが，当面は外資導入に依存せざるをえないという背理を含むものであった．65年に懸案の日韓条約が締結された要因として，五ヵ年計画遂行に要する外資の導入ルートを開く必要に迫られていた点が重要である．60年代後半，借款導入による工業化の進展がみられたが，その反面，借款企業の経営悪化(いわゆる〈不実企業〉の発生)，工業化に伴う輸入拡大と借款元利金返済の増大を原因とする国際収支危機などの新たな問題が生じ，外資導入政策は直接投資の受入れと輸出産業の育成へと重点を移行させていった．外資企業への優遇措置と低賃金労働とを結びつけ，輸出向け生産のみを行う馬山*輸出自由地域の設置(1970)は，この転換の象徴であった．こうして60年代後半から70年代後半まで，韓国経済は外資に依存しつつ輸出の顕著な伸びを実現し，高度成長を持続することができた．GDPの年平均成長率は，第1次五ヵ年計画(1962-66)では7.8％，第2次五ヵ年計画(1967-71)では9.7％，第3次五ヵ年計画(1972-76)では8.5％と，各期とも変動を含みながら全体として順調に成長を遂げていった．この間に産業構造は農業中心から工業中心に転換し，しかも重化学工業化が着実に進展した．政府の保護を受けながら，*現代財閥，*大宇財閥などの新興*財閥が重化学工業部門に進出し，タコ足的に事業基盤を拡大していくのもこの時期にあたる．

このような経済的躍進が，第1次石油危機(1973)を契機とする世界的不況と対照的に達成されたため，韓国は70年代に登場したシンガポール，台湾などの新興工業国家群(NICs,

表2	国民総生産（GNP）と就業人口の産業別構成比				（単位＝%）
	［1963］	［1973］	［1983］	［1993］	［1997］
国民総生産					
農林漁業	43.2	24.7	14.0	7.1	5.7
鉱工業	16.2	25.9	29.5	27.4	25.9
社会間接資本ほか	40.6	49.4	56.5	65.5	68.4
就業人口					
農林漁業	63.1	50.0	29.7	14.8	11.0
鉱工業	8.7	16.3	23.3	24.2	21.4
社会間接資本ほか	28.2	33.7	47.0	61.0	67.6

注――韓国経済企画院《主要経済指標》，Bank of Korea《Economic Statistics Yearbook》などによる．

その後 NIEs）の代表として国際的に注目を集め，開発途上国の成功モデルと評価されるにいたった．とはいえ，対外依存度の高さと国民経済としての不均衡という韓国経済の構造的問題点がこの間に解決されたわけではなく，79年の第2次石油危機とともに累積した矛盾が一挙に露呈し，朴政権崩壊の要因を作り出すことになった．80年には60年代以来初めてマイナス成長に転落し，第4次五ヵ年計画(1977-81)の GNP 年平均成長率は目標の9.2%を下回る6.1%にとどまった．全斗煥ヂョンドゥファン政権はこの経済的難局の乗切りを主要課題として，混乱の元凶と目される重化学工業の過剰投資の整理に着手したが，世界経済の不振が続くなかで，かつての成長軌道への復帰は容易でなく，第5次五ヵ年計画(1982-86)は大幅な計画縮小を余儀なくされた．とくに過去の大量の借款導入の帰結である対外債務累積問題は深刻であった．

こうした80年代前半の調整過程を経て，韓国経済は86年から88年にかけて GDP 成長率が3年連続10%を超える高度成長を記録した．この結果，86年にはなお2000ドル水準にとどまっていた1人当り GDP は，89年には5000ドルを突破するまでになった．この好成績は過去のパターンと同様に輸出の拡大を主因としており，85年に300億ドルであった輸出額は88年には600億ドルへと倍増した．輸入の増加率はそれほど大幅でなかったため，86年に経常収支は念願の黒字化を達成し，88年には黒字幅は145億ドルまでふくらんだ．しかもその間，物価上昇率は低水準にとどめられ，韓国の NIEs としての躍進ぶりを内外に強く印象づけた．こうした好調の要因として，原油価格の低下，国際金利の低下，ドル・レート（ウォン・レート）の低下(円高)という〈三低〉が指摘された．低い原油価格と金利は経常収支の改善や物価安定に寄与し，低い為替レートは輸出競争力を強める意味をもった．こうした国際的要因の影響が大きいことは，韓国経済の対外依存的体質を反映しているが，それを活用できるほどに工業生産力が備わってきたことが重要である．

しかし，2桁成長は3年間で終わり，89年の成長率は前年の半分近くに落ち込んだ．その理由にあげられるのは，87年の民主化宣言以降の労働運動の高揚とウォン・レートの切上げである．労働争議の激化と長期化によって生産体制の混乱と大幅な賃金上昇がもたらされ，輸出産業の国際競争力は低下した．為替レートについては，85年以降の円高に乗じてアメリカ市場で日本製品より優位に立ち，対米貿易黒字を拡大させたため，アメリカからウォン・レート切上げの圧力を加えられた．こうした理由から輸出の伸びが鈍り，成長率はいったん低下したが，90年代に入り，民間消費，建設投資などの内需が成長を支える側面が強くなっていった．政治の民主化は韓国経済の輸出主導型という体質をある程度変化させ，内需の役割を引き上げたわけである．他方，内需の活況は過剰消費，株式・土地価格の高騰，インフレ，輸入増大を招き，経常収支は再び赤字に戻っていった．

97年に入ると，輸出の伸び悩みの中で財閥系企業の経営破綻が相次ぎ，東南アジアに発生した通貨危機の影響が加わり，韓国経済の国際的信用が急低下していく．外資の引上げによって株式とウォンの相場が暴落し，同年11月には対外債務を返済できない危機に陥り，政府は IMF（国際通貨基金）に緊急支援を要請した．IMF は日米など主要国の資金と合わせて総額583.5億ドルを支援する一方，韓国の経済

表3 ─ 一般会計の構成(1997年度決算) (単位＝%)

[歳入]		[歳出]	
内国税	74.7	経済開発費	25.5
直接税	38.6	社会開発費	9.2
間接税	34.3	防衛費	21.3
関税	8.7	教育費	18.9
防衛税	0.0	一般行政費	10.7
交通税	8.4	地方財政交付金	10.6
税外収入	8.3	債務償還他	3.8

注─韓国財政経済部《歳入・歳出決算》による。

政策に全面的に介入し，経常収支の黒字化と構造改革を強要した(▶IMF時代)。金融機関の整理，▶財閥の改革，労働市場の改革が進められ，98年はマイナス成長，企業倒産と失業の増大という犠牲が強いられることになった。99年に成長率は急速に回復に向かい，韓国経済の強さを改めて印象づけたが，構造的弱点が根本的に除去されたか否かは，なお慎重に見きわめが必要とされた。

[産業，交通] 工業化を基軸とする高度成長によって，1970年代前半に韓国は農業国から工業国に転換した。国民総生産の産業別構成比は73年に鉱工業が農林漁業を上回り，また就業人口に占める農林漁業の比率も74年には50%を割り込んだ。農林漁業の割合は90年代末には国民総生産の6%以下に，また就業人口の10%以下に低落した。貿易面をみると，輸出に占める工業品の比率が64年にはようやく50%台に達した程度であったのが，70年に80%台に到達し，79年以降は90%台を維持している。しかも工業品輸出における重化学工業品の比率は，70年代後半に軽工業品を凌駕するにいたった。製造業の中軸となる業種は，70年代までは繊維であったが，その後，造船，鉄鋼，化学，さらに電子，自動車へと移行している。政府が重化学工業化計画を打ち出した70年代に，ソウル周辺や慶尚道を中心に各種の工業団地(韓国輸出産業工業団地，▶亀尾ｸﾐの電子工業団地，▶昌原ﾁｬﾝｳｫﾝの機械工業団地など)が設立され，▶蔚山ｳﾙｻﾝと▶麗水ﾖｽの石油化学コンビナート，▶浦項ﾎﾟﾊﾝの巨大製鉄所などの重化学工業基地が築かれていった。

こうして粗鋼年産850万tの国営浦項総合製鉄，100万トン・ドックの蔚山造船所をもつ現代重工業といった，アジアでも有数のビッグ・ビジネスが出現したが，その反面，資本，技術，原材料などの対外依存度の高さ，財閥系大企業の肥大化と対照的な中小企業の脆弱性，労働者の地位の低さなど，韓国工業の構造的問題点はなお未解決なままであった。また高度成長によって生活水準が向上し，中産層が形成されてはきたが，男女間の賃金格差，学歴による賃金格差などは根強いものがある。めざましい工業化の影に隠れたかたちの農業部門では，全羅道，慶尚道などの穀倉地帯を中心に米穀の自給を達成するために70年代に統一種(稲)などの多収穫品種の導入を図り，米穀生産は年産500万t台に達して，ほぼ自給を達成した。しかしそのほかの穀物の自給率は低く，全体として食糧自給率は30%台まで低下していった。政府は農村経済の活性化のために70年代初頭から▶セマウル運動を展開し，道路整備，農家の屋根の葺替え，電化などにより農村の景観は一変した。80年代以降は農産物市場開放圧力が強まり，農家経済に大きな打撃を与えた。

工業化と歩調を合わせた▶交通の発達にも目をみはるものがある。陸上交通の骨格をなす▶鉄道は，ソウルと釜山を結ぶ幹線(▶京釜ｹｲﾌ鉄道)をはじめとする主要路線がすでに1945年以前の植民地時代に成立していたが，発展の速度では自動車交通に大きく遅れをとった。国内貨物輸送に占める鉄道の割合は8%まで下がり，一方道路輸送は68%に達した(1997)。高速道路網の建設は60年代末から開始され，首都と地方主要都市を相互に結ぶ全国土一日経済圏化が進展した(▶道路)。自動車保有台数は69年に10万台，76年にようやく20万台を超える程度であったが，その後の伸びは著しく，85年には100万台を突破し，97年には1000万台を超えた。このため道路整備が追いつかず，地域間幹線道路まで渋滞が拡大した。そこで鉄道の大量輸送機関としての役割が見直され，高速鉄道の導入，ソウルと釜山，大邱の地下鉄建設などが進んだ。これらの社会資本の整備では，日本や欧米の経済援助が不可欠の役割を果たしてきた。そのほかの社会資本では，電気，上水道の普及率が80%台に達したのに比べ，都市ガスは30%程度で立遅れが目立った。1997年における▶電力のエネルギー源構成は，火力が最も重要で63%を占め，原子力が34%，水力が2%であった。

[財政，金融] 韓国経済の発展には政府が大きな役割を果たしており，財政と金融が政策手段として動員されてきた。国家財政の規模は一般会計と特別会計を合わせるとGNPの20

表4｜金融機関一覧（1997年）

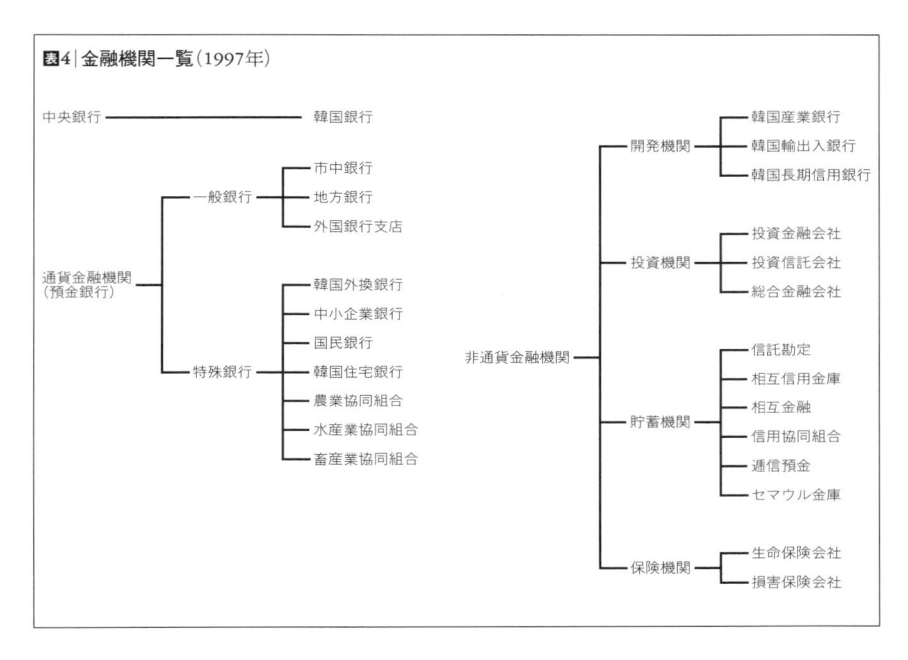

```
中央銀行────────────韓国銀行

                         ┌ 市中銀行
              ┌ 一般銀行 ┼ 地方銀行
              │         └ 外国銀行支店
通貨金融機関  │
(預金銀行)    │         ┌ 韓国外換銀行
              │         ├ 中小企業銀行
              │         ├ 国民銀行
              └ 特殊銀行┼ 韓国住宅銀行
                        ├ 農業協同組合
                        ├ 水産業協同組合
                        └ 畜産業協同組合

                         ┌ 韓国産業銀行
              ┌ 開発機関 ┼ 韓国輸出入銀行
              │         └ 韓国長期信用銀行
              │
              │         ┌ 投資金融会社
              ├ 投資機関 ┼ 投資信託会社
              │         └ 総合金融会社
非通貨金融機関│
              │         ┌ 信託勘定
              │         ├ 相互信用金庫
              ├ 貯蓄機関 ┼ 相互金融
              │         ├ 信用協同組合
              │         ├ 通信預金
              │         └ セマウル金庫
              │
              └ 保険機関 ┬ 生命保険会社
                        └ 損害保険会社
```

％以上に及び，98年度には100兆ウォンに達した。一般会計の歳出項目では80年代までは防衛費が最大で30％台に上っていたが，90年代に入ると20％程度に低下した。これと並んで重要なのが経済開発費と教育費で，これら3項目で全体の6割以上を占めた。歳入面では，高度成長とともに租税負担率が上昇し，80年代にはGNP比20％近くに到達した。おもな税目は所得税，法人税，付加価値税であり，直間比率は80年代には間接税優位であったが，90年代に直接税優位に転じた。

金融機関は中央銀行，通貨金融機関（預金銀行），非通貨金融機関の3種類に大別される。中央銀行である韓国銀行は1950年に▶朝鮮銀行を改組して発足した。通貨金融機関は一般銀行（市中銀行，地方銀行，外国銀行支店）と特殊銀行（韓国外換銀行，中小企業銀行，農業協同組合など）からなり，資金調達＝運用総額は97年に459兆ウォンに達し，一般銀行がその82％，特殊銀行が18％を占めた。非通貨金融機関は開発機関（韓国産業銀行，韓国輸出入銀行，韓国長期信用銀行），投資機関（投資金融会社，投資信託会社，総合金融会社），貯蓄機関（信託勘定，相互信用金庫，信用協同組合など），保険機関（生命保険会社，損害保険会社）の4系統から

なり，資金調達＝運用総額は650兆ウォン，うち開発機関が16％，投資機関が22％，貯蓄機関が49％，保険機関が13％を占めた。

金融構造の特徴は，全体に政府の統制力の強いことで，特殊銀行，開発機関ばかりでなく，市中銀行も政策金融を担当する役割を果たしてきた。植民地期以来の歴史をもつ市中銀行4行（朝興銀行，韓国商業銀行，第一銀行，韓一銀行）は，韓国建国時に国有化され，1950年代後半に民間に払い下げられたが，李承晩政権と結びついた特恵財閥の不正蓄財機関に転落したとして60年代以降再び政府管理下に置かれてきた。80年代以降，金融自律化の名のもとに政府保有株式の売却が進められ，民営化が進展したとはいえ，人事，金利などを通じた統制がその後も続いた。成長を急いだ韓国の企業は，資本の内部蓄積が乏しく，また資本市場の発達が遅れたため，資金の多くを政策金融や外国からの借入れに依存してきた。しかしそうした資金を利用できない中小企業などの場合は，制度的な金融機関を通さない高利の私債に依存せざるをえなかった。この私債市場の広範な形成が，韓国金融構造のもう一つの特徴である。私債市場のおもな貸手は余裕資金のある資産家，企業，専門的

表5 | 主要輸出品の構成　　　　　（単位＝％）

	[1967]	[1977]	[1987]	[1997]
魚介類	8.4	6.9	3.2	0.4
木製品	11.4	4.2	0.2	0.1
繊維製品	15.3	10.9	8.7	7.5
衣類	18.5	20.7	16.0	4.8
履物	2.5	4.9	5.8	0.7
金属製品	2.2	5.8	3.4	1.0
事務用機械	0.0	0.2	3.4	8.1
通信音響機器	0.7	0.6	10.5	8.0
電気機器	1.1	5.1	8.9	21.7
自動車	0.3	0.7	7.6	9.2
総計	100.0	100.0	100.0	100.0
金額(100万ドル)	320	10016	47207	136164

注―国際連合《貿易統計年鑑》などによる．

高利貸業者であるが，その基礎には庶民の小口資金を集積する"契や貰斗金と称する多額の不動産権利金などが存在した．インフレ経済のもとで制度的金融機関が低金利に抑えられている以上，余裕資金が私債市場に向かうのは必然であり，その結果金融機関の資金量は限界づけられ，資金需要に迫られた企業は私債を利用するしかなかった．しかし制度化されていない高利の私債市場は，企業の財務構造を脆弱なものとし，しばしば金融市場の攪乱を招き，また脱税の温床となったため，政府は70年代前半から私債規制，企業の株式公開を通じた資本市場の育成，規制がゆるい比較的高金利の《第二金融圏》(投資金融会社，相互信用金庫など)の拡充などの対策を講じた．その結果，80年代から90年代にかけて資本市場は急速な発達を遂げ，また規制緩和によって外資の流入も進んだ．脱税を防ぐための金融取引の実名制は金泳三政権によって93年にようやく実現した．しかし《第二金融圏》の膨張は安易な短期性外資の導入，不健全な融資の弊害を生み，97年末の通貨金融危機を招く要因となった．結果としてIMF管理下で金融機関が抜本的に整理・再編されることになった(▶IMF時代)．

[対外経済関係]　韓国経済の高度成長を支えてきたのは，輸出の驚異的な伸びであった．1960-70年代の年平均輸出増加率はほぼ30％台を記録し，64年にわずか1億ドルにすぎなかった輸出額は，71年に10億ドル，77年に100億ドル，そして95年に1200億ドルを超えた．GDPに対する輸出の比率は，1960年代前半に10％以下であったのが70年代後半には40％を上回った．だが80年代以降，世界不況のなかで先進工業諸国の保護貿易主義が高まり，それに加えて輸出の急増を支えてきた低賃金構造が，国内のインフレ，民主化，より低賃金の後発途上国の工業化などによって限界に直面し，輸出の伸びは鈍化せざるをえなかった．90年代の年平均輸出増加率は10％以下に低落し，GDPに対する比率は20％台に減少した．主要輸出品目は，当初は繊維類が首位を占めていたが，産業構造の高度化に伴い，80年代前半には重化学工業品が輸出全体の半ばを超えた．なかでも半導体など電子製品の伸びが著しかった．輸出相手国はアメリカと日本に偏っていたが，アジア，ヨーロッパなどへの多角化が追求され，日米両国の構成比は90年代に50％以下に低下し，中国，香港の割合が伸びていった．輸出主導型の工業化は輸入を誘発する性格をもっており，輸入もまた64年の4億ドルが，77年100億ドル，96年1500億ドルと急増を記録した．おもな輸入品は工業化に要する原油と機械類で，相手国はやはり日本とアメリカが大きなシェアを占めていたが，両国の構成比は輸出同様90年代に50％を割り，ここでも中東，アジアなどへの多角化が進展した．

貿易収支，経常収支はほぼ一貫して赤字基調であり，例外的に黒字になったのは80年代後半に限られていたが，IMF管理下の90年代末から黒字基調に転じた．為替レートは長期低落傾向にあり，60年代後半に1ドル＝200ウォン台であったのが，80年代半ばには800ウォン台まで下がった．さらに通貨危機下の97年末には2000ウォンまで暴落したが，99年には1100ウォン台へと回復した．経常収支の赤字が続くなかでは対外借入れに依存せざるをえず，累積債務残高は85年には468億ドル(GDP比50％)までふくらみ，その後やや減少したものの，90年代半ばにさらに増加して96年には1635億ドル(GDP比31％)に達した．

外資導入形態をみると，1950年代はアメリカからの無償援助が主で，60年代以降は借款(公共借款，商業借款)が主流となった．公共借款は国際金融機関，アメリカなどから社会間接資本へ，商業借款はヨーロッパ，アメリカ，日本などから製造業へというのが基本的なパターンであった．80年代後半からは，導入規模の拡大とともに，証券投資，直接投資，短

期借入，貿易関連信用など，形態の多様化が目立つようになった。直接投資受入れは80年代前半までは年平均1億ドル程度の規模であったが，後半には10億ドル規模へ，そして90年代末には100億ドルを超えるにいたった。その国別内訳では，80年代までは日本が半ばを制する勢力をもっていたが，90年代にはアメリカとヨーロッパ勢が優位を占めることになった。投資の業種は製造業（化学，電子，機械など）に加えて，サービス業（金融保険，ホテル，商業など）が伸びていった。他面，韓国の対外直接投資が70年代後半から開始され，市場開拓，資源確保，労働力利用を目的に，アメリカ，中国，インドネシアなどへの企業進出が増えていった。90年代後半にその規模は年平均30億〜40億ドルの水準に達した。これは韓国経済の先進国化の一指標であって，▶中国朝鮮族を含む外国人労働者の受入れ増加（▶外国人労働者問題）も同様の意味をもっている。またODA（政府開発援助）についても90年代には受入れ国の地位を〈卒業〉し，供与国の側に移った。ただし，その規模は小さく，膨大な累積債務によって純債権国化が先送りとなっていることからみても，韓国の先進国化はなお途上にあった。

[2000年以降の動向] 1998年にマイナスとなったGDP成長率は，1999-2000年に10％近い高さを記録したものの，01年以降は3-6％程度の水準で推移し，2009年はリーマンショックの影響で0.2％に落ち込んだ。一連の構造改革によって，肥大化した▶財閥は整理され，電子工業で世界のトップクラスとなったサムソン（三星）電子，自動車販売台数で世界第5位となった現代ﾋﾞｮﾝﾀﾞｲ自動車など，回復した韓国経済を象徴する強い企業が出現した。この背景には，資本市場の開放によって外国人投資が急増した事実がある。韓国経済の先進国化を示す指標として，1人当りGDP2万ドル突破(2007)，対外直接投資額が受入額を凌駕(2006)，G20サミット参加(2008)，OECD-DAC（開発援助委員会）加盟(2009)，貿易規模世界第8位(2012)などをあげることができる。しかし，非正規雇用の増加，中国経済への過度の依存など，新たな問題も生じている。一方，グローバル化時代のなかで韓国政府は，〈東北アジア経済中心国家の建設〉を目標に掲げ，仁川空港（2001年開港）と釜山港を空と海の輸送のハブと位置づけ，その強化を図っていった。2000年代後半に仁川空港の貨物取扱量は世界4位，

表6	外国人直接投資の国別動向（単位＝100万ドル）	
	[1962-96]	[1997-99.6]
日本	5567	1031
アメリカ	5091	7272
香港	650	475
ドイツ	721	1528
イギリス	531	451
フランス	447	1136
オランダ	1420	2517
合計	17669	20287

注─認可（申告）ベース。1997年から長期借款を含む。日本貿易振興会《ジェトロ投資白書》(2000)による。

釜山港は世界5位の位置を占めた。グローバル化の有力な手段として世界的にブームとなっているFTAについては，チリとの協定（2004年批准）を皮切りに，ASEAN各国，米国，EUとの協定が成立し，12年11月，中国・日本との交渉が正式に開始された。

【社会, 文化】 韓国の社会・文化状況は，一面では伝統的なものを根強く残しながらも，南北分断やアメリカ，日本などからの影響を受けつつ，高度経済成長の過程で著しい変容を遂げている。同一民族が南北二つの社会体制を異にする国家に分断され，しかも朝鮮戦争という惨劇とその後の厳しい緊張関係が継続した結果，国民の間には広範な反共意識が定着していった。これは歴代政権の徹底した反共政策・反共教育の効果でもあるが，38度線を越えて南に定住することになった多数の北朝鮮出身者の存在も見逃せない。しかし，ここに生じた1000万人を超すといわれる▶南北離散家族の問題は，南北交流への強い希求を生み出している。

〈日帝36年〉といわれる日本の植民地統治の傷痕もまた韓国の社会と文化のあり方を規定する大きな要因である。李承晩政権時代の親米・反日政策は，朴正煕政権時代に日韓条約締結によって軌道修正されたが，底流にある▶反日感情が簡単に解消するはずはなく，それはより積極的な民族主義の提唱，民族文化の強調へと進んだ。全斗煥政権時代には，日本統治の影響を受けていないハングル世代が社会の中堅に進出し，〈反日から克日へ〉というスローガンが現れるにいたった。1990年代に入り，韓国社会の先進国化が進むにつれて，世代交代，世代間の意識のギャップが目立つようになり，当時30歳代で80年代に学生とし

て民主化運動を経験した60年代生れのく三八六世代〉、既成世代には理解できない言動をする若者をさす〈X世代〉などの言葉が流行していった。

［社会］　韓国社会の基礎には、上下の身分序列をもつ▶家族およびそれを拡大した▶親族組織が社会の最も重要な構成単位であるとする家族主義の原理が存在する。長子相続権をもつ家を中心にジェサ（▶祖先祭祀）を親族全体で行い、その団結をはかるという韓国の家族主義は、▶族譜の尊重によく表現されている。家族内でも男女により居住空間が区別され、女子より男子が重視されてきたこと（▶住居、▶女性）、兵役義務で一人息子が優遇されたこと（3代続きの一人息子の兵役免除など）にも、この原理の貫徹が見いだされる。血縁関係、地縁関係、学閥の強さ、官界、政界、実業界、学界、その他あらゆる社会に派閥が形成されるという韓国社会の特質は、この原理から派生したものといえる。▶財閥の経営陣を家族や親族で独占する傾向は血縁重視の現れである。地縁的結合の強さは地方主義を生み、地域間の対立を招くことになる（▶地域感情）。慶尚道出身の朴大統領が慶尚道の経済開発に力を注ぎ、全羅道出身の金大中をライバル視したことはしばしば指摘されている。80年の▶光州事件の背後にもこの両地域間の対立感情がうかがわれ、84年開通の大邱（慶尚北道）と光州（全羅南道）を結ぶ88オリンピック高速道路は〈和合の大動脈〉と位置づけられた。毎回の大統領選挙で各候補者が出身地方で非常に高い得票率を獲得することに、この地方主義の強固さが示されている。私債の根強い存続、各種の▶契の盛行も、こうした集団志向意識と無縁ではない。家族主義はまた社会的地位上昇への強い執着を生み、学校教育における有名校志向を強めている。有名校を卒業して高い社会的地位につくことは一族全体の誇りであり、また一族の構成員に実利をもたらすとみられているからである。同族のだれかが高い社会的地位につけば、その縁故で特権を行使できるし、過ちを犯した場合には見逃されて当然とする社会意識が広く存在している。ここに公私混同、権力の濫用、権力者の不正蓄財、権力者周辺の者の詐欺事件などがくり返しひき起こされる原因がある。

一方、家族主義の上下身分秩序は、企業における労働者の無権利状態と低賃金を招いてきた。学歴、企業規模、職種、性別などによって賃金格差が著しいことが韓国の特徴であったが、一般の労働者の地位が低いのは、輸出優先の政府の政策によるばかりでなく、労使関係を主従関係とみる意識が強かったからである。社会福祉の立遅れも、共同体内の相互扶助と共同体外への排他的傾向によるところが大きかった。医療保険制度は1977年に部分的に実施となり、89年にようやく全国民を対象とする水準にいたった。一般国民を対象とした年金制度は1973年の国民福祉年金法制定以後も施行が延期され、80年代末からの段階的な実施を経て90年代末に国民全体に適用されることになった（▶社会保障）。最も実施が遅れた雇用保険制度は、93年に法律が制定され、98年には広く適用される段階に達した。ただし、制度が整ったとはいえ内容の充実にはなお時間を要し、間近に迫った高齢化社会に対処するうえで解決すべき課題が山積している。

ところで、高度経済成長と民主化過程を経て、伝統的な農村社会が縮小し、都市化と核家族化が進行したため、新たな社会問題が発生し、また社会関係が変化を遂げてきている。▶人口動態をみると、出生率は1980年に1000人当り23.4人であったのが、92年には15.4人に減少し、少子・高齢化傾向が明白になってきた。産業構造の高度化とともに交通・通信手段が発達し、都市部への人口集中が一段と進行しており、首都圏（ソウル特別市、仁川広域市、京畿道）に全人口の半ば近くが集中するほどになった（▶都市化）。都市部では交通渋滞、住宅不足、ごみ問題、凶悪犯罪の増加などの都市問題が深刻化している。ソウルの住宅事情では、周辺部のスラムが80年代に姿を消し、他方で高層マンション群が林立するようになったことが注目される。また、大気や水などの環境汚染が進行していくなかで、91年に発生した洛東江フェノール汚染事件は大きな反響を呼び、▶環境問題に取り組む▶市民運動が盛んになっていった。都市化の裏面では農村の過疎化が進み、高齢化、後継者不足が避けられない状況に陥っている。さらに都市化の進展は核家族化を必然とし、伝統的な家族主義の価値観を動揺させている（家族）。女性の高学歴化、就業率の上昇、晩婚化、▶女性運動の発展、国連の〈女性差別撤廃条約〉などを背景に、1987年の新憲法、男女雇用平等法、90年の改正家族法などを通じて女性の地位向上の原則が法的に明示され、98年の男女差別

禁止法でその強化がなされた。しかし，現実に女性の地位が向上していくには，かなり長期にわたる社会意識の変化を待たなければならないであろう。

金子 文夫

[末端行政区画] 今日の韓国における末端行政区画は，都市部では〈洞〉，農村部では〈里〉である。洞，里はそれぞれ〈法定洞〉と〈行政洞〉，〈法定里〉と〈行政里〉に分かれる。法定洞および法定里の起源は1914年の行政区画整理である。解放後，都市部で日本人居住者が多かった〈町〉〈通〉〈丁目〉などの日本式の町名は，朝鮮式の〈洞〉〈路〉〈街〉に改められた。一方，農村部では，慶尚南道を除き〈里〉が引き継がれた(慶尚南道では農村部でも洞が1988年まで用いられた)。土地登記などの公簿には，この法定洞，法定里の名称が用いられる。

行政洞および行政里は，地方官庁の便宜のために設定されたものである。洞や里の人口規模の変化などの要因により，複数の法定洞，法定里が一つの行政洞，行政里として，あるいは，一つの法定洞，法定里が複数の行政洞，行政里として管理されることになった。各行政洞には基本的に一つの洞事務所が設置されたが，実際には一つの洞事務所が複数の行政洞を管轄している場合もある。洞事務所は今日，洞住民センターとよばれている。行政里には洞事務所に相当するものはなく，地方官庁の出先事務所はその上級の行政区画である邑，面に設置されている。

中川 雅彦

[文化] 1970年代に強調されはじめた民族文化論を▶文学の領域でみると，50年代の純粋文学論を批判しつつ60年の四月革命後に登場した参与(アンガージュマン)文学論，さらには60年代末からのリアリズム論の発展として70年代に提唱された民族文学論をあげることができる。政権側の官製民族文化論と一線を画し，民衆の参与による分断の克服を主張した文芸評論家の▶白楽晴ペンナクチョン，同じく民族的伝統の継承を通じた民衆主体の確立を強調した詩人の高銀らがその代表的論客であり，詩人の▶キム・ジハ(金芝河)，作家の▶黄晳暎ファンソギョン，▶尹興吉ユンフンギルら四月革命とともに青春を過ごした〈四・一九世代〉もこの潮流に位置づけられる。ここから▶パンソリや仮面劇といった民衆に基盤を置いた伝統文化が再認識・再評価されることになる。歴史学の領域でも分断時代の史学を提起した姜万吉を先頭に，民族史学の確立が課題とされた。なお，〈文学〉〈演劇〉〈映画〉〈音楽〉〈美術〉〈漫画〉の各項目などを参照されたい。

こうした状況は民主化運動の発展と不可分の関係にあったが，政権批判の役割を果たしてきたが▶マスメディアの動向をみると，言論活動の自由が大幅に制限される時代が続いてきた。とくに全斗煥政権は，成立直後に新聞社，放送局，通信社の大規模な再編統合を断行し，報道内容の統制から報道機関そのものの統制に踏み込んだ。その結果，中央紙は朝刊紙の《朝鮮日報》《韓国日報》《ソウル新聞》，夕刊紙の《東亜日報》《京郷新聞》《中央日報》の6紙に，放送局は公共放送のKBS(韓国放送公社。それまでの国営放送を改組して1973年発足)と民放のMBC(文化放送。61年設立)の2局に，また通信社は連合通信(98年に連合ニュースと改称)1社に整理された。同時に中央紙と地方紙の取材活動の分担が強制され，通信社の報道窓口の一本化とも相まって，全体として報道統制が一段と徹底した。しかし80年代後半からの民主化過程を経て，状況は大きく変化していった。88年に〈権力と資本からの自由〉を看板とした《ハンギョレ新聞》が創刊されたことは，その象徴といえよう。中央紙は10紙に増加するとともに夕刊紙から朝刊紙への移行が進み，激しい読者獲得競争を展開していった。経済紙では《毎日経済新聞》の伸びが目立った。一方，放送界では90年代に民放にSBS(ソウル放送)と系列地方局が参入し，またケーブル・テレビが開業するなど，多様化が進んだ。1956年に始まったテレビ放送は，80年末のカラー放送開始を経てさらに発展し，受像機は80年代半ばには各家庭に行き渡った。電話は90年代後半の携帯電話の普及によって日本と並ぶほどの普及率に達し，パソコン，インターネットの利用率は日本以上になったと見込まれる(▶情報通信革命)。

▶出版活動は盛んであり，書籍・雑誌の刊行点数は多いが，発行部数が少なく，出版社の規模が大きくないのが韓国の特徴である。出版内容をみると，建国以来禁書扱いであった共産主義関係の出版物が80年代後半に出回るようになったことが注目される。民主化運動の高揚のなかで，古典的文献から現代マルクス主義の多様な潮流にいたるまで多数の出版が自由化され，北朝鮮の▶チュチェ(主体)思想も半ば公然と流入するほどになった。これはとくに学生運動において多くの信奉者を集めた。

▶教育制度は初等学校(1996年に国民学校を改

称)，中学校，高等学校，大学校の6・3・3・4制で，厳密にいえば初等学校のみが義務教育である．ただし中学校入学は69年から無試験であり，進学率は60年代の50％台が90年代にはほぼ100％に達した．高校進学率も同様に90年代末には100％近くになり，これに対応して ▸大学への進学率も80年代の30％台が90年代末には66％へと高まった．国民の教育熱は非常に高く，▸ソウル大学校を頂点とする有名大学をめざして激しい受験競争が展開されている．これはソウル大学校，▸延世ᵉ大学校，▸高麗大学校などの有名校出身者による学閥の力が強く，有名大学卒業者が優遇される社会風潮のためであり，一族の格を上げるという家族主義イデオロギーのためでもある．外国 ▸留学への関心も高く，とくにアメリカへの留学が最も人気があり，中国，日本がこれに次いでいる．

先進工業国をめざす韓国にとって科学技術の振興は重要課題の一つであり，国家科学技術諮問会議，科学技術部などを中心に政府主導型の集約的な技術開発が進められてきた．たとえば忠清南道の大田市近くに各種の研究施設を集めた大徳研究団地を開設しており，93年には大田エキスポ(科学技術万博)が開催された．技術開発の重点は，半導体，新素材，生命工学などの先端部門に置かれ，GNPに対する研究開発費は70年代までは1％以下であったのが90年代には2％台へと上昇してきた．この上昇はおもに民間企業によるもので，80年代後半から財閥系の研究機関を軸とする研究開発投資の伸びが目立つようになった．技能労働者の養成も，技術立国をめざす韓国にとって急務であり，各種の職業訓練施設を通じて技能士資格の認定を受ける人材が育成されてきた．技能労働者の質は高く，国際技能オリンピックでは毎回好成績をおさめており，先端技術を消化吸収する能力は高い．

▸スポーツは国際競技会では国威発揚の手段とされ，北朝鮮，日本との対抗意識が強いが，北朝鮮とは統一チームをつくる動きもある．1988年の ▸ソウル・オリンピックを目標に，82年には政府に体育部が新設され，全般的な選手強化策を進めた．人気のあるスポーツはサッカーと野球で，サッカーの ▸ワールドカップには86年のメキシコ大会以来，連続出場を続けている．82年に発足したプロ野球は，1リーグ6球団からスタートして2リーグ8球団へと発展した．財閥がオーナーとなる地域(都市)対抗の性格が強く，2000年時点ではドリームリーグがヘテ(光州)，ロッテ(釜山)，現代(仁川)，斗山(ソウル)，マジックリーグがLG(ソウル)，三星(大邱)，SK(仁川)，ハンファ(大田)というチーム構成となった．2013年時点では，上記8球団のうち，ヘテが起亜に，現代(仁川)がネクセン(ソウル)に変わり，新たにNC(昌原)が加わり，9球団となっている．また，プロサッカーは83年に5チームで発足し，98年からKリーグと名づけられ，2013年時点では1部リーグは14チームで構成されている．そのほかのスポーツでは，空手に似た ▸テコンド，朝鮮相撲として知られる ▸シルム，柔道などの格技が盛んであり，レジャーでは登山に人気がある．

金子 文夫

【日本との関係】 韓国と日本との関係は，対等で友好的な隣国同士の間柄といってすますことのできない複雑で入り組んだ構造をもっている．1910年から45年にいたる日本による植民地統治は，朝鮮人の間に根深い反日意識を，また日本人の間に拭いがたい朝鮮人差別意識を植えつけた．李承晩政権時代には，徹底した反日政策のために政界・財界の交流は稀薄であり，アメリカの斡旋で開始された日韓会談は中断がくり返されたが，朴正熙政権下で65年に ▸日韓条約が締結されると，政府・民間各レベルでの往来が盛んになっていった．政府レベルでは67年から日韓閣僚会議が定期化され，韓国の経済開発五ヵ年計画への日本の協力問題などが協議された．財界レベルでは69年から日韓民間合同経済委員会が開催され，そのほかに親韓派政財界人を結集した日韓協力委員会(1969年結成)，自民党議員を中心とした日韓議員連盟(1975年結成)などの組織が動きはじめた．朴大統領自身が満州軍官学校，日本陸軍士官学校出身であったことに象徴されるように，朴政権下で両国間の政治的経済的連携を深める人脈が形成され，日本からの経済援助の一部を不正に政治資金に流用したとする日韓癒着問題が表面化した．

1973年8月，前大統領候補の金大中が韓国中央情報部によって白昼東京のホテルから拉致されるという ▸金大中ᵉ事件が生じて以後，こうした両国間の一体化に亀裂を生じさせる事件が続発し，そのたびに関係修復の試みがくり返された．まず73年11月，▸金鍾泌ᵉ国務総理が朴大統領の親書を携行して来日し，陳謝とともに，金大中は自由の身であると言明して日本側の了解をとりつけた(第1次政治

表7｜日韓貿易の商品別構成 (単位＝%)

[日本からの輸入]	[1964]	[1984]	[1999]	[日本への輸出]	[1964]	[1984]	[1999]
食料品	0.4	0.2	0.8	食料品	30.3	19.9	12.6
原燃料	5.5	3.0	2.6	魚介類	21.8	14.0	6.3
軽工業品	24.6	14.0	4.3	原料品	51.8	3.0	1.3
重化学工業品	68.5	80.8	88.1	鉱物性燃料	7.0	11.2	12.1
化学品	29.6	13.8	15.3	加工製品	10.8	63.1	74.0
金属品	11.8	16.6	12.2	化学品	0.2	6.1	5.8
機械機器	27.1	50.4	58.7	機械機器	0.7	11.6	39.7
一般機械	12.4	22.2	17.3	繊維製品	3.9	23.8	8.8
電気機械	8.0	22.0	34.0	鉄鋼	2.4	10.7	6.7
総計	100.0	100.0	100.0	総計	100.0	100.0	100.0
金額(100万ドル)	109	7227	23072	金額(100万ドル)	42	4213	16166

注―通産省《通商白書》による．

決着）．しかし，駐日韓国大使館の金東雲書記官の事件関与の問題，74年8月の在日韓国人文世光による朴大統領狙撃事件などがあったため，75年7月に韓国側は改めて金東雲の不起訴と公務員資格の剝奪，文世光事件の捜査要請などを日本側に伝達し，宮沢喜一外相はこれを受け入れた（第2次政治決着）．他面，金大中事件を契機に，韓国の民主化運動と，これに呼応する日本の日韓連帯運動が盛上りを示し，民衆レベルの交流に広がりと深さがみられるようになった．

80年に全斗煥政権が成立すると，朴政権を支えた少なからぬ人々が排斥され，〈癒着〉の人脈に一定の断絶が生じた．政権中枢にはアメリカ留学の経験をもつハングル世代（日本語を知らない解放後の世代）が進出し，83年1月の中曾根康弘首相訪韓，84年9月の全大統領訪日と両国首脳が相互にそれぞれ初めて公式訪問を行い，〈日韓新時代〉が提唱され，両国関係は新しい段階に入った．以後，両国首脳は就任後に相手国を訪問する関係が続いた．この間，全大統領訪日の際に昭和天皇が行った過去の植民地支配に対する〈謝罪発言〉(1984年9月)，▶盧泰愚大統領訪日の際の現天皇の〈謝罪発言〉(1990年5月)は，両国の友好促進を意図したものだったが（▶戦後補償問題），かえって双方の世論の反発を招く複雑な結果を残した．韓国側の▶反日感情には根強いものがあり，1982年の▶歴史教科書問題は▶独立記念館の建設運動に発展したし（1987年，忠清南道に開館），日本の閣僚による植民地統治を正当化する発言に対しては鋭い批判がくり返されている．90年代には▶日本軍慰安婦問題が新たな焦点となり，日本側が政府次元では補償は決着ずみとして民間次元での〈アジア女性基金〉による個人補償を企図したのに対して，韓国側はこれを拒絶した．その後，98年10月の金大中大統領の訪日に際しては，過去の歴史問題に決着をつけ，未来志向の両国関係を築くことが合意され，経済協力の推進，▶日本文化開放など，新しい局面への移行を模索する動きがみられた．

日本文化，とくに大衆文化に対する韓国側の対応は屈折している．植民地時代に押しつけられた日本文化を〈倭色文化〉とよび，これを排斥することが建国以来の民族的課題とされてきた．李承晩政権の極端な排日政策は朴正煕政権以降緩和されてきたとはいえ，日本文化の浸透に対する抵抗は根強く続いた．1970年代の民族文学論に代表される民族文化論の台頭もこのことと関連している．その反面，日本の文化状況への関心は高く，芥川賞受賞作品などの話題を呼んだ出版物は時を移さず，翻訳，出版され，また日本の歌謡曲，映画の導入は原則として禁止であったものの，カセット・テープ，CD，ビデオは半ば公然と流布してきた．日本の▶漫画，アニメの浸透は著しいものがある．こうした現実をふまえ，98年10月の金大中大統領訪日を契機にようやく日本文化が公式に解禁となり，映画，音楽，ゲームなどが段階的に開放されていった（▶日本文化開放）．

日韓条約締結以後，日本との関係が深まるにつれて日本語学習への関心が高まり，70年代には高校に日本語課程が開設され，大学入試科目に日本語が登場するほどになった。この背景には日本語ができれば就職に有利だという動機も作用している。日本側では，88年のソウル・オリンピックの前後に韓国ブームが起こり，84年にはNHKハングル講座が開設されている。両国間の人の往来は，総数では日本から韓国への旅行者の方が多く，70年代後半には年間40万人台に達したが，その時点では男性が9割以上と圧倒的に多く，いわゆる妓生観光が盛んなことをうかがわせた。その後，ショッピングを目的とした女性旅行者の増加によって90年代末には年間200万人に達し，日本人の海外旅行先のトップとなった。高校生の修学旅行も九州を中心に70年代後半から韓国に行く学校が増えていった。これとは別に，在日韓国人学生の母国 "留学，朝鮮総連(*在日本朝鮮人総連合会)系在日朝鮮人の祖国訪問が70年代から進められていくが，前者は71年の徐勝・徐俊植兄弟事件に典型的にみられるスパイ容疑による検挙，後者には民団(*在日本大韓民国居留民団。1994年から〈居留〉の2字を削除している)による朝鮮総連の組織くずしという南北分断の政治状況の影がつきまとってきた。韓国から日本への渡航者も，80年代からの伸びが著しく，90年代末には年間100万人を突破している。これは88年ソウル・オリンピックを契機とする韓国政府の一連の開放政策の一環として，海外旅行，海外留学が自由化されていったためである。

[日韓経済関係]　韓国にとって，対日貿易の構造的不均衡が一貫して最大の問題となっている。日韓貿易の内容は，韓国側が一次産品を輸出して工業品を輸入する垂直分業から工業品を相互に輸出入する水平分業へとしだいに移行してきたが，産業構造の高度化の度合に格差がついたままであるため，完全な水平分業にはいたっていない。韓国は工業化の過程で資本，技術を日本に求め，機械類，部品，素材などを日本に依存する体質を定着させた反面，工業製品の主要輸出市場を日本ではなくアメリカに見いだしたため，対日貿易の不均衡は不可避となった。日本の工業構造が製品輸入をそれほど必要としない自己完結的性格をもっていたことが，不均衡の程度をいっそう増幅した。韓国側は対日輸出品に対する日本市場の開放を求めるとともに，産業構造の高度化をめざして先進技術の供与を日本側に要請してきたが，繊維から始まって建設，造船，鉄鋼，電子へと順次国際競争力をつけてきた韓国に対して，日本の業界では追上げ・競合とみて警戒心を強め，移転技術の内容を選別する傾向があったため，長期的な国際分業のあり方をめぐって経済摩擦がくり返されてきた。日本企業の韓国進出動向をみると，1970年代から80年代にかけては韓国の外国人直接投資受入れの国別首位の座を維持し，大型設備の素材部門から労働集約的な加工組立て部門にいたるまで，幅広い業種での企業進出がみられたが，80年代末に韓国市場からの撤退の事例が目立つようになった。これは労働運動の高揚によって賃金が上昇し，従順な低賃金労働者の利用を目的としていた企業にとって進出の利点がなくなったためである。そうした企業は東南アジアや中国に転進したが，その際，手続きを無視して強引に撤退を図ろうとした場合には，深刻な労働争議が起こることもあった。他方，より技術集約的な業種では，日本の円高を要因に新たな韓国への進出がみられ，また逆の動きとして，力をつけてきた韓国企業が日本に進出を図るケースも珍しくなくなった。経済協力に関しては，韓国が援助受入れ国から〈卒業〉する段階にいたったため，日本のODA(政府開発援助)供与は90年度までで基本的に終了した。

[2001年以降]　金大中大統領は，1998年の日韓首脳会談で，過去の歴史問題には決着をつけると明言し，盧武鉉大統領も基本的にその立場を継承していた。2002年5-6月のサッカー・ワールドカップ日韓共同開催は，両国の市民レベルの距離を埋める大きな効果をもち，韓国では日本の大衆文化が一層浸透し，また日本では《冬のソナタ》などのテレビドラマや韓国映画が人気となる〈韓流ブーム〉が起こった。しかし，05年2月，島根県議会で〈竹島の日〉制定の条例案が提出されると韓国側の空気が急変し，3月1日の盧大統領演説を転機に，韓国政府は対日強硬姿勢を示すことになった。以後，*歴史教科書問題(日本教科書問題)，靖国神社参拝，*竹島問題など，さらには*日本軍慰安婦，*戦後補償問題など，紛糾材料はあとを断たなかった。李明博政権になると，歴史問題，領土問題の扱いは慎重になり，日韓関係には未来志向的雰囲気が醸し出され，北朝鮮への対応をめぐって共同歩調がとられた。しかしながら，11年には日本の教科書の

竹島の記述が問題化し，ソウルの日本大使館前に日本軍慰安婦の少女像が設置され，12年8月に李大統領が竹島上陸するに至り，日韓外交関係はまたも冷却化した。

この間，経済関係では，02年3月に日韓投資協定が締結され(03年1月発効)，日本の対韓投資が促進されることになった。それに続いて，より包括的なFTA交渉が03年12月から開始されたが，市場開放などをめぐって難航し，交渉は中断状況になった。2国間交渉とは別に12年11月に日中韓3国のFTA交渉が開始されたものの，これも妥結の見通しは不透明である。実体経済面では，韓国は対日貿易依存度を下げ，対中依存度を上げており，通貨協定の面でも日本より中国との関係を強化する方向にある。

金子 文夫

朝鮮民主主義人民共和国
Chosŏn-minjujuŭi-inmin-konghwaguk
Democratic People's Republic of Korea

面積＝12万2762km² 人口(2012)＝2442万人 首都＝平壌 P'yŏngyang（日本との時差なし） 通貨＝ウォン Wŏn

〈国旗〉〈国歌〉〈国花〉については，それぞれの項目を参照。
なお，〈人口〉〈通貨〉などの項目も併せて参照。

1948年9月9日に北緯38度線以北に創建された国家。朝鮮戦争(1950-53)後は軍事境界線以北を実効支配している。9つの道(平安南・北道，咸鏡南・北道，黄海南・北道，慈江道，両江道，江原道)と中央直轄の3市(平壌市，南浦市，羅先市)，その下の200余の市・郡・区域からなる。創建以来，金日成が最高指導者の地位にあり，1994年の没後はその息子である金正日が最高指導者となった。2012年の金正日没後はその息子である金正恩が最高指導者となっている。

中川 雅彦

【略史】 1945年8月9日に対日参戦したソ連軍が朝鮮半島の北緯38度線以北に進駐するとともに，朝鮮人は自治組織である人民委員会を各地に結成するようになった。ソ連軍は進駐した地域でそれぞれ，官庁，企業の権限を朝鮮人自治組織に掌握させた。一方，ソ連軍参戦当時，ハバロフスク近郊にいた金日成は，9月19日に元山港に上陸し，進駐軍司令部のあった平壌に22日に入った。すでに平壌では自治組織の平安南道人民政治委員会が民族主義者の▶曺晩植らを中心に結成されていたが，曺晩植は朝鮮信託統治問題において〈反託〉の立場をとったため，ソ連軍の支持を失い，金日成が政治の主導権を掌握した。11月28日にソ連軍が部門別の中央行政機関として設置した〈行政10局〉は，46年2月8日に金日成を委員長として成立した北朝鮮臨時人民委員会に引き継がれた。この体制のもとで同年3月に土地改革が実施され，6月24日に労働法令，7月30日に男女平等権法令，8月10日に重要産業国有化法令などが発布された。そして，11月3日に道・市・郡の人民委員会委員選挙が，初の普通選挙として実施され，ここで選出された委員たちによって1947年2月19日に北朝鮮人民会議が組織され，22日にその執行機関である北朝鮮人民委員会が金日成を委員長として樹立された。北朝鮮人民委員会は，統一された臨時政府が樹立されるまでの北朝鮮地域単独の政府であるとされた。

[共和国の創建] 臨時政府樹立をめぐる米ソ共同委員会は1947年7月10日に決裂し，9月23日に，朝鮮の独立をめぐる問題はソ連の反対にもかかわらず国連総会で討議されることになった。ソ連軍は，国連総会で組織された国連朝鮮委員会の北半部への立ち入りを拒否し，北朝鮮人民会議は独自の憲法制定の準備に入った。48年2月8日には朝鮮人民軍の閲兵式が行われ，北半部独自の軍隊の存在が公にされた。そして，8月25日に最高人民会議代議員選挙が実施され，9月9日に金日成を首相とする朝鮮民主主義人民共和国が創建された。12月29日にはソ連軍の撤収も完了した。

[朝鮮戦争] 金日成は共和国を〈民主勢力の基地〉と位置づけ，北半部で実施されてきた土地改革をはじめとする民主改革や人民委員会選挙を南半部まで拡大しようとした。1949年6月30日に，金日成率いる北朝鮮労働党は南半部の南朝鮮労働党と統合し，朝鮮労働党となった。しかし，南半部で活動していたソウル指導部の指導者たちが50年3月14日に逮捕され，南朝鮮での人民抗争には期待が持てない状況となった。そのため，朝鮮人民軍が50年6月25日に38度線を越えて，▶朝鮮戦争に突入した。朝鮮人民軍は28日にソウルを占領した。これに対して，アメリカのトルーマン大統領は27日に海軍と空軍に出動を命じ，30日に地上戦力の投入を命じた。さらに7月7日にはアメリカ軍を中心とする国連軍が組織されることになった。しかし，朝鮮人民軍は南進を続け，8月下旬までに南半部の9割を占領した。占領地域では，人民委員会が組織されるとともに土地改革が実施された。

しかし，9月14日に国連軍は仁川に上陸し，29日にソウルを占領した。前線の補給路を断ち切られたことで金日成は〈戦略的後退〉を決意し，10月1日の放送演説でこれを公にした。19日に朝鮮人民軍は平壌を明け渡すことになったが，この日から中国人民志願軍が国境を越えて戦闘に参加した。12月6日に中朝両軍は平壌を奪還し，51年1月4日にソウルを再占領した。しかし，3月14日に中朝両軍はソウルを放棄し，戦線が北緯38度線付近に集中されるようになり，7月10日に停戦会談が開催された。停戦会談は幾度も中断を余儀なくされたが，53年7月27日，▶停戦協定が締結された。

[指導部内の粛清と思想の一元化] 停戦協定調印直後の1953年8月に李承燁ら12人の旧・南朝

鮮労働党の幹部が裁判にかけられ、55年12月にはその指導的立場にあった朴憲永が裁判にかけられて、処刑された。また、56年から58年ころにかけて、崔昌益ら中国からの帰国者たち、崔鍾学らソ連からの帰国者たちが粛清された。さらに、抗日闘争期に金日成の指示により国内で活動していた朴金喆らも1960年代半ばに粛清された。こうして、金日成とその「抗日パルチザン」の出身者たちに権力が集中された。そして、67年12月16日に金日成は、党と政府の活動指針が〈マルクス・レーニン主義を朝鮮の事情にあわせて創造的に適用した主体思想〉であると宣言した。実際のところ、〈主体思想〉は金日成自身の思想を意味しており、党と政府のすべての権限が金日成一人に集中することになった。72年12月27日に、それまでの憲法に代わって新たに制定された社会主義憲法でも、〈主体思想〉が国家の活動指針とされた。

[社会主義社会の成立]　戦後復興に対してはソ連をはじめとする友好国からの援助が寄せられたが、これらの援助は主に工業建設に充てられた。戦後復興のための3ヵ年計画(1954-56)、続く5ヵ年計画(56-60)では、重工業部門に優先的に投資が割り当てられて建設が進められた。一方、農業に対しては、54年11月3日に党中央委員会全員会議で、全国的に農業の協同化を推進する方針が決定され、農業の協同化は58年8月に完了した。61年9月に開かれた党第4次大会で金日成は自国が〈落伍した農業国家〉から〈社会主義的工業・農業国家〉に生まれ変わったと宣言した。そして、さらに重工業化は進められ、70年11月に開かれた党第5次大会で金日成は自国が〈社会主義工業国〉になったと宣言した。

工業化の進展とともに教育制度も発達し、59年4月に学費を撤廃する全般的無料義務教育制度が実施され、67年に中等教育を5年制にする全般的9年制技術教育制度、さらに72年9月から中等教育を6年制にする全般的10年制義務教育が実施された。

また、工業化の進展は、北半部が南半部に対して経済的に優位であるという認識をもたらし、朝鮮労働党は60年代に南半部での革命を推進しようとするようになった。60年4月に南半部で李承晩が退陣すると、朝鮮労働党は南半部の政治家たちや諸団体の人士に対して対話を盛んに呼びかけるようになり、61年5月に朴正煕らによるクーデタが発生すると、工作員を潜入させて朴正煕との接触を図った(工作員は10月14日に逮捕)。そしてその一方で、南半部に地下党を組織する準備が進められ、64年3月15日に統一革命党創党準備委員会が組織された(党組織の中心人物は68年7月4日に逮捕)。68年に武装ゲリラが侵入した(12月25日までに撃退)。

こうした南半部に対する直接の活動とともに、60年代には、朝鮮労働党はベトナムの民族解放運動に対する支援活動を進めた。ベトナム支援はアメリカ軍を弱化させるための闘争と位置づけられていた。66年10月には朝鮮人民軍の空軍部隊が秘密裏にベトナムに派遣され、戦闘任務に就いた。71年7月16日に中国政府がアメリカのニクソン大統領の訪中計画を発表するまで、金日成は〈アメリカ帝国主義〉の五体を引き裂いて滅亡に追い込むと語っていた。

[南北対話の開始]　中国がアメリカに接近したことは朝鮮労働党の対南戦略に大きな変更をもたらした。それまで、朝鮮労働党は、〈アメリカ帝国主義〉を滅亡に追い込みながら在韓米軍を撤収させること、韓国政府を転覆あるいは掌握することを目標としてきた。ニクソン訪中以後、朝鮮労働党はアメリカ政府および韓国政府との交渉を通じて在韓米軍の撤収と南北の統一を成し遂げようとした。1972年5月26日に金日成は《ニューヨーク・タイムズ》紙記者のインタビューを通じて、アメリカ政府に対して対話の開始を呼びかけた。そして、韓国政府に対しては秘密接触を進め、71年9月20日に南北赤十字予備会談をもち、72年7月4日に南北双方で統一に向けた〈南北共同声明〉を発表した。これに対して、アメリカ政府との交渉は89年12月6日に参事官級の接触がもたれるまで始まらなかった。

[金日成から金正日へ]　金正日は1974年2月11日から13日にかけての党中央委員会第5期第7次全員会議で金日成の〈唯一の後継者〉とされた。当時このことは公表されず、金正日の活動は〈党中央〉の活動として発表されていた。金正日が公の席に初めて姿を現したのは、80年10月に開かれた党第6次大会であった。

この党第6次大会では、南北統一に関して、韓国政府と連邦制国家を形成することが南北統一の概念とされた。しかし、朝鮮労働党がともに連邦制国家を創設しようとしていた相手は当時の全斗煥政権ではなかった。

83年10月9日にはビルマ（現ミャンマー）で外遊中の全斗煥を狙った爆弾が爆発して同政権の閣僚を含めた21人が死亡する事件が発生し，犯人の朝鮮人民軍人がビルマ当局に逮捕された。この事件によって，共和国の国際的地位は地に落ちた。朝鮮労働党は全斗煥政権との対話に乗り出し，84年には南北間でオリンピック会談や経済会談が開かれるようになった。しかし，88年開催のソウル・オリンピックをめぐって朝鮮労働党が主張するオリンピックの南北共同開催案が絶望的になると，全斗煥政権との対話は行き詰った。87年1月15日にはインド洋で大韓航空機が消息を絶つ事件が発生し，翌88年1月15日に韓国国家安全企画部が朝鮮労働党の工作員によるソウル・オリンピック阻止を狙った爆破テロであるとの捜査結果を発表するとともに，実行犯として逮捕された工作員を記者会見に出した。この事件により，共和国は友好国のソ連，中国，東欧諸国がソウル・オリンピックに参加するのを防ぐすべを失った。89年から90年までの間に東欧諸国とソ連が韓国と国交を正常化した。

しかも，ソ連と東欧諸国はそれまでのルーブルによる友好価格の決済貿易システムを維持することができなくなっていた。外貨が不足している共和国はソ連からの原油供給が途絶えた。金正日は91年12月24日に朝鮮人民軍最高司令官に，93年4月9日に"国防委員会委員長に就任したが，この時期にはすでに燃料不足によって人々の生活に支障が出始めていた。94年7月8日には金日成が死去した。

事実上の最高指導者になった金正日は，95年夏の水害でさらに悪化した経済に取り組まなければならなくなった。金正日は，農業支援，経済施設の復旧および建設，土地の再開発に関して，〈苦難の行軍〉といわれる非常動員態勢をとった。〈苦難の行軍〉は2000年まで続けられた。

金正日は，〈苦難の行軍〉の時期，97年10月8日に，父親の3年の喪が明けた形をとって党の最高ポストである総秘書（総書記）に就任した。"国家主席については，98年9月5日の憲法改正で金日成を〈永遠の主席〉とすることになり，金正日は国防委員長のまま軍事機関を直接指導するが，行政機関に対しては党機関を通じた間接的な指導をする形を維持することになった。

［先軍政治］　1999年に，金正日の政治指導は〈先軍政治〉と名づけられた。朝鮮労働党は，91年のソ連崩壊の原因を，当時のソ連の指導者ゴルバチョフが党の組織力を弱化させたこと，党から軍隊を離反させたことにあると認識していた。金正日はソ連の例を反面教師として，党の組織力を強化することとともに，党と軍隊の関係を強化することに努めてきた。そこに，98年8月31日に人工衛星〈光明星1号〉が発射され，これが軍事面と経済面で強い国を建設するための象徴となった。こうして，党の組織力の強化および軍事力の強化という政策を強い国を建設するという目標に結びつけたものが〈先軍政治〉の内容となった。さらに，2006年10月9日には核実験が実施された。そして，先軍政治は11年12月17日の金正日の死去によって，その後継者金正恩に引き継がれることになった。

中川 雅彦

⇒地域・国名編の朝鮮【南北分断と統一問題】，資料編の［統一問題年表］

【政治】

［党の機能と組織］　朝鮮労働党は，朝鮮民主主義人民共和国を指導する実質的に政府より上位の政治組織である。このほか朝鮮社会民主党（曺晩植ら民族主義者の朝鮮民主党の後身），天道教青友党（天道教徒たちが結集した政党）なども形式上存続している。⇒政党

朝鮮労働党の沿革は45年10月10日の朝鮮共産党北朝鮮分局の設置にさかのぼり，現在でもこの日が労働党創党の日とされている。〈分局〉における金日成の主導権は45年12月には確立され，北朝鮮共産党と呼ばれるようになったが，46年8月には朝鮮新民党と合併して北朝鮮労働党となった。続いて南朝鮮でも南朝鮮労働党が結成されたが（〈朝鮮労働党〉の項参照），49年6月には南北両党が合体して朝鮮労働党となった。朝鮮労働党は前衛政党の性格だけでなく，労働者・農民・知識人に広く開かれた大衆政党の性格をもっている。党員数は45年12月の北朝鮮共産党時代には4530人にすぎなかったが，北朝鮮労働党時代の46年8月で36.6万人，48年3月で72.6万人，朝鮮労働党になってからは56年4月で116.5万人，1980年代には約300万人にも達している。

党の最高機関である党大会は，第1回が46年8月，第2回が48年3月，第3回が56年4月，第4回が61年9月，第5回が70年11月，第6回80年10月に開かれてきたが，その後今日まで開かれていない。党大会を代行する機関としては党代表者会があり，58年3月，66年10月，2010年9月，12年4月に開かれた。党大会およ

び党代表者会が開かれていない間は，党中央委員会全員会議が最高機関としての役割を担う。中央委員会には政治局，秘書局，そして組織指導部，宣伝扇動部などの部がある。金日成は49年以降中央委員長，66年から総秘書であった。97年に総秘書に金正日が就任，2012年からは金正恩が第一秘書としてトップの地位にある。

[国家機関] 立法機関は普通選挙で選出される最高人民会議である。任期は当初3年，72年に4年に，98年に5年となった。現在の代議員数は687人，定期会議は年1-2回開かれ，休会中はその内部に構成された常任委員会が業務に当たる。執行機関としては72年憲法により，その頂点に国家の代表権と軍隊の統率権を併せもつ国家主席（従来内閣首相であった金日成が就任）とその補助機関である中央人民委員会が新設され，その下に従来の内閣に当たる政務院があり，さらにその下に実務的な諸部（省）と委員会がおかれた。その後，98年の憲法改正で国家主席，中央人民委員会，政務院は廃止され，最上位の国防委員会委員長として金正日が就任，行政機関は内閣に一元化された。司法・検察機関としては最高裁判所，最高検察所（2010年4月以前は中央裁判所，中央検察所）がおかれている。

地方行政区画は，中央直轄の平壌，南浦，羅先と，平安南・北道，黄海南・北道，江原道，咸鏡南・北道，慈江道，両江道の9道に分かれる（江原道は軍事境界線で分断されている）。地方機関としては，道・直轄市のレベルとその下の市・郡のレベルに，地方主権機関たるそれぞれの人民会議とそこで選出される執行機関としての人民委員会がある。なお，道・直轄市裁判所と市・郡の人民裁判所は中央裁判所の指導下におかれ，それぞれの人民会議から選出される形となっている。

[外交，軍事] 61年7月にソ連および中国とそれぞれ軍事同盟の意味をもつ友好・協力・相互援助条約を締結した。このうちソ連との条約は，91年のソ連崩壊後もロシア政府との間で自動更新されてきたが，2000年2月にこれに代わる新たな善隣友好条約が調印された。60年代以降，第三世界諸国との連帯の強化に重点をおくようになり，アフリカ諸国などに外交活動を展開した。92年には国際連盟に加盟し，2000年にイタリア，イギリス，01年にオランダ，ベルギー，カナダ，スペイン，ドイツ，ルクセンブルク，ギリシャ，ブラジル，ニュージーランド，クウェート，欧州連合，バーレーン，トルコなどと外交関係を締結し，西側諸国との関係も拡大している。→国際連合

軍事面では，62年12月から〈全人民の武装化〉〈全国土の要塞化〉〈全軍の幹部化〉〈全軍の現代化〉の四大方針がとられている。正規軍の総兵力は，2008年現在で70.2万人であり，朝鮮人民軍と人民保安省管下の朝鮮人民保安軍がある。そのほかに民兵組織としては，各機関，工場，農場で組織された労農赤衛軍，学校などで組織された赤い青年近衛隊がある。

中川 雅彦

[1980年代後半以降—金日成から金正日へ] 朝鮮民主主義人民共和国（北朝鮮）は，自主性を強調した金日成主席の〈チュチェ（主体）思想〉を掲げ，独自な社会主義体制を打ち立てきた。しかし，1980年代末から90年代の初めにかけて東欧諸国やソ連などの社会主義体制が次々と崩壊し，中国も社会主義体制は維持しながらも経済面では市場経済化を進めた。この間に米ソの冷戦構造も崩壊し，北朝鮮をめぐる国際環境は激変した。韓国は90年にソ連（のちロシア）と，92年には中国と国交を樹立する。社会主義体制の生残りを図る北朝鮮は，91年に国連への南北同時加盟に踏み切り，国際的地位の確保に努めた。一方，ソ連の崩壊はロシアなどとの貿易の激減をもたらし，すでに80年代から不振が目立っていた北朝鮮経済に大きな打撃となった。そうした状況のなかで，社会主義体制護持のために国内政治面での対応も緊急の課題となった。すでに86年ごろから唱道された〈社会政治的生命体〉国家論に加え，80年代末からは従来の〈忠誠〉のほかに〈孝誠〉といった伝統的な儒教倫理も総動員し，北朝鮮社会主義の独自性をさらに強調する思想教育が強化された。92年には憲法も修正された。91年の朝鮮人民軍最高司令官，93年の共和国国防委員会委員長への就任など，金日成主席から金正日総書記への権力継承が軍を掌握するポストから開始された。冷戦の崩壊はアメリカの世界戦略にも変化をもたらし，核兵器などの拡散防止がアメリカの最重点目標となった。北朝鮮の核兵器開発疑惑が急浮上し，アメリカと国際社会は北朝鮮を厳しく追及したが，北朝鮮側も〈核カード〉外交で応酬し，事態は軍事的衝突の一歩手前まで進んだ。

94年6月，カーター元アメリカ大統領の訪朝を契機に米朝交渉の再開や南北首脳会談の

開催が合意され、いったん危機は回避された。だが、まさにその直後の7月に金日成主席が急死した。核問題での米朝交渉や北朝鮮の社会主義体制の行方に世界の関心が集中するなかで、後継者に指名されていた金正日書記は、実質的に最高指導者として実権を掌握していた。緊急の問題である核問題では、94年10月、〈米朝間の合意枠組み〉が成立し、解決の方向が示された。しかし金正日書記は、〈服喪〉を理由に党総書記や共和国主席への就任を避けてきた。これは、確かに当初は〈服喪〉のためであったと思われるが、95年夏の大洪水以後は食糧問題が深刻化したためと思われる。金日成主席の死亡後、党中央委員会や最高人民会議が一度も開かれず、党と国家の活動が形式的には長期にわたって不正常な形となった。しかし、米朝交渉の妥結にみられるように、党や国家に対する日常的な指導体制は機能しており、金日成主席の基本政策が継承されていた。ただ金正日時代に入って、軍重視の姿勢が目立った。これは、経済がいっそう悪化し、構造的な食糧危機に直面するなかで、金正日政権が体制固めと国防強化に万全を期したためといえよう。

97年10月、金正日書記が党の各道代表者会や人民軍代表者会などでの〈推戴〉という形で朝鮮労働党総書記に就任し、ようやく金正日体制が正式に発足した。引き続き軍事優先の政策を進める北朝鮮は、98年8月、3段式の新型飛行物体の発射実験を行ったが、その2段目が日本上空を越えて太平洋側に落下し、関係諸国、とくに日本に大きなショックを与えた。北朝鮮側は、これは同国初の人工衛星〈光明星1号〉で実験は成功したと発表したが、国際的には、実質的にいわゆる〈テポドン〉と分類される新型ミサイルの発射実験であったと受けとめられた。北朝鮮では同年9月、〈人工衛星発射成功〉の発表に国民が興奮するなかで、4年ぶりに最高人民会議が開催され、さらに建国50周年を祝賀した。最高人民会議では、憲法を修正して国家機関の改編が行われた。空席のままであった共和国主席のポストが廃止され、金正日総書記は実質的に〈国家の最高職責〉となった国防委員会委員長に再選された。北朝鮮の新国家体制の発足である。99年1月1日、《労働新聞》《朝鮮人民軍》《青年前衛》3紙の共同社説は、99年を〈強盛大国建設へと前進する転換の年〉にするよう国民に求めた。〈強盛大国〉とは、思想的、軍事的、かつ経済的強国ということで、〈強盛大国建設〉は金正日時代の新たな国家建設目標となった。2000年1月1日の同3紙共同社説も、労働党創建55周年に当たる2000年を〈強盛大国建設で決定的な前進を遂げる総進撃の年〉にするように求め、引き続き〈強盛大国建設〉を国家の中心的スローガンとして掲げた。ただし、〈思想、鉄砲(軍事)、科学技術は強盛大国建設の三大柱〉とし、99年の〈経済〉の部分が〈科学技術〉に置き換えられた。

当面の金正日体制は、社会的統制が相対的になお堅固で政治的な反対勢力が実質的に存在しないため、経済難にもかかわらず、近い将来に政治的に不安定化し、崩壊するような状況ではない。これには、北朝鮮の体制が急速に不安定化することを周辺の関係国が望んでいない、という事情も作用している。とはいえ、食糧不足をはじめとする経済の不振が継続するなかで、国民の生活難も強まり、1996年ころから社会の統制機能にも一部に緩みが出て、亡命者や生活難を背景とする非合法の出国者が増大した。経済がさらに悪化する場合、これが体制の政治的な安定に影響する可能性が生じる。そのため、政権としては体制引締めを図るとともに、98年ころから経済の再建に本腰を入れはじめた。北朝鮮はこのように、内政面では軍事優先の体制固めと強盛大国建設を推進する一方、国家の安全保障と体制生残りを図るため、多面的な外交を精力的に展開しはじめた。外交戦略としては、アメリカとの関係改善を引き続き最優先としながらも、ワシントンの次期政権の行方をにらみつつ、99年以来、中国やロシアとの関係修復を図ってきた。また、2000年にはイタリアを手始めに新たな外交関係の樹立や国交回復に努め、日本とも国交正常化のための政府間交渉を7年半ぶりに再開した。そうした流れのなかで、同年6月、平壌で歴史的な南北首脳会談が開催され、金正日国防委員長と金大中大統領が署名した〈南北共同宣言〉が発表された。首脳会談の結果、南北関係は大きく改善され、共同宣言に沿って合意事項が実施されつつある。ただ今回の首脳会談では、先延しされた問題も多いため、南北関係の今後についてはなお紆余曲折があるものと予想される。 ➡地域・国名編の朝鮮【南北分断と統一問題】、資料編の［統一問題年表］

［党・国家機関の動き］　北朝鮮の指導政党である朝鮮労働党の大会は、1980年に第6回党大

会を開催して以降，2000年現在も開催されていない。第6回大会で改正された党規約によれば，朝鮮労働党は〈主体型の革命的なマルクス・レーニン主義党〉と規定されていた。しかし，92年4月の憲法修正で条文から〈マルクス・レーニン主義〉という言葉が消え，さらに95年10月の党創建50周年に際しての金正日論文では，朝鮮労働党を〈主体の革命的党〉とのみ規定している。これらの事実は，朝鮮労働党が80年代末以降，崩壊したソ連・東欧の社会主義執権党などとは異なることを強調し，脱マルクス・レーニン主義化と社会主義革命の諸潮流における主体思想の格上げを図ったことを示している。同様に，修正された憲法では，国家活動の指導的指針と規定された〈チュチェ(主体)思想〉の定義から，〈マルクス・レーニン主義を継承〉という文言が削除され，金日成主席が創始したとされるチュチェ思想の独自性がいっそう強調された。朝鮮労働党の指導体制は，94年7月の金日成総書記死亡後，総書記不在の不正常な状態が続いたが，97年10月の金正日の総書記就任で新体制が一応正式に発足した。ただし，この総書記就任の手続きは，前述したように党の各道や軍の代表者会による〈推戴〉という形式をとり，中央委員会総会での選出という正規の方法はとられなかった。党中央委員会総会は，金日成主席の死亡後，一度も開催されていない(2000年8月末現在)。このため，党中央委員会政治局(現在は委員8名，候補8名と推定)とその常務委員会(現在は金正日総書記のみと推定)，書記局，および中央軍事委員会など党指導部の人事の変動は明らかではない。99年2月の黄長燁ファンジャンヨプ書記亡命事件は，同書記が主体思想の形成に深く関わり，これまでの亡命者で最も党内序列の高い人物であったため，きわめてショッキングな事件であった。しかし，黄書記はすでに事件の数年前より権力の核心部分からはずされていたようであり，党指導部内で孤立し，危険を感じて亡命したものと思われる。中央委員会総会が長期にわたって開催されていないという不正常さは留意する必要があるが，当面，党指導部内で大きく対立，分裂するような兆候はない。現在，党大会開催に向けて党員の思想点検がほぼ終了し，人事や党規約の改正を含めて最終的な準備が進められているものとみられる。

一方，国家機関に関しては，92年の憲法修正で国防に関する一章が設けられ，▶国防委員会が〈最高軍事指導機関〉に格上げされるとともに，これまで共和国主席が保有していた軍に対する指揮・統率権が国防委員長に移管された。そのうえで，国家のすべての活動は，朝鮮労働党の指導に従うことが明記された。国家機関の人事は，金日成主席死亡後，国家元首である共和国主席が不在という不正常な状態が続いた。しかし，98年9月，4年ぶりに開催された最高人民会議で憲法がさらに修正されて国家機関の再編が行われ，新たな国家指導体制が整った。共和国主席制が廃止され，〈国家の最高職責〉とされる国防委員会委員長に人民軍最高司令官・共和国元帥である金正日総書記が再選された。国家を代表して外交的応接を行う国家元首的な機能は，新設された最高人民会議常任委員会委員長(▶金永南キムヨンナム前副総理兼外交部長)が担うことにした。また主席制の廃止に伴って中央人民委員会も廃止され，行政は一本化されて内閣に改編され，総理(洪成南前政務院総理代理)の責任が強められた。なお国防委員会の第1副委員長に，趙明録人民軍総政治局長が選任された。そのほかの軍指導者としては，金永春人民軍総参謀長，金鎰哲(国防委員会)人民武力部長らが就任している(2000年8月末現在)。

[対外関係] 対外関係では，1980年代半ばにソ連との関係が緊密になり，とくに軍事関係の交流が活発に行われた。貿易関係も拡大し，ソ連との貿易額はピークの90年には北朝鮮の貿易総額の60％以上に達した。しかしそのことが，ソ連崩壊による朝ソ(朝ロ)貿易激減の経済的ショックをいっそう大きくする結果となった。89年以降，ハンガリーを皮切りに東欧諸国が韓国と相次いで国交を樹立し，ソ連も90年9月に韓国と国交を樹立したため，北朝鮮とソ連・東欧諸国との関係は冷却化した。ソ連崩壊後は，ロシアが旧朝ソ友好協力相互援助条約を継承したが，軍事同盟的な関係は停止され，条約改定の交渉が始められた。この間，中国との関係は92年の中韓国交樹立までは大きな変化はなかったが，その後はやはり冷却化した。朝中友好協力相互援助条約は維持されているが，軍事同盟的な関係はもはや以前と同じではない。朝中の経済関係も低迷していたが，ソ連崩壊後，北朝鮮，ひいては朝鮮半島の安定を願う中国が緊急支援的な輸出を急拡大した。北朝鮮にとって中国との関係は，経済的には死活的な重要性をもつ関係となった。

冷戦の崩壊と経済力の増大を背景に、韓国がソ連、中国との国交を実現したのに対し、北朝鮮は依然としてアメリカ、日本との関係改善が進展せず、朝鮮半島をめぐる国際関係できわめて不利な状況に陥った。韓国の国連単独加盟の可能性も高まった。そうした状況を打開するため、北朝鮮はアメリカ、日本、東南アジア諸国との関係改善を図ろうとした。91年には、アメリカと朝鮮戦争時の米軍兵士の遺骨返還で最初の合意に達し、日本とは国交正常化のための会談を開始した。同年9月には、北朝鮮はそれまでの政策を大きく転換し、国連への南北同時加盟に踏み切った。しかし、核問題が浮上したことで日本との国交正常化会談は中断し、逆にクリントン政権のアメリカと高官レベルでの対話が始まった。北朝鮮の外交戦略は、アメリカとの交渉と関係改善が最優先目標となった。朝米交渉は、戦争一歩手前の緊張激化をはさみながらも、94年10月に、核問題の解決をめざす包括的な〈合意枠組み〉調印に到達した。朝米関係は、核問題のほかに北朝鮮のミサイル輸出規制問題などの難問もあるため一挙に進展することは難しいが、基本的にはその後も緩やかながら関係改善の方向に進んでいる。

ただこうした動きとは裏腹に、`金泳三`キムョンサム政権下の韓国は、91年12月の〈南北合意書〉調印以後の南北対話が進まないことに苛立ちを強めていた。94年6月のカーター元アメリカ大統領の訪朝で朝米交渉再開とともに南北首脳会談の開催が合意されたが、金日成主席の急死とその後の南北関係の悪化でそれも破算となった。韓国は96年4月、朝鮮半島の恒久的な平和体制を実現するための南北双方とアメリカ、中国による〈4者会談〉開催をアメリカと共同で提案した。北朝鮮は94年4月以来、朝鮮戦争の停戦協定を恒久的な朝米の平和協定に転換する〈新平和保障体系〉の樹立をアメリカに求めており、また95年以来要請してきた国際的な食糧支援獲得への思惑もあって、この提案に即答することを避けた。とろが同年9月、北朝鮮の潜水艦が韓国の東海岸に侵入し座礁するという事件が発生し、南北関係は一挙に緊張が高まった。北朝鮮は、同年12月に事件に関して韓国に謝罪して事態は収拾されたが、このとき同時に、4者会談のための予備会談への参加を表明し、基本的に韓米の提案を受け入れた。その後、議題をめぐって若干の曲折があったが、この歴史的な4者会談は97年12月、ジュネーブで正式にスタートした。98年10月の第3回会合で、〈平和体制構築〉と〈緊張緩和〉の二つの分科委員会設置が合意されたものの、その後、99年8月の第6回会合に至るまで具体的な進展はない。これは、もともと安全保障問題はアメリカとの二国間交渉で行うことを求め、また4者会談でも駐韓米軍の撤収問題を議題に含めたい北朝鮮とこれに反対する韓国・アメリカとの対立など、各国の思惑の違いが大きいという事情がある。

この間、南北関係では前記の潜水艦事件以外に、97年2月の黄長燁書記の韓国亡命事件でも緊張が高まったが、同年8月、金正日書記は南北関係に関する論文〈偉大な首領金日成同志の祖国統一遺訓を徹底的に貫徹しよう〉を発表した。論文は、①〈自主、平和、民族大団結の統一三大原則〉、②〈祖国統一のための全民族大団結十大綱領〉、③〈高麗民主連邦共和国創立方案〉の三つを金日成主席の〈祖国統一三大憲章〉であると指摘し、その実現を内外に呼びかけるとともに、条件付きながら、韓国、アメリカ、日本との関係改善の意志を初めて表明した。98年2月、韓国では`金大中`キムデジュン大統領が就任し、対北朝鮮包容政策（いわゆる〈太陽政策〉）を打ち出した。だが北朝鮮は、金大中政権の包容政策も結局は北朝鮮の体制崩壊をねらうものであるとして、これに反発した。その反面、韓国の代表的財閥である現代グループとの金剛山観光合弁事業には合意し、98年11月から韓国民の`金剛`クムガン`山観光がスタートした。

北朝鮮は、金正日書記が97年に総書記に就任し、98年に国防委員長に再選されて国家体制が固まり、朝米関係がある程度進展して国際環境も小康状態となったため、97年8月の金正日論文で提示した方向で南北の政治対話に取り組みはじめた。99年2月、北朝鮮は韓国に対し、`国家保安法撤廃などの条件付きながら〈高位級政治会談〉の開催を呼びかけた。韓国側は、会談の条件付き開催を拒否したが、同年3月、金大中大統領は北側と首脳会談を行う用意がある旨を表明した。南北双方は、98年に続き、99年6月と7月にも肥料支援をめぐる北京での次官級会談に臨んだが、直前に発生した黄海での南北艦艇の銃撃戦が影響して、物別れとなった。だが、2000年になって首脳会談開催をめぐる南北間の秘密接触が始まり、同年4月、南北同時に首脳会談開催合

意を発表した。6月13-15日、平壌で歴史的な南北首脳会談が実現し、金正日国防委員長と金大中大統領が署名した〈南北共同宣言〉が発表された。共同宣言には、南北統一における自主性原則の再確認や緩やかな連邦制案と国家連合案の共通性確認など北朝鮮側にとっての大きな成果が含まれる一方、当局者間対話の継続や〈南北離散家族相互訪問の合意〉など韓国側にとっての重要な成果も含まれ、さらに経済協力での合意など南北双方にとってメリットのある事項も盛り込まれた。合意内容が実現し、南北関係の改善がさらに進展するかどうかは、南北双方の国内動向、関係国の対応などで影響されようが、少なくとも金大中政権の間は南北関係は良好な関係が維持される可能性が強い。当面の大きな焦点は、会談で合意された金正日国防委員長のソウル訪問がいつ、どのように実現するかであろう。

そのほかの対外関係についても、簡単にみておきたい。前述したように、北朝鮮と中国、ロシアとの関係は90年代の初めに両国が韓国と国交を樹立したことで冷却化していたが、99年から2000年にかけて大きく修復された。まず中国との関係は、99年6月に〈金永南〉最高人民会議常任委員会委員長が中国を公式訪問し、中断していた首脳級の往来が再開された。中国は15万tの食糧、40万tのコークスを援助することを約束し、関係修復が一歩進展した。2000年5月、金正日総書記が中国を非公式訪問し、江沢民総書記と会談、中国との首脳会談が再開された。次にロシアとは、2000年2月、ロシアのイワノフ外相が訪朝し、99年3月に仮調印された〈朝ロ親善・善隣・協力条約〉に本調印した。さらに南北首脳会談後の7月、プーチン大統領が旧ソ連、ロシアの最高指導者としては初めて訪朝、友好的な共同声明を発表した。

一方、日本とは、91年1月に開始された国交正常化交渉が92年11月に中断されて以来、日本の与党訪朝団などをてこに何度か交渉再開が試みられたが、実現には至らなかった。98年8月のミサイル〈テポドン〉発射実験(北朝鮮は人工衛星と主張)などで日本が北朝鮮に厳しく対応、日朝関係は最悪となった。99年8月、北朝鮮は対日関係に関する異例の政府声明を発表、日本の対応を非難し、〈過去に対する謝罪と補償〉を日本側に改めて要求する一方、交渉再開の意志を示唆した。同年9月の朝米高官協議での合意成立などとも関連し、12月に村山富市元首相を団長とする超党派代表団が訪朝し、これを受けて政府間の国交正常化交渉の再開が合意された。2000年4月、7年半ぶりに第9回本会談が平壌で開かれ、南北首脳会談を挟んで同年8月に第10回会談が東京、千葉で開催された。双方の立場には依然として大きな隔たりがあるが、双方から会談促進への意欲が示されたことは注目される。ただ日朝間には、歴史問題や経済問題などのほかに、核・ミサイル問題や拉致疑惑問題(北朝鮮側は〈行方不明者問題〉と表現)のような難しい問題が存在するため、早期の妥結は難しい状況にある(後述の〈日朝関係〉を参照)。

このほか、外交関係の拡大でめざましい進展があった。2000年1月にはまずイタリアとの国交が樹立され、5月にはオーストラリアとの国交が回復され、7月にはフィリピンとの国交が樹立された。2000年8月末現在、国交締結国は140(パレスティナを含む)に及ぶ。また、7月にはASEAN地域フォーラム(ARF)への参加が認められ、バンコクでの会合に白南淳外相が出席して関心を集めた。北朝鮮のこうした一連の多角的な外交活動は、国内体制固めに対する自信を反映するとともに、アメリカの次期政権の対北朝鮮政策に対応する意図があるものと思われる。

[核問題] アメリカは、冷戦後の最重要な戦略目標として核兵器など大量殺戮兵器の拡散阻止を掲げ、これに関連して、1985年に核拡散防止条約(NPT)に加盟しながら加盟国の義務である国際査察を拒否していた北朝鮮の核開発疑惑をクローズアップした。91年9月、ブッシュ・アメリカ大統領が地上・海上配備の短距離核兵器をすべて撤去すると発表、韓国の盧泰愚大統領は同年11月、韓国内の核不在を宣言した。〈核兵器開発の意志も能力もない〉(金日成主席)とする北朝鮮は92年1月、国際原子力機関(IAEA)との保障措置(=核査察受入れ)協定調印を表明、これを受けて韓国はチーム・スピリット中止を発表。続いてニューヨークで初の朝米高位級会談が実現し、同月30日、北朝鮮はIAEAとの保障措置協定に調印、5月に査察が開始された。しかし、プルトニウム抽出に関する北朝鮮側の発表と査察結果に食い違いが生じ、IAEAは未申告の2施設への特別査察を要求した。これらの施設はたんなる軍事施設で、協定上査察を受ける義務はないとする北朝鮮側と、IAEAやアメリカなど各国との対立が深まった。

93年2月，IAEAが期限付きで2施設に対する特別査察受入れを要請し，北朝鮮は3月，これを拒否してNPT脱退を発表した。IAEAから問題を付託された国連安全保障理事会は5月，北朝鮮にNPT脱退再考を求める決議を採択した（中国などは棄権）。これを受けて6月，第1ラウンドの米朝高官協議が開始され，アメリカが核の脅威を与えないことなどと引換えに，北朝鮮はNPT脱退を一時的に保留することで合意した。さらに7月の第2ラウンド協議で，アメリカは北朝鮮の原子炉の軽水炉型への転換を支援すること，北朝鮮は査察再開でIAEAと協議することなどに合意した。2ヵ月後に予定されていた第3ラウンドの米朝協議は，IAEAとの協定にもとづく全面的な通常査察を求めるアメリカ側と，NPT脱退を一時保留しているだけなので完全な査察は受け入れられない，核問題の全面的な解決は米朝協議でのみ解決できるとして協議再開を求める北朝鮮側との対立で，94年にもち越された。しかし94年5月，北朝鮮が原子炉の使用済み燃料棒の取出しに一方的に踏み切ったため，国連安保理が北朝鮮に対する経済制裁を非公式に討議開始した。〈制裁は宣戦布告とみなす〉と反発してIAEAから脱退した北朝鮮と，アメリカなど国際社会との緊張が一挙に高まった。事態は軍事的衝突の一歩前まで進んだが，同年6月，カーター元アメリカ大統領の訪朝を契機に朝米の交渉が再開し，7月から第3ラウンドの朝米交渉が開始された。その初日に金日成主席が急死し，朝米交渉の行方が危ぶまれたが，同年10月，〈朝米間の合意枠組み〉が調印された。この合意枠組みで，アメリカは2003年を目標に合計200万kWの軽水炉（100万kWを2基），および軽水炉1基が完成するまで年間50万tの重油を北朝鮮に提供し，北朝鮮は黒鉛減速炉による核開発を凍結し，将来は関連施設を解体すること，そして軽水炉の完成段階で原子炉の需要部品の供給前に，IAEAが北朝鮮の過去の核開発活動の検証のために必要とみなすすべての査察を受け入れることなどをそれぞれ約した。双方はまた，相互の関係正常化，非核化された朝鮮半島の平和と安全保障のための協力，国際的な核不拡散体制強化での協力に合意した。関係正常化では，段階的に，貿易・投資などの障壁削減，連絡事務所の相互設置，最終的には大使級の国交樹立に向かうことがうたわれた。

この合意枠組みにしたがって，アメリカ，韓国，日本の3ヵ国は，95年3月，北朝鮮に軽水炉と重油を供給するための国際的なコンソーシアム〈朝鮮半島エネルギー開発機構(KEDO)〉を設立した（加盟国は97年末には11ヵ国とEUの1国際組織に拡大）。供与される軽水炉の型をめぐって北朝鮮とKEDOの間で交渉が難航したが，実質的に韓国型が供給されることになり，同年12月に双方の間で供与取決めが調印された。96年9月に発生した北朝鮮潜水艦の韓国侵入事件のため着工の予定が大分遅れたが，97年8月，北朝鮮東海岸の新浦市琴湖地区で起工式が実施された。しかし，98年8月，北朝鮮での新たな〈地下核施設〉疑惑がアメリカで報道され，アメリカ政府による地下施設立入り調査要求をめぐって朝米関係が緊張した。

［ミサイル問題］さらに98年8月末，北朝鮮が新型ミサイル〈テポドン〉の発射実験（北朝鮮側は〈人工衛星〉と主張）を行ったことで，ミサイル問題が核問題に次ぐ朝米間の懸案として大きく浮上した。アメリカ議会多数派の共和党議員を中心にクリントン政権の対北朝鮮政策批判が噴出した。そのためアメリカ政府としても対北朝鮮政策の見直しを行うことにし，ペリー前国防長官が政策調整官に任命された。99年5月，疑惑の地下施設についてアメリカの新たな食糧支援と引換えにアメリカ政府調査団による視察が実現したが，核開発の疑惑を裏付けるものは発見されず，続いてペリー調整官が訪朝した。その後，7月には北朝鮮のミサイル実験再度実施の動きが伝えられて緊張する場面もあったが，断続的に続けられてきた朝米高官協議は同年9月，貿易の規制をはじめとするアメリカの対北朝鮮経済制裁の緩和と引換えに，ミサイル問題を含む包括的な新たな高官協議を開始することに合意した。また北朝鮮は，協議継続中はミサイルの発射を中止することを約束した。同年10月に公表されたアメリカの対北朝鮮政策見直し報告（ペリー報告）によると，アメリカは北朝鮮の核兵器入手と長距離ミサイルの開発，実験，配備，輸出の阻止を目的とし，包括的かつ統合的なアプローチで北朝鮮と粘り強く交渉を行うことを第1の道とし，北朝鮮がどうしても同意しない場合は，脅威を封じ込めるため第2の道も用意しているという。しかし，これまでに表明されたミサイル問題に関する北朝鮮の基本的立場は，ミサイルの輸出は然るべき補償と引換えに中止する用意があるが，開発は国防の自主権に属する問題であり，北

朝鮮に対する軍事的脅威が存在する限り中止することはあり得ないというものである。北朝鮮のミサイル開発は、アメリカの全土ミサイル防衛(NMD)や、日米などの戦域ミサイル防衛(TMD)の論議に直接関連する重要な問題となっているが、朝米のミサイル協議は前途多難が予想される。

[2001年以降]　金正日国防委員長は、2003年9月の最高人民会議第11期第1回会議で再任され、金正日を最高指導者とする国家体制が維持されている。朝鮮労働党(金正日総書記)は、党大会が1980年以来、また党中央委員会総会が93年以来開催されず、不正常な運営が続いている。同会議はほかに、金永南最高人民会議常任委員会委員長を再選、朴奉珠首相を新たに選出した。05年3月8日に開催予定の同会議第11期第3回会議は4月11日に延期、05年の予算を採択した。

政治の基本路線としては、何よりも軍を先立たせ、優先するという〈先軍政治〉が引き続き強調されている。また、当面の国家目標も、〈強盛大国〉(思想強国、軍事強国、経済・科学技術強国)の建設で変わりない。ただ01年の《労働新聞》など3紙の年頭共同社説では、〈古い観念からの脱却〉、〈斬新な思考〉が強調され、注目された。なおこの間の指導幹部の人事では、世代交代が一段と進んだようである。後継者問題に外部の関心が高まっているが、なお不透明である。脱北者(亡命)が増加しているが、今のところ国内の政治不安に結びつくという状況ではない。

2000年の南北首脳会談の後、朝米関係も進展したが、大統領選挙で共和党が勝利し、クリントン大統領は訪朝を断念した。01年1月、北朝鮮に厳しい態度を示すブッシュ政権が発足、02年1月のブッシュ大統領による〈悪の枢軸〉発言で朝米の対立は強まった。同年10月、米大統領特使が訪朝、朝米協議が再開されたが、米国務省は〈北朝鮮がウラン濃縮核開発計画を認めた〉と発表した。北朝鮮は否定したが、北朝鮮と国際社会との緊張が高まった。KEDOが重油の提供凍結を決定し、北朝鮮は核施設の稼働再開を表明、03年1月、核拡散防止条約(NPT)脱退を宣言した。同年4月、北朝鮮の核問題をめぐる米朝中3ヵ国協議が行われ、同年8月から、米朝中に韓日ロが加わった6ヵ国協議が04年6月までに3回開かれたが進展せず、04年11月の米大統領選挙と05年1月の第2次ブッシュ政権発足で、再開に向け

熾烈な外交的駆引きが行われている。

そのほかの対外面では、01年と04年に金正日国防委員長が訪中し、他方01年に江沢民国家主席が訪朝したほか、核問題で両国間の協議が頻繁に行われた。また01年と02年に金正日国防委員長が訪ロ、02年と04年には小泉首相が訪朝した。なお01年にもEU諸国をはじめ外交関係樹立が相次いだ。

小牧　輝夫

[金正日から金正恩へ]　金正日国防委員長は、2011年12月17日に死去するまで〈最高領導者〉でありつづけた。08年夏にその健康悪化説が浮上し、北朝鮮国内では後継体制の構築が急ピッチで進められたと考えられている。09年1月までに三男といわれる金正恩が後継者に内定し、10年9月28日第3回朝鮮労働党代表者会を機に朝鮮人民軍大将称号が授与され、新設の党中央軍事委員会副委員長職に就任することで公式化が図られた。

金正日死去直後より金正恩が〈最高領導者〉と称されるようになり、11年12月30日朝鮮人民軍最高司令官に推戴、12年4月11日第4回党代表者会で新設の第一書記に推戴、政治局常務委員、中央軍事委員会委員長に就任、4月13日第12期最高人民会議第5回会議で新設の国防委員会第一委員長に推戴され、党・国家・軍のいずれも首位となった。さらに、7月17日共和国元帥称号が授与される。金日成死後に金正日が国家主席職を事実上の永久欠番として自らが有する国防委員長職を〈国家の最高職責〉としたことに準じ、金正日死後に金正恩は総書記職の代わりに第一書記職を、国防委員長職の代わりに国防委第一委員長職をそれぞれ新設し、就任することとなった。北朝鮮国内では金日成が〈偉大な首領様〉、金正日が〈偉大な将軍様〉だったのに対し、金正恩は〈敬愛する元帥様〉と称される。

朝鮮労働党は、党大会が1980年以来、また党中央委員会全員会議(総会)が93年以来開催されていない一方、立法機関の最高人民会議は、98年以降毎年1回以上開催され、国家機構である国防委員会は〈国家の中枢〉と称された。しかし、第3回党代表者会で80年以来30年ぶりに党規約が改正されたほか、政治局常務委員をはじめとする人事が公表され、党機構の再生が顕著となった。

憲法は、2009年4月第12期最高人民会議第1回会議において改正され、国防委員長を国家の〈最高領導者〉と明記し権限を強化したほか、国家の指導的指針として〈主体思想〉とと

もに〈先軍思想〉が並列された。12年4月第12期最高人民会議第5回会議における改正では、序文で自国を〈核保有国〉と初めて明記したほか、金日成とともに金正日の業績も列挙して同憲法を〈金日成・金正日憲法〉と位置づけた。〈朝鮮労働党の領導の下にすべての活動を行う〉との第11条は堅持。

金正日政権下で対外的に国家元首のような役割を担い、形式的な序列第2位を占めた"金永南キムョンナム"は一貫して最高人民会議常任委員長の職にあり、2010年9月以降政治局常務委員でもある。また、内閣総理は洪成南、朴奉珠、金英逸、崔永林と交代が進み、13年4月に朴奉珠が再びその座に就いた。崔永林総理期からは、最高領導者による〈現地指導〉に準ずる、総理らによる経済視察〈現地了解〉が進められている。

国家目標として掲げられてきた〈"強盛大国〉は、〈政治・思想強国〉、〈軍事強国〉、〈経済強国〉の三本柱からなるが、前二者は〈既に十分な水準に達している〉とされることから〈経済強国〉を軸に置いたものと考えられ、07年11月からは金日成主席生誕100周年を迎える12年に〈強盛大国の大門を開く〉と宣言されるようになった。しかしその後、その目標はトーンダウンし、〈強盛大国〉の代わりに〈強盛国家〉という用語が頻繁に用いられるようになり、12年になっても〈大門を開く〉ことについての〈勝利宣言〉は出されなかった。〈強盛大国〉を支える手段が〈"先軍政治〉であるとされたが、これは金正恩政権においても金正日の〈遺訓〉として継承の方針が明示されている。また、13年3月党中央委員会全員会議で金正恩により〈経済建設と核武力建設の並進路線〉が提示され、経済建設重視の姿勢が打ち出された。金正日総書記の〈遺産〉である核兵力を強化発展させるとともに、〈経済建設にさらに大きな力を注ぎ、わが人民達が社会主義富貴栄華を心ゆくまで享受する強盛国家を建設するため〉とされた。1962年12月の党中央委第4期第5回全員会議で金日成が示した〈経済建設と国防建設の並進路線〉を継承、発展させたものとされる。

[核問題と対外関係] 朝鮮民主主義人民共和国は2013年までに160ヵ国以上と修交。とりわけ2000年以降にEU各国と、07年頃に中東諸国と外交関係樹立を活発化させた。2000年6月の金大中大統領訪朝による金正日国防委員長との首脳会談、〈南北共同宣言〉に続き、07年10月には盧武鉉大統領が訪朝、〈南北関係の発展と平和・繁栄のための宣言〉が発表され、"開城ケソン工業団地開発事業"、"金剛クムガン山観光事業"、鉄道・道路連結事業などの南北経済協力が活発化。金正日による外遊は中ロ両国にとどまった一方、02年9月、04年5月には日朝首脳会談が実現した。

一方、02年10月の米朝会談で米国側が北朝鮮によるウラン濃縮計画の推進を指摘して、第2次核問題が浮上。03年4月の米中協議を経て同年8月に第1回"6ヵ国協議"が北京で開催。北朝鮮は05年9月の6ヵ国協議〈共同声明〉ですべての核兵器および既存の核計画放棄を約束したが、06年7月に弾道ミサイル〈テポドン2〉発射後、10月に初の地下核実験を公表。07年2月の6ヵ国協議で〈共同声明の実施のための初期段階の措置〉、同年9月〈共同声明の実施のための第2段階の措置〉に合意。しかし、第2段階は完了せず、08年12月の6ヵ国協議首席代表者会合後、停滞。09年4月事前予告通りに〈人工衛星〉打ち上げ（日本は〈テポドン〉と認識）。その後の国連安保理議長声明に反発し、5月に第2回地下核実験を公表。

10年3月韓国哨戒艦〈天安〉号沈没事件が勃発。北朝鮮は関与を全面的に否定するも韓国の軍民合同調査団は、北朝鮮の仕業だと断定。さらに同年11月北朝鮮による延坪島砲撃事件が勃発して南北朝鮮関係は緊張し、〈非核・開放3000〉、〈相生共栄政策〉を掲げた李明博政権下で南北首脳会談は実現しなかった。13年2月以降の朴槿恵パククネ政権は、〈朝鮮半島信頼プロセス〉を掲げたが、同年4月に開城工団事業が中断、折衝の末9月にようやく再開された。

その間米朝対話は断続的に進められ、12年2月の対話では長距離ミサイル発射、核実験、寧辺での核関連活動のモラトリアム実施で合意。しかし4月金日成生誕100周年に際し北朝鮮は事前予告通りに〈人工衛星〉打ち上げ、異例にもその失敗を即日公表。12月に再び打ち上げを試み、〈衛星〉を軌道に乗せることに成功。13年2月には第3回地下核実験を公表、〈これまでより爆発力が大きく、小型化、軽量化した原子爆弾を使った〉とした。〈人工衛星〉打ち上げや地下核実験のたびに国連安保理は議長声明や非難決議を出してきた。同年3月には"米韓合同軍事演習"に反発する形で休戦協定の〈白紙化〉を宣言し、事態は緊迫した。

13年3月党中央委員会全員会議で金正恩が〈経済建設と核武力建設の並進路線〉を提示、

表1 経済計画期別の工業生産増加率(実績)

[経済計画期]	[総生産額年平均増加率(%)]	[基準年度に対する倍数]		
		総生産額	生産手段生産	消費財生産
三ヵ年計画(1954-1956年)	41.7	2.8	4.1	2.1
五ヵ年計画(1957-1961年)	36.6	3.5	3.6	3.3
延長七ヵ年計画(1961-1970年)	12.8	3.3	3.7	2.8
六ヵ年計画(1971-1976年)	16.3	2.5	2.6	2.4
第2次七ヵ年計画(1978-1984年)	12.2	2.2	2.2	2.1
第3次七ヵ年計画(1987-1993年)	5.6	1.5	―	―

注―公式発表による。

13年4月の最高人民会議第12期第7回会議において法令〈自衛的核保有国の地位をより強固にすることについて〉を採択したほか、〈宇宙開発法〉を採択し、国家宇宙開発局の設置を決定した。

礒崎 敦仁

【経済,金融,産業】　解放後の北半部の経済は、生産額でも労働人口でも農業部門が最も高い比重を占めていたが、多くの工業施設を有していた。1946年3月5日に、無償没収、無償分配を原則とする土地改革法令が発表され、1ヵ月足らずで完了し、地主階級が一掃された。そして、8月10日に重要産業国有化法令が発表され、10月30日にソ連軍から旧日本人所有の1034個の企業が朝鮮人側に正式に譲渡された。そして、計画経済の基礎的な体制が整い、47年には単年度の経済計画が実施されるようになった。朝鮮戦争後には重工業建設を中心とした社会主義工業化とともに農業の協同化(集団化)と私営商工業者の社会主義改造が進められた。農業の協同化と私営商工業者の改造が58年8月に完了したことで所有形態は社会主義化した。工業化も進み、61年には〈社会主義農業＝工業国家〉、70年には〈社会主義工業国家〉になったと金日成が宣言した。

[長期経済計画]　解放後の北半部ではまず工業施設の復旧とともに、戦時動員されていた業種の軍民転換が進められ、1947年と48年に単年度の経済計画が実施された。複数年度に跨る長期経済計画は、49年から二ヵ年計画として開始されたが、朝鮮戦争で中断された。戦後、すぐに長期経済計画が立てられ、93年まで実施されてきた(表1参照)。

このうち、戦後復旧三ヵ年計画(1954-56)は2年8ヵ月で繰り上げ達成され、続く五ヵ年計画(57-61)は2年半で繰り上げ達成された。この二つの計画ではソ連をはじめとする友好国からの無償援助が決定的な役割を果たした。援助は主に重工業投資に向けられた。しかし、長期経済計画の実施が順調だったのはここまでであった。

1960年代以降は、七ヵ年計画が61-67年で策定されたが、3年間の延長を経て70年に達成した。延長せざるを得なかった主な理由は、61-64年にかけてソ連の援助が途絶えたことであった。ソ連からの援助は無償から有償の形態に変わったものの、66年から再開された。この延長七ヵ年計画の達成により、原料の60-70％を自給する〈自立的工業体系〉が完成した。

六ヵ年計画(71-76)は1975年に繰り上げ達成が宣言されたが、すぐに次の計画に入ることができず、第2次七ヵ年計画(78-84)も達成が宣言されたものの、次の計画に入るまで2年間を要した。この原因は70年代中葉に発生した資本主義諸国に対する貿易代金の未払い問題にあるとみられる。

第3次七ヵ年計画(87-93)は目標を達成できずに終了した。第3次七ヵ年計画期間のうち、90年までは現物の生産実績が発表されており、一応の成長があったことが確認される(表2)。しかし、以後は実績の数値が発表されておらず、生産が停滞、あるいは減少していたことがわかる。そして、計画の未達成に関する公式発表では、①社会主義市場の崩壊により経済協力や貿易に支障をきたしたこと、②〈帝国主義者の策動〉に対処するために軍事に資源を回さざるを得なかったことが理由としてあげられている。しかし、実際にはこれらに加えて、そもそも計画が当初から過大な目標設定をしていたことや、すでに80年代に他の社会主義諸国で現れていたように、集権化された計画経済自体に綻びが出ていたこと、などもあった。

第3次七ヵ年計画以降、経済全般にかかわる長期経済計画は立てられていないが、科学

表2 主要生産物の推移

	[1946]	[1949]	[1953]	[1956]	[1960]	[1970]	[1977]	[1984]	[1990]
発電量(億kWh)	39	59	10	51	91	165	350 (1978年)	500 (1985年)	564
鉄鋼(万t)	0.5	14.4	0.4	19	64	220	450 (1978年)	660 (1985年)	712
化学肥料(万t)	16	40	—	20	56	150	400 (1978年)	500	582
織物(100万m)	3	13	22	77	190	400	600 (1976年)	840	880
穀物(万t)	189	265	232	287	380	—	850	1000	910~1000

注―公式発表による．

技術分野では長期計画が実施されている．従来，科学技術発展三ヵ年計画が88-90年と91-93年の2回実施されてきたが，長期経済計画が策定されなくなってから，科学技術発展五ヵ年計画として98-2002年，03-07年，08-12年の3回にわたり実施されている．

[国民所得] 共和国ではソ連式の統計作成が行われ，マクロ指標としては主に〈国民所得〉が用いられてきた．社会主義諸国でいう国民所得は資本主義諸国での国民総生産に比べて，中間財生産の分が大きくなり，サービス生産の分が小さくなるとされている．共和国の国民所得について金額が公にされたのは，1人当り国民所得が1966年に500ウォン，70年に612ウォンというものであり，そして，以降は米ドル建で74年に1000ドル，79年に1920ドル，86年に2400ドル，88年に2560ドルというものである．また，90年代以降は1人当りGDPが報告されており，92年に1005ドル，96年に481ドル，2007年で630ドルといったものが発表されている．

ただし，公式発表された米ドル建ての金額については，実際に貨幣の交換に用いられるレートではなく，かつて貿易で実際に決済に用いたものに物価指数の一部を反映するという共和国内独特のレートが用いられている．そのため，経済成長の度合いを知るにはそのレートでウォン建てに換算することが必要である．さらに，国際比較をするには，それを市場レートで米ドルに換算する必要がある（表3）．こうすると，92年にピークであった1人当り国民所得は95年の水害の打撃で98年には70年代後半水準にまで落ち込み，2007年で1980年代後半水準に回復してきていることがわかる．ところが，ドル建てGDPでは07年は異常に低い水準で現れる．この直接の原因は旅行者為替レートが切り下げられたことにあり，生産力の実態は800ドル程度であるとみられる．

[国家予算] 所有形態の社会主義化が完了して以降，国家予算は国民所得の6割以上を占めるとみられる．収入の主要部分は国営企業から納付される取引収入と国家企業利益金である．前者は企業が販売する製品の価格に対して一定金額を徴収する取引税に相当するもので，後者は企業の利益にかかる法人税に相当するものであり，それぞれ国家予算収入全体の4割，3割を占める．したがって，国営企業から納付される資金が国家予算の7割を占めており，とくに工業部門の収益が国家計画を支えているということができる．その他の収入としては，協同団体利益金（協同組合所有の農場あるいは企業にかかる法人税に相当），固定財産減価償却金（減価償却のための目的税に

表3 1人当り国民所得の推移

	[1974]	[1979]	[1986]	[1988]	[1992]	[1993]	[1994]	[1998]	[2007]
1人当り国民所得(ウォン)	823	1552	1940	2045	3063	3029	1798	1465	1920 (1998年価格)
1人当りGDP(ドル)	340	846	781	821	1235	1213	891	566	8.2

注―ウォン建ての1人当り国民所得は公式発表されたドル建ての1人当り国民所得またはGDPの数値から換算．ドル建て1人当りGDPはそれをさらに旅行者レートで換算．

表4 | 国家予算の収入および支出総額と収支

	[収入総額](万ウォン)	[支出総額](万ウォン)	[収支](万ウォン)
1994年実績	4,160,020	4,144,215	15,805
1995年実績	2,430,000	2,420,000	10,000
1996年実績	2,032,000	2,060,000	−28,000
2001年実績	2,163,994.1	2,167,865.4	−3,871.3*
2002年計画(物価調整前)	2,217,379	2,217,379	0
2002年計画(物価調整後)	28,848,000*	28,848,000*	0
2002年実績	28,992,900*	28,790,100*	202,800*
2003年実績	33,232,400	32,343,200	889,200*
2004年実績	33,754,600	34,880,700	−1,126,100
2005年実績	39,185,700*	40,540,300*	−1,354,600*
2006年実績	40,925,500*	41,926,000*	−1,000,500*
2007年実績	43,416,400*	44,060,400*	−644,000*
2008年計画	45,154,200*	45,154,200*	0
2008年実績	45,876,700*	45,109,000*	767,700*

注ー＊は公式発表の数値をもとに計画段階での収支が均衡するよう調整した筆者の計算値。無印は公式発表の数値。2009年の貨幣交換の際の価格状況が不明であり、金額の発表もないため、現時点では2009年以降の金額は計算することができない。

相当)、不動産使用料収入、社会保険料収入がある。

国家予算の支出の項目は、生産部門に対する投資である人民経済発展資金、人々の文化生活に対する支出である人民福利増進資金、そして国防と国家機関の管理に関する支出の3種類に区分され、前二者で支出全体の8割を占める。

国家予算の制度について、2002年に大きな変更が試みられたことがあった。第一に、収入に関して取引収入が廃止されるとともに、国家企業利益金が国家企業利得金とその名称を変更し、事実上の法人税率が引き上げられた。これは収益の低い企業を保護する意味をもっていたが、10年までに多くの企業が収益を回復したようであり、11年からは元の制度に戻っている。第二に、02年には固定財産減価償却金の徴収を停止した。これは従来設備の大補修を国家支出で行っていたものを各企業に任せようとしたものであったが、重厚長大の産業部門が単年度の自己資金では補修が間に合わなくなった。そのため、05年には再び徴収されるようになった。第三に、農業に関して、国家が協同農場から穀物を高く買い上げて都市の消費者に安く供給する逆ザヤ補助金を02年に廃止し、生産者価格と消費者価格を逆転させて、むしろ国家が収入を得る形態に変更した。この変更により、協同農民たちが国家に穀物を渡さず、直接市場に持ち込むようになったため、国家の食糧管理制度の中に穀物が入らなくなる一方、市場での穀物価格が高騰した。都市の消費者が穀物価格の高騰によって賃金の引き上げ要求を強めることとなり、とくに工業部門の企業がその要求に耐えられなくなった。これも05年に買い上げに関する補助金が復活した。

収支については、建国以来黒字を続けてきたが、1995年の大水害をきっかけに96年から2001年まで赤字になり、02年と03年は黒字に戻ったものの、04年には再び赤字に転落し、黒字に戻ったのは08年である。金額については、05年以降直接発表されなくなったが、伸び率や計画達成率で計算することが可能であった。そこで、08年実績が収入4587億6700万ウォン、支出4510億9000万ウォンであったことを知ることができる(表4参照)。しかし、09年にデノミネーションを伴った貨幣交換が行われ、それに伴う物価調整の状況が不明であるため、以降の金額については計算することができない。

[銀行と貨幣] 行政機関や企業の取引の決済や納税の引き落としは発券銀行である朝鮮中央銀行に集中されている。朝鮮中央銀行は1946年1月19日に北朝鮮中央銀行として設立され、

11月1日に北半部にあった朝鮮銀行，朝鮮殖産銀行，朝鮮商業銀行，朝興銀行，朝鮮貯蓄銀行，および日本に本店を置く安田銀行などの計58個の銀行支店がこれに集中された。11月15日，行政機関や国営企業で行われる取引を中央銀行の当座預金を通じた振込みで行うようにする北朝鮮臨時人民委員会決定書が発表され，〈無現金決済制度〉が確立した。そして，当時流通していた旧・朝鮮銀行券やソ連軍票などは12月6日から12日にかけて新たな北朝鮮中央銀行券に交換された。

北朝鮮中央銀行券は59年2月13日から17日にかけて実施された2度目の貨幣交換で朝鮮銀行券に交換された。この交換では北朝鮮銀行券100圓を朝鮮中央銀行券1ウォンとするデノミネーションが実施された。その後，79年4月7-12日，92年7月15-20日に，貨幣交換が実施されたが，デノミネーションなど貨幣価値の変更を伴ったものではなかった。さらに，2009年11月30日-12月6日に5回目の貨幣交換が実施されたが，このときは通貨単位の切り下げが実施されたものの，賃金が元の額面通りに支払われるという変則的なデノミネーションを伴ったものであった。この貨幣交換以後，発行されている貨幣は，紙幣が5000ウォン，2000ウォン，1000ウォン，500ウォン，200ウォン，100ウォン，50ウォン，10ウォン，5ウォンの9種，硬貨が50チョン，10チョン，5チョン，1チョンの4種である。

中央銀行のほかに，1946年4月30日に北朝鮮農民銀行が朝鮮無盡株式会社，朝鮮信託株式会社，朝鮮拓殖株式会社などの各支店を引き継いで株式会社として設立され，5月1日から農村での金融業務を開始し，58年10月1日に国有の朝鮮農民銀行となったが，59年5月30日の内閣決定により中央銀行に統合された。また，50年1月25日の内閣決定により国立建設資金銀行が設立され，64年5月1日に産業銀行となったが，これも76年に朝鮮中央銀行に統合された。

一方，対外決済を扱う銀行として59年11月2日に貿易銀行が設置され，63年7月1日から本格的な活動を開始した。また，78年に朝鮮労働党の機関が貿易決済を行う銀行として大聖銀行と金剛銀行が設立された。さらに，89年に在日朝鮮人との合弁で朝鮮合営銀行が設立されたのを皮切りにして，91年に香港企業との合弁で朝鮮統一銀行，95年にオランダの銀行との合弁でING=東北アジア銀行(後に東北アジア銀行)，同年に香港企業との合弁でペレグリン=大聖銀行(後に大同信用銀行)，97年に中国との合弁で華麗銀行，2005年にイギリス企業との合弁で高麗・グローバル信用銀行，08年にエジプト企業との合弁でオラ銀行，といった外国との合弁による銀行が設立された。

[**貿易と対外債務**] 貿易の規模は2009年で輸出が23.3億ドル，輸入が36.0億ドル，往復で59.3億ドルと推計されている。資本主義諸国に対する債務は1990年で10億ドル，うち1億ドルが日本に対するものであるといわれている。

共和国では，貿易は〈有無相通〉，すなわち国内で有り余るものを輸出し，足りないものを輸入するという原則で行われる。この原則では，国内に有り余るものが十分に存在しなければ外貨不足に陥りやすいことになる。また，生産企業が製品を輸出する場合，貿易会社を通じて製品を海外に搬出するが，代金の外貨は貿易会社の銀行口座にとどめられ，生産企業がその外貨を使うのは海外から原料や機械などを購入するときに限られる。この仕組みでは，生産企業にとって輸出が直接の収益につながらず，海外からの原材料や機械で生産した製品を国内で販売して初めて利益を手にすることができることになるため，輸出に対するインセンティブが働きにくい。そして，共和国の貿易構造について，輸出は主に非鉄金属，農水産物，鉄鋼，非金属鉱物など，輸入は機械・設備，原油・石油製品，コークスなどであり，一次産品輸出型の特徴をもっている。60年代末から共和国は資本主義諸国からのプラント輸入を進めたが，70年代のオイル・ショックで一次産品価格が下落したため外貨不足に陥り，資本主義諸国に対する貿易代金の支払いが滞ってしまった。

75年10月4日，AFP通信は，日本，フランス，ドイツ連邦共和国，スウェーデンを含む西側の対朝債権国11ヵ国代表がパリでの非公式会議で共和国が債務不履行に陥ったと結論づけたと報じた。その後，債務の返済に関してリスケジュールがなされたが，83-84年に再び返済が滞り，87年8月23日発のロイター通信は，英国の銀行団とオーストラリアおよびニュージーランドの銀行団が共和国に対して債務不履行を宣告したことを報じた。このため，共和国の資本主義諸国に対する信用は全く失われたといえる。

また，かつて最大の貿易相手国であったソ

表5 穀物生産　(単位＝万t)

[穀物年度](11-10月)	[2000/01]	[01/02]	[02/03]	[07/08]	[08/09]	[09/10]	[10/11]	[11/12]
穀物生産(コメはモミ)	317	412	416	360	421	517	505	527
穀物生産(コメは精米)	257	366	370	300	334	435	420	440

注－国連食糧農業機関(FAO)・世界食糧計画(WFP)の各年度報告書による。

連との貿易に、91年から友好価格が廃止され、ハードカレンシー決済が導入されることになり、ソ連に対する債務も問題化した。ソ連に対する債務については、ソ連崩壊後にロシア政府との交渉が行われ、債務110億ドルのうち90％を帳消しにして、残りの10％を共同プロジェクトに充てることとなり、2012年9月17日に債務調整協定が調印された。

[食糧問題]　共和国の食糧生産は1980年代後半から停滞しており、91年からの燃料不足で農機械の稼働、種子や肥料の運搬にも支障が出ていた。そこに95年夏の水害により、食糧生産はさらに悪化し、食糧不足は深刻なものになった。そのため政府は国際援助を求め、多くの援助を受け取ることになった。

95年の水害に関して現地調査を行った国連人道問題局によると、年間の穀物需要763.9万tに対して387.5万tが不足しているとのことであった。国連食糧農業機関(FAO)および世界食糧計画(WFP)は共和国に対して調査と支援を開始した。FAO・WFPの調査と支援は2005-07年には中断されたものの、08年から再開されている。

生産の方は98年から上向き始めた。この年には、二毛作や二期作など形態の変化や、ジャガイモ生産が普及するなど穀物の内容にも変化がみられ、また、軍隊の動員を中心とした土地整理事業が進行した。2000年には再び水害があって生産が落ち込んだが、すぐに回復して05年には国連関係の援助を断ることになったが、07年に生産が再び落ち込んだようであり、以降再びFAO・WFPの援助が入っている。07年以降は順調に生産の回復がみられる(表5)。

供給に関しては、95年の水害以降、国家の食糧管理のシステムはほとんど機能しなくなり、穀物は農民市場の方に流れ、人々は農民市場や非公式の流通から穀物を購入せざるを得なくなった。05年から農民市場での穀物販売が制限され、食糧管理システムが機能を回復してきたが、それでもこのシステムは人々の需要を満たすことはできず、人々は非公式の流通から穀物を購入せざるをえない状態が続いている。

[兵器工業]　植民地時代の朝鮮に唯一建設された兵器工場は、1917年に平壌に設置された平壌兵器製造所であった。この兵器工場は日本人の撤収時に破壊されたが、45年10月2日に金日成が現地を訪れ、再建を指示した。この工場は規模を拡大して、49年2月に総合兵器工場の形を整え、〈65号工場〉と名乗った。50年に朝鮮戦争が始まり、平壌が空襲を受けるようになると、65号工場は分散疎開した。

65号工場の本体は戦争中に平安南道成川郡に疎開し、その後、慈江道前川郡に移った。この工場は別名〈2・8機械総合工場〉である。分散移転した65号工場の砲弾職場は26号工場となり、砲弾のほかロケットも製造している。この工場は慈江道江界市に位置し、別名〈江界トラクター総合工場〉である。65号工場の弾薬職場、手榴弾職場、装薬職場もそれぞれ分散移転し、独自の兵器工場となったが、位置、工場名は不明である。

戦後復興段階を終えて60年代に入ると、兵器工業に本格的に投資がなされることになり、61年5月28日に金日成は慈江道で全国兵器工業部門熱誠者会議を招集して、兵器工業に本格的に取り組む方針を発表した。60年代後半にはベトナムに兵器を支援するほどの兵器生産能力をもつようになった。そして60年代末には、咸鏡南道新浦市に潜水艦を建造する新浦六抬ボイラー工場、平安南道价川市に兵器用の発動機を製造する1月18日機械総合工場、咸鏡南道新興郡に戦車を製造する新興機械工場、慈江道熙川市に兵器用の電子製品を製造する熙川青年電気工場(のちの熙川青年電気連合企業所)などが建設された。このうち熙川青年電気工場は中国の協力で建設されたものであり、このほか中国は70年代から80年代にかけてレーダー、レンズ、計器、電子部品などの工場建設に協力している。

70年代後半から共和国は兵器輸出国として知られるようになった。80年10月11日には、イラク政府が、イランに対する兵器搬入を理

由に，共和国との国交を断絶するということもあった。80年代後半にはミサイルの輸出能力を持つようになり，中東諸国への輸出が知られるようになった。ミサイル輸出能力の向上には，86年に慈江道城干郡に8号製鋼所が完工し，特殊鋼材を製造するようになったことが大きく貢献したとみられる。

共和国のミサイル輸出については，その中止を求めるアメリカ政府との交渉が96年から始まり，以後，断続的に交渉が行われている。99年には，パキスタンにミサイル製造のための機材を輸送しようとしたとして共和国の船舶がカンドラ港でインド当局に停泊させられるという事件もあった。

[原子力工業] 共和国の原子力工業の起源はソ連と密接な関わりをもっていた。1956年3月26日，ソ連のドゥブナに連合原子核研究所が設立されたが，共和国も当初からこれに関わり，ソ連で朝鮮人核技術者および研究者の養成が始まった。そして，65年に平安北道寧辺郡に原子力研究センターが設置され，国内での本格的な核研究事業が始まったが，ソ連はこれに2MWの実験炉，放射化学研究施設，100kWの臨界集合体を供与した。このうち実験炉は後に8MWにまで拡張された。そして寧辺では80年に試験用の5MW黒鉛減速炉(86年初めに稼動)と燃料集合体製造工場の建設が開始された。

こうした研究や実験の施設から進んで，85年にはソ連の協力で1760MWの産業用の軽水炉を導入する協定が締結されたが，この計画は91年に中止された。共和国では自力で，寧辺に50MW，泰川に200MWの黒鉛減速炉の建設にとりかかり，90年代半ばの完工をめざした。ところが，94年10月21日に，共和国政府とアメリカ政府との間で，共和国の核施設を凍結する代わりに，アメリカが国際事業体を通じて2000MW軽水炉を供与し，建設が完成するまでの間の代替エネルギーとして重油を供給することになった。

軽水炉の建設は97年に着工されたものの，2002年12月からアメリカが重油の供給を中止した。12月22日，共和国政府は核施設の封印を解除し，稼働と建設を再開した。そして軽水炉の建設は03年12月に停止した。共和国政府は05年2月20日に核兵器保有国になったと宣言し，06年10月9日には咸鏡北道で核実験を実施した。

この核実験に用いたプルトニウムを生産したとみられる寧辺核施設は，07年10月3日に，共和国，アメリカ，中国，ロシア，日本，韓国の6ヵ国の協議による共同声明で無力化することが決まり，11月から無力化作業が開始され，08年5月27日に試験用5MW黒鉛減速炉の冷却塔が破壊された。しかし，09年4月14日には共和国政府が自前の軽水炉を建設することを発表し，6月13日にはウラン濃縮事業を進めることを発表した。10年11月に共和国政府は，アメリカの研究者たちに新たに建設に入った軽水炉の建設場と完成したばかりのウラン濃縮施設を公開した。この濃縮施設が兵器用の水準にまでのウラン濃縮が可能な施設なのかどうかは確認されていない。また，軽水炉が完成すれば，核燃料サイクルが国内で完結することになり，経済全般に対して貢献することになろうが，発電規模や完工予定時期は公表されておらず，貢献の度合いは不明である。

中川 雅彦

【社会，文化】 資本主義国の自由やきらびやかさはないが，貧富の格差がなく，最低限の生活は社会的に保障され，福祉政策のゆきとどいた清潔，簡素な落ち着いた社会相である。労働者の平均賃金は80年現在月90ウォン（公定レートで換算すると約1万2600円）程度と一見非常に低いが，米や住宅など生活必需品はほとんどただに近い廉価で供給される反面，耐久消費財や奢侈品は非常に高価であり，生活水準を単純に数字で比較することは不可能である。徹底した管理価格制度で，たとえば農民から1kg当り0.62ウォンで買い上げた米が消費者に0.08ウォンで配給されている。価格差は財政負担で埋められるわけだが，前記のとおり財政収入の大部分は国営企業からの利益金でまかなわれており，所得税制は現在では全廃されている。換言すれば高生産性の国営企業の高い収益が国家財政を通じて広範に再分配されているのである。

社会団体としては朝鮮職業総同盟や朝鮮農業勤労者同盟，朝鮮社会主義労働青年同盟などの全国的な大衆団体があるが，労働党の指導に対して相対的独自性をもつものではなく，むしろ〈速度戦〉運動など生産性向上運動をおもな活動内容としている。社会保険は国費でまかなわれ，男子60歳，女子55歳に達すれば老齢年金が支給され，勤続すれば賃金に加算される。医療，教育はすべて無償である。すでに無医村はなく，また医師には相当区域制があって予防医療に力を入れており，その

徹底ぶりは日本からの訪朝者を驚かせている。

教育制度は67年に9年制義務教育，75年以後は〈全般的11年制義務教育〉が実施されている。後者の内容は，就学前義務教育(幼稚園)1年，人民学校4年，中学校6年(中等班4年，高等班2年)である。その上に〝金日成キルソン総合大学をはじめとする4-6年制の大学と3年制の高等専門学校，2年制の教員大学などが並立しており，大学の上には研究院(3-4年)，博士院(2年)がある。技術教育も重視しており，中等教育段階では全生徒が1種類以上の技術を習得することが必須とされている。また，肉体労働と精神労働の差の止揚をめざす工場大学の制度もある。基礎科学研究は52年に創設された朝鮮民主主義人民共和国科学院(〝朝鮮科学院)が一元的に統括してきたが，64年に社会科学部門が分離して社会科学院という別機関となった。またほかには政務院各部・委員会傘下に工業科学院，農業科学院，医学科学院などの応用研究機関がある。

文学，芸術の基本的方法は社会主義リアリズムで，抗日武装闘争や朝鮮戦争に題材をとったものが多かったが，近年では金日成をたたえるものが多く，またたとえば映画では《春香伝》や義士安重根，また収集された民間伝承に題材を求めた歴史ものも作られている。新聞，雑誌では労働党機関紙・誌の〝〈労働新聞》〈勤労者》，政府機関紙の〝〈民主朝鮮》などがおもなもので，通信社としては朝鮮中央通信社がある。単行本では金日成の著作や党の方針を解説した出版物が最も大部数で刊行されている。子供の漫画では国防ものと空想科学ものが目立って多い。スポーツは一般にはサッカー，陸上，スケート，卓球などが盛んだが，射撃，重量挙げなどの種目にも強い。なお，80年代に入り，平壌蒼光通りの高層建築やチュチェ思想塔(170m)，建坪10万㎡，収蔵能力3000万冊の人民大学習堂(大図書館)など巨大な記念物の建造が相次いでいる。⇒教育|文学|マスメディア|スポーツ　　　　梶村 秀樹

1989年の第13回世界青年学生祭典やその後の首都大建設の推進で，平壌の景観は年々変貌している。ホテル，スポーツ・文化施設，新しい高層住宅街，〈主体塔〉や〈凱旋門〉をはじめとする記念建造物などが次々と建設された。

そうしたなか，北朝鮮ではくすべての人がともに白いご飯と肉のスープを食べ，絹織物を着て，瓦屋根の家で暮らすという共和国人民の世紀的な念願を実現することは，社会主義建設で当面われわれが達成すべき重要な目標である〉(金日成主席の1992年新年の辞)として，国民生活の向上に努力している。そして，金日成主席が80歳，金正日書記が50歳となる92年3月から，労働者，技術者，事務員の給料を平均43.4%，農民に対する国家収買価格を米は26.2%，トウモロコシは44.8%，それぞれ引き上げるなど，1970年以来の大幅な勤労者収入増大措置がとられた。ただし92年7月に新貨幣が発行され，住民の旧貨幣との交換額は一部制限された。また平壌では90年代に〈光復通り〉〈統一通り〉などの新たな高層住宅街が建設されるなど，住宅建設にも力が入れられており，第3次七ヵ年計画(1987-93)中に全国で100余万世帯分が建設された。しかし，第3次七ヵ年計画の全般的な不振と近年の深刻な食糧危機の現状からみて，食料，日用生活品供給における量的・質的向上など，国民生活向上の課題はさらに努力が必要といえよう。文化・教育面では，第3次七ヵ年計画期間中に55の大学と多くの高等技術専門学校が創設され，〈全社会のインテリ化〉方針にしたがって知識人の数が約173万人に増大した。最近の科学技術重視政策の一環として，政府では学生に対するコンピュータ教育に力を入れようとしている。保健面では，93年に人口1万人当りの医師数が29.7人に，病院ベッド数が136床に達した。国連機関などによると，近年の食糧不足のため，乳幼児や老人，妊産婦などの栄養状態が相当低下しているようである。⇒人口|都市化|教育|文学　　　小牧 輝夫

[1995年水害以降の消費生活] 1995年夏に豪雨によって，住宅，農地などに大きな被害が発生した。国際機関に報告された政府の初歩的な計算では，朝鮮半島北半の75%で被害があり，被害を受けた人々は520.6万人，うち家を失った人々は50万人，耕地の被害は119.5万ha，穀物生産の被害は191.1万tにも上った。また，炭鉱，鉱山などの水没によって，電力生産をはじめ工業生産にも打撃があり，全国的に食糧難，動力難に陥った。この1995年から2000年までは〈苦難の行軍〉時代とよばれ，非常動員態勢がとられた。この間の食糧難による死者は，人口統計により33.6万人と計算されている。

食糧難によって，国家の食糧管理システムはほとんど機能しなくなり，都市の人々は公設の市場や個人間の取引に食糧を依存せざる

をえなくなった。また，動力難により日用品の生産も大きく縮小し，人々は日用品を中国からの輸入に依存することになった。

〈苦難の行軍〉は2000年に終了し，都市の人々の生活状況も回復を見せるようになった。食糧の方は，徐々に生産を回復してきたが，厳しさが続いている。05年から市場での穀物取引が禁止されたが，都市の人々は依然国家の穀物販売だけでは足りず，2012年現在でも個人的な取引によって必要な穀物の多くを頼らざるをえない状態が続いている。動力に関しては，電力生産が2000年頃に従来の水準に回復し，それにともなう日用品の生産の回復によって06年頃から中国製品への依存は小さくなった。そして，06年には平壌市内で24時間営業の商店が現れるようになった。

08年頃から平壌の人々の消費生活に大きな改善が目に見えて現れるようになった。一つは朝鮮通信会社とエジプト・オラスコム電気通信社との間で第3世代移動通信事業が始まり，09年から平壌で携帯電話をもつ人々が急増したことである。この事業での携帯電話の利用者は11年1月の発表で45万人，13年1月の報道では180万人を突破しつつあると伝えられている。もう一つは09年に平壌市内で初のファーストフード店が開店したことであり，賑わいを見せている。

また，平壌市内では2010年に国立演劇劇場，凱旋青年公園，12年に万寿橋肉商店，倉田通り，綾羅人民遊園地，平壌民俗公園(旧・大城山遊園地)，13年に銀河科学者通り，文繍水泳場，美林乗馬倶楽部が建設され，消費生活の向上のみならず娯楽の多様化が見られる。また，12年に中国資本との合弁事業によって，従来外貨ショップであった光復百貨店が大衆的な大型ショッピングセンターである光復地区商業センターに改修され，賑わいを見せている。ただし，平壌での消費生活の向上や娯楽の多様化が他の都市や農村に及ぶにはまだ時間がかかりそうである。

[末端行政区画]　今日の共和国における末端行政区画は，都市部では▶洞♣，農村部では▶里，▶邑♣，労働者区である。

解放直後，北半部では，南半部と同じく，都市部で日本人居住者が多かった〈町〉〈通〉〈丁目〉などの日本式の町名は，朝鮮式の〈洞〉〈路〉〈街〉に改められた。一方農村では，平安北道と咸鏡南道を除き，里が引き継がれた(平安北道と咸鏡南道では農村部でも洞が用いら

れた)。1949年に末端行政区画の名称は都市部，農村部ともに里に統一された。

その後都市部に関しては，55年2月22日の最高人民会議常任委員会政令で里を洞に変更し，それまでの地方自治機関であった里人民委員会を地方官庁の出先機関である洞事務所に変更した。洞事務所は67年9月25日の最高人民会議常任委員会政令で廃止され，代わって洞人民委員会が設置された。そして72年12月の憲法改正で洞人民委員会は廃止され，洞事務所が復活して今日に至る。

一方，農村部に関しては，朝鮮戦争中の52年12月22日の最高人民会議常任委員会政令と27日の内閣決定によって，里の上級機関である▶面♣が廃止されるとともに，里の統廃合が進められ，当時1万0120個あった里が3659個になった。同時に，郡の中心地の里が邑に改称し，また，里のうち，400人以上の成人人口をもち，その65%以上が工場，鉱山，漁業などの賃金労働者であるものが労働者区に改称された。さらに里については，58年10月11日の内閣決定で，農業協同組合(62年〈協同農場〉に改称)が里単位に統合されるとともに，協同組合管理委員長が里人民委員会委員長を兼任することになった。そして，72年12月の憲法改正で，里，邑，労働者区の人民委員会は廃止され，里では協同農場管理委員会と里事務長が地方官庁の行政上の指示を伝達，遂行する仕組みとなり，また，邑および労働者区には地方官庁の出先機関である邑事務所および労働者区事務所が置かれて，今日に至る。

中川 雅彦

【日朝関係】　日本からみての共和国は，正式国交関係はおろか領事館業務も開かれていない世界中でほとんど唯一の国として，とり残されている。この状態は，冷戦期の▶封じこめ♣戦略の延長上に，65年以後の日韓体制による牽制が働いた結果で，いまだに戦後責任の処理も未済である。こうした日本政府側の姿勢により，日朝間の交流は，もっぱら野党・民間の友好団体・個人の努力にゆだねられてきた。▶在日本朝鮮人総連合会(1955年結成，略称朝鮮総連)が果たしている仲介的役割も大きい。52年6月日朝協会の発足，53年11月大山郁夫らの訪朝(日本人として戦後初めて)，55年2月南日外相の対日関係改善を求める声明などにみられるように，日朝交流は日中国交回復運動と平行して，50年代には順調な進展を示していた(▶日朝友好運動)。とくに59年8

月に，〝在日朝鮮人帰還協定（これにより84年までに約9万3000人が帰国）〟が両国赤十字社間で調印をみたことは，半ば公的な接触として特筆される。しかし，65年の日韓条約はこの動きを中断させる役割を果たし，以後〈日中〉と〈日朝〉の軌跡は大きく違ってくる。71-72年段階にはやや〈雪どけ〉的な局面もみられたが，外部条件の悪化により，その後は再び個別的な交流の拡大の歩みも遅々たるものとなっている。共和国からの入国は，63年2月の世界スピードスケート選手権大会への選手の入国を皮切りに，とくに71年以後スポーツ，文化などの領域では徐々に拡大されているが，日本側がなお政治家の入国の不承認など大きな制限を課している。在日朝鮮人の祖国自由往来は，65年に墓参の老人のケースを認めて以後，不許可が続いたが，70年ごろから緩和され，最近では〝朝鮮大学校をはじめ民族学校生徒の修学旅行なども実現している。貿易は民間の日朝貿易会を窓口に進められてきたが，70年代初頭のプラント輸出にともなう技術者入国や輸銀融資についての日本側の拒否や共和国の債務問題（76年顕在化）などのため，困難が多い。77年に締結された日朝漁業協定（日本側は共和国側漁業水域（50-200カイリ）内での法秩序を遵守すること，同水域で操業しうる漁船は200トン以内，水産資源の保護などを定める）は82年の期限切れ以後中断されていたが，韓国の全斗煥大統領訪日後の84年10月，再締結された。しかし，日本政府の消極的姿勢とも関連して依然として共和国は不自然に〈近くて遠い国〉であり続けている。　　　　　梶村 秀樹

[1990年代]　日朝関係は，非政府レベルでの交流はあったものの，国交がないため不正常な関係が続いてきた。そうしたなか，1990年9月に朝鮮労働党の招請で訪朝した自民党代表団（金丸信元副総理）と社会党代表団（田辺誠副委員長）に対し，金日成主席が国交正常化を提議，〈日朝関係に関する3党共同宣言〉が発表された。予備会談での合意にしたがって，日朝国交正常化に関する基本問題，経済問題，国際問題，そのほか双方が関心を有する諸問題（在日朝鮮人の法的地位，在朝日本人配偶者問題など）を議題に，91年1月に平壌で政府間の国交正常化本会談が開始された。その後3月に東京で第2回会談が開かれ，以後は北京で5月の第3回会談から92年11月の第8回会談まで開催されたが，第8回会談で物別れとなり，中断状態となった。直接的には87年の大韓航空機失踪事件の犯人とされる金賢姫の日本語教師であったといわれる〈李恩恵〉をめぐる問題で中断したが，最大の障害は北朝鮮の核兵器開発疑惑の問題であった。そのほかの対立点は，基本関係で〈乙巳五条約〉（1905年の〝日韓保護条約など〟）について日本側は〈有効〉で〈合法〉的，北朝鮮側は〈不法〉と主張，また過去への償いの問題で日本側は〈請求権方式〉を，北朝鮮側は当初は〈賠償〉を，後には〈補償〉を主張しており，金額面でも大きく食い違うことが予想された。中断した日朝会談は，その後95年3月に渡辺美智雄自民党代表団長ら連立与党3党代表団が訪朝し，朝鮮労働党との間で〈日朝会談再開のための4党合意書〉を採択し，会談再開への地ならしが始められた。同年6月には，日本から北朝鮮に対し，無償15万t，延払い輸出15万t，合計30万tの米支援を行うことが日朝間で合意され，さらに10月には追加として米20万tを延払い輸出することが合意された。しかしその後の日本の支援は，国際機関を通じての支援にトーン・ダウンされた。背景としては，日朝会談の再開が進展しないことや，支援を受けた北朝鮮側の対応の拙さ，それに4者会談（南北，アメリカ，中国）を提案した韓国への配慮などがあったものと思われる。

[新たな障害]　さらに97年になって，日朝間の新たな障害となる問題として，北朝鮮による日本人拉致疑惑が大きく浮上し，国際機関を通じての支援も中断された。また，北朝鮮に渡った日本人配偶者の一時帰国問題への関心も高まった。そうしたなか同年8月に，日朝会談再開のための予備会談が，課長から審議官レベルに格上げされて始まった。同年11月，日本人配偶者の第1陣15人の一時帰国が実現し，国際機関を通じた日本の支援も再開された。さらに，森喜朗自民党代表団長ら連立与党3党の訪朝団が再び朝鮮労働党と会談，日朝会談の早期再開などで合意したことを発表した。懸案の拉致疑惑問題については，北朝鮮側は，北朝鮮とは関係ないことと反発しつつも，〈一般の行方不明者として調査する〉との回答をした。98年1月，日本人配偶者第2陣の一時帰国も実現し，日朝関係の改善が進むかにみえた。しかし，同年6月，北朝鮮が〈日本人行方不明者は存在しない〉という調査結果を伝え，さらに8月末に北朝鮮が3段式の飛行物体を発射，その2段目が日本を越えて太平洋側に落下したため，日本の世論は

強く反発した。北朝鮮はこれを人工衛星〈光明星1号〉の打上げであったと発表したが、国際的には実質的に弾道ミサイル〈テポドン〉の発射実験とみられた。日本政府は9月初め、国交交渉の見合せ、食糧支援の凍結、KEDOへの資金拠出凍結などの対抗措置をとり、さらに直行チャーター便の運航を凍結した。ただしKEDO（朝鮮半島エネルギー開発機構）への協力は、米・韓との協調体制維持の観点から10月に再開した。99年3月、日本海で北朝鮮のものと思われる不審船が領海を侵犯する事件が発生、日朝関係は最悪の状態となった。しかし、米朝高官協議は断続的に継続され、同年5月にはペリー北朝鮮政策調整官が訪朝した。そして9月、米朝間でアメリカの経済制裁緩和措置と引換えに、北朝鮮が米朝協議の継続中はミサイル発射を自制することで合意した。

[国交正常化交渉の再開] この間の99年8月に、北朝鮮は異例の政府声明を発表、ミサイル問題や拉致疑惑問題をめぐる日本の対応を強く非難する一方、日本が過去の植民地支配に関して謝罪と補償を行うよう求め、〈日本が過去の清算を通じた善隣関係樹立を求めてくるなら喜んで応じる〉と示唆した。こうしたことを受けて日本は、同年11月に日朝間のチャーター便凍結を解除した。さらに12月、村山富市元首相を団長とする超党派代表団が訪朝、朝鮮労働党代表団との間で、①国交正常化交渉の年内再開、②人道問題を協議する日朝赤十字連絡協議会の年内開催をそれぞれ両国政府に促すことで合意した。こうして12月中に北京で国交正常化交渉の予備会談と赤十字会談が開かれた。2000年になり、3月に日本政府は北朝鮮に対する米10万tの支援を発表、4月に平壌で日朝国交正常化交渉第9回本会談が7年半ぶりに開催された。会談で北朝鮮側は、①日本の明確な謝罪、②補償、③文化財の返還、④在日朝鮮人の法的地位の改善を優先的に解決するよう要求、これに対し日本側は、①過去の問題だけでなく、現在の懸案の解決が重要、②補償ではなく財産・請求権の問題として扱うべきであると主張した。次回会談は5月に予定されていたが、北朝鮮側の要請で延期された。この間、5月の金正日総書記訪中、6月の南北首脳会談、7月の沖縄サミットとバンコクにおけるASEAN地域フォーラム（ARF）での初の日朝外相会談など、朝鮮半島の緊張緩和に関連する大きな出来事が続き、8月に延期されていた国交交渉第10回本会談が東京と千葉（木更津）で開催された。双方の立場に基本的に変化はなかったが、交渉促進の意欲は示された。日朝関係をめぐる状況で以前と大きく異なる点は、南北首脳会談の実現を受けて、韓国が日朝の国交正常化促進を強く希望するようになった点である。日朝は今後、過去の歴史清算をどのように行うのかをめぐって具体的な交渉に入る。補償か、財産・請求権という過去清算の方式や具体的な金額の決着も難しいが、やはりミサイル問題をめぐる今後の北朝鮮とアメリカ新政権の交渉の行方とともに、最終的には拉致疑惑（行方不明者）問題が最大の焦点となろう。

[日朝貿易] 日朝の経済関係は、1970年代半ばに発生した北朝鮮の対日貿易大幅支払遅延（現評価額は元利合計約620億円）の解決のめどがつかないことや、不正常な日朝の政治関係および不安定な南北関係が継続したことから、80年代半ば以降も基本的に不振な状況が続いている。貿易は、輸出・輸入を合わせて80年代の初めには1000億円を超える年もあったが、最近数年間は500億円台（5億ドル前後）の水準で低迷している。99年には日本の輸出は167億円、輸入は228億円、合計395億円（ドル・ベースでは3.5億ドル）で、前年比23％減（ドル・ベースでは17％減）に落ち込んだ。輸出保険も停止されているため日本の商社が取引を控えていることもあって、貿易のほとんどは在日朝鮮人商社による〈朝鮮貿易〉になっているといわれる。貿易収支は、日本側の輸出手控えもあって、87年以来日本側の入超基調となっている。近年、貿易品目は繊維およびその関連品が輸出入とも金額的に半分程度を占めるようになり、非鉄金属や農水産品など一次産品中心の構成からは大きく変化した。これは被服類の合弁や委託加工が増えたためである。こうした北朝鮮に対する投資も、在日朝鮮人商工関係者によるもので、日本企業によるものはほとんどない。羅津・先鋒経済貿易地帯の設置で、日本の企業の投資が期待されているが、一般的には日本の経済界は静観中であり、日朝の国交正常化待ちという状況にある。

小牧 輝夫

[21世紀へ] 日朝国交正常化交渉は2000年10月の第11回会談で中断したが、02年4月および8月の日朝赤十字会談を経て、同年9月小泉純一郎総理が訪朝し、金正日国防委員長との間で初の日朝首脳会談が実現した。長年にわ

たって"日本人拉致問題が〈でっち上げ〉だと主張してきた朝鮮民主主義人民共和国のトップは，その事実を認め謝罪。〈日朝平壌宣言〉は，①国交正常化を早期に実現するため10月中に国交正常化交渉再開，②植民地支配に関する日本側の〈痛切な反省と心からのおわびの気持ち〉の表明，国交正常化後双方が適切と考える時期にわたって日本側から無償資金協力，低金利の長期借款，国際機関を通じた人道主義的支援など提供，③〈日本国民の生命と安全に関わる懸案問題〉(拉致，工作船など)について，北朝鮮側が〈再発防止のための適切な措置〉をとること，④朝鮮半島問題の〈包括的な解決のため，関連するすべての国際合意を遵守する〉こと，ミサイル問題を含む安全保障上の諸問題に関して，関係諸国間の対話を促進し，問題解決を図ること，北朝鮮側はミサイル発射モラトリアムを03年以降も延長すること，双方は安全保障に関わる問題について協議していくこと，とした。

日朝首脳会談の結果を受け，02年10月に拉致被害者5名の帰国が実現し，第12回国交正常化交渉がクアラルンプールで開催されるも，複数の拉致被害者が〈死亡〉とされ，安否調査で不完全な証拠が提示されたことなどから日本世論が猛反発し，その後停滞。04年5月の第2次小泉訪朝によって被害者家族5名が帰国。小泉総理は日朝平壌宣言を再確認し，国際機関を通じた25万tの食糧援助，1000万ドル相当の医療援助を約束。その後，日朝実務者協議，日朝政府間協議，日朝包括並行協議，日朝国交正常化のための作業部会，日朝赤十字会談などが開催されたが，国民的関心事となって久しい拉致問題に関して実質的な進展はみられなかった。日本人妻問題も日朝間の人道的懸案として未解決のままである。

日本は04年2月の〈改正外国為替及び外国貿易法〉(改正外為法)に続いて，6月に〈特定船舶入港禁止特別措置法〉を成立させたほか，06年7月の北朝鮮による〈人工衛星〉打ち上げをミサイル発射と受けとめ，10月の地下核実験とともに国連安保理決議の採択にイニシアティブを発揮。決議に基づく制裁措置のほか，すべての北朝鮮籍船の入港禁止措置，日朝間のすべての品目の輸出入禁止，北朝鮮国籍者の日本への入国の原則禁止といった独自の措置も発動した。

磯崎 敦仁

資料編

朝鮮史略年表
統一問題年表
文献案内
ハングル表
韓国・北朝鮮関連のURLリスト
世界遺産［韓国・北朝鮮］

朝鮮史略年表

年代	朝鮮	中国	日本		
200B.C.	衛氏朝鮮	前漢	弥生時代	195B.C.―衛満、衛氏朝鮮を建国。 108B.C.―衛氏朝鮮滅亡。漢の武帝が朝鮮に四郡を置く。 37B.C.―ろ―高句麗建国。	多鈕細文鏡 江原道 青銅器時代
0	玄菟郡 臨屯郡 楽浪郡 真番郡				
100		新 後漢		12―新の王莽が高句麗を侵略。	支石墓 京畿道 青銅器時代
200	帯方郡 馬韓 弁韓 辰韓	魏蜀呉		●このころから、夫余の迎鼓、東濊の舞天下、高句麗の東盟などの祭天行事、収穫祭が行われる。 05ころ―高句麗の大守、公孫康が楽浪郡南部に帯方郡を設置。 44-45―独の田丘倹が高句麗を侵略し、王都を攻略。	金銅弥勒菩薩半跏像 三国時代
300	百済 加羅 新羅	晋 南北朝	古墳時代	13ころ―高句麗、滅族、韓族が楽浪・帯方郡を滅ぼす。 ―このころ、百済が建国、やや遅れて新羅を建国。 91―高句麗の広開土王が即位。この代に領土を拡大。	武寧王陵〈内部〉 公州 百済
400	高句麗			27―高句麗、王都を平壌に移す。 ●高句麗の瑞鳳塚、天馬塚、金冠塚など築造。 75―高句麗が百済王都漢城を攻略し、百済、熊津（公州）に南遷。	金冠 慶州 天馬塚 新羅
500				28―高句麗ではじめて仏法を行う。 38―百済、泗沘（扶余）に遷都。 62―新羅が大伽耶などの加羅諸国を併合。	舞踊塚壁画〈狩猟図〉 中国吉林集安 高句麗
600		隋 唐	飛鳥時代	10―高句麗の嬰陽王、日本に遣わす。 60―新羅・唐が百済を滅ぼす。676年新羅が朝鮮統一。 98―大祚栄が渤海を建国、震国と号す（926年滅亡）。	山景文塼 扶余 百済
700	渤海 統一新羅		奈良時代	22―新羅、丁田を支給。 27―渤海、日本と国交を開く。 51―大相が慶州に仏国寺を創建、貿易を拡大す。	定林寺址 五層石塔 扶余 百済
800			平安時代	28―新羅、張保皋が海賊を鎮圧。 90ころ―郷歌の歌謡集『三代目』編纂。 92―甄萱が反乱、後百済を建国。	延嘉7年銘 金銅如来立像 宜寧 高句麗
900	高麗 後高句麗 後百済	五代十国 北宋		18―王建が高麗王朝を興す。 58―官吏採用試験の科挙制度を実施。 76―田柴科を定め、官職に応じて土地を支給（1076年整備）。	騎馬人物形土器 慶州 金鈴塚 新羅
1000				10―契丹軍40万が半島を侵略（第2次侵略）。 33―高麗、国境に長城を築く。	

1100	南宋	朝鮮王朝(李朝)	35―妙清らが西京(平壌)で反乱を起こす。
1200			45―金富軾『三国史記』編纂。 47―同姓婚、近親婚を禁止。 96―崔忠献が政権をとり、崔氏武人政権時代になる(→1258)。
	元		31―モンゴル第1次侵略(→8次1257)。 70―モンゴルに降服。江華島に遷都。開城に還都。三別抄の抗戦(→1273)。 74,81―元・高麗連合軍、日本を攻撃(文永・弘安の役)。 96―崔忠献が政権をとり、崔氏武人政権時代になる。 ●このころ朱子学を受容。
1300			50―ら倭寇の侵略激化。漕運年治岸各地を掠奪。 59―中国の紅巾賊が西京を陥落させる。 77―火㷿都監を設置、火炎武器を製造。 92―高麗を滅ぼし、李成桂が李朝(朝鮮王朝)建国。
	明		13―8道の地方行政組織を完成。 19―対馬で倭寇撃退(己亥東征、応永の外寇)。 46―世宗、ハングルを創製、1469年『経国大典』完成。 98―既成・新進儒者の対立により戊午の土禍が起こる。
1400			
1500	明	朝鮮王朝(李朝)	10―三浦の日本人が反乱を起こす。 42―白雲洞書院(書院の始まり) 75ごろ―儒が東西両派に分党、1591年東人、南北に分裂(党争)。 92-98―壬辰・丁酉倭乱(文禄・慶長の役)。
	安土桃山時代		
1600		江戸時代	07―日本と国交回復、朝鮮通信使始まる。 ―群玠らが最初のハングル小説(洪吉童伝)を著す。 27,36―丁卯・丙子の乱(金冠、清軍が侵略)。 88ごろ―金万重が小説『九雲夢』を著す。
	清		
1700			08―大同法、全国実施。貢納制から米穀中心の租税制へ。 50―サツマイモを日本から受容。 63―天主教(カトリック)伝播。翌年、李朝が西学禁止。 84―李承薰、天主教(カトリック)伝道。
1800			―民乱続発。洪景来の反乱(1812)、壬戌民乱(1862)。 60ごろ―崔済愚が東学を唱導。 66―丙寅の洋擾(米船、仏艦隊の侵入)。天主教に大弾圧。 76―日朝修好条規で開国。1882年朝米修好通商条約。 84―開化党による甲申政変。 94―甲午農民戦争、日清戦争の契機となる。甲午改革。 96―独立協会の結成。『独立新聞』発刊。
	明治	大韓帝国	
1900	中華民国	日本支配	05―日韓保護条約。反日義兵闘争が全土に拡大。 10―日韓併合条約。日本、大韓帝国を併合。朝鮮総督府を設置。 19―三・一独立運動。上海に大韓民国臨時政府を樹立。 40―朝鮮総督府が創氏改名を強要(皇民化政策)。
	大正	大韓民国	48―大韓民国、朝鮮民主主義人民共和国成立。 50-53―朝鮮戦争。
	昭和	朝鮮民主主義人民共和国	72―統一について南北共同声明(七・四共同声明)。
	中華人民共和国		

資料

643 略年表

統一問題年表

1945.8.9―ソ連軍，対日参戦，朝鮮への攻撃開始
 8.15―日本の終戦詔書発表により朝鮮解放．同日，ソ連，連合国の〈一般命令第1号草案〉を了承し，北緯38度線が米ソ両軍占領の境界に確定
 8.25―ソ連軍，平壌進駐
 9.8―米軍，朝鮮上陸，ソウル進駐
47.7.10―朝鮮の独立方式を協議する米ソ共同委員会，決裂
48.4.19-28―平壌で南北政党・社会団体連席会議を開催（南から金九，金奎植らも出席）
 5.14―料金の未払いを理由に北朝鮮から南朝鮮への電力供給中断
 8.15―大韓民国政府樹立
 9.9―朝鮮民主主義人民共和国政府樹立
 12.26―ソ連軍，共和国から撤収完了
49.6.29―米軍，軍事顧問団を残して韓国から撤収完了
50.6.25―朝鮮戦争勃発
 6.27―アメリカのトルーマン大統領，海軍と空軍に出動命令，30日に陸軍にも
 7.7―米軍を中心とする国連軍組織
 7.16―韓国軍，国連軍司令官の指揮下に
 10.19―中国人民志願軍，鴨緑江渡河を開始し参戦，25日に中朝連合司令部設置
53.7.27―国連軍，中国人民志願軍，朝鮮人民軍の3者で停戦協定調印，軍事境界線が南北の境界に
 8.30―国連軍，黄海側の隅島，延坪島，小青島，大青島，白翎島の5島を結ぶ線を，国連軍と韓国軍の行動範囲に関する〈北方限界線〉(NLL)と規定
 10.1―韓米相互防衛条約調印
57.6.21―国連軍，中立国監視委員会の機能停止を宣言
58.10.28―中国人民志願軍撤収完了
60.4.19―韓国で大規模学生デモ，27日，李承晩大統領，辞任
 8.14―金日成首相，〈統一までの過渡的な措置〉として〈南北連邦制〉を提案
61.5.3―ソウル大学校民族統一連盟，板門店での南北学生会談を提案
 5.16―韓国で軍事クーデタ発生，朴正煕少将が政権掌握
 7.6―朝ソ友好親善相互援助条約締結
 7.11―朝中友好親善相互援助条約締結
 10.20―韓国中央情報部，朴正煕との接触を試みた共和国の黄泰成元商業省副相をスパイ容疑で逮捕
62.10.12―朝中国境画定条約締結
65.6.22―日韓基本条約調印
 8.14―韓国中央情報部，〈人民革命党〉を組織して国家転覆を図った41人を逮捕したと発表（人民革命党事件）
 10.8―韓国海兵隊，ベトナム上陸，22日に陸軍も
66.10.19―朝鮮人民軍空軍部隊，秘密裏にベトナムに出発
67.1.19―朝鮮人民軍海軍，韓国海軍警備艇56号を撃沈
 7.8―韓国中央情報部，ヨーロッパ在住の韓国人教授や留学生を共和国側の工作員と接触したなどの容疑で逮捕したと発表（東ベルリン事件）
68.1.21-2.3―武装ゲリラ31人，ソウルの大統領府を襲撃，警察・軍と交戦
 1.23―朝鮮人民軍海軍，米軍情報船プエブロ号を拿捕
 7.1―韓国，核拡散防止条約(NPT)に調印（75年3月19日批准）
 7.4―韓国中央情報部，統一革命党の組織活動をしていた金鍾泰を逮捕
 11.3-12.25―韓国慶尚南道蔚珍・江原道に武装ゲリラ侵入，警察・軍と交戦
69.4.15―朝鮮人民軍，米軍偵察機EC121を撃墜
 12.11―江陵を出発した大韓航空機がハイジャックされ，北側の浦に着陸
70.1.1―朴正煕，北側に対する〈絶対的優位〉の確保と単独侵攻に独自に対処する〈自主国防力〉の確保をめざす方針を発表
 8.15―朴正煕，南北のうちどちらが国民の暮らしをよくするかで競争するという〈善意の競争〉論を発表
71.7.16―アメリカのニクソン大統領の訪中計画発表
 8.12―大韓赤十字社の崔圭善総裁，南北離散家族問題を協議するための会談を提案
 9.20―板門店で南北赤十字会談予備会談開始
72.7.4―李厚洛韓国中央情報部長と金英柱朝鮮労働党組織指導部長の名で，南北共同声明を南北で同時発表
 10.12―南北調節委員会開始
 10.17―朴正煕，非常戒厳令を宣布
 12.27―共和国憲法に代わって社会主義憲法制定，金日成，国家主席に就任．同日，韓国で維新憲法公布
73.6.23―朴正煕，大統領特別声明で国連への南北

同時加盟など7項目を提案．同日，金日成，高麗連邦共和国の国号で南北が一つの国として国連加盟に加盟することを提案
　　8.8―東京で韓国有力政治家金大中が拉致される
　　8.28―金英柱南北調節委員会北側共同委員長，金大中拉致事件を理由に南北対話の打ち切りを発表
74.4.25―韓国中央情報部，全国民主青年学生総連盟の関係者180人らを逮捕した捜査状況を発表（民青学連事件）
　　11.15―国連軍司令部，軍事境界線南側で南進用のトンネルを発見したと発表（第1トンネル）
75.6.20―アメリカのシュレジンジャー国防長官，韓国にすでに戦術核兵器が配置してあることを発表
　　9.22―アメリカのキッシンジャー国務長官，国連総会で，日米が共和国を，中ソが韓国を承認するクロス承認案を発表
76.8.18―板門店で樹木の伐採をめぐる争いで朝鮮人民軍兵士が米軍将校2人を斧で殺害（ポプラ事件）
77.7.14―朝鮮人民軍，軍事境界線を越えてきた米軍ヘリCAC47を撃墜
78.11.7―韓米連合司令部発足
79.6.30―アメリカのカーター大統領が訪韓，米，韓，朝による三者会談の開催を提案
　　10.26―朴正煕，金載圭中央情報部長により暗殺される
　　12.12―韓国軍の全斗煥保安司令官，戒厳司令官の鄭昇和陸軍参謀総長を逮捕
80.9.1―全斗煥大統領就任
　　10.10―金日成主席，南北が連邦制で一つの国家になる連邦制統一案を発表
81.9.30―ソウル・オリンピック（1988）開催決定
82.1.22―全斗煥，統一憲法起草のための民族統一協議会設置などを話し合う閣僚級予備会談を提案
83.10.9―ラングーン（現・ヤンゴン）で全斗煥を狙った爆弾テロ事件，11月4日，ビルマ（現ミャンマー）政府，朝鮮人民軍将校による犯行と発表
84.1.10―共和国政府，朝・韓・米の三者会談を提案
　　9.29―ソウルの水害に関して，共和国側から韓国側へ救援物資の引渡し開始
　　11.15―南北経済会談開始
　　11.20―南北赤十字予備会談，7年ぶりに再開
85.4.26―全斗煥大統領が訪米，レーガン大統領と会談，クロス承認を打ち出す
　　5.30―南北赤十字本会談再開，離散家族相互訪問で合意
　　6.20―第3回南北経済会談開催．南北経済協力共同委員会の設置で合意
　　9.20-23―南北の離散家族代表（50人），芸術公演団（50人），団長と随員・記者（51人）のソウル・平壌相互訪問実現
　　12.12―共和国，NPTに加盟
87.6.29―韓国与党の盧泰愚代表，大統領直接選挙を柱とする〈民主化宣言〉を発表
　　7.23―共和国政府，91年までに南北双方の兵力をそれぞれ10万人以下に削減しようという3段階の南北軍縮を提案
　　11.29―大韓航空機がインド洋で消息を絶つ事件が発生，88年1月15日，韓国国家安全企画部，共和国側の犯行であるとの捜査結果を発表，被疑者記者会見
88.2.25―盧泰愚大統領就任
　　9.17―ソウル・オリンピック開幕，共和国は不参加
89.1.23―鄭周永現代グループ名誉会長が訪朝
　　2.1―韓国，ハンガリーと国交正常化
　　7.1―平壌で第13回世界青年学生祭典開幕．韓国全大協代表の女子学生が韓国政府の許可なく訪朝して参加
　　9.27―南北赤十字，3年9ヵ月ぶりに会談再開
　　11.1―韓国，ポーランドと国交正常化
　　12.6―朝米参事官級接触開始
　　12.26―韓国，ユーゴスラビアと国交正常化
90.3.22―韓国，チェコスロバキアと国交正常化
　　3.23―韓国，ブルガリアと国交正常化
　　3.26―韓国，モンゴルと国交正常化
　　3.30―韓国，ルーマニアと国交正常化
　　4.19―アメリカ国防総省，在韓米軍削減を含む〈アジア太平洋地域の戦略的枠組み〉を議会に提出
　　5.28―共和国で朝鮮戦争時の米兵遺骨の発掘，返還を開始
　　9.5-6―ソウルで第1回南北高位級（総理）会談開催
　　9.24-28―日本の自民党・社会党代表団訪朝
　　9.30―韓国，ソ連と国交正常化
91.1.30―国交正常化のための日朝政府本会談，開始
　　3.25―板門店の軍事停戦委員会国連軍首席代表が米軍の将軍から韓国軍の将軍に交代
　　4.24-5.6―世界卓球選手権大会に南北統一チームが参加
　　9.17―韓国，共和国ともに国連加盟
　　9.24―盧泰愚，国家連合，連邦制を経て自由民主主義による完全統一を実現する〈3段階統一案〉を発表
　　12.13―第5回南北高位級会談（ソウル）で〈南北

間の和解と不可侵および交流協力合意書〉調印
　12.18―盧泰愚，韓国には核兵器は一つもないと宣言
　12.24―金正日，朝鮮人民軍最高司令官に就任
　12.31―南北，〈朝鮮半島の非核化共同宣言〉仮調印（92年1月20日に正式調印）
92.1.7―韓国，92年の韓米合同軍事演習〈チーム・スピリット92〉の中止を発表
　1.30―共和国，国際原子力機関（IAEA）との核査察協定に調印
　5.22―韓国軍，朝鮮人民軍兵士が軍事境界線を越えて侵入したため銃撃戦となり，3名を射殺したと発表．共和国は〈捏造〉と否定
　7.18―共和国の金達玄副総理，南北経済協力問題で訪韓
　8.24―韓国，中国と国交正常化
　10.6―韓国国家安全企画部，韓国に地下党を構築してスパイ活動をしてきた62人を拘束したと発表（南韓労働党中部地域党事件）
93.2.25―金泳三大統領就任
　2.25―IAEA理事会，共和国に対する寧辺の2施設への特別査察1ヵ月内受け入れ要請を決議
　3.12―共和国，NPT脱退を発表
　3.19―韓国政府，元朝鮮人民軍従軍記者の李仁模を送還
　4.9―金正日，国防委員会委員長に就任
　5.29―共和国，日本海でミサイル発射演習
　6.2-11―ジュネーブで朝米協議，アメリカが核兵器を含む武力不使用などに合意し，共和国がNPT脱退を一時保留
　7.14-19―ジュネーブで朝米協議，アメリカが共和国への軽水炉導入支援を提案，共和国はIAEAとの協議再開で合意
　10.1―IAEA総会，共和国に査察協定の完全履行を求める決議
94.3.1―IAEA査察団，限定的査察のため平壌入り．共和国が放射化学研究所の査察を拒否
　3.23―韓国軍，有事には平壌より北側の清川江にまで北進するという〈韓米連合作戦計画5027〉の概要を発表．
　4.28―朝鮮人民軍，国連軍側に軍事停戦委員会中朝代表団の撤収を通告
　5.24―朝鮮人民軍，軍事停戦委員会中朝側代表団に代わる朝鮮人民軍板門店代表部の設置を通告
　6.10―IAEA理事会，共和国への核関連技術協力を停止する決議
　6.13―共和国，IAEAからの即時脱退を宣言
　6.18―カーター元アメリカ大統領，訪朝，金日成と会談
　7.8―金日成，死去
　10.21―米朝，ジュネーブで核問題解決のための朝米基本合意文に調印
　12.15―板門店の中国人民志願軍代表，撤収
　12.17―朝鮮人民軍，軍事境界線を越えて侵入した米軍ヘリを撃墜
95.2.25―韓国，チーム・スピリットの中止を発表
　3.9―共和国に軽水炉を建設するための米韓日などによる国際事業体の朝鮮半島エネルギー開発機構（KEDO）が正式発足
　5.17―韓国政府，大宇グループの対北投資を初めて許可
　6.21―韓国のコメ15万t支援で南北が合意
　11.9―羅津～釜山定期コンテナ航路，開設
96.4.4―朝鮮人民軍板門店代表部，停戦協定による軍事境界線と非武装地帯の維持・管理任務を放棄すると宣言
　4.16―米韓首脳，共和国に南・北・米・中の4者会談を提案
　9.18-11.7―韓国東海岸で朝鮮人民軍潜水艦が座礁，上陸した兵士と韓国軍が銃撃戦
97.2.12―韓国政府，黄長燁朝鮮労働党書記が韓国に亡命を申請したと発表
　7.16―軍事境界線で南北が砲撃戦
　10.8―金正日，朝鮮労働党総書記に就任
　12.9-10―朝鮮半島の平和体制構築のための4者会談がジュネーブで初会合
98.2.25―金大中大統領就任
　6.16―平壌入りした鄭周永現代グループ名誉会長，共和国側と金剛山観光開発事業の推進で合意
　8.31―咸鏡北道花台郡舞水端里で運搬ロケット〈白頭山1号〉に搭載した人工衛星〈光明星1号〉打ち上げ．韓，米，日などは長距離弾道ミサイル〈テポドン〉の発射であると規定
　9.5―社会主義憲法の大幅改正，新たな政治体制で金正日が国防委員長に再任
　11.18―韓国の金剛山観光船が初出航
99.6.15―黄海で南北の艦艇が銃撃戦
　9.2―朝鮮人民軍総参謀部，〈西海海上軍事境界線〉の設定を発表．韓国側は国連軍のNLLが境界であるとして無視
　9.17―アメリカ政府，対朝経済制裁の緩和を発表
　9.24―共和国政府，朝米交渉が続いている間はミサイル発射を中止すると発表
　10.12―アメリカ政府，対朝政策見直しに関するペリー報告の概要を公表
2000.2.9―朝ソ友好親善相互援助条約に代わる朝ロ親善善隣協力条約調印

3.9―金大中，共和国に経済協力と朝鮮半島での冷戦終結を呼びかけるベルリン宣言発表
3.23―朝鮮人民軍海軍司令部，西海の航行に関する〈5島通行秩序〉を公布。韓国側は無視。
5.29-31―金正日，訪中
6.13-15―金大中，平壌訪問，金正日と初の首脳会談，南北共同宣言発表
7.19-20―ロシアのプーチン大統領，訪朝
7.29-31―ソウルで第1回南北閣僚級会談開催，板門店連絡事務所の再開，京義線の復旧などに合意
8.15-18―離散家族がソウル・平壌を相互訪問
10.23-25―アメリカのオルブライト国務長官，訪朝
12.28-30―ソウルで第1回南北経済協力推進委員会開催
2001.2.21―共和国外務省，1月発足のアメリカ・ブッシュ政権の対朝鮮政策に強い懸念を示す談話を発表
10.17―ブッシュ，記者会見で，金正日に関して〈異常に疑い深く隠し事が多い〉〈まったく理解できない人物〉〈約束を守らない人物〉であると発言
2002.1.29―ブッシュ，年頭教書で共和国をイラン，イラクとともに〈悪の枢軸〉と位置づけ
4.3-5―金大中の特使林東源大統領特別補佐官，訪朝
4.28-5.3―南北離散家族再会事業，金剛山で実施
6.29―黄海で南北の艦艇が交戦
9.18―京義線と東海線の鉄道・道路を連結する工事の起工式，南北4ヵ所で同時に
9.29―釜山アジア大会開催，共和国選手団・応援団665人が参加
11.13―共和国がウラン濃縮による核開発を進めているとして，KEDOが重油の提供を停止
2003.1.10―共和国，NPTからの即時脱退を発表
1.22-24―第9回南北閣僚級会談で，核問題の平和的解決に南北が協力することに合意
2.25―盧武鉉大統領就任
6.30―南北協力事業の開城工業団地着工式
8.4―南北経済協力事業を推進してきた鄭夢憲現代峨山会長が投身自殺
8.21―大邱ユニバシアード大会開催，共和国選手団・応援団520人が参加
8.27-29―北京で朝，米，ロ，中，韓，日による朝鮮半島非核化のための6者会談開催
11.21―KEDO，軽水炉建設の停止を発表
2004.6.4-5―南北将官級会談で黄海での武力衝突防止策と軍事境界線一帯での宣伝活動中止に合意
6.14―韓国政府，故金日成主席10周忌のための訪朝不許可方針を発表
8.14―アテネ・オリンピック開会式で南北朝鮮が合同行進
12.15―開城工業団地での初製品，韓国に搬入
2005.2.10―共和国，核保有国になったと宣言
6.17―鄭東泳統一部長官，平壌で金正日と会談
9.19―6者会談，共和国の非核化過程を盛り込んだ共同声明を採択
2006.7.5―共和国，ミサイル演習を日本海で実施
10.9―共和国，咸鏡北道で地下核実験実施
12.18-22―6者会談再開
2007.2.8-13―6者会談で，朝鮮は寧辺の核施設を無力化し，アメリカが朝鮮に対するテロ支援国家の指定を解除するという〈初期段階の措置〉，5つの作業部会の設置が決定
10.2-4―盧武鉉が訪朝，金正日と首脳会談，南北平和繁栄宣言を発表
2008.2.25―李明博大統領就任
3.26―韓国軍合同参謀議長に内定した金泰栄大将(28日就任)，国会聴聞会で〈北朝鮮に核攻撃の兆しが見えれば核基地を打撃する〉と発言
3.29―共和国，韓国当局者の軍事境界線通過を全面遮断すると発表
6.26―共和国，寧辺核施設無力化の象徴として原子炉の冷却塔を爆破
7.11―金剛山観光地区で朝鮮人民軍兵士が立入禁止地区に入った韓国人観光客を射殺，韓国政府，金剛山観光旅行を中断
8.10―共和国，金剛山観光地区の韓国観光公社や金剛山面会所にいる韓国側人員を追放
10.11―アメリカ政府，共和国のテロ支援国家指定解除と適正国通商法適用終了を発表
12.1―共和国，韓国側民間団体のビラまきを理由に，南北間の通行を大幅に制限，南北縦断鉄道の運行停止
2009.4.14―共和国，自前の軽水炉を開発すると発表
4.5―共和国，〈銀河2号ロケット〉による人工衛星〈光明星2号〉打ち上げ，韓，米，日などは長距離弾道ミサイル実験と規定
5.25―共和国，2度目の地下核実験実施
6.13―共和国，ウラン濃縮事業に着手すると発表
11.10―黄海で南北の艦船が交戦
2010.3.26―黄海で韓国軍の哨戒艦〈天安号〉が沈没。5月20日に韓国主導の国際軍民合同調査団，北側の魚雷攻撃によるものと調査結果を発表．共和国は否定

11.9-13―アメリカのロスアラモス国立研究所のヘッカー元所長が訪朝，ウラン濃縮施設を案内される
　　11.23―朝鮮人民軍，韓国海兵隊の演習の砲弾が〈海上軍事境界線〉の内側に着弾したことを理由に，韓国側の延坪島を砲撃
2011.8.22―金剛山地区から韓国側人員撤収
　　8.24―金正日，ロシア・ブリヤート共和国でメドベージェフ大統領と会談，共和国領域内を通って韓国まで抜けるガスパイプライン建設のための特別委員会の設置で合意
　　9.21-24―韓国7大宗教団体代表団，訪朝
　　12.17―金正日死去
　　12.26―故金大中夫人と現代グループ会長らの弔問団，開城を通って平壌入り
　　12.30―金正恩，朝鮮人民軍最高司令官就任
2012.4.11―金正恩，朝鮮労働党第一書記に就任
　　4.13―平安北道鉄山郡の西海衛星発射場で人工衛星〈光明星3号〉を〈銀河3号ロケット〉で打ち上げ，直後に爆発
　　―金正恩，国防委員会第一委員長に就任
　　12.12―共和国，人工衛星〈光明星3号〉2号機を〈銀河3号ロケット〉で打ち上げ，米軍の北アメリカ航空宇宙司令部が軌道入りを確認したと発表
2013.2.12―共和国，3度目の地下核実験実施
　　2.25―朴槿恵大統領就任
　　4.8―共和国，開城工業団地の事業の一時中断を発表
　　4.26―韓国政府，開城工業団地からの韓国人従業員の撤収を決定
　　8.14―南北が開城工業団地の事業再開で基本合意
　　9.21―共和国，南北離散家族再会の25日実施を延期表明

　　　　　　　　　　　　　　　中川雅彦作成

文献案内

　この文献案内は，主として諸分野・各領域において基礎的な文献のうち日本語で書かれたものを掲げた（絶版，品切れのものも一部含む）。作成にあたっては，高崎宗司，舘野晳，中川雅彦，三ッ井崇，礒﨑敦仁，金子文夫をはじめ，20余名の執筆者の方々の御協力を得た。

　なお，朝鮮史研究会が作成したく戦後日本における朝鮮史文献目録〉（データベース版）がインターネット上で閲覧できる（http://www.zinbun.kyoto-u.ac.jp/~mizna/sengo/）。2012年現在，単行本約8000件，論文2万6482件が掲示されている。

事典・目録・資料など

●辞典・事典など
日韓辞典（安田吉実・孫洛範編，ソウル民衆書林刊・三修社発売，1983）
韓日辞典（安田吉実・孫洛範編，ソウル民衆書林刊・三修社発売，1983）
朝鮮語大辞典（大阪外国語大学朝鮮語研究室編，角川書店，1986）
朝鮮語辞典（小学館・金星出版社共編，小学館，1993）
最新朝鮮民主主義人民共和国地名辞典（申大興編，雄山閣出版，1994）
大韓民国地名便覧 1998年版（大韓民国内務部地方企画課監修，日本加除出版出版部編，日本加除出版，1999）
韓国・北朝鮮地名総覧（日本加除出版，各年版）
韓国・北朝鮮総覧（市川正明ほか編，原書房，1984）
旧植民地人事総覧 朝鮮篇（1-8，臨川書店，1997）
朝鮮地名集成（仲村新太郎ほか編，草風館，1995）
朝鮮人名辞書（朝鮮総督府編，復刻，第一書房，1977）
現代韓国人名録（日外アソシエーツ編・発行，1993）
朝鮮人物事典（木村誠ほか編，大和書房，1995）
朝鮮民主主義人民共和国組織別人名録 1995年度版（ラヂオプレス編集部編，ラヂオプレス，1995）
岩波小事典 現代韓国・朝鮮（和田春樹ほか編，岩波書店，2002）
年表で見る韓国の歴史（金徳珍／藤井正昭訳，明石書店，2005）
韓国歴史地図（韓国歴史教員大学歴史教育科編／吉田光男監修，平凡社，2006）
韓国文化シンボル事典（伊藤亜人監訳，川上新二編訳，平凡社，2006）
写真で見る在日コリアンの100年（在日韓人歴史資料館編，明石書店，2008）
韓国服飾文化事典（金英淑／中村克哉訳，東方出版，2008）
韓国出版事情ガイド（舘野晳・文燕珠，出版メディアパル，2008）
在日コリアン辞典（編纂委員会，明石書店，2010）
韓国歴史用語辞典（イ・ウンソク，ファン・ピョンソク／三橋広夫・三橋尚子訳，明石書店，2011）
朝鮮韓国近現代史事典 第三版（韓国史事典編纂会／金容権訳，日本評論社，2012）
韓国近現代文学事典（権寧珉／田尻浩幸訳，明石書店，2012）
●年表・目録・資料集
朝鮮語資料所蔵目録（アジア経済研究所図書資料部編，アジア経済研究所，1978）
朝鮮終戦の記録 資料編第1巻-第3巻（森田芳夫・長田かな子編，巖南堂書店，1979-80）
朝鮮近現代史年表（新東亜編輯室編／鈴木博訳，三一書房，1980）
朝鮮史年表（高秉雲・鄭晋和編，雄山閣，1981）
朝鮮半島近現代史年表・主要文書—1876年から1995年まで（市川正明編，原書房，1996）
国立国会図書館蔵朝鮮関係地図史料目録（国立国会図書館専門資料部編，国立国会図書館，1993）
戦後日本における朝鮮史文献目録 1945-1991（朝鮮史研究会編，緑蔭書房，1994）
梶村文庫朝鮮関係図書目録（同編集委員会編，文化センター・アリラン，1995）
近代日本人の朝鮮認識に関する研究文献目録（園部裕之編，緑蔭書房，1996）
東京都立中央図書館朝鮮語図書目録 正・補遺版

（東京都立中央図書館編・発行，1996-98）
日本語図書目録 1997（日韓文化交流基金編・発行，1998）
「慰安婦」関係文献目録（女性のためのアジア平和国民基金編，龍渓書舎，1997）
朝鮮文学関係日本語文献（大村益夫ほか編，早稲田大学語学教育研究所大村研究室，1997）
日韓キリスト教関係史資料（1・2，富坂キリスト教センター編，新教出版社，1984・1995）
北朝鮮の現況（ラヂオプレス編集部編，ラヂオプレス，1990-2004）
復刻『民主朝鮮』（全4巻・別巻1，金慶海編，朴鐘鳴ほか解説，明石書店，1993）
北朝鮮帰国事業関係資料集（金英達・高柳俊男編，新幹社，1995）
政府調査「従軍慰安婦」関係資料集成（1-5，女性のためのアジア平和国民基金編，ぎょうせい，1997）
資料 北朝鮮研究 I［政治・思想］（鐸木昌之ほか編，慶應義塾大学出版会，1998）
植民地社会事業関係資料集 朝鮮編（1-55，近現代資料刊行会，1999-2000）

歴史——通史

●通史

朝鮮史（朝鮮史編修会編，全37冊，復刻，東大出版会，1975-76）
朝鮮史（朝鮮大学校歴史学研究室編，朝鮮青年社，1976）
韓国史新論（李基白／武田幸男ほか訳，学生社，1979）
朝鮮史（武田幸男編，世界各国史，山川出版社，1985）
新しい韓国近現代史（鄭在貞／石渡延男ほか訳，桐書房，1993）
朝鮮史（武田幸男ほか，朝日新聞社，1993）
朝鮮の歴史（朝鮮史研究会編，三省堂，1995，新版）
韓国民衆史 近現代篇（韓国民衆史研究会編著／高崎宗司訳，木犀社，1998）
朝鮮史（武田幸男編，山川出版社，2000，新版）
韓国社会の歴史（韓永愚／吉田光男訳，明石書店，2003）
韓国の歴史（水野俊平，河出書房新社，2007）
韓国の歴史を知るための66章（金両基編著，明石書店，2007）
朝鮮の歴史—先史から現代（田中俊明，昭和堂，2008）
朝鮮史研究入門（朝鮮史研究会編，名古屋大学出版会，2011）
西洋と朝鮮—その異文化格闘の歴史（姜在彦，文藝春秋，1994）
韓国キリスト教の受難と抵抗—韓国キリスト教史 1919～45（韓国基督教歴史研究所／韓晳曦・蔵田雅彦訳，新教出版社，1995）
朝鮮の道教（車柱環／三浦国雄ほか訳，人文書院，1990）
名著で見る朝鮮文化史（李元淳ほか／徳成外志子ほか訳，新東洋出版社，1992）
朝鮮文化史の人びと（小川晴久，花伝社，1997）
世界美術大全集 東洋篇10 高句麗・百済・新羅・高麗（菊竹淳一・吉田宏志，小学館，1998）
韓国陶瓷史の研究（尹龍二／片山まび訳，淡交社，1998）
朝鮮芸能史（李杜鉉，東京大学出版会，1990）
朝鮮服飾考（李如星／金井塚良一訳，三一書房，1998）
韓国の食文化史（尹瑞石，ドメス出版，1995）
朝鮮のスポーツ2000年—海を越えて朝日交流（白宗元，柏書房，1995）

歴史——各論

●前近代史

韓国考古学概説（金元龍／西谷正訳，六興出版，1984）
北朝鮮考古学の新発見（斉藤忠，雄山閣出版，1996）
高句麗考古学研究（東潮，吉川弘文館，1997）
古代朝鮮（井上秀雄，NHKブックス，1971）
古代の朝鮮（旗田巍・井上秀雄編，学生社，1974）
韓国古代史研究（李丙燾，学生社，1980）
大加耶連盟の興亡と「任那」（田中俊明，吉川弘文館，1992）
高句麗の歴史と文化（東潮・田中俊明編著，中央公論社，1995）
高句麗と渤海（三上次男，吉川弘文館，1990）
継体大王と渡来人（森浩一・上田正昭，大巧社，1998）
東アジアの王権と交易—正倉院の宝物が来たもうひとつの道（李成市，青木書店，1997）
古代東アジアの民族と国家（李成市，岩波書店，1998）
朝鮮中世社会史の研究（旗田巍，法政大学出版局，1972）
朝鮮社会経済史研究（全4巻，四方博，国書刊行会，1976）
朝鮮王朝社会と儒教（李泰鎮／六反田豊訳，法政大学出版局，1999）
両班—李朝社会の特権階層（宮嶋博史，中公新書，1995）
豊臣政権の海外侵略と朝鮮義兵研究（貫井正之，青木書店，1996）
朝鮮通信使の研究（李元植，思文閣出版，1997）

朝鮮近世の御用商人(金東哲／吉田光男訳, 法政大学出版局, 2001)
渤海の歴史と文化(東北亜歴史財団編／赤羽目匡由ほか訳, 明石書店, 2009)
高句麗の政治と社会(東北亜歴史財団編／田中俊明ほか訳, 明石書店, 2012)
秀吉の朝鮮侵略と民衆(北島万次, 岩波新書, 2012)
朝鮮幽囚記(H.ハメル他／生田滋訳, 東洋文庫, 平凡社, 1969)
海游録―朝鮮通信使の日本紀行(申維翰／姜在彦訳, 東洋文庫, 平凡社, 1974)
懲毖録(柳成龍／朴鐘鳴訳, 東洋文庫, 平凡社, 1979)
三国史記(全4巻, 金富軾／井上秀雄訳, 東洋文庫, 平凡社, 1980-88)
看羊録―朝鮮儒者の日本抑留記(姜沆／朴鐘鳴訳, 東洋文庫, 平凡社, 1984)
日東壮遊歌―ハングルでつづる朝鮮通信使の記録(全2巻, 金仁謙／高島淑郎訳, 東洋文庫, 平凡社, 1999)
青邱野談―李朝世俗譚(野島充彦編訳, 東洋文庫, 平凡社, 2000)
乱中日記―壬申倭乱の記録(全3巻, 李舜臣／北島万次訳, 東洋文庫, 平凡社, 2000-01)
択里志 近世朝鮮の地理書(李重煥／平木實訳, 東洋文庫, 平凡社, 2006)

◉近代史

日韓併合小史(山辺健太郎, 岩波書店, 1966)
朝鮮近代革命運動史(朝鮮科学院歴史研究所／在日朝鮮人科学者協会歴史部会訳, 新日本出版社, 1963)
東学史――朝鮮民衆運動の記録(呉知泳／梶村秀樹訳, 東洋文庫, 平凡社, 1970)
朝鮮独立運動の血史(全2巻, 朴殷植／姜徳相訳, 東洋文庫, 平凡社, 1972)
韓国民族運動史(趙芝薫／加藤晴子訳, 高麗書林, 1975)
朝鮮三・一独立運動(朴慶植, 平凡社選書, 1976)
朝鮮の攘夷と開化(姜在彦, 平凡社選書, 1977)
朝鮮の開化思想(姜在彦, 岩波書店, 1980)
朝鮮社会運動史事典(文石柱編著, 社会評論社, 1981)
朝鮮民衆と「皇民化」政策(宮田節子, 未来社, 1985)
朝鮮近代の歴史像(中村哲ほか編, 日本評論社, 1988)
中国東北部における抗日朝鮮・中国民衆史序説(金静美, 現代企画室, 1992)
岩波講座 近代日本と植民地(全8巻, 1992-93)
韓国併合(海野福寿, 岩波新書, 1995)
日韓協約と韓国併合―朝鮮植民地支配の合法性を問う(海野福寿編, 明石書店, 1995)
姜在彦著作選(全5巻, 明石書店, 1996) 朝鮮の儒教と近代, 朝鮮近代の変革運動, 朝鮮の開化思想, 朝鮮の西学史, 近代朝鮮の思想
朝鮮の開国と近代化(原田環, 溪水社, 1997)
植民地権力と朝鮮農民(松本武祝, 社会評論社, 1998)
戦時下朝鮮の農民生活誌(樋口雄一, 社会評論社, 1998)
朝鮮近代史(姜在彦, 平凡社ライブラリー, 1998, 増補新訂)
異端の民衆反乱―東学と甲午農民戦争(趙景達, 岩波書店, 1998)
伊藤博文を撃った男―革命義士安重根の原像(斎藤充功, 中公文庫, 1999)
日清戦争期の韓国改革運動(柳永益／秋月望ほか訳, 法政大学出版局, 2000)
朝鮮／韓国ナショナリズムと「小国」意識(木村幹, ミネルヴァ書房, 2000)
近代交流史と相互認識(全3巻, 宮嶋博史・金容徳編, 慶應義塾大学出版会, 2001)
国家理念と対外認識 17～19世紀(朴忠錫・渡辺浩編, 慶應義塾大学出版会, 2001)
朝鮮民衆運動の展開(趙景達, 岩波書店, 2002)
韓国・日本・「西洋」(渡辺浩・朴忠錫編, 慶應義塾大学出版会, 2005)
朝鮮民族解放運動の歴史(姜萬吉編著／太田修ほか訳, 法政大学出版局, 2005)
岩波講座 アジア・太平洋戦争(全8巻, 2005-06)
「文明」「開化」「平和」(朴忠錫・渡辺浩編, 慶應義塾大学出版会, 2006)
帝国のはざまで―朝鮮近代とナショナリズム(アンドレ・シュミット／糟谷憲一・並木真人・月脚達彦・林雄介訳, 名古屋大学出版会, 2007)
朝鮮近代の歴史民族誌―慶北尚州の植民地経験(板垣竜太, 明石書店, 2008)
世界のなかの日清韓関係史―交隣と属国, 自主と独立(岡本隆司, 講談社・選書メチエ, 2008)
植民地官僚の政治史(岡本真希子, 三元社, 2008)
朝鮮近代の歴史民族誌(板垣隆太, 明石書店, 2008)
日本の朝鮮・台湾支配と植民地官僚(松田利彦ほか編, 思文閣出版, 2009)
朝鮮の開化思想とナショナリズム―近代朝鮮の形成(月脚達彦, 東京大学出版会, 2009)
大韓民国の物語(李栄薫／永島広紀訳, 文藝春秋, 2009)
植民地近代化論批判(朱宗桓, 光陽出版社, 2010)
岩波講座 東アジア近現代通史(全11巻, 2010-11)
図録植民地朝鮮に生きる―韓国・民族問題研究所所蔵資料から(水野直樹ほか編, 岩波書店, 2012)

新しい東アジアの近現代史(上・下，日中韓3国共通歴史教材委員会編，日本評論社，2012)
朝鮮総督府官僚の統治構想(李炯植，吉川弘文館，2013)
朝鮮近代社会経済史(全錫淡・崔潤奎／梶村秀樹ほか訳，龍溪書舎，1978)
朝鮮近代の経済構造(中村哲ほか編，日本評論社，1990)
朝鮮土地調査事業史の研究(宮嶋博史，汲古書院，1991)
朝鮮工業化の史的分析―日本資本主義と植民地経済(堀和生，有斐閣，1995)
近代朝鮮における植民地地主制と農民運動(李圭洙，信山社，1996)
植民地鉄道と民衆生活(高成鳳，法政大学出版局，1999)
国策会社東拓の研究(河合和男ほか編，不二出版，2000)
朝鮮農村の〈植民地近代〉経験(松本武祝，社会評論社，2005)
朝鮮の悲劇(F.A.マッケンジー／渡部学訳，東洋文庫，平凡社，1972)
白凡逸志―金九自叙伝(梶村秀樹訳，東洋文庫，平凡社，1973)
朝鮮旅行記(ゲ・デ・チャガイ編／井上紘一訳，東洋文庫，平凡社，1992)
朝鮮奥地紀行(全2巻，イザベラ・バード／朴尚得訳，東洋文庫，平凡社，1993-94)
鴨緑江の冬(李泰昊／青柳純一訳，社会評論社，1994)
人物朝鮮の歴史(李離和／高演義ほか訳，明石書店，2000)
朝鮮近代の開拓者―56人の肖像(金哲央，朝鮮青年社，2002)
高宗・閔妃(木村幹，ミネルヴァ書房，2007)
ソウルにダンスホールを(金振松／安岡明子ほか訳，法政大学出版局，2005)
李方子 一韓国人として悔いなく(小田部雄次，ミネルヴァ書房，2007)
朝鮮王妃殺害と日本人(金文子，高文研，2009)
海を越える100年の記憶(李修京編，図書新聞，2011)
神社・学校・植民地(樋浦郷子，京都大学学術出版会，2013)
創氏改名の研究(金英達，未来社，1997)
創氏改名―日本の朝鮮支配の中で(水野直樹，岩波新書，2008)
植民地朝鮮における朝鮮語奨励政策(山田寛人，不二出版，2010)
朝鮮植民地支配と言語(三ツ井崇，明石書店，2010)
失われた朝鮮文化―日本侵略下の韓国文化財秘話(李亀烈／南永昌訳，新泉社，1993)
〈外地〉の日本語文学選3 朝鮮(黒川創編，新宿書房，1996)
植民地期朝鮮の作家と日本(白川豊，大学教育出版，1995)
朝鮮人学徒出陣―もう一つのわだつみ(姜徳相，岩波書店，1997)
朝鮮人強制連行論文集成(朴慶植ほか監修，明石書店，1993)
朝鮮人戦時労働動員(山田昭次ほか，岩波書店，2005)
労働力動員と強制連行(西成田豊，山川出版社，2009)
朝鮮人強制連行(外村大，岩波新書，2012)
従軍慰安婦資料集(吉見義明編，大月書店，1992)
従軍慰安婦(吉見義明，岩波新書，1995)
「慰安婦」問題とアジア女性基金(大沼保昭ほか，東信堂，1998)
平和を希求して―「慰安婦」被害者の尊厳回復へのあゆみ(尹貞玉，鈴木裕子編・解説，白澤社，2003)
日本の軍隊慰安所制度と朝鮮人軍隊慰安婦(尹明淑，明石書店，2003)
日本軍「慰安婦」関係資料集成(鈴木裕子ほか編，明石書店，2006)
「慰安婦」問題とは何だったのか(大沼保昭，中公新書，2007)
ナショナリズムの狭間から―「慰安婦」問題へのもう一つの視座(山下英愛，明石書店，2008)
歴史と責任，「慰安婦」問題と一九九〇年代(金富子／中野敏男編著，青弓社，2008)
シンポジウム記録「慰安婦」問題の解決に向けて(志水紀代子・山下英愛編，白澤社，2012)
「慰安婦」バッシングを越えて(西野瑠美子ほか編，大月書店，2013)
梶村秀樹著作集(全6巻・別巻1，同編集委員会編，明石書店，1990-93)
日朝関係史論集(姜徳相先生古希退職記念論文集刊行委員会編，新幹社，2003)

●現代史

現代朝鮮史(全3巻，W.D.コンデ／岡倉古志郎ほか訳，太平出版社，1971-72)
韓洪九の韓国現代史(Ⅰ・Ⅱ，韓洪九，高崎宗司ほか訳，平凡社，2003，05)
現代朝鮮の歴史―世界のなかの朝鮮(ブルース・カミングス／横田安司ほか訳，明石書店，2003)
韓国現代史(文京洙，岩波新書，2005)
世界史の中の現代朝鮮(エイドリアン・ブゾー／柳沢圭子訳，明石書店，2007)
韓国現代史60年(徐仲錫／文京洙訳，明石書店，2008)

韓国現代史(木村幹，中公新書，2008)
国際政治のなかの韓国現代史(木宮正史，山川出版社，2012)
朝鮮の政治社会(G.ヘンダーソン／鈴木沙男・大塚喬重訳，サイマル出版会，1973)
現代韓国の民主化と法・政治構造の変動(大久保史郎・徐勝編著，日本評論社，2003)
朝鮮半島をどう見るか(木村幹，集英社新書，2004)
現代朝鮮の悲劇の指導者たち(徐仲錫／林哲ほか訳，明石書店，2007)
思想体験の交錯(尹健次，岩波書店，2008)
戦争の記憶 記憶の戦争—韓国人のベトナム戦争(金賢娥／安田敏朗訳，三元社，2009)
朝鮮戦争—米中対決の原形(神谷不二，中央公論社，1966)
秘史朝鮮戦争(I.F.ストーン／内山敏訳，青木書店，1966)
朝鮮戦争(和田春樹，岩波書店，1995)
韓国戦争(第1巻-第6巻，韓国国防軍史研究所／翻訳編集委員会訳，かや書房，2000-10)
朝鮮戦争全史(和田春樹，岩波書店，2002)
朝鮮戦争—休戦50周年の検証・半島の内と外から(赤木完爾編，慶應義塾大学出版会，2003)
朝鮮戦争 米国の介入過程(小此木政夫，中央公論社，1986)
侵略の舞台裏 朝鮮戦争と真実(G.マコーミック／鄭敬謨ほか訳，シアレヒム社，1990)
朝鮮戦争—内戦と干渉(J.ハリディ，B.カミングス／清水知久訳，岩波書店，1990)
朝鮮戦争—金日成とマッカーサーの陰謀(萩原遼，文藝春秋，1993)
ソウルの人民軍(金聖七／李男徳・舘野晢沢，社会評論社，1996)
朝鮮戦争(W.ストゥーク／豊島哲訳，明石書店，1999)
朝鮮戦争の起源(全2巻・3冊，B.カミングス／鄭敬謨ほか訳，明石書店，2012)
朝鮮戦争の社会史(金東椿／金美恵ほか訳，平凡社，2008)
戦争と平和—朝鮮半島1950(朴明林／森善宣訳，社会評論社，2009)
ザ・コールデスト・ウインター 朝鮮戦争(上・下，D.ハルバースタム／山田耕介ほか訳，文藝春秋，2009)
韓国からの通信(4冊，T.K.生，岩波新書，1974-80)
解放と革命—共和国の成立過程(桜井浩編，アジア経済研究所，1990)
朝鮮現代史の岐路—八・一五から何処へ(李景珉，平凡社選書，1996)

済州島四・三事件(全5巻，「済民日報」四・三取材班／文京洙ほか訳，新幹社，1994-2000)
済州島現代史(文京洙，新幹社，2005)
戦後日本政治と在日朝鮮人問題—SCAPの対在日朝鮮人政策 1945〜1952年(金太基，勁草書房，1997)
朴正熙の時代—韓国「上からの革命」の8年(林建彦，悠思社，1991)
東アジア冷戦と韓米日関係(李鍾元，東京大学出版会，1996)
検証 日韓会談(高崎宗司，岩波新書，1996)
韓国の経済発展とベトナム戦争(朴根好，御茶の水書房，1993)
金大中拉致事件の真相(金大中先生拉致事件の真相糾明を求める市民の会(韓国)編著／大畑正姫訳，三一書房，1999)
朝鮮人女性がみた「慰安婦問題」—明日をともに創るために(尹貞玉編，三一書房，1992)
検証 朝鮮植民地支配と補償問題(朝鮮人強制連行真相調査団編，明石書店，1992)
日本は植民地支配をどう考えてきたか—戦後50年国会決議は海外からどう評価されたか(和田春樹ほか編，梨の木舎，1996)
朝鮮近現代史を歩く(太田修，佛教大学通信教育部，2009)
朴正熙の時代—韓国の近代化と経済発展(趙利済・渡辺利夫・カーター・エッカート編，東京大学出版会，2009)
歴史の不審者—「亡命」韓国人の回想録(鄭敬謨／鄭剛憲訳，藤原書店，2011)
北朝鮮現代史(和田春樹，岩波新書，2012)

●歴史教育
近現代史のなかの日本と朝鮮(山田昭次ほか，東京書籍，1991)
教科書を日韓協力で考える(日韓歴史教科書研究会，大月書店，1993)
韓国の歴史 国定韓国高等学校歴史教科書(大韓民国教育部，曺目淳訳，1997)
入門 韓国の歴史—国定韓国中学校国史教科書(大韓民国教育部／石渡延男監訳，明石書店，1998)
韓国と日本—歴史教育の思想(鄭在貞，すずさわ書店，1998)
〈日韓歴史共通教材〉日韓交流の歴史(歴史教育研究会[日本]・歴史教科書研究会[韓国]編，明石書店，2007)

●日本との関係
中世海外交渉史の研究(田中健夫，東京大学出版会，1959)
日鮮関係史の研究(全3巻，中村栄孝，吉川弘文館，1965-69)
日本朱子学と朝鮮(阿部吉雄，東大出版会，1965)

古代朝日関係史(金錫亨／朝鮮史研究会訳，勁草書房，1969)
日本の中の朝鮮文化(全12巻，金達寿，講談社，1970-91)
日鮮神話伝説の研究(三品彰英論文集第4巻，平凡社，1972)
日本神話と朝鮮(講座日本の神話，有精堂出版，1977)
日本文化と朝鮮(李進熙，NHKブックス，1980)
古代朝鮮仏教と日本仏教(田村圓澄，吉川弘文館，1980)
近世日朝通交貿易史の研究(田代和生，創文社，1982)
書き替えられた国書(田代和生，中公新書，1983)
朝鮮実学と日本(小川晴久，花伝社，1994)
日朝交流史(李進熙・姜在彦，有斐閣，1995)
朝鮮通信使―善隣と友好のみのり(上田正昭編，明石書店，1995)
朝鮮通信使―人の往来，文化の交流(辛基秀，明石書店，1999)
日韓民俗文化比較論(金宅圭，九州大学出版会，2000)
韓日民俗文化の比較研究(任東権，岩田書院，2003)
倭館―鎖国時代の日本人町(田代和生，文春新書，2002)
大君外交と「武威」―近世日本の国際秩序と朝鮮観(池内敏，名古屋大学出版会，2006)
日朝交易と対馬藩(田代和生，創文社，2007)
朝鮮後期漂流民と日朝関係(李薫／池内敏訳，法政大学出版局，2008)
薩摩藩士 朝鮮漂流日記(池内敏，講談社，2009)
新・倭館(田代和生，ゆまに書房，2011)
朝鮮通信使の足跡(中尾宏，明石書店，2011)
日本近世文学と朝鮮(染谷智幸・崔官編，勉誠出版，2013)
●帝国日本と韓国併合
日本帝国主義の朝鮮支配(上・下，朴慶植，青木書店，1973)
日本の朝鮮支配政策史研究(姜東鎮，東京大学出版会，1979)
日清戦争と朝鮮(朴宗根，青木書店，1982)
聞書水俣民衆史(5)―植民地は天国だった(岡本達明・松崎次夫編，草風館，1990)
日帝時代，我が家は(羅英均／小川昌代訳，みすず書房，2003)
植民地近代の視座―朝鮮と日本(宮嶋博史ほか編，岩波書店，2004)
日本の朝鮮統治と国際関係(長田彰文，平凡社，2005)
植民地支配・戦争・戦後の責任(山田昭次，創史社，2005)
幻想と絶望 漫文漫画で読み解く日本統治時代の京城(申明直／岸井紀子ほか訳，東洋経済新報社，2005)
帝国日本の植民地支配と韓国鉄道(鄭在貞／三橋広夫訳，明石書店，2008)
植民地朝鮮(趙景達編，東京堂出版，2011)
鴨緑江は流れる―日本統治を逃れた朝鮮人の手記(李弥勒／平井敏晴訳，草風館，2010)
これだけは知っておきたい日本と朝鮮の100年史(和田春樹，平凡社新書，2010)
植民地朝鮮と帝国日本―民族・都市・文化(徐禎完・増尾伸一郎編，勉誠出版，2011)
近代朝鮮と明治日本(田村紀之，現代図書，2012)
近代朝鮮と日本(趙景達，岩波新書，2012)
日本の朝鮮植民地支配と植民地近代(李昇一ほか／庵逧由香監訳，明石書店，2012)
地域社会から見る帝国日本と植民地朝鮮・台湾・満州(松田利彦ほか編，思文閣出版，2013)
植民地時代の文化と教育―朝鮮・台湾と日本(東北大学高等教育開発推進センター編・刊行，2013)
韓国併合史の研究(海野福寿，岩波書店，2000)
韓国併合と現代(笹川紀勝編著，明石書店，2008)
近代日本のなかの「韓国併合」(安田常雄ほか編，東京堂出版，2010)
「韓国併合」100年と日本の歴史学(歴史学研究会編，青木書店，2011)
「韓国併合」100年を問う 2010年国際シンポジウム(国立歴史民俗博物館編，『思想』特集・関係資料，趙景達ほか編，岩波書店，2011)
伊藤博文と韓国併合(海野福寿，青木書店，2004)
伊藤博文と韓国統治(伊藤之雄，李盛煥編，ミネルヴァ書房，2009)
伊藤博文の韓国併合構想と朝鮮社会(小川原宏幸，岩波書店，2010)
伊藤博文をめぐる日韓関係(伊藤之雄，ミネルヴァ書房，2011)
大韓帝国の保護と併合(森山茂徳，原田環編，東京大学出版会，2013)
韓国強制併合100年―歴史と課題(都時煥編著，明石書店，2013)
朝鮮人虐殺関連新聞報道史料(全5巻，山田昭次編，緑蔭書房，2004)
関東大震災時の朝鮮人虐殺(山田昭次，創史社，2003)
●和解と領土問題
日朝国交樹立と在日朝鮮人の国籍(金英達，明石書店，1992)
日韓の和解―日韓交渉14年の記録(金東祚／林建彦訳，サイマル出版会，1993)

ソウルの日本大使館から―外交官だけが知っている素顔の日韓関係(町田貢、文藝春秋、1999)
日韓関係史研究―1965年体制から2002年体制へ(池明観、新教出版社、1999)
日朝交渉―課題と展望(姜尚中ほか編、岩波書店、2003)
日韓交渉―請求権問題の研究(太田修、クレイン、2003)
検証 日朝交渉(高崎宗司、平凡社新書、2004)
検証 日朝関係60年史(和田春樹・高崎宗司、明石書店、2005)
戦後日韓関係の展開(小此木政夫・張達重編、慶應義塾大学出版会、2005)
戦後日韓関係―国交正常化交渉をめぐって(吉澤文寿、クレイン、2005)
反日ナショナリズムを超えて(朴裕河/安宇植訳、河出書房新社、2005)
領土ナショナリズムの誕生―「独島/竹島問題」の政治学(玄大松、ミネルヴァ書房、2006)
和解のために―教科書・慰安婦・靖国・独島(朴裕河/佐藤久訳、平凡社、2006)
東アジアの中の日韓交流(濱下武志・崔章集編、慶應義塾大学出版会、2007)
戦後日韓関係の研究―対日工作と物資調達(木村允彦・安部桂司、知泉書館、2008)
日韓ナショナリズムの解体(李建志、筑摩書房、2008)
ハイブリッド化する日韓(小倉紀蔵、NTT出版、2010)
日本と朝鮮 比較・交流史入門(原尻英樹ほか編著、明石書店、2011)
ネットと愛国(安田浩一、講談社、2012)
日韓新時代と共生複合ネットワーク(小此木政夫・河英善編、慶應義塾大学出版会、2012)
世界史の中の近代日韓関係(長田彰文、慶應義塾大学出版会、2013)
竹島の歴史地理学的研究 復刻新装版(川上健三、古今書院、1996)
竹島は日韓どちらのものか(下條正男、文春新書、2004)
独島/竹島 韓国の論理(金学俊/保坂祐二訳、論創社、2004)
史的検証 竹島・独島(内藤正中・金柄烈、岩波書店、2007)
竹島密約(ロー・ダニエル、草思社、2008)
竹島問題とは何か(池内敏、名古屋大学出版会、2012)
徹底検証 韓国論の通説・俗説(浅羽祐樹ほか、中公新書ラクレ、2012)
領土問題をどう解決するか(和田春樹、平凡社新書、2012)
歴史認識を問い直す―靖国・慰安婦・領土問題(東郷和彦、角川新書、2013)

◉朝鮮観、日本人観
日本人の朝鮮観(旗田巍、勁草書房、1969)
中国・朝鮮論(吉野作造/松尾尊兊編、東洋文庫、平凡社、1970)
朝鮮と日本人(旗田巍、勁草書房、1983)
朝鮮を想う(柳宗悦/高崎宗司編、筑摩書房、1984)
日本言論界と朝鮮 1910-1945(姜東鎮、法政大学出版会、1984)
近代日本における朝鮮像(増補、朴春日、未来社、1985)
朝鮮人の日本人観・総解説(琴秉洞・高柳俊男編、自由国民社、1986)
近代日本の朝鮮認識(中塚明、研文出版、1993)
「反日感情」―韓国・朝鮮人と日本人(高崎宗司、講談社現代新書、1993)
単一民族社会の神話を超えて(大沼保昭、東信堂、1993)
近代日本の社会主義と朝鮮(石坂浩一、社会評論社、1993)
韓国のイメージ―戦後日本人の隣国観(鄭大均、中公新書、1995)
「妄言」の原形―日本人の朝鮮観(高崎宗司、木犀社、1996、増補新版)
ある明治人の朝鮮観―半井桃水と日朝関係(上垣外憲一、筑摩書房、1996)
日本(イルボン)のイメージ―韓国人の日本観(鄭大均、中公新書、1998)
朝鮮実学者の見た近世日本(河宇鳳/井上厚史訳、ぺりかん社、2001)
〈在朝日本人二世〉のアイデンティティ形成(高吉嬉、桐書房、2001)
植民地朝鮮の日本人(高崎宗司、岩波新書、2002)
近代日本と朝鮮人像の形成(南富鎮、勉誠出版、2002)
朝鮮人の日本観(琴秉洞、総和社、2002)
韓国・朝鮮と向き合った36人の日本人(舘野晳編著、明石書店、2002)
36人の日本人 韓国・朝鮮へのまなざし(舘野晳編著、明石書店、2005)
日本人の朝鮮観(琴秉洞、明石書店、2006)
東アジア歴史認識論争のメタヒストリー(小森陽一ほか編著、青弓社、2008)
日韓あわせ鏡の世界(嶋村初吉、梓書院、2010)
鏡の中の自己認識 日本と韓国の歴史・文化・未来(東郷和彦ほか編著、御茶の水書房、2012)
教科書に書かれた朝鮮(金達寿・姜在彦・李進熙・姜徳相、講談社、1979)
文学のなかの朝鮮人像(高橋隆治、青弓社、1982)

日本における朝鮮人の文学の歴史 1945年まで（任展慧，法政大学出版局，1994）
近代文学の〈朝鮮〉体験（南富鎭，勉誠出版，2001）
韓流百年の日本語文学（木村一信ほか編，人文書院，2009）
翻訳の文学（南富鎭，世界思想社，2011）
朝鮮戦争〈戦争と文学〉（金石範ほか，集英社，2012）
帝国日本と朝鮮・樺太〈戦争と文学〉（中島敦ほか，集英社，2012）
韓国における日本文学翻訳の64年（尹相仁ほか／舘野晳・蔡星慧訳，出版ニュース社，2012）
韓人日本移民社会経済史 戦前篇（河明生，明石書店，1997）
越境する民―近代大阪の朝鮮人史研究（杉原達，新幹社，1998）
百萬人の身世打鈴―朝鮮人の強制連行・強制労働の「恨」（前田憲二ほか編，東方出版，1999）

現代の政治

◉韓国
韓国を震撼させた十一日間（趙甲済／黄珉基訳，JICC出版，1987）
軍部！―別冊宝島89（趙甲済／黄珉基訳，JICC出版，1989）
韓国―ネットワークと政治文化（服部民夫，東京大学出版会，1992）
民主化時代の韓国―政治と社会はどう変わったか 1987〜1992（五十嵐暁郎，世織書房，1993）
韓国政治の現在―民主化へのダイナミクス（慎斗範，有斐閣，1993）
韓国民主化への道（池明観，岩波新書，1995）
現代韓国の政治変動（崔章集／中村福治訳，木鐸社，1997）
韓国現代政治（森山茂徳，東京大学出版会，1998）
韓国現代政治の条件（崔章集／中村福治訳，法政大学出版局，1999）
朝鮮半島の新ミレニアム―分断時代の神話を超えて（李泳禧／徐勝監訳，社会評論社，2000）
韓国における「権威主義的」体制の成立（木村幹，ミネルヴァ書房，2003）
韓国―民主化と経済発展のダイナミズム（木宮正史，ちくま新書，2003）
韓国政治のダイナミズム（韓培浩／木宮正史ほか訳，法政大学出版局，2004）
変動期の日韓政治比較（曽根泰教・崔章集編，慶應義塾大学出版会，2004）
日本と韓国における政治とガバナンス（小林良彰・任爀伯編，慶應義塾大学出版会，2004）
市民社会における政治過程の日韓比較（小林良彰・任爀伯編，慶應義塾大学出版会，2006）
日韓政治社会の比較分析（服部民夫・張達重編，慶應義塾大学出版会，2006）
韓国外交の理想と現実―李承晩外交と米国の対韓政策に対する反省（李昊宰／長澤裕子訳，法政大学出版局，2008）
民主化の韓国政治―朴正熙と野党政治家たち（木村幹，名古屋大学出版会，2008）
現代韓国民主主義の新展開（徐勝監修，金津日出美ほか編，御茶の水書房，2008）
韓国政治・社会における地域主義（森康郎，社会評論社，2011）
韓国政治と市民社会―金大中・盧武鉉の10年（清水敏行，北海道大学出版会，2011）
韓国歴代政権の統一政策変遷史（申栄錫／中戸祐夫ほか訳，明石書店，2011）
民主化以後の韓国民主主義（崔章集／磯崎典世ほか訳，岩波書店，2012）
韓国 民主化2.0（白楽晴／青柳純一訳，岩波書店，2012）
現代韓国の地方自治（趙昌鉉／阪堂博之ほか訳，法政大学出版局，2007）
韓国における地方分権改革の分析（尹誠国，公人の友社，2012）
わたしの自叙伝（金大中／NHK取材班構成・訳，NHK出版，1995）
私は韓国を変える（盧武鉉／青柳純一訳，朝日新聞社，2003）
金大中自伝（Ⅰ・Ⅱ，金大中／波佐場清・康宗憲訳，岩波書店，2011）
朴正煕の対日・対米外交（劉仙姫，ミネルヴァ書房，2012）
朴正煕 動員された近代化（曺喜昖／牧野波訳，彩流社，2013）
◉北朝鮮
北朝鮮―社会主義と伝統の共鳴（鐸木昌之，東京大学出版会，1992）
北朝鮮（玉城素ほか編，サイマル出版会，1993）
金日成神話の歴史的検証（姜在彦，明石書店，1997）
北朝鮮―遊撃隊国家の現在（和田春樹，岩波書店，1998）
北朝鮮―その実像と軌跡（伊豆見元ほか，高文研，1998）
北朝鮮経済論―経済低迷のメカニズム（梁文秀，信山社出版，2000）
北朝鮮―米国務省担当官の交渉秘録（ケネス・キノネス／山岡邦彦ほか訳，中央公論新社，2000）
北朝鮮Ⅱ―核の秘密都市寧辺を往く（ケネス・キノネス／山岡邦彦ほか訳，中央公論新社，2003）
北朝鮮を知るための51章（石坂浩一編著，明石書店，2006）

北朝鮮本をどう読むか(和田春樹ほか, 明石書店, 2003)
「拉致」異論(太田昌国, 太田出版, 2003)
金正日体制の北朝鮮(伊豆見元・張達重編, 慶應義塾大学出版会, 2004)
北朝鮮「虚構の経済」(今村弘子, 集英社新書, 2005)
拉致—国家犯罪の構図(金賛汀, ちくま新書, 2005)
モスクワと金日成(下斗米伸夫, 岩波書店, 2006)
危機の朝鮮半島(小此木政夫編, 慶應義塾大学出版局, 2006)
北朝鮮は、いま(北朝鮮研究学会編, 岩波新書, 2007)
北朝鮮へのエクソダス「帰国事業」の影をたどる(テッサ・モーリス-スズキ/田代泰子訳, 朝日新聞社, 2007)
北朝鮮と人間の安全保障(小此木政夫・礒﨑敦仁編著, 慶應義塾大学出版会, 2009)
北朝鮮を見る, 聞く, 歩く(吉田康彦, 平凡社新書, 2009)
北朝鮮 飢餓の政治経済学(S・ハガード, M・ノーランド/杉原ひろみほか訳, 中央公論新社, 2009)
経済から見た北朝鮮—北東アジア経済協力の視点から(小牧輝夫ほか編, 明石書店, 2010)
中国は北朝鮮を止められるか(五味洋治, 晩聲社, 2010)
朝鮮民主主義人民共和国と中華人民共和国—〈唇歯の関係〉の構造と変容(平岩俊司, 世織書房, 2010)
なぜ北朝鮮は孤立するのか—金正日破局へ向かう〈先軍体制〉(平井久志, 新潮選書, 2010)
北朝鮮の指導体制と後継—金正日から金正恩へ(平井久志, 岩波現代文庫, 2011)
密閉国家に生きる(バーバラ・デミック/園部哲訳, 中央公論新社, 2011)
転換期の東アジアと北朝鮮問題(小此木政夫編, 慶應義塾大学出版会, 2012)
北朝鮮 建国神話の崩壊(金賛汀, 筑摩書房, 2012)
新聞・テレビが伝えなかった北朝鮮(小倉紀蔵編, 角川書店, 2012)
北朝鮮で考えたこと(テッサ・モーリス-スズキ/田代泰子訳, 集英社新書, 2012)
北朝鮮で何が起きているのか—金正恩体制の実相(伊豆見元, ちくま新書, 2013)
北朝鮮は何を考えているのか(平岩俊司, NHK出版, 2013)
北朝鮮—変貌を続ける独裁国家(平岩俊司, 中公新書, 2013)
闇からの谺—拉致・監禁・脱走(崔銀姫・申相玉/池田菊敏訳, 池田書店, 1988)
北朝鮮からの亡命者—60人の証言(朝日新聞アエラ編集部編, 朝日文庫, 1997)
北朝鮮帰国事業(菊池嘉晃, 中公新書, 2009)
金日成の思想と行動—アジアにおけるマルクス・レーニン主義(玉城素, コリア評論社, 1968)
金日成著作集(全7巻, 同翻訳委員会, 未来社, 1970-81)
金日成回顧録—世紀とともに(1-7, 雄山閣出版, 1992-97)
金日成—思想と政治体制(徐大肅/林茂訳, 御茶の水書房, 1992)
金日成と満州抗日戦争(和田春樹, 平凡社, 1992)
金日成—その衝撃の実像(東亜日報・韓国日報/黄民基訳, 講談社, 1992)
作られた英雄・金日成—秘録・朝鮮民主主義人民共和国(韓国中央日報社特別取材班/朴英秀訳, 角川書店, 1992)
金日成と金正日—革命神話と主体思想(徐大肅/古田博司訳, 岩波書店, 1996)
スターリンから金日成へ(アンドレイ・ランコフ/下斗米伸夫ほか訳, 法政大学出版局, 2011)
金正日略伝(在日朝鮮人総連合会編, 雄山閣出版, 1995)
金正日の北朝鮮(徐大肅/安倍誠ほか訳, 岩波ブックレット, 1999)
金正日の料理人—間近で見た権力者の素顔(藤本健二, 扶桑社, 2003)

●国際関係, 南北統一問題

毛沢東の朝鮮戦争(朱建栄, 岩波書店, 1991)
北朝鮮とペリー報告—暴発は止められるか(ウィリアム・ペリーほか, 読売ブックレット, 1999)
北朝鮮—米国務省担当官の交渉秘録(ケネス・キノネス/山岡邦彦ほか訳, 中央公論新社, 2000)
市場・国家・国際体制(小此木政夫・文正仁編, 慶應義塾大学出版会, 2001)
日韓国際政治学の新地平(大畠英樹・文正仁編, 慶應義塾大学出版会, 2005)
朝鮮半島と国際政治(鐸木昌之ほか編, 慶應義塾大学出版会, 2005)
東アジア地域秩序と共同体構想(小此木政夫・文正仁編, 慶應義塾大学出版会, 2009)
中国の朝鮮半島政策(李成日, 慶應義塾大学出版会, 2010)
中韓国交正常化と東アジア国際政治の変容(金淑賢, 明石書店, 2010)
未完の平和—米中和解と朝鮮問題の変容(金東俊, 法政大学出版局, 2010)
日韓新時代と東アジア国際政治(小此木政夫・河英善編, 慶應義塾大学出版会, 2012)
韓国民族民主運動の軌跡 1980～1992(梁官洙, つげ書房新社, 1994)

二つのコリア―国際政治の中の朝鮮半島(ドン・オーバードーファー／菱木一美訳, 共同通信社, 1998)
朝鮮半島統一論(白楽晴／李順愛ほか訳, クレイン, 2001)
朝鮮戦争の謎と真実(A.V.トルクノフ／下斗米伸夫・金成浩訳, 草思社, 2001)
朝鮮半島の平和と統一(白楽晴／青柳純一訳, 岩波書店, 2008)
分断時代の法廷(韓勝憲／舘野晳訳, 岩波書店, 2008)
南北首脳会談への道―林東源回顧録(波佐場清訳, 岩波書店, 2008)
冷戦の追憶―南北朝鮮交流秘史(金錬鐵／李準憙, 平凡社, 2009)
朝鮮半島統一への道(黄義珏, 日本地域社会研究所, 2010)
幸せな統一のはなし(安英民／李一満訳, 『民族21』愛読者の会, 2011)
朝鮮半島の秩序再編(小此木政夫・西野純也編, 慶應義塾大学出版会, 2013)

現代の経済

朝鮮社会主義経済の研究(高瀬淨, 文化書房博文社, 1973)
朝鮮社会主義の理論(高昇孝, 新泉社, 1978)
中国から見た北朝鮮経済事情(今村弘子, 朝日新聞社, 1999)
北朝鮮の経済―起源・形成・崩壊(木村光彦, 創文社, 1999)
朝鮮社会主義経済の理想と現実―朝鮮民主主義人民共和国における産業構造と経済管理(中川雅彦, アジア経済研究所, 2011)
朝鮮民主主義人民共和国の人口変動―人口学から読み解く朝鮮社会主義(文浩一, 明石書店, 2011)
現代韓国の経済分析(渡辺利夫, 勁草書房, 1982)
韓国の経済発展と労使関係―計画と政策(小林謙一・川上忠雄編, 法政大学出版局, 1991)
韓国の工業化―発展の構図(服部民夫編, アジア経済研究所, 1987)
韓国の工業化と開発体制(谷浦孝雄, アジア経済研究所, 1989)
麦飯と韓国経済―改革の証言(文熹甲／宇山博訳, 日本評論社, 1991)
韓国経済の発展―「漢江の奇跡」と朴大統領(金正濂, サイマル出版会, 1991)
韓国の経済発展と社会構造(滝沢秀樹, 御茶の水書房, 1992)
韓国経済発展論(渡辺利夫・金昌男, 勁草書房, 1996)
韓国・先進国経済論―成熟過程のミクロ分析(深川由起子, 日本経済新聞社, 1997)
現代韓国農業構造の変動(倉持和雄, 御茶の水書房, 1994)
21世紀の韓国経済 課題と展望(谷浦孝雄編, アジア経済研究所, 2000)
韓国経済の解剖(松本厚治・服部民夫編, 文真堂, 2001)
東アジア経済協力の現状と可能性(Ⅰ・Ⅱ, 野副伸一・林英哲編, 慶應義塾大学出版会, 2001, 04)
日本帝国の申し子(カーター・エッカート／小谷まさ代訳, 草思社, 2004)
韓国経済通史(李憲昶／須川英徳ほか訳, 法政大学出版局, 2004)
韓国経済発展のダイナミズム(趙淳／深川博史監, 法政大学出版局, 2005)
韓国の構造改革(高安雄一, NTT出版, 2005)
韓国財閥史の研究―分断体制資本主義と韓国財閥(鄭章淵, 日本経済評論社, 2007)
韓国のFTA―10年の歩みと第三国への影響(奥田聡, アジア経済研究所, 2010)
韓国財閥の成長と変容(安倍誠, 岩波書店, 2011)
隣の国の真実―韓国・北朝鮮篇(高安雄一, 日経BP社, 2012)
日韓新時代と経済協力(小此木政夫・河英善編, 慶應義塾大学出版会, 2012)
韓国経済発展への経路―解放・戦争・復興(原朗・宜在源編, 日本経済評論社, 2013)

社会構造, 社会問題

朝鮮農村社会の研究(著作集Ⅴ, 鈴木栄太郎, 未来社, 1973)
韓国家族の構造分析(李光奎／服部民夫訳, 国書刊行会, 1978)
韓国農村社会研究(崔在錫／伊藤亜人ほか訳, 学生社, 1979)
韓国同族村落の研究(金宅圭／伊藤亜人ほか訳, 学生社, 1981)
韓国近現代農業史研究(金容燮／鶴園裕訳, 法政大学出版局, 2002)
朝鮮村落社会史の研究(李海濬／井上和枝訳, 法政大学出版局, 2006)
朝鮮後期の郷吏(李勛相／宮嶋博史訳, 法政大学出版局, 2007)
変貌する韓国社会―1970-80年代の人類学調査の現場から(嶋陸奥彦・朝倉敏夫編, 第一書房, 1998)
変貌する韓国社会(小林孝行編, 世界思想社, 2000)
近世ソウル都市社会研究(吉田光男, 草風館, 2009)
市場の社会史(鄭勝謨／林史樹訳, 法政大学出版局, 2002)
韓国社会と日本社会の変容(服部民夫・金文朝編,

慶應義塾大学出版会，2005)
韓国における市民意識の動態(小此木政夫編，慶應義塾大学出版会，2005)
韓国における市民意識の動態Ⅱ(小此木政夫・西野純也編，慶應義塾大学出版会，2008)
現代韓国の変化と展望(山本栄二，論創社，2008)
倒れゆく韓国(韓洪九／米津篤八訳，朝日新聞出版，2010)
東アジアの記憶の場(板垣竜太ほか編著，河出書房新社，2011)
植民地朝鮮の日常を問う(韓哲昊ほか，思文閣出版，2012)
恨の人類学(崔吉城／真鍋祐子訳，平河出版社，1994)
韓国家族制度の研究(金斗憲／李英美ほか訳，法政大学出版局，2008)
民衆の結晶―韓国民主化運動の底流にあるもの(グループ草の根編訳，現代書館，1981)
韓国現代社会叢書(全5巻，御茶の水書房，1985-86) 1.分断民族の苦悩，2.韓国資本主義と民族運動，3.韓国民族運動史論，4.民衆文化運動の状況と論理，5.日本帝国主義と朝鮮民衆
現代韓国の社会運動(金栄鎬，社会評論社，2001)
韓国の労使関係(孫昌喜，日本労働研究機構，1995)
烈士の誕生―韓国の民衆運動における「恨」の力学(真鍋祐子，平河出版社，1997)
現代の韓国労使関係(法政大学大原社会問題研究所編，御茶の水書房，1998)
光州事件で読む現代韓国(真鍋祐子，平凡社，2000)
ろうそくデモを越えて(川瀬俊治・文京洙，東方出版，2009)
韓国の労働法改革と労使関係(日本労働研究機構編，日本労働研究機構，2001)
現代韓国の市民社会論と社会運動(大畑裕嗣，成文堂，2011)
韓国環境運動の社会学(具度完／石坂浩一ほか訳，法政大学出版局，2001)
韓国の社会福祉(韓国社会科学研究所社会福祉研究室／金永子編訳，新幹社，2002)
全泰壱評伝(趙英来／大塚厚子訳，つげ書房新社，2003)
東アジアの社会保障―日本・韓国・台湾の現状と課題(埋橋孝文ほか，ナカニシヤ出版，2009)
韓国ワーキングプア88万ウォン世代(禹晢薫・朴権一／金知子ほか訳，明石書店，2009)
韓国の少子高齢化と格差社会(春木育美ほか編，慶應義塾大学出版会，2011)

現代の女性

分断社会と女性・家族(李効再／金学鉉監訳，社会評論社，1988)
分断克服と韓国女性解放運動(李順愛編訳，御茶の水書房，1989)
炎の女性―金正淑女史の生涯とその業績(山下正子，雄山閣出版，1990)
韓国の女たち(増田忠幸編著，草風館，1990)
韓国の女たち―仕事・子育て・フェミニズム(仁科健一・舘野晢編，社会評論社，1994)
フェミニズムと朝鮮(鈴木裕子，明石書店，1994)
韓国の女性―アジア女性シリーズNo.4(大韓民国政務長官(第2)室，アジア女性交流・研究フォーラム，1996)
韓国風俗産業の政治経済学―従属的発展とセクシャル・サービス(申恵秀／金早雪訳，新幹社，1997)
韓国の労務管理と女性労働(関泰淑，文真堂，1999)
韓国社会とジェンダー(趙恵貞／春木育美訳，法政大学出版局，2002)
韓国の軍事文化とジェンダー(権仁淑／山下英愛訳，御茶の水書房，2006)
母から娘へ―ジェンダーの話をしよう(権仁淑／中野宣子訳，梨の木舎，2011)

現代の文化

●哲学・思想

近代朝鮮の思想(姜在彦，未来社，1984)
韓国の風水思想(崔昌祚・三浦国雄監訳，人文書院，1997)
東アジアの思想風景(古田博司，岩波書店，1998)
韓国は一個の哲学である(小倉紀蔵，講談社現代新書，1998)
つぶやきの政治思想(李静和，青土社，1998)
朝鮮の物語(野崎充彦，大修館書店，1998)
現代韓国の思想―1980-1990年代(尹健次，岩波書店，2000)
朝鮮王朝社会と儒教(李泰鎮／六反田豊訳，法政大学出版局，2000)
韓国儒教の二千年(姜在彦，朝日新聞社，2001)
ソウルで考えたこと―韓国の現代思想をめぐって(尹健次，平凡社，2003)
東アジア・イデオロギーを超えて(古田博司，新書館，2003)
求めの政治学(李静和，岩波書店，2004)
失われた記憶を求めて(文富軾／板垣竜太訳，現代企画室，2005)
抵抗の韓国社会思想(水野邦彦，青木書店，2010)
「戦後」というイデオロギー 歴史／記憶／文化(高榮蘭，藤原書店，2010)
創造する東アジア(小倉紀蔵，春秋社，2011)
●学術，教育，マスメディア
韓国科学技術史(全相運，高麗書林，1978)

朝鮮の科学と技術(任正爀編，明石書店，1993)
朝鮮科学文化史へのアプローチ(任正爀編，明石書店，1995)
現代朝鮮の科学者たち(任正爀責任編集，彩流社，1997)
神社・学校・植民地(樋浦郷子，京都大学学術出版会，2013)
韓国の子どもと教育―韓国教育研究(大槻健，あゆみ出版，1997)
民草よ，夜明けは近い―「東亜日報」連載時評(金重培／五島恭作訳，朝日新聞社，1986)
韓国のデジタル・デモクラシー(玄武岩，集英社新書，2005)
オーマイニュースの挑戦(呉連鎬／大畑龍次・大畑正姫訳，太田出版，2005)
ポスト韓流のメディア社会学(石田佐恵子ほか編著，ミネルヴァ書房，2007)
韓流の社会学(イ・ヒャンジン／清水由希子訳，岩波書店，2008)
韓国のメディア・コントロール(金珉庭，ブイツーソリューション，2009)
韓国メディアの現在(鈴木雄雅・蔡星慧編著，岩波書店，2012)
日中間の戦後メディア史(李相哲編，藤原書店，2012)

◉宗教
朝鮮仏教史の研究(江田俊雄，国書刊行会，1977)
朝鮮仏教の寺と歴史(鎌田茂雄，大法輪閣，1980)
韓国仏教の研究(李鍾益，国書刊行会，1980)
曹洞宗は朝鮮で何をしたのか(一戸彰晃，皓星社，2012)
朝鮮の道教(車柱環／三浦国男・野崎充彦訳，人文書院，1990)
韓国の宗教とキリスト教(柳東植／金忠一訳，洋々社，1975)
韓国現代史と教会史(池明観，新教出版社，1975)
韓国キリスト教史(閔庚培／澤正彦訳，日本基督教団出版局，1976)
朝鮮事情―朝鮮教会史序論(ダレ／金容権訳，東洋文庫，平凡社，1979)
朝鮮キリスト教の文化史的研究――朝鮮西教史(山口正之，復刻，御茶の水書房，1985)
日韓教会成長比較―文化とキリスト教史(尾形守，ホープ出版，1997)
韓国とキリスト教(浅見雅一・安廷苑，中公新書，2012)
朝鮮農村の民族宗教(青野正明，社会評論社，2001)
植民地朝鮮の宗教と学知(川瀬貴也，青弓社，2009)
統一教会 日本宣教の戦略と韓日祝福(桜井義秀・中西尋子，北海道大学出版会，2010)
越境する日韓宗教文化(李元範・桜井義秀編著，北海道大学出版会，2011)

◉言語
韓国語の歴史(李基文／藤本幸夫訳，大修館書店，1975)
朝鮮語を考える(梶井陟，龍渓書舎，1980)
朝鮮語のすすめ―日本語からの視点(渡辺吉鎔・鈴木孝夫，講談社現代新書，1981)
朝鮮語の入門(菅野裕臣，白水社，1981，改訂版2007)
韓国語の形成(李基文，韓国文化選書，成甲書房，1983)
ハングルの成立と歴史―訓民正音はどう創られたか(姜信沆，大修館書店，1993)
韓国語と日本語のあいだ(宋敏／菅野裕臣ほか訳，草風館，1999)
韓国言語風景―揺らぐ文化・変わる社会(渡辺吉鎔，岩波新書，1996)
韓国語はじめの一歩(小倉紀蔵，ちくま新書，2000)
ハングル入門(金裕鴻，講談社学術文庫，2000)
朝鮮語を考える(塚本勲，白帝社，2001)
韓国語アップグレード(中西恭子，明石書店，2004)
ハングルの誕生(野間秀樹，平凡社新書，2010)

◉文化
韓国文化史(池明観，高麗書林，1979)
コリアの不思議世界―朝鮮文化史27話(野崎充彦，平凡社新書，2003)

◉文学
朝鮮文学史(金思燁，金沢文庫，1973)
朝鮮文学史(金東旭，日本放送出版協会，1974)
朝鮮小説史(金台俊／安宇植訳，東洋文庫，平凡社，1975)
韓国現代小説史(金宇鐘／長璋吉訳，龍渓書舎，1975)
韓国民衆文学論(白楽晴／安宇植編訳，三一書房，1982)
韓国の伝統思想と文学(金東旭・李佑成ほか，韓国文化選書，成甲書房，1984)
朝鮮文学史(卞宰洙，青木書店，1985)
時調―朝鮮の詩心(尹学準，講談社学術文庫，1992)
南朝鮮の詩人群像―民主・統一の証言(卞宰洙編訳，三一書房，1996)
韓国・朝鮮児童文学評論集(仲村修編訳，明石書店，1997)
韓国女性文学研究(1，青柳優子，御茶の水書房，1997)
金素雲『朝鮮詩集』の世界(林容澤，中公新書，2000)
韓国の近現代文学(李光鎬／尹相仁ほか訳，法政大学出版局，2001)
鏡としての韓国現代文学(滝沢秀樹，御茶の水書

房，2002)
現代韓国短篇選(上・下，申京淑ほか／三枝寿勝ほか訳，岩波書店，2002)
6stories—現代韓国女性作家短編(金仁淑ほか／安宇植編訳，集英社，2002)
金笠詩選(崔碩義訳，東洋文庫，平凡社，2003)
郭公の故郷—韓国現代短編小説集(柳基洙ほか／加藤建二訳，風媒社，2003)
韓国・朝鮮・在日を読む(川村湊，インパクト出版会，2003)
中国朝鮮族文学の歴史と展開(大村益夫，緑蔭書房，2003)
〈他者〉としての朝鮮 文学的考察(渡邊一民，岩波書店，2003)
〈朝鮮〉表象の文化誌(中根隆行，新曜社，2004)
韓国女性作家短篇選(朴婉緒ほか／朴杓禮訳，穂高書店，2004)
秘密の花園—韓国現代中・短編小説選(金倫永ほか／ハナルム訳，素人社，2005)
韓国文学はどこから来たのか(李在銑／丁貴連・筒井真樹子訳，白帝社，2005)
異邦の記憶—故郷・国家・自由(イ・ヨンスク，晶文社，2007)
朝鮮近代文学とナショナリズム(李建志，作品社，2007)
コロニアリズムの超克(鄭百秀，草風館，2007)
いま，私たちの隣に誰がいるのか(申京淑ほか／安宇植編訳，作品社，2007)
東アジア文学空間の創造(崔元植／青柳優子訳，岩波書店，2008)
李光洙・『無情』の研究—韓国啓蒙文学の光と影(波田野節子，白帝社，2009)
いまは静かな時—韓国現代文学選集(金愛爛ほか／きむふなほか訳，東アジア文学フォーラム日本委員会編，トランスビュー，2010)
朝鮮童謡選(金素雲編訳，岩波文庫，1933)
朝鮮民謡選(金素雲編訳，岩波文庫，1933)
朝鮮詩集(金素雲編訳，岩波文庫，1954)
現代朝鮮文学選(朝鮮文学の会編，創士社，1973)
韓国古典文学選集(全3巻，洪相圭訳，高麗書林，1975) 沈清伝，興夫伝，九雲夢，春香伝，洪吉童伝を収録
現代韓国文学選集(全5巻，金素雲ほか編訳，冬樹社，1973-76)
現代韓国詩選(全5巻，梨花書房，1977-81)
韓国現代文学十三人集(古山高麗雄編，新潮社，1981)
朝鮮短篇小説選(上・下，大村益夫ほか訳，岩波文庫，1984)
韓国現代短篇小説(中上健次編・安宇植訳，新潮社，1985)
現代朝鮮短編集(ヒョン・スンゴルほか／下宰洙訳，朝鮮青年社，1991)
韓国の現代文学(1-6，柏書房，1992)
白楽晴評論選集(白楽晴／李順愛編訳，同時代社，1992-93)
張吉山(1-3，黄晢暎／鄭敬謨訳，シアレヒム社，1994-96)
華厳経(高銀／三枝寿勝訳，御茶の水書房，1995)
永生(ペク・ポフムほか／同翻訳委員会訳，白峰社，1999)
太白山脈(1-10，趙廷来／筒井真樹子ほか訳，ホーム社・集英社，1999-2000)
春香伝の世界(薛盛璟／西岡健治訳，法政大学出版局，2002)
川辺の風景(朴泰遠／牧瀬暁子訳，作品社，2005)
朝鮮近代文学選集(既刊6冊，「無情」「人間問題」など，平凡社，2005-12)
韓国の古典小説(染谷智幸・鄭炳説編，ぺりかん社，2008)
パリデギ(黄晢暎／青柳優子訳，岩波書店，2008)
空と風と星の詩人 尹東柱評伝(宋友恵／愛沢革訳，藤原書店，2009)
母をお願い(申京淑／安宇植訳，集英社文庫，2011)
土地(青少年版，全6巻，朴景利／金容権訳，講談社ビーシー，2011-12)
新しい韓国の文学(既刊7冊，「菜食主義者」「設計者」など，CUON，2011-13)
トガニ(孔枝泳／蓮池薫訳，新潮社，2012)

◉美術・工芸・建築
朝鮮とその芸術(柳宗悦選集4，春秋社，1972)
韓国美術全集(全15巻，崔淳雨ほか，韓国同和出版公社，1974)
韓国美術史(金元龍／西谷正訳，名著出版，1976)
韓国美術シリーズ(全14巻，金元龍・崔淳雨ほか，近藤出版社，1979-87)
朝鮮美術博物館(博物館編，朝鮮画報社，1980)
韓国美の探究(金元龍，韓国文化選書，成甲書房，1982)
朝鮮美術史(アンドレ・エッカルト／韓永大訳，明石書店，1995)
私の文化遺産踏査記(1・2，兪弘濬／大野郁彦ほか訳，法政大学出版局，2000，05)
韓国の美術・日本の美術(鄭于澤・並木誠士，昭和堂，2002)
浅川伯教の眼＋浅川巧の心(伊藤郁太郎監修，里文出版，2011)
コロニアリズムと文化財(荒井信一，岩波新書，2012)
韓の建築文化(藤島亥治郎，芸艸堂，1976)

陶磁大系（29高麗の青磁，30三島，31李朝の染付，32高麗茶碗，平凡社，1976-79）
世界陶磁全集（17韓国古代，18高麗，19李朝，小学館，1978-80）
韓国やきもの案内（西田宏子，平凡社カラー新書，1980）
陶磁の里―高麗・李朝（桑原史成・鄭良謨，岩波書店，1984）
浅川巧全集（高崎宗司編，草風館，1996）
朝鮮の土となった日本人（高崎宗司，草風館，1998，増補新版）

●音楽・芸能
朝鮮の芸能（金両基，民俗民芸双書，岩崎美術社，1967）
韓国の伝統音楽（張師勛／金忠鉉訳，韓国文化選書，成甲書房，1984）
アリランの歌―韓国の伝統音楽の魅力をさぐる（草野妙子，白水社，1984）
韓国歌謡史（朴燦鎬，晶文社，1987）
アリランの誕生―歌に刻まれた朝鮮民族の魂（宮塚利雄，創知社，1995）
日韓音楽ノート―〈越境〉する旅人の歌を追って（姜信子訳，岩波新書，1998）
日韓唱歌の源流（安田寛，音楽之友社，1999）
鳥よ鳥よ青い鳥よ［CDブックス］（笠木透，たかの書房，1999）
折口学が読み解く韓国芸能（伊藤好英，慶應義塾大学出版会，2006）
禁じられた歌―朝鮮半島音楽百年史（田月仙，中公新書ラクレ，2008）

●舞台芸術
仮面劇とマダン劇―韓国の民衆演劇（梁民基・久保覚編訳，昌文社，1981）
仮面劇と放浪芸人―韓国の民俗芸能（野村伸一，ありな書房，1985）
韓国の民俗舞踊（鄭昞浩，白帝社，1993）
世紀の美人舞踏家 崔承喜（高島雄三郎ほか編著，エムティ出版，1995）
炎は闇の彼方に 伝説の舞姫・崔承喜（金賛汀，NHK出版，2002）

●映画
韓国映画の精神―林権沢監督とその時代（佐藤忠男，岩波書店，2000）
わがシネマの旅（扈賢賛／根本理恵訳，凱風社，2001）
歴史を知ればもっと面白い韓国映画（川西玲子，ランダムハウス講談社，2006）
韓国映画ベスト100（寺脇研，朝日新書，2007）
日韓アニメーションの心理分析（横田正夫，臨川書店，2009）

韓国映画史（キム・ミヒョン／根本理恵訳，キネマ旬報社，2010）
朝鮮民主主義人民共和国映画史（門間貴志，現代書館，2012）
韓国映像コンテンツ産業の成長と国際流通（金美林，慶應義塾大学出版会，2013）

●衣食住
韓国の服飾（杉本正年，文化出版局，1983）
韓国服飾図録（金英淑・孫敬子，臨川書店，1984）
朝鮮半島の食と酒―儒教文化が育んだ民族の伝統（鄭大聲，中公新書，1998）
韓国の食（黄慧性・石毛直道，平凡社ライブラリー，1995）
朝鮮食物誌（鄭大聲，柴田書店，1979）
朝鮮の民家―風土・空間・意匠（野村孝文，学芸出版社，1981）
韓国の伝統的住宅（朱南哲／野村孝文訳，九州大学出版会，1981）
朝鮮の料理書（鄭大聲編訳，東洋文庫，平凡社，1982）
韓国食文化史（姜仁姫／玄順恵訳，藤原書店，2000）
韓国の食文化（佐々木道雄，明石書店，2002）
韓国食生活文化の歴史（尹瑞石／佐々木道雄訳，明石書店，2005）
世界の食文化1 韓国（朝倉敏夫，農山漁村文化協会，2005）
韓国王朝の衣装と装身具（張淑煥・原田美佳，淡交社，2007）

●民俗，民話・伝承
ネギをうえた人―朝鮮民話選（金素雲，岩波書店，1953）
朝鮮歳時記（姜在彦訳，東洋文庫，平凡社，1971）
韓国の民間信仰（上・下，張籌根，金花舎，1974）
朝鮮民俗誌（秋葉隆，名著出版，1980）
朝鮮巫俗の現地研究（秋葉隆，復刻，名著出版，1980）
朝鮮のシャーマニズム（徐廷範，同朋社出版，1980）
韓国の民俗（金宅圭，韓国文化選書，成甲書房，1982）
アリラン峠の旅人たち――聞き書朝鮮民衆の世界（安宇植訳，平凡社，1982，増補1994）
朝鮮民俗文化の研究（依田千百子，瑠璃書房，1985）
韓国社会の文化人類学（杉山晃一・桜井哲男，弘文堂，1990）
祖先崇拝の比較民俗学―日韓両国における祖先祭祀と社会（竹田旦，吉川弘文館，1995）
韓国民俗への招待（崔吉城，風響社，1996）
風水地理入門（崔昌祚／熊谷治訳，雄山閣，1999）
生活世界の創造と実践―韓国・済州島の生活誌から（伊地知紀子，御茶の水書房，2000）

両班―変容する韓国社会の文化人類学的研究(岡田浩樹, 風響社, 2001)
韓日社会組織の比較(伊藤亜人・韓啓九編, 慶應義塾大学出版会, 2002)
哭きの文化人類学(崔吉城/舘野哲訳, 勉誠出版, 2003)
韓国道すがら―人類学フィールドノート30年(嶋陸奥彦, 草風館, 2006)
韓国サーカスの生活誌(林史樹, 風響社, 2007)
中心と周縁からみた日韓社会の様相(伊藤亜人・韓敬九編, 慶應義塾大学出版会, 2007)
韓国社会の周縁を見つめて(土佐昌樹, 岩波書店, 2012)
韓国の歳事習俗(張籌根/児玉仁夫訳, 法政大学出版局, 2003)
黄金の海 イシモチの海(朱剛玄/黒澤真爾訳, 法政大学出版局, 2003)
韓国の民家(申栄勲/李終姫ほか訳, 法政大学出版局, 2005)
韓国の藁と草の文化(印炳善/朴燦一ほか訳, 法政大学出版局, 2006)
朝鮮朝宮中風俗の研究(金用淑/李賢起訳, 法政大学出版局, 2008)
珍島―韓国農村社会の民族誌(伊藤亜人, 弘文堂, 2013)
朝鮮の民話(孫晋泰, 民俗民芸双書, 岩崎美術社, 1966)
朝鮮昔話百選(崔仁鶴編著, 日本放送出版協会, 1974)
朝鮮伝説集(崔仁鶴, 日本放送出版協会, 1976)
韓国民間伝承と民話の研究(金烈圭/依田千百子訳, 学生社, 1978)
韓国神話の研究(金烈圭/泊勝美訳, 学生社, 1978)
韓国笑話集(李周洪/田坂常和訳, 六興出版, 1980)
パンソリ―春香歌・沈晴歌他(申在孝/姜漢永・田中明訳, 東洋文庫, 平凡社, 1982)
韓国の民話と伝説(全5巻, 林powerset/安藤昌敏訳, 高麗書林, 1983)
韓国の神話・民俗・民談(金烈圭, 韓国文化選書, 成甲書房, 1984)
朝鮮神話伝承の研究(依田千百子, 瑠璃書房, 1991)
朝鮮の民話(任東権/熊谷治訳, 雄山閣出版, 1995)
洪吉童伝(伝許筠/野崎充彦訳, 東洋文庫, 平凡社, 2010)
新羅殊異伝―散逸した朝鮮説話集(小峯和明・増尾伸一郎編訳, 東洋文庫, 平凡社, 2011)

現在の在外朝鮮人

●在日
朝鮮人強制連行の記録(朴慶植, 未来社, 1965)
在日朝鮮人――近代民衆の記録(小沢有作編, 新人物往来社, 1978)
在日朝鮮人運動史(朴慶植, 三一書房, 1979)
在日朝鮮人史年表(姜徹, 有山閣, 1983)
在日韓国・朝鮮人と人権(大沼保昭・徐龍達編, 有斐閣, 1986)
ごく普通の在日韓国人(姜信子, 朝日文庫, 1990)
娘に語る祖国(つかこうへい, 光文社, 1990)
在日韓国・朝鮮人と参政権(李英和, 明石書店, 1993)
蘇る朝鮮文化―高麗博物館と鄭詔文(備仲臣道, 明石書店, 1993)
獄中19年―韓国政治犯のたたかい(徐勝, 岩波新書, 1994)
在日コリアンのアイデンティティと法的地位(金敬得, 明石書店, 1995)
数字が語る在日韓国・朝鮮人の歴史(森田芳夫, 明石書店, 1996)
コリアン世界の旅(野村進, 講談社, 1996)
在日朝鮮人の「世界」と「帝国」国家(西成田豊, 東京大学出版会, 1997)
20世紀を生きた朝鮮人(林哲ほか編, 大和書房, 1998)
在日韓国・朝鮮人政策論の展開(坂中英徳, 日本加除出版, 1999)
〈在日〉という生き方―差異と平等のジレンマ(朴一, 講談社, 1999)
二世の起源と「戦後思想」―在日・女性・民族(李順愛, 平凡社選書, 2000)
闇を喰む(Ⅰ・Ⅱ, 高史明, 角川文庫, 2004)
在日(姜尚中, 講談社, 2004)
在日朝鮮人社会の歴史学的研究―形成・構造・変容(外村大, 緑蔭書房, 2004)
東京のコリアタウン(江東・在日朝鮮人の歴史を記録する会編, 樹花舎, 2004)
在日朝鮮人はなぜ帰国したのか(東北アジア問題研究所編, 現代人文社, 2004)
帰国運動とは何だったのか(高崎宗司・朴正鎮編著, 平凡社, 2005)
在日朝鮮人問題の起源(文京洙, クレイン, 2007)
越境の時―1960年代と在日(鈴木道彦, 集英社新書, 2007)
「在日」との対話(玄善允, 同時代社, 2008)
在日一世の記憶(小熊英二・姜尚中編, 集英社新書, 2008)
北朝鮮帰国者問題の歴史と課題(坂中英徳ほか, 新幹社, 2009)
在日音楽の100年(宋安鍾, 青土社, 2009)
ドキュメント在日本朝鮮人連盟1945〜1949(呉圭祥, 岩波書店, 2009)
「在日」と50年代文化運動(ヂンダレ研究会編, 人

文書院，2010)
ニッポン 猪飼野ものがたり(猪飼野の歴史と文化を考える会編，批評社，2011)

◉在外
中国の朝鮮族—延辺朝鮮族自治州概況(〈延辺朝鮮族自治州概況〉執筆班／大村益夫訳，むくげの会，1987)
聞き書き中国朝鮮族生活誌(中国朝鮮族青年学会編／舘野晳ほか訳，社会評論社，1998)
中国朝鮮族—歴史・生活・文化・民族教育(高崎宗司，明石書店，1996)
中国朝鮮族を生きる—旧満州の記憶(戸田郁子，岩波書店，2011)
カレイスキー—旧ソ連の高麗人(鄭棟柱／高賛侑訳，東方出版，1998)
サハリン棄民 戦後責任の点景(大沼保昭，中央公論社，1992)
サハリンと日本の戦後責任(高木健一，凱風社，1992)
サハリンの韓国人はなぜ帰れなかったのか(新井佐和子，草思社，1998)
コリアンタウンの民族誌—ハワイ・LA・生野(原尻英樹，ちくま新書，2000)

◉在日朝鮮人文学
砧をうつ女(李恢成，文藝春秋，1972)
金史良全集(1-4，河出書房新社，1973-74)
金達寿評論集 わが民族(上・下，筑摩書房，1976)
金達寿小説全集(1-7，筑摩書房，1980)
火山島(1-7，金石範，文藝春秋，1983-97)
原野の詩—集成詩集(金時鐘，立風書房，1991)
流域へ(李恢成，講談社，1992)
李良枝全集(講談社，1993)
〈在日〉という根拠—李恢成・金石範・金鶴泳(竹田青嗣，ちくま学芸文庫，1995)
血と骨(梁石日，幻冬舎，1998)
家族シネマ(柳美里，講談社文庫，1999)
生まれたらそこがふるさと—在日朝鮮人文学論(川村湊，平凡社選書，1999)
蔭の棲みか(玄月，文藝春秋，2000)
GO(金城一紀，講談社，2000)
金鶴泳作品集(Ⅰ・Ⅱ，クレイン，2004, 06)
金時鐘詩集選 境界の詩(金時鐘，藤原書店，2005)
始原の光—在日朝鮮人文学論(磯貝治良，創樹社，1979)
在日朝鮮人 日本語文学論(林浩治，新幹社，1991)
戦後日本文学のなかの朝鮮韓国(磯貝治良，大和書房，1992)
戦後非日文学論(林浩治，新幹社，1997)
戦後〈在日〉文学論(山崎正純，洋々社，2003)
〈在日〉文学論(磯貝治良，新幹社，2004)
在日朝鮮人 女性文学論(金壎我，作品社，2004)

韓国案内
隣の国で考えたこと(岡崎久彦，中央公論社，1973)
ソウル実感録(田中明，北洋社，1979)
オンドル夜話—現代両班考(尹学準，中央公論社，1983)
悲しさに笑う韓国人—日本語教師の「倭人韓国伝」(古田博司，人間の科学社，1986)
世界の都市の物語7 ソウル(姜在彦，文藝春秋，1992)
韓国 近い昔の旅—植民地時代をたどる(神谷丹路，凱風社，1994)
旅行ガイドにないアジアを歩く—韓国(君島和彦ほか，梨の木舎，1995)
朝鮮民族を読み解く—北と南に共通するもの(古田博司，ちくま新書，1995)
韓国百科(秋月望ほか編，大修館書店，1996)
暮らしがわかるアジア読本—韓国(伊藤亜人編，河出書房新社，1996)
もっと知りたい韓国(全2巻，伊藤亜人編，弘文堂，1997，改訂版)
ソウル—日帝下の遺跡を歩く(中村欽哉，つげ書房新社，1998)
韓国 カササギとトラの国で(鶴園裕，三修社，1999)
韓国と韓国人—隣人たちのほんとうの話(小針進，平凡社新書，1999)
現代韓国を知るための55章(石坂浩一・舘野晳編著，明石書店，2000)
韓国を知るQ&A115(朝倉敏夫，国立民族学博物館，2000)
ソウル都市物語—歴史・文学・風景(川村湊，平凡社新書，2000)
韓国(川村湊編，作品社，2002)
韓国学のすべて(古田博司・小倉紀蔵編，新書館，2002)
近代のかげ—現代韓国社会論(金東椿／水野邦彦訳，青木書店，2005)
現代韓国社会を知るためのハンドブック(韓均子編著／舘野晳訳，明石書店，2006)
韓流ハンドブック(小倉紀蔵・小針進編，新書館，2007)
韓国がわかる60の風景(林史樹，明石書店，2007)
韓国の暮らしと文化を知るための70章(舘野晳編著，明石書店，2012)
現代韓国を学ぶ(小倉紀蔵編，有斐閣，2012)
韓国・朝鮮の知を読む(野間秀樹編，CUON，2013)

北朝鮮案内
38度線の北(寺尾五郎，新日本出版社，1959)

楽園の夢破れて(関貴星, 全貌社, 1962)
誰も書かなかった北朝鮮―「偉大なる首領さま」の国(加藤英明, サンケイ出版, 1977)
凍土の共和国―北朝鮮幻滅紀行(金元祚, 亜紀書房, 1984)
平壌からのメッセージ―ある特派記者の見聞記(松本二郎, 日本風景社, 1989)
北朝鮮秘密集会の夜―留学生が明かす〝素顔〟の祖国(李英和, 文春文庫, 1996)
ハンドブック北朝鮮(小此木政夫編著, 講談社, 1997)
北朝鮮データブック(重村智計, 講談社現代新書, 1997)
誰も書けなかった北朝鮮ツアー報告(宮塚利雄, 小学館文庫, 1998)
入門 朝鮮民主主義人民共和国(鎌倉孝夫ほか編, 雄山閣出版, 1998)
黄長燁回顧録―金正日への宣戦布告(萩原遼訳, 文藝春秋, 1999)
LIVE講義 北朝鮮入門(礒﨑敦仁・澤田克己, 東洋経済新報社, 2010)
朝鮮労働党の権力後継(中川雅彦編, アジア経済研究所, 2011)

ハングル表[反切表]

母音\子音	ㅏ	ㅑ	ㅓ*1	ㅕ*2	ㅗ	ㅛ	ㅜ	ㅠ	ㅡ*3	ㅣ
ㄱ	가 ka/ga	갸 kya/gya	거 kɔ/gɔ	겨 kyɔ/gyɔ	고 ko/go	교 kyo/gyo	구 ku/gu	규 kyu/gyu	그 kɯ/gɯ	기 ki/gi
ㄴ	나 na	냐 nya	너 nɔ	녀 nyɔ	노 no	뇨 nyo	누 nu	뉴 nyu	느 nɯ	니 ni
ㄷ	다 ta/da	댜 tya/dya	더 tɔ/dɔ	뎌 tyɔ/dyɔ	도 to/do	됴 tyo/dyo	두 tu/du	듀 tyu/dyu	드 tɯ/dɯ	디 ti/di
ㄹ	라 ra	랴 rya	러 rɔ	려 ryɔ	로 ro	료 ryo	루 ru	류 ryu	르 rɯ	리 ri
ㅁ	마 ma	먀 mya	머 mɔ	며 myɔ	모 mo	묘 myo	무 mu	뮤 myu	므 mɯ	미 mi
ㅂ	바 pa/ba	뱌 pya/bya	버 pɔ/bɔ	벼 pyɔ/byɔ	보 po/bo	뵤 pyo/byo	부 pu/bu	뷰 pyu/byu	브 pɯ/bɯ	비 pi/bi
ㅅ	사 sa	샤 ʃya	서 sɔ	셔 ʃyɔ	소 so	쇼 ʃyo	수 su	슈 ʃyu	스 sɯ	시 ʃi
ㅇ(無声音)	아 a	야 ya	어 ɔ	여 yɔ	오 o	요 yo	우 u	유 yu	으 ɯ	이 i
ㅈ*4	자 tʃa/dʒa	쟈 tʃa/dʒa	저 tʃɔ/dʒɔ	져 tʃɔ/dʒɔ	조 tʃo/dʒo	죠 tʃo/dʒo	주 tʃu/dʒu	쥬 tʃu/dʒu	즈 tʃɯ/dʒɯ	지 tʃi/dʒi
ㅊ*5	차 tʃha	챠 tʃha	처 tʃhɔ	쳐 tʃhɔ	초 tʃho	쵸 tʃho	추 tʃhu	츄 tʃhu	츠 tʃhɯ	치 tʃhi
ㅋ*6	카 kha	캬 khya	커 khɔ	켜 khyɔ	코 kho	쿄 khyo	쿠 khu	큐 khyu	크 khɯ	키 khi
ㅌ*7	타 tha	탸 thya	터 thɔ	텨 thyɔ	토 tho	툐 thyo	투 thu	튜 thyu	트 thɯ	티 thi
ㅍ*8	파 pha	퍄 phya	퍼 phɔ	펴 phyɔ	포 pho	표 phyo	푸 phu	퓨 phyu	프 phɯ	피 phi
ㅎ	하 ha	햐 hya	허 hɔ	혀 hyɔ	호 ho	효 hyo	후 hu	휴 hyu	흐 hɯ	히 hi

注—このハングル表(反切表)は日本語の五十音表にあたるものである。子音字と母音字が組み合わさってできるそれぞれの音節文字の音を右側に発音記号で付記した。辞典などの見出語の配列は,上段左カ(가)から右へ,以下ナ(나),タ(다),ラ(라),……の順。ㅣをもとにして作られたㅏㅑㅓㅕなどの母音字は子音字の右に書く。

—ㅡをもとにして作られたㅗㅛㅜㅠなどの母音字は子音字の下に書く。

*を付した文字は,マッキューン=ライシャワー方式(本事典で採用した方式)では以下のように転写している。

   *1 ŏ   *2 yŏ   *3 ŭ   *4 ch   *5 ch'   *6 k'   *7 t'   *8 p'

なお,このハングル表では複合母音と濃音(子音字が二重になったもの。kkやtchのような音になる)は示していないが,これについては〈ハングル〉の項の付表を参照されたい。

韓国・北朝鮮関連のURLリスト

＊サイト名のあとに(日本語)などと付記のないものはハングル表示。データは2013年11月現在。

便利なリンク集

The Han World(日本語あり)
http://www.han.org/a/
金明秀氏のサイト。このa面はおもに在日関連のリンク集で、広範にわたり実に便利。b面もある。

コリアインフォ(日本語)
http://www.korea.co.jp/

コリアネット(日本語)
http://japanese.korea.net/

公益財団法人環日本海経済研究所(ERINA)(日本語)
http://www.erina.or.jp/jp/Info/index.htm

ジェトロ・アジア経済研究所図書館・地域別各種コレクション紹介(日本語)
http://www.ide.go.jp/Japanese/Library/Region/East_asia/index.html

外務省地域情報：韓国(日本語)
http://www.mofa.go.jp/mofaj/area/korea/

外務省地域情報：北朝鮮(日本語)
http://www.mofa.go.jp/mofaj/area/n_korea/

朝鮮研究のためのリンク集(日本語)
http://www.zinbun.kyoto-u.ac.jp/~mizna/
京都大学人文科学研究所の水野直樹氏のサイト。朝鮮研究(特に歴史研究)に便利な日本・韓国・欧米のサイトやデータベースにリンクしており、きわめて有益。

韓国・北朝鮮の市郡名
http://camp.ff.tku.ac.jp/TOOL-BOX/KoreaPN/K-C&C.html
以上のリンク集のなかにも朝鮮民主主義人民共和国(北朝鮮)のサイトへのリンクは含まれるが、下記のサイトでは北朝鮮および朝鮮総連に関する公的サイトがおさえられている。

朝鮮新報(日本語あり)
http://chosonsinbo.com/jp/

朝鮮大学校(日本語)
http://www.korea-u.ac.jp/

在日本朝鮮人総聯合会
http://www.chongryon.com/index.html
北朝鮮関連の各種サイトもリンクされている。

主要メディア

前記のリンク集にも含まれるが、主要なメディアのサイトを若干あげる。

東亜日報(日本語あり)
http://www.donga.com/

中央日報(日本語あり)
http://www.joins.com/

韓国日報
http://www.korealink.co.kr/

ハンギョレ
http://www.hani.co.kr/

オーマイニュース(韓国語)
http://ohmynews.com/

聯合ニュース(日本語あり)
http://www.yonhapnews.co.kr/#v1

毎日経済新聞
http://www.mk.co.kr/

The Korea Herald(英語)
http://www.koreaherald.co.kr/

The Korea Times(英語)
http://www.koreatimes.co.kr/www/index.asp

韓国放送公社(KBS)(日本語あり)
http://www.kbs.co.kr/

文化放送(MBC)
http://www.imbc.com/

SBS
http://www.sbs.co.kr/

YTN
http://www.ytn.co.kr/

MBN
http://mbn.mk.co.kr/

世界日報
http://www.segye.com/index.jsp

m-net(日本語)
http://jp.mnet.com/

KNTV(日本語)
http://www.kntv.co.jp/

統一ニュース
http://www.tongilnews.com

朝鮮日報(日本語あり)
　　http://www.chosunonline.com/
デイリーNK(日本語あり)
　　http://japan.dailynk.com/japanese/
　　　　北朝鮮の時事情報を伝える韓国のサイト。
北朝鮮関連では、
朝鮮中央通信(英語あり)
　　http://www.kcna.co.jp/
朝鮮中央通信社(日本語あり)
　　http://www.kcna.kp/kcna.user.home.retrieveHomeInfoList.kcmsf
朝鮮中央通信社
　　http://www.kcna.co.jp/index-k.htm
　　　　労働新聞の記事紹介あり。
わが民族同士(祖国平和統一委員会)
　　http://www.uriminzokkiri.com
　　　　北朝鮮の各種新聞・雑誌の記事などを掲載。
民主の声
　　http://www.vop.co.kr/index.html
ラジオ・チェクタバン
　　http://www.podbbang.com/ch/5565
　　　　インターネットラジオサイト。
エルファテレビ
　　http://www.elufa-tv.net/live.html
　　　　平壌中央テレビのライブが見られる。
朝鮮中央テレビ報道
　　http://sjkb1.news-site.net/
労働新聞
　　http://rodong.rep.kp/ko/
朝鮮族ネット(日本語)
　　http://www.searchnavi.com/~hp/chosenzoku/
　　　　中国の朝鮮族に関するニュースポータルサイト。
在日関連では、
統一日報(日本語)
　　http://news.onekoreanews.net/
民団新聞(在日本大韓民国民団のニュースほか。日本語)
　　http://www.mindan.org/
民族時報(在日韓国民主統一連合(韓統連)の機関紙。日本語あり)
　　http://www.korea-htr.org/
東洋経済日報(日本語)
　　http://www.toyo-keizai.co.jp/
朝鮮新報(日本語)
　　http://chosonsinbo.com/jp/
朝鮮新報
　　http://chosonsinbo.com/
　　朝鮮総連の側では、前記の朝鮮新報のサイト。

国会/政府/地方自治体

国会
　　http://www.assembly.go.kr/
青瓦台(大統領官邸)(英語あり)
　　http://www.president.go.kr/
国務総理室(英語あり)
　　http://www.pmo.go.kr/pmo/index.jsp
統一部
　　http://www.unikorea.go.kr/CmsWeb/viewPage.req?idx=PG0000000344
北韓地下資源ネット
　　http://www.irenk.net/
　　　　統一部所管の社団法人南北交流協力支援協会
南北物流フォーラム
　　http://www.kolofo.org/
韓国観光公社公式サイト(日本語)
　　http://japanese.visitkorea.or.kr/jpn/index.kto
韓国文化院(日本語あり)
　　http://www.koreanculture.jp/
RISS
　　http://www.riss.kr/index.do
　　　　韓国教育学術情報院が提供する書籍・雑誌記事検索サイト。
KINDS
　　http://www.kinds.or.kr/
　　　　韓国言論振興財団が提供する新聞記事の検索サイト。
ソウル市
　　http://www.seoul.go.kr/
ネナラ(日本語あり)
　　http://naenara.com.kp/ja/
　　　　北朝鮮の朝鮮コンピュータセンター(KCC)が運営。政治体制、産業貿易、文化、観光地などの紹介など。
わが民族同士(祖国平和統一委員会)
　　http://www.uriminzokkiri.com/
延辺日中文化交流センター(日本語)
　　http://yanbian-city.in/index.htm
　　　　中国。情報が限られている北朝鮮に関するニュースも掲載。

大学/図書館/博物館/大型書店(韓国)

ソウル大学校(英語あり)
http://www.snu.ac.kr/

高麗大学校(英語あり)
http://www.korea.ac.kr/

延世大学校(英語あり)
http://www.yonsei.ac.kr/index.asp

釜山大学 韓国語学び舎
http://urimal.cs.pusan.ac.kr/urimal__new/

図書館では,

国立国会図書館(英語あり)
http://www.nanet.go.kr/

国立中央図書館
http://www.nl.go.kr/

国家電子図書館(英語あり)
http://www.dlibrary.go.kr/
　これは,前2者をはじめとする主要図書館の所蔵文献をデータベース化して,本文閲覧を可能にすることをめざしている。
　なお,各大学図書館は,国立中央図書館のリンク集や各大学のサイトから入れる。

国史編纂委員会(英語・日本語あり)
http://www.history.go.kr/

奎章閣韓国学研究院(ソウル大学校にある古文書所蔵図書館)
http://kyujanggak.snu.ac.kr/index.jsp

国立中央博物館
http://www.museum.go.kr/
　国立地方博物館,民営博物館へのリンクあり。

国立現代美術館
http://www.moca.go.kr/

教保文庫
http://www.kyobobook.co.kr/index.laf

Bandi & Luni's書店
http://www.bandinlunis.com

(社)児童図書研究会
http://www.childbook.org/

(社)幸せな朝の読書
http://www.morningreading.org/

その他

韓国観光公社(日本語)
http://www.tour2korea.com/

ソウルナビ(観光情報)
http://www.seoulnavi.com/
　ソウルを中心とした生活情報。

交通放送
http://tbs.seoul.kr/
　ソウル渋滞情報以外に,楽しいトークや流行歌などが楽しめる。

風窓(モンスーン)(日本語)
http://www.altasia.org/

アジアミュージックネット
http://kr.asiamusic.net/
　ポピュラー音楽情報が中心。

韓国映画のページ(日本語)
http://www.hf.rim.or.jp/~t⁻sanjin/korea.html
　輝国山人氏のサイト。監督,俳優,制作年などで検索できる。

J&K日韓交流サイト
http://www.jafnet.co.jp/jkplaza/jp.htm

KJクラブ
http://www.kjclub.com/jp/

GO KOREA!
http://www.gokorea.jp/

私設朝鮮民主主義人民共和国研究室
http://www.piks.or.tv/

作成協力：舘野哲,渡辺直紀,斉藤進,二瓶喜久江,蜂須賀光彦,布袋敏博

世界遺産［韓国・北朝鮮］

2013年6月現在のユネスコ世界遺産・合計981（文化遺産759，自然遺産193，複合遺産29）のうち，大韓民国と朝鮮民主主義人民共和国のものを国と道・市別に示した。Cは文化遺産，Nは自然遺産を示す。
また，世界無形遺産および世界記憶遺産についても掲載する。

国名	道名・市名	遺産名	登録年	種類	備考
大韓民国	慶尚北道・慶州市	石窟庵と仏国寺	1995	C	仏国寺は6世紀の創建，8世紀の景徳王の時代に再建。そのおり石窟庵も建造された。新羅美術を代表する。
	慶州市	慶州歴史地域	2000	C	磨崖仏の南山地区，7世紀の天文台といわれる瞻星台のある月城地区や，皇竜寺跡地区，大陵苑地区などがある。
	安東市	大韓民国の歴史的村落：河回と良洞	2010	C	河回は安東市，良洞は慶州市。両班の伝統的な生活様式を保存しているマウル（村）。
	慶尚南道	海印寺大蔵経板殿	1995	C	802年の創建になる韓国三大寺利の一つ。高麗大蔵経の版木は1236年から14ヵ年をかけて完成したもの。
	ソウル	宗廟	1995	C	朝鮮王朝李王家の位牌を祀る。正殿，永寧殿，斉室，典祀庁，楽工庁，功臣堂などからなる。
	ソウル	昌徳宮	1997	C	朝鮮王朝李王家の宮殿。仁政殿など王朝建築の壮麗さを今に伝える。
	京畿道・水原市	華城	1997	C	王朝時代，18世紀末に建造された邑城。水原城ともよばれ，朝鮮で最も発達した城郭と評価される。
	全羅北道	高敞の支石墓群	2000	C	支石墓442基が群集する。
	光州市	和順の支石墓群	2000	C	支石墓約500基が群集する。
	仁川市	江華の支石墓群	2000	C	支石墓約120基が群集する。
	済州道	済州の火山島と溶岩洞窟	2007	N	漢拏山自然保護区，拒文岳溶岩洞窟，城山日出峰など。
大韓民国 朝鮮民主主義人民共和国	京畿道・江原道 黄海道	朝鮮王陵	2009	C	1408年から5世紀にわたって造営された朝鮮王朝の歴代王族の陵墓。
朝鮮民主主義人民共和国	平壌・平安南道	高句麗古墳群	2004	C	高句麗の王・王族および貴族の墳墓63基（中国東北地方の遺跡を含む）が登録。北朝鮮では壁画古墳を中心に安岳3号墳，徳興里古墳など。
		開城の歴史的建造物群と遺跡群	2013	C	高麗の王都，商業の中心地として栄えた開城の歴史的遺産。

無形文化遺産

国名	遺産名	登録年	備考
大韓民国	宗廟先祖のための儀礼，および祭礼音楽	2001	朝鮮王室の祭礼儀式．
	パンソリの詠唱	2003	唱劇，劇歌とも．民俗芸能の一つで，物語に節をつけて歌う．
	江陵端午祭	2005	太白山脈の東側で行われる伝統的な祭礼で，端午クッ，官奴仮面劇，農楽などがある．
	カンカンスオレー(カンガンスルレ)	2009	中秋節の夜，全羅道の海岸地方で行われる女性の円舞．
	男寺党ノリ	2009	旅芸人のナムサダン(男寺党)が村々で披露した農楽，仮面劇，人形劇，曲芸など．
	霊山斎	2009	仏教の儀礼で，魂の再会を祈願して伝統的舞踊や演奏が行われる．
	済州チルモリ堂燃燈グッ	2009	霊登神(風の女神か)に祈りをささげる宗教的な儀礼．
	処容舞	2009	宮廷仮面舞踊．新羅時代の伝説的な人物が仮面をかぶって舞う怪異豪放な踊りで，鬼を追い払うという．
	歌曲	2010	時調詩(定型詩)に曲をつけ，管弦楽の伴奏で歌うもの．
	大木匠	2010	宮殿や寺院，家屋などの伝統的な建築を主宰する職人，棟梁．
	鷹狩り	2010	鷹を用いて獲物を捕まえる伝統的な狩猟．11ヵ国の共同登録．
	テッキョン	2011	伝統的な武芸．リズミカルな動きで技をくり出す．
	チュルタギ	2011	綱渡り．チュルタリギとも．正月に行われる年占の行事．
	韓山カラムシ編	2011	苧麻で生地を織る伝統的な技芸．忠清南道の韓山地区．
	アリラン	2012	コリアの代表的な民謡で，歌詞も旋律も各地で異なる．
	キムジャン文化	2013	韓国や北朝鮮で立冬の頃にキムチを漬け込む行事．

世界の記憶（世界記憶遺産）

国名	遺産名	登録年	備考
大韓民国	朝鮮王朝実録	1997	朝鮮王朝各王代の事績を編纂したもの。1392-1863年の25代1706巻。
	訓民正音解例本	1997	国字の訓民正音（ハングル）の解説。
	白雲和尚抄録仏祖直指心体要節	2001	高麗の禅僧による仏教書。1372年著。
	承政院日記	2001	朝鮮王朝時代の官庁の公的記録。1623-1894年の3047冊が残る。
	朝鮮王室儀軌	2007	朝鮮王朝時代の主な行事を記録したもの。
	高麗大蔵経板・諸経板	2007	1251年完成。板木は8万1200余枚に及ぶ。
	東医宝鑑	2009	朝鮮王朝時代の医書。1613年刊。23編25巻。
	人権記録遺産	2011	1980年5月18日光州で起きた反軍事政権の民主主義運動に関する記録。
	日省録	2011	朝鮮王朝の正祖以下4代の王の記録。1760-1910年。

索引

1
索引の見出し語のうち，本事典で独立項目となっているものは太字（ゴシック体）で示した。本文および図・表の中から採った索引項目は細字（明朝体）として区別した。

2
索引の見出し語の次に示す数字はページ数であり，a はページの左段，b はページの右段にあることを示す。また，f は図または図の解説文にあることを示す。

3
ページ数や段が2つ以上ある索引項目については，ページ数の若い順，a，b，f の順に並べた。ただし，独立項目が含まれる場合は，最初に独立項目のページ数と段を示した。

4
同一の事項であっても，読みや表記が異なる場合，あるいは別称などの場合も，それぞれ索引項目とした。また〈ヤンバン（両班）〉のように，カタカナの索引項目に漢字表記を併記する場合がある。逆に漢字表記の索引項目にカタカナ表記を付す場合もある。

あ

IMF時代　6a, 202a, 599b, 608a
アイゴー（朝鮮語）　355b
愛国歌　179b
愛国啓蒙運動　6b
愛国班　164a
愛国文化啓蒙運動　6b
挨拶　7a, 293b
ICT　243b
IT革命➡情報通信革命
亜鉛　329a
青井戸　25b
アガシ（人称代名詞）　435b
明石元二郎　8a
アカマツ　471a
赤松智城　8a
秋葉隆　8b, 70b
あぐら　206a
浅川巧　8b
浅川伯教　9a
阿斯達　320b
アジア女性基金　433b, 615b
アジア通貨危機　599b
アシアナ航空➡**交通**
アジア文化の殿堂　45a
阿佐　131a, 528b
アジュモニ（人称代名詞）　435b
アジョシ（人称代名詞）　435b
アジール　304b
安達謙蔵　533b

新しい村　287a
阿直岐　134a
閼英（アリョン）　476b
閼智　476b
阿道　488a
アナク（安岳）3号墳　9a, 155a, 504b, 505f
安岳事件　94a
《あなたよ，まだ夢を見ているのか》456b
アナトリー・キム　190b
アナプチ（雁鴨池）　77b
アニメーション　525b
アーノルド, A.V.　365
阿部信行　365
安倍能成　9b, 359b
アペンセラー, H.G.　32b
海女　325a
雨乞い　11a, 415b
アムサドン（岩寺洞）遺跡　10a, 125a, 128f
アムノク（鴨緑）江　10a, 476b
鴨緑江鉄橋　224a
雨　10b
飴　11a, 546a
雨森芳洲　11b, 355a
アメリカ　605b
アメリカ一辺倒　604b
アメリカ艦隊　229b
アメリカの軍事援助　604b
アメリカ文化院占拠事件　57b, 465b

漢氏　75a, 416b
新井白石　11b, 388b
閼英　476b
アリラン　12a, 180a, 278a, 376b, 417a, 420a
《ある在日朝鮮人の記録》　198b
安益泰（アン・イクテ）　179b
安鶴（アンハク）宮　480b
安岳3号墳➡**アナク3号墳**
アンガージュマン　498b
アン・ギョン（安堅）　12b, 369a, 370f
安駧寿（アン・ギョンス）　409a
暗行御史　12b
安光泉（アン・グァンチョン）　260a, 351b
安在鴻➡**アン・ジェホン**
按察使　398b
アン・ジェホン（安在鴻）　13a
安重根➡**アン・ジュングン**
安寿吉➡**アン・スギル**
アン・ジュングン（安重根）　13a
安昌浩➡**アン・チャンホ**
アン・ジョンボク（安鼎福）　13a, 356b
アン・スギル（安寿吉）　13b
アンダーウッド, H.G.　13b
安宅　76b
安宅経　530b
安宅クッ　530b
アンチェ（住居）　231b
アン・チャンホ（安昌浩）　14a, 158b,

312b
安鼎福➡アン・ジョンボク
安東都護府　153a
アンドン(安東)　14a, 420b
安東金氏　95b, 279a
安東ダム　14b
アンニョンハシムニカ　7a
安鶴宮跡　480b
アンパン(内房)　230b
安平大君　12b
安平大君瑢　237b
アンフォルメル絵画　473b
安平(アンピョン)大君　12b
アンベール, L. J. M.　14b
アン・ユ(安裕)　14b
安羅　74a

い

イ・アム(李巌)　14b
慰安婦　432b
慰安婦問題　289a, 433b
李珥(イ・イ)　30b
イ・イク(李瀷)　14b
イ・インジェ(李仁済)　15a
イ・インジク(李人稙)　15b, 43a, 52a, 497a
イ・インチェ(李仁済)　15a
イ・イノ(李仁老)　15b
李義方　381b, 487a
李義旼　327a
家　15b
礼唐(イェダン)平野　341b
李鈺　497a
イ・オンジョク(李彦迪)　16b, 302b
猪飼野　16b, 175a
医学　17a, 389b
囲郭都市　294f
威化(ウィファ)島　10b
威化島回軍　23a
イ・ガファン(李家煥)　17b
井関譜　49f
いき　545a
李起昇　199a
李基世　43b
イ・ギベク(李基白)　17b
李圭景　26a
イ・ギュボ(李奎報)　18a, 86a
李箕永　497b, 500a
李慶孫　38a
李吉用　428a
イ・グァル(李适)　18a
李匡師　238a
イ・グァンス(李光洙)　18a, 271b, 497a, 532b
イクサン(益山)　18b, 31b
益山王宮跡　18b
育児　19b
李根栄　500a

生野コリアタウン　17a
李亀永(イ・グヨン)　38a
李根沢　24a
池内宏　19b
李継祜　369a
囲碁　19b
李高　381b
イ・ゴク(李穀)　20a
囲碁盤　19b
尼師今　437a, 524b
イサブ(異斯夫)　20a
イ・サン(李祘)　20a
李商在　260b, 367a, 535a
李相咼　455b
《磻山問答》　518a
イ・シエ(李施愛)　20b
イ・ジェヒョン(李斉賢)　20b, 86a
李載完　417b
石合戦　20b
李植(イ・シク)　86a
異斯夫➡イサブ
イシモチ　116a
石首魚(いしもち)　21a
李資謙　166a
イ・ジャヨン(李子淵)　21a
李長鎬　38b
李侗　455b
李重煥　316b
李址鎔(イ・ジヨン)　24a
李楨　369a
李霆　369a
李廷亀　86a
維新体制　21a, 453b, 598a
イ・スグァン(李睟光)　21b
李樹廷　198a
イ・スンシン(李舜臣)　21b, 232f, 265b, 475f
イ・スンニョン(李崇寧)　22a
イ・スンフン(李承薫)　22a
李昇薫　177b
イ・スンマン(李承晩)　22b, 216b, 312b, 362b
李承晩政権　597b, 606a
李承晩ライン　317b, 504b
異姓不養　554a
イ・セク(李穡)　22b, 86a
李世春　221b
移葬　449b
李成愛　73a
イ・ソンゲ(李成桂)　23a, 142a
板跳び　23b
板舞　23b
李達　86a
市➡場市(じょうし)　240a
一然(イリョン)　209a
李哲暎　103b
イチョン(利川)　23b
利川の窯　23b
李清俊　498a

一六　564b
乙巳(いつし)五賊　24a, 31b, 428b
乙巳士禍　216b
乙巳条約　31b
乙支文徳➡ウルチ・ムンドク
乙巳保護条約　425b, 427b
一進会　24a, 31b
一心教　161a
一塔三金堂式伽藍　482b
一般銀行　609a
乙卯(いつぼう)教獄　232b
以酊庵　548b
梨泰院　295
夷狄　40b
イ・テゲ(李退渓)　24b, 234b, 389b, 555b
イ・テジュン(李泰俊)　25a, 501b
伊藤博文　25a, 13a, 81a
李斗鏞　38b
威徳(ウィドク)王　131a
井戸茶碗　25a
李東仁　52b, 563a
イ・ドンヒ(李東輝)　25b
李敦化　25b
イ・ドンム(李徳懋)　25b
慰那巌城　211b, 230a
稲作　177a
稲作儀礼　443b
《稲穂》　501a
イ・ヌンファ(李能和)　26a
稲耕作　283b
井上馨　156b
井上角五郎　26a, 82b
李昰応　502a
李夏栄　24a
イ・ハンノ(李恒老)　26a
イ・ヒョソク(李孝石)　26b
李賢世　525b
李秉喆　206b
イ・ビョンド(李丙燾)　26b
梨花学堂　26b, 246a
イファ(梨花)女子大学校　26b
梨花嶺　542b
李滉　24b
李恢成　199a, 199b
イ・フェチャン(李会昌)　27a
衣服　27a
李厚洛(イ・フラク)　453b
李惠求　48b
イ・ヘジョ(李海朝)　28b, 497a
李範奭　313a
李範宣(イ・ボムソン)　498a
李鳳宇　39b
今西龍　28b
李美子　73a
イ・ミョンバク(李明博)　29a, 600a
移民　189a, 203a
移民事業　407b

林億洙　473b
イムギ（大蛇）　563a
イム・ギョンオプ（林慶業）　29a
イム・グォンテク（林權澤）　29a, 38b
イム・コッチョン（林巨正）　29b
イム・ゴワンテク（林權澤）　29a
イム・ジェ（林悌）　29b
任重彬　498b
イムジン（臨津）江　29b
林秀卿　58a
任哲宰　535b
林聖九　43a
イ・ムニョル（李文烈）　30a
任昉　516a
イム・ファ（林和）　30a, 494b
李文求　498b
イヤギックン（語り部）　548a
李良枝　199a, 199b
イ・ユウォン（李裕元）　30b
イ・ユクサ（李陸史）　30b
イ・ユルゴク（李栗谷）　30b, 115b, 235a, 263a, 396a, 510a
李庸岳　500a
イ・ヨンイク（李容翊）　31a, 170b
イ・ヨング（李容九）　31a, 24a, 224a
李英胤　369a
イリ（裡里）　31b, 551a
医療院　557b
医療保険制度　612a
一然（イリョン）　209a
イルクーツク派　183b, 351a
佾舞（いるむ）　492b
慰礼（ウィレ）城　125b
イ・ワニョン（李完用）　31b, 24a
院（駅傳）　41a
尹伊桑➡ユン・イサン　268a
尹瑾➡ユン・グァン
殷照耕➡ウン・ヒギョン
尹鑴➡ユン・ヒュ
尹興吉➡ユン・フンギル
インサ（人事）　7a
印刷術　32a, 373a
仁寺洞　299b
インサム（人参）　367b
隠士　214a
尹淳（ユン・スン）　238a
インジョ（仁祖）　32b, 18a, 503b
《飲食知味方》　566a
引切米　545a
尹世復（ユン・セボク）　313a
尹善道➡ユン・ソンド
陰宅　449b
インターネット➡情報通信革命　243b
尹致昊➡ユン・チホ
インチョン（仁川）　33a, 116b
仁川港　33b, 160b
仁川国際空港　33b, 160b

仁川上陸作戦　33a
尹東柱➡ユン・ドンジュ
飲福　304b, 531a, 541b
尹潽善➡ユン・ボソン
尹奉吉➡ユン・ボンギル

う

ウィサン（義湘）　33b, 488b
毅斎美術館　516b
義慈王　131a
義州　224a
ウィチョン（義天）　34a, 488b
威徳王　131b
ウィファ（義化）島　10b
威化島回軍　23a
慰礼城　125b, 129a, 294b
烏羽之表　152b
ウェブトゥーン　526a
ウェンセキ（左縄）　226b
ウォニョ（元暁）　34a, 450a, 488b, 489a
ウォルチョン（月精）寺　34a
ウォルパン（越房）　230b
ウォン➡通貨　387a
員　236b
ウォングァン（円光）　34b, 489a
円光大学　18b
ウォンサン（元山）　34b, 135a
ウォンサンゼネスト　34b
元山労働組合連合会　34b
ウォンジュ（原州）　35a
ウォンソン（元聖）王　35a
ウォン・レート切り上げ　607b
宇垣一成　365, 445a
浮島丸事件　35a
右渠　40a
于山国　37a
于山島　317b
牛　283b, 428a, 441b
牛騒動　446a
内田良平　397a
宇宙起源歌　275a
鬱陵島➡ウルルン島
牛頭山　72b
右道農楽　440b
禹長春（うながはる）　35b
ウプ（邑）　35b, 236b, 636b
憂患クッ　530b
産神　36a, 226b
邑城　35b
ウマク（土幕民）　415a
占い　36a, 228b
占い師　36a
ウリ（親族）　174a
ウリ党　602b
ウルク（于勒）　36b
ウルサン（蔚山）　36b
蔚山城址　37a
乙支フリーダム・ガーディアン　503b

ウルチ・ムンドク（乙支文徳）　37a, 153a
ウルルン（鬱陵）島　37a, 316b
于勒➡ウルク
《雲英伝》　496a
雄基（ウンギ）湾　458b
熊州　186b
熊津（ウンジン）　130a, 187a
熊川（ウンチョン）　187a, 332a
熊川期　106a
ウン・ヒギョン（殷照耕）　37b
ウンプルサプ（葬式）　292f
雲揚号事件　85a

え

映画　38a
英才教育　110b
栄山（ヨンサン）江　557a
衛氏朝鮮　39b, 179a
永正条約　267b
英正時代　382a
衛正斥邪　40a, 26a, 242a, 330b, 346b
英祖➡ヨンジョ
永登（ヨンドゥン）浦　84a, 298a
衛満　39b
英雄軍談小説　496b
永楽太王　124b
ANSP　80b
慧灌（ヘグァン）　154a
駅館　40f
《益斎乱藁》　20b
益山➡イクサン
易地聘礼　388b
駅傳制　41a
駅屯土　414a
慧慈➡ヘジャ
SK財閥　202b
恵超　507b
慧超➡ヘチョ
X世代　612a
曰者打令　464b
HK〈HUMAN KOREA〉　310a
越南者　319a
越房　230b
越北者　319a
NIS　180b
NL（運動）　58a
NLL　211b, 644b
NPO法　226a
NPT脱退　592a, 626a, 646a
FTA　443a, 446b
エミレの鐘　358f, 518b
MBC　521a
LSグループ　41b
LGグループ　41a
LG財閥　202b
LG電子　244a
延安派　367a
演歌　73a

宴会　41b
円覚寺　295
円覚社　52a
円覚社劇場　43a
燕巖　452b
延嘉7年銘金銅如来立像　153f
延禧専門学校　557b
円教国師　33b
《焔群》　494b
焔群社　65a, 494b
燕京　46a
演劇　42a
円光⇒ウォングァン
燕行使　46a
円光大学　31b
燕行録　61a
燕山君⇒ヨンサン君
宴子抜　154a
袁世凱　46a
延世大学校⇒ヨンセ大学校
苑池遺構　157b
円仁　258a
延白(ヨンベク)平野　482a
円仏教　31b, 489b
延坪島⇒ヨンピョン島
延辺朝鮮族自治州⇒在外朝鮮人
　83b, 189b, 339a
鉛釉陶　404a
宴礼楽　175a

お

オイキムチ　99a
応永の外寇⇒己亥(きがい)東征
　87b
扇　46b
王建⇒ワンゴン
王倹(ワンゴム)　320b
王倹城　479b
王光墓　559a
《往五天竺国伝》　507b
王山岳(ワン・サナク)　154b
王室財政　420a
甕津(オンジン)半島　482a
応徴士　314a
欧法　237b
オウム(於音)　46b, 106b
《於于野談》　548a
鴨緑江⇒アムノク江
漁隠1地区遺跡　157a
大石正巳　510b
大井戸　25b, 171f
大伽耶　105a, 185a
於乙洞土城　439b
大村収容所　47a
オオヤマレンゲ　179b
於音⇒オウム
岡本柳之助　533b
沖縄　564b
呉慶錫　52b

小倉進平　47a
贈物　46b, 293a
オーケストラ・アジア　51a
呉尚源　498a
繋山里(オサンニ)遺跡　156b
お辞儀　7a
小田幾五郎　47b
オタ・ジュリア　236b
オタネニンジン　367b
オッ時調　221b, 495a
乙支文徳⇒ウルチ・ムンドク
オッペルト　47b
オデ(五台)山　47b
《御伽婢子》　123a
温陽温泉　342b
OBビール　403b
オプ(屋敷神)　547b
魚夢竜　369a
オ・ユンジュン(魚允中)　48a
《オリニ》　463b
《オルガンのある場所》　261a, 499b
音楽　48a
温山病　78b
オンジョ(温祚)王　51a
甕津郡　557b
甕津半島　482a
温祚王⇒オンジョ王
温突(オンドル)　51b, 206a, 471a
温麺　544a
諺文⇒ハングル　137b, 354a, 461a

か

界(地方行政区画)　398b
海印寺⇒ヘイン寺
海運⇒交通　276a
絵画⇒美術　368b, 469a
海外移民　203a
開化期文学　52a
開化派　52a, 156a, 159a, 318b, 330b,
　346b, 589a
開京(ケギョン)　294b
外居奴婢　436a
海軍特別志願兵令　314b
改憲問題　598b
回甲　87a
外交顧問　277a
外国人登録法　52b
外国人労働者問題　53a
介護保険制度　227b
改沙草　449b
解氏　130a
外史庫　218a, 350b
華夷思想　51a
外資導入政策　606b
会社令　53b
海州⇒ヘジュ
開城⇒ケソン
開城簿記　142b
改新教　120b

KAIST　54a
海税　122b
外孫奉祀　182a
開天節　234b, 313a, 321f
海東繹史　54a
《海東楽章》　56a
海東楽府　495b
海東歌謡　54a
回答兼刷還使　388a
海東高僧伝　54a
海東諸国紀　54b
海東通宝　55a
海東の孔子　327a
獩貊(かいばく)　575b
開発機関　609a
開闢　55a
開闢思想　161a
解放運動　163b
解放記念日　163a
解放後　163b
《解放前後史の認識》　163a
蒼馬高原⇒ケマ高原
外務省針尾入国者収容所　47a
灰釉陶　404a
海游録　55a
海洋主権線　504a
海洋主権宣言　503b
改良新派　43a
画員　369b
ガオグーリ(高句麗)　149b
河回(ハフェ)村　14a
雅楽　50a, 175a
科学技術　614a
科学技術発展三ヵ年計画　630a
華角貼　370f, 372a
嘉吉条約⇒癸亥(きがい)約条　87b,
　431a
科挙　55b, 136b, 550a, 583a
歌曲源流　56a
科挙制　165a
画金青磁　404b
家具　372a, 468b
覚皇寺　375b
核開発　145a, 596b
核開発疑惑　625b
楽学軌範　56b, 49a
核拡散防止条約(NPT)脱退　592a
核家族化　62b
核危機　90a
赫居世⇒ヒョッコセ
覚皇殿　481a
郭再祐(クァク・ジェウ)　266a
核査察　625b
核施設　634b
核実験　90b
閣氏面　71f
楽章体　495a
革新団　43a
学生　216b

学生運動　57a, 603a
学生デモ　126b
客地（かくち）　174b
《客地》　481b
角抵塚　259f, 493a, 505f
カクトゥギ（キムチ）　99a
学徒護国団　57a
《学之光》　57a, 198a, 563b
楽譜　49f
学宝　508b
革命歌劇　59a
革命主体勢力　148b, 453b
革命の首都　479f
革命の聖地　562b
核問題　90a, 628b
学友会　563b
覚訓　54a
歌劇芸術　59a, 44a, 479f
華甲　87a
《霞谷集》　380b
笠　28a, 66b
カザ（歌詞）　60b
鵲（カササギ）　59b
菓子　60a
歌詞　60b
歌辞　60b, 49b, 52a, 495a
瓦買土器　106a
梶村秀樹　61a
花樹会　269b
華（ファ）城　276b
何如璋（かじょしょう）　159a
〈カシリ〉　495a
柏木義円　208b
仮神仙打令　464b
数　61b
潜女（かずきめ）　325a
《華西集》　26b
嘉靖大倭寇　576b
《風の丘を越えて――西便制》　38b, 51a
衛前　248a
河川水運　275b
夏禹冬暦　46b
牙箏　63b, 64f
家族　62a, 583b
家族計画事業　262a
家族主義　612a
家族法改正⇒家族
家族法改正運動　246b
荷知　74a
カチガラス　60a
カッ（笠）　66b
勝海舟　279b
楽器　63f
活字　32a, 286a, 373a, 382a, 394a
活貧党　64b, 149b
カップ　65a, 494b, 497b
桂=タフト協定　65a, 424b
桂太郎　65a

《稼亭集》　20a
家庭信仰　530a
火田　540b
科田法　65b, 344b
火田民　65b, 303b
瓦当　155b
仮道入明　264a
カトリック　120b
金沢庄三郎　429b
金子文子　456a
《課農小抄》　452b
嘉俳日　232b, 439
甲（カプ）山火田民事件　66a
甲山高原　145b
甲寺　186b
被り物　66b, 388b
貨幣　66b
貨幣整理事業　67b, 47a
窯　68a, 404f
竈神　68a
紙　68b
髪　69a
カムン（感恩）寺址　69b, 255f
仮面劇　70a, 43b, 50b
仮面舞劇　421b
加耶　183a
伽耶：伽耶：伽倻⇒加羅
伽倻琴　72a, 36b, 48b, 63b, 64f
火薬　328a
カヤ（伽倻）山　72b, 185a
加耶土器　408b
歌謡　221a
火曜会　351b
歌謡曲　72b
火熩都監　328a
カラ（加羅）　73b, 274b, 508b, 528a
駕洛　73b
韓（から）　73b
《駕洛記》　75b
唐子踊り　390a
駕洛国　105a
駕洛国記　75b
辛子明太子　116a, 543b
加羅諸品　210a
ガラス　75b, 467b
加羅土器　74a
樺太　189b
花柳遊び　438
カルクッス（麺）　544b
ガールズグループ旋風　145b
カレ（鋤）　441b
花郎　76a, 256a, 489a
花郎世紀　76a
《川辺の風景》　454b
厠神　76b
炕（暖房）　51b
桓因　320b
カンウォン（江原）道　76b, 442
《韓英辞典》　14a

雁鴨池　77b
韓屋（ハノク）保存地区　381a
感恩寺　69b
感恩寺址⇒カムン寺址
灌漑　77b
韓澳（ハン・ホ）　238a
官学派知識人　330a
カン・カムチャン（姜邯賛）　78a
カンカンスオレー（舞踊）　232b, 493a
簡儀台　337b
かんきつ類　128b
丗丘俊　78a
咸鏡（ハムギョン）山脈　580a
元暁⇒ウォニァ　34a
環境運動連合　78a, 79a
環境条項　503b
環境政策基本法　79a
咸鏡道⇒ハムギョン道
環境問題　78b
江景浦　243a
カンゲ（江界）　79a, 334a
玩月会盟宴　496b
咸興⇒ハムン
漢江⇒ハンガン
還甲　87a
還穀　79b, 88a
韓国⇒地域・国名編の大韓民国
韓国映画　38b
韓国画　79a
韓国科学技術院　54a
韓国学園　196a
韓国学大学院　80a
韓国学中央研究院　80a
韓国キリスト教　121a
韓国銀行　352a, 609a
韓国軍　502b, 604a
韓国軍隊解散　589a
韓国語　352b
韓国皇室特派留学生　563a
韓国高速鉄道　395a, 486b
韓国光復軍　315a
韓国国立中央博物館　454b
《韓国史》　176b
韓国GM　392b
《韓国史新論》　17b
韓国女性団体連合　246b
韓国人移民　203a
韓国人養子　203b
韓国精神文化研究院　80a
韓国大学総学生連合　58b, 604a
韓国大法院　114a
韓国中央情報部　80a, 100b, 601b
韓国駐剳軍　366b
韓国鉄道公社　159b, 395a
韓国テレビドラマ　86b
韓国電力　140b
韓国電力公社　398a
韓国統監府⇒統監府

韓国道路公社　408a
《韓国独立運動之血史》　450b
韓国独立運動史研究所　409a
韓国独立党　281b
韓国ノリ　379a
韓国仏教曹渓宗　291a
韓国仏教太古宗　313a
韓国ブーム　616a
韓国プロテスタント教会　121a
韓国併合　80b
韓国併合条約　425b
韓国放送公社　521a
韓国ミュージカル大賞　44b
韓国民主回復統一促進国民会議　86b, 200b
韓国民主党　281b, 306b, 399b, 602a
韓国民族民主戦線　399b
韓国民俗村　533a
韓国労総　81b, 570b, 572b, 603b
韓国労働組合総連盟　81b, 570b, 603b
関西（クァンソ）地方　476b
観察使　236b, 398b
漢山（ハンサン）　125b
完山静伸　14b
閑山島⇒ハンサン島
漢詩　495a
カン・ジェオン（姜在彦）　82a
姜帝奎　39a
漢字（新羅）　253a
漢字教育　354a
漢字制限　354a
岩寺洞遺跡⇒アムサドン遺跡
咸錫憲⇒ハム・ソッコン
カン醤　567a
還上⇒還穀　79b, 212a
《**漢城周報**》　82b, 26a, 52b, 272a
《**漢城新聞**》　159a
韓城電気　140b
漢城（ハンソン）府　82b, 294b
韓植（ハン・シク）　198b
寒食日　438
カンジョン（糠精）　60b
桓仁　82b
康津　68a, 170a
《**韓人漢文手管始**》　390a
韓進（ハンジン）財閥　201b
韓人社会党　25b, 351a
韓人文化センター　206a
姜舜　198b
関西（クァンソ）　581a
姜雪野⇒ハン・ソリヤ
韓総連　58b, 604b
韓族　208b, 260a
降仙製鋼所　477b
姜達永（カン・ダリョン）　351b
閑中録　83a
姜大成　161a

莞（ワン）島　578b
間島　83a, 13b, 187b, 189a
関東（コワンドン）　581a
関東大震災　358b
間島協約　83a
間島五・三〇蜂起　83b, 520a
間島パルチザン　162b
《間島パルチザンの歌》　520a
《関東別曲》　383a, 508a
韓統連　86b
丸都（ファンド）城　230a
漢挐山⇒ハルラ山
江南地域　300a
カンナム（江南）地区　84a
カンヌン（江陵）　84a, 77a
江陵端午祭　549a
江陵梅花打令　464b
漢四郡　558a
カン・ハン（姜沆）　84b, 86a
カン・ヒアン（姜希顔）　84b
韓美電気　140b
カンファ（江華）島　84b
カンファ島事件　85a
関金フェリー　86a
関釜連絡船　85b
漢文学　86a, 407a, 495b
漢文短編　497a
韓米連合作戦計画　646a
韓米連合司令部　645a
関北（クァンブク）　458a, 581a
姜万吉　163a
韓民戦　399b
《韓民族共同体》統一案　595a
韓民統　86b, 200b
桓雄　274b
姜沇　473b
漢陽（ハニャン）郡　294a
看羊録　86b
韓流　86b
韓電雲⇒ハン・ヨンウン
韓流ブーム　616b
閑良舞　493a
《翰林別曲》　508a
冠礼　387b
閑麗（ハルリョ）海上国立公園　177b
閑麗水道　463a
還暦　87a, 8a

き

気一元論　302b
生糸　431b
祈雨祭　11a
帰化　196b
己亥（きがい）教獄　14b
己亥東征　87a, 576b
癸亥（きがい）約条　87b, 431a
伎楽　42a, 48b
帰化人⇒渡来人　415b
幾何文土器　127b

亀戯　232a
キキョウ（桔梗）　417a
飢饉　88a
畿湖　581a
畿湖学派　31a, 235a, 307a
帰国運動　198a
忌祭祀　88b, 304f
キーサン（妓生）　89b
祈子　182a
義慈（ウイジャ）王　131a
吉士氏　147b
祈子信仰　549a
騎士図　153f
箕子朝鮮　88b, 179a
鬼室集斯　89a
鬼室福信　88b, 452a, 501a
癸巳（きし）の乱　381b, 487a
気酒　204b
義州⇒シニジュ（新義州）
箕準　88b
帰順者　318b
義湘⇒ウィサン
其人　218b
議政府　89a
キーセン（妓生）　89b, 221a, 290b
キーセン観光　90a, 246b
妓生パーティ　42a
義倉　79b
貴族体制　248b
貴族文化　251b
貴族連合体制　313b
基礎自治団体　333a
基礎地方自治体　601b
奇大升（キ・デスン）　24a
北尾春圃　389b
北間島　83a
《**北間島**》　13b
喜田貞吉　429b
北朝鮮⇒地域・国名編の朝鮮民主主義人民共和国
北朝鮮核問題　90a
北朝鮮共産党　620b
北朝鮮工作員　560a
北朝鮮人民委員会　618b
北朝鮮人民会議　618a
北朝鮮脱出者　318b
北朝鮮中央銀行券　632b
北朝鮮電気総局　397b
北朝鮮土地改革法令　225a
北朝鮮難民　318b
北朝鮮農民銀行　632a
北朝鮮ミサイル問題　90b
北朝鮮労働党　282a, 352a, 374a, 620b
キチェサ（忌祭祀）　88b, 304b
吉祥寺　306b
亀甲船　91a, 265b
吉再⇒キル・チェ
奇大升　24b

義天⇒ウィチョン
祈禱院　121b, 285b, 489b
祈禱会　603b
《砧をうつ女》　199a
《絹の道》　50b
技能労働者　614a
木下順庵　11b
亀尾⇒クミ
義兵　266a
義兵闘争　91a, 13a, 347a, 524a, 589b
己卯（きぼう）士禍　216a, 341a
希望のこだま放送　522b
キム・イル（金一）　92a
キム・イルソン（金日成）　92a, 148a, 162a, 212b, 234b, 281a, 303b, 309a, 339b, 361b, 374b, 500a, 618a
キム・イルソン総合大学　93a
金仁問　539a
金元均　180a
キム・ウォンボン（金元鳳）　93a, 122a, 366b
金宇中　392b
キム・オッキュン（金玉均）　93a, 563a
金基鎮　494b
キム・ギス（金教臣）　93b
キム・ギス（金綺秀）　93b
キム・ギュシク（金奎植）　94a
義務教育　614a
金綺泳　38a
キム・グ（金九）　94a, 312b
キム・サッカ（金サッカ）　94b
キム・サリャン（金史良）　94b, 198a
キム・ジェギュ（金載圭）　95a, 80b, 454a
金在鳳　351a
金埴　369a
キム・シスブ（金時習）　95a, 123a, 547b
キム・ジハ（金芝河）　95a, 24a, 217a, 396a, 460b
金佐鎮　313a
キムジャン（キムチ）　99a
金柱演　498b
キム・ジョスン（金祖淳）　95b, 273b
キム・ジョンイル（金正日）　95b, 112b, 374b, 522b, 593a, 619b, 622a, 623b
キム・ジョンウン（金正恩）　96a, 627b
キム・ジョンジク（金宗直）　96b, 330a
キム・ジョンソ（金宗瑞）　96b
金鍾泰　399b
キム・ジョンナム（金正男）　96b
キム・ジョンヒ（金正喜）　97a, 238a, 517b
キム・ジョンピル（金鍾泌）　97a, 80b

金正浩　314a, 331b
金新朝事件　279b
金叔滋　214a
金寿長　54b
キム・スヨン（金洙暎）　98a, 498b
金承鈺　498b
金生　237b
キム・ソウォル（金素月）　98a
キム・ソウン（金素雲）　98a, 198a
キム・ソッキョン（金錫亨）　98b, 357a
金石範　198b
金誠一　551b
キム・ソンス（金性洙）　98b, 170b, 399a, 515a
金声翰　498a
金錫文　518a
キム・タルス（金達寿）　98b, 198b
キムチ　99a
キムチェク（金策）　99b
金治洙　498b
金昨祚　212b
金瓔永　472b
金天愛　510b
金哲勲　183b, 351a
金天沢　280b
金料圭　483b
キム・デゴン（金大建）　99b
キム・テジュン（金台俊）　99b
キム・デジュン（金大中）　100a, 86b, 103b, 315b, 593a, 598a
金大中救出対策委員会　86b
キム・デジュン事件　100b, 532a, 614a
金大中政権　599b
金大城　286b, 494a
キム・デムン（金大問）　101a, 76a
金泰廉　251b
金得臣　369b
キム・ドゥボン（金枓奉）　101a
キム・ドギン（金東仁）　101a
金徳洙　50b
金陶山　38a
キム・ドンイン（金東仁）　101a, 198a
金東雲　100b
キム・ドンニ（金東里）　101b, 498b
金鶴泳　199b
金享俊　510b
キム・ヒョンウク（金炯旭）　101b
金秉斗　199a
金炳魯　260b
金賢姫　311a, 434a
金炳淵（キム・ビョンヨン）　94b
金活蘭（ファルラン）　27a, 246b
キム・ブシク（金富軾）　101b, 209b, 529a
キムヘ（金海）　104b
キムポ（金浦）　102a
金浦国際空港　102a, 160b, 301a

金縞善　38b
金甫当　381b
金浦平野　461b
キム・ホンジプ（金弘集）　102a
金憲昌父子の内乱　252b
キム・ホンド（金弘道）　102b, 204f, 247f, 259f, 263f, 369b, 370f, 516f
金晩植　82b
キム・マンジュン（金万重）　102b, 127a, 227b
キム・ミョングク（金明国）　103a, 369b, 370f, 389b
金邁淳　402b
金若山　93a
キム・ユク（金堉）　103a
キム・ユシン（金庾信）　103a
金庾信墓　103b
キム・ユンシク（金允植）　103b
キム・ヨンサム（金泳三）　103b
金泳三政権　599a
金蓮花　73a
キム・ヨンスン（金容淳）　104a
キム・ヨンナム（金永南）　104b, 628a
キメ（金海）　104b
〈紀名詩〉　495b
金海遺跡　105a
キメカラ（金海加羅）　105a, 75b, 528a
金海国際空港　105a, 486a
キメ（金海）式土器　105b, 403b
金海時代　106a
鬼面　71f
客主　106a, 243a
キャンドル集会　600a
九雲夢⇒クウンモン
弓商⇒クンイェ
牛戯　232b
牛耕　428a, 441b
《救荒撮要》　88a
救荒制度　88a
〈救国の声〉放送　399b
九斎学堂　327a
己酉条約　108a
休静⇒ヒュジョン
救世学堂　14a
旧石器時代　106b, 156b
休戦ライン　211a
九層塔　483a
宮中舞踊　491b
宮廷音楽　49a, 175a
九人会　26b
宮房田　107a
己酉（きゆう）約条　108a, 431a
許筠⇒ホ・ギュン
漁隠（オウン）遺跡　157a
魚允中⇒オ・ユンジュン
教育　108a
教育救国運動　177b
教育振興運動　535a

教育制度　613b, 635a
教育法　109a
姜沆（カン・ユン）　473b
郷歌　111a, 494b, 549b
教会　121b
教会の母　121b
郷楽　49a
郷楽呈才　492b
教科書問題➡歴史教科書問題
教科書歪曲事件　569a
姜邯賛➡カン・カムチャン
姜希顔➡カン・ヒアン
姜沆➡カン・ハン
郷校　112a, 372b
姜在彦（カン・ジェオン）　82a
郷札　562a
共産主義運動　183b, 351a
《喬山小説》　512a
郷市　240a, 240b
郷射堂　114b
供出（太平洋戦争）　314b
郷所　114b
恭譲王➡コンヤン王
行商人（褓負商　ほふしょう）　243a, 515b
京仁（キョンイン）工業地帯　300a
郷正　114b
協成会　57a
強盛国家　112b, 628a
強制送還　47a
強盛大国　112b, 622a, 627a
行政洞　613a
行政里　613a
強制連行　112b
姜大成（カン・デソン）　161a
姜達永（カン・ダリョン）　351a
郷庁　114b, 220a, 345b
協定永住権　114b, 195b, 427a
共同警備区域　466b
協同農場　115a, 442a
郷任　114b, 529b
恭愍王➡コンミン王
《恐怖の外人（アウトロー）球団》　525b
姜万吉（カン・マンギル）　163a
郷約　115a
《郷薬済生集成方》　115b
郷薬集成方　115b, 17a
教友村　121b
郷吏➡胥吏（しょり）　72a, 248a, 344a
共立協会　14a
協律社　43a
行列字　272b
行廊房　231a
協和会　115b
共和党　602a
魚介類　116a
漁業交渉　425b

許筠➡ホ・ギュン
極東民族大会　183b
玉篇　116a
玉流館　479f
許憲（ホ・ホン）　260b
巨済島➡コジェ島
御史（官職）　12b
居柒夫（コ・チルブ）　332a
輴子床　245a
許浚（ホ・ジュン）　17a, 512a
許政➡ホ・ジョン
居西干（ゴソガン）　524b
《許生伝》　453a
許百錬（ホ・ベンニョン）　516b
巨文島➡コムン島
許穆（ホ・モク）　513b
居留地　116a, 192b
居留民　192b
居烈城　211f
京仁工業地帯　300a
キョンギ（京畿）道　116b, 412a, 442
キョンギ（京畿）平野　117b
京畿民謡　534a
京畿湾　116b
キョンサン（慶尚）道　117b, 210b, 442
慶尚南道　117b, 416a
慶尚北道　117b
キョンジュ（慶州）　118b, 68a
慶州（建築）　472a
慶州（古墳）　183a
敬順王　252b
景西洞　68a
京城　295b
キョンダン（景堂）　60b
慶大升　382a
キョンフォン（甄萱）　120b
景福宮　295
キリスト教　120b, 273b, 331a, 348b, 400a, 531b
キリスト教系青年団体　285a
キリスト教団体　603b
キリスト教放送　521a
キリスト教民族主義者　377b
《キリスト新聞》　14a
キー・リゾルブ（軍事演習）　503a
キル・チェ（吉再）　122a, 214a, 233a, 330a, 547b
義烈団　122a
金　329a, 432a
銀　431b
《キーンアリラン》　534a
金安国　115a
権域　536a, 580a
金埌➡キム・ユク
金➡キム・イル
金允植➡キム・ユンシク
金宇中（キム・ウジュン）　392b
金泳三➡キム・ヨンサム

金永南➡キム・ヨンナム
均役法　122b
金海➡キメ
金海加羅➡キメカラ
金海式土器➡キメ式土器
金鶴泳（キム・ハギョン）　199b
金冠　254f, 255b
金官加羅　105a
金冠塚　122b, 119f
金綺秀➡キム・ギス
金基鎮（キム・ギジン）　494b
金九➡キム・グ
金教献　313a
金亨俊（キム・ヒャンジュン）　510b
金教臣➡キム・ギス
金玉均➡キム・オッキュン
金炯旭➡キム・ヒョンウク
金奎植➡キム・ギュシク
金元均（キム・ウォンギュン）　180a
金憲昌（キム・ホンチャン）父子の内乱　252b
金元鳳➡キム・ウォンボン
錦湖（クムホ）アシアナグループ　135b
金工　468a
錦江➡クム江
《金講師とT教授》　551a
金弘集➡キム・ホンジプ
金鰲新話　123a
金弘道➡キム・ホンド
金工品　172b
錦湖石油化学　136a
禁婚学則　26b
金載圭➡キム・ジェギュ
金在鳳（キム・ジェボン）　351a
金策（キムチェク）　99b
禁索　235b
金佐鎮（キム・ジャジン）　313a
金サッカ➡キム・サッカ
金沙里（クムサリ）窯　371a
金芝河➡キム・ジハ　95a
金時習➡キム・シスプ
金錫亨➡キム・ソッキョン
金若山（キム・ヤクサン）　93a
金錫文（キム・ソンムン）　518a
金洙暎➡キム・スヨン
金春秋（ムヨル（武烈）王
錦城（クムソン）　420a
近肖古王➡クンチョゴ王
錦城山➡クムソン山
金昌祚（キム・チャンジョ）　212a
金鍾泰（キム・ジョンテ）　399b
銀粧刀　142a
金鍾泌➡キム・ジョンピル
《均如伝》　111b
金新朝（キム・シンジョ）事件　279b
金仁問（キム・インムン）　539a
金生（キム・セン）　237b

金誠一（キム・ソンイル）　551b
金正喜➡キム・ジョンヒ
金正浩（キム・ジョンホ）　314a
金星社　41a
金正日➡キム・ジョンイル
《銀世界》　43a
金石範（キム・ソッポム）　198b
金宗瑞（キム・ジョンソ）　96b
金宗直➡キム・ジョンジク
金素雲➡キム・ソウン
金属活字　32a
金素月➡キム・ソウォル
金祖淳（キム・ジョスン）　95b, 273b
近代化　156a
金大建➡キム・デゴン
金台俊（キム・テジュン）
金大城（キム・デソン）　286b, 494a
金大中➡キム・デジュン
金大中事件➡キム・デジュン事件
《近代日鮮関係史の研究》　319b
近代文学　497a
金大問➡キム・デムン
近代歴史通り　420b
金泰廉（キム・テヨム）　251b
金達寿➡キム・タルス
キーン調　534b
金天愛（キム・チョネ）　510b
金天沢（キム・チョンテク）　280b
金東雲（キム・ドウン）　100b
金東仁➡キム・ドンイン
金東里➡キム・ドンニ
金得臣（キム・ドゥクシン）　369b
金枓奉➡キム・ドゥボン
金日成➡キム・イルソン
金晩植（キム・マンシク）　82b
金富軾➡キム・ブシク
銀瓶　67a
金炳魯（キム・ビョンノ）　260b
金甫当（キム・ボダン）　381b
金邁淳（キム・メスン）　402b
金瑪利亜　246a
金万重➡キム・マンジュン
金明国➡キム・ミョングク
権友会　246a, 260b
金融機関　609a
金融組合　123b
金融契　138b
金庾信➡キム・ユシン
《衿陽雑録》　444b
金容淳➡キム・ヨンスン
禁乱廛権　223b
金笠➡キム・サッカ
金鈴塚　124a
銀鈴塚　511a
勤労インテリ　331a
勤労者　124a, 522b
勤労人民党　281b, 555a

く

郭再祐　266a
クァンイ（鍬）　441b
クァンゲト（広開土）王　124a
クァンゲト（広開土）王碑　124b
広開土王陵　240a
《広開土王陵碑の研究》　561a
クァンジュ（広州）　125a, 68a
クァンジュ（光州）　126a
クァンジュ（光州）学生運動　126b
広州官窯　371a
《光州5月民衆抗争の記録》　127a
クァンジュ（光州）事件　126b, 126a, 379a
光州ビエンナーレ➡美術　126a
光州旅客　136a
関西（クァンソ）地方　476b, 581a
光化門　295, 300b
関北地方　458a
クァンヘ（光海）君　127a
クァンボッチョル（光復節）　162b
広梁湾　477b
具仁會　41a
空港➡交通
空島政策　37a
クウンモン（九雲夢）　127a, 103a
《グエムル漢江の怪物》　39a
クォン・グン（権近）　127b, 330a
権重顕　24a
九月テーゼ　570b
クギョル（口訣）　156a
口訣（くけつ）　156a
櫛目文土器　127b, 268b, 331b, 408a, 418a, 467a
薬　128a
果物　128b
百済　128b, 210a, 528a
百済（音楽）　48b
《百済記》　134a
百済記・百済新撰・百済本記　134a
百済（建築）　471b
百済（古墳）　182b
百済式伽藍　214a
百済式石塔　399a
《百済新撰》　134a
百済スマイル　285b
百済（彫刻）　470b
百済（土器）　408b
百済の官制　206a
百済の貴族　205a
百済の微笑　470b
百済仏　133a
百済（仏教）　132a
百済（仏像）　490a
百済復興運動　452a
百済（壁画古墳）　504b
《百済本記》　134a, 209b, 528b
クッ（巫儀）➡シャーマニズム　48b,

72a, 228b, 229a, 440b, 524a, 530b, 531f, 537a, 537f
クック（スープ）　567
クッコリ（民謡）　534a, 534b
クッス（麺）　544a
屈浦里遺跡➡クルポリ遺跡
口伝神話　275a
苦難の行軍　620b, 635b
クネ（ぶらんこ）　493b
クネティギ（ぶらんこ）　493b
久保田発言　465a
熊　134b, 274b
乾馬国　19a
熊津（ウンジン）　130a, 187a
クミ（亀尾）
クムガン（金剛）山　134b
金剛山観光　135a, 646b
金剛寺　379b
クムグァンチョ（金冠塚）　122b
クム（錦）江　135b
金沙里窯　371a
金丈里　68a
クムジュル（禁縄）　226b
クムソン（錦城）山　135b
錦城市　420a
クムニョンチョン（金鈴塚）　124a
クムホ（錦湖）アシアナグループ　135b
久米邦武　429b
狗邪韓国　105a
狗邪国　105a
クルビ（石首魚）　21a, 116a
屈浦文化　136a
クルポリ（屈浦里）遺跡　136a
クロス承認　645a
クワンデ（広大）　136a, 56f, 72a, 464b
郡　136b
クンイェ（弓裔）　137a, 578a
軍役　264b
勲旧派　214a, 216a, 307a, 330a, 344b, 405b
郡県　165b, 484a
郡県（新羅）　251a
郡県制　167a, 583b
軍国機務処　156b
クンサン（群山）　137a
クン床　245a
軍事革命　148b
軍事革命委員会　453b
軍事休戦ライン　211a
軍事境界線　211a
軍事停戦　392a
軍守里（クンスリ）寺　133a, 214b
軍人田　396b
クンチプ（大家）　269b
訓長　247b
クンチョゴ（近肖古）王　137b
クンチョル（挨拶）　7b, 206a

国内城　124b, 152b, 229b
国内(稲安)城　471b
クンハブ(宮合)　36b
軍布　212a
弓福　252b
訓民正音　137b, 565a
軍礼楽　175a

け

笄(け)　388a
契　138a, 458a, 508b, 541a, 549b, 560b
敬意表現　353b
慶雲宮　295
《桂苑筆耕》　86a, 327a
迎恩門　409f
京義線　394b, 480a
景幾体　508a
景幾体歌⇒別曲
京義鉄道　141a, 224a
京畿道⇒キョンギ道
《京郷新聞》　521a
奚琴(けいきん)　139b, 63b, 64f
嵆琴　139a
迎月　232b, 239a
京元線　34b
敬語　354b
迎鼓　407a, 491a
京江私船　275b
京江商人　275b
《闊閤叢書》　566b
経国大典　139b, 344a
《谿谷漫筆》　555b
敬語法　139a
経済開発五ヵ年計画　606b
経済正義実践市民連合⇒市民運動　226a, 604a
経済制裁　592b, 593b, 626a, 626b, 638b
経済摩擦　616b
《経済六典》　394a
警察制度　148b
警察予備隊　362a
恵山⇒ヘサン
兄山(ヒョンサン)江　515b
恵山(ヘサン)事件　303b
経実連　226a, 604a
慶州⇒キョンジュ
敬順(キョンスン)王　252b
京城(キョンソン)　295b
京城⇒ソウル
奎章閣　139b
奎章閣文庫　140a
恵商公局　516a
京城事変　140a
京城拓殖専門学校　170b
京城帝国大学　140a, 535a
京城電気　140b
慶尚道⇒キョンサン道

《京城日日新聞》　367a
京城日報　140b, 367a
京城府　82b
京城紡織　140b
京城紡績　201b
京城放送局　520b
儆新学校　14a
京仁鉄道　141a
芸星座　43a
慶大升(キョン・デスン)　382a
慶長条約　108a
慶長の役　265a
計丁法　344b
計田法　344b
肩堂　154a
景福宮　295b, 299f, 454b
京釜高速鉄道　160a
京釜高速道路　408a
京鉄道　141a
芸文館　237a
芸文春秋館　237a
京紡　140b
鶏竜山⇒ケリョン山
鶏林(ケリム)　118a, 580a
KAL　310b
劇芸術研究会　43a
劇場　45a
開京(ケギョン)　294b
下戸　141a
華厳寺⇒ファオム寺
KCIA⇒韓国中央情報部
化粧　141b
ケソン(開城)　142a, 174a, 412b
開城工業団地　143b, 143a, 647b
開城商人　142b
開城テレビ　522b
結(面積表示)　144b
月印釈譜　144a
《月印千江之曲》　144a
血縁関係　15b
結婚式　8a
月精寺⇒ウォルチョン寺
結銭　122b
結負制　144b
月令歌　185a
KTX(鉄道)　160a, 395a
ケドー(KEDO)　145a, 592b, 626b, 638b
下人　145a, 549b
下人庁　145a
KBS　521a
K-POP　145a
ケマ(蓋馬)高原　145b, 10b, 458b
界面(ケーミョン)調　534a
鶏林　118b
ケリョン(鶏竜)山　146a, 68a, 321f, 342b, 391b
鶏竜山窯　371a, 405a
ケルン(塚)　391b

蓋鹵王　129b
壇　64b
《玄海灘》　98b, 198b
玄鶴琴　48b, 154b
ケンガリ(楽器)　63b
嫌韓　146a
元暁⇒ウォニョ
権近⇒クォン・グン
玄琴　146b, 48b, 63b, 64f
玄月　199b
元寇　146b
健康保険　227a
建国準備委員会　352a
建国同盟　281b, 314b
建国婦女同盟　246b
元山⇒ウォンサン
原三国時代　106a, 394b, 408b
繭紙　69a
原州⇒ウォンジュ
権重顕(クォン・ジュンヒョン)　24a
建準　352a
謙譲法　139b
ケンジョンユド(更定儒道)　161a
遣新羅使　147a, 250b
原子力工業　634a
建青　195a
元聖王⇒ウォンソン王
《元生夢遊録》　29b
現代財閥⇒ヒョンデ財閥
現代自動車　611a
現代文学　147b
建築⇒美術　372b, 471a
現地指導　148a, 281a
建儀議事件　421a
現地了解　628a
懸吐　156a
建同　195a
懸灯節　488f
憲徳(ホンドク)王　252b
玄菟郡　148a, 555b
剣舞　42a, 492b, 492f
憲兵警察制度　148b, 8a
憲兵政治　589a
憲法　627b
遣渤海使⇒渤海　514a
玄洋社　397a
顕隆園　335a
言論基本法　521a

こ

小磯国昭　365
五・一七クーデタ　383b
小井戸　25b
弘安の役　147a
広域市⇒都市化　214a, 411b
広域自治団体　333a
広域地方自治体　601b
庚寅の乱　381b, 487a

高羽栄(コ・ウヨン)　525a
洪英植(ホン・ヨンシク)　159a
《後裔の街》　98b
貢役　168a
江界➡カンゲ
光海君➡クァンヘ君
黄海道➡ファンヘ道
広開土王➡クァンゲト王
広開土王碑➡クァンゲト王碑
甲午改革　462b
江華(カンファ)条約➡日朝修好条規　85a, 430a
江華島➡カンファ島
江華島事件➡カンファ島事件
光化門　548b
後期義兵　91a
洪吉童伝　149a, 65a, 245a
高義東(コ・ヒドン)　472a
庚癸(こうき)の乱　381b, 487a
洪起文(ホン・ギムン)　519b
工業団地　411b, 608a
恒居倭人　213b, 431a
恒居倭人と対馬島人の蜂起　431a
紅巾の乱　149a
高句麗　149b, 183b, 211b, 340a, 340b
高句麗(音楽)　48b
高句麗(建築)　472a
高句麗(古墳)　182b
高句麗(古墳壁画)　469a
高句麗(寺院建築)　214b
高句麗(神話)　274b
高句麗(彫刻)　470a
高句麗(土器)　408b
高句麗の王畿　178b
高句麗(仏教)　154a, 488b
高句麗(仏像)　490a
高句麗(壁画古墳)　504b
高句麗本紀　209b
光軍　165b
工芸➡美術　371b, 467a
洪景来の反乱➡ホン・ギョンネの反乱
口訣　156a, 562a
黄玹(ファン・ヒョン)　449a
江原道➡カンウォン道
甲午改革　156a, 162b, 589a
考古学　156b
洪国栄(ホン・グギョン)　284b, 517b
皇国協会　516a
皇国臣民誓詞之塔　157b
皇国臣民の誓詞　157b, 164a
皇国農民　445b
甲午更張　156a
甲午農民戦争　158a, 324a, 428b, 588b
《黄昏》　465a
合坐　415a
鉱山　329a

孔枝泳(コン・ジヨン)　499b
黄嗣永(ファン・サヨン)
公使館守備隊　366a
甲子士禍　216a
興士団　158b
興士団アカデミー　158b
皇室博物館　454b
洪錫謨(ホン・ソンモ)　402a
公州➡コンジュ
広州➡クァンジュ(広州)
光州➡クァンジュ(光州)
光州学生運動➡クァンジュ学生運動
光州事件➡クァンジュ事件
黄遵憲　159a, 102a
黄順元➡ファン・スヌォン
工匠案　241a
洪鐘羽(ホン・ジョンウ)　198b
黄鐘尺　417b
皇城新聞　159a, 335b
工場セマウル運動　287a
工場大学　310a
陰城洞(フンソンドン)遺跡　157a
校書館　32a, 140a
康津(カンジン)　170a
貢人　241a, 242b
黄真伊➡ファン・ジニ
甲申政変　159a
降神巫　228b
降水量　442
興生会　115b
黄晳暎➡ファン・ソギョン
公賤　436a
興宣大院君➡フンソン大院君
高仙大師　34a
楮　68b
高宗➡コジョン
紅賊　149a
高速道路網　160a, 408a, 608b
高速バス　160a, 408a
公孫淵　159b
公孫康　159b, 315a
公孫氏　151a, 558a
公孫度　159b, 558a
広大➡クワンデ
好太王➡クァンゲト(広開土)王
洪大容➡ホン・デヨン
洪茶丘➡ホン・タグ
交通　159b
更定儒道　161a
皇帝専制政治　311b
公田　161b, 344b
後天開闢　400b
黄土　227a
高等学校　109b
高等教育　310a
皇国新派　43b
幸徳秋水　161b

高度成長　607a
興南(フンナム)地域　459b
江南地区　84a
興南肥料工場　366a
抗日学生デモ　126b
抗日パルチザン　162a, 184a
抗日蜂起　83b
抗日民族統一戦線　303b, 366b
公奴婢　290a, 436a
香囊　141b
広農経営　345b
号牌法　394b
洪範十四条　156b
洪範図➡ホン・ボムド
貢賦　167b
光武改革　162b
皋復　292b
光復軍　312b
洪福源(ホン・ボグォン)　518a
光復節　162b
興夫伝　163b
仰釜日晷　337b
弘文館　163b
衡平運動　163b
衡平社　454b
公貿易　431a
皇民化政策　164a, 157b, 263b, 336b, 356a
洪命熹➡ホン・ミョンヒ
高羽栄　525a
高麗　164b, 147a, 149b, 583a, 583b, 587a
高麗王朝　142b
高麗(絵画)　469a
高麗(鑑賞画)　172a
高麗鏡　169b
高麗共産青年会　351b
高麗共産党　351a
高麗局　184b
高麗航空　479a
高麗(工芸)　468a
高麗建築　174b, 215a
高麗史　169b
《高麗史節要》　169b
高麗鐘　358a
高麗図経　170a
高麗青磁　170a, 404b, 468a
高麗大学校　170b
高麗大蔵経　171a, 32a, 168a, 373a, 489a, 504b
高麗茶碗　171a, 371b, 405b
高麗人参　367b
高麗美術　171a
高麗仏画　171b
高麗(仏教)　488b
高麗本　373a
高麗民主連邦共和国　92b, 201a, 595a
高麗螺鈿　172a

高麗連邦共和国　645a
洪蘭坡（ホン・ナンパ）　510b
皇竜寺址➡ファンヨン寺址
江陵➡カンヌン
広梁（クァンヤン）湾　477b
交隣　388a
伉礼　220b
高齢化社会　227b
高霊加羅➡**コリョンカラ**
高霊古墳群➡**コリョン古墳群**
五果　128b
五岳　549a
五家作統法　569a
小型銅鐸　242a
古活字版時代　373b
五家統➡**隣保制**　560b
五ヵ年計画　606b
小伽耶　73b
《湖岩全集》　542a
古稀　87b
五伎　42a
故郷　174b
故郷の村　205b
五経博士　130b
黒鉛　329b
国王使　388a
国学　280b
国楽　175b
国楽院　50a, 50b
国楽管弦楽団　50b
国漢文　354a
故国原王　9b, 129b, 151b
国際結婚　197a
国債報償運動　549b
国際連合　175a
黒山（フクサン）島　485a
国子監　168a, 280b
国史館　176b
国字専用　354a
国史編纂委員会　176b
国情院　180b
黒色磨研土器　538b
国政改革　409b
国俗詩　495b
後百済国　120b, 165a, 252b
コクトカクシ（人形劇）　422a
コクト閣氏劇　435b
国内（クンネ）城　124b
国文　137b, 354a, 462b
国防委員会　176b, 288a, 623a
国防委員会委員長　96b, 620a, 622b
国防警備隊第14連隊　326a
コーグマ（芋）　88a
国民基礎生活保障法　227a
国民教育憲章　109a
国民健康保険法　227a
国民所得　630a
国民精神総動員朝鮮連盟　164a
国民体育振興法　278a

国民徴用令　194a
国民年金制度　227a
国民労総　82a
穀物　177a
石落　417a
国立国楽院　175a
国立大学　310a
コグリョ（高句麗）　149b
国連加盟問題　176a, 605b, 645b
国連軍　175b, 191a
国連軍司令官　604b
国連朝鮮統一復興委員会　175b
国連臨時朝鮮委員団　175b
五京・九州制　251a
後高句麗国　137a, 252b
五穀　177a
故国原（コググォン）王　9b, 129b
護国仏教　489a
告祀（コサ）　229a, 530a
居士　421b
ござ　206b
小作争議　445b
小作地管理人　227a
小作人組合　445b
《孤山遺稿》　552b
五山学校　177b
後三国時代　120b, 252b
コジェ（巨済）**島**　177b
戸主制度　63a
胡椒　568a
五女山城　82b, 150b
コジョン（高宗）　177b, 455b
コスモス　179b
湖西（ホソ）地方　341b
戸籍　178a
居西干　524b
五賊➡**乙巳五賊**（いつしごぞく）
《五賊》　24a, 95a, 219b
五族・五部　178b
五族時代　151a
《五賊》筆禍事件　498b, 532a
五台山➡**オデ山**
五大名山　549a
コチュ（唐辛子）　401a
コチュジャン　401a, 567, 567b
古朝鮮　178b
居柒夫　332a
国花　179a
国歌　179b
国家安全企画部　80b
国会　601b
骨階層　181b
国家記録院　180a
国家産業団地　300a
国家主席　180a, 621a
国家情報院　180b, 601b
国家保安法　180b, 600b
国家予算　630a
国旗　181a

国境線　211a
コッノリ（花遊び）　390b
骨品　181b, 252b, 583a
胡笛　64b
古典小説　495b
五道両界制　167f, 398b
子ども　182a, 19a, 457a
〈子ども漫画〉ブーム　525a
湖南（ホナム）　581a
湖南財閥➡**ホナム財閥**
湖南平野➡**ホナム平野**
小西行長　265a
古寧　73b
虎班　415b
粉引　371a
高羲東　472a
五部　130b, 178b, 183b
五部時代　149b, 152a
古墳　182b
古墳壁画　469a
五方　131a
五方五部　183a, 131a
戸保上番制　122b
御本茶碗　171a
高句麗　149b
高麗　164b
高麗楽　42a, 48b, 155b
コマ形土器　331b, 539a
高麗（こま）**神社**　183a
高麗若光　183b
ごみ処理問題　78b
コミンテルン　183b
ゴムシン（履物）　450b
小村=ウェーバー覚書　366b
コムンゴ（玄琴）　48b, 63b, 146b
コムン（巨文）**島**　184a
巨文島事件　184a
黒隅里　184b
コムンモル遺跡　184b, 106b
米　177a, 442b
米支援　592b
子持勾玉　520a
顧問政治　401a, 425b
雇用許可制　53a
雇用保険　227b
暦　184b
コリ（巨里）　229a
Korea　164b, 580a
コリア系アメリカ人➡**在米朝鮮人**　202b
コリアタウン構想　17a
コリアン・ジャパニーズ　200a
コリアンタウン　259b
コリョ（高麗）　164b
コリョンカラ（高霊加羅）　185a
コリョン（高霊）**古墳群**　185b
コルマギ（神像）　335b
コルモク（路地）　527a
関東（コワンドン）地方　76b

《混一疆理歴代国都之図》 331b
婚姻 185b
婚姻関係 181b
婚宴 41b
権近➡クォン・グン
金剛山➡クムガン山
金鰲新話➡金鰲(きんごう)新話
公山城 133f, 187a
権三得 464b
コンジュ(公州) 186b
琿春(こんしゅん)事件 187a
孔枝泳 499b
コンス(神託) 537a
《恨中録》 83a
渾天儀 337b
艮土 83a
墾土 83a, 189a
墾島 189a
金銅仏 172b, 256a, 490a
コンノンバン(越房) 230b
コンミン(恭愍)王 187b, 166b
恭愍王陵 188a, 505a
コンヤン(恭譲)王 188a
婚礼 186a

さ

崔瑩➡チェ・ヨン
崔泳美(チェ・ヨンミ) 499b
崔益鉉➡チェ・イッキョン
歳画 223b, 238b
在外朝鮮人 189a
在外朝鮮人文学 190a
再開発 190b
在外被爆者 474b
崔華国(チェ・ファグク) 199b
祭官 531b
崔漢綺➡チェ・ハンギ
在韓日本人問題 193b
在韓被爆者治療に関する四項目合意書 474a
在韓米軍 191a, 127a, 465b, 502b, 503a, 604b, 606a
在韓米軍基地売春 247a
在韓米軍司令官 604b
在韓米軍地位協定 503b
才伎 416b
西京 480a
西京(平壌)の反乱 529a
崔圭夏(チェ・ギュハ) 302a, 323a
歳遣船 87b, 431a
最高裁判所 621b
最高人民会議 191a, 180a, 621a, 622a
最高人民会議常任委員会委員長 623b
西郷隆盛 280a
崔公徒 327a
崔泓熙(チェ・ホンヒ) 393b
最高領導者 95b, 627b

蔡済恭(チェ・ジェゴン) 323b
財産相続 293a
祭祀 304b, 524a
崔滋(チェ・ジャ) 15b, 495b
歳時記 402b
崔時亨➡チェ・シヒョン
済州➡チェジュ
済州島➡チェジュ島
済州島四・三蜂起➡チェジュ島四・三蜂起
崔承喜➡チェ・スンヒ
崔昌祚(チェ・チャンジョ) 483b
才人(チェイン) 136b
崔仁鶴(チェ・イナク) 535b
財数クッ 229a
崔済愚➡チェ・ジェウ
彩仙(チェソン) 263b
在ソ朝鮮人 191b
在ソ朝鮮人(系)文学 190a
細竹里遺跡 394a
崔致遠➡チェ・チウォン
崔沖➡チェ・チュン
崔忠献➡チェ・チュンホン
在日本人 192a
《崔陟伝》 496a
祭田 16a
斎藤実 194a, 208a, 365, 501a
在特会 146b
崔南善➡チェ・ナムソン
在日韓国人 39b, 114b
在日韓国人の法的地位および待遇に関する協定 427a
在日韓国民主統一連合 86b
在日僑胞母国留学制度 563b
在日朝鮮人 194a, 53a, 115b, 201a
在日朝鮮人運動史 451a
在日朝鮮人帰還協定 197b, 637b
在日朝鮮人二世 199a
在日朝鮮人被爆者 474a
在日朝鮮人文学 198a
在日朝鮮統一民主戦線 195a
在日朝鮮労総 201a
在日特権を許さない市民の会 146a
在日二世・三世 196a
在日本大韓民国居留民団 86b, 200a
在日本大韓民国民団 200a, 195a
在日本朝鮮居留民団 195a, 200a, 456a
在日本朝鮮人総連合会 200b, 195a, 198a
在日本朝鮮人連盟 195a
在日本朝鮮人労働総同盟 201a
《サイの角のようにひとりで行け》 499b
歳拝(セベ) 7b
財閥 201a, 392b, 606b
財閥改革 572b
財閥系大企業 608a
在米韓国人 203a

在米コリアン 203a
在米朝鮮人 202b
在米朝鮮人運動 14a
蔡万植➡チェ・マンシク
崔鳴吉➡チェ・ミョンギル
崔茂宣➡チェ・ムソン
崔洋一 39b
崔庸健➡チェ・ヨンゴン
細腰鼓 240a
崔麟➡チェ・イン
祭礼楽 175a
沙火同(サ・ファドン) 577a
鷺沢萠 199a
作紙 69a
索戦 391a
冊封 151b
酒 203b, 546b
座鼓 63b
酒句景氣 124b
鎖国攘夷 242a
沙上 486a
匙 568b
サジュ(四柱) 36b
舎堂 114b
沙上(ササン) 486a
砂宅智積碑 205a
サダン(寺党) 231a, 421b
舎堂里窯址 170b
サチョン(四寸) 269f, 270a
雑科 55a
薩水 383a
サツマイモ 88b
サテダン(事大党) 220b
里芋 232a
砂糖 60a
左道農楽 440b
沙堂里(サダンニ)窯 170b
思悼世子 335a, 557a
サドン(親族) 269b
唢吶 64b
《サバ》 499b
サハリン 189b
サハリン朝鮮人 205b
泗泚 130b, 471b, 491b
沙火同 577a
座布団 206b
佐平 206a, 130b
茶房 334a
紗帽(サモ) 66b
座法 206b
三菱 201b
三菱グループ 515a
泗溟堂 475b
サム(包み物) 567
三嘉古墳群 183a
参鶏湯 128a
サムジャク(装身具) 141b
サムジュク(三竹) 312b

三田渡　32b, 503b
サムシン(産神)　36a
サムシンハルモニ(産神婆)　226b
サムスングループ　206b
サムスン電子　206b, 244a
サムソン　611a
サムソン(三星)**財閥**　206b, 201b
三星電子　206b
三星物産　206b
三多島　324b
サムチョク(三陟)　207a
サムチョン(三寸)　269f, 270a
サムルノリ(合奏)→音楽　50b
皿麺　544a, 567a
サランバン(舎廊房)　230b, 231b
舎廊房→住居
サリウォン(沙里院)　207a, 482a
米(サル)　177a
サルプリ(舞踊)　493a
サルリュン(神)　530b
三・一独立運動　207a, 322b, 327b, 414b, 450b
三・一明洞事件　532a
上五里廃寺址　472a
三楽聖　456a
三嘉(サムガ)**古墳群**　183a
三韓　208b
三韓楽　48b
産業銀行　632b
産業宣教会→都市産業宣教会
三金時代　598a
三弦　49a
三護　201b
三綱行実図　209a
三国遺事　209a, 111a, 320b
三国史記　209b, 73b
三国時代　209b, 74f, 130a, 394b, 408b
三国時代(工芸)　467b
三作　141b
三司　210b, 163b, 217b, 307b
三者会談　645a
サンジュ(尚州)　210b
38度線　211a, 475a, 591a
《30歳,宴は終わった》　499b
山城　211b, 152b, 153b, 422a
山城子山城　230a
三神　36a
山神→山　60f, 146f, 305a, 415a, 415f, 488f, 549a
山神閣　489a, 549a
山神祭　11a, 530b
三神山　385b, 460b
山水画　382a
三寸　269f
三政　212a
三星財閥→サムソン財閥
三姓始祖神話　274b
三千里　179b

三千里錦繡江山　580a
《三代》　556b
三大革命　212b
三大革命小組　212b
三大歌集　56a
山台仮面劇　70a
三大財閥　392b
山台雑戯　42b
三大寺刹　418b
三大詩人　86a
三大将軍　95b
三大新聞　522a
山台都監　42b
《三代目》　252b
3段階統一論　315b, 645b
三竹　49a, 312b
散調　212b, 49b
三陟→サムチョク
三低(経済)　607a
三田(サムジョン)渡　503b
サントゥ(髪)　69b
三南地方　581a
三年喪　292b
三白工業　201b, 606a
三八六世代　612a
三別抄　213a, 147a, 166a
三浦　349a, 431a
三法司　218a
《三峯集》　384a
三浦の乱　213a, 431a
産米増殖計画　213b
象毛回し　440b
三饗(サミャン)　201b
参与(アンガージュマン)文学論　613a
参与民主社会市民連帯　604a
参与連帯　604a
山林学派　214a, 547b
《山林経済》　444b
山林儒生　213b, 547b
山林処士　214a
山霊閣　488f

し

士(儒教)　234a
市　214a
《シアレソリ(民の声)》　459a
ジーアン(集安)　229a
寺院　241a
寺院建築　214b
《JSA》　39a, 466b
ジェサ→祖先祭祀
GSグループ　41b
塩辛　216a
士禍　216a, 341a
四学　108a
賜額　475b
賜額書院　238b, 373a
私学派　330a

四月革命　216b, 57b, 148b, 498a
賜暇読書　217a
史官　237a
史館　237a
司諫院　217b
次官政治　401a
志願兵制度　217b, 164a
磁器　404b
式年　55b
自強会　6b
自警団　358b
自撃漏　337b
重光武雄　574b
重光葵　554a
四検書　453a
司憲府　217b
史庫　218a, 350b
慈江道→チャガン道
時祭　218b, 439
私債市場　609b
茲山魚譜　218a
シジェ(時祭)　218b, 304b
時食　245a
《時事新聞》　272a
四七論　235a
シジプサリ(嫁暮し)　62a
時事漫画　525a
私塾　247b
紙所　68b
シジョ(時調)　221a
字書　116a
時所　114b
紙匠　68b
四色　306a, 421a, 447b, 484b
時食　128a
四色党争　222b, 233b
シジョン(市廛)　223b
事審官　218b
士人三斎　226b
四神図　155a, 504b
地神踏み　541b
《静けさ》　500b
時政録　237a
自生風水　483b
支石墓　218b
辞説時調　221b, 495a
私賤　436a
司膳署　405a
史草　237a
慈蔵→チャジャン
思想界　219b, 24a, 335a
士族　219b, 550a
氏族制　269a
事大　220a
事大関係　338a
時代区分論　584a
事大主義　220a, 356b
事大精神　584b
事大党　220b, 159a

士大夫　219b, 330b
四端七情　235a
七ヵ年計画　629b
七・七宣言　181a
七支刀　220b
七星剣　489a
《七政算内篇》　185a
四柱　186a
市中銀行　609b
時調　221a, 49b, 180a, 280b, 458a, 495a
七・四声明　598a
瑟　48b
実学　222b, 234a, 348a
漆工　468b
執綱所　158b
十長生　223a
実尾島(シルミド)部隊　279b
実録庁　350b
市廛(してん)　223b
私田　396b
侍天教　224a, 31b
市廛人　242b
四天王寺式伽藍　214b
祀堂　231a
自動車交通　608b
自動車保有台数　608b
思悼世子(サドセジャ)　557a
児童文学　463b
シナウィ(大笒)　312b
巫楽(シナウィ)　212a
信濃川発電所工事場朝鮮人虐殺事件　358b
シニジュ(新義州)　224a, 412b, 477a
シヌイ(小舅)　62a
地主・小作関係　344b
地主制　224b
私奴婢　290a, 436a
時派　273b, 406a, 557a
CBS　521b
時享祭　218b, 304b
渋沢栄一　309a
司平府　210b
シベリアトラ　415b
私貿易　431a
司法機構　601b
《芝峰類説》　21b
〈思母曲〉　495a
資本主義萌芽問題　225a
市民運動　225b, 432b, 604a
市民グループ　432b
自民闘　58a, 604a
自民連　97b
シム・サジョン(沈師正)　226b
沈宜碩　473a
シム・フン(沈薫)　226b, 38a
ジム・ヨン・キム　203b
児名　272b
注連縄　226b, 235b
指紋押捺　53a, 197a

社(行政区画)　529a
舎音　227a
社会科学院　635a
社会主義強盛大国　112b
社会主義憲法　510a
社会主義工業国家　619a, 629b
社会主義体制護持　595a
社会主義労働法　572b
社会保険　227a
社会保障　227a
釈迦塔　399a
社還米　79b
車今奉(チャ・グムボン)　351b
紙役　68b
《釈譜詳節》　144a
邪獄　279a
謝罪発言　615a
謝罪問題 ➡ 戦後補償問題
謝氏南征記　227b
社倉　79b
ジャック・ベロゾ　232a
若光　183b, 587a
嗜好羅　63b
シャマニズム　228a, 537a
シャーマン　537a
シャーマン号事件　229b, 554b
舎利容器　256b
舎廊　231b
社労青　357a
舎廊房　230b
上海派　183b, 351a
寿衣　439
集安　229b
輯安　229b
周衣　391a
重化学工業品　608a
収穫儀礼　232b, 444a
十月維新　21b
楸哥嶺地溝帯　581a
住居　230a, 268b, 283b, 535b
宗教弾圧　273b
従軍慰安婦 ➡ 日本軍慰安婦　433a
自由経済貿易地帯　559b
集賢殿　232a
自由言論実践宣言　603a
重光団　313a
十三道制　398b
周時経 ➡ チュ・シギョン
自由市事変　351a
秋史体　97a, 238a
自由実践文人協議会　498b
周尺　417b
《自由鐘》　28b
《周生伝》　496a
秋夕　232b, 444a
秋夕茶礼　232b, 439
鞦韆　493b
自由党　602a
修徳寺 ➡ スドク寺

十二月テーゼ　184a, 351b
自由の家　466b
秋風嶺 ➡ チュプン嶺
周文謨　232b
自由貿易地域　520b
自由民主連合　97b
周留(チュル)城　501a
儒学　168a
儒学教育　238b
主気派　235a
儒教　233a, 330a
主気論　302b
祝祭日　234a
粛宗(スクチョン)　277a
受験競争　614a
寿康宮　295
手工業者　241a
守庚申　401b
首作人　227a
朱子学　234b, 14b, 168b, 222b, 233a, 330a, 338b, 347b, 373b
《朱子書節要》　24b
儒城(ユソン)温泉　393b
主食　566b
受職人　430b
《授時暦捷法立成》　185a
主席室　180b
修禅社　306b
儒達(ユダル)ベンチャータウン　545a
守庁　89b
首長　333a
出嫁外人　245a
出産　235b, 226b
出生率　262a
十長生 ➡ 十長生(じっちょうせい)
出入国管理庁　47a
出版　235b, 613b
首都圏　412a
授乳　19b
守備隊　366a
酒幕 ➡ 酒　205a
朱蒙 ➡ チュモン
《シュリ》　39a
ジュリアおたあ　236a
主理派　235a
狩猟図　153f
守令　236b
守令七事　236b
首露(スロ)　274a
春窮麦嶺 ➡ 飢饉　88a, 606a
春香伝　236b
春秋館　237a, 350b
純祖(スンジョ)　273b, 279a
純宗 ➡ スンジョン
順天(スンチョン)　279a
順道　154a, 488b

春鶯囀　492b
純白磁　368a
純福音教会　237a
春聯　238f
書　237b
書院　238b, 108b
荘(農荘)　445a
鉦　63b
蔣英実➡チャン・ヨンシル
荘園　445a
唱歌　52a
昭格署　401b
松花酒　523a
正月　238b
将棋　239a
松菊里(ソングンニ)　491a
《時用郷楽譜》　49f
勝共活動　400a
小金　63b
松禁政策　523a
将軍塚　239b, 154a
唱劇　43a, 464a
小劇場運動　43b
昌原➡チャンウォン
上元➡正月　232b, 239a, 438, 443b, 456b
紹賢書院　238b
小鼓　63b, 422f
杖鼓　240a, 63b, 64f
笙簧　64b
《松江歌辞》　383a, 495a
松広寺➡ソングァン寺
城隍神　305a
城隍堂➡ソナンダン
小舸　417b
承旨　241b
上巳　438
場市　240a, 242b
少子化➡人口
少子高齢化　261a
尚州➡サンジュ
紹修書院　24b, 238b
小獣林(ソスリム)王　151b
城主(告祀)祭　439
小祥　292b
上称　139b
少女時代　145a
匠人　241a
上臣　241b
城津(ソンジン)　99b
承政院　241b
《承政院日記》　241b
《小説家仇甫氏の一日》　454b
松雪体　237b
承宜院　241b
上大等　241b, 250a
小癡(ソチ)　517b
焼酒　204b
小中華思想　242a, 40a

松亭里(ソンジョンニ)窯　371a
松都(ソンド)　142a
小銅鐸　242a
聖徳太子　507a
城南(ソンナム)市　298b
商人　242b
昌寧(チャンニョン)　118b, 529b
昌寧碑　332b
小白山脈➡ソベク山脈
小波賞　464a
常平通宝　243a, 67a, 67b, 67f
常平宝　508a
省墓　232a
情報通信革命　243b
小北　406a
商民水陸貿易章程　263a
縄文時代前期　418a
しょう油　567b
昭陽江(ソヤンガン)ダム　460b
升落　417a
照里戯　232a
《常緑樹》　226b
松林(ソンニム)　482a
定林寺址➡チョンニム寺址
少論(ソロン)　306a
唱和集　389a
書画協会　472b
初期義兵　91a
初期プロレタリア文学　497b
徐兢　170a
徐居正(ソ・ゴジョン)　402b
褥薩　178b
食事　244a
職田法➡科田法　65b
職人➡匠人(しょうじん)　241a
植民地支配　81a, 295b
植民地統治機関　364b
植民地農政　224b
食糧供出　314b
食糧自給率　608a
食糧問題　633a
署経　218a
徐敬徳➡ソ・ギョンドク
書契問題　85b
庶孼➡庶子　245a
徐載弼➡ソ・ジェピル
庶子　245a
女児　19b
女子青年会　246a
女子挺身隊勤労令　314b
叙事巫歌　275a
女子夜学　246a
徐俊植(ソ・ジュンシク)　563b
徐勝(ソ・スン)　563b
庶人　245a
女性　245a, 62a, 612a
女性(信仰)　228b
女性運動　246a
女性家族部　62b

女性学会　247a
女性作家　499b
《女性東亜》　399b
女性同友会　246a
女性のためのアジア平和国民基金　433b
《女性の電話》　246b
女性部　62b, 247a
除夕　439
書籍院　32a
ジョッカル(塩辛類)　567
徐廷柱➡ソ・ジョンジュ
書堂　247b
初等学校　109b
《薯童謡》　111b
庶民地主制　345b
処容舞　42a, 49a, 492b, 492f
胥吏　248a, 218b
書吏　248a
新羅　248a, 75a, 147a, 210a, 316b, 476b, 539b, 573b, 577b, 587b
新羅(音楽)　48b
新羅(楽器)　49a
新羅郷歌　49b
新羅琴　49a, 72b
新羅(古墳)　183a
新羅三彩　257a
新羅三宝　482b
新羅史　209a
新羅使　147b
新羅(寺院建築)　214b
新羅式石塔　399a
新羅写経　257a
新羅商人　253a
新羅(神話)　274b
新羅村落文書　257b
新羅帳籍　257b, 539b
新羅土器　257b, 404a, 408b
新羅仏　490b
新羅仏教　251b, 253b, 488b
新羅(壁画古墳)　504b
新羅坊　258a, 337a
新羅本紀　209b
新羅木版　494b
自力更生　258b
士林　233b
士林派　214a, 216a, 307b, 330a, 341a, 344b, 405b
シルトック(餅)　544b
実尾島部隊　279b
シルム　258b
死霊祭　293a
死六臣　259a, 306b, 321b
斯盧国　248b
シン(履物)　451f
新安遺物　259a
沈惟敬　265a, 267a
辰王　209a
新大久保　259b

辛亥邪獄　17b
辛亥通共　573a
シン・ギョクホ（シン・ギョクホ）　574b
辰韓　260a, 209a
秦韓　260a
新幹会　260a, 367a
新韓公社　260b, 413b
新韓国党　104a, 599b, 602a
新韓民主党➡政党　283a, 598b, 602b
新韓流　87a
神義軍　213a
新義州➡シニジュ
辛格浩　574b
シン・ギョンスク（申京淑）　261a, 499b
神功皇后新羅出兵　251b
沈薫➡シム・フン
新傾向派文学　497b
申京淑➡シン・ギョンスク
甄萱➡キョンフォン
親元派　166b
新行　186b
人口　261a, 411a
真興王➡チヌン王
真興王拓境碑➡チヌン王拓境碑
新興工業国家群　606b
新興宗教　321f
人口増加抑制政策　262a
人口動態　612b
辰国➡チングク
震国　512b
壬午軍乱　262a, 347a, 533b
真骨　181b
申采浩➡シン・チェホ
申在孝➡シン・ジェヒョ
シン・サイムダン（申思任堂）　263a, 31a
申粛王　38a
真氏　129a
新詩　52a
シン・ジェヒョ（申在孝）　263a, 464b
新市街地　270b
沈師正➡シム・サジョン
人日　438
申思任堂➡シン・サイムダン
辰砂　371b, 405a
神社参拝　164a
神社参拝拒否運動　263b
辰砂青磁　404b
晋州➡チンジュ
紳士遊覧団　263b, 52a, 563a
仁州李氏　21a
申叔舟➡シン・スクチュ
壬戌民乱　264a, 346b, 534b
申潤福➡シン・ユンボク
新小説　15b, 52a, 497b
壬辰誓記石　253b
壬辰・丁酉倭乱　264a, 22a, 375b
壬申約条　267a

壬辰倭乱　264a, 265b
シン・スクチュ（申叔舟）　268a, 54b, 237b, 402b
《人政》　327b
新政治国民会議➡地域・国名編の大韓民国［政党］　100a, 602b
身世打令　320a
沈清伝　268a
新石器時代　268b, 408a
仁川➡インチョン
新仙思想　223a
新千年民主党➡地域・国名編の大韓民国［政党］　100b, 599b, 602b
《新撰暦》　184b
神仙炉　567
仁祖➡インジョ
《新増東国輿地勝覧》　330a, 403a
親族　269a, 612a
新体詩　52a
《信託統治》　6a
信託統治反対国民総動員運動委員会　360b
震檀学会　270a, 357a
シン・チェホ（申采浩）　270a, 357a, 584b
神庁　228b
新朝鮮建設同盟　195a
新村　295, 299b
新都内　146a
新東亜　270a
神道碑　540b
申得満　60b
新都市　270b
シンドン（辛旽）　270b, 187b
申東曄　498b
親日御用団体　24a
親日派　271a, 163a
親日派教師排斥運動　57a
親日文学　271a
新派劇　43a
シンバン（神房）　537a
真番　271b
神品四賢　237b
申欽　86a
新聞　272a, 521a, 521b
申聞鼓　394a, 557b
《人文評論》　501b
真平（チンピョン）王　250a
進歩党　377b
進歩党事件　377b
神米壺　444a
辛未洋擾➡洋擾　229a, 554a
人民委員会　352b, 597a, 618a, 621a
新民会　272b, 6b
人民会議　621a
人民革命党事件　644b
人民軍最高司令官　361a
人民裁判所　621a
新民主共和党　602a

新民族主義　307b
人民大学習堂　478b, 635a
新民党➡政党　103a, 281b, 283a, 598b, 602a
人民遊撃隊　325b
人名　272c
シンモ（食母）　273a
辛酉教獄　273b, 13b, 232b
辛酉教難　273b
申維翰　55a
シン・ユンボク（申潤福）　273b, 28f, 89f, 492f
新羅（しんら）➡新羅（しらぎ）
人力輸出　274a
神話　274a, 325a

す

遂安（スアン）　482b
水運　275b
水翁・水媼　547a
水宮歌　464b
水軍統制使　21b
水原➡スウォン
瑞山（ソサン）磨崖仏　285b
水豊➡スプンダム
瑞鳳塚　254f
水墨画　469b
水利組合　78a
スインサ（修人事）　7a
数➡数（かず）
スウォン（水原）　276a
スウォン（水原）城　276b, 373a, 385a
須恵器　258a, 404a
末松保和　276b
スクチュ（あえ物）　567
スクチョン（粛宗）　277a
スケトウダラ　543b
スサルマギ（神像）　335b
鈴木武雄　316a
スッケ（刺身類）　567
スッシルクワ（熟実果）　60b
スティーブンズ, D. W.　277a
スドク（修徳）寺　277b
スプン（水豊）ダム　277b
水豊発電所　277b
スポーツ　277b, 614a
スマートフォン　243b
相撲➡シルム
スヤンゲ遺跡　156b
寿永子（スヨンアドウル）　457a
寿永娘　457a
寿永母　457a
スラム　415a
3Dアニメ　526a
首露（スロ）　274b
首露王　105b
スンジョ（純祖）　279a, 273b
スンジョン（純宗）　279a, 573a
寸数　269b

スンチョン(順天) 279a
スンニュン(食事) 244b, 334a
スンリ山遺跡 107a

せ

聖王➡ソンワン
正音 137b
青花 371a, 405a
《西厓集》 551b
清海鎮大使 337a
西学 223a
《聖学十図》 234b
青瓦台襲撃未遂事件 279b
生活体育 278a
青花白磁 368a
清岩洞廃寺➡チョンアムトン廃寺
征韓論 279b, 588a
青丘 580a
青丘永言 280b
《青丘楽章》 56a
請求権問題 427a
《青丘図》 314a, 331b
成均館 280b
成均館大学校 280b, 280b
星湖 14b
西江(ソガン)大学校 302a
星湖学派 15a, 222b
聖骨 181b
西山大師 475a
〈青山別曲〉 495a
成三問➡ソン・サムムン
青山里(チョンサンニ)戦闘 187b
青山里方法 281a, 385b
青磁 404b, 468a
青磁瓦➡高麗青磁 170b
政治風土刷新特別措置法 282b
成主 230b
清州➡チョンジュ
《聖書朝鮮》 93b
聖書朝鮮事件 548b
聖書翻訳委員会 14a
清津➡チョンジン
成人式 387b
聖人信仰 161a
成人漫画 525a
《旌善アリラン》 12a
清川(チョンチョン)江 383a
世祖➡セジョ
正祖➡チョンジョ
世宗➡セジョン
成宗(ソンジョン) 307a
《青荘館全書》 26a
政党 281a
青銅器時代 283a, 408a
青銅鏡 169b, 401b
征東行省 284a
勢道政治 284b
勢道政権 279b

征東等処行中書省 284a
西道民謡 534b
青年運動 284b
青年学友会 284b
西班 550a
政府記録保存所 180a
政房 327b
政務院 621b
姓名➡人名
清明節 438
正友会宣言 260a
《西遊見聞》 550b
〈井邑詞〉 495a
性理学 233a, 234b
青竜 449b
婿留婦家 186a
制令(総督) 365a
聖霊主義 285a, 121a
《正路》 571b
生六臣 321b, 547b
背負梯子 329b
世界基督教統一神霊協会 399b
世界青年学生祭典 301a, 478b
世界平和統一家庭連合 399b
石旺里双陵 19a
赤山 258a
石室墓 183a
斥邪上疏 41a
赤城(チョクソン)碑 332b
赤色農民組合運動 446a
石壮里遺跡➡ソクチャンニ遺跡
石村洞(ソクチョンドン)3号墳 132b
石炭 328b
石灘里遺跡➡ソクタンニ遺跡
石塔➡塔 255f, 398b, 398f
石仏 285b, 172b, 470b
石仏(新羅) 256a
赤壁歌 464b
斥和碑 502b, 554b
セサッケ(新芽会) 463b
セジェ(嶺) 377b
世襲巫 228b
セジョ(世祖) 286a, 144a
セジョン(世宗) 286a, 185a, 347a
セジョン(世宗[市]) 286b
洗手(セス) 544b
世俗五戒 489a
世尊壺 304b
世帯 15b
《鳥打令》 534b
雪嶽山➡ソラク山
石窟庵 286b, 254f, 256b, 285b
石窟庵本尊 470b
薛聡➡ソルチョン
接待➡もてなし
セットン(衣服) 468b
雪白磁 371a
絶糧期 445b, 606a
説話 535a

世道政治 284b
セヌリ党 600b, 602b
セブランス病院 17b
歳拝(セベ) 7b
セマウル運動 287a, 411b, 442b, 527a, 540f, 608b
セマチ(民謡) 534b
セマングム干拓 137a, 378b
《世話料理鱸庖丁》 390a
墡 287b
禅 306b
膳 244f
〈千一録〉 444b
〈善意の競争〉論 644b
鮮于煇➡ソヌ・フィ
泉蓋蘇文➡チョン・ゲソムン
千寬宇(チョン・グワヌウ) 380a
鮮京(ソンギョン) 201b
先軍政治 288a, 620b, 627a
全国女性農民委員会 247a
全国大学生代表者協議会➡学生運動 58a, 604a
全国民主労働組合総連盟 571b, 604a
全国民俗芸術競演大会 50a
全谷里遺跡➡チョンゴンニ遺跡
全国労働組合協議会 603b, 604a
煎骨 567
戦後補償問題 288b
《千歳暦》 185a
占察宝 508b
千字文 289a
全州➡チョンジュ
全州和約 158b, 428b
占匠 536b
船商 275b
洗鋤宴 444b, 490b
染織 468b
瞻星台(せんせいだい) 290a
川前里(チョンジョンニ)書石 76a
宣祖➡ソンジョ
センソンフェ(刺身類) 567
全泰壱(チョン・テイル) 571a
全大協 58a, 604a
センチェ(あえ物) 567
塼築墳 287b, 559b
全朝鮮政党・社会団体代表者連席会議 424a
塼塔 288a, 399a
全斗煥➡チョン・ドゥファン
善徳(ソンドク)王 307b
遷都計画 286b
遷都論 483a
戦犯問題➡朝鮮人戦犯
全評 570b, 603a
センプァル・チェウク 278a
箭幣 67a
全琫準➡チョン・ボンジュン
賤民 290a, 229a, 248a, 528a, 540b

専門体育　278b
全羅道➡チョルラ道
千里長(チョンリジャン)城　174a
千里馬➡チョンリマ
全労協　81b, 604a
《宣和奉使高麗図経》　170a

そ

西岳洞古墳群　539b
西人(ソイン)　405b, 421a, 447b
相愛会　453a
漕運　275b
造営尺　417b
草夏　444a
草家　230a
蒼海郡　575b
象嵌　174a
《桑韓医談》　389b
象嵌青磁　170a, 404b, 468a
早旱晩水　10b
《桑韓筆語》　389b
宋希璟(ソン・ヒギョン)　87b
曹渓(チョゲ)寺　375b
曹渓宗　291a, 313a, 489b
宋建鎬(ソン・ゴノ)　163a
創作劇　44b
創作国楽　50b
創作と批評　291a, 498b, 506b
宋山里(ソンサンニ)古墳　183a
宗氏　108a, 267b, 390a, 431a
創氏改名　291b, 164a
葬式　292a, 8a, 182b
造紙署　68b
宋錫夏(ソン・ソッカ)　70b
双城総管府　166a
蔵書閣　80a
曹植(チョ・シク)　376b
宋時烈➡ソン・シヨル
荘祖(チャンジョ)　335a
漕倉　275b
《創造》　101a, 497b
相続　293a, 16a
早大模擬国会事件　327a
宗中　269a
宋鎮禹➡ソン・ジヌ
贈答　293a
総督　365a
総督府　364b, 589b
総督府鉄道局　394b
曹晩植➡チョ・マンシク
草墳(チョブン)　377a
宋秉畯➡ソン・ビョンジュン
青先岩➡チョ・ボンアム
《増補文献備考》　403a
僧舞　492f, 493b
喪輿軍　290b
草梁(チョリャン)　576a
ソウル　293b, 240a
ソウル(都市化)　411a

ソウル・アメリカ文化院籠城事件　127a
ソウル演劇祭　45b
ソウル・オリンピック　301a, 447b, 620a
ソウル航空　136a
ソウル・コムグループ　351b
ソウル青年会　285a, 351b
ソウル総合大学　57a
ソウル大学校　301b
ソウルデジタル産業団地　300a
ソウル特別市　298a
ソウルの春　302a
《ソウル・プレス》　140b, 272a
総連　200b
ソエシラン(鎙)　441b
ソガン(西江)大学校　302a
徐基源　498a
ソ・ギョンドク(徐敬徳)　302b, 481b
族　181b
測雨器　10b
俗楽　49a
息耕　428a
石首魚(ソクスオ)　116a
束草(ソクチョ)　77a
《続蔵経》　34a
《続大典》　139b
ソクタンニ(石灘里)遺跡　302b
ソクチャンニ(石壮里)遺跡　302b, 107a
ソクチョクサム(内赤衫)　376a
石村洞古墳群　294a
石村洞3号墳　132b
ソクパジ(衣服)　457a
族譜　303a, 272b
小金剛　308a
俗離山➡ソンニ山
石魚(ソゴ)　116a
祖国光復会　303b, 184a
祖国統一三大憲章　624a
祖国統一汎民族青年学生連合　58b
祖国防衛委員会　195a
徐居正　402b, 407a
瑞山磨崖仏　285a
ソ・ジェピル(徐載弼)　304a, 410a
徐俊植　563b
祖上壺　304b
徐廷仁　498a
ソ・ジョンジュ(徐廷柱)　304a
小獣林王　151b
徐勝(ソ・スン)　563b
租税(高麗)　167a
祖先祭祀　304b, 16a, 524a, 530b
蘇大成伝　496b
ソーダ・ガラス　75b
小痴(ソチ)　517a
瑞草区　300a
率居奴婢　436a, 544b
ソッテ　336a

蘇塗　304b
ソナンダン　305a, 530b, 540b
ソヌ・フィ(鮮于煇)　305a, 498a
曾禰荒助　401a
《蕎麦の花咲くころ》　26a
西海衛星発射場　477b
西海海上軍事境界線　646b
ソベク(小白)山脈　305b
西海道　482a
祖防隊　195a
染付　368a, 371a, 405a
昭陽江ダム　460b
ソラク(雪嶽)山　305b
ソル(正月)　238b
ソルタン(雪糖)　60a
ソルチョン(薛聡)　306a
ソルムンデ姥　275b
ソ連朝鮮人　192b
ソ連派　192a
ソロン(少論)　306a, 447b
少論派　406a, 555b
尊位　540a, 560b
ソンイル(択日)　36b
孫鶴圭(ソン・ハッキュ)　308a
ソン・キジョン(孫基禎)　306a, 428a
鮮京　201b
ソンアン(松広)寺　306b
松菊里(ソングンニ)　491b
《存言》　380b, 555b
宋建鎬(ソン・ゴノ)　163a
ソン・サムムン(成三問)　306b, 237a
宋山里古墳群　183a, 187a, 538a
宋山里6号塼築墳　132b, 504a
ソン・ジヌ(宋鎮禹)　306b
村主　539b
ソンジュ(成主)　230b
ソンジョ(宣祖)　306b
ソン・シヨル(宋時烈)　307a, 235a, 406a, 447b, 555a
ソンジョン(成宗)　307a
松亭里窯　371a
城津　99b
ソン・ジンテ(孫晋泰)　307b, 305a, 535a
宋錫夏　70b, 307b
宋昌植　73a
孫昌渉　498a
松島(ソンド)　33a
松都(ソンド)　142a
善徳王　307b
松都商人　142b
城南市　298a
ソンニ(俗離)山　308a, 342a, 516b
城内地域　299a
ソン・ハッキュ(孫鶴圭)　308a
ソンビ(儒教)　234a
宋希璟　87b
成俔　56b, 449a
松餅(ソンピョン)　545b

ソン・ビョンジュン(宋秉畯) 308a, 24a
ソン・ビョンヒ(孫秉熙) 308b, 170b, 396b
成歓の戦い 342a
先鋒 559b
聖明王 308b
松林(ソンリム) 482a
松林寺 398f
ソンワン(聖王) 308b, 130b

た

大安システム 309a
体育大会 278b
第一銀行 309a
第一国立銀行 309a
大院君➡フンソン(興宣)大院君 262b, 502a
大宇グループ 594a
大宇財閥➡テウ財閥
代役制 344b
対外債務累積問題 607a
太学 154a, 280b, 309b
大学 309b, 57b
大学院 80a
大覚国師 34a
大河小説 496b
大学校 309b
台諫 217b
大韓愛国婦人会 246a
大韓医院 17a
大韓海峡 350b
大韓航空(会社) 310b
大韓航空機撃墜事件 311b
大韓航空機失踪事件 637a
大韓航空機ハイジャック 644b
大韓航空機爆破事件 311b
大韓自強会 6b
大韓人国民会 14a
大韓帝国 311b, 162b, 343b, 346b
大韓独立軍 518b
大韓独立促成国民会 602a
大韓独立促成労働総連盟 81b, 603a
大韓婦人会 246a
大韓仏教曹渓宗 291a, 375b
大韓毎日申報 311b, 140b, 272a, 507b, 549b
大韓民国 597a, 591a
大韓民国➡地域・国名編の大韓民国
大韓民国演劇祭 44b
大韓民国憲法 509b
大韓民国国楽祭 50b
大韓民国国軍 311b
大韓民国代民主議院 360b
大韓民国臨時政府 312a, 94a, 208a
大関嶺➡テグル嶺
大韓労総 81b, 507b, 603a
大韓労働組合総連合会 81b

大邱➡テグ
太極旗➡国旗 181a
大笒 312b, 64a, 64f
大欽茂 512b
大君 388b, 548b
太鼓 240a
大斛 417b
大黒山(テフクサン)島 485a
大古宗 313a, 489b
第3世代 498a
《第三人間型》 13b
大衆蜂起 216b
大祥 292b
大正月 443b
大城山(テソンサン)城 480b
大豆文化 568a
太祖(高麗)➡ワンゴン(王建) 578a
太祖(朝鮮王朝)➡イ・ソンゲ(李成桂) 23a
太宗➡テジョン 23a
大倧教 313a
《大蔵経》 168a, 564b
大昨栄 512b
大対盧 313a
大庁 230b
大朝鮮国 343b
大田➡テジョン
大典通 313b
大等 241b
大東銀銭 67b
大同江➡テドン江
大統合民主新党 602b
大同社 163b
《大東地志》 330a
大同譜 303a
大唐平百済国碑銘 384a
大同法 313b, 241a, 345a
大同米 314a
大東輿地図 314a, 294f, 324f, 331a
大統領権限 601b
大徳(テドク)研究団地 393b, 614a
台所 230b
大図們江イニシアティブ 406b
第二金融圏 610a
第2次日韓協約 427b
対日請求権 288b
対日接近政策 605a
第二の日本 316a
大日本大朝鮮修好条規 430a
太白山脈➡テベク山脈
《太白山脈》 499a
大復興会 489b
対米依存 598a
太平簫 64a, 64f
太平洋戦争 314a, 366b
太平洋戦争遺族会 113b, 288b
泰封 137a
帯方郡 315a, 558a
帯方郡治址 315a

《大方広仏華厳経》 257a
大北 405b
太陽(包容)政策 315b, 100b, 593b, 601a, 624b
大陸兵站基地論 316a
対盧 313a
太労十月書信 570b
泰和館 295
田植 441b
高橋亨 316a
択日 186a
卓淳 73b
宅相学 483a
タクチュム(蒸物) 567
田口八重子 311a
啄評 316a
択里志 316b, 330a
竹島 316b
竹島一件 317a
竹島問題 318a, 616b
竹添進一郎 159a
武田範之 397a
タシク(茶食) 60b, 523a
多鈕鏡➡銅鏡
多鈕細文鏡 401b, 402f
脱亜論 318a
脱解 274b
脱北者 318b, 511b, 627a
立てひざ 206a
七夕 319a
丹陽 342b
タバコ 319a
茶房(タバン) 334a
旅芸人 421b
タビ(踏み鋤) 441b
田淵豊吉 359a
タフト, W.H. 65a
ダブリュイ, M.A.N. 320b
多宝塔 399a
多包様式 174b, 215b, 372b
田保橋潔 319b
田宮高麿 556b
タムジン(曇徴) 319b
溜池 77b
多羅 73b
他律性史観 356b
タリパッキ(踏橋) 456b
タリョン(打令) 320a
タルクム(仮面踊) 70a
タルトンネ 320a, 415a
タルマジ(迎月) 239a
ダレー, C.C. 320b
タン(堂) 305a
短歌 221b
段階的統一案 595b
タンギ(髪) 69b
タングステン 329a
タングン(檀君) 320b, 85a, 529a, 549b

檀君紀元　321a
檀君教　313a, 321a
檀君神話　134b, 274b, 313a
檀君朝鮮　321a
檀君陵　479b
端午　321a, 493b
炭坑　113a
端午節　84a, 438
端午扇　46b, 321a
タンゴル（丹骨）　228b, 536b
タンゴルバン（丹骨房）　537a
堂山クッ　440b
男児　19b
男児尊重　62b, 182a
男寺党＝ナムサダン
短簫　64a
誕生日⇒通過儀礼
男女有別　62a
タンジョン（端宗）　321b
タンシン（人名）　273a
端宗⇒タンジョン
単独選挙　282a, 424a
唐洞59号墳　74b
堂　333a
断髪令　321b, 388a
男負女戴　565a
タンベ（煙草）　319a
タンモリ（民謡）　534b
辮髪　69b
耽羅国　274b, 324b
団領　27b
煖炉会　439

ち

籌　64b
地域感情　322a
地域主義　322a
智異山⇒チリ山
チェアムニ（堤岩里）**事件**　322b
チェ・イッキョン（崔益鉉）　322b, 235a
崔仁鶴　535b
チェ・イン（崔麟）　323a
才人（チェイン）　136b, 454a
才人庁　136b
チェ・ギュハ（崔圭夏）　323a, 302a
崔慶昌　86a
崔　166a, 327b
チェ・ジェウ（崔済愚）　323a, 400a
チェ・ジェゴン（蔡済恭）　323b
チェ・シヒョン（崔時亨）　323b, 400a
崔滋　15b, 495b
チェジュ（済州）　324a
済州チルモリ堂燃燈グッ　325b
済州島　324a
済州島（神話）　274b
済州島民謡　534b
チェジュ島四・三蜂起　325a
済州特別自治道　324a

チェ・スンヒ（崔承喜）　326b
彩仙　263b
チェ・チウォン（崔致遠）　327a, 86a
崔昌祚　483b
チェ・チュン（崔冲）　327a
チェ・チュンホン（崔忠献）　327a, 487b, 526b
堤川　342b
チェ・ナムソン（崔南善）　327b, 52a
チェ・ハンギ（崔漢綺）　327b
崔華国　199a
崔海山　328a
齊浦　213a
崔泓熙　393b
チェ・マンシク（蔡万植）　328a
チェ・ミョンギル（崔鳴吉）　328a, 555b
チェ・ムソン（崔茂宣）　328a
済物浦　33a
済物浦条約　263a, 366a
チェ・ヨン（崔瑩）　328a
チェ・ヨンゴン（崔庸健）　328b
崔泳美　499b
チェンギ（犂）　441b
地下核施設疑惑　626b
地下核実験　90b, 647b
地下資源　328b
地下鉄⇒交通　160a, 395a
地下鉄（ソウル）　300b
地官　449b
地境里（チギョンニ）遺跡　156b
蠹石楼　448a
《竹夫人伝》　20a
竹嶺（チュンニョン）　343a
チゲ　329b, 516f
チゲックン（運搬業）　329b, 329f
チゲ（鍋物）　567
池山洞　183a
池山洞古墳群　185b
地誌　329b, 403a
知識人　330a
地図　331a, 314a
地相学　483a
チタムニ（智塔里）**遺跡**　331b, 268b
智塔里土城　331b
地土船　275b
チヌル（知訥）　332a, 306b, 489a
チヌン（真興）王　332a, 250a
真興王巡狩碑　332a
チヌン（真興）**王拓境碑**　332b
チネ（鎮海）　332b
血の海⇒歌劇芸術　59a
血の洗式歌劇　44a, 59a
チノギグッ（死霊祭）　293a
《血の涙》　15b
チバン（親族）　332b, 269b
チバン（集安）　229b
チプ（家）　15b
チプシン（履物）　450b

チプト（屋敷神）　547b
地方議会　333a
地方豪族　218a
地方自治　333a, 601b
地方主義　612a
チマ（裳）　333b, 27a
チム（蒸物）　567
チーム・スピリット　503a, 604b, 646b
チムチェ（キムチ）　99a
茶　333b
チャガルチ市場　486a
チャガン（慈江）**道**　334a, 442
車今奉　351b
チャゲンチプ（小家）　269b
チャジャン（慈蔵）　334b, 418b
チャジン調　534b
チャジンモリ（民謡）　534b
次次雄　524b
車美理士　246a
蚕室地区　300a
茶母　273a
チャリ（教育）　109a
茶礼　334b, 238b, 304b, 333b
場　240a
チャンアチ（しょう油漬）　99a, 567
長安城　480b
張仁煥　277a
チャンウォン（昌原）　334b
蒼光山　478b
チャンギ（将棋）　239a
チャンギ打令　464b
昌慶苑　195, 300b
昌慶宮　295
チャング（杖鼓）　240a
チャンサンコンメ　39a
チャンシ（場市）　240a
チャン・ジュナ（張俊河）　335a, 219b
チャンジョ（荘祖）　335a
チャン・ジヨン（張志淵）　335b, 159a
長津高原　145b
チャンス（長寿）**王**　335b
チャンスン（長柱、長性）　335b, 530b
チャン・スンオプ（張承業）　336a, 369b
張世東　80b
張善宇　39a
チャン・ソンテク（張成沢）　336a
チャンダン（音楽）　48a, 212b, 320b, 534b
チャンチ（宴会）　41b
チャンチ餅　42a
張斗植　198b
張徳秀　285a, 399a
張徳順　536b
チャンドクテ（住居）　231a, 531f, 547b, 567b
昌徳宮　295
張都暎　148b

チャンナム(松) 523a
昌寧 118b, 529b
昌寧碑 332b
チャンパイ(長白)山脈 336b
チャン・ヒョクチュ(張赫宙) 336b, 198b
《唱夫打令》 534a
チャンペク(長白)山脈 336b
チャン・ボゴ(張保皐) 337a, 258a
荘献世子 335a
チャン・ミョン(張勉) 337c
張維 86a, 555b
チャン・ヨンシル(蔣英実) 337b
張竜鶴 498a
酒案床 244b
チュイバリ(仮面劇) 71f
チュイプルノリ(鼠火遊) 21a, 239a
中央アジア朝鮮人➡在ソ朝鮮人
中央委員会 621a
中央委員会総会 623a
中央学園 170b
中央官制 251a
中央銀行 309a, 352a, 609a, 632a
中央人民委員会 180b, 621a
中央土地行政処 260b
駐韓国連軍 175b
鑰器 244b, 345b
中原高句麗碑➡チュンウォン高句麗碑
中元節 439
中国 337b, 606a, 625a
中国朝鮮族 338b
忠州➡チュンジュ
中人 339a, 245a
柱心包様式 174b, 215a, 372b
中枢院 339b
忠清道➡チュンチョン道
忠宜(チュンソン)王 172a, 342a
中宗(チュンジョン) 341a
忠武(チュンム) 22a
《忠武公全書》 22a
中部地方 581a
注文津(チュムンジン) 77a
忠武(チュンム) 419a
中立国停戦監視委員会 392a, 466b
忠烈王➡チュンニョル王
チュ・シギョン(周時経) 339b
秋夕 232a
チュチェ(主体)思想 339b, 258b, 374b, 619a, 623a
チュチェ思想塔 635a
チュック(粥) 567a
チュプン(秋風)嶺 340a
チュモン(朱蒙) 340a, 150a, 274b
朱蒙神話 274b
周留城 501a
チュルタギ(綱引き) 390b
チュルタリギ 390b
竈王 68b

チュンイン(中人) 339a
チュンウォン(中原)高句麗碑 340b
チュンジュ(忠州) 340b
チュンジョン(中宗) 341a
中宗反正 341a
忠宜(チュンソン)王 172a
チュンチョン(春川) 341a
忠清圏 286b
チュンチョン(忠清)道 341b, 442
チュンニョル(忠烈)王 342b
チュンニョン(竹嶺) 343a, 305b
忠武(チュンム) 22a
忠武市 419a
忠武路 299a
チュンモリ(民謡) 534b
チョ(塩辛) 216a
粟(チョ) 177a
趙一斉 43a
長安(チャンアン)城 480b
張維(チャン・ユ) 555b
チョ・ウィチョン(趙位寵) 343b
趙演鉉(チョ・ヨニョン) 148a
長歌 60b
張赫宙➡チャン・ヒョクチュ
長期経済計画 629a
《張吉山》 482a
《弔義帝文》 96b
《朝光》 367a
長好江 187b
趙光祖➡チョ・グァンジョ
彫刻 470a
張志淵➡チャン・ジヨン
長寿王➡チャンス王
張俊河➡チャン・ジュナ
張承業➡チャン・スンオプ
張仁煥(チャン・インファン) 277a
長生➡チャンスン
長生図 223a
張成沢(チャン・ソンテク) 336a
長生標 335b
張世東(チャン・セドン) 80b
朝鮮 580a
朝鮮➡地域・国名編の朝鮮
朝鮮飴➡飴 11a
朝鮮映画社 38a
朝鮮演劇➡演劇
朝鮮演劇文化協会 43b
朝鮮王朝 343b, 225a
朝鮮王朝(絵画) 469b
朝鮮王朝実録 350a, 218a
朝鮮音楽➡音楽
朝鮮画 79b
朝鮮海関銀行 309a
朝鮮海峡 350b
朝鮮科学院 351a, 635a
朝鮮学生委員会 57b
朝鮮革命宣言 270a

朝鮮義勇軍 367a
朝鮮義勇隊 366b
朝鮮教育令 108a, 164a, 355b
《朝鮮教会史》 320b
朝鮮共産党 351a, 184a, 281b, 360b, 573a
朝鮮共産党北朝鮮分局 374a
朝鮮銀行 352a
朝鮮銀行券 632a
朝鮮系中国人➡中国朝鮮族 338b
朝鮮系日本人 197b
朝鮮建国準備委員会 352a, 360b, 597a
朝鮮建国促進青年同盟 195a
朝鮮語 352a, 164a, 196b, 582a
朝鮮光文会 327b
朝鮮衡平社 163b
朝鮮語学 22a, 47a
《朝鮮古歌研究》 549b
朝鮮語学会 339b, 354a, 356a
朝鮮語学会事件 356a
朝鮮国 343b
朝鮮語研究 355b
朝鮮語研究会 356a
《朝鮮語大辞典》 354b
チョウセンゴヨウ(松) 523a
《朝鮮策略》 102a, 159a
朝鮮紙(韓紙) 69a, 379a
朝鮮詩 495b
朝鮮史学 356b
朝鮮式山城 212a
朝鮮式小銅鐸 242a
朝鮮史研究 61a, 276b, 457b
朝鮮史研究会 457b
朝鮮時代(工芸) 468a
朝鮮史編修会 319b
《朝鮮社会経済史》 506a
朝鮮社会主義労働青年同盟 357a, 285a
朝鮮社会停滞論 225a
朝鮮社会民主党 620b
朝鮮儒教 233a
朝鮮朱子学 234b
朝鮮出漁 357b
朝鮮鐘 357b, 254f
朝鮮奨学会 563b
朝鮮将棋 233a
《朝鮮上古史》 270a
《朝鮮常識問答》 327b
《朝鮮小説史》 99b
朝鮮職業総同盟 571a
朝鮮殖産銀行 358a
朝鮮女子教育協会 246a
朝鮮人 581b
朝鮮人慰安婦 433a
朝鮮人移民 526a
朝鮮人学校 196a, 464a
朝鮮人帰還協定➡在日朝鮮人帰還協定

朝鮮人虐殺事件　358b
朝鮮人強制移住　192a
朝鮮人強制連行➡強制連行
《朝鮮人強制連行の記録》　451a
朝鮮神宮　359b, 157b, 300b
朝鮮人差別　614a
朝鮮人戦犯　359b
朝鮮信託統治問題　360a
朝鮮人被爆者　474a
《朝鮮新文学思潮史》　506a
《朝鮮新報》　200b
朝鮮人民革命軍　162a
朝鮮人民共和国　360b, 352b, 597a
朝鮮人民軍　361a, 392a, 618a, 621b
朝鮮新民党　281b
朝鮮神話➡神話　274a
《朝鮮人を想ふ》　548b
朝鮮相撲➡シルム　258b
朝鮮青年会連合会　285a
朝鮮青年総同盟　285a
朝鮮青年特別錬成令　314b
朝鮮青年文学家協会　101b
朝鮮青年連合会　367a
朝鮮石塔　398b
朝鮮戦争　361a, 261b, 591a, 618b, 644a
朝鮮占領軍　366b
朝鮮総督府　364b, 299f, 352a, 589b
朝鮮総連➡在日本朝鮮人総連合会　195a, 200b
朝鮮族　339a
朝鮮族文学　190a
朝鮮体育会　365b
朝鮮大学校　365b
朝鮮窒素肥料株式会社　366a
《朝鮮中央日報》　272a
朝鮮中央銀行　309b, 631b
朝鮮中央通信社　522b, 572a, 635b
《朝鮮中央年鑑》　572a
朝鮮駐剳軍　366a
朝鮮通信使➡通信使　366b
〈朝鮮的なもの〉　347b
朝鮮鉄道　394b
朝鮮陶磁史　9a
朝鮮統治五大政綱　527b
朝鮮独立軍　410a
朝鮮独立同盟　366b
《朝鮮とその芸術》　548b
朝鮮日日新聞　367a
朝鮮日報　367a, 260a
朝鮮人参　367b, 142b, 431b
朝鮮農民社　445a, 446a
朝鮮農民総同盟　375a, 446a
朝鮮の近代化　318a
《朝鮮の自由のための闘い》　524a
《朝鮮の悲劇》　524a
朝鮮の屋根　336b, 458b
朝鮮白磁　368a, 371a, 405a

朝鮮半島エネルギー開発機構　145a, 626a
朝鮮半島非核化共同宣言　646a
朝鮮美術　368b
朝鮮美術展覧会　472a
朝鮮美術論　472a
朝鮮服➡衣服
朝鮮仏教史　209b
朝鮮仏教禅教両宗　375b
朝鮮仏教曹渓宗　291a
《朝鮮仏教通史》　26a
朝鮮物産奨励会　490a
朝鮮舞踊➡舞踊
朝鮮プロレタリア芸術同盟➡カップ
朝鮮文化　582a
朝鮮文学➡文学
朝鮮文学家同盟　30a
《朝鮮文化語辞典》　354b
朝鮮文同式会　339b
朝鮮褒貶視　588a
朝鮮放送協会　520b
朝鮮本（版）　373a
朝鮮民画➡民画　60f
朝鮮民芸　8b
朝鮮民主党　283a
朝鮮民主主義人民共和国　618a
朝鮮民主主義人民共和国➡地域・国名編の朝鮮民主主義人民共和国
朝鮮民主主義人民共和国科学院　351a
朝鮮民主女性同盟　246b
朝鮮民主青年同盟　285a, 357a
朝鮮民事令　178b
朝鮮民族革命党　122a, 281b
朝鮮民俗学会　307b
《朝鮮民俗誌》　8b
朝鮮民族美術館　8b, 455a
朝鮮民謡➡民謡
朝鮮民立大学期成会　535a
朝鮮文字➡ハングル　463a
朝鮮軸　390a
チョウセンヤマツツジ　390b
《朝鮮幽囚記》　460a
朝鮮陽明学　555a
朝鮮来聘使　388a
朝鮮留学生学友会　57a
朝鮮料理➡料理
朝鮮労働組合全国評議会　570b, 603a
朝鮮労働総同盟　375b, 446a
朝鮮労働党　373b, 124a, 282a, 361a, 571b, 618b, 620b
朝鮮労働連盟会　375a, 445a
趙涑（チョ・ソク）　369a
朝窒　366a
朝朝貿易　638b

趙廷来➡チョ・ジョンネ
張都暎（チャン・ドヨン）　148b
張徳秀（チャン・ドクス）　285a
張徳順（チャン・ドクスン）　536a
張斗植（チャン・ドウシク）　198b
長男　62a
長白山脈➡チャンベク山脈
長白朝鮮族自治県　83b, 189b
趙秉式（チョ・ビョンシク）　510a
懲毖録　375b, 267b
朝米関係　624b
朝米間の合意枠組み　626a
朝米基本合意　646b
徴兵制　217b, 291b, 314a
張勉➡チャン・ミョン
張宝高　337a
張保皐➡チャン・ボゴ
調味料　567b
重陽節　439
趙容弼（チョ・ヨンピル）　73a
鳥嶺（チョリョン）　377b
朝連　195a
長老派　121b
長老派教会　263b
楮貨　67a, 366b
チョガチプ（草家）　230b
チョガッポ（衣服）　468b
チョギ（石首魚）　21a, 116a
狄踰嶺山脈　334a
チョ・グァンジョ（趙光祖）　375b, 216a
チョクサム（赤衫）　376a
《直指心体要節》　381b
赤城碑　332b
チョクポ（族譜）　303a
造果　60a
チョゲ（曹渓）寺　375b
チョゲジョン（曹渓宗）　291a
チョゴリ（上衣）　376a, 27a, 28f
チョ・シク（曺植）　376b
チョ・ジョンネ（趙廷来）　376b
趙世煕　498b
趙涑　369b
チョソンクル（朝鮮文字）　463a
貯蓄機関　609a
直轄市　412b
チョッカル（塩辛）　216a
チョッテ（楽器）　64a
楮田　68b
チョナン（天安）　377a
趙秉式　510a
草賓（チョビン）　377b
チプサル（栗）　177a
チョブン（草墳）　377a
チョ・ボンアム（曺奉岩）　377a
チョ・マンシク（曺晩植）　377b
チョムジェンイ（占匠）　536a
チョムソンデ　290a
趙演鉉　147b

趙容基(チョ・ヨンギ) 237a
趙容弼 73a
チョリム(煮物) 567
草梁 576b
チョリョン(鳥嶺) 377b, 305b, 340a, 542a
チョルォン(鉄原) 378a
チョルガ(節歌) 59a
撤去民 190b
節食 245a
チョルチョン(哲宗) 378a
チョルラ(全羅)道 378a, 420b, 442
全羅南道 378b
全羅北道 378b
チョレンイ(下僕) 71f
チョロン(鉄原) 378a
チョンアムトン(清岩洞)廃寺 379b, 155a, 214b, 472a
チョン・インジ(鄭麟趾) 379b, 169b, 565a
鄭寅燮 535b
チョン・インボ(鄭寅普) 380a, 357a
青魚(チョンオ) 116a
チョンガー(朝鮮語) 355b
丁克仁 495a
チョン・グワヌウ(千寛字) 380a
チョン・ゲソムン(泉蓋蘇文) 380a, 153a, 313b
清渓路 299b
チョンゴル(鍋物) 567
チョンゴンニ(全谷里)遺跡 380a
鄭尚驥 331b
青山里(チョサンニ) 410a
青山里戦闘 187a
チョンジェ(呈才) 49a, 491b
チョン・ジェドゥ(鄭斉斗) 380b, 555b
チョンジュ(全州) 380b
チョンジュ(定州) 381a
チョンジュ(清州) 381a, 342a
定州事件 208a
チョン・ジュヨン(鄭周永) 381b, 477b
チョン・ジュンブ(鄭仲夫) 381b, 487b
チョンジョ(正祖) 382a, 276b
チョン・ジョン(鄭芝溶) 382a
正宗 204a
定宗 23a
川前里書石 76a
鄭鍾鳴 246a
チョンジン(清津) 382a, 412b, 536a
千世鳳 500a
チョン・ソン(鄭歚) 382b, 369b, 370f
鄭知常 86a
チョン・チョル(鄭澈) 382b, 61a, 552b
チョンチョン(清川)江 383a

全泰壱 571a
チョン・ドゥウォン(鄭斗源) 383a
チョン・ドゥファン(全斗煥) 383b, 21b, 126b, 302a, 521a, 560a, 598b
全斗煥政権 607a
伝灯寺 85a
チョン・ドジョン(鄭道伝) 383b, 23a, 233a, 330a
チョンニム(定林)寺址 384a, 214b, 398f
清涼里 298a
鍾路(チョンノ) 295
蒸餅(チョンピョン) 545a
チョン・ポンジュン(全琫準) 384a, 158a, 568a
丁鏖 69a
チョンマ(天馬)塚 384b
田明雲 277a
チョンムン・チェユク 278b
チョン・モンジュ(鄭夢周) 385a, 214a
チョン・ヤギョン(丁若鏞) 385a, 273b
丁若銓 218a, 385a
丁若鍾 273b, 385a
千里長城 174a
チョンリマ(千里馬) 385b
千里馬運動 385b
千里馬郡 477b
千里馬線 478b
《地理考》 54b
チリ(智異)山 385b
智異山青鶴洞 161b
智異山パルチザン 326a
鎮海(チネ) 332b
鎮海将軍 337a
沈宜碩(シム・ソンソク) 473a
沈菜 99a
チングク(辰国) 386a
チンジュ(晋州) 386b
晋州民乱 264a
沈清伝➡沈清(しんせい)伝 179b, 390b
チンダルレ(ツツジ) 179b, 390b
チン(珍)島 386b
珍島犬 386b
鎮南浦 422b
真平王 250a
鎮海国家産業団地 335a

つ

追儺 42a
通貨 387a
通過儀礼 387b
通溝 229b
通信使 388b, 349b
通信社 521a
通俗民謡 533b
通度寺➡トンド寺
《月はどっちに出ている》 39b

築山竜安 389b
対馬 390a, 87a, 388b, 431a, 576b
対馬海峡西水道 351a
対馬宗氏 431a
対馬藩 85b
対馬藩朝鮮語通詞 47b
蹴踘 390b
綱引き 390b
爪紅 141b
積石塚 391a, 154b, 182b
積石木槨墳 119b, 183a
ツルマギ 391a, 27a, 28f

て

泰安半島 341b
《ディア・ピョンヤン》 39b
鄭寅燮(チョン・インソプ) 535b
鄭寅普➡チョン・インボ
DMZ 474b
堤堰 77b
《帝王韻紀》 168b
堤岩里事件➡チェアムニ事件
鄭鑑録 391b, 146a
ティギム(揚物) 567
丁克仁(チョン・グギン) 495a
《帝国新聞》 272a
鄭斉斗➡チョン・ジェドゥ
丁若銓(チョン・ヤッチョン) 218a
丁若鍾(チョン・ヤッチョン) 273b
丁若鏞➡チョン・ヤギョン
定州➡チョンジュ
鄭周永➡チョン・ジュヨン
定州(チョンジュ)事件 208a
程朱学 234b
鄭芝溶➡チョン・ジョン
挺身隊 433a
挺身隊問題 433a
鄭歚➡チョン・ソン
停戦会談 618a
停戦協定 392a, 592b
定宗(チョンジョン) 23a
《定大業》 49a
停滞史観 356a
停滞性理論 356b
鄭知常(チョン・チサン) 86a
鄭仲夫➡チョン・ジュンブ
鄭澈➡チョン・チョル
丁田制 251a
貞洞 295
鄭道伝➡チョン・ドジョン
鄭斗源➡チョン・ドゥウォン
丁寧表現 353a
DBS 521a
TBC 521a
丁卯の乱 18a, 503b
鄭夢周➡チョン・モンジュ
丁酉倭乱 267a
鄭麟趾(チョン・インジ) 565a
定林寺址➡チョンニム寺址

大宇グループ　392b, 594a
テウ(大宇)財閥　392b, 201b, 202a
大宇実業　392b
大宇自動車　392b
大宇重工業　392b
大宇造船　392b
擲柶戯　553a
テグ(大邱)　393a, 118b
テグァル(大関)嶺　393a, 77b, 549a
テグム(大笒)　312b
太古寺　376a
テゴジョン(太古宗)　313a
テコンド(跆拳道)　393b, 278a
大田エキスポ　342b
テジョン(大田)　393b, 342a
テジョン(太宗)　394a, 87b, 539a
太宗雨　10b
大城山　479f
大城山城　480b
テチョン(大庁)　230b
大青島　482b
鉄絵　371b
鉄絵青磁　404b
鉄器　394a
鉄原⇒チョルォン
鉄鉱　329a
鉄砂釉青磁　404b
鉄製農具　441b
哲宗⇒チョルチョン
鉄道　394b, 159b, 608b
鉄の三角地帯　378a
鉄仏　172a, 490b
大徳(テドク)研究団地　342a, 393b
テドン(大同)江　395a
大同江ホテル　479f
テニム(衣服)　457a
大黒山島　485a
太白山地　77a, 395b
太白山地域総合開発計画　395b
テベク(太白)山脈　395b
《太白山脈》　376b
太白市　395b
テヘラン路　300a
テポドン⇒地域・国名編の朝鮮民主主義人民共和国[対外関係]など　622a, 625a, 626b, 638a, 646b
大延坪島　482b, 557b
寺内正毅　396a, 81b, 365
テリルサウィ(婚姻)　186a
テレビ⇒マスメディア　521a, 522b
テレビ放送　613b
天　396a, 400b
天安(チョナン)　377a
田案　565a
天安号沈没事件　628b
天安事件　208a
田園　445a
天下大将軍　335b
奠雁　186a

奠雁礼　186f
伝奇小説　495b
天君小説　497a
佃戸　445a
佃戸制　224b
田柴科　396b
テン醬　567b
テンジャンチゲ(鍋物)　567
《伝習録弁》　555a
天主教　17b, 120b, 279a
天主教弾圧　223a, 273b
天津条約　366b
田荘　445a
天台宗　34a
天池　506a
天中節　321a
天道教　396b, 55a, 224a, 308b
天道教青友党　283a, 397a, 620b
伝統劇　72a
伝灯(チョンドゥン)寺　85a
天馬塚⇒チョンマ塚
田明雲(チョン・ミョンウン)　277a
《天命図説》　234a
天文観測器　337a
天佑俠　397a
電力　397a

と
吐(口訣)　156a, 562b
道(ト)　398b, 167f, 581a
塔　398b
塔(新羅)　256b
洞⇒トン
銅　329a, 431a
東亜日報　399a, 306a, 428a
東亜放送　521a
《東医寿世元》　17a
統一革命党事件　399b
統一革命党の声放送　522b
統一教　399b
統一教会　399b
統一グループ　400a
統一種　442b
統一主体国民会議　21b
統一新羅　251a, 583a
統一新羅時代(工芸)　467b
統一チーム　278a
統一民主党　602b
統一問題⇒地域・国名編の朝鮮[南北分断と統一問題]　175b, 595a
東医宝鑑　400a, 17a, 512a
統営(トヨン)　22a, 419a
東海⇒トンヘ　580a
東学　400a, 158a, 323a, 323b, 391b, 396a, 396b, 582b
唐楽　49a
東学再興　308b
唐楽呈才　492b
東学党の乱⇒甲午農民戦争　158b

同化政策　164a
唐辛子　401a, 235b
トウガラシ騒動　446a
トウガラシみそ　567b
投化倭人　349a
統監府　401a, 425b
踏橋　456b
道教　401a
銅鏡　401b, 169b, 229b
東京外国語学校　355a
東京美術学校　472b
堂クッ　530b
洞契　138a, 541a
《東経大全》　323b
道顕　155a
同研社　472b
洞溝　229b
統合進歩党　603a
東国歳時記　402a
東国正韻　402b
東国大学校　489b
《東国大地図》　331b
《東国地図》　331b
東国通鑑　402b, 513b
東国文献備考　403a
東国輿地勝覧　403a
《東国李相国集》　18a
洞祭　541a
同済社　380a
堂山　530b
トゥサン(斗山)グループ　403a
陶山書院　24b, 238b
東三洞遺跡⇒トンサムドン遺跡
同志会　158a
陶磁器　403b, 174a, 369b, 468a
投資機関　609a
陶磁器の里　23b
陶磁芸術村　146a
《東史綱目》　13b
冬至使　46a
陶質土器　408b, 467b
冬寿　9b, 155a
等称　139b
導掌　107b
東城(トンソン)王　130a
東床礼　186a
同姓同本　185b, 269b, 517b
同姓同本不婚　246a
同姓不婚　185b, 510b
同姓部落　540a
道詵⇒トソン
銅銭　67a
党争　405b, 233b, 273b
同族集団　181b
同族部落　541a
党大会　620b
東撻子　230a
党代表者会　620b
東拓　260b, 407b

道長官　398b
道梫（どうちん）　89a, 452a, 501a
唐笛　64a
唐洞（タンドン）59号墳　74b
唐土城　315a
東南里（トンナムニ）廃寺　214b
東班　550a
当百銭　67b, 67f, 243b
頭品階層　181b
豆腐　568a
東部民謡　534b
同文彙攷　406a
《同文攷略》　406a
蕩平策　346a, 406a, 557a
東方神起　145a
東方の聖人　30b
東方理学の祖　385a
東方礼儀の国　7b, 27b
東北抗日連軍　162a
トゥマン（豆滿）江　406b
頭民　540a, 560b
東盟　407a
東明王 ➡ チュモン（朱蒙）
東明聖（トンミョン）王　340a
《東明王篇》　18a
童蒙先習　407a
トウモロコシ　177a
東文選　407a, 495b
同友会　158b
陶俑　384f
東洋画　79b
東洋劇場　43b
東洋拓殖株式会社　407b, 260b, 414b
東洋放送　521b
東萊（トンネ）温泉　486b
東萊野遊　549b
トゥルノリ（野遊）　549b
トゥルマギ ➡ ツルマギ（外出着）　391f
トゥレ（共同作業）　490b
道路　407b
図画院　172a
図画署　469b
土器　408a
土器文化　403b
徳裕山　305b
斗栱形式　215f
特殊銀行　609f
特鐘　63b
読書三品科　55b
読書出身科　55b
読書堂　217b
徳寿宮　295
トクスリ（軍事演習）　503a
徳川（トクチョン）人　107a
徳大　409a
徳談　7f, 438
徳川人　107a
トクト（独島）　316b, 317b

徳富蘇峰　140b
特別永住制度　115b, 197a
特別行政市　286b
独立運動　207b, 312a, 322b, 409b, 555b, 589b
独立運動家　304c
独立記念館　409
独立協会　409a, 410a, 466a
独立軍　187b
独立軍抗争　409b
独立新聞　410a, 312b, 409
独立宣言　57, 207b
独立党 ➡ 開化派　52a, 159a
独立門　409f
独立運動　331a
特例永住権　114b, 195b
トクンニ（徳興里）古墳　410a, 155a
時計　337a
土月会　43a
都賈（とこ）　410b
土壙墓　269a
斗山商会　403a
都市化　411a
都市産業宣教会　412b
都市セマウル運動　287a
都市問題　612b
トジュ（屋敷神）　547b
登州　258b
土城洞（トソンドン）　480a
土俗民謡　533b
トソン（道詵）　413a, 483a
土城洞　480a
《土地》　451b
土地改革　413a, 115a, 225a, 629a
土地改革法令　413a
土地制度　65b
土地台帳　565a
土地調査事業　414a, 224b, 565a
度牒の制　510a
独脚鬼　414b
トック（餅）　544b
トックック（餅）　545a
特恵財閥　201b, 606a
トッケビ　414b
徳興里古墳 ➡ トクンニ古墳
《土亭秘訣》　36a
賭博　458a
吐含山　549a
都評議使司　415a, 89a
都兵馬使　415
兎鼈歌　464b
都房　487a
道峰山　488a
土幕民　415a, 320a
豆満江 ➡ トゥマン江
図門江　406b
《屠門大嚼》　566b
豊臣秀吉　264a
虎　415a, 60f, 134b, 535a, 549a

渡来人　415b, 586b
斗落　417a
トラジ　417a
《トラジ打令》　417a
度量衡　417a
トル（儀礼）　387b
トルサウム（石合戦）　20b
トル床　245a, 387b
トルチャビ（儀礼）　387b
ドルハルバン（石祖）　530b
トルーマン, H.S.　361b
トルミ（人形劇）　435a
奴隷反乱　526b
トン（洞）　418a, 560b, 613a
東人（トンイン）　405b, 421a, 484b
トンキムチ　99a
洞祭　530b, 531b
トンサムドン（東三洞）遺跡　418a
洞事務所　636b
洞住民センター　613a
洞掌　560b
東城王　130a
トンソン祈禱　285a
東倉里（トンチャンリ）　477b
曇徴 ➡ タムジン
東大門　295, 299a
トンド（通度）寺　418b
東南里廃寺　214b
東萊（トンネ）温泉　486b
トンヘ（東海）　418b, 580b
東海港　160b
東湖読書堂　217a
東明王　340a
東明聖王　340a
トンヨン（統営）　419a, 22a

な

《内外》観報　245b, 546b
内史庫　218a
内需司　420a
内鮮一体　164a, 527b
内鮮協会　115b
内房　230b
内房歌辞　61a
内明堂　449b
ナ・ウンギュ（羅雲奎）　420a, 38a
《長雨》　553b
永井柳太郎　359a
ナジュ（羅州）　420a
羅州平野　126a, 378b
羅城　187a
羅喆　313a
ナッ（鎌）　441b
名づけ　182a
ナットン（洛東）江　420b, 612b
洛東江フェノール汚染事件　78b
ナツメ（実）　182a
七枝刀　220b
七・四共同声明 ➡ 南北共同声明

《ナヌムの家》 39a
ナパル(ラッパ) 64b, 64f
ナマクシン(履物) 450b
鉛 329a
ナマン(南漢)山 420b
南漢山城 125a, 421a
《南営洞1985》 564a
ナミン(南人) 421a, 405b
南日声明 421b
ナム・イル(南日) 421a
南京 294b
南宮檍 159a
ナムサダン(男寺党) 421b
ナム(南)山 422a, 295, 487b
南山公園 295, 300b, 359b
南山城 120a
ナム(南)山新城碑 422a, 120a
南山タワー 295
南大門 295, 299b, 372b
南漢江 460b
ナムポ(南浦) 422b, 412b, 477b
ナムル 567
ナメ(南海)島 422b
奈勿王➡ネムル王
習志野収容所 359a
儺礼都監 42b
南海島(ナメド) 422b
南漢江(ナムハンガン)流域 460b
南漢山(ナマンサン) 129a, 420b
南漢山城 125
南韓労働党中部地域党事件 646b
南原➡ナムオン
南(ナム)山 422a
南山(ナムサン)城 120a
南山新城碑 422
ナンジャバル(髪) 69b
南人(ナミン) 421a
南道民謡 534a
南日➡ナム・イル
ナンニム(山脈) 560a
南部地方 581a
南浦➡ナムポ
南北学生会談 148b
南北共同声明 423a, 591a, 598a, 600b, 644b
南北共同宣言 100b, 423b, 593b, 596a, 622b, 625a, 647a
南北軍縮 645b
南北経済会談 645a
南北経済協力 594a
南北経済協力推進委員会 647a
南北高位級(総理)会談 645b
南北合意書 592a, 594a, 595a
南北時代 251a, 514a
南北縦断鉄道 647a
南北首脳会談 423b, 92b, 100b, 315b, 474a, 592a, 593b, 595b, 601a, 622b, 625a, 638b

南北赤十字会談 423a, 600b
南北赤十字会談予備会談 644b
南北赤十字本会談 645b
南北対話 176a, 592b, 598a, 600b
南北統一 619b
南北同時加盟 624b
南北の交易 594b
南北分断 363a, 590b
南北平和繁栄宣言 647b
南北離散家族 423b
南北連合 595b
南北連席会議 424a
南北連邦制 644a
南満紡織 140b
難民 47a, 527b

に

肉食 568a
NICs 606b
西間島 83a
尼師今(イサグム) 437a
二十三府制 398b
ニシン 116a
NIEs 607a
日米韓軍事一体化 604b
日暦 185a
日露戦争 424a, 81a, 162a, 193b, 366b
日韓会談反対運動 426b, 465a
日韓閣僚会議 614b
日韓瓦斯電気 140b
日韓議員連盟 432b, 614b
日韓協定書 424b
日韓基本条約 427a
日韓共同宣言 425a
日韓協約 425a, 424b
日韓協力委員会 614b
日韓漁業協定 425b, 427a
日韓漁業共同委員会 426a
日韓条約 426a, 591b, 598a
日韓新時代 615a
日韓請求権協定 114a
日韓パートナーシップ宣言 425a
日韓文化交流 45a
日韓併合➡韓国併合
日韓貿易 616a
日韓保護条約 427b, 24a, 335b, 424b, 425b
日韓民間漁業協議会 426a
日韓民間合同経済委員会 614b
日韓癒着 614b
ニッケル 329a
日耕 428a
日章旗抹消事件 428a, 306a
日清戦争 428b, 81a, 158b, 193b, 366b
日省録 429a
日鮮同祖論 429a, 356b
日窒コンツェルン 366b

日朝会談 637b
日朝関係 390a
日朝関係史 561a
日朝協会 432a, 636b
日朝漁業協定 637a
日朝交渉史 586a
日朝国交正常化交渉 429b
日朝修好条規 430a, 192b, 322b, 588b
日朝首脳会談 638b
日朝平壌宣言 430a, 639a
日朝貿易 430b
日朝貿易会 637a
日朝友好運動 430b
日朝友好促進議員連盟 432b
《日東記遊》 93b
《日東壮遊録》 61a, 495a
二塔式伽藍 215a
丹塗磨研土器 538b
2・8機械総合工場 633b
二・八独立宣言 194b, 563b
日本遠征 169a
日本教科書問題➡歴史教科書問題
日本軍慰安婦 432b, 113a
日本軍性奴隷 433a
日本語学習 616a
日本国王 265a, 388a, 548b
日本国紀 54b
日本国大君 388b
日本語人 197b
日本資本主義 432a
日本朱子学 235b
日本人町 298a, 486a
日本人拉致問題 434a, 556b
日本専管居留地 116b
日本朝鮮両国通漁規則 357a
日本文化開放 434b, 615b
ニムナ(任那) 528a
《ニムの沈黙》 467a
入国者収容所大村入国管理センター 47a
ニューカマー 259b
寧辺 477b, 634a
人形劇 435a, 421b
人称代名詞 435a
人参座 367a
任哲宰(イム・ソッチェ) 536a
任那 528a
任房(イムパン) 516a

ぬ

糠嶺戦争 87b
奴婢 436a, 290b, 528a
奴婢日 438
ヌンサンニ(陵山里)古墳群 436b, 491b
陵山里廃寺 157a
ヌンシル打令 320a

ね

寧辺(ニョンビョン)　634a
内谷洞　68a
熱河日記　436b, 452b
ネット書店　236a
ネムル(奈勿)王　437a, 248b
年金制度➡社会保障　612b
年号　338a
年始　7b
年中行事　437a
粘蟬(ねんてい)県治址　439b
粘蟬県碑　437b
粘蟬神祠碑　438a
燃灯会　439b
燃灯祭　325a
冷麺(ネンミョン)　544a

の

農楽　440a, 48b, 444a, 541b
農楽隊　390f, 440a, 531f
《農家月令歌》　185a, 444b
《農家集成》　444b
《農家十二月俗詩》　185a
農業　441a, 585a
農業協同化運動　115a
農業拓殖事業　407b
農具　441b
農耕儀礼　443b, 321b
農工銀行　358a
農耕予祝儀礼　239a, 319a
《農桑輯要》　444b
農事直説　444a, 344b, 441b, 444b
農商　204b
濃縮ウラン計画　596b
農書　444a
農荘(庄)　445a, 166b, 344b, 487b
農村　540f
農村啓蒙運動　445a, 226b, 399b
農村振興運動　445b
農地改革➡土地改革　606a
農地改革法　225a, 413b
農商　227a
納布軍　122b
納幣　186a
農民運動　445b
農民組合　446a
農民軍　428b
農民の武装集団　64b
ノウル(被り物)　66b
野口赫宙　336b
野口遵　366a
ノクメ(行事)　547a
老斤里(ノグンリ)事件　191a
ノサモ　447a
盧信永　80b
ノ・テウ(盧泰愚)　446b, 598b
ノト(行事)　457a
ノ・ムヒョン(盧武鉉)　447a, 315b,

599b
野村吉三郎　554a
ノリ(海苔)　379a
ノリゲ(装身具)　142f
ノルティギ(遊び)　23a
《ノレカラッ》　534a
ノロン(老論)　447b, 222b, 406a
ノンゲ(論介)　447b
ノンサン(論山)　448a
論山平野　341b

は

稗官文学　449a
《廃墟》　497b
培材学堂　57a
浿水　395b
梅泉野録　449a
排日政策　615b
摺撥　41a
裴袢将打令　464b
墓　449b
パガジ　450a
馬夏派　368b
馬韓➡マハン
《破閑集》　15b
履物　450a
河吉鐘　38b
貊　575b
パク(朴)　450a
白衣　28a
朴寅煥(イヌアン)　98a
朴仁天　136a
朴雄杰　500a
パク・ウンシク(朴殷植)　450b
白雲洞書院　238b
パク・キュス(朴珪寿)　451a
パク・キョンシク(朴慶植)　451a
パク・キョンニ(朴景利)　451a
朴吉龍　473a
パク・クネ(朴槿恵)　451b, 600b
白湖　29b
伯済国　128b, 524b
パクサン(薄饌)　60b
白磁　368a, 370a, 371a, 405a, 468b
パクスー(男巫)　228b, 536b
白村江　452a
朴承稷(パク・スンジク)　403a
朴順天　246b
朴世茂　407a
朴世永　180a
白扇　46b
白善燁(ペク・ソンヨプ)　505a
白紙口宣　135b
白村江の戦　451b, 250b, 501b
パク・ソンチョル(朴成哲)　452a
パク打令　464b
爆弾テロ事件　383b, 645a
パク・チウォン(朴趾源)　452a, 46b, 234b, 436b

パク・チェガ(朴斉家)　453a
朴斉純　24a
パク・チュングム(朴春琴)　453a
《白潮》　497b
パク・チョンヒ(朴正熙)　453a, 21b, 148b, 279b, 287a, 322a, 426b
朴正熙政権　598b, 606b
朴鎮淳　183b
白丁　454a, 290b
パク・テウォン(朴泰遠)　454b
パク・テジュン(朴泰俊)　454b, 515b
朴泰洵　498b
白鉄➡ペク・チョル
白銅貨　67a
白頭山➡ペクトゥ山
朴斗鎮　403b
朴東鎮　473a
白南雲➡ペク・ナムン
朴ノヘ　499a
朴孝寛　56a
博物館　454b
パク・ホニョン(朴憲永)　455a, 351b, 619a
ハーグ密使事件　455b
パク・ヨル(朴烈)　456a
朴烈事件　456a
パク・ヨン(朴堧)　456a
朴英熙　65a, 494b
パク・ヨンヒョ(朴泳孝)　456a, 156b, 181a
白楽晴➡ペク・ナクチョン
パク・ワンソ(朴婉緒)　456a
刷毛目　370b
パゴダ公園　207b, 295
馬山➡マサン
橋　456b
パジ(袴)　457a, 27a, 28f
バス➡交通　160a
パスクラ(文学)　65a, 494b
長谷川好道　457a, 365
秦氏　75a, 416a
畑作儀礼　443b
旗田巍　457b
八域志➡択里志　316b
八佾舞　492b
八月薦新　232b
八仮面　71f
八関会　457b
八関宝　508b
88万ウォン世代　58b
《八道図》　331b
八道制　398b
八角石塔　34b
八関会　458a
伐草　449b
《パッチギ!》　39b
発電所　397a
初夢　36a
パティ・キム　73a

パドック(囲碁)　19b
ハナ院　511b
ハナ会　302a
花房義質　458a, 507b
花札　458a
《花を売る乙女》　59b
漢陽(ハニャン)郡　294a
漢陽府　294b
半月城　174a
ハヌニム(天)　396a
韓屋保存地区　381a
馬牌　41a
派譜　303a
河回(ハフェ)村　14a, 70a
咸鏡山脈　458b, 580a
咸鏡線　459b
ハムギョン(咸鏡)道　458a, 442
ハム・ソッコン(咸錫憲)　459a
ハムフン(咸興)　459b
ハムン(咸興)　459b, 412b, 555b
咸興平野　459b
咸興冷麺　459b
ハメル, H.　459b
《ハメルの漂流記》　460a
林権助　460a
原敬　501a
パリ公主(捨姫)歌　275a
パルチャ(八字)　36b
ハルバート, H.B.　460a
ハルモニ(祖母)　245b
ハルラ(漢拏)山　460a, 324b, 326b
閑麗海上国立公園　177b, 419a
閑麗水道　463a
ハレルヤ祈祷院　121b, 285b
ハン(恨)　460b
半跏思惟像　254f, 256a
ハンガン(漢江)　460b, 243a
《漢江》　376b
漢江の奇跡　454a
ハンギョレ　461a, 521b
《ハンギョレ新聞》　613b
パンクッ(農楽)　440b
ハングル　461a, 137b, 348a, 354a, 461a, 565a
《ハングル》　356a
ハングル学会　356b
ハングル綴字法　354a
磻渓　551b
《磻渓随録》　222b, 552b
半月(パヌォル)城　174a
半言　139b
反原発(反核)運動　78b
反国家団体　181a
《ハン五百年》　534a
《万歳報》　272a
《万歳前》　556b
漢山　125b, 182b, 294a
飯床　244b
漢山州　294a

漢山城　129a
ハンサン(閑山)島　463a
韓植　198b
パンジャチョン(板子村)　298b, 320b, 415a
漢州　294a
汎女性家族法改正促進会　246a
パン・ジョンファン(方定煥)　463b
阪神教育闘争　464a
韓進財閥　201b
判ници　228b
反正　330b
汎青学連　58b
〈反省とおそれ〉　425a
パンソリ　464a, 43a, 49b, 136b, 263a, 534a
パンソリ系小説　496b
ハン・ソリャ(韓雪野)　465a, 497b, 500a
班村　541a
漢城　294a, 372a
漢城府　294b
反託運動　360b
晚達里(マンダルリ)　107a
パンチャン(傍唱)　59a
韓致奫　54a
ハンド・アックス　380b
半島の舞姫　326a
ハンナラ党→地域・国名編の大韓民国[政党]　599b, 600a, 602a
反日意識　614b
反日感情　465a
反日政策　605a
反日独立運動　207a
反日武装闘争　428a
反米運動　465b, 605a
韓濩　238a
パンマル　139b
ハン・ミョンフェ(韓明澮)　466a
万民共同会　466a, 409b
反民族行為処罰法　271a
パンムンジョム(板門店)　466b, 211a
板門店→パンムンジョム
ハン・ヨンウン(韓竜雲)　466b
韓流　87b
韓流ブーム　616b

ひ

秘苑　295, 300b
東夫余　491a
東ベルリン事件　644b
《光の中に》　94b
BK21〈Brain Korea21〉　310a
被差別民　540a
美術　467a
翡色青磁　170a, 404b
美人曲　383a
非正規職保護法　247b

美川(ミチョン)王　151a
ピソン(儀礼)　229a
煕川青年電気工場　633b
ビッグディール　572b
PD(運動)　58a
非転向長期囚　474a
非同盟諸国歴訪　605a
人乃天　323b, 396b, 400b
ビナロン(ビニロン)　561a
ピニョ(装身具)　141b
被爆者援護法　474a
被爆者健康手帳　474b
被爆朝鮮人　474a
ビビン麺　544a, 567a
非武装地帯　474b
備辺司　475a
《備辺司謄録》　475a
105人事件　7a, 272a
百済→百済(くだら)
百種日　439
百日祝い　41b
《百年の旅人たち》　199b
白虎　449b
ヒャンギョ(郷校)　112a
ヒュジョン(休静)　475a, 489a
ヒュンダイ(現代)　477b
廟　372a
表彰　475b
表旌門　475b
漂流民　476a
碧渓守　222a
ヒョッコセ(赫居世)　476b, 274b, 450a
ピョルタン(別堂)　231a
ピョンアン(平安)道　476b, 442
平安南道　476b
平安南部炭田　477b
平安北道　476b
平安北部炭田　477b
ピョンガンセ歌　464b
兄山江　515b
平城市　477a, 478b
現代峨山　478b
現代グループ　135b, 594b
現代建設　477b
ヒョンデ(現代)財閥　477b, 201b, 202a
現代自動車　477b, 611b
現代重工業　477b
現代総合商事　478a
碧瀾渡　275b
ピョンヤン(平壌)　478a, 121a, 298a, 477a, 558b
平壌(都市化)　411a, 412a
平壌城　471b
平壌大劇場　479f
平壌放送　522b
平壌洋擾　229a
辺永姫　38b

平泉澄　305a
ピリ（笛）　64a
沸流　51a
ビルマ　560a
毘盧峰　48a, 134b
閔妃➡ミンビ

ふ

負（面積表示）　144b
ファオム（華厳）寺　481a
火酒　204b
ファジョン（花煎）　60b
華城　276b, 373a
ファトゥ（花鬪）　458a
ファラン（花郎）　76a
扶安　68a
黄健　500a
ファン・サヨン（黄嗣永）　481a, 273b
黄嗣永帛書　273b, 481a
ファン・ジニ（黄真伊）　481b, 29b, 222a
黄長燁書記亡命事件　623a
黄信德　246a
ファン・スヌォン（黄順元）　481b
ファン・ソギョン（黄晳暎）　481b, 498b
隍城洞遺跡　157a
黄熟中　369a
丸都（ファンド）城　230a
黄玹　449a
黄秉冀　50b
ファンヘ（黄海）道　482a, 442
黄海南道　482a
黄海北道　482a
皇竜寺　256a
皇竜寺九層塔　399a
ファンヨン（皇龍）寺址　482b, 214b
普雨➡ボウ
《飄王書（花王戒）》　306a
風神祭　438, 444a
風水師　449b, 483a
風水説　483a, 11a, 449b, 540b
《風俗画帖》　247f, 259f
封泥　559a
風納洞土（プンナットン）城　294b
風納土（プンナト）城　125b
風納里（プンナムニ）　129a
膾（フェ）　567
フェノール汚染事件　78b, 612b
プエブロ号事件　484a, 508a
巫王　228a
プオック（台所）　231a
巫歌　229a
巫歌神話　275a
巫科　55b
部曲　484a
プギン（北人）　484b, 405b, 421a
洑　77b
巫具　229a

プク（楽器）　63b
福源観　401b
復号問題　11b
福沢諭吉　484b, 52b, 82b, 318a, 563a
フクサン（黒山）島　485a, 218a
副食　567a
プクジョリ（福笊）　238b, 531f
複葬　449b
福田德三　485a, 584a
北漢江　460b
父系血縁　182a
巫覡（ふげき）　228a
普賢（ボヒョン）寺　529a
舞鼓　492b
北魚（プゴ）　116a, 543b
プサン（釜山）　485a, 298b, 576a
釜山アメリカ文化院放火事件　127a
釜山居留地　116b
釜山港　160b, 486b
《釜山港に帰れ》　73a
釜山城　577a
プサン（釜山）**大学校**　486b
釜山浦　431a
富山　213a, 431a, 485b, 576a
不実企業　606b
負商　243a, 515b
普照国師　332a
赴戦湖　486b
プジョン（赴戦）江　486b
藤原惺窩　84b
婦人運動➡女性運動
武臣政権　487b
武人政権　487a, 166a
普成学校　170b
普成専門学校　170b
浮石寺➡プソク寺
布扇　41f, 56f
赴戦江➡プジョン江
巫俗➡シャマニズム
プソク（浮石）寺　487b
浮石寺無量寿殿　174a
巫俗信仰　325a
巫俗舞　493a
扶蘇山城　471b, 491b
豚　36a, 283b
プタッコリ（巫儀）　530b
武断政治　365a, 501a, 589b
武断統治期　396a
普通（ポトン）江　478b
仏画　469b
プッカン（北漢）山　487b
北漢山城　294f, 488a
仏教　488a, 120a, 132b
仏教革新運動　467a
仏教（高麗）　168a
仏教（新羅）　251a
仏教の伝来　214b
復興会　489b

仏国寺➡プルグク寺
物産奨励運動　490a
物商客主　106b
仏像　490a, 470a
北坪（プッピョン）　418b
不逞社　456a
舞天　407f, 575b
普天堡（ボチョンボ）　162b
プ・ナロード運動　445b
ブナン（芬皇）寺　490b
武寧王➡ムニョン王
武寧王陵➡ムニョン王陵
布帛尺　417b
武班　415b, 550a
富平平野　117b
フビライ　147a
武舞　492b
巫仏習合　228a
不法在留労働者　53a
不法入国　47a, 527a
負褓商　515b
プマシ　490b
《不滅の嚮導》シリーズ　500b
冬のソナタ　86b
夫余　490b
扶余　490b
プヨ（扶余）　491a
舞踊　491b
舞踊塚　493a
舞踊塚壁画　28f, 153f
扶余氏　51a
《フラ・ガール》　39b
部落祭　530b
部落信仰　530a
ぷらんこ　493b
フリーペーパー　522a
プルグク（仏国）寺　494a, 32f, 399a
仏国寺多宝塔　255f, 398f
プルノリ（草宴）　549a
フルマキ（外出着）　391a
フルール・ベルラン　203b
武烈王➡ムヨル王
武烈王陵➡ムヨル王陵
風呂➡沐浴
プロテスタント　120b, 412b
プロテスタント教会　121b, 489b
プロ野球　614a
プロレタリア詩人　30b
プロレタリア文学　494b
附倭　265b
フワン・ジニ（黄真伊）　481b
豊　501a
文一平➡ムン・イルピョン
文永の役　147a
文益煥➡ムン・イックァン
文益漸➡ムン・イクチョム
文科　55b
文学　494b

《文学と知性》 498b
文化芸術振興法 45a
文化政治 501a, 194a, 208a, 271a, 589b
文化放送 521a
豊基（プンギ） 118b
聞慶⇒ムンギョン
豊渓里（プンゲリ） 459a
文憲公徒 327a
文献神話 274b
芬皇寺⇒プナン寺
プンジャン（豊璋） 501a, 89a, 452a
文周（ムンジュ）王 130a
文秀星劇団 43a
文章 501b
文人画家 469b
文世光（ムン・セグァン）事件 454a
粉青沙器 501b, 146a, 370a, 405b, 468a
文鮮明（ムン・ソンミョン） 542b
文宗⇒ムンジョン
フンソン（興宣）大院君 502a, 26a, 85b, 238b, 346b, 554b
フン打令 320a
分断 163a, 590b
分断体制 163a
風納洞土城 294a
風納土城 125b
興南（フンナム） 459b
風納里 129a
文班 550a
文廟 372b
文舞 492b
芬皇寺 255f
文武王⇒ムンム王
豊海（プンヘ）道 482a
墳墓 269a, 284a
文房具 372a
文房図 530a
文禄・慶長の役⇒壬辰・丁酉（じんしんていゆう）倭乱 264a, 375b, 405b, 551b, 577a
文禄の役 264b, 551b

へ

平安道⇒ピョンアン道
平安道農民戦争⇒ホン・ギョンネの反乱 517b
丙寅教獄 554b
丙寅洋擾 554a
兵役の義務 604a
米韓関係 604b
米韓合同軍事演習 502b, 604b
米韓相互防衛条約 503b, 191a, 604b
米韓連合司令部 191a, 312a
兵器工業 633b
平百済塔⇒チョンニム（定林）寺址
米軍 191a
平元線 480a

丙午（へいご）教獄 99b
米穀生産 608b
並作半収制 344b
平式院度量衡局 417b
丙子胡乱 503b
丙子の乱 503b, 29a
平壌⇒ピョンヤン
平城（ピョンソン）市 478b
弊政改革 158a, 384b
米ソ合同委員会 597b
米ソ分割占領 591a
米朝協議 592b, 593b, 626a, 638b
米朝対話 592b, 628b
米朝ミサイル協議 90b
ヘイトスピーチ 146b
平南線 422b, 480a
兵馬使 398b, 415a
平和協定 592b
平和民主党 602b
平和ライン 503b, 427a
ヘイン（海印）寺 504a
壁画古墳 504b, 152a, 155a, 410a
碧渓守（ピョッケス） 222a
僻派 406a, 557a
百日（ペギル） 387b
百日写真 387b
解仇 130a
慧灌 154a
白光勲 86a
ペク・ソンヨプ（白善燁） 505a
ペクチェ（百済） 128b
白酒 204b
ペク・チョル（白鉄） 505b
ペクチョン（白丁） 454a
ペクトゥ（白頭）山 506a
白頭山定界碑 406a, 506a
白頭山の虎 92b
ペク・ナクチョン（白楽晴） 506b, 291a, 498b
ペク・ナムン（白南雲） 506b, 584b
海金剛 177b
ヘサン（恵山） 506b, 562a
恵山事件 303b
恵山線 507a
ヘジャ（慧慈） 507a
ヘジュ（海州） 507a, 482b
ベセル, E.T. 507b, 311b
裵昶浩 38b
ペチュキムチ 99a
ヘチョ（慧超） 507b
別技軍 507b, 262a
別業 445a
別曲 507b
別曲体 508a
別神クッ 530b
別神堂 531f
別將 231a
ベトナム支援 619b
ベトナム上陸 644b

ベトナム戦争 508a, 274a
ベトナム特需 508a
《ペパーミント・キャンディ》 39a
裴鏞均 38b
ペ・ヨンジュン（裵勇俊） 86b
ベルヌー, S.F. 554b
ベルリン宣言 593b, 647a
《勉菴集》 323a
弁韓 508b, 209a
《辺境》 30a
編磬 63b
便所 76b, 231a
編鐘 63a, 64f
弁辰 209a, 508b
弁辰韓 209a
ベンチャー企業 243b
ヘンナンバン（行廊房） 231a
白翎（ペンニョン）島 482b
辮髪 69b

ほ

宝 508b
法 509b
坊（行政区画） 529a, 569b
房（住居） 230b
ボウ（普雨） 510a
貿易銀行 632a
貿易摩擦問題 605a
鳳凰台（ポンファンデ）古墳 249b
豊海（プンヘ）道 482a
豊基（プンギ） 118b
法琴 72a
方形周溝墓 157a
法興（ポプン）王 253b
鳳凰台古墳 119f
普愚国師 313a
貿穀船 275b
坊刻本 613a
防穀令 510b
防穀令事件 510b
方佐 131a
法酒 204b
法住寺⇒ポプチュ寺
豊璋⇒プンジャン
方城 131a, 183b
鮑石亭 120a
鳳仙花 510b, 141b
放送⇒マスメディア 520b
宝蔵（ポジャン）王 153b
宝相華文塼 288a
方相氏の面 292f
ホウ（壺杅）塚 141b, 70a
方定煥⇒パン・ジョンファン
鳳停寺極楽殿 174a, 215a
法定洞 613a
法定里 613a
法幢主 613b
報道統制 613b
奉徳寺鐘⇒ポンドク寺鐘

封土墳　182b
袍服　28a
亡命　511a, 416a
亡命政府　312a
包容政策　315b, 601a, 624b
方領　131a
俸禄制度　573b
《補閑集》　15b, 495b
ボーキサイト　329a
ホ・ギュン(許筠)　511b, 149a
浦口　243a
《牧隠集》　23a
朴殷植→パク・ウンシク
朴泳孝→パク・ヨンヒョ
朴英照(パク・ヨンヒ)　494b
朴婉緒→パク・ワンソ
《北学議》　453a
朴赫居世→ヒョッコセ(赫居世)
北学派　222b
北漢山→プッカン山
朴吉龍(パク・キルリョン)　473a
朴槿恵(パク・クネ)　451b
朴珪寿→パク・キュス
朴慶植(パク・キョンシク)
朴景利→パク・キョンニ
朴憲永→パク・ホニョン
朴斉純(パク・チェスン)　24a
朴趾源→パク・チウォン
朴春琴→パク・チュングム
朴承稷(パク・スンジク)　403a
北人(プギン)　484b
ポクス(神像)　335b
朴斉家→パク・チェガ
朴正熙→パク・チョンヒ
朴成哲→パク・ソンチョル
朴世永(パク・セヨン)　180a
朴世茂(パク・セム)　407a
朴堧→パク・ヨン
北鮮ルート　395b
朴泰遠→パク・テウォン
朴泰俊(パク・テジュン)　454b
《朴打令》　163a
朴鎮淳(パク・チンスン)　183b
幞頭　66b
朴東鎮(パク・トンジン)　473a
北伐論　40b, 242a
北坪(プッピョン)地区　418b
朴烈→パク・ヨル
保険機関　609b
浦項→ポハン
母国留学→留学
保護国　401a, 425b, 427b
戊午(ほご)士禍　216a
墓祭　304b
母子曲玉　520a
宝蔵王　153a, 380a
ホ・ジュン(許浚)　512b, 17a, 400a
許準九　41a
褓商　243a, 515b

ホ・ジョン(許政)　512b
許貞淑　246a
補身湯(ポシンタン)　567
POSCO　454b, 515b
POSTEC　515b
塞相学　483a
湖西(ホソ)地方　341b
ポソン(襪)　450a
《保太平》　49a
普天堡　162b
渤海　512b
《渤海考》　514a, 551b
北韓離脱住民　318b
ポックム(炒め物)　567
ポックムパプ(焼き飯)　567
墨虜(ムコ)地区　418b
ホッジ, J.R.
北方限界線　211a
普通(ポトン)江　478b, 479f
湖南画壇　516b
許南麒　198b
ホナム(湖南)財閥　515a, 201b
湖南地方　322a, 378a, 581a
湖南農楽　440b
湖南肥料工場　420b
ホナム(湖南)平野　515a
許蘭雪軒　511b
ポハン(浦項)　515a
ポハン(浦項)工科大学校　515b
浦項総合製鉄所　454b, 515b
普賢寺　529a
褓負商　515b, 240b
ポプチュ(法住)寺　516b
裸徳庁　516a
ポプラ事件　466b, 645a
法興王　253b
ホ・ベンニョン(許百錬)　516b
許憲　260b
ホミ(農具)　441b, 490b
ホミシッシ(共同作業)　490b
許穆(ホ・モク)　513b
ポモ(梵魚)寺　516b
補薬　128a
麦(ポリ)　177a
ポリサル(麦)　177a
《ポリタジャク》　534b
堀本礼造　507b
捕虜収容所跡　177b
ホ・リョン(許鍊)　517c
黄海(ホワンヘ)道　482a
本貫　517a, 174b, 540a
洪起文　519b
梵魚寺→ポモ寺
ホン・ギョンネ(洪景来)の反乱　517b, 346a
ホン・ギルトン　149a
ホン・グギョン(洪国栄)　517b, 284b
紅参　368a
鳳山タルチュム　70b

梵鐘　357b
梵鐘(新羅)　256b
洪命羽　198b
洪盛原　498b
洪錫謨　402a
ホン・タグ(洪茶丘)　518a
《本調アリラン》　12a
ホン・デヨン(洪大容)　518a, 234a
憲徳王　252b
奉徳寺　518b
ポンドク(奉徳)寺鐘　518b, 256b, 358f
洪蘭坡　510b
梵唄　49a
鳳凰台古墳　249a
本解　275a
洪福源　518a
ホン・ボム(洪範図)　518b
ホン・ミョンヒ(洪命憙)　518b
洪英植　159a

ま

《毎日申報》　140b, 272a, 311b
マウル　539b
勾玉　520a
曲玉　520a
槙村浩　520b
莫目　48b
マサン(馬山)　520a, 551a
馬山事件　520b
馬山自由貿易地区　335a
馬山浦事件　184a
馬山輸出自由地域　520b
マジギ(面積表示)　417a
摩震　137a
マスゲーム　278b
マスメディア　520b, 613b
マダン(内庭)　230b
マダン劇→演劇　43b, 72a
摩天嶺山脈　336b, 458b
松　523a
マッカーサー, D.　523a, 362a
マッカーサー・ライン　504a
マッカリ→酒　204a
マッキューン, G.M.　523b
マッキューン, G.S.　523b
マッキューン・ライシャワー式　523b
マッケンジー, F.A.　523b
マッコリ→酒　204a
松島(竹島)　316b
マツタケ　523a
松の実　523a
祭り　524a
マテオ・リッチ　383a
摩天嶺(マチョルリョン)山脈　336b, 458b
《薯童謡》　111a
摩尼山　85a, 313a, 321f, 549a

満月台　143b, 174a
マハン（馬韓）　524b, 209a, 260a
摩羅難陀　488a
マリッカン（麻立干）　524b, 248b, 437a, 577b
マル（住居）　230b
マルクス・レーニン主義党　623a
マルトゥギ（従者）　71f
マルム（小作地管理人）　227a
漫画　525a
《漫画行進》　525a
マンギョンボン（万景峰）92号　526a
満月台（マヌォルデ）　143b
万興寺山城　211f
マンコン（被り物）　66b
満州　189a
マンシン（万神）　536b
万寿台　385f, 478b
万寿台芸術劇場　479f
マンスデ（万寿台）芸術団　59a
万積の乱　526b
満鮮史　19b
満鮮史観　356b
曼殊僧ノリ　435a
望星里　68a
晩達里　107a
満鉄　394b
満浦　334b
万宝山事件　526b
万里峴　20b

み
三浦梧楼　533b
ミオックック（スープ）　567, 575b
未帰還者　360a
巫女　537a
ミサイル発射実験　91a, 646a
ミサイル問題　593b, 626b
ミサイル輸出　634a
三島➡粉青沙器（ふんせいさき）　370b, 501b
美豆良　69a
みそ　567a
道　526b
美川（ミチョン）王　151a
三日遊街　56f
密航　527a
密直司　339a
密入国　527a
密陽➡ミリャン
ミトゥリ（履物）　450b
南次郎　527b, 291b, 365
南朝鮮　282a
南朝鮮単独選挙　360a
南朝鮮民主主義民族戦線　360b
南朝鮮労働党　282a, 325b, 352a, 374a, 455b, 620b
《見果てぬ夢》　199a
身分　527b, 181b

任那　528a, 73b, 105b
任那日本府　528a, 98b, 586b
任那倭府　528b
耳飾　254f, 255b
ミャンマー　560a
ミュージカル➡演劇
ミュージカル・ブーム　44b
妙香山➡ミョヒャン山
ミョチョン（妙清）　529a, 101b
妙清の乱　584b
ミョヒャン（妙香）山　529a
妙香山脈　529a
ミョン（面）　529a, 364b, 540a, 560b, 569a
明王　308b
麺床　244b
命橋➡橋
面長　529a
ミョンテ（明太）　116a, 543b
明図　229b
明洞　295, 299a
明卵ジョ　116a
鳴梁海峡　386b
ミリャン（密陽）　529a
ミルク（神像）　335b
弥勒寺址　19a, 133a, 214b
弥勒（ミルク）寺　19a, 133a
弥勒信仰　256a
民画　529b, 369b, 470a
民間音楽　175a
民間信仰　530a
民間人統制区域　475a
閔氏　284b
閔氏政権　262b, 346b, 533a
民自党　104a, 599a, 602a
民主愛国青年同盟　285a
民衆宗教　400a
民衆神学　531b
民衆反乱　29b, 126b, 264a, 517b, 534b
民衆美術（ミンジュンミスル）運動　473b
民衆文化運動　70b, 291b
民主回復運動　532a, 598a
民主回復国民会議　603a
民主化運動　335a, 532b
民主化運動青年連合　285a, 532a
民主化推進協議会　100a, 104a, 283a
民主化宣言　598a
民主化闘争学生連合　58a
《民主化の道》　532a
民主韓国党　602b
民主救国宣言　100a, 532a
民主共和党　602a
民主自由党➡地域・国名編の大韓民国［政党］　104a, 599a, 602a
民主主義と民族統一のための国民連合　532a
民主主義民族戦線　360b

民主正義党➡政党　282b, 602a
民主朝鮮　532b, 572a
民主党　602a, 602b
民主統一民衆運動連合　532b
民主統合党　603a
民主労総➡労働運動　81b, 571b, 604a
民主労働党　603a
民青学連事件　645a
民生団　162a
民正党　282b, 602a
民戦　195a
民族運動　272a
民族改造論　532b
民族解放運動　57a
民俗楽　175a
民族学校　196a, 365b
民族教育➡在日朝鮮人　189b, 195b, 464a
民俗芸能　464a
民族劇　72a
民族差別と闘う連絡協議会　432b
民族史学　357a, 450b, 584b, 613a
民族主義グループ　281a
ミンソクチョン　533a
民族統一全国学生連盟　57b
民族統一戦線　260a
民俗舞踊　493a
民族文学論　498b, 613a
民俗マウル　533a
民俗村　533a
民村　541a
ミンソンマウル　533a
民団➡在日本大韓民国民団　86b, 195a, 200a
民闘学連　58a
民闘連　432b
ミンビ（閔妃）　533a, 26b
閔妃虐殺事件　533b
閔丙均　500a
民民闘　58a, 604a
民窯　371b
民謡　533b, 73a, 320a
閔泳煥　428a
民乱　534b, 264a, 346b
民立大学期成運動　535a, 170b
民話　535a

む
無導舞　42a
昔話➡民話　535b
麦　177a, 442a
巫契　136b
無窮花　536a
ムク　568b
木槿　536b, 179a
《無垢浄光大陀羅尼経》　32f, 494a
ムグンホァ（無窮花）　179a, 536a
墨湖　418a

婿いじめ　186b
ムサン(茂山)　536a
茂山高原　145b, 458b
茂山鉄鉱山　536a
ムサンホゴク(茂山虎谷)**遺跡**　536b, 284a
夢字小説　496b
舞水端里(ムスダンリ)　459a
《娘からの手紙》　45b
夢村(モンチョン)土城　125b
ムーダン(巫堂)　536b, 228b, 228f, 457b
ムッコリ(占い)　36a
牟頭婁塚　537b
ムニョン(武寧)王　537b, 538a
ムニョン(武寧)王陵　538a, 132a, 132b
無文土器　538b, 283a, 408a
《夢遊桃源図》　12b, 369a, 370f
夢遊録小説　496b
ムヨル(武烈)王　539a
ムヨル(武烈)王陵　539a
村　539b, 529a, 530b
村(新羅)　251a
村祭　531a
村山智順　541b
無量寿殿　487b
水キムチ　99a
ムルトック(餅)　545a
ムン・イクチョム(文益漸)　541b
ムン・イクァン(文益煥)　542a
ムン・イルビョン(文一平)　542a
ムンギョン(聞慶)　542a
聞慶セジェ道立公園　377b
文周王　130a
ムンジュン(門中)　542b, 269a, 304b, 541b
門中契　138b
ムンジョン(文宗)　542b
文世光事件　454a
ムン・ソンミョン(文鮮明)　542b
ムンドゥンイ(仮面劇)　71f
ムンム(文武)王　543a, 69b, 255a

め

明治農法　442a
明治町　295
明心宝鑑　543a
銘旌旗　292f
明堂　483b
《明南楼集》　327b
鳴梁(ミョンニャン)海峡　386b
明倫学院　281a
目賀田種太郎　543a, 67b
メジャククル(梅辛栗)　60b
メジュ(みそ玉)　567a
メドップ(装身具)　142f
メルレンドルフ, P.G.von　543b
メレンドルフ, P.G.von　543b

面➡ミョン
面積表示　417a, 428a
明太(メンタイ)　543b, 116a
綿布　345a, 349a
綿米交換体制　429a
麵類　544a

も

網巾　66b
盲覡　228b
木雁　186f
木造建築　471a
木版印刷　32f
木寛山　295
モクポ(木浦)　545b
沐浴　544a
木蘭　179b
茂山➡ムサン
茂山虎谷遺跡➡ムサンホゴク遺跡
文字絵　530a
モスクワ協定　597b
モスクワ三国(米・英・ソ)外相会議　360a, 591a
モス人　544b, 549b
餅　544a
モツ　545b
木榔墳　559a
木簡　545b, 157a
木浦　545b
墨胡子　488a
もてなし　546a
木綿　431a, 541b
ももひき　457a
牡丹峰　478b
モランボン(牡丹峰)芸術団　59a
牡丹峰劇場　479f
モリブデン　329a
門都　487a
モンゴル　146b
門中➡**ムンジュン**　138a
夢村土城　125b
モントングリ(漫画)　525a
モンランッコ(木蘭)　179b

や

《焼肉ドラゴン》　45b
焼畑　65b, 441b
やきものの戦争　405b
箭　64b
ヤックワ(薬果)　60b
薬酒　204a
薬水　547a, 128a
薬チャンサ　128a
役分田　396b
薬房　128a
薬用酒　204a
薬用人参　367b
薬令市　393b
野史　547a

屋敷神　547b, 531f
野史叢書　449a
野人　547b
野談　548a
野談系小説　497b
薬飯(ヤッパブ)　567a
矢内原忠雄　548a
柳川一件　548b
柳川氏　548b
柳宗悦　548b, 8b
夜別抄　213a
山　549a
山城➡**山城**(さんじょう)
山田寺伽藍　214b
山田図南　389b
大和朝廷　528b
山梨半造　365
野遊　549a
ヤール一江　10a
ヤン・ギタク(梁起鐸)　549b, 311b
梁吉　137a
ヤンゴン　605b
楊州　294b
ヤン・ジュドン(梁柱東)　549b
梁石日　200a
薬念　567b
ヤンバン(両班)　550a, 89f, 219b, 231f, 233a, 247f, 292f, 540a, 554a
両班官僚国家　343b
《両班伝》　453a
薬水　547a
梁英姫　39b

ゆ

ゆい(結)　490b
唯一団　43a
ユ・インソク(柳麟錫)　550a, 91b
邑➡**ウプ**
遊街　56f, 136b
憂患クッ　229a
雄基(ウンギ)湾　458b
遊撃隊　325b
《邑誌》　330a
有土免税　107b
柳美里　199b
邑勒　316a
UNCURK　175b
ユギジョン(六矣廛)　223b
ユ・ギルチュン(兪吉濬)　550b, 563b
ユ・グァンスン(柳寛順)　550b
ユクチュビジョン(六矣廛)　223b
ユ・ジノ(兪鎮午)　551a
輸出自由地域　551a, 18b, 520b, 606b
儒城温泉　342a
ユ・ソンニョン(柳成龍)　551b, 375b
儒達ベンチャータウン　545b
柳致真　43a
兪鎮午➡**ユ・ジノ**
ユッケ(刺身類)　567

《六字ベギ》 534a
ユ・ドゥッコン(柳得恭) 551b, 514a
《由熙》 199b
ユ・ヒャンウォン(柳馨遠) 551b
兪賢穆 38a
劉鴻基(ユ・ホンギ) 52b
ユミルクワ(油蜜果) 60b
夢占い 36a
柳夢寅 548a
劉英俊 246a
ユン・イサン(尹伊桑) 552a, 268a
ユン・グァン(尹瓘) 552b
尹淳 238a
尹世復 313a
ユン・ソンド(尹善道) 552b
ユン・チホ(尹致昊) 552b, 6b, 179b, 410a, 563b
尹徳祚 198b
ユン・ドンジュ(尹東柱) 553a
ユンノリ 553a
ユン・ヒュ(尹鑴) 553a
尹鑴 553b
ユン・フンギル(尹興吉) 553b, 498b
尹白南 38a, 43a
ユン・ポソン(尹潽善) 553a
ユン・ボンギル(尹奉吉) 554a

よ

汝矣島(ヨイド) 299a
汝矣島純福音教会 237a
徭役 167b
洋琴 63b
雍固執打令 464b
《慵斎叢話》 449a
養子 554a
楊州(ヤンジュ) 294b
洋擾 554a
葉銭 67b, 243b
ヨ・ウニョン(呂運亨) 555a, 352a
妖巫 228b
陽明学 555a, 233b, 380a
沃沮 555b
浴仏会 488f
浴仏節 438
吉野作造 556a, 359a
驪州盆地 460b
ヨス(麗水) 556a
麗水・順天反乱事件 326a
予婿 186a
麗川→ヨス(麗水)
ヨックム調 534b
力浦(ヨッポ)人 107a
よど号事件 556b
蓮華里(ヨナナリ) 491b
予婿 186a
ヨボ(人名) 273a
《与民楽》 49a
ヨム・サンソプ(廉想渉) 556b, 497b
塩浦 213a

廉武雄 291a, 498b
嫁 62a
《与猶堂全書》 385a
ヨルリン・ウリ党 602b
竜岩浦事件 184b
四・一九学生革命 216b
四・一九世代 217b
ヨンガム(人称代名詞) 435b
淵蓋蘇文 380a
4コマ漫画 525a
ヨン様ブーム 86b
竜山区 300a
ヨンサン(燕山)君 556b, 295, 488b
ヨンサン(栄山)江 557a, 126a
竜山江 275b
栄山浦 420b, 557a
4者会談 592b, 624a, 646b
ヨンジョ(英祖) 557a
四寸 269f
ヨンセ(延世)大学校 557b, 17b
四大家 238a
竜頭山公園 486b
永登(ヨンドゥン)浦 84a, 298a
永登浦工場 140b
永東 84a
嶺東 76b
嶺東高速道路 393a
ヨンドン婆 325a
ヨンドンハルモニ(ヨンドン婆様) 444a
嶺南(ヨンナム) 581a
嶺南学派 24a
嶺南地方 117b, 322a
ヨンピョン(延坪)島 557a
延坪島海戦 482b, 557a
永興湾 34b
延白平野 482b, 507a

ら

ライシャワー, E.O. 523b
ナ・ウンギュ(羅雲奎)
螺角 64b
落郷 548a
落選運動→市民運動 78b, 225b, 604a
洛東江→ナットン江
楽浪郡 558a
楽浪郡治址 558b
楽浪古墳群 559b
楽浪準平原 395b, 476b, 580b
ラジオ放送局 521b, 522a
羅州→ナジュ
羅津→ラソン(羅先)
羅津港 161a, 559b
羅津・先鋒経済貿易地帯 560b
羅津・先鋒直轄市 559b
ラソン(羅先) 559b, 412b
羅先経済貿易地帯 406b
拉致事件 434b, 637b

拉致被害者 639a
ラッキー金星 201b
羅喆(ナチョル) 313a
螺鈿 172b, 372a
螺鈿漆器 468a
ラングーン事件 560a
乱廛 223b, 573a
藍田郷約 115b
ランニム(狼林)山脈 560a

り

リ(里) 560b, 529a, 541a, 569a, 613a, 636a
リアンクール岩礁 316b
李殷直(イ・ウンジック) 198b
李恩恵 311a
李英胤(イ・ヨンユン) 369a
李王→スンジョン(純宗) 279a
李王家博物館 454b
李会昌→イ・フェチャン
李恢成(イ・フェソン) 199a
李海朝→イ・ヘジョ
李夏栄(イ・ハヨン) 24a
李昰応(イ・ハウン) 502a
李家煥(イ・ガファン) 17b
李郭派 368b
梨花女子大学校→イファ女子大学校
李适→イ・グァル
李厳→イ・アム
李完用→イ・ワニョン
李基白(イ・ギベク) 17b
李義旼(イ・ウィミン) 327a
李義方(イ・ウィバン) 487a
力浦(ヨッポ)人 107a
力役 344b
李匡師(イ・グァンサ) 238a
李鈺(イ・オク) 497a
理気論 235a
六矣廛→六矣廛(ろくいてん)
陸軍特別志願兵令 217b
六注比廛 573a
李圭景(イ・ギュギョン) 26a
李圭卨 38a
李奎報→イ・ギュボ
李賢世(イ・ヒョンセ) 525b
李彦迪(イ・オンジョク) 16b, 302b
李滉→イ・テゲ(李退渓)
李滉(イ・ファン) 24b
李光洙→イ・グァンス
李鴻章 46a, 93b, 543b
李孝石→イ・ヒョソク
李厚洛(イ・フラク) 453b
李恒老→イ・ハンノ
李穀→イ・ゴク
離婚 62b
李根沢(イ・グンテク) 24a
李載完(イ・ジェワン) 417b
李晬光→イ・スグァン

離散家族⇒南北離散家族　363a, 423a, 423b, 645b
李珥⇒イ・ユルゴク(李栗谷)
李施愛⇒イ・シエ
李子淵⇒イ・ジャヨン
李資謙(イ・ジャギョム)　166a
李氏朝鮮⇒朝鮮王朝　343b
李重煥(イ・ジュンファン)　316b
李樹廷(イ・スジョン)　198a
李偁(イ・ジュン)　455b
李舜臣⇒イ・スンシン
吏書　561b
李址鎔(イ・ジヨン)　24a
李升基⇒リ・スンギ
李承薫⇒イ・スンフン
李昇薫(イ・スンフン)　177b
李商在(イ・サンジェ)　260b
李承晩⇒イ・スンマン
李承晩ライン⇒平和ライン
李穡⇒イ・セク
李仁済⇒イ・インジェ
李人稙⇒イ・インジク
リ・ジンヒ(李進熙)　561a
李仁老⇒イ・インノ
李崇寧(イ・スンニョン)　22a
李丞玉　199a
リ・スンギ(李升基)　561a
李成愛(イ・ソンエ)　73a
李成桂⇒イ・ソンゲ
李斉賢⇒イ・ジェヒョン
李世春(イ・セチュン)　221b
利川(イチョン)　23b
李箱⇒イ・サン
吏属　248a
李太王⇒コジョン(高宗)　178a
李退渓⇒イ・テゲ
李泰俊⇒イ・テジュン
李朝⇒朝鮮王朝　343b, 350a
里長　541a
李朝絵画　368b
李朝後期史研究　225b
李朝実録⇒朝鮮王朝実録　218a, 350b
李朝鐘　358a
李朝青花　405a
李朝染付　371a
李朝白磁⇒朝鮮白磁　368a
李朝美術⇒朝鮮美術
李朝民画⇒民画
李朝螺鈿　372a
律宗　132a
立春節　438
律令　251a
李哲承(イ・チョルスン)　103b
李テユン　501a
リデル，F.C.　561b
吏吐　561b
吏読　561b, 306a
李東輝⇒イ・ドンヒ

李徳懋⇒イ・ドンム
離乳　19a
李能和⇒イ・ヌンファ
リバイバル集会　489b
李範奭(イ・ボムソク)　313a
李美子(イ・ミジャ)　73a
李秉喆(イ・ビョンチョル)　206b
李文烈⇒イ・ムニョル
李丙燾⇒イ・ビョンド
リムジン(臨津)　29a
リム・チュンチュ(林春秋)　562b
李明博⇒イ・ミョンバク
リャンガン(両江)道　562b, 442
リャンコ島　316b
竜　562b
〈流域へ〉　199b
竜王潭　506a
留学　563a, 198a, 614a
柳寛順⇒ユ・グァンスン
〈留記〉　154a
琉球　564b
琉球国紀　54b
留郷所　20b, 220a, 307b
柳馨遠⇒ユ・ヒャンウォン
李裕元⇒イ・ユウォン
竜鼓　63b
龍谷人　107a, 156b
竜山(ヨンサン)区　300a
流頭　69b
柳成竜⇒ユ・ソンニョン
劉忠烈伝　496b
竜頭山(ヨンドゥサン)公園　486a
流頭日　438
柳得恭⇒ユ・ドゥッコン
竜飛御天歌　565a, 49a
流民　565a
柳夢寅(ユ・モンイン)　548a
竜卵汲み　239a
隆陵　335a
柳麟錫⇒ユ・インソク
柳京ホテル　479a
リュ・ソンリョン(柳成竜)　551b
李瑢　237b
量案　565a
梁起鐸⇒ヤン・ギタク
梁吉(ヤン・ギル)　137a
李容九⇒イ・ヨング
利用厚生　222b
両江道⇒リャンガン道
梁山夫婦塚　74b
陵山里古墳群⇒ヌンサンニ古墳群
領選使　263b, 563a
良賤制　527b
梁柱東⇒ヤン・ジュドン
量田　565b
良民　167b, 484b, 527b
李容翊⇒イ・ヨンイク
料理　565b
料理屋　566a

呂運亨⇒ヨ・ウニョン
旅閣⇒客主　106b, 243a
旅館業　106a
李溎⇒イ・イク
〈緑衣紅裳〉　333b
緑青磁　404b
緑豆　568b, 141b
緑豆将軍　384b, 568b
呂氏郷約　115a
李ライン　504a
裡里⇒イリ
李陸史⇒イ・ユクサ
李栗谷⇒イ・ユルゴク
李良枝(イ・ヤンジ)　199b
〈林園十六志〉　444b
林億洙(イム・オクス)　473b
臨海殿　77b
林巨正⇒イム・コッチョン
〈林巨正〉　519b, 525a
林慶業⇒イム・ギョンオブ
〈林慶業伝〉　29a
林権澤(イム・グォンテク)　29a
リンゴ　128b
臨時首都　298a
臨時政府　312b
臨時朝鮮委員会　597b
林春秋⇒リム・チュンチュ
臨津江⇒イムジン江
林悌⇒イム・ジェ
臨屯　568b
隣保制　569a
林和⇒イム・ファ

る

類似宗教　531b
累石壇　305a
綾羅島メーデー・スタジアム　478b

れ

礼　509a
礼安里　183a
礼学儒教　233b
霊感商法　400a
《冷斎集》　551b
驪州(ヨジュ)盆地　460b
麗水⇒ヨス(麗水)
礼制論争　421a
冷戦　362b
麗川⇒ヨス(麗水)
嶺南(ヨンナム)　581a
嶺南学統　233b
嶺南学派　16b, 235a
礼賓三島　370b
冷麺⇒麺類
《櫟翁稗説》　20b
歴史教育　110b
歴史教科書問題　569a, 615a
歴史清算　600a
《洌陽歳時記》　402b

蓮華里（ヨナァリ）　491b
レンギョウ　179b
連行　194b
連合通信　521b
廉想渉➡ヨム・サンソプ
廉武雄（ヨム・ムウン）　291a
連邦制統一案　645a

ろ

老斤里（ノグンリ）事件　191a
臘日　439
《老松堂日本行録》　87b
老人　569b, 319b
老人長期療養保険制度　227b
楼亭　373a
労働運動　570a, 81b, 603b
労働組合　570b, 603a
労働者区　636b
労働新聞　571b
労働争議　571a, 607b
《労働の夜明け》　499a
労働法　572a
労働問題　572a
労農運動　375a
狼林山脈➡ランニム山脈
老論（ノロン）　447b
呂運亨➡ヨ・ウニョン
六矣廛　573a, 223b, 410b
六三トリオ　261a
録事　248a

6者会談　647a
65号工場　633b
六・一〇万歳運動　573a
六臣墓　259a
六村　248b, 573a
六停　316a
六道両面制　398b
六・二九民主化宣言　598b
六部　573b, 165b, 316a
禄邑　573b
ロサンゼルス暴動　203b
ロシア　424a, 625a
ロシア共産党韓族部　351a
ロシア朝鮮人　192b
露酒　204b
盧信永（ノ・シニョン）　80b
盧泰愚➡ノ・テウ
6ヵ国協議　573b
ロッテグループ　574b
盧武鉉➡ノ・ムヒョン
ローマ・ガラス　75b
論介➡ノンゲ
論山➡ノンサン

わ

倭　575a, 74a, 129b, 528b
濊　575b
YH貿易争議　413a
濊貊（わいばく）　575b
穢貊　575b

わかめ　575b
わかめスープ　567, 576a
倭館　576a, 485b, 485f
倭銀　67a
倭軍　248b
倭寇　576a, 87b, 169a, 215a, 328a, 349a, 564b, 587b
倭城　577a
和靜国師　34a
倭色文化　615b
和信　201b
綿　168b
倭銅　431a
王仁　577a, 134a, 373a
和邇吉師　377a
和白　577b
倭府　528b
倭別技　507b
割貝技法　468a
ワールドカップ　578a
ワールドカップ日韓共同開催　616b
王倹（ワンゴム）　320b
王倹城　40a, 479b
ワンゴン（王建）　578a, 142a, 165a, 583a
王山岳　154b, 456a
湾商　224a
ワン（莞）島　578b

執筆者/図版・資料協力者一覧

執筆者

青木 和夫
赤沼 多佳
朝倉 敏夫
浅田 修司
東 潮
安倍 誠
荒野 泰典
安 宇植(アン・ウシク)
猪狩 章
井口 和起
池内 敏
池田 善昭
石井 正敏
石坂 浩一
石附 啓子
泉 宏尚
礒崎 敦仁
伊藤 亜人
伊藤 英人
李 杜鉉(イ・ドヒョン)
井上 忠
井上 直樹
井上 秀雄
今井 清一
任 展慧(イム・ジョネ)
内海 愛子
馬越 徹
江面 竜雄
大井 剛
大江 孝男
大隅 和雄
大谷 森繁
大塚 嘉郎
大西 修也
大村 益夫
大和 和明
小川 晴久
小此木 政夫
小沢 有作
梶井 陟
梶村 秀樹
糟谷 憲一
片山 まび
金子 文夫
鎌田 茂雄
河合 和男
川口 勝康
川島 信子
姜 在彦(カン・ジェオン)

姜 徳相(カン・トクサン)
菊竹 淳一
喜多 恵美子
北見 俊夫
北村 秀人
木村 健二
木村 拓
木村 典子
木村 誠
金 思燁(キム・サヨプ)
金 東旭(キム・トンウク)
金 学鉉
　(キム・ハクヒョン)
金 学烈(キム・ハンヨル)
草野 妙子
楠見 敏雄
香内 三郎
高 昇孝(コ・スンヒョ)
五野井 隆史
小林 慶二
小針 進
小牧 輝夫
佐伯 有清
三枝 寿勝
酒寄 雅志
桜井 浩
佐々木 史郎
佐々木 隆爾
佐藤 興治
佐原 眞
嶋 陸奥彦
須川 英徳
鈴木 明彦
鈴木 靖民
宋 連玉(ソン・ヨノク)
高木 健一
高崎 宗司
高島 淑郎
高橋 公明
高柳 俊男
田川 佳代子
田川 孝三
田代 和生
舘野 晳
田中 明
田中 彰
田中 健夫
田中 宏
田中 征男
田辺 三郎助
谷浦 孝雄

崔 吉城(チェ・キルソン)
長 璋吉
鄭 大聲(チョン・デソン)
通堂 あゆみ
辻 大和
坪井 清足
鶴園 裕
鶴田 文夫
中川 雅彦
中島 巌
中塚 明
長森 美信
新納 豊
西尾 達雄
西垣 安比古
西谷 正
西田 宏子
二野瓶 徳夫
野崎 充彦
野村 伸一
朴 慶植
　(パク・キョンシク)
橋谷 弘
畑田 重夫
旗田 巍
浜田 耕策
浜中 昇
原田 環
阪堂 博之
樋口 雄一
秀村 研二
深川 博史
藤本 幸夫
古田 富建
布袋 敏博
本田 洋
前田 康博
増田 忠幸
馬渕 貞利
三木 栄
三鬼 清一郎
水野 直樹
三ツ井 崇
三満 照敏
三村 弘
宮嶋 博史
宮田 節子
宮本 悟
宮本 長二郎
村上 勝彦
村山 正雄

文 浩一(ムン・ホイル)
森岡 康
森平 雅彦
八木 充
矢沢 康祐
山内 弘一
山尾 幸久
山中 千恵
由井 正臣
劉 孝鐘(ユ・ヒョジョン)
弓場 紀知
尹 学次(ユン・コンチャ)
尹 学準
　(ユン・ハクジュン)
吉田 宏志
吉田 光男
吉野 誠
依田 千百子
米田 一二三
米谷 均
四方田 犬彦
李 進熙(リ・ジンヒ)
李 成市(リ・ソンシ)
六反田 豊
若松 寛
和田 春樹
渡部 学
渡邉 雄一

図版・資料協力者

阿部 美智子
伊藤 亜人
井上 秀雄
今井 真利子
大山 加代
地主 南雲
白砂 昭義
須貝 稔
鈴木 康嗣
橘 浩生
田淵 暁
鶴園 裕
西 悦郎
野村 伸一
萩原 秀三郎
吉田 光男
依田 千百子
李 進熙(リ・ジンヒ)
脇田 悦朗

大阪市立東洋陶磁美術館
韓国文化院
講談社
神戸市立博物館
国際交流基金
大徳寺孤蓬庵
当麻寺
逓信総合博物館
天理図書館
東京国立博物館
根津美術館
豊乗寺
MOA美術館
国際巧芸者
パナシュ
平凡社地図出版
森山写真タイプ

図版参考文献

韓国史大系(三珍社)
国学図鑑(一潮閣)
韓国の民俗(温陽博物館編,啓蒙社)
李朝風俗画帖(知識産業社)
韓国の古美術(韓国文化財管理局編,淡交社)
A Handbook of Korea (Korean Overseas Information Service) など

［新版］韓国朝鮮を知る事典

1987年7月24日	初版第1刷発行
1999年12月10日	新訂増補版第1刷発行
2014年3月19日	新版第1刷発行

監修………伊藤亜人＋大村益夫＋高崎宗司＋
　　　　　武田幸男＋吉田光男＋梶村秀樹

発行者………石川順一

発行所………株式会社平凡社
　　　　　郵便番号101-0051
　　　　　東京都千代田区神田神保町3-29
　　　　　電話……［03］3230-6593［編集］
　　　　　　　　　［03］3230-6572［営業］
　　　　　振替……00180-0-29639
　　　　　ホームページ
　　　　　………http://www.heibonsha.co.jp/

印刷………株式会社東京印書館
製本………大口製本印刷株式会社
　　　　　本文用紙……三菱製紙株式会社
　　　　　クロス………ダイニック株式会社

装丁………中垣信夫＋大串幸子

©Heibonsha Ltd. 2014 Printed in Japan
NDC分類番号221　A5判(21.6cm)　総ページ714
ISBN978-4-582-12647-1

落丁・乱丁本のお取り替えは直接小社読者サービス係までお送りください（送料は小社で負担します）

＊初版および新訂増補版の書名は《朝鮮を知る事典》としたが，新版にあたり《韓国 朝鮮を知る事典》と改めた。

平凡社の関連図書

●地域文化を総合的に知る《エリア事典》シリーズ

新イスラム事典
監修＝日本イスラム協会＋嶋田襄平＋板垣雄三＋佐藤次高
B6判・672ページ・ビニール装　本体4,000円＋税

新版 韓国 朝鮮を知る事典
監修＝伊藤亜人＋大村益夫＋高崎宗司＋武田幸男＋吉田光男＋梶村秀樹
A5判・714ページ・クロス装・上製　本体7,000円＋税

新版 東南アジアを知る事典
編集＝桃木至朗＋小川英文＋クリスチャン・ダニエルス＋深見純生＋福岡まどか＋見市建＋柳澤雅之＋吉村真子＋渡辺佳成
A5判・732ページ・クロス装・上製　本体8,000円＋税

新版 アメリカを知る事典
監修＝荒このみ＋岡田泰男＋亀井俊介＋久保文明＋須藤功＋阿部斉＋金関寿夫＋斎藤眞
A5判・808ページ・クロス装・上製　本体8,000円＋税

新版 ラテンアメリカを知る事典
監修＝大貫良夫＋落合一泰＋国本伊代＋恒川惠市＋松下洋＋福嶋正徳
A5判・700ページ・クロス装・上製　本体7,000円＋税

新版 アフリカを知る事典
監修＝小田英郎＋川田順造＋伊谷純一郎＋田中二郎＋米山俊直
A5判・776ページ・クロス装・上製　本体7,600円＋税

新版 オセアニアを知る事典
監修＝小林泉＋加藤めぐみ＋石川栄吉＋越智道雄＋百々佑利子
A5判・494ページ・クロス装・上製　本体5,200円＋税

新版 ロシアを知る事典
監修＝川端香男里＋佐藤経明＋中村喜和＋和田春樹＋塩川伸明＋栖原学＋沼野充義
A5判・1092ページ・クロス装・上製　本体8,000円＋税

新訂増補 スペイン・ポルトガルを知る事典
監修＝池上岑夫＋牛島信明＋神吉敬三＋金七紀男＋小林一宏＋J.ソペーニャ＋浜田滋郎＋渡部哲郎
A5判・538ページ・クロス装・上製　本体4,800円＋税

新版 南アジアを知る事典
監修＝辛島昇＋前田専学＋江島惠教＋応地利明＋小西正捷＋坂田貞二＋重松伸司＋清水学＋成沢光＋山崎元一
A5判・1076ページ・クロス装・上製　本体9,000円＋税

新訂増補 東欧を知る事典
監修＝伊東孝之＋直野敦＋萩原直＋南塚信吾＋柴宜弘
A5判・910ページ・クロス装・上製　本体7,600円＋税

中央ユーラシアを知る事典
編集＝小松久男＋梅村坦＋宇山智彦＋帯谷知可＋堀川徹
編集協力＝総合研究開発機構（NIRA）
A5判・626ページ・クロス装・上製　本体6,500円＋税

●民族間関係を深く知るために

新訂増補 世界民族問題事典
監修＝梅棹忠夫
編集＝松原正毅（代表）＋NIRA（総合研究開発機構）
＊総項目数3,200．新訂増補版で170項目改訂，31項目新設．
B5判・1400ページ・上製　本体18,000円＋税

●諸外国との関係を知るために

新版 対日関係を知る事典
監修＝平野健一郎＋牧田東一
世界約200ヵ国・地域の対日関係を国別に総覧する．
A5判・432ページ・クロス装・上製　本体4,200円＋税

◎表示価格は2014年3月現在の本体価格で，別途消費税が加算されます．

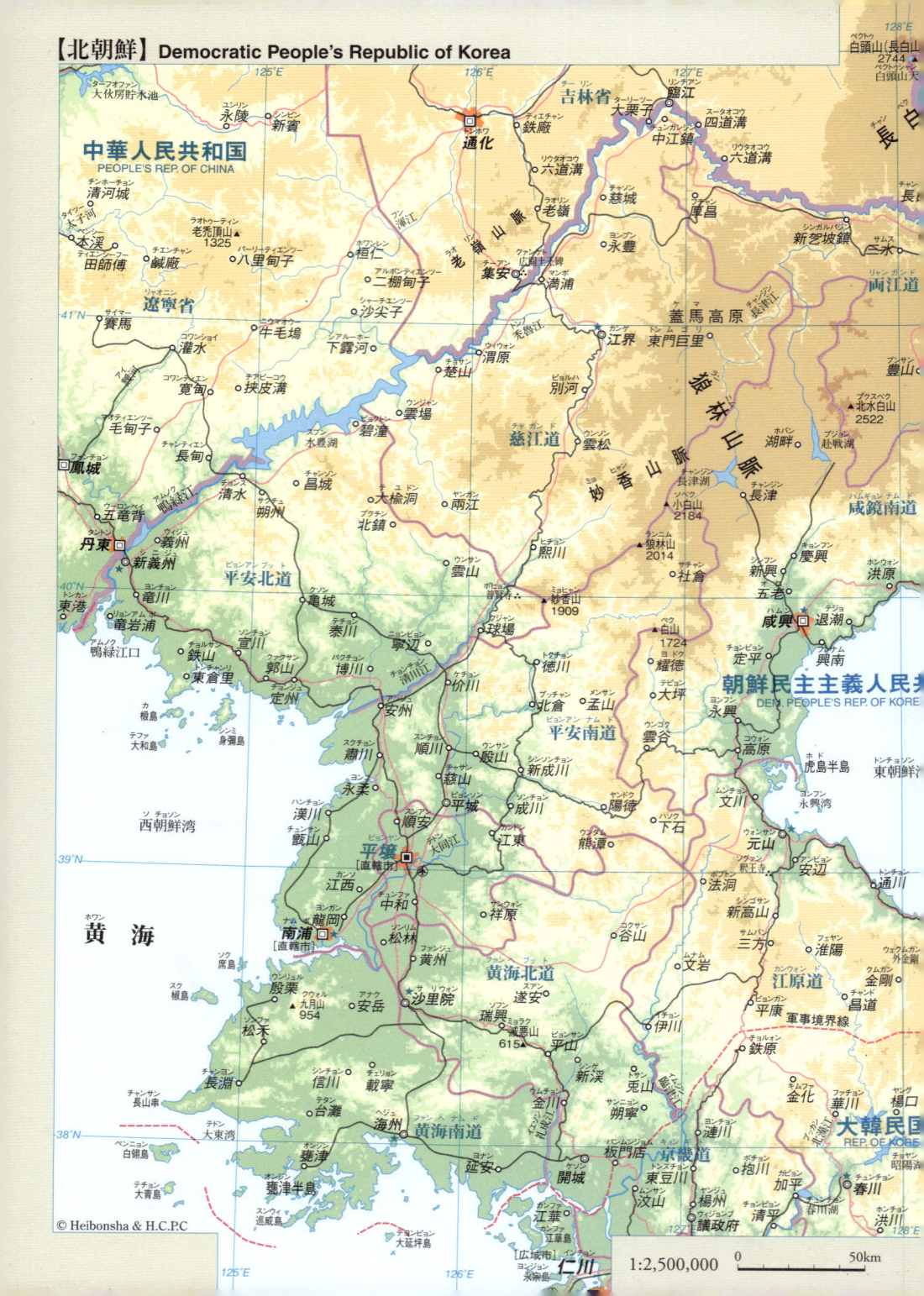

【北朝鮮】 Democratic People's Republic of Korea